中国民族统计年鉴

CHINA'S ETHNIC STATISTICAL YEARBOOK

2010

国家民族事务委员会经济发展司
国家统计局国民经济综合统计司
编

EDITED BY ECONOMIC AND DEVELOPMENT
DEPARTMENT STATE ETHNIC
AFFAIRS COMMISSION
&
DEPARTMENT OF INTEGRATED
STATISTICS STATE STATISTICAL BUREAU
PEOPLE'S REPUBLIC OF CHINA

民族出版社

THE ETHNIC PUBLISHING HOUSE

版权声明

Declaration of Copyright

图书在版编目（CIP）数据

中国民族统计年鉴.2010／国家民族事务委员会经济发展司，国家统计局国民经济综合统计司编.—北京：民族出版社，2011.8
ISBN 978-7-105-11683-6

Ⅰ.①中…　Ⅱ.①国…②国…　Ⅲ.民族地区—统计资料—中国—2010—年鉴
Ⅳ.①D633-54

中国版本图书馆CIP数据核字（2011）第182159号

民族出版社出版发行
http://www.mzcbs.com
北京市和平里北街14号　邮编100013
金若龙文化公司微机照排　北京市迪鑫印刷厂印刷
各地新华书店经销
2011年9月第1版　2011年9月北京第1次印刷
开本：787毫米×1092毫米　1/16　印张：64　字数：1640千字
印数：0001-1300册　定价：280.00元
ISBN 978-7-105-11683-6/D·2225（汉321）

该书如有印装质量问题，请与本社发行部联系退换
（汉编一室电话：010-64271909；发行部电话：010-64224782）

《中国民族统计年鉴》编辑委员会名单

编者说明

一、由国家民族事务委员会主办的《中国民族统计年鉴》（2010），是一部全面反映中国政府少数民族工作基本情况以及全国少数民族和民族自治地方国民经济社会发展情况统计资料的大型资料性工具书。

二、本书由“专文”、“综述篇”、“概况篇”、“统计资料篇”、“附录”共5部分组成。

1. 专文。收录了国家民委主要领导在2009年有关民族工作的部分文章和讲话。

2. 综述篇。分“少数民族和民族地区经济和社会发展综述”和“民族工作综述”2个类目，收录了2009年全国和各民族自治地方经济社会发展情况及2009年全国和各省区市及新疆生产建设兵团民族工作情况的综合性文稿。

3. 概况篇。分“政策法规”、“民族团结进步”、“监督检查”、“民族经济”、“民族文化体育”、“民族教育科技”、“民族干部”、“民族医药卫生”、“对外交流合作”、“民族研究动态”、“考察调研”、“部门建设”共12个类目，收编了国家民委和各省、自治区、直辖市有关少数民族工作和民族地区经济发展情况。

4. 统计资料篇。分“民族自治地方”、“陆地边境县”、“全国少数民族发展情况”、“其他资料”4部分。涉及的全国性统计数据均不包括台湾省和香港特别行政区、澳门特别行政区的资料。统计资料主要来源于国家政府主管部门、各级统计和民族工作部门。部分数据合计数或相对数由于单位取舍不同而产生的计算误差均未作机械调整。全部统计资料均经国家统计局国民经济综合统计司审核。

5. 附录。收编了各类民族方面的资料。

目　录

专　文

综述篇

概况篇

统计资料篇

附　录

专 文

收录了国家民委领导在2009年有关民族经济工作发展情况的部分文章和讲话。

国家民委2009年工作总结和2010年工作要点

（节选）

2009年工作总结

2009年是民族工作大事多、要事多、挑战多的一年。中央从全局和战略的高度，作出一系列重大决策部署。全国民族工作部门按照中央要求，全力抓好贯彻落实。一年来，我们全面贯彻党的十七大、十七届三中、四中全会的精神，深入学习实践科学发展观，牢牢把握各民族“共同团结奋斗、共同繁荣发展”这一主题，紧紧围绕“促进民族团结、实现共同进步”这一根本任务，服从和服务于全党、全国工作大局，经受住了各种风险和挑战的考验，顺利完成了全年各项工作任务。

一、隆重召开国务院第五次全国民族团结进步表彰大会，推进民族团结进步事业创新发展

胡锦涛总书记发表重要讲话，温家宝总理主持会议，表彰了民族团结进步模范集体739个和模范个人749个，总书记等党和国家领导人亲切接见了全体代表并为代表颁奖。与会代表还参加了国庆系列庆祝活动，受到了一次深刻的爱国主义教育。

表彰会期间召开了全国民族团结进步创建活动经验交流会。作为表彰会的后续活动，与中宣部、中央统战部组织全国民族团结进步模范事迹报告团赴全国9个省（区、市）巡回报告，使各族干部群众受到一次深刻的心灵洗礼。

二、认真组织开展国庆60周年系列庆祝活动，展示中华民族团结奋进的伟大成就

全面总结新中国成立60年来民族工作的成就和经验。与中央统战部联合举办了首都各民族人士庆祝中华人民共和国成立60周年座谈会。撰写、发表了任仲平文章《中华民族的生命所在、力量所在、希望所在》等一系列文章，编辑出版了《新中国民族工作60年》等一系列书籍，认真回顾和总结了具有中国特色的处理民族问题的成功经验。

精心办好国庆系列庆祝活动。组织“60周年成就展”之民族地区繁荣发展专题展，举办五大自治区成就展，举办两场关于民族政策的新闻发布会，发布《中国的民族政策与各民族共同繁荣发展》白皮书，集中展示了我国少数民族和民族地区的巨大变化，宣传了我国的民族政策和民族区域自治制度。协助举办国庆群众游行和联欢活动，组织56个民族的儿童参加彩车游行，成为国庆活动的亮点。

三、全面实施有关重大规划，促进少数民族和民族地区平稳、较快发展

全面实施三个国家专项规划。认真落实胡锦涛总书记、贾庆林同志重要批示精神，与有关部门联合召开全国扶持人口较少民族发展工作经验交流会。继续扎实推进兴边富民行动，将全部136个边境县（旗）和新疆生产建设兵团58个边境团场纳入扶持范围。总结少数民族事业规划实施情况，研究建设少数民族事业发展综合评价指标体系。

积极参与“十二五”规划和有关中长期规划制定。参与编制西部大开发下一个10年规划中的民族地区发展规划，参与制定支持甘肃、广西、西藏等省区发展政策文件的调研。协调住房和城乡建设部，将所有西部民族自治地方、所有边境县和新疆生产建设兵团边境团场纳入国家农村危房改造试点范围。会同财政部开展少数民族特色村寨保护与发展试点工作。

四、扎实开展民族团结宣传教育活动，打牢各族人民大团结的思想基础和群众基础

深入开展民族团结宣传教育活动。会同中宣部、教育部召开了电视电话会议，下发了文件。与中宣部、教育部联合编写《民族团结教育通俗读本》。与中宣部、中央统战部联合主办《爱我中华——民族团结专题晚会》。与教育部共同召开全国中小学民族团结教育工作视频会议。与教育部、中央统战部、中央政法委联合召开了大力加强内地民族班民族团结教育和学校管理工作会议。

积极开展民族团结进步创建活动。已就进一步开展民族团结进步创建活动起草了意见，拟与中宣部、中央统战部联合下发。同时，积极推动各地通过召开民族团结进步表彰大会、开展民族团结宣传月等活动，大力推进民族团结进步和谐乡村、和谐社区、和谐单位创建活动。

五、大力加强少数民族文化工作，推进少数民族文化事业大发展、大繁荣

认真贯彻胡锦涛总书记重要批示精神，召开了全国少数民族文化工作会议，这次会议是新中国成立以来的第一次。会后，国务院出台了《关于进一步繁荣发展少数民族文化事业的若干意见》。历时30年编写的《中国民族民间十部文艺集成志书》全部完成出版。联合云南省等有关单位拍摄电视连续剧《金凤花开》在中央电视台播出，引起社会各界的广泛关注。少数民族文化遗产保护取得积极进展，柯尔克孜族史诗《玛纳斯》列入联合国“非遗”名录。

启动第九届全国少数民族传统体育运动会、第四届全国少数民族文艺会演的筹备工作，召开了民族运动会第一次筹备工作会议。与国家中医药管理局、广西壮族自治区共同主办“中国—东盟传统医药高峰论坛”，发表了南宁倡议书。组织少数民族文字图书参加我国在法兰克福国际书展的主宾国活动，弥补了中国参展图书的文种空白。加快直属文化事业单位的改革与发展，民族博物馆建设已就选址用地问题签订了意向性协议，民族文化宫经中央批准改制为国家重点扶持的公益性事业单位。

六、深入做好民族教育工作，推动少数民族和民族地区社会事业全面发展

大力促进民族教育发展。积极做好第六次全国民族教育工作会议的筹备工作，配合教育部完成制订中长期教育规划的有关工作。着力改进民族院校思想政治工作，与教育部联合召开了全国民族院校大学生思想政治教育工作会议。积极争取出台支持民族院校发展的具体措施，已在化解民族院校债务、支持民族院校基本建设等方面取得积极进展。分别与内蒙古自治区人民政府和西藏自治区人民政府签署协议，共建内蒙古民族大学和西藏民族学院。在云南省设立独龙族双语教学监测点和基诺族双语教学监测点，促进双语教学质量的提高。在广东技术师范学院设立全国少数民族职业教育师资培训基地，免费为民族地区职业学校培训教师。

积极推进民族地区科技工作。以青海省科技馆新馆为应用示范点，探索少数民族特色的科技馆建设模式。认真做好国家科技支撑计划项目《少数民族语言文字信息处理共性关键技术研究与应用示范》的组织实施工作。与人力资源和社会保障部联合举办全国民族语文翻译工作业务骨干高级研修班，推动民族语文翻译事业的发展。

七、切实加强城市民族工作，依法保障少数民族的平等权利和合法权益

按照国办发明电〔2009〕15 号文件的要求，继续抓好国办发〔2008〕33 号文件精神的贯彻落实。召开了全国民委系统贯彻落实民族政策工作经验交流会，加大对民族政策贯彻执行的监督检查。会同中央统战部、全国人大民委组成 3 个督查组，赴全国 11 省区进行了专项督查。按照中办、国办《关于进一步做好新疆少数民族群众到内地务工经商服务管理工作的意见》（中办发〔2009〕37 号）的要求，及时部署做好相关工作。与教育部、公安部联合下发关于严格执行变更民族成分有关规定的通知，并参与有关案件的调查，切实维护广大考生的合法权益。

召开了全国城市民族工作座谈会，研究制定做好新形势下城市民族工作的思路、举措和机制，征求对《城市民族工作条例》（修正案草案征求意见稿）的意见和建议。进一步修改完善《清真食品管理办法（草案）》。研究加强对城市少数民族流动人口的服务和管理，切实帮助他们解决实际困难和问题。

八、广泛开展对外交流与合作，拓展民族领域外事工作和对港澳台工作平台

扩大民族领域的对外宣传和交流合作。举办了国际人类学与民族学联合会第 16 届大会，来自 100 多个国家和地区的 4000 多名专家学者与会，在国际社会产生了良好反响。积极参与人权领域国际对话，参与组织中国藏学家代表团出访，赴老挝参加大湄公河次区域合作有关会议，争取国际社会对我国的理解和支持。认真组织实施联合国开发计划署援华合作项目，指导云南省民委与亚行开展区域技术合作，落实联合国—西班牙政府千年发展目标基金项目实施。扎实开展民族地区干部和民委系统干部出国（境）考察、培训工作。

进一步做好港澳台工作。在香港举办了“第三届中华民族文化周”活动，在澳门举办了国庆 60 周年和澳门回归 10 周年系列活动。组织大陆少数民族大学生交流团赴台湾访问，并为台湾少数民族灾民举办两场赈灾演出。邀请台湾少数民族代表团访问大陆，胡锦涛总书记接见了全体成员，在台湾少数民族中产生了热烈反响。

九、积极做好少数民族干部和人才工作，进一步提高以科学发展观统领民族工作的能力和水平

始终把深入学习实践科学发展观作为首要政治任务，认真抓好整改落实阶段和总结、测评环节的各项工作，集中解决了一批制约自身发展、群众反映强烈的突出问题。认真指导 6 所委属院校开展学习实践科学发展观活动，圆满完成了各项任务，取得丰硕成果。

按照国家民委“三定”方案的要求，进一步完善各司局的职能和处室设置。制定形成包括一个意见、两个规划、十七个办法的较为完备的干部人事工作制度体系。这项工作得到中组部的肯定，《干部监督工作通讯》专门作了介绍。提拔任用和轮岗交流了 10 名正司级干部，成功开展了副司级和处级领导职位竞争上岗工作。加大少数民族干部和各级民委干部培训力度，认真组织实施《国家民委 2009 年干部培训计划》。深入贯彻《国家民委建立健全惩治和预防腐败体系 2008—2012 年实施办法》，加强党风廉政建设。

理论政策研究和信息工作进一步加强。系统总结民族工作理论和实践的新发展，在《求是》、《人民日报》等发表署名文章。完成民族问题五种丛书修订再版，组织出版新疆知识读本，编辑整理汇编民族工作系列参考材料。民族事务管理信息化建设工程实施顺利，政府网站、政务公开和电子政务建设力度进一步加大，效果进一步明显。

2010 年工作要点

2010 年总的工作要求是：认真贯彻党的十七大和十七届三中、四中全会精神，全面落实科学发展观，牢牢把握各民族共同团结奋斗、共同繁荣发展的主题，以贯彻落实国务院第五次全国民族团结进步表彰大会精神为契机，着力贯彻落实民族政策和民族区域自治制度，着力促进少数民族和民族地区又好又快发展，着力加强民族团结宣传教育，着力开展民族团结进步创建活动，着力做好维护团结稳定工作，扎实推动民族工作制度化、规范化，进一步巩固发展平等、团结、互助、和谐的民族关系，为不断促进民族团结、实现共同进步而奋斗。

一、积极推进民族工作的科学发展

认真学习、贯彻中央领导同志关于民族工作的一系列重要讲话和批示精神。认真落实《中共中央关于加强和改进新形势下党的建设若干重大问题的决定》，全面推进党的各项建设，提高党的建设科学化水平，为做好新形势下民族工作提供坚强的组织保障。

抓住机遇，扎实开展调研工作，深入研究拉萨“3·14”和乌鲁木齐“7·5”事件发生后民族关系出现的新情况、新问题，深入研究当前民族地区改革发展稳定中亟待解决的突出问题，深入研究城市和散居地区民族工作中出现的新变化、新特点，深入研究“五化”背景下关系民族工作的重大理论和实践问题。重点加强政策措施研究，提出对策建议，供中央和有关部门决策参考。

大力加强理论学习，进一步提高处理民族问题、做好民族工作的能力。会同中组部、中央党校举办省部级分管领导民族工作学习班。修订《中国共产党关于民族问题的基本观点和政策（干部读本）》，编辑《十六大以来民族工作文献选编》。组织进行第二届国家民委哲学社会科学研究成果评奖活动，召开全国民族问题研究机构联席会议，建立、健全国家民委民族工作专家咨询机制，推动民族问题研究工作迈上新台阶。

二、扎实推进民族团结进步事业发展

全面贯彻落实中办、国办《关于深入开展民族团结宣传教育活动的意见》。积极探索宣传教育的新机制，大力开展民族理论政策、民族法律法规和民族基本常识的宣传教育，提高针对性和有效性。与有关部门共同推进全国各级各类学校落实《学校民族团结教育指导纲要（试行）》。适时召开专题会议，推动开展民族团结宣传教育活动。

认真贯彻落实全国民族团结进步创建活动经验交流会精神，在全国城乡广泛开展形式多样的群众性创建活动。大力推进民族团结和谐村镇、和谐社区、和谐单位、和谐企业创建工作，营造民族团结、社会和谐的良好氛围。研究制定开展民族团结进步创建、表彰活动的规范性文件。进一步完善表彰机制，积极推动每逢五、逢十国庆期间召开民族团结进步表彰大会，及时总结交流经验，推进创建活动深入开展。

做好新闻宣传工作，加强对民族工作和民族地区的宣传报道。推进与“大台”、“大网”、“大报”、“大刊”等新闻媒体的合作，鼓励支持开设民族专栏、专题、专刊。加强新闻发布工作，加强舆论引导。做好年度民族题材新闻宣传优秀栏目和好新闻评奖工作，不断推出精品力作。

继续配合有关部门和地方，及时、妥善处理影响民族关系的问题，适时召开民族关系协调工作经验交流会，大力加强城市民族工作。配合有关部门筹备好第五次西藏工作座谈会和中央新疆工作座谈会，切实抓好贯彻落实。

三、切实加强民族法律法规建设

推动各部门制定与《中华人民共和国民族区域自治法》和《国务院实施〈中华人民共和国民族区域自治法〉若干规定》相配套的规章和具体办法，指导完善地方性法规。配合有关部门做好《清真食品管理办法》立法工作，并在适当时候开展宣传教育和培训工作。着手研究修订《民族乡行政工作条例》。做好民族法律法规与有关法律法规的衔接工作，完善民族法律法规体系。

配合有关部门做好《城市民族工作条例》的修订工作。研究制定少数民族流动人口服务和管理的指导性意见，强化迁出地和迁入地协调机制。加强城市少数民族服务和管理体系建设。

切实加强监督检查工作。重点开展对贯彻落实中办、国办《关于深入开展民族团结宣传教育活动的意见》情况的监督检查。继续推动落实有关民族法规、文件和规划，严格执行党和国家的民族政策，切实保障少数民族的合法权益。加强专题培训，进一步提高监督检查工作的能力。

四、大力推进少数民族和民族地区经济社会发展

全面落实中央扶持少数民族和民族地区经济社会发展的重大政策和规划，重点推动落实好支持民族地区、边境地区加快发展的文件。全面实施扶持人口较少民族发展、兴边富民行动、少数民族事业专项规划。总结实施兴边富民行动10年来的工作，开好现场会。

完成“十二五”期间“促进民族地区经济社会协调发展”课题。研究编制扶持人口较少民族发展、兴边富民行动、少数民族事业“十二五”国家专项规划，研究西部大开发10年规划中的民族地区发展问题。研究促进特困民族地区、少数民族聚居山区、牧区加快发展的政策措施。研究省管县财政体制下民族自治地方的实施办法。积极推进散居民族地区乡村加快发展。积极推动甘肃、内蒙古等省区经济社会发展文件的制定、出台。

加强对民族地区经济社会发展情况的监测分析，进一步完善监测系统和工作机制。继续抓好民族贸易和少数民族特需商品生产优惠政策落实工作，抓紧研究制定新政策，切实保障少数民族群众生产生活的特殊需求。继续抓好少数民族特色村寨建设试点工作，积极推动扩大覆盖面。加强对少数民族发展资金的管理，研究建立资金绩效考核体系。

五、促进少数民族文化事业繁荣发展

推动落实国务院《关于进一步繁荣发展少数民族文化事业的若干意见》。召开全国民委系统贯彻落实全国少数民族文化工作会议精神的经验交流会暨现场会。大力保护和弘扬少数民族优秀传统文化。切实加强少数民族古籍文献整理工作。办好全国少数民族非物质文化遗产（音乐舞蹈类）调演、第三届全国少数民族曲艺展演和第二届全国少数民族戏剧展演。积极开展民族文化“三下乡”活动。

进一步做好民族语文工作。召开民族语文工作经验交流会，研究制定有关政策措施。组织编译出版藏语、维吾尔语培训教材。建设中国濒危少数民族语言文字数据库。继续配合有关方面推动双语试点工作。

六、着力推进民族地区社会事业发展

研究制定促进民族教育加快发展的政策措施。与教育部共同筹备开好第六次全国民族教育工作会议。推动民族地区职业教育加快发展。继续开展科技进民族地区活动。加强对民族院校教育教学改革和编制“十二五”规划的指导。配合有关部门积极协调帮助委属院校化解债务。努力推动中央民族大学加开新校区建设和

"985"工程高水平大学建设。

推动民族地区卫生事业发展，进一步完善新型农村合作医疗制度。组织医疗小组赴民族地区开展卫生下乡和防治艾滋病宣传工作。编制民族医药"十二五"发展规划。探索建立少数民族传统医药知识保护制度。

协调有关部门研究制定有效解决少数民族大中专学生和返乡外出务工人员就业问题的政策措施。推动完善民族地区社会保障体系，积极争取新型农村社会养老保险试点率先覆盖所有边境县、民族自治地方贫困县和牧区贫困县。

七、加强少数民族干部人才队伍建设

联合有关部门就少数民族干部培养、少数民族公务员来源、民族自治地方领导班子配备等问题开展调研，积极推动制定和完善有关政策措施。做好"十二五"期间少数民族干部队伍建设的规划工作，继续推动民族理论政策和民族知识纳入国家公务员考试内容。

加大对少数民族干部和民委干部培训力度，注重实效。协调落实民族理论政策和民族知识纳入各级党校、行政学院、干部学院和军事院校主要课程。继续协同有关部门制定西部地区和其他少数民族地区干部挂职锻炼工作规划。加强中央民族干部学院正规化建设，不断提高办学能力和服务水平。

加强少数民族人才队伍建设。完善少数民族人才数据库，探索建立向有关部门推荐优秀的少数民族干部工作机制。积极参与民族地区人才资源开发工作。加强国家民委系统专业技术人才队伍建设。

八、积极推进民族领域的外事和港澳台工作

把握两个大局，组织实施对外文化交流活动，加强管理。继续做好与联合国、亚行和日本政府的合作项目，努力开辟新的项目渠道。配合有关部门做好国际人权对话工作和民族工作代表团出访和国外重要团组来访接待工作。

重点做好台湾少数民族上层人士、知识分子、青少年工作。继续加强、支持港澳台少数民族文化、教育、学术等领域的交流活动。继续推动少数民族和民族地区与港澳地区的交流。

九、大力加强自身建设

进一步抓好国家民委"三定"规定的落实工作，切实转变职能，强化社会管理和公共服务，强化政策研究和监督检查工作。坚持全国民委工作一盘棋，突出不同层级民委履行职责的重点，形成全面衔接、分工合理的职能体系。积极探索完善国家民委委员制的有效途径和办法，充分发挥这一制度的作用。提高民委系统依法行政能力。加强和改进对地方民委工作的分类指导。推动落实中央关于加强基层民族工作部门建设的文件精神，帮助地方民委办实事、做好事、解难事。

切实加强党建工作，努力建设学习型机关，进一步改进思想作风和工作作风。认真总结学习实践科学发展观活动经验，巩固成果，形成长效。全面落实干部人事工作的意见和办法，切实加强党员、干部、领导班子和干部队伍建设，加强后备干部队伍建设。认真实施《国家民委2008—2012年惩防体系实施办法》，着力抓好党风廉政建设责任制的落实。制定出台加强民委系统领导干部反腐倡廉教育的办法。深入开展工程建设领域突出问题和"小金库"专项治理工作，综合制度建设开展廉政风险点排查，切实加强反腐倡廉建设。

加强委属事业单位建设。切实关心和支持委属事业单位科学发展，积极、稳妥地推进体制改革，民族出版社、民族画报社、民族团结杂志社、民族报社的体制改革要尽快迈出实质步伐，继续巩固民族文化宫体制改革成果，加快民族博物馆立项和建设进度，积极探索民族语文翻译局和民族歌舞团稳步发展的新路子，力争多出人才、多出精品。

加强信息工作。加强对民族工作重点、难点和热点问题信息，特别是涉及民族关系方面苗头性、倾向性、预警性信息的搜集、整理、分析和报送，确保信息渠道畅通，提高实效性。加强对地方信息工作的指导。组织开展民族事务管理信息化建设工程，推进机关电子政务，深化和规范政务公开。做好国家民委网站技术升级和内容建设。

加强财务、基本建设和国有资产管理。抓好规划重点工程项目落实。继续推行直属事业单位目标责任制。继续推进机关后勤管理体制改革，完善工作机制，抓好队伍建设，进一步提高服务质量，重点解决好干部职工工作、生活密切相关的现实问题。进一步做好信访、保密、安全保卫工作。切实做好老干部工作，加强工会、共青团和社团工作。

国家民委副主任罗黎明同志在2010年民族地区经济形势分析会议暨编制《少数民族事业发展“十二五”规划》座谈会上的讲话

（2011年1月7日）

同志们：

这次民族地区经济形势分析会议暨编制《少数民族事业发展“十二五”规划》座谈会的主要任务是：学习贯彻党的十七届五中全会和中央经济工作会议精神，总结分析“十一五”期间民族地区经济运行情况，研究“十二五”促进民族地区发展的政策和措施，讨论编制《少数民族事业发展“十二五”规划》的思路和框架。

下面，我讲几点意见，供大家参考。

一、“十一五”期间民族地区发展概况

“十一五”以来，在党中央、国务院的亲切关怀和坚强领导下，在全国人民的大力支持下，民族地区的各级党委、政府带领各族干部群众艰苦奋斗，开拓创新，经济社会发展成绩显著。

一是经济实力大幅提升，特色优势产业发展态势良好。“十一五”时期，民族地区（指5个自治区和云南、贵州、青海3个多民族省份，下同）生产总值由2005年的17 428亿元增加到2009年的34 619亿元，按可比价格计算增长了66.8%，年均增速13.6%；民族地区生产总值相当于全国比重从8.8%提升到9.6%，提高了0.8个百分点；人均地区生产总值相当于全国比重从60.1%提升到65.3%，提高了5.2个百分点。地方财政一般预算收入从1 330亿元增加到3 204亿元，增长141%；全社会固定资产投资从9 374亿元增加到25 261亿元，增长169.5%；农牧民人均纯收入由2 277元提高到3 670元，初步形成了以能源资源开发及深加工、特色农牧业、民族文化旅游以及战略性新兴产业等为代表的产业群，培育了一大批有一定竞争力和知名度的大企业，极大地增强了民族地区的自我发展能力。

二是基础设施建设取得突破进展，生态建设成效显著。“十一五”时期，国家共投入1 670亿元支持民族地区公路、水运、铁路等基础设施建设。在交通方面，国道主干线和省级干线公路全部贯通。在水电方面，溪洛渡、向家坝、积石峡水电站建设进展顺利。在水利和能源方面，宁夏沙坡头水利枢纽工程和西气东输二期顺利完工。在生态建设方面，除继续做好退耕还林和退牧还草工程外，先后启动三江源生态保护、西藏高原生态屏障、西南石漠化治理等重大生态工程项目。

三是社会事业加快发展，基本公共服务水平稳步提高。"两基"攻坚计划如期完成。民族地区实现"两基"县已达到 674 个，占总数的 96.6%。医疗卫生服务能力不断提高。民族地区每千人拥有卫生技术人员达到 3.3 人，比 2005 年提高了 22.2%。覆盖城乡社会保障体系稳步推进。少数民族传统文化得到及时抢救和保护，在1 028项国家级非物质文化遗产中，少数民族项目 367 项。少数民族文学、艺术、体育、广播、影视、新闻出版等各项事业不断发展。民族地区上学难、看病难、听广播难、看电视难等问题得到初步缓解。

四是对外开放不断深化，重点区域加快发展。2009 年，民族地区外商投资企业达到 1.7 万家，投资总额达到 814 亿美元，企业和投资总额分别比 2005 年增长了 147% 和 79%；民族地区货物进出口总额达到 475.2 亿美元，增长了 84.7%。民族地区与周边国家和地区的合作也取得实质性进展。同时，"十一五"期间，中央还出台了一系列扶持民族自治区、青海等省藏区、云南边境地区经济社会发展的政策，促进了民族地区重点区域的加快发展，民族地区初步形成了以广西北部湾、新疆天山北坡、宁夏宁东煤化工基地等为代表的一批新的经济增长极。

回首"十一五"期间民族地区发展，我们进一步深化了对少数民族和民族地区经济社会发展、民族经济工作规律的认识，积累了推进民族地区经济社会发展的成功经验。

第一，必须牢牢把握住各民族共同团结奋斗、共同繁荣发展的主题，紧紧围绕促进民族团结、实现共同进步的根本任务，坚持把维护团结作为第一职责，把加快发展作为第一要务，实现民族地区经济社会又好又快发展。

第二，必须坚持把促进少数民族和民族地区加快发展摆上重要位置，不断采取有力措施，切实保障和改善民生，让少数民族群众共享改革发展成果，切实感受到祖国大家庭的温暖。

第三，必须坚持加强分类指导，按照"因地制宜、因族举措、分类指导"的原则，在政策制定和实施上必须从民族地区实际出发，发挥优势，扬长避短，不能搞"一刀切"或"齐步走"。

第四，必须坚持处理好加快发展和民族团结的关系。发展是第一要务，团结是第一责任，必须坚持两手抓，两手都要硬，坚定不移地维护民族团结，促进各民族和睦相处、和衷共济、和谐发展，促进民族地区社会和谐稳定。

第五，必须坚持处理好国家支持和自力更生的关系。只有坚持把国家扶持和发挥民族地区各族群众的积极性、创造性结合起来，坚持把国家扶持和增强民族地区自身内在活力和自我发展能力结合起来，解放思想，创新思路，才能不断促进民族地区经济社会的全面协调可持续发展。

第六，必须坚持深化改革和扩大开放。改革开放是民族地区促进发展的强大动力，是富民强国的必由之路。民族地区只有坚定不移地推进各项改革，不断扩大对内对外开放，不断加强与沿海、内地发达省市的横向联合，不断加强对东部发达地区产业转移的承接力度，不断扩大对外贸易往来和经济技术合作，才能实现优势互补、互惠互利、共同繁荣。

"十一五"的民族地区发展经验归结到一点，就是必须坚持一切从我国少数民族和民族地区实际出发，坚定不移地走中国特色解决民族地区发展问题的正确道路。

二、正确研判民族地区发展形势，坚定发展信心

"十一五"以来，民族地区与自身相比，发生了巨大的变化。但是与全国相比，尤其是沿海发达地区相比，仍有不小的差距，发展仍面临很多困难和不利因素。主要表现在以下几个方面：

第一，民族地区与东部发达地区发展水平的差距仍然在拉大。人均地区生产总值相对差距虽然缩小了，但绝对差距从“十五”末2005年的6 159元扩大到2009年的9 733元。

第二，基础设施落后、生态环境脆弱的瓶颈制约仍然存在。

第三，经济结构不合理、自我发展能力不强的状况仍然没有根本改变。

第四，贫困面广、贫困程度深、基本公共服务能力薄弱等问题仍然相当突出。

第五，加强民族团结、维护社会稳定的任务仍然繁重。

第六，民族地区仍然是我国全面建设小康社会的难点和重点。

当前，我国少数民族和民族地区发展既面临难得机遇，也面临重大挑战。刚刚结束的中央经济工作会议全面总结了去年和“十一五”时期经济工作，分析了当前国际国内形势。会议指出，今年世界经济有望继续恢复增长，但不稳定不确定因素仍然较多。国际金融危机影响深远，世界经济格局正在发生深刻复杂变化。我们要认真分析和准确把握世界经济发展中长期趋势，努力提高应对复杂局面能力。同时，会议还强调，做好今年经济工作，有许多有利条件，也存在一些突出矛盾和问题。宏观经济平稳运行面临复杂形势，粮食稳定增产和农民持续增收基础不牢固，经济结构调整压力加大，资源环境约束强化，改善民生和维护社会稳定任务艰巨。

在科学判断经济形势的基础上，中央提出了今年经济工作六个方面的主要任务：一是加强和改善宏观调控，保持经济平稳健康运行；二是推进发展现代农业，确保农产品有效供给；三是加快经济结构战略性调整，增强经济发展协调性和竞争力；四是完善基本公共服务，创新社会管理机制；五是加大改革攻坚力度，推动经济发展方式转变；六是坚持互利共赢的开放战略，拓宽国际经济合作空间。

我们要抓住机遇、应对挑战，就必须站在党和国家事业发展全局的战略高度，认真贯彻落实十七届五中全会和中央经济工作会议精神，充分认识继续推进我国少数民族和民族地区发展的极端重要性和现实紧迫性，认识到少数民族和民族地区加快发展的重大机遇和有利条件，进一步坚定发展的信心。概括起来，主要有利条件有以下六条：

第一，《中共中央关于制定国民经济和社会发展第十二个五年规划的建议》确立“十二五”时期“扩大内需”的基本方针，民族地区市场潜力大、战略资源丰富的优势显得更加突出。

第二，贯彻“周边首要”方针，与周边国家的交流合作不断向纵深发展，民族地区多处边疆地区，沿边开放潜力很大，正处于上台阶上水平的关键时期。

第三，随着国内外经济结构战略性调整，产业转移步伐加快，为民族地区承接东中部地区产业转移、调整产业结构创造了条件。

第四，西部大开发10年来，民族地区基础条件、投资环境、综合实力有了大幅提高，为进一步发展奠定了坚实基础。

第五，国家综合实力不断提升，中央财政收入今年有望突破8万亿元，有能力进一步加大对民族地区发展的支持力度。

第六，近年来中央出台的支持西藏、新疆和其他民族地区加快发展的政策措施正在发挥强有力的政策效应。

总的来看，当前进一步加快少数民族和民族地区发展，机遇大于挑战，有利因素多于不利因素，少数民族和民族地区跨越式发展正处在大有可为的战略机遇期。我们一定要认真贯彻落实中央关于支持少数民族和民族地区加快发展一系列政策措施精神，辩证分析正反两方面因素，树立发展的信心，扎实工作，开拓创新，促进少数民族和民族地区跨越式发展和长治久安。

三、采取有力措施，积极推动民族地区经济社会又好又快发展

2010年民族地区经济总体运行情况良好，国民经济保持快速增长势头。2010年前三季度，我国民族地区生产总值达到27 579.5亿元，同比增长13.1%；城镇居民人均可支配收入达到11 632元，比2009年同期增加1 053元；农牧民人均现金收入达到3 810元，同比增加398元。2010年1—10月，民族地区地方财政一般预算收入达到3 245.1亿元，比2009年同期增长24.5%，增速比全国高0.4个百分点；完成城镇固定资产投资22 913亿元，比2009年同期增长24.2%；社会消费品零售总额达到10 162.9亿元，同比增长18.6%，高于全国0.3个百分点；实现外贸进出口总额496.2亿美元，比2009年同期增长36.6%，高于全国增速0.3个百分点。

以上充分说明，2010年以来，在国际国内经济形势极为严峻的情况下，民族地区认真贯彻落实中央扩内需保增长的政策措施，扎实做好各项工作，民族地区与全国一样经济运行比预期的要好，呈现平稳运行的良好态势。根据中央经济工作会议确定的2011年经济工作总要求，结合民族地区经济运行的实际，今年的民族经济工作，要按照科学发展观的要求，认真研究解决民族地区经济社会发展中的重大问题，采取有力措施，积极推动民族地区经济社会又好又快发展。

第一，进一步加强基础设施建设，打牢长远发展基础。民族地区多数地处山区、高原、边疆，发展经济首先要解决通路、通信、通电等问题。"十一五"以来，民族地区基础设施有较大改善，但仍然是今后一个时期加快发展的主要制约因素。民族地区要抓住中央深入实施西部大开发战略和继续实行积极的财政政策，强调要保持适度的投资规模，着力优化投资结构的有利时机，进一步加强基础设施建设。要继续加大民族地区铁路网规模、干线公路网和水运基础设施建设，加快枢纽机场和支线机场建设；大力推进实施重点水利工程，推进能源、信息基础设施建设。要抓好关系群众切身利益的中小项目，实施一批民生工程建设。重点向边境、基层、农村和牧区倾斜，安排病险水库除险加固、农村饮水安全、边境公路、乡村道路、城乡安居保障房、农村危房改造、牧民定居等项目。中央将进一步加大国家建设资金对民族地区的投入力度，提高中央公益性建设项目的补助标准，取消民族地区县及县以下配套资金。

第二，加快转变经济发展方式，做大做强特色优势产业。在发挥资源优势的同时，要逐步摆脱产业结构过于单一的状况，紧紧抓住国内外经济结构调整的有利时机，从民族地区自身资源条件、区域特点、产业状况出发，推进经济发展方式转变，高标准培育战略支撑产业，做大做强特色优势产业。支持民族地区大力发展特色农牧业，发展龙头企业，形成一批具有民族特色的农牧业品牌。加快旅游基础设施建设，大力发展特色旅游，并带动服务业发展，促进就业和居民增收。支持民族地区合理承接东部发达地区产业转移，建立承接产业转移的示范园区和东西部互动产业合作示范区。

第三，以促进基本公共服务均等化为目标，着力保障和改善民生。要结合民族地区的实际，从各民族群众最关心最直接最现实的利益问题出发，认真研究相关政策措施，积极推动民族地区逐步实现基本公共服务均等化。特别是今年我们要编制《少数民族事业发展"十二五"规划》，要把保障和改善民生作为民族工作的出发点和落脚点。要争取中央财政对民族地区进一步加大转移支付力度，建立民族地区转移支付稳定增长机制。要继续加大对民族地区教育、医疗卫生、就业、社会保障和文化等社会事业的支持力度，不断提高各族群众的生活质量和水平，使民族地区各族群众学有所教、劳有所得、病有所医、老有所养、住有所居。

第四，加大扶贫攻坚力度，把少数民族集中连片特殊困难地区和牧区作为新时期扶贫开发的重点，抓紧抓好。当前，扶贫开发任务越来越集中在民族地区。"十一五"以来，民族自治地方农村贫困人口占同期全国农村贫困人口的比重由2006年的44.5%增长到2009年的54.3%，提高了近10个百分点，成为全国扶贫开发的主战场，是新时期我国扶贫开发工作重点和难点。主要分布在新疆南疆地区、青藏高原东缘地区、武陵山区、六盘山区、乌蒙—凉山区、滇桂黔石漠化区、滇西边境及哀牢山区、大兴安岭南麓山区等生存条件恶劣的区域。去年召开的西部大开发会议明确提出，要全力实施集中连片特殊困难地区开发攻坚工程，基本消除绝对贫困现象。目前，国家发展改革委正牵头编制武陵山区经济协作区发展规划；国务院扶贫办也正在会同有关部门制定“十二五”期间集中连片特困地区的扶贫开发规划。去年，由国家发改委、国家民委和农业部牵头就牧区发展问题进行了专题调研，今年国家将召开全国牧区工作会议，研究出台支持牧区发展的政策措施。各有关省区要抓住当前难得的历史机遇，切实摸清本省区特困民族、特困区域和牧区的基本情况，研究提出相应对策和配套措施，利用国家重点支持的有利时机，集中解决集中连片特殊困难地区和牧区的发展问题。

第五，着力推进改革开放，不断增强民族地区发展的活力和动力。“十二五”时期，中央将进一步推进主体功能区战略，深化资源性产品价格改革等一系列重大改革。民族地区多处在自然保护区和生态脆弱区，处在我国大江大河的源头，限制开发区和禁止开发区面积大、范围广，涉及少数民族多。去年中央新疆工作座谈会和西部大开发会议提出，要推进资源税改革，对煤炭、原油、天然气等的资源税由从量计征改为从价计征，在资源税分配上向资源产地基层政府倾斜。我们要按照中央的要求，加紧研究相关的公共财政政策和后续产业扶持政策，特别要研究生态补偿机制、转移支付、配套资金等改革，为民族地区发展注入活力和动力。民族地区要充分利用沿边优势，以扩大对内对外开放促进民族地区又好又快发展。一方面要促进民族地区与内地尤其是沿海发达地区的经济技术合作。继续加大沿海发达地区和中央单位对口支援民族地区的工作力度，不断提升对口支援的层次、深度和水平。另一方面，积极推动民族地区参与国际区域经济合作，进一步加大与周边国家的交流合作，扎实推进图们江地区的合作开发，建立云南向西南开发的桥头堡，搞好广西北部湾经济区和东盟自由贸易区的合作开发，支持内蒙古、新疆等地大力发展边境口岸和边境贸易，积极探索边境地区开发和对外开放的新模式。

第六，全力抓好各项特色民族经济工作，不断推进民族地区全面发展。

一是进一步抓好扶持人口较少民族发展工作。2010年，我们积极协调国家发改委和财政部等有关部门加大对扶持人口较少民族发展的投入力度，落实中央预算内投资2亿元，落实少数民族发展资金3.27亿元。截至2010年底，共有95%以上的人口较少民族聚居村实现“四通五有三达到”目标，完成“十一五”规划任务。同时，在认真总结“十一五”规划实施情况和联合有关部门共同调研的基础上，国家民委会同国家发改委、财政部等有关部门共同编制《扶持人口较少民族发展“十二五”规划》。目前，已完成征求意见和专家论证工作，争取今年上半年报国务院审批。今年，我们将重点做好《扶持人口较少民族发展“十二五”规划》申报和实施工作，协调有关部门落实资金项目、政策，编制相关专项建设规划，做好“十一五”规划实施的总结和宣传工作。

二是全面推进兴边富民行动工作。2010年，我们认真贯彻落实国务院领导同志重要批示精神，联合国家发改委、财政部在云南成功召开了兴边富民10周年总结经验交流会，积极协调有关部门和地方加大对边境地区的投入力度，其中兴边富民中央补助资金达7亿元，比上一年增加2.16亿元。为了加快边境地区群众致富，国家民委还联合财政部开展了兴边富民补助资金支持发展特色优势产业试点工作，共在边境9省区选择12个边境县开展试点，安排扶持资金1.05亿元。同时，认真做好《兴边富民行动“十二五”规划》编制工作，成立了国家民委主任杨晶同志为组长，中央国家机关26个部门有关司局为成员的规划编制工作领导小组，并先后赴西北、东北、西南等地区开展规划编制工作的专题调研。目前，已完成规划文本草案起草和征求意见、专家论证工作，争取今年上半年报国务院审批。今年，我们要重点做好《兴边富民行动“十二五”规划》申报和实施工作，协调财政部增加兴边富民补助资金，继续做好兴边富民补助资金扶持特色优势产业发展工作，继续开展边境地区发展有关问题的研究。

三是认真落实民族贸易政策，促进民族特需品产业发展。2010 年，国家民委在全国范围内进行了多种方式的调研工作，组织召开了政策研讨会，形成了“十一五”期间民贸民品优惠政策落实情况和“十二五”期间优惠政策建议。同时，积极协调财政部、国家税务总局、中国人民银行等相关部门就“十二五”期间民贸民品优惠政策基本达成一致意见，形成了上报国务院的《国家民委等四部委关于“十二五”期间进一步完善民族贸易和民族特需商品定点生产企业优惠政策的请示》。今年，我们将继续贯彻落实好国家“十二五”期间民族贸易和民族特需商品生产优惠政策，协调有关部委出台落实政策的具体措施。

四是做好少数民族特色村寨保护与发展工作。2010 年，国家民委专门深入湖北、湖南、重庆和福建等地，调研少数民族特色村寨保护与发展试点工作进展情况。在湖北宜昌召开了全国少数民族特色村寨保护与发展试点工作现场经验交流会，总结了 2009 年实施试点工作以来的成效和主要做法。今年，我们要继续推进这一工作，进一步加强对少数民族特色村寨保护与发展试点工作的调研，考虑编制《少数民族特色村寨保护与发展“十二五”规划》。

五是认真做好经济形势监测和统计分析工作。分析民族地区经济运行情况、制定专项发展规划、研究提出民族地区经济发展的特殊政策和措施，是国务院赋予国家民委的一项职能。我们在地方政府的支持下，与西部 11 个省区的发展改革委、经贸委、统计局等单位形成了比较稳定的联系渠道。多年来，各省区有关部门对民族经济工作给予了大力支持，希望大家今后一如继往地支持民族经济工作。各省民委要进一步加强与有关部门的联系和协作，增进了解，加强合作，共同为少数民族和民族地区办实事，解难事。今后，大家要在经济形势分析和统计监测工作中，更加注重对宏观经济运行情况和发展趋势的监测，更加注重对民族地区经济发展重大问题的研究，有针对性地提出促进民族地区又好又快发展的政策建议。

第七，积极推进国家扶持民族地区加快发展一系列政策措施的落实，促进民族地区跨越式发展和长治久安。党中央、国务院历来高度重视少数民族和民族地区的发展。党的十六大以来，中央先后出台了《中共中央、国务院关于进一步加强民族工作，加快少数民族和民族地区经济社会发展的决定》（中发〔2005〕10 号）和《国务院实施〈中华人民共和国民族区域自治法〉若干规定》，对新时期少数民族和民族地区加快发展作出了战略部署。“十一五”以来，中央先后召开了第五次西藏工作座谈会、新疆工作座谈会和西部大开发会议，对西藏、新疆的发展和今后 10 年西部大开发工作进行了安排部署。同时，还出台了支持宁夏、广西和青海等省区、云南边境地区、甘肃经济社会发展的政策措施。目前，支持内蒙古自治区经济社会发展的政策正在研究制定中。下一步，国家民委将会同有关部门加大对这些政策落实情况的监督检查力度，请各有关省区加大贯彻落实的力度，确保各项政策措施落到实处。

四、以求真务实的态度，编制好《少数民族事业发展“十二五”规划》

（一）关于规划编制要重点把握的几个问题

一是把握好少数民族事业的基本定位。少数民族事业，是党和国家解决民族问题，坚持和完善民族区域自治制度，加快少数民族和民族自治地方发展，保障少数民族合法权益，巩固和发展社会主义民族关系，促进各民族共同团结奋斗、共同繁荣发展的一项综合事业。根据这一定位，综合考虑“十二五”时期我国经济社会发展的趋势和条件，《少数民族事业发展“十二五”规划》（以下简称《规划》）编制要围绕全面落实科学发展观，全面建设小康社会和构建社会主义和谐社会的奋斗目标，突出强调大力推进公共服务均等化，促进社会公平正义，重点解决少数民族和民族地区面临的特殊问题和特殊困难。

二是把握好少数民族事业的特殊性。我国55个少数民族在历史发展、经济生活、文化传统、风俗习惯等许多方面各具特色，民族地区地域辽阔，千差万别，发展水平各异。由于历史、自然和社会的原因，少数民族和民族地区发展总体上仍然滞后，民族之间、地区之间、城乡之间的发展存在较大差距。《规划》要充分考虑少数民族事业发展的特殊性，针对特殊区域、特殊人群、特殊领域及特殊困难和问题，采取特殊政策措施，用更多的投入、更优惠的政策，促进少数民族事业又好又快发展。

三是把握好《规划》的指导性和可操作性。少数民族事业是涉及我国经济、政治、文化、社会各个领域的一项综合事业，是政府主导、全社会共同奋斗的一项长期事业。《规划》要明确“十二五”时期少数民族事业发展的指导思想和目标、主要任务、保障措施和重点工程。一方面，要提出各有关部门、各级政府和社会各界力量共同参与少数民族事业建设的总体要求。另一方面，要从实际出发，坚持“有所为有所不为”，抓住重点和关键环节，切实解决少数民族事业发展面临的重大和急难问题，从总体上绘制“十二五”时期少数民族事业发展的蓝图。

（二）关于《规划》编制的几点要求

总体上，《规划》编制要体现“高、新、实、精”——要有高度，把握全局性、前瞻性、战略性，既要立足民族地区，又要放在全国的大背景下考虑问题；要面对新形势、新变化、新问题，提出新对策、新举措；要具有可操作性，有具体的抓手，有实实在在的“干货”；要突出重点，有所为有所不为，研究重大问题，提出重大思路和政策。具体要求是：

一是切实提高认识，加强领导。编制《规划》是今年民族工作的一项重要任务，涉及少数民族和民族地区发展的方方面面，意义深远，责任重大。目前，《规划》已列入2012年国务院审批计划，时间紧迫，我们要进一步提高对《规划》编制重要性的认识，切实加强对《规划》编制工作的组织领导，确保《规划》编制工作按照时间进度要求顺利开展。

二是深入调查研究，整体把握民族地区的实际情况。要切实做好“十一五”规划实施情况的总结评估工作，深入把握当前民族地区经济社会发展面临的突出问题和困难。要积极借助外脑，听取有关专家学者的意见。要深入民族地区一线，特别是发展困难地区了解情况，掌握第一手资料。要开阔视野，拓宽思路，用新办法解决新矛盾、新问题。

三是在《规划》内容上既要有重大思路和政策，也要有实实在在的项目。《规划》既要就“十二五”时期促进少数民族和民族地区加快发展提出重大政策，更要有实实在在的项目。项目是政策实施的载体和基础，没有重大项目的支撑，《规划》就容易落空。“十二五”时期，少数民族事业发展要有一批能够振奋人心、鼓舞干劲的重点工程，要让民族地区广大干部群众看到前景，看到奔头。

四是要坚持集思广益，开门编《规划》。一方面，要广泛听取有关专家的意见建议。另一方面，要充分听取各部门和民族地区意见，提高《规划》编制的透明度和社会参与度。

五是要掌握好时间进度。时间进度分为四个阶段，今年1—4月前，主要是《规划》编制的调研和准备阶段。目前，各专题工作组正在开展重点专题的调研工作。5—7月，重点进行《规划》文本（草案）的起草工作。8—10月，主要就《规划》文本（草案）征求有关部门和地方的意见，组织专家论证，年底前形成会签稿上报国务院。

最后，我代表国家民委，向多年来关心支持民族经济工作的兄弟部门和地方的领导、同志们，表示衷心地感谢！新春佳节将至，预祝同志们新春快乐，身体健康，工作顺利，合家幸福！

综述篇

收录了少数民族和民族地区2009年度经济社会发展概况。

少数民族和民族地区经济和社会发展综述

2009年全国少数民族和民族自治地方国民经济社会发展

2009年，在党中央和国务院的正确领导下，在各族干部群众的共同努力下，民族自治地方各族干部群众认真贯彻落实党的十七大以来的方针政策和中央民族工作会议精神，全面落实科学发展观，民族自治地方经济社会保持了稳定发展的良好势头。

一、全国民族自治地方经济发展

2009年底，民族自治地方年底总人口1.83亿人，比上年增长1.0%，其中少数民族人口8 714万人，比上年增长1.1%，少数民族人口占总人口的47.3%。

（一）经济总量占全国比重有所提高

2009年，全国民族自治地方生产总值完成32 015亿元，按可比价格计算，比上年增长14.0%。民族自治地方生产总值占全国各地区加总生产总值的8.84%。其中，第一产业增加值完成5 243亿元，比上年增长5.0%；第二产业增加值完成14 644亿元，比上年增长17.9%；第三产业增加值完成12 129亿元，比上年增长13.3%。2009年，民族自治地方人均生产总值达到18 091元。在5个自治区中，内蒙古自治区生产总值增长速度达到16.9%，居于5个自治区首位。5个自治区的人均国内生产总值均超过2 000美元。

（二）农业生产平稳发展

2009年，民族自治地方全年完成农林牧渔业总产值8 671亿元，比上年增长5.8%。

种植业结构调整继续推进。2009年，粮食播种面积达到1 855万公顷，油料播种面积达到222万公顷，棉花播种面积达到142万公顷。全年粮食产量8 006万吨，棉花产量253万吨，油料产量397万吨，烟草产量103万吨，糖类产量9 389万吨。

畜牧业和渔业生产平稳发展。2009年，大牲畜、猪、羊年末存栏头（只）数分别为5 684万头、7 944万只和14 806万只，分别占全国总量的20%、28%和52%。全年肉类总产量达到1 403万吨，其中牛肉、羊肉和猪肉产量分别为209万吨、196万吨和753万吨。牛羊奶产量1 363万吨。

农业生产条件进一步改善。2009年末，民族自治地方农业机械总动力12 187万千瓦，比上年增长 7.6%；全年农村用电量 271 亿千瓦小时，比上年增长 8.2%；农田有效灌溉面积1 200万公顷。

民族自治地方农产品人均占有量均有不同程度变化。2009 年，粮食人均占有量为 435 公斤，与上年基本持平；棉花人均占有量达到 13.7 公斤，与上年相比略有下降；油料人均占有量为 22 公斤，与上年基本持平。

（三）工业生产发展平稳，建筑业增长较快

2009 年，民族自治地方年产品销售收入 500 万元以上的工业企业（以下简称规模以上工业企业）有20 370家，完成工业总产值29 145亿元。其中国有企业完成3 668亿元，港澳台商投资企业完成 879 亿元，外商投资企业完成2 221亿元。

民族自治地方主要工业产品产量情况如下：机制纸及纸板产量 500 万吨，比上年增长 39.6%；成品糖产量1 047万吨；原煤产量 8.3 亿吨，比上年增长 27.6%；原油产量4 649万吨，比上年增长 52.2%；发电量5 911亿千瓦时，比上年增长 7.5%；粗钢产量3 469万吨，比上年增长 16.4%；生铁产量3 946万吨，比上年增长 30.6%；水泥产量 21 376 万吨，比上年增长 35.5%。

工业生产产销衔接良好，经济效益总体水平稳步提高。全年规模以上工业企业实现利润 2 677亿元，比上年增长 26.9%。亏损企业亏损额 312 亿元，同比减亏 60 亿元。

建筑业增长较快。全年建筑业总产值完成 3 962亿元。房屋竣工面积13 143万平方米，比上年增长 10.8%。

（四）固定资产投资规模继续保持高速增长态势

2009 年，民族自治地方全社会固定资产投资完成23 263亿元，比上年增长 34.6%。其中，城镇固定资产投资20 878亿元，农村固定资产投资2 384亿元；国有单位固定资产投资完成9 397亿元，比上年增长 41%。从资金来源看，国家预算内资金2 657亿元，国内贷款3 239亿元，利用外资 238 亿元，自筹资金14 512亿元。

（五）消费品市场销售发展较快

2009 年，民族自治地方社会消费品零售总额完成9 796亿元，比上年增长 18.8%，其中批发零售贸易业8 008亿元、餐饮业1 573亿元。

（六）对外贸易继续保持快速发展势头

2009 年，民族自治地方进出口贸易总额完成 416 亿美元，其中出口额 266 亿美元、进口额 150 亿美元。民族自治地方年末实有外商投资企业5 618个，全年实际利用外资 54.7 亿美元。

（七）交通运输和邮电通信业保持稳定增长

2009 年，民族自治地方国有铁路营业里程达到 2 万公里。公路线路里程达到 88 万公里。民族自治地方铁路和公路完成货物运输周转量 9 229亿吨公路，完成旅客运输周转量2 419亿人公里。

邮电通信业全年完成邮电业务总量2 142亿元，比上年增长 18.7%。固定电话用户达到 2 828万户；移动电话用户达到8 280万户，比上年增长 23.9%；国际互联网用户达到 877 万户。

（八）旅游资源丰富，国际国内旅游收入稳步增长

截至 2009 年底，民族自治地方共有世界自然遗产 5 处、文化遗产 3 处、人类口述和非物质遗产 2 处；国家级重点风景名胜区 54 处；国家历史文化名城、名镇、名村分别为 17 个、20 个和 17 个；国家重点文物保护单位 363 个；国家 5A 级旅游区 12 个，4A 级旅游区 180 个，3A 级 146 个，2A 级 212 个，1A 级 43 个；国家重点自然保护区 121 个，保护区面积达到8 142万公顷。

2009 年，民族自治地方共有国际旅行社 246 个，国内旅行社1 936个。全年国内旅游人次达到 3.78 亿人次，比上年增长 16.7%；实现国内旅游收入1 837亿元。全年国际旅游人次达到 965 万人次，比上年增长 7.3%；实现国际旅游外汇收入 26.8 亿美元。

（九）财政收入较快增长，金融运行健康平稳

2009 年，民族自治地方完成地方财政收入

2 548亿元，比上年增长21.4%；地方财政支出8 369亿元，比上年增长28.8%。

金融机构存贷款稳定增加。2009年，民族自治地方各项存款余额36 791亿元，比年初增加6 647亿元。其中，城乡居民储蓄存款余额18 086亿元，比年初增加3 131亿元。全部金融机构各项贷款余额24 494亿元，比年初增加5 176亿元。

（十）城乡居民收入稳定增长，人民生活水平稳步提高

民族自治地方城镇居民人均可支配收入为14 053元，比上年增长9.0%。全年城镇居民人均消费性支出为10 208元，比上年增长10.4%。农牧民收入稳定增长，生活继续改善。民族自治地方农牧民人均纯收入为3 664元，比上年增长8.7%。农民人均生活消费支出为2 965元，比上年增长9.3%。城镇居民家庭恩格尔系数36.8%，比上年下降2.5个百分点。农村居民家庭恩格尔系数46.3%，比上年下降3个百分点。

二、全国民族自治地方社会发展

（一）科学研究与技术发展情况

2009年末，民族自治地方研究与开发机构及情报文献机构675个，从业人员4.2万人，科学家及工程师3万人。科技活动经费筹集总额43.5亿元。科学研究与技术开发成果继续提高。拥有发明专利总数431件；专利申请量387件，比上年增加65件；专利授权量185件。发表科技论文7 988篇，出版科技著作272部。高新技术产业发展加快。2009年末，包头、南宁、桂林、乌鲁木齐4个国家高新技术开发区共有高新技术企业1 746家，比上年增加110家；职工人数32.6万人；高新技术企业总收入2 014亿元，比上年增长16%；总产值1 919.5亿元，比上年增长17.9%；出口额19.2亿美元。

（二）教育事业稳步发展

2009年末，民族自治地方共有普通高等院校196所，比上年增加4所；招生44.4万人，在校本、专科生143.5万人，分别比上年增长4.3%和7.9%。普通中学10 271所，招生360.9万人，在校学生1 050.1万人。普通小学52 354所，招生256.1万人，在校学生1 579.4万人。

（三）文化事业继续推进

截至2009年末，民族自治地方有各种艺术表演团体748个，公共图书馆619个，文化馆738个，博物馆312个。全年出版报纸16.5亿份，各类出版杂志7 366万册，出版图书4.8亿册（张）。共有广播电视台599个，广播电台47个，电视台59个。民族自治地方广播综合人口覆盖率90.8%，电视人口综合覆盖率94%。

（四）卫生事业得到进一步加强

2009年末，民族自治地方共有卫生机构（其中包括医院、卫生院、门诊部、疗养院所、专科防治所站、卫生防疫站、妇幼保健所站）4.4万个，卫生机构床位55.1万张，卫生技术人员63.8万人。民族自治地方卫生机构价值50万元以下的设备共有25.3万台，价值50万元至100万元的设备有6 317台，价值100万元以上的设备有4 336台。

（撰稿　杨慕云　　审稿　乐长虹　王海青）

2009年各省、自治区、直辖市少数民族经济社会发展

河　北　省

一、少数民族人口概况

截至2009年底，河北省共有55个少数民族成分，少数民族总人口3 115 448人，占全省人口总数的4.35%。其中满族人口最多，为2 207 712人，占全省少数民族人口总数的70.86%；其次是回族，为647 104人，占全省少数民族人口总数的20.77%。保安族、基诺族、珞巴族和乌孜别克族人口最少。

从人口增长情况看，全省总人口比上年度增加45.4万人，增长幅度为0.65%。全省少数民族人口增加37 583人，增长幅度为1.22%，高于全省人口增长0.57个百分点。全省11个设区市中，少数民族人口比例增长最快的是衡水市，少数民族人口比例增长了3.5个百分点，少数民族人口增加最多的城市是承德市，少数民族人口增加了17 575人。

全省少数民族人口最多的城市是承德市，有少数民族人口1 517 823人，占承德市总人口的40.81%，占河北省少数民族人口总数的48.72%。少数民族人口最少的城市是衡水市，有少数民族人口6 118人，占衡水市总人口的0.14%，占河北省少数民族人口总数的0.20%。

二、民族自治县（民族县）概况

（一）人口及基层组织情况

截至2009年底，河北省共有6个县级民族自治地方（丰宁满族自治县、围场满族蒙古族自治县、宽城满族自治县、青龙满族自治县、大厂回族自治县、孟村回族自治县）和3个享受民族自治地方待遇的县（滦平县、隆化县、平泉县），总人口为3 255 438人，其中少数民族人口为1 793 358人，占人口总数的55.09%；乡镇总数为181个（比2008年减少1个，滦平县西地满族乡划归双滦区管辖），占河北省乡镇总数的9.28%，村委会2 306个，共有共产党员127 998人，占人口总数的3.93%。

（二）经济及财政情况

截至2009年底，河北省民族自治县（民族县）实现地区生产总值5 573 205万元，比上年增加61 438万元；人均国内生产总值21 493元，为全省平均水平的88.51%，比上年增长15.54个百分点。

全省民族自治县（民族县）城镇居民可支配收入为12 646元，是河北省平均水平的85.92%。其中，大厂回族自治县城镇居民可支配收入为18 885元，比河北省平均水平高4 166.7元；城镇居民可支配收入最少的是丰宁满族自治县，为9 863元，比全省平均水平低4 855.3元；城镇居民消费性支出为8 744元，是全省平均水平的90.34%，比上年增加3.14个百分点。

全省民族自治县（民族县）农民人均纯收

人为3 967元，是全省平均水平的77.03%，比上年增长7.48个百分点。其中，农民人均纯收入最高的县是大厂回族自治县，为6 841元，比全省平均水平高1 691元；最少的是围场满族蒙古族自治县，为2 607元，比全省平均水平低2 543元。

全省民族自治县（民族县）财政总收入为638 691万元，比去年减少107 271.5万元。其中增量最多的是大厂回族自治县，比上年增加7 787万元，增量最少的是青龙满族自治县，比上年减少40 656万元；人均财政收入2 241元，比上年减少52元，是全省平均水平的78.11%，比上年下降8.61个百分点。

全省民族自治县（民族县）地方财政支出为815 753万元；人均财政支出2 766元，是全省平均水平的84.18%。

（三）教育、医疗卫生情况

河北省民族自治县（民族县）共有8所农业中等技校，在校人数16 814人；高中24所，在校学生53 387人；初中149所，在校学生109 398人；小学851所，在校生总数为200 135人。教师总数为31 374人。

全省民族自治县（民族县）、乡、村三级医疗卫生机构共有3 170个，医务人员11978人，具有高级职称的有499人，占总人数的4.16%；具有中级职称的有2 162人，占总人数的18.05%。

三、民族乡基本情况

河北省53个民族乡共有695个行政村，因行政村合并，比2008年减少了7个行政村。其中694个村通公路、539个村通自来水、693个村已经安装了电话、全部通电通邮，分别占行政村总数的99.86%、77.55%、99.7%、100%和100%；行政区划面积为5 592平方公里，占河北省总面积的2.97%，总人口889 150人，其中少数民族人口360 431人，占全省少数民族总人口的11.57%。

全省民族乡乡镇企业总产值316.45亿元，比2008年减少18.61亿元；农林牧渔业总产值57.02亿元；农作物总播种面积为104 985.23公顷，其中粮食总播种面积为87 425.6公顷；粮食产量为506 255.1吨，肉类产量为109 099.52吨。财政收入98 091.8万元，比上年减少17 920.8万元，其中滦平县小营满族乡完成财政收入53 000万元，居全省53个民族乡之首，其人均财政收入也居于首位，为40 876.1元；财政支出86 244.9万元，比上年减少17 933.1万元；全省民族乡平均农民人均纯收入为3 765元，同比增长4.64%，是全省平均水平（全省为5 150元）的73.1%，比上年减少1.94个百分点。

全省民族乡学校总数为345所，其中中学40所，小学305所，在校学生总数为78 061人，教师6 489人，建有92个图书馆、文化站，71个医院、卫生院（所），医务人员955人，病床1 158张，医生与病床数倒置问题基本得到解决。

四、民族教育情况

河北省共有民族中学67所，由于生源减少、学校合并，民族中学的数量比上年减少13所，减少数量最多的是承德市，减少了7所。在校学生总数为108 945人，其中少数民族学生35 780人，占学生总数的32.84%；教师总数为5 253人，其中少数民族教师2 801人，占教师总数的53.32%；具有大专以上（含大专）学历的教师5 012人，占教师总数的95.41%。全省有民族小学398所，比上年增加1所，在校学生总数为112 332人，其中少数民族学生62 539人，占学生总数的55.67%；教师总数为8 144人，其中少数民族教师4 331人，占教师总数的53.18%，具有大专以上（含大专）学历的教师5 947人，占教师总数的73.02%。

（撰稿　张瑞强　　审稿　张兴堂）

内蒙古自治区

2009年，面对国际金融危机对我国经济的严峻挑战，内蒙古各地结合实际，认真贯彻落实中央和国务院应对危机、刺激经济的政策措施，全区经济增长下滑趋势得到有效遏制，经济形势实现了稳步回升，日趋向好，保持了较快的发展态势。经济运行呈现出前低后高、经济增速逐季恢复的走势，经济社会发展情况好于年初预期。

一、经济发展平稳有序

2009年，在全球性金融危机的冲击和影响下，全区经济在一季度跌入谷底，之后逐季回升，成功实现了V型反转。初步核算，经国家统计局审定，2009年，全区实现生产总值9 725.78亿元，居全国第15位，按可比价格计算，同比增长16.9%，比全国平均增速高8.2个百分点，增速连续8年保持全国各省区市第一位。其中，第一产业完成增加值929.02亿元，同比增长2.3%；第二产业完成增加值5 101.39亿元，同比增长21.4%；第三产业完成增加值3 695.37亿元，同比增长15%；三次产业结构之比为9.6∶52.4∶38。三次产业对经济增长的贡献率分别为1.3%、62.2%和36.5%。按常住人口计算，全区人均生产总值突破40 000元，为40 225元，同比增长16.5%。

二、三次产业协调发展，共同推进

2009年，虽然内蒙古一些地区遭受了干旱、冰雪等自然灾害的侵袭，农牧业生产受到一定的影响，但第一产业仍然保持了较好的发展势头。全年全区粮食产量达396.3亿斤，比上年减产30亿斤，但仍为历史上第二个高产年；全年粮食播种面积542.4万公顷，同比增加17万公顷。牲畜存栏量有所提高。2009年牧业年度，全区猪存栏1 261.7万头，同比增长7.8%；羊存栏8 512.2万只，同比增加近70万只；奶牛存栏314.4万头，比上年有所减少。全区牧业年度牲畜存栏总头数达10 858.5万头（只），比2008年牧业年度增加180.83万头（只）。

工业经济为全区经济的复苏发挥了主导性作用。2009年，工业生产增长同经济增长一样，趋势实现了V型反转的发展势头。2009年，全区全部工业完成增加值4 503.31亿元，同比增长21.2%。规模以上工业企业完成增加值4 400.45亿元，同比增长24.2%，高于全国平均增速13.2个百分点。分轻重工业看，轻工业完成增加值795.83亿元，同比增长21.8%；重工业完成增加值3 604.62亿元，同比增长24.7%。分行业看，在全区统计的36个行业中，有35个行业保持同比增长态势；总量上，煤炭开采和洗选业增加值首次突破千亿元，达1 028.7亿元，占全部规模以上工业增加值的23.4%。分产品看，2009年，全区原煤、啤酒产量有新突破，全区原煤产量首次突破6亿吨，达6.01亿吨，同比增长22.8%；啤酒产量突破10亿升，达11.04亿升，同比增长12.3%。此外，发电量、化肥产量及乳制品产量同比分别增长5%、94.5%和5.9%。工业产品销售率均比上年有所提高。2009年，全区规模以上工业产品销售率为97.3%，同比提高0.2个百分点。其中，轻工业产品销售率同比提高0.68个百分点，重工业产品销售率同比提高0.12个百分点。2009年，全区建筑业完成增加值598.08亿元，同比增长22.7%，增速快于上年19个百分点。

第三产业取得新发展。2009年，全区第三产业增加值占国内生产总值的比重由2008年的37.8%（依据经济普查核算数据）提高到了38%。交通运输业、房地产业、批发和零售业、金融业均实现了较快增长。房地产业发挥了支柱产业的作用。2009年，全区房地产开发投资完成815.46亿元，占50万元以上项目固定资产投资额的11%，同比增长10.8%。商品房的销售平稳有序。2009年，全区商品房销售面积2 463.01万平方米，同比增长15%，由于房价普遍上涨，销售额增长较快，商品房销售额达到733.22亿元，同比增长38.9%，比上年增速提高了26个百分点。2009年，金融为支撑全区经济平稳较快发展发挥了重要作用，金融业实现了较快增长。2009年末，全区金融机构人民币各项存款余额达8 373.7亿元，比年初增加2 056.07亿元，比上年末增长32.1%，比2008年末同比增速提高4.1个百分点。其中，全区居民储蓄存款余额达3 913.95亿元，同比增长

21.9%。在适度宽松的货币政策指导下，贷款余额增长较快。2009年末，全区金融机构人民币各项贷款余额达6 292.52亿元，全年新增放贷1 784.2亿元，比上年末增长39%，比2008年末增速加快15.7个百分点。随着信用卡等信用工具的逐步普及和广泛使用，个人消费信贷增长迅猛，2009年末用于个人消费的贷款余额445.9亿元，比上年同期增长73.6%，总额和增速均创历年新高。旅游业保持较快发展。面对金融危机和甲型H1N1流感等不利因素影响，各地区大力挖掘旅游潜力，加大宣传和推广力度，重点地区、重点景区旅游业保持较快发展势头。2009年，全区接待国内外旅游者4 009.14万人次，比上年增长19.6%，其中国内旅游者达3 880.18万人次，增长21.3%。全年实现旅游总收入611.35亿元，增长30.4%，其中国内旅游收入573.22亿元，增长33.5%。

三、投资和消费需求对经济增长的拉动作用明显

投资为全年圆满完成“保增长”目标作出了重要贡献。2009年，全区全社会固定资产投资完成7 464.72亿元，同比增长33.2%。50万元以上项目固定资产投资完成7 380.57亿元，比上年增长33.8%，快于上年增速6.4个百分点。从登记注册类型看，内资企业完成固定资产投资额7 172.29亿元，同比增长34.6%；港澳台商企业投资同比增长35.9%。从投资项目看，2009年，全区累计施工项目13 106个，比上年增长32.3%。其中，全年新开工项目11 056个，同比增长35%；全年投产项目9 845个，同比增长45.7%。从行业看，投资的主要领域均实现平稳较快增长，制造业投资额达1 612.43亿元，同比增长36.6%。电力、燃气及水的生产和供应业投资额达1 146.1亿元，同比增长52.1%；采矿业投资978.74亿元，同比增长3.3%；农林牧渔业完成投资375.98亿元，同比增长49.5%。从盟市看，鄂尔多斯市和包头市投资额均在1 500亿以上，分别为1 562.41亿元和1 500.26亿元，同比分别增长46%和38.9%。

在国家“扩内需”的经济政策指导下，全区消费，特别是居民消费实现了平稳、较快增长。2009年，全区社会消费品零售总额实现2 855.31亿元，同比增长19.2%，比全国平均增速高3.7个百分点，扣除价格因素，实际增长19.8%。分城乡看，城市的消费增长快于乡村，城市、县、县以下实现社会消费品零售额分别同比增长19.7%、18.9%和17.3%。从主要商品类别看，实现了“二三五”，即汽车销售额超200亿元，粮油、食品、饮料、烟酒类销售额达300亿元，石油及制品类突破500亿元，这三大类商品销售额分别达到212.32亿元、309.83亿元和510.37亿元，同比分别增长50.8%、26.9%和30.1%。“家电下乡”政策在内蒙古实施以来，成效明显。2009年，全区已备案家电下乡销售网点2 514家，覆盖近80%的乡镇、苏木，累计销售9大类家电下乡产品37.16万台，销售金额达6.32亿元，兑付补贴资金6 900多万元。

全区进出口额降幅在曲折中呈缩小势头。进出口额虽全年一直呈同比下降态势，但降幅走势总体呈逐步回升势头。2009年，全区海关进出口总值达67.64亿美元，同比下降24.1%，比全国平均降幅高10.2个百分点。其中，出口总值23.16亿美元，同比下降35.3%；进口总值44.48亿美元，同比下降16.6%；贸易逆差21.32亿美元。从主要贸易伙伴看，俄罗斯为内蒙古第一大贸易伙伴，双边贸易总值达23.96亿美元，同比下降24.2%；蒙古国为内蒙古第二大贸易伙伴，双边贸易总值为12.23亿美元，同比增长24.5%，是与内蒙古贸易唯一保持同比增长的主要贸易伙伴。分盟市看，2009年进出口值实现同比增长的盟市有阿拉善盟、巴彦淖尔市、赤峰市和二连浩特市，分别同比增长1.59倍、21%、17.2%和3.4%。虽然受到国际金融危机的冲击，全区利用外资额却保持着稳定增长态势。2009年，全区直接利用外资额29.84亿美元，同比增长13%。从形式看，以独资形式利用外资11.39亿美元，同比增长17%；从行业看，外资投入最多的行业是制造业，投入额13.53亿美元，增长最快的是居民服务业和其他服务业，同比增长16.8倍；分国别或地区看，内蒙古利用外资额最多的是香港地区，金额为14.99亿美元，增长最快的是加拿大，同比增长82.6倍；分盟市看，鄂尔多斯市直接利用外资额超过10亿美元，达到10.42亿美元，同比增长23%。

四、财政收入和城乡居民收入稳定增长，企业利润增速年内实现由负转正

财政收入实现稳定增长。2009年，全区完成地方财政总收入1 378.12亿元，比上年增长24.5%，其中，地方财政一般预算收入完成850.75亿元，是1999年的近10倍，比上年增长30.7%，全部完成年度预算任务。分盟市看，鄂尔多斯市地方财政总收入突破300亿元，达到365.8亿元，包头市、呼和浩特市地方财政总收入突破200亿元，分别为217.24亿元和201.09亿元，三市地方财政总收入占全区的比重达56.9%。从旗县市区看，东胜区和准格尔旗成为全区地方财政总收入首超百亿元的两个旗县市区。从支出看，2009年，全区地方财政支出1 925.13亿元，同比增长32.3%。其中，公共与民生领域成为支出的重点，一般公共服务支出近300亿元，达299.83亿元；教育、社会保障和就业、城乡社区事务支出均超过200亿元，分别达243.32亿元、274.57亿元和209.42亿元；医疗卫生和环境保护支出分别达102.09亿元和96.99亿元，上述领域支出占地方财政支出的六成以上。

民生工作稳步扎实推进，“保民生”成效显著。城乡居民收入实现稳定增长，收入来源呈现多元化趋势。2009年，全区城镇居民人均可支配收入达15 849元，同比增长9.8%，高于全国平均增速1个百分点。其中，工资性收入11 267元，同比增长9.6%；转移性收入3 583元，同比增长18.2%；经营性收入1 737元，同比增长11.7%。在城镇居民人均消费性支出中，食品支出3 773元，同比增长6.2%；居住支出1 246元，同比增长21.2%；交通和通讯支出1 557元，同比增长30.7%。2009年，全区农牧民人均纯收入达4 938元，同比增长6.1%，低于全国平均增速2.1个百分点。其中，经营性收入3 278元，同比增长1.9%；工资性收入900元，增长11.7%；转移性收入623元，同比增长20.5%。农牧民人均食品支出1 579元，同比增长6.4%；居住支出608元，同比增长6.8%；交通和通讯支出466元，同比增长14.7%。2009年年初自治区政府承诺的“十件实事”全面兑现，“十项民生工程”完成总投资377亿元，1 500多万群众受益。

工业企业利润增长年内已实现“转正”。2009年前11个月，全区规模以上工业企业实现利润653.17亿元，比上年同期增长5.9%，比前三季度提高9.7个百分点。其中，轻工业实现利润85.04亿元，比上年同期增长64.7%，比前三季度提高36.8个百分点；重工业实现利润568.13亿元，比上年同期增长0.6%，比前三季度提高7.8个百分点，也实现了2009年以来的首次同比增长。从行业看，在全区现有的38个大行业中，有25个行业实现利润比上年同期有所增长，比前三季度又增加1个行业。

五、市场秩序不断规范完善，居民消费价格同比略呈下降

居民消费价格总水平全年同比略呈下降，但年底出现上升。2009年，全区居民消费价格总水平同比下降0.3%，其中，城市同比下降0.3%，农村牧区同比下降0.2%。从月度看，从10月份开始价格涨幅由负转正，到12月份，同比上涨2.3%。分类别看，2009年，八大商品和服务类别“三升五降”，食品、烟酒及用品、医疗保健及个人用品三大类分别同比上涨1.3%、0.8%和1%；其余五个类别为同比下降。从生产价格看，2009年，全区工业品出厂价格同比下降3.8%，原材料、燃料、动力购进价格同比下降0.9%。

六、经济运行质量进一步提高，节能工作取得新成绩

2009年，全区节能降耗工作取得明显进展。1—11月，全区年耗能万吨以上工业企业综合能源消费量8 796.6万吨标煤，同比增长0.6%。七大高耗能行业综合能源消费量占年耗能万吨以上工业企业综合能源消费量的95.4%，同比上升0.6个百分点。全区66个单位产品能耗指标中有52个下降，下降面达到78.8%。随着全区工业经济的逐步企稳回升、日趋向好，工业用电量从7月份以来已连续5个月正增长。1—11月，全区工业用电量998.23亿千瓦时，同比增长0.3%，2009年累计增速首次实现正增长。

（撰稿　李日树　　审稿　常威）

辽　宁　省

2009年是实施东北振兴战略以来辽宁经济发展最为困难的一年。面对极其复杂的国内外环境，在省委、省政府的正确领导下，全省民族自治地方坚持以科学发展观为指导，认真贯彻中央扩大内需、促进经济增长的政策措施，积极应对国际金融危机的冲击和国内外市场的变化，国民经济保持较快发展，各项社会事业取得新成绩。

一、经济持续、稳步发展

民族自治地方实现全年生产总值704.8236亿元，比上年增长26.4%。其中，第一产业实现135.2亿元，增长12.2%；第二产业实现323.8亿元，增长28.7%；第三产业实现245.9亿元，增长30.3%。生产总值三次产业构成为19.2∶45.9∶34.9。人均生产总值20 976元，比上年增长26.5%。

全年农林牧渔业总产值256.6亿元，比上年增长12.1%。其中，农业产值103.6亿元，比上年下降0.7%；林业产值34.9亿元，比上年增长27.4%；牧业产值98.5亿元，比上年增长23%；渔业产值19.6亿元，比上年增长15.3%。

种植业生产稳定。在局部地区遭受严重伏旱的情况下，全年粮食总产量达176.4万吨，比上年减产64.2万吨。油料产量12万吨，比上年减产5.6万吨。水果产量26.1万吨，比上年增长38.1%。全年农作物总播种面积532.4千公顷，比上年增长6.8%。其中，粮食作物播种面积410.9千公顷，增长7.0%；油料播种面积64.3千公顷，增长8.3%。

林业生态建设取得成效。全年完成造林作业面积23.6千公顷，比上年增长11.3%，辽西北边界防护林体系建设基本完成。

畜牧业、渔业生产持续增长。全年肉类总产量50.3万吨，比上年增长9.9%。其中，猪肉产量24.1万吨，比上年增长1.3%；牛肉产量6.6万吨，比上年增长8.5%；羊肉产量3.5万吨，比上年增长54.6%。奶类产量10.2万吨，比上年增长69.6%。水产品产量9.7万吨，比上年增长18.7%。

农业机械化及科技水平稳步提高。年末农业机械总动力271.8万千瓦，比上年增长6.1%。农用化肥施用量为24.7万吨，比上年增长78.0%。地膜使用量为2 075吨，比上年减少13.9%。

工业生产实现较快增长。截至2009年底，全省拥有规模以上工业企业1 142家，比上年增长24.8%，完成产值651.4亿元，比上年增长43.7%。其中，国有企业产值下降84.0%，集体企业产值增长21.4%，股份合作企业产值增长142.6%，港澳台商投资企业产值下降42.2%，外商投资企业产值增长96.0%。

主要工业产品产量出现波动。其中，原煤产量118.1万吨，比上年增长38.8%；生铁产量88.4万吨，比上年增长149.5%；粗钢产量1.1万吨，比上年下降52.0%；水泥产量248.6万吨，比上年增长78.4%；机制纸及纸板产量1.2万吨，比上年下降46.7%。

工业企业经济效益较好。全年规模以上工业销售产值626.2亿元，比上年增长45.0%；工业增加值198.3亿元，比上年增长80.1%；资产总计399.3亿元，比上年增长27.5%；主营业务收入612.7亿元，比上年增长49.6%；利润总额42.6亿元，比上年增长6.2%。

建筑业发展较快。全年建筑业总产值65.4亿元，比上年增长92.4%。房屋建筑施工面积359.6万平方米，比上年增长40.3%；房屋建筑竣工面积290.7万平方米，比上年增长53.6%；资产总计38.2亿元，比上年增长63.9%；利润总额2.2亿元，比上年增长331.1%；建筑业增加值21.5亿元，比上年增长14.4%。

固定资产投资规模扩大。全年全社会固定资产投资508亿元，比上年增长62.7%。其中，城镇投资345.2亿元，增长83.6%；农村投资162.8亿元，增长31.1%。新增固定资产350.8亿元，比上年增长63.1%。

国内贸易持续增长。全年社会消费品零售总额191.1亿元，比上年增长21.5%。批发和零售业完成153.3亿元，比上年增长28.4%；住宿和餐饮业完成35.3亿元，比上年下降0.3%。

利用外资稳步增长。当年新签利用外资协议（合同）项目15个，比上年增长7.1%。实际利用外资额1.9亿美元，比上年增长178.7%。年末实有外商投资企业91家，比上年增长1.1%。受外需不足影响，出口总额下降。全年进出口总额达到1.3亿元，比上年下降35.5%。

交通运输条件有所改善。公路里程达到1.3万公里，比上年增长15%。内河航道里程281公里，铁路营业里程233公里，与上年保持平衡。

客货运输量持续增长。全年公路客运总量4 822.5万人，比上年增长9.1%。公路货运量10 577万吨，比上年增长27.0%。旅客周转量20亿人公里，比上年增长11.3%。货运周转量30.8亿吨公里，比上年增长33.2%。

邮政通信业持续发展。全年邮电业务总量7.4亿元，比上年增长2.6%。移动电话年末用户97.5万户，比上年增长21.6%。国际互联网用户14.3万户，比上年末增长71.7%。邮政局所184处，比上年增长5.1%。

旅游业发展较快。全年接待国内外旅游者1 869.5万人次，比上年增长47.9%。其中，接待国内旅游者1 869.3万人次，增长47.9%；接待国际旅游者11.1万人次，增长49.5%。实现国内旅游收入120亿元，比上年增长68.1%；旅游外汇收入3 739.3万美元，比上年增长74%。

财税收入实现较快增长。全年财政总收入91.8亿元，比上年增长32.2%。地方财政一般预算收入32.7亿元，比上年增长39.8%。其中，各项税收23.3亿元，增长37.7%。在各项税收中，国内增值税2.3亿元，下降21.2%；营业税6.2亿元，增长68.0%；企业所得税1.4亿元，下降28.6%；个人所得税0.7亿元，下降23.3%。

财政支出向重点领域倾斜。全年地方财政一般预算支出95.4亿元，比上年增长21.7%。其中，教育支出16.9亿元，增长4.4%；科学技术支出0.7亿元，增长39.5%；文化体育和传媒支出1.5亿元，增长37.5%；环境保护支出3.5亿元，增长21.5%；农林水事务支出19.4亿元，增长52.9%；工业商业金融等事务支出2.5亿元，增长14.1%。

信贷规模进一步扩大。全部金融机构各项存款471.7亿元，比上年增长21.8%；全部金融机构各项贷款202.1亿元，比上年增长26.8%；城乡储蓄存款年末余额368.9亿元，比上年增长19.2%。

二、社会事业全面进步

根据1‰人口抽样调查推算，年末民族自治地方总人口336万人。其中，少数民族人口179.7万人，城镇人口100.6万人，乡村人口235.4万人。

教育事业稳步发展。民族自治地方拥有普通小学774所，招生3.1万人，在校生18.7万人，毕业生3.6万人，教职工1.7万人，其中专任教师1.5万人；普通中学183所，招生5.5万人（其中初中3.7万人），在校生16.8万人（其中初中11.4万人），毕业生6.3万人（其中初中4万人），教职工1.6万人（其中初中1.1万人），专任教师1.2万人（其中初中0.9万人）。中等职业学校9所，招生0.6万人，在校生1.4万人，毕业生0.3万人。教职工0.1万人，其中专任教师0.06万人。

文化事业繁荣发展。截至2009年底，民族自治地方有艺术表演团体47个，艺术表演场所9个，文化馆、艺术馆11个，公共图书馆8个，博物馆9个。全年出版报纸7种，印量208.6万份；期刊12种，印量42.4万册；图书9种，印量22万册。

卫生事业稳步发展。民族自治地方有医院、卫生院188个，床位1 291张，村卫生室1 988个，卫生技术人员9 324人，其中执业（助理）医师3 649人。

全面实施新型农村合作医疗，参合农民233.2万人，参合率达95.9%，新型农村合作医疗费用支出5.6亿元，新型农村合作医疗住院补偿比例标准提高。

环境保护力度加大。工业污染治理项目当年完成投资1.2亿元，比上年增长35.7%。工业废水排放总量1 461.2万吨，工业固体废物产生量1 535.4万吨，工业固体废物综合利用量152.5万吨，“三废”综合利用产品产值0.3亿元，工业废水中化学需氧量排放量COD为322.8万吨，工业当年施工污染治理项目116个。

人民生活水平不断提高。全省民族自治地方农村居民人均纯收入5 883元，比上年增加507元；城市人均住房面积23平方米，农村人均住房面积22平方米。

城乡保障体系不断完善。年末民族自治地方城镇居民最低生活保障人数7.05万人，比上年降低4.4%；城镇居民最低生活保障支出1.3亿元，比上年增长15%；农村居民最低生活保障人数12.8万人，比上年增长3.8%；农村居民最低生活保障支出0.94亿元，比上年增长50.6%；城镇社区服务设施数727个，比上年增长5.8%。

（撰稿　李珂　　审稿　赵佐贤）

吉　林　省

2009年，吉林省民族自治地方在省委、省政府的正确领导下，坚持以科学发展观为统领，以“保增长、保民生、保稳定”为主线，开拓创新，扎实推进，民族自治地方实现了经济的较快发展和社会的全面进步。

一、民族自治地方经济发展

初步核算，2009年，全省民族自治地方实现地区生产总值835.69亿元，按可比价格计算，比上年增长19.4 %。其中，第一产业实现增加值126.26亿元，增长6.4%；第二产业实现增加值365.95亿元，增长27.4%；第三产业实现增加值343.48亿元，增长16.7%。按常住人口计算，当年民族自治地方人均国内生产总值达到25 059元。

产业结构得到进一步优化。三次产业结构由2008年的16.5∶48.5∶35.0调整为2009年的15.1∶43.8∶41.1。第一产业对经济增长的贡献率为5.17%，第二产业贡献率为25.85%，第三产业贡献率为69.43%。

财政收支实现较快增长。全年完成一般预算全口径财政收入89.32亿元，比上年增长5.1%。其中，地方财政收入44.70亿元，增长7.3%；全年完成地方财政支出165.87亿元，比上年增长27.47%。

农业继续稳步发展。2009年，在政策调动和市场拉动的双重作用下，广大农民种粮积极性持续高涨，民族自治地方农林牧渔业总产值222亿元，比上年增长5.94%。其中，农业产值109.56亿元，比上年增长1.23%；林业产值20.33亿元，比上年增长1.65%；牧业产值89.24亿元，比上年增长4.5%；渔业产值2.77亿元，比上年增长2.6%。2009年，粮食作物播种面积616.49千公顷，比上年增长17.43%，粮食生产由于受到春季低温多雨、夏季罕见旱情的不利影响，粮食总产量317.59万吨，比上年下降17.12%。

畜牧业发展势头良好。2009年，大牲畜出栏总量达到84.48万头，比上年下降5%；生猪出栏总量达到230.05万头，比上年增长27.3%；羊出栏总量达到122.82万只，比上年增长52.08%。肉类总产量47.85万吨，比上年增长9.5%；奶类产量7.75万吨，比上年增长69.96%。

加大农业基础建设力度，农业生产条件进一步改善。民族自治地方农机总动力达到276.52万千瓦，主要农业机械与设备均有增加。农田水利建设进一步加强，农田有效灌溉面积达到275.8千公顷，比上年提高17.61%。农村用电量达到9.75亿千瓦时，比上年增长36.94%。

民族自治地方克服了金融危机等各种不利因素的影响，保持了工业经济较快发展态势。全年规模以上工业企业完成增加值231.04亿元，实现利润总额30.85亿元，比上年增长3.73%。

建筑业平稳较快发展。全年建筑企业完成总产值71.08亿元，比上年增长22.85%，房屋建筑竣工面积24 917.4万平方米。

固定资产投资继续保持快速增长。全年完成全社会固定资产投资额780.19亿元，比上年增长35.35%。其中，城镇投资589.27亿元，增长32.62%；农村投资190.92亿元，增长43.48%。

全年完成外商和港澳台商投资15.42亿元，比上年增加2.11亿元，增长15.85%。按经济类型分，非国有经济投资占全社会固定资产投资的比重达到4.32%。

消费品市场保持了较快增长。2009年实现社会消费品零售总额331.44亿元，比上年增长20.98%。其中，批发和零售业277.26亿元，增长24.96%；住宿和餐饮业54.14亿元，增长4.14%。

外贸进出口总额下滑。民族自治地方外贸进出口总值为13.96亿美元，比上年下降25.59%。其中，实现出口总值11.30亿美元，下降26.62%；实现进口总值2.7亿美元，下降20.59 %。外商直接投资继续保持快速增长，年末实有外商投资企业764家，全年实际利用外资1.4亿美元，比上年增长102.9%。

2009年，民族自治地方交通、通讯基础设施建设发展较快。民族自治地方各种运输方式完成货运周转量49.92亿吨公里，同比增长117.9%，完成旅客周转量36.99亿人公里。截至2009年末，民族自治地方铁路营业里程650公里，等级公路总里程8 919公里，高速公路288公里。

2009年，民族自治地方实现邮电业务总量16.18亿元；固定电话用户达到94.35万户，其中，城市电话用户70.11万户，农村电话用户24.23万户；全年移动电话用户289.53万户，比上年新增119.63万户；国际互联网用户40.68万户，比上年下降7.96 %。

2009年末，民族自治地方拥有限额以上住宿企业47家、餐饮企业27家，旅行社109家，其中国际旅行社8家、国内旅行社101家。旅游入境人数有所增长。全年接待国内外旅游者844.49万人次，比上年增长18.4%。其中，接待国内旅游者813.5万人次，比上年增长74.73%；接待入境旅游者30.99万人次，比上年下降87.49 %。全年实现国内旅游收入76.34亿元人民币，比上年增长47.15%；实现旅游外汇收入0.88亿美元，比上年增长22.2%。

二、民族自治地方社会发展

人民生活继续改善，预计城镇居民人均可支配收入和农村居民人均纯收入达到13 889元和5 326元，分别增长12.75%和7.44%。城镇居民恩格尔系数（即居民家庭食品消费支出占家庭消费总支出的比重）为33.96%，农村居民恩格尔系数为31.24%。

民族教育取得新发展。"两基"（基本普及九年义务教育、基本扫除青壮年文盲）成果巩固提高取得新进展，义务教育普及程度有所提高。民族自治地方小学在校生15.4万人，普通中学在校生14.68万人。民族自治地方中等职业学校在校生0.67万人。普通高等教育稳步发展。全年招收普通本科、专科（高职）学生5 763人，比上年增加75人。普通本科、专科（高职）在校生18 470人，比上年减少2 473人。研究生教育有较大发展，年末在校研究生3 093人，比上年增加253人。

文化事业加快发展。2009年末，民族自治地方有艺术表演团体12个、艺术表演场所7个、群众艺术馆4个、文化馆12个、公共图书馆12个、博物馆7个。全年共出版报纸2 396.4万份，各类期刊49万册，图书2 239万册。

公共卫生和基本医疗条件继续得到改善。2009年末，民族自治地方共有卫生机构1 330个，其中医院、卫生院194个；拥有卫生人员2.02万人，其中执业医师和执业助理医师2 732人；医院和卫生院床位1.1万张。

（撰稿　李颖　　审稿　王喜年）

浙　江　省

2009年是新世纪以来浙江省民族地区经济发展最为困难的一年，也是省委、省政府带领少数民族群众应对金融危机，保持经济平稳、较快发展的一年。这一年，各级党委、政府及民族工作部门在省委、省政府的正确领导下，坚持以科学发展观为指导，认真落实中央十七届三中、四中全会和省委十二届四、五、六次会议精神，围绕省委“创业富民、创新强省”的总体战略，按照“保供给、促增收、强基础、重民生”的工作方针，全面贯彻、执行党的民族工作方针政策，进一步做好民族团结发展的文章，加大对民族地区的扶持力度，扎实推进民族团结进步小康村创建活动，保持少数民族和民族地区经济较快发展的良好态势。

一、少数民族地区经济保持稳定较好发展

近年来，浙江省通过实施“欠发达乡镇奔小康”工程、“山海协作”工程、“千万农民饮用水”工程、“康庄”工程、“低收入群众增收行动计划”等，加大了对少数民族地区政策倾斜和资金扶持力度，少数民族乡村群众生产、生活条件得到明显改善，有效地促进了少数民族地区经济发展。2009年，面对国际金融危机的冲击，各级党委和政府认真贯彻“保供给、促增收、强基础、重民生”的工作方针，把稳定发展民族地区经济、增加少数民族农民收入作为大事来抓，完善政策举措，强化指导服务，带领少数民族群众积极应对，共克时艰、转危为机，赢得主动，并在财政困难情况下加大对民族地区发展的扶持力度。少数民族发展资金总量由上年的1 300万增至1 400万元，安排一般项目242个、重点项目9个、特色村寨建设项目3个，增强了欠发达民族乡村的造血功能。省民宗委积极争取国家民委支持，协调解决了“国家民委扶贫开发试验区”落户丽水经济开发区“景宁民族工业园”。同时，浙江民委还帮助本省民族特需用品定点生产企业理清发展思路，用足用好优惠政策。各级政府与相关部门增加扶持少数民族经济发展的资金投入各地采取了一系列“保增长、促增收”的有效措施，降低了金融危机的负面影响，保持了少数民族经济继续上升的势头。

2009年，农村综合经济实力有所增强，18个民族乡（镇）共创造农村经济总收入28.67亿元，比上年的26.15亿元增长9.6%；乡镇财政总收入总额为1.367亿元，比上年的1.310亿元增长4.4%。农村经济发展水平得到提高，18个民族乡（镇）人均农村经济总收入为1.76万元，比上年的1.72万元提高2.3%；人均财政总收入为770元，比上年的741元提高3.9%。农业生产稳定增长，18个民族乡（镇）共实现农林牧渔业生产总值为8.3395亿元，比上年的7.8198亿元增长6.6%，肉类、蔬菜、水果等农产品明显增加。工业经济稳定发展，18个民族乡（镇）实现工业总产值21.5678亿元，比上年的20.1942亿元增长6.8%。服务产业也在加

快发展。农民收入持续增长，18 个民族乡（镇）农民人均纯收入为 5 481 元，比上年的 4 908 元增长 11.67%，全省少数民族农民人均纯收入 4 949元，比上年的 4 350 元增长 13.77%，增幅均超过全省 8.1% 的平均水平。农村基础设施进一步改善，全省农村“康庄工程”道路基本上通到少数民族行政村，农田水利、堤坝桥梁、人畜饮水等方面建设也有新的进展。

少数民族和民族地区经济的稳定发展，为当地群众脱贫致富奔小康、建设农业现代化创造了更好的条件，也为全省保障和改善民生、促进社会和谐稳定做出自己贡献。景宁畲族自治县近年来出台了一系列政策举措，狠抓基础建设，培育主导产业，借助外部力量，增强造血功能，三年共投入扶持民族村经济发展专项资金 1 000 多万元，实施发展项目 61 个，惠及全县所有少数民族群众，使民族村农民人均收入从 2006 年的 2 755 元提高到 5 409 元，增幅达 96.33%。据 2009 年第九届全国县城经济基本竞争力评价结果显示，景宁排名从 2007 年的第 20 位上升为第十五位。

二、民族团结进步小康村创建活动在全省稳步、扎实推进

由省民宗委和省农办联合发起的这项创建活动，是创新民族地区经济社会加快发展的工作载体，是缩小民族之间差距、实现共同富裕的重要举措，是深入贯彻“共同团结奋斗、共同繁荣发展”民族工作主题的良好平台，创建活动旨在通过适当降低门槛、给予政策倾斜，使更多的少数民族村跨入省级小康行列，享受小康村优惠政策，更好、更快地推进民族地区的发展。这一创新的举措得到省委、省政府的支持，2009 年 2 月下旬，省政府办公厅转发了省民宗委、省农办《关于开展民族团结进步小康村创建活动的若干意见》，同时由省民宗委和省农办制定下发了考核评定办法，向全省各地全面部署民族团结进步小康村创建活动工作。省里计划到 2012 年，在全省 437 个民族村中，完成不少于 100 个民族团结进步小康村的创建任务。各地也结合本地实际，制定规划，明确重点，有序推进。经过大家共同努力，民族小康村创建活动进展顺利，工作成效明显。国家民委主任杨晶、党组书记杨传堂分别对浙江省这项创建活动作出重要批示，给予充分肯定，要求“将浙江省民族工作的好做法、好经验在少数民族散居地区加以推广”。2009 年 10 月下旬，民族团结进步小康村考评验收工作全面启动。在各地民族村自评、县（市）民宗局和县农办推荐的基础上，经省民宗委和省农办考核验收，全省有 22 个民族村被确定为首批“民族团结进步小康村”。这些民族村的基本特点是：产业特色明显，基础设施完善，环境整洁优美，社会文明进步，人民生活富裕，民族风情浓郁，民族关系和睦。

在民族团结进步小康村创建活动中，主要做法有五点。第一，坚持科学规划，实行分类指导。树立“高起点规划、高标准建设、高效能管理”的指导思想，以提高农民综合素质为核心，以加快经济社会发展为目的，以促进农民增收为中心，帮助民族村理清发展思路，研究制定创建规划，并与农村有关建设规划相衔接，纳入当地经济社会发展规划，按照“规划一步到位，建设分步实施”的要求，统筹安排特色产业、基础设施、社会事业等发展项目，先从农民最关心、最期盼的事情抓起，量力而行，不搞攀比，研究适合民族村实际的发展路子，做好分类指导，务求实绩实效，从而确保创建活动稳步推进。第二，突出创建重点，创新工作模式。发展民族经济、实现少数民族群众脱贫致富，是民族小康村创建活动的重点和目的。围绕这个目标，不断创新创建活动的模式，例如，通过一般项目的带动和加大重点项目的扶持力度，2008 年以来，省民宗委先后确定 18 个重点项目，投入资金 600 多万元，县（市）民族部门也投入一定的配套资金，共同扶持民族村发展村级集体经济和增加农民收入。又如，把小康村建设和特色村寨建设结合起来，保护民族特色文化，打造民族品牌，发展民族旅游，让特色转化为产业。

2009年，国家民委支持本省特色村寨建设资金100万元，浙江省也从少数民族发展资金中安排了80万元，重点扶持景宁等县特色村寨建设试点工作，也使少数民族群众在建设中增加收入、得到实惠。第三，注重典型引路，务求创建实效。借势力争将民族小康村建设纳入全省“全村示范、万村整治”工程，目前已有8个民族村被评定为省级小康示范村。同时，选择一些基础较好的民族村进行创建试点，培植成效显著、群众拥护、可学可推广的典型，充分发挥其示范效应。在瑞安市召开了“全省创建民族小康示范村工作现场会”，总结交流创建经验，引导各地借鉴他们的做法，真正起到典型引路和示范带动作用。各市、县也纷纷确定一批经济实力强、班子有战斗力、群众积极性高的民族村开展小康村创建试点工作，通过领导亲自抓、政策倾斜、资金扶持等措施，使一些“试点村”在较短时间内率先创建成功，有效地推动了民族团结进步小康村的创建活动。第四，加强宣传引导，鼓励多方参与。在省民族工作领导小组会议、民族工作会议及其他相关会议上，广泛宣传民族小康村创建工作的目的和意义，争取有关部门对创建活动的理解和支持，整合部门力量，协同推进小康村的创建工作。领导小组成员单位认真履行职责，分别把部门的发展项目，补助资金与民族小康村建设结合起来，有力地支持了小康村的创建工作。金华市也通过整合社会资源，加大对民族小康村的培育力度。同时，浙江采用召开基层座谈会，设置宣传牌和宣传栏、在新闻媒体开辟专栏等形式，宣传报道小康村创建活动，提高干部群众的认识。民族村的广大群众积极参与创建，主动投工投劳，踊跃建言献策，共建美好家园。还动员社会各界力量支持创建活动，特别是充分发挥省民营企业多的优势，进一步激发先富群体回报家乡、回报社会的热情，使创建民族小康村成为全社会的共同行动。第五，强化组织领导，健全工作机制。为此，建立了由教育、财政等16家省级有关单位参加的民族团结进步小康村创建活动联席会议制度，由省政府分管副秘书长任组长，省民宗委、省农办分管领导任副组长，通过这个平台，更好地加强了部门之间的沟通、协调和合作。同时，加强对创建工作的指导和服务，切实抓好创建小康村的申报、考核、验收、命名、表彰等各个关键环节，及时解决创建过程中遇到的各种困难和问题。各级民族部门紧紧依靠当地党委和政府，积极协调有关单位，主动汇报工作，及时沟通情况，努力争取各部门对少数民族乡村的政策倾斜和资金支持，增强民族乡村的创业创新能力，并真正把创建活动的落脚点放在少数民族群众的增收致富上。

三、结对帮扶力度不断加大、体制机制不断完善创新

“结对帮扶”是浙江省一直坚持帮助扶持民族地区加快发展的一个好抓手。经过多年实践创新，这项工作的质量和水平有了很大提高。目前，以整合各种资源、结成帮扶合力为出发点的“专项扶贫、职能扶贫、社会扶贫”相结合的大扶贫的新格局正在形成，以省级帮扶为引领、省市县三级结对帮扶的体系进一步健全，“年初明确任务，年中督促检查，年末考评考核”的工作机制不断完善，从而更加有力、有序地开展结对帮扶工作。现在，全省437个民族村中已有215个村，被列入“低收入农户奔小康工程”，享受结对帮扶的优惠政策，获得结对单位的有力帮扶。省民宗委结对帮扶苍南县岱岭、凤阳两个畲族乡所属的8个民族村的成员单位，十分重视此项工作，将其纳入重要议事日程，进行认真研究部署，充分发挥自身优势，积极落实帮扶措施。2009年，省民宗委为9个结对帮扶村投入帮扶资金97.1万元，采取重点带一般的方法，着力扶持能够带动低收入农户增收的项目。其中苍南县8个村共选定帮扶项目11个、重点扶持项目2个，充分发挥重点项目的示范带头作用。苍南县岱岭、凤阳两乡的8个民族村深入贯彻科学发展观，艰苦奋斗，开拓进取，坚持创业创新，在各方的支持和帮助下，在结对帮扶的推动下，积极、务实地开展各项工作，经济社会发展取得较好成效。2009年，新建特色产业基地1 250亩，带动320户低收入农户增收；发展生猪1 372只、羊500只、獭兔1 000只、土鸡6 350羽；举办劳务技能培训班二期、受训310人次，组织劳务输出517人次；基础设施有所改善，工业项目、服务行业等均有不同程度的发展；省民宗委还积极配合省委统战部开展“少数民族低收入群众增收帮扶行动计划”，依靠社会各界支持，推动欠发达民族乡村更新观念，加快发展，逐步摆脱贫困落后面貌。与此同时，各地的结对帮扶工作也有新的发展和提高。泰顺县20个少数民族村均被列入“低收入农户奔小康工程”，实现结对帮扶全覆盖。由绍兴市委统战部牵头组织6个单位与丽水市松阳县7个民族村结对帮扶，到位帮扶资金80万元，帮扶项目已取得实质性进展。景宁畲族自治县的43个民族村都有结对帮扶单位，其中33个民族村分别与省委统战部、省财政厅、省发改委等单位结对，获得帮扶资金200万元，实施项目38个。丽水市在民营企业中开展“百家企业扶百村”活动，在丽水籍华人、华侨和侨团中开展“百名侨胞助百村”活动，效果很好。目前，已有1 632家企业与940个村结对帮扶，投入农业发展项目资金3.5亿元、公益事业建设资金近1亿元；已有102个侨团与102个村结对帮扶，近千名华侨与困难农户结对帮扶，合计捐资折合人民币8 000万元。通过这些结对帮扶，实施了一大批项目，极大地改善了民族村生产生活条件，缓解了发展困难，增强了造血功能，推动了民族村经济社会的快速发展。

（撰稿　王晓跃　　审稿　陈智慧）

安　徽　省

2009年，安徽省坚持以科学发展观为统领，认真学习贯彻党的十七届四中全会、国务院第五次民族团结进步表彰大会精神，沉着应对国际金融危机冲击，攻坚克难，转危为机，危中求进，少数民族和民族聚居地区在保增长、扩内需、调结构、惠民生等方面都取得了积极进展，确保了全省民族经济平稳较快发展。

一、民族乡村经济发展取得长足进步

2009年，9个民族乡实现生产总值17.9亿元，比2004年增加7.8亿元，年均增长12.1%。农民人均纯收入达4 851元，比2004年增加2 604元，年均增长13.2%，与全省平均水平相比，由2004年低于全省252元增长到2009年的高于全省347元。全省135个民族村农民人均纯收入达4 531元，比2004年的2 093元增加2 438元，年均增长16.7%，与全省平均水平相比，由2004年低于全省374元增长到2009年的高于全省27元。全省民族乡、村农民人均纯收入总体上首次超过全省平均水平，实现了历史性的突破。

二、加强基础设施建设，改善生产生活条件

民族乡村新建和维修道路180多条，里程633公里，解决了18.5万少数民族群众的出行难问题，全省民族乡村于2008年底实现“村村通水泥（柏油）路”，顺利完成了安徽省少数民族“十一五”规划确定的“到2008年底实现民族村村村通油路或水泥路”的目标。云梯畲族乡千秋关隧道于2009年10月建成通车。隧道及接线工程全长17.4公里，在安徽境内连接宁国市的石千线，在浙江境内连接16省道，直通临安、桐庐、富阳及杭州城区。隧道开通后，杭州和宁国之间的车程从3个小时缩短到1小时40分钟，彻底打通了交通瓶颈，使得云梯乡乃至宁国市与长三角道路交通真正实现无缝对接。

水利建设、安全饮水工程得到加强。2004年以来，先后整修塘坝、清疏灌渠、建电灌站180多处。全省少数民族聚居地区有近百个民族村吃上安全卫生饮用水，约占民族村总数的75%，其余已全部列入安徽省2007—2011年农村饮水安全工程，正在分批实施。肥东县牌坊回族满族乡投资1 000万元实施安全饮水工程，修建小型水厂4处，解决了周边一万多名群众的安全饮水问题。寿县加大民族乡村农业水利基础建设投入，新建陶店回族乡湖滨村电站，确保湖滨、桃园两村3000亩耕地旱涝保收。

三、大力发展现代农业，注重培育特色产业

目前，全省少数民族聚居地区涌现出省、市级农业产业化龙头企业30多家，成立农民专业合作组织290多个，拥有各类特色产业基地150多处，其中合肥桂和农牧渔发展有限公司、安徽中祝农业发展有限公司、全椒县六镇镇大张回民村精养桂鱼协会、涡阳县义门镇义门民族村苔干协会等，都为本省民族乡村农业产业化发展起到了较好的示范带头作用。

肥东县牌坊回族满族乡累计投资5 000多万元，发展绿色蔬菜业。蔬菜种植面积近7 000亩，其中设施栽培面积近4 500亩，亩均年收入6 000～8 000元，所建基地和产品已经通过农业部无公害产地认定和无公害产品认证。乡政府对新建设施栽培种植户给予每亩大棚4 000元的奖补，并统一配套建设水、电、路等基础设施。作为合肥唯一的供沪蔬菜基地，牌坊乡累计将为世博会提供17 500吨无公害大棚蔬菜。

云梯畲族乡结合山区实际，发挥资源优势，积极推进“4382”竹林丰产增效示范工程，大力培育毛竹、早竹、笋干竹和山核桃等特色主导产业。截至2009年底，全乡经济林面积达4.5万亩，年加工鲜笋达5 200吨。位于云梯村的早竹交易市场销售的农产品占浙江临安市场份额1/3以上。

寿县彭发综合养殖合作社集禽、畜、水产品养殖于一体，主要养殖产品有山羊、白鹅、肉鸡、肉牛及甲鱼等，年产值2 000余万元，目前会员已发展到106户，成为带动当地少数民族群众致富的龙头。蒋庙村养羊大户刘恩孝，带动全村60%农户养羊，形成了以该村为中心的波尔山羊养殖基地。

四、加大扶贫开发力度，贫困人口大幅减少

2004年，全省农村少数民族贫困人口1.6万多人，贫困发生率7.5%，截止到2009年，农村少数民族贫困人口下降到约3 000人（含因灾返贫人口），贫困发生率下降到1.4%。2004年，有10个人均纯收入低于1 000元的贫困民族村，截止到2009年底，其人均纯收入均有明显提高。人均纯收入低于3 000元的低收入民族村也由2004年的118个减少到2009年的10个。

淮南市谢家集区孤堆回族乡政府积极支持发展劳务经济，在主要劳务输出地浙江平湖建立流动党支部和劳动服务工作站，帮助外出务工农民解决生活中的问题。全乡每年的劳务收入近5 000万元。2005年起，这个曾经的“国贫县里的贫困乡”一年一变样，2009年农民人均纯收入达到4 959元，比全省平均水平高出400多元。五河县坚持把壮大民营企业作为发展民族乡村经济的根本出路，采取“抓大、放小、带中间”的发展思路，积极鼓励外出务工人员返乡创业，促进民营经济的整体提升和群体拓展。云梯畲族乡依托优良的生态环境和深厚的畲族文化底蕴，积极发展乡村生态旅游和民族风情体验旅游，《天龙谷生态旅游规划》和《龙麒寨风情园旅游规划》顺利通过专家评审工作，吸引了上海、江苏等地的游客，为当地少数民族群众提供了新的增收渠道。

五、大力推进新农村建设，乡容村貌显著改善

全省共有20个民族村被纳入省新农村建设“千村百镇”示范工程，省民委对这20个民族村予以倾斜，2006—2009年间，共投入少数民族发展资金322万元，实施项目34个，加强基础设施建设，加大村容村貌的整治力度。民族新村户户实现了通水、通电、通下水道、通电话、通有线电视等“五通”，新村环境实现了“五化”，即道路硬化、夜晚亮化、环境绿化、卫生净化、秸秆气化，少数民族群众生产生活条件和居住环境都发生了较大变化，民族乡村面貌焕然一新。

定远县二龙回族乡先后对后汤、炮楼、栗树三个新农村示范点进行了综合治理。2009年，把新农村建设和建设用地置换、集镇建设相结合，投入资金1 000万元，规划建设中汤村栗树新农村居民小区，实现了“硬化、亮化、绿化”，建成了标准化幼儿园、农民休闲场所。寿县陶店回族乡利用少数民族发展资金等项目资金，依托原陶店村移民建房工程扩建民族康居点，先后对主街区进行了道路硬化、路灯亮化，并完成了自来水厂、公厕、垃圾处理场等工程建设，基本满足了康居点居民日常生活需要。

（撰稿　刘炜　　审稿　白和平）

湖　北　省

2009年，湖北省民族自治地方“一州两县”，即恩施土家族苗族自治州、五峰土家族自治县和长阳土家族自治县的民族经济工作，在省委、省政府的正确领导下，以《中共中央、国务院关于进一步加强民族工作，加快少数民族和民族地区经济社会发展的决定》和《国务院实施〈中华人民共和国民族区域自治法〉若干规定》为依据，按照《中共湖北省委、湖北省人民政府关于进一步加强民族工作加快少数民族和民族地区经济社会发展的若干意见》（鄂发〔2006〕3号）文件的要求，深化改革，开拓创新，使本省民族地区经济保持了稳定、协调、健康、持续发展的良好态势，国民经济稳定增长。据统计，2009年民族自治地方“一州两县”完成生产总值366.57亿元，按可比价格计算，比上年增长12.6%。其中，第一产业产值118.25亿元，增长5.1%；第二产业产值98亿元，增长21.7%；第三产业产值150.32亿元，增长13.3%。

一、农业生产稳定发展

全年实现农林牧渔业总产值188亿元，按可比价格计算，比上年增长8.2%。其中：农业产值112亿元，增长6.2%；林业产值5.4亿元，增长8.8%；牧业产值66.77亿元，增长10.7%；渔业产值3.8亿元，增长26.6%。粮食略有增长，全年粮食总产量180.77万吨，比上年增加8万吨，增长4.6%。畜牧业稳定发展，全年生猪出栏484.72万头，比上年多出栏62.29万头，增长14.75%；猪肉产量39.64万吨，比上年增加4.7万吨，增长13.45%。羊出栏87万只，增加5.5万只，增长6.7%；羊肉产量1.6万吨，比上年增加0.29万吨，增长22.14%。农作物总播种面积831.6千公顷，比上年增加40.41千公顷。

二、工业经济发展受国际金融危机影响较大，建筑业稳步增长

全年国有及规模以上非国有工业企业555个，比上年增加170家。其中股份合作企业增加了24家。国有及规模以上非国有工业企业全年完成总产值175.8亿元。受2009年国际金融危机影响，利润总额有所下降，比上年减少23%，增值税收入减少20%。全年建筑业总产值40.42亿元，建筑业增加值13.77亿元，全年实现利润总额1.67亿元。

三、固定资产投资保持正常增长

全年全社会固定资产投资额达到212.15亿元，比上年增长32.55%。其中，城镇固定资产投资183.56亿元，增长30.97%；农村固定资产投资28.59亿元，增长43.69%。全社会新增固定资产投资126.15亿元，比上年增长31.13%。

四、国内消费品市场降幅较大，对外贸易繁荣活跃

全年实现社会消费品零售总额80.5亿元，比上年减少30.9%。其中，批发和零售业总额74.54亿元，减少24.31%；住宿和餐饮业总额5.97亿元，减少59.41%。进出口总额10 225.4万美元，比上年增长54.32%，其中出口总额10 220.9万美元。全年实有外商投资企业40个，实际利用外资额1 569万美元。

五、财政收入有所增加

全年完成财政总收入52.78亿元，比上年增长16.62%。其中，地方财政一般预算收入20.92亿元，比上年增长18.3%；税收收入16亿元，比上年增长16.73%。地方财政支出

120.57亿元，较上年增加45.09%。

六、金融机构存贷款有所增长

全年金融机构各项存款余额419.98亿元，增加78.68亿元，增长23%。城乡储蓄存款余额244.2亿元，增加36.78亿元，增长17.73%。金融机构各项贷款总额234.92亿元，增加57.17亿元，增长32.16%。

七、城乡居民收入稳定增长

全年城镇居民人均可支配收入10 302元，比上年增加847元，增长8.9%；城镇居民人均消费支出7614元，比上年增加439元，增长6.11%。全年农民人均纯收入2 868元，比上年增加295元，增长11.4%。全年农民人均消费性支出2703元，比上年增加125元，增长4.8%。年末，城镇人均使用住房面积40平方米，与上年相同，农村人均住房面积42平方米，保持了较为平稳的发展。

八、交通运输、邮电通信业持续增长，旅游业发展较快

全年客运量总计5 626.35万人，比上年增加874.54万人，增长18.4%；货运量总计2 539万吨，比上年增加692.26万吨，增长37.48%。旅客周转量421 810万人公里，比上年增加113 469万人公里，增长36.79%。邮电业务总量14.39亿元，比上年增加0.9亿元，增长6.67%。移动电话用户265.88万户，比上年增加69.56万户，增长35.43%；固定电话用户46.72万户，比上年减少5.06万户。国际旅游者25.13万人次，比上年增加3.17万人次，增长14.43%；实现国际旅游收入2 689.35万美元，比上年增加2 232.24万美元，增长488.33%。国内旅游者841.76万人次，比上年增加222.47万人次，增长35.92%；国内旅游收入34.54亿元，比上年增加23.04亿元，增长200.34%。

九、教育事业快速发展

湖北省民族地区认真落实农村义务教育保障新机制，努力改善办学条件，扎实推进素质教育，加强师资队伍建设，不断规范学校管理，各类教育长足发展，专任教师有所增加，教师队伍质量明显提高。2009年，九年制义务教育成果得到巩固，小学适龄儿童入学率达到100%，普通中小学在校生人数50.36万人，普通高校本专科在校生人数2.2万人，成人高等学校在校生人数0.3万人。深入实施“助学启智”工程，及时拨付中职国家助学金280万元，2 664名中职学生享受了国家助学金资助政策。接受社会各界捐助资金207.4万元，资助学生4 811人次。

十、科技事业取得新进步

科技项目申报、争取和管理工作得到加强，一批科研项目通过验收与成果鉴定。全年共争取国家、省科技项目28项，项目资金869万元。其中国家项目4项，资金300万元；省级项目24项，资金569万元。以推进企业技术进步为核心，大力实施中小企业技术创新工程，多家企业被列为湖北省科技型中小企业成长路线图计划重点培育后备企业。继续加大星火富民工程实施力度，大力推进农业产业化和特色农产品开发。3个项目（企业）获得湖北省2009年度科学技术奖励，另有34个科技成果被认定为湖北省重大科技成果。年内完成专利申请38项，其中发明专利14项，专利授权20项，专利权转让1项。

十一、文化、卫生事业蓬勃发展

文化事业不断发展。大型电视纪录片《巴山撒叶嗬》在第六届中国纪录片国际选片会上喜摘“十大纪录片金奖”，民族歌舞节目《山乡春来早》登录央视春晚，土家族“撒叶儿嗬”组合在央视表演了原生态节目《纤夫号子》。截至2009年末，共有艺术表演团体12个，艺术表演场所14个，群众艺术馆22个，文化馆91个，公共图书馆11个，博物馆5个。各艺术表演团体全年演出场次1 898场，观众总数达299.71万人次，其中农村场次1 468场，观众193.46万人次。

重大疾病防治工作取得新成就。现有卫生机构1 170个，卫生院108个，村卫生室2 799个，卫生机构人员14 934人，开设病床12 879张。

（撰稿　覃正瑛　　审稿　唐启明）

湖 南 省

2009年，湖南民族自治地方在省委、省政府的正确领导和各族干部群众的共同努力下，面对严峻、复杂的经济形势，全面落实科学发展观，采取有力的措施促发展，大力做好“保增长、扩内需、调结构、促就业、强基础”的各项工作，全省民族自治地方经济社会保持了平稳、较快发展。

截至2009年末，湖南省民族自治地方总人口6 005 194人，比上年增长6.4‰，其中，少数民族人口4 622 808人，比上年增长15.6‰，少数民族人口占民族自治地方总人口数的76.9%。

一、经济总量继续攀升，三次产业全面回暖

2009年，全省民族自治地方完成地区生产总值5 890 096万元，增长11.7%，同比提高1.7个百分点。第一产业实现增加值1 063 220万元，增长6.0%；第二产业实现增加值1 947 731万元，增长13.9%；第三产业实现增加值2 879 145万元，增长12.4%。三次产业构成由上年的21:33:46调整为18.1:33.1:48.8。第一产业上升0.6个百分点，第二产业上升3.6个百分点，第三产业上升0.6个百分点。按常住人口计算，人均地区生产总值10 939元，增长25.5%。

（一）农业生产平稳发展，畜牧产业产量下降

2009年，全省民族自治地方完成农林牧渔业总产值1 779 932万元，同比下降0.8个百分点。其中，农业总产值969 704.5万元，增长6.8%；林业总产值192 498.5万元，增长5.1%；牧业总产值565 466.3万元，下降4.7%；渔业总产值29 675.7万元，下降6.5%。粮食总产量2 089 076吨，增长1.0%；糖料产量21 954吨，减少19.7%；棉花产量436吨，增长21.5%；烟叶产量53 214吨，增长27.3%；油料总产量242 813.5吨，增长54.3%；麻类产量达2005吨，增长2.7%。全年存栏大牲畜87.7331万头，比上年减少2.7%；出栏肉猪325.27万只，比上年减少7.6%；出栏羊47.21万只，比上年减少28.9%；肉类总产量308 473.14吨，比上年减少7.5%；奶类产量50 751.5吨，比上年增加3.3%；全年水产品产量达35 594吨，比上年减少9.3%。

农业生产条件进一步改善。2009年末，民族自治地方农业机械总动力471.32万千瓦时，比上年增长89.5%；全年农村用电量44 948万千瓦小时，比上年增长11.8%；农田有效灌溉面积206.49千公顷，比上年增长1.8%。

（二）工业生产企稳回升，经济效益逆势上扬

2009年，民族自治地方实现工业增加值1 416 287.6万元，增长12.2%。全省民族自治地方666家规模以上工业企业完成增加值4 000 180万元，增长9.2%。其中，国有企业完成产值399 081.93万元，下降3.5%；集体企业完成产值91 845.7万元，增长26.7%；股份合作企业完成产值685 793.2万元，增长49.8%；外商及港、澳、台商投资企业完成产值69 937.2万元，同比下降25.9%。实现主营业务收入3 644 932.5万元，比上年增长7.0%；实现利润72 223.3万元，比上年增长18.4%。

（三）投资增势继续强劲，投资规模继续扩大

受国家4万亿投资计划的刺激，固定资产投资加速，全年完成全社会固定资产投资3 835 872万元，增长56.6%，同比提高34.2个百分点。其中，城镇以上固定资产投资3 491 408万元，比上年增长61.0%；农村固定资产投资344 464万元，比上年增长22.0%。全社会固定资产投资新增固定资产1 522 666万元，比上年增长60.0%。非国有经济投资240 051万元，比上年增长0.25%；国有经济投资1 716 079万元，比上年增长29.8%，比非国有经济投资高29.6个百分点。

（四）城乡消费市场繁荣，财政金融稳定增长

在家电下乡、农机具补贴、汽车补贴等一系列扩大内需政策的推动下，高档家电、摩托车、农用车等大额消费品成为民族自治地方消费市场的新热点，城乡消费市场兴旺。2009年，全省民族自治地方实现社会消费品零售总额2 202 465.3万元，比上年增长19.0%；全年批发和零售额达1 815 825万元，比上年增长17.8%；住宿和餐饮业营业达323 975.3万元，比上年增长19.9%；其他服务业营业达49 115万元，比上年增长25.0%。在国家税收政策调整的形势下，财政收入仍保持适度增长。全年完成财政总收入478 092万元，比上年增长1.8%；完成地方财政收入271 683万元，比上年增长19.2%。全年财政支出1 544 193.92万元，比上年增长34.0%。金融机构存款大幅增加。2009年末，金融机构各项存款余额6 074 841万元，同比多增加1 317 749万元。在国家扩大内需政策的带动下，贷款投放力度明显加大，金融机构各项贷款余额3 104 311万元，同比多增加644 469万元。

（五）旅游经济高速增长，对外经贸遭受冲击

旅游带动消费能力增强。2009年全年共接待游客30 926 612人次，同比增长21.8%；国际旅游收入达8 643.62万美元；国内旅游收入达821 606万元。湘西土家族苗族自治州全年共接待游客1 060.3万人次，实现旅游收入50.7亿元，分别增长24.4%和31.8%。旅游产业带动相关产业快速发展，凤凰姜糖发展成上亿元的大产业，酒鬼酒系列产业、老爹猕猴桃产品、古丈茶叶、土家织锦、苗族银饰等特色旅游商品的规模和产值快速增长。受国际金融危机和外部需求疲软的影响，全省民族自治地方以锰、锌为主的矿产品出口严重受阻。全年进出口总额17 666万美元，比上年下降56.0%，其中出口额17 572万美元，比上年下降55.9%。全年实际利用外资5 900万美元，比上年下降21.5%。

（六）居民收入持续增加，民生建设进一步改善

居民收入增长较快。全年城镇居民可支配收入10 338元，同比增加985元，增长10.5%；农村居民人均纯收入2 636元，同比增加230元，增长9.6%。人民生活水平不断改善。城镇居民人均消费性支出7 527元，比上年增长8.1%。其中，交通和通信支出618元，与上年基本持平；医疗保健支出548元，增加32元；居住支出750元，增加24元；人均居住面积35平方米，增加2平方米。农村居民人均消费性支出2 252元，与上年持平；人均住房面积26平方米。社会保障能力加大。2009年，城镇居民最低生活保障人数达183 337人，保障支出达9 477.5万元；农村居民最低生活保障人数达245 718人，保障支出达5 284.1万元；城镇社区服务设施达364个。

二、各项社会事业全面进步

（一）教育事业加快发展

截止到2009年底，全省民族自治地方有普通高等学校4所，在校研究生522人，在校本科、专科学生48 862人，毕业生7 015人，教职工4 341人，其中专任教师2 300人；有普通中学399所，在校学生296 890人，毕业生102 625人，教职工22 490人，其中专任教师21 333人；有中等职业学校53所，在校学生42 037人，毕业生12 415人，教职工2 646人，其中专任教师1 712人；有小学1 968所，在校学生440 861人，教职工26 713人，其中专任教师25 295人。

（二）文化事业稳步推进

2009年，全省民族自治地方拥有各类艺术表演团体24个，博物馆10个，公共图书馆17个，艺术表演场所25个，群众艺术馆5个，文化馆17个，全年出版报纸1 200万份。文艺创作、演出再创佳绩。在中国首届“龙船调”艺术节暨土家族、苗族歌舞展演上，湘西州原生态歌曲《扭扭歌》荣获一等奖，《摆手情歌》荣获二等奖。音乐作品《国泰民安》在全国创作大赛上荣获一等奖。

（三）卫生事业不断进步

医疗卫生条件继续改善。截止到2009年底，全省民族自治地方有医院、卫生院488所，村卫生室4 403个。共有卫生技术人员18 974人，其

中，执业（助理）医师5 333人。医疗机构床位数17 552张。新型农村合作医疗制度覆盖全省所有民族地区，参保人数达433.1万人，比上年增加9.1万人，平均参合率88.59%，较上年增加2.94个百分点。

（撰稿 陈春建 审稿 曹承明）

广 东 省

2009年，广东省民族自治地方在省委、省政府的正确领导和国家民委的指导下，各级党委和政府继续改革创新，以科学发展观为指导，大力发展特色产业和龙头企业，经济和社会发展取得新成就，呈现五大亮点。

一、经济建设新增长

据统计，连南瑶族自治县、连山壮族瑶族自治县、乳源瑶族自治县全年共完成国内生产总值达57.19亿元，比上年增长13.8%，其中，连南14.81亿元、连山12.97亿元、乳源29.41亿元，分别比上年增长16.2%、18.1%、12%。地方财政收入一般预算收入4.33亿元，比上年增长26.8%，其中，连南1.25亿元、连山0.70亿元、乳源2.38亿元，分别比上年增长30.1%、34.1%、16.3%。社会固定资产投资完成39.8亿元，比上年增长26.2%，其中，连南9.1亿元、连山12.3亿元、乳源18.4亿元，分别比上年增长20.7%、28.1%、29.8%。农民人均纯收入4 229元，比上年增长11.97%，其中，连南3 852元、连山4 231元、乳源4 580元，分别比上年增长9.8%、13.7%、12.4%。

二、改善民生上台阶

连南瑶族自治县帮扶4 684户贫困户，落实发展项目920多个。高寒山区自愿移民新村首期4栋120套公寓楼主体工程即将完工。32宗农村饮水安全工程完成，2.3万名群众受益。新增就业培训人数4 676人，新增农村劳动力转移就业6 715人。教师待遇实现“两相当”。

连山壮族瑶族自治县全年核销住院和门诊补偿达到1 042.73万元，受惠群众73 223人次。积极开展城乡社会养老保险省级试点，已参保人数6 504人。城镇新增就业岗位1 542人，下岗失业人员再就业671人，失业率控制在3.03%以内。积极开展农民工培训，采取多种形式加强组织劳务输出，全年免费培训3 272人次，新增输出5 890人。城乡低保实现应保尽保，全自治县城乡低保对象达到2 720户、10 804人，新增2 727人，发放低保金880万元。采取有效措施，全力推进农村饮水安全工程建设，提前完成了省、市下达的2009年、2010年两年共156宗建设任务，6.8万多群众受益。新建便民候车亭10个，县城首次开通了公交线路。建成廉租房12套，还有24套正在建设中。

乳源瑶族自治县城镇居民基本医疗保险扩面继续推进，新型农村合作医疗参合率达96%。建成县人力资源培训大楼，培训农村劳动力2 200人，转移就业7 976人。新增就业岗位2 100个。新建沼气池760个、沼气服务网点120个，安装太阳能热水器80户，解决乳城、桂头镇3万多人的饮水安全问题。山塘水库除险加固2座，水渠三面光30宗、21公里，农田水利建设整治1 200亩、8 330米。完成278宗市督办“四无”水电站整治。

三、文化旅游快发展

连南瑶族自治县的“瑶族婚俗”、“瑶族刺绣”被列为省级非物质文化遗产，成功举办第二届中国（连南）瑶族文化艺术节。“广东省瑶族文化研究基地”成功落户，旅游专业县建设条件得到不断完善，全年接待游客人次和收入均同比增长300%。连山壮族瑶族自治县大旭山景区成功创建为全省50个森林生态旅游示范基地之一，金子山原生态旅游区建设，建成“戏水节”固定场地。到连山旅游的人数逐渐增多，全年接待旅客达15.1万人次，比上年增长40%，实现旅游总收入4 500万元，比上年增长69%，带动消费近1亿元。其中进入景区游客达3.42万人次，增长75%。乳源瑶族自治县以创建"5A级生态旅游县"和"广东省旅游综合改革示范县"为主线，全力推动旅游业发展。成立大南岭民族贸易公司，瑶族刺绣、乳源彩石等特色旅游商品产销两旺。2009 年全年接待游客 140 多万人次，比上年增长 21%，实现旅游综合收入 7.8 亿元，比上年增长 42.2%。

四、医疗卫生系统不断完善

民族自治地方积极优化配置卫生资源，投入新建医院院舍和业务用房，配置医疗设备、救护车等，改善医疗服务质量，扎实开展预防保健工作，县、镇、村三级卫生保健网络进一步完善。农村医疗覆盖面不断扩大，已初步形成城乡医疗预防保健服务网络。2009 年底，3 个自治县农业人口为 51 万人，参加合作医疗 50.3 万人，参合率为 98.7%，其中连山壮族瑶族自治县达 100%，超过全省平均水平 1.2%。

五、生态建设快推进

连南瑶族自治县推进"林业生态文明万绿村"和"绿色通道"建设，共新增生态公益林规划面积 24 万亩，森林覆盖率提升至 78.2%。连山推进金子山、太保天堂岭漂流、禾洞"千子湖"农业观光旅游等项目建设，完成造林达到 8.2 万亩，创历史新高。乳源开展"生态示范镇（村）"创建活动，实施乡村"清洁美"、"万村绿"及村庄整治工程，建成桂头镇下古塘村、必背镇完美瑶族新村等一批新农村，乳城镇石灰墩村、东坪镇细排村被评为市生态示范村，造林绿化 9.8 万亩，石漠化治理 0.3 万亩，被评为"中国绿色名县"。

（撰稿　黄春霞　　审稿　温卫平）

广西壮族自治区

2009 年，广西各族人民在自治区党委、自治区人民政府的领导下，坚持以科学发展观为指导，深入贯彻落实胡锦涛总书记"保增长、保民生、保稳定，保持广西发展良好势头"的重要指示，以非常办法、非常措施、非常力度、非常政策，迎难而上，共克时艰，取得了应对国际金融危机的明显成效，经济保持平稳、较快发展，各项社会事业取得新进展。

一、经济保持健康、持续发展态势

（一）国民经济持续快速发展

2009 年，广西国民生产总值达到7 700.36亿元，比上年增长 13.9%。其中，第一产业增加值1 458.71亿元，增长 5.3%；第二产业增加值 3 377.72亿元，增长 17.6%；第三产业增加值 2 863.93亿元，增长 13.8%。第一、二、三产业增加值占地区生产总值的比重分别为 18.9%、43.9 %和 37.2%。按常住人口计算，全区人均地区生产总值为15 923元。全年居民消费价格比上年下降 2.1%，其中食品价格下降 1.5%，工业品出厂价格下降 6.5%，原材料、燃料、动力购进价格下降 4.9%，农产品生产价格下降 10.8%，农业生产资料价格下降 5.8%，固定资产投资价格下降 2.1%。年末全区就业人员2 848 万人，比上年增长 1.8%。城镇新增就业 42.71 万人，比上年增加 4.42 万人，增长 11.5%。年末城镇登记失业率 3.74%，比上年末下降 0.01 个百分点。全年财政收入 966.89 亿元，比上年增长 14.7%。其中，一般预算收入 620.83 亿元，增长 19.8%；各项税收收入 417.67 亿元，增长 20.5%。一般预算支出 1 606.25 亿元，增长 23.8%。

（二）农业生产增长平稳

2009 年全年粮食种植面积3 067.5千公顷，比上年增加 94.4 千公顷；油料种植面积 181.2 千公顷，比上年增加 17.9 千公顷；甘蔗种植面积1 060.1千公顷，比上年减少 30.0 千公顷；蔬菜种植面积 978.0 千公顷，比上年增加 46.9 千公顷；烤烟种植面积 16.3 千公顷，比上年增加 1.9 千公顷；木薯种植面积 230.9 千公顷，比上年增加 9.4 千公顷；果园面积 917.7 千公顷，比上年增加 29.6 千公顷；桑园面积 145.3 千公顷，比上年减少 4.3 千公顷。全年粮食产量1 463.20 万吨，比上年增产 4.9%；油料产量 42.08 万吨，比上年增产 12.6%；甘蔗产量7 509.44万吨，比上年减产 8.6%；蔬菜产量（含食用菌）2 063.07万吨，比上年增产 2.4%；园林水果产量774.65万吨，比上年增产17.3%。全年肉类总产量371.00万吨，比上年增长5.8%。牛奶产量8.07万吨，比上年增长7.6%。蚕茧产量22.49万吨，比上年增长1.0%。水产品产量261.81万吨，比上年增长4.7%。全年木材采伐量1 371.38万立方米，比上年减少13.2%。2009年末全区农业机械总动力2 550.94万千瓦，比上年增长7.5%。2009年全年新增有效灌溉面积4.02千公顷，新增节水灌溉面积5.80千公顷。

（三）工业生产快速增长

2009年全年全部工业增加值2 863.84亿元，比上年增长15.7%。规模以上工业增加值2 265.06亿元，比上年增长18.2%；产品销售率94.9%；工业新产品产值735.56亿元，比上年增长46.8%；工业品出口交货值256.85亿元，比上年下降15.22%。全年规模以上工业中，黑色金属冶炼及压延加工业增加值209.38亿元，比上年增长25.3%；电力、热力生产和供应业增加值286.78亿元，比上年增长5.7%；交通运输设备制造业增加值299.41亿元，比上年增长33.8%；有色金属冶炼及压延加工业增加值123.19亿元，比上年增长13.6%；非金属矿物制品业增加值138.11亿元，比上年增长25.3%；农副食品加工业增加值252.82亿元，比上年增长8.4%，其中制糖业增加值108.50亿元，比上年下降14.8%。发电量922.99亿千瓦时，比上年增长8.8%；钢材产量1 179.79万吨，比上年增长23.1%；发动机9 373.54万千瓦，比上年增长41.5%；水泥产量6 435.27万吨，比上年增长24.0%。全年规模以上工业经济效益综合指数221.88，比上年提高17.3点；主营业务收入6 330.32亿元，比上年增长17.5%；利税总额589.58亿元，比上年增长30.1%；盈亏相抵后实现利润总额260.48亿元，比上年增长45.7%。全区具有资质等级的总承包和专业承包建筑业企业实现利润17.69亿元，比上年增长16.0%；上缴税金33.76亿元，比上年增长20.0%。

（四）固定资产投资高速增长

2009年全年全社会固定资产投资5 706.7亿元，比上年增长50.8%。分城乡看，城镇固定资产投资5 159.34亿元，增长53.9%；农村固定资产投资547.36亿元，比上年增长27.2%。在城镇固定资产投资中，基本建设投资2 614.53亿元，增长44.8%；更新改造投资1 552.55亿元，增长101.9%；房地产开发投资813.68亿元，增长29.7%；其他投资178.57亿元，增长18%。分产业看，第一产业投资142.12亿元，增长41.1%；第二产业投资1 918.47亿元，增长34.5%，其中工业投资1 893.74亿元，增长35.3%；第三产业投资3 098.74亿元，增长69.7%。2009年，全年商品住宅投资577.17亿元，比上年增长39.8%。商品房施工面积8 346.07万平方米，增长21.4%。房地产业增加值333.22亿元，比上年增长19.4%。全区年新增等级公路里程4 103公里，公路总里程100 491公里，其中新增高速公路里程214公里，高速公路总里程2 395公里。新增港口泊位综合通过能力2 519万吨，港口泊位综合通过能力17 123万吨，其中新增沿海港口泊位综合通过能力1 510万吨，沿海港口泊位综合通过能力11 516万吨。新增发电机组容量113.1万千瓦，发电机组总容量2 530万千瓦。

（五）国内贸易消费市场活跃

2009年全年社会消费品零售总额2 790.70亿元，比上年增长19.3%。分地域看，城市消费品零售额1 667.15亿元，增长19.2%；县及县以下消费品零售额1 123.55亿元，增长19.6%。分登记注册类型看，国有企业实现零售额126.54亿元，增长11.5%；集体企业实现零售额55.10亿元，增长8.7%；私营企业实现零售额281.00亿元，增长21.9%；个体经营户实现零售额1 828.62亿元，增长20.8%；联营企业实现零售额0.74亿元，下降0.7%；股份有限公司实现零售额212.10亿元，增长9.5%；外商投资企业实现零售额23.32亿元，增长12.5%；港澳台投资企业实现零售额27.79亿元，增长18.5%；其他企业实现零售额16.97亿元，增长8.8%。分行业看，批发和零售业实现零售额2 417.16亿元，增长19.6%；住宿和餐饮业实现零售额337.09亿元，增长19.8%。

（六）对外经济进口高速增长

2009年全年货物进出口总额142.06亿美元，比上年增长7.3%。其中，货物出口83.71亿美元，增长13.9%；货物进口58.35亿美元，下降0.9%。实现贸易顺差25.36亿美元。从出口企业性质看，国有企业出口10.16亿美元，下降45.6%；外商投资企业出口12.78亿美元，下降21.1%；私营企业出口59.18亿美元，增长65.0%。全年区外境内实际到位资金2 330亿元，比上年增长57.1%。实际使用外商直接投资额10.35亿美元，比上年增长6.6%。全年对外承包工程和劳务合作完成营业额4.59亿美元，比上年增长101.4%。

（七）交通、邮电和旅游稳步提高

2009年全年交通运输、仓储及邮政业增加值356.86亿元，比上年增长7.6%。全年港口完成货物吞吐量1.49亿吨，比上年增长16.8%，其中外贸货物吞吐量0.59亿吨，增长10.2%。2009年末全区民用汽车保有量123.29万辆，比上年末增长25.3%，其中轿车46.96万辆，增长34.9%。年末私人汽车保有量83.47万辆，增长35.3%。全年完成邮电业务总量694.75亿元，比上年增长18.3%。其中，邮政业务总量21.32亿元，增长16.3%；电信业务总量673.43亿元，增长18.4%。2009年末固定电话用户达到787.6万户，其中，城市电话用户485.8万户，农村电话用户301.8万户。2009年新增移动电话用户336.2万户，年末达到1 960.1万户。电话普及率达到每百人57.1部。全年接待入境旅游者人数209.85万人次，比上年增长4.4%。国际旅游外汇收入6.43亿美元，比上年增长6.9%。

（八）金融、证券和保险稳定增加

2009年全年金融业增加值332.68亿元，比上年增长36.3%。年末银行业金融机构本外币存款余额9 638.89亿元，比上年末增长36.2%；年末银行业金融机构本外币贷款余额7 360.43亿元，比上年末增长44.0%。年末上市公司（A、B股）数量26家，市价总值1 274.04亿元，比上年末增长164.1%。全年保险公司原保险保费收入148.62亿元，比上年增长11.34%。其中，财产险业务原保险保费收入49.71亿元，增长24.13%；寿险业务原保险保费收入86.32亿元，增长4.64%；健康险和意外险业务原保险保费收入12.58亿元，增长13.13%。2009年，支付各类赔款及给付44.43亿元，增长4.98%。其中，财产险业务赔款23.6亿元，下降2.3%；寿险业务给付16.29亿元，下降13.35%；健康险和意外险业务赔款及给付4.55亿元，增长19.42%。

二、各项社会事业稳步发展

（一）教育事业持续发展

2009年全年普通高等教育招生17.01万人，在校生52.83万人，毕业生12.15万人。普通高中招生26.26万人，在校生75.28万人，毕业生23.66万人。普通初中招生72.63万人，在校生206.55万人，毕业生64.49万人。普通小学招生75.25万人，在校生436.78万人，毕业生73.06万人。582.5万名农村义务教育阶段学生免收学杂费。

（二）科学研究与技术开发取得新成果

广西壮族自治区安排科学研究与技术开发计划项目1 165项，资助经费24 500万元，其中，技术研究与开发经费20 500万元，自然科学基金、青年科学基金专项经费2 200万元。取得省部级以上登记科技成果590项，其中，应用技术成果536项，软科学研究成果16项，基础理论成果38项。获广西科技进步奖项目141项，其中特别贡献奖1项、一等奖5项、二等奖41项、三等奖94项。专利申请量4 277件，授权专利2 702件。共签订技术合同290项，技术合同成交金额17 661.82万元。

（三）文化事业不断繁荣

2009年末全区共有专业艺术表演团体140

个，县级以上公共图书馆 100 个、文化馆 98 个、博物馆 60 个、各级各类档案馆 148 个。全区报纸出版量 6.14 亿份，比上年增长 5.3%；期刊出版量 0.42 亿册，比上年增长 2.4%；图书出版量 2.75 亿册，比上年下降 4.8%。年末电视综合人口覆盖率 95.3%，比上年末提高 0.8 个百分点；广播综合人口覆盖率 92.8%，比上年末提高 1.3 个百分点。

（四）卫生保健事业进一步加强

2009 年末全区共有卫生机构10 654个，其中医院 459 家、疾病预防控制中心 105 个、卫生监督机构 111 个、妇幼保健院（所、站）103 个、乡镇卫生院1 242个、社区卫生服务中心（站）311 个、诊所（室）8 082个、其他卫生机构 241 个。村卫生所（室）2.19 万个。全区卫生技术人员 16.95 万人，其中执业（助理）医师 6.37 万人、注册护士 6.25 万人。全区医院和乡镇卫生院床位 12.28 万张，其中，医院床位 8.19 万张、卫生院床位 4.09 万张。开展新型农村合作医疗工作县（市）110 个，实际参加农村合作医疗农民3 747.38万人，参合率 91.22%，比上年提高 4.61 个百分点。

（五）体育事业取得新成绩

广西体育健儿在世界三大赛中获 5 枚金牌、5 枚银牌。体育基础设施和群众运动场所增加，群众健身活动蓬勃开展，各族人民体质不断提高。

（六）人口保持低速增长

2009 年末全区总人口5 092万人。年末常住人口4 856万人，比上年末增加 40 万人。全年出生人口 72 万人，出生率为 14.17‰；死亡人口 29 万人，死亡率为 5.64‰；自然增长率为 8.53‰。

（七）城乡居民收入增加较快

2009 年，农民人均生活消费支出3 231元，比上年增长 8.2%。其中，食品类支出1 572.8 元，下降 1.4%；衣着类支出 91.8 元，增长 0.7%；家庭设备用品及服务类支出 157.9 元，增长 27.4%；医疗保健类支出 205.2 元，增长 33.0%；交通和通讯类支出 275.6 元，增长 5.2%；娱乐、教育、文化用品及服务类支出 192.5 元，增长 11.5%；居住类支出 677.9 元，增长 26.6%；其他商品和服务类支出 57.4 元，增长 12.9%。城镇居民人均消费性支出 10 352 元，比上年增长 7.5%。其中，食品类支出4 130 元，增长 1.1%；衣着类支出 856 元，增长 10.8%；家庭设备用品及服务类支出 755 元，增长 25.0%；医疗保健类支出 538 元，增长 1.7%；交通和通讯类支出1 599元，增长 16.2%；娱乐、教育、文化用品及服务类支出1 111元，增长 2.7%；居住类支出1 021元，增长 14.6%；杂项商品和服务类支出 343 元，增长 18.4%。

（八）城镇居民居住条件不断改善

2009 年，广西城镇居民人均住房建筑面积 38.5 平方米，比上年增加 0.1 平方米，增长 0.2%；农村居民人均居住面积 33.1 平方米，比上年增加 1.3 平方米，增长 4.2%。

（九）社会保障和福利事业进一步发展

截止到 2009 年末，全区参加城镇基本养老保险人数为 411.32 万人，比上年末增加 43.27 万人；失业保险 237 万人，增加 2.31 万人；城镇职工基本医疗保险 388.8 万人，增加 27.38 万人；工伤保险 221.69 万人，增加 16.79 万人；生育保险 199.01 万人，增加 22.47 万人。2009 年末领取失业保险金人数 7.57 万人。2009 年全年有 62.7 万城镇居民得到政府最低生活保障，比上年增加 5.8 万人；272.1 万农村居民得到政府最低生活保障，比上年增加 91.6 万人。

（撰稿　梅菊　　审稿　周世相）

海 南 省

海南省民族自治地方包括琼中黎族苗族自治县、保亭黎族苗族自治县、白沙黎族自治县、乐东黎族自治县、昌江黎族自治县、陵水黎族自治县 6 个民族自治县。2009 年，全省民族自治地方以科学发展观统领全局，牢牢把握各民族“共同团结奋斗，共同繁荣发展”的工作主题，围绕全面建设小康社会和构建社会主义和谐社会的目标，始终坚持发展这一第一要务，以解决少数民族和民族地区经济社会发展中的突出问题和特殊困难为切入点，创新发展模式，有效应对国际金融危机的冲击和消除了甲型H1N1流感等不利因素的影响，国际旅游岛建设上升为国家战略，全面提升少数民族事业发展水平，民族自治地方经济社会保持了平稳发展的良好态势，人民生活水平继续提高，各项社会事业加快发展。据统计，2009年全年，全省民族自治地方完成生产总值163.26亿元，按可比价格计算，比上年增长14.8%。分产业看，第一产业增加值79.87亿元，增长8.3%；第二产业增加值37.46亿元，增长27.5%；第三产业增加值45.94亿元，增长14.1%。

一、经济持续、稳步发展

（一）加强农业基础建设，转变农业发展方式，扎实推进新农村建设

积极发展农产品加工业，琼中、昌江两大农产品加工园区正在快速推进。创新农业科技推广体制，农业科技服务“110”基本覆盖6个民族自治县，重点农业技术入户率达80%。农村基础设施持续改善，大力实施农田水利建设、农村电网改造、县乡公路改造、通村公路建设、民房改造以及农村改水改厕、沼气池建设等工程。支农惠农力度进一步加大，继续加大对农民的直接补贴力度，增加粮食直补、良种补贴、农机具购置补贴和农资综合直补，农业生产保持较快增长。2009年，全省民族自治地方农林牧渔业总产值177.64亿元，同比增长13.1%。其中，农业、林业、牧业、渔业产值分别为69.90亿元、74.56亿元、14.77亿元和18.41亿元，分别增长8.6%、18.6%、9.0%、13.9%。

（二）民族自治地方坚持依托本地资源优势，集中布局、集约发展新型工业

昌江循环经济区等工业园区的配套基础设施不断完善，乐东气田扩建，昌江叉河水泥厂建成投产，这些项目的建设投产增强了本省民族自治地方经济综合实力。由于优势产业日益壮大，工业经济快速增长，民族地区全部工业及规模以上工业增加值增速均高于全省平均水平。2009年，民族地区规模以上工业增加值实现47.62亿元，年均增长12.9%。

（三）旅游业加快发展

在大力推进国际旅游岛建设进程中，在加强旅游宣传促销与区域合作力度的作用下，海南省克服国际金融危机、甲型H1N1流感等不利因素的影响，旅游业呈现不断加快发展的趋势。旅游景区及配套服务设施建设加快推进，清水湾、香水湾、石梅湾等一批重点旅游综合开发区建设进展顺利。2009年，全省民族自治地方接待旅游过夜人数433.67万人次，比上年增长10.2%，占全省接待旅游过夜人数总量的四分之一。其中，接待国际游客25.12万人次，接待国内旅客408.55万人次；旅游收入分别为567.49万美元和4.68亿元。

（四）加大基础设施和固定资产投资力度

省财政加大对民族地区基础设施的投入和建设力度，建成或加快推进了一大批支撑民族地区长远发展的重大基础设施项目，为民族地区的长远发展夯实了基础。2009年，全省民族地区全社会固定资产投资完成116.16亿元，比上年同比增长56.9%。交通方面，西环铁路完成改造提速并通过粤海铁路轮渡纳入了全国铁路网，东环铁路加速建设，有望在2010年竣工。水利设施方面，琼中红岭水库、陵水小妹水库等大型水利工程，完成了保亭黎族苗族自治县、琼中黎族苗族自治县、白沙黎族自治县等一批水库的配套水利工程建设，建成了白沙黎族自治县和保亭黎族苗族自治县等河段防洪工程。供气方面，建成了乐东气田，铺设了三亚—东方—洋浦—海口天然气管道，城市天然气管网不断完善。通信方面，建成了覆盖民族地区的高速、宽带、大容量的信息基础网络，通信骨干网继续向纵深方向延伸，光缆干线通达所有民族市县，支线通达大部分乡镇，自然村通电话率达

到94%。

（五）财政收入增加，人民生活水平不断提高

地方财政收入实现较快增长，2009 年全年全省民族自治地方财政全口径一般预算收入59.48 亿元，比上年同比增长 19.6%；地方财政一般预算收入 12.32 亿元，比上年增长 25.9%，高于国民生产总值增长 11 个百分点。地方财政一般预算支出 66.76 亿元，增长 45.6%。

消费品市场繁荣活跃，全社会消费品零售总额28.34 亿元，比上年同比增长18.9%。城乡居民收入快速增长，城乡居民消费水平进一步提高。城镇居民人均可支配收入10 698元，比上年同比增长9.6%；农村居民人均纯收入3 679元，比上年同比增长9.8%。城乡居民生活质量显著提高，肉、蛋、奶、水产品等消费量增加，主要耐用消费品拥有量成倍增长，居住条件和居住环境明显改善。城市人均住房面积 21 平方米，农村人均住房面积 24 平方米。2009 年，全省民族地区共完成民房改造10 234户，其中，茅草房8 420户、危房1 814户，建成砖瓦房和平顶房面积 76.76 万平方米，少数民族受益人口约 4.94 万人。

二、教育、医疗等各项社会事业全面发展

（一）继续坚持教育优先发展战略，推动各级各类教育全面发展

大力推进教育扶贫移民工程，全省已有 1.8 万名边远贫困地区中小学生进入思源学校学习。在全国率先对中职涉农专业实行免费教育。职业教育发展步伐加快，建设了 5 个县级职教中心和一批示范职业学校，在校生规模达到 3 万人。全面完成中小学现有 D 级危房改造，农村中小学校远程教育实现全覆盖。普通高中在校学生11.04 万人，中等职业学校在校学生4 845人，普通小学在校学生 13.73 万人，适龄儿童入学率达 99.2%。

（二）医疗卫生事业稳健发展

有各类卫生机构 118 个，病床 3 230 张，各类卫生技术人员4 139人，其中执业（助理）医师数1 592人，公共卫生与基本医疗服务体系建设得到加强，防病救治能力进一步提高。投入750 万元新建和改建一批县级医院、社区卫生服务中心、乡镇卫生院，面积为 7.3 万平方米。着力打造一小时高端医疗圈，建设省惠民医院，这是省级惠民医疗定点单位，主要负责五指山、保亭、琼中、白沙、乐东和昌江 6 个少数民族人口较多市县特困人群的惠民医疗服务。

（三）大力加强廉租房、经济适用房建设力度

逐步把最低收入、低收入城镇住房困难家庭全部纳入保障范围，努力实现人人有房住的目标，不断改善人居环境，超额完成城镇居民人均建筑面积增加 1 平方米的目标。完成少数民族地区民房改造 1.02 万户。

（四）注重环境保护

2009 年，省财政拨付 2.03 亿元，加大中部山区生态补偿的力度。据统计，目前本省民族自治地方 6 个县森林覆盖率平均达到 69.1%，比全省森林覆盖率 59.2% 高出 9.9 个百分点。民族自治地方近岸海域水质达标率为 90%，绝大部分监测海域水质处于清洁状态。空气质量总体优良，继续保持国家一级水平。尖峰岭、吊罗山、七仙岭、黎母山、霸王岭被列为国家级森林公园。

（五）文化繁荣发展

截止到 2009 年底，有艺术表演团体 4 个、艺术表演场所 4 个、群众艺术馆 4 个、文化馆 5 个、公共图书馆 5 个、博物馆 3 个。建成乡镇综合文化站 40 多个、农民书屋近 100 家，1 万多户边远山区农户开通广播电视。黎族纺染织绣技艺列入联合国非物质文化遗产保护项目。

（撰稿　邱其斌　审稿　唐圣为）

重 庆 市

2009 年，在重庆市委、市政府的正确领导下，在国家民委的指导下，重庆民族自治地方坚持科学发展观为指导，以贯彻落实十七大精神和胡锦涛总书记“314”总体部署为总纲，认真

贯彻落实市委三届六次、三届七次次全委会精神，把加快少数民族和民族地区经济社会发展切实摆到更加突出的位置，着力构建渝东南民族地区对外开放和招商引资平台，加快民族地区基础设施建设和公共服务体系建设，民族自治地方经济社会得到快速发展，人民生活水平进一步提高。

一、民族自治地方的经济持续、健康发展

2009年，民族自治地方地区生产总值（当年价格）达到2 231 374万元，地区生产总值比2008年（按可比价格计算）增长15.5%。其中：第一产业增加值457 816万元，增长5.7%；第二产业增加值927 190万元，增长21.3%：第三产业增加值846 368万元，增长13.8%。从三次产业构成看，三次产业分别占地区生产总值的20.5%、41.55%和37.95%，第三产业所占比重略有上升，第一、第二产业所占比重有所下降。

（一）农村经济保持健康发展

2009年，实现农林牧渔业总产值721 033万元，比上年增长6.7%，其中农业产值299 719万元、林业产值32 518万元、牧业产值228 873万元、渔业产值3 817万元。农作物总播种面积为424.24千公顷，粮食作物播种面积276.42千公顷，油料播种面积45.56千公顷。全年粮食总产量为942 347吨，比上年减少1.7%；油料产量61 913吨，比上年减少3.6%；烟叶产量36 988吨，比上年增长17.9%。全年肉类总产量达到1 711 459吨，比上年减少2.8%。

（二）规模以上工业企业发展迅速，工业运行质量明显改善

2009年，民族自治地方国有及规模以上非国有工业企业258家，实现工业总产值1 130 796万元，比上年增长14.4%。规模以上非国有工业销售产值（当年价格）完成3 320 113万元，资产总计达到2 484 226万元，利润总额92 748万元。

（三）固定资产投资力度加大

2009年，民族自治地方完成全社会固定资产投资达2 549 114万元，比上年增长34.88%，其中城镇固定资产投资1 974 853万元、农村固定资产投资396 590万元。全社会固定资产投资新增固定资产1 094 420万元，比上年增长83.39%。

（四）地方财政收支持续增长，金融秩序良好

2009年底，民族自治地方财政总收入达到274 400万元，比上年增长35.25%，其中地方财政一般预算收入162 828万元，比上年增长40.58%。地方财政支出660 991万元，比上年增长25.96%。

民族自治地方金融机构存贷款额稳定增长。全部金融机构各项存款总额2 423 870万元，比上年增长32.83%；全部金融机构各项贷款总额1 382 775万元，比上年增长37.7%。

（五）城乡贸易市场活跃

2009年，民族自治地方全年实现社会消费品零售总额881 828万元，比上年增长19.16%。分行业看：批发零售贸易业实现746 996万元，比上年增长18.67%；住宿和餐饮业实现123 326万元，比上年增长30.29%。

民族自治地方2009年进出口总额达到16 686万美元。

（六）城乡居民储蓄继续增加，农村居民人均纯收入快速增长

2009年末，民族自治地方城乡储蓄存款年末余额1 472 613万元，比上年增长18.87%。农村居民人均纯收入达到3 452元，比上年增加344元，增长11.07%。城市人均住房面积37平方米，农村人均住房面积38平方米。

（七）交通运输快速发展

重庆民族自治地方加大基础设施建设力度，交通运输条件进一步改善。2009年民族自治地方公路线路里程总计10 743公里，比上年增加8.8%。完成客运量总计3404万人次，比上年增加21.88%，其中：公路客运量3 326万人次，比上年增长22.05%；铁路客运量48万人次，比上年增加17%。完成货运量总计1 529万吨，比上年增加0.1%，其中：公路货运量1 391万

吨，比上年增长2%；铁路货运量28万吨，比上年增加7.69%。

（八）旅游业健康发展

民族自治地方交通设施改善为当地发展特色生态旅游和民族风情旅游创造了有利条件。2009年共接待游客2 331 000人次，比上年增长40.34%。创造旅游收入56 500万元，比上年增长41.96%。

二、民族自治地方的社会事业得到进一步发展

（一）教育事业稳步发展

2009年，民族自治地方加大教育投入，教育事业得到进一步发展。共有普通中学116所，职业中学11所，小学919所。截止到2009年底，普通中学在校学生176 416人，职业中学在校学生12 803人，小学在校学生236 338人；普通中学专任教师8 398人，职业中学专任教师590人，小学专任教师13 813人。教育经费支出137 357万元，比上年增长25.19%。

（二）卫生事业进一步发展

2009年末，民族自治地方拥有医院、卫生院163家，村卫生室905个，拥有医院、卫生院病床3 548张，卫生技术人员4 467人，其中执业（助理）医生2 574人。医疗卫生基础设施和医疗器械设备得到进一步完善，医疗技术人员能力不断提高，处置突发性公共卫生事件的能力进一步增强。

（三）文化事业蓬勃发展

编制完成《重庆民族文化典藏》，编辑、制作涵盖122个少数民族传统文化保护项目的纪录片光碟。《重庆民族文化典藏》成为第二届武陵山民族文化节上的亮点，得到与会嘉宾的盛赞和好评。

组织重庆市民族团结先进事迹报告团巡回宣讲。重庆市在全国率先组织了民族团结进步先进事迹报告团，先后在全市各地举行了14场民族团结先进事迹报告会，在全市各地纷纷掀起了民族团结宣传教育活动的热潮，推动了全市范围内民族团结进步宣传教育活动不断深入和发展。

（四）社会保障体系进一步健全和完善，新型农村合作医疗覆盖面加大

2009年，民族自治地方参加医疗保险和基本养老保险人数持续上升，社会福利和农村临时救助体系建设得到进一步完善。城镇居民最低生活保障支出资金9 621.9万元，比上年增长3.21%；农村居民最低生活保障支出资金9 653.3万元，比上年增长38.37%。

2009年，民族自治地方参加新型农村合作医疗计206.2万人，比上年增加22.26万人，增长22.26%；新型农村合作医疗费用支出196.01万元，比上年增长76.38%；新型农村合作医疗参合率达到90%，比上年增加8个百分点。

（五）生态环境保护和建设工作不断加强

在发展经济的同时，民族自治地方更加注重生态环境的保护和综合治理，水环境质量、声环境质量、大气环境质量有了明显改善，有力地促进了生态环境质量的改善和经济、社会、环境的协调发展。2009年，民族自治地方共完成绿化造林和荒山造林31 110公顷。安排工业当年施工污染治理项目9个，工业污染治理项目当年完成投资额4 928.5万元，"三废"综合利用产品产值3 596.7万元。

三、民族乡经济社会全面发展

2009年，民族乡经济进一步发展，基础设施建设进一步加强，人民生活进一步得到改善，社会事业有了长足进步。

2009年，重庆市辖有民族乡14个，100个村民委员会，已通电的村100个，已通公路的村95个，已通电话的村85个，已通邮的村66个，已通自来水的村57个。民族乡行政区划面积1 421平方公里，年末总人口164 494人，其中少数民族人口64 657人。

2009年，重庆市民族乡农林牧渔业总产值81 273万元，农作物总播种面积为417 602亩，全年粮食总产量为93 081吨，全年肉类总产量达到16 499吨，人均纯收入3 600元。

2009年，重庆市民族乡有学校43个，在校

学生总数14 491人，教师总数856人；图书馆、文化站共18个；医院、卫生院20个，医生120人，病床172张；农业科技与服务单位19个，中高级农业技术人员43人。

（撰稿　陈引　　审稿　孔刚）

四　川　省

2009年，在省委、省政府领导下，四川民族自治地方深入贯彻、落实科学发展观，围绕共同团结奋斗、共同繁荣发展的民族工作主题和省委“一条主线、三个加强”的民族工作总体思路，全力推进灾后恢复重建，着力实施“保增长、保民生、保稳定”，经济快速回升，社会事业全面进步，群众生活显著改善，社会和谐稳定。

一、民族地区经济快速、健康发展

2009年，自治地方年末人口723.4万人，其中少数民族人口426.1万人。辖区面积30.5万平方公里，占全省土地面积62.9%。经省统计局审定，自治地方实现地区生产总值892.9亿元，增长16.9%，增速比上年提高11.4个百分点，比全省平均水平高2.4个百分点。其中，第一产业增加值218.9亿元，增长4.8%；第二产业增加值357.9亿元，增长28.4%；第三产业增加值316.1亿元，增长12.2%。人均地区生产总值13 096元，比上年增加1 852元。三次产业结构由上年的27.5∶42.0∶30.5调整为24.5∶40.1∶35.4，第一产业比重下降3.0个百分点，第三产业比重上升4.9个百分点。

凉山州地区生产总值627.11亿元，增长15.7%，比全省增幅高1.2个百分点。其中：第一产业完成增加值157.46亿元，增长4.8%，对经济增长的贡献率为7.1%；第二产业完成增加值256.08亿元，增长26.2%，对经济增长的贡献率为60.6%；第三产业完成增加值213.57亿元，增长11.2%，对经济增长的贡献率为32.3%。人均国内生产总值达到14 306元，比上年增长14.9%。一、二、三产业占国内生产总值的比重，由上年的27.4∶38.3∶34.3调整为25.1∶40.8∶34.1。甘孜州地区生产总值突破100亿元，达到103.16亿元，增长9%，增速比上年回落1.5个百分点。其中，第一产业增加值25.45亿元，增长2.6%，对经济增长的贡献率为4.5%，拉动经济增长0.4个百分点；第二产业增加值34.96亿元，增长8.6%，对经济增长的贡献率为36.7%，拉动经济增长3.3个百分点；第三产业增加值42.75亿元，增长11.4%，对经济增长的贡献率为58.8%，拉动经济增长5.3个百分点。三次产业结构由上年的24∶36.2∶39.8调整为24.7∶33.9∶41.4，人均国民生产总值突破万元大关，达到10 326元，比上年增长6.4%。阿坝州国民经济强劲回升，实现地区生产总值109.6亿元，超过震前水平，增长36.0%，增长速度居全省第一。其中，第一产业实现增加值23.0亿元，比上年增长5.9%；第二产业实现增加值43.2亿元，比上年增长88.1%；第三产业实现增加值43.4亿元，比上年增长18.2%。三次产业对经济增长的贡献率分别为3.4%、71.2%和25.4%。

（一）农业生产稳定增长

2009年，实现农林牧渔总产值346.89亿元，增长4.4%，其中，农业增长4.9%，林业增长3.2%，牧业增长3.9%，渔业增长6.8%。粮食作物播种面积67.26万公顷，增加9 040公顷，增长1.36%，占农作物总播种面积71.2%；粮食总产量264.87万吨，增长4.4%。油料播种面积3.5万公顷，增长36.8%，产量6.08万吨，增长67.1%；水果产量81.25万吨，增长28.7%。全年肉类总产量达85.94万吨，增长5.2%，其中猪牛羊肉产量81.22万吨，增长4.5%；年末大牲畜存栏740.12万头，增长2.7%。完成造林面积15.91万公顷。农业生产条件继续改善，农田有效灌溉面积15.32万公顷，农用化肥施用量（折纯）16.45万吨，农业机械总动力334.1万千瓦小时，增长17.0%。

（二）工业加快增长

全部工业实现增加值 272.0 亿元，增长 30.6%。规模以上工业企业 639 个，工业增加值增长 29.8%，实现销售产值 580.4 亿元。规模以上工业主要产品产量中，水泥产量 582 万吨，发电量 274.53 亿千瓦小时，原煤 119 万吨。规模以上工业企业实现主营业务收入 532.83 亿元，增长 40%；盈亏相抵后的利润总额为 52.47 亿元，增长 36.8%。

建筑业稳步增长。全年建筑业实现增加值 68.88 亿元，完成建筑业总产值 26.22 亿元，建筑企业 89 个，房屋建筑竣工面积 98.37 万平方米，增长 55.0%。

（三）投资、交通运输、邮电通讯业快速增长

2009 年，完成全社会固定资产投资1 149.3 亿元，增长 101.4%，新增固定资产 535.19 亿元。年末公路通车里程达 5.1 万公里，其中等级公路 3.7 万公里。完成邮电业务总量 28.04 亿元，国际互联网用户数 18.42 万户，年末固定电话用户 70.72 万户，移动电话用户 283.95 万户。邮政所 346 处，邮路总长度15 928公里，农村投递路线总长度21 793公里。

（四）旅游业发展强劲

2009 年，共接待游客2 404.9万人次，增长 44.2%；实现旅游总收入 114.93 亿元，增长 71.5%。接待入境游客 13.08 万人次，增长 78.7%，实现旅游外汇收入3 408.7万美元，增长 86.0%；接待国内游客2 391.79万人次，增长 44.1%，实现国内旅游收入 112.66 亿元，增长 71.1%。

（五）消费品市场持续增长，财政稳定增收，人民生活改善

2009 年，社会消费品零售总额 273.85 亿元，增长 20.0%。城乡居民储蓄存款余额 481.7 亿元，增长 26.4%。城镇在岗职工平均工资 31 575元，增长 11.4%。城镇居民人均可支配收入达13 003元，增长 12.8%，农牧民人均纯收入 3 505元，比上年增加 274 元，增长 8.5%。阿坝州农牧民人均纯收入3 066元，较上年增收 511 元，增长 20.0%，增速居全省第一。甘孜州农牧民人均纯收入达到2 229元，比上年增加 303 元，增长 15.7%，增速实现连续 7 年超过 12%。凉山州农民人均纯收入3 960元，比上年净增 307 元，增长 8.4%。全年自治地方财政一般预算收入 72.95 亿元，增长 33.0%，增幅比全省平均水平高 11.0 个百分点；一般预算支出 347.84 亿元，增长 8.2%。

二、教育、医疗、文化等各项社会事业全面发展

（一）自治地方各类教育协调发展

教育助学工程加快推进，全面推进素质教育，义务教育成效显著。民族地区教育步入了历史上最好最快的发展时期，教育发展的内外部环境显著改善，实现了从“要我办教育”到“我要办教育”、“要我读书”到“我要读书”的历史性转变。2009 年，自治地方有各级各类学校3 523所，在校学生数 121.8 万人，教职工人数 6.8 万人。凉山州“两基”人口覆盖率达 100%，为 74.61 万名义务教育阶段学生免除了学杂费和教科书费，对 18.5 万名贫困学生提供生活补助。甘孜州 17 个县实现“普九”目标，“普九”人口覆盖率 92.7%。寄宿制学校共 432 所，寄宿制学生 8.8 万人，占全州在校生总数的 58.6%。享受“两免”的中小学生 13.6 万人，享受寄宿制生活补助的中小学生 7.2 万名，比上一年新增 3037 人。阿坝州享受“两免”的学生 13.6 万人。新增义务教育阶段寄宿制学生2 000 人，享受寄宿制学生生活补助人数达 8.9 万人，寄宿制学生规模达到 8.98 万人。2009 年是《四川省民族地区教育发展十年行动计划》（以下简称《行动计划》）实施的第 9 年，《行动计划》累计投入资金 61 亿元，新建和改扩建学校3 435所，在校生比 2000 年增加了 36 万人。拥有普通高等学校 3 所，中等学校 380 所，小学校3 134所。2008 年底，自治地方 51 个县（市）全部普及了小学教育和基本扫除了青壮年文盲，48 个县（市）基本普及了九年义务教育，7～12 周岁学龄儿童入学率提高到95.3%，“普九”地区人口覆盖率提高到

了95.6%。

（二）医疗服务体系不断完善，少数民族文化建设协调发展

包虫病与大骨节病一直是困扰四川藏区群众健康的主要地方病。截止到2009年底，共安排、落实中央和省级包虫病专项经费6 509万元，覆盖了31个包虫病流行县，完成包虫病病人调查26.6万人，免费药物治疗7 622例、手术治疗81例。同时，采取多种防治大骨节病措施，使阿坝、甘孜两州的大骨节病情得以控制，7～12岁儿童大骨节病X线检出率已下降到3%以下，地方病、传染病等重大疾病的防控能力不断提高。2009年，自治地方年末拥有卫生机构3 235个，其中村卫生室7 126个；拥有床位1.8万张；有卫生技术人员2万人，其中执业（助理）医师8 787人。

2009年末民族自治地方拥有艺术表演团体8个、群众艺术馆4个、文化馆53个、公共图书馆24个、博物馆7个。四川民族地区大力实施“两馆”建设、广播电视“村村通”、乡镇综合文化站和基层文化阵地建设、文化信息资源共享、农村电影放映、农家书屋等公共文化服务工程，结合四川藏区牧民定居行动计划、帐篷新生活行动和彝区“三房”改造等工程建设，做好省、州（市）、县民族语广播电视节目的无线覆盖工程，使少数民族群众，特别是偏远地区的少数民族群众及时了解党的方针政策，收听、收看更加丰富多彩的娱乐文化节目，提高了少数民族群众的生活品质，夯实了少数民族文化事业繁荣发展的基础。2009年，四川康巴藏语卫视频道正式对外播出，覆盖四川、西藏、青海、云南、甘肃西部五省区的康巴语地区，约240万使用康巴藏语的藏族同胞直接受益。成立了以译制、播出少数民族语言新闻节目和综合节目为主的“四川省广播影视少数民族语言译制播出中心”，节目通过康巴藏语频道覆盖川、藏、青、甘、滇等地区。“中国凉山彝州新闻网”彝文网站正式与网民见面，成为全国第一家综合性的彝文语种对外宣传的重要窗口。

四川民族地区非物质文化遗产影响逐渐扩大，通过“遗产日”、“非物质文化遗产周”、“中国西部文博会”等平台，促进了民族地区非物质文化遗产保护工作的不断发展。阿坝州川西藏族山歌、松潘羌族多声部民歌、汶川羊皮鼓舞、羌族刺绣、理县博巴森根、金川马奈锅庄已进入第二批国家级非物质文化遗产名单，8名非物质文化遗产传承人被公布为第四批省级非物质文化遗产代表性传承人，“羌族推杆”、“羌族萨朗”等12个项目推荐申报为第三批国家级非物质文化遗产项目。

（撰稿　刘康容　　审稿　唐伯华）

贵　州　省

2009年，面对国际金融危机带来的严峻挑战和极其复杂的国际国内形势，全省上下按照中央扩内需、保增长的总体要求和贵州省委、省政府各项工作部署，全面贯彻落实中央刺激经济增长的一揽子计划及相关政策措施。各民族自治地方从本地区实际出发，大力加强生产调度，积极挖掘经济增长潜力，努力克服前进中的各种困难，保持了全省民族自治地方经济平稳、较快增长和社会事业稳步发展的良好态势。

一、经济平稳较快增长，效益总体上逐步好转

2009年是贵州省改革开放以来经济增长波动最大的一年，全年经济发展呈前高中低后逐步走高的态势，大体经历了三个阶段。第一阶段为一季度，受上年同期严重雪凝灾害导致基数低等不可比因素影响，主要经济指标增幅均比较高，国内生产总值、规模以上工业增加值分别比上年同期增长15.9%和16%。第二阶段为二季度，受需求不足影响，工业生产连续三个月呈现负增长，4月、5月、6月，规模以上工业增加值增速分别下降3.3%、7.1%和1.8%。第三阶段为下半年，进入三季度以来，工业等主要经

济指标增幅逐月加快，消费者价格指数降幅逐月收窄。总体来看，在全国经济企稳回升的大环境下，本省经济平稳向好的发展态势得到巩固，全省生产总值完成3 912.68亿元，比上年增长11.4%。全省民族自治地方完成生产总值1 088.83亿元，比上年增长13%，增速比全省平均水平高1.6个百分点。其中，第一产业、第二产业、第三产业分别增长5.9%、18.1%、13.1%。

（一）农业生产形势总体稳定

在各项惠农政策的有力推动下，农业总体上保持了平稳发展的态势。第一，粮食生产再创新高。虽然2009年全省较大范围发生不同程度干旱，对水稻、果蔬以及高海拔、坡耕地的玉米有一定影响，但由于各地高度重视、抗旱措施得力，有效地降低了干旱对农业生产造成的损失，加之夏粮丰收，全年粮食总产量达到1 168.27万吨，再创历史新高。第二，在稳定粮食生产的同时，种植业结构进一步优化。油菜子、蔬菜种植面积均有所增加，油菜子和蔬菜产量分别为70.4万吨和1 077.81万吨，分别增长16.6%和8.7%。烤烟产量受计划调减有所下降。第三，畜牧业发展加快。畜牧业生产的投入力度进一步加大，促进了生猪、牛、羊、家禽存、出栏数平稳增长，全年畜牧业增加值比上年增长8.9%，占农业增加值比重比上年提高1个百分点。

民族自治地方坚持把全面推进新农村建设、发展现代农业作为解决“三农”问题和实现农民增收最现实、最直接的重要举措全力推进。全省民族自治地方第一产业完成增加值260.71亿元，比上年增长5.9%。主要农产品中，粮食产量达到581.45万吨，比上年增长1.7%，继续保持平稳的增长态势。油料、烟叶和茶叶等特色农业产品产量进一步提高，分别达到27.69万吨、15.82万吨和1.54万吨。

（二）工业生产形势逐步好转

2009年，全省工业生产呈现高开低走后逐步走高的发展态势。全年规模以上工业增加值完成1 170.29亿元，比上年增长10.6%，增速比上年加快0.5个百分点。工业经济运行的主要特点如下：

第一，轻、重工业同步实现增长。全年轻工业、重工业分别实现增加值352.39亿元和817.90亿元，比上年分别增长11.6%和10.2%，双双实现较快增长的格局。

第二，小型企业、非公有制工业生产贡献突出。在规模以上工业企业中，虽然小型企业增加值总量较小，仅占规模以上工业的三分之一，但发展较快，对规模以上工业增长的贡献率达到53%。同时，非公有制工业增加值虽然仅占规模以上工业的32%，但对规模以上工业增长的贡献率却达到45%，成为规模以上工业实现快速增长的主要力量。

第三，电力、煤炭、饮料、烟草、医药等主要行业对工业增长的贡献较大。这5个行业分别比上年增长10.5%、10.6%、12.1%、7%和14.6%，合计对工业经济增长的贡献率达到57.5%，拉动工业增长6.1个百分点。其中电力行业贡献率最大，达到21.1%，拉动规模以上工业增长2.2个百分点。

第四，主要工业产品产量较快增长。磷酸铵肥产量比上年增长53.7%，硫酸产量增长52.5%，铁合金产量增长39.8%，铝（电解铝）产量增长38%，农用化肥产量增长31.8%，水泥产量增长30%，发电量增长14.8%，原煤增长14.8%。

2009年，全省民族自治地方第二产业增加值完成357.83亿元，比上年增长18.1%，增速比上年提高4.8个百分点。原煤产量达到2 205.53万吨，发电量完成262.18亿千瓦小时，生铁产量完成13.75万吨。

（三）服务业较快增长

在金融业、批发和零售业、房地产业、住宿和餐饮业快速增长的带动下，服务业实现较快增长。全年第三产业完成增加值1 865.16亿元，比上年增长12.6%。其中，民族自治地方第三产业完成增加值470.29亿元，比上年增长13.1%。

(四) 总体经济效益逐步好转

财政收入平稳增长。努力克服经济增长波动和企业效益下滑带来的不利影响，在营业税、企业所得税等税收收入大幅增长的带动下，财政收入保持了平稳增长的良好势头，全年累计完成财政总收入 779.58 亿元，比上年增长 15.9%，其中，民族自治地方财政一般预算收入完成73.76 亿元，比上年增长 31.8%。

二、扩大内需政策效果明显，经济社会发展的基础条件加快改善

(一) 固定资产投资快速增长

在中央扩内需、保增长等政策机遇的有力促进下，以交通、水利和能源等领域为重点的项目建设步伐明显加快，推动全省固定资产投资持续快速增长。2009 年，全社会固定资产投资完成额突破2 400亿元，达到2 438.18亿元，比上年增长 30.8%，是2002 年以来增长最快的一年，其中，基本建设投资增长 33.9%，更新改造投资增长 20.3%，房地产开发投资增长 18.8%。

首先，交通基础设施建设力度进一步加大。贵广快速铁路贵州段、贵阳铁路枢纽南编组站、沾六铁路复线等项目建设进展顺利，全年完成铁路建设投资 79.41 亿元，增长 1.6 倍。麻尾至驾鸥、国道主干线贵阳至清镇段等高速公路项目开工建设，厦蓉高速公路水口至格龙、格龙至都匀、贵都高速、六盘水至盘县高速公路等建设项目加快推进，镇胜高速公路、贵阳环城高速公路南环线建成通车，全省用于公路建设的投资达到 312.18 亿元，增长 49.5%。

其次，水利设施建设继续加强。全年用于水利、环境和公共设施管理业的投资完成 206.86 亿元，增长 75.8%。其中，水利管理业投资为 22.05 亿元，增长 1 倍。黔中水利枢纽工程、盘县白河沟水库、正安石峰水库等项目开工建设，"滋黔"一期工程建设步伐加快，建成了遵义灌区一期工程、松桃道塘水库灌溉工程等枢纽工程，新增解决 309.84 万农村人口饮水安全。

最后，中央扩大内需投资重点领域项目积极推进，特别是社会事业和民生领域薄弱环节投资大幅度增长。用于住宅建设的投资 319.3 亿元，比上年增长 34.8%；用于农林牧渔业的投资28.37 亿元，比上年增长 74.6%；用于环境管理业的投资 21.1 亿元，比上年增长 95%；用于公共设施管理业的投资 163.7 亿元，比上年增长 70.7%；用于教育事业的投资 38.76 亿元，比上年增长 34.5%；用于卫生、社会保障和社会福利业的投资 15.1 亿元，比上年增长 33.8%。

2009 年，全省民族自治地方共完成固定资产投资 441.3 亿元，比上年增长 22.4%，其中，基本建设投资增长 26.4%，更新改造投资增长 16.3%，房地产开发投资增长 13.6%。

(二) 城乡消费市场情况良好

2009 年，全省实现社会消费品零售总额 1 247.25亿元，比上年增长 19.1%。社会消费品零售总额各月增速均高于全国平均水平，除 2 月、3 月以外，其余月份均在 18% 以上。从地域看，在"万村千乡"市场工程建设稳步推进，危房改造全面展开以及家电、汽车下乡等优惠政策的带动下，农村市场持续提速，增速快于城市，对消费品市场贡献率增大。县以下农村消费市场实现社会消费品零售总额比上年增长 19.8%，增幅比城市快 1.4 个百分点，对社会消费品零售总额增长的贡献率为 22.8%，比上年提高 1.5 个百分点。从行业看，住宿餐饮业保持快速发展，实现社会消费品零售额比上年增长 20.1%，增速比批发零售业高 1 个百分点。

2009 年，全省民族自治地方实现社会消费品零售总额 320.53 亿元，比上年增长 22.5%。

(三) 金融支持经济发展的力度增强

2009 年末全省金融机构各项存款余额 5 898.3亿元，比年初新增1 161.2亿元，同比多增 250.9 亿元，增长 24.5%，增幅提高 0.7 个百分点。其中，民族自治地方金融机构年末存款余额达1 276.27亿元。

随着适度宽松的货币政策的实施，2008 年 9 月份以来多次下调存款准备金率和贷款利率，贷款需求与投放双双快速反弹，其中，固定资产类贷款需求和投放增长明显。截止到2009年末，全省金融机构各项贷款余额4 656.5亿元，比年初新增1 087.2亿元，同比多增541.7亿元，增长30.5%，增幅提高16.4个百分点，其中，民族自治地方金融机构年末贷款余额达740.47亿元。金融保障经济发展的力度不断加强。

（四）财政资金投向体现了扩大内需的政策部署

2009年全年完成一般预算支出1 358.76亿元，比上年增长28.9%。其中，民族自治地方一般预算支出370.82亿元。其中，增速较快的领域主要包括交通运输、环境保护、社会保障与就业、医疗卫生等，分别增长80%、64.1%、60.8%和37.9%，这些领域的支出高增长充分体现了财政资金为保增长、保民生、保稳定的政策取向。

三、居民收入较快增长，民生继续改善

城乡居民收入增速提高。在工资性收入、经营净收入和财产性收入大幅增长的情况下，全年全省城镇居民人均可支配收入达到12 862.53元，比上年实际增长10.9%。全年农民人均纯收入3 005.41元，比上年实际增长9.2%，其中，民族自治地方农民人均纯收入2 748元，比上年增加395元。

就业、再就业工作取得新的成绩。继续把扩大就业摆在经济社会发展更加突出的位置，实施有利于促进就业的财税和金融政策，并针对国际金融危机影响出现的农民工返乡回流增加的问题，及时向农民工提供用工需求信息，积极开展返乡农民工培训和再就业培训，加强其再就业能力，扶持农民工转移就业。全年城镇新增就业19.8万人，比上年增长1.4%；城镇登记失业率为3.8%，比上年下降0.2个百分点。

社会保障体系进一步完善。基本养老、基本医疗、失业、工伤、生育保险参保人数继续增加，覆盖面进一步扩大，待遇水平不断提高。新型农村合作医疗制度全覆盖继续得以巩固，农民参合率达到94.25%，比上年提高2.13个百分点。农村危房改造和廉租住房建设步伐加快，完成23.96万户农村危房改造任务，解决了9.65万户城镇低收入困难家庭的住房问题。城乡低保制度进一步完善，特别是农村保障水平大幅提高，省级财政对各县农村低保补助测算标准提高到1 196元，农村人口以县为单位的应保尽保进一步巩固。城乡医疗救助工作稳步推进。扶贫开发取得积极进展，减少农村贫困人口50万人，实现易地扶贫搬迁4万人。

2009年，全省民族自治地方新型农村合作医疗参加人数1 290万人，新型农村合作医疗费用支出12.9亿元。

四、各项社会事业稳步发展，经济与社会发展的协调性进一步增强

教育事业发展步伐加快。省财政安排用于教育的支出比上年增长10.7%，其中用于民族自治地方的教育经费支出达90.55亿元。“两基”工作顺利通过国家督导检查验收，全省“普九”人口覆盖率100%的成果继续巩固。全面落实了城乡义务教育的各项政策，完成了一批“农村义务教育阶段薄弱学校改造工程”、“农村初中校舍改造工程”、“新农村卫生新校园建设工程”等建设任务，农村初中和小学生人均公用经费保障标准进一步提高。

2009年，全省民族自治地方普通初中、小学在校学生人数分别达85.92万人和188.74万人，普通初中、小学专任老师数分别有4.35万人和8.47万人。

文体广播事业取得新成绩。切实加强基层文化重点工程建设，建成30个县级文化信息资源共享工程中心，完成20个乡镇综合文化站和18 369个文化共享工程村级试点的设施设备安装调试工作。积极发展文化事业和文化产业，贵州侗族大歌被联合国教科文组织列入人类非物质文化遗产名录。成立了贵州电视文化发展总公司，推出了一批文艺精品。广播综合人口覆盖率由上年的86.1%上升到86.6%，电视综合人口覆盖率为91.3%与上年持平。

体育事业不断发展，新建成一批体育场所，全民健身活动广泛开展，全省体育健儿在国际、国内重大体育比赛中获奖107个，其中获得世界冠军1个。

医疗卫生事业不断发展。省财政安排用于医疗卫生的支出比上年增长47%。新建和改扩建了一批地级以上重点中医院、县级医院、中心乡镇卫生院和社区卫生服务中心。开工建设了4 000所村卫生室，农村公共卫生和基本医疗服务能力得到加强。甲型H1N1流感等传染病和地氟（砷）病等地方病的防治、突发公共卫生事件的应急处置与救援、食品药品安全监管等工作取得新的进展。

2009年，全省民族自治地方有各类医院、卫生院共902所，村卫生室5 824个，卫生技术人员2.81万人；医院、卫生院床位3.1万张，其中，卫生院床位数1.13万张。农村公共卫生和基本医疗服务能力得到提高，居民看病难、住院难的现象有所缓解。

2009年，在国际金融危机带来的严峻考验和前所未有的挑战下，全省民族自治地方经济继续平稳较快发展，社会各项事业取得全面进步，成绩来之不易。但经济社会发展中仍存在一些困难，并出现了一些新情况和新问题，主要是：受国际金融危机的持续影响，部分行业增长放缓，影响经济平稳较快发展的不确定性因素依然较多；基础设施建设滞后仍是制约发展的首要矛盾；农民持续增收压力加大；就业和再就业形势依然严峻。

（撰稿　张发刚　　审稿　王渝飞）

云　南　省

2009年，面对金融危机的冲击和百年不遇的旱灾等诸多困难和不利因素，在省委、省政府的领导下，民族地区广大干部群众紧紧抓住国家扩大内需、西部大开发、桥头堡建设等重大机遇，突出“建基础、抓项目，建产业、抓基地，重改革、促开放，重生态、促环保，重和谐、保民生”的发展路径，狠抓重大基础设施建设，强化生态环境保护，加快培育特色优势产业，着力保障和改善民生，民族自治地方呈现出经济社会协调发展，经济运行质量不断提高，人民物质文化生活水平不断改善，政府公共服务能力不断增强，民族团结边疆和谐的局面不断稳固的大好局面。

一、综合经济实力持续增强

据统计，2009年云南民族自治地方地区生产总值为2 367.4亿元，与上年同期相比增长12.5%，高于全省0.4个百分点，呈现加速发展的态势，连续7年保持两位数增长。其中，第一产业增加值587.6亿元，比上年同期增长6.8%，高于全省1.6个百分点；第二产业增加值922.0亿元，比上年同期增长14.2%，高于全省0.6个百分点；第三产业增加值857.9亿元，比上年同期增长14.5%，高于全省1.1个百分点。产业结构进一步调整，三次产业结构从上年的25.08∶40.10∶34.82调整为24.82∶38.95∶36.23，第三产业比重上升1.41个百分点。人均国内生产总值突破万元大关，达到10 495元，比上年增加961元，为全省平均水平的77.5%，较上年提升1.8个百分点。

二、“三农”工作扎实推进

农业呈现提质型增长。随着特色优势产业基础不断加强，产业结构不断优化，产业链逐步延长，农业产业质量明显提升，农业良性增长机制逐步建立。2009年，实现农林牧渔业总产值956.03亿元，比上年增长8.9%，高于全省3.1个百分点；粮食总产量819.03万吨，比上年增长4.8%，人均粮食产量363千克，比全省多17千克；人均猪牛羊肉产量88千克，比全省多29千克；人均水果产量114千克，比全省多39千克。

农村生产生活条件进一步改善。2009年，民族自治地方有788个乡镇，7 379个村委会，其中自来水受益村6 868个，通公路村7 275个，通电话村7 136个，通电村7 335个，分别占村委会总数的93.1%、98.6%、96.7%、99.5%，与上年相比，分别上升了1.1、0.3、0.5、0.1个百分点。农业机械总动力为1 260万千瓦，与上年相比增长8.5%，农村用电量312 481万千瓦小时，与上年相比增长6.9%。农村固定资产投资289.8亿元，比上年增长33.2%，高于全社会固定资产投资总额1个百分点。

三、工业保持平稳较快增长

2009年，云南省民族自治地方积极应对国际金融危机的不利影响，开发优势资源，紧抓平台建设，加快工业经济转型，积极推进工业经济结构调整，保持了平稳、较快增长的发展态势。民族自治地方国有及非国有规模以上工业企业发展到1 156个，比上年新增168个，实现全部工业增加值732.8亿元，增长11.3%，高于全省0.1个百分点；规模以上工业总产值1 601.9亿元，增长11.5%；工业销售产值1 493.03亿元，增长11.9%，比上年高3.3个百分点；工业增加值604.2亿元，占总产值的37.7%，比上年提高3.2个百分点；实现利润总额112.6亿元，增长10.9%。

继续鼓励、扶持和促进非公有经济发展，以"增投入、调结构、上水平"为主线，国有工业经济加快发展，非国有企业的发展潜力进一步得到培植和提升，利用外资能力进一步增强。2008年，规模以上非国有工业总产值1 300.7亿元，占规模以上工业总产值的81.2%，港澳台及外资规模以上企业工业总产值66.7亿元，比上年增长30.3%。

四、投资拉动和项目建设取得明显成效

2009年，民族自治地方以"抓投入、促增长，抓项目、促发展"为着力点，进一步夯实发展基础，改善发展环境。全社会固定资产投资总额1 694.4亿元，同比增长32.6%，比上年高9.7个百分点，高于全省4.2个百分点。其中，城镇固定资产投资1 404.6亿元，增长32.0%；农村固定资产投资289.8亿元，比上年增长33.2%，农村增长率快于城镇1.2个百分点，基础设施建设得到加强，年末公路线路里程总计138 577公里，比上年增加2 176公里，新建及改造提升等级公路10 710公里。从投资的资金来源来看，自筹资金1 150.1亿元，占全社会固定资产投资总额的67.9%，比上年高17.9%，投资自主性不断增强。

五、财政收入稳定增长

2009年，民族地区坚持发展强财、科学聚财、依法理财、改革兴财、为民用财的理念，推进财政科学化管理，积极争取能使农民增收、财政增税等重大项目的实施，多措并举广挖财源，努力促进财政增收。民族自治地方一般预算收入完成182.4亿元，比上年增长14.5%，高于全省0.8个百分点。实现财政支出713.4亿元，比上年增长33.1%，高于全省0.3个百分点。其中用于环境保护、交通运输支出分别为23.3亿元和51.9亿元，比上年增长55.3%和131.7%，环境保护、交通运输支出力度的加大，使民族地区环境保护进一步加强，交通条件有所改善。

六、第三产业加快发展

邮电业不断发展。2009年，邮电业务总量112.0亿元，同比增长15.4%，新增移动电话年末用户210万人，新增国际互联网用户492 331户。

贸易稳步发展。2009年，社会消费品零售总额年末累计数711.4亿元，同比增长20.1%；进出口总额28.7亿美元，同比增长7.9%，其中进口总额8.6亿美元，同比增长-9.5%，出口总额20.1亿美元，同比增长17.5%。

旅游业快速发展。2009年，旅游人数达6 985万人次，同比增长20.7%，其中国际旅游人数222.9万人次，同比增长18.1%；国内旅游人数6 762.1万人次，同比增长20.8%；国际旅游收入7.7亿美元，同比增长153.3%；国内旅游收入354.5亿元，同比增长24.6%。

七、社会事业全面进步，民生保障更加有力

2009年，云南民族自治地方经济社会协调发展，社会事业全面进步。

城市化步伐明显加快。通过加快对重点城

镇、重点区域、重点工程的布局和规划，城市管理水平明显提高，城市建设更具特色，县城和中心集镇、旅游小镇建设力度明显加大，带动和辐射功能日益增强。实施城市化战略以来，民族自治地方城镇化率逐年提高，2009年城镇化率26.6%，比上年提高2个百分点。

居民消费层次显著提高。家电、汽车下乡、农机具补贴、消费税减免等一系列政策措施的实施促进了居民收入稳步提高，人们消费观念逐渐改变以及农村和城市消费市场日益繁荣活跃。2009年，民族自治地方社会消费品零售总额达159.1亿元，比上年增长18.8%，比2008年增长45.9%。

民生建设成果显著。通过实施农村卫生服务体系建设、新型农村合作医疗、广播电视“村村通”工程、农村安全饮用水、农村低保等民生工程，以及新农村建设的蓬勃开展，云南民族自治地方民生得到较大改善。2009年，城镇居民人均可支配收入12 090元，同比增长7.3%，农民人均纯收入2 945元，同比增长9.3%，农民人均纯收入增幅连续3年超过城镇居民人均可支配收入。“兴边富民工程”、扶持人口较少民族发展等民心工程的实施，使边疆少数民族感受到党的关怀和温暖，倍加珍惜和维护这来之不易的团结、稳定、发展的大好局面。

教育事业全面发展。继续落实“两免一补”和学校公用经费补助政策，全面推进中小学校舍安全工程。2009年，云南民族自治地方拥有普通高等学校11所，在校生4.98万人；有普通中学1 250所，在校生119.1万人；有中等职业学校140所，在校生16万人；有小学校9 058所，在校生201.4万人。教育经费支出135.7亿元，同比增长31.7%。

卫生事业健康发展。2009年，拥有医院、卫生院数1 697个，新增497个；医疗机构床位数59 172张，新增2 163张；卫生机构人员数67 245人，新增2 125人。医疗卫生条件较过去有所改善，农村公共卫生和基本医疗服务能力得到提高。

环境保护进一步增强。节能减排和环境保护力度加大，循环经济建设步伐进一步加快，资源综合利用能力得到加强。2009年，工业废水排放总量比上年减少1 161万吨，工业固体废物综合利用率提高18.5个百分点，工业当年施工污染治理项目数775个，比上年增加391个，工业污染治理项目当年完成投资额6.4亿元，同比增长8.9%。

社会保障体系继续完善。社会保障覆盖范围逐步扩大，保障力度进一步增强，新型农村社会养老保险试点工作正式启动，城乡低保制度逐步完善。2009年，城镇居民最低生活保障人数发展到55.4万人，比上年增长18.1%；城镇居民最低生活保障支出6.8亿元，比上年增长19.3%；农村居民最低生活保障人数发展到222.8万人，比上年增长2.2%；农村居民最低生活保障支出13.8亿元，同比增长64.3%。新型农村合作医疗参加人数1 737万人，新型农村合作医疗费用支出15.2亿元，同比增长70.8%，新农合参合率达93.09%，比上年提高8.09个百分点。

（撰稿　李红燕　　审核　徐畅江）

甘　肃　省

2009年，甘肃省民族自治地方在省委、省政府的正确领导下，以科学发展观统揽工作全局，坚决贯彻国家应对国际金融危机的一揽子计划和各项决策部署，牢牢把握“两个共同”的主题，采取切实有效措施，着力保增长、保民生、保稳定，民族地区经济继续保持了快速、协调、健康发展的良好态势，取得了显著的成效。

一、国民经济保持快速增长势头，综合实力显著增强

2009年民族自治地方实现生产总值213.43亿元，按可比价格计算，比上年增长12.4%。

其中，第一产业完成增加值 43.08 亿元，比上年增长 7.1%；第二产业完成增加值 75.75 亿元，比上年增长 14.5%；第三产业完成增加值 94.6 亿元，比上年增长 12.3%。人均生产总值 6 285 元。三次产业结构从上年的 23∶35∶42 调整为 20∶36∶44，第二产业比重进一步提升，产业结构更趋合理。

（一）农林牧渔业总产值稳步增长

全年民族自治地方实现农业总产值 65.1 亿元，较上年增长 12.4%。粮食总产量为 83.04 万吨，比上年增长 7.5%。油料产量为 7.92 万吨，比上年增长 11.2%。年底大牲畜、羊的存栏数分别为 193.6 万头、529.65 万只，分别比上年增长 2.2%、12.5%。

（二）固定资产投资力度加大，成效显著

全年民族自治地方全社会固定资产投资达 213.13 亿元，比上年增长 40.2%。其中，城镇固定资产投资完成投资 180 亿元，比上年增长 34.6%；农村固定资产投资完成投资 33.13 亿元，比上年增长 81.1%。

（三）地方财政收入快速增长，金融保持平稳运行

全年民族自治地方实现地方财政收入 11.4 亿元，比上年增长 15.2%。地方财政支出 152.25 亿元，比上年增长 31.7%。金融机构存款 308.6 亿元，同比增长 33.5%。金融机构贷款 143.4 亿元，同比增长 18.5%。

（四）消费品市场繁荣活跃

全年完成社会消费品零售总额 62.41 亿元，比上年增长 19.2%。按行业分，批发零售贸易业零售额 48.3 亿元，比上年增长 18.4%；住宿和餐饮业零售额 126.75 亿元，增长 24.3%。

（五）城乡居民收入持续增加，人民生活水平稳步提高

2009 年，城镇居民可支配收入 8 342 元，比上年增加 959 元，增长 12.9%。平均每人消费支出 6 139 元。农牧民人均纯收入 2 206 元，比上年增加 247 元。

二、科技、教育、文化、卫生等各项社会事业全面发展

（一）教育事业稳步发展

2009 年末，民族自治地方共有普通高等学校 1 所，全年招收本专科生 2 335 人，在校学生 7 098 人。普通中学 211 所，招生 7.74 万人，在校学生 21.9 万人。普通小学 2 127 所，招生 5.76 万人，在校学生 38.06 万人。全年教育经费支出 11.8 亿元。

（二）文化教育事业健康发展

牵头举办了“向祖国致敬”——全省庆祝新中国成立 60 周年少数民族文艺节目会演。会同省文联、省作协开展全省第五届少数民族文学奖评奖活动。举办了全省少数民族书画摄影展、全省穆斯林书画摄影集首发式。拍摄了《团结奋进 60 载——甘肃少数民族事业发展纪实》专题片。加强民族古籍和民族研究工作，完成了《甘肃少数民族史话》丛书初稿的编写工作。完成了教育部《甘肃民族语文规范化、信息化建设研究与对策》的课题报告。

（三）卫生事业进一步发展

2009 年末，民族自治地方拥有医院卫生院 336 个，其中卫生院 290 个，村卫生室 2280 个。拥有医院卫生院床位数 7 961 张，卫生院床位数 2 924 张。有卫生机构人员数 9 907 人，其中，有卫生技术人员数 9 003 人，执业（助理）医生数 3 495 人。医疗卫生基础设施和卫生保健系统建设得到进一步完善，处置突发性公共卫生事件的能力进一步增强。

（四）民族团结进步事业健康发展

筹备召开全省第六次民族团结进步表彰大会，大会表彰了在全省民族团结进步事业中做出显著成绩的模范集体和个人。召开全省民族团结进步宣传月活动现场会，会议推广了酒泉举全市之力帮扶民族乡的经验，总结了全省民族团结进步宣传月活动的情况，安排部署了民族团结进步创建工作。全力维护民族团结和社会稳定，开展了全省民族领域矛盾纠纷的排查工作，妥善处理了影响民族关系的矛盾纠纷 30

多件，发挥了各级民族工作部门在维护社会稳定中的积极作用。

（五）社会保障体系进一步健全和完善

2009年末，民族自治地方城镇居民最低生活保障支出资金165 020万元，共有113 827人享受城镇最低生活保障，农村居民最低生活保障支出资金138 494万元，共有567 778人享受农村最低生活保障。建立了城镇社区服务设施27个。

（撰稿　成自强　　审稿　王学仁）

青　海　省

2009年，在省委、省政府的正确领导下，全省上下积极应对金融危机，深入贯彻落实中央"保增长、调结构、扩内需"的一揽子政策措施，进一步坚持发展循环经济、走新型工业化道路，坚持在保护中发展、在发展中保护，坚持保增长促发展的根本目的是改善民生，不断增强发展的惠民性，实现经济运行平稳，社会全面发展。

一、经济稳定、持续发展

（一）综合

2009年，全省民族地区生产总值615.05亿元，比上年增长6.2%。分产业看，第一产业增加值87.65亿元，增加1.83亿元；第二产业增加值372.1亿元，增加12.43亿元；第三产业增加值155.3亿元，增加21.86亿元。第一、第二和第三产业对国内生产总值的贡献率分别为14.25%、60.49%和25.25%，与2008年相比，第一、第三产业贡献率分别提高1.7和2.1个百分点，第二产业贡献率下降3.8个百分点。三次产业结构由2008年的10.4∶54.7∶34.9转变为2009年的9.9∶53.3∶36.8。全年人均生产总值17 485元，增长8.5%。

2009年全年财政总收入183.47亿元，比上年增长20.05%。其中，地方一般预算收入35.52亿元，增长22.6%；全年财政一般预算支出180.89亿元，比上年增长20.58%，其中，教育支出33.79亿元，农业支出25.89亿元，文化体育与传媒支出15.65亿元。

全省居民消费价格总水平比上年上涨2.6%，其中，城镇居民消费价格上涨3.2%，农村居民消费价格上涨1.7%。农业生产资料价格比上年下降2.2%。工业品出厂价格下降8.7%，其中生产资料价格下降9.1%，生活资料价格上涨1.2%。原材料、燃料、动力购进价格下降0.2%。固定资产投资价格上涨0.9%。

（二）农业和畜牧业

全年农作物总播种面积406.68千公顷，比上年减少6.6千公顷。2009年，草食畜共产仔畜786.79万头（只），与上年基本持平；育活仔畜702.92万头（只），比上年增长1.4%，成活率89.3%，比上年提高1.4个百分点；成幼畜死亡40.32万头（只），比上年下降32.5%，死亡率2.0%，比上年下降1.0个百分点；肉用畜出栏649.11万头（只），比上年增加11.28万头（只），出栏率32.8%，比上年提高0.7个百分点。年末全省生猪存栏109.77万头，增长2.4%；全年出栏生猪134.78万头，增长9.1%。

（三）工业和建筑业

2009年，全部工业增加值309.54亿元，比上年增加36.53亿元。规模以上工业增加值440.10亿元，比上年增长11.0%。在规模以上工业中，四大支柱产业增加值290.84亿元，比上年增长10.1%；四大优势产业增加值62.32亿元，增长13.4%。从经济类型看，国有企业增长12.9%，集体企业增长1.0倍，股份合作企业增长99.4%，股份制企业增长9.6%，外商及港澳台投资企业增长39.2%。从轻重工业看，轻工业增长26.2%，重工业增长9.8%。规模以上工业企业产品销售率95.7%，比上年提高0.6个百分点。主要产品产量保持增长。规模以上工业企业主营业务收入1087.95亿元，比上年增长6.3%，利润90.10亿元，比上年下降51.2%。全年全社会建筑业增加值61.12亿元，比上年增长23.52%。

（四）固定资产投资与房地产开发

2009年全年全社会固定资产投资325.87亿

元，比上年增加36.53亿元。分城乡看，城镇固定资产投资263.39亿元，增长30.65%；农村固定资产投资62.47亿元，增长68.52%。从投资类型看，国内预算内资金90.24亿元、国内贷款60.67亿元、利用外资0.67亿元、自筹资金194.38亿元，分别比上年增长75.15%、244%、243%和80.48%。在50万元以上（含50万元）固定资产投资中，四大支柱产业固定资产投资268.33亿元，比上年增长25.7%。四大优势产业固定资产投资53.57亿元，比上年增长38.3%。全年房地产开发投资6.59亿元，比上年增长40.35%。住房投资5.53亿元，比上年增长27.3%。

（五）国内贸易

2009年全年全社会消费品零售总额94.97亿元，比上年增长18.48%。分城乡看，市的消费品零售额28.35亿元，增长16.27%；县的消费品零售额44.59亿元，增长19.18%；县以下消费品零售额22.02亿元，增长19.96%。按行业分，批发业零售贸易业73亿元，增长22%；住宿和餐饮业20.14亿元，增长17%。

（六）交通、邮电和旅游

2009年，交通运输、仓储和邮政业增加值49.32亿元，比上年增长9.0%。截止到2009年末，全省铁路营运里程1 651公里；公路通车里程6.01万公里，比上年末增加3 494公里，高速公路里程217公里；民航通航里程3.16万公里，比上年减少587公里。截止到2009年末，民用汽车保有量36.82万辆，比上年末增长63.2%，其中私人汽车保有量26.31万辆，增长1.0倍。全年邮电业务总量91.67亿元，比上年增长31.2%。其中，邮政业务量2.67亿元，增长18.4%；电信业务量89.00亿元，增长31.7%。截止到2009年末，固定电话用户109.3万户，比上年末下降8.5%。其中，城市固定电话用户84.1万户，下降9.1%；农村固定电话用户25.2万户，下降6.7%。年末移动电话用户310.7万户，比上年末增长25.7%。全省电话普及率达到75.4部/百人。全省互联网用户28.4万户，比上年末增长26.2%，其中宽带用户27.9万户，增长31.0%。全年接待国内外旅游者786万人次，比上年增长22.5%。实现国际国内旅游总收入13.3亿元，比上年增长26.6%。

（七）金融

截止到2009年末，金融机构人民币各项存款余额476.77亿元，比上末增长29.1%。其中，城乡储蓄存款225.23亿元，分别增长33.5%和22.5%。金融机构人民币各项贷款余额253.14亿元，比上年末增长36.4%。

二、各项社会事业繁荣发展

（一）教育和文化、卫生和体育

2009年，全省学龄儿童入学率99.5%，比上年提高0.1百分点；普通初中毛入学率100.4%，提高4.6个百分点。拥有广播电台2座，中短波广播发射台和转播台8座，广播综合人口覆盖率达到88.9%，比上年提高0.4个百分点；电视台8座，电视综合人口覆盖率达到94.3%，比上年提高0.3个百分点。截止到2009年末，有艺术表演团体11个、群众艺术团体23个、图书馆35个、博物馆10个。出版图书种类9种，发行图书期刊4.15万册。

截止到2009年末，全省拥有医疗卫生机构395个，床位数6 000万张，其中，医院卫生院297个，床位数0.22万张；有卫生技术人员0.89万人，比上年增长6.3%，其中执业医师3.3万人。全省突发公共卫生事件及时报告率和有效处置率均为100%。2009年，成功举办了环湖赛、世界杯攀岩赛、抢渡黄河极限挑战赛等品牌体育赛事，同时，各类群众性体育竞赛、体育健身活动蓬勃发展。

（二）人口、人民生活和社会保障

截止到2009年末，全省常住人口352.79万人，比上年增加9.44万；少数民族人口224.64万人，占民族地区总人口的63.68%。全年城镇居民人均可支配收入13 207.46元，比上年增长11.04%，高出全省平均水平515.61元；全年农牧民人均纯收入3 658.85元，比上年增长17.45%，高出全省平均水平312.7元。2009年末，城镇居民人均住房建筑面积达到25.80平方米，比上年增加0.98平方米；农牧民人均居住面积达到20.28平方米，比上年增加0.5平方米。

参加农村新型合作医疗的农牧民212.98万人，新型农村合作医疗参合率达96.8%，比上年提高0.3个百分点，享受农村最低生活保障的农牧民25万人。

（三）资源、环境和安全生产

截止到2009年末，全省森林面积370.01万公顷，森林覆盖率5.2%，人均森林面积0.68公顷。全省湿地面积412.6万公顷，占全省总面积的5.7%，其中自然湿地408.8万公顷。国家重点公益林管护面积3 067千公顷，天然林保护面积1 983千公顷。有自然保护区11个，面积2 182.22万公顷，其中国家级自然保护区5个。截止到2009年末，全省累计治理水土流失面积812.32平方公里。全年全民义务植树1 384万株。

（撰稿　刘兵　　审稿　金水平）

宁夏回族自治区

2009年，面对金融危机和严峻复杂的经济形势，在党中央、国务院的坚强领导下，宁夏回族自治区党委、政府坚持以科学发展观统领经济社会发展全局，立足民族地区经济社会发展实际，深入落实中央关于保增长、扩内需、调结构、惠民生的一系列重大决策部署，坚定信心、沉着应对、攻坚克难，变压力为动力，化挑战为机遇，全力做好“保增长、保民生、保稳定”的各项工作，国民经济稳步回升向好，圆满完成了全年确定的各项目标任务，全区经济社会在科学发展、跨越式发展、全面建设小康社会的征程上迈出了更加坚实有力的步伐。

一、综合

2009年，实现地区生产总值1 334.56亿元，按可比价格计算，比上年增长11.6%，增速比全国平均水平高2.9个百分点。其中，第一产业完成增加值127.13亿元，增长7.2%；第二产业完成增加值680.20亿元，增长14.4%，第三产业完成增加值527.23亿元，增长9.4%。按年平均人口计算，人均地区生产总值达到21 475元，按可比价格计算，增长10.3%。

2009年全年居民消费价格总水平比上年上涨0.7%，其中，城市、农村分别上涨0.3%和1.5%。食品类商品价格上涨1.6%，工业品出厂价格下降6.1%，原材料、燃料、动力购进价格下降5.3%，农产品生产价格下降0.6%，农业生产资料价格下降3.7%，固定资产投资价格上涨0.2%。

2009年全年完成一般预算总收入213.65亿元，比上年增长19.6%。完成地方一般预算收入111.54亿元，比上年增长17.4%。其中，实现增值税16.81亿元，下降8.5%；实现营业税、企业所得税和个人所得税分别是38.99亿元、9.27亿元和4.50亿元，分别增长29.6%、48.7%和11.9%。

2009年全年一般预算支出427.80亿元，比上年增长32.4%；基金支出82.16亿元，增长36.6%。其中，一般公共服务支出46.49亿元，增长13.2%；公共安全支出23.73亿元，增长24.7%；农林水事务支出68.11亿元，增长52.9%；社会保障和就业支出47.91亿元，增长22.4%；医疗卫生支出21.90亿元，增长24.8%；环境保护支出22.39亿元，增长31.4%；城乡社区事务支出41.87亿元，增长34.4%。

二、农业

2009年全年实现农林牧渔业总产值243.5亿元，比上年增长8.2%；全年粮食总产量340.7万吨，增长3.5%，实现连续六年增产，再创历史新高。

2009年，枸杞种植面积比上年增长11.3%，西瓜、甜瓜种植面积比上年增长3.4%，红枣种植面积比上年增长41.9%，葡萄种植面积比上年增长44.0%，蔬菜种植面积比上年增长

16.1%。清真肉牛饲养量增长5.0%，清真肉羊饲量增长7.7%，水产养殖面积增长18.4%。小麦、水稻、玉米等优质粮食种植面积比上年增长3.8%。肉类总产量25.5万吨，比上年增长8.1%；禽蛋产量7.5万吨，比上年增长13.2%；牛奶产量81.1万吨，比上年下降9.3%。

2009年全年共完成荒山荒（沙）地造林面积89.5千公顷，其中经济林面积25.5千公顷。2009年末，实有封山（沙）育林面积227.1千公顷。

三、工业和建筑业

2009年，完成规模以上工业增加值523.15亿元，比上年增长14.3%。按经济类型分，国有及国有控股企业增加值275.97亿元，增长8.0%；股份制企业增加值222.9亿元，增长16.1%；外商及港澳台商投资企业增加值24.55亿元，下降6.0%。按轻重工业分，轻工业增加值85.69亿元，增长22.7%；重工业增加值437.46亿元，增长12.8%。全区大中型企业完成工业增加值367.04亿元，增长9.1%。

2009年，规模以上工业企业实现销售产值1 364.36亿元，比上年增长7.2%，工业产品销售率为93.8%；工业品出口交货值37.64亿元，下降27.4%。在全区重点监测考核的48种工业产品中，有35种产品产量增长，增长面达72.9%。

规模以上工业企业盈亏相抵后实现利润78.6亿元，比上年增长125.6%；工业经济效益综合指数210.46，提高27.85点；工业企业资产贡献率8.15%，资本保值增值率124.84%，资产负债率66.87%，流动资产周转次数1.67次，成本费用利润率6.03%，全员劳动生产率19.3万元/人，产品销售率93.77%。

2009年，年完成建筑业总产值259.21亿元，比上年增长35.3%；建筑业企业房屋建筑施工面积2 113.44万平方米，比上年增长26.0%；房屋建筑竣工面积923.25万平方米，比上年增长24.6%；按建筑业总产值计算的劳动生产率126 497元/人，比上年增长11.8%。

四、固定资产投资

2009年，全社会完成固定资产投资1 119.14亿元，比上年增长30.3%。其中，基本建设投资694.55亿元，增长34.1%；更新改造投资131.81亿元，增长17.8%；房地产开发投资162.74亿元，增长38.4%。分城乡看，城镇投资1 007.39亿元，增长31.6%，农村投资111.75亿元，增长20%。分投资主体看，国有经济投资713.53亿元，增长30.8%；非国有经济投资405.61亿元，增长29.4%。

在城镇投资中，第一产业投资26.29亿元，比上年增长33.4%。第二产业投资578.43亿元，比上年增长34.6%，其中工业投资574.59亿元，增长34.2%。从工业内部看，采矿业投资122.30亿元，比上年增长39.5%；制造业投资270亿元，比上年增长6.9%；电力燃气及水的生产和供应业投资182.29亿元，比上年增长1.1倍；工业投资在城镇投资中所占比重由上年的55.9%上升为57.0%，对全区城镇投资增长的贡献达60.5%。第三产业投资402.67亿元，比上年增长27.3%。

全年房地产开发投资162.74亿元，比上年增长38.4%。其中，住宅投资126.08亿元，增长43.5%；商业营业用房投资22.72亿元，增长14.6%。商品房施工面积1 952.02万平方米，增长23.5%；竣工面积741.23万平方米，增长16.9%。

全年商品房销售面积775.29万平方米，比上年增长50.6%。其中，住宅销售面积677.98万平方米，增长49.6%；商品房销售额239.53亿元，增长91.0%。其中，住宅销售额191.47亿元，增长90.7%；经济适用住房投资9.88亿元，增长40.4%；经济适用住房施工面积143.27万平方米，增长21.1%。

五、交通运输业

截止到2009年末，铁路通车里程783公里，公路通车里程21 805公里。高速公路里程1 022公里，比上年增长2.1%。全年各种运输方式完成货物周转量749.38亿吨公里，比上年增长

4.4%；完成旅客周转量104.85亿人公里，比上年增长9.3%。机场旅客吞吐量230.6万人，比上年增长40.4%。

2009年全年完成邮政业务总量3.03亿元，比上年下降6.5%；全年订销报刊累计数6 382.7万份，比上年增长5.6%；函件2 398万件，比上年下降22.4%；特快专递113万件，比上年增长25.7%。

截止到2009年末，全区固定电话用户达114.5万户，比上年下降5.8%；本地局用交换机容量126.8万门，比上年下降0.07%。每百人拥有电话18.53部，净减1.6部。

截止到2009年末，全区移动电话用户达到390.4万户，比上年增长20.8%；每百人拥有移动电话63.2部，净增9.65部。互联网用户数41.82万户。

六、国内贸易业和旅游业

2009年，实现社会消费品零售总额339.32亿元，比上年增长19%，扣除价格因素实际增长19.6%。分地域看，城市消费品零售额241.73亿元，增长14.4%；县及县以下消费品零售额97.59亿元，增长32.2%，增幅提高5.6个百分点。

全年批发和零售业实现消费品零售额278.63亿元，比上年增长18.4%；住宿和餐饮业实现消费品零售额57.89亿元，比上年增长22.2%。2009年，私营经济实现消费品零售额94.85亿元，比上年增长21.3%；个体经济实现零售额134.28亿元，比上年增长18.5%；股份制经济实现零售额79.93亿元，比上年增长20.5%；国有经济实现零售额23.75亿元，比上年增长7.5%；集体经济实现零售额5.02亿元，比上年增长22.2%。全年限额以上批发和零售贸易企业实现零售额141.31亿元，比上年增长19.7%。

全年共接待国内外游客达到910.3万人次，实现旅游总收入53.41亿元，分别比上年增长17.1%和31.8%。

七、对外经济

据海关统计，2009年全年实现进出口总额12.02亿美元，比上年下降36.2%。其中，出口总额7.43亿美元，下降41.0%；进口总额4.59亿美元，下降26.4%。

2009年，高新技术产品出口2.9亿美元，比上年下降33.7%，占全区出口总额的39.0%，比上年提高了6.9个百分点；机电产品出口0.87亿美元，比上年下降41.7%；羊绒纱线出口增长36.4%；生物医药类出口增长5.2%，其中，红霉素和泰勒菌素出口额分别增长14.6%和14.9%。

全年实际利用外资1.42亿美元，比上年增长17.7%，其中实际利用外商直接投资0.7亿美元，比上年增长12.0%。2009年，全区新批准外商直接投资项目14个，合同外资金额1.05亿美元。截止到2009年底，全区注册登记外商投资企业累计达到304家，其中，中外合资企业占70%，外商独资企业占30%。制造业签订利用外商直接投资项目8个，合同额0.41亿美元。

八、金融、保险和证券业

截至2009年末，全区金融机构本外币各项存款余额2 068.42亿元，比年初增加471.06亿元，同比多增加161.13亿元。金融机构人民币各项存款余额2 058.49亿元，增长29.4%，比年初增加468.73亿元，多增156.67亿元，其中，企业存款余额591.59亿元，比年初增加158.63亿元；居民储蓄存款余额967.72亿元，比年初增加173.23亿元。全区金融机构本外币各项贷款余额1 928.71亿元，比年初增加515.27亿元，同比多增加252.46亿元。全区金融机构人民币各项贷款余额1 917.4亿元，增长36.7%，比年初增加515.65亿元，同比多增252.69亿元。

截止到2009年末，拥有上市公司11家，总股本27.59亿股，总市值395.17亿元，比上年增长148.5%。其中，流通市值354.87亿元，增长212.4%。全区有16家证券营业部，全年证券交易额1 636.69亿元，增长101.5%。

2009年，实现保费收入39.28亿元，比上年增长23.6%。其中，财产险11.84亿元，增长25.0%；人寿险22.45亿元，增长24.0%；健康险3.88亿元，增长15.4%；意外伤害险1.11亿元，增长31.2%。全年支付各项赔款和给付9.65亿元，增长13.2%。其中，财产险5.83亿元，增长20.9%；人寿险2.44亿元，下降5.9%；健康险1.1亿元，增长21.6%；意外伤害险0.28亿元，增长37.1%。

九、教育与科技

截止到2009年末，全区各级各类学校2 881所，教职工82 348人。其中，各类普通高校15所，招生数23 816人，在校生78 400人，毕业生17 075人。其中，研究生招生1 083人，在校研究生2 836人，毕业研究生684人。中等职业教育学校39所，招生45 839人，在校生96 448人，毕业生20 547人。普通中学355所，全区普通高中招生48 084人，在校生140 653人，毕业生44 190人。全区普通初中招生108 435人，初中阶段毛入学率103.5%，在校生298 922人，毕业生93 231人。小学2 131所，普通小学招生104 390人，小学学龄儿童入学率99.7%，在校生670 621人，毕业生111 121人。特殊学校6所，特殊教育招生187人，在校生1 476人。幼儿园334所，幼儿园在园幼儿124 903人。

2009年，登记区级科技成果206项，比上年增长15.7%，其中基础理论成果44项、应用技术成果144项、软科学成果18项。2009年，申请专利量1 277件，比上年增长17.5%，其中发明专利182件，增长13.8%。专利授权量910件，比上年增长50.2%，其中发明专利授权量52件，增长8.3%。

截止到2009年末，全区拥有国家级工程研究中心2个、自治区级工程研究中心19个、国家部委工程研究中心1个，国家重点实验室1个、省部共建重点实验室6个、自治区级重点实验室7个、国家部委重点实验室1个，国家级企业（集团）技术中心8个、自治区级企业（集团）技术中心37个。

十、文化、卫生和体育

截止到2009年末，全区共有各类艺术表演团体44个，公共图书馆21个，文化馆25个，博物馆5个。广播综合人口覆盖率92.9%，电视综合人口覆盖率97.3%，有线广播电视用户655 142户。全年地方出版报纸20种，出版量10 203万份；出版杂志36种，出版量719.5万册；出版图书940种，出版量181万册。

截止到2009年末，全区共有卫生机构1 602个，床位22 142张；卫生技术人员28 311人，其中执业医师、执业助理医师11 981人，注册护士9 846人。共有疾病预防控制中心25个，卫生工作人员1 129人；妇幼保健机构22个，卫生工作人员1 496人；卫生院236个，卫生工作人员3 330人。全区有22个县（市）开展新型农村合作医疗工作，参加农民人数364.58万人，参合率到94.5%，比上年提高2.5个百分点。

全年举办青少年单项比赛12次，举办全民健身活动118次，参加活动的人数总计达到200多万人。全区运动员在世界比赛中取得武术项目金牌1枚，在亚洲比赛中取得射击项目金牌2枚；在全国比赛中获金牌8枚、银牌8枚、铜牌9枚；全年有11人达到国家一级运动员等级标准，139人达到国家二级运动员等级标准，64人获得国家一级裁判员等级称号。

十一、人口、人民生活和社会保障

2009年，全区出生人口8.94万人，人口出生率为14.38‰；死亡人口2.92万人，人口死亡率为4.70‰；自然增加人口6.02万人，人口自然增长率9.68‰，比上年下降0.01个千分点。全年净增人口7.51万人，年末常住人口625.2万人。城镇人口占46.1%，乡村人口占53.9%。2009年末，城镇实有登记失业人数4.79万人，登记失业率4.4%。

全年城镇单位在岗职工工资总额189.12亿元，增长9.8%；城镇单位在岗职工平均工资34 082元，增长10.9%。城镇居民人均可支配收入14 025元，比上年增加1 093元，增长8.5%，其中人均工资性收入9 597元，增长9.1%；人均经营净收入2 036元，增长9.7%；人均财产性收入281元，增长53.9%；人均转移性收入3 636元，增长10.7%。人均消费性支出10 280元，比上年增长7.6%，其中支出增幅较大的是交通通讯和医疗保健，分别增长 24.4% 和 12.9%。城镇居民家庭恩格尔系数（食品消费支出占消费性支出的比重）为 33.4%，比上年下降 1.7 百分点。城镇 10% 最高收入户人均可支配收入35 398元，城镇 10% 最低收入户人均可支配收入3 857元。城镇居民人均住房建筑面积 28.66 平方米，比上年增加 0.78 平方米。

2009 年，农民人均纯收入4 048元，比上年增加 367 元，增长 10%。农民人均生活消费支出3 348元，增长 8.2%。农村居民家庭恩格尔系数为 41.7%，比上年上升 0.1 个百分点。农村 20% 最高收入户人均纯收入9 168元，农村 20% 最低收入户人均纯收入 955 元。农村居民人均住房面积 24.5 平方米，比上年增加 1.4 平方米。

截止到 2009 年末，全区参加基本养老保险人数为 92.8 万人，比上年增长 12.4%，其中参保职工 69.4 万人，参保离退休人员 19.9 万人。离退休人员养老金社会化发放率继续保持在 100%。参加失业保险的人数 47.96 万人，增长 7.4%。参加基本医疗保险人数 87 万人，增长 4.5%，其中参保职工 63.2 万人，参保退休人员 23.8 万人。截止到 2009 年末，全区养老保险、失业保险、医疗保险、工伤保险和生育保险五项保险基金收入 59.73 亿元，较上年末增加 7.21 亿元，增长 13.7%。年末五项社保基金累计结余 98.71 亿元，较上年末增加 17.32 亿元，增长 21.3%。截止到 2009 年底，全区享受低保救济的困难群众达 51.46 万人，其中城镇 20.95 万人，农村 30.51 万人。全区共发行销售福利彩票 4.42 亿元，筹集公益资金 1.46 亿元。

截止到 2009 年末，全区共有各类收养性社会福利单位数 95 个，床位数6 567张，收养各类人员5 856人。

十二、能源、环境保护与安全生产

全区一次能源生产量比上年增长 29.7%，能源消费量比上年增长 4.9%，其中，第一产业能源消费量下降 1.4%，第二产业能源消费量增长 4.8%，第三产业能源消费量增长 3.2%，居民生活能源消费量增长 10.9%。初步核算，单位 GDP 综合能耗比上年下降 6.04%。单位 GDP 电耗下降 5.7%。单位工业增加值能耗下降 8.7%。

年末全区环境保护系统人员 851 人，各级环境监测站 13 个，环境监测人员 274 人。全区自然保护区 13 个，面积 54.75 万公顷，国家级自然保护区 6 个。

（撰稿　陈常国　　审稿　任薇娜）

新疆维吾尔自治区

2009 年是新世纪以来新疆维吾尔自治区发展最为困难的一年，也是维护社会稳定任务极为繁重的一年。一年来，全区各族干部、群众紧紧围绕“保增长、保民生、保稳定”的总体要求，积极应对国际金融危机冲击，努力克服“7・5”事件造成的不利影响，克难攻坚，奋力拼搏，取得了经济建设、政治建设、文化建设、社会建设和生态建设新成就。

全区生产总值4 273.57亿元，比上年增长 8.1%。全社会固定资产投资完成2 825亿元，比上年增长 25%。社会消费品零售总额1 178亿元，比上年增长 14.8%。全口径财政收入 883.7 亿元，财政一般预算收入 388.8 亿元，分别比上年增长 7.9% 和 7.7%；地方财政支出1 474.9亿元，增长 28.9%。城镇居民人均可支配收入 12 120元，比上年增长 6%；农民人均纯收入 4 000元，比上年增加 497 元，增长 14%，实现历史性突破。

一、保增长，经济建设全面发展

新疆紧紧围绕落实中央应对国际金融危机冲击的“一揽子”宏观经济政策，突出抓好一大批重大基础设施、民生工程和生态环境保护项目建设。重点项目建设完成投资1 000亿元，其中新开工重点项目 45 项。一批重点河流水利枢纽工程、引水干渠工程竣工投运。一批山区控制性水利枢纽和大中型病险水库除险加固工程加快建设。塔里木河流域综合治理、大型灌区节水改造、土地开发整理工程进展顺利。以铁路、公路、民航、管道为主的综合交通体系建设不断完善。全区在建铁路11条，其中总投资1 450亿元、对新疆开发建设具有重大意义的兰—新第二双线开工建设。精—伊—霍、乌—精二线等4条铁路建成运营。国道312线星星峡—哈密段等5条公路建成通车。奎—克高速公路、13条国省干线公路、5条国边防公路和一批重点农村公路开工建设。乌鲁木齐国际机场三期改扩建、喀什航站楼改扩建竣工投运。吐鲁番、库车机场迁建和博乐机场全面开工建设。“西气东输”二线新疆段建成通气。完成3G投资24亿元，发展了14万用户。地质勘察成果丰硕，新增石油探明地质储量3.19亿吨、天然气2 919亿立方米、煤炭447亿吨。“疆煤东运”资源勘查和深部找矿项目启动。重点流域综合治理初见成效，天然林保护、平原绿化、荒漠植被恢复等重大生态工程建设全面完成。

（一）现代农业发展深入推进

粮食总产量1 152万吨，比上年增长26.7%，创历史新高，粮食安全能力进一步提高。棉花种植实现调控目标，面积调减，效益提高。林果种植面积突破1 600万亩，果品产量530万吨。肉、奶、蛋等畜产品产量稳步增长。农村基本经营制度不断巩固，农村综合改革试点稳步推进，支农惠农政策全面落实。农村二、三产业快速发展，劳务经济、非农产业收入成为农民增收的亮点。农民人均纯收入提前一年实现“十一五”规划目标。

（二）新型工业化进程不断加快

优势资源转换战略、大企业大集团战略深入推进，工业园区、出口加工基地建设力度不断加大，中小企业成长工程全面启动，地方工业快速发展。工业增加值预计完成1 610亿元，其中地方工业增长16.5%。独山子千万吨炼油百万吨乙烯、迪那二凝析油气田、塔里木大化肥等一批重大能源项目竣工投产。准东、伊犁、吐哈、库拜等煤电煤化工基地建设全面推进。节能减排工作力度加大，44个重点减排项目建成投运。3家国家级和21家自治区级循环经济试点项目建设顺利推进。提前完成“十一五”小火电淘汰任务。单位GDP能耗继续下降。主要污染物减排完成年度目标任务，环境治理和生态建设进一步改善。

（三）第三产业平稳较快发展

全区商品市场供应充足，物价平稳运行。城乡市场体系建设取得新进展。“万村千乡市场工程”、“双百市场工程”、社区“双进工程”稳步推进，“农超对接”和农资流通体系试点全面启动。家电下乡工作成效显著。市场应急保障体系建设不断完善。物流配送、电子商务、连锁经营等现代商贸服务业稳步发展。

（四）科技对经济的支撑作用日益增强

制约现代农业、石油石化、矿产资源勘探开发、制造业、风能与太阳能、金属材料等产业发展的一批关键技术取得新突破。新建一批重点实验室，企业技术创新能力明显增强。一批企业成为国家创新型企业和高新技术企业，乌鲁木齐高新技术产业开发区成为国家科技兴贸创新基地，昌吉国家级农业科技园区通过验收，科技园区产业聚集作用更加突出。区域创新体系建设不断加快。上海合作组织框架下的科技合作取得新进展。医疗卫生、公共安全、资源环境等民生领域的科技创新不断加强。

（五）城乡区域协调发展不断推进

以石油石化、煤炭煤电煤化工、农产品精深加工为重点的天山北坡经济带持续快速发展，产业升级产品换代明显加快，产业聚集度明显提高。乌昌经济一体化稳步推进。以石油化工为主的重化工业和以纺织食品为主的轻工工业在天山南坡经济带迅速崛起，产业集群化、规模化和集约化水平不断提高。以重大基础设施和民生工程建设为重点的“兴边富民”行动在南疆三地州、广大牧区和边境县市深入实施。落实《南疆三地州建设项目专项规划》国家补助101亿元。南疆三地州区域性特色产业加快发展。边远贫困地区农牧民生产生活条件继续改善。

二、保民生，社会建设深入推进

保障和改善民生是发展经济的出发点和最

终目的。一年来，财政用于民生支出948.6亿元，增长30.4%，占财政支出的70.3%。就业与社会保障、教育、医疗卫生、保障性住房支出分别增长27.5%、20.5%、44.8%和1.12倍。

（一）社会保障制度建设不断增强

进一步扩大社会保障面，全区五项保险参保1 282万人次，增长12.5%。完善基本养老保险省级统筹制度，再次提高企业退休人员基本养老金和离休人员津、补贴标准，继续做好、做实个人账户试点工作。启动13个县市新农保试点，实现了社会保障体系由城镇扩展到农村的重大突破。全面启动城镇居民基本医疗保险制度试点工作，将关闭破产企业、国有退休人员全部纳入职工医保。调整医疗保险、工伤保险和生育保险药品目录。统筹解决城镇人员医疗保障问题。基本解决国有企业老工伤人员医保问题，实现政策并轨。积极发挥失业保险在促进就业和支持企业减负稳岗中的作用，认真做好破产关闭企业职工安置工作，确保社会稳定。健全动态管理下应保尽保、分类施保的城乡低保制度，对城镇63.3万和农村129万低保对象提供基本生活保障，提高农村低保户补助标准。完善城乡医疗救助制度和农村五保户供养政策。提高重点优抚对象抚恤标准。健全灾害应急救助体系，提高装备水平。积极开展慈善救助和法律援助。养老院、孤儿院、流浪未成年人保护中心建设力度加大。工青妇、残疾人、老龄工作得到加强。

（二）居民生活条件进一步改善

加强城市保障性住房建设，投入30.8亿元财政资金用于廉租房建设。开工建设廉租住房8.66万套，竣工3.45万套，14万户城市低收入家庭享受了廉租房政策。建成经济适用房118万平方米。启动城市棚户区改造工程。新建抗震安居房38.2万户。自治区财政投入6亿多元加快喀什老城区改造进度，完成8 835户危旧房改造任务和相关配套基础设施建设。在20个县开展农村危房改造试点，完成3.6万贫困农户危房改造。实现1.2万户牧民定居。解决121万人饮水安全和3.79万无电人口用电问题，完成14.3万户农村沼气建设。加快农村公路建设，乡镇通油率97.5%，行政村通达率95.1%。自然村通电话率81%，乡镇、行政村通宽带率分别达99%和61%。扶贫开发年度计划全面完成，投入三项扶贫资金26亿元，稳定解决27万贫困人口温饱问题，完成345个扶贫开发工作重点村整村推进扶贫规划。发放水库移民后扶资金2.3亿元，实施移民后扶项目317项，总投资达14.62亿元。国家水库移民后扶政策实现全覆盖。全区移民人均增收912元，97%的移民摆脱贫困。饮用水源地、重点河流、湖库水质和重点城市空气质量得到改善。

（三）教育事业蓬勃发展

经过15年的努力，“两基”目标全面实现，顺利通过国家验收，成为新疆教育事业的里程碑。中小学D级危房校舍改造工程基本完成，学前“双语”幼儿园建设、校舍抗震加固改造和西部农村初中改造等工程进展顺利。“双语”教学全面推开，学前、中小学“双语”和民考汉学生占少数民族学生的比重由上年33.7%，提高到42%。“双语”师资培训基地和特殊教育学校建设进度加快。内地高中班、区内初中班在校生分别达到2万人和1.5万人。高校专业结构调整和重点紧缺人才专业建设不断推进。启动高校债务化解工作。职教园区和高技能人才实训基地建设初具规模。南疆三地州高中阶段升学率提高10%。地州特色产业实训基地、县市职教（培训）中心和乡镇中学劳动预备制培训阵地建设全面铺开。

（四）医疗卫生和计划生育工作全面推进

大力开展突发事件应急医疗和甲型H1N1流感疫情防控，最大限度开展医疗救治，防止疫情蔓延扩散。“百万贫困白内障患者复明”等重大卫生工程和国家免疫规划等基本公共卫生服务项目进展顺利。县乡村三级医疗卫生服务体系和基层计划生育服务设施建设不断加强。结核病、艾滋病、碘缺乏病等重大传染病、地方病得到有效防控。新型农牧区合作医疗制度全面推进，参合率达97%以上。住院费平均补偿比率达49.6%，补偿受益2 210万人次。社区医疗卫生机构和疾病预防控制体系不断健全。国有大型医疗机构医德医风建设初见成效。爱国卫生运动深入开展。食品药品安全整治、卫生执法监督力度不断加大。围绕降低和稳定生育水平，加强人口与计划生育工作，提高出生人口素质，计划生育利益导向制度实施力度继续加大。在南疆三地州基础上又启动了26个贫困县、边境县计划生育特殊奖励制度。流动人口计划生育服务与管理工作得到加强。

（五）文化体育事业全面推进

城乡公共文化服务体系初步形成，广播电视村村通工程、西新工程、农村电影放映工程、新闻出版东风工程、农家书屋工程、乡镇综合文化站建设工程、文化信息资源共享工程、送书下乡工程等扎实推进。启动南疆三地州社区和农村文化工程建设。开展了新中国成立60周年系列文化庆祝活动。文化遗产地和非物质文化遗产保护不断加强。柯尔克孜族史诗《玛纳斯》被联合国教科文组织列入第四批人类非物质文化遗产代表作名录。群众性体育活动健康发展，体育基础设施建设不断加快，体育产业蓬勃兴起。竞技体育成绩突出，新疆维吾尔自治区体育健儿在全国第十一届全运会和国际、洲际比赛中共取得6金9银9铜的好成绩。

（撰稿　美亚赛　　审稿　葛丰交）

民族工作综述

北　京　市

2009年，北京市委、市政府高度重视民族经济工作，召开了全市少数民族乡村经济工作会议，并加大了资金投入力度，少数民族经济发展专项资金每年由2 000万元增加到4 000万元。其中，2 400万元用于民族乡村经济发展，1 600万元用于清真饮副食网点建设和定点企业发展。北京市民委充分发挥专项资金的作用，重点强化服务、指导、管理、协调和培训，不断加强清真饮副食网点建设，积极促进民族乡村经济和民族特需商品定点生产企业加快发展，全市民族经济发展水平有了较大提高。

一、紧抓机遇、创新机制，推动民族乡村经济发展

北京市少数民族乡村经济工作会议系统总结了2002年设立专项资金以来全市民族乡村经济发展情况，对今后一段时间民族乡村经济发展作了部署。为认真贯彻落实全市民族乡村经济工作会议精神，充分发挥专项资金在民族经济发展方面的作用，充分调动区县、乡镇政府及民族乡村干部群众的主体作用，北京市民委与市农委、财政局联合制定和下发了《少数民族乡村经济发展专项资金使用管理补充办法》，在采取定额补助和贷款贴息的方式扶持少数民族乡村经济发展的基础上，提出建立激励机制，设立奖金，实施以奖代补。在考察论证的基础上，2009 年共扶持全市少数民族乡村经济发展项目 50 个，投入少数民族乡村经济发展专项资金2 400万元，主要涉及种植、养殖、民俗旅游等产业。2010 年初，组织考评组对各区县民族乡村经济发展情况和专项资金扶持项目情况进行了实地考评打分，对主体作用发挥好、扶持项目效益明显的区县政府进行了奖励。通过实施以奖代补，区县政府的主体作用得到了进一步发挥，促进了民族乡村经济发展。

二、协调联动、积极争取，不断增强促进民族经济加快发展的合力

北京市民委积极协调市政府各相关部门认真贯彻落实全市民族乡村经济工作会议精神，形成合力，共同促进民族乡村经济快速发展。一是与市农委密切协作，专题研究专项资金使用、项目扶持、实用技术人才培养和新农村建设等问题。市农委在实施“百村万户一户一棚援助型设施农业推进工程”中，投入资金1 200多万元，帮助少数民族乡村优先发展大棚1 650亩。两委联合在北京农学院举办了全市民族乡村技术骨干培训班。全市从事肉牛和奶牛养殖、食用菌和设施蔬菜种植及民俗旅游等产业的 200 多名少数民族乡村技术骨干参加了培训。组织专家编写和发放了涉及种植、养殖技术的 5 种《北京市少数民族乡村实用技术手册》系列丛书共计4 500册。二是与金融部门共同探索银政、银农、银企合作的新机制。市金融局指导小额贷款公司设计了少数民族贫困户创业贷款品种，针对部分贫困户发放小额贷款，以解决农民在发展生产中资金不足的问题。三是加强了与市水务、交通部门协调，优先安排解决密云、怀柔、平谷、延庆等区县部分民族村的河道治理和道路硬化项目，进一步改善了民族乡村基础设施条件。四是争取市科委安排 200 万元专项资金，用于帮助 11 个民族村制定产业发展规划，确定科学的发展思路和主导产业。针对民族村产业发展规划内容和部分民族乡村形成的产业聚集等特点，组织相关专家深入延庆县大庄科乡和怀柔区长哨营乡，进行板栗、食用菌和特菜种植等方面的技术指导，培训民族乡村群众达 260 人次。

三、注重调研、加强管理，清真饮副食网点建设有了较大的发展

针对近年来全市规范化清真食品经营专柜变动较大、部分地区“清真不便”问题显现的情况，为了更好地促进规范化专柜的稳定与发展，北京市民委与市商务委对东城、西城等 5 个区县规范化清真食品经营专柜现状、经营情况、存在的问题展开了调研，共同研究制定了《北京市规范化清真食品经营专柜奖励及补助办法》（征求意见稿）。在调研的基础上，市民委为更好地满足具有清真饮食习惯少数民族群众生活需求，充分发挥少数民族经济发展专项资金的作用，对全市各区县申报的清真饮副食网点建设项目进行了认真的考察和论证，扶持清真饮副食和特需商品定点生产企业建设项目 40 个，投入资金1 600万元，扶持新增清真饮副食网点 4 个，完善清真饮副食网点设备设施项目 12 个，扶持清真餐饮企业升级改造项目 29 个。目前，全市清真饮副食网点数量已达到 2 000多个，较好地满足了少数民族群众生活需求。

为确保新中国成立 60 周年庆典活动顺利进行，维护首都清真食品市场稳定，北京市民委集中部署了全市清真食品生产经营网点民族政策执行情况大检查工作，检查范围包括：中小型清真食品生产企业、农贸批发市场、菜市场、超市内的清真食品摊位，交通枢纽、旅游景点、繁华商业街区清真饮副食网点，自挂“清真”字样的饮副食网点为检查的重点环节。各区县民族部门对辖区内的清真网点进行了全面排查，查处了 7 个违反民族政策、法律法规的经营网点，及时消除了可能影响民族团结、社会稳定的隐患，保证了国庆期间清真食品市场的安全与稳定。

四、完善服务，营造氛围，积极为民族企业发展搭建平台

为促进民族特需商品定点生产企业发展，不断强化服务意识，完善服务方式，积极帮助民族特需商品生产企业享受国家相关扶持政策。首先，根据国家民委调整全国少数民族特需商品定点生产企业的工作要求，完成了全国少数民族特需商品定点生产企业增补工作。在认真审核基础上，增补了北京民族印务有限公司等3家企业为全国民族特需商品定点生产企业。其次，全年为月盛斋清真食品公司、北京工美集团总公司等4家企业审批流动资金贷款额度1.08亿元，节约企业运行成本244万元。为4家民族特需商品定点生产企业补贴技术改造贷款利息160万元。再次，加大对民族企业少数民族经济专项资金的支持力度，共安排383万元专项资金用于老马清真食品公司等10家全国少数民族特需商品定点生产企业的发展，比上年多投入资金326万元。最后，以“扩大内需，促进消费”为宗旨，以“体验绿色北京，品味清真美食”为主题，北京市民委支持北京烹饪协会清真烹饪专业委员会成功举办了第二届北京清真美食文化节活动。通过举办清真非物质文化遗产技艺展示、名优清真食品及民族工艺品展卖、颁发《北京清真美食指南》书刊、清真烹饪技艺交流、清真饮食文化发展及经验交流论坛等丰富多彩、亮点纷呈的活动，宣传了党的民族政策和相关法律、法规，营造了各民族平等、团结、互助、和谐的良好社会氛围；弘扬了清真饮食文化，提高了清真企业市场知名度和消费者认可度，为促进清真餐饮及食品生产加工企业的发展搭建了平台。全市近百家清真特色餐厅及20余家民族特需商品定点生产企业积极响应、踊跃参与文化节活动，20余万市民参观了主会场活动。促销企业扩大了销售渠道、增加了销售额，主会场和分会场累计实现销售额886万元。

（撰稿　沙海涛　　审稿　马中璞）

天　津　市

2009年，天津市民族工作认真落实党的民族政策，促进民族团结进步，维护民族领域的和谐稳定。

一、深入开展民族团结进步创建和表彰活动，取得较好成绩

开展民族团结进步表彰活动。全市共有10个模范集体和11名模范个人受国务院表彰。组织了由市领导带队的代表团，赴京参加表彰大会。11月26日，天津市隆重召开第六次民族团结进步表彰大会，会上对125个民族团结进步模范集体、70名民族团结进步模范个人进行了表彰。开展民族团结进步创建活动。制定了《关于深入开展民族团结进步创建工作的安排意见》，成立创建活动领导小组，研定工作方案，开展宣传教育。组织召开创建工作现场推动会，把创建活动向基层延伸，向社会延伸，拓展了创建活动领域。国家民委《民族工作简报》16期，刊发了《天津市民委抢抓机遇，超前部署，扎实推进民族团结进步创建活动》。开展爱国主义教育活动。国庆前一天，市委书记张高丽到微山路中学视察，出席新疆内地班“祖国华诞60载，民族团结一家亲”主题班会。同日，市长黄兴国到红光中学，看望内地班藏族学生。市民委组织由9个民族的少数民族学生参观团，游览京津两地重要景观。联合团市委、南开大学等高校举办“祖国在我心中”演讲比赛、“团结就是力量”主题团日、民族歌曲大家唱、民族团结学生宣讲团等活动。

二、促进少数民族经济社会各项事业发展

帮扶少数民族特困户。对少数民族乡村特困家庭的56名学生发放助学补贴111 500元。推动民族企业加快发展。对少数民族特困户提供救助，为全市54个民族乡村的133户送去慰问金53 200元。对少数民族特需用品定点生产企业，坚持动态管理、择优扶强，为14家民族企业申报了资金贷款优惠政策，享受补贴666.6万余元。促进清真食品市场繁荣。把日常监管和集中检查相结合。会同有关部门下发文件，推动各区县集中开展清真食品市场的依法监管工作。委领导带队对重点区域的农贸市场、超市和清真餐饮业进行检查，确保清真食品市场繁荣稳定。组织全市首届清真菜品展评展销活动，对22家清真餐饮企业的149个菜品颁发了金银铜奖。推进少数民族文化教育体育工作。联合市教委，召开市民族教育工作会，对43个民族教育工作先进集体和68名先进个人予以表彰。协调天津师范大学培训新疆120名教师，为民族地区培养人才。向红光中学等5所民族学校补助9.8万元。协调天狮集团对民族学校100名品学兼优或家庭困难的学生每人资助1 000元。协助天津人民广播电台，发动社会各界募捐，为甘肃临夏援建一所民族小学捐款。南开大学哈萨克族女生阿依努尔不幸患上白血病，引起社会各界的广泛关注，捐款100多万元，民委领导到医院看望，并送去机关干部的捐款。

三、夯实基础性建设

推进政策法制建设。与市委统战部联合印发《关于进一步贯彻落实国办发33号文件，严格执行党和国家民族政策的通知》，加强对民族法规政策执行情况的监督检查。做好外地来津少数民族流动人口的管理和服务以及与执法部门的协调、联系，不损害少数民族的合法权益。与市公安局联合制定《天津市公民确定民族成分办理规定》，加强监督检查力度。《天津市少数民族权益保障条例》被市人大列为预备项目。编印《学习党和国家民族政策宣传手册》、《民族宗教行政执法手册》，送政策法规下社区、进学校，指导基层依法行政。

促进管理机制建设。从属地管理和整合资源、分类指导两方面入手，推动区县、系统民族工作的开展。精简下放行政审批事项，将民族成分更改等3项审批事项下放到区县。为规范清真食品市场，会同商务委、工商局等部门开展联合执法。发挥民委委员制，与市委规划建设交通工委、商务委、旅游局、交通港口局等部门召开贯彻落实民族政策工作座谈会。

加强机关和干部队伍建设。落实学习实践科学发展观活动成果，把各项整改措施落到实处，完成整改方案中提出的10条整改项目。形成工作意见和规范性文件及工作机制11项。党组提出创建学习型机关要求，开展了“学先进、找差距、作贡献”专题讨论。确定了“政治坚定，真抓实干，业务精通，令行禁止，争创一流，以人为本”的机关团队精神。选举产生了新一届机关党委，加强了机关党的建设和机关的作风建设。

深入调查研究。领导带队深入基层，对重点、难点、热点问题进行调查分析。机关和区县形成的33篇调研成果中，《贯彻落实党和国家民族政策的调研报告》、《外来少数民族工作的问题与对策思考》等分别获得天津市统战系统和全国民委系统优秀调研报告一、二等奖。以开展大学习、大培训、大武装活动为抓手，加强学习制度，制订学习计划，结合形势特点和工作实际，组织开展培训工作。组织少数民族代表人士、全市民族工作干部和重点街道负责同志参加培训。

（撰稿　刘洪源　任庆生　　审稿　马竞）

山　西　省

2009年，山西省民族工作在国家民委的指导下，在省委、省政府的领导下，牢牢把握各民族共同团结奋斗、共同繁荣发展的民族工作主题，紧紧围绕构建社会主义和谐社会的宏伟目标和实现山西“三个发展”的工作大局，认真贯彻党和国家的民族政策，积极开展民族团结进步创建活动，努力推进民族文化、教育等各项社会事业，形成了增进民族团结、维护社会稳定、促进社会和谐的合力，取得了较好的成绩。

一、深入开展民族团结进步创建和表彰活动，推动各民族共同团结进步

按照国务院第五次评比民族团结进步模范集体和模范个人的具体要求，山西省认真组织了评选工作。2009年9月29日，以省委常委、统战部长李政文为团长的山西省代表团一行7人出席了表彰大会，全省有7个集体和8名个人荣膺“全国民族团结进步模范”称号。2009年11月18日，山西省政府代国务院表彰民族团结进步模范会议隆重召开。山西省委副书记、省长王君出席会议，省委常委、省委统战部部长李政文主持会议，刘维佳副省长出席会议并讲话。会上，代国务院对山西省荣获“全国民族团结进步模范个人”称号和“全国民族团结进步模范集体”称号的集体和个人进行表彰和奖励，王君等省领导向模范集体和个人颁发了奖牌和证书。以此为契机，山西省进一步在全社会营造民族团结的浓厚氛围，使民族团结进步工作再上新台阶。

二、加大民族经济帮扶力度，促进山西省少数民族经济快速发展

进一步促进山西省少数民族聚居村的经济发展，深入少数民族聚居村进行调研摸底，掌握情况。结合实际，指导帮助他们利用当地的有利条件和资源，大力发展特色产业。加大了对人均收入处于温饱线以下的3个及刚达低收入线的14个少数民族聚居村的扶持力度，积极帮助他们改善吃水、交通等基础设施建设。通过积极努力，山西省财政设立了100万少数民族发展资金。严格按照财政部和国家民委共同制定的《少数民族发展资金管理办法》的有关资金使用规定，认真做好2009年少数民族发展资金扶持项目的确定工作，督促各市抓紧落实2009年的扶持项目，提出计划。同时，由山西省纪检委驻山西省民委负责同志会同相关处室，对2008年少数民族发展资金的使用情况进行严格检查。加强对少数民族特需商品定点生产企业的指导工作，针对实际情况，调整增补了少数民族特需商品定点生产企业。深入贯彻落实《山西省清真食品监督管理条例》，加强对清真食品企业的监督管理和扶持力度，继续做好清真标牌的发放工作。

三、全面推动山西省少数民族教育、文化、体育、卫生事业发展

认真贯彻全国中小学民族团结教育工作会议精神，会同山西省教育厅，共同部署全省中小学民族团结教育工作，提出具体要求和工作安排。继续支持山西大学附属中学办好“西藏班”，注重了解藏族学生的思想动态，及时反映办学中遇到的困难和问题。全面贯彻落实全国少数民族文化工作会议精神。切实加强对少数民族文化工作的领导，山西省政府已明确由宣传部牵头，文化、民委、广电、体育、新闻出版等部门分工协作，形成通力合作的少数民族文化工作格局。结合山西省工作实际，采取了切实有效的措施，大力推进全省少数民族文化事业繁荣发展。进行本省建立“民族文化活动基地”的具体摸底工作。积极筹备山西省参加全国少数民族文艺会演的选送工作。抓好11个“少数民族体育训练基地”的工作，推动全省民族体育事业的发展，由临汾市翼城县北关村组成的山西代表队参加2009年全国蹴球邀请赛夺取男双冠军并取得女单第三的佳绩。着手筹备参加第九届全国少数民族传统体育运动会的项目。围绕纪念新中国成立60周年，广泛组织开展形式多样、健康向上的群众性文化活动，举办了山西省民族宗教界书画展。配合国家民委的大型展览活动，积极组织长治市、翼城北关县、山大附中总结上报特色经验材料和图片。

（撰稿　解全东　　审稿　白源）

内蒙古自治区

2009年是内蒙古自治区民族工作大事多、要事多、喜事多的一年。在自治区党委、政府的正确领导下，在国家民委的指导和帮助下，自治区民委深入贯彻落实科学发展观，牢牢把握各民族共同团结奋斗、共同繁荣发展的民族工作主题，全面落实党和国家民族政策法规，紧紧围绕自治区发展大局，协调有序地做好民族、蒙古语文和八省区蒙古语文协作工作，全力维护民族团结和社会稳定，积极促进少数民族和少数民族聚居地区经济社会又好又快发展，为自治区民族团结、经济发展、文化繁荣、社会进步、政治稳定做出了积极的贡献。

一、全力维护各民族团结稳定的大好局面

1. 积极开展民族理论政策宣传教育活动。2009年，内蒙古自治区民委认真总结西藏“3·14”和新疆“7·5”事件的经验教训，结合新中国成立60周年华诞，充分运用广播、电视、报刊等媒体从正面积极开展马克思主义民族观、党的民族政策和民族团结进步宣传教育，与自治区党委宣传部联合转发了《党和国家民族政策宣传教育提纲》。将民族团结进步教育贯穿国务院第五次全国民族团结进步表彰大会、首届内蒙古自治区民族文艺会演等重大活动的全过程，特别是通过组团参加香港“第三届中华民族文化周”、组织参加“新中国成立60周年内蒙古广西宁夏新疆成就展”等活动，大力宣传本区经济社会发展和民族文化建设的丰硕成果，更加增强“民族团结是各族人民之福，民族分裂是人民之祸”的认识，“三个离不开”思想更加深入人心。

2. 认真进行党和国家民族政策的监督检查。按照2009年7月国务院办公厅发出的《关于检查国办发〔2008〕33号文件贯彻落实情况的通知》精神，内蒙古自治区民委将检查分为自查和督查两个阶段，一是认真组织各盟市、部门、企事业单位开展自查。二是与自治区政府办公厅派出联合督查组，对兴安盟、锡林郭勒盟、乌兰察布市、乌海市、阿拉善盟进行了督查。至此，内蒙古自治区民委用两年时间，协调组织了5批次检查组和督查组深入12个盟市、1个计划单列市和15个直属厅局及相关单位，采取听取汇报、现场督查、实地检查等方式相结合，对全区贯彻落实33号文件精神进行了全面的督查。由于内蒙古自治区工作扎实、措施得力，在11月国家民委贯彻落实33号文件经验交流会上内蒙古自治区委作了典型发言。

3. 大力推进民族团结进步活动月工作。2009年，全区开展了以办实事、办好事为主题的丰富多彩的民族团结进步活动。按照国家民委的要求，本着面向基层，面向一线和公平、公开、公正的原则，认真组织了第五次全国民族团结进步表彰大会模范代表的评选工作，共评选出32名模范集体和34名模范个人，其中，有9名模范集体代表和17名模范个人代表赴北京出席了表彰大会。11月12—15日，全国民族团结进步模范事迹巡回报告团在内蒙古自治区做报告，1 000余名干部群众聆听报告，受到了感染和教育。为了进一步发挥民族团结教育基地的作用，4月21日在兴安盟乌兰浩特市召开了内蒙古自治区“全国民族团结进步教育基地”工作座谈会。乌兰夫纪念馆、“五一大会”旧址、内蒙古博物院负责人等围绕怎样充分发挥教育基地的作用进行了讨论，交流了做法和经验，并就对先进集体和先进人物的宣传、突出对青少年的教育功能、教育基地之间要加强联系和交流、形成长效共建互享机制等达成了共识。

二、促进少数民族和少数民族聚居地区经济社会发展

1. 积极推进兴边富民行动。认真落实《兴边富民补助资金项目规划（2009—2010年）》，加大了对边境旗市的指导力度，强化了工作手段和责任制度，安排专项资金5 700万元，并通过兴边富民行动项目的安排和带动作用，使兴边富民行动取得了阶段性成果，为推进社会主义新农村新牧区建设打下坚实的基础。各重点旗市经济建设步伐明显加快，基础设施建设迈出新的步伐，生态环境得到明显改善，民族教育、民族医疗卫生等社会事业得到较快发展。

2. 抓好扶持人口较少民族发展工作。继续实施国家扶持人口较少民族发展“十一五”规划，协调呼伦贝尔市及相关旗市与有关厅局搞好扶持项目的对接。安排好国家民委和财政部下达的2009年扶持人口较少民族发展专项资金项目，并配合好自治区发改委专项资金的安排落实。做好扶持人口较少民族工作动态监测系统工作，对扶持人口较少民族发展工作进行考核验收，2009年验收13个嘎查（村）。2009年7月份，国家五部委在青海西宁召开了全国扶持人口较少民族发展工作经验交流会，自治区政府副主席刘新乐在会上代表内蒙古自治区做了题为《完善政策，上下联动，大力扶持人口较少民族发展》的交流发言。

3. 认真落实民贸政策。经国家三部委审批，内蒙古自治区123家企业被确定为国家“十一五”期间定点企业，其中新调整定点企业63家。内蒙古自治区民委及时会同财政厅和人民银行共同做好相关工作，尤其是做好民族贸易企业和少数民族生产生活必需品的确认工作，把党和国家的民族贸易优惠政策落到实处，更好地为少数民族群众服务。

4. 继续抓好帮扶工作。2009年是内蒙古自治区民委对兴安盟扎赉特旗阿拉达尔吐工作部乌兰毛都嘎查开展为期三年的第二阶段帮扶的第一年，委党组高度重视，制定了2009—2011年帮扶规划，2009年投入110万元，帮助40户贫困户完成了危房改造，解决了群众看电视难的问题，对农牧民进行了科技培训并资助贫困学生上学。

2009年是内蒙古自治区民委对鄂伦春旗、莫力达瓦旗进行区域重点帮扶的第二年，向鄂伦春旗投入385万元，实施项目19个，向莫旗投入250万元，实施项目12个。配合国家民委做好对赤峰市巴林右旗的帮扶工作，两级民委共同安排资金145万元。

5. 加强对少数民族发展资金的管理和使用。2009年，国家民委和财政部拨付内蒙古自治区少数民族发展资金10 550万元，自治区安排少数民族发展资金配套资金1 000万元。内蒙古自治区民委与财政厅按照有关规定和程序，安排少数民族发展资金项目291个。同时做好资金管理的规范化、制度化建设，及时做好项目反馈。

6. 积极开展民族文化活动，促进对外宣传交流。与文化厅、广电局共同承办了首届内蒙古自治区民族文艺会演。自治区政府对此项工作高度重视，成立了由自治区党委副书记、常务副主席任亚平任主任，自治区副主席刘新乐任副主任，民委、文化厅、广电厅等有关单位为成员单位的首届内蒙古自治区民族文艺会演组委会。有来自全区11个盟市、3个自治旗和内蒙古歌舞剧院的15台剧（节）目参演，包括蒙古、达斡尔、鄂温克、鄂伦春等多民族在内的近1 500名演职人员为首府呼和浩特的近万名各族群众奉献了特色鲜明、底蕴深厚的高水平民族文化大餐。本次会演共评出金奖2名、银奖3名、铜奖6名、特殊贡献奖1名、特别奖3名。圆满完成了内蒙古自治区少数民族青少年和民族传习技艺工艺师参加“第三届中华民族文化周”的联谊交流活动及演出任务，增强了了解、加深了友谊，宣传了内蒙古。圆满完成了参加“新中国成立60周年内蒙古广西宁夏新疆成就展”和“内蒙古新疆广西宁夏西藏自治区成就展”的任务，自治区领导陪同贾庆林等党和国家领导人，各国驻华使节、驻华机构代表和高级外交官参观了展览，参观总人数达25万多人次，产生了广泛的社会影响，为宣传内蒙古、让广大群众了解内蒙古起到了重要作用。

7. 认真开展民族教育、体育工作。支持民族学校改善条件，继续推动提高民族中小学寄宿生助学金标准工作。配合国家民委所属民族大学及其附属中学、河北大厂民族中学完成了在内蒙古自治区的招生工作。内蒙古自治区民委同体育局认真开展第七届全区民族运动会筹备工作，下发了《关于举办第七届全区少数民族传统体育运动会的通知》和《关于印发第七届全区少数民族传统体育运动会竞赛规程的通知》。

三、认真做好蒙古语文工作，促进蒙古语文繁荣发展

1. 做好蒙古语文的学习和使用工作。对全区蒙古语言文字使用情况进行了深入调研，就如何加强蒙古语言文字工作、加强蒙古语授课大学生就业工作提出了具体意见和建议。对全区《蒙古语文工作条例》的贯彻落实情况进行了抽查。与自治区政府法制办协调后，对《条例》实施细则之一的《内蒙古社会市面蒙汉两种文字并用管理办法》进行修改完善。举办了“首届母语杯蒙古文书法大赛”、“全区母语杯蒙古文经典作品朗诵大赛”。编辑出版了《蒙古语会话手册》，与呼和浩特市电视台联合举办了《蒙古语会话》节目，由呼和浩特新闻综合频道和都市生活频道每个星期分别播出12次。完成了《达斡尔族语言图解词典》、《鄂温克族语言图解词典》、《鄂伦春族语言图解词典》、《额尔敦陶克陶全集》的编辑工作。制定了《民族语文调查大纲和调查问卷》。

2. 加强蒙古语文科研管理工作。组织召开了全区蒙古语名词术语委员会审定会议、蒙古语标准音工作委员会成员会议和蒙古文信息技术国家标准工作组成员会议等，搜集、整理和审定蒙古语新词术语1 000余条，发布6期《蒙古语新词术语公报》。举办13期蒙古语标准音培训班，培训测试2 000多人。召开了庆祝蒙古语标准音确定30周年大会，在锡林郭勒盟正蓝旗建立了“中国蒙古语标准音示范基地”。审定出版蒙古语文规范标准公报一期，公布了《现代蒙古语常用词》。

3. 举办了八省区党政机关、事业单位蒙古语文翻译培训班。继续深化民族教育、文化艺术、新闻出版、广播电视等领域的协作。以对等交换的方式完成了内蒙古与协作省区间蒙古语文授课招生计划任务。召开了八省区第三届蒙古族幼儿园园长协作会议暨蒙古语学前教育研讨会、第21届八省区蒙文报纸新闻评奖会议、第十届八省区蒙古语电视节目评析会，举办了“蒙古王”杯《八省区科尔沁民歌、乌力格尔电视大奖赛》、八省区第三届“八骏杯”大学、中专、中学生蒙古文文学作品大赛。与内蒙古教育厅和卫生厅协商解决了辽宁省阜新蒙医药研究所与内蒙古民族大学在职研究生、本科学历教育、医药人员临床进修和科研、制药、医疗等方面的协作发展问题。

（撰稿　李日树　　审稿　常威）

辽　宁　省

2009年，辽宁省民委牢牢把握“两个共同”民族工作主题，围绕中心，服务大局，开拓创新，主动作为，较好地完成了年度各项工作任务，为全省的民族团结和社会稳定做出了积极贡献。

一、积极介入、主动作为，全力维护民族团结社会稳定

新疆“7·5”事件发生后，辽宁省民委及时组织召开了全省深入贯彻落实国办33号文件电视电话会议。及时在全省范围内开展贯彻落实党和国家民族政策大检查，下发了认真贯彻省委、省政府办公厅《关于切实做好新疆少数民族群众来辽务工经商服务管理工作意见》的文件。及时启动应急工作机制，开展民族领域不稳定因素大排查和矛盾纠纷大调处工作。2009年，辽宁省民委共分析研判全省民族领域面临的形势及动向12次，刊发民族工作信息简报98期，妥善处理各类涉疆问题17起。鞍山海城市做好维吾尔族流动人口服务工作的经验和做法得到及时推广，清原、本溪、桓仁、宽甸4个满族自治县20周年县庆活动均平稳有序、圆满举行。省反恐工作协调小组将辽宁省民委主动做好涉疆涉维工作的经验在全国反恐工作会议上做了专门介绍。陈政高省长在处置沈阳“8·17”案件情况报告上批示：“此事处理得及时、妥当，保持了稳定，应当充分肯定”。国家民委为表彰辽宁省在维护民族团结方面所做的工作，专门发来了慰问信。辽宁省民委被评为全省国庆安保先进单位。

二、协调资金、加大投入，促进少数民族和民族地区又好又快发展

辽宁省民委与省发改委配合，共同调研、论

证了辽宁省“十一五”民族自治地方发展规划实施情况，着手研究制定全省“十二五”民族自治地方发展规划。省民委协调辽宁省财政厅安排少数民族发展资金3 600万元，比2008年增加31%；协调辽宁省有关部门为4个开展县庆的少数民族自治县落实发展资金800万元；会同辽宁省扶贫办确定了2个民族乡为全省整乡推进扶贫开发试点。省民委在民族地区特色产业、扶贫项目、危房改造、饮水、乡村道路等基础设施建设上给予了重点扶持支持；继续推进“全省少数民族社会主义新农村建设示范行动”，继续实施“全省少数民族农民‘千村万户’电脑致富示范行动”和少数民族妇女增收致富活动；举办了“全省民族贸易和民族特需商品定点生产企业负责人培训班”。这些卓有成效的工作，切实促进了少数民族和民族地区又好又快发展。

三、表彰先进、推广经验，深入开展民族团结进步创建活动

2009年，辽宁省民委在全省范围内深入开展了民族团结进步创建活动。在国务院第五次民族团结进步表彰大会上，辽宁省推荐的25个模范集体和24名模范个人受到国务院表彰。在辽宁省第六次民族团结进步大会上，全省共计60个模范集体和60名模范个人受到省政府表彰。沈阳、大连、鞍山、本溪、辽阳等地相继召开了民族团结进步表彰大会。辽宁省开展民族团结进步模范社区（村）创建活动经验做法在国家民委信息简报上刊发，国家民委主任杨晶同志、党组书记杨传堂同志先后在简报上做出批示，对辽宁省开展创建活动的经验做法给予了高度肯定；全省命名表彰了28个民族团结进步模范社区（村）创建活动先进集体和28名先进个人；沈阳市民委、本溪市民委等6家单位在创建活动总结表彰大会上做了经验介绍。辽宁省民委率先在全省民族工作系统开展了向邵春亮同志学习活动。

四、丰富载体、广泛宣传，深入开展民族文化教育宣传活动

辽宁省民委制定下发了《辽宁省民委关于深入开展民族团结宣传教育活动工作方案》，明确每年9月为全省民族团结进步宣传月；充分利用广播、电视、报纸、网络等媒体，广泛开展民族团结宣传教育活动；在沈阳飞机制造公司举行了辽宁省暨沈阳市民族团结进步宣传月活动启动仪式；与辽宁人民广播电台共同组织了“团结颂—走近辽宁少数民族”大型系列采访报道活动；在东北新闻网开辟了“走向繁荣—辽宁少数民族”网页；与省文化厅、阜新市政府共同举办了“首届中国—阜新敖包文化节”；会同省委宣传部、省广电局共同研究推进锡伯族历史题材“大西迁”影视剧列入省重点文艺精品项目工程；协调有关部门在辽宁大学开辟了满族语言学等专业；举办了全省第五届少数民族美术、书法、摄影展览，展出作品300余幅；成功承办了全国珍珠球邀请赛；开展的“心连心”艺术团赴民族地区慰问演出活动，行程5 000多公里，近3万名各民族群众观看演出；与省委宣传部、省教育厅组织民族团结进步模范邵春亮先进事迹报告团，赴北京、沈阳、大连、鞍山等地高校巡回演讲30多个场次，收到了良好的社会效果。盘锦、葫芦岛、营口、本溪、铁岭、辽阳、锦州、大连、抚顺等市也开展了形式多样的宣传活动。

（撰稿　何世同　　审稿　赵佐贤）

吉　林　省

2009年，吉林省民委紧紧围绕“保增长、保民生、保稳定”的大局，加大民族宗教法规政策的贯彻落实力度，积极促进民族关系、宗教关系和谐，大力促进少数民族和民族地区经济社会平稳较快发展。

一、深入开展创建活动，扎扎实实地推进民族团结进步事业

进一步开展以“比团结、比发展、创模范”为内容的民族团结进步创建活动，促进民族工作进社区（街道、村屯）、进学校、进企事业单位，确定重点社区、学校和企业为城市民族工作示范点。制定了《关于深入开展民族团结宣传教育活动的实施意见》，以省委、省政府“两办”文件下发。加大宣传力度，在吉林日报开设了《民族团结》、《民族繁荣》专栏，在吉林电视台录播了民族工作专题片，营造民族团结的良好舆论氛围。各地结合实际积极开展创建活动，延边朝鲜族自治州开展了“创建民族团结模范社区、模范村屯”等活动；吉林市以市委、市政府名义出台了《关于进一步加强民族工作，加快少数民族经济社会发展的意见》；长春市积极发挥少数民族社团和代表人士的桥梁和纽带作用，使社会主义新型民族关系更加巩固。在国务院第五届民族团结进步表彰大会上，吉林省20个模范集体和22名模范个人受到了表彰。

二、积极落实各项政策、措施，为少数民族和民族地区发展、民生改善服务

配合有关部门开展了金融危机对民族地区影响、长吉图开发开放先导区建设、少数民族就业等专题调研，得到国家民委的高度重视。深入开展兴边富民行动重点村建设，继续推进泥草房改造、人畜安全饮水、产业基地建设三项工程，全年实施边境乡村泥草房危旧房改造项目26个，新建和改造农房1 969户，实施农村人畜饮水安全项目12个，实施特色产业基地项目25个。大力促进民贸民品企业优惠政策落实，积极争取国家定点指标，全省民品企业增加到95户，享受贷款贴息近9 253万元。继续深入开展“民族情”创业就业活动，共举办少数民族创业就业培训班48期、就业洽谈会32期，培训人员1.3万人。各地积极开展少数民族创业就业服务活动，辽源市与民营企业对接，举办了“民族情”促就业洽谈会，取得了较好成效；白城市民委拓宽就业渠道，设立创业基地39个，有力地推动了少数民族创业就业。

三、进一步加大工作力度，大力发展少数民族文化

认真总结本省发展少数民族文化的经验，在全国少数民族文化工作会议上做了介绍。协调省财政厅设立了少数民族文化专项资金。成功举办了全省第五届民运会、首届少数民族新歌大赛，参加了在香港举办的第三届中华民族文化周，举办了东北三省朝鲜语言文字规范化、标准化、信息化会议和蒙古语学会年会，进一步丰富了少数民族群众的文化生活，促进了民族文化交流。建立了朝鲜族长鼓舞、洞箫、象帽舞和蒙古族马头琴基地。通化、白山、四平等地都结合实际，举办了不同形式的少数民族文化活动。

四、切实维护和保障少数民族合法权益，解决少数民族群众的特殊困难

深入贯彻落实国办33号文件精神，督促窗口单位认真贯彻执行党的民族政策。配合省人大认真修改伊通、长白两县的自治条例以及延边朝鲜族自治州单项条例。下发了《关于严格执行变更民族成分有关规定的通知》，维护了少数民族考生的利益。下发了《关于解决回族等少数民族肉食补贴的意见》，并深入开展“民族情”养老、助学等活动，解决了少数民族学生就学、回族群众养老、殡葬等实际困难。各地都高度关注和重视解决群众反映的问题，满足了少数民族群众的特殊需求，进一步促进了民族关系和谐。

（撰稿　李颖　　审稿　王喜年）

黑龙江省

2009年，黑龙江省民族工作在省委、省政府的正确领导下，在国家民委的精心指导下，在各部门和社会各界的大力支持帮助下，各级民族工作部门深入学习实践科学发展观，紧紧围绕黑龙江省“八大经济区”、“十大工程”建设中心任务，突出“两个共同”新时期民族工作主题，深入贯彻落实各项民族政策及法律法规，履行职责，努力做到保团结、维稳定、重民生、促发展、建和谐，圆满地完成了年初确定的各项工作任务，取得了新成绩。

一、着力贯彻各项民族政策法规，维护了民族大团结

始终把着力维护民族团结，巩固和发展社会主义民族关系作为第一责任，深入贯彻落实各项民族政策法规。

1. 民族法规修订工作效果明显。完成了《黑龙江省清真食品生产经营管理条例》修改工作，并向省人大呈报了修改送审稿。就国务院颁布的《城市民族工作条例》，按照国家民委的要求提出了修改意见。对省内制定的涉及少数民族的规范性文件提出了相关建议，并得到采纳。

2. 民族政策法规监督检查工作效果显著。协调省政府办公厅印发了《关于全面检查严格执行党和国家民族政策情况的通知》，组成规格高、权威性强的检查组，对全省各市地、省直各部门开展了为期近半年的民族政策法规贯彻情况的监督检查，对发现的问题随时提出整改意见，及时协调需要上级解决的问题，为进一步落实各项民族政策奠定了坚实的基础。这次检查组织到位，准备充分、措施得力、覆盖面广、工作扎实、效果明显，在黑龙江省产生了较大影响。

3. 民族团结进步表彰推荐及贯彻表彰大会精神效果突出。及时、圆满地完成了民族团结进步模范集体、模范个人推荐工作，认真做好以省委副书记杜宇新为团长的黑龙江省到北京接受表彰并参加国庆60周年系列活动观礼代表团组团及参加活动等项工作，得到了领导和参加活动同志们的好评。黑龙江省受到国务院表彰的民族团结进步模范集体17个、模范个人18名。为贯彻国务院第五次全国民族团结进步表彰大会和全国民族团结进步创建活动经验交流会会议精神，省民委向省委、省政府上报了《传达贯彻汇报提纲》，从9个方面提出了20条具体意见，并与10余个部门进行了积极的协调和沟通，基本达成了一致。省委省政府主管领导对《传达贯彻汇报提纲》进行了批示。

4. 影响民族团结的矛盾纠纷排查调处工作效果良好。在政治敏感期、民族节庆日、利益调整前，都认真部署排查涉及民族因素的矛盾和纠纷，制定预案，收集整理信息，及时做好指导。先后指导调解涉及民族乡行政区划变更、回族公墓、清真饭店等方面的具体问题6个。乌鲁木齐“7·5”打砸抢烧严重暴力犯罪事件发生后，按照国家民委要求如期完成了新疆籍人员在黑龙江省情况的调查汇报工作。认真办理答复少数民族人大代表、政协委员提案及建议和信访案件，获得了好评。

5. 民族政策法规宣传教育工作效果积极。黑龙江省民委与省委宣传部、省教育厅等有关部门密切配合，联合下发了《党和国家民族政策宣传教育提纲》、《民族团结教育分工方案》，转发了中央宣传部、教育部、国家民委《关于在高校开展民族教育活动的通知》，推进了民族理论、民族政策法规、民族知识进课堂工作。各类报纸杂志对黑龙江省民族工作加大了宣传力度，相关报导比以往明显增多。

二、着力促进民族经济发展，推进了规划目标的实现

努力争取国家民委的大力支持，使全省18个边境县（市、区）全部享受到国家兴边富民行动重点县政策扶持，2009年黑龙江省少数民族发展资金比上年增加3 900万元。同时，争取了保护特色村寨、扶持特色产业等资金，使国家拨给黑龙江省的发展资金达到7 900万元，这是历年来得到国家民委发展资金支持最多的一年。2009年黑龙江省下拨扶持少数民族发展各类专项资金近9 000万元，有力地扶持了全省民族经济的加快发展。推进了《扶持发展人口较少民族发展专项规划》的实施。到2009年末，全省19个人口较少民族村，有16个村达到了“四通五有三到达”目标，有5个村建成了环境优美的新村，还有4个村正在整村新建，村民的物质文化生活状况发生了历史性的重大改变。积极推进《兴边富民行动规划》实施。重点对边境县（市、区）民族乡镇的基础设施项目、口岸建设项目、发展特色产业项目及民生项目给予大力支持，扶持各类项目 106 个，投入资金 3 985万元，这是历年以来对边境地区少数民族乡村投入最多的一年，为推动边境地区少数民族乡村加快发展经济创造了有利的条件，奠定了坚实的基础。继续推进扶贫开发整村推进规划的深入实施，2009 年，已列入规划的民族村全部按计划给予扶持。同时加大了对自治县、民族区以及非边境地区民族乡镇新农村建设、社区建设的扶持力度，总计安排资金近4 000万元，扶持了155 个项目。

三、着力改善民生，推动了少数民族各项社会事业协调发展

按科学发展观的要求，着力促进各项社会事业繁荣发展。

1. 以民族文化活动为载体，促进全省少数民族文化繁荣发展。成功举办了全省第四届少数民族文艺会演。来自全省 13 个市（地）和省农垦总局的 14 支代表队，由 400 多名、14 个民族演职人员编创的 127 个节目参加了文艺会演演出。省长战书栗为会演发来了贺信，副省长孙永波参加了开幕式，省内各大媒体充分宣传报道了盛况，收到了良好的社会效果。举办了首届全省少数民族少儿声乐舞蹈比赛，为少数民族少年儿童提供了展示才华的舞台。赛会共进行了 4 天，13 个市地均选送了节目参赛，活跃和丰富了黑龙江省各地各族少年儿童的文化生活。与吉林、辽宁两省联合主办的中国漠河第二届北方民族服饰歌舞展演活动丰富了中国漠河冰雪文化内容，拓展了繁荣发展北方少数民族文化的形式，进一步提升了中国北极漠河的知名度，加强了省际民族文化、民族工作的交流，也探索了民族工作围绕中心，服务促进经济发展的路子。出版了《黑龙江省少数民族优秀歌曲选》，丰富了全省少数民族文艺精品。

2. 有力地推进了黑龙江民族职业学院建设。主管副省长到现场调研办公，与省市有关部门协调沟通，争取支持，完成了学生公寓、风雨操场、浴池等项目建设，学院建筑面积增加了 5 万平方米，初步改善了学院的办学环境。学院首创校研企“1 +1 +1”人才培养模式得到教育部和省政府领导的高度评价，引起社会广泛关注。配合中央民族大学附中完成了在黑龙江省的招生工作。

3. 认真贯彻民族语文政策。圆满承办了中国朝鲜语规范委员会第二十二次业务会议暨中国朝鲜语学会第十六次学术研讨会，为黑龙江省民族语文工作者提供了与全国专家、学者交流的平台。配合做好蒙古语文“八协”工作。

4. 民族研究工作有了新成果。成功承办了中国民族研究学会成立 20 周年暨新中国 60 年民族理论与实践专题研讨会。

5. 配合做好民族干部工作。会同有关部门做好少数民族干部挂职锻炼工作。举办了黑龙江省第一期县处级少数民族干部培训班，丰富、完善了全省少数民族各类人才信息库，切实做好培养选拔少数民族干部年度工作报告和通报工作。

四、着力做好机构改革“三定方案”制定，切实加强机关建设

在省直机关机构改革中，以编制省民委（省宗教局）“三定方案”为切入点、着力点，在省编制办的大力支持下，省民委领导职数增加 1 职，达到 7 职，处级干部职数增加 2 职，内设机构增设了监督检查处，达到了 9 个处室，系统内 27 个事业编制全部转成机关行政编。配合省委组织部完成了后备干部推荐考察工作，黑龙江民族职业学院配备了 3 名副院级领导干部；完成了省宗教局部分处级干部配备工作。圆满完成了深入学习实践科学发展观活动各项工作，群众测评满意率为 100%。认真开展了以“讲党性、树新风、优环境、促发展”为主题的作风建设，进一步树立了民族工作部门的良好形象。配合省委第二巡视组完成了到省民委（宗教局）视巡工作，巡视组充分肯定委（局）近几年来的工作。进一步加强了机关党风廉政建设，深入贯彻《建立健全惩治和预防腐败体系 2008—2012 年实施办法》，制定了相关制度，开展了网上答题活动，规范了行政权力运行。

（撰稿　刘烈军　　审稿　包玉明）

上 海 市

2009年，上海市民族宗教委以邓小平理论和“三个代表”重要思想为指导，坚持以科学发展观为统领，认真学习贯彻党的十七大和十七届四中全会、市委九届七次全会精神，按照2009年市委常委会工作要点的要求和责任分工，立足上海民族工作的实践和发展，积极探索民族工作的新途径，努力推进民族工作。

一、认真学习，加强调研，以中央和市委精神引领民族工作

1. 深入开展学习实践科学发展观活动。上海市民族宗教委领导班子带头认真开展学习实践活动，委机关12个党支部115名党员（其中在职党员70名）参加了学习实践活动。同时，在委党组的统一部署下，委下属单位也积极开展了第二批学习实践活动。

2. 认真学习领会中央精神，扎实开展民族工作。上海市民族宗教委及时分别组织学习全国民族工作座谈会、全国民委主任会议、2009年全国宗教工作会议、市委九届七次全会、十七届四中全会、市委常委会等主要精神，统一思想，明确目标。坚持分层次全覆盖学习中央和市委有关精神及要求，不仅在机关干部中组织学习，并且组织召开区县民宗办主任工作学习会，传达有关精神，部署具体工作。完善了民族宗教团体负责人学习会制度，进一步提高了民族宗教团体负责人的思想认识，明确了工作方向。

3. 加强调查研究，不断增强对新情况新问题的研判力。继续突出重点，对世博会期间清真食品供应问题等进行了调研，并向世博局提交了相应的工作对策和工作方案。此外，还对来沪少数民族、十二五规划等课题进行了调研分析。通过深入调研，提出了不少新举措。

二、围绕中心，服务大局，扎实有效开展民族工作

1. 广泛开展形式多样的民族和宗教法制宣传活动。2009年3月1—7日，上海市民族宗教委在全市19个区县的100多个社区（街道、镇）、各宗教活动场所及有关大专院校、委办局（集团）公司等全面开展了主题为“民族团结、宗教和睦、共迎世博”的法制宣传周活动。中共上海市委常委、统战部长杨晓渡以及市人大、市政协等领导深入社区街道镇视察指导宣传点工作。宣传周期间，全市19个区县、有关大专院校等相关单位积极组织了民族宗教法律“进社区、进团体、进场所、进院校”的活动，共设立咨询宣传点180多个，悬挂横幅标语500多幅，展示黑板报1 600多块，分发宣传资料30 000多份，参与宣传周市民群众达60 000人次。上海市民族宗教委安排19名处级干部分别至19个区县作法制宣讲。

2. 抓住契机，大力推进上海民族团结进步事业。首先，以民族团结进步模范创建为抓手，不断夯实工作基础，开展了新一轮民族团结进步模范社区评比工作，全市共有147个社区（镇）参与创建评选，创建率达63.9%，经过民主、透明、公平的评审程序，评选出了31个模范社区、96个优秀社区、20个达标社区；在此基础上，全市有16个模范集体、7个模范个人被全国第五次民族团结进步表彰大会表彰。其次，积极探索来沪少数民族服务与协助管理的有效机制，着力培育城郊结合部深化社区民族工作的样板模式，先后召开了五次城郊结合部社区民族工作联席会议和一次现场会，总结、推广了理论性和操作性相结合的思想融通、组织融入、生活融合、关系融洽的“四融”工作法，有力地推动了城郊结合部社区民族工作。再次，认真贯彻落实国办33号文件精神，切实维护少数民族合法权益，会同旅游委、交通港口局等部门，注重抓好重点行业、窗口的贯彻落实，抓好贯彻落实情况的监督检查，抓好不足之处的整改工作。2009年8月份，国家民委等中央三部委督查组对上海市贯彻落实33号文件的情况给予了充分肯定。最后，开展“上海市民族宗教工作先进集体”评选活动，进一步促进区县民族宗教工作深入开展，在各区县之间形成“比、学、赶、超”的良好氛围。继续推进民族宗教社工试点工作，试点区县总数增加到7个。

3. 妥善应对，全力确保上海民族宗教界稳定。认真妥善应对新疆“7·5”事件的影响，在上海市委市政府的正确领导下，上海市民族宗教委领导班子和广大干部深入基层、深入清真寺、民族联组织进行慰问，与代表人士坦诚交流，与少数民族群众座谈，统一大家思想，紧密团结在党和政府周围。同时，指导各区县民宗办、市伊协和各清真寺及时拟定相关防范措施，制定工作预案，做好对少数民族、信教群众的教育引导工作，确保了上海民族宗教界的平稳有序。

4. 加强指导，不断提高民族团体自身建设。通过修改章程、建章立制，使市民族联顺利换届，使民族团体自身管理更加规范化、制度化。

5. 服务全国，扎实做好对口帮扶德昂族工作。2009年，上海市共投入帮扶资金631.5万元，帮扶自然村18个，帮扶项目102项。同时，在上海市政府的高度重视下，确定了2010年帮扶德昂族追加财政资金500万元，从而使原计划5年安排帮扶财政资金从2 000万元增加到2 500万元。2009年7月，唐登杰副市长代表上海市政府在全国扶持人口较少民族发展工作经验交流会上作了交流发言。上海市的对口帮扶工作得到了国家民委、云南省委省政府的充分肯定。

6. 围绕中心，全力开展迎世博各项工作。为迎接2010年世博会，发挥民族宗教工作的积极作用，2009年初，上海市民族宗教委成立了市民族宗教委世博会民族宗教工作领导小组，委主要领导任组长，委分管领导任副组长。领导小组下设办公室，办公室下设涉外工作、民族工作、宗教工作、宣传协调4个小组，分别负责制定各项工作预案和工作方案，各工作组全面、有序地推进了世博会民族宗教领域各项工作的开展。

（撰稿　窦伟　　审稿　张继富）

江　苏　省

2009年，江苏省民委在省委、省政府的领导和国家民委的指导下，以科学发展观为指导，认真贯彻落实新时期民族工作主题，大力开展民族团结进步创建工作，积极维护民族领域和谐稳定，始终围绕大局，抓管理、促发展、保稳定，团结广大少数民族群众，努力为全面达小康、建设新江苏作出贡献。

一、大力开展民族团结进步创建活动

江苏省民委以贯彻落实《党和国家民族政策宣传教育提纲》和迎接国务院第五次民族团结进步模范表彰大会召开为契机，大力开展民族团结进步宣传教育和创建活动。9月13日，隆重举行了“江苏省暨南京市民族团结宣传教育活动”启动仪式。各地通过印发提纲、编写宣传手册、举办板报展示、开设专门栏目等形式，利用报刊、广播、电视、网络等主流媒体，开展民族政策宣传教育活动。注重将宣传教育与贯彻国办33号文件精神、学习实践科学发展观和开展“民族团结和谐村”、“民族小康示范村”、“民族工作示范社区”、“民族团结教育模范学校”等创建活动相结合，确保了宣传教育的质量和效果。江苏省政府组织4个组分赴全省8个民族工作重点市，对落实国办〔2008〕33号文件精神和民族团结进步创建工作进行督查，徐鸣副省长专题听取督查情况汇报，部署全省创建工作。围绕庆祝新中国成立60周年，积极宣传江苏省民族工作成就和民族团结进步模范集体、模范个人的先进事迹。江苏省民委与省广电总台联合摄制的24集电视连续剧《八千里路》已完成后期制作，拟争取在中央电视台播出。介绍全省及南京、徐州等地城市民族工作成就的《江苏：东部发达地区创新民族工作的窗口》等系列报道先后在《中国民族报》等国家民委主要刊物上发表。组织开展全国民族团结进步模范表彰活动，组团赴京参加国务院第五次全国民族团结进步表彰大会。江苏省11个模范集体、10位模范个人在大会上受到表彰，南京市健园社区书记周晓红代表受表彰个人作了典型发言。

二、创新新形势下的散居地区民族工作

江苏省民委根据新形势和新任务要求，围绕民族乡村新农村建设、城市社区民族工作、少数民族流动人员服务管理和高校民族工作，积极制定相关工作意见，创新工作机制，出台了《江苏省民族村社会主义新农村建设指导意见》、《江苏省民族工作示范社区建设指导意见》。通过召开现场会、观摩会、经验交流会等方式，在全省广泛开展“民族团结和谐小康村”、“民族产业发展基地”、“特色民族村”和“民族工作示范社区”创建活动。促进了民族聚居地方经济和社会事业全面发展，提升了城市民族工作的整体水平。建立、完善了与四川、青海等省的外来少数民族流动经商人员服务管理协作机制。会同省教育厅联合召开了在宁45所高校民族工作经验交流座谈会。配合江苏省社会科学院、省委党校开展专题调研。认真贯彻全国少数民族文化工作会议精神，进一步完善全省少数民族乡村文化基础设施建设，积极开展少数民族文艺会演、举办少数民族运动会，协调有关部门推进广播电视村村通工程、农家书屋建设，拓展农村电影放映，努力满足民族乡村少数民族群众的精神文化需求。

三、全力维护民族领域和谐稳定

2009年，江苏省民委（省宗教局）作为省社会治安综合治理成员单位第一次签约责任书。委（局）党组坚持把加强民族团结、促进宗教和睦、维护社会稳定放在一切工作的首位，主动预防和妥善处理民族宗教方面的矛盾纠纷。乌鲁木齐“7·5”事件发生后，全省各地民族工作部门迅速启动应急预案，积极消除负面影响，确保民族领域稳定。省民委召开民族工作部门会议、在苏新疆少数民族代表人士座谈会和伊斯兰教协会负责人会议，传达和学习国家民委和省委、省政府有关指示精神，全面研究部署维护民族团结稳定工作。迅速抽调熟悉民族政策和有关情况的干部组成工作组，赴新疆内地高中班，新疆流动人员较多的街道社区、企业和清真寺，深入基层开展党和国家民族政策的宣传教育，做好正面引导工作。准确掌握第一手资料和情况，及时化解、妥善处理20多起涉及少数民族的矛盾和纠纷。主动与政法、公安、安全等部门加强协作，建立、健全了加强民族团结协作机制，增强了工作的预见性和有效性。认真协调在苏学生暑假返疆工作，主动协调有关部门和窗口服务行业，认真贯彻党的民族政策和法律法规。坚持24小时值班和维稳情况每日报告制度，确保信息渠道畅通。由于应对措施及时有效，全省民族领域未发生严重影响稳定的群体性事件。协调省政府组成联合督查组，对全省民族宗教维稳工作进行督查指导。加强情况分析和形势研判，做好民族宗教方面不稳定因素协调和矛盾纠纷的排查、处理工作。与省委统战部联合下发通知，部署全省维稳工作，指导各地提高维稳意识，明确维稳责任，落实应急工作机制和工作预案，排查整治安全隐患。

四、指导宗教界大力开展公益慈善活动

江苏省民委（省宗教局）积极引导各宗教团体充分发扬关爱社会、关爱他人的优良传统，为构建和谐社会作贡献。2009年春节期间，组织省佛教界开展了“慈悲普济、温暖千家”慈善系列活动，投入20多万元，慰问苏北农村1 000户少数民族贫困家庭。无锡灵山祥符寺捐资10万元资助100户白血病人家庭。省基督教会与爱德基金会共同赴四川绵竹灾区开展春节慰问送温暖活动，给受灾群众送去1.2万套过冬衣物和7 000个防鼠粮仓，并向受灾最重的汉旺镇卧云村赠送了2 700多套衣物和慰问金。省佛协还开展了5月慈善月活动，在四川绵竹九龙镇小学开展了“爱行千里，共建和谐”的慈善助学活动，向学校捐赠了价值50多万元的电教设备。省道教协会联合香港道教界向重庆北碚区小学捐资47万元，并举行祈福法会向台湾莫拉

克台风受灾地区捐款20多万元。全省五大宗教团体2009年度用于公益慈善事业的资金共2 078万元。

五、进一步加强机关作风建设，推动工作创新

江苏省民委（省宗教局）按照建设学习型、服务型、创新型、廉洁型机关的要求，全面、扎实推进机关作风建设，以优良的作风和良好的精神状态，贯彻国家民委、国家宗教局和江苏省委、省政府各项部署，应对民族宗教工作的新形势、新任务、新要求。围绕保稳定、促和谐，进一步转变观念、转变职能、转变作风，提高为发展服务、为基层服务、为群众服务的能力，不断提升委局机关作风建设水平。

首先，进一步创建学习型机关。在委（局）机关大力提倡加强学习，加强对问题的研究。进一步健全和完善理论学习中心组学习制度。举办了以“和谐宗教与江苏经济社会发展”为主题的首届江苏宗教论坛。以论坛为平台整合宗教部门、宗教团体和高校科研机构三方资源，推动宗教工作理论研究。以理论学习研究为先导，提高宗教工作能力，促进宗教工作新发展。举办机关季度讲堂、优秀理论研究文章评审、中青年干部学习交流会等学习活动，进一步提高《江苏民族宗教》、《动态研究》、《江苏民宗信息》等刊物质量，在机关努力营造热爱学习、研究问题的氛围。

其次，进一步提高工作效能。继续推进工作目标管理，以工作目标管理为核心，推动各项工作的部署和落实。将全年的工作要点分解为35项具体工作项目，明确了目标要求、完成时限和责任处室。各处室对所负责的工作项目进行再分解、再细化、再量化，把工作任务落实到每一个岗位、把工作责任落实到每一个人、把工作措施落实到每一个环节，真正把各项任务落到实处。2009年底，认真对照年初目标，对各责任处室完成情况进行量化考核考评，通过相关统计表全面衡量全年工作任务完成情况。通过目标管理，各处室责任明确，各项任务圆满完成。

最后，进一步强化廉洁自律。从委局领导班子和领导干部做起，坚持用党员的标准、党章的规定严格要求自己。要求每个干部出于公心，对事业负责，强化工作能力和水平。正视自己，把握自己，筑牢廉洁从政的思想防线，共同塑造委局机关整体形象和团队精神。

（撰稿 刘克元　　审稿 王在郑）

浙　江　省

浙江省是少数民族散杂居省份。根据第五次人口普查统计，全省有常住少数民族人口39.54万人，有全国唯一的畲族自治地区——景宁畲族自治县、18个畲族乡镇和437个少数民族行政村。此外，全省现有外来少数民族流动人口113万，55个少数民族成分齐全，浙江省已经成为全国城市民族工作的重点省份之一。

2009年，浙江省协调、有序地开展各项民族工作。

一、成立省民族工作领导小组

2009年2月，经省政府批准，专门成立了以龚正副省长为组长、由33个厅（局）组成的浙江省民族工作领导小组，召开了领导小组第一次全体会议，并制定下发了《浙江省民族工作领导小组成员单位主要职责》。

二、扎实开展民族团结进步小康村创建活动

2009年初，省民族宗教事务委员会专门召开各市民宗局分管局长会议，对开展民族团结进步小康村创建活动做出专门部署。各地根据省政府办公厅转发的《关于开展民族团结进步小康村创建活动若干意见》要求，结合本地实际，制订规划，明确重点，有序推进，创建活动初见成效。国家民委主任杨晶、党组书记杨传堂分别在第17期《民族工作简报》（《浙江省扎实推进民族团结进步小康村创建活动》）上做出批示，给予肯定，要求“将浙江省民族工作的好做法、好经验在少数民族散居地区加以推广”。为了进一步发挥社会各界力量，共同做好民族工作，2009年底，经省民宗委和省农办的联合考察验收，22个民族村被确立为首批“浙江省民族团结进步小康村”。

三、做好民族发展资金管理和使用的监管工作

经省民宗委的积极争取，2009年各级财政共安排少数民族发展资金总量增至1 400万元（含国家民委100万元特色村寨建设资金）。按照发展资金重点向欠发达民族乡村倾斜，重点用于增强造血功能的原则，提出了2009年度民族发展专项资金分配方案，共安排一般项目242个、重点项目9个、特色村寨建设项目3个，收到了很好的效果。

四、着力推进民族文化工作

为深入贯彻落实全国少数民族文化工作会议精神，2009年10月中旬召开新中国成立以来第一次全省少数民族文化工作会议，省政府出台了《关于进一步繁荣发展少数民族文化事业的实施意见》，并专门设立了畲族文化专项资金，明确每年不少于200万元，同时继续指导各地做好畲族古籍收集整理工作。指导并参与景宁畲族自治县中国畲乡风情节的系列活动和第16届（丽）新、（板）桥、（老）竹、柳（城）“三月三”活动，丰富少数民族群众的业余文化生活。着手建立一批省少数民族传统体育项目训练基地，组队参加了全国少数民族传统体育项目邀请赛、单项比赛等，并取得较好成绩。

五、大力抓好城市民族工作

努力探索以政府为主导，以基层组织为龙头，以社区为依托，以少数民族联谊组织为纽带的城市民族工作新机制。指导各地认真贯彻《国务院办公厅关于严格执行党和国家民族政策有关问题的通知》和省政府办公厅《关于贯彻落实国务院关于严格执行党和国家民族政策有关问题的意见》，尊重少数民族群众的风俗习惯，切实维护少数民族群众的合法权益，积极帮助外来少数民族群众在经商、就业、子女入学等方面排忧解难、提供服务。宁波等地还进行了城市民族工作进社区、进企业、进学校的有益探索。

六、扎实做好结对帮扶工作，积极为少数民族群众排忧解难

2009年，省民宗委多次深入苍南等县的9个结对帮扶的民族村，帮助制订发展规划，落实帮扶项目，省民宗委到位的帮扶资金达87.1万远，被评为省级结对帮扶先进单位。积极争取国家民委的支持，协调解决“国家民委扶贫开发试验区”落户丽水开发区的景宁民族工业园。

七、认真做好调查研究工作

针对本省民族乡（镇）、村发展中存在的问题，在省政府分管领导的亲自带领下，组成了由省政府研究室、省农办、省民宗委、省发改委、省财政厅等部门参加的专题调研组，开展了关于加快全省少数民族和民族乡（镇）、村经济社会发展的对策调研。通过调研，省民宗委向省委、省政府提出了专门的政策性意见，以推动全省少数民族和民族乡（镇）、村加快发展。与此同时，还开展了城市少数民族流动人口服务与管理工作的调研，《浙江省清真食品监督管理条例》的有关立法调研等。

八、抓好少数民族干部的培养工作

省民宗委和省委统战部联合举办了全省少数民族干部培训班。据统计，2009年全省各地共举办少数民族干部培训班48期，培训少数民族干部1 448人次。

九、扎实推进民族团结进步事业

围绕新中国成立60周年大庆和国务院第五次全国民族团结进步模范集体和个人的评选活动，大力开展民族团结进步宣传教育，与省委宣传部联合印发了《民族政策宣传教育提纲》。在国务院第五次全国民族团结进步表彰大会上，全省共有9个模范集体和10个模范个人受到表彰。2009年11月，举办了一场全国民族团结进步模范事迹报告会，使全省干部群众受到了一次生动的民族团结教育。与此同时，继续做好国办发33号文件的督查工作，切实抓好党和国家民族政策的贯彻落实，防止发生歧视少数民族的事件。

（撰稿　徐钢泓　　审稿　陈智慧）

安　徽　省

2009年，在安徽省委省政府的正确领导和国家民委的有力指导下，安徽省民委认真贯彻胡锦涛总书记在十七届四中全会和国务院第五次全国民族团结进步表彰大会上的重要讲话精神，深入贯彻落实科学发展观，扎实工作、开拓创新，多项工作取得显著成效，得到了国家民委和省委省政府领导的充分肯定。省民委2009年还被评为全省民族团结进步模范集体。

一、采取特殊措施，确保民族乡村如期实现“十一五”赶超目标

围绕省“十一五”规划纲要提出的“争取到2010年绝大多数少数民族乡村赶上或超过全省平均水平”的目标，省委、省政府采取了三项特殊措施，确保如期实现赶超目标。

首先，2009年2月24日，省委副书记、省民族宗教工作领导小组组长王明方亲自主持召开省民族宗教工作领导小组暨省民委委员会议，修改完善了省民族宗教工作领导小组成员单位和省民委委员单位职责，进一步明确委员单位帮扶民族乡村的职责。

其次，省政府出台省民委委员单位对口扶持民族乡村工作方案，落实对口扶持任务。全省9个民族乡和65%的民族村被列为扶持对象。据不完全统计，对口扶持工作开展以来，省民委委员单位已支持民族乡村资金2500多万元，较大项目18个。在省里的示范带动下，部分少数民族人口较多的市也相继出台扶持方案，使对口扶持工作得到层层推进。

最后，2009年11月30日，省委、省政府召开全省加快少数民族聚居地区经济社会发展工作座谈会，省委副书记王明方发表重要讲话，副省长谢广祥主持会议。会议重点研究部署了加快民族乡村发展的一系列有力措施，决定建立市县两级领导同志和有关部门负责同志包保责任制，不达目标不脱钩。

二、牢牢把握省人大开展专题调研的机遇，帮助民族乡村解决实际问题

2009年4—5月，省民委及时安排3位负责同志全程配合省人大常委会开展民族乡村经济社会发展专题调研。6月，省民委主要负责同志受省政府委托，向省人大常委会作《关于我省省民族乡村经济社会发展情况的报告》，省委书记、省人大常委会主任王金山在本次会议上强调，要认真贯彻“优先安排，体现照顾”的原则，抓住机遇，加大投入，通过多方共同努力，确保实现民族乡村赶超目标。

省民委认真贯彻王金山书记的重要讲话精神和省人大审议意见，积极向省政府提出贯彻落实的建议，并加大对有关部门协调力度，促进落实。争取省财政将少数民族发展资金由每年每个民族乡支持50万元增加到80万元，将省财政支持少数民族地区的扶贫资金由每年的200万元增加到600万元。

三、以设立少数民族预科班为突破，统筹发展少数民族和民族聚居地区社会事业

省民委积极主动与教育部门和有关高校加强协调，并在国家民委有关领导的大力支持下，经教育部门批准，2009年在合肥师范学院设立了少数民族预科班，首次招收30名少数民族预科生。

与此同时，充分利用省里实施28项民生工程的机遇，争取有关部门加大投入，统筹发展民族聚居地区教育、文化、科技、体育、卫生等社会事业。会同体育等有关部门重新命名、并切实加强22个少数民族传统体育项目基地建设。

四、认真贯彻全国少数民族文化工作会议精神，促进少数民族文化事业繁荣发展

全国少数民族文化工作会议召开后，省民委及时将会议精神和贯彻意见分别向省委、省政府作书面汇报，同时加强与文化、广电、文物等部门的协作，广泛宣传，深入调研，并起草实施意见代拟稿。2009 年 9 月，省政府出台《关于进一步繁荣发展少数民族文化事业的实施意见》（皖政〔2009〕88 号），明确提出了一系列推进本省少数民族文化事业繁荣发展的具体措施。11 月 30 日，召开全省少数民族文化工作会议，省委书记王金山就进一步加强少数民族文化工作发表重要讲话。

五、深入开展民族团结宣传教育活动，扎实推动民族团结进步事业创新发展

认真贯彻中央关于深入开展民族团结宣传教育活动的部署。及时召开全省深入开展民族团结宣传教育活动协调会，省民委相继与宣传、教育等部门联合下发《安徽省民族团结宣传教育活动分工方案》等有关文件，制定了《省民委关于深入开展民族团结宣传教育活动的工作方案》，细化分工，落实责任。

深入开展民族团结进步宣传和创建活动。结合建国 60 周年庆祝活动，扎实组织开展每年一度的 9 月全省民族团结进步宣传月活动。省委副书记王明方在《安徽日报》发表题为《在全社会唱响各民族大团结大发展大繁荣的主旋律》的署名文章，《安徽日报》头版头条发表新闻综述《唱响民族团结歌》，安徽卫视制作“巨变——辉煌安徽 60 年纪事之幸福家园”专题片，省内其他主流媒体也主动跟进，形成了强大的宣传声势。各市、县也结合实际，开展了形式新颖、内容丰富的宣传教育活动，大力营造各民族大团结、大繁荣、大发展的良好氛围。此外，还在全省范围内广泛开展了“和谐民族乡、村、社区”创建活动，并于 2009 年初命名表彰了 15 个和谐民族乡、村和社区。

六、省委省政府召开大会，隆重表彰民族团结进步模范集体和模范个人

安徽省高度重视民族团结进步评选表彰工作。专门成立了省评选工作领导小组，分管副省长任组长，省政府常务会议听取汇报，省民委会同有关部门严格按照评选工作有关规定，共推荐评选出 18 个全国民族团结进步模范集体和模范个人、74 个全省民族团结进步模范集体和模范个人。11 月 10 日，省委常委会议听取省民委关于国务院第五次全国民族团结进步表彰大会、全国少数民族文化工作会议和全国民族团结进步创建活动经验交流会精神的汇报，并研究了贯彻意见。

11 月 30 日，省委、省政府召开全省民族团结进步表彰大会，省委书记王金山发表重要讲话，省长王三运主持会议。这次会议在安徽省民族工作史上具有开创意义，是首个以省委、省政府名义召开的民族团结进步表彰大会；包括 11 位省委常委在内的 16 位省领导出席会议，会议规格为历届最高；92 个民族团结进步模范集体和模范个人受到表彰，表彰范围为历届最广；各级各有关部门负责同志及全国、全省民族团结进步模范集体和个人代表共 220 余人参加了会议，会议规模为历届最大。

七、积极适应新形势，召开全省城市民族工作座谈会

省民委 2009 年初发出通知，要求各市就加强城市民族工作开展专项调研，并形成调研报告。5 月，省民委召开全省城市民族工作座谈会，11 个民族工作重点市民委负责人参加会议，交流做法和经验，探讨加强城市民族工作的对策措施。

八、开展矛盾纠纷排查调处工作，着力维护民族宗教领域的团结、和谐

2009 年初，省民委针对 2009 年政治敏感节点多的情况，向各地发出通知，要求把维护民族宗教领域稳定作为头等大事来抓。乌鲁木齐“7·5”事件发生后，省民委及时采取一系列措施，全力以赴维护民族宗教领域的团结、稳定。

首先，迅速贯彻中央和省委、省政府有关指示和部署。及时召开委局党组会议，研究应对措施。随后，向分管省领导汇报有关情况，提出应对建议；召开各市民委主任会议，提出了维护民族宗教领域稳定的措施和要求；两次向各市下发通知，要求加强民族宗教领域矛盾纠纷的排查调处，确保稳定。

其次，深入调研指导。认真贯彻省委书记王金山在9月10日省维护稳定工作座谈会上关于“要着眼于妥善处理涉疆问题，突出加强民族宗教工作”的重要指示精神，省民委主要领导、分管领导深入民族工作重点市进行调研，面对面指导有关地方妥善处置一些较为突出的矛盾纠纷，着力消除隐患。

再次，认真开展检查。8月中下旬，根据国务院通知和省政府主要领导、分管领导批示精神，以省政府名义组成3个检查组，由省民委领导带队，深入民族工作重点市及所辖县区进行民族政策贯彻落实情况检查，切实维护少数民族群众合法权益。

最后，加强突发事件应急管理工作。加强排查调处，积极预防和妥善处置涉及民族宗教方面的矛盾纠纷，指导各地妥善处置涉及民族宗教因素的多起突发事件，全部解决在基层、解决在当地、解决在萌芽状态，没有一起波及外地，有效维护了社会稳定，确保了60周年国庆期间民族宗教领域和谐稳定。

九、继续加强培训，切实增强民族工作“三支队伍”素质

在顺利完成《安徽省民族宗教工作“三支队伍”培训规划（2004—2008年）》之后，及时提请省民族宗教工作领导小组制定并实施《安徽省民族宗教工作“三支队伍”培训规划（2009—2012年）》，继续开展广覆盖、多层次的培训工作。会同省委组织部、统战部举办第7期全省党政领导干部民族宗教工作专题培训班，全省105个县（市、区）党委或政府分管领导参加培训，目前已将各市、县（市、区）党政分管领导、省直有关部门负责人及各市县民委主任普遍轮训一至两遍。举办首期全省民族村领导干部培训班，全省136个民族村书记（主任）参加培训，极大地激发了基层同志的工作热情。举办了全省民族宗教行政执法培训班、宣传信息保密工作培训班和4期农村实用技术培训班等，培训民族工作干部和民族乡村各族群众600多人次。此外，选派了50多名民族工作干部、县处级少数民族干部参加国家民委组织的相关培训。12月中旬，会同省经信委举办一期少数民族经营管理人才培训班。

十、加大协调争取力度，进一步加强省民委机构建设

为加强对党和国家民族宗教政策贯彻落实情况的监督检查，抓住中央编办为国家民委增设监督检查司的契机，积极争取省编办在近期机构改革中，为省民委增设监督检查处，增加2名处级领导职数。

十一、加强机关建设，切实提高以科学发展观统领民族工作的能力和水平

认真贯彻中央和省委的部署和要求，扎实开展深入学习实践科学发展观活动，切实解决民族工作中存在的突出矛盾和问题；积极开展“加强党性修养、弘扬优良作风、促进科学发展”主题教育活动，促进作风转变。深入推进“五型”（学习型、节约型、廉政型、高效型、和谐型）机关建设，开展“工作无差错”活动，分类制定差错界定标准和责任追究办法，力求机关工作无差错、上档次、出精品，促进机关效能建设。

（撰稿　刘炜　　审稿　白和平）

福　建　省

2009年，在福建省委、省政府的高度重视和正确领导下，在各级各有关部门的大力支持下，福建省民族工作部门坚持以科学发展观为指导，紧紧围绕建设海峡西岸经济区工作大局，牢牢把握各民族“共同团结奋斗、共同繁荣发展”工作主题，加大协调力度，出台扶持政策，加大资金投入，坚持项目帮扶，努力推进少数民族和民族乡村经济社会加快发展。

一、出台扶持政策

国家民委出台了《关于贯彻落实〈国务院关于支持福建省加快建设海峡西岸经济区的若

干意见〉的意见》，从创新民族工作机制、加快民族乡村经济社会发展、促进民族贸易和民族特需商品生产发展、加强民族文化抢救与保护、加强民族教育和干部培训工作、开展少数民族对台交流与合作6个方面支持海西民族工作。福建省政府先后出台为民族乡财政转移支付1 060万元、将“造福工程”少数民族搬迁人口额外增加补助部分从每人300元提高到600元、将经济发展相对滞后的民族村分批列入省直单位整村推进帮扶、民族村安全卫生饮用水建设经费补助享受全国中部地区标准并比规划提前一年完成等优惠政策。省民族宗教厅联合金融部门出台《福建省民族特需商品生产优惠贷款利差补贴管理办法》。

二、扶持项目建设

累计下拨1 981万元，重点扶持了民族乡村基础设施、特色产业、文体卫基本设施等305个项目建设，其中推动实施建设73个民族村饮水工程，补助支持少数民族1 558户、7 207人实施“造福工程”，扶持18所民族中小学寄宿制改扩建工程，为33个民族村援建“新农村图书室”，扶持5个民族体育项目训练基地建设等。截止到2009年底，福建全省562个民族村已全部通电、通邮、通电话，基本实现村道硬化，455个村通有线电视，299个村通有线广播，153个村有文化站，基础设施进一步改善，经济社会发展进一步加快。全省各地积极采取措施，努力推动民族乡村加快发展。各设区市共安排了750多万元民族补助款扶持民族乡村项目建设；南平市本级财政民族补助款增加了75%；泉州市将扶持民族乡村寄宿制小学配套建设列入为民办实事项目；宁德、漳州、龙岩等地积极推进“一乡一业”、“一村一品”工程建设，形成了一批具有一定规模的特色优势农业、经济林果业、畜牧水产业等加快民族乡村发展的项目。

三、持续开展挂钩帮扶民族乡活动

召开福建省民族工作协调委会议，协调落实省环保厅和福州市闽侯县挂钩帮扶新批准设立的福鼎市佳阳畲族乡；协调推动省民协委各成员单位和有关沿海发达县市区共投入帮扶资金800多万元支持民族乡发展，示范带动了泉州、漳州、宁德等地广泛开展挂钩帮扶民族村活动。募集资金78万元帮助省民族宗教厅两个挂钩帮扶村修建安全卫生饮用水工程。

四、推进扶持人口较少民族——高山族发展和民族特色村寨建设工作

召开了福建省扶持高山族发展工作经验交流会，下拨95.34万元补助307名高山族困难群众参加保险，下拨500万元扶持179户高山族家庭发展和支持高山族博物馆建设。福建省政府洪捷序副省长代表福建省在“全国扶持人口较少民族发展工作现场经验交流会”上介绍扶持高山族发展的经验，大会还书面交流了华安、清流、延平3个县区帮扶高山族典型经验。部署开展创建民族团结进步新农村和民族特色村寨保护活动，确定31个民族村进行试点工作，认真总结了宁德市上金贝村建设民族特色村寨的做法，得到国家民委充分肯定。

五、推进民族团结进步事业发展

根据国务院统一部署，认真开展评选推荐“全国民族团结进步模范集体和模范个人”活动，10个民族团结进步模范集体和11名模范个人受到国务院第五次民族团结进步表彰大会表彰，并推荐8名代表进京接受表彰和参加60周年国庆系列活动，展示了海峡西岸民族团结进步的良好风貌。全省各地认真组织开展第二个民族团结进步宣传月活动，大力宣传党的民族政策，龙岩市在《龙岩日报》开设民族团结宣传专栏，三明市在市政府网站进行民族方针政策在线访谈，厦门市组织民族团结进步广场文艺活动，宁德市统一制作张贴民族政策宣传海报，其他设区市也结合实际创造性地开展工作，进一步营造民族团结进步的良好氛围。积极推动国办发〔2008〕33号文件的贯彻落实，指导和督促各地严格执行党和国家的民族平等政策，维护少数民族合法权益，得到国家民委督查组充分肯定。开展了培养选拔少数民族干部工作调研，一名畲族厅级干部到中国建设银行挂职，

12名少数民族科级干部到省直机关挂职处长助理，举办了2期少数民族干部培训班，持续推动少数民族考生报考公务员加分和单列少数民族选调生、选聘生名额等政策落实。

六、统筹推进民族社会事业发展

投入670万元继续实施民族中学和中学民族班少数民族学生助学金发放工作，资助少数民族学生9 142人。春节慰问少数民族贫困户240户、少数民族贫困学生620人，发放慰问金28.2万元。协调有关部门将高校民族预科班办学经费纳入省财政预算核拨范围。继续牵头做好《中国少数民族古籍总目提要·畲族卷》编纂工作，编辑出版《福建省少数民族古籍丛书·畲族卷》第一分册。支持宁德建设中华畲族宫和开展畲族“三月三”歌节活动。举办全省少数民族传统运动项目射弩比赛。组织少数民族运动员参加全国板鞋竞速、高脚竞速、蹴球、陀螺邀请赛等少数民族运动项目比赛，并获得好成绩。组织39人代表团赴香港参加各族青少年60周年国庆系列活动，与“台湾原住民族人文关怀协会”交流考察团座谈，协助参与国家民委组织的2009年“民族风·两岸情”少数民族大学生文化交流活动以及台北赈灾义演和在金门举办的“海峡两岸各民族中秋联欢晚会”，得到中央领导、国家民委和香港、台湾等地各界人士的高度评价。漳州、宁德等地也着力开展对台畲族、高山族联谊和族谱对接等工作，为促进祖国统一大业作出积极贡献。

（撰稿　王学荣　　审稿　施文）

江　西　省

2009年，在江西省委、省政府坚强领导下，江西民族工作坚持以科学发展观为统领，牢牢把握“两个共同”主题，采取有力措施，妥善应对国际金融危机，保增长、保民生、保稳定，有效促进了全省民族地区经济社会平稳、协调、较快发展。

一、省委省政府高度重视民族工作

2009年4月23日，召开省少数民族地区建设工作领导小组第十次会议，就促进民族地区干部群众创业就业、加快民族地区社会基本公共服务事业建设提出了一系列具体措施。10月中旬，省少数民族地区建设工作领导小组召开全省少数民族地区发展一村一品现场会，熊盛文副省长就贯彻落实国务院第五次全国民族团结进步表彰大会精神、加快民族地区一村一品发展作出重要部署。12月下旬，省委省政府召开第六次民族团结进步表彰大会，省委书记苏荣作了重要讲话。12月底，省政府下发关于繁荣发展少数民族文化事业的意见

二、省直各部门大力支持民族地区

2009年，领导小组各成员单位把抓项目、扩投资作为促进民族地区加快发展的最好途径，紧紧围绕民族地区“十一五”发展规划，以提高民族地区公共服务水平为目标，以“四通（通路、通电、通电话、通电视）、二院（卫生院、福利院）、一校（中小学校）、一改（农村改水）”建设为重点，着力在民族地区实施一批见效明显、效益持久的基础设施项目。一是扎实落实领导小组第十次会议关于加强民族乡社会事业建设的一系列项目，到位总资金达到862万元。二是加大对口支援工作力度，全年共落实项目40多个，到位资金500多万元。同时，各设区市普遍开展市直、县直有关部门对口支援民族乡、村、组活动，全年投入民族地区扶持资金超过1 200万元。三是加大财政资金投入力度，在争取中央增加江西少数民族发展资金额度的基础上，省财政新增城市民族工作专项资金100万元、民族教育专项资金50万元、民族文化建设专项资金100万元，使全年财政预算内安排少数民族扶持资金总计达到1 392万元。四是加大民族地区新农村建设力度，民族地区新增新农村建设点71个，各级各类扶持资金近1 000万元。据不完全统计，2009年各级投入民族地区的扶持资金总计超过5 000万元，有

力地推动了民族地区经济社会各项事业的快速发展。

三、各族干部群众争创新业

首先，重点扶持回乡从事种植、养殖的专业大户，着力培植一批“返乡不返贫、回乡创新业”的先进典型，积极组建一批新型农业合作经济组织。据不完全统计，2009 年江西民族地区有2 000多人（户）农民工返乡创业。其次，坚持“山上办银行，工业兴畲乡，文化创特色，和谐促发展”的思路，着力推广“园区办厂、一村一品、农业循环经济”三种模式。目前，民族地区“一村一品”基地发展到 70 多个，总面积 30 余万亩，经济总量超过 5 亿元。再次，主动争取劳动、金融部门和用工单位在招聘、培训、贷款、用工方面给予支持，为民族地区农民工重新就业创造条件。累计全年培训民族地区农民工达到5 000人（次）。最后，及时发现典型、推广典型。重点推广了吉安县安塘乡安塘村少数民族返乡创业、养鸡致富的典型和德安县返乡少数民族青年雷柏林创办农业龙头企业、带领群众致富的典型。通过积极引导和重点扶持，民族地区自主创业的热情和氛围持续高涨。特别是把发展一村一品与自主创业相结合，探索了民族经济发展的新路子，拓宽了民族地区群众增收的新渠道。

四、全省民族关系更加和睦和谐

省民宗局在突发事件应急处理机制中，专门就处理民族方面的矛盾和问题建立相关制度，作出具体规定，要求做到信息、人员、工作三方面及时到位。在特殊时期和敏感时段，坚持 24 小时值班制，并单独制订应急预案。新疆乌鲁木齐“7·5”事件发生后，坚决贯彻中央决定，主动做好工作，立即下发文件要求各地及时掌握当地情况，了解少数民族人员的思想情绪和动态，及时做好宣传教育和思想疏导工作，并派人分头到重点设区市进行督查指导。对每一起涉及民族因素的矛盾和纠纷，都坚持依法依规、公平公正、一事一策的原则和方法，会同有关部门迅速作出处理，问题都得到圆满解决。2009 年，进一步加强了城市民族工作，把民族工作纳入了城市社区工作内容，凡有民族工作的城市社区，都做到了有人管事、有章理事、有钱办事，全省有 22 个社区建立了民族工作台账，初步实现了社区、民族联谊组织、民族工作部门间的良性互动。各大专院校普遍设立了民族工作机构，明确了分管领导，落实了工作责任，配备了专职工作人员，一些高校还成立了少数民族学生联谊会，开展了民族政策宣传月、“三个离不开”专题教育等活动。民族工作网络延伸到了城市的每个角落，在开展民族团结进步宣传教育、维护少数民族合法权益、加强少数民族流动人口服务与管理、协调处理涉及民族因素的矛盾纠纷等方面发挥了重要作用。在全年工作中，始终把贯彻落实民族政策和有关法律法规，作为涉及全局、关系长远的工作来抓，积极开展民族政策法规宣传教育，印发《民族工作宣传手册》2 万余份，印发中宣部、国家民委下发的《民族政策宣传提纲》1 万余份，购买下发了中小学民族团结教育读本 1 万册；开展民族政策法规宣传月活动，专题主办了知识竞赛、征文、展览和文艺演出；先后两次在江西日报、江西电视台和江西人民广播电台专题宣传民族政策、民族工作和民族团结进步先进典型；会同省委组织部举办民族村支部书记培训班，会同省委组织部、省委统战部举办了 2 期领导干部培训班，培训 300 人次。开展了少数民族发展资金管理使用情况和民族政策落实情况专项检查，进一步查找全省各地落实民族政策中存在的问题和困难，增强了各行各业贯彻落实民族政策的责任感和自觉性。通过各项政策、措施的落实，全省少数民族合法权益得到有效保护，更加有力地维护了全省的民族团结和社会稳定，保证了民族地区经济、社会事业的加快发展，建设团结、和谐的环境，促进了平等、团结、互助、和谐的社会主义民族关系不断巩固和发展。

（撰稿　兰祥平　沈红波　　审稿　张国培）

山 东 省

2009 年，山东省民委按照国家民委和省委、省政府工作部署，围绕中心、服务大局，全面贯彻落实党的民族政策，紧紧把握“共同团结奋斗、共同繁荣发展”的主题，巩固了平等、团结、互助、和谐的社会主义民族关系，为全省社会稳定和经济发展作出了积极贡献。

一、突出“第一要务”，着力推进少数民族经济社会事业又好又快发展

首先，继续推进“一个重点、四项工程”的深入开展。按照“政府主导、分级负责、对口帮扶、社会参与、重点推动”的思路，重点开展了对德州禹城十里望回族乡和菏泽曹县侯集回族镇的帮扶工作，共协调落实资金达1 137万元，对两个民族乡镇的学校、医院、道路等16 个项目进行帮扶。切实用好少数民族发展资金，2009 年共下达省级以上少数民族发展资金1 100万元，涉及 76 个基础设施建设项目，带动各级地方和社会投资4 600万元。积极引导少数民族地区调整产业结构，大力发展特色经济和优势产业，指导帮扶少数民族群众建立农村经济合作组织 26 个，吸纳 1.5 万户少数民族群众参加。积极开展科技实用技术培训，先后组织举办 18 期种植养殖培训班，培训3 000多人次。其次，积极争取国家政策倾斜。少数民族特需商品定点企业由 61 家增加到 77 家。民品企业在为西部少数民族和民族地区生产生活提供服务的同时，也带动了周边少数民族群众的脱贫致富，为当地民族工作作出贡献。最后，各项社会事业取得新进展。少数民族基础教育水平不断提升，民族学校办学条件全面改善，教育教学已达到或高于当地水平。民族职业教育初步形成了潍坊山东民族技师学院、济南蓝翔技校、聊城民族职业教育基地的东、中、西职业教育布局。继续坚持少数民族考生高考降 10 分提档录取政策，录取率连续多年高于全省平均水平。积极推动少数民族优秀艺术作品创作，现代吕剧《杨广和》获得全国“五个一”工程奖，并在第九次全省民族团结进步宣传月期间作了汇报演出。会同有关部门在全省建立起了一大批少数民族农村文化大院、文化站所和民族传统体育基地，定期举办少数民族传统体育比赛、文艺会演等活动。2009 年，省民委还支援了北川羌族自治县和黑龙江饶河县四排赫哲族乡的机关办公设施和医疗卫生设施建设，产生了良好的社会反响。

二、突出“第一责任”，着力维护民族团结和社会稳定

认真贯彻中共中央办公厅、国务院办公厅《关于深入开展民族团结宣传教育活动的意见》（中办发〔2009〕34 号文件）精神，协同省委宣传部等部门联合召开了全省深入开展民族团结宣传教育活动电视会议，制定下发了《关于开展民族团结宣传教育活动的实施意见》，对民族团结宣传教育工作进行了全面部署。以“团结进步和谐”为主题，开展了全省第九次民族团结进步宣传月活动，召开新闻发布会，组织主流媒体对民族工作进行集中宣传报道。大力开展民族团结进步创建活动，筹备参加了国务院第五次民族团结进步表彰大会和民族团结进步创建活动经验交流会，山东省 14 个模范集体和 13 名模范个人受到国务院表彰。开展了“民族团结进步和谐乡（镇）、村（居）、社区”创建活动，共表彰了 78 个先进单位。认真贯彻国发 33 号文件精神，加强了对执行党和国家民族政策情况的督查，及时纠正民族政策执行过程中出现的偏差。深化民族工作长效机制，全省民族工作系统实行“四个一”措施：每半年开展一次专题调研、每季度开展一次自查自纠、每月召开一次工作例会、每周报告一次排查情况，确保信息畅达和政令畅通。全省各级民族工作部门 2009 年妥善处理涉及民族方面的矛盾和纠纷 97 起。乌鲁木齐“7·5”事件发生后，省民委及时启动应急预案，向各市民宗局发出紧急通知，明确提出坚持思想教育、排查摸底和扶危解困“三个到位”，全力做好在鲁新疆籍少数民族群众的工作，以实际行动支持了新疆的稳定大局，得到省委、省政府和国家民委的充分肯定。

三、突出“四个平台”建设，着力促进城市民族工作新发展

随着本省经济社会发展和城市化进程不断加快，少数民族流动人口急剧增加，目前全省少数民族流动人口110多万，是常住人口的近两倍。针对城市民族工作的新特点，探索建立了网络信息、社区工作、民族联谊和公共服务四个平台，加强了对城市少数民族，特别是外来少数民族的服务和管理。根据城市少数民族分散性、流动性、不稳定性和矛盾突发性等特点，全省逐步建立了省、市、县（市、区）、乡（镇、街道办事处）、社区五级组织网络体系。济南、青岛、烟台等城市还开通了民族宗教工作网站和少数民族服务热线电话，搭建政府与少数民族群众之间的信息互动平台。在少数民族人口较多的社区建立民族团结促进会，建立健全了“少数民族居民信息反馈制度”、“少数民族突发事件处理机制”、“少数民族困难户帮扶机制”等，努力帮助少数民族困难群体解决上学、就业、医疗、住房等生产生活中的难点问题。青岛市在全市政务大厅设立民族事务受理服务台，在各街道“一站式”服务厅设立了少数民族事务政策法规服务咨询站，开通了少数民族服务热线电话，24小时受理民族事务，青岛的经验和做法在全国民委主任会议上作了发言介绍。

四、突出机关建设，着力提高自身素质

省民委（宗教局）机关继续开展了“六比六看”活动，巩固了“两好一高”活动成果，促进了机关思想、组织、制度和作风建设，提高了工作效率。为建设学习型机关，在机关内部开展了业务学习讲座活动，第一轮处长讲座已经结束，有效地提高了机关干部的政治素质、政策水平和业务能力。开展了“实践科学发展观、民族工作上水平”大调研大讨论征文活动，共收到征文170篇，形成了一批有价值的调研报告和理论文章，济南、济宁、临沂、淄博、滨州、德州6个市获优秀组织奖。业务研究有新突破，2009年有2篇论文获得国家民委社会科学研究成果二等奖和三等奖，1篇调研报告选送到中办和国办供国家领导人参阅，1个研究项目获得国家民委立项。一年来，各市积极协调和争取，部门建设取得积极进展。青岛市民宗局增设了处级机构，东营市民宗办升格为民宗局，潍坊市民宗局由部门管理机构调整为政府工作部门，有的市还增加了业务经费，这些都为履行职能、开展工作创造了有利条件。尤其值得肯定的是，各市局在第二批学习实践科学发展观活动中，坚持高标准、严要求，紧密结合民族宗教工作实际，取得了实实在在的成效，有力地促进了机关建设。

（撰稿　米杨　　审稿　马辉）

河　南　省

2009年是新世纪以来河南省经济社会发展最为困难的一年，是全省民族宗教工作任务艰巨繁重的一年，也是民族宗教工作成绩较为显著的一年。一年来，在省委、省政府的正确领导下，在国家民委、国家宗教局的积极指导下，全省民族宗教工作坚持以科学发展观为指导，以“保增长、保民生、保稳定”为目标，牢牢把握民族宗教工作的主题和关键，突出办急事、抓大事、解难题，在维护全省民族宗教领域稳定上作出了新成绩，在推动少数民族和民族聚居地区发展上取得了新进展，在创新民族宗教工作体制机制上形成了新亮点，在强化民族宗教工作部门建设上实现了新转变，为全省的改革、发展和稳定作出了积极贡献。2009年，河南省的民族宗教工作受到了中央政治局常委周永康、国务院副总理回良玉、国家民委主任杨晶、国家民委党组书记杨传堂、原省委书记徐光春等领导同志的充分肯定。

一、紧紧围绕民族宗教工作实际学习、贯彻新精神，用科学发展观指导业务工作实践的能力有了新提高

2009年，党中央、国务院和省委、省政府多次召开会议、下发文件，对做好新形势下的民族宗教工作进行安排和部署。特别是党的十七届四中全会，把民族宗教工作摆上了一个极为突出、极为重要的位置，专门作为一个专题进行阐述。围绕学习贯彻党中央、国务院和省委、省政府对民族宗教工作作出的新论断、提出的新要求，省民委结合全省工作实际，采取多种措施，组织开展了一系列学习贯彻活动，努力通过学习领会新精神，提高民族宗教工作干部以科学发展观指导业务实践的素质和能力，推动党的民族宗教政策法规的贯彻落实。

2009年，在充分筹备的基础上，经过努力争取，两次向省委常委会，多次向省政府主要领导汇报中央关于民族宗教工作的新精神，并结合实际提出了本省的贯彻意见，当好参谋和助手。围绕贯彻中央和省有关精神，推动业务工作，全年下发各类文件730多份，其中涉密文件531份，编发《河南民族宗教信息》110多期，向省委、省政府报送《要情快报》23期，向国家民委、国家宗教局报送信息250多条，有力地指导了各地的民族宗教工作。同时，争取省委、省政府的重视和支持，及时召开了全省第五次全省民族团结进步表彰大会、省民族宗教工作领导小组暨民委委员座谈会议、全省民族宗教工作网络建设会议，学习、传达中央精神，安排部署本省民族宗教工作，推动党的民族宗教政策在本省的有效贯彻落实。

二、紧紧围绕维稳首要任务，创新工作思路，民族、宗教团结稳定工作得到加强

河南省民委坚持把维护民族宗教领域的稳定作为民族宗教工作的首要任务，2009年重点做了6个方面的工作，为新中国成立60周年大庆、促进全省经济社会发展营造了良好的氛围。

1. 坚定维护了新疆“7·5”事件特殊时期河南省民族宗教领域的稳定。新疆乌鲁木齐市“7·5”事件发生后，省民委认真贯彻省委、省政府和国家民委、国家宗教局的紧急通知精神，迅速成立应急工作领导小组，启动民族宗教应急工作预案，及时研究制定了8项应对措施，强化全省民族宗教系统24小时领导带班专人值班制度，并派出4个由省民委党组成员带队的督导组，及时排查、处理不稳定隐患。召开了3次全省民族宗教界代表座谈会，通报“7·5”事件真相，引导民族宗教界维护大局稳定。督促各地民族宗教部门深入民族聚居乡村和宗教活动场所开展民族团结宣传教育，切实维护民族团结，确保了特殊时期全省民族宗教领域的稳定。

2. 建立、完善了推进本省民族团结、宗教和睦的“四四三二”工作法。首先，探索建立了维护稳定的四项工作机制。2009年，省民委在前几年艰辛实践的基础上，不断探索总结，形成了“着力构建维护民族团结发展的保障机制、全面推行矛盾纠纷源头排查化解机制、总结形成涉及少数民族突发事件处置机制、不断完善少数民族聚居地区发展扶持机制”四项工作机制。通过发挥机制的作用，及时妥善处理上报到省民委的不稳定因素29起，把影响民族团结、宗教和睦、社会稳定的矛盾纠纷化解在基层、消除在萌芽状态。四项工作机制受到中央领导同志和国家民委的充分肯定。其次，坚持开展民族宗教“四争创（当）”活动。民族宗教“四争创”活动已经在全省范围内坚持开展了3年多时间，取得了明显的成效，逐步总结经验，并得到国家民委领导的肯定。再次，调研、总结了商丘市的“三会一庭”做法。省民委注重对各地在工作中采取的有效做法进行及时总结，2009年，重点对商丘市立足构建和谐民族宗教关系创新形成的“三会一庭”（阿訇社首联谊会、民族团结进步促进会、民族团结友好乡村恳谈会、少数民族社会法庭）工作法进行了深入总结，并及时进行工作指导。最后，着眼维护民族团结、宗教和睦，筹建“两个协会”组织，即筹备成立河南省民族团结进步发展协会、河南省宗教文化交流协会。

3. 妥善处置了一批影响稳定的涉及民族宗教的突发事件。省民委及时指导处置了一批影响团结稳定的突发事件。在处置西华县回、汉族群众因房屋租赁引起的纠纷事件中，刘怀廉部长、秦玉海副省长直接指导、靠前指挥，省民委迅速启动应急预案，主要负责同志深入周口市、西华县指导工作，协调有关部门，制定具体措施，及时控制了事态，使事件得以妥善处置，避免形成大的民族冲突事件，受到省领导的充分肯定。

4. 深入开展民族宗教团结宣传教育和创建活动。组织开展了民族团结进步宣传教育活动。配合省委宣传部、省教育厅召开了全省民族团结进步宣传教育活动电视电话会。在《河南日报》设置了民族团结群英谱专栏，刊发了《民族团结促进步，和谐共建美中原》等系列综述文章，宣传近年来本省民族团结进步事业取得的显著成绩。结合推荐全国民族团结进步模范集体和个人工作，整理出全省受国务院表彰的29个民族团结进步模范集体和个人的事迹，编印400册发放到各地，广泛开展宣传。民族“四争创”活动受到国家民委的充分肯定。

5. 结合庆祝新中国成立60周年成功召开和承办了两次全省性大型会议。2009年11月17日，以省委、省政府名义召开了河南省第五次民族团结进步表彰大会，对全省80个民族团结进步模范集体和120名模范个人进行了表彰；12位省委常委和省人大、省政协的主要负责同志出席表彰大会，徐光春同志作重要讲话，郭庚茂省长主持大会，全省社会各界1 100多人参加了会议。成功承办了由中央宣传部、中央统战部、国家民委联合组织的全国民族团结进步模范事迹报告团来豫报告会。表彰大会和报告会的成功举办，进一步激励了全省广大干部群众，尤其是少数民族群众促进民族团结、维护社会和谐的积极性。

三、紧紧围绕发展第一要务出台工作新举措，少数民族和民族聚居地区经济社会事业呈现新局面

省民委坚持把促进少数民族和民族聚居地区发展作为民族工作的根本任务和第一要务，努力争取协调有关部门出台新政策、制定新举措，全省少数民族和民族聚居地区经济社会发展呈现出新的面貌。主要做好了“五个着力”。

1. 着力抓好下基层为民族企业服务活动。按照省委、省政府“为企业服务年”的总体部署，省民委结合工作实际，研究、制定了《省民委关于开展企业服务年活动的实施方案》，自2009年2月开始，在全省民族宗教系统开展了“下基层、为企业服务”活动。省民委党组成员分组带队深入59家全国少数民族特需商品定点生产企业和其他民族企业，开展现场指导和服务，帮助企业解决发展难题，增强应对金融危机的能力。全年为少数民族特需商品定点生产企业协调优惠利率贷款余额48.62亿元，落实中国人民银行利差补贴9 247.66万元，创历史新高。8月，积极组织有关企业参加“2009中国（青海）国际清真食品及穆斯林用品展览会”，签约成交1.4亿元。河南省代表团在展会期间举办了河南省清真食品说明会，《青海日报》、电视台及一些主流网站纷纷予以报道，收到良好效果。

2. 着力开展“百期万人”少数民族农民工培训活动。针对因受金融危机影响大量少数民族农民工返乡问题，各级民族工作部门开展了“百期万人”培训活动，对少数民族农民工进行技能培训，增强其就业、创业能力。省民委组织举办了4期少数民族返乡农民工再就业技术培训班，400名学员全部被安排到少数民族企业，既解决了返乡农民工再就业难题，又为少数民族企业输送了合格的职工。全省共举办各种培训班100多期，培训人员总数达1万多人，取得了良好的社会效益。

3. 着力推动少数民族文化体育等社会事业发展。认真做好全国少数民族文化工作会议精神的汇报工作，结合全省实际提出了贯彻《国务院关于进一步繁荣发展少数民族文化事业的若干意见》（国办〔2009〕29号）建议。成功承办了中国民族年鉴第六届工作会议、全国回族学会第18次学术研讨会，出版了《河南省回族古籍总目提要》、《河南当代回族人物》、《河南回族区乡镇》、《河南百坊清真寺》。在商丘回中、周口槐店回族镇等地建立了10个少数民族民间传统体育活动基地，并完成基地命名挂牌工作，组队参加了全国少数民族传统体育项目陀螺邀请赛和珍珠球邀请赛，为第九届全国少数民族传统体育运动会做好准备。组织32名县处级少数民族干部参加国家民委举办的培训班。2009年9月，与省委组织部、省委统战部、省委党校联合举办为期3个月的第三期县处级少数民族干部培训班，30多名县处级少数民族干部参加了学习。

4. 着力推进少数民族聚居地区新农村建设工作。协调争取国家少数民族发展资金2 000万元，较上年增加200万元。省财政安排少数民族发展资金500万元，资金总量达2 500万元，用于全省民族聚居地区的交通、水利、教育等基础设施建设。为民族区、乡（镇）争取财政转移支付资金1.2亿多元，协调省直部门累计向民族聚居地区投入资金1.05亿元，修建乡村道路450公里，兴修农田水利210处，解决5万多人饮水问题及5 500亩农田灌溉问题，有力地改善了少数民族群众的生产生活条件。

5. 着力促进本省清真食品行业的健康发展。2009年初，在全省组织开展了清真食品生产经营及市场专项检查活动。全省共检查各类清真食品生产经营单位1.49万家，合格1.45万家，不合格441家（限期整改275家、取缔166家），合格率达97%，进一步规范了清真食品市场秩序。积极与省发展和改革委协商，建议将清真食品工业纳入《河南省食品工业调整振兴规划》，作为本省优势特色产业，加以引导和扶持。

四、进一步加强立法和普法工作，不断推进民族宗教工作法制建设

加强立法和普法工作是推进民族宗教法制建设的基础和前提。省民委高度重视民族宗教法制工作，面对不断变化的工作形势，认真开展调研活动，积极向省人大、省政府提出相关立法建议，同时扎实做好普法宣传工作，有效地推动了全省民族宗教工作法制建设。

1. 认真制定年度普法工作规划。省民委制定下发了《2009年全省民族宗教工作系统法制宣传和依法治理工作要点》，使全省民族宗教系统普法工作常抓不懈，扎实进行。

2. 积极开展立法调研。配合省人大民委先后赴云南、陕西等地考察，借鉴外省经验和做法，就《河南省少数民族权益保障条例》的修订进行了调研。配合省人大民委到郑州、开封、洛阳三市进行调研，对城市民族区法律地位问题进行了探讨。

3. 扎实开展普法宣传。联合省委宣传部、统战部等部门举办了全省民族宗教政策法律法规有奖知识竞赛，收回有效答题卡98 604份；组织开展了《中华人民共和国行政复议法》实施十周年纪念宣传活动，制作了展板，设立了咨询台，现场解答群众咨询，发放了民族宗教政策法规宣传资料，受到了群众的欢迎，制作的展板得到省政府法制办领导的肯定。

（撰稿　刘宾　　审稿　郭瑞疆）

湖 北 省

2009年，在省委、省政府的正确领导下，在国家民委的精心指导下，湖北省民族工作系统凝心聚力，开拓创新，团结拼搏，锐意进取，紧紧围绕“两个共同”主题，做大、做强民族工作社会化新文章，全省民族团结进步事业获得大发展，民族工作有了大突破，民族工作部门的影响有了大提升，为促进全省民族团结、经济繁荣、社会进步和湖北在中部地区崛起战略目标的实现作出了应有贡献。

一、拓展思路，深化内涵，少数民族和民族地区经济建设取得新成果

为积极拓展民族工作社会化新思路，深化工作内涵，湖北省民宗委在巩固和发展“616”、

"1+1"工程和电脑农业等一批工作品牌成果的基础上，进一步搭建了部省合作平台，抢抓鄂西生态文化旅游圈（以下简称"鄂西圈"）建设机遇，加快推动民族地区经济发展。

"616"和"1+1"对口帮扶工程成效显著。通过实施"五动"（党政牵动、部门促动、社会联动、制度推动、项目带动），达到"四化"（领导责任具体化、部门帮扶常态化、民族工作社会化、对口支援制度化）的效果，全省形成了省扶民族地区和市扶县、县扶乡、乡扶村户和部门实施专项对口帮扶的格局。截止到2009年底，"616"对口支援工程已为民族地区对接项目600多个、资金达30多亿元；"1+1"对口帮扶工程也初显成效，共为民族乡（镇）落实扶持资金7 000多万元，解决了一大批制约少数民族和民族地区经济社会发展的瓶颈问题。2009年，"616"工程内涵又有新的拓展，由以前帮助民族县市完善基础设施、打造硬环境为主，向帮助其提高医疗水平和教学质量、改善发展软环境方向拓展，新增加了13所省三甲医院和10所省示范高中作为对口支援单位，对口支援全省10个民族县（市）。湖北省实施"616"工程的经验做法，得到了贾庆林同志的充分肯定和重要批示。为落实贾庆林同志的重要批示精神，11月13—19日，中央统战部和国家民委联合调查组深入湖北省民族地区进行了全面调研总结。

部省合作创新民族工作平台。积极争取国家民委首开先河与湖北省人民政府签订了共同推进湖北省民族团结进步事业合作协议。省民宗委切实抓好协议任务的分解落实，以部省合作为抓手，组织开展了恩施土家族苗族自治州所属武陵山区部分民族县市贫困状况调研，初步完成了湖北省土家族博物馆和民族文化宫两大民族文化重点项目的总体建设规划设计和可行性论证工作。

电脑农业发展势头强劲。省民宗委通过在各民族县市重点打造一个示范村，达到以点带面，连片推动的效果。截止到2009年10月，湖北省民族地区电脑农业推广范围迅速从10县（市）的39个乡（镇）、133个村扩大到了220个乡（镇）、1 912个村、28万多农户，农业专家系统软件从原有的18个增加到43个，新增软件25个，推广应用面积达35万多亩，养殖牲畜16.85万头，电脑农业推广累计为农民增收2.42亿元，推广应用企业新增总产值达9 355万元。

鄂西生态文化旅游圈建设稳步推进。作为鄂西生态文化旅游圈建设领导小组成员单位，省民宗委积极争取将恩施大峡谷整体开发项目纳入鄂西圈首批建设项目，促成投资2亿多元的恩施大峡谷景区旅游配套工程于近期开工兴建。同时指导恩施土家族苗族自治州各县市在积极探索实施少数民族特色村寨保护工作的基础上，搞好与鄂西圈的项目对接，深入挖掘民族文化资源，着力打造文化旅游"名片"，成功举办了"来凤·中国摆手舞文化旅游节"、"利川·中国龙船调艺术节"，仅利川市在办节期间签订的项目合同金额就达11.4亿元。

此外，省民宗委通过开展"十村百户"对口帮扶活动，引导、发动和组织全省宗教界人士、宗教团体和宗教活动场所对口帮扶10个散居少数民族贫困村和100户贫困户，取得好的效果。

二、突出重点，实化举措，少数民族和民族地区社会事业实现新发展

狠抓民族执法检查活动，确保各项民族优惠政策和项目资金落到实处。一是配合省政府组织开展民族政策贯彻执行情况专项检查和省委省政府恩施现场会议精神落实情况的跟踪督办。二是配合省人大开展贯彻落实《湖北省散居少数民族工作条例》和《省人大关于进一步加强散居少数民族工作的决议》情况的检查。争取省财政加大了对民族乡镇和民族村的支持力度，全省散居少数民族发展资金由以往的240万增加到360万，并新设立了民族村发展资金100万。全省辖有民族乡镇的县市也都配套设立了少数民族发展资金。三是推进了民族贸易和民族特需商品信贷优惠政策的落实。全年为全省民贸民品企业申请贷款贴息资金达2 300万元，比2008年翻了一番。

大力发展民族教育、文化、体育事业。着力推进“民族助学工程”。2009年全省共投入资金100余万元，资助大学生100名（每人5 000元）、中学生300名（每人3 000元），并组织民族地区40余名品学兼优的贫困家庭中小学生赴北京参加了手牵手夏令营活动。积极贯彻落实全国少数民族文化工作会议精神，组建工作专班深入民族地区调研，并起草了《关于促进全省少数民族文化大发展大繁荣的意见》和《关于发展繁荣全省少数民族文化规划》。精心筹备湖北省第七届少数民族传统体育运动会和湖北省第十三届体育运动会少数民族类项目比赛。为备战第九届全国少数民族传统体育运动会，积极开展体育练兵，先后组队参加了蹴球、高脚竞速和板鞋竞速等少数民族传统体育项目全国邀请赛。

三、借势造势，强化宣传，民族团结进步事业形成新氛围

首先，以庆祝新中国成立60周年和国务院召开民族团结进步表彰大会为契机，通过在省电视台办专栏、举办成就展、编辑出版《湖北民族工作三十年》等系列活动，集中宣传展示湖北省民族团结进步事业60年来的成就以及民族团结进步先进人物及典型事迹，收到很好的效果。湖北省民族团结进步事业60年成就展吸引了社会各界人士近万人观看，省领导均到展览现场参观并签名留言。其次，通过开展第五次全国民族团结进步先进集体和先进个人的评选活动，在全省营造了个个争当民族团结进步先进的良好氛围。全省共有19个先进集体和19名模范个人受到国务院表彰，其中易满成同志还入选全国民族团结进步模范事迹报告团成员，赴全国八省市进行巡回演讲。最后，制定下发《湖北省深入开展民族团结宣传教育活动实施方案》，积极部署各地开展民族团结进步基地创建活动。

四、提升素质，量化考核，民族工作部门及干部队伍建设呈现新面貌

首次在全省民族宗教工作系统实施了目标责任制管理，健全了工作目标责任制管理体系，制定了科学量化的考核办法。通过推行目标管理责任制，严格考核奖惩，达到了提升工作效率、转变工作作风、增强工作实效的目的，各级民宗工作部门工作的主动性和创造性得到充分发挥。基层基础工作进一步加强，全省基层民族工作部门工作条件和环境有了明显改善，具有行政执法主体资格的县市民族宗教工作部门达到了77个。通过在全系统深入开展“能力建设年”、“作风建设年”活动，举办民族文化、经济统计、网上行政审批、公文写作和文书处理规范、党建理论与实践等多种培训班，全省民族工作干部队伍的执行能力和水平得到进一步提升，各级民宗部门领导班子建设得到加强，勤政廉政、执政为民意识普遍增强。近年来，在全体干部职工的共同努力下，省民宗委获得了多项荣誉，连续六年被评为“湖北省社会治安综合治理先进单位”，连续两年被评为“省政府目标考核优胜单位”和“党建工作先进单位”。

（撰稿　周巍　　审稿　唐启明）

湖　南　省

2009年，在湖南省委、省政府的正确领导下，湖南省民委以邓小平理论和“三个代表”重要思想为指导，深入贯彻落实科学发展观，结合湖南实际，求真务实，探索新时期民族工作新思路、新途径和新举措，各项工作成绩显著。

一、加强民族工作领导

2009年11月13日，张春贤书记主持召开第22次省委常委会议听取省民委工作汇报。常委会研究决定，成立省委民族工作领导小组，由梅克保副书记担任组长，黄建国、李微微、路建平三位常委和刘力伟副省长任副组长，省直有关单位主要负责人为成员，以加强对民族工作的领导、组织和协调。省委民族领导小组的成立，体现了省委、省政府对民族工作的高度重视。

二、促进民族地区经济发展

2009年是新世纪以来全国以及湖南省经济发展最为困难的一年，在党中央、国务院的坚强领导下，省委、省政府科学决策、迎难而上，大力推进“一化三基”发展战略，实施“弯道超车”，团结带领全省各族人民妥善应对国际金融危机冲击、保持本省经济和社会各项事业平稳、较快发展，取得显著成果。

1. 进一步加强和规范对民族资金的使用和管理。开展了少数民族发展资金管理使用情况检查，继续推进少数民族发展资金分配方式改革，并集中资金引导建设了24个民族团结重点项目和部分少数民族特色村寨。在各级民委的支持下，全省共确定39个民族特色村寨，其中10个为省民委直接联系的民族特色村寨。

2. 全力推进“四大扶贫工程”。2009年，湖南省认真贯彻《民族区域自治法》和湖南省实施民族区域自治法的《若干规定》，始终把民族地区的扶贫开发工作摆在突出位置，全力推进产业扶贫工程、素质扶贫工程、基础扶贫工程和生态扶贫工程。加大对民族地区的扶贫投入，始终把民族地区作为全省农村扶贫工作主战场。2005—2009年的5年中，国家和省财政安排的财政扶贫资金为21.74亿元，投入到全省24个民族自治县和少数民族人口过半县的财政扶贫资金达12.16亿元，占资金总量的56%。省扶贫办在24个县共启动各类产业项目5 600多个，建立以农户为主的产业生产基地140万亩，支持农户发展猪、牛、羊大牲畜140万头，扶持扶贫龙头企业100家，直接或间接扶持贫困人口150万，受益农户人均增收近1 000元。近5年来，24个民族自治县和少数民族人口过半县每年有10万农村人口实现稳定脱贫。

3. 设立专项经费。省委常委会研究同意，从2010年起省财政设立民族团结创建活动专项经费200万元，民族乡发展资金由现在的990万元增加至2 000万元，酌情增加省本级民族工作经费，并原则同意“十二五”期间，在省会长沙修建包括民族博物馆、民族文化园等在内的湖南省民族文化场所。2009年12月15日，湖南少数民族文化园列入《湖南省文化强省战略实施纲要》。

三、推动少数民族社会事业发展

2009年12月31日，省人民政府召开了首次全省少数民族文化工作会议，出台了《湖南省人民政府关于进一步繁荣发展少数民族文化事业的意见》（湘政发〔2009〕41号），从深化认识、目标任务、政策措施、体制机制、加强领导等方面制定了22条措施，并同意从2009年开始，按照全省少数民族人口人均1元的标准设立少数民族文化专项资金680万元。开展民族文化试点工作。2009年5月12日，湖南省民委下发《湖南省民委办公室关于开展少数民族特色村寨推荐活动的通知》，开展湖南省少数民族特色村寨推荐活动。湖南省民委还将根据本次少数民族特色村寨推荐情况，确定湖南省首批“少数民族特色村寨保护和发展项目”试点名单，以加大对少数民族特色村寨的扶持力度。教育、卫生、文化、体育等社会事业全面发展，全省民族地区基本实现了义务教育“普九”目标，基本消除了中小学校D级危房，实行了“两免一补”政策，建成了公共卫生服务体系和医疗服务体系，读不起书、看不起病的情况有了很大改善。

四、抓好民族政策法规贯彻落实

自1986年批准第一个自治条例《新晃侗族自治县自治条例》开始，“一州七县”自治条例全部制定完成，还出台了第一个关于民族工作的地方性法规《湖南省散居少数民族工作条例》，制定了《湖南省实施〈民族区域自治法〉的若干规定》。湖南省加快单行条例制定，自治州制定单行条例8件，自治县制定单行条例4件，省人大常委会还出台了关于少数民族地区普及义务教育、少数民族自治地方科学技术进步的两部地方性法规。湖南省加快了配套法规建设步伐，批准了8个自治条例修正案、8个单行条例。“一州七县”自治条例修改任务全部完成，走在全国前列。一批以非物质文化遗产保护和历史文化名城、名镇和自然风景保护为主要内容的单行条例相继出台。湖南省现行有效民族法规共31部，其中省级民族地方性法规4部、自治条例8部、单行条例19部。此外，在其他地方性法规中专门就民族问题作出规定的有20件。同时，省委、省政府出台10多个民族优惠政策文件，各市州也结合本地实际制定了配套政策。

2009年，全省共有4县（市）7个民族乡举办了20周年庆典，活动得到了各级党委、政府的高度重视和关心，通过庆典活动，7个民族乡共实施重点项目工程57个，投入资金总额4 985万元，使4县（市）7个民族乡特色产业发展进一步加快，基础设施建设得到极大改善，社会事业得到大力发展，城乡面貌焕然一新，进一步促进了7个民族乡经济社会的全面发展。

五、维护民族团结和社会稳定

1. 着力加强民族团结宣传教育工作。抓好贯彻落实《关于深入开展民族团结宣传教育活动的意见》（中办发〔2009〕34号）文件精神，下发了《关于深入开展民族团结宣传教育活动的实施意见》（湘办发〔2009〕23号）文件，组织本省报刊、电视、电台、网络等主流媒体，集中宣传报道党的民族理论和民族政策，并在北京民族文化宫和省展览馆举办了60年成就展。

2. 努力推进民族团结进步模范的评选推荐工作。按照国家民委的要求和省政府的部署，通过层层推荐和审查批准，推荐了省发改委等28个模范集体和黄杰等25名模范个人为全国民族团结进步模范。并根据大会安排，从表彰对象中确定了12个模范集体代表和11名模范个人进京参加表彰大会和国庆观礼，省委、省政府在省会长沙为代表团举行了隆重的欢送仪式和欢迎仪式，湖南卫视、湖南日报等媒体进行了全程宣传报道，有效地扩大了民族团结进步模范的社会影响。

3. 大力促进民族关系和谐、社会稳定。新疆乌市“7·5事件”后，面对民族工作严峻复杂的形势，认真贯彻胡锦涛总书记关于民族工作的重要批示精神，按照省委、省政府和国家民委的要求，一方面积极引导广大少数民族群众正确认识事件实质，以国家稳定大局为重，广泛开展各种民族联谊、联欢活动，增进各民族同胞的感情，融洽各民族同胞的关系，粉碎国内外敌对势力破坏国家统一、民族团结的阴谋。另一方面，深入民族地区了解情况，走访困难群众，倾听基层意见，帮助群众解决实际问题。进一步完善维稳应急预案，及时部署民族领域维稳工作，深入开展矛盾和纠纷的排查、化解工作，主动协调配合公安、国安、城管、工商、宗教等部门，及时妥善处理了40多起涉及少数民族的矛盾和纠纷，化解了新疆乌鲁木齐“7·5事件”对本省民族团结形势的冲击，维护了全省民族团结和社会稳定。

六、加强民族工作部门自身建设

在省、市、县民族工作机构的设置问题上，积极主动争取省领导、省直有关部门及各有关市州党委、政府的重视和支持，取得较好成效。按照党政干部任免管理的有关规定，省民委机关选拔了9名德才兼备的优秀处级干部。增加了2个正处级非领导职数。常德、益阳、衡阳、岳阳、湘潭、娄底6个市级民委的机构升格问题都有了不同程度的进展。在规章制度的执行上，认真贯彻落实省委、省政府关于厉行节约、节能降耗、治理小金库等会议文件精神，进一步加大了机关公务接待、物业管理、车辆管理等规章制度的执行力度。机关党委、纪检监察、老干、工、青、妇等工作也进一步得到加强。

七、民族信息和政务信息公开

为进一步加强对全省民族信息工作的指导，出台了《关于加强民族信息工作的意见》，制定了信息工作目标责任制，召开了全省民委信息工作会议。为提高民族信息工作的质量和水平，紧紧围绕全省、全委的中心工作，出题目、抓重点、拓渠道、挖信息，加大了信息工作的采编力度。2009年，在各级民委相互配合下，共有120多条信息被国家民委和省委、省政府的信息刊物采用。省委办公厅还面向全省发文通报省民委信息工作的经验和做法，省民委也继续被国家民委评为“全国民委系统信息工作先进集体”。同时，制定出台了《湖南省关于实施〈中华人民共和国信息公开条例〉的规定》等制度。

（撰稿　吴国华　　审稿　曹承明）

广　东　省

2009 年，在国家民委的指导和省委、省政府的领导下，广东省民族工作以学习和贯彻党的十七大精神为主线，以“两个共同”为主题，深入学习和实践科学发展观，解放思想，开拓创新，努力促进少数民族和民族地区的发展进步，着力推动民族团结和谐，为广东省的现代化建设作出了新的贡献。

一、加大帮扶力度，努力促进民族地区经济社会加快发展

1. 贯彻落实民族区域自治法、中央和全省民族工作会议精神以及《珠江三角洲地区改革发展规划纲要》，进一步指导帮助民族地区明确发展定位，转变发展思路，增强发展后劲。支持民族地区积极应对国际金融危机，加强招商引资，出台措施鼓励返乡农民工创业和就业，实施“暖冬计划”，帮助企业渡难关，逆势推进广东民族工业园各项建设。

2. 协调落实优惠政策措施，重点协调落实有关项目和各项建设资金，加快民族地区基础设施建设。协调省交通厅落实3 500万元少数民族地区乡镇通行政村公路建设补助费。跟踪协调交通部门增开连州至怀集高速公路，结束连山未通高速公路的历史。协调多地交通部门加快连南油岭至南岗千年瑶寨等多条旅游公路的建设，促进民族地区旅游资源的开发利用。

3. 继续推进广东宗教界实施“十百千”扶贫奔小康工程，帮助解决民族地区实际困难。共发动宗教界捐资 945. 5 万元帮助民族地区近 2 000户贫困户脱贫奔小康，共筹资 200 多万元帮助 10 个民族村进行社会主义新农村建设，还联系省道教协会和广东圆玄道观落实资金 150 万元设立“广东省民族地区贫困大学生助学金”，支持帮助民族地区贫困大学生完成学业。

4. 以学习贯彻全国少数民族文化工作会议精神为契机，深入开展民族文化专题调研，研究制定全省繁荣发展少数民族文化事业的政策措施，力促全省少数民族文化工作迈上新台阶。

5. 努力促进民族地区其他各项社会事业发展。与省教育厅联合召开“广东省民族教育工作座谈会”，在总结经验、分析主要困难和问题的基础上，提出加快全省民族教育发展的工作思路和政策措施。并切实做好全省少数民族聚居区考生的高考录取工作。与韶关市协调由该市承办第四届广东省少数民族传统体育运动会并联合省体育局召开广东省第四届少数民族传统体育运动会筹备工作会议，部署工作。

二、加强民族团结宣传教育，推进民族团结进步事业发展

1. 认真做好贯彻落实国办 33 号文件精神有关工作。以省政府名义起草下发贯彻国办发明电〔2009〕15 号文的意见，督促各地、各部门和有关方面认真贯彻落实国办 33 号文精神，切实维护民族平等，促进民族团结和谐。2009 年 9 月上旬，以国家民委专职委员李文亮为组长的国家督查组到广东省检查贯彻落实国办发〔2008〕33 号文件情况，在专门听取汇报并深入河源、惠州、广州等市实地考察后，对全省贯彻落实国办 33 号文件的情况给予充分肯定。

2. 大力加强民族团结教育宣传。认真落实“全国中小学民族团结教育工作视频会议”精神，联合省教育厅提出加强民族团结教育宣传的工作意见，推动民族团结教育“进学校、进教材、进课堂”。创新民族团结教育宣传形式，把弘扬、展示少数民族优秀传统文化与宣传民族方针政策、加强民族团结进步教育相结合，先后在佛山、东莞、中山市举办广东省民族团结进步巡回演出文艺晚会，共5 000余人观看演出，产生良好效果。

3. 积极开展民族团结进步创建活动。做好国务院第五次全国民族团结进步表彰大会名额分配、材料上报和组织赴京参会等工作。同时，认真做好全国民族团结进步先进事迹报告团广州站的组织接待工作，扩大对民族团结进步先进事迹的宣传。

4. 以创新服务教育管理方式为重点，继续加强城市民族工作，促进城市民族关系和谐。督促各地贯彻落实《关于做好我省城市民族工作意见》，认真解决好与城市外来少数民族密切相关的殡葬、清真饮食、宗教活动、子女入学和经商等方面的困难和问题。

三、建立健全民族工作机制，夯实民族工作基础

1. 建立健全广东省民族宗教委领导干部定期接待群众来访和建立健全委领导干部定期下访制度等维稳工作机制，及时化解涉及民族问题的不稳定因素。

2. 继续推动建立珠三角城市民族工作联席会议制度，提高处置民族矛盾纠纷和群体性突发事件的能力和水平。

3. 建立健全少数民族输入地与输出地政府、部门和有关企业的沟通协作机制，提高对在粤务工少数民族员工的服务、管理和教育水平。

4. 建立健全民族工作部门与少数民族社团和民族代表人士的沟通协调机制，扩大反映合理诉求的渠道，切实维护少数民族群众的合法权益。

5. 建立健全民族工作协调领导与工作机制，加强县、乡镇（街道办）、村委会（社区）三级民族宗教工作网络建设，落实基层管理责任与任务。同时，各地还结合实际，努力探索，创新建立一系列新的工作机制。如，深圳市制订出台文件，建立街道民族工作联络员工作机制；江门市把着力构建民族宗教工作三级工作网络纳入政府考核目标；茂名市出台《关于扶持少数民族聚居村经济发展的意见》，从5个方面加大对散居少数民族经济社会发展的扶持力度。

此外，配合全国人大民族委员会到广东省各地开展调研，配合省人大开展对民族政策执行情况的检查，组织开展城市民族工作的专题调研。同时，召开广东省第五次民族团结进步表彰大会、广东省民族团结经验交流会和广东省少数民族文化工作会议。

（撰稿　黄春霞　　审稿　温卫平）

广西壮族自治区

2009年，广西壮族自治区民委系统深入贯彻落实科学发展观，牢牢把握“两个共同”的主题，紧紧围绕建设富裕、文明、和谐新广西的奋斗目标，认真贯彻落实自治区党委、政府和国家民委的工作部署，进一步加强了10个方面的工作，并实现新的突破。

一、进一步加强深入学习实践科学发展观

组织继续解放思想大讨论，推进制度建设，解决突出问题。自治区民委党组与机关各处室、直属单位和基层各市民委一把手签订了落实党风廉政建设责任状，形成层层抓落实、上下相贯通的责任监督运行机制。组织参加自治区纠风办和广西人民广播电台联合主办的“广西政风行风热线”节目，倾听少数民族群众心声，解答了他们希望了解和需要解决的各种与民族工作有关的难点、热点问题，自觉、主动接受社会各界的监督。

二、加强民族政法、民族事务宣传教育

印发《自治区党委宣传部、自治区民委关于转发〈党和国家民族政策宣传教育提纲〉的通知》。联合《广西日报》等新闻媒体开辟专栏，连续2个月刊登120多篇文章。组织开展“民族团结宣传月”活动，指导和协调全区各地、各部门采取多种方式宣传民族政策和民族团结，进一步推动了宣传教育工作社会化，在全区进一步唱响共产党好、社会主义好、改革开放好、民族团结好的主旋律，进一步巩固了全区民族团结和谐的思想基础。

三、加强民族调查研究

年初制定年度重点调研课题计划，并深入一线调查研究，在此基础上为党委、政府提供更多、更好的工作、政策和立法建议。重点对若干民族政策、法律法规贯彻落实状况、广西世居少数民族特殊需求和发展状况、实施扶持人口较少民族发展、少数民族事业和兴边富民行动三个规划状况、自治县民族乡基本状况及其实施科学发展三年计划需要帮助解决的问题以及毛南族傩文化、南丹白裤瑶民族传统文化、京族传统文化保护传承情况等方面进行专题调研，取得了一定成果，多个调研报告获得领导批示。

四、加强民族关系监测评价处置

根据民族工作的新形势和新要求，深刻领会国家民委关于促进民族团结是民委第一职责的指示和自治区党委、政府关于要像爱护眼睛一样爱护民族团结的要求，为进一步巩固和发展全区平等、团结、互助、和谐社会主义民族关系，更全面、更具体、更科学地监测影响广西民族关系和民族发展的各种情况和因素，率先提出并启动以“一个系统”、“两个资料库”、“三支队伍”和“四个制度”为主要内容的民族关系监测评价处置机制，并取得了初步成效。依靠这一机制，及时预警并妥善处理了多起事件。

五、加强各少数民族利益分配保护协调

通过与各少数民族代表人士、专家约谈，会议研讨、行政督查等多种形式，做好有关政策的宣传解释工作，畅通少数民族利益需求表达的渠道和途径，引导少数民族群众依法、依规通过正常渠道和途径反映利益需求。协助各级党委、政府和自治区有关部门加大对民族地区和少数民族的资金、政策扶持力度。自治区民委还积极争取，使自治县在新一轮逢10周年县庆中获得的资金支持由过去的2 000万元增加到5 000万元。

六、加强对各部门指导

牵头或协助发改委、扶贫办等部门开展多项涉及少数民族和民族地区经济社会文化事业发展“十二五”规划起草相关工作。联合组织、教育、妇联等部门，培训少数民族干部和优秀人才共1 792人。联合扶贫办、财政等部门，在边境一线开展茅草房改造工作和人畜饮水工程。联合自治区体育局，召开全区民族体育研讨会，筹备第12届全区少数民族传统体育运动会。联合自治区中医药管理局，积极参加“2009中国—东盟传统医药高峰论坛”的筹备工作。各市民委联合有关部门通过举办培训班、挂职锻炼等形式加大对少数民族干部人才的培训，协调配合有关部门筹备或举办区、市少数民族传统体育运动会、中小学生民族传统体育运动会、少数民族文艺会演等活动。

七、加强民族政策、法律法规执行情况督查

制定了《关于加强民族法规和民族政策执行情况监督检查工作的意见》，并组织开展抽查工作，对一些重点部门和市县开展落实有关文件精神和民族工作情况进行督查。新疆乌鲁木齐“7·5”事件发生后，配合有关部门对新疆籍少数民族人员进行排查、摸清情况，受到了国家民委主要领导的表扬。国务院办公厅《关于检查国办发〔2008〕33号文件贯彻落实情况的通知》下发后，受自治区政府委托，自治区民委牵头组织4个检查组在全区开展专项检查工作，检查中全区各地均没有发现违反民族政策、民族法律法规及影响民族团结、歧视少数民族的现象。

八、进一步发挥参谋助手作用

自治区民委提出“五个三”工作思路，在全国民委主任会议上作了典型发言，受到广泛关注。自治区党委、政府出台的《关于进一步开展民族团结进步创建活动意见》，也充分采纳此思路。积极争取党委、政府对民委部门工作的更多支持，自治区党委常委会先后两次召开会议，听取汇报，专题研究部署民族工作，决定召开高规格的全区民族团结进步创建经验交流会。协助党委、政府举办召开了一系列活动或会议：做好第五次全国民族团结进步表彰大会模范集体和模范个人评选推荐工作，组织协调广西代表团赴京参加表彰大会和国庆观礼活动；组团赴港参加“第三届中华民族文化周”活动；协助自治区政府召开全区少数民族文化工作会议和扶持人口较少民族发展工作经验交流会；组织筹备“新中国成立60周年内蒙古广西宁夏新疆西藏成就展”广西展馆展览工作，参与“新中国成立 60 周年成就展”第九专题展馆筹备工作。

九、进一步为民办实事

2009 年，共投入中央和自治区本级少数民族发展资金9 100多万元，帮助实施项目 686 个，自治区民委被评为全区定点扶贫先进单位和扶持县域经济发展先进单位。开展了以“三服务（党组织服务年、项目建设年、企业服务年）”为主题的民贸民品企业帮扶专项服务主题实践行动。各市县民委也为少数民族和民族地区办了一大批实事好事。

十、加强自身建设

自治区民委党组广泛采纳干部群众合理化建议，加强纪检监察和机关党建工作，强化对机关干部的培训等，推进了服务型、学习型机关的建设。同时，帮助基层民委和直属单位实施“七子”工程，有效解决基层的一些特殊困难，进一步增强了全区民委系统一家人、一盘棋、一条心的观念。帮助广西民族出版社由自收自支、企业管理事业单位转制为财政差额拨款事业单位。

（撰稿　覃汉华　　审稿　周世相）

海　南　省

2009 年，海南省民族工作认真贯彻党的十七大和十七届三中、四中全会精神，深入学习实践科学发展观，牢牢把握“两个共同”的主题，不断创新工作机制和强化工作手段，广泛开展民族团结进步创建活动，积极促进党和国家各项民族宗教政策的贯彻落实，增进民族团结和宗教和睦，维护社会稳定，促进少数民族和民族地区经济社会的发展。

一、贯彻落实民族宗教政策

坚持抓好民族区域自治法以及国务院、海南省实施民族区域自治法《若干规定》的学习、宣传，省人大、省政协多次对各市县、各部门贯彻落实“一法两规定”的情况进行检查督促，充分发挥民族法规在促进各民族共同团结奋斗、共同繁荣发展中的法律保障作用。严格执行有关变更民族成分的规定，坚决制止违规变更民族成分，严格审核中、高考生民族成分，切实维护少数民族的合法权益。在省内大中专院校设置清真食堂、清真灶，给广大穆斯林师生在校学习提供良好的生活条件，并组织相关部门就贯彻落实情况进行监督检查，全面推进民族政策的落实。为进一步贯彻落实国办 33 号文件精神，省委宣传部、省民族宗教事务委员会、省工商行政管理局、省教育厅、省人力资源与社会保障厅、省交通厅、省旅游发展委员会、海南日报社和海南广播电视台等有关部门于 2009 年 8—9 月，对全省各市县、各窗口服务单位贯彻执行民族法规和民族政策的情况进行一次全面检查。在检查过程中，做好民族政策法规宣传教育工作，反复强调维护少数民族合法权益的重要意义，并对检查中发现的具体问题提出整改建议。通过监督检查，有力地推动了党和国家各项民族政策在海南省的贯彻落实。

二、着力推动民族地区的经济发展

完成全省民族地区民房改造10 234户，其中茅草房8 420户、危房1 814户，建成砖瓦房和平顶房面积 76.76 万平方米，少数民族受益人口 4.98 万人，取得了显著的成绩。将少数民族发展资金与发改、交通、扶贫、财政等专项资金进行整合，争取更多扶贫资金向民族地区倾斜，使少数民族发展资金发挥更大的效益，为少数民族群众办更多的实事、好事。2009 年，省民宗委把解决民族地区少数民族群众饮水难、用电难、生产难和道路通达作为重点，利用国家民委安排给本省的“少数民族发展资金”在民族地区安排 93 个建设项目，解决 40 个村庄 3.5 万人行路难问题，恢复和稳定农田灌溉面积3 000亩，受益人口 1.5 万人。

三、推进各项社会事业进步

2009 年，省财政对民族市县民生性专款补助共 28.88 亿元，比上年增长 64%，有效地实施了一批促进社会发展和改善民生的实事、大事。实行义务教育“两免一补”，全面完成中小学现有 D 级危房改造，农村中小学校远程教育实现全覆盖。启动教育扶贫移民工程，1.8 万名贫困地区和民族地区中小学生进入 10 所思源学校学习。职业教育发展步伐加快，建设了 5 个县级职教中心和一批示范性职业学校，在校生规模达到 3 万人。做好一年一度少数民族学生报考普通高等院校的报名审核工作，对未经加分照顾考上国家重点普通高等院校的 68 名少数民族考生进行奖励。精心组织 2009 年海南黎族苗族传统节日“三月三”节庆活动，期间，举办珍珠球、龙舟等少数民族传统体育比赛，民族对歌比赛，民族书画摄影展，民族特色新产品展销等全省性的活动。举办黎族原生态民歌培训班，并组建黎族原生态合唱团，邀请高校音乐教授现场指导、授课，进一步挖掘和传承黎族传统民歌艺术。完成《中国少数民族古籍总目提要——黎族卷》初稿，省政府拨付 160 万专项经费，组织专业人员 45 人，历时 3 年多的时间，共收集黎族古籍条目2 790条，计 100 余万字。

四、切实开展民族团结进步创建活动

为表彰近年来在推进民族团结进步事业中做出显著成绩的模范集体和模范个人，国务院于 2009 年 9 月 28 日在北京召开国务院第五次民族团结进步表彰大会，海南省共有 13 个模范集体和 13 个模范个人受到国务院表彰。为发扬成绩，表彰先进，把全省民族团结进步事业不断推向前进，在全国民族团结进步表彰大会召开之后，海南省在全省范围内评选出了 70 个海南省民族团结进步模范代表。2009 年 9 月初至 10 月中旬，在新华社、海南电视台、《海南日报》、海南人民广播电台等中央和省内新闻媒体中开设“民族团结进步 60 年”专栏，集中对民族经济腾飞、民族文化繁荣、民族教育发展、民族团结进步进行系列宣传报道，展示了新中国成立 60 年，特别是改革开放、海南建省办经济特区以来海南省少数民族和民族地区取得的辉煌成就，唱响各民族共同团结奋斗、共建美好家园的主旋律，取得了较好的社会效果。

（撰稿　邱其斌　　审稿　唐圣为）

重　庆　市

2009 年，重庆市民族工作坚持以邓小平理论和“三个代表”重要思想为指导，以科学发展观为统领，以贯彻落实“314”总体部署为总纲，围绕市委、市政府工作大局，以推进民族地区发展、维护民族团结、社会稳定为重点，认真贯彻落实党和国家民族政策，为全市改革发展稳定营造了良好的民族关系。

一、认真贯彻落实国发〔2009〕3 号文件精神，积极推动民族地区加快发展

《国务院关于推进重庆市统筹城乡改革和发展的若干意见》（国发〔2009〕3 号）文件出台以后，积极争取国家民委支持本市统筹城乡改革和发展。2009 年 7 月，国家民委下发了《关于贯彻落实〈国务院关于推进重庆市统筹城乡改革和发展的若干意见〉的意见》，提出了一系列支持本市少数民族事业发展的重要措施。重庆市积极争取国家民委和国家发改委协调推进建立渝鄂湘黔四省（市）“武陵山经济协作区”。强化对助推民族地区发展经济合作项目的跟踪和服务，积极协调市级有关部门，促进了黔江区中心医院、秀山土家族苗族自治县恒多医院等项目的落地建设。同时，市民宗委积极推动民族地区社会事业发展，加大对“十一五”市级少数民族发展资金 19 个社会事业项目的跟踪督查力度，加快了项目建设进度。2009 年底，8 个乡镇示范卫生院项目已全部完成并投入使用，石柱、秀山、彭水3个高中城建项目已竣工，5个县级中心医院设备配置已到位，其他项目建设进展顺利。加大少数民族传统文化保护力度，联合四川美术学院对全市民族歌曲、民风民俗、民族舞蹈、戏剧与曲艺、村寨建筑与文化古镇、民族器乐6大类共122个项目进行了影音资料采集，编印制作了《重庆民族文化典藏》画册和光碟，在黔江区建立了全国民族地区第一家少数民族电子博物馆。积极推动少数民族传统体育运动发展，大力支持民族传统体育运动训练基地建设和协助培养少数民族运动员，市民宗委被国家体育总局评为“2009年度全国群众体育先进单位”。

二、实施民族地区特困老人“关爱工程”和返乡少数民族农民工“暖冬行动”

从2008年起，针对民族地区农村部分老人贫困严重问题，市民宗委与市委统战部、市工商联等部门联合发起并实施了“重庆市民族地区特困老人关爱工程”，并形成了稳定的长效机制。2009年，募集到重庆民生能源集团等捐资200万元，继续按照补足2 000元/人·年的标准，帮助民族地区解决了2 198名特困老人的生活困难问题。为应对国际金融危机影响，在少数民族发展资金中列出专项资金，实施“暖冬行动”，帮助返乡少数民族农民工创业就业。该项行动累计培训10 259名返乡少数民族农民工，帮助推荐2 110名返乡少数民族农民工重新就业，在元旦、春节期间慰问了148户生活困难的少数民族农民工家庭。

三、推进城市民族工作，加强城市少数民族的服务和管理

首先，加强少数民族联谊组织建设，全市8个区和5所高校建立了少数民族联谊组织，各少数民族联谊组织广泛开展形式多样、内容丰富的联谊活动，在民族工作中充分发挥作用，增强了各民族之间的凝聚力，融洽了民族关系。其次，加大服务和管理力度，构建民族之家。重点围绕城市少数民族流动人员，帮助他们解决创业就业、子女上学、看病就医、法律援助等方面的实际困难，引导和帮助他们适应城市管理，融入城市生活，实现创业发展。最后，高校积极开展民族工作，全市少数民族学生较多的高校开展校园少数民族联谊活动，市民宗委与市教委联合制定下发了《关于进一步做好高校清真饮食保障工作的通知》，指导高校解决穆斯林学生清真饮食问题。

四、着眼大局，切实维护民族团结和社会稳定

新疆乌鲁木齐“7·5”事件后，重庆市采取有力措施，切实维护民族团结和社会稳定。在全市范围内开展了党和国家民族政策贯彻落实情况专项检查，各区县和市级有关部门对车站、码头、机场、商场、宾馆等各类窗口单位和劳动就业、新闻媒体、社会治安、城市管理等领域进行了民族平等政策和经济社会发展优惠政策落实情况的检查，及时处理了一些苗头性问题。密切关注高校返校维吾尔族学生和返渝经商维吾尔族人员的思想情绪，主动关心返校维吾尔族学生的学习、生活，主动与返渝的维吾尔族经商人员交流沟通，及时进行思想教育和情绪引导。积极为城市少数民族群众排忧解难，结合全市开展的大下访攻坚行动，将贯彻执行党和国家民族政策纳入大下访活动内容，对少数民族群众反映的问题优先解决，切实帮助他们解决实际困难，为他们创造良好的生产、生活条件。“7·5”事件发生后，全市没有发生涉及少数民族群众的群体性事件，呈现出民族团结、社会稳定的局面。

重庆市围绕“和谐共建”、“结对帮扶”、“温暖入户”、“同胞连心”四大主题，广泛开展民族团结进步创建活动，受到了国家民委领导的充分肯定。2009年9月以来，市民宗委与市委宣传部共同组织民族团结进步先进事迹报告团，先后到市级机关、部分高校和西藏中学、民族地区区县、辖有民族乡的区县举行了15场报告会，现场听众1万余人。报告团以其报告人员群众化、典型事迹平常化、语言风格通俗化、宣传报道立体化的特点，受到社会和群众的一致好评，掀起了全市新一轮民族团结宣传教育活动的高潮。

（撰稿 陈引　审稿 孔刚）

四　川　省

2009年，对四川民族工作来说是极不平凡、奋力推进并取得显著成效的一年。四川省民委班子带领全体干部职工以科学发展观统领全局，紧紧围绕民族工作“两个共同”的主题和省委“一条主线、三个加强”的总体思路，全面落实推进民族团结进步事业的系列部署，团结奋斗。一年来，四川省民委的工作得到省委、省政府和国家民委主要领导的充分肯定和高度评价，荣获“全国民族信息工作先进集体”称号。

一、大力实施民生工程，努力促进民族地区加快发展

四川省民委认真履行省富民安康领导小组办公室的职责，全力协调推进富民安康工程、牧民定居行动计划和帐篷新生活行动、彝区三房改造行动、“9+3”免费职业教育计划等一系列民生工程。

1. 深入推进富民安康工程。全年计划投入各类资金78.59亿元，基础设施、社会建设、特色经济、生态环境、社会稳定、对口支援6大类、197个项目顺利实施。

2. 大力实施藏区牧民定居行动计划和帐篷新生活行动。截止到2009年11月底，藏区255个牧民定居点已全部开建，定居点牧民住房共开工22 120户，完工19 967户，分别占计划的99.2%、89.5%。定居点的配套基础设施和公共服务设施建设顺利推进。10万余顶帐篷及帐篷内九大件已全部运到藏区并发放给牧民。

3. 大力实施藏区“9+3”免费职业教育计划。省民委主动会同有关部门指导学校认真做好服务和管理工作，2009年已有1万名藏区学生到内地城市的职业技术学校免费就读，并给予适当生活补助。

4. 着力实施彝区“三房”改造工程。编制完成《彝区三房改造规划》，帮扶1.2万户彝族同胞改造住房，《规划》经专家评审后报省政府并上报国家争取支持。

5. 协同卫生厅研究制订民族地区卫生发展十年行动计划，通过深入调研就解决民族地区卫生发展方面存在的突出问题向省委、省政府提出对策建议，以确保计划早日实施。

6. 认真实施“八项民生工程”项目。整合各类资金1.56亿元，实施少数民族住房解困工程、教育助学工程和道路畅通工程，帮助解决1.57万户特困群众住房困难，修建完成198.1公里农村公路，给4.8万余名少数民族贫困学生发放寄宿制生活补助。

二、着力抓好民族团结和维护稳定工作，巩固和发展平等、团结、互助、和谐的社会主义民族关系

四川省民委紧紧围绕“促进民族团结，实现共同进步”这一根本任务，采取多种有效形式，深入开展民族团结进步创建活动，切实维护民族团结和社会稳定，促进各民族和衷共济、和睦相处、和谐发展。

1. 抓好民族团结宣传教育工作。认真落实中央、省的部署，组织制订了《深入开展民族团结宣传教育活动的工作方案》，协调《四川日报》、四川电视台等省级媒体开办专版、专栏或专题。充分发挥省民委主办的《民族》杂志和民族网的作用，大力宣传党的民族理论、民族政策、民族知识和四川民族地区发展成就。在成都和康定举办了“藏区牧民定居行动计划”规划设计展览，受到各级领导和社会的好评。组织编印《四川藏区民生工程》画册，协调有关部门完成了四川“辉煌六十年”《民族团结篇》的图文编撰工作，完成国家民委交办的新中国成立60周年成就展览展品征集任务。

2. 认真做好民族团结进步模范的推选工作。按照国家民委和省委、省政府的要求，认真协调组织开展国务院第五次全国民族团结进步表彰大会模范集体和模范个人的推荐评选工作，四川共有29个模范集体、27名模范个人受到国务院表彰。牵头做好全国民族团结进步模范事迹报告团来川巡回报告及宣传工作。

3. 经过和各有关方面的努力争取，2009年省政府批准雅安市汉源、宝兴和宜宾市兴文三县为享受民族待遇县。认真指导三县做好享受相关政策的衔接工作，主动协调有关部门落实相关优惠政策。

4. 认真做好藏区维稳和社会稳定工作。在“3·10”、“3·14”、“3·16”等藏区敏感节点，派出人员会同有关方面做好藏区维稳工作。在新疆乌鲁木齐“7·5”事件后，按照省委、省政府和国家民委的有关要求，组织力量对省内执行党的民族政策情况进行了检查并督促落实，维护少数民族群众合法权益。2009年，省民委共协调处理了涉及民族地区和少数民族较大的矛盾纠纷10余起；共协调处理或转送处理信访事项共110件，其中接待上访群众45批、219人次，直接涉访人员1 200多人。

三、认真贯彻全国民族文化工作会议精神，进一步推进全省民族文化事业发展

根据省委、省政府领导的指示，省民委牵头召开了全省少数民族文化工作会议，全面总结了新中国成立60年来，特别是新时期本省少数民族文化工作，对新形势下全省少数民族文化工作作了全面部署。草拟了《四川省人民政府关于进一步繁荣发展少数民族文化事业的意见》。组织力量抓好羌族文化遗产的抢救、整理工作，在成都举办了国家民族古籍重点项目《中国少数民族古籍总目提要·羌族卷》和《羌族释比经典》出版首发式；在深圳举办了“羌族文化展览”；组团赴香港参加了“第三届中华民族文化周”活动；举办的“四川少数民族风情和文化及经济社会发展成就展览”和民族歌舞风情表演，受到中联办领导高度评价；组团赴台湾举办“羌族文化展演”获得成功；在世界人类学民族学大会上承办的“藏彝走廊”专题会议受到与会代表的好评。

四、协同抓好民族干部培训工作，为做好民族工作提供坚强组织保证

会同省委组织部等4个部门积极落实省委决定，在省委党校组织举办藏区乡镇党政主要领导干部培训班6期，对藏区578个乡镇的1 156名乡镇党委书记和乡镇长进行了全部轮训，进一步巩固了党在藏区的执政基础。协同完成全省100余名县处级少数民族干部的培训任务。选送了22名少数民族和民族地区干部到内地和沿海发达地区挂职锻炼，组织了170余名民族工作干部参加国家民委组织的培训。争取到国家民委组织全省地震重灾区50余名民委系统干部到大连培训疗养。

五、切实抓好党建带好队伍

结合新形势下的民族工作实际，民委认真开展委、处两级班子创“四好”活动

委班子坚持民主集中制，过好民主生活，充分发挥班子成员和干部职工的团结协作作用。组织机关干部学习贯彻党的十七届四中全会和省委九届七次全会精神，牢牢把握中央和省委关于新形势下进一步做好民族工作的精神实质，切实提高广大干部的民族工作政策水平和依法行政能力。认真执行干部任用条例，做好3名正、副厅级后备干部的推荐工作，配合省委组织部做好2名副厅级干部晋升正厅级、委班子成员补充的相关工作。注重机关制度建设，严格执行机关党建、干部管理、财务管理、项目资金管理、廉政建设等相关制度，收到了较好效果。紧紧围绕民族地区发展稳定和民族工作的重大问题组织开展系列调研活动，深入民族地区、深入基层调查研究，完成了《四川藏区实施牧民定居行动计划调查研究》等调研报告40余篇。落实党风廉政建设“一把手”负责制，严格执行廉政纪律，民委机关本年度未发现不廉洁从政问题。

通过一年来的工作实践，四川省民委对做好民族工作有四点深刻体会。首先，党政高度重视和大力支持是做好民族工作的关键所在。2009年，四川省委书记刘奇葆、省长蒋巨峰多次专门深入民族地区调研，对民族工作给予充分肯定并对进一步推进民族团结进步事业提出明确要求；省委崇禧副书记、作哈副省长等领导经常召

集研究民族工作，及时对民族工作作出重要指示；省委、省政府对加快民族地区发展、促进和谐稳定和改善民生、繁荣发展民族文化及时做出重大决策，并多次召开会议进行部署；国家民委杨晶主任、杨传堂书记多次批示对四川民族工作给予肯定，杨晶主任、杨健强副主任和党组成员陈改户主任等领导先后来川调研指导，是做好民族工作的巨大鼓舞和有力鞭策。其次，加强协调、密切配合是做好民族工作的重要途径。民族工作是社会性极强的工作，涉及方方面面，尤其是需要相关部门通力合作、协同推进。比如，推进民族地区几项重大民生工程实施，省民委作为重大民生工程办公室充分发挥民族工委委员制的作用，积极、主动协调相关部门，得到各有关部门的大力支持，工作开展十分顺利。再次，创新工作机制是做好民族工作的推进器。省民委不定期地就民族地区发展、稳定相关专题，及时召开省级部门联系会、协调会进行研究解决；省民委牵头的成都与三个州“三州一市”联席会议机制在促进社会和谐稳定方面都发挥了积极作用。最后，加强自身建设是做好民委工作的重要保证。采取“送出去”与“请进来”相结合的方式，加强对民委干部的培训，提高其理论政策水平和业务素质。在全委系统树立“有为才有位，有位更有为”的导向，形成大家你追我赶、奋发向上的氛围。只有建设一支能打硬仗的干部队伍，才能适应新形势下繁重艰巨的民族工作任务的需要。

（撰稿　刘康容　　审稿　唐伯华）

贵　州　省

2009年是举国上下欢庆新中国成立60周年的大喜之年，也是面临金融危机，保增长、保民生、保稳定的重要之年。一年来，贵州省民委党组高举中国特色社会主义伟大旗帜，以邓小平理论和“三个代表”重要思想为指导，深入贯彻落实科学发展观，认真贯彻党的十七大、十七届三中全会和省委十届四次全会精神，牢牢把握各民族共同团结奋斗、共同繁荣发展的主题，紧紧围绕促进民族团结、实现共同进步的民族工作根本任务，在省委、省政府的领导下，努力推动民族工作的全面发展。

一、深入学习实践科学发展观，努力推动民族工作取得新发展

深入学习实践科学发展观，是当前和今后一项重要的政治任务，省民委党组按照省委的要求继续深化学习实践科学发展观活动。

1. 在深化学习、强化理论武装上下工夫。通过制订学习计划，明确学习专题，采取集中学习、专题讲座、分散自学等形式，进一步深化全委系统干部职工对科学发展观的理解，深刻领会科学发展观的精神实质，不断提高其贯彻科学发展观的能力和水平。

2. 用科学发展观谋化民族工作，推动了民族工作的新发展。省民委党组将学习贯彻胡锦涛总书记对民族工作的重要批示和全省第六次民族团结进步表彰大会精神作为学习实践科学发展观、推动民族工作新发展的载体，把思想和行动统一到中央和省委、省政府的要求上来，进一步加大了党和国家各项民族政策的宣传力度，深入开展民族团结教育宣传活动，将民族工作的重点放在推动民族地区经济社会发展、推动民族文化繁荣发展、切实维护民族团结、社会稳定上，在全省组织实施了一批民族团结进步示范项目，有力地推动了民族工作的发展。

3. 在制度“废改立”上下工夫，根据科学发展的要求，废止了不适应新时期民族工作发展的规章制度，修改了一批规章制度，新建立了强化调查研究能力、协调督查能力、广泛联系渠道等方面的规章制度，为实现民族工作的科学发展建立了机制、体制保障。

二、加大督促检查和协调工作力度，不断推动党和国家各项民族政策的贯彻落实

1. 继续抓好国办发〔2008〕33号文件的贯彻落实。在2008年省政府组织开展全省贯彻落实党和国家各项民族政策情况全面检查的基础上，配合国家民委督查组对本省和部分市、州的贯彻落实情况进行了督查，根据国家民委督查组的反馈意见，及时协调召开省民委兼职委员单位联络员会议，对提出的意见建议进行了整改。省政府于 2009 年 8 月下旬至 9 月上旬，组织 3 个检查组对全省 5 个市（州、地）和部分省直部门进行了重点检查，进一步推动了党和国家各项民族政策的贯彻落实。

2. 认真抓好石宗源书记在全省第六次民族团结进步表彰大会上重要讲话的贯彻落实。省政府在 2009 年 1 月 7 日召开了第二次民族工作联席会议，刘晓凯副省长对贯彻落实好石宗源书记重要讲话精神提出了明确要求。省民委配合省委督查室、省政府督查室加大对省直有关部门贯彻落实情况的督查和协调工作力度，并将各单位贯彻落实情况汇总上报后，由省委办公厅、省政府办公厅印发进行了通报。

3. 省民委发挥职能作用，协调省直有关部门和州（市、地）人民政府（行署）继续贯彻好“一法两规定”，建立贯彻执行“一法两规定”的长效机制。在 2007 年省人大常委会组织开展“一法两规定”执法检查，2008 年省政府组织开展整改的基础上，省民委加大督促检查和协调工作力度，继续推动“一法两规定”的贯彻落实，推动省直部门进一步加大对民族地区经济社会发展的支持力度，使民族自治地方的自治权利得到进一步保障。

三、以实施民族团结进步示范村为载体，切实推动民族地区经济发展

1. 示范引路，推动发展。省民委在多年抓点的基础上，将民族团结进步事业与经济社会发展有机结合起来，在全省民委系统组织开展了以民族团结进步示范村建设为主的示范工程，其中仅省民委在全省民族地区农村选择的以推进民族团结进步事业发展、新农村建设、电脑农业、整村推进为内容的民族团结进步示范村就达 46 个，投入资金 1720 万元。全省民族团结进步示范村的建设，虽然实施时间不长，已取得初步成效，实现了民族团结、经济发展、民族文化传承、新农村建设四者之间的有机结合，有些点已成为当地民族文化旅游和新农村建设的亮点。

2. 精心组织，认真安排，切实帮助边远民族地区改善生产生活条件，发展特色优势产业。省民委集中一定的资金，在对主渠道资金一时还不能覆盖的边远民族地区组织实施了一批便民桥、便民路、串户路、人畜饮水及种养加工项目和乡土人才培训项目。截止到 2009 年底，共投入资金 2127 万元，实施各类项目 518 个。

3. 认真抓好扶持人口较少民族（毛南族）的发展工作。在 2008 年完成 14 个村验收的基础上，2009 年安排对 23 个村进行验收，投入资金 900 万元，扶持各类项目 36 个。对 2005 年以来的帮扶工作认真进行了总结，并于 2009 年 7 月底在惠水县召开了全省扶持人口较少民族（毛南族）发展工作经验交流会，刘晓凯副省长代表省政府在会上作了讲话，全面部署了今后几年的工作。

4. 认真抓好两个《规划》的实施。省民委按照国务院办公厅印发的《少数民族事业“十一五”发展规划》的要求，抓住国家扩大内需的有利时机，加大协调力度，推动《贵州少数民族地区“十一五”经济社会发展规划》的实施，配合省发改委、省政府经济研究中心进行了《规划》执行情况的中期评估，并完成了评估报告。针对少数民族和民族地区经济社会发展相对滞后的状况，组织开展了民族地区贫困情况和民族地区特色民居保护的专题调查，向有关部门提出了意见、建议。

5. 继续抓好“十一五”期间民贸民族用品生产优惠政策的落实和定点企业的调整工作，落实定点企业流动资金贷款贴息2 800万元，举办了民族用品生产优惠政策培训班。

四、大力推动民族地区社会事业发展，不断弘扬少数民族优秀传统文化

1. 继续抓好民族教育工作。配合省教育厅在全省选择 10 所示范性高中举办了边远地区高中民族班，在3所学校设立寄宿制高中民族班。不断扩大民族预科教育规模，扶持贵州民族学院等高校办好民族预科班，在全省开设了15个民族预科班。投入专项资金590万元，帮助民族地区231所中小学校改善了办学条件。

2. 加强民族语文工作。积极开展民族语言文字调研工作，举办了200人的布依汉、彝汉双语师资培训班，召开了双语教材建设工作会，出版了双语文教材和民族文字读本。继续抓好松桃自治县“双语和谐”环境示范区建设和濒危语言仡佬语数据库建设开展了濮文字的初步考证工作。充分发挥民族语言在民族地区建设中的特殊作用。

3. 实施“五个一”工程，打造民族文化精品。收集、整理了一批少数民族新歌，制作了中英文版《贵州最具特色的十个民族节日》宣传光盘和宣传册，整理制作了《贵州世居民族史料风情》光碟，组织编写《贵州十七个世居民族迁徙史》《贵州民族文化大观》系列丛书，打造并公演了一台贵州原生态民族歌舞《天边外》，《山路银河》在全国第七届舞蹈“荷花奖”民族民间舞蹈总决赛中荣获表演银奖。

4. 全力以赴做好全国第九届民族运动会的筹备工作。在筹委会的领导下，召开了两次筹备工作会议，省长、筹委会主任林树森在会上作了重要讲话；召开了全省备战全国第九届民族运动会电视电话动员会，林树森省长要求举全省之力办好九届民族运动会。组建了筹委会各工作部门，并逐步开展工作。起草上报了第九届民族运动会各种方案，完成了会徽、会歌、吉祥物的征集、评选工作，承办了全国第九届民族运动会第一次筹备工作会议；会同中国少数民族体协在贵州省举办了“2009年全国龙舟暨独竹漂邀请赛”、“2009年全国陀螺邀请赛”、“2009年全国高脚竞速和板鞋竞速邀请赛”三项赛事。顺利完成将“独竹漂”列为第九届民族运动会竞赛项目的申报工作，各项筹备工作正紧张、有序地推进。

5. 加大少数民族古籍文献的抢救、搜集和整理工作力度。继续实施“少数民族古籍文献资料抢救工程”，加大对“水书”、“锦屏文书”、古彝文等古籍文献的抢救、搜集、整理和出版工作，建立起“锦屏文书”文斗村村级保护点，四部古籍已交由出版社出版，水书古籍6册的印旧如旧工作正在进行。

6. 加强贵州民族文化宫的建设。在省委、省政府的亲切关怀和大力支持下，贵州民族文化宫民族博物馆、民族图书馆、民族艺术馆举办的“多彩的贵州——贵州民族风情展”、“多彩的贵州——贵州少数民族风情摄影精品展”两个展览已于2009年9月22日在新中国成立60周年之际正式对外开放，发挥了贵州民族文化宫服务社会、弘扬优秀民族文化的功能。

7. 认真贯彻落实全国少数民族文化工作会议精神，加大民族优秀文化的传承、保护和发展工作。2009年11月中旬，省政府拟在黔东南州召开全省民族文化工作座谈会，对贯彻全国少数民族文化工作会议精神，进一步做好全省的民族文化工作进行安排部署。精心组织，认真筹备全省第四届少数民族文艺会演。继续抓好民族文化进校园工程，在全省531所学校组织开展了以民族政策宣传、民族文化传承为主要内容的民族文化进校园活动，命名了38所民族文化进校园项目学校。组织40名少数民族青少年赴香港参加了“中华民族文化活动周”活动，展示了贵州优秀的民族文化。

五、大力推进民族团结进步事业，不断巩固和发展平等、团结、互助、和谐的社会主义民族关系

1. 认真组织开展国务院第五次民族团结进步表彰大会先进集体、先进个人的推选、评比和上报工作。经各级各部门层层推荐，有70名先进集体、先进个人受到国务院的表彰，其中24名代表进京参加了表彰，受到了党和国家领导人的亲切接见并参加了新中国成立60周年庆典。

2. 深入组织、开展民族团结宣传教育活动。根据中办、国办印发的《关于深入开展民族团结宣传教育活动意见》，贵州省民委会同省委宣传部、省教育厅联合印发了《贵州省深入开展民族团结宣传教育活动实施方案》，对全省深入开展民族团结宣传教育活动进行了安排和部署。2009年4月，省民委与省委宣传部联合召开了学习宣传《党和国家民族政策宣传教育提纲》暨民族工作宣传座谈会，省直30多家单位和新闻媒体出席了会议，进行了广泛宣传。在庆祝新中国成立60周年之际，省民委联合省委统战部组织召开了少数民族人士座谈会，在贵州日报、当代贵州等组织专版、特刊，进行了系列宣传，深入宣传党的民族理论和政策。2009年10月下旬至11月上旬，省民委会同省委宣传部组织民族团结先进事迹报告团赴全省5个州（市、地）和省直单位进行巡回宣讲，宣传党的民族政策和全省涌现出来的先进集体和个人的模范事迹。

3. 加强和改进城市民族工作。2009年上半年组织开展了城市民族工作调研，8月底召开了全省城市民族工作座谈会，交流、探讨新形势下做好城市民族工作的经验、措施，对今后的工作进行了安排部署。

4. 切实做好民族领域的稳定工作。针对新形势下民族工作领域出现的新情况、新问题，特别是"7·5"事件发生后，为切实做好民族团结、社会稳定工作，省民委先后下发了4次通知，对全省民族领域的稳定工作进行了安排部署。认真排查矛盾、纠纷隐患，加强值班应急值守能力，从"7·5"事件发生后，省民委坚持24小时值班制度和民族事件零报告制度，对发现的问题及时处置，确保全省民族团结、社会稳定。

六、进一步加强少数民族干部队伍和民族地区人才培养

1. 配合有关部门落实和完善培养少数民族干部的政策措施。省民委积极向省委组织部、省人事厅等部门争取，推动有关部门落实公开招考公务员工作中对少数民族考生的照顾政策。

2. 制定规划，拓宽渠道，切实抓好少数民族干部和民族工作部门的培训。2009年，在上海市经济党校举办了1期民委系统领导干部培训班和2期民族乡领导干部培训班，共有150人参加培训。与省人事厅联合举办了80人的党政机关少数民族公务员培训班。选派62名干部参加了在中央民族干部学院的培训。

3. 积极协助有关部门做好少数民族干部和民族地区干部挂职锻炼工作。2009年共选派17名干部赴中央、国家机关和经济发达地区挂职锻炼。

（撰稿　张发刚　　审稿　吴继堂）

云　南　省

2009年，在省委、省政府的领导和国家民委的指导下，云南省民委坚持以邓小平理论和"三个代表"重要思想为指导，深入贯彻落实科学发展观，认真学习贯彻党的十七大、十七届三中、四中全会和胡锦涛总书记、习近平副主席关于云南民族工作的重要指示精神，按照省委、省政府的总体部署和要求，牢牢把握各民族共同团结奋斗、共同繁荣发展的主题，以维护团结稳定大局和促进民族地区经济社会发展、筹备召开云南省民族工作会议暨第六次民族团结进步表彰大会和举办国际人类学与民族学大会为重点，不断明晰"立足当前改变一代人、着眼长远培养一代人"和"分类指导、梯次推进"的民族工作思路，加强调研，强化措施，圆满完成各项工作任务，有力推动了云南民族团结进步事业的创新和发展。

一、把握重点，维护团结稳定大局

2009年，面对国际金融危机的影响和冲击、周边国家局势动荡、各种自然灾害频发、"3·14"、"7·5"事件等严峻形势和各种敏感时段相对集中的实际，云南省民委把加强民族团结、维护社会稳定作为2009年工作的首要任务。

1. 着力抓好矛盾纠纷的排查调处工作。分别在年初、国际人类学与民族学大会和国庆60周年纪念活动前夕开展了3次全省性的涉及民族因素的矛盾纠纷排查调处活动，先后3次召开全省维护团结稳定工作专题会议，加强对团结稳定形势的分析研判，把城市少数民族聚居区、藏区、回族聚居区、国际人类学与民族学大会学术考察点和边境一线（三区一点一线）确定为矛盾纠纷排查调处工作的重点，实行各级领导包干到点负责制，共排查调处各类矛盾纠纷隐患130多件，把问题解决在基层、矛盾纠纷化解在萌芽状态，把工作做在平时。

2. 深入开展民族团结宣传教育活动。以贯彻中办、国办《关于深入开展民族团结宣传教育活动的意见》和《党和国家民族政策宣传教育提纲》为重点，深入开展以出好一本书、编好一套丛书、拍好一部专题片、搞好一个展览、开好一次会议为主要内容的“五个一”民族团结进步宣传教育活动，会同省委宣传部研究制定了《关于在全省深入开展民族团结宣传教育活动实施方案》，在全省范围开展了一系列民族团结宣传月、民族团结系列宣讲、民族团结文艺会演等12项形式多样的宣传教育活动，对新中国成立以来，特别是改革开放以来云南民族工作的成就进行深入总结，开展声势浩大的宣传活动，广泛宣传党的民族政策和民族区域自治制度在云南的成功实践，使“三个离不开”的思想深入人心。

3. 不断健全和完善民族团结稳定长效机制。不断总结、健全以民族团结目标管理责任制为抓手的矛盾纠纷排查调处机制，逐步探索以民族关系评估为重点的预警机制，加快完善涉及民族因素突发事件的应急处理机制和以各民族学会、各民族代表人士为纽带的民族关系沟通协调机制，进一步建立、健全横向到边、纵向到底的维护团结稳定工作网络。

4. 切实加强民族政策和法律法规的监督检查工作。开展国办发〔2008〕33号文件精神和省委民族工作领导小组专题会议决定事项贯彻落实情况的监督检查工作，深入调研并起草民族成分更改办法等政策措施，进一步保障少数民族合法权益。

5. 进一步加强交流合作。组织少数民族青少年代表团赴香港参加国庆60周年系列活动和民委系统部分干部赴境外考察学习等一系列形式多样的交流活动，接待国家有关部委调研组、省内外民族工作考察团组和美国、亚行等45个团组共15 000人次，营造了团结、学习、交流、合作的良好氛围。一年来，全省没有发生因民族问题引发的重大群体性事件，保持了团结和谐的大好局面，为新中国成立60周年纪念活动和国际人类学与民族学大会的成功举办营造了良好的环境和氛围。

二、当好参谋，为做好新时期民族工作提供保障

把认真学习贯彻落实中央领导关于云南民族工作一系列重要指示精神和省委、省政府关于民族工作的重要决策部署，制定出台加快少数民族和民族地区科学发展的政策措施作为民族工作部门当好参谋助手、为各族群众办实事办好事的重要方面，深入开展了边境地区、特困民族地区、散居民族地区、人口较少民族地区和民族特色村寨保护与发展等一系列的调研，通过加强调研、搞好协调，达成共识，经省委民族工作领导小组会议、省政府专题会议、省委常委会议研究讨论，在全省民族工作会议前制定下发了《中共云南省委、云南省人民政府关于进一步加强民族工作，促进民族团结，加快少数民族和民族地区科学发展的决定》（云发〔2009〕13号）和《关于进一步加强少数民族干部队伍建设的意见》（云办发〔2009〕21号）。这两个重要文件，把国家宏观政策与云南实际相结合，在加大对少数民族和民族地区扶持力度、实施“六大工程”促进协调发展、增进民族团结、坚持“六个优先”培养选拔少数民族干部人才、加强对民族工作的领导等方面采取了一系列特殊政策措施。省级少数民族发展资金、民族机动金、散居民族工作经费从2010年起每年按10%比例增加，并每年安排2 000万元省级民族文化抢救保护专项经费，为进一步做好新时期云南民族工作提供了有力保障。

三、加强协调，成功召开了两个重要会议

按照省委、省政府的部署和要求，把筹备召

开全省民族工作会议暨第六次民族团结进步表彰大会（以下简称民族工作“两会”）、国际人类学与民族学大会作为迎接、宣传、学习、贯彻党的十七届四中全会和新中国成立60周年的重大任务，加强协调，全委动员，全力以赴，成功筹备召开了全省民族工作“两会”和国际人类学与民族学大会。民族工作“两会”全面总结和宣传了新中国成立以来云南民族团结进步事业的成就和经验，表彰了113个民族团结进步模范集体和87名模范个人，部署了新时期云南民族工作的主要任务，会议开得隆重、热烈、圆满成功，达到了提高认识、统一思想、明确任务的目的，营造了全社会共同关心支持民族团结进步事业和自觉维护民族团结的良好氛围。国庆期间，还组织了国务院表彰的民族团结进步模范代表评选和出席国务院第五次民族团结进步表彰大会及国庆60周年系列活动。国际人类学与民族学大会的成功召开在国内外引起良好反响，有力宣传了我国的民族政策主张和云南省民族团结进步事业的辉煌成就，有效抵制了国际上对我国民族政策的曲解和疑虑，得到了党中央、国务院的充分肯定和社会各界的广泛赞誉。组织了在昆各族代表学习胡锦涛总书记在云南考察工作时的重要讲话精神座谈会等一系列重要会议和活动，不断把云南民族团结进步事业推向前进。

四、分类指导，促进各民族共同繁荣发展

紧紧围绕“保增长、保民生、保稳定”的战略部署，以抓好“十一五”规划落实和调研编制“十二五”规划为主线，按照“分类指导、梯次推进”的思路，加大对边境、人口较少民族、特困民族等地区的投入扶持，促进少数民族和民族地区繁荣发展。

1. 突出抓好扶持人口较少民族发展工作。召开全省会议专门研究部署扶持人口较少民族发展工作，全年共投入资金1.9144亿元，确保人口较少民族66个行政村建设项目验收和巩固提高109个已验收行政村建设。上海对口帮扶力度进一步加大，将扶持独龙族发展纳入了上海对口帮扶范围。同时，进一步加大对布朗族（克木人、莽人）、彝族（倮人）、瑶族山瑶支系等特殊困难群体的扶持力度。

2. 全面推进兴边富民重点县和“民族团结示范村”建设。投入7 600万元实施了119个兴边富民示范村建设，投入3 154万元实施93个民族团结示范村建设，每个州市确保一个重点示范村，每村安排60万元，不断扩大示范带动作用。

3. 扩大扶持特困民族和散居民族发展试点工作。投入3 050万元，实施了9个特困民族试点村建设和52个特困民族自然村整村推进，开展散居民族扶持试点工作，为扶持特困民族和散居民族的发展探索经验。启动了首批云南民族特色村寨试点建设工作，为“十一五”规划的实施和完成提供保障。

4. 按照“边试点、边规划”的思路，调研编制6个规划。在不断总结试点工作经验的基础上，对全省少数民族人口比例达30%以上的村委会情况进行摸底调研，涉及40个指标、260多万个数据。启动了《云南省扶持特困民族地区发展规划》、《云南省扶持散居民族地区发展规划》、《云南省兴边富民行动重点县实施规划》、《云南省扶持人口较少民族发展“十二五”规划》、《云南省民族特色村寨保护和发展规划》和《少数民族劳动者素质提高工程规划》的编制工作，为全面做好“十二五”期间的扶持发展工作奠定了基础。

5. 认真解决少数民族和民族地区特殊困难和问题。坚持统筹兼顾、分类指导、确保重点、突出效益和体现民族工作部门职能的原则，全年安排中央和省民族专项资金2.85亿元，认真解决少数民族和民族地区的特殊困难和问题，充分发挥民族专项资金在增进团结、改善民生等方面特殊的政治、经济和社会效益。认真抓好电脑农业推广工作。

五、抓住关键，少数民族干部人才培养取得新成果

按照“立足当前改变一代人，着眼长远培养一代人”的思路，认真贯彻落实民族教育的各项特殊政策措施。云南省民委会同有关部门进一步加强民族类院校建设和发展，争取省民族中等专业学校改扩建工程纳入省重点项目，成功组织民族中专成立30周年庆典活动。继续采取开办民族大中专班、高中班和少数民族预科班等特殊措施培养人才。继续组织实施《云南省民族团结教育教材》（小学版）的教学活动，并组织编写《云南省民族团结教育教材》（中学版）。省民委配合组织部、政法委等部门，用2年时间定向招录1 000名通晓少数民族语言的高中毕业生到省内有关高校培养，毕业后充实到基层政法部门工作。

以大力发展民族教育为基础，认真履行民族工作部门在推荐干部、培养人才方面的职能职责。云南省民委配合组织部门制定加强少数民族干部队伍建设的政策措施，积极推荐优秀少数民族干部。省民委与省委组织部共同举办在昆少数民族干部迎春茶话会；会同有关部门组织69名少数民族干部到中央民族干部学院学习培训；采取上挂下派形式，选派73名少数民族干部和民族地区干部到沿海发达地区、省级单位和基层县级领导班子中挂职锻炼，提高少数民族干部队伍的整体素质，拓宽少数民族干部成长渠道。

六、协调发展，民族文化等社会事业取得新成效

把贯彻落实《国务院关于进一步繁荣发展少数民族文化事业的若干意见》与云南实际相结合，争取省财政每年设立2 000万元的省级民族文化抢救保护专项经费，进一步加大民族传统文化的抢救和保护力度，为建设民族文化强省奠定基础。民族文物、民族语言文字、民族出版等各项工作取得新进展，推出了一系列民族文化精品，民族博物馆提升改造及民族文化宫建设纳入省重点工程项目。继续开展民族类报刊赠阅活动，在全国率先创办《今日民族·中小学版》，对广大中小学生进行民族知识普及教育。开展少数民族村落语言使用情况调查、推进少数民族语言文字资源库项目建设和民族语言文字规范标准化工作取得阶段性成效。编纂少数民族典籍28卷，抢救保护少数民族古籍60部，举办民族古籍抢救保护成就展并取得了较好的反响。省民委协同有关部门成功举办“第六届民族民间歌舞乐展演”和“云南省消防宣传形象大使”的推荐选拔。云南省第九届少数民族传统体育运动会的组织筹备工作进展有序。

（撰稿　资铁　　审查　徐畅江）

陕　西　省

2009年，在国家民委的指导和支持下，在省委、省政府的正确领导下，陕西省民委以科学发展观为统领，认真学习、贯彻党的十七大和省第十一次党代会精神，牢牢把握民族工作“共同团结奋斗、共同繁荣发展”主题，坚持服务于全省工作大局，开拓进取，真抓实干，民族工作取得新成效，民族团结、社会和谐的良好局面得到进一步巩固和加强。

一、民族团结进步事业蓬勃发展

1. 大力宣传党的民族政策和民族团结进步事业成就。制定了《陕西省深入开展民族团结进步教育活动的实施意见》和《职责分工方案》，印发了《党和国家民族政策宣传教育提纲》、《民族团结教育通俗读本》和《学校民族团结教育指导纲要》。在全省组织开展了“民族团结进步宣传月”活动。陕西省民委会同省委宣传部、统战部在全省组织开展了“民族宗教政策法规知识有奖竞赛”。省民委协调省主流媒体，确定20多个栏目，宣传全省民族团结进步模范事迹、少数民族经济和社会发展成就，还举办了全省民族工作成就图片展。

2. 在全省开展民族团结教育基地申报命名活动。命名延安民族学院旧址、八路军西安办事处纪念馆、延安革命纪念馆、西藏民族学院、胡太师墓5个单位为首批“陕西省民族团结教育基地”。

3. 系统总结全省以高校和社区为重点，努力创新民族团结进步活动载体的经验。该经验材料被国务院民族团结表彰大会网站采用，省里有关领导也给予高度肯定，指出："这是有益于民族团结的工作，是创新、创优的工作"。

4. 认真做好全国、全省民族团结进步模范评选推荐工作。评选推荐出的8个集体和8名个人，受到国务院第五次民族团结进步表彰大会表彰。

5. 组织召开全省第六次民族团结进步表彰大会。对40个模范集体和40名模范个人进行了表彰。此外，还会同省委统战部组织召开"纪念回族爱国人士马德涵先生座谈会"，缅怀其爱国事迹，弘扬其爱国精神，宣传民族团结。

二、少数民族经济发展成效显著

1. 大力发展会展经济。积极推动"陕西宁夏民族经济合作发展协议"签约，建立陕·宁少数民族经济合作发展长效机制。首批签约8个项目，资金达12.35亿元和120万欧元。国家民委领导高度肯定陕宁探索、创新少数民族经济合作模式的经验，杨晶和杨传堂同志分别做出批示，向全国推广两省（区）经验。促成马来西亚陕西商会与陕西马来商会"双边合作框架协议"签约。组织陕西民族企业参加"2009中国（青海）国际清真食品及用品展"和"中国（宁夏）国际投资贸易洽谈会暨清真食品穆斯林用品节"，完成销售和签约总金额7 600万元。荣获"最佳组织奖"和"优秀展示奖"。通过这三次展会，充分展示了陕西省民族企业和清真食品产业的整体优势和形象。

2. 积极做好少数民族发展资金项目的实施、检查、监管工作。对2005—2009年项目执行情况进行了总结，对2009年各地申报项目进行汇总、筛选和考察，与省财政厅联合下达少数民族资金项目40个，共600万元。

3. 进一步加强城市民族经济工作。切实帮助企业解决融资难问题，指导企业申请银行优惠利率贷款1 000万元，为西安、宝鸡两市4家民族企业争取落实贷款2 000万元。

4. 继续做好民族镇、村扶贫开发工作。对全省51个县、135个乡镇、201个少数民族聚居村（组）水、电、路等急需解决的基础设施建设项目进行了调查统计，在扶贫项目安排中重点扶持解决。

5. 依法加强清真食品管理。陕西省民委联合省工商、质监、食品药品、法制办等7部门对全省清真食品市场进行了检查，进一步规范了全省清真食品市场。省民委会同省人大对《陕西省清真食品生产经营管理条例》的贯彻落实情况进行了检查。对清真食品管理工作先进集体和先进个人进行了表彰。

三、少数民族社会事业全面推进

1. 积极发展少数民族教育事业。省民委指导西安市莲湖区制定出台民族教育发展规划，检查指导西安交通大学医学院附设卫生学校完成新疆班94名学生招收和接待管理工作。

2. 积极扶持少数民族文化。积极开展少数民族传统文化抢救和保护工作，整理编纂了《陕西回族古籍目录提要》。组织回族历史题材小说《东望长安》和蒙古族题材电视连续剧《胡杨女人》审核研讨会，并推荐《东望长安》参选"五个一工程奖"。指导高校开展民族文化月活动。组织开展"团结颂"民族文艺演出活动。

3. 组织开展少数民族体育活动。组织陕西代表队参加了由国家民委、体育总局主办的9个少数民族体育项目邀请赛。省民委会同省体育局研究安排了2010年全省第五次少数民族运动会相关筹备工作。

四、少数民族干部队伍建设有新加强

陕西省民委会同省委组织部、统战部、人力资源和社会保障厅制定下发了《陕西省2009—2013年党政机关培养选拔少数民族干部规划》，国家民委给予充分肯定，指出"这是陕西省委、省政府深入学习实践科学发展观的具体体现，是认真贯彻中央要求，推进民族工作主题的具体体现，必将对开创民族工作新局面，促进少数民族经济社会发展起到积极作用"。

五、民族工作调研富有成效

省民委紧紧围绕民族工作和民族领域中的新情况、新问题，尤其是热点、难点问题，形成了《关于汉中、安康两地城市民族工作调研报告》、《我省城市少数民族聚居区拆迁改造现状分析及对策建议》、《关于扶持少数民族民营企业应对金融危机平稳持续发展的建议》、《少数民族干部队伍建设问题与对策》等一批有质量的调研报告，为国家民委、省委、省政府解决相关问题提供了决策依据。

（撰稿　海建宇　　审稿　刘开岚）

甘　肃　省

2009年是新世纪以来甘肃省经济社会发展最为困难的一年，一年来，在省委、省政府的带领下，全省民族地区妥善应对国际金融危机带来的冲击，深入贯彻落实科学发展观，牢牢把握“两个共同”的主题，紧紧围绕“促进民族团结、实现共同进步”的根本任务，认真执行中央、省委关于民族工作的一系列重大决策部署，为维护民族团结、维护社会稳定和促进经济、社会发展作出了积极的贡献，民族工作取得了新的成绩。

一、深入开展民族团结进步创建活动，推动民族团结进步事业不断发展

1. 筹备召开全省第六次民族团结进步表彰大会。大会共表彰了在全省民族团结进步事业中做出显著成绩的模范集体100个、模范个人200名。省委、省政府主要领导亲切接见与会代表，并为受到表彰的模范代表颁奖。省委陆浩书记发表了重要讲话。

2. 在酒泉市召开全省民族团结进步宣传月活动现场会。省委、省政府领导出席会议并作重要讲话。会议推广了酒泉举全市之力帮扶民族乡的经验，总结了全省民族团结进步宣传月活动的情况，进一步安排部署了民族团结进步创建工作。

3. 努力维护少数民族的合法权益。按照甘政办发〔2008〕81号文件精神，省民委指导各市州对相关部门和单位执行民族政策情况进行了检查。配合省人大对省直部门贯彻落实《甘肃省实施〈民族区域自治法〉若干规定》进行了专项督查。

4. 全力维护民族团结和社会稳定。乌鲁木齐“7·5”事件发生后，省民委及时传达省委、省政府和国家民委有关会议文件精神，向各地民委发出紧急通知，就维护民族团结和社会稳定工作提出了明确要求。开展了全省民族领域矛盾纠纷的排查工作，配合指导有关地方和部门妥善处理了直接或间接影响民族关系的矛盾纠纷30多件，发挥了各级民族工作部门在维护社会稳定中的积极作用。

二、积极协调落实政策措施，推动民族地区经济又好又快发展

1. 召开全省民族工作座谈会。会议传达学习了中央领导同志关于民族工作的重要批示和全国民族工作座谈会精神，总结了2006年全省民族工作会议以来的工作，分析了民族工作中出现的新情况，并就进一步贯彻落实党的民族政策、加快少数民族和民族地区发展提出了新的要求。

2. 会同省发改委、财政厅、扶贫办和人行兰州中心支行在肃南县召开全省扶持人口较少民族发展现场会。会议总结交流了经验，明确全省扶持人口较少民族发展工作的总体目标和阶段性任务，研究制定有关工作职责和考核办法。

3. 协调落实民贸民品优惠政策，及时反映民族贸易和民族特需商品定点生产工作中遇到的困难和问题。争取国家民族贸易和民族特需商品定点生产补助资金170万元，贷款贴息资金130万元。

4. 争取支持民族地区发展的扶持政策。省民委组织工作组深入民族地区调研，形成了《关于全省民族地区经济社会发展研究报告》，向国家联合调研组提出了扶持甘肃民族地区发展的政策建议，为国务院出台支持甘肃民族地区发展的政策提供了依据。

三、大力弘扬少数民族文化，推动民族地区社会事业繁荣发展

1. 开展庆祝新中国成立60周年系列活动。省民委牵头举办了“向祖国致敬”——全省庆祝新中国成立60周年少数民族文艺节目会演。省民委会同省文联、省作协开展全省第五届少数民族文学奖评奖活动，配合省委宣传部在《甘肃日报》头版综合报道民族地区经济社会发展情况，举办了全省少数民族书画摄影展、全省穆斯林书画摄影集首发式，拍摄了《团结奋进60载——甘肃少数民族事业发展纪实》专题片。

2. 认真贯彻全国少数民族文化工作会议精神。会同省文化厅组成调研组深入民族地区调研，为筹备召开全省少数民族文化工作会议做了积极准备。

3. 加强民族教育和民族医药工作。省民委配合省人大对民族地区“双语”教育情况进行了调研，会同省卫生厅等10部门印发《关于切实加强民族医药事业发展的指导意见》。

4. 加强民族古籍和民族研究工作。完成了《甘肃少数民族史话》丛书初稿的编写工作。完成了教育部《甘肃民族语文规范化、信息化建设研究与对策》的课题报告。

四、努力深化学习实践科学发展观活动，推动少数民族干部队伍建设和民族工作部门自身建设

1. 完善省民委委员制。召开了省民委委员全体会议，调整充实了甘肃省民委委员单位和兼职委员，讨论通过了省民委委员单位工作职责和工作制度，副省长泽巴足出席会议并作了重要讲话。

2. 加强机关机构建设。按照省政府机构改革方案，结合民族工作的实际，提出了省民委机构、人员和编制的建议方案。在国家民委和省政府的关心下，为甘肃省10个藏区和边境县民族工作部门配发了工作用车。

3. 加强少数民族干部的培养、培训工作。配合省委组织部、省委统战部选派10名少数民族干部到国家机关和经济发达地区挂职锻炼，举办了全省少数民族干部培训班、全省统战民族宗教工作专题研究班以及全省民族统计、民族古籍编目、民族语文工作培训班，提高了全省民族干部、民委干部的工作能力和水平。

4. 加强信息调研工作。对少数民族和民族地区群众最关心、最直接、最现实的利益问题，深入开展调查研究，较好地发挥了反映民族问题、推动民族工作的信息主渠道作用，信息工作取得较好成绩。甘肃省民委先后获得全国民委系统信息工作先进集体的荣誉。

5. 切实加强党的建设和党风廉政建设。

（撰稿 成自强　审稿 王学仁）

青　海　省

2009年，青海省民族工作在省委、省政府的正确领导下，紧紧围绕“各民族共同团结奋斗，共同繁荣发展”的主题，认真贯彻落实党的民族宗教政策，努力完成促进民族团结、实现共同进步的任务，努力维护民族团结进步和社会和谐稳定，倾力支持少数民族和民族地区经济社会发展，稳步推动全省民族工作健康发展。

一、民族团结宣传月活动

全省各部门以“高举民族团结进步旗帜、促进经济社会发展”为主题，精心安排部署，制订活动方案，力求做到“五个到位”（党的民族理论政策和民族法律法规的宣传教育要到位、落实中央各项优惠政策的宣传要到位、《中华人民共和国民族区域自治法》的宣传教育要到位、民族团结进步模范集体和个人先进事迹的宣传要到位、加强反分裂反渗透斗争和树立“三个离不开”思想的宣传教育要到位）、“三个结合”（把舆论宣传与树立典型结合起来、把排查化解矛盾纠纷与送温暖走访慰问群众结合起来、把为基层群众办实事好事与推动民族地区发展结合起来)，宣传月活动取得实效。

1. 举办宣传日、座谈会、演讲比赛、文体联谊活动，悬挂横幅、张贴标语、制作展板，丰富了群众的文化生活，营造了良好的氛围和声势。据统计，西宁、果洛、黄南等地开展宣传教育活动153次，展出展板932块，办学习园地427期，悬挂标语4 526余条，发放宣传资料近5.2万份。

2. 广泛开展走访慰问少数民族群众活动，深入联点帮扶村了解社情民意，进行宣传教育，帮助解决困难，密切了党同人民群众的血肉联系。省发改委在走访调研中，现场决定安排建房资金10万元，解决4户贫困牧户的住房问题。

3. 邀请省内相关专家、学者授课、讲座，加强各级领导干部、高校师生、部队官兵的民族理论、政策和常识的培训。省委党校在城东区建立民族团结进步教学实践基地。民委有关领导和处室负责人受邀到省委党校、团校、驻地部队、有关单位、基层讲课达10余场。副省长马顺清为省属高校师生作了题为“筑牢民族团结的思想基础，担起中华复兴的历史责任”的形势报告，增强了他们的民族团结意识。

4. 省民委组织记者采编一批有深度、高质量的稿件，陆续在省级各大新闻媒体“民族团结谱新篇”、“民族团结花正红”等栏目刊播。

二、维稳工作

2009年，青海省共排查民族宗教领域新矛盾纠纷27件，已化解16件，正在调处解决11件。各级民族宗教部门按照“分级负责、归口管理”、“谁主管、谁负责”的原则，开展定期巡查、日常排查，并切实将重点地区、重点寺院的监控工作做深、做细、做到位，及时掌握情况，切实加强督导，使矛盾纠纷排查工作落到实处。妥善处置民族宗教方面的突发事件，做好各民族权益保障工作。以学习宣传食品安全法为契机，切实加强清真食品生产经营工作。依法查处湟中县新绿康食品公司冒用清真监制行为；派工作组前往天津，圆满解决了在天津的化隆拉面馆“味丹鲜”调味品纠纷案；协调解决果洛、海南两州寺院之间的阿柔格西遗骨纠纷；做好西宁市南关清真寺阿訇被刺案发生后信教群众的教育引导工作，切实维护了民族团结和社会稳定。

三、民族团结教育进学校工作

青海省民委会同省教育厅安排部署全省中小学切实加强民族团结教育工作。全省各级教育行政部门和学校细化方案，落实责任，充分发挥课堂教学的主渠道作用，扎实推进民族团结教育进教材、进课堂、进学生头脑，并纳入课时计划。坚持专项教育与其他学科教育中的渗透相结合，课堂教育与寓教于乐的实践活动相结合，把民族团结教育融入学生的品德教育、生活教育、思想政治教育和省情教育，树立维护祖国统一、维护民族团结的意识；创新工作方法，省、州、县从不同层面开展评比民族团结教育示范学校挂牌活动，确保中小学民族团结教育不流于形式、不走过场。组织开展民族知识的绘画与手工、演讲、民族歌舞等丰富多彩、生动活泼的体验式教学活动，注重教育实效。

四、民族团结进步创建活动

根据中办、国办《关于深入开展民族团结教育活动的意见》精神，切实加强组织领导，进一步丰富内容，创新形式，面向党员干部、青少年、基层群众、宗教人员，增强针对性和实效性，推进和深化民族团结进步宣传教育活动。以国务院召开第五次全国民族团结进步表彰大会为契机，在评选推荐青海省模范过程中，积极宣传推广弘扬民族团结进步工作中涌现出来的典型、模范事迹，总结经验、推进工作，形成了学先进、赶先进的良好氛围。期间，海西蒙古族藏族自治州召开了民族团结进步表彰大会，表彰了36个集体和57名个人。全国民族团结进步表彰大会及创建活动经验交流会召开后，省委常委会立即听取汇报，组织学习，贯彻会议精神，安排部署工作。2009年10月23日，召开全省民族团结进步创建活动工作会议，向受国务院表彰的38个全国民族团结进步模范集体和模范个人代发了奖牌。对今后深化民族团结进步创建活动提出四项针对性措施：首先，把创建活动放在更加突出的位置，不断增强影响力；其次，深化群众性的创建活动，打牢群众的思想基础；再次，细化创建系列活动，注重实际效果；最后，完善创建机制，形成强大合力。为使国务院第五次全国民族团结进步表彰大会表彰的全省38个模范集体和个人的事迹广为人知、深入人心，省级媒体组织专门采访小组，陆续在省各大媒体刊播系列报道《民族团结礼赞》，充分发挥先进典型的作用，用群众身边的人和事教育群众，带动各族群众积极参与民族团结进步事业。

五、落实民族政策法规工作

依法对27个部门和西宁、海东、海北、黄南等州市地政府贯彻执行民族区域自治法的情况进行监督检查，向省政府上报《2008年青海省贯彻执行〈国务院实施民族区域自治法若干规定〉情况的报告》，并就如何进一步贯彻落实民族区域自治法提出了建议。会同省政府督查室对各地区、各部门贯彻落实党和国家的民族平等政策情况（国办发〔2008〕33号）进行检查，对部分单位提出了整改要求，坚决纠正和防止发生损害民族团结的行为，切实维护民族团结、宗教和睦和社会稳定。会同省教育厅对中小学和部分高校开展的民族团结教育工作情况进行了检查，确保民族团结教育活动内容落到实处。通过督促检查，有效地提高了全社会对民族政策极端重要性的认识，增强了执行民族政策的自觉性。

六、扶持人口较少民族发展工作

4年来在循化县累计实施项目541个，累计完成各类投资28 505万元，使循化县的经济社会发展步伐明显加快，为撒拉族聚居地区的长期稳定和快速发展奠定了扎实的基础。由于此项工作成绩突出，国务院决定在青海省举办全国扶持人口较少民族发展工作经验交流会。来自各省（区、市）、25个国家部委的领导及部门负责同志共163人参加了会议。省民委全力以赴，圆满完成了会议的协调联络、循化现场检查、会务接待、宣传报道等工作任务，为这次亮点突出、特色鲜明的会议作出了应有的贡献。尤其是在宣传方面，及早安排，全程谋划。会议期间，省内外新闻媒体编发稿件80余篇，宣传力度大且效果突出，营造了良好的舆论氛围，产生了良好的社会效应。会议成功筹办得到国务院副总理回良玉以及国家有关部委的充分肯定和赞扬。

七、城镇民族工作

以推动城镇民族工作为目的，在海西蒙古族藏族自治州格尔木市开展城市民族工作试点。格尔木市委、市政府按照实施方案有序推进，加强组织领导推动工作，举办培训讲座提高认识，强化宣传教育营造氛围，赴外地学习考察借鉴经验，建立完善机制提供保障。试点工作立足外来少数民族流动人口较多的实际，以进城少数民族的服务与管理为切入点，制定城市流动人口管理措施，建立健全少数民族人员情况台账，做到底数清、情况明；设立城市民族服务中心，成立13个“民族之家”，提供法律、就业、丧葬等帮助，并形成了少数民族就业、培训、干部培养、宣传教育等21项服务机制；立项解决三江源移民群众天葬台、穆斯林公墓，尊重少数民族风俗习惯，保障各民族的合法权益；扶持开办民族服装加工厂、嘛呢石刻厂和风情园等经济实体，增加少数民族居民的收入，改善生活条件和水平；投资兴建以双语教学为主的民族学校，加大对民族教育的投入，切实提高少数民族文化教育水平。通过一年多的试点工作，各民族之间的相互了解、尊重、理解进一步加深，各民族的权益得到进一步保障，城市民族关系日趋和谐，“三个离不开”的思想深入人心，思稳定、谋发展的氛围已经形成，为在全省开展城镇民族工作提供了经验和指导，推动了全省民族团结进步事业，促进了民族关系和谐发展。

八、举办青海省第四届少数民族传统体育运动会

2009年7月，在海北州西海镇举办了青海省第四届少数民族传统体育运动会。全省各地的13个代表团的近千名少数民族运动员和表演队员齐聚海北州西海镇，在9个竞赛项目和6个表演项目中一展风采，是青海省历史上参赛人数最多、规模最大、层次最高的少数民族体育盛会。会上还表彰了民族体育先进集体15个和先进个人21名。

九、民族教育文化等社会事业发展工作

召开全省第四次少数民族语文暨民族语文翻译工作会议，分析新时期、新阶段民族语文现状及存在的问题，安排部署今后的工作，并表彰了全省民族语文和民族语文翻译工作先进集体11个和先进个人12名。协助省教育厅起草《中共青海省委、青海省人民政府关于加强和改进“双语”教育的决定》，并首次在平安县巴藏沟乡郭尔中心小学建立藏汉双语教育监测点，着力推进民族地区“双语”教育良好发展。根据省政府安排，赴云南省进行调研、考察，并在广泛征求意见、多方论证的基础上，研究起草了《青海省人民政府关于繁荣发展青海少数民族文化事业的实施意见》，对繁荣发展少数民族文化，增进各民族的交流和了解提出了一整套具体措施。《青海省志·民族志》出版发行，填补了本省历史上没有专门记述民族和民族问题志书的空白。

十、部门自身建设

在机构改革中，省、州、地一级组建民族宗教事务委员会，职责理顺，职能强化。在国家民委和省政府的大力支持下，全省39个县级民族宗教工作部门的工作用车一次性全部解决。在寺院集中教育管理专项活动中，采取专题突破方式，研究制定了藏传佛教寺院社会管理专项工作、僧尼定员管理、处理非法认定活佛问题等方面的指导性文件和寺院年度监督检查办法、宗教活动场所建设管理等相关措施，为寺院社会管理提供了政策保障。在社会管理工作实践中，锻炼了一批干部，各级党政干部，特别是基层领导干部的政策理论水平和依法管理宗教事务的能力得到提高，宗教管理工作迈向了一个崭新的阶段。继续实行信息通报制度和敏感时期总值班制度，加强信息工作，省民委被评为2009年度全国民委系统信息工作先进集体。同时，配合有关部门选派14名干部（其中少数民族干部9名）赴中央、国家机关和经济相对发达地区挂职锻炼。选派本系统61名干部参加省内外的学习和培训，队伍建设迈出新的步伐。

（撰稿　刘兵　　审稿　桑杰）

宁夏回族自治区

2009年是新中国成立60周年。宁夏民族工作高举中国特色社会主义伟大旗帜，坚持以邓小平理论和“三个代表”重要思想为指导，深入贯彻落实科学发展观，全面贯彻落实党的民族工作方针政策，牢牢把握“共同团结奋斗、共同繁荣发展”的主题，紧紧围绕“促进民族团结、实现共同进步”这一根本任务，按照“保增长、保稳定、保民生”的总体要求，全力做好促进发展、加强团结、维护稳定、构建和谐的各项工作。

一、以庆祝新中国成立60周年为契机，进一步推进民族团结进步事业

1. 广泛开展民族团结进步模范事迹宣传活动。下发了《关于认真做好国务院第五次全国民族团结进步表彰大会模范集体和个人推荐评选工作的通知》，认真开展全国民族团结进步模范推荐评选组织工作。共有21名模范集体和21名模范个人受到国务院表彰，14名模范代表到京领奖并参加国庆活动。2009年10月27日，召开全区民族团结进步工作会议代国务院授奖，其中自治区民委下属事业单位自治区伊协荣获模范集体称号。组织部分全国民族团结进步模范代表组成自治区报告团在全区巡回报告10场，先后有5 000多名干部群众聆听了民族团结模范事迹报告。自治区农村科技服务中心参加了全国民族团结模范事迹巡回报告活动。通过学习宣传，在全区营造了学先进、比先进、赶先进的良好氛围。

2. 精心办好民族地区发展成就展。2009年6月22日—9月17日，新中国成立60周年少数民族地区发展成就展览分两个阶段在京举办。民委作为宁夏回族自治区的承办单位，始终按照国家民委等部委的要求，在自治区党委、政府的指导下，积极开展工作。坚持以展示宁夏50年来发展成就为主线，围绕“如诗如画宁夏川”的主题，突出“雅致、精湛”的特点，从关怀宁夏、人文宁夏、辉煌宁夏、和谐宁夏、腾飞宁夏五个方面，充分展示了在党的民族政策光辉照耀下，宁夏政治、经济、文化、社会各项事业取得的辉煌成就和全区各族人民团结一心、共同进步的时代精神风貌。引起了社会各界广泛关注，有近30万人次参观了展览，数千人在宁夏展区前合影留念，400多名观众留言祝福，极大地宣传了宁夏和民族地区发展成就。

3. 深入开展民族团结进步模范创建活动。及时筹备召开全区民族团结进步工作会议，传达、学习国务院第五次全国民族团结进步表彰大会和全国民族团结进步创建活动经验交流会精神，对全区深入开展民族团结进步创建活动，推进民族团结进步事业再动员、再部署。指导固原市召开全市民族团结进步模范村创建工作现场会，认真总结彭阳县以“六个好”（领导班子好、政策宣传好、民族团结好、经济发展好、村容村貌好、群众反映好）为主要内容的民族团结进步模范乡村创建经验和模式。结合社会主义新农村建设，自治区民委制定了民族团结进步示范村创建标准，创建了13个“民族团结进步示范村”，推进民族团结进步事业向基层延伸、向纵深发展。

4. 大力开展民族团结进步宣传教育。认真贯彻自治区党委、政府《关于在全区深入开展民族团结宣传教育活动的意见》，下发了《关于在全区民族宗教系统开展民族团结宣传教育的通知》，开展了民族团结进步进机关、进社区、进乡村、进校园、进宗教活动场所活动。制定《关于学习宣传落实〈党和国家民族政策宣传教育提纲〉的实施意见》，发放《党和国家民族政策宣传教育提纲》和《民族团结教育通俗读本》1.2万多份（册），编印发放《自治区第六次民族团结进步模范先进事迹选编》。联合教育部门下发了《关于进一步加强学校民族团结教育工作的实施意见》。以“歌颂祖国繁荣昌盛，维护社会和谐稳定，再谱民族团结进步事业新篇章”为主题，广泛开展“民族团结月”活动，深入开展民族团结进步模范巡回报告活动、民族政策理论宣讲活动和民族团结教育进校园活动，继续推进“民族工作进社区”活动。通过深入、广泛的宣传教育，“三个离不开”的思想更加深入人心，各族干部群众更加增强了对中华民族的归属感、中华文化的认同感和对伟大祖国的自豪感。

5. 严格执行民族政策，依法维护少数民族合法权益。认真做好国家民委督查组就本区贯彻执行国办33号文件情况的准备工作，随同督查组深入到银川市、石嘴山、固原市部分乡村、社区、企业、学校、机场、车站、宾馆进行实地督查，全面了解、掌握党和国家民族政策贯彻执行情况。国家民委督查组充分肯定了宁夏贯彻执行党和国家的民族政策的好经验、好做法。针对国家民委督查组反馈意见，及时向自治区党委、政府上报了《关于继续做好贯彻落实国办33号文件有关工作的请示》，就加强民族政策执行情况督查、做好城市民族工作、解决影响民族团结的隐患等7项工作提出了今后的思路和具体措施。2009年10月19日，自治区政府办公厅下发了《关于开展全区民族政策执行情况大检查的通知》，为进一步落实通知精神，牵头组织有关部门成立民族政策执行情况检查组，深入五市和铁路、民航、海关、金融等部门，对全区贯彻执行党和国家民族政策情况进行一次全面的检查，坚决纠正可能损害民族感情、影响民族团结的行为。认真宣传贯彻《宁夏回族自治区清真食品管理条例》，召开全区清真食品规范管理工作会议，相互学习、交流经验，进一步提升了全区清真食品规范管理水平。采取集中培训和上门服务相结合的办法，分类、分层次对清真食品企业业主、负责人、从业人员进行广泛培训。出版了《清真在我身边》一书，介绍了全国清真餐饮分布状况，为穆斯林群众出行就餐提供了方便。依法加强清真食品日常监管，严格核发清真食品准营证，办证率达 98%。坚决制止擅挂“清真”标牌等违法行为，对群众举报的问题及时进行妥善处理，避免了由此引发的矛盾和纠纷。加强对重大节日、重大活动期间的重点部位、重点商品检查，共检查清真食品生产企业 3 万多家（次），整改 600 多家，处罚 230 多家，取缔1 253家，有效地规范了清真食品市场经营秩序，确保群众能够吃上放心的清真食品。

二、以贯彻《国务院关于进一步促进宁夏经济社会发展的若干意见》为主线，全力促进经济社会跨越式发展

1. 用好、用足国家扶持优惠政策。主动争取国家民委出台《关于贯彻落实〈国务院关于进一步促进宁夏经济社会发展的若干意见〉的意见》，从 6 个方面明确了扶持宁夏经济社会发展的具体意见。2009 年新增中央少数民族发展资金 700 万元，总额度达3 650万元。按照“扶贫、扶优、扶特”的理念，充分发挥少数民族发展资金作用，积极实施少数民族发展项目 112 个，重点用于帮助宁南山区和中部干旱带少数民族贫困地区加强公共基础设施、支持农民发展养殖业、开展民族职业技能培训，扶持清真食品和穆斯林用品企业。对创建的 13 个“民族团结进步示范村”、评选的 10 家“清真食品示范企业”、建立的 5 个“少数民族培训基地”、12 个“少数民族文化联系点”和 10 个“少数民族传统体育训练基地”分别给予重点扶持，进一步推动宁夏经济社会全面发展。认真落实国家民贸民品企业财政、金融、税收三项优惠政策，仅 2009 年前三季度民贸民品企业流动资金贷款获得国家财政贴息6 154.8万元，全年突破 8 000万元，是 2006 年的 10 倍以上，对宁夏民族企业的健康发展起到了极大的扶持作用。

2. 大力发展清真产业。坚持打造一批具有地方特点和民族特色的知名品牌，对具有品牌优势和发展后劲明显的清真产业企业加以扶持。成功举办了“宁夏国际清真产业合作高峰论坛”，邀请国内外官员、专家、企业家参加，共同探讨国际、国内清真食品产业的发展前景。组织部分知名清真食品企业家和清真食品管理工作人员赴外省区考察学习。发布实施了《宁夏回族自治区清真食品国际认证通则》，与马来西亚签订了互认协议，相关工作正在稳步推进。目前已有区内外 11 家企业通过了初审，其中 5 家企业取得认证资格，有 6 家企业提出申请意向或来电垂询。

3. 积极拓展民族经济发展新思路。组团参加在陕西省举办的西洽会，签订了两省区少数民族经济发展合作协议。共签订 8 个合作项目，签约资金共 12.35 亿元人民币和 120 万欧元，合作项目之一的太阳山胜达能源化工有限公司化工循环产业园已正式投产。与上海市有关方面签订了促进宁夏清真食品进入上海市场销售的合作协议，在上海建立了宁夏清真食品销贸窗口。

4. 促进民族教育文化体育事业全面发展。配合有关部门全面启动“百所回民中小学标准化建设工程”二期工程，安排 400 万元少数民族发展资金，对 11 所回民中小学进行扶持。全面落实高考中回族考生录取比例逐年递增目标，2009 年达 34.3%。制定下发了《关于贯彻国家民委等四部委〈关于进一步加强少数民族和民族地区科技工作若干意见〉的意见》，在全区建立了 5 个少数民族农村实用技术人才培训基地，少数民族科技工作和职业教育事业不断发展。认真贯彻、落实全国少数民族文化工作会议精神。充分发挥“民族文化联系点”的示范作用，促进少数民族文化的传承、保护、挖掘、整理和发展。组团参加了国家民委在香港举办的第三届中华民族文化周活动，全面宣传了宁夏回族自治区成立 50 年来经济社会发展取得的辉煌成就和绚丽多彩的少数民族优秀传统文化。充分发挥“少数民族传统体育训练基地”的示范推广作用，不断提高少数民族传统体育竞技表演水平和普及推广程度。

三、以提高执行力为目标，着力加强民族工作部门自身建设

1. 机关文明建设成效显著。坚持党组中心组学习制度。在机关干部中深入开展“读书月”活动。采取集体组织与自学相结合、政治理论与业务知识相结合、撰写读书笔记与心得体会相结合的办法，以支部为单位，加强平时学习。先后选派7名机关干部和基层民族宗教工作部门负责人参加国家民委、国家宗教局举办的各类学习培训。树立了“为民服务、务实高效、廉洁勤政、和谐进取”文明机关良好形象，成功通过区直机关工委验收，再次荣获文明机关称号。

2. 机关效能建设得到明显加强。完善了《机关效能建设工作绩效考评办法》，结合“三定”方案，科学划定各处室职能，采取定性与定量相结合、分项量化计分的办法，对机关各处室和每一位干部职工年度工作进行量化考核，切实增强了机关干部的效能意识，加强了机关的效能建设。重新清理行政审批项目，建立宁夏民族宗教网站，实行政务公开。加强政风、行风建设，公开服务承诺和投诉电话，积极参与“百姓关注——政风行风热线”活动。聘请了政风行风监督员，加强社会监督，机关工作效率得到不断提高。

3. 机关党的建设和党风廉政建设不断加强。坚持党组书记定期上党课制度，以支部为单位组织党员开展党性分析评议活动，不断增强广大党员的党性修养。大力推行政务公开、党务公开。组织实施处级干部竞争上岗，加强干部队伍建设。建立科学有序、分级负责的党风廉政建设责任制，层层签订党风廉政建设责任书，形成一把手全面抓、分管领导亲自抓、处室负责人具体抓、全体党员干部共同参与监督的良好工作格局。多年来，自治区民委系统未发生违反党风廉政建设规定的现象。

2009年，党的民族方针政策得到全面贯彻落实，民族经济和各项社会事业全面发展，民族团结进步宣传教育深入开展，民族团结进步事业深入推进，为实现全区经济社会跨越式发展创造了良好环境。

（撰稿　陈常国　　审稿　任薇娜）

新疆维吾尔自治区

2009年是新中国成立60周年暨新疆和平解放60周年。同时，对于新疆来说又是十分不平凡的一年。由于受到国际金融危机和乌鲁木齐“7·5”事件的双重影响，使快速发展的新疆经济“减速”。面对这一形势，自治区党委、人民政府认真贯彻中央关于维护新疆稳定、促进新疆发展的一系列重大决策部署，始终坚持以经济建设为中心不动摇，坚持维护社会大局稳定不动摇，坚持各民族共同团结奋斗、共同繁荣发展不动摇，全力以赴应对国际金融危机、克服“7·5”事件影响，努力实现新疆经济社会更好、更快发展。

一、积极应对“7·5”事件，维护新疆社会稳定

2009年7月5日，在境内外“三股势力”的策划、组织下，乌鲁木齐市发生了打砸抢烧严重暴力犯罪事件。事件发生后，全区民宗委系统干部迅速投入反对暴力恐怖的政治斗争中，认真履行职责，为维护社会大局稳定发挥了积极作用。选派干部深入乌鲁木齐市天山区和沙依巴克区开展维稳工作。大力发扬新疆各族干部群众同呼吸、共命运、心连心的优良传统，牢固树立“三个离不开”思想，引导各族干部群众倍加珍惜各民族共同团结奋斗、共同繁荣发展的大好局面，坚决同不法分子的违法犯罪活动作斗争，自觉维护民族团结和社会稳定。多次组织调研，掌握第一手材料，对新疆民族关系的发展情况及时形成报告，上报中央和自治区有关部门，为上级部门的决策提供了依据。同时，把宣传报道维护民族团结和社会稳定的先进事例和典型人物工作作为弘扬正气、凝聚人心的重要环节抓紧、抓好，通过新闻媒体全方面、多角度反映新疆民族工作部门在“7·5”事件发生后所做的大量工作和突出表现。

二、民族团结进步事业进一步推进

广泛开展第二十七个民族团结教育月活动，大力宣传《党和国家民族政策宣传教育提纲》。认真做好全国第五次民族团结进步表彰大会先进集体和个人的评选推荐工作，圆满完成新疆代表团的赴京参会工作。组织自治区民族团结进步模范参观团赴内地参观考察。加大对《民族区域自治法》等法律法规贯彻落实情况的调研和检查力度，开展调研督查，严格执行党和国家的民族政策。

三、少数民族经济进一步发展

认真贯彻落实国务院32号文件精神，大力实施《扶持人口较少民族发展规划》、《兴边富民行动“十一五”规划》和《少数民族事业“十一五”规划》，为加快少数民族和民族地区经济社会事业发展做出了积极贡献。会同相关部门做好边境民族地区安康发展规划编制工作。全面贯彻落实“十一五”期间国家扶持民族贸易和民族特需商品生产各项优惠政策，推动了民族特需商品产业化发展。

四、少数民族社会事业进一步繁荣

积极筹备自治区第七届民运会。圆满完成第三届中华民族文化周系列活动。完成了促进民族医药发展的工作方案。协同有关部门做好民族团结先进事迹报导工作。少数民族古籍编目工作进展顺利。修订出版发行新疆少数民族自治地方概况丛书。为迎接新中国成立60周年，参加了国家民委举办的自治区成就展。

（撰稿　美亚赛　　审核　葛丰交）

新疆生产建设兵团

2009年，新疆生产建设兵团（以下简称兵团）民族工作在中央统战部、国家民委的关心指导和兵团党委的领导下，紧紧围绕兵团党委的中心工作，深入学习实践科学发展观，围绕中心、服务大局，全面贯彻落实党的民族政策，凝聚人心、汇集力量，不断拓展工作领域，破解工作难点，强化工作措施，形成工作合力，不断推进兵团民族团结进步事业的发展，推进兵团少数民族经济社会事业的发展，全力维护社会稳定，取得了显著成绩。特别是在处置乌鲁木齐“7·5”事件中，统战、民族宗教工作战线的各族干部职工，态度坚决、旗帜鲜明、立场坚定，坚决贯彻、执行党委的工作部署，深入基层，做了大量维护社会稳定的工作，在这场尖锐、激烈、复杂的斗争中经受住了血与火的考验，得到了兵团党委的充分肯定。

一、坚持开展创建活动，加强了民族团结教育

2009年，针对新形势、新任务对兵团民族工作提出的新要求，兵团民族宗教事务局采取多种形式，积极开展了马克思主义民族观、党的民族政策和民族团结、兵地团结的宣传教育。按照兵团的统一部署，开展了以“感恩伟大祖国、建设和谐兵团”为主题，以“六好”、“三个不忘”为主要内容的第二十七个民族团结教育月活动。采取有效措施，在广大干部职工群众中，开展了马克思主义民族观、党的民族政策和“三个离不开”、“四个认同”思想的宣传教育。各单位把民族团结教育与贯彻落实科学发展观和民族团结进步创建活动结合起来，分别采取典型宣传、专题讲座、举办展览、民族团结“手拉手”、脱贫致富“一帮一”等多种形式，使民族团结教育有声有色、富有成效。乌鲁木齐“7·5”事件之后，兵团民族宗教事务局还协同宣传部在新疆人民广播电台哈萨克语频道开设了“今日兵团”栏目，使民族团结思想深入到千家万户，深入到社会的各个角落。随着教育的不断深入，民族团结进步创建活动也不断发展，2009年，有7个民族团结进步模范单位和8名民族团结进步模范个人受到国务院的表彰，姜万富等4名模范集体、模范个人代表参加了第五次全国民族团结进步表彰大会和共和国成立60周年国庆观礼活动。

二、加大工作力度，促进了民族经济发展

在党中央、国务院和国家民委、财政部的关怀和支持下，兵团58个边境团场2009年全部纳入国家“兴边富民行动”资金扶持范围。为实施好2009年兵团“兴边富民行动”，兵团召开了兵团兴边富民行动工作动员会，成立了兵、师两级“兴边富民行动”领导小组，建立、健全了工作机制，制定下发了《新疆生产建设兵团兴边富民项目管理办法（试行）》。专门组织相关的师民族工作部门领导11人赴广西、云南进行考察，学习外省区的先进经验。2009年，兵团兴边富民行动支持了边境团场果蔬大棚建设、林果种植业、畜牧养殖业、农业基础设施建设、改水工程、商贸网点建设等各类61个项目的建设。从国家民委实地抽查和兵团民族宗教事务局年底检查的情况看，所确定的61个项目全部启动，项目任务已在建设期内完成，职工群众得到了实惠，边境团场得到了发展。为进一步推动兵团少数民族经济社会快速发展，8月，兵团在农四师召开了兵团推进少数民族经济发展现场会。兵团机关相关部门、各师分管领导、统战、民族工作部门、民族团场的领导近200人参加了会议。会议对推进民族经济发展作出部署，提出了要求，交流了先进经验，进行了实地参观，推动民族经济发展工作步入快车道。认真落实国家民族贸易和民族特需商品生产优惠政策，截止到2009年底，兵团共享受这项政策性收益1 721.9万元（不含边销茶）。

三、全力以赴地做好兵团民族宗教领域维稳工作

乌鲁木齐“7·5”事件发生后，兵团党委迅速对兵团维稳工作进行了部署，提出了“五个确保”，其中特别提出要确保兵团民族宗教领域的稳定。按照兵团党委的统一部署，兵团各级统战、民族宗教工作部门开展了大量深入细致和扎实有效的工作。

首先，全面安排落实兵团党委的工作部署。兵团民族宗教事务局根据形势变化，先后下发了《关于进一步做好兵团民族宗教领域维稳工作的通知》等5个通知，要求各级统战、民宗部门立即行动起来，一要做好对宗教人士的宣传教育工作，通过他们做好信教群众的工作；二要制订应急预案，建立24小时巡逻值班制度，加强重要场所安全保卫工作；三要切实落实领导干部联系清真寺制度和与宗教人士谈话制度；四要加强信息工作，坚持每天一报制度。其次，广泛开展宣传教育工作。乌鲁木齐“7·5”事件以后，兵团民族宗教事务局立即组织了4个宣讲团分赴南北疆重点师、团进行了“团结稳定是福、分裂动乱是祸、民族团结高于天”的主题宣讲活动，参加听讲的宗教界人士、信教群众和少数民族群众代表达数万人之多。兵团民族宗教事务局还专门组织力量，用维、汉两种文字编写、翻译、印刷了《团结稳定是福、分裂动乱是祸、民族团结高于天》的宣传材料，迅速发放到了各师、团、连队、社区和宗教活动场所。最后，加大宗教工作监管力度。乌鲁木齐“7·5”事件后，兵团民族宗教事务局组成4个工作组先后3次对9个重点师的21个重点团场进行了宗教领域维稳情况检查，加强了监管。

（撰稿　刘海新　　审稿　热合曼·克日木）

概 况 篇

收录了少数民族和民族地区 2009 年度经济社会发展概况以及国家和各省、自治区、直辖市民族工作概况。

政策法规

【国家民委对《国务院关于支持福建省加快建设海峡西岸经济区的若干意见》提出实施意见】 根据国务院《关于支持福建省加快建设海峡西岸经济区的若干意见》精神，2009年8月，国家民委致函福建省人民政府，提出创新民族工作机制、加快民族乡村经济社会发展、促进民族贸易和民族特需商品生产发展、加强民族文化抢救和保护、加强民族教育和干部培训工作、开展少数民族对台交流与合作6点实施意见，支持福建省加快海峡西岸经济区建设，加快少数民族和民族地区发展。

（撰稿　蓝宗明　　审稿　蓝国秋）

【国家民委与湖北省人民政府签署部省合作协议】 2009年5月23日，《湖北省人民政府、国家民委共同推进湖北民族团结进步事业合作协议》签署仪式在湖北省武汉市隆重举行。湖北省委副书记、省长李鸿忠和国家民委主任杨晶同志分别在签字仪式上致辞，并分别代表湖北省人民政府和国家民委在部省合作协议书上签字。签字仪式由湖北省人民政府副省长张岱梨主持。此次与地方政府签署部省合作协议对于国家民委来说尚属首次。杨晶表示，国家民委将以部省合作共建为平台，竭尽全力支持湖北少数民族和民族地区实现经济社会又好又快发展，为共同推进湖北民族团结进步事业作出更大贡献。李鸿忠表示，湖北省委、省政府将以此次部省合作协议签署为契机，进一步加强对民族工作的领导，加大政策支持的力度，加大对民族工作的投入，改善工作环境，完善合作机制，拓展合作领域，竭尽所能为推进双方的合作创造有利条件，确保双方合作取得实效。

（撰稿　江莉　　审稿　唐启明）

【北京市建立少数民族乡村经济发展专项资金以奖代补机制】 2009年，北京市民委、市农委和市财政局贯彻落实全市少数民族乡村经济工作会议和有关领导指示精神，联合下发了《北京市少数民族乡村经济发展专项资金使用管理补充办法》，建立了激励机制，从专项资金中设立了1 600万元奖金，用于实施以奖代补，以此调动和发挥区县、乡镇政府和民族乡村干部群众的主体作用和积极性。通过组织由相关部门、专家和区县代表等组成的考评小组，对2009年度全市少数民族乡村经济发展变化情况和少数民族乡村经济发展专项资金扶持项目完成情况进行了综合考评，大兴区、房山区等6个区县政府获区县主体作用发挥优秀奖，房山区良乡镇东石羊村果品花卉种植基地建设项目等40个项目获专项资金扶持项目优秀奖。

（撰稿　沙丽　　审稿　马中璞）

【内蒙古自治区贯彻落实《民族区域自治法》座谈会召开】 2009年10月28日，内蒙古自治区召开贯彻落实《中华人民共和国民族区域自治法》座谈会。自治区党委副书记、自治区常务副主席任亚平主持会议并讲话，自治区副主席布小林出席座谈会。自治区人大、政协相关专门委员会，自治区发改委、民委、财政厅、法制办等有关部门负责同志参加了座谈会。与会专家和自治区有关部门负责同志就进一步深入贯彻落实好《中华人民共和国民族区域自治法》提出意见和建议。

（撰稿　李日树　审稿　常威）

【辽宁省贯彻落实《辽宁省实施〈中华人民共和国民族区域自治法〉办法》，做好新时期民族工作】　2009 年 8 月 25 日，辽宁省人大民族侨务外事委员会、省民委在本溪满族自治县联合举办辽宁省第八期民族自治地方立法培训班暨《辽宁省实施〈中华人民共和国民族区域自治法〉办法》学习班。省人大常委会副主任王专、省民委主任包玉梅出席并讲话，省人大民侨外委主任佟钟时主持培训会议。省民委副主任赵佐贤围绕《辽宁省实施〈中华人民共和国民族区域自治法〉办法》制定实施的意义、立法的过程和特点、主要内容以及如何贯彻落实好《实施办法》，作了学习辅导报告。朝阳市人大民侨外委、本溪满族自治县人大常委会负责人进行了经验交流。

（撰稿　罗平　审稿　赵佐贤）

【黑龙江省落实好现有民族政策法规】　黑龙江省认真贯彻落实〔2005〕21 号和〔2006〕26 号文件精神，将其中惠及少数民族和民族地区农村发展的有关政策落到实处，使少数民族群众得到真正好处。落实落靠各项规划，以项目带动少数民族和民族地区农村快速发展。2009 年，黑龙江省认真实施《扶持人口较少民族发展规划》、《兴边富民行动规划》及《少数民族社会事业规划》，取得了良好效果。认真贯彻、落实扶持少数民族特需用品定点生产企业发展的有关政策，促进民贸企业对当地经济社会发展的拉动作用。黑龙江省现有少数民族特需用品定点生产企业 33 家，这些企业在当地的经济社会发展中都有着一定的龙头作用，尤其在企业连基地、基地连农户的产业链条中为农民带来了发展机遇，省民委将继续贯彻落实国家的有关民贸扶持政策，并积极争取国家，协调省有关部门落实对少数民族特需用品定点生产企业扶持的贴息、利率等优惠政策，为企业带动农户发展创造更好的条件。向全省下发《关于全面检查严格执行党和国家民族政策情况的通知》，组成了规格高、权威性强的检查组，利用近半年的时间，对全省各市地，省直各部门开展了民族政策法规贯彻情况的监督检查，创造了良好的经济社会发展环境。

（撰稿　廖文辉　审稿　包玉明）

【福建省出台民族特需商品生产优惠贷款利差补贴管理办法】　2009 年 10 月 22 日，中国人民银行福州中心支行与福建省民族与宗教事务厅共同制定下发《福建省民族特需商品生产优惠贷款利差补贴管理办法》。该办法规定中国农业发展银行、中国工商银行、中国农业银行、中国银行、中国建设银行和城市商业银行分支机构及农村信用社法人社为民贸民品优惠贷款的承办行；民贸民品优惠贷款范围限于民族特需商品定点生产企业按《少数民族特需用品目录》生产民贸民品所需要的流动资金贷款；贷款优惠比例按定点企业民贸民品产值占全部产值的比例核定，执行比一年期贷款基准利率低 2.88 个百分点的优惠利率，优惠贷款利率一律不准上浮；民贸民品优惠贷款利率申请由企业向当地民族工作部门提出，经当地民族工作部门审核后，民贸民品优惠贷款承办行根据商业信贷原则发放优惠利率贷款。

（撰稿　蓝宗明　审稿　蓝国秋）

【评估《福建省少数民族权益保障条例》实施情况】　《福建省少数民族权益保障条例》（以下简称《条例》）1999 年 10 月 22 日经省第九届人大常委会第十四次会议通过，于 2000 年 1 月 1 日起正式开始施行。《条例》实施至今已满 10 年。2009 年福建省人大常委会将《条例》列入地方性法规清理范围后，福建省民族宗教厅开始对《条例》实施情况进行评估。先后下发《关于征求〈福建省少数民族权益保障条例〉修改意见的函》和《关于对〈福建省少数民族权益保障条例〉贯彻执行情况进行总结并提出修改意见的通知》，要求各市、县（区）民族宗教局认真做好《条例》贯彻实施10年来的情况总结，提出修改意见。同时组织人员深入宁德、福州、泉州、漳州等市以及民族工作重点县（市、区）、民族乡村广泛征求各级政府和有关部门意见建议。在此基础上对《条例》提出初步清理、修改意见，并提交《条例》实施情况的评估报告，要求福建省人大常委会内务司法委员会将《条例》列入立法修订计划。

（撰稿　刘培芝　　审稿　蓝国秋）

【江西省三部门联合下文严防违反规定更改民族成分享受高考优惠】　针对一些地方出现的个别考生为享受少数民族高考、中考加分等优惠政策，违反有关规定变更民族成分现象的出现，为了更好地贯彻落实党和国家的各项民族政策，保障少数民族的合法权益，维护民族团结和社会稳定，江西省民族宗教事务局、省教育厅、省公安厅联合下发《关于转发〈国家民委办公厅教育部办公厅公安部办公厅关于严格执行变更民族成分有关规定的通知〉的通知》（赣民宗字〔2009〕74号），对更改民族成分作了严格的要求。通知要求：公民个人的民族成分只能依据父亲或母亲的民族成分确定。公民申请变更民族成分，须严格按照国家民委、国务院第四次人口普查领导小组、公安部《关于中国公民确定民族成分的规定》（民委（政）字〔1990〕217号）办理。未经地市级以上民族事务主管部门审核同意和地市级公安机关户政部门审批，公安派出所不得办理公民民族成分变更手续。对于弄虚作假、违反规定将汉族成分变更为少数民族成分的考生，一经查实，由省级教育行政部门或其委托的招生考试机构取消其考试资格或录取资格，并记入考生电子档案。已经入学的，取消其学籍。要按照“谁主管，谁负责”的原则，将考生民族成分确认工作明确到部门，落实到人员，严格实行责任制和责任追究制度。对弄虚作假、以权谋私、玩忽职守，违规将考生汉族成分变更为少数民族成分的，要严肃追究相关人员的责任。通知还规定，在个人申请确定民族成分问题上，各地需严格按照省民族宗教事务局、省公安厅联合下发的《关于暂停更改民族成分工作的通知》（赣民宗字〔2007〕41号）规定的个人申请确定民族成分问题“实行事先上报省民族宗教事务局备案”的要求执行。

（撰稿　沈红波　　审稿　张国培）

【湖北省《恩施土家族苗族自治州自治条例》修订施行】　湖北省第十一届人大常委会第七次会议批准，《恩施土家族苗族自治州自治条例》从2009年2月1日起施行。《鄂西土家族苗族自治州自治条例》于1991年5月31日恩施土家族苗族自治州第二届人民代表大会第四次会议通过，1991年8月2日湖北省第七届人民代表大会常务委员会第21次会议批准，1992年1月1日起施行。修订后的《恩施土家族苗族自治州自治条例》由原来的7章68条修改为9章77条，条例将新形势下党和国家以及湖北省委省政府对民族自治地方的民族政策全部纳入其中，使恩施土家族苗族自治州全面享受民族政策，更好地行使自治权，抓住国家西部大开发，支持民族地区加快发展的历史机遇，建立社会主义市场经济体制，建设全国先进的自治州都将起到重要的法制保障作用。

（撰稿　张声勇　　审稿　唐启明）

【湖北省利川市出台落实民族政策的实施意见】　2009年2月26日，湖北省利川市委、市政府出台了《关于进一步落实民族政策加强民族工作加快经济社会发展的实施意见》（利发〔2009〕4号）（以下简称《实施意见》）。《实施意见》主要提出了八方面的意见：一是充分认识新形势下加快民族地区经济社会发展的重要性，明确现阶段民族工作的主要任务；二是发挥民族政策优势，加快民族经济发展；三是进一步改善基础设施；四是用好用活民族政策，大力发展社会事业；五是推进民族文化建设，不断提高民族文化产业对经济的影响力和功效率；六是推进民族政治建设；七是认真实施“616”工程，争取省直部门更多的支持；八是创新机制和方法，切实加强对民族工作的领导。

（撰稿　张艳娟　郭远明　　审稿　唐启明）

【湖北省钟祥市出台《贯彻〈湖北省散居少数民族工作条例〉实施办法》】　2009年6月，湖北省钟祥市人民政府颁布实施了《贯彻〈湖北省散居少数民族工作条例〉实施办法》（钟政发〔2009〕6号）（以下简称《实施办法》)。该《实施办法》的内容具体可操作性强，涉及钟祥市九里回族乡社会经济发展以及全市少数民族工作14个方面，主要有6个方面的亮点。第一，九里回族乡的乡长由回族公民担任；九里回族乡人民政府的工作人员中，少数民族干部所占比例为30%左右。第二，市财政对九里回族乡实行优惠财政体制，该乡地税财政征收超收的市级留存部分全部返还；在安排一般性转移支付时，对该乡给予照顾；对该乡安排一定的机动财力，设立5%的机动金和预备费。第三，根据散居少数民族人口数量按每人每年10元的标准设立散居少数民族事业费，并纳入财政预算，随市财政收入增长逐年增加。第四，每年设立少数民族发展资金20万元，并随市财政收入增长逐年增加，用于扶持和帮助民族乡和散居少数民族人口较多的自然村发展经济和社会事业；每年设立散居少数民族教育补助专款5万元，并随市财政收入增长逐年增加，用于帮助民族乡、村发展教育事业。第五，积极开展帮扶工作，市政府每两年在九里回族乡召开一次现场办公会议；市相关部门也要对口帮助九里回族乡解决经济和社会各项事业发展中的实际困难和问题。第六，市属重点高中对少数民族应届初中毕业生招生给予在考试总分基础上增加5分的照顾。

（撰稿　易洁　毛存华　　审稿　唐启明）

【湖北省恩施土家族苗族自治州出台《民族文化遗产保护条例实施细则》】　2009年8月23日，湖北省恩施土家族苗族自治州人民政府印发了《恩施土家族苗族自治州民族文化遗产保护条例实施细则》（以下简称《实施细则》)。该《实施细则》是根据《恩施土家族苗族自治州民族文化遗产保护条例》制定的，共分总则、保护与管理、收藏与交流、开发与利用、奖励与处罚、附则，6章19条。该实施细则明确了恩施土家族苗族自治州国家机关、社会团体、企业事业单位和公民保护民族文化遗产的责任和义务，各级人民政府以及政府有关部门保护民族文化遗产的职责、民族文化遗产保护专家委员会的职责和民族文化遗产保护的具体奖励与处罚等。该《实施细则》的出台，有利于贯彻执行民族文化遗产“保护为主、抢救第一、合理利用、有序开发”的总方针，有利于鼓励、支持开展传承和弘扬优秀民族文化，恩施土家族苗族自治州的民族文化遗产将随着该实施细则的施行得到更好的保护与传承，也将为建设文化大州起到应有的作用。

（撰稿　冉茂琼　　审稿　唐启明）

【湖北省长阳土家族自治县出台《民族民间传统文化项目代表性传承人认定与管理暂行办法》】　2009年11月，湖北省长阳土家族自治县根据《长阳土家族自治县民族民间传统文化保护条例》和文化部《国家级非物质文化遗产项目代表性传承人认定与管理暂行办法》制定出台了《长阳土家族自治县民族民间传统文化项目代表性传承人认定与管理暂行办法》（以下简称《办法》)。该《办法》对传承人认定的条件、原则和申报、评审、公示、审批等程序，传承人应承担的义务，政府有关部门的责任等21项内容予以明确。该《暂行办法》的实施，将有效保护和传承民族民间文化，鼓励和支持民族民间传承人开展传习活动。

（撰稿　向世兵　　审稿　唐启明）

【湖北省修订《湖北省少数民族医疗减免费使用管理办法》】 2009年12月24日，《湖北省少数民族医疗减免费使用管理办法》（鄂民宗发〔2009〕40号，以下简称《办法》）经修订后由省民宗委、省财政厅、省卫生厅联合发文，从2010年1月1日起执行。《办法》明确规定对少数民族医疗减免经费实行专项调度，跟踪管理，确保资金到位和专款专用。经费重点照顾少数民族特困户或民政部门确定的城乡低保户。《办法》还针对少数民族医疗减免费补贴额度、费用申报审核程序、经费使用的监察和管理等方面作了详细规定。

（撰稿　孔元元　尹秦玲　　审稿　唐启明）

【湖南省31部现行有效民族法规助推发展】 2009年12月上旬，湘西第一家以苗族医药为诊疗特色的凤凰苗医医院正式开业。这是《湘西土家族苗族自治州土家医药苗医药保护条例》2009年7月1日施行以来的新实践，也是湖南省民族法制建设步伐不断加快的缩影。湖南省现行有效民族法规共31部，其中省级民族地方性法规4部、自治条例8部、单行条例19部。此外，在其他地方性法规中专门就民族问题作出规定的有20件。同时，省委、省政府出台10多个民族优惠政策文件，各市州也结合本地实际制定了配套政策。

自1986年批准第一个自治条例《新晃侗族自治县自治条例》开始，“一州七县”自治条例全部制定完成，还出台了第一个关于民族工作的地方性法规《湖南省散居少数民族工作条例》，制定了《湖南省实施〈民族区域自治法〉的若干规定》。湖南省加快单行条例制定，自治州制定单行条例8件，自治县制定单行条例4件，省人大常委会还出台了关于少数民族地区普及义务教育、少数民族自治地方科学技术进步的两部地方性法规。湖南省加快了配套法规建设步伐，批准了8个自治条例修正案、8个单行条例。“一州七县”自治条例修改任务全部完成，走在全国前列。一批以非物质文化遗产保护和历史文化名城、名镇和自然风景保护为主要内容的单行条例相继出台。

（撰稿　陈春建　　审稿　曹承明）

【湖南省制定下发《关于进一步繁荣发展少数民族文化事业的意见》】 2009年12月27日，湖南省人民政府制定下发《关于进一步繁荣发展少数民族文化事业的意见》。《意见》明确了发展少数民族文化事业的指导思想、基本原则和目标任务，进一步大力推进少数民族和民族地区公共文化基础设施建设、加大对少数民族文化重点工程和文艺团体建设扶持力度等9个方面促进少数民族文化事业发展的政策措施。《意见》规定：将省民族文化园列入“十二五”期间省文化建设重点项目，省财政按照不低于少数民族人口人均1元的标准设立省级少数民族文化专项资金。同时，《意见》对完善少数民族文化事业发展的体制机制、加强对少数民族文化工作的领导提出了具体要求。

（撰稿　陈春建　　审稿　曹承明）

【湖南省制定出台《关于贯彻落实民族区域自治“一法两规定”，做好民族地区人事人才工作的通知》】 为进一步贯彻落实《中华人民共和国民族区域自治法》、《国务院实施〈中华人民共和国民族区域自治法〉若干规定》（国务院第435号令）、《湖南省实施〈中华人民共和国民族区域自治法〉的若干规定》和人事部《关于进一步贯彻落实〈国务院实施《中华人民共和国民族区域自治法》若干规定〉的通知》（国人部发〔2007〕75号）精神，深入做好本省民族自治地方人事人才工作，促进民族自治地方发展，湖南省制定出台了《关于贯彻落实民族区域自治“一法两规定”，做好民族地区人事人才工作的通知》（湘人发〔2009〕85号）。该《通知》明确规定：对民族自治地方公务员考试录用给予适当政策倾斜；适当放宽民族自治地方专业技术人员专业技术职务任职资格参评条件；加大民族自治地方人才教育培养力度；积极引导人才智力向民族自治地方流动；认真落实民族自治地方机关事业单位工作人员的工资福利待遇。

（撰稿　陈春建　　审稿　曹承明）

【海南省 2009 年大学生志愿服务中西部计划方案出台】　2009 年 4 月 10 日，2009 年全国西部计划项目电视电话会议暨海南省中西部计划工作会议在海口市召开，会议对 2009 年志愿服务的招募工作进行安排部署，并出台了 2009 年本省大学生志愿服务中西部计划方案。根据方案，2009 年本省大学生志愿服务西部计划共招募 84 名普通高校应届毕业生，安排到保亭、陵水、五指山和三亚等市县的贫困乡镇从事为期 1～3 年的教育、卫生、农技、扶贫、基层检察以及开发性金融等方面的志愿服务工作。2009 年，海南省中部支教计划在省内外普通高等学校的海南生源中招募 60 名 2008 届和 2009 届大学毕业生，到定安、屯昌、白沙、昌江等 8 个市县贫困乡镇从事为期 1～3 年的支教工作。志愿者服务期间享受每月1 000元生活补贴，服务期满后考核合格者可享受报考研究生、公务员（含选调生）加分，服务期计入工龄等 10 项优惠政策。

（撰稿　邱其斌　　审稿　唐圣为）

【海南省实行矿产资源补偿费分配向少数民族地区倾斜政策】　2009 年 7 月，《海南省矿产资源补偿费征收管理办法》重新修订施行，新《办法》对矿产资源补偿费征收分配进行了调整，留归地方财政部分向少数民族自治县倾斜。《办法》规定，矿产资源补偿费的 50% 上缴中央财政，50% 留归地方财政。其中留归地方财政的矿产资源补偿费按以下规定分配：由少数民族自治县地矿行政主管部门负责征收的，全部留归自治县财政；由省地矿行政主管部门授权少数民族自治县地矿行政主管部门征收的，30% 归少数民族自治县财政，20% 归省财政；由其他市（县）地矿行政主管部门负责征收以及由省地矿行政主管部门授权其他市（县）地矿行政主管部门征收的，25% 归市（县）财政，25% 归省财政。

（撰稿　邱其斌　　审稿　唐圣为）

【海南省民族地区生态保护补偿机制】　2008 年 12 月，海南省出台了《关于建立完善中部山区生态补偿机制的试行办法》，在民族地区建立生态补偿机制方面迈出了可喜的步子。2009 年，省财政拨付 2.03 亿元，加大中部山区生态补偿的力度。目前，海南省民族地区森林覆盖率平均达到 68.4%，比全省森林覆盖率高出 9.2 个百分点。

（撰稿　邱其斌　　审稿　唐圣为）

【云南省民委进一步加强民族法制建设】　2009 年，云南省民委进一步加强民族法制建设，全面贯彻落实党的民族政策和民族法律法规，不断完善云南省民族法制宣传教育机制，紧紧抓住新中国成立 60 周年，国务院和省委、省政府召开民族团结进步表彰会和国际人类学与民族学联合会第十六届大会在云南省召开的历史机遇，深入、广泛地开展民族团结和党的民族政策、民族法律法规宣传教育活动。继续深入指导各州市开展党的民族政策和法律法规的宣传教育。各州市民委充分利用民族团结月、民族团结周、民族团结日开展民族理论、民族政策、民族法律法规、民族基本知识的宣传教育，加大对党和国家的民族政策的宣传。云南省民委积极配合有关部门对《中华人民共和国民族区域自治法》、《国务院实施〈中华人民共和国民族区域自治法〉若干规定》、《云南省实施〈中华人民共和国民族区域自治法〉办法》、《民族乡行政工作条例》、《城市民族工作条例》、《云南省民族乡工作条例》、《云南省城市民族工作条例》等民族法律法规的贯彻落实情况进行执法检查。调研、起草了《云南省公民个人民族成分更改办法》等规范性文件，开展了民族语言文字、清真食品管理等方面的民族法律法规立法调研。

（撰稿　鱼波　　审稿　徐畅江）

【青海省开展民族政策法规执法检查】 依法对27个部门和西宁、海东、海北、黄南等州市地政府贯彻执行民族区域自治法的情况进行监督检查，向省政府上报《2008年青海省贯彻执行〈国务院实施民族区域自治法若干规定〉情况的报告》，并就如何进一步贯彻落实民族区域自治法提出了建议。会同省政府督查室对各地区、各部门贯彻落实党和国家的民族平等政策情况（国办发〔2008〕33号）进行检查，对部分单位提出了整改要求，坚决纠正和防止发生损害民族团结的行为，切实维护民族团结、宗教和睦和社会稳定。会同省教育厅对中小学和部分高校开展民族团结教育工作情况进行了检查，确保民族团结教育活动内容落到实处。通过督促检查，有效提高了全社会对民族政策极端重要性的认识，增强了执行民族政策的自觉性。

（撰稿　刘兵　　审稿　金水平）

民族团结进步

民族团结宣传教育

【天津市召开第六次民族团结进步表彰大会】2009年11月，天津市召开第六次民族团结进步表彰大会。中共中央政治局委员、市委书记张高丽出席并讲话。市委副书记、市长黄兴国主持会议并宣读了市政府《关于表彰市民族团结进步模范集体和模范个人的决定》。全市11人荣获全国民族团结进步模范个人荣誉称号，10个单位荣获全国民族团结进步模范集体荣誉称号。125个集体、70人获市民族团结进步模范集体、模范个人荣誉称号。

（撰稿　刘飞　　审稿　马竞、从秀荣）

【全国民族团结进步模范事迹报告会在内蒙古自治区呼和浩特市举行】 由中央宣传部、中央统战部、国家民委组织的全国民族团结进步模范事迹报告团在全国部分省区市作巡回报告。2009年11月13日，报告会在内蒙古自治区人民会堂隆重举行。中央统战部副部长、代表团团长黄跃金在会上致辞。内蒙古自治区党委常委、政法委书记邢云主持报告会。自治区党委常委、纪委书记张力，自治区人大常委会副主任雷·额尔德尼、郝益东、云秀梅，自治区副主席刘新乐，自治区政协副主席郭子明、娜仁，内蒙古军区副司令员海力斯、武警内蒙古总队总队长张国兴出席报告会。自治区直属机关、各大企事业单位负责人、机关党务负责人，区直机关、呼和浩特市荣获国务院第五次全国民族团结进步表彰大会模范集体和个人，驻呼解放军、武警部队官兵、高校师生代表和呼和浩特市各族各届代表等1 000余人参加了报告会。报告会上，报告团成员吉林省延边州政府干部金美香，大连理工大学民族预科班班主任邵春亮，新疆维吾尔自治区阿勒泰地区清河县阿尕什敖包乡政府干部王丽娜，四川省北川羌族自治县县委常委、副县长王久华，中国人民解放军69 216部队部队长蒲继生5位同志讲述了他们自身或所在单位、地方在促进民族团结进步事业的先进事迹。

（撰稿　李日树　　审稿　常威）

【内蒙古自治区党委书记储波会见全国民族团结进步模范事迹报告团】　2009年11月13日上午，内蒙古自治区党委书记、人大常委会主任储波在内蒙古人民会堂会见了由中央统战部副部长黄跃金率领的全国民族团结进步模范事迹报告团一行。自治区党委常委、政法委书记邢云，自治区党委常委、纪委书记张力，自治区副主席刘新乐参加会见。

（撰稿　李日树　　审稿　常威）

【内蒙古自治区党委宣传部、教育厅、民委召开全区深入开展民族团结宣传教育活动电视电话会议】　为贯彻落实《中共中央办公厅、国务院办公厅印发〈关于深入开展民族团结教育活动的意见〉的通知》精神，2009年9月2日，自治区党委宣传部、自治区教育厅、自治区民委召开全区深入开展民族团结宣传教育活动电视电话会议，传达中宣部、教育部、国家民委深入开展民族团结宣传教育活动电视电话会议精神，安排部署内蒙古自治区深入开展民族团结宣传教育活动主要工作和任务。自治区党委常委、宣传部部长乌兰出席会议并讲话。自治区民委主任阿迪雅就近期开展民族团结宣传教育活动作具体部署。自治区党委宣传部副部长张太平传达《中共中央办公厅、国务院办公厅印发〈关于深入开展民族团结教育活动的意见〉的通知》。

（撰稿　李日树　　审稿　常威）

【内蒙古呼和浩特铁路局表彰奖励民族团结进步先进集体和先进个人】　呼和浩特铁路局、中共呼和浩特铁路局委员会作出《关于表彰全局民族团结进步先进集体、先进个人的决定》，对全局近年来涌现出的34个民族团结进步先进集体和111名民族团结进步先进个人给予表彰、奖励。

（撰稿　李日树　　审稿　常威）

【内蒙古北方重工集团积极开展民族团结进步活动】　2009年8月，北方重工集团向所属各成员单位党委、总支、支部发出《关于开展民族团结进步月活动的通知》，结合集团公司实际，明确了指导思想、活动时间、活动内容，提出了工作要求；通过设立板报、简报、发放宣传资料、在集团公司广播电视报刊设立专栏专版等形式，宣传新中国成立60年来及集团公司建厂55年来，各族干部群众共同努力所取得的成绩，宣传各族干部团结进步的好风尚。集团公司在两级党校举办各种培训时把党的民族政策、民族团结教育纳入教学计划，集团公司各级党组织在党课教育中和党员主题实践活动中，以车间、党支部为单位向各族干部职工进行民族政策宣传教育。公司规定每两年召开一次民族团结进步表彰会，在日常工作中积极为少数民族职工办实事。

（撰稿　李日树　　审稿　常威）

【上海市开展形式多样的民族团结进步活动】根据2009年重大节日庆典多的实际情况，上海市民族和宗教事务委员会把民族团结的宣传教育与庆祝新中国成立60周年相结合，与迎世博相结合，与国务院表彰相结合，唱亮、唱响、唱好民族团结的主旋律，在扩大宣传教育覆盖面、增强宣传教育的针对性和有效性方面取得了新成绩。2009年，上海市民族和宗教事务委员会联合市政协召开纪念新中国成立60周年座谈会和民族宗教界国庆联欢会，市委常委、市委统战部部长杨晓渡出席会议并讲话。组织市民族宗教委19名处级干部分赴19个区县开展世博会与民族政策宣讲活动，宣传周期间全市共设立咨询宣传点180多个，分发宣传资料30 000多份，参与市民60 000多人次。全市共有16个模范集体和7个先进个人受到国务院表彰。创建活动评选出31个“上海市民族团结进步模范社区（镇）”、96个“上海市民族团结进步优秀社区”、29名“上海市民族团结先进个人”。中共中央政治局委员、市委书记俞正声，市委副书记、市长韩正会见了荣获第五次全国民族团结进步模范称号的个人和集体代表。

（撰稿　张丽萍　　审稿　李伟民）

【江苏省民委举办“民族团结宣传教育活动”启动仪式】　江苏省民委为贯彻中央和省委、省政府要求，喜迎国庆60周年，推动全省民族团结进步事业发展，在全社会进一步掀起开展民族团结宣传教育的新高潮，于2009年9月13日与南京市民宗局联合举行“江苏省暨南京市民族团结宣传教育活动”启动仪式，拉开了民族团结宣传教育活动月的序幕。省、南京市有关领导和全省少数民族代表参加了启动仪式。启动仪式现场还举办了民族政策咨询、宣传资料发放、工作成果展览、民族歌舞表演、清真食品展示和少数民族医务工作者义诊等活动，吸引了众多少数民族群众和汉族群众的参与。

（撰稿　刘克元　　审稿　王在郑）

【江苏省委、省政府举行隆重仪式欢送模范代表进京接受表彰】　江苏省委、省政府于2009年9月28日举行隆重仪式欢送获国务院第五次全国民族团结进步模范个人和模范集体代表进京接受表彰。这次表彰大会上，江苏省将有11个模范集体、10位模范个人受到表彰，其中有8位代表赴京接受表彰。省委副书记、组织部长王国生代表省委、省政府到会讲话。代表团成员王咏红、杨文喜、欧阳梅芳作了表态发言。副省长、代表团团长徐鸣，省政协副主席、省委统战部部长周珉参加送行座谈会。省民委主任王军参加座谈会并随团赴京。

（撰稿　刘克元　　审稿　王在郑）

【全国民族团结进步模范事迹报告团在浙江】
2009年11月19日，浙江省委副书记夏宝龙在杭州会见了来浙江作巡回报告的全国民族团结进步模范事迹报告团一行9人，并向报告团介绍了浙江省民族工作的基本情况。全国民族团结进步模范事迹报告团由中央宣传部、中央统战部、国家民委共同组织，国家民委副主任丹珠昂奔为团长。省委统战部、宣传部、省民宗委等有关部门负责人参加会见。

（撰稿　徐钢泓　　审稿　陈智慧）

【安徽省开展民族团结进步模范集体和模范个人评选表彰活动】　安徽省民委认真贯彻国家民委关于做好国务院第五次民族团结进步模范评选工作的通知精神，在省评选工作领导小组的直接领导下，会同省人事部门严格按照评选工作有关规定，指导各地和有关部门共推荐、评选出18个全国民族团结进步模范集体和模范个人、74个全省民族团结进步模范集体和模范个人。省政府常务会议、省委常委会议先后听取了省民委有关评选表彰工作的汇报。2009年11月30日，省委、省政府召开全省民族团结进步表彰大会暨全省少数民族文化工作会议，会议规格之高、规模之大、表彰人数之多均前所未有。为认真贯彻胡锦涛总书记在国务院第五次民族团结进步表彰大会上的重要讲话精神，推动全省民族团结进步事业发展，省民委深入调研，加强协调，争取省委办公厅、省政府办公厅制发了《关于深入推动民族团结进步事业创新发展的若干意见》（皖办发〔2010〕1号），在全省产生了积极反响。

（撰稿　刘炜　　审稿　白和平）

【福建省21个民族团结进步模范集体和个人受到国务院表彰】 2009年9月29日，国务院第五次全国民族团结进步表彰大会在北京召开。大会共表彰739个模范集体和749个模范个人，福建省共有10个集体和11名个人受到国务院表彰。福建省委副书记于广洲、省委统战部部长张燮飞、省民族宗教厅厅长王聚仁和模范集体、模范个人代表共12人出席表彰大会。同时还参加了9月29—30日，中央统战部、国家民委召开的全国民族团结进步创建活动经验交流会。

（撰稿　央金拉姆　　审稿　刘培芝）

【福建省开展民族团结进步宣传月活动】 2009年9月是福建省开展的第二个民族团结进步宣传活动月。福建省民族宗教厅根据福建省政府办公厅转发的《关于开展民族团结进步宣传月活动方案》，下发了《关于做好今年民族团结进步宣传月活动的通知》，要求各地在2008年开展民族团结进步宣传月活动的基础上，进一步提高认识、明确主题、做好部署、加强领导、督促落实，并与福建省委宣传部联合下发了《关于学习宣传贯彻落实〈党和国家民族政策宣传教育提纲〉的通知》。福建省各地十分重视开展民族团结进步宣传月活动，制订方案，认真部署，协调经费，推动落实，宣传月活动取得了较好的效果。据初步统计，宣传月活动期间，福建省共召开学习宣传民族政策座谈会、知识讲座40场，各级电视台播放宣传民族团结进步的字幕、标语250条（次），新闻媒体播放、刊发新闻宣传报道60多篇，出动宣传车8台（次），张贴、悬挂标语、横幅4 500多条，发放《党和国家民族政策宣传教育提纲》等宣传资料60 500多份，发送宣传短信4 500多条，出板报1 200多块，展出展板164块，放映电影23场；组织1万多人参加民族知识竞赛活动；开展了10多场民族团结进步宣传月广场文艺活动和乡村、社区文艺晚会；组织2万多少数民族干部、群众到全国民族团结进步教育基地及各类民族博物馆、纪念馆、历史文化陈列馆参观，接受民族团结进步教育，宣传月活动取得了明显成效。

（撰稿　刘培芝　　审稿　蓝国秋）

【江西省全省第六次民族团结进步表彰大会隆重召开】 2009年12月25日，省政府第六次民族团结进步表彰大会在南昌隆重召开。会议的主要任务是贯彻落实国务院第五次民族团结进步表彰大会精神，表彰民族团结进步模范集体和模范个人，总结交流经验，安排部署当前和今后一个时期全省民族团结进步工作。省委书记苏荣、国家民委党组书记杨传堂出席大会并讲话。大会由省长吴新雄主持。熊盛文副省长宣读了省政府表彰决定。大会代颁了全国民族团结进步模范奖，颁发了全省民族团结进步模范奖。贵溪市樟坪畲族乡党委书记郑占煌和永丰县龙冈畲族乡党委书记兰晓珍代表受表彰的模范集体和模范个人先后发言。

（撰稿　沈红波　　审稿　张国培）

【江西省举办全省民族团结教育知识竞赛】 2009年10月23日，江西省举行全省民族团结教育知识竞赛复赛。来自全省11个设区市的11个代表队参加了比赛。比赛评比出一、二、三等奖和组织奖。为了进一步贯彻落实中宣部和国家民委联合下发的《关于印发〈党和国家民族政策宣传教育提纲〉的通知》（中宣发〔2008〕21号）和国办发33号文件精神，江西省组织开展了党和国家民族政策宣传月活动。此前在各个设区市进行了初赛和内容丰富、形式多样的宣传活动，挑选出设区市民宗局、县（市、区）民宗局、街道或社区的民族工作干部和相关窗口单位工作人员参加全省复赛。

（撰稿　沈红波　　审稿　张国培）

【山东省第九次民族团结进步宣传月】 2009年10月，经省政府同意，围绕新中国成立60周年庆典和第十一届全运会召开两大重要活动，山东省民委组织开展了第九次民族团结进步宣传月，重点推出了三项主题活动：在省政府新闻中心召开了第九次全省民族团结进步宣传月新闻发布会，组织《中国民族报》、《民族画报》、《大众日报》、省电台、省电视台等主流媒体对民族工作成就进行集中宣传报道，组织全国“五个一”工程获奖曲目大型现代吕剧《杨广和》来济南汇报演出。通过集中宣传党和国家民族政策、民族团结进步事业取得的成绩以及各行各业民族团结进步的先进典型事迹，主题鲜明、内容丰富、形式多样、效果突出，营造了民族团结进步、社会和谐稳定的浓厚氛围。

（撰稿　米杨　　审稿　马辉）

【山东省“民族团结进步和谐乡（镇）村（居）”创建活动】　2009年，为贯彻落实《国务院办公厅关于严格执行党和国家民族政策有关问题的通知》（国办发〔2008〕33号）和《省政府办公厅关于贯彻国办发〔2007〕14号文件 进一步做好民族工作的实施意见》（鲁政办发〔2007〕80号）精神，充分发挥少数民族聚居地区在构建社会主义和谐社会中的基础作用，树立典型、激励先进，全面提高山东省少数民族聚居地区建设的整体水平，促进民族团结与社会和谐，山东省民委在全省范围内组织开展了“民族团结进步和谐乡（镇）村（居）”创建活动。通过各级层层评比推荐，共评选出38个民族团结、社会和谐、居民自治、管理有序、服务完善、治安良好、环境优美、文明祥和的乡（镇）村（居），并在全省民族工作会议上进行了通报表彰。

（撰稿　米杨　　审稿　马辉）

【河南省开展民族宗教政策和法律法规有奖知识竞赛】　河南省民族事务委员会（河南省人民政府宗教事务局）联合中共河南省委宣传部、河南省委统一战线工作部和河南省司法厅、河南省依法治省办公室在郑州举办全省民族宗教政策和法律法规有奖知识竞赛活动。竞赛活动受到社会各界广泛关注，2009年9月8日—10月8日，共收回有效竞赛答题卡98 604份。11月25日，在郑州举行了抽奖仪式。共抽出一等奖10名、二等奖30名、三等奖60名，评选出组织奖10个。

（撰稿　刘宾　　审稿　金艳华）

【湖北省民宗委部署民族团结宣传教育活动】2009年8月25日，湖北省民宗委召开了委主任办公会议，专题学习传达民族团结宣传教育活动电视电话会议精神，召开委机关全体干部职工和事业单位工作人员大会，再次学习传达会议精神，省民宗委党组书记、主任谭徽在就如何开展好民族团结宣传教育活动进行了认真安排和部署。谭徽在强调，要做好当前民族团结宣传教育工作，首先要抓好五个方面：第一，要统一思想，形成高度共识；第二，要加强领导，明确工作职责；第三，要制订方案，强化具体措施；第四，要充分发挥民族部门的主体作用，结合湖北实际，积极协调，组织实施一些特色鲜明、群众喜闻乐见的活动，增强宣传教育的吸引力和感染力；第五，要加强宣传，营造舆论氛围。近期，省民宗委拟将在省电台、电视台、《湖北日报》等媒体联合举办“民族一家亲”节目，出版民宗系统庆祝新中国成立60周年画册，加强民族团结教育对外宣传，充分挖掘典型素材，广泛宣传典型事迹，营造促进民族团结的良好舆论氛围。

（撰稿　段绪光　陈任　　审稿　唐启明）

【湖北省民宗委传达贯彻国务院第五次全国民族团结进步表彰大会及全国民族团结进步创建活动经验交流会精神】　2009年10月9日，湖北省民宗委召开党组扩大会议，学习贯彻国务院第五次全国民族团结进步表彰大会及全国民族团结进步创建活动经验交流会精神，并就深入贯彻两个重要会议精神进行研究部署。委党组书记、主任谭徽在主持会议并作重要讲话。会议就中央两个大会精神的贯彻落实进行了充分讨论和研究，作出五项决定：第一，认真准备，及时向省委常委会议和省政府常务会议汇报两个会议的重要精神；第二，抓紧筹备，配合省委、省政府召开全省民族团结进步表彰大会暨全省民族团结进步创建活动经验交流会，开好全省少数民族文化工作会议；第三，认真制定全省开展民族团结进步创建活动方案；第四，认真研究进一步加强散居和城市少数民族工作的措施，切实解决散居和城市少数民族群众生产生活面临的实际问题；第五，研究进一步健全和完善基层民族工作体制和机制。

（撰稿　向祖文　　审稿　唐启明）

【湖北省民族团结进步事业60年成就展开幕】 2009年9月30日，由湖北省民族宗教事务委员会主办的“湖北省民族团结进步事业60年成就展”隆重开幕。“湖北省民族团结进步事业60年成就展”用60块展板、400余幅图片，回顾了湖北民族团结进步事业60年来走过的伟大历程，取得的辉煌成就，表达了湖北各族人民对祖国60华诞的美好祝福。该展览对新中国成立以来，特别是改革开放30年来全省民族工作、少数民族和民族地区经济社会发展的历程和成就进行了全景式展示。共分为：“领导关怀”、“民族区域自治”、“民族经济”、“民族社会事业”、“散居和城市民族工作”、“民族法制建设”、“援藏援疆工作”、“民族干部人才”8个专题。为配合展览，还在展览期间提供现场咨询和发放宣传资料。

（撰稿　刘恒武　　审稿　唐启明）

【湖南省出台《关于深入开展民族团结宣传教育活动的实施意见》】 为贯彻落实中共中央办公厅、国务院办公厅《关于深入开展民族团结宣传教育活动的意见》和全国深入开展民族团结宣传教育活动电视电话会议精神，切实组织好湖南省的民族团结宣传教育活动，2009年10月23日，湖南省委办公厅、省政府办公厅出台《关于深入开展民族团结宣传教育活动的实施意见》（湘办发〔2009〕23号）。《实施意见》明确了湖南省开展民族团结宣传教育活动的指导思想和主要内容，要求重点抓好6个方面的宣传教育：深入开展维护国家统一和热爱伟大祖国的宣传教育，深入开展党的民族理论的宣传教育，深入开展民族政策和民族区域自治制度的宣传教育，深入开展各民族团结友爱的宣传教育，深入开展民族地区发展成就的宣传教育，深入开展维护社会稳定和社会主义法制的宣传教育。同时，《实施意见》从面向基层广泛开展宣讲活动和思想政治工作、在学校深入开展民族团结宣传教育、组织开展丰富多彩的群众性活动、大力开展先进典型学习宣传活动、积极营造民族团结进步的舆论氛围5个方面明确了相关活动的具体安排，明确省委宣传部、省委组织部、省委统战部、省文明办、省发改委、省民委、省总工会、团省委、省妇联、省文化厅、省体育局、省委网宣传办等20多个省直有关单位的具体职责。

（撰稿　陈春建　　审稿　曹承明）

【第五次全国民族团结进步表彰大会湖南代表团载誉而归】 2009年10月2日，参加国务院第五次全国民族团结进步表彰大会和60周年国庆观礼活动的湖南代表团载誉而归。以副省长刘力伟为团长、省民委主任王德靖为副团长共25人组成的湖南代表团，代表全省53个民族团结进步模范集体和模范个人及全省680多万少数民族同胞，赴京参加了国务院于9月29日召开的表彰大会和60周年国庆系列庆祝活动。刘力伟副省长、王德靖主任和一名土家族代表应邀参加了9月30日晚举行的国宴，新晃侗族自治县张霞代县长作为模范集体代表上台接受了胡锦涛总书记亲自颁奖，全体代表团成员登上天安门观礼台观看了盛大的国庆阅兵和沸腾的焰火晚会。

（撰稿　陈春建　　审稿　曹承明）

【全国民族团结进步模范事迹报告会在广东举行】 由中央宣传部、中央统战部、国家民委联合组织的全国民族团结进步模范事迹报告团于2009年12月18日在广州举行报告会。在穗机关干部、解放军和武警部队官兵、高校师生代表1 200多人参加。

报告会由省委常委、统战部长周镇宏主持，省政府副秘书长江海燕，省委统战部副部长、省民族宗教委主任陈绿平，省委宣传部副部长阎静萍等出席。会上，大连理工大学民族预科班班主任邵春亮、新疆维吾尔自治区青河县阿尕什敖包乡政府干部王丽娜、湖北省恩施土家族苗族自治州鹤峰县县委组织部干部田秀丽、吉林省延边朝鲜族自治州政府干部金美香、宁夏回族自治区农村科技发展中心主任赵晖5位报告人饱含深情地讲述了他们自身或所在单位、地方在促进民族团结进步事业中的先进事迹和真切感受，引起一阵阵热烈的掌声。

报告会前，广东省委副书记、省长黄华华，省委常委、统战部部长周镇宏等会见报告团成员并合影留念。

（撰稿　黄春霞　　审稿　温卫平）

【广东省隆重召开第五次民族团结进步表彰大会】2009年12月18日，广东省隆重召开第五次民族团结进步表彰大会。中共中央政治局委员、省委书记汪洋出席大会并讲话，省长黄华华主持会议，副省长雷于蓝宣读广东省人民政府表彰决定，省人大常委会主任欧广源，省领导朱明国、黄龙云、胡泽君、朱小丹、肖志恒、梁伟发、周镇宏、徐少华、周天鸿，各地级以上市党委、政府分管领导、市委统战部部长、市民族宗教局局长，3个自治县和辖有民族乡的县（市）党委和政府主要负责同志，省直有关单位负责人，受国务院和省政府表彰的模范集体和模范个人代表近300人出席。

汪洋代表省委、省政府向受到表彰的模范集体和模范个人表示热烈祝贺，向为全省民族团结进步事业作出贡献的广大干部群众和社会各界人士致以崇高的敬意，向全省民族工作战线的同志们表示亲切的问候，并就贯彻落实胡锦涛总书记在全国第五次民族团结进步表彰大会上的重要讲话精神，进一步推进全省民族团结进步工作做了重要指示。

（撰稿　黄春霞　　审稿　温卫平）

【广东省召开民族团结进步创建活动经验交流会】　为贯彻落实国务院第五次全国民族团结进步表彰大会和全国民族团结进步创建活动经验交流会精神，12月18日，省委、省政府在广州市召开民族团结进步创建活动经验交流会。会议由雷于蓝副省长主持，省委常委、统战部部长周镇宏出席并作讲话。

周镇宏常委强调，做好民族工作、正确处理民族问题、维护民族团结是加强党执政能力建设的重要内容，是实现共同繁荣发展、全面建设小康社会的重要保障，是构建和谐广东的重要条件。开展民族团结进步创建活动，必须深刻领会胡锦涛总书记重要讲话精神，按照汪洋书记提出的要求和部署，把握工作方法，坚持党政主导与社会参与、宣传教育与服务管理、典型带动与一般行动相结合。为此，要抓好3个方面的工作。第一，要切实加强领导。参照省委、省政府将成立民族团结进步创建活动领导小组的做法，各地也要建立民族团结进步创建活动组织领导机制。第二，要突出工作重点。从实际出发，从少数民族群众实际出发，突出工作重点，注重实际效果。要把创建活动与促进民族地区的发展结合起来，与保护各族群众的合法权益结合起来。第三，要加强检查指导。各地、各部门要按照省的要求并结合各自实际，加大对民族团结进步创建活动的检查和指导，并建立一套行之有效的监督检查工作机制，及时总结经验，研究问题，推动民族团结进步创建活动广泛、深入、持久地开展。

（撰稿　黄春霞　　审稿　温卫平）

【广东举行民族团结进步巡回演出文艺晚会】由广东省民族宗教委和佛山、东莞、中山市人民政府主办的“广东民族团结进步巡回演出文艺晚会——团结颂”于2009年9月分别在佛山、东莞、中山市举行。广东省委常委、统战部部长周镇宏，副省长雷于蓝，省政府副秘书长江海燕，省民族宗教委主任陈绿平等出席佛山市首场演出，3 个市的有关领导、东莞市新疆班，佛山、中山市西藏班的学生及少数民族群众和宗教界人士等共5 000余人到现场观看演出。

晚会共分“民族团结春满南粤”、“民族团结共同奋斗”、“民族团结共同繁荣”、“民族团结共创辉煌”4 个乐章，广东民族艺术团的演员们以饱满的热情演绎了多姿多彩的民族歌舞，展现了广东省各民族团结向上的精神风貌、民族地区发生翻天覆地的变化和民族团结进步事业的稳步发展。饱含民族特色风情的歌舞引起内地新疆班和西藏班学生的共鸣。晚会唱响了民族大团结的主旋律，让珠三角地区的人们领略了各少数民族的文化、风情，促进了各民族间的认同感，扩大了对党的民族政策的宣传，营造了民族团结、社会和谐的浓厚氛围。

（撰稿　黄春霞　　审稿　温卫平）

【民族团结艺术作品展在广东技术师范学院举办】　2009 年 12 月 2 日，由广东省民族宗教委主办，广东技术师范学院承办的民族团结艺术作品展在广东技术师范学院福惠美术馆举办。省委常委、统战部部长周镇宏，省委统战部副部长、省民族宗教委主任陈绿平，广东美术家协会主席、广东画院院长许钦松，省教育厅，广东技术师范学院有关领导及师生共 300 多人参加。本次画展展出了当代优秀画家王还霆和赵军先生的百余幅精品名作，从不同方面反映了改革开放以来社会主义现代化建设的辉煌成就和各族群众的幸福生活，展现了各族人民在祖国大家庭里和睦相处、团结奋斗、繁荣发展的时代风貌，表达了对伟大祖国的深情厚谊和对全面实现小康社会的美好憧憬。

（撰稿　黄春霞　　审稿　温卫平）

【“爱我中华——民族团结唱新歌”大型晚会在深圳举行】　2009 年 11 月 28 日，“爱我中华——民族团结唱新歌”大型晚会在深圳锦绣中华·民俗文化村凤凰广场盛大举行。此次晚会是由国家民族事务委员会、广东省民族宗教事务委员会、深圳市人民政府主办，深圳市民族宗教事务局协办，深圳锦绣中华发展有限公司承办，并得到了中央电视台的鼎力支持。深圳锦绣中华发展有限公司作为此次晚会的承办方，一直致力于民族团结奋斗、繁荣发展，传播民族文化、展示民族风情、培养民族人才以及挖掘、传承、汇集民族艺术，并于 2009 年被评为“全国民族团结进步模范集体”。晚会围绕民族团结、和谐发展的主题，分为“锦绣中华”、“和谐中华”、“爱我中华”三大篇章，在演员、曲目、表演形式等方面突出民族特色。

（撰稿　黄春霞　　审稿　温卫平）

【广西壮族自治区党委、政府出台进一步开展民族团结进步创建活动的文件】　为了贯彻落实党中央、国务院关于深入开展民族团结创建活动的指示精神，2009 年 12 月 14 日，中共广西壮族自治区委员会、广西壮族自治区人民政府出台了《关于进一步开展民族团结进步创建活动的意见》（桂发〔2009〕38 号）。《意见》要求，民族团结进步创建活动主要从以下五个方面开展：第一，要夯实三大基础，即夯实民族团结的政治法律基础、夯实民族团结的物质文化基础和夯实民族团结的群众社会基础；第二，要构筑三道防线，即构筑维护和促进民族团结的思想防线、构筑维护民族团结的制度防线以及构筑维护和促进民族团结的组织防线；第三，要建设三支队伍，即建设一支高素质的民族工作专业队伍、建设一支支持民族工作的少数民族知名人士队伍和建设一支支撑民族工作决策的顾问队伍；第四，要加强三项工作，即加强民族团结进步宣传教育工作、加强为少数民族群众和民族地区多办实事、好事工作以及加强民族团结进步争先创优工作；第五，要建立三个机制，即建立和完善民族关系评价监测机制、建立和完善民族团结进步激励机制以及建立民族关系正确协调机制。同时，该文件要求切实加强组织领导，分工合作、密切配合和加强督促检查，以保障民族团结进步创建活动的顺利开展。

（撰稿　周雯　　审稿　周世相）

【广西壮族自治区党委、政府出台深入开展民族团结宣传教育活动的文件】　为了贯彻落实中央关于深入开展民族团结宣传教育活动的指示精神，广西壮族自治区党委办公厅、自治区人民政府办公厅印发了《关于深入开展民族团结宣传教育活动的通知》（桂办发〔2009〕87号），《通知》要求，民族团结宣传教育活动主要从以下六个方面开展：第一，深入开展维护国家统一和热爱伟大祖国的宣传教育；第二，深入开展党的民族理论的宣传教育；第三，深入开展民族政策和民族区域自治制度的宣传教育；第四，深入开展各民族团结友爱和“四个模范”的宣传教育；第五，深入开展民族地区发展成就的宣传教育；第六，深入开展维护社会稳定和社会主义法制的宣传教育。

（撰稿　周雯　　审稿　周世相）

【云南省民族工作会议暨第六次民族团结进步表彰大会在昆明召开】　2009年9月11日，省委、省政府在昆明召开云南省民族工作会议暨第六次民族团结进步表彰大会，隆重表彰昆明市民委政策法规处等113个“全省民族团结进步模范集体”、杜敏等87位“全省民族团结进步模范个人”，强调要倍加珍惜民族团结大好局面，让民族团结之花开得更加艳丽。杨健强代表国家民委向大会表示祝贺。

（撰稿　资铁　　审稿　徐畅江）

【云南省积极贯彻落实中央《关于深入开展民族团结教育活动的意见》】　为切实贯彻《中共中央办公厅国务院办公厅印发〈关于深入开展民族团结宣传教育活动的意见〉的通知》（中办发〔2009〕34号）、《国家民委关于印发〈国家民委关于深入开展民族团结宣传教育活动的工作方案〉的通知》精神，省委宣传部、省民委积极研究制定了《关于在全省深入开展民族团结宣传教育活动实施方案》，明确了今后一段时间本省开展民族团结宣传教育活动的指导思想、总体要求、教育重点及主要活动等。《实施方案》包括12项活动：民族团结宣传周、民族团结系列宣讲活动、学校民族团结宣传教育活动、民族团结先进事迹巡回报告会、民族地区经济社会发展成就展、民族团结网上谈、民族团结知识竞赛、民族团结文艺会演、民族团结摄影大赛、少数民族才艺大赛、“我身边的民族团结之星”评选表彰、民族团结知识普及。该方案已经省委办公厅、省政府办公厅批准实施。

（撰稿　刘满佳　　审稿　徐畅江）

【云南省民族团结目标管理责任制】　2009年，云南省民委系统以科学发展观为统领，狠抓民族团结目标管理责任制落实，有力维护了全省民族团结、边疆稳定、社会和谐的良好局面。云南省民委系统建立健全民族团结工作领导机构、矛盾纠纷调处和隐患排查、群体性事件应急预案等长效机制，有力保障了全省民族团结和社会稳定。全省共有1 331个乡（镇）配备了民族工作专兼职助理员，配备协调民族关系信息员7 317人，民族团结工作任务较重的乡镇还设立了民族宗教办公室。全省各级民族工作部门按要求把责任书签订到1 335个乡镇、9 929个村（居）民委员会和社区、205个企业、33个农场、1 890个宗教活动场所、920个其他活动场所，共签订责任书14 312份。通过不断总结和完善民族团结目标管理责任制，建立了健全一级抓一级、层层抓落实、各部门齐抓共管的维护团结、稳定工作的长效机制。

（撰稿　李正洪　　审稿　徐畅江）

【云南省民族团结进步活动及表彰】　2009年，国务院召开全国第五次民族团结进步表彰大会，云南省召开全省民族工作会议暨第六次民族团结进步表彰大会，省民委及时成立了“两会”表彰办，及时在全省范围开展民族团结模范集体和个人评选推荐工作，通过积极开展评选推荐，本省79个模范集体和模范个人受到了国务院的表彰，其中29个受表彰的模范代表到北京出席国务院表彰大会，受到党和国家领导人的接见并参加国庆60周年系列活动。2009年9月11日，省委、省政府在昆明召开云南省民族工作会议暨第六次民族团结进步表彰大会，隆重表彰113个“民族团结进步模范集体”和87位“民族团结进步模范个人”。

（撰稿　鱼波　　审稿　徐畅江）

【云南十大“民族团结盛会”、十大“民族狂欢节”评选揭晓】　2009年1月16日，由《今日民族》杂志社组织开展的2008年度云南十大“民族团结盛会”和十大“民族狂欢节”评审会在云南省民委举行。评委会主任、省民委副主任李国林，省社科院院长纳麒、《云南日报》报业集团副总编辑刘卫平等领导以及省旅游局、新华社云南分社、春城晚报等单位的专家学者共11人参加评审会。入选2008年度云南十大“民族团结盛会”的是：文山壮族苗族自治州成立50周年庆典、楚雄彝族自治州成立50周年庆典、大理白族自治州三月街民族节、奥运圣火云南传递活动、西双版纳傣族自治州第四次民族团结进步表彰大会、迪庆藏族自治州第七届运动会、马关县首届民间艺术节、绿春县建县50周年庆典暨哈尼十月年长街古宴和第六届国际哈尼/阿卡文化学术研讨会、云南省少数民族传统体育陀螺、射弩和民族健身操锦标赛（举办地：普洱市）、首届云南民族服装服饰文化节（举办地：怒江州）。入选2008年度云南十大“民族狂欢节”的是：新平县花腰傣“花街”文化旅游节、陇川县目瑙纵歌节、西双版纳泼水节暨傣历1370年新年节、中国昆明国际文化旅游节昆明狂欢节、中国沧源佤族司岗里“摸你黑”狂欢节、禄劝县喜迎奥运盛会庆祝改革开放30周年暨2008年火把节、剑川石宝山歌会节、第三届中国丽江雪山音乐节、第八届中缅胞波狂欢节（举办地：瑞丽市）、云南·曲靖—珠江源古镇少数民族酒歌展演。

（撰稿　方绍荣　　审稿　徐畅江）

【陕西省召开第六次民族团结进步表彰大会】
2009年12月1日，陕西省第六次民族团结进步表彰大会在西安隆重召开。国家民委党组书记、副主任杨传堂，省委书记、省人大常委会主任赵乐际，省委副书记、省长袁纯清，省政协主席马中平，省委常委、省委秘书长魏民洲，省人大常委会副主任黄玮，省政协副主席、省委统战部部长周一波出席大会。会议由省委副书记王侠主持，副省长景俊海宣读表彰通报，杨传堂、袁纯清分别作重要讲话。与会领导向陕西省受国务院第五次民族团结表彰大会表彰的8个模范集体、8名模范个人以及受全省表彰的40个模范集体和40名模范个人颁奖。

（撰稿　海建宇　　审稿　刘开岚）

【陕西省出台民族团结宣传教育活动实施意见】
2009年9月，陕西省委办公厅、省政府办公厅结合陕西省实际，制定、印发了《陕西省关于深入开展民族团结宣传教育活动的实施意见》。

《意见》明确了民族团结宣传教育活动的主要内容：首先，要深入开展党的民族理论、民族政策、民族法律法规和民族基本知识四项基本教育；其次，深入开展全省少数民族经济社会发展成就展的宣传教育；再次，深入开展民族团结进步模范先进集体的宣传教育；最后，深入开展爱国主义和依法维护社会稳定的宣传教育。

《意见》提出了开展民族团结宣传教育活动形式要突出“六个结合”：第一，民族团结宣传教育与全省民族团结进步创建、表彰活动相结合；第二，民族团结宣传教育与各级各类学校教育活动相结合；第三，民族团结宣传教育与切实帮助少数民族群众解决实际困难相结合；第四，民族团结宣传教育与进一步贯彻落实《国务院办公厅有关严格执行党和国家民族政策有关问题的通知》精神相结合；第五，民族团结宣传教育与及时发现和妥善处理影响民族团结的问题相结合；第六，民族团结宣传教育与营造民族团结舆论氛围相结合。

《意见》对开展民族团结宣传教育活动提出了具体要求，并对做好民族团结宣传教育活动进行了职责分工，以确保民族团结宣传教育活动持续开展。

（撰稿　海建宇　　审稿　刘开岚）

【陕西省命名五个民族团结进步教育基地】2009年12月，陕西省民委在西安举行了“陕西省民族团结进步教育基地”命名授牌仪式，延安民族学院旧址、延安革命纪念馆、八路军西安办事处纪念馆、西藏民族学院、胡太师墓5个单位被命名为首批民族团结进步教育基地。

（撰稿　海建宇　　审稿　刘开岚）

【甘肃省召开第六次民族团结进步表彰大会】2009年9月12日，甘肃省在兰州隆重召开全省第六次民族团结进步表彰大会。会议由省委副书记、省长徐守盛主持。泽巴足副省长宣读了省委、省政府关于表彰全省第六次民族团结进步模范集体和模范个人的决定，中共兰州市七里河区委员会等100个单位被授予“全省民族团结进步模范集体”荣誉称号，王得明等200人被授予“全省民族团结进步模范个人”荣誉称号。会上，模范集体和个人代表分别进行了发言。省委书记、省人大常委会主任陆浩出席会议并作重要讲话。

（撰稿　成自强　　审稿　王学仁）

【甘肃省召开民族团结进步宣传月活动现场会】2009年5月25—26日，甘肃省民族团结进步宣传月活动现场会在酒泉市召开。全省14个市（州）党委、政府分管领导、统战部长、民委（民宗局）主任（局长），省民委兼职委员单位负责人，中央在甘有关单位负责人，省属有关企业及部分大专院校负责人参加了会议。省委常委、省委统战部部长刘立军，副省长泽巴足出席会议并分别讲话。会议的主要任务是总结交流6年来全省开展民族团结进步宣传月活动取得的成绩和经验，研究、部署进一步开展民族团结进步宣传月活动的思路和措施，努力推动宣传月活动向纵深发展。省民委主任贡保甲通报了全省开展民族团结进步宣传月活动情况。省发改委、省财政厅、兰州铁路局、西北师范大学4个部门和单位的领导作了大会发言。

（撰稿　成自强　　审稿　王学仁）

【青海省认真落实中央民族团结宣传教育精神】青海省在认真落实《中办、国办关于深入开展民族团结宣传教育活动的意见》，评选推荐国务院第五次全国民族团结进步模范集体、模范个人共38个。各级新闻媒体开设专栏，刊播报道青海省38个全国民族团结进步模范集体和个人的先进事迹。各地、各部门以“高举民族团结旗帜、促进经济社会发展”为主题，以民族团结进步宣传月活动为抓手，将宣传教育与关注民生相结合，通过举办座谈会、授课讲座、演讲比赛、文体联谊、走访慰问少数民族群众等形式开展活动。马顺清副省长在《青海日报》发表署名文章，并亲自到大专院校作形势报告。在学校深入进行民族团结宣传教育，建立民族团结进步教学实践基地，推动民族理论、民族政策法规、民族知识进课堂工作，确保学校民族团结教育活动落到实处。

（撰稿　刘兵　　审稿　金水平）

【青海省出台民族团结进步创建活动意见】　按照省委的要求，省创建工作领导小组召开了全省民族团结进步创建活动工作会议，全面部署贯彻落实全国两个会议和省委常委会精神，具体安排了今后一个时期的全省民族团结进步创建活动，省委常委、省民族团结进步工作领导小组组长多杰热旦同志，副省长、省民族团结进步工作领导小组副组长马顺清同志到会做了重要讲话。省委、省政府下发了《中共青海省委、青海省人民政府关于进一步深化民族团结进步创建活动的意见》(青发〔2009〕14号)。

(撰稿　刘兵　　审稿　金水平)

【宁夏回族自治区民族团结进步模范代表受国务院表彰】　在民族团结进步事业发展进程中，涌现出了一大批先进典型，他们为宁夏的民族团结、经济社会发展做出了积极的贡献。国庆前夕，国务院召开了全国第五次民族团结进步表彰大会，宁夏21个集体和21名个人受到国务院表彰，有14名代表赴京参加了表彰大会，受到了胡锦涛总书记等中央领导的亲切接见，并参观了国庆庆典仪式。自治区农村科技发展中心被选中参加了全国民族团结进步模范事迹巡回演讲。2009年11月，宁夏回族自治区组织了民族团结进步模范事迹报告团在全区进行了10场先进事迹巡回演讲，先后共有5 000多名干部群众聆听了模范代表在民族团结进步事业中所作的先进事迹报告，反响强烈，收到了良好的宣传教育效果。

(撰稿　陈常国　　审稿　任薇娜)

【新疆维吾尔自治区第十一批民族团结进步模范代表参观团赴内地省市参观学习】　为贯彻落实党的十七大精神和迎接中华人民共和国成立60周年，2009年6月，国家民委和新疆维吾尔自治区人民政府共同组织了第十一批新疆民族团结进步模范代表参观团赴河南、黑龙江、吉林、辽宁、北京五省市参观学习。这次参观团由自治区人大副主任乃依木·亚森同志任团长，自治区民委(宗教局)副主任、副局长马少新、国家民委办公厅副主任秦为人任副团长。代表人员组成为历年受到国务院、国家民委和自治区表彰的模范个人和模范集体，共计25名，主要由农牧民、基层干部、个体经营者、教师等人员组成，包括维吾尔、汉、哈萨克、柯尔克孜、蒙古、塔吉克、锡伯、乌孜别克、达斡尔、俄罗斯等11个民族，是历次参观团民族成分最多的一次。参观团于6月19日出发，先后到河南、黑龙江、吉林、辽宁、北京五省市进行参观学习。沿途得到了所在省市领导和有关方面的高度重视和热情接待。参观团于7月3日返回乌鲁木齐。

(撰稿　吴凯　　审稿　罗建生)

【新疆维吾尔自治区开展第二十七个民族团结教育月活动】　2009年5月，新疆维吾尔自治区在第二十七个民族团结教育月中，以庆祝新中国成立60周年为契机，以“感恩伟大祖国、建设和谐新疆”为主题，以“三个不忘”(不忘党的恩情、不忘祖国的温暖、不忘各族人民团结奋斗的历程)为核心，进一步唱响共产党好、社会主义好、伟大祖国好、改革开放好、民族团结好、人民军队好的“六好”主旋律，为建设繁荣、富裕、和谐新疆营造良好的舆论氛围。为此，自治区专门召开了电视电话会议，动员部署第二十七个民族团结教育月活动。自治区党委宣传部下发了《关于深入开展第27个民族团结教育月活动的安排意见》。按照部署安排，全区各地各部门结合实际、创新形式、贴近生活，开展了一系列宣传教育活动。2009年6月12日，自治区召开了以“感恩伟大祖国、建设和谐新疆”为主题的民族团结教育月座谈会，还组织开展了“千家万户话团结”征文活动和自治区第二届“感动新疆十大人物”评选活动。

(撰稿　美亚赛　　审稿　葛丰交)

【新疆维吾尔自治区民族团结模范代表参加国务院第五次民族团结进步表彰大会】　2009年9月29日，国务院第五次民族团结进步表彰大会在北京举行。大会由中共中央政治局常委、国务院总理温家宝主持，胡锦涛等党和国家领导人为受表彰的模范集体和模范代表颁奖。胡锦涛发表了重要讲话。新疆维吾尔自治区成立了自治区政协主席艾斯海提·克里木拜为团长，自治区党委常委肖开提·依明为副团长的代表团，由乌鲁木齐市第66中学等11个模范集体代表和王燕娜等20名模范个人代表组成。代表们还受邀参加了庆祝新中国成立60周年庆祝活动。

(撰稿　美亚赛　　审稿　葛丰交)

【民族团结典型事迹巡回报告团在新疆维吾尔自治区进行巡回报告】 2009 年 8 月 26 日—9 月 6 日，为弘扬正气，讴歌民族团结的真挚情谊，自治区组织了由 22 位各族报告员为主的民族团结典型事迹巡回报告团。自治区民族团结典型事迹巡回报告团共在乌鲁木齐、伊犁哈萨克自治州、阿克苏地区、喀什地区、和田地区等 8 个地州市进行了 60 多场报告会和宣讲座谈，3 万余名各族干部群众、武警官兵聆听了报告，参加了座谈。

（撰稿 美亚赛 审稿 葛丰交）

【全国民族团结进步事迹报告团在新疆维吾尔自治区举行宣讲、报告活动】 2009 年 11 月 11 日，全国民族团结进步模范事迹报告团在乌鲁木齐举行报告会。报告团由中央统战部常务副部长朱维群担任团长，9 名报告人来自江西、辽宁、湖北、吉林等省区，新疆代表 2 人。自治区及乌鲁木齐市各级党政负责同志、机关干部、解放军和武警官兵、大中小学生、宗教界人士和社会各族各界代表及群众2 800余人参加了报告会。

（撰稿 美亚赛 审稿 葛丰交）

【新疆维吾尔自治区组织“共同团结奋斗、共同繁荣发展”主题宣讲巡回报告会】 新疆维吾尔自治区党委组织“共同团结奋斗、共同繁荣发展”主题宣讲团于2009 年 12 月 7 日赴全疆 14 个地州市、区直机关和高校进行了宣讲。这个宣讲团由自治区理论专家库相关专家学者组成，用大量的数量和真实事例反映新中国成立 60 年来国家、自治区及各地州各项事业取得的成就和经济社会发生的巨大变化以及在维护民族团结、维护社会稳定方面取得的成绩。

（撰稿 美亚赛 审稿 葛丰交）

【新疆维吾尔自治区召开各民族人士加强民族团结、维护社会稳定座谈会】 2009 年 7 月 13 日，自治区民委（宗教局）召开全区各民族人士加强民族团结、维护社会稳定座谈会。自治区党委常委肖开提·依明，自治区副主席贾帕尔·阿比布拉，自治区政协副主席、党委统战部部长王伟出席座谈会。会议由自治区民委（宗教局）党组书记刘振强主持。会上，来自各行各业的维吾尔、汉、哈萨克、回、蒙古、柯尔克孜、塔吉克、锡伯、乌孜别克、满、俄罗斯、塔塔尔等 13 个民族代表先后发言，严厉声讨“7·5”暴行。肖开提·依明作总结讲话。

（撰稿 美亚赛 审稿 葛丰交）

【新疆维吾尔自治区启动少年儿童民族团结教育活动】 2009 年 10 月 15 日，新疆少年儿童民族团结宣传教育系列活动在乌鲁木齐市第 12 小学启动。这次活动由自治区团委、自治区少工委和安利新疆分公司联合举办，旨在教育、引导全区广大少年儿童热爱祖国，热爱新疆，维护民族团结，维护祖国统一，增强少先队组织的凝聚力和号召力，展现各族少年儿童讲团结、爱家乡、爱祖国的精神风貌。系列活动有“新疆各族少年一家亲”书画大赛、“新疆各族少年儿童讲团结”征文大赛、“我们共同成长”双语研究比赛、“共享阳光手拉手”爱心捐款活动。

（撰稿 美亚赛 审稿 葛丰交）

【新疆维吾尔自治区开展民族团结教育短信征集大赛】 2009 年 4 月 22 日—6 月 30 日，自治区党委宣传部联合自治区通信管理局等多家单位，开展以“感恩伟大祖国、建设和谐新疆”为主题的自治区民族团结教育短信征集大赛，以手机编写自创短信的形式，大力宣传中国共产党的领导、社会主义制度的优越性、祖国大家庭的温暖、各民族共同繁荣发展的新风貌，为自治区开展民族团结教育活动和迎接新中国成立 60 周年送上新疆儿女的祝福。

（撰稿 美亚赛 审稿 葛丰交）

【新疆维吾尔自治区 8 个特有民族少儿代表参加首都国庆庆典】 2009 年 10 月 1 日，在首都国庆 60 周年庆典上，以“锦绣中华”为主题的游行方阵中，身着节日盛装的新疆8名少数民族少儿代表和其他各民族少儿代表一同在“团结奋进”彩车上，以灿烂的笑容和饱满的热情，向全国各族人民、向世界展示了我国56个民族“平等、团结、互助、和谐”的精神风貌，同时也表达了新疆各族人民对伟大祖国的美好祝福。这8名少年儿童代表分别来自新疆的维吾尔、哈萨克、塔塔尔、塔吉克、柯尔克孜、俄罗斯、锡伯和乌孜别克族，其中，年龄最小的为8岁，最大的14岁。

（撰稿　美亚赛　　审稿　葛丰交）

【全国民族团结公益广告大赛新疆维吾尔自治区赛区启动】　2009年10月16日，全国民族团结公益广告大赛新疆区新闻发布会暨启动仪式在乌鲁木齐举行，自治区党委常委、宣传部长李屹出席会议并作动员讲话。李屹指出，要充分发挥新兴媒体的优势，以生动活泼、喜闻乐见、令人印象深刻的作品，深入宣传民族团结的思想和典型，大力营造有利于民族团结的浓厚氛围。大赛由国家工商总局、中国广告协会主办，9月22日在北京启动，并面向全国展开。

（撰稿　美亚赛　　审稿　葛丰交）

【新疆生产建设兵团参加国务院第五次全国民族团结进步表彰大会】　2009年9月29日，国务院召开了第五次全国民族团结进步表彰大会。兵团受国务院第五次全国民族团结进步表彰大会表彰的模范集体共有7个，分别是农三师民族宗教事务局、农四师76团、农五师89团、农六师奇台农场、农十师186团、十二师五一农场及农十四师一牧场。模范个人共有8名。

（撰稿　刘海新　　审稿　热合曼·克日木）

【新疆生产建设兵团民族工作部门认真贯彻国务院第五次全国民族团结进步表彰大会精神】
2009年10月10日，兵团民族宗教事务局专题向兵团党委常委会汇报了关于国务院第五次全国民族团结进步表彰大会及全国民族团结进步创建活动经验交流会的会议精神。常委会认真学习了胡锦涛总书记在国务院第五次全国民族团结进步表彰大会上所作的重要讲话，结合兵团实际，研究部署了当前做好兵团的民族工作的具体意见。首先，要结合学习胡锦涛总书记8月25日在新疆干部大会上的重要讲话、十七届四中全会上的讲话，统一思想，提高认识，把做好民族工作的指导思想和工作思路以及实际行动统一到胡总书记的讲话精神上来，统一到全国第五次民族团结进步表彰大会的精神上来。其次，要以兵团办公厅的名义下发《进一步开展民族团结进步创建活动的实施意见》，推动兵团民族团结进步创建活动更加深入开展。再次，要总结兵团民族工作取得的成就和经验，研究存在的困难和问题，采取倾斜政策和更加有力的措施，集中力量扶持少数民族和少数民族聚居单位的经济社会发展。最后，要加大与地方的联系，发挥兵团优势，在加强民族团结、维护社会稳定、推动民族团结进步事业的发展中率先垂范，切实为新疆的民族团结、社会稳定作出贡献。

（撰稿　刘海新　　审稿　热合曼·克日木）

【新疆生产建设兵团开展第二十七个民族团结教育月活动情况】　2009年5月，兵团在新中国成立60周年、兵团成立55周年之际，组织开展了以高举中国特色社会主义伟大旗帜，以邓小平理论和“三个代表”重要思想为指导，深入贯彻落实科学发展观，以迎接新中国成立60周年、兵团成立55周年为契机，以“感恩伟大祖国、建设和谐兵团”为主题，深入开展中国特色社会主义教育、群众性爱国主义教育、屯垦戍边教育和“三个不忘”（不忘党的恩情、不忘祖国的温暖、不忘屯垦戍边历史使命）教育，进一步唱响“六好”（共产党好、社会主义好、伟大祖国好、改革开放好、民族团结好、人民军队好）主旋律，积极引导兵团干部职工群众毫不动摇地高举中国特色社会主义伟大旗帜，毫不动摇地坚持中国特色社会主义道路，毫不动摇地坚持中国特色社会主义理论体系，毫不动摇地坚持民族区域自治制度，毫不动摇地反对民族分裂、维护祖国统一和各民族团结，为建设和谐兵团和率先在西北地区全面建成小康社会营造良好的社会氛围为指导思想的第二十七个民族团结教育月活动。

（撰稿　刘海新　　审稿　热合曼·克日木）

【新疆生产建设兵团慰问民族团结进步模范个人】　在2009年元旦、古尔邦节、春节期间，向历次受国务院、国家民委、自治区、兵团表彰的民族团结进步模范个人发放了节日慰问金每人300元，人数总计364人，慰问金总计109 200元。充分体现了兵团党委对民族团结进步模范个人的关怀。兵团民族宗教事务局民族处积极协调有关单位，将慰问金按时到位，使民族团结进步模范个人在三节期间感受到兵团党委及兵团殷切的关怀。

2009年9月，在庆祝新中国成立60周年之际，兵团各级领导纷纷慰问基层少数民族干部、爱国宗教人士、民族团结模范个人。兵团民族宗教事务局对兵团直属单位的16名受到国家、自治区、兵团表彰的民族团结模范个人进行了走访慰问，发放慰问金16 000元。农一师对28名民族团结模范个人进行了走访慰问，农七师对27名民族团结模范个人进行了走访慰问。各族民族团结模范个人纷纷表示在今后工作中不负众望，不断为民族团结进步事业做出新的、更大的贡献。

（撰稿　刘海新　　审稿　热合曼·克日木）

【新疆生产建设兵团农五师召开第四次民族团结进步表彰大会】　2009年7月16日，兵团农五师召开了第四次民族团结进步表彰大会。会议总结了第三次民族团结进步表彰大会以来，全师民族团结工作牢牢把握各民族“共同团结奋斗、共同繁荣发展”这一主题，把加强民族团结进步事业作为一项长期的政治任务，融入政治、经济、文化和社会生活的各个领域，贯穿于各项工作的始终，坚持民族团结，呈现出民族团结宣传教育取得新成效、少数民族经济社会发展呈现新局面、兵地团结融合发展谱写新篇章的健康发展的良好形势。会议要求全师要进一步提高对民族团结进步事业的认识，要全面开展民族团结典型事迹的宣传教育，广播、电视、报纸等媒体要加大对民族团结、维护社会稳定方面的宣传报道力度，营造舆论氛围。各单位要认真组织好学习、宣传活动，发动各族干部群众广泛参与“争先创优”活动，不断增强各族干部群众“共同团结奋斗、共同繁荣发展”的意识，激励和引导全师各族人民信心百倍地投身建设和谐五师的实践当中，谱写各民族共同团结奋斗、共同繁荣发展的时代乐章。会议对9个民族团结进步模范集体和40名师民族团结进步模范个人进行了表彰。受表彰的民族团结进步模范个人及模范集体代表还作了经验交流发言。

（撰稿　刘海新　　审稿　热合曼·克日木）

【新疆生产建设兵团农一师阿拉尔市召开第五次民族团结进步模范表彰大会】　2009年6月11日，兵团农一师阿拉尔市召开第五次民族团结进步模范表彰大会。大会对2004年以来为师市民族团结进步事业作出突出贡献的6个民族团结进步模范单位和52名模范个人进行了表彰。大会对2004年以来师市在开展创建民族团结进步事业所取得的成就进行了总结，就今后如何进一步做好师市民族团结工作提出了要求。第一，要高度重视师市少数民族单位经济社会事业的发展。有少数民族的单位党委要认真贯彻好师市下发《关于加快少数民族单位经济社会发展指导意见》，着力改善少数民族生活生产条件，不断增加农牧民收入，提高农牧民生活水平，使农牧民群众共享发展成果，得到更多实惠。第二，要继续大力宣传爱国主义和社会主义思想、党的民族政策和“三个离不开”的思想，宣传民族团结进步先进事迹，使干部职工和广大群众认识到民族团结的重要性，理解党的民族宗教政策，自觉维护民族团结，形成各民族团结的良好风尚。第三，各级党组织都要把选拔少数民族干部纳入到党委的议事日程，通过教育提高少数民族干部的整体素质。第四，要充分发挥宗教界人士和宗教团体的作用，积极引导宗教界人士和信教群众发展经济，改善生活，勤劳致富上来。第五，各级党委要把增强兵地团结放到重要位置，积极支援地方建设，为少数民族同志办好事、办实事。

（撰稿　刘海新　　审稿　热合曼·克日木）

其　他

【新中国成立60周年内蒙古自治区成就展在京开幕】　2009年6月22日，由国家民委、内蒙古自治区政府共同主办，内蒙古自治区民委、文化厅联合承办的新中国成立60周年内蒙古成就展在北京民族文化宫举行。此次展览是为迎接新中国成立60周年举办的献礼活动，同时展出的还有广西、宁夏、新疆3个自治区成就展。全国人大常委会副委员长司马义·铁力瓦尔地、全国政协副主席白立忱出席开幕式。司马义·铁力瓦尔地在开幕式上致辞并宣布展览开幕。国家民委主任杨晶主持开幕式。国家民委党组书记、副主任杨传堂，国家民委副主任丹珠昂奔，自治区副主席刘新乐、广西壮族自治区副主席高雄、宁夏回族自治区副主席李锐、新疆维吾尔自治区党委常委、宣传部长李屹也出席了开幕式。自治区民委主任阿迪雅、副主任曹艳荣，自治区文化厅副厅长明锐参加开幕式。内蒙古自治区成就展由“亲切关怀”、“成功实践”、“辉煌成就”3部分组成，通过大量的图片、图表、模型、实物等形式，运用声、光、电以及现代多媒体等手段，充分展现了新中国成立60年来，特别是改革开放以来，在党的民族政策的光辉照耀下，自治区在政治、经济、文化、社会等方面所取得的巨大成就，生动表现了各族人民团结一心、自强不息、艰苦奋斗，夺取全面建设小康社会新胜利的坚定信心和精神风貌，突出展示了党的民族政策和民族区域自治制度在本区的成功实践及所取得的举世瞩目的辉煌成就。

（撰稿　李日树　　审稿　常威）

【内蒙古、新疆、广西、宁夏、西藏自治区成就展在京开幕】　2009年8月25日，内蒙古、新疆、广西、宁夏、西藏自治区成就展在北京民族文化宫开幕。中共中央政治局委员、国务院副总理回良玉出席并宣布展览开幕，中共中央政治局委员、中央书记处书记、中宣部部长刘云山出席并讲话。全国政协副主席、中央统战部部长杜青林出席了开幕式。各主办单位负责同志参加了开幕式。自治区副主席刘新乐，自治区政府副秘书长杨玺，自治区民委主任阿迪雅、副主任曹艳荣，自治区文化厅厅长王志诚参加。此次展览由中央统战部、中央外宣办、国家发展改革委、国家民委和内蒙古自治区、新疆维吾尔自治区、广西壮族自治区、宁夏回族自治区、西藏自治区共同主办。展览通过图片、文字、实物和影视展播等多种形式，充分介绍和展示了五个自治区经济社会发展、民族团结进步各项事业取得的辉煌成就，用事实说明只有坚持中国共产党的领导、坚持中国特色社会主义道路、坚持民族区域自治制度、坚持各民族地区的全面发展进步，才能实现国家的繁荣稳定和中华民族的伟大复兴。

（撰稿　李日树　　审稿　常威）

【全国城市民族工作座谈会在辽宁省大连市召开】　2009年11月17—18日，全国城市民族工作座谈会暨全国民委主任片会在大连民族学院召开，国家民委主任杨晶，辽宁省副省长陈海波，国家民委党组成员、国家民委办公厅主任陈改户，国家民委政策法规司司长石玉钢，辽宁省政府副秘书长王世伟以及北京市、天津市、河北省、山西省、辽宁省、吉林省、黑龙江省、沈阳市、大连市的民委负责同志和全国人大民委、全国政协民宗委有关负责同志出席会议。杨晶主任主持会议并讲话，辽宁省副省长陈海波致欢迎词，与会代表就如何做好新形势下的民族工作和民委工作进行了深入的研讨，并就《城市民族工作条例》（修正案草案征求意见稿）提出了修改意见和建议。

（撰稿　李珂　　审稿　赵佐贤）

【辽宁省清原满族自治县成功举行20周年县庆活动】　2009年8月28日，清原满族自治县在清原高中体育场隆重举行了清原满族自治县成立20周年庆祝大会，大会由县长金辉主持。出席县庆大会的有国家民委财务司副司长顾群一行组成的中央代表团和由省委常委、秘书长周忠轩为团长的省政府代表团，辽宁省领导王专、陈海波、李文喜和抚顺市领导刘强、孟凌斌、王阳、张敏、袁方、焦凡洪、姚启、上官惠廷、李刚、赵乐韬等，省十三家帮扶单位领导、驻清部队、省市属单位领导、省内外民族自治县和友好县区的领导以及曾经为清原经济社会发展作出重大贡献的企业家、客商代表和社会各界朋友应邀参加了庆祝活动。

（撰稿　李珂　　审稿　赵佐贤）

【辽宁省本溪、桓仁两个满族自治县举行20周年县庆】2009年9月6日和7日，本溪满族自治县和桓仁满族自治县相继举行成立20周年庆祝活动。全国人大民委、国家民委祝贺团，辽宁省代表团和两县各族干部群众欢聚一堂，共同回顾辉煌历程，展望美好未来。全国人大民委、国家民委分别向两县发来贺电，全国人大民委、国家民委代表团和辽宁省代表分别向两县赠送了贺匾、贺金。

国家民委研究室主任金星华、辽宁省委常委、纪委书记、省总工会主席王俊莲鼓励两县各族干部群众要充分发挥各自的聪明才智，为加快经济繁荣、环境优美、民族团结、社会和谐，为谱写各族人民美好生活的新篇章再立新功。

（撰稿　李珂　　审稿　赵佐贤）

【上海市不断提高社区民族工作的凝聚力和影响力】　经过多年的培育，社区参与民族团结进步创建的热情不断高涨，在2008—2009年度民族团结进步创建工作中全市共有147个街道（镇）参加，参与率达65%，比上轮（117个）增加30个，增加25.6%。黄浦等9个区创建参与率达到了100%。在实践过程中，形成了许多生动活泼的经验，如：普陀区长征镇的第二故乡情，浦东新区花木街道建立社区、社团、社工、社会四位一体联动工作机制，闵行区龙柏街道首家成立民族之家党支部，闸北区彭浦新村街道老年公寓开设清真专灶等。这些来自于实践又为实践所检验的鲜活经验为深入细致地开展、推进社区民族工作奠定了坚实的基础。

（撰稿　张丽萍　　审稿　李伟民）

【河南省召开少数民族知名人士新春座谈会】河南省民族事务委员会于2009年1月13日上午在郑州市组织召开河南省少数民族知名人士2009年新春座谈会。来自河南省科技、教育、文化、卫生、体育、企业等社会各界的少数民族知名人士、民族工作战线退休干部及中共河南省委统一战线工作部有关人员等50余人参加了座谈会。河南省民族事务委员会通报了2008年全省民族工作开展情况及2009年工作设想。与会同志踊跃发言，围绕加强民族团结、发展民族经济、抓好宣传建议、加大少数民族干部培养选拔力度、挖掘弘扬民族文化等方面献计献策，提出了意见和建议。

（撰稿　刘宾　　审稿　金艳华）

【湖南省怀化市4县（市）7个民族乡庆典项目工程投入资金总额4 985万元】　湖南省怀化市沅陵县火场土家族乡，辰溪县苏木溪瑶族乡、后塘瑶族乡、上蒲溪瑶族乡，洪江市深渡苗族乡、龙船塘瑶族乡，中方县蒿吉坪瑶族乡成立20周年庆典分别在4县（市）举行。这次4县（市）7个民族乡20周年庆典活动得到了各级党委政府的高度重视和关心，通过庆典活动，7个民族乡共实施重点项目工程57个，投入资金总额4 985万元，使4县（市）7个民族乡特色产业发展进一步加快，基础设施建设得到极大改善，社会事业得到大力发展，城乡面貌焕然一新，进一步促进了七个民族乡经济社会的全面发展。

（撰稿　陈春建　　审稿　曹承明）

【全国瑶族自治县人大常委会第九次联席会议在广东省连山举行】　2009年11月12—13日，全国瑶族自治县人大常委会第九次联席会议在广东省连山壮族瑶族自治县隆重举行。来自广西壮族自治区金秀瑶族自治县、都安瑶族自治县、巴马瑶族自治县、富川瑶族自治县、龙胜各族自治县、大化瑶族自治县、恭城瑶族自治县，云南省河口瑶族自治县、金平苗族瑶族傣族自治县，湖南省江华瑶族自治县、江永县，广东省乳源瑶族自治县、连南瑶族自治县、连山壮族瑶族自治县等县的人大常委会的领导、嘉宾100多人参加会议。会议认真总结了近年来各瑶族自治县立法工作的经验。明确要坚持党的领导，把握正确的立法方向；坚持科学规划，精心组织；服务、服从于民族地区经济社会发展；深入调研，广纳民意；加强上下左右各方面的沟通；突出重点和民族地方特色，提高立法质量；重视和利用好民族自治地方的立法成果。会议积极探讨了当前各瑶族自治县立法工作的热点、难点问题。会议认为，各自治地方要加强自身建设，深入调研，广纳各方的意见，坚持开门立法、科学立法。会议提出了进一步加强各瑶族自治县人大工作联系与交流的思路。近年来，各瑶族自治县通过相互交流，取长补短，达到了共同提高的目的。会议建议：成员单位要加强相互交流、与时俱进、奋力拼搏，努力开创民族自治地方人大工作和立法工作新局面。

（撰稿　黄春霞　　审稿　温卫平）

【广西壮族自治区积极参加国家民委举办的“新中国成立60周年自治区成就展”】　2009年6月和8月，由国家民委组织的“新中国成立60周年内蒙古广西宁夏新疆成就展”和“内蒙古广西宁夏新疆西藏建设成就展”在北京民族文化宫举行。为做好广西展厅的各项筹备工作，广西成立了以自治区民委牵头，自治区党委宣传部、自治区财政厅、自治区发改委、广西民族研究所等多家单位共同组成的工作班子。通过精心策划，广西展厅的设计取得了良好的效果。展厅采用多种展示手段，集中展示了新中国成立60年来广西经济社会、文化教育、人民生活、生态环境等方面翻天覆地的变化。党和国家领导人贾庆林、李长春、周永康等先后参观了广西展厅，并给予了高度评价。

（撰稿　覃汉华　　审稿　周世相）

【广西壮族自治区柳城县古砦仫佬族乡举办乡庆活动】　2009年11月18日，广西柳城县古砦仫佬族乡举办成立10周年庆祝活动。自治区民委副主任周健，柳州市委、人大、政府、政协的领导，以及柳城县有关方面的领导前往祝贺，并深入少数民族村屯开展慰问活动。

柳城县古砦仫佬族乡成立于1999年，全乡总人口3.5万人，以仫佬、壮、汉族为主，其中仫佬族10 752人，占全乡总人口29.7%。2008年，全乡生产总值达3.18万元，比10年前增加3倍；财政收入突破了353万元，增加了3.53倍；农民人均纯收入达3 100元，增加了1.94倍。

在庆祝活动中，该乡通过民族风情表演、民族传统体育表演等形式，充分展示10年来全乡经济社会所取得的成就，充分展示党的民族政策和民族区域自治制度在仫佬山乡的成功实践，充分展示了全乡各民人民的精神风貌，从而进一步鼓舞全乡各族人民的斗志，增强凝聚力和向心力，为建设富裕、文明、和谐的仫佬山乡而努力奋斗。

（撰稿　罗军　　审稿　周世相）

【海南省举办少数民族代表迎春团拜会】　2009年1月15日，2009年海南省少数民族代表迎春团拜会在海口市举行，200多名黎族、苗族、回族等各民族兄弟姐妹欢聚一堂，辞旧迎新，畅叙友情，共贺新春。省政府符跃兰副省长出席团拜会并讲话。省人大常委会副主任符桂花、全国政协常委王亚保、原全国人大常委省人大常委会副主任王学萍、原全国政协常委省政协副主席王家贤、原省政协副主席林安彬等老干部，海府地区厅级少数民族领导干部，各民族自治县的县长和分管民族工作的副县长，三亚市、五指山市、东方市的有关领导，各市县民宗局局长以及社会各界人士出席了团拜会。

（撰稿　邱其斌　　审稿　唐圣为）

【重庆市继续实施“特困老人关爱工程”】　在重庆市委、市政府领导的支持下，市民宗委会同市委统战部、市工商联再次启动了“重庆市渝东南民族地区特困老人关爱工程”。“关爱工程”启动两年来共募集“关爱资金”400万元，解决了民族地区2 198名特困老人的生活问题，是新时期扶贫工作的创新，进一步巩固了平等、团结、和谐、互助的民族关系。

（撰稿　陈引　　审稿　孔刚）

【“2009火把节暨西昌建市30周年庆祝大会”在四川省隆重举行】　“2009中国西昌凉山彝族火把节暨西昌建市30周年庆祝大会”于8月14日隆重举行。国家民委副主任杨健强、四川省副省长张作哈等领导出席大会并讲话。凉山州西昌市于1979年7月经国务院批准设立。西昌市是凉山州政治、经济、文化中心，在攀西经济发展全局中处于重要的地位。30年来，西昌市综合经济实力显著增强，人民生活水平大幅提高，全市国民生产总值和财政总收入分别比1980年增长了98倍和210倍，主要经济指标提前两年完成“十一五”目标，基本竞争力进入中国西部10强、四川省三强，成为全国14个县域经济科学发展范例县市。西昌市成立以来的30年是西昌发展环境不断优化、竞争优势日益凸显的30年，成功创建中国优秀旅游城市、全国食品安全示范市、全国双拥模范城市、四川省环境保护模范城市、平安县市、森林城市、卫生城市和四川省十大最具活力县市。

（撰稿　刘康容　　审稿　唐伯华）

【云南省墨江哈尼族自治县成立30周年】　2009年11月28日，墨江哈尼族自治县举行自治县成立30周年庆祝大会。全国人大民委、国家民委和云南省委、省人大、省政府、省政协发了贺电。以国家民委教育科技司副司长张京泽为团长的全国人大民委、国家民委祝贺团，以云南省民委主任王承才为团长，省政府副秘书长王俊强、云南省民委副主任李国林、云南省民委副巡视员张宝安为副团长的云南省祝贺团到会祝贺。全国人大民委、国家民委祝贺团团长张京泽，云南省祝贺团团长王承才先后致词，副团长王俊强、李国林代表省祝贺团向墨江县赠送了题词为“共同团结奋斗，共同繁荣发展”的贺匾。庆祝大会由墨江县委书记曹卫东主持，县委副书记、县长杜益学在会上介绍了自治县成立30年来的经济社会发展情况。县庆期间，举办了30年成就展，开展了丰富多彩的文体活动。

（撰稿　王茜　　审稿　徐畅江）

【云南省城市民族工作】　2009年，云南省民委创新思路，积极探索，进一步加强城市民族工作，建立健全领导机制，完善协调工作机制，积极开展民族团结进步活动，在全社会营造自觉维护民族团结、构建和谐社会的良好氛围，促进了城市民族关系的和谐发展。认真开展城市民族工作调研，对城市民族工作的基本情况、贯彻《城市民族工作条例》和《云南省城市民族工作条例》的基本情况、存在的问题及意见建议有了全面的掌握和了解，形成了关于做好城市民族工作的一系列调研报告，为修订《云南省城市民族工作条例》积累了经验；加强调研和宣传，进一步健全和完善对清真食品的管理工作；努力做好民族成分更改管理工作，对于有关民族成分更改工作，严格按国家的有关政策和规定，认真办理，对不符合更改规定的认真做好解释工作；切实开展城市民族团结社区创建活动，不断巩固和发展平等、团结、互助、和谐的社会主义民族关系。

（撰稿　鱼波　　审稿　徐畅江）

【青海省城市民族工作试点情况】　青海省城市民族工作试点自 2008 年 8 月启动以来，省委、省政府高度重视，分管领导亲自动员和部署，格尔木市委、市政府全力以赴推动试点工作。全市各机关、团体、部队、学校、企事业单位积极响应，主动投入到试点工作中来。试点工作分宣传动员、调查摸底、解决问题、自查总结、检查验收五个阶段，格尔木市通过加强组织领导推动工作，广泛宣传教育营造氛围，梳理问题为群众办实事，建立机制提供制度保障等工作措施，较好地完成了各阶段工作任务，推动了试点工作的顺利进行，也总结了一些做好城市民族工作的有益经验，即：建立城市民族服务中心、社区民族之家、生态移民和城区民族双语学校、设立城市街道民族文字门牌路标、公检法机关配备蒙藏翻译、解决少数民族殡葬设施、加强就业技能和汉语培训等举措，得到了少数民族群众的广泛认可和欢迎，圆满地完成了省委、省政府交办的工作任务。2009 年 11 月 25 日，省民族团结进步工作领导小组在格尔木市召开了城市民族工作试点总结大会，全省各州、地市统战部长、民宗局长实地观摩、学习了试点工作。省委常委、省民族团结进步工作领导小组组长多杰热旦作了重要批示，对试点工作给予了充分肯定，副省长、省民族团结进步工作领导小组副组长马顺清也对格尔木市委、市政府的工作和取得的成绩给予了充分肯定。格尔木市通过一年多的实践、探索和创新，探索出了一条做好多民族地区城镇民族工作的成功之路，为进一步推动新形势下全省城镇民族工作提供了经验和指导方法。

（撰稿　刘兵　　审稿　金水平）

【新疆维吾尔自治区创立民族团结互助基金】　乌鲁木齐“7·5”打砸抢烧严重暴力犯罪事件发生后，为了充分发扬中华民族一方有难、八方支援的优良传统，体现祖国大家庭的温暖，新疆维吾尔自治区人民政府号召社会各界向“7·5”事件无辜受害者开展民族团结捐款活动，并于 7 月 10 日发布了《关于向乌鲁木齐“7·5”事件无辜受害者开展民族团结捐款活动的公告》。此次民族团结捐款活动以自愿的原则，由新疆慈善总会组织开展，筹集的善款由新疆慈善总会统一接收，并按照乌鲁木齐“7·5”事件善后处理工作领导小组办公室的捐款使用方案分配拨付捐款。所有捐款由乌鲁木齐“7·5”事件善后处理工作领导小组办公室统一审稿汇总，制定具体使用方案并组织实施。7 月 13 日，自治区党委、人民政府决定设立自治区“民族团结互助基金”，接收各省（市、自治区）人民政府、各大企业集团、各部门单位集体的捐款，专门用于做好“7·5”事件善后、救治、安抚、帮扶等工作，捐款账户设在自治区财政厅。截止到 2009 年 10 月 9 日，自治区“民族团结互助基金”已收到捐款累计50 097.96万元。

（撰稿　美亚赛　　审稿　葛丰交）

【新中国成立 60 周年内蒙古、广西、宁夏、新疆成就展】　为迎接中华人民共和国成立 60 周年，展示少数民族自治区在新中国成立后，特别是改革开放以来各项事业所取得的巨大成就，由国家民委和内蒙古、广西、宁夏、新疆4个自治区人民政府共同主办的“新中国成立60周年内蒙古广西宁夏新疆成就展”于2009年6月22日—7月22日在北京民族文化宫成功举办。此次“成就展”是在庆祝新中国成立60周年国家级大庆系列活动中，唯一一个由国家部委和地方政府共同主办的活动。

（撰稿　美亚赛　　审稿　葛丰交）

【内蒙古、新疆、广西、宁夏、西藏自治区成就展】　由中央外宣办、中央统战部、国家发改委、国家民委和内蒙古、新疆、广西、宁夏和西藏5个自治区人民政府共同主办的内蒙古、新疆、广西、宁夏、西藏成就展于8月25日—9月17日在北京民族文化宫举办。新疆馆展览面积近800平方米，展出200多幅图片、图表和模型、实物，分为“珍贵记忆”、“民族区域自治”、“沧桑巨变”、“团结进步”、“新疆之最”、“造福于民”和“美好未来”7个单元，生动地展示了60年来新疆发生的巨大变化和取得的辉煌成就，也生动地诠释了党的民族区域自治制度在新疆的成功实践和所显示的旺盛生命力。“平息乌鲁木齐‘7·5’打砸抢烧严重暴力犯罪事件纪实图片展”于2009年8月15日在北京民族文化宫开展。

（撰稿　美亚赛　　审稿　葛丰交）

【新疆生产建设兵团民族宗教事务局召开各族各界代表人士座谈会】　2009年7月13日上午，兵团民族宗教事务局在乌鲁木齐市召开了以“团结稳定是福，分裂动乱是祸，民族团结高于天”为主题的兵团各界代表人士座谈会。参加会议的有少数民族退休干部代表、民族团结进步模范个人代表、少数民族人士代表、宗教人士代表和兵团民族宗教事务局干部等各界代表人士共70余人。兵团党委常委、副司令员哈尼巴提·沙布开出席座谈会并作了重要讲话。兵团党委、兵团副秘书长阿布力孜·尼牙孜同志主持了会议。兵团党委统战部、民族宗教事务局的领导出席了会议。

（撰稿　梁付江　　审稿　热合曼·克日木）

【新疆生产建设兵团民族工作部门积极做好维稳工作】　2009年乌鲁木齐“7·5”事件之后，兵团民族宗教事务局按照兵团党委提出的工作要求，立即启动应急预案，集中全部力量投入维护民族宗教领域的稳定工作，组织力量用维汉两种文字编写印刷了8万多字的宣讲材料，以最快的时间发放到了各师、团、连队和社区；兵团民族宗教事务局组织宣讲团，由局领导带队，分为4个宣讲小组，于7月中旬深入团场，通报乌鲁木齐“7·5”事件真相、统一各界群众思想认识，开展加强民族团结、维护社会稳定的宣讲活动，掌握了宣传引导的主动权，在基层产生了积极而广泛的影响。共计在乌鲁木齐市，农一、二、三、四、六、八、十三、十四师召开主题宣讲会10场，约1 700多名各界代表人士和各族群众聆听了以“团结稳定是福 分裂动乱是祸 民族团结高于天”为主题的宣讲会；各师共召开加强民族团结、维护社会稳定座谈会100场，约有2 500多名各族干部群众参加。

（撰稿　梁付江　　审稿　热合曼·克日木）

【新疆生产建设兵团向乌鲁木齐市“7·5”事件受难者捐款】　2009年7月5日乌鲁木齐市“7·5”事件发生后，兵团党委统战部、民族宗教事务局全体党员干部响应号召，向乌鲁木齐市“7·5”事件受难者捐款3 400元。兵团各师、团场的信教群众和宗教人士自发组织，共向乌鲁木齐市“7·5”事件受难者捐款71 800元，兵团爱国宗教人士和广大信教群众对乌鲁木齐市“7·5”事件受难者表达了深切同情，对暴力犯罪分子的罪恶行径进行了强烈谴责，纷纷表示要加强民族团结，维护新疆和平稳定的大好局面，彻底粉碎境内外敌对势力的阴谋。

（撰稿　梁付江　　审稿　热合曼·克日木）

监督检查

【全国人大督查组到辽宁省调研】 2009年7月7—12日，全国人大常委、民委委员、原新疆维吾尔自治区人大副主任达列力汗·马米汗率领的中共中央统战部、全国人大民委和国家民委组成的联合督查组一行5人到辽宁主要就贯彻落实民族政策、防止和纠正歧视和变相歧视少数民族现象发生的工作进行检查。督查组在辽期间先后到沈阳市和丹东市进行检查。在沈期间，省政府安排了11个厅局针对贯彻民族政策工作的汇报会，副省长陈海波做了汇报，并视察了沈阳市相关地点的贯彻情况；在丹东期间，听取了丹东市政府的汇报，考察了宽甸满族自治县，并听取了县政府的工作汇报，走访了少数民族农户和"兴边富民"基地。督查组对辽宁民族工作给予肯定。

（撰稿　李晶　　审稿　赵佐贤）

【国务院民族政策监督检查组到浙江省督察】 由国家民委专职委员李文亮为组长的国务院民族政策监督检查组一行5人，于9月1日赴浙江监督检查民族政策贯彻情况。浙江省政府举行专题汇报会，省民宗委主任王毅就浙江省贯彻落实党和国家民族政策情况向检查组作了汇报。检查组还到杭州、金华、义乌、温州等地开展贯彻落实民族政策的监督检查，深入社区、市场、企业等地进行实地督察，对浙江民族工作给予直接的指导和帮助。省民宗委副主任陈智慧陪同考察。

（撰稿　徐钢泓　　审稿　陈智慧）

【全国政协民族和宗教委员会到浙江省调研】 全国政协民族和宗教委员会副主任、国家民委原副主任周明甫一行3人到浙江省进行调研。2009年10月30日上午，省民宗委主任王毅、省政协民宗委主任鲍钢、省民宗委副主任陈智慧向周明甫汇报了近年来浙江民族工作的情况。10月31日，周明甫一行在陈智慧的陪同下到景宁调研，深入外舍防护工程、岗石畲族村考察，了解畲民生产生活和畲族学生优惠政策的落实情况，前往景宁民族中学、民贸企业、大均畲乡之窗等地参观，并听取县委、县政府的工作汇报。调研期间，周明甫还在杭州市调研城市散杂居少数民族工作，到义乌市调研国际化条件下外来少数民族工作情况和新问题。

（撰稿　徐钢泓　　审稿　陈智慧）

【国家民委督查组到福建省督查】 2009年6月2—6日，国家民委党组成员、纪检组长杜鹃率督查组到福建督查《国务院办公厅关于严格执行党和国家民族政策有关问题的通知》贯彻落实情况。督查组先后听取福建省副省长洪捷序、福建省直部门和厦门市政府的情况汇报以及福州、泉州市政府的书面汇报，并先后赴福州长乐国际机场、福州火车站、福州阳光学校西藏班、罗源县霍口畲族乡、泉州清净寺、晋江市安踏（中国）有限公司总部、陈埭民族中学、厦航配餐部、厦门宁夏穆斯林餐厅、厦门钟宅畲族社区等单位实地察看，并通过“微服私访”、会议座谈等方式，详细了解了福建省贯彻落实文件精神和执行党和国家民族政策的情况。检查组在向福建省人民政府的反馈意见中认为，“福建省贯彻落实国办33号文件精神，部署全面，措施有力，取得了显著成绩”；“福建省民族工作有特色、有亮点，特别是在维护少数民族合法权益方面创造了许多经验”。

（撰稿　刘培芝　　审稿　蓝国秋）

【国家民委副主任吴仕民赴湖北省宜昌市检查民族政策落实情况】　2009年5月31日—6月1日，国家民委副主任吴仕民一行，在湖北省民宗委主任谭徽在、副主任胡祥华的陪同下，深入宜昌三峡机场、三峡坝区、城区清真寺等地，对宜昌市贯彻落实党和国家民族政策情况进行了深入调研，并与少数民族代表人士进行了座谈。宜昌市委书记郭有明、市长李乐成、副市长吴静、副秘书长杨圣新、市民宗局局长王仁俊等领导陪同调研。吴仕民指出，宜昌市在贯彻落实党和国家民族政策工作中，领导重视，措施得力，工作扎实，成效明显，群众拥护。就如何贯彻落实好党和国家的民族政策、做好新形势下的民族工作，吴仕民提出了三点具体要求：第一，要有正确的民族政策观念；第二，要把握民族平等这个基本准则；第三，要大力支持少数民族和民族地区加快发展。

（撰稿　唐聪　　审稿　唐启明）

【内蒙古自治区政府刘新乐副主席带领调研组对兴安盟、呼伦贝尔市民族政策落实情况进行调研】　2009年6月28日—7月5日，内蒙古自治区副主席刘新乐带领自治区政府办公厅、民委、财政厅有关负责人，赴兴安盟、呼伦贝尔市，围绕党的民族政策落实情况，重点对兴边富民行动和扶持人口较少民族发展工作进行调研。刘新乐副主席一行先后深入兴安盟科右前旗满族屯满族乡、阿尔山市，呼伦贝尔市新巴尔虎左旗阿木古郎镇，额尔古纳市室韦俄罗斯民族乡、根河市敖鲁古雅鄂温克民族乡，鄂伦春自治旗乌鲁布铁镇乌纳猎民村，大杨树镇朝阳猎民村，莫力达瓦达斡尔族自治旗巴彦鄂温克民族乡、腾克镇，阿荣旗新发朝鲜族乡进行实地考察。调研期间，刘新乐副主席认真听取当地党委、政府汇报，详细了解兴边富民行动和扶持人口较少民族发展项目实施情况，走访慰问少数民族困难群众，并对有关具体工作提出了指导意见。刘新乐副主席指出：兴边富民行动和扶持人口较少民族发展工作开展以来，切实改善少数民族群众的生产生活条件，促进少数民族聚居地区的发展步伐，取得了良好成效。刘新乐副主席强调：要高度重视民族工作，用足用好国家和自治区出台的各项优惠政策，继续实施好兴边富民行动和扶持人口较少民族发展工作；要进一步加强各项社会事业的发展，推动少数民族聚居地区经济社会协调发展；要抓住当前国家出台的拉动内需、保增长的机遇，解决好少数民族聚居地区民生问题，让更多的少数民族群众享受到改革开放和经济发展的成果，使少数民族群众不断体会到党和国家民族政策的温暖。

（撰稿　李日树　　审稿　常威）

【内蒙古自治区兴安盟行署组成联合检查组对全盟社会市面蒙汉两种文字并用情况进行检查】组成了由盟民族事务局牵头，工商局、交通局、建设局、蒙古语文翻译中心等有关部门参与的联合检查组，对全盟6个旗县市所在地和12个苏木乡镇的社会市面蒙汉两种文字并用工作情况进行了全面检查。检查结束后召开全盟社会市面蒙汉两种文字并用工作大检查暨经验交流会，就社会市面蒙汉两种文字并用工作中存在的问题进行了剖析，提出了整改意见和建议。

（撰稿　李日树　　审稿　常威）

【内蒙古自治区巴彦淖尔市民委组织各旗县区民族宗教局对全市民族宗教蒙古语文工作进行互查】 各旗县区民族宗教局和市民委有关科室负责人对7个旗县区的民族宗教蒙古语文工作进行了互查。每到一地，都安排查看了1～2个项目实施地和1～2个宗教活动场所及旗县区政府所在地的社会市面蒙汉两种文字并用情况，主要了解了宗教活动场所的管理、自养、开展活动等情况，兴边富民行动项目和少数民族发展资金项目的落实、实施、管理情况，社会市面蒙汉两种文字并用规范率和标准率。最后，在乌拉特后旗召开了全市2009年上半年民族宗教蒙古语文工作总结会，对互查工作进行总结，研究部署了下一步工作。

（撰稿　李日树　审稿　常威）

【内蒙古自治区乌海市民委对全市行政机关、企事业单位的公章文头等蒙汉文并用情况进行检查】 对95个行政机关、企事业单位的公章、文头、信封、信纸蒙汉文并用情况进行全面检查，发现公章错的单位有3个；文头错的单位有6个；信封错的单位有6个；信纸错的单位有6个。乌海市民委要求出现错误的单位限期整改，今后各单位印刷的文头、信封、信纸和刻制的公章，经市民委出具翻译证明后，进行印刷、刻制。通过检查，及时发现问题，避免了各单位由于蒙汉文并用不规范而造成的不良影响。

（撰稿　李日树　审稿　常威）

【内蒙古自治区民委对内蒙古民航机场集团公司进行执法检查】 2009年11月23日，自治区民委副巡视员吴长林、敖日其楞带领由自治区民委民族语文处和呼和浩特市民委有关人员组成的执法检查组，对内蒙古民航机场集团公司贯彻实施《内蒙古自治区蒙古语言文字工作条例》（以下简称《条例》）情况进行执法检查。检查组对内蒙古民航机场集团公司呼和浩特白塔机场航站楼内外部牌匾标志的蒙汉两种文字并用情况进行实地检查，并与该公司有关负责人就进一步贯彻实施《条例》进行座谈，对呼和浩特白塔机场航站楼的蒙汉两种文字并用工作提出了整改意见和建议，指出作为自治区的重要服务窗口行业，内蒙古民航机场集团公司要认真贯彻《条例》各项规定，推动区内各民航机场蒙汉两种文字并用工作，为自治区蒙古语文工作的深入开展发挥应有的作用。内蒙古民航机场集团公司呼和浩特白塔机场航站楼存在蒙汉两种文字并用不符合《条例》有关规定的问题，不但达不到自治区的相关要求，还影响了自治区内其他地区民航机场蒙汉两种文字并用工作的开展。2008年以来，自治区人大常委会、自治区民委和呼和浩特市民委对该公司存在的问题先后进行了督促、检查。但是该公司的整改工作进展缓慢，还未完全达到《条例》规定的有关要求。对此，内蒙古民航机场集团公司和航站区管理部负责人表示，将加快整改进度，计划在2010年5月1日之前整改完善呼和浩特白塔机场蒙汉两种文字并用工作。

（撰稿　李日树　审稿　常威）

【辽宁省民委成立监督检查处】 2009年6月18日，根据《辽宁省民族事务委员会（辽宁省宗教事务局）主要职责内设机构和人员编制规定》（辽政办发〔2009〕61号）的“三定”规定，成立了监督检查处，其主要职能是“承担民族宗教法律、法规、规章和政策执行情况的督促检查工作；提出民族宗教关系的工作建议；促进民族事务服务体系和民族事务管理信息化建设。”

（撰稿　李晶　审稿　赵佐贤）

【辽宁省民委召开33号文件落实情况电视电话会议】 2009年8月6日，为贯彻落实《国务院办公厅关于检查国办发〔2008〕33号文件贯彻落实情况的通知》（国办发明电〔2009〕15号）文件精神，召开了全省深入贯彻党和国家民族政策电视电话会议。这次会议及时总结、交流了辽宁民族政策执行情况的做法和经验，部署各市各部门自查自纠工作，确保将国办33号文件精神落到实处，通过再动员、再部署，进一步提高了认识，统一了思想，增强了新形势下执行民族政策、做好民族工作、增进民族团结、促进民族和谐的自觉性和责任感。

（撰稿　李晶　　审稿　赵佐贤）

【黑龙江省开展民族政策落实大检查】　为进一步加大民族政策的贯彻落实力度，从2009年10月19日开始，分别由省政府副秘书长孙敬本，省民委副主任关立卓、李顺宝任组长，由省政府办公厅、省财政厅、省交通厅、省发改委、省民政厅、省文化厅、省环保厅、省教育厅、省农委、省民委10个部门同志及省人大代表、省政协委员参加的省政府民族政策检查组分赴各地及省直部门进行民族政策落实检查。检查组重点对《中共黑龙江省委、黑龙江省人民政府关于贯彻落实〈中共中央国务院关于进一步加强民族工作加快少数民族和民族地区经济社会发展的决定〉的实施意见》、《中华人民共和国民族区域自治法》、《黑龙江省城市民族工作条例》、《黑龙江省民族乡工作条例》、《黑龙江省民族教育条例》、《清真食品生产经营管理条例》等法律法规贯彻执行情况进行了检查。这次检查是近年来本省组织的规模最大的一次，对促进全省民族政策的落实提供了重要机制保障。

（撰稿　刘冬海　　审稿　包玉明）

【江苏省民委认真贯彻落实33号文件精神】　江苏省民委根据省政府领导的要求，牵头组成由江苏省政府办公厅、省民委、省民政厅、省公安厅、省工商局、省交通运输厅、省卫生厅、省旅游局8家单位组成的4个工作组，于2009年9月14—18日分赴南京、徐州、常州、苏州、扬州、镇江、泰州、宿迁8个市，对各地贯彻落实国务院办公厅《关于检查国办发〔2008〕33号文件贯彻落实情况的通知》和江苏省政府办公厅《关于检查国办发〔2008〕33号文件贯彻落实情况的通知》情况进行专项督查，以切实做好迎国庆期间维稳工作，维护民族团结和社会稳定。9月22日，江苏省政府徐鸣副省长、周游副秘书长听取了省民委王军主任的专项检查汇报并作重要讲话。

（撰稿　刘克元　　审稿　王在郑）

【安徽省开展民族政策检查工作】　根据国务院通知和王三运省长、唐承沛副省长批示精神，安徽省政府办公厅专门下发通知，对省政府各部门、各直属机构、各市县人民政府严格执行党和国家民族政策、坚决维护民族团结和社会稳定提出了明确要求。在各市自查的基础上，2009年8月中下旬，以省政府名义组成3个检查组，由省民委领导带队，深入民族工作重点市、县（市、区）对民族政策贯彻落实情况进行检查，切实维护少数民族群众合法权益。

（撰稿　刘炜　　审稿　白和平）

【河南省组织开展清真食品市场大检查活动】
河南省民族事务委员会在2008年12月—2009年2月，组织开展清真食品生产经营及市场检查活动。河南省各级民族工作部门在当地党委、政府领导下，联合协调工商、卫生、质监等部门力量，制定检查工作方案，广泛发动群众力量，领导带队开展全面执法检查。在检查活动中，各地注重加强宣传教育，突出重点，检查了各类清真食品集贸（批发）市场、清真食品生产企业、清真餐饮和肉制品零售行业等，认真清理、规范清真食品生产经营主体资格，规范清真标牌悬挂行为，查处了一批转让、仿制清真牌证的违法行为，进一步合理布局了集贸（批发）市场中清真食品商户的经营场所。全省各级共检查各类清真食品生产经营单位（商户）15 822家，其中限期整改314家，取缔96家。

（撰稿　刘宾　　审稿　金艳华）

【河南省政府督导检查南阳市民族政策落实情况】　2009年8月27—29日，以河南省民族事务委员会主任刘世军为组长的河南省政府督导组赴南阳市检查国办发33号文件落实情况。督导组听取南阳市民族工作情况汇报，召开南阳市发展和改革委员会、公安局、规划局等部门参加的座谈会，深入机场、火车站、南阳宾馆等部分窗口单位及邓州市民族聚居村、民族企业进行了检查调研。

（撰稿　刘宾　　审稿　金艳华）

【中国人民银行武汉分行对湖北省民族特需商品生产优惠政策落实情况进行检查督办】 2009年3月5—6日，中国人民银行武汉分行与湖北省民宗委联合组成调研组对湖北省襄樊市落实民族特需商品生产政策的情况进行了检查督办。调研组在检查中对民族特需商品生产政策进行了宣传，为民族定点企业进行政策解释，襄樊市民族、银行部门和民族特需商品定点企业等部门负责人纷纷表示：进一步抓好政策学习，主动加强合作，积极配合有关部门把民族特需商品生产优惠政策用好、用足、用活，并尽快制定有效措施，采取有效办法把民族特需商品生产优惠政策落实到位。

（撰稿　唐启明　　审稿　唐启明）

【中央、省扩大内需促进经济增长检查组赴湖北省恩施土家族苗族自治州检查指导工作】 2009年4月20日，国家发改委稽查特派员黄建中率领中央扩大内需促进经济增长政策落实第十三检查组，财政部驻湖北专员办副巡视员贾楚清率省扩大内需促进经济增长政策落实第五检查组一同来到湖北省恩施土家族苗族自治州，检查中央、省扩大内需促进经济增长政策落实情况。检查组对恩施市、咸丰县实施的圣峰药业工业污水处理、廉租房建设、水土保持工程、卫生事业发展等项目进行了抽查。检查组认为，该州在落实中央、省扩大内需促进经济增长政策上，党政领导高度重视，在利用机遇加快发展上做了大量工作，积极抓好了扩大内需促进经济增长政策的落实工作。

（撰稿　张声勇　　审稿　唐启明）

【湖北省政府检查组到恩施土家族苗族自治州检查国办发〔2008〕33号文件贯彻落实情况】 2009年8月11日，由湖北省住房城乡建设厅副巡视员周争先带队的省政府检查组到恩施土家族苗族自治州检查《国务院办公厅关于严格执行党和国家民族政策有关问题的通知》（国办发〔2008〕33号）贯彻落实情况。检查组一行先后深入到九洲牧业有限公司、航空路兰州拉面馆、人才市场、恩施大峡谷、芭蕉侗族乡高拱桥村等地，重点检查了民族政策的宣传教育、支持少数民族创业、少数民族同胞就业、民族团结创建工作等情况。随后，检查组还到湖北民族学院、华德酒店、航空路长途客运站等涉及少数民族的学校、服务窗口进行了专项检查，并于8月13日上午专门听取了恩施土家族苗族自治州人民政府的情况汇报。检查组一行对恩施土家族苗族自治州贯彻落实国办发〔2008〕33号文件精神的工作给予好评。认为该州作为民族自治地方，以高度的政治责任感，认真贯彻落实国办发〔2008〕33号文件精神，切实维护和保障少数民族的合法权益，平等、团结、互助、和谐的社会主义民族关系日益巩固，民族经济和各项社会事业取得了可喜成绩。检查组要求该州继续认真贯彻执行党和国家的民族政策，加强领导，强化责任，进一步巩固民族团结的大好局面，把全省唯一的自治州建设得更加繁荣富强。

（撰稿　张声勇　　审稿　唐启明）

【湖北省人大民宗侨外委、省民宗委检查组赴襄樊、咸宁就散居少数民族法规落实情况进行跟踪检查】　2009年10月27—30日，湖北省人大民宗侨外委副主任尚援朝、秘书长黄明科以及省民宗委副主任沙玉山一行，赴襄樊、咸宁跟踪检查散居少数民族法规贯彻落实情况。检查组听取了襄樊市民宗局、赤壁市政府的情况汇报，实地察看了双北回民小学、宜城王台回族村等地。检查组认为：襄樊、咸宁对照省人大常委会执法检查组《关于检查散居少数民族实施情况的报告》反映的问题进行了积极有效的整改，对省人大常委会《关于进一步加强散居少数民族工作的决议》进行了深入宣传和落实，散居少数民族权益得到了有效维护。下一步，必须加大工作力度，多做宣传、扶持、帮助工作，积极、稳妥地解决难点问题，确保三个条例全面贯彻实施。

（撰稿　刘恒武　　审稿　唐启明）

【17 省区市人大民族工作座谈会在湖南省长沙市召开】　2009 年 10 月 13 日，17 省区市人大民族工作座谈会在湖南省长沙市召开，全国人大民族委员会副主任委员牟本理出席会议并讲话。内蒙古、河南、湖北、广东、广西、海南、重庆、四川、贵州、云南、西藏、陕西、甘肃、青海、宁夏、新疆和湖南等省、自治区、直辖市人大常委会分管民族工作的领导参加会议。湖南省省长助理袁建尧代表湖南省政府向与会领导介绍了湖南民族工作情况。

（撰稿　陈春建　　审稿　曹承明）

【湖南省委巡视组到湘西土家族苗族自治州调查了解民族政策落实情况】　2009 年 12 月 11 日，湖南省委巡视组到湘西土家族苗族自治州调查民族政策落实情况。湘西土家族苗族自治州召开民族政策落实情况汇报会，州交通局、州教育局、州卫生局、州委组织部等十多个单位负责人参加会议并汇报各系统民族政策贯彻落实情况。

湘西土家族苗族自治州研究落实民族政策领导小组副组长、州政协副主席、州民委主任龙金碧在汇报中说，民族政策给湘西土家族苗族自治州带来巨大变化，湘西土家族苗族自治州各族人民当家做主的权利在法律上得到确认和保证，实现了政治上的完全平等，享受了很多优惠政策，得到上级国家机关的支持和帮助，推进了民族团结进步事业发展。

省委巡视组听取汇报后认为，湘西土家族苗族自治州的工作有成效，民族政策深入人心，经济社会发展呈现出了良好的势头。湘西土家族苗族自治州要加大汇报衔接力度，通过各种渠道、各种途径、各种方式向省委、省政府和省直有关单位汇报，以争取上级对湘西土家族苗族自治州更多的了解和支持。同时，湘西土家族苗族自治州也要立足自身努力，把各项工作做得更实，特别是要进一步做好少数民族干部的培养教育和选拔使用工作，建设一支立足建设湘西、发展湘西的少数民族干部队伍；要把具有发展优势的、具有特色的烟叶、旅游、工艺品等产业建设好、开发好，促进州域经济发展。

（撰稿　陈春建　　审稿　曹承明）

【广东省人大检查本省贯彻执行民族法律法规工作】　根据广东省人大常委会 2009 年监督工作计划，7 月上旬，省人大常委会组织检查组对广东省贯彻落实《中华人民共和国民族区域自治法》、《广东省实施〈中华人民共和国民族区域自治法〉办法》和《广东省散居少数民族权益保障条例》的情况进行了检查。常委会主任欧广源、副主任钟阳胜亲自带队开展检查活动。检查组成员由省人大华侨民族宗教委员会负责同志、省人大常委会部分组成人员和省人大代表组成，省直有关单位负责同志参与。检查组在广州召开汇报会，听取了雷于蓝副省长关于本省贯彻执行相关民族法律法规的综合情况汇报和省直有关单位的专项汇报。会后，检查组分成 3 个小组，分别赴连南瑶族自治县、连山壮族瑶族自治县和乳源瑶族自治县对民族区域自治法及配套法规执行情况进行检查，赴惠州、河源对民族乡权益保障情况进行检查，赴广州、江门、肇庆对城市散居少数民族权益保障情况进行检查。重点检查省、市两级政府依法、按政策倾斜帮扶民族地区经济建设项目、民生工程情况以及少数民族合法权益保障情况。

（撰稿　黄春霞　　审稿　温卫平）

【广西壮族自治区民委积极推进监督检查工作规范化、制度化】　2009 年 6 月，广西壮族自治区民族事务委员会印发《自治区民委关于加强民族法规和民族政策执行情况监督检查工作的意见》，就民族法规、民族政策执行情况监督检查工作的指导思想、主要任务、总体目标、工作原则以及制度建设等作了明确规定和要求，以此作为全区各级民族工作部门开展民族法规和民族政策执行情况监督检查工作的指导性文件。

广西壮族自治区民族事务委员会将民族法律法规和民族政策执行情况的监督检查工作规范化、制度化，为即将进行的新一轮机构改革确定“三定方案”，在广西壮族自治区民族事务委员会内新增设监督检查处的必要性提供了有力的理论与实践依据。

（撰稿　黄家望　　审稿　周世相）

【广西壮族自治区开展民族政策执行情况检查】 2009年8—9月，广西壮族自治区民族事务委员会围绕贯彻落实《国务院办公厅关于严格执行党和国家民族政策有关问题的通知》要求，在全区范围内组织开展了民族政策贯彻执行情况的大检查。在自治区各有关部门及各市、县自查的基础上，受自治区人民政府的委托，由自治区民委牵头组织了4个检查组分赴各市进行专项督查。检查组以召开座谈会、听取汇报、走访调查等方式广泛听取意见和建议，对各市如何认真贯彻执行民族政策提出指导性意见。检查结果显示：长期以来，广西壮族自治区各级党委、政府坚持在广大干部群众中深入开展马克思主义民族理论、民族政策和“三个离不开”的宣传教育工作取得了良好的社会效果，广西的民族关系总体趋势是良好的。检查工作结束后，自治区民委向自治区人民政府上报了检查报告。

（撰稿　黄家望　　审稿　周世相）

【广西壮族自治区民委开展民族专项资金使用情况检查】 2009年，广西壮族自治区民族事务委员会重点加强对《扶持人口较少民族发展规划（2005—2010年）》执行情况的监督检查。毛南族是我国人口较少民族之一，主要聚居在广西壮族自治区的环江毛南族自治县。该县是广西扶持人口较少民族任务最重的县份，2008年共安排了少数民族发展资金2 500万元，占全区少数民族发展资金总额的36.76%。为掌握环江2008年国家扶持人口较少民族发展资金使用管理情况，总结项目管理经验，进一步规范项目和资金管理，2009年9月，广西壮族自治区民族事务委员会组织督查组，对环江毛南族自治县2008年扶持人口较少民族发展资金使用管理情况进行了一次监督检查。在督查中，对环江毛南族自治县在项目和资金管理方面许多好的做法和经验给予了肯定。同时，对存在的问题提出了整改意见。通过督查，对进一步规范扶持人口较少民族资金管理起到了积极的、重要的作用，对如何规范全区民族专项资金管理也具有一定的指导意义。

（撰稿　黄家望　　审稿　周世相）

【广西壮族自治区民委积极推进民族关系监测体系建设】 2009年2月，广西壮族自治区民族事务委员会召开全区民委主任会议，部署在全区民委系统全面启动民族关系监测评价机制建设工作。这个机制的主要内容为：建立现代化的确保信息传输准确、迅速、保密、高效的遍及全区民委系统的信息报送电子网络系统；建立自治区、市、县三级少数民族社团信息资料库和少数民族知名人士信息资料库；建立民族工作信息员、民族工作专家顾问、民族关系协调员三支队伍；建立和完善各级民委与各少数民族社团、少数民族知名人士之间交流沟通联谊制度，民族关系信息收集加工和汇总上报制度，民族关系监测评价制度，涉及民族因素事件和民族矛盾纠纷处置制度。力求通过加强民族关系监测和综合评价工作，及时、全面、系统和科学地评价、分析广西民族关系状况和发展趋势，为协调民族关系、正确处理民族问题提供有效的参考和依据。

（撰稿　黄家望　　审稿　周世相）

【贵州省加大督促、检查和协调工作力度，不断推动党和国家各项民族政策的贯彻落实】 在2008年贵州省政府组织开展全省贯彻落实党和国家各项民族政策情况全面检查的基础上，配合国家民委督查组对本省和部分市、州的贯彻落实情况进行了督查，根据国家民委督查组的反馈意见，及时协调召开省民委兼职委员单位联络员会议，对提出的意见、建议进行了整改。省政府于2009年8月下旬至9月上旬，组织3个检查组对全省5个市（州、地）和部分省直部门进行了重点检查，抓好国办发〔2008〕33号文件的贯彻落实，进一步推动了党和国家各项民族政策的贯彻落实。省民委主动发挥职能作用，协调省直有关部门和州（市、地）人民政府（行署）继续贯彻好“一法两规定”，建立贯彻执行“一法两规定”的长效机制。在省人大常委会组织开展“一法两规定”执法检查，省政府组织开展整改的基础上，省民委加大督促检查和协调工作力度，继续推动“一法两规定”的贯彻落实，推动省直部门进一步加大了对民族地区经济社会发展的支持力度，使民族自治地方的自治权利得到进一步保障。

（撰稿　张发刚　　审稿　吴继堂）

【云南省民委积极开展民族政策法规执行情况监督检查】　2009年，云南省民委大力加强民族法规和民族政策执行情况的监督检查，积极配合人大等相关部门做好执法检查等工作，促进民族团结进步事业全面发展。重点做好省委民族工作领导小组专题会议确定事项的监督检查工作。认真做好民族地区热点、难点问题的调查和分析研判，省民委分管领导6次深入沙甸等地区检查、指导，并与省委督查室联合对沙甸回族群众的危房改造、北坡水库、移民搬迁安置等完成情况进行督查，确保省委专题会议纪要精神全面落实。全面推进党和国家民族政策和民族法规的落实。对全省贯彻落实国务院办公厅关于严格执行党和国家民族政策有关问题的通知（国办发〔2008〕33号）的情况进行监督检查，及时纠正检查过程中发现的问题，依法保障少数民族的合法权益，并将有关情况上报国家民委。组织开展了对做好新疆少数民族群众在滇务工经商服务管理工作的专项督促检查工作。省人大民委和省民委组成3个调研组，对全省贯彻落实民族区域自治法和民族乡工作条例进行调研检查。深入贯彻落实中共云南省委、云南省人民政府关于进一步加强民族工作、促进民族团结、加快少数民族和民族地区科学发展的决定（云发〔2009〕13号）精神。牵头对《决定》提出的重点工作进行了任务分解，要求省直各有关部门结合各自的工作职责和任务要求，制定贯彻落实决定的具体实施方案和每年的实施计划。同时，明确了省民委配合省委、省政府督查室定期对各地、各部门的贯彻落实情况进行督促检查。进一步强化民族法规和民族政策的宣传教育。结合新中国成立60周年，国务院和省委、省政府召开民族团结进步表彰大会，国际人类学与民族学联合会第十六届大会在昆明召开等重大事件，认真学习贯彻中宣部、国家民委《党和国家民族政策宣传教育提纲》，集中开展民族法规和民族政策宣传，发放宣传材料3 000多份，使“三个离不开”的思想更加深入人心。各级民族工作部门充分利用民族团结月、民族团结周、民族团结日开展了丰富多样的民族法规和民族政策的宣传教育。围绕新形势下民族团结稳定工作面临的新情况、新问题，大力开展调查研究。省民委加强对新形势下民族关系新情况、新问题的调查研究，探索和完善民族关系协调工作的机制和措施，形成了《当前影响我省民族团结稳定矛盾纠纷和社会隐患的情况报告》、《云南省贯彻落实中办33号文件情况报告》等一批有价值的调研报告，为党委、政府科学决策提供了重要的参考依据。

（撰稿　李正洪　　审稿　徐畅江）

【青海省开展国办发〔2008〕33号文件贯彻执行情况的监督检查】　青海民宗委、省政府督查室按照省政府的统一部署，对全省各地、各部门贯彻落实《国务院办公厅关于严格执行党和国家民族政策有关问题的通知》（国办发〔2009〕33）情况进行了监督检查。监督检查在各地、各部门全面自查的基础上采取实地重点检查的方式进行，检查的主要内容是：各地、各部门贯彻落实党和国家民族政策情况，是否存在国办33号文件列举的不能平等对待少数民族群众、侵害少数民族合法权益的现象。2009年8月20—30日，省民宗委、省政府督查室成立两个检查组，实地检查了长途汽车站、火车站、飞机场、城市公交、出租车行业、公共文化服务单位、学校、商店、医院、宾馆、市场、旅游景点、工业企业单位以及基层派出所等重点领域。通过监督检查，青海省各地、各部门及各服务行业均能自觉贯彻执行党的民族平等政策，能够保障少数民族公民在上学、就业、医疗等方面的平等权利，尊重少数民族使用本民族语言文字、保持或改革本民族风俗习惯和宗教信仰等方面的权利。各地、各部门采取措施，坚决纠正和防止违反民族政策、影响民族团结的事情，没有发现歧视或变相歧视、侮辱少数民族的言行。各地千方百计、想方设法为少数民族群众解难事、办实事，努力加强民族团结，维护社会稳定。检查结果按照要求向省人民政府、国家民委作了专题报告。

（撰稿　刘兵　　审稿　金水平）

【青海省对《国务院实施〈民族区域自治法〉若干规定》执行情况进行监督检查】　根据《国务院实施〈民族区域自治法〉若干规定》（以下简称《若干规定》）第30条和青政办〔2006〕123号文件要求，2010年1月，省民宗委对省政府27个部门和西宁、海东、海北、黄南等4个辖有自治县的州、地、市人民政府2009年贯彻落实《若干规定》、支持民族自治地方加快发展的情况进行了监督检查。有关地区和部门按照要求，认真开展了自查和总结，上报了自查报告。省民宗委在各地各部门自查和总结的基础上依法履行监督检查职责，并向省政府上报了监督检查报告，提出意见、建议。监督检查结果表明，2009年，有关地区和部门在省委、省政府的正确领导下，以科学发展观为指导，认真落实《国务院实施〈民族区域自治法〉若干规定》和青政办〔2006〕123号文件分解的任务，努力增强帮助民族自治地方加快发展的紧迫感和责任感，紧紧抓住国家扶持民族地区和人口较少民族发展的重大机遇，积极主动地为民族自治地方争取资金、政策，想方设法地解决制约发展的困难和问题，较好地履行了上级国家机关的帮扶职责，促进了民族自治地方经济社会又好又快的发展，对推动本省民族团结进步事业的发展作出了贡献。同时，根据监督检查工作中发现的问题和本省民族地区发展中的困难，提出了工作意见和建议。

（撰稿　刘兵　　审稿　金水平）

民族经济

扶持人口较少民族

【内蒙古自治区参加全国扶持人口较少民族发展工作经验交流会】 2009年7月10—12日，全国扶持人口较少民族发展工作经验交流会在青海省西宁市召开。内蒙古自治区副主席刘新乐作大会发言，向全体与会代表介绍了内蒙古自治区扶持人口较少民族发展工作所取得的经验和做法。国家民委、发改委、财政部、中国人民银行、国务院扶贫办和部分省（区、市）政府负责同志在会上作了交流发言。会议期间，与会代表赴循化撒拉族自治县进行了实地考察。内蒙古自治区民委主任阿迪雅、发改委副主任乔木、财政厅副厅长杨茂盛、扶贫办副主任杜古、中国人民银行呼和浩特中心支行副行长高兰根及上述单位有关业务处室负责人参加了会议。

（撰稿　李日树　　审稿　常威）

【内蒙古自治区政府研究出台扶持人口较少民族专项措施】 按照全国扶持人口较少民族工作经验交流会议精神和内蒙古自治区党委副书记、自治区主席巴特尔的批示要求，内蒙古自治区刘卓志副主席主持召开全区扶持人口较少民族工作专题会议，研究议定人口较少民族民生工作专项扶持措施。首先，从2009年开始，自治区每年安排500万元专项资金，用于对人口较少民族民生工作的专项扶持，其中低保资金100万元，用于人口较少民族低保户的特殊救助；自治区福利彩票公益金100万元，用于人口较少民族社会福利机构建设补助或有关项目的配套；就业专项资金250万元，用于人口较少民族就业培训、就业援助及其他政策性补贴；残疾人就业保障金50万元，用于促进人口较少民族残疾人就业。其次，根据人口较少民族的分布情况和需要解决的重点、难点问题，由呼伦贝尔市统筹安排专项资金，用于对鄂伦春、鄂温克、俄罗斯、达斡尔民族的扶持，并接受自治区财政厅、民委的指导和监督。最后，国家和自治区对呼伦贝尔市民生工作的各类专项资金仍按正常情况安排，不因增加上述专项扶持而减少。

（撰稿　李日树　　审稿　常威）

【黑龙江省2009年扶持人口较少民族发展情况】 为扶持人口较少民族发展，2009年黑龙江省为人口较少民族发展投入民族专项资金3 105万元，共扶持40项目，其资金额度占少数民族发展资金的38.3%。同时配合省发改委下达2009年《人口较少民族专项建设规划》项目20个，项目资金达到1 114万元。截止到2009年末，全省19个人口较少民族村中有16个村达到了“四通五有三到达”目标，有5个村住进了环境优美的新村，还有4个村正在整村新建，少数民族群众的生活状况发生了跨越式变化。2009年，全省19个人口较少民族村农林牧渔总产值实现10 055万元，比上年增长1.7%；农村人均收入达到3 515元，比上年增长6.9%。

（撰稿 刘烈军 审稿 包玉明）

【福建省着力推进高山族经济社会全面发展】 2009年11月2日，福建省民族宗教厅在南平市召开福建省扶持高山族发展工作经验交流会议，回顾和总结福建省4年来扶持高山族发展所取得的成效和经验，肯定了各级民族部门4年来为扶持高山族同胞发展所作的积极贡献，并提出下一阶段扶持高山族发展的工作重点。下拨500万元扶持179户高山族发展和支持高山族博物馆建设。同时，为高山族农民参加农村新型合作医疗保险、城镇非从业居民医疗保险以及城镇企业下岗职工（个体劳动者）、病残人员养老保险等，有307人享受到该项政策补助。参加“全国扶持人口较少民族发展工作现场经验交流会”，福建省政府洪捷序副省长作《按户建档，一户一策 做好扶持高山族工作》大会交流发言，福建省漳州市华安县、三明市清流县、南平市延平区扶持高山族发展的3个典型事例入选全国《扶持人口较少民族发展典型事例汇编》。福建省民族宗教厅组织拍摄《倾心扶持 共创和谐》高山族专题片在福建省电视台“新闻启示录”栏目播出，进一步宣传党和国家的民族政策和扶持高山族所取得的实效。

（撰稿 央金拉姆 审稿 蓝国秋）

【广西壮族自治区帮助44个人口较少民族聚居村实现“四通五有三达到”】 2009年，为完成44个人口较少民族聚居村的达标验收任务，广西壮族自治区民委按照“缺什么补什么”的原则，共安排资金12 618.82万元，实施了1 212个“四通五有三达到”项目。其中，人畜饮水项目268个，投入资金4 237.9万元；村屯道路项目154个，投入资金4 831.18万元；农田水利项目50个，投入资金831.1万元；能源生态项目212个，投入资金274.75万元；教育项目11个，投入资金147.4万元；文化体育项目40个，投入资金325.1万元；卫生项目31个，投入资金184.5万元；安居房项目102个，投入资金1 625.6万元；群众增收项目32个，投入资金121.29万元。2010年3月，自治区民委会同自治区发展改革委、财政厅、扶贫办和中国人民银行南宁分行等5部门，对44个毛南族聚居村进行“达标”验收，44个村全部实现了“四通五有三达到”的目标，即实现了行政村通路、通电、通广播电视、通电话，实现了有学校、有卫生室、有安全卫生饮用水、有安居房、有文化室、有稳定解决温饱的基本农田，农民人均纯收入、人均粮食占有水平和九年义务教育普及率三项指标达到了国家《扶贫开发纲要》和“两基”攻坚计划的要求，验收合格率达到了100%。

（撰稿 梅菊 黄政侨 审稿 周世相）

【贵州省认真抓好扶持人口较少民族（毛南族）的发展工作】 在2008年完成14个村验收的基础上，2009年安排对26个村进行验收，投入资金1 880万元，实施基础设施、生产发展、培训、文化教育等各类项目82个。对2005年以来的帮扶工作认真进行了总结，并于2009年7月底在惠水县召开了全省扶持人口较少民族（毛南族）发展工作经验交流会，刘晓凯副省长代表省政府在会上作了讲话，全面部署了今后几年的工作。

（撰稿 周峰 审稿 黄惑）

【云南省扶持人口较少民族工作情况】 2009年，云南省扶持人口较少民族发展工作取得了显著成效，为完成“十一五”规划扶持任务奠定了坚实的基础。据统计，2009年，新通电8个村，通电话4个村，通广播电视8个村，解决了3个村的人畜饮水问题，建盖卫生室3个、文化室18个。人口较少民族聚居的175个村委会的农民人均纯收入达1 956元，比2005年增加1 110.3元，人均有粮426公斤，比2005年增加了89公斤。截止到2009年底，在175个人口较少民族聚居的村委会中，174个村实现了“四通五有三达到”的扶持目标，通过了州市、县的考核验收。总之，人口较少民族聚居地区基础设施得到改善，村容村貌明显改观，产业结构调整成效突出，社会事业不断发展，群众收入不断增加，生产生活水平逐步提高，思想观念得到转变，各民族更加团结和谐，党的这一项民心工程、德政工程深入人心，取得了良好的政治、经济和社会效益。

（撰稿　徐睿　　审稿　徐畅江）

【云南省民委继续搞好“民族团结示范村”建设】　“民族团结示范村”建设是在民族地区创建民族团结活动的重要载体，是民族工作部门参与社会主义新农村建设的一个切入点。云南省民委通过总结过去创建的经验，2009年每村安排30万元，其中每个州市实施一个60万元的重点示范村，共实施93个民族团结示范村建设，投入资金总量达3 270万元。

（撰稿　李红燕　　审稿　徐畅江）

【甘肃省扶持人口较少民族发展工作取得显著成效】　甘肃省认真贯彻落实全国扶持人口较少民族发展工作的各项政策和措施，坚持“国家扶持、省负总责、县抓落实、整村推进”的方针，顺利完成了扶持人口较少民族发展的阶段性任务，取得了显著成效。4年来，人口较少民族聚居区共投入扶持资金1.37亿元，安排各类扶持项目500个。116个人口较少民族聚居村中，已有79个村达到考核验收标准，提前实现“四通五有三达到”的目标，占人口较少民族聚居村总数的68 %。116个行政村中公路通达率达到76%，电力、通信和广播电视覆盖率分别达到92%、91%和86%。全省人口较少民族聚居地区呈现出生产发展、生活改善、民族团结、社会和谐的良好局面。

（撰稿　成自强　　审稿　王学仁）

【甘肃省召开全省扶持人口较少民族发展现场会】　2009年9月2—4日，甘肃省扶持人口较少民族发展现场会在肃南裕固族自治县召开。这次现场会是为了全面贯彻全国扶持人口较少民族发展工作经验交流会议精神，经省政府同意，由省民委、省发改委、省财政厅、省扶贫办、人行兰州中心支行5部门联合召开。目的在于总结交流2006年以来全省扶持人口较少民族发展工作的成绩和经验，学习和借鉴肃南裕固族自治县扶持人口较少民族发展工作，研究分析面临的新形势，安排部署下一步的工作。会议期间，与会代表实地考察了肃南县康乐乡卫生院、学校、牧民集中定居工程、高山细毛羊养殖及退牧还草工程，参观了县城全民健身活动中心和民族博物馆。甘肃省扶持人口较少民族发展工作领导小组办公室主任、省民委主任贡保甲同志代表省直5部门通报了全省扶持人口较少民族发展有关情况，省发改委、临夏州政府、肃南县政府和酒泉市肃州区黄泥堡乡的负责同志作了大会典型发言。省政府副省长泽巴足代表省政府对全省扶持人口较少民族发展工作作了重要讲话，并对如何贯彻好这次会议精神提出了具体要求。会议取得圆满成功，达到了预期的目的。

（撰稿　成自强　　审稿　王学仁）

【青海省扶持人口较少民族发展工作情况】　4年来青海省在循化县累计实施项目541个，累计完成各类投资28 505万元，使循化县的经济社会发展步伐明显加快，为撒拉族聚居地区的长期、稳定、快速发展奠定了扎实的基础。由于此项工作成绩突出，国务院决定在青海省举办全国扶持人口较少民族发展工作经验交流会。来自全国各省（区、市）、25个国家部委的领导及部门负责同志共163人参加了会议。省民委全力以赴，圆满完成了会议的协调联络、循化现场检查、会务接待、宣传报道等工作任务，为这次亮点突出、特色鲜明的会议作出了应有的贡献。尤其是在宣传方面，及早安排，全程谋划，会议期间，省内外新闻媒体编发稿件80余篇，宣传力度大且效果突出，营造了良好的舆论氛围，产生了良好的社会效应。会议的成功筹办得到国务院副总理回良玉以及国家有关部委的充分肯定和赞扬。

（撰稿　刘兵　审稿　金水平）

【新疆维吾尔自治区扶持人口较少民族发展情况】　2009年，国家民委下拨人口较少民族发展补助资金4 200余万元，集中用于安排人口较少民族聚居村达标计划。（“四通五有三达到”）中尚未解决的问题，重点支持增收项目，以推动人口较少民族聚居村奔小康的步伐。2009年2月22日，国家民委扶持人口较少民族发展动态监测数据北方片汇总会在乌鲁木齐召开。北方五省（区）民委和45个人口较少民族聚居县（市）的民族工作部门动态监测数据填报工作人员参加了会议。扶持人口较少民族发展动态监测工作分国家、省（区）、县（市）三级，每年统计上报人口较少民族聚居村的相关统计指标，由国家民委进行汇总分析，形成监测结果，为有关部门制定扶持人口较少民族发展的政策和措施提供可靠依据。

（撰稿　美亚赛　审稿　葛丰交）

兴边富民

【辽宁省民委扎实推进辽宁省兴边富民行动】
按照兴边富民行动“十一五”规划确定的总体目标和重点任务，辽宁省民委以富民为切入点，实施项目带动，坚持扶贫开发与项目开发相结合，把边境地区边民致富项目和危旧房改造作为重点，进一步推进兴边富民行动深入开展。国家将全省5个边境县（市、区）全部纳入了兴边富民行动重点县扶持范围，实施各类项目62个，实施了边境地区危旧房改造试点工程。认真总结兴边富民行动开展10年来的工作成果，并向国家民委作了专题汇报。配合国家发改委、国家民委开展了边境地区经济社会发展现状调研，参与编制了全国《边境地区安康发展规划》，承办了国家民委《兴边富民行动“十二五”规划》编制工作座谈会。

（撰稿　李珂　审稿　赵佐贤）

【吉林省开展兴边富民行动重点村建设工程】
根据边境地区发展实际，按照统筹规划、突出特色、整合资金、整村推进思路，既遵循全省新农村建设总体规划，又突出民族特色，将兴边富民行动补助资金重点用于民居民俗、文化设施、特色产业等方面建设。全年安排资金1 080万元，规划建设16个重点村，基本实现了民族文化浓郁、主导产业突出、民族关系和谐的目标。

（撰稿　李颖　审稿　王喜年）

【吉林省推进兴边富民“三项工程”】　吉林省民委全面推进兴边富民行动，积极向国家相关部门争取，使全省10个边境县（市、区）全部列入国家兴边富民行动重点县。着力抓好边境民族地区泥草房改造、人畜安全饮水、特色产业基地建设3项民生工程，2009年安排兴边富民行动资金2 420万元，引导10个边境县投入资金4 206万元，新建和改造泥草房、危旧房1 969户，解决12个行政村的饮水安全问题，实施特色产业基地建设项目25个。

（撰稿　李颖　　审稿　王喜年）

【黑龙江省2009年兴边富民行动工作情况】2009年，黑龙江省18个边境县（市、区）全部享受到国家兴边富民行动重点县政策扶持，全年少数民族发展资金纯增3 900万元。在资金额度较大增长下，《兴边富民行动规划》实施得到较大推进。全省重点对边境县（市、区）民族乡镇的基础设施项目、口岸建设项目、发展特色产业项目及民生项目给予大力支持，共扶持各类项目106个，投入扶持资金3 985万元，这是兴边富民行动实施以来对边境地区少数民族乡村投入最多的一年，为推动边境地区少数民族乡村加快发展创造了有利的条件，奠定了坚实的基础。目前，在18个边境县（市、区）1 207个村中，饮水安全村811个，通自来水村867个，通电村1 204个，通电话村1 184个，通邮村1 202个，通公路村1 206个，有文化活动室村725个，通广播电视村1 185个，有卫生室村1 127个；在18个边境县（市、区）159个乡（镇）中，通公路的乡镇159个，有文化中心的乡镇的117个，有中心卫生院的乡镇117个。公路线路里程达到25.89万公里。

（撰稿　刘烈军　　审稿　包玉明）

【广西壮族自治区加大力度开展兴边富民行动】2009年，广西民委利用国家民委和财政部安排的少数民族发展资金2 500万元，支持8个边境县（市、区）实施了198个“兴边富民行动”项目。其中，安排道路项目48个，投入资金746万元；安排人畜饮水项目97个，投入资金976万元；安排水利项目15个，投入资金163万元；安排教育项目5个，投入资金43万元；安排文化项目14个，投入资金246万元；安排危房改造项目7个，投入资金196万元；安排种养项目2个，投入资金20万元；安排科技推广及培训项目10个，投入资金110万元。这些项目的实施，进一步改善了边境地区群众的生产、生活条件，促进了边境地区加快发展。

（撰稿　邓诗源　　审稿　周世相）

【云南省兴边富民重点县建设资金投入情况和主要做法】　云南省兴边富民重点县建设以创建兴边富民示范村为载体，以自然村为实施主体，以示范带动、整村推进为重要途径，以扶持产业发展为着眼点，以改善少数民族群众生产生活条件为落脚点，以提高群众自我发展能力为支撑点，做好“六个结合”。2009年兴边富民行动重点县建设资金共计投入7 600万元，实施项目527个，项目共辐射146个乡镇、212个村委会、263个自然村，1.23万户、近60万人次少数民族群众受益。第一，将兴边富民重点县建设与整村推进相结合。按照实施一村，脱贫一村，巩固一村的工作思路，创建“兴边富民示范村”，推进村容村貌整治清理工作，走产业富村、科教兴村、民主管村、和谐稳村、群众建村的路子。2009年，将兴边富民示范村建设每村投入资金提高到50万元，实施示范村建设119个，共计投入5 950万元，并选择两个边境村委会实施了100万元产业发展项目，为促进边境民族地区的民族团结和经济社会发展起到了较好的示范推动作用。第二，将兴边富民重点县建设与产业结构调整相结合。2009年，投入产业发展资金为2 700万元，占资金总量的36%，共实施101个项目。在兴边富民行动重点县建设过程中，多年来一直把扶持产业发展作为建设的重要内容，以发挥一方优势、带动一方产业、致富一方群众为着眼点，有力地促进和带动了当地产业发展和农民增收。第三，将兴边富民重点县建设与改善少数民族群众生产生活条件相结合。2009年，投入基础设施建设资金为2 800万元，占资金总量的37.3%，共实施120个项目，为解决边境少数民族群众生产生活中的特殊困难和问题，树立国门形象起到良好的作用。第四，将兴边富民重点县建设与提高劳动者素质相结合。2009年，投入生产技能、当家理财等培训资金1 000万元，占资金总量的13.3%，共实施88个培训项目。按照“立足当前改变一代人，立足长远培养一代人”的民族工作思路，近年来加大对能力培训的投入力度。第五，将兴边富民重点县建设与挖掘、保护、弘扬民族文化相结合。加强民族文化活动场所建设投入，对民族文化保护和挖掘项目给予特殊安排，安排了佤族文化陈列室、景颇族文化广场建设和老傣文软件开发和傣文古籍征集等项目，促进边境地区民族文化资源保护与经济和谐发展。第六，将兴边富民重点县建设与群众自力更生相结合。充分调动群众参与建设和管理的积极性，引导群众变“等、靠、要”的旧观念为“干、引、争”的新观念，发扬自力更生的精神，坚定各族群众脱贫致富的信心和决心，增强群众自我管理、自我发展的能力。

（撰稿　李红燕　　审稿　徐畅江）

【云南省规范兴边富民行动资金管理】　首先，加强项目前期工作，建立项目库。在日常工作中，对需要解决的困难和问题，根据专项资金的性质和用途，精心储备一批项目，每年申报时从中择优挑选，使申报的项目紧紧结合解决群众特殊困难问题和扶持产业发展、促进群众增收。其次，规范项目申报格式。要求凡申请使用兴边富民专项资金的项目，都应填报《云南省民族专项资金项目申报表》，总投资15万元以下的（含15万元）项目，填写申报表即可，投资15万元以上的，除填写申报表外，还要求附可行性研究报告等材料。再次，采取项目备案申报制度。兴边富民项目按项目属地申报到州（市）民委（民宗局），州（市）民委（民宗局）按照省民委提出的项目资金安排原则和投向进行认真审核，完善后报省民委备案。对实施完成的项目，由申报项目的民族工作部门按照项目档案管理的内容要求建立档案。最后，实行“三个公开”制度，即项目公开、工程进度公开、资金使用公开。尊重群众意愿，让群众对项目实施有知情权、选择权、参与权、管理权，确保项目最大限度覆盖大多数农户，让群众得到真正的实惠。

（撰稿　李红燕　　审稿　徐畅江）

【新疆维吾尔自治区大力实施“兴边富民行动”】2009年，国家民委下拨兴边富民补助资金9 700万元，重点安排投资少、市场好、见效快的农牧民增收项目和改善边民生产生活特殊困难的项目。2009年7月16日，国家民委副主任杨健强在自治区民委（宗教局）主任吐尔干·皮达的陪同下，对哈密地区实施“兴边富民行动”工作进行了调研。10月29日，国家民委经济发展司就关于做好“十二五”规划编制工作，在乌鲁木齐召开西北片区座谈会。会上，相关省区、地州市民宗委领导和兴边富民行动代表县的相关领导就关于开展兴边富民行动作了发言。国家民委经济发展司副司长张志刚就如何编制“十二五”规划提出了8条要求。

（撰稿　美亚赛　　审稿　葛丰交）

【国家民委向新疆维吾尔自治区32个边境县（市）民宗局赠车】　2009年4月2日，自治区民委（宗教局）在乌鲁木齐举行了国家民委向本区32个边境县（市）民宗局赠车仪式。自治区党委常委肖开提·依明、自治区副主席贾帕尔·阿比布拉、自治区政协副主席、统战部长王伟等自治区领导和自治区民委（宗教局）主任（局长）吐尔干·皮达出席了赠车仪式。国家民委这次为本区32个边境县（市）民宗局统一配发工作用车是推进本区兴边富民行动全面开展的一项重要举措。自治区副主席贾帕尔·阿比布拉要求各县（市）要充分认识配发车辆的重要性，更好地服务于各族群众，努力推进民族宗教工作。

（撰稿　美亚赛　　审稿　葛丰交）

【新疆生产建设兵团农五师组织学习兴边富民行动有关知识】 2009年11月10日，兵团农五师民族宗教事务局为做好2009年度的兴边富民行动项目验收工作和2010年度项目申报工作，组织各边境团场统战、民族业务干部对兴边富民行动有关知识进行培训学习。师民族宗教事务局局长贾全慧要求：首先，要进一步加强学习，深刻理解兴边富民行动的含义和所达到的目标，以此指导兴边富民行动各项工作。其次，要按兵团要求，认真做好项目立项、申请等相关工作。最后，要立足于解决少数民族就业问题及提高少数民族职工收入，做好项目的选择。会上，还提出了部分团场在项目申报工作中出现的问题，进一步规范了兴边富民行动的各项工作。

（撰稿 刘海新 审稿 热合曼·克日木）

【新疆生产建设兵团农五师突出“四个一”促进“兴边富民行动”工作落实】 2009年8月，兵团农五师为进一步规范“兴边富民行动”项目工程和项目资金的管理，使“兴边富民行动”工程和项目资金管理进一步制度化、规范化、程序化，在项目的管理中突出“四个一”活动，即单独建立一本账、整理好一套档案资料、形成一套影像资料、设立一块永久宣传栏。

（撰稿 刘海新 审稿 热合曼·克日木）

【新疆生产建设兵团开展兴边富民行动工作】 2009年，在财政部、国家民委的大力支持和帮助下，兵团58个边境团场被全部纳入国家“兴边富民行动”资金扶持范围。2009年7月，《兵团2009年“兴边富民行动”项目实施方案》获财政部、国家民委批准。兵团2009年兴边富民行动项目总投资7 497.22万元，其中申请中央财政“兴边富民行动”补助资金5 800万元，自筹资金1 697.22万元。兴边富民行动项目61个，其中：果蔬大棚项目15个，项目总投资2 106.76万元，申请中央财政资金1 500万元，自筹资金606.76万元；林果种植业项目7个，项目总投资921.96万元，申请中央财政资金700万元，自筹资金221.96万元；畜牧养殖业项目16个，项目总投资2 072万元，申请中央财政资金1 550万元，自筹资金522万元；农业基础设施建设项目14个，项目总投资1 463.59万元，申请中央财政资金1 300万元，自筹资金163.59万元；改水工程项目5个，项目总投资446.24万元，申请中央财政资金400万元，自筹资金46.24万元；商贸网点建设项目2个，项目总投资330万元，申请中央财政资金200万元，自筹资金130万元；其他项目2个，项目总投资156.67万元，申请中央财政资金150万元，自筹资金6.67万元。目前，在建设期内已建设完成项目57个，有4个项目正在建设中。

（撰稿 刘海新 审稿 热合曼·克日木）

【新疆生产建设兵团组织有关人员赴广西、云南学习兴边富民行动经验】 2009年5月中旬，为更好地在兵团开展兴边富民工作，兵团民族宗教事务局组织相关的师民族工作部门领导11人赴广西、云南进行考察、学习。考察团先后赴云南3个边境县市和广西3个边境县市进行考察、学习，并与云南、广西民委的领导同志进行了座谈，与当地民宗局的同志进行了学习交流。通过学习观摩，增长了知识，开阔了视野，提高了认识，学到了经验，增强了做好兵团兴边富民工作的信心。

（撰稿 李卫强 审稿 热合曼·克日木）

特色村寨

【辽宁省民委副主任赵佐贤到朝阳市考察少数民族特色村寨建设】 2009年7月25—26日，省民委赵佐贤副主任、李国华处长赴朝阳市考察民族地区新农村建设中保护和传承民族特色村寨建设情况。赵佐贤副主任一行在市民委肖景林主任等有关科室同志的陪同下，先后深入到喀左蒙古族自治县白音爱里村，凌源市天盛号村、头道河子村实地考察了村组道路硬化、环境整治、文化广场建设、农村合作社建设，民族特色文化保护与传承等项目。赵佐贤副主任对几年来该市民族地区社会主义新农村建设工作取得的成绩给予高度评价和充分肯定，特别是对该市拟上报的少数民族特色村寨建设工作提出了明确要求，要积极争取政府领导的关心和重视，聘请有关方面的专家，争取用最短的时间研究制订实施方案，待省民委批准后实施，为争取国家项目奠定坚实基础。

（撰稿　李国华　　审稿　赵佐贤）

【福建省赴贵州、湖南考察少数民族特色村寨建设保护工作】 2009年4月13—19日，福建省民族宗教厅厅长王聚仁带领部分市、县民宗局领导到贵州、湖南两省考察少数民族特色村寨保护和少数民族新农村建设情况，学习少数民族特色村寨建设保护工作经验，为福建省推进该项工作提供借鉴。

（撰稿　央金拉姆　　审稿　蓝国秋）

【福建省推进特色村寨保护工作】 福建省开展少数民族特色村寨保护与发展试点工作，下发了《关于开展民族团结进步新农村建设和民族特色村寨保护活动的通知》，各设区市选择基础较好、产业特色明显的民族村开展创建民族团结进步新农村和特色村寨保护试点，并在试点的基础上根据国家民委、财政部的文件部署结合当地实际，认真调研、选择试点、搞好规划、扎实推动此项活动的开展。福建省宁德市上金贝畲族村围绕“三园”目标建设民族特色村寨，得到国家民委充分肯定。

（撰稿　央金拉姆　　审稿　蓝国秋）

【山东省积极开展特色村寨保护与发展试点工作】 根据国家民委民办（经济）发〔2009〕355号文件指示精神，山东省民委领导高度重视，要求分管领导和有关业务处室认真研究文件精神，结合实际，按要求做好落实工作。在确定试点项目上，从山东省民族工作实际出发，项目要求具有传统文化特色、标志性建筑、能为少数民族提供公益性服务为主要内容的特色民居及民族公益性设施建设；具有一定资源和区位优势，能带动当地少数民族经济社会事业发展的特色种植养殖、农副产品加工、民族特色饮食和旅游项目；能促进和带动当地民族团结进步事业开展项目。省民委与财政厅联合下发申报通知，要求各市加强调研，统筹考虑，择优确定试点项目，认真做好项目编制规划，并做好土地、环保和资金等相关配套工作，确保项目顺利开展。在投入上采取“1+1”模式，2009年确定三个试点项目，即济宁微山县南阳镇南阳村回族特色养殖与餐饮项目、聊城市临清新华办事处黑庄特色回族民居保护与发展项目以及淄博市周村区永安街道灯塔社区民族幸福苑保护与发展项目。

（撰稿　米杨　　审稿　马辉）

【河南省开展少数民族特色村寨保护与发展试点工作】　河南省民族事务委员会深入调研、考察论证，选择2个回族聚居村作为特色村寨保护试点项目进行扶持。帮助回族聚居村编制试点规划、启动建设项目，着力发展民族生态旅游和特色养殖业，受到群众欢迎，并起到积极的示范、引导作用。

（撰稿　刘宾　　审稿　金艳华）

【湖北省确定5个少数民族特色村寨保护与发展试点项目】　根据《国家民委办公厅、财政部办公厅关于做好少数民族特色村寨保护与发展试点工作的指导意见》［民办（经济）发〔2009〕315号文件］和《国家民委办公厅关于报送少数民族特色村寨保护与发展试点项目有关材料的通知》［民办（经济）发〔2009〕355号文件］要求，湖北省民宗委高度重视，为选定好少数民族特色村寨保护与发展试点项目，委领导多次深入少数民族和民族地区调研，在此基础上，最后确定了恩施土家族苗族自治州咸丰县高乐山镇官坝村（苗族）、来凤县百福司镇舍米湖村（土家族）、宣恩县沙道沟镇彭家寨村（土家族）、宜昌市点军区土城乡车溪土家族村、襄樊市宜城市板桥店镇王台回族村5个基础条件较好、民族特色民居突出和民族特色文化浓厚的村寨作为湖北省首批少数民族特色村寨保护与发展试点项目进行重点打造。

（撰稿　周巍　　审稿　唐启明）

【湖南省积极开展民族特色村寨推荐活动】
2009年5月12日，湖南省民委下发《湖南省民委办公室关于开展少数民族特色村寨推荐活动的通知》，湖南省少数民族特色村寨推荐活动正式拉开帷幕。湖南组织开展少数民族特色村寨推荐活动，旨在摸清全省少数民族特色村寨的基本情况，切实做好少数民族特色村寨保护和发展工作，培育全省民族工作新的亮点，促进民族地区社会主义新农村建设。这次少数民族特色村寨推荐活动，主要在民族自治地方、享受民族自治地方优惠政策待遇的县区、少数民族人口过半县及辖有民族乡的县市区进行。要求参加推荐的少数民族特色村寨具备以下基本条件：第一，为少数民族聚居或世居且民族特色和地方特色鲜明；第二，保护与发展的优势明显，比如特色产业来势好、特色民居有规模、民族文化底蕴深厚、民族歌舞或节庆活动有影响等；第三，要有一定规模、一定工作基础和区位条件，50户以上连片的自然村寨或行政村；第四，要群众自愿，民族文化的保护意识强，加快发展的积极性高。

为了开展好这次活动，湖南省民委成立了少数民族特色村寨推荐活动指导小组。湖南民族网、《民族论坛》开设“湖南少数民族特色村寨”专栏，集中宣传推介被推荐村寨的文字、图片或视频资料。湖南民族网开设投票通道，6月5—15日接受读者投票。《民族论坛》杂志读者可通过第五期印制的推荐票参加投票。网上投票和读者投票结果都作为推荐的重要依据。湖南省民委还根据本次少数民族特色村寨推荐情况，确定湖南省首批“少数民族特色村寨保护和发展项目”试点名单，以加大对少数民族特色村寨的扶持力度。

（撰稿　陈春建　　审稿　曹承明）

【云南省民委启动民族特色村寨保护与发展项目】　云南省民委根据国家民委的有关精神，结合云南实际，把民族特色村寨的保护与发展作为全省民族工作的一项重要内容，写入了民族工作决定，着手编制《云南民族特色村寨保护与发展规划》，协调成立民族特色村寨保护与发展建设领导机构，在对8个州市18个试点申请初步审核的基础上，提出了3个重点推荐试点，并于11月18日组织专家评审，确定了项目计划，正式启动了云南省民族特色村寨保护与发展项目工作。

（撰稿　李红燕　　审稿　徐畅江）

民族贸易和民族特需商品生产

【北京市民委积极配合北京市政协开展全国少数民族特需商品定点生产企业调研】 2009 年，北京市民委积极配合市政协民宗委完成了对全市 16 家民族特需商品定点生产企业调研工作。通过调研，摸清了民族企业发展状况及存在的问题。提出了进一步促进民族特需商品生产企业发展的政策、措施。根据北京市政协领导要求，市民委作为牵头单位，协调市政府相关部门，共同研究促进民族特需商品企业发展的政策、措施。

（撰稿 沙丽　审稿 马中璞）

【北京市民委完善服务，加大投入，促进民族特需商品定点生产企业良性发展】 为促进民族特需商品定点生产企业发展，北京市民委不断强化服务意识，完善服务方式，积极帮助民族特需商品生产企业落实国家相关扶持政策。全年为北京月盛斋清真食品公司、北京工美集团总公司等 4 家企业审批流动资金贷款额度 1.08 亿元，节约企业运行成本 244 万元。为 4 家民族特需商品定点生产企业补贴技术改造贷款贴息 82 万元，为 5 家企业争取财政部技术改造补助 210 万元。安排 383 万元专项资金用于月盛斋清真食品公司、老马清真食品公司等 10 家全国少数民族特需商品定点生产企业的发展，争取市经信委工业发展资金和传统民族文化保护资金 289 万元。

（撰稿 沙丽　审稿 马中璞）

【北京市新增 3 家全国少数民族特需商品定点生产企业】 2009 年，北京市民委在认真审核基础上，报批国家民委新增北京民族印务有限公司、北京吴氏管乐社、北京卓宸畜牧有限公司 3 家企业为全国少数民族特需商品定点生产企业。

（撰稿 沙丽　审稿 马中璞）

【北京第二届清真美食文化节开幕式举行】 2009 年 8 月 7 日，北京第二届清真美食文化节开幕式举行。文化节期间组委会将组织清真特色美食周、清真非物质文化遗产技艺展示、名优清真产品及民族工艺品展卖等多项主题活动。原全国政协副主席孙孚凌出席开幕式。北京市民委副主任、第二届清真美食文化节组委会主任马中璞出席会议并致贺词。国家民委经济发展司副司长张志刚、北京市民委副主任牛颂、北京市人大民族宗教委员会副主任委员马朝军、北京市政协民族宗教委员会副主任委员宁萉等出席。

（撰稿 沙丽　审稿 马中璞）

【北京市民委协调北京银行帮助民族特需商品定点生产企业解决贷款难问题】 2009 年，北京市民委针对民族定点企业发展中融资难的问题，协调北京银行相关部门领导对企业进行了“一对一”的政策解读和指导。北京月盛斋清真食品公司、北京如意食品公司负责人参加了会议。此次会议，使民族企业加强了与金融部门的联系，为企业融资创造了条件。

（撰稿 沙丽　审稿 马中璞）

【北京市民委领导参加东来顺集团公司年会】 2009 年，北京市民委副主任马中璞参加了东来顺集团公司在内蒙古呼和浩特市举办的年会，在为东来顺直营及加盟店经理进行民族政策专题培训之后，实地考察了东来顺集团公司和老马清真食品公司牛羊肉加工基地的生产经营情况。

（撰稿　沙丽　　审稿　马中璞）

【北京市政协民宗委召开“促进民族定点企业发展问题”专题咨政会】 2009年，北京市政协民族宗教委员会针对全市定点企业发展中存在的困难和问题，举办专题咨政会。北京市民委、市发改委、市经济与信息化委员会、市商务委、市财政局、市地税局、市国税局、市文化局等部门领导、民族特需商品定点生产企业负责人参加了会议。北京市政协副主席赵文芝出席会议并对民族企业今后发展提出五点建议：第一，由市民委牵头，汇总各部门促进民族企业发展的相关政策，形成政策汇编，让民族企业用足、用好、用活现有政策。第二，各部门在职责范围内，对民族企业多在政策上进行倾斜，力争每年为民族企业办一件实事。第三，各部门在金融危机的特殊环境下，为保护传统民族文化工艺，创新工作模式，对特殊行业在支持方式上要有所突破。第四，市民委在支持现有16家全国民族特需商品定点生产企业基础上，评选出市级民族特需商品定点生产企业，从而保护和促进更多民族企业的发展。第五，民族企业要自强不息，积极主动地争取政府部门支持。北京市民委副主任马中璞出席会议，并就具体问题向相关部门及企业负责人进行了说明。

（撰稿　沙丽　　审稿　马中璞）

【北京市民委召开全国少数民族特需商品定点生产企业工作会】 2009年，北京市民委为贯彻落实北京市政协“促进民族定点企业发展问题”专题咨政会会议精神，召开民族特需商品定点生产企业工作会，帮助民族特需商品定点生产企业更好地享受政府相关部门扶持政策。会议邀请北京市经信委都市产业处负责同志围绕2009年工业发展资金申报条件、扶持重点、申报要求、申报程序等方面内容，对定点企业负责人进行了解读和辅导，明确和规范了相关企业的项目申报工作。

（撰稿　沙丽　　审稿　马中璞）

【北京市民委领导到月盛斋清真食品公司调研】 2009年2月1日，北京市民委主任申建军、副主任马中璞到月盛斋清真食品公司进行调研。在听取公司负责人情况介绍后，申建军表示，民委作为民族工作的主管部门，将从三个方面加大对清真老字号企业的支持力度。首先，按照科学发展观的要求，支持老字号企业科研开发项目；其次，支持企业开拓市场，为老字号民族企业拓展宣传途径；最后，进一步支持民族企业开展民族团结创建活动，增强企业凝聚力。

（撰稿　沙丽　　审稿　马中璞）

【北京市政协民宗委到北京珐琅厂调研】 2009年2月18日，北京市政协民宗委到北京珐琅厂调研。北京市民委副主任马中璞向委员们介绍了北京市少数民族特需商品定点企业的总体情况，北京市珐琅厂、北京市剧装厂负责人汇报了企业的发展状况和存在的问题。北京市政协民宗委主任委员佟根柱、市民委副主任金毓嶂参加调研。

（撰稿　沙丽　　审稿　马中璞）

【北京市政协民宗委视察通州区少数民族特需商品定点生产企业】 2009年2月24日，北京市政协民宗委副主任金毓嶂、宁奭率队到通州区视察少数民族特需商品定点生产企业。通州区区政协副主席、统战部部长李淑华陪同考察。

（撰稿　沙丽　　审稿　马中璞）

【北京市政协领导及部分政协委员视察北京金漆镶嵌有限责任公司】 2009年3月5日，北京市政协副主席赵文芝、民宗委主任佟根柱和部分政协委员视察北京金漆镶嵌有限责任公司位于河北省大厂县的生产基地。在听取金漆镶嵌有限责任公司董事长兼总经理柏德元关于生产经营情况的汇报后，赵文芝视察了生产车间和产品展示厅。她指出，要加强对民族企业的宣传力度，建议市政府设立专项资金用于扶持民族企业发展。北京市民委主任申建军、副主任马中璞，东城区政协副主席、统战部部长郭瑞敏陪同视察。

（撰稿　沙丽　　审稿　马中璞）

【北京市政协民宗委委员视察北京市美术红灯厂有限责任公司】　2009 年 3 月 17 日，北京市政协民宗委副主任金毓嶂及部分委员视察北京市美术红灯厂有限责任公司，调研企业生产经营情况，探讨民族用品企业如何妥善应对金融危机。

（撰稿　沙丽　　审稿　马中璞）

【北京市民委领导到东城区清真餐饮网点调研】　2009 年 5 月 4 日，北京市民委副主任马中璞到东城区清真餐饮网点调研，考察了隆福寺餐饮公司豆汁生产厂升级改造及白魁老号宽街店装修改造项目，听取了企业负责人的汇报，并对企业今后的发展及项目的实施提出了指导性意见。

（撰稿　沙丽　　审稿　马中璞）

【北京市加强管理，排查隐患，确保国庆期间清真食品市场的安全与稳定】　为确保新中国成立 60 周年庆典活动顺利进行，维护首都清真食品市场稳定，北京市民委于节前集中部署了清真食品生产经营网点民族政策执行情况大检查工作，将中小型清真食品生产企业、农贸批发市场、菜市场、超市内的清真食品摊位，交通枢纽、旅游景点、繁华商业街区清真饮副食网点，自挂“清真”字样的饮副食网点作为检查的重点单位。各区县民族部门对辖区内的清真网点进行了全面排查，查处了 7 个违反民族政策、法律法规的经营网点，及时消除了可能影响民族团结、社会稳定的隐患，保证了国庆期间清真食品市场的安全与稳定。

（撰稿　沙丽　　审稿　马中璞）

【北京市民委、市商务委联合开展规范化清真食品经营专柜调研工作】　针对近年来北京市规范化清真食品经营专柜变动较大、部分地区“清真不便”问题显现的情况，北京市民委与市商务委对东城、西城等 5 个区县规范化清真食品经营专柜现状、经营情况、存在的问题展开了调研。在调研基础上，共同研究制定了《北京市规范化清真食品经营专柜奖励及补助办法》（征求意见稿），《办法》的实施将有效地促进规范化专柜的稳定与发展。

（撰稿　沙丽　　审稿　马中璞）

【天津市在新中国成立 60 周年期间开展清真食品市场检查】　为迎庆新中国成立 60 周年，确保天津市清真食品市场的繁荣稳定，不断巩固天津市各民族团结和睦的良好氛围，天津市民委会同市商务委、市工商局、市卫生局和市质监局等部门向全市联合下发了《关于迎庆建国 60 周年，切实依法加强清真食品市场监管工作的通知》，自 2009 年 8 月至 10 月，在全市集中开展清真食品市场的依法监管工作。各区县和各有关部门对此项工作高度重视，组织召开专题会议，传达有关文件精神，统一思想，充分认识到当前形势下做好清真食品市场繁荣稳定工作的重要性，是一项维护团结民族的政治责任和任务，并结合本地区、本部门实际情况，进一步研定贯彻落实的具体办法。各有关部门密切配合，发挥清真食品监管工作协调联动机制、工作信息预警机制和政策法规宣传教育机制，坚持并依据各自工作职责和法律法规，加强日常巡查，组织联合检查，对辖区内从事清真食品生产经营的单位和个人进行执法检查和依法规范，对一些违法行为及时依法进行了妥善处理。各区县民（宗）委办在做好本地区清真食品监管工作牵头、联系和协调相关职能部门工作的同时，继续巩固民族工作三级管理网络，坚持24小时值班电话制度，做到第一时间接报、第一时间现场处置、第一时间信息报送。

（撰稿 郭庆 审稿 马竞 从秀荣）

【天津市组团参加2009中国（宁夏）国际投资贸易洽谈会】 2009年8月，天津市民族事务委员会组织十余家清真食品和民族特许用品企业，参加2009中国（宁夏）国际投资贸易洽谈会，应组委会邀请，并受市政府的委托，以市政协副主席陈质枫为团长的代表团一行17人参加了开幕式和洽谈会。展示清真食品和少数民族企业经济发展成果，并就大力支持民族地区的经济发展，促进两地经济合作，分别与国内外客商就产品生产交流与合作达成意向。

（撰稿 刘飞 审稿 马竞 从秀荣）

【天津市首届清真菜品展评展销活动成功落下帷幕】 2009年1月9日，由天津市民委与市商务委共同主办，市烹饪协会承办，鸿起顺惠友饭庄有限公司协办的为期10天的“天津市首届清真菜品展评展销活动”圆满结束。市民委副主任马竞，市商务委副主任赵阔江，和平区副区长王玉柱，市旅游集团副总经理、津食集团公司董事长李志勇出席并讲话。22家知名清真餐饮企业带着各自精心制作的看家菜、拿手菜、特色菜近400个花色品种，进行集中公开展示、展评，各区县民宗办、清真餐饮企业代表、市民群众近千人参观了菜品展示，形成一次民族政策、民族常识、民族文化的大宣传和一次清真菜品烹饪技能的大交流、大提高的盛会。天津电视台、广播电台、《天津日报》、《今晚报》、《城市快报》、《渤海早报》、北方网等新闻媒体对开幕式和展示展销进行了宣传报道。评选出49个金奖菜品、46个银奖菜品、44个铜奖菜品，对荣获本次活动优秀组织奖的有关区县民宗办、食品街有限公司等13个单位予以表彰。

（撰稿 郭庆 审稿 马竞 从秀荣）

【天津市积极防控甲型H1N1流感，确保清真牛羊肉市场稳定】 2009年5月21日，天津市民委民族一处与市商务委流通秩序管理处及市场运行调节处负责人就做好有效防控甲型H1N1流感，确保清真牛羊肉市场供应和价格稳定，以满足少数民族生活需求，尽快建立天津清真牛羊肉储备库等工作深入到北辰区全兴源牛羊肉类食品有限公司、津张清真牛羊肉类食品有限公司调研，并与企业负责人进行专题座谈。北辰区民委负责同志参加了调研和讨论。

（撰稿 郭庆 审稿 马竞 从秀荣）

【天津市政协对清真食品产业发展进行专题调研】 2009年5月26日，天津市政协副主席陈质枫率领市政协部分少数民族委员到南开区就促进天津清真食品产业发展进行了视察。实地考察了同兴成烧鸡食品有限公司、桂顺斋糕点食品二厂、会宾楼饭庄南开分公司，并与市二商集团、南开区委、区政府、区政协和企业负责人进行了专题座谈。市政协民宗委主任李仁智、副主任于家华、市民委副主任马竞、市二商集团董事长季宝华和南开区委书记刘长顺、副区长段春英、区政协副主席陆国明及市民委民族一处、南开区民宗办负责同志参加了座谈。

（撰稿 郭庆 审稿 马竞 从秀荣）

【天津市组团参加（青海）国际清真食品及用品展览会】 2009年8月6—9日，由市政府副秘书长李培生为团长，市民委副主任马竞和市贸促会会长赵学鸣为副团长的天津代表团在西宁参加了第三届中国（青海）国际清真食品及用品展览会。天津市鸿起顺餐饮有限公司、桂顺斋食品二厂、桂顺斋糕点公司、宝成调料、耳朵眼炸糕餐饮有限公司、麟发顺清真食品有限公司、金锚集团、斯必得服装集团等11家企业参展参会，促进了天津市民族企业与国内外客商交流，达成了合作意向。

（撰稿 郭庆 审稿 马竞 从秀荣）

【天津市民委用好用足优惠政策，为民族企业保增长、渡难关、健康发展提供服务和支持】 天津市民委经常深入定点企业了解落实国家优惠政策情况和企业发展情况，就存在的问题积极协调有关部门给予关注和帮扶，并为企业发展提供信息资源。对经营不善、不能享受政策的4家定点企业进行申报调整，增补5家企业，产品涉及农牧区生产工具、清真牛羊肉、清真鸡肉及制品、清真调料及民族服装。与市人行货币信贷管理处共同举办有关银行工作人员培训班，部署做好流动资金贷款优惠政策具体工作。全年实际享受流动资金优惠政策企业15家，享受额度34 615万余元，贴息666.6万余元。2009年，天津市有5家企业享受国家对民族特需商品生产补助资金，共计225万元，1家企业享受技改贷款贴息，国家和市财政共贴息70万元。

（撰稿　施晶晶　审稿　马克　从秀荣）

【山西省注重实效，加强定点生产企业管理】 2009年，山西省民委对少数民族特需商品定点生产企业进行全面调研，加强对民族特需商品定点生产企业的指导工作，针对实际情况，对定点企业实行动态管理，适时调整或增补少数民族特需商品定点生产企业。根据国家民委、财政部、中国人民银行《关于下达"十一五"期间全国少数民族特需商品定点生产企业动态调整及企业更名名单的通知》，取消了山西红萍服饰有限公司少数民族特需商品定点生产企业资格，增补了山西胡兰食品有限公司、山西永济晋美油脂有限公司。认真落实"十一五"期间国家扶持民族特需商品定点生产企业的优惠政策，继续与省财政厅联系，共同向国家民委和财政部争取少数民族特需商品定点生产企业补助资金和企业技术改造贷款财政贴息资金。协调有关方面落实好民族特需商品定点生产企业的政策到位的问题，组织定点企业负责人到兄弟省区考察、学习，为企业发展搭建平台，提供契机。同时组织企业参加青海国际清真食品及用品展览会等各类清真贸易洽谈会，通过参加活动，提高了企业应对金融危机的能力，扩大了企业的知名度和社会影响力，增强了企业竞争力，取得良好的效果。

（撰稿　解全东　审稿　白源）

【山西省加强监管推动清真食品行业健康发展】 2009年，山西省民委继续做好《山西省清真食品监督管理条例》的宣传和贯彻、落实，严格按照《山西省清真食品监督管理条例》的规定，做好重新核发清真生产许可证和清真标志牌的工作。加强对清真食品企业的监督管理和扶持力度，对文水县贤美肉制品厂、山西胡兰食品有限公司等企业补贴120多万用于技术改造，着力培养能够带动全省清真食品业发展的龙头企业和品牌企业，坚持依法行政、依法管理和提供服务的有机统一，促进了全省清真食品行业的健康发展。全省各市大多成立了清真食品市场清理整顿领导组，由民族、公安、工商、卫生等部门组成。特别是太原市开展了为期一个月的清真食品市场清理整顿工作，通过整顿，规范了太原市清真食品市场的管理，切实维护少数民族群众的合法权益，确保了省城清真食品市场信誉，维护了民族团结和社会稳定。

（撰稿　解全东　审稿　白源）

【内蒙古自治区乌海市民委开展清真食品监督检查】 由各区民委牵头，工商、卫生、质监等部门组成联合检查组，对全市283家生产经营清真食品的各类企业、个体工商户进行了监督检查。通过"三查、三看"，即看企业法人代表、经营场所是否符合条件，查运货渠道、穆斯林工作人员是否变更；看清真食品许可证是否与企业名称相符，查清真食品许可证是否悬挂在醒目位置；看经营场所是否存在，查经营项目是否改变。通过检查，对不符合清真食品要求的18家清真肉铺和餐饮店进行了限期整改和暂缓发证的处罚，进一步规范清真食品市场，维护了清真食品的经营秩序。

（撰稿　李日树　审稿　常威）

【辽宁省进一步落实民贸政策，促进民贸民品企业发展】 为应对金融危机影响，进一步做好新形势下的民贸民品生产工作，辽宁省举办了全省民贸民品企业培训班，聘请国家民委和省社科院、省发改委专家学者作了有关经济形势与民贸民品生产政策专题讲座。全省 100 多家民贸民品生产企业负责人参加培训，并就如何应对金融危机，用好用活国家民贸政策，加快民族地区经济发展进行了深入研讨。2009 年，辽宁省按照国家有关民贸民品优惠政策规定，认真开展调查研究，帮助民贸民品企业解决政策落实中遇到的困难和问题，积极发挥民族企业优势，促进地区经济发展，满足少数民族群众的特殊生产生活需要，取得了一定的成绩。2009 年，全省民贸企业和民族特需商品定点生产企业免增值税和享受流动资金贷款贴息2 967万元，落实民贸企业网点改造和民族特需商品定点生产企业技术改造贷款财政贴息资金 73 万元，落实民族特需商品生产补助资金 200 万元。

（撰稿 李珂 审稿 赵佐贤）

【吉林省加快民贸民品企业发展】 为加大政策宣传力度，在《吉林民族宗教》设立专栏，宣传民族贸易和民族特需商品定点生产优惠政策。坚持动态调整原则，不断优化民贸民品企业结构。增补延边方园木业有限责任公司等 6 家企业为定点生产企业，取消了 3 家企业的定点生产资格，使吉林省的少数民族特需用品定点生产企业数量达到 95 户。积极协调政府、银行、企业关系，及时组织召开民委、人民银行、相关商业银行、企业代表参加的工作会议，贯彻落实中国人民银行《关于民族贸易和民族特需商品生产贷款利率事宜的通知》，使民族贸易和民族特需用品定点生产企业享受贴息金额达9 253万元。协调落实民贸民品企业技改贴息政策，为具备条件的企业申请技改贷款财政贴息。

（撰稿 李颖 审稿 王喜年）

【吉林省开展“民族情”创业就业活动】 吉林省民委会同省人力资源和社会保障厅、省政协民族宗教事务委员会，开展全省少数民族就业情况调研，全面掌握少数民族的就业现状、困难和问题，向省政府建议出台扶持政策。针对少数民族群众劳动技能低的实际，安排专项资金，积极开展创业再就业培训。全省共举办少数民族创业就业培训班 48 期、就业洽谈会 32 期，培训人员达 1. 3 万人。

（撰稿 李颖 审稿 王喜年）

【上海市人大常委会召开清真食品工作监督专题调研会】 2009 年 9 月 23 日，上海市人大常委会召开清真食品工作监督专题调研会，市人大常委会主任刘云耕，市人大常委会副主任周禹鹏、胡炜、王培生、杨定华，市人大常委会秘书长姚明宝参加调研。黄浦区委、区人大、区政府负责同志一同参加调研。市民族宗教委主任周富长就《上海市清真食品管理条例》的贯彻落实情况作了汇报。市商务委、世博局和黄浦区政府等先后进行了汇报。王培生副主任强调要统一思想、提高认识，建立清真食品工作统筹协调机制；要落实世博会期间清真食品供应保障工作，落实交通枢纽地区的清真食品网点，积极研究制定新的清真食品扶持政策。

（撰稿 窦伟 审稿 张继富）

【上海市召开第一次清真食品工作联席会议】 2009 年 12 月 10 日，上海市副市长唐登杰召开上海市第一次清真食品工作联席会议，研究上海市清真食品工作情况。市政府副秘书长沙海林以及市商务委、市民族宗教委、市农委、市国资委、市建设交通委、市公安局、市质量技监局、市财政局、市地税局、市工商局、市旅游局、市食品药品监管局、机场集团、上海铁路局等部门的负责同志参加了会议。会议听取了市民族宗教委主任曹斌及相关单位关于上海市清真食品工作的情况汇报，讨论了联席会议工作制度及工作职责，并明确了上海市清真食品工作中各部门的工作职责和世博会前的工作重点。唐登杰作重要讲话，要求联席会议各成员单位切实履行职责，重点要解决好世博会期间清真食品问题。

（撰稿　实伟　　审稿　张继富）

【江苏省民贸企业增至52家】　经国家民委和财政部批准，2009年江苏省新增民贸企业6家总数达52家，遍布全省13个省辖市。全省民贸企业2009年全年共获得流动资金贷款财政贴息1 700多万元，技术改造和生产补助资金贷款财政贴息300余万元。

（撰稿　刘克元　　审稿　王在郑）

【江西省民族特需商品定点生产企业发展形势良好】　2009年，争取到景德镇佳洋陶瓷有限公司、江西桐青金属工艺品有限公司、九江市清真梁启发食品厂3家企业被列为全国少数民族特需商品定点生产企业。争取国家民委、财政部对德兴市百勤异VC钠有限公司技改贷款贴息32万元，并协调省财政配套32万元予以贴息。争取财政部下拨生产补助资金205万元。2009年，虽然遭受国际金融危机冲击，全省民族特需商品定点生产企业大部分发展形势良好。比如：余干县民族乐器有限公司的民族乐器生产发展前景看好，需求量越来越大；德兴市百勤异VC钠有限公司按“清真”食品要求进行生产、销售，产品畅销欧美发达国家和中东地区、阿拉伯地区，国内销售市场主要有河北、甘肃、青海、宁夏、新疆等少数民族聚居地，产品深受少数民族的青睐，销售市场及销售总量逐年扩大，其中中东地区、阿拉伯地区及国内少数民族聚居地的销售额占总销售额的13%；景德镇市远景瓷业有限公司、佳洋陶瓷有限公司和玉风瓷厂3家民族陶瓷定点生产企业产销两旺，少数民族用瓷绝大部分销往甘肃、宁夏、新疆、内蒙古等少数民族聚居地，同时也有部分产品销往国外和国内少数民族散居地。据统计，景德镇市三家民族特需商品定点企业（前四年）总产值1.3亿，上缴各种税收总额558万元。九江市清真梁义隆饼店和清真梁启发食品厂产品已经打入中东市场，在各大中城市销售形势也非常好，已经成功进驻沃尔玛等国际大型商场进行销售。

（撰稿　沈红波　　审稿　张国培）

【山东省全力做好第十一届全运会期间清真食品供应和监督管理工作】　2009年10月全运会期间，山东省民委着力从四个方面作好清真食品供应和监督管理工作。一是全力做好清真食品生产供应工作。对全运会所需清真食品实行定点生产，定点采购，统一加贴“十一运清真食品专用”标志，同时对仓储、运输等各流通环节实行全程监督。非清真食品和未经定点许可采购的清真食品，不得进入全运会清真餐厅、清真餐桌。二是全力做好具有清真饮食习惯少数民族人员的接待工作。对来自西部具有清真饮食习惯的少数民族人员，相对集中地安排宾馆食宿，在宾馆内设立了专门的清真灶和清真餐厅，有必要的清真标志，并对配餐食谱和整个流程进行监督。三是全力做好清真食品生产经营的监督检查工作。对于不符合要求的，责令停业整顿，对假冒清真食品的生产经营行为，由各级民族宗教工作部门会同有关部门依法严厉打击，确保了第十一届全运会期间山东省清真食品生产经营秩序良好。四是全力做好尊重少数民族风俗习惯的宣传教育工作。省民委会同省委宣传部加强了对全社会民族法制宣传教育，通过第九次全省民族团结进步宣传月的各项活动，加大了党和国家的民族宗教政策、切实尊重少数民族风俗习惯和宗教信仰、维护少数民族合法权益的宣传教育力度。第十一届全运会胜利闭幕后，省民委被省综合治理委员会评为“第十一届全运会社会稳控与安保工作先进单位”，对口接待的宁夏代表团送来了“齐鲁风范 全运情浓”牌匾，济南清真南大寺被第十一届全运会组委会评为“优质服务单位”。

（撰稿　米杨　　审稿　马辉）

【河南省开展下基层为企业服务活动】 2009 年 2 月，河南省民族事务委员会党组成员分组带领业务处同志深入 18 个省辖市，开展“下基层、为企业服务活动”。此次活动，一是了解少数民族企业和民族特需商品定点生产企业状况，协调企业面临的困难；二是帮助少数民族企业和民族特需商品定点生产企业进一步优化产业结构，增强发展能力；三是确保少数民族企业和民族特需商品定点生产企业尽最大努力不辞退员工，避免引发因失业而造成的不稳定；四是为少数民族返乡农民工提供就业机会。“下基层、为企业服务活动”中，对涉及民族工作部门服务职责的事情，河南省民族事务委员会给予了大力支持，立即或限期解决；涉及河南省民族事务委员会委员单位或其他部门职责的事务，尽力给予协调支持，争取尽快解决。

（撰稿　刘宾　　审稿　金艳华）

【河南省民委开展企业服务年活动】 2009 年 3 月初，河南省民族事务委员会研究制定《关于开展企业服务年活动的实施方案》，组织开展为少数民族企业和民族特需商品生产企业服务年活动。工作措施涵盖民族优惠政策扶持、清真食品市场环境、金融融资服务、营销市场拓展、人力资源服务等多方面，针对性、操作性强。河南省民族事务委员会要求基层民族工作部门制定相应工作方案，建立相应的工作制度和机制，形成一级抓一级、层层抓落实为企业服务的工作局面。力求通过开展为少数民族企业和民族特需商品生产企业服务年活动，努力把金融危机带来的不利影响降到最低限度，使少数民族企业和民族特需商品生产企业的生存能力、竞争能力和综合实力得到明显提升，民族特需商品生产供应满足少数民族群众日常生活生产特殊需要，进一步巩固平等、团结、互助、和谐的社会主义民族关系，保持民族聚居地方经济社会平稳健康发展的良好态势。

（撰稿　刘宾　　审稿　金艳华）

【河南省组团参加“2009 中国（青海）国际清真食品及穆斯林用品展览会”】 2009 年 8 月 6—9 日，河南省民族事务委员会联合中国国际贸易促进委员会河南省分会，由河南省民族事务委员会主任刘世军带队，组成 150 余人的经贸代表团赴西宁参加“2009 中国（青海）国际清真食品及穆斯林用品展览会”。河南省统一规划、专门设计了河南省精装展区，组织 42 家企业免费参展；8 月 7 日上午，河南省代表团在西宁市举行了“河南省清真食品行业暨河南省万村千乡市场工程采购说明会”，青海省相关单位领导、国内外企业代表和记者 100 多人出席了会议。河南省参展经贸洽谈成果显著，与青海以及法国、马来西亚、沙特阿拉伯等国家和地区的采购、销售和投资商签订意向协议金额达 1.4 亿元，其中采买合作协议金额6 000万元，销售协议金额8 000万元。

（撰稿　刘宾　　审稿　金艳华）

【河南省贯彻落实民品生产优惠政策】 河南省民族事务委员会建立健全优惠利率贷款利差补贴审批审核服务监管制度，完善了与中国人民银行郑州中心支行沟通协作机制；加强对民族特需商品定点生产企业的政策贯彻落实，协调解决了企业正常利率贷款难问题；指导市、县民族工作部门牵头落实政策、搞好服务、有效监管，发挥少数民族特需商品生产优惠政策的经济杠杆和社会效用，实现了企业发展和民族特需商品的充足生产供应。

（撰稿　刘宾　　审稿　金艳华）

【河南省召开清真食品管理暨民族区乡镇工作会议】 2010 年 1 月 18—19 日，河南省民族事务委员会在商丘市睢县城关回族镇召开全省清真食品管理暨民族区、乡（镇）工作会议。会议交流了清真食品管理和民族区、乡（镇）工作经验，征求了各地对民族工作的意见和建议，研究讨论了进一步学习领会十七届四中全会公报和胡锦涛总书记关于民族工作的重要讲话精神，贯彻落实全国民委主任会议精神，提高民族工作科学化水平的政策和措施。17个省辖市民族工作部门分管领导、民族科科长、清真食品管理办公室主任，3个民族区、21个民族乡（镇）主要负责人，3个民族区民族宗教局局长参加了会议，商丘市辖9个县（市、区）民族宗教局局长列席了会议。

（撰稿　刘宾　审稿　金艳华）

【湖北省民贸民品工作座谈会在襄樊市召开】 2009年5月14日，湖北省民宗委和中国人民银行武汉分行在襄樊市召开全省民贸民品工作座谈会。会议主要任务是进一步贯彻落实党的民贸优惠政策，总结交流近几年特别是2008年以来湖北省民贸民品工作的成绩和经验，研究部署全省民贸民品工作，推动湖北省民族贸易和民族特需商品定点生产企业加快发展。会议由省民宗委副主任胡祥华主持，省民宗委主任谭徽在作了重要讲话。座谈会上，中国人民银行武汉分行货币信贷处处长、高级经济师易寿生作了题为《贯彻适度宽松货币政策，支持民族经济平稳较快发展》的专题讲座。襄樊市副市长杨绪春到会祝贺，武汉市、恩施土家族苗族自治州、宜昌市、襄樊市、十堰市、荆门市、咸宁市、黄冈市、神农架林区民宗委（局）负责人和中国人民银行武汉分行和相关市州支行负责人60余人参加了会议。

（撰稿　余文生　审稿　唐启明）

【湖北省恩施土家族苗族自治州上半年民贸企业享受贴息476万元】 国家对民族贸易和民族特需商品定点生产企业实行的流动资金贷款优惠利率政策，帮助恩施土家族苗族自治州民贸企业有效缓解了流动资金“贷款难”问题。1—6月，该州共有111家民族贸易企业享受到流动资金贷款优惠利率补贴476万元，贷款总额达到6.41亿元。目前，恩施土家族苗族自治州8县市均为国务院确定的民族贸易县，属于民族贸易优惠政策享受范围。全州共有国家认可的民族贸易企业355家，民族特需商品定点生产企业15家。2001—2009年6月底，恩施土家族苗族自治州民族贸易和民族特需商品定点生产企业共享受流动资金贷款优惠利率补贴1亿多元。

（撰稿　李维亚　审稿　唐启明）

【湖北省民族定点企业——采花茶业有限公司入围“湖北绿茶第一方阵”】 2009年11月9日，在“湖北绿茶”首届高峰论坛上，由14家国家级、省级龙头茶叶企业组成的“湖北绿茶第一方阵”正式授牌，湖北采花茶业有限公司榜上有名，这是湖北采花茶业获得的又一殊荣。该公司先后荣获农业产业化国家重点龙头企业、全国高新技术企业、全国茶叶行业百强企业称号，采花毛尖先后荣获湖北名茶第一品牌、湖北省著名商标、进京迎奥运产品、中国驰名商标，湖北采花茶业公司逐步成为全省茶叶行业的领军企业。

（撰稿　张先超　审稿　唐启明）

【湘鄂渝黔边区首届民族民间旅游商品暨民间工艺大师评选大赛在湖南省吉首市举行】 2009年10月28日，湘鄂渝黔边区首届民族民间旅游商品暨民间工艺大师评选大赛在湖南省吉首市圆满闭幕。此次大赛历时3天，共46件（套）作品获奖，46人获民族民间工艺大师等称号。

本次大赛汇集了湘鄂渝黔边区15个地、州、市、区、县的315人（户）、667件（套）参赛作品，吸引了186人申报“大师”称号。经过15位专家评委认真评选，产生了民族民间旅游商品金奖11个、银奖14个、铜奖20个和1个特别奖；产生了“湘鄂渝黔边区首届民族民间旅游商品大赛民间工艺美术大师”16名、“湘鄂渝黔边区首届民族民间旅游商品大赛民间工艺美术师”19名和“湘西土家族苗族自治州民族民间工艺美术大师”11名；签订正式入驻“湘西坊”创业园协议经营商户49户，在谈商户300余户。“湘西坊”旅游文化产业创业园也被授予“湖南省级创业园”、“湖南省民族旅游商品示范点”和“湖南青年创业就业基地”称号。

（撰稿 陈春建 审稿 曹承明）

【广西壮族自治区帮助民族特需商品生产企业落实国家优惠政策】 2009 年，根据广西壮族自治区党委、自治区人民政府关于开展“服务企业年”活动精神，广西民委多次对全区民族贸易和民族特需商品生产企业优惠政策开展调查研究，真诚地为少数民族特需商品生产企业做好服务工作，使国家民族贸易和民族特需商品生产企业优惠政策在自治区更好地贯彻落实。2009 年，在各级民委积极与财政、金融部门配合下，帮助 57 家民族特需商品生产企业落实流动资金优惠贷款 14.71 亿元，比上年增长 171%，全年贴息额 2 700 万元，比上年增长 77%，有力地扶持了民族特需商品的生产发展。

（撰稿 梅菊 审稿 周世相）

【广西壮族自治区召开民族工作示范点建设经验交流会】 2009 年 12 月 28—29 日，广西在金秀瑶族自治县召开民族工作示范点建设经验交流会。广西壮族自治区民委主任卢献匾在会上强调，民族工作示范点的选择和建设要符合“四性”，即普遍性、探索性、先进性和推广性。他要求各级民委主要做好研究、宣传、协调、评价、规划、指导、督查和建议八项工作，即研究民族问题，特别是研究少数民族的特殊性；宣传民族政策；协调民族关系，平衡民族利益；监测评价民族关系；做好少数民族有关事务的规划工作；指导各部门的民族工作；督查民族工作；提出立法、政策和工作上的建议，做好党委、政府的参谋助手。

2005 年以来，广西民族工作示范点建设投入资金 1.2 亿多元，在全区 18 个县（市、区）的 24 个少数民族聚居村屯组织实施民族工作示范点建设。目前，全区每个世居少数民族都有 1 个以上的示范点。通过 5 年的建设，广西民族工作示范点公共基础设施和群众生产生活条件大为改善，村容整洁，村风文明，群众收入稳步增长，生活水平不断提高，平等、团结、互助、和谐的民族关系进一步巩固。

（撰稿 邓诗源 审稿 周世相）

【海南省首次认定特色民族菜肴】 在 2009 中国海南七仙温泉嬉水节民族美食大比拼活动中，海南省首次对民族菜肴进行了认定。认定标准是：菜品须采用海南省民族地区出产的食材、名产等制作而成，具有黎族、苗族、回族等民族风味特色，有较好的市场卖点或大家认可的民族创新菜。黎族竹筒饭、苗家三色饭等海南民族特色风味菜品被省烹饪协会等单位授予“海南特色民族菜肴”证书和牌匾。

（撰稿 邱其斌 审稿 唐圣为）

【海南省首次举办民俗特色产品展销】 2009 年 3 月 29—31 日，“2009 海南黎族苗族三月三民俗特色展销活动”在陵水黎族自治县举行，这在建省以来尚属首次。陵水、三亚、东方、五指山、琼中、保亭、昌江、白沙和乐东 9 个市县选送民族特色服饰、工艺品、食品、旅游产品等 200 多种产品参展。展销期间，各参展企业销售产品 50 多万元。

（撰稿 邱其斌 审稿 唐圣为）

【第二届海南（琼中）优质农资、特色产品展销会】 为打造特色无公害绿色产品品牌，树立中部地区农业品牌，大力宣传海南中部地区的优质农产品、特色农产品，2009 年 11 月 6—7 日，省农业厅、省供销联社和琼中黎族苗族自治县人民政府在“三月三”广场联合举办第二届海南（琼中）优质农资、特色产品展销会。这是海南中部地区一次集优质农资、特色产品、现代农业技术展示等为一体的展销会。展销会共设 10 个展销区 235 个展位，会场展销区面积达 3 000平方米，有 200 多家企业、经销商参展，主要展销种子、化肥、农药、农业机械、饲料兽药、特色产品、旅游产品等以及现代农业技术展示。展会期间，优质农资、特色产品销售成交额达517万元，其中农业机械交易量为55台（件），成交金额为181.693万元。

（撰稿 邱其斌 审稿 唐圣为）

【重庆市大力推动民贸民品工作】 2009年，重庆市民宗委按照对少数民族特需商品生产动态管理的原则，对本市少数民族特需商品定点生产企业进行了调整。并按照《国家民委关于对十一五期间扶持民族贸易和民族特需商品生产政策落实情况进行检查并对十二五相关政策建议进行调研的通知》（民委发〔2010〕3号）文件要求，积极组织人员深入民贸县与相关企业进行了调研，及时完成了重庆市“十一五”民族贸易和民族特需商品生产政策落实情况的报告。

（撰稿 陈引 审稿 孔刚）

【贵州省抓好“十一五”期间民贸民族用品生产优惠政策的落实】 2009年，贵州省民委领导先后4次到定点企业调研民族药、边销茶、民族乐器、民族工艺品等的生产情况，积极向国家有关部门呼吁将贵州省苗药列入基本药物目录；针对贵州省少数民族成药发展的状况，将调研情况形成专题报告，向省委、省政府提出政策建议。落实定点企业流动资金贷款贴息3 294万元，向国家民委、财政部申报民族特需商品生产补助资金205万元、民族贸易企业网点改造和民族特需商品定点生产企业技术改造贷款财政贴息资金196万元，举办了民族用品生产优惠政策培训班。

（撰稿 沈洪华 审稿 王渝飞）

【云南省认真贯彻落实民族贸易和民族用品生产优惠政策】 云南省民委及时组织学习下发有关中国人民银行决定增加农业发展银行、城市商业银行、农村信用社为执行优惠利率政策的承贷银行政策，会同省财政厅落实安排了300万元省级扶持民族地区企业发展贷款财政贴息补助项目，支持57户民贸企业，拉动3.75亿元信贷资金，会同省财政厅组织2009年度国家民族贸易网点建设和民族用品企业技术改造专项贴息贷款项目34个，申请贴息补助资金3 231万元。

（撰稿 李红燕 审查 徐畅江）

【陕西省召开清真食品管理工作总结表彰大会】 2009年12月，陕西省民委在西安召开了2009年度全省清真食品管理工作总结表彰大会，会议通报了全省清真食品联合大检查的情况，对2009年度全省清真食品生产经营管理情况进行了总结，对在清真食品生产经营管理工作中表现突出的11个先进单位和20名先进个人进行了表彰。会议由省民委巡视员苏凤华主持，省民委副主任姜晓阳宣布表彰决定，省民委副主任张宁岗在大会上讲话。

（撰稿 海建宇 审稿 刘开岚）

【甘肃省临夏回族自治州召开执行民贸民族特需商品优惠政策协调会】 临夏回族自治州有70家民贸企业、59家定点生产企业。2009年4月7日，为了认真贯彻落实好“十一五”期间国家出台的民贸民族特需商品优惠政策，保障企业充分享受民贸优惠政策，促使企业得以发展壮大，甘肃省临夏回族自治州政府召开了执行民族贸易民族特需商品优惠政策协调会。会议提出，各相关单位要高度重视优惠政策的贯彻执行工作，要本着为民族企业服务，本着促使民族企业发展壮大的宗旨和理念，研究政策，吃透政策，用足用活政策，竭尽全力抓好政策的贯彻落实，使国家的这一惠民政策体现在企业的发展上，真正使企业得实惠、促发展。州民委负责人就相关优惠政策做了进一步的介绍，通报了近年来的贯彻落实情况，并提出了贯彻执行中贴息难的问题。州各银行负责人针对存在的问题，就下一步如何贯彻落实好政策发表了自己的认识和看法，提出了具体的意见和建议。

（撰稿 成自强 审稿 王学仁）

【宁夏回族自治区民委积极帮助民贸民品企业应对金融危机】 在国际金融危机影响持续加深、国内企业受到巨大冲击的情况下，宁夏回族自治区的民贸民品企业同样遇到了销售市场萎缩、产品价格下降、经济效益严重下滑的困难。宁夏回族自治区民委努力发挥自身作用，积极采取措施，帮助民贸民品企业渡过难关。

一是加大引导力度，增强企业克服危机的信心。2009 年春节前夕，自治区民委召集全区各民贸民品企业代表举行座谈会，王俭主任为民贸民品企业鼓劲打气。企业代表做了交流发言，表示要在困难中抢抓机遇，积极调整发展思路，在努力提升企业经济效益的同时，不辞工、不停产，主动担负起社会责任，帮助政府分担压力，为实现全区经济持续快速增长作贡献。

二是用足用活政策，为民贸民品企业发展创造有利条件。2008 年，宁夏 40 家民贸民品定点生产企业流动资金贷款贴息 5 600 万元，比上年增长 3.2 倍，比过去历年的总和还要多；8 家民族商品定点生产企业技术改造项目贷款获得国家财政贴息 240 万元，比上年增长 30%，名列全国第一。2009 年初，自治区民委又会同财政、银行等部门，向国家新推荐 23 家企业申报少数民族特需商品定点生产企业。

三是积极做好服务工作，帮助企业开拓国内外市场。宁夏回族自治区民委与陕西省民委积极协调，促成两省区政府达成并在 2009 年 4 月“西洽会”期间签订了少数民族经济合作发展协议，为两省区民族企业相互开拓市场、合作共赢创造有利条件。2009 年，会同民贸民品清真产品企业协会组织有关企业到上海等地考察，借世博会在上海举办的有利时机，寻求合作机会，帮助宁夏民贸民品企业开拓国内外清真食品和穆斯林用品市场。

（撰稿 杨浩　审稿 任薇娜）

【国际清真产业合作高峰论坛在宁夏回族自治区银川市举行】 8 月 18—22 日，由商务部、中国贸促会和宁夏回族自治区人民政府共同主办的国家级投资贸易洽谈会——“2009 中国（宁夏）国际投资贸易洽谈会”（简称“宁洽会”）在银川市隆重召开。作为宁洽会的一项重要系列活动，由宁夏回族自治区民委负责承办的国际清真产业合作高峰论坛也于 19 日在银川举行。香港驻京办副主任陈选尧、国家民委原专职委员铁木尔、东北亚联合会秘书处事务局长具然吉、阿联酋中国伊斯兰文化中心董事长阿卜杜勒卢塔以及来自埃及和我国上海、山东、陕西等国内外清真产业界的 200 多位专家学者、商界精英出席了论坛，共同交流世界清真产业发展的成功经验，探讨清真产业的发展趋势，谋划国内外清真产业开发协作战略，促进了世界清真产业和穆斯林用品的发展，为宁夏清真产品更多地走向世界牵线搭桥。

（撰稿 杨浩　审稿 任薇娜）

【宁夏回族自治区清真食品认证通则发布实施】 为促进宁夏清真食品进入国际市场，扩大市场占有份额，进一步规范清真食品企业和产品，提高清真食品知名度和信誉度，鉴于全国尚无同类标准以及宁夏出入境贸易的现实需要，由自治区民委、质量技术监督局编制完成了《宁夏回族自治区清真食品认证通则》地方标准，在国内尚属首例。《宁夏回族自治区清真食品认证通则》包括适用范围、规范性引用文件、术语与定义、总则、申请认证的清真食品生产经营企业的资质要求、清真食品原材料的要求、清真食品加工规范要求、清真食品的包装标志和运输存储要求等内容，涵盖清真食品生产全过程，从而保证了清真食品安全管理符合国际通用的“从农田到餐桌”的整体过程控制理念。2009 年 3 月 18 日，自治区人民政府新闻办公室召开新闻发布会，将《宁夏回族自治区清真食品认证通则》通过媒体进行正式发布。《宁夏回族自治区清真食品认证通则》的发布实施，对于实现宁夏同世界穆斯林国家和地区清真食品贸易认证相关标准互认，加快清真食品标准化建设和生产，推动宁夏清真食品走向国际市场都具有十分重要的意义。自治区人民政府已先后同马来西亚和泰国等签订了哈俩里（清真）认证备忘录，下一步将与上述国家签订哈俩里（清真）互认协议，这将为宁夏清真食品走向国际市场提供良好的平台。

（撰稿　王生军　　审稿　任薇娜）

【宁夏回族自治区民贸民品工作取得新进展】 宁夏回族自治区用足用活民贸民品优惠政策，充分利用国家对少数民族特需商品定点生产企业进行调整的时机，将一批规模小、效益差，难以享受国家政策优惠的企业淘汰出定点企业，而将一批符合自治区产业发展方向、具有地方特色优势、规模大效益好的清真食品、少数民族服装服饰、民族建筑装饰材料等方面的龙头骨干企业增补进了少数民族特需商品定点生产企业的行列。2009 年，全区又有 20 家企业被新增补为全国少数民族特需商品定点生产企业。目前，全区已有 85 家企业被国家民委、财政部、中国人民银行认定为全国少数民族特需商品定点生产企业。2009 年，全区民贸民品企业获得流动资金贷款贴息9 100万元，在 2007、2008 年连续大幅增长的基础上，再实现 60% 以上的增幅，与 3 年前的 2006 年相比，增长了 10 倍以上。

（撰稿　杨浩　　审稿　任薇娜）

【新疆维吾尔自治区落实民族贸易和民族用品生产优惠政策】 “十一五”期间，新疆有 53 个民贸县、3 个边境县市（塔城、哈密、博乐）、焉耆回族自治县境内 4 个乡镇可以享受民贸政策，被确定为少数民族特需商品定点生产企业的有 258 家（其中，2009 年取消 15 家，增补 35 家）。258 家企业中，清真食品企业 125 家，占 48.45%；民族医药企业 15 家，占 5.8%。目前，新疆有 64 家企业已享受民贸政策。据不完全统计，截至 2009 年底，新疆维吾尔自治区五大商业银行累计发放民贸和民特企业优惠利率贷款共计 176.15 亿元，全区民贸和民特企业享受流动资金贷款优惠利率利差补贴共计21 697.72万元；国家安排民贸网点建设和民特定点生产企业技术改造贷款项目 21 个，安排中央财政贴息资金为 467 万元。2007 年，经过国家民委等部委的积极努力，国家专门设立了“少数民族特需商品生产补助资金”，截至 2009 年底，国家共安排新疆维吾尔自治区 15 个项目，补助资金 540 万元。

（撰稿　郁丽都斯　　审稿　郑玉容）

【新疆维吾尔自治区党委书记张春贤与部分少数民族中小企业及民贸民特企业代表座谈】 2009 年 7 月 3 日，新疆维吾尔自治区党委书记张春贤等领导与来自乌鲁木齐地区的 22 家少数民族中小企业和民贸民特企业代表进行了面对面的交流与沟通。自治区主席努尔·白克力主持会议。新疆阿尔曼清真食品工业集团有限公司总经理热迪力·阿布拉等 8 位企业家在会上发言。自治区领导肖开提·依明、白志杰、贾帕尔·艾比布拉、胡伟、王永明、热孜万·艾拜出席了座谈会。自治区有关厅局负责同志参加了座谈会。

（撰稿　郁丽都斯　　审稿　郑玉容）

【新疆维吾尔自治区民族贸易和民族特需用品生产工作】 对民族贸易企业网点建设和民族特需商品生产企业技术改造给予财政贴息，是国家民贸和民特优惠政策的重要内容。国家不断加大对民族地区民族特需商品生产的扶持力度，迄今已安排新疆维吾尔自治区在清真食品生产加工、地毯、工艺品、传统手工艺等方面的 15 个项目、累计资金 540 万元。2009 年，财政部向自治区下达了民族贸易企业网点改造和民族特需商品定点生产企业技术改造贷款财政贴息资金和民族特需商品生产补助资金共 310 万元。同时，民贸民品生产企业优惠贷款承贷银行也增至 7 家，扩大了民贸民特政策的实施范围，有力地促进了本区民族贸易和民族特需商品的生产供应，满足了少数民族群众生产生活的需要。

（撰稿　美亚赛　　审稿　葛丰交）

【新疆建设兵团落实民贸民特优惠政策工作】2009年，新疆生产建设兵团（以下简称兵团）各级民族工作部门在长期的民族工作实践中，根据兵团党委的统一安排，把少数民族经济发展和少数民族职工群众脱贫致富作为加强民族团结、维护社会稳定的重点工作来抓，把国家民委的帮助与关心和兵团有关职能部门的支持有机地结合起来，积极落实国家民族贸易和民族特需商品生产优惠政策，大力发展少数民族经济，积极扶持民族贸易和民族商品生产企业，自力更生、艰苦奋斗，在政策、人力、财力、物力、智力等方面给予重点倾斜和特殊照顾。据不完全统计，全年共享受民贸民特优惠政策收益达1 721.9万元（不含边销茶）。兵团的民贸民特企业的综合竞争能力显著提高，企业的经营方式越来越贴近农牧民的生产生活。有力地推动了兵团民族贸易企业和民族特需商品定点生产企业的发展，对加快兵团少数民族经济发展，提高少数民族人口就业率，扩大少数民族群众的就业渠道，满足新疆及周边地区少数民族群众的生产生活需求，加强民族团结、维护社会稳定、构建和谐兵团起到了积极作用。

（撰稿　刘海新　　审稿　热合曼·克日木）

扶贫开发

【内蒙古自治区民委参加定点帮扶扎赉特旗项目对接座谈会】　2009年4月8—9日，根据内蒙古自治区党委直属机关工委的统一安排，自治区民委副主任特古斯带领机关党委负责人和帮扶工作队员赴兴安盟扎赉特旗参加定点帮扶项目对接座谈会。在座谈会上，特古斯副主任简要介绍了3年来对扎赉特旗阿拉达尔吐嘎查乌兰毛都嘎查的帮扶工作情况。同时，按照自治区党委、政府的部署，就2009—2011年对扎赉特旗进行定点帮扶规划和2009年主要工作目标进行了交流。在新一轮帮扶工作中，结合自治区民委工作实际和帮扶点具体情况，自治区民委将在进一步巩固上一轮帮扶工作成效的基础上，继续加大工作力度，在危草房改造、资助贫困学生、扶贫养牛项目、新农村建设、科技培训等方面实施帮扶。2009年4月初，自治区民委与扎赉特旗民族局、阿拉达尔吐工作部的负责人就2009—2011年定点帮扶规划和2009年主要帮扶任务进行了工作对接。

（撰稿　李日树　　审稿　常威）

【辽宁省民族地方扶贫开发取得新进展】　根据辽宁省新一轮扶贫开发规划，辽宁省民委对全省少数民族贫困人口和贫困民族村进行了调查统计，并协调扶贫工作部门优先安排少数民族贫困村实施整村推进扶贫开发。将少数民族发展资金重点用于贫困民族地区扶贫开发项目，取得了较好的成效。与省扶贫办在3个民族乡镇共同开展了整乡推进扶贫开发试点工作，积极探索扶贫开发新模式。

（撰稿　李珂　　审稿　赵佐贤）

【黑龙江省民族地区扶贫开发情况】　为有力推动全省民族乡村扶贫开发、整村推进和新农村建设工作，黑龙江省民委加大投入力度，点上加力，面上铺开，使工作得到了顺利开展。一是典型引路。在2007年树立少数民族和民族地区新农村建设7乡17村的典型后，2008年又树立少数民族和民族地区新农村建设3乡13村的典型，2009年为这10乡30村分别投入资金775万元和970万元，有力地支持了典型新农村建设。二是面上铺开，加大民族乡村扶贫开发、整村推进和新农村建设支持力度。2009 年，国家分配给黑龙江省少数民族和民族地区资金7 900万元，省匹配 200 万元，共8 100万元，这些资金投入到全省 182 个乡镇 225 个少数民族聚居村，扶持项目 162 个，资金额度达8 032万元，占资金总额的 99.2%，项目覆盖到交通、能源及生态建设、农田基本建设及水利、人畜饮水、安居房、种养业、农畜产品加工业、第三产业及科技推广及培训八大类。三是加强扶贫开发的力度，使少数民族重点村脱贫致富。积极协调沟通省扶贫工作部门，加大对 18 个少数民族重点村的整村推进工作。为 18 个少数民族重点村安排民族专项资金 67 万元，省财政扶贫资金 891.76 万元，其他资金 348.22 万元，共 1 306.98万元。

（撰稿　刘烈军　　审稿　包玉明）

【福建省继续加强整村推进扶贫开发工作】 2009 年，福建省继续推动加强省级扶贫开发重点村工作，并从省直有关部门划出部分专项资金共计4 600万元，用于整村推进工作。其中，民族村 15 个，投入资金 210 万元：用于道路建设 117 万元，实施村道硬化铺设水泥路 29.81 公里；用于水利建设投入 14 万元，解决自然村 65 户村民饮水问题，建造村护坡 450 立方米；用于发展农村种植业养殖业 47 万元，开垦茶园和种植茶叶 550 亩，种植蔬菜水果 170 多亩，草药 30 亩，养鸡8 000只，黑山羊 200 只，肉牛 30 头；用于文化卫生建设 18 万元，建村民文化活动中心，添置文化用品和体育用品设施，建民族自然村公厕 3 座；投入 8 万元扶持 100 户群众搬迁；用于村委办公楼建设 6 万元，建设面积达 300 平方米。通过多项措施并举，有效地改善了民族重点贫困村的生产生活条件，增加了少数民族群众的收入，促进了民族重点村的经济发展、社会进步和社会主义新农村建设。

（撰稿　央金拉姆　　审稿　蓝国秋）

【湖南省全力推进民族地区四大扶贫工程】 2009 年，湖南省认真贯彻《民族区域自治法》和湖南省实施《民族区域自治法》的若干规定，始终把民族地区的扶贫开发工作摆在突出位置，全力推进四大扶贫工程，一是产业扶贫工程。共启动各类产业项目2 600多个，建立产业基地 80 万亩，新增养殖户 7.3 万户，发展大牲畜 48 万头；加大对 100 个国家、省级农业产业化龙头企业的扶持力度，安排贷款贴息3 610万元，引导贷款 10.5 亿元，较好地解决了企业资金紧缺问题；建立“企业 + 基地 + 农户 + 协会”等形式，使扶贫工程覆盖民族地区贫困人口 70 多万，受益农户人均增收 800 多元。二是素质扶贫工程。通过省、市、县三级培训网络，为民族地区培训 3.5 万人次，其中有 2.8 万人实现了培训转移就业；采取集中轮训与科技推广相结合的方式，为民族地区培训1 800多名贫困村科技示范带头人，参加实用技术培训和素质教育的少数民族贫困农民达 9.4 万人次，凡受训的都普遍掌握了 1 ~ 2 门实用技术，脱贫致富本领明显提高；针对民族地区失业返乡农民工，组织“再培训、再就业、再创业”活动。三是基础扶贫工程。在 24 个民族自治县和少数民族人口过半的县的 149 个村实施“通达工程”，对 185 个村2 200公里的村组道路进行了硬化，解决了 63 万少数民族群众行路难的问题。与此同时，湖南省还积极安排财政扶贫资金帮助民族地区修建农田水利工程、改造农村电网、维修校舍、扶持乡镇卫生院等。四是生态扶贫工程。帮助民族贫困地区农户新建沼气池8 000口，省柴灶2 600个，解决了 6.5 万贫困人口的生活能源问题。通过发展“猪—沼—果”生态经济，进一步改善农民生产、生活环境，既降低了能耗，又促进了畜牧业、种养业的发展，巩固了退耕还林成果，做到节能增收。

（撰稿　陈春建　　审稿　曹承明）

【广东省民族宗教委创新扶贫模式】 广东省民族宗教委对口帮扶连南瑶族自治县三排镇连水村以来，以“三个结合”创新扶贫模式，取得了较好成效。一是将开展城乡基层党组织互帮互助工作与加强民族地区农村基层组织建设相结合。委机关和下属单位7个党支部与连南三排镇6个村委会党支部结对开展互帮互助工作。委党组还从委机关选派1名得力干部到连水村开展驻村帮扶工作。同时，通过开展主题党日活动、组织参观学习、举办岗位培训、发展年轻党员等形式，提高村“两委”班子成员思想政治素质和科学发展水平。二是将推动宗教界服务社会与帮助少数民族贫困户脱贫奔康相结合。推动宗教界实施“十百千”扶贫奔康工程和“百寺扶千户”活动，从2008年开始，支持民族地区10个示范点开展社会主义新农村建设；由省道教界捐资150万元帮助全省200名少数民族贫困大学生完成学业；制定结对帮扶计划帮助少数民族贫困户脱贫奔小康，共发动549间寺院对口帮扶1 674户少数民族贫困户，落实资金900多万元。三是将机关党建工作与扶贫开发工作相结合。委党组及时成立主要领导任组长的“规划到户、责任到人”扶贫开发工作小组，并以党支部为单位，在深入调研、摸清底数的基础上，对119户贫困户建档立卡，制定详细的中、长期帮扶计划，把帮扶任务分解到每个党员干部，明确职责，责任到人。

（撰稿　黄春霞　　审稿　温卫平）

【重庆市民族自治地方扶贫开发工作】　2009年，重庆市采取多种有力措施促进民族地区扶贫开发。2009年，全市民族地区扶贫投入稳步增长，全年扶贫资金总额达3.2亿元，比上年增长6%；农村贫困人口减少4.8万人；修建蓄水池1万余立方；完成异地搬迁和生态移民搬迁9 716人；组织各类扶贫培训25 071人次。

（撰稿　陈引　　审稿　孔刚）

【贵州省继续实施12个少数民族特困村整村推进工作】　贵州省以帮助少数民族地区群众改善基本生产生活条件、拓宽基本增收门路、提高基本素质为目的，体现新农村建设的示范作用，继续在台江县台拱镇泗柳村等12个帮扶村，与当地政府领导、村委干部、群众商量发展之路，制定落实有效措施。2009年4月，召开专门会议，安排部署工作，特别是对实施项目提出了具体的要求，保证建设项目的合理性和可操作性。安排资金240万元，建设项目涉及道路修建、人畜饮水、小水窖、排洪渠水利设施、输电线路改造、种植业、养殖业、沼气池、改厕改圈、农业实用技术培训以及建民族文化表演队等方面的34个项目，有效地解决了群众的生产生活问题，为少数民族地区脱贫致富打下了良好基础，为推进少数民族地区新农村建设起到了示范作用。

（撰稿　张发刚　　审稿　吴继堂）

【云南省民委积极推进扶持特困民族地区发展工作】　云南省民委不失时机地推动扶持景颇族、佤族、拉祜族和傈僳族四个特困民族的工作，促成全省上下形成共识，使之成为继实施兴边富民行动、民族团结示范村和兴边富民示范村建设、扶持人口较少民族发展等项目之后的又一个新抓手，并在省委、省政府的工作部署以及省级有关部门制定公务员考试等相关优惠政策方面得到了体现。省民委在2008年启动实施9个特困民族试点村工作的基础上，又实施了9个试点村建设项目，同时，结合民族专项资金的安排，投入2 600万元，实施了52个特困民族聚居自然村整村推进，为进一步做好扶持特困民族地区发展积累了经验。

（撰稿　李红燕　　审稿　徐畅江）

【甘肃省出台特殊政策扶助民族地区特困片带脱贫】　2009年，甘肃省出台特殊政策，加大对民族地区特困片带扶贫攻坚力度。省扶贫开发领导小组下发《关于实施特殊政策加大民族地区特困片带扶贫攻坚力度意见》提出，在今后4~5年内，甘肃省将采取特殊政策，加大资金扶持力度，制定与民族地区相适应的扶贫标准，集中财力推进民族贫困地区经济社会又好又快发展，使民族地区特困片带15个国家扶贫开发工作重点县（市）农牧民人均纯收入年均递增12%以上，达到全省平均增长速度。最终目标是到2020年，这些民族地区绝对贫困现象基本消除，发展的主要瓶颈制约基本得到解决。

（撰稿　成自强　　审稿　王学仁）

【宁夏回族自治区扶贫开发工作情况】　2009年，宁夏回族自治区扶贫开发工作按照自治区党委、政府的安排部署，紧紧围绕“保增长、保民生、保稳定”这条主线，突出重点，全力推进各项工作，在国际金融危机严重冲击和中部地区遭受严重干旱的情况下，贫困地区经济社会仍然取得了长足进展，8个国家扶贫开发工作重点县农民人均纯收入达到了2 912元，比上年增长13%。扶贫工作为全区贫困地区农民增收、农业增效和农村发展作出了新的成绩，为全区经济快速协调发展和社会大局稳定作出了重要贡献。全年扶贫资金投入1.71亿元。第三批298个整村推进工作正在实施中，完成投资3亿多元，村均投入超过了100万元；投入产业发展资金近1亿元，重点支持马铃薯、舍饲养殖、大棚瓜果蔬菜、菌草等产业，并为扶贫龙头企业下达了2亿元的贴息贷款额度；培训贫困地区群众5 687人，占计划任务的114%；山区8县和红寺堡开发区共输出劳务人员近61万人次，务工总收入超过30亿元；以“雨露计划”为平台，先后培训乡镇干部200名、村干部200名、产业带头人450名；旱作基本农田建设40万亩，将旱作基本农田建设补助标准由每亩140元提高到240元；全区互助资金项目村总数达到428个，占全区贫困村总数的30.5%，总量达15 446万元，共有4万贫困农户加入互助社，全区17.03%的农村贫困人口从中受益。

（撰稿　陈常国　　审稿　任薇娜）

【新疆维吾尔自治区参加国家民委举办的“少数民族和民族地区综合扶贫项目——培训者培训”】　为进一步推动国家民委与联合国开发计划署合作实施的少数民族和民族地区综合扶贫项目，2009年4月15—22日，国家民委项目办在海南大学举办了“少数民族和民族地区综合扶贫项目——培训者培训”。新疆维吾尔自治区民委项目办项目负责人，木垒县、奇台县、察布查尔锡伯自治县民宗局项目办人员和村级协调员，以及世界银行“TCC5”项目区巴音郭楞蒙古自治州、阿勒泰地区和哈密地区民委项目办人员共18人参加了培训。培训期间，学员们主要学习了有关社区组织建设的基本知识，加深了对社区主导式发展理念的理解和认识，掌握了推动社区组织建设的基本方法，增强了管理和协作能力，为更加有效地引导和支持社区主导式扶贫开发奠定了基础。

（撰稿　美亚赛　　审稿　葛丰交）

【新疆维吾尔自治区积极实施扶贫开发工程】
扶贫开发是我们党和政府为消除绝对贫困、促进共同富裕、实现科学发展作出的战略决策和重要措施。2009年，国家和新疆维吾尔自治区投入的扶贫三项资金达26.1亿元，稳定解决了27万贫困人口的温饱问题，完成了345个扶贫开发工作重点村整村推进扶贫规划，产业化扶贫带动贫困户62万户260万人。集中连片开发试点已延伸到10个县市，贫困村互助资金试点也扩大到了19个县市183个贫困村。扶贫开发不仅促进了贫困地区的经济社会发展，而且对全区民族团结、政治稳定、边疆稳固、社会和谐作出了重要贡献。

（撰稿　美亚赛　　审稿　葛丰交）

【新疆维吾尔自治区民委（宗教局）开展对财政扶贫资金的绩效考评】　2009年3月10—22日，新疆维吾尔自治区民委（宗教局）、财政厅、发改委、扶贫办联合组成3个扶贫资金绩效考评组，在国家和自治区确定的30个扶贫开发重点县（市）、32个兴边富民重点县（市）和19个人口较少民族聚居县，对财政扶贫资金、以工代赈资金、人口较少民族资金、兴边富民资金到位情况以及项目实施情况进行了检查。通过考评，切实落实了自治区财政扶贫资金绩效考评试行办法，进一步规范了各地少数民族发展资金的管理，提高了资金的使用效益。

（撰稿　美亚赛　　审稿　葛丰交）

【新疆生产建设兵团挂钩扶贫工作取得新成绩】新疆生产建设兵团民族宗教事务局与农九师团结农场是挂钩扶贫对子。2009年，兵团统战部与民族宗教事务局对团结农场的发展给予了扶持和帮助，为贫困职工脱贫致富和团场经济发展出谋划策、提供致富信息和扶贫资金。一是领导重视，提供有力保障。兵团统战部与民族宗教事务局经过讨论研究决定：扶贫工作要与促进团结农场经济发展相结合，以改善职工生产生活条件和增加职工收入为重点，努力赶上兵团的整体发展步伐；多方合力，明确职责，共同做好扶贫工作。二是深入调研，掌握情况。兵团统战部与民族宗教事务局领导带领有关人员先后两次深入团结农场进行调研，对历年扶贫项目进展情况和资金使用情况进行现场检查，在确保扶贫项目保质保量完成、扶贫资金规范合理使用的同时，征求贫困职工的意见、要求和建议，以便随时调整。三是多措并举，务求实效。兵团统战部与民族宗教事务局与师、团、连领导和少数民族职工代表座谈，共商脱贫大计；将兴边富民行动和申报少数民族特需商品定点生产企业的信息和优惠政策及时地向挂钩扶贫单位宣传、讲解，指导他们利用好优惠政策。加大资金支持，推动扶贫工作。2009年共安排兴边富民行动补助资金100万元，团场自筹32万元完成了30个蔬菜大棚项目。经兵团统战部与民族宗教事务局领导协调，团结农场在帮助贫困职工脱贫中，也采取了多种措施。农场成立的“少数民族示范班”取得了显著的成绩，五连38户少数民族家庭庭院经济已具备一定的规模。2009年，五连职均收入16 700元，少数民族职均收入13 000元。

（撰稿　马龙　　审稿　热合曼·克日木）

民族乡村

【北京市委、市政府领导听取民族乡村经济发展情况汇报】　2009年2月3日，北京市委常委、统战部部长牛有成，北京市政府副市长程红听取了全市民族乡村经济发展情况的汇报。北京市民委副主任马中璞汇报了民族乡村基本情况、经济发展现状、存在的突出问题及下一步的打算。牛有成在听取汇报后讲了三点意见：一是明确一个思想，北京市少数民族乡村的民族工作主题是经济发展，突出抓经济；二是强调发挥区县、乡镇政府的主体作用，既要调动农民的积极性，又要调动区县、乡镇政府的积极性；三是发挥市政府相关委办局的主导作用，要研究专项资金使用办法，市政府相关部门要出规则、出标准、制定奖励政策。同时还强调专项资金不搞平均分配，不走扶贫而是要走发展的路子，关键要促发展。北京市委统战部副部长周伯琦、市民委主任申建军参加了汇报会。

（撰稿　沙海涛　　审稿　马中璞）

【北京市民委领导到昌平区调研民族经济】2009年2月25日，北京市民委副主任季文渊、马中璞到昌平区调研民族经济发展情况。昌平区政协主席王振华，常务副主席、区委统战部部长沈玉宝陪同。

（撰稿　沙海涛　　审稿　马中璞）

【北京市委、市政府召开全市少数民族乡村经济工作会】　2009 年 3 月 30 日，北京市少数民族乡村经济工作会议在北京会议中心召开。北京市人大、市政协民族宗教专委会的有关领导，北京市委统战部、市民委、市农委、市科委、市交通委、市财政局、市水务局、市统计局、市银监局、市金融局的部门主管领导，12 个有少数民族乡村的区县主管民族工作的区县长、统战部部长以及民委（民宗办）、农委、财政局等相关部门的负责人，全市 5 个民族乡、49 个有少数民族村的乡镇领导以及 117 个少数民族村的支部书记参加了会议。国家民委经济发展司副司长张志刚应邀出席了会议。以市委、市政府名义召开全市民族乡村经济工作会，在北京市尚属首次，充分体现了北京市委、市政府对民族乡村经济发展的重视和关心。

（撰稿　沙海涛　　审稿　马中璞）

【北京市民委与市金融局、市银监局专题研究少数民族乡村经济发展贷款事宜】　2009 年 4 月 16 日，北京市民委与市金融局、市银监局及相关银行在大兴区礼贤镇政府，就充分利用金融资金加快少数民族乡村经济发展问题进行了专题研究。相关部门在研究讨论的基础上，提出以礼贤镇 4 个民族村肉牛养殖合作社贷款项目为试点，探索财政资金与金融资金捆绑使用的新机制。

（撰稿　沙海涛　　审稿　马中璞）

【北京市民委组织召开民族村产业发展规划专家评审会】　2009 年 5 月 8 日，北京市民委在北京会议中心召开了民族村产业发展规划专家评审会。2009 年，在北京市科委专项资金的支持下，北京市民委委托农业部规划设计研究院、北京市农林科学院等科研部门帮助 11 个民族村制定了产业发展规划。为确保规划编制的科学性、可行性和产业定位的准确性，北京市民委组织蔬菜研究中心、农业局畜牧处、旅游局规划统计处等种植、养殖和民俗旅游业的专家对规划进行了评审，提出了具体的要求和修改意见。

（撰稿　沙海涛　　审稿　马中璞）

【北京市民委、市水务局考察密云县民族村水务建设情况】　2009 年 5 月 21 日，北京市民委和市水务局联合对密云县北穆家峪村、河南寨村和陈各庄村 3 个民族村的河道治理情况进行了实地考察。北京市水务局表示，市县水务部门将继续加大对民族村水务建设的投入力度，按照村庄建设整体规划，优先支持和促进民族村在安全饮水、农业灌溉和防汛防洪等方面建设。

（撰稿　沙海涛　　审稿　马中璞）

【北京市民委领导到通州区和房山区考察民族经济发展情况】　2009 年 7 月 3 日，北京市民委副主任马中璞到通州区考察于家务回族乡南瓜园设施农业和北京如意食品公司新厂区建设项目实施情况，他鼓励企业要树立信心，积极应对当前的困难，化困难为机遇，积极拓宽融资渠道，争取相关部门的支持，争取早日摆脱困境。7 月 8 日，马中璞到房山区东石羊村了解果品花卉大棚建设情况，并提出要通过产业建设，带动农民增收就业，促进民族村经济快速发展。

（撰稿　沙海涛　　审稿　马中璞）

【北京市民委积极促进民族村肉鸡养殖产业加快发展】　近年来，北京市延庆县民族村肉鸡养殖产业发展迅速，5 个民族村陆续建起了 150 多个肉鸡养殖大棚，对当地民族村的经济发展起到了较大的推动作用。为保证民族村肉鸡养殖产业的顺利发展，通过北京市民委协调，北京大发集团董事长尹彦勋表示，将给予延庆县民族村肉鸡养殖户特殊关照，并从延庆县开始，加大对民族村肉鸡养殖户的服务力度。

（撰稿　沙海涛　　审稿　马中璞）

【北京市人大常委会主任杜德印视察大兴区民族村建设情况】 2009年10月16日，北京市人大常委会主任杜德印及部分市人大常委、人大代表视察了大兴区民族村经济和社会建设情况，实地考察了榆垡镇崔指挥营村盛源奶牛场，听取了村党支部书记张子荣关于全村经济社会发展情况的汇报，并察看了挤奶平台、青贮池等场所。

（撰稿　沙海涛　　审稿　马中璞）

【北京市人大民宗侨委调研密云县民族乡村经济发展工作】 2009年11月3日，北京市人大民宗侨委主任席文启前往密云县调研民族乡村经济发展工作。席文启一行在实地考察了太师屯镇太师庄村设施蔬菜种植情况，听取了县民委、太师屯镇政府和太师庄村经济发展情况的汇报后表示，希望有关部门进一步总结经验，加快少数民族乡村经济发展步伐。北京市民委副主任马中璞、纪检组组长武玉民陪同调研。

（撰稿　沙海涛　　审稿　马中璞）

【北京市少数民族乡村经济发展首次超过全市平均水平】 据北京市农村合作经济经营管理站统计，2009年，北京市117个少数民族乡村经济发展首次超过全市平均水平。2009年，北京市少数民族村农民人均劳动所得为11 192.2元，比全市平均水平10 953.6元高238.6元；北京市少数民族村较上年10 006元增长11.9%。

（撰稿　沙海涛　　审稿　马中璞）

【北京市人大开展少数民族乡村经济发展情况调研】 2009年，北京市人大民宗侨委开展了为期3个月的少数民族乡村经济发展情况调研，共深入7个区县、3个民族乡、10余个民族村了解掌握第一手资料。此次调研的目的，是通过对民族乡村经济发展情况进行调查研究，促进市政府相关部门、有关区县乡镇更好地贯彻落实全市民族乡村经济工作会议精神，促进少数民族乡村经济工作取得实效。调研的重点是市政府相关部门、有关区县和乡镇政府。调研的方式是在召开座谈会的基础上，组织常委会部分委员、民宗侨委委员、少数民族人大代表到重点区县进行调研，并实地考察民族乡村经济发展情况。通过调研，北京市人大提出了优先培养民族乡村经济工作人才、整合各部门帮扶资金形成合力、制定民族乡村经济发展相关政策、推进农民专业合作经济组织发展等方面的意见和建议。

（撰稿　沙海涛　　审稿　马中璞）

【北京市民委、市科委联合组织全市民族乡村设施蔬菜种植骨干培训交流会】 为进一步提高民族乡村技术骨干在设施蔬菜种植方面的技术水平，2009年10月23日，北京市民委与市科委联合组织了全市民族乡村设施蔬菜种植骨干培训交流会，大兴、怀柔、密云、通州等6个区县的50多名民族乡村技术骨干参加了培训。此次培训，既有现场观摩，又有专家讲课和现场提问交流，形式灵活、针对性强，现场互动气氛浓厚，获得了民族乡村技术骨干的好评。

（撰稿　沙海涛　　审稿　马中璞）

【北京市民委、市农委联合举办全市少数民族乡村技术骨干培训班】 2009年11月6日，由北京市民委和市农委联合举办、北京农学院承办的为期3天的“北京市少数民族乡村技术骨干培训班”在北京农学院科技交流中心圆满结束。全市正在从事肉牛和奶牛养殖、食用菌和设施蔬菜种植及民俗旅游等产业的200多名少数民族乡村技术骨干参加了培训。北京市民委副主任马中璞、北京市农委委员王建中和北京农学院副院长郑一淳参加了开训动员。

（撰稿　沙海涛　　审稿　马中璞）

【北京市民委、市畜牧兽医总站考察大兴区民族村奶牛养殖小区建设情况】 2009年11月24日，北京市民委和市畜牧兽医总站对大兴区榆垡镇崔指挥营村奶牛养殖小区建设情况进行了实地考察，指导当地业务主管部门帮助该奶牛养殖小区做好谱系登记，为今后奶牛良种引进和养殖规模扩大做好基础性工作；计划在该村设立田间学校，加大技术培训力度，提高奶农的养殖技术和管理水平。

（撰稿　沙海涛　　审稿　马中璞）

【天津市民委积极协助回族乡发展特色经济】 为进一步加快天津市民族乡的经济发展，2009年9月3—8日，市民委民族一处与东丽区么六桥回族乡就立足服务滨海新区开发开放，充分利用回族乡的地位优势和民族特色，对筹建集清真餐饮、回族文化及穆斯林用品为一体的回族风情街项目，到甘肃和宁夏学习考察。东丽区商务委、国税局相关负责人参加了考察活动。

（撰稿　郭庆　　审稿　马竞　从秀荣）

【天津市蓟县孙各庄满族乡天台山路竣工通车】 2009年11月，位于天津市蓟县孙各庄满族乡境内的天台山路竣工通车。孙各庄满族乡坐落在蓟县东北部山区，是天津唯一的少数民族满族乡。以前通往该乡的一条不足4米宽的乡村路，破损严重，直接阻碍和影响了该乡经济社会发展和群众生产生活。在市、县领导和有关部门的重视下，一条投资2 500万元，基宽12米、油面宽9米、全长5.76公里的天台山路竣工通车。天台山路的通车不但解决了满族乡7 000多名满、汉群众生产、生活难点，同时也为该乡新农村建设、旅游业发展和招商引资奠定了良好的基础。这条路的修通，也极大地方便了沿线10个村庄5 000多名山区居民的出行，同时为孙各庄乡发展旅游相关产业带来了良好的机遇。

（撰稿　刘飞　　审稿　马竞　从秀荣）

【天津市孙各庄满族乡促进特色旅游可持续发展】 孙各庄满族乡党委、政府认真开展深入学习实践科学发展观活动，实现快速、协调、可持续发展，立足长远，用发展的眼光选准突破点。为促进特色旅游业发展，提高该乡的社会知名度，提升旅游文化品位，以庆祝新中国成立60周年华诞为契机，以孙各庄满族乡自然风光、满族风情为内容，展示该乡经济和社会发展成就，投资10万元，与蓟县摄影家协会联合举办了“今日满族乡摄影”大赛，征集作品300余幅，取得了圆满成功，让更多的朋友认识了孙各庄满族乡，喜爱上了满族乡，同时乡党委、政府因势利导，加强宣传引导，激发了人民群众发展特色旅游的热情。2009年，该乡新建精品采摘园40处，新建篱笆墙2 000米，新建星级农家院28家，新增床位400张，全年接待游客近2万人次，旅游综合收入突破500万元，成为农民增收新的闪光点，也为满族乡特色旅游业的发展奠定了坚实基础。

（撰稿　刘飞　　审稿　马竞　从秀荣）

【天津市么六桥回族乡城市化建设进一步加快】 2009年，么六桥回族乡坚持以科学发展观统领经济社会发展全局，面对国际金融危机的不利影响，调动一切积极因素，团结和带领全乡各族人民，真抓实干，务实创新，克难奋进，加快推进城市化建设。一是镇区配套进一步完善。投资5 000万元，建成了面积2 600平方米的热力站，新增供热管线4 000米，铺设路面2 260平方米，可供热面积40万平方米，解决了镇区多年来临时供暖的问题。二是还迁房建设进展顺利。总投资22.5亿元，建筑面积47.55万平方米的空客还迁房和经营性用房（含大东庄经营性用房），在与建设部门的积极协调配合下进展顺利。三是商品房项目开发建设稳步推进。占地30亩，建设总面积45 265平方米的瑜芳园项目，2009年已建成4万平方米。目前，整个镇区建设已完成25万平方米，其中还迁房11万平方米、商品房14万平方米。已有2 262余户、7 600余人迁入配套设施齐全的新居。

（撰稿　刘飞　　审稿　马竞　从秀荣）

【辽宁省民委继续推进少数民族新农村建设示范行动】　2009年，辽宁省对全省21个少数民族示范村投入300多万元资金，扶持发展特色产业、改善环境、建设文化活动广场等项目，帮助解决少数民族最关心、最迫切的民生困难和问题，使示范村建设取得明显成效。投入专项资金200万元，选择满族、蒙古族、朝鲜族特色鲜明的3个民族村为试点，实施少数民族特色村寨保护与建设试点工程，以保护和恢复民族特色民居、弘扬和发展民族传统文化为重点，结合旅游开发，带动民族乡、村经济发展，推动了少数民族新农村建设。

（撰稿　李珂　　审稿　赵佐贤）

【江苏省民委召开民族乡村社会主义新农村建设现场会】　6月24—26日，江苏省民委在丰县北关村召开全省民族乡村社会主义新农村建设工作现场会。来自全省13个省辖市民宗局分管局长、民族处长以及2个民族乡镇、35个民族村负责人参加了会议。会议邀请国家民委经济司和省财政厅有关领导作了专题辅导讲座，菱塘回族乡、丰县北关村等10个民族乡村负责人作了新农村建设工作典型发言，其他民族村作了书面交流发言。省民委副主任王在郑到会讲话并代表省民委为5个获得“民族团结和谐小康村”、6个获得“民族产业发展基地”、2个获得“民族特色村”称号的民族乡村颁发铜牌。与会代表还现场考察了丰县北关村社会主义新农村建设成就和部分经济、民生项目。

（撰稿　刘克元　　审稿　王在郑）

【安徽省民族乡、村人均纯收入首次超过全省平均水平】　2009年，安徽省9个民族乡农民人均纯收入由2004年低于全省平均水平252元增长到2009年高于全省347元，135个民族村农民人均纯收入由2004年低于全省平均水平374元增长到2009年高于全省27元，全省民族乡、村农民人均纯收入总体上首次超过全省平均水平，实现了历史性的突破。

（撰稿　刘炜　　审稿　白和平）

【福建省政府召开专题会议研究扶持民族乡村加快发展问题】　2009年8月7日，福建省人民政府召开专题会议，研究扶持民族乡村加快发展问题。会议决定：一是将人均收入3 000元以下的70多个民族村，分两批列入省级扶贫工作重点村，每批30多个，由省直有关单位挂钩帮扶，下派干部，实施整村推进。二是在农村路网建设中，对福建省人口200人以上的700多个较大少数民族自然村加大倾斜扶持力度，对有条件的较大少数民族自然村公路建设项目给予优先安排。三是少数民族地区农村饮水安全建设，少数民族村优先安排，其补助标准参照全国中部地区的标准，并提前在2012年完成民族村饮水安全建设任务。四是在安排“造福工程”指标时对少数民族群众搬迁予以倾斜照顾。少数民族搬迁人口在享受“造福工程”统一补助标准的基础上，将增加补助部分的标准从现行每人300元提高到600元。

（撰稿　央金拉姆　　审稿　蓝国秋）

【福建省批准设立福鼎市佳阳畲族乡】　2009年1月5日，经福建省政府批准，设立福鼎市佳阳畲族乡，为福建省第19个民族乡。佳阳乡有少数民族人口8 500多人，占全乡总人口的40.5%，其中畲族人口7 500多人，占35.7%。2月26日，佳阳畲族乡举行挂牌仪式，福建省副省长洪捷序、省政协副主席叶家松分别发了贺信，福建省人民政府副秘书长罗健、省民族宗教厅厅长王聚仁、巡视员雷斌和宁德市副市长陈兴生等出席挂牌仪式。

（撰稿　蓝宗明　　审稿　蓝国秋）

【河南省民族区乡镇整体经济实力保持增长】2009年，河南省3个城市回族区、21个回族乡（镇）面对国际金融危机的影响迎难而上，面对危机抢抓机遇，坚持经济发展为主线，“战危机、保增长”，逆势中加快区域经济稳步发展。郑州市管城回族区完成地区生产总值157.37亿元，同比增长14.1%；全社会固定资产投资完成

115.1亿元，同比增长47.8%；社会消费品零售总额完成140.4亿元，同比增长19%。开封市顺河回族区完成生产总值50.07亿元，规模以上工业增加值完成3.4亿元，同比增长13.2%；社会消费品零售总额完成28.7亿元，同比增长18.9%；全社会固定资产投资完成11.75亿元，同比增长53.1%。洛阳市瀍河回族区完成地区生产总值41.46亿元，规模以上工业增加值完成5.15亿元，同比增长15.5%；全社会固定资产投资完成27.49亿元，同比增长57.1%。3个城市回族区2009年本级财政收入8.02亿元，增长5.67%。

2009年，21个回族乡（镇）农林牧渔业总产值完成16.4亿元，比上年增长3.9%；乡镇企业总产值实现151.22亿元，比上年增长5%，其中工业企业产值增长6.06%，乡镇企业净利润总额增长12.22%；地方财政收入1.98亿元，比上年增长3.81%；农民人均纯收入达到4 960.66元，增长9.26%。

（撰稿　刘宾　　审稿　金艳华）

【河南省民族聚居村生产生活条件改善】　2009年，河南省直部门和地方党委、政府加大对民族聚居地方的扶持力度，重点加强民族聚居村村内道路、安全饮水、农田水利、清洁能源等基础设施建设，进行项目和资金倾斜。对符合条件的项目优先立项、优先审批。河南省民族事务委员会集中投入少数民族发展资金，解决民族聚居村群众生产生活实际困难。河南省直有关部门向民族聚居地方投入项目资金合计达到1.05亿元，修建乡村道路450公里，兴修农田水利工程210多处，解决了5万多人饮水问题以及5 500多亩农田灌溉问题。全省863个民族聚居村全部实现通水泥（油）路，21个回族乡（镇）均建成乡级客运站。选取2个回族聚居村开展少数民族特色村寨保护与发展试点工作，帮助试点回族聚居村编制试点规划、启动建设项目，着力发展民族生态旅游和特色养殖业，起到了良好的示范引导作用。2010年2月，河南省旅游局启动"百村万户"旅游富民工程，3个民族聚居村"有名气、有特色、有依托、有基础"，被列为省级旅游特色村作重点扶持。

（撰稿　刘宾　　审稿　金艳华）

【河南省民委培训少数民族农民工促进就业】　河南省民族事务委员会建立了省级少数民族实用技术培训基地，广泛开展少数民族实用技能培训。2009年3月开始，河南省民族事务委员会在全省组织开展"百期万人"少数民族农民工培训活动，免费开展少数民族企业、民族特需商品生产企业与少数民族返乡农民工的"用工就业"对接培训、定向培训，努力稳定扩大少数民族群众就业，为企业发展搞好人力智力服务。河南省民族事务委员会先后在焦作、周口、商丘3市举办了4期培训班，培训400人，培训后直接推荐在民族企业就业。2009年，河南省各级民族工作部门结合少数民族地域特点、民族传统，开展特色种植业、养殖业、皮毛加工、制革、食品加工、清真烹饪等方面的实用技术培训125期，培训11 000多人。在培训中，还十分重视学员民族团结意识、文化素质、道德素质和法律素质的提高。

（撰稿　刘宾　　审稿　金艳华）

【湖南省24个少数民族聚居县每年10万农民脱贫】　据统计，湖南省24个民族自治县和少数民族人口过半县农村贫困人口为161万，占全省农村贫困人口的29%。为支持民族地区群众脱贫致富，省扶贫办狠抓整村推进扶贫开发、产业化扶贫、农村劳动力素质、基础设施与生态建设4项工作，加大对民族地区的扶贫投入，始终把民族地区作为全省农村扶贫工作主战场。2005—2009年，国家和省财政安排的财政扶贫资金为21.74亿元，而投入到这24个县的财政扶贫资金就达12.16亿元，占总资金的56%。如湘西土家族苗族自治州农村贫困人口只占全省贫困人口的12%，而投入到该州的财政扶贫资金占全省资金总量的30%。近年来，24个民族自治县和少数民族人口过半县每年有10万农村人口实现稳定脱贫。

目前，省扶贫办在24个县共启动各类产业项目5 600多个，建立以农户为主的产业生产基地140万亩，支持农户发展猪、牛、羊大牲畜140万头，扶持扶贫龙头企业100家，直接或间接扶持贫困人口150万，受益农户人均增收近1 000元。

（撰稿　陈春建　　审稿　曹承明）

【广东省民族乡经济发展取得新进展】　2009年，广东7个民族乡经济发展取得新进展。一是各项工作指标均有增长。秤架瑶族乡工农业总产值达13 668万元，增长8.25%；下帅壮族瑶族乡实现社会总产值10 312万元，增长6.85%；蓝田瑶族乡全社会固定资产投资6 050万元，增长31%；瑶安瑶族乡地方财政收入336万元，其中自有收入131万元，增长25%。7个民族乡农民人均纯收入4 000元以上，增长7%。二是发展特色经济。深渡水瑶族乡按照“山上抓林木、山下抓蚕桑、山坡抓果树、河滩抓竹子”的发展思路，重点发展“蚕桑、丛生竹、瑶乡土鸡”三大产业和“灵芝、香菇、木耳、蜂蜜”等特色产业，并积极引导农户成立生产经济组织，培育了一批具有瑶乡特色的农业专业村。蓝田瑶族乡引进资金开发建成电站15个；引进龙门长荣科技有限公司投资8 000万元生产高级花卉及精致农产品；引进瑶族风情园旅游公司发展农家乐特色旅游，实现年收入200多万元。漳溪畲族乡积极打造甘蔗、砂糖橘、板栗、五指毛桃、山鸡养殖等产业基地和黄龙岩畲族风情旅游景区。下帅壮族瑶族乡大力发展蚕桑、八角、速生丰产林以及南药种植，并利用丰富的水力资源，发展中小型水力发电站8个，总装机容量3 000千瓦。三是基础设施建设不断加强。各民族乡都实现了乡通行政村道路硬底化，部分通自然村公路也实现了公路硬底化。进行综合农田整治，缓解灌溉难问题。瑶安瑶族乡开展小流域综合治理工程建设，争取资金1 850万元，修复和新建河堤5 000多米，完成了小流域应急工程80%的工程量。开展农村饮水安全工程建设，减少饮水不安全人口6 000人。

（撰稿　黄春霞　　审稿　温卫平）

【广东省召开全省民族乡工作座谈会】　2009年12月28日，广东省民族乡工作座谈会在阳山县秤架瑶族乡召开。连州市三水瑶族乡和瑶安瑶族乡、阳山县秤架瑶族乡、始兴县深渡水瑶族乡、怀集县下帅壮族瑶族乡、龙门县蓝田瑶族乡、东源县漳溪畲族乡7个民族乡党委书记分别发言，交流民族乡经济社会发展情况，分析发展中存在的问题，探讨民族乡发展的路径，并提出下一年工作的4项要求：一要把握形势、抓住机遇、理清思路、做好规划，加快民族乡经济社会科学发展。二要用好用足民族政策法规，使各项工作落到实处，切实发展民族乡的经济和社会事业，努力改善民族乡的生产生活条件。三要加强对少数民族后备干部队伍的培养，加强民族乡民族干部队伍建设。要有计划、有步骤地选派少数民族领导干部到经济发达地区挂职锻炼和参加各种形式的培训班，开阔视野、提高素质与能力。四要加强自身建设，增强自我发展能力。要从本乡实际出发，充分利用自身的资源特点和优势，解放思想、实事求是，摆脱路径依赖，闯出一条脱贫致富、全面实现小康社会的路子。

（撰稿　黄春霞　　审稿　温卫平）

【重庆市新设4个民族乡】　2009年，重庆市委、市政府高度重视散居少数民族工作，加大了对民族乡经济社会发展的支持，新设立了武隆县文复苗族土家族乡、石桥苗族土家族乡、浩口苗族仡佬族乡和后坪苗族土家族乡。

（撰稿　陈引　　审稿　孔刚）

【四川省甘孜藏族自治州农村基本条件得到极大改善】　2009年，四川省甘孜藏族自治州各级党委、政府高度重视农村基础设施建设，继续加大对农村的投入，农村水、电、路等基础设施建设得到加强，农业生产条件和农牧民生活环境不断改善。自来水受益村达1 442个，和上年相比增长14.81%；通汽车的村达1 912个，和上年相比增长12.74%；通电话村达1 541个，和上年相比增长10.47%。农牧民生产生活基础设施的改变，带动了农村各个行业的发展，同时拓宽了就业渠道，实现了农村富裕劳动力向其他行业的转移，为农民增产、增收提供了有利条件。2009年，乡村农业从业人员496 588人，比上年增长3.60%；乡村从业人员455 319人，比上年增长3.68%，占乡村从业人数的91.69%。其中，从事农业生产的人员较上年减少了0.07个百分点；建筑从业人员6 282人，比上年增长11.15%；批发零售餐饮业从业人数及其他从业人员与上年相比也有不同程度的增加。

（撰稿　刘康容　　审稿　唐伯华）

【四川省藏区牧民定居行动计划2009年实施方案正式启动】　2009年2月19日，四川省藏区牧民定居行动计划暨帐篷新生活行动启动仪式在甘孜藏族自治州康定县塔公乡隆重举行。四川省委、省政府决定2009—2010年计划投资180亿元（其中财政投入50亿元），在充分尊重群众意愿的基础上，通过统一规划、政府支持、牧民自建的方式，加快藏区牧民定居点建设，大力提高藏区10万户48万名未定居和半定居的牧民群众的生产生活水平，实现“家家有固定房、户户有新帐篷、村村有活动中心”，努力建设富裕、文明、和谐的社会主义新牧区。2009年，全省255个牧民定居点已完成建设186个；开工建设定居房22 120户，完工19 967户；开工建设村民活动中心203个，完工128个；开工建设学校23所，已完成10所；建设道路1 446.75公里；10万顶帐篷及篷内配套设施已全部发放到牧民手中，深受广大牧民群众的好评。

（撰稿　刘康容　　审稿　唐伯华）

【四川省召开藏区牧民定居点建设现场会】　为进一步加快牧民定居行动计划实施进程，推进定居点规划设计对口支援工作，7月12—13日，四川省在阿坝藏族羌族自治州召开了推进藏区牧民定居点建设现场会。会议指出，牧民定居行动计划是藏区经济社会发展、提高藏区群众物质文化生活的重大基础性、战略性、根本性的任务，必须全力高效推进，确保完成建设任务。一要优化规划设计，坚持“三靠”原则选址，适度扩大定居点规模，提高抗震设防标准，外观色彩要亮丽，内部功能要合理，既体现民族特色又具有现代气息。二要健全建设机制，采取设立担保公司等方式解决建房贷款问题，积极探索代建制，搞好示范引导。三要同步推进定居点村民活动中心、教育、文化、卫生和市政等配套设施建设，提高公共服务水平。四要结合定居点建设，选好配强村“两委”班子，建强基层政权组织。五要强化组织领导，藏区各级党政“一把手”要负总责、亲自抓，对口支援市要加强施工指导和工程监理，确保工程进度和质量。藏区牧民定居行动计划进展顺利，牧民定居点建设取得初步成效。2009年，计划建设293个定居点，实现2.2万户共10万人定居。截至6月底，已开工建设219个定居点，占建设任务总量的75%。其中，甘孜藏族自治州已开工建设116个定居点，占63%，开工建设定居房5 458户，开工率45%；阿坝藏族羌族自治州已开工建设103个定居点，占100%，开工建设定居房9 871户，开工率达98.71%，竣工2 134户，竣工率达21.34%。

（撰稿　刘康容　　审稿　唐伯华）

【云南省民委开展扶持散居民族地区发展试点】云南省民委在指导有关州市开展扶持散居民族发展的调研和规划基础上，为进一步推动工作进展，结合民族团结示范村建设，在昭通、曲靖、玉溪等市的民族乡和少数民族人口聚居村开展试点，积累经验，探索规律，营造舆论，扩大影响。同时，进一步加大对彝族僰人支系、瑶族山瑶支系等特殊困难群体的扶持发展力度。

（撰稿　李红燕　　审稿　徐畅江）

【新疆生产建设兵团举办少数民族残疾人就业培训工作】 2009年5月6日—5月15日，新疆生产建设兵团残疾人职业培训中心在农三师图木舒克市举办了两期创业培训班，共培训50名少数民族残疾学员。参加培训的学员来自农三师各团场，采取教师面授与实际操作相结合的教学方法，教材采用维吾尔、汉两种文字，以维吾尔语为主进行授课。学员们通过创业培训，经兵团劳动局职业技能鉴定中心考核，全部取得了相应等级的技术证书。

（撰稿 刘海新 审稿 热合曼·克日木）

对口支援

【黑龙江省民委做好帮建工作】 继黑龙江省民委连续帮建鸡东县明德朝鲜族乡红火村新农村建设3年之后，黑龙江省民委在省政府统一部署下，2009年继续帮建杜尔伯特蒙古族自治县巴彦查干乡王府新村新农村建设。为使这一工作取得实实在在的成效，省民委召开专门会议，成立帮建领导小组，深入到实地考察，细化工作流程，制定帮建方案，以加强王府新村基础设施建设、增加王府新村发展后劲、美化环境为思路，落实项目，加大扶持力度。根据省委的资金实际状况，2009年共为杜尔伯特蒙古族自治县安排项目13个，资金340万元，其中为王府新村建设3公里水泥巷道安排资金40万元（水泥路总投资105万元，县交通局安排60万元）。同时为解决燃油紧张问题，协调县里为王府新村安排价值1.5万元的柴油。经过一年的帮建，王府新村生态环境得到优化，可持续发展能力增强，小城镇配套建设进一步发展，群众生产生活条件得到改善，农民收入增加，产业结构得到进一步调整和优化。据初步统计，王府新村通过政策争取、帮建扶持、项目支持、乡村自筹等方式，多方筹措资金640.6万元，完成项目9个，在建项目1个，在绿化、堵“西北风口”、重新修建砖院墙、修建水泥巷道、安装自来水净化设施、建设秸秆固化基地、打中深井、维修畜牧综合服务中心、筹建大鹅养殖专业合作社、开辟水稻大中秧育棚、建设民俗博物馆方面都取得了重大发展，经济得到了全面提升。

（撰稿 刘烈军 审稿 包玉明）

【上海市不断加大对口支援的工作力度】 按照党中央、国务院的统一部署，上海对口支援云南文山、红河、思茅、迪庆，西藏日喀则，新疆阿克苏，重庆万州五桥，湖北宜昌夷陵等8个地区。对口支援工作坚持“动真情、办实事、求实效”的方针，着眼于促进对口支援地区增强自我发展能力，扩大帮扶主体，拓展合作领域，完善工作机制，加大支持力度，重点帮助改善对口支援地区贫困人口的基本生活、基本生产、基本教育和基本医疗条件。从1995年上海开展援藏工作以来至2009年底，共投入无偿援助资金12.93亿元，援助各类项目819个，共选派5批249名援藏干部赴日喀则地区工作。在对口支援新疆阿克苏工作中，上海18个区县全部投入对口帮扶阿克苏，加强派出干部力度，从机制上、组织上予以保证。按照中央要求，继续深入开展对口帮扶云南省德昂族工作。2009年，共投入631.5万元，在临沧市（4个村）、德宏傣族景颇族自治州（13个村）、保山市（1个村）开展扶持18个德昂族聚居自然村整村推进等项目，重点解决群众的基本生活、基本生产、基本教育、基本医疗问题，共计102个项目。

（撰稿　张丽萍　　审稿　李伟民）

【安徽省建立对口扶持民族乡村工作制度】 2009年2月24日，安徽省民族宗教工作领导小组暨省民委委员会议召开。会议根据省民委的建议，修改完善了省民族宗教工作领导小组成员单位和省民委委员单位职责，首次建立了省民委委员单位对口扶持民族乡村工作制度。23个省民委委员单位承担了全省9个民族乡和65%的民族村的扶持任务。会后，以省政府办公厅名义印发了对口扶持工作方案。

（撰稿　刘炜　　审稿　白和平）

【福建省积极做好挂钩帮扶民族乡工作】 2009年，福建省民族工作协调委员会各成员单位和有关沿海发达县市区共投入帮扶资金1 285多万元支持19个民族乡经济社会发展，其中省直成员单位投入帮扶资金727万元，沿海发达县投入帮扶资金558万元，帮助各民族乡建设了一大批基础设施、经济发展和社会事业项目，使民族乡面貌发生了新的变化。福建省民族宗教厅组织拍摄了专题片《青水乡的变迁》，在福建电视台播出，宣传挂钩帮扶成效，推动挂钩帮扶民族乡工作向纵深发展。

（撰稿　央金拉姆　　审稿　蓝国秋）

【福建省确定省环保厅和闽侯县挂钩帮扶福鼎市佳阳畲族乡】 2009年5月10日，福建省委办公厅、福建省人民政府办公厅确定由福建省环保厅和福州市闽侯县挂钩帮扶新批准设立的福鼎市佳阳畲族乡。福建省环保厅从2009年起，连续3年，每年安排佳阳畲族乡一个项目，扶持资金30万元；扶持两个民族村，每村安排15万元。闽侯县2009年安排38万元，支持该乡卫生院建设。

（撰稿　央金拉姆　　审稿　蓝国秋）

【山东省对口帮扶工作取得显著成效】 2009年，山东省民族事务协调委员会（以下简称“民协委”）在上年对口帮扶德州禹城市十里望回族乡和菏泽曹县侯集回族镇的基础上，进一步加大帮扶力度，取得显著成效。一年来，省政府办公厅积极协调、督办、联络对口帮扶工作，3月初，印发了《关于对重点帮扶民族乡镇项目资金落实情况进行督查的通知》。9月3日，省政府办公厅副巡视员傅卿德还专门召集省民委、德州禹城市和菏泽曹县及十里望回族乡、侯集回族镇负责人，听取了帮扶进展情况，专题研究了下半年帮扶工作。据不完全统计，2009年，山东省省直部门投入对口帮扶资金1 400多万元，目前1 049万元已经到位，其中省民委筹措少数民族发展资金100万元、省水利厅引水安全项目资金6万元、省教育厅帮扶资金60万元、省交通厅帮扶公路建设资金285万元、省民政厅帮扶福利院建设资金20万元、省发改委扶持项目资金80万元、省农业厅扶持农民培训资金8万元、省计生委帮扶计划服务项目资金20万元、省环保厅垃圾处理项目100万元、省黄金集团帮扶民族小学建设资金100万元、省商业集团总公司30万元、省国土资源厅地热井项目240万元，并为两个民族乡镇批准用地指标550亩。两个民族乡镇投入配套资金500多万元。以上资金的投入，有效地推动了两个民族乡镇经济和社会事业的全面发展。

（撰稿　米杨　　审稿　马辉）

【湖北省深入实施“1+1”对口帮扶工程现场会在宜昌召开】 2009年12月28—29日，湖北省民族乡镇“1+1”对口帮扶工作现场会暨省民宗委委员单位联络员会议在宜昌召开。来自省直12个帮扶单位联络员和有关市、州、直管市、神农架林区及县（市）民宗委（局）、民族乡（镇、村）有关负责同志参加了此次会议。会议传达了中央和省领导同志关于“616”对口支援工程的重要批示，重点学习了27日在湖北省深入实施“616”对口支援工程工作会议上罗清泉书记、李鸿忠省长、国家民委杨传堂书记的讲话精神，12个省直对口帮扶单位联络员，部分市（州）县和部分民族乡镇的16位同志分别介绍了实施“1+1”对口帮扶工程的情况，相互衔接了2010年对口帮扶项目。并先后组织参观了省民宗委的新农村建设联系点五峰土家族自治县长乐坪镇白岩坪村、宜昌市点军区车溪土家族村和宜都市潘家湾土家族乡“1+1”对口帮扶重点项目等宜昌市所辖的3个县（市区）的7个点。据不完全统计，2009年落实帮扶项目42个，帮扶资金4 259万元，累计帮扶资金达到7 161万元。

（撰稿　潘高峰　李智　　审稿　唐启明）

【湖北省“616”对口支援工程工作经验在全国民族地区经济形势分析会上交流】　2009年12月15日，在全国民族地区经济形势分析暨“十二五”规划前期研究座谈会上，湖北省民宗委纪检组长吴国璋就“创新‘616’对口支援工程工作模式 努力促进民族地区经济社会又好又快发展”作了交流发言。吴国璋的发言在座谈会上引起了强烈反响，得到了与会人员的一致好评。在座谈会上，国家民委副主任杨健强对湖北省“616”对口支援工程工作取得的成绩给予了充分肯定。

（撰稿　周巍　　审稿　唐启明）

【湖北省召开深入实施“616”对口支援工程工作会议】　2009年12月27日，湖北省深入实施“616”对口支援工程工作会议在武汉召开。国家民委党组书记杨传堂和中央统战部及国家民委相关司局负责人应邀出席了会议，湖北省省委书记罗清泉、省长李鸿忠等9名省委、省人大、省政府、省政协的领导出席了会议；“616”对口支援单位主要负责人，恩施土家族苗族自治州、宜昌市及民族地区10县（市）党委或政府主要负责人和民宗部门的主要负责人，省直10个牵头部门的联络员，有关各新闻媒体和省民宗委机关干部职工等200余人参加了会议。会议由省委书记罗清泉主持，会议的主要任务是：传达贯彻落实中央领导同志对全省实施“616”对口支援工程工作的重要批示精神，总结实施“616”工程工作的经验，深入推进“616”对口支援工程工作向前发展。省“616”对口支援工程工作领导小组办公室主任谭徽在、恩施土家族苗族自治州州委书记肖旭明、宜昌市市长李乐成、省财政厅厅长王文童分别从不同侧面交流了实施“616”对口支援工程工作的做法和经验。国家民委党组书记杨传堂、省委书记罗清泉、省长李鸿忠分别作了重要讲话。

（撰稿　董文学　　审稿　唐启明）

【湖北省“616”工程省直牵头部门联络员座谈会在恩施土家族苗族自治州召开】　2009年7月19日，湖北省“616”工程省直牵头部门联络员座谈会在恩施土家族苗族自治州召开。会议旨在交流近年来实施“616”对口支援民族县市的经验，研究部署下一步工作。湖北省民宗委主任谭徽在、省扶贫办副主任林全华出席了会议，省直10个牵头单位的联络员参加了会议。与会代表参观了宣恩县、恩施市和建始县实施“616”对口支援工程的项目建设情况，对实施项目的进展情况给予了充分肯定，要求受援县市要在如何深化认识、如何进一步完善机制、如何扩展思路、如何扩大成果四方面积极思考，充分利用“616”对口支援的机遇，加快经济社会发展步伐。

（撰稿　张声勇　　审稿　唐启明）

【湖北省恩施土家族苗族自治州“616”工程最大受援项目——利川齐岳山风电场一期工程正式开工】　2009年7月29日，湖北省恩施土家族苗族自治州利川齐岳山风电场一期工程正式开工。这标志着利川风电开发进入实质性阶段，恩施土家族苗族自治州清洁能源开发迈出了重要一步，也标志着恩施土家族苗族自治州近年来通过省委、省政府“616”对口支援工程获得的最大支援项目全面实施。齐岳山风电场被列为全国十大风电场之一，是湖北最大的风电场，海拔高度1 580～1 750米。利川齐岳山风电场分3期开发，总装机容量为150兆瓦。一期工程装机49.3兆瓦，装设850千瓦风力发电机组58台，工程总投资56 141.52万元，2010年7月实现首台机组发电，12月一期工程全部建成并网发电。齐岳山风电项目是国家重点鼓励发展的产业项目，是政府扶持的可再生清洁能源项目。一期工程建成后，年平均上网电量约8 696.9万千瓦时，每年可为国家节约标准煤3.5万吨，同时可以减少二氧化硫排放量460吨。

（撰稿　李维亚　　审稿　唐启明）

【湖北省巴东县与北京市签订2009年对口支援项目建设协议】　2009年4月18日，北京市对口支援巴东移民工作座谈会暨项目签约仪式隆重举行。会议确定，2009年，北京市对巴东项目建设的资金支持为1 920万元，涉及民生、新农村建设及人才培训3个方面。其中，投资1 650万元支持县人民医院的住院部大楼搬迁；投资100万元建农村户用沼气池1 000口；投资50万元继续进行新农村试点建设；投资120万元，对返乡农民工进行技能培训。10多年来，首都人民始终心系库区，情系巴东。截至2008年底，累计支援巴东的资金及物资折款达2.14亿元，有力地支持了巴东移民搬迁和库区发展。

（撰稿　陈任　　审稿　唐启明）

【湖北省恩施土家族苗族自治州政府与省农行签订战略合作协议】　2009年5月11日，湖北省恩施土家族苗族自治州副州长赵川代表州人民政府与中国农业银行湖北省分行行长助理章跃进在州府签署战略合作备忘录，协议总额达100亿元。未来3年，农行湖北省分行将向该州提供不少于100亿元的意向性信用额度，全力支持重点行业、特色产业、重大项目建设，促进恩施民族经济社会又好又快发展。农行恩施分行行长吴博文与恩施市、利川市、建始县政府有关负责人，农行恩施分行行长助理张毅与恩施市硒都国有资产经营有限责任公司、清江水布垭旅游开发有限责任公司、建始国有资产经营公司、来凤易达生物有限公司签订了合作协议。

（撰稿　张声勇　　审稿　唐启明）

【“股份制银行走进恩施”座谈会暨签字仪式在湖北省恩施市举行】　2009年9月21—22日，由中国人民银行武汉分行发起，湖北省民宗委积极响应，恩施市人民政府承办的“股份制银行走进恩施”座谈会暨签字仪式在恩施市举行。来自交通银行湖北分行、招商银行武汉分行、光大银行武汉分行、民生银行武汉分行、华夏银行武汉分行、中信银行武汉分行、兴业银行武汉分行、浦发银行武汉分行、广发银行武汉分行、汉口银行10家股份制银行负责人参加了座谈会并分别与恩施市人民政府签订了战略合作协议。“股份制银行走进恩施”活动，是中国人民银行武汉分行为落实省委、省政府“616”工程战略部署，加强金融支持恩施经济发展推出的新举措。

（撰稿　李维亚　　审稿　唐启明）

其　他

【北京市少数民族经济发展专项资金又翻一番】2002 年起，北京市政府每年设立 1 000 万元少数民族经济发展专项资金，用于促进少数民族经济发展，其中民族乡村经济发展扶持资金 600 万元，清真饮副食网点及民族特需商品定点生产企业发展扶持资金 400 万元。“十一五”期间，北京市政府加大了资金扶持力度，将专项资金翻了一番，确定为每年2 000万元。2009 年，北京市政府进一步加大对少数民族经济的支持力度，决定“十一五”最后两年，专项资金再翻一番，达到每年4 000万元。其中，2 400万元用于扶持民族乡村经济发展，1 600 万元用于扶持清真饮副食网点建设及民族特需商品定点生产企业发展。专项资金的设立及逐步增加，既是民族政策的体现，同时对于促进全市民族经济的快速发展起到了非常重要的作用。

（撰稿　沙海涛　　审稿　马中璞）

【山西省民委科学选项管好用好少数民族发展资金】　2009 年，国家民委拨付山西省少数民族发展资金 300 万元，其中少数民族特色村寨保护与发展资金 100 万元。同时，山西省财政设立少数民族发展资金 100 万元。年初，山西省民委向各市下达《关于申报少数民族发展资金扶持项目的通知》，要求各市根据当地少数民族的实际情况，严格按照《少数民族发展资金管理办法》申报项目，坚持“科学选项，择优扶持”的原则，重点考虑少数民族贫困村的基础设施建设和能脱贫致富的可持续发展项目。对各市上报的少数民族扶持项目进行了实地考察，调研核实，并在考察的基础上，经局（委）党组会议认真讨论后会同财政厅确定。在此项工作中，纪检监察部门提前介入，参与调研讨论，参与项目分配方案的研究，并采取定期或不定期检查的方式，对资金使用情况进行全程监管，跟踪问效。400 万发展资金共对全省 11 个市 42 个项目进行了扶持，其中基础设施类项目 11 个、生产发展类项目 21 个、培训类项目 4 个、其他社会事业类项目 6 个，重点用于解决少数民族聚居村吃水、修路等基础设施建设和发展种植业、养殖业，改善了山西省少数民族的生产、生活条件，有力地促进了少数民族经济和社会事业的发展。2009 年，山西省少数民族特色村寨项目以支持民居保护和改造、特色产业培育、民族团结进步活动创建为主要内容，经局（委）党组研究，确定翼城县北关村、盂县东白水村、平陆县爻里村、壶关县东黄野池村 4 个村为少数民族特色村寨保护与发展试点。

（撰稿　解全东　　审稿　白源）

【内蒙古自治区包头市民委兼职委员单位为少数民族群众办实事】　2009 年，内蒙古自治区包头市民委 33 家兼职委员单位为少数民族群众办好事实事共 59 项，惠及少数民族经济社会各项事业。其中，市国土资源局计划在 12 个少数民族聚居村安排“土地整理”项目；市科技局计划为 10 个少数民族聚居村推广引进科技项目各一个；市教育局计划实施民族教育发展工程，改扩建全市 12 所民族中小学；市水务局在安排解决农村牧区 3 万人的饮水安全工程时，优先重点考虑少数民族聚居村，并计划为蒙中、蒙小提供健康饮用水，其他兼职委员单位也结合工作实际制定了办好事实事活动计划。

（撰稿　李日树　　审稿　常威）

【内蒙古自治区呼伦贝尔市民委大力优化经济发展环境受到好评】　2009年，呼伦贝尔市召开民主评议经济发展环境公开测评结果通报会，呼伦贝尔市民委坚持以推进经济发展为主线，努力推动少数民族和少数民族聚居地区经济社会发展，在全市29个受评议的政府职能部门中位列第六，在包括垂管执法单位、公共服务行业在内的56个部门和单位综合测评中排名第八。

（撰稿　李日树　　审稿　常威）

【内蒙古自治区鄂尔多斯市民委系统加大对少数民族事业的投入】　2009年，鄂尔多斯市民委系统安排少数民族发展资金共1 883万元，其中市直400万元、伊金霍洛旗50万元、鄂托克旗240万元、乌审旗198万元、鄂托克前旗50万元、杭锦旗30万元、准格尔旗200万元、东胜区190万元、达拉特旗25万元，比2008年增加922万元。发展资金主要用于少数民族困难农牧民和下岗人员生产生活条件的改善、科技适用技术项目的推广应用、劳动力转移培训等特殊需要。

（撰稿　李日树　　审稿　常威）

【内蒙古自治区安排使用好2009年度少数民族发展资金】　2009年，在各旗县和盟市两级民委、财政共同筛选、把关、上报的基础上，内蒙古自治区民委、财政厅按照国家《少数民族发展资金管理办法》和自治区《少数民族发展资金使用管理实施办法》的有关规定，严格程序、认真操作，共安排少数民族发展资金项目291个11 392万元。在资金的安排使用上继续做到突出重点，给内蒙古自治区的19个边境旗（市）安排50个兴边富民行动项目5 800万元，给人口较少民族聚居的8个旗（市）安排了103个项目2 707万元。

（撰稿　李日树　　审稿　常威）

【内蒙古自治区呼伦贝尔市160户牧民用上流动宿营车】　2009年11月16日，随着鄂温克族自治旗第20辆牧民流动宿营车交付使用，内蒙古自治区呼伦贝尔市已有160户牧民用上了流动宿营车。2007年，呼伦贝尔市民委着眼牧区实际，经过认真调研，投入20万元兴边富民行动专项资金，在新巴尔虎右旗制作并发放了20辆流动宿营车。此后，又陆续投入资金220万元制作流动宿营车160辆，全部无偿发放给牧民。此流动宿营车造型美观，设计合理，配有保暖、安全等设施，具有使用方便、结构紧凑、实用性强的特点，非常适合牧民四季快速便捷的游牧移动，对于提高牧区生产效益具有很大的推动作用，切实发挥了兴边富民行动项目的引导作用。

（撰稿　李日树　　审稿　常威）

【辽宁省民委加大资金投入，保增长惠民生】
2009年，辽宁省民委深入贯彻落实科学发展观，以保持民族地区农业农村经济平稳较快发展、加快少数民族群众脱贫致富为主线，加大投入力度，努力拓宽少数民族农民增收渠道，取得了较好成绩。抓住机遇，积极争取资金，在4个自治县成立20周年县庆之机，争取财政安排800万元，专门支持自治县社会事业发展。在资金、项目安排上坚持“四突出”原则，即突出扶持民族特色产业、少数民族农业产业化龙头企业，引领带动少数民族群众增加收入；突出兴边富民行动，加快边境少数民族增收致富；突出少数民族劳动技能培训，增强少数民族自我发展能力；突出少数民族新农村建设，发挥示范带动作用。2009年共安排13个市43个县（市、区）中小型项目196个。其中，扶持特色种植业项目88个，投入资金1 477万元；特色养殖业项目30个，投入资金466万元；改善民族地区基础设施项目57个，投入资金1 186万元；扶持少数民族社会事业项目7个，投入资金90万元；少数民族技能培训项目8个，投入资金177万元。全部项目覆盖140多个少数民族贫困乡（镇）村。

（撰稿　李珂　　审稿　赵佐贤）

【辽宁省民委加大资金管理力度】　辽宁省民委在组织落实少数民族发展资金项目的同时，会同财政、审计部门进一步加强对资金项目使用管理的监督检查和审计力度，确保资金的安全、有效运行。在党和政府的关怀扶持下，经过民族地区各族人民的共同努力，民族地区得到了较快发展。2009年，辽宁省民族自治地方生产总值实现727.8亿元，同比增长32.2%；全社会固定资产投资完成460.8亿元，同比增长39.5%；财政一般预算收入32.3亿元，同比增长38.2%；农民人均纯收入达到6 255元，同比增长16.4%。

（撰稿　李珂　　审稿　赵佐贤）

【辽宁省推进民族自治地方发展“十一五”规划的实施】　辽宁省民委深入开展调查研究，会同省发改委对《辽宁省民族自治地方发展“十一五”规划》执行情况进行了中期评估，形成了评估报告，对执行中存在的问题进行了分析研究。启动了《辽宁省民族自治地方发展“十二五”规划》编制的前期研究工作。会同省政协民族和宗教委员会开展了民族乡发展状况调研，形成了专题调研报告，就进一步落实《辽宁省散居少数民族权益保障条例》、加快民族乡发展提出了意见和建议。

（撰稿　李珂　　审稿　赵佐贤）

【辽宁省民委深入灾区帮助少数民族群众解决饮水问题】　2009年，辽宁西部发生严重干旱，严重影响到当地居民的生产生活。省民委专门召开主任办公会议，要求灾区民委要坚持先生活、后生产的原则，把解决少数民族群众的生活饮用水问题放在当前工作的突出位置；省民委拿出10万元机关办公经费，帮助朝阳市灾区少数民族群众打饮用水井；2009年度的少数民族发展资金和地区补助费，重点向灾区的民族地区倾斜；深入调查研究，及时掌握情况，加强工作指导。根据省民委主任办公会精神，8月20—21日，赵佐贤副主任带领有关人员，先后深入到北票市凉水河蒙古族乡周家沟村、喀喇沁左翼蒙古族自治县甘招乡金沟梁村和六官营子镇西南沟村，实地察看了3处饮用水打井现场。

（撰稿　李国华　　审稿　赵佐贤）

【吉林省民委承办全国民族统计数据汇总会议】　2009年7月21日，由吉林省民委承办的全国民族统计数据审核汇总会议在延边朝鲜族自治州延吉市召开。国家民委经济发展司统计处和来自全国16个省（区、直辖市）民委统计工作人员20余人参加了会议。梁翠芬副主任代表省民委到会表示祝贺，并向与会代表介绍了吉林省的基本情况。

（撰稿　李颖　　审稿　王喜年）

【安徽省召开全省加快少数民族聚居地区经济社会发展工作座谈会】　2009年11月30日，安徽省委、省政府首次召开全省加快少数民族聚居地区经济社会发展工作座谈会，省委副书记王明方代表省委、省政府发表讲话，要求各地尤其是辖有民族乡村和少数民族人口较多的市、县也要建立对口扶持工作制度，并建立市县两级领导包保责任制，不达目标不脱钩，为如期实现民族乡村“十一五”赶超目标提供了强力支撑。副省长唐承沛主持会议，各市党委或政府分管民族工作负责人，市委统战部、市民委主要负责人，民族乡所在县（市、区）党委或政府分管负责人，省委办公厅、省政府办公厅、省人大民宗侨外工委、省政协民宗委负责人，省民族宗教工作领导小组成员，省民委委员参加了会议。

（撰稿　刘炜　　审稿　白和平）

【安徽省进一步加大对民族聚居地区的投入】　2009年5月，安徽省人大领导带队就民族乡村经济社会发展情况作了专题调研。6月，省十一届人大常委会第十二次会议听取和审议了省民委主任黄荣华受省政府委托所作的《关于我省民族乡村经济社会发展情况的报告》，并形成审议意见。省委书记、省人大常委会主任王金山在会议上就确保实现民族乡村“赶超目标”发表重要讲话。

为认真落实省十一届人大常委会第十二次会议关于民族乡村经济社会发展情况的审议意见和省委书记、省人大常委会主任王金山在会议上的重要讲话精神，省民委加强与有关部门的协调沟通，经协调省财政厅决定，从2010年起，将省少数民族发展资金由每年每个民族乡支持50万元增加到80万元，将主要用于支持民族村的扶贫资金由每年的200万元增加到600万元。至此，加上中央财政的支持，全省每年对民族乡村的资金投入已达2 370万元。

（撰稿　刘炜　　审稿　白和平）

【福建省每年为民族乡财政转移支付1 060万元】 福建省政府决定，从2009年起，每年单独给予民族乡财政转移支付补助1 060万元，其中人口在2万人以上的每个民族乡补助60万元、人口在2万人以下的每个民族乡补助50万元。

（撰稿　央金拉姆　　审稿　蓝国秋）

【福建省提高“造福工程”中少数民族搬迁群众补助标准】 2009年，福建省人民政府对“造福工程”中少数民族搬迁人口在享受2 500元统一补助标准的基础上，将增补资金，从每人300元补助标准提高至每人600元，省财政共增补资金432.42万元，有少数民族1 558户7 207人得到搬迁。其中，宁德市1 148户5 381人、福州市177户800人、南平市67户295人、三明市50户227人、龙岩市30户145人、泉州市14户64人、莆田市59户234人、漳州市13户61人。搬迁人口和扶持力度为历年之最。

（撰稿　央金拉姆　　审稿　蓝国秋）

【福建省开展少数民族补助款使用情况检查】 2009年5月，福建省民族宗教厅组成4个检查组分赴福州、漳州、泉州、莆田、南平、龙岩、宁德等市检查2007、2008年度省财政和中央财政补助资金（包括少数民族中小学寄宿制学校改造资金、民族中学生助学金）的管理和使用情况。检查组采用“点面结合”、“查账与随机抽查结合”、“实地查看与听取汇报结合”的形式，详细了解少数民族补助款的管理使用情况，并实地抽查了部分乡村经济社会发展项目资金落实情况。从抽查情况看，各地普遍重视加强对少数民族补助款的监督管理，做到专款专用，未发现克扣、挪用、截留、调整补助项目和资金现象。少数民族补助款有效改善了部分民族乡村生产生活条件和基础设施，在扶持民族乡村经济社会发展中发挥了积极作用。

（撰稿　蓝宗明　　审稿　蓝国秋）

【江西省民宗局加大民族地区推行“一村一品”工作力度】 在探索民族地区发展模式的过程中，江西省民宗局把“一村一品”模式作为着力推广的“三种模式”之一，精心打造，强力推进。特别是在民族地区推行“一村一品”过程中，注重“三个结合”，即发展一村一品与培育主导产业相结合，不断挖掘民族地区传统产业成长的新优势；发展一村一品与推进生态文明建设相结合，努力探索民族地区经济发展的新路子；发展一村一品与拓展农业多种功能相结合，积极开拓民族地区加快发展的新亮点；发展一村一品与促进群众创业相结合，大力拓宽民族地区群众增收的新渠道。为进一步推广“一村一品”发展模式，2009年10月12—13日，省少数民族地区建设工作领导小组在吉安市召开全省民族地区“一村一品”现场会。会议突出两个亮点：一是参观学习非民族地区“一村一品”发展情况，走出民族地区看发展；二是与省外专局联合召开此次现场会，采取整合资源、共同推进的新形式，强力推进民族地区“一村一品”建设掀起新高潮。会议把握5项原则：一是突出保增长、保民生、保稳定；二是注重机制创新，着力推广公司、基地、农户、部门服务四位一体发展模式；三是适应市场需求，发展生态农业、高效农业；四是走出民族地区看发展、学经验；五是坚持典型引路、重点扶持。

（撰稿　沈红波　　审稿　张国培）

【2009 年江西省民族地区经济社会事业进一步发展】　2009 年，江西省民族地区经济社会事业进一步发展。一是经济发展更加健康快速。8 个民族乡全年招商引资实际进资达到 7.13 亿元，比上年增长 58.1%；实现财政收入 1.571 亿元，比上年增长 9.87%；民族地区一村一品专业村达到 70 多个，占民族地区行政村总数的近 50%，特色种植产业规模新增 3 万多亩，种植总面积达到 40 万亩以上，销售收入达到 5 亿多元；民族地区外出务工人员超过 5 万人，占劳动力总数的 30% 以上；民族地区农民人均纯收入4 224 元，比上年增长 9.49%。二是基础设施明显改善。在全面完成民族乡通县公路和民族乡之间连通公路、民族村通乡公路1 500公里硬化基础上，开始向通组公路硬化延伸，2009 年民族地区 25% 的村民小组公路实现硬化，硬化道路里程达 700 多公里；水利、电力、安全饮水、广播电视、通信等设施建设明显改善；民族乡集镇规划和建设力度加大，主干道、给排水等设施进一步完善，太源、樟坪、龙冈、赤土 4 个民族乡专门建设了民族街区，其中赤土畲族乡集镇规模扩大了近一倍。三是社会事业显著进步。在全面完成民族中小学校 D 类危房改造的基础上，2009 年新建附属设施4 500平方米，进一步改善了教学条件；民族乡敬老院、卫生院硬件建设基本完成，各项设施进一步完善；民族乡村 100 家农家书屋建设基本完成，所有民族乡村均配备有一台电脑用于上网；信丰县畲族“三月三”乌饭节顺利举办，贵溪市樟坪畲族乡编排的《七彩畲乡》山歌戏在江西艺术剧院等地演出，社会反应良好。四是生态文明建设进展顺利。民族地区干部群众进一步树立生态就是生产力、保护生态就是保护生产力的理念，把建设优美的生态环境、人居环境与发展生产、富裕农民生活协调统一起来，积极调整产业结构，运用新技术、新理念发展新产业、改造传统产业，大力发展循环经济、生态经济。五是文明素质明显提高。民族地区干部群众继续解放思想、更新观念，“等、靠、要”的思想逐渐淡出，勤劳致富渐成风尚。

（撰稿　沈红波　　审稿　张国培）

【江西省民宗局全力帮助少数民族返乡农民工就业创业】　2009 年，面对国际金融危机冲击，省民宗局认真贯彻中央和省委、省政府的一系列决策部署，把帮助民族地区返乡农民工就业创业作为服务全省大局的重要内容，努力促进民族地区产业发展、农民增收。一是高度重视，开展援助，树立重新就业创业信心。据不完全统计，2008 年底，全省民族地区外出务工返乡人口14 956人，占外出务工人口的 34%；其中少数民族外出务工返乡人口5 926人，占外出务工少数民族人口的 37%。对此，省民宗局高度重视，局主要领导多次深入民族地区，听取汇报，组织部署抓好返乡农民工工作；2009 年 1 月 12 日，专门下发调查统计表，并派人员深入各民族乡进行实地调查；1 月 21 日，专门召开全省 8 个民族乡负责人座谈会，听取并研究春节过后帮助返乡农民工就业创业问题，要求各民族乡积极争取党政领导重视和有关部门支持，采取有效措施，帮助解决实际困难，对暂时生活困难的群众开展临时救助，确保度过一个欢乐祥和的春节；春节前夕，各级民族部门和各民族乡对返乡困难群众进行了走访慰问，送去慰问物资及资金合计 8 万多元，解决他们生活上的燃眉之急；另外，还加强与劳动监察部门联系，帮助解决拖欠工资等方面的问题，切实维护合法权益。2009 年，全省所有民族乡和大部分民族村建立了返乡农民工台账，4 000多人次生活困难群众得到临时救助，发放各类救助资金物资达 130 多万元。二是加强培训，强化服务，着力提高就业创业渠道。省民宗局争取有关部门支持，积极动员和组织民族地区返乡农民工参加“阳光培训”，联合高校加大职业技术培训，指导民族乡村围绕企业和创业需求，开展有针对性的职业技能培训，并给予一定资金补贴。截至2009年底，全省民族地区开办各类培训班800多期，培训5 000多人次，投入培训资金100多万元。此外，主动加强与用人单位的联系沟通，广泛采集用工信息，为返乡农民工提供就业信息和就业岗位。三是培植典型，加强引导，积极帮助自主创业。一方面，大力宣传各级政府和相关部门出台的优惠政策，引导和帮助返乡农民工争取贷款发放、税费减免、工商登记等方面的优惠政策。另一方面，充分利用龙头企业的带动作用，帮助自主创业。四是加大投入，打牢基础，努力改善就业创业设施条件。以提高公共服务水平为目标，以“四通（通路、通电、通电话、通电视）、二院（卫生院、福利院）、一校（中小学校）、一改（农村改水）”建设为重点，加强民族地区公共设施建设；加大支持力度，民族地区新增新农村建设点71个，各级各类扶持资金近1 000万元；加大对中央和省财政资金争取力度，争取中央少数民族发展资金额度较上年增加100万元，争取省财政将教育专项资金由50万元追加到100万元，并专门设立100万元少数民族文化建设专项资金。2009年，通过各级政府及各有关部门的共同努力，90%的返乡少数民族农民工重新就业，部分人员重新外出打工，全省民族地区返乡创业农民工超过2 000人（户），民族地区呈现出“返乡不返贫，回乡创新业”的喜人局面。

（撰稿　沈红波　　审稿　张国培）

【江西省开展少数民族发展资金管理使用情况专项检查】　根据国家民委要求，2009年6月中下旬，江西省组织专门检查组对全省2004年以来少数民族发展资金的管理使用情况进行了专门检查。通过专项检查，进一步规范了少数民族发展资金的管理和使用，并对存在的薄弱环节及时进行了整改。进一步明确了少数民族发展资金科学使用方向：一要进一步发挥资金吸附功能，整合各类资金，形成投入合力；二要发挥项目主导作用，加强项目建设，促进快速发展；三要发挥信息公开效用，强化资金监管，实现预期效益。同时，妥善解决少数民族发展资金实际使用过程中存在的资金总量不足和需求量大的矛盾、经济市场化与社会公益性的矛盾、效能要求与效率不高的矛盾。

（撰稿　沈红波　　审稿　张国培）

【山东省少数民族发展资金管理情况】　2009年，财政支持少数民族欠发达地区发展资金共计1 100万元，较上年度增加150万元。其中，中央财政资金800万元，省财政配套300万元。资金安排共涉及12个市58个县（市、区）的76个种植、养殖、小型公益性基础设施及特色村居建设项目。资金分配和使用坚持“宏观指导、突出重点，效益优先、兼顾公平”的原则，重点扶持贫困民族乡、村急需解决的公益性基础设施建设项目、农业产业结构调整升级项目、规模化种植和养殖项目、农产品加工项目以及新能源建设项目。其中，对种植、养殖业的扶持侧重用于生产基地或养殖场（小区）的硬件设施建设。在项目选报上，省民委与省财政厅于2009年8月25日联合下发了关于申报2009年少数民族发展资金项目的通知，对2009年项目申报工作提出了明确要求，确定对76个项目进行扶持。这些项目分为道路建设、水利建设、电力建设、种植业、养殖业、特色村居和科技扶贫培训7个方面。其中，道路建设安排资金287万元，水利建设360万元，电力建设10万元，养殖业200万元，种植业101万元，特色村居建设100万元，培训30万元，项目管理费12万元，共计1 100万元。这些建设项目覆盖少数民族群众81 000人，带动各级地方和社会投资4 600万元。

（撰稿　米杨　　审稿　马辉）

【河南省召开全省民族统计工作会议】　2009年5月14—15日，河南省民族事务委员会在三门峡市召开全省民族统计工作暨报表汇总会议。全省 18 个省辖市民族工作部门分管领导、统计员参加了会议。会议交流了民族统计工作经验，总结并安排了年度全省民族统计工作，汇总了全省少数民族经济社会发展统计报表。采取以会代训的形式，讲解了河南省少数民族经济社会调查制度指标计算汇总方法、统计分析及民族经济工作概况文稿写作知识，并对辖有民族乡（镇）的 10 个省辖市统计员运用“民族地区经济社会运行监测系统软件”进行了培训。

（撰稿　刘宾　　审稿　金艳华）

【河南省编印民族经济统计汇编】　河南省民族事务委员会组织省辖市民族工作部门撰写地方少数民族经济运行情况分析和民族经济工作概况文稿，编印了《河南省民族经济统计汇编》(2009)。内容主要包括：2008 年度河南省少数民族经济社会发展统计调查成果，河南省、市、县民族聚居地方经济运行情况分析报告，省辖市民族经济工作概况，等等，反映了 2008 年度河南省民族经济发展现状、民族经济工作重大事项和重要活动。为各级党委、政府指导民族工作以及民族工作部门开展工作提供了参考和依据。

（撰稿　邱其斌　　审稿　唐圣为）

【河南省加大项目协调工作力度】　河南省民族事务委员会积极协调河南省发展和改革委员会、交通厅、水利厅等省直部门，贯彻落实《河南省委、省政府关于进一步加强新形势下民族工作的意见》（豫发〔2005〕19 号），向民族聚居地方在基础设施建设、经济社会发展等方面进行项目、资金倾斜。据不完全统计，2009 年，河南省直有关部门向民族聚居地方投入项目资金 1.05 亿元，修建乡村道路 450 公里，兴修农田水利工程 210 处，解决了 5 万多人的饮水问题及5 500亩农田的灌溉问题。

（撰稿　刘宾　　审稿　金艳华）

【河南省科学管理少数民族发展资金】　河南省民族事务委员会加强与河南省财政厅的协调配合，严格遵守并依据财政部、国家民族事务委员会《少数民族发展资金管理办法》，制定下发《2009 年少数民族发展资金项目指南（河南省）》，明确了少数民族发展资金使用范围和项目类型，健全和完善了项目资金的审批程序，继续推进项目的标准化管理。加强项目考察论证工作，县级民族工作部门对申报项目进行实地考察，市级对重点项目进行现场考察。相对集中使用项目资金，解决群众特殊困难。2009 年，河南省民族事务委员会共为全省 18 个省辖市、81 个县（市、区）民族乡村安排交通、水利等基础设施项目 130 个。

（撰稿　刘宾　　审稿　金艳华）

【河南省少数民族工业恢复性发展】　2009 年底，河南省有各类少数民族工业企业5 041家，有全国少数民族特需商品定点生产企业 59 家。清真食品业、皮毛制革业作为河南省回族的传统和优势行业，各地加快技术改造、自主创新和品牌建设，提升产品的质量和层次，增强了市场竞争力。河南省清真食品产业链和产品链越来越长，对少数民族经济、地方经济发展的拉动作用越来越强，综合效益日益显现。2009 年底，大用集团清真生鲜鸡肉产量 57.5 万吨（同行业位居第三位），清真速冻调理鸡肉制品产量 10 万吨（同行业位于第一位），主营业务收入 64.1 亿元。河南省少数民族工业已涉及医药、建材、机械、电器等领域，并向教育、文化、房地产、矿产品开发、有色金属冶炼等领域不断拓展。2009 年，少数民族工业企业努力克服国际金融危机的不利影响，恢复性加快发展。河南省在做大做强清真食品产业的同时，着力规范清真食品市场秩序，加强对清真食品生产经营活动的管理。2009 年元旦至春节期间、7 月中旬至国庆节期间，两次对全省清真食品市场进行了集中检查整顿，全省各级共检查各类清真食品生产经营单位26 022家，其中依法取缔 148 家，限期整改550家。2009年9月，河南省民族事务委员会专设民族三处（河南省清真食品管理办公室），编制5人，加强清真食品行政管理工作。8月，河南省组织42家企业参加了“2009中国（青海）国际清真食品及穆斯林用品展览会”，与国内外采购、销售和投资商签订意向协议金额1.4亿元。

（撰稿　刘宾　　审稿　金艳华）

【建设银行湖北省分行将为恩施土家族苗族自治州提供70亿元的金融信贷支持】　2009年2月4日，湖北省恩施土家族苗族自治州与建设银行湖北省分行签订银政、银企战略合作协议，协议总额达70亿元，涉及该州基础设施建设、矿产资源开发、能源开发、民营企业发展和社会民生等多个领域的近20个项目。这次签约是贯彻落实中央扩大内需政策而采取的重大战略举措，必将为恩施少数民族地区加快发展注入更加强劲的动力。

（撰稿　张声勇　　审稿　唐启明）

【湖北省恩施土家族苗族自治州建立第一个村级土家织锦培训基地】　2009年3月，湖北省恩施土家族苗族自治州恩施市三岔乡在莲花池村建立土家织锦培训基地，组织农家女学习织锦技术，力争通过一两年时间将莲花池村建设成为土家织锦专业村。建立培训基地以来，首批培训40人，计划全年培训100人。三岔乡在2002年被湖北省人民政府授予“湖北省民间艺术之乡”称号，2003年被文化部命名为“中国民间艺术之乡”。土家织锦是土家族的非物质文化遗产，三岔乡建立土家织锦培训基地，让农家女学习织锦技术，既增加了她们的增收技能，又达到了弘扬民族文化、传承土家织锦的目的。

（撰稿　张声勇　　审稿　唐启明）

【湖北省恩施土家族苗族自治州政府成功举行“光彩事业走进恩施土家族苗族自治州”北京投资推介会】　2009年3月26日，鄂京（环渤海地区）经贸合作洽谈会在北京举办之际，湖北省恩施土家族苗族自治州州委、州政府在北京金龙潭大酒店举行了“光彩事业走进恩施土家族苗族自治州”北京投资推介会，现场签约项目12个，签约总额达61.83亿元。副省长田承忠出席会议并讲话。中央统战部、农业部、中国光彩事业促进会及国家有关部门领导，省政府、省委统战部及省直相关部门领导以及近80家知名企业负责人参加了推介会。

（撰稿　张声勇　　审稿　唐启明）

【湖北省中行80亿元支持恩施土家族苗族自治州经济社会发展】　2009年4月21日，恩施土家族苗族自治州州委副书记、州长杨天然代表州人民政府与中国银行湖北省分行党委书记、行长王少俊在州府签署银政、银企全面合作战略协议。州委书记肖旭明、中行湖北省分行行长王少俊在签约仪式上致辞。副州长赵川主持签约仪式。恩施土家族苗族自治州与中行湖北省分行签订的协议总额达80亿元，涉及基础设施建设、矿产资源开发、能源开发、土地储备、民族企业发展和社会民生等多个领域。

（撰稿　李维亚　　审稿　唐启明）

【湖北省恩施土家族苗族自治州计划投资近百亿元建设85个重点项目】　2009年，恩施土家族苗族自治州重点建设项目85个，年度计划投资972 884万元，年内将有大批建设项目完工。同时，全州前期重点推荐项目82个，估算总投资3 628 375万元，目前正在进行前期准备工作。在全州85个重点建设项目中，跨省、州区域重点项目4个，如宜万铁路恩施段、沪渝高速公路恩施段等，年度计划投资442 500万元；省重点项目3个，如清江水布垭电站、恩施市老渡口电站等，年度计划投资120 000万元；州级重点项目78个，年度计划投资410 384万元。据悉，这些重点建设项目涵盖基础设施项目、制造业、生态环境建设和社会发展项目等多种类型，包括一些在建、续建和新建的工程项目。2009年底之前，沪渝高速公路将全线贯通，宜万铁路恩施段将全线铺轨贯通（不营运），清江水布垭电站收尾工作结束，恩施市金桂大道路基路面及供排水设施等建设也将完工。

（撰稿　张声勇　　审稿　唐启明）

【湖北省来凤文化旅游节签约金额21.58亿元】 2009年5月25日，“来凤·中国土家摆手舞文化旅游节”招商酒会在来凤行政中心广场成功举办。来自全国各地的21家企业与来凤县签约，签约金额达21.58亿元。来凤县立足特色资源和特色产业，围绕项目招商，从征集的45个储备项目中，选择投资在千万元以上的重点项目，借节会向外招商，着力打造特色食品加工、能源、建材、药业、物流、旅游等一批企业集群。酒会上，该县与广州科隆粉体有限公司签订了重质碳酸钙粉体加工项目，年产量将达100万吨，协议投资金额2亿元；与山东滕州化工有限责任公司签订香精香料添加二期投资协议，以打造高科技与高附加值生产企业；与湖南张家界签订仙佛寺旅游景区开发项目，促进民族文化优势向经济优势转化。

（撰稿　尹秦玲　　审稿　唐启明）

【湖北省恩施旅游产品上海推介会在沪举行】 2009年5月27日，由湖北省旅游局、恩施土家族苗族自治州人民政府主办的“2009湖北恩施旅游产品上海推介会”在上海浦东举行，恩施土家族苗族自治州政府与上海市旅游局签订了旅游合作框架协议，这是恩施土家族苗族自治州第一次组团到上海推介恩施风景风情，与上海实现旅游业发展的无缝隙对接。上海市旅游局局长道书明，湖北省旅游局副局长潘细汉，恩施土家族苗族自治州州委副书记、州长杨天然分别在会上致辞，恩施土家族苗族自治州副州长吴红娅作旅游推介。来自上海市的130家旅游企业和30多家国内主流媒体参加了推介会，8家上海市旅游公司与恩施土家族苗族自治州的旅游企业现场签订了合作合同，50多家上海市旅游公司与恩施土家族苗族自治州旅游企业达成意向性合作协议。此次推介会是恩施土家族苗族自治州建州以来在上海举办的一次规模最大、规格最高、影响最广的旅游推介会。

（撰稿　李维亚　　审稿　唐启明）

【湖北省长阳土家族自治县斥资7亿元打造绿色生态银行】 2009年6月，由中国林科院林业研究所、省林业局、省发改委、省财政厅、省林科院、省林业局能源办等有关单位的11名专家组成的专家评审组，经过认真评审，一致通过了湖北省《长阳百万亩木本油料产业建设规划》。这意味着长阳打造“中国木本油料第一县”的宏伟蓝图将开始着笔。按照规划要求，长阳土家族自治县将用10年左右时间，建成以核桃和油茶为主要品种的100万亩木本油料产业基地，总投资超过7亿元。2009年5月，宜昌科力生实业有限公司投资5亿元，在长阳兴建大型木本油料深加工及现代化种苗繁育项目。目前，全县木本油料基地面积已达10万亩。经测算，这100万亩“绿色银行”全部建成受益后，年产值可达30亿元以上，林农人均可增收4 000元以上。

（撰稿　覃立荣　　审稿　唐启明）

【湖北省恩施土家族苗族自治州国家级白肋烟标准化生产示范区建设通过验收】 2009年7月23—25日，中国烟草标准化研究中心主任范黎率国家烟草专卖局专家考核验收组来恩施土家族苗族自治州，就该州国家白肋烟标准化生产示范区建设进行考核验收，并对全国第六批烤烟标准化建设示范区进行预验收。经过3天的考核，恩施土家族苗族自治州白肋烟标准化生产示范区建设项目通过验收组验收。自2006年省烟草专卖局向国家申报国家级白肋烟标准化示范区建设项目以来，共投入项目资金140余万元，白肋烟标准化示范推广面积达到恩施土家族苗族自治州白肋烟种植面积的80%以上，承担科研项目51项，累计培训技术人员和烟农6万余人次，购置农业机械2 000余台，新建标准化晾房6.24万间，修建灌溉项目5 160个，修建烟区村级公路3 363.1公里，参与了部分国家标准和行业标准的制定和修订，为当地烟农带来了显著的经济效益。

（撰稿　李维亚　　审稿　唐启明）

【湖北省长阳土家族自治县在三峡国际旅游节上签约3.5亿元】 2009年9月26日，在第十届宜昌三峡国际旅游节投资洽谈会上，长阳土家族自治县成功引进3个投资项目，预计投资总额3.5亿元。这3个项目分别是，黑龙江北大荒丰润生物科技有限公司拟投资1.5亿元在长阳经济开发区建立肠衣加工项目，香港瑞星投资有限公司投资1.5亿元建设10万吨磷酸氢钙项目，宜昌宁华商贸有限公司拟投资5 000万元建设蔬菜深加工项目。

（撰稿　覃立荣　　审稿　唐启明）

【湖北省巴东县少数民族发展资金使用管理获湖北省财政扶贫资金绩效考评检查组好评】 2009年3月9—10日，湖北省财政扶贫资金绩效考评检查组到巴东县对2008年度该县全部财政扶贫资金使用管理绩效进行了综合考评。财政扶贫资金按渠道不同分别由财政、扶贫、发改和民宗4个部门管理使用。考评检查组按照《湖北省财政扶贫资金绩效考评试行办法》的要求，对资金使用情况进行了逐一考核评定，通过严格审核打分，少数民族发展资金绩效得95分，为最高级A级。考评组认为，少数民族发展资金在整个财政扶贫资金中，虽然份额较少，但管理安全，使用规范，成效明显，有力地促进了民族地区经济社会发展。

（撰稿　张世琼　　审稿　唐启明）

【湖北省少数民族发展资金使用管理工作获得国家民委调研检查组的好评】 2009年6月24—28日，中央纪委驻国家民委纪检监察局副局长、综合室主任赵运奎，副局级纪检员、监察专员谭传位，国家民委经济司综合规划处调研员胡学竟一行，在湖北省纪委驻省民宗委纪检组组长吴国璋的陪同下，对湖北省2004—2008年中央少数民族发展资金的使用管理情况进行了调研和检查。调研检查组先后对恩施、宣恩、咸丰和利川等县（市）2004—2008年中央少数民族发展资金的使用管理情况进行了抽查，并实地考察了中央少数民族发展资金扶持项目——恩施市芭蕉乡民族团结进步示范村（枫香坡侗族风情园），宣恩县椒园镇黄坪民族团结进步示范村、卸甲坪民族团结进步示范村，咸丰县高乐山镇官坝民族团结进步示范村，利川市五二民族团结进步示范村建设以及电脑农业推广工作情况。调研检查结束时，调研检查组对湖北省中央少数民族发展资金使用管理工作给予了充分肯定。调研检查组一致认为，湖北省对中央少数民族发展资金的使用管理，一是措施硬，二是工作实，三是服务佳。湖北省民宗委以扎实的工作作风、热心为少数民族和民族地区群众服务的精神，赢得了广大少数民族群众的高度赞誉。

（撰稿　周巍　　审稿　唐启明）

【湖北省咸丰县获“中国优秀生态旅游县”称号】 湖北省咸丰县森林资源是鄂西林海的重要组成部分，咸丰县曾多次获得“全国造林绿化先进县”、“全国绿化百佳县”等称号。在2009年第三届中国旅游论坛暨中国旅游高端智库专家联席会议上，咸丰县被授予“中国优秀生态旅游县”称号，成为湖北省唯一获此殊荣的县市。全国共有50个县市区获得提名，11个县市入围。

（撰稿　王因权　　审稿　唐启明）

【湖南省民族地区“村村通”工程建设取得新进展】 为贯彻落实科学发展观，建设社会主义新农村，构建社会主义和谐社会，进一步推动民族地区文化的繁荣与发展，2009年，湖南省大力推进20户以上已通电自然村广播电视建设，统一招标采购直播卫星接收设备，直接发放到“盲村”、“盲户”家庭，全省民族地区（9县1州）的广播电视公共事业发展实现了新的跨越。据统计，共投入建设与设备资金1 337.56万元，累计完成3 938个20户以上自然村“村村通”共

38 216套设备的发放与安装任务，解决了35 000多户少数民族家庭的收视问题。

（撰稿　陈春建　　审稿　曹承明）

【湖南省民族地区交通建设步伐不断加快】“十一五”期间，湖南省民族地区交通进入最快发展期，基本与其他地区同步规划、同步实施、全面推进。在全省交通规划中，民族地区规划高速公路超过2 000公里，“十一五”干线公路规划超过2 700公里，农村公路规划接近4万公里，均超过全省的1/3。吉首、怀化、邵阳等城市列为国家公路运输枢纽，湘西土家族苗族自治州酉水航运工程首次纳入交通运输部规划。省交通厅还在补助标准、资金投入上予以了倾斜。其中，高速公路建设资金全额由省负责筹措，湘西地区国省道干线公路和农村公路建设省投入资金均采用全省最高补助标准，并对湘西等少数民族贫困地区公路建设项目重点安排了交通扶贫资金。目前，邵永、吉茶等在建高速公路，分别有望在2009年底和2011年建成通车。厦蓉高速湖南段、吉首至怀化、道县至贺州、张家界至花垣等5条连通民族地区的高速公路也已开工建设，凤凰至大兴高速公路前期工作正在紧张进行，年内开工。到2009年底，湖南省规划高速公路网民族地区的所有项目都将开工建设，预计2012年以前全部建成通车。同时，农村公路建设快速推进。到下一年底，湖南省将实现民族地区所有乡镇通油路或水泥路，所有建制村通公路，70%以上的建制村通油路或水泥路。

（撰稿　陈春建　　审稿　曹承明）

【广东省少数民族发展资金使用取得实效】2009年，中央财政安排广东少数民族发展资金400万元，本省财政配套资金750万元，两项合计1 150万元，共安排各类项目73个。一是安排了57个基础设施建设项目，包括乡镇村道公路硬底化、移民搬迁、农村食水、水灾损毁设施修复工程等，帮助基层少数民族群众解决了“灌溉难”、“饮水难”、“行路难”等生产生活困难，改善了民生。例如，安排连南瑶族自治县100万元用于高寒山区移民新村建设，首期公寓楼于2009年底竣工，近60名瑶族同胞届时将喜迁新房；安排乳源瑶族自治县130万元完善4个瑶族迁移点道路等基础设施建设，116户540名少数民族群众受惠。二是安排11个生产发展类项目，包括民族风情旅游项目开发、特色村寨保护、特色农产品种植加工等，支持民族地区结合实际发展特色经济和产业化农业，增加了少数民族群众实际收入，增强了他们自力更生、勤劳致富的信心。例如，安排东源县漳溪畲族乡20万元发展板栗种植基地，当年收入就高达400万元，增加了当地群众收入。三是安排科技推广和培训类5项，包括举办实用技术、劳动技能培训班等。培训了民族地区富余劳动力，推广了先进科学知识，提高了少数民族群众的劳动技能和综合素质。例如，安排连山壮族瑶族自治县10万元对约3 000名青年劳动力进行了培训。

（撰稿　黄春霞　　审稿　温卫平）

【广东省民族地区交通事业迎来新一轮大发展】近年来，广东省委、省政府出台一系列措施，帮助民族地区发展交通基础设施建设，使民族地区交通事业迎来新一轮大发展。一是3个自治县将全部通高速公路。广东3个自治县中，连南瑶族自治县、乳源瑶族自治县已通高速公路，其中京港澳高速公路从乳源境内穿过，清连公路高速化改造工程途经连南，于2009年2月底奠基，2011年完成。为尽快结束连山壮族瑶族自治县未通高速公路的历史，在民族部门的大力协调下，交通部门在《广东省高速公路网规划（2004—2030年）》中增加了连州至怀集高速公路（二连浩特至广州国家高速公路重要组成部分）。该项目途经连南、连山两个自治县和连州市三水瑶族乡，是连同粤北民族地区经济发展的交通纽带。二是2010年3个自治县所有乡镇通客运班车。按照广东省“通行政村公路路面硬化工程”确定的目标，2009年底，3个自治县全面实现所有建制村通水泥路；2010年，3个自治县所有乡镇通客运班车；2020年，实现所有建制村通客运班车。为扶持民族地区农村客运发展，省有关部门联合发文，全额减免东西两翼和粤北山区农村客运车辆2008—2009年的公路客运附加费。三是工业园区公路成为民族地区交通建设突破口。为确保民族地区工业园区顺利发展，急需建设干线公路通工业园区的连接线道路。工业园区公路的配套需求的加速跟进，成为未来民族地区交通建设的突破口。另外，为推动3个自治县民族特色旅游资源开发工作，多地交通部门及时规划旅游公路的建设，促进民族地区旅游资源的开发利用。

（撰稿　黄春霞　审稿　温卫平）

【广东省民族自治地方加快推进生态建设】　广东省连南瑶族自治县加快推进“林业生态文明万绿村”和“绿色通道”建设，共新增生态公益林规划面积24万亩，森林覆盖率提升至78.2%。连山壮族瑶族自治县推进金子山、太保天堂岭漂流、禾洞千子湖农业观光旅游等项目建设，完成造林8.2万亩，创历史新高。乳源瑶族自治县开展“生态示范镇（村）”创建活动，实施乡村“清洁美”、“万村绿”及村庄整治工程，建成桂头镇下古塘村、必背镇完美瑶族新村等一批新农村，乳城镇石灰墩村、东坪镇细排村被评为市生态示范村，乳源瑶族自治县造林绿化9.8万亩，石漠化治理0.3万亩，被评为“中国绿色名县”。

（撰稿　黄春霞　审稿　温卫平）

【广东省水利部门积极帮扶民族地区推进农村水利建设】　近年来，广东省水利厅认真贯彻党的民族政策，积极采取有效措施，大力推进民族地区农村水利建设。一是加大对水利规划计划的支持力度。将连南防洪排涝工程、连山防洪工程、天鹅水库除险加固工程、乳源防洪工程列入省城乡防灾减灾工程建设项目，并在资金安排上给予倾斜。目前4宗工程总投资28 257万元，中央资金已安排1 155万元，省级资金已安排12 220万元。同时，加快实施小型水库除险加固工程。其中，连南安排2宗，总投资190万元；连山安排1宗，总投资232万元；乳源安排29宗，总投资2 963万元。二是对部门小型水利项目给予省级水利建设资金补助支持。三是推进农村机电建设，加大机电排灌实施力度。2009年，省补助民族地区7个民族乡共投入机电排灌工程建设资金827.7万元，共完成机电排灌（含水轮泵）重建、技改工程40宗，总装机1 790千瓦。同时，补助3个自治县用于“十一五”水电农村电气化县建设的省级补助资金共110万元，全面完成民族地区排灌总站的体制改革任务，进一步增强除涝抗灾能力，改善了农村生产生活条件。四是加强小农水工程和饮水工程建设，切实解决饮水安全问题。近年来，中央和省投入资金2 046万元，支持3个自治县小农水工程建设，同时投入资金2 210.1万元，专项进行农村饮水安全工程建设，解决了8万多人的饮水安全问题。五是切实做好水库移民工作。2009年，安排连南、连山、乳源水库移民后期扶持资金共1 019.04万元，用于移民的建房、修房和村内基础设施建设，受益户数达1 093户，受益人口达4 684人。

（撰稿　黄春霞　审稿　温卫平）

【广东省3个自治县积极采取措施应对世界金融危机】　2009年，连南、连山、乳源3个自治县立足本地实际，采取措施积极应对金融危机，经济发展取得较好成效。一是根据实际，制定科学发展思路和目标。如连南瑶族自治县制定“举一面旗（科学发展旗）、走一条路（民族特色之路）、建一个家（美丽和谐之家），努力建成绿色产业强县、民俗文化圣地、休闲品质之城”的指导思想。二是积极招商引资。如乳源瑶族自治县通过“筑巢引凤”，全年共引进项目35个，投资总额70多亿元，已到位资金5.8亿元。三是制定帮扶中小企业优惠政策措施。乳源瑶族自治县拟定了《关于积极应对金融危机促进中小企业平稳健康发展的优惠措施》；连山壮族瑶族自治县为11家中小企业争取到省市扶持资金343万元，5家企业申请到省财政专项扶持流动资金。四是落实各项惠农措施，发展农村经济。如连山壮族瑶族自治县全年落实各项农业补贴达650多万元。五是发展民族特色旅游产业。

（撰稿　黄春霞　　审稿　温卫平）

【广东省发展改革委员会支持民族地区经济社会发展】　2009年，省发展改革委员会充分发挥职能作用，加大对民族地区经济和社会发展的扶持力度，措施到位，促进了当地经济和社会的发展。一是注意将民族地区的经济和社会发展纳入全省国民经济和社会发展中长期规划和年度计划，并在有关电网建设、防洪工程等重点专项规划编制和年度计划安排过程中，协调相关部门在政策制定、项目安排等方面向少数民族和民族地区倾斜，予以重点扶持。二是多渠道争取和安排资金，加大对少数民族和民族地区的投入。2009年，共争取中央资金和省级资金安排民族地区项目47个，投入资金34 607.5万元。其中，连南瑶族自治县安排项目13个，投入中央和省级资金6 575.5万元。连山壮族瑶族自治县安排项目15个，投入中央和省级资金13 696.3万元。乳源瑶族自治县安排项目19个，投入中央和省级资金14 335.7万元。项目安排范围包括医疗卫生、教育、电网建设、农林水、计划生育服务等领域，有力地改善了少数民族群众的生产生活条件。

（撰稿　黄春霞　　审稿　温卫平）

【海南省设立中部地区农业发展资金】　海南省为支持中部地区农业发展，解决中部地区社会经济发展中的突出问题，从2009年开始，设立中部地区农业发展资金。其使用原则是，坚持集中资金保重点，专项用于农业基础设施、农民培训、农业产业化、农村饮水安全等方面建设，不得用于平衡预算、偿还债务、建造豪华办公场所、购置办公车辆和通信器材、发放人员工资补贴等方面支出。2009年，省财政安排中部地区农业发展资金规模为1 500万元，五指山、琼中、保亭、白沙、屯昌、定安6市（县）成立了中部地区农业发展资金项目实施领导小组，负责做好中部地区农业发展资金的选项、申报、实施、检查和验收工作，并根据本地区农业经济发展需要，选择优势产业或重点地区为切入点，科学制定3～5年的投入规划。

（撰稿　邱其斌　　审稿　唐圣为）

【海南省红岭水利枢纽工程获批准建设】　2009年2月，海南省红岭水利枢纽工程项目建议书通过国家发展改革委员会审批。红岭水利枢纽工程位于琼中黎族苗族自治县中平镇境内万泉河支流大边河上游，是以灌溉、供水为主，兼顾防洪和发电等综合利用的大型水利枢纽工程，由拦河坝、溢洪道、引水隧洞、坝后和渠首水电站组成，水库总库容7.04亿立方米，工程总投资20.94亿元，建设工期4年。红岭水利枢纽工程是海南省“十一五”规划的重点工程，是从根本上解决琼东北地区工程性缺水问题的关键性工程，可解决文昌、定安、屯昌、琼海、海口5市（县）137.2万亩农田的灌溉问题，年可增加城镇供水和人畜饮水8 428万立方米，解决区内31.97万人饮水安全问题，保障区域城乡特别是国家文昌航天发射中心的供水安全，提供每年8 979万千瓦时的清洁能源，结合城镇堤防建设可将博鳌亚洲论坛和琼海市中心城区防洪标准提高到30年一遇。建设红岭水利枢纽工程，可以进一步完善海南水网体系，形成北有松涛、南有大隆、西有大广坝、东有红岭的水系结构，对促进海南经济发展具有重大的战略意义。

（撰稿　邱其斌　　审稿　唐圣为）

【海南省红岭水利枢纽工程环境影响评价通过评审】　2009年4月26日，红岭水利枢纽工程环境影响报告书技术评估会在海口市结束。来自国家环境保护部环境影响评价司、环境工程评估中心的专家从水文情势、水环境、生态环境、水土流失、大气和声环境、移民安置等7个方面对工程项目可能造成的环境影响进行了分析和评价，全面审查项目的环境风险、环境经济损益等方面的内容，原则同意并通过了《万泉河红岭水利枢纽工程环境影响报告书》。红岭水利枢纽位于琼中黎族苗族自治县中平镇境内万泉河支流大边河上游，计划 2009 年开工建设，2014 年建成。工程的建设旨在从根本上解决琼东北工程性缺水问题，提高博鳌亚洲论坛会址的防洪标准，保证文昌航天城用水。

（撰稿　邱其斌　　审稿　唐圣为）

【海南省琼中黎族苗族自治县旅游发展总体规划通过评审】　2009 年 7 月 24 日，《海南琼中黎族苗族自治县旅游发展总体规划》通过专家组评审。琼中黎族苗族自治县作为海南中部旅游的核心区，是海南“山海绿色生态旅游”的重要增长极。规划提出，琼中黎族苗族自治县的旅游发展，应重点突出黎族文化旅游和热带雨林生态旅游，站在海南国际旅游岛和海南岛中部国家公园的高度，创建热带雨林生态主题旅游目的地，打造“海岛绿钻，休闲雨林”旅游新形象。按照总体规划，琼中黎族苗族自治县旅游发展空间布局为“两心一带四片”：“两心”是指县城旅游集散中心、黎母山镇旅游集散中心；“一带”是指黎、苗风情文化旅游带；“四片”是指黎母山生态旅游片区、鹦哥岭山乡休闲片区、五指山雨林生态度假片区和万泉河水系休闲片区。

（撰稿　邱其斌　　审稿　唐圣为）

【海南省农信社在民族地区发放小额贷款】　2009 年，海南省农信社在民族地区发放小额贷款 2 亿多元，惠及农户 2 万多户，贷款农户通过小额贷款人均增收 210 元以上。推行农村小额贷款，既解决了农民发展资金难题，促进了农民增收，又激活了信用社的资金，盘活了农村金融业。从产业优势、政策倾斜、信用环境建设、金融服务有机结合方面，探索出了一条促进民族地区社会主义新农村建设的路子。

（撰稿　邱其斌　　审稿　唐圣为）

【海南省琼中黎族苗族自治县集体林权制度改革启动】　2009 年 3 月 23 日，琼中黎族苗族自治县召开集体林权制度改革动员大会，计划用 2 年时间完成全县 80 万亩集体林权改革任务，逐步建立产权归属明晰的林业产权制度。为搞好集体林权制度改革，琼中黎族苗族自治县出台了《琼中县集体林业产权制度改革工作实施方案》，按照“严管公益林，放活商品林”的方针推进集体林权制度改革。

（撰稿　邱其斌　　审稿　唐圣为）

【海南省举办首届芒果擂台赛】　2009 年 4 月 29 日，海南省首届芒果擂台赛在素有“中国芒果之乡”美誉的昌江黎族自治县举行，来自昌江、三亚、乐东、东方、陵水、白沙等市县的 49 个芒果种植基地参与了角逐。经评比，红玉芒果品种“擂主”和台农 1 号芒果品种“擂主”分别被昌江黎族自治县的陈汉深、易石林夺得。每人获得一辆摩托车奖励。此次擂台赛，是海南省举办的系列农产品促销活动之一。

（撰稿　邱其斌　　审稿　唐圣为）

【重庆市民委开展“暖冬行动”】　2009 年初，受国际金融危机和国内经济发展减缓影响，重庆市民族地区大量外出务工人员陆续返乡，民族地区就业压力剧增，部分农民工家庭生活面临很大困难。针对这一新情况，重庆市民宗委安排专项资金 315 万元，启动了旨在帮助民族地区（含民族乡）返乡少数民族农民工渡过难关的“暖冬行动”。到 2009 年 6 月底，“暖冬行动”基本完成，累计培训返乡农民工10 295人，推荐返乡农民工重新就业1 200人，春节期间慰问返乡农民工贫困家庭 160 户。

（撰稿　陈引　　审稿　孔刚）

【重庆市民族专项资金使用情况】　2009 年，重庆市中央少数民族发展资金在原有1 900万元的基础上，增加了 400 万元，总量达到2 300万元；加上市级扶贫资金切块 310 万元，共计2 610万元。其中，民桥民路、人畜饮水、危旧房改造等基础设施项目64个，安排资金1 129万元；社会发展项目13个，安排资金382万元；产业发展项目25个，安排资金559万元；科技推广与培训项目11个，安排资金305万元；特色村寨保护与发展项目2个，安排资金200万元；下达项目管理费35万元。2009年，财政部安排民族地区发展资金500万元。其中，民桥民路、人畜饮水等基础设施类项目2个，安排资金50万元；文化广电类项目13个，安排资金290万元；教育类项目3个，安排资金45万元；卫生类项目3个，安排资金115万元。

（撰稿　陈引　　审稿　孔刚）

【四川省民族自治地方60年经济发展成就辉煌】新中国成立60年来，特别是改革开放以来，四川省民族地区经济发展步伐不断加快，经济实力显著增强。地区生产总值由1952年的1.2亿元发展到2008年的776.2亿元。比1978年的14.1亿元增长54.1倍，年均增长8.2%；人均国内生产总值由1952年的46元上升到2008年的11 244元，增长243.4倍。比1978年增长37倍，年均增长5.7%。甘孜藏族自治州国内生产总值由1952年的0.5亿元发展到2008年的94.0亿元，经济总量翻了7.5番，自1978年以来年均增长6.2%；人均国内生产总值由1952年的100元增加到2008年的9 640元，增长95.4倍，自1978年以来年均增长5.1%。阿坝藏族羌族自治州国内生产总值由1952年的0.2亿元发展到2008年的75.6亿元，经济总量翻了8.3番；1978—2008年年均增长5.3%；人均国内生产总值由1952年的67元增加到2008年的8 458元，自1978年以来年均增长4.4%。凉山彝族自治州国内生产总值由1952年的0.44亿元发展到2008年的561.1亿元，经济总量翻了10.3番，1978年以来年均增长9.7%；人均国内生产总值由1952年的25元增加到2008年的12 896元，增长514.8倍，自1978年以来年均增长8.3%。随着经济的快速发展，财政收入高速增长，地方财力大幅上升。1952年，民族地区地方财政一般预算收入仅0.1亿元；1978年，民族地区地方财政一般预算收入为0.97亿元；2008年，民族地区地方财政一般预算收入达54.9亿元，年均增长14.4%。经济的快速发展，财力的不断增强，为民族地区经济社会的协调发展和社会稳定奠定了坚实的物质基础，为实现跨越式发展提供了有力支撑。

（撰稿　刘康容　审稿　唐伯华）

【中国最大锂辉石矿采选项目在四川省甘孜藏族自治州呷基卡锂辉矿试投产】　2009年，中国最大的锂辉石矿采选项目、甘孜藏族自治州"四矿两基地"重点建设项目之一的呷基卡锂辉矿成功试投产。该项目由甘孜藏族自治州融达锂业有限公司开发建设，项目总投资2亿元，日加工锂辉石矿800吨，日产高等级锂精矿150吨。项目投产后，年产锂精矿45 000吨，年销售额1.15亿元，年创利税3 500万元。项目所在的134号矿区锂辉石矿储量3 700余万吨，氧化锂储量50余万吨，是目前我国最大的锂辉石矿。融达锂业有限公司计划在2011年前再投资4.5亿元，将锂辉石矿日采选量提高到3 000吨，并在甘孜藏族自治州境内建成年产1万吨的电池级碳酸锂项目。届时，整个呷基卡锂辉矿项目年产值将超过10亿，甘孜藏族自治州将成为全国"锂业之都"。

（撰稿　康容　　审稿　唐伯华）

【四川省甘孜藏族自治州与云南迪庆藏族自治州携手打造出入境快速通道】　四川省甘孜藏族自治州与云南迪庆藏族自治州山水相连。长期以来，由于道路交通等的限制，两地经济发展受到极大制约。为进一步加强区域交流合作，积极构筑"大香格里拉"旅游环线，促进沿线产业特别是旅游产业发展，双方决定加快两州交通发展，按照山重三级公路标准建设，尽快打通洞东70公里（得荣县洞松至香格里拉县东旺）公路，已形成两州《洞东公路建设合作备忘录》。

相关前期工作已着手开展。

（撰稿　刘康容　　审稿　唐伯华）

【贵州省民委做好“双学双比”工作】 2009年，贵州省“双学双比”活动协调小组安排给省民委培训10 000名农村妇女的任务。为顺利完成此项工作，贵州省民委从省级少数民族发展资金中列出30万元经费，专项用于“双学双比”工作。2009年6月，省民委下发《贵州省民委关于认真落实2009年“双学双比”工作主要目标任务的通知》（黔族发〔2009〕27号），将培训指标和培训经费分解到9个地、州、市民宗局（民委），相关经费经财政厅审批后立即下达。

（撰稿　周峰　　审稿　黄感）

【贵州省民委配合抓好《贵州省少数民族地区“十一五”经济社会发展规划》的组织实施】 按照《贵州省少数民族地区“十一五”经济社会发展规划》要求，贵州省民委配合有关部门指导少数民族地区的经济社会发展。首先，按照《贵州省少数民族地区“十一五”经济社会发展规划》的要求，配合省发改委、省交通厅、省建设厅、省水利厅、省旅游局以及州、市、地等有关部门落实规划的各项工作，推动少数民族地区经济社会的发展。其次，根据《贵州省人民政府办公厅关于开展“十一五”规划中期评估有关工作的通知》（黔府办发〔2008〕58号）的精神，会同省发改委共同发文《关于开展〈贵州省少数民族地区“十一五”经济社会发展规划〉中期评估工作的通知》（黔族发〔2008〕55号），对《贵州省少数民族地区“十一五”经济社会发展规划》的实施情况进行检查落实。通过开展中期评估工作，掌握规划目标、重点任务、政策措施等执行情况，评价判断规划实施取得的成效，分析规划实施过程中出现的问题及原因，根据新形势、新要求提出进一步推动规划顺利实施的对策意见，确保完成规划提出的目标和任务，推动全省少数民族地区经济社会又好又快发展，为做好“十二五”规划提供重要依据。

（撰稿　张发刚　　审稿　吴继堂）

【贵州省推动民族自治地方和民族乡茅草房改造工程的实施】 2009年，贵州省民委按照省政府危房改造任务和省农村减灾安居工程的统一部署，推动实施民族自治地方和民族乡茅草房改造工程，落实了一批农村少数民族住房困难户建设项目，做好项目指导实施工作。安排资金300万元，在贵州省9个市州地的29个县（市、区）实施少数民族建房工作，解决了600户2 400多名少数民族群众的住房困难问题。工作中始终注重调查研究，依照少数民族群众危房等级程度，按轻重缓急，做到公平、公正安排补助资金。在建房工作中强调，一是要体现民族特色；二是要注重发动群众，群策群力，把有限的经费用到刀刃上，把党的温暖送到少数民族群众中去。

（撰稿　沈洪华　　审稿　王渝飞）

【贵州省民委认真做好民族统计工作】 根据国家民委统计工作的部署，及时协调贵州省统计局综合处下达了3州11县252个民族乡国民经济和社会发展统计任务，各种数据已经整理并上报国家民委，与此同时，完成了国家民委主编的《中国民族统计年鉴》的组稿任务。完成贵州省民族经济统计工作，编印了《2009年贵州省民族工作统计手册》。以贵州民族经济统计数据为基础，完成贵州省改革开放30年来民族经济统计数据资料的整理汇编，编辑出版了大型文献资料《贵州民族地区改革开放30年》，综合反映了本省民族自治地方改革开放30年来经济和社会发展状况，综述了民族自治地方30年来在经济社会发展方面所取得的成就。

（撰稿　张发刚　　审稿　吴继堂）

【云南省民委加强调研促进民族经济政策措施取得新突破】 在云南省民委党组的统一部署和领导下，云南省民委从全省少数民族和民族地区的实际出发，经过认真调研分析、精心筹划争取、多方努力协调，在民族经济政策措施方面取得了突破性进展，为促进少数民族和民族地区加快发展、科学发展争取了更大支持。一是推出六大工程。争取省委常委会议研究决定，并在《中共云南省委 云南省人民政府关于进一步加强民族工作 促进民族团结 加快少数民族和民族地区科学发展的决定》（云发〔2009〕13号）中明确，重点规划和实施"六大工程"，即兴边富民扶持发展工程、人口较少民族地区扶持发展工程、特困民族地区扶持发展工程、散居民族地区扶持发展工程、民族特色村寨保护与发展工程、少数民族劳动者素质提高工程，奠定了今后一段时期，特别是"十二五"期间民族经济工作的基础。二是进一步扩大民族专项资金的规模。在云发〔2009〕13号文件中明确，从2009年起，省级少数民族发展资金、民族机动金、散居民族工作经费每年按10%比例增加，同时，每年安排2 000万元省级民族文化抢救保护专项经费，进一步加大了扶持少数民族发展的力度，加强了民委经济工作的力量。三是当好参谋助手。围绕云南民族地区的实际，积极做好对彝族Ꞙ人支系、瑶族山瑶支系等特殊困难群体的调查研究，对加快民族地区发展、开展民委经济工作、扶持人口较少民族发展和特困民族地区脱贫发展等方面，积极提出有针对性、操作性的对策建议，得到国家民委，省委、省政府以及省级有关部门的肯定和参考，有的已经转化为政策措施，如开展对四个特困民族和少数民族特殊困难群体的扶持，已成为2009年省政府的20项重点工作。

（撰稿 李红燕 审稿 徐畅江）

【云南省民委编制促进少数民族和民族地区科学发展的六个规划】 为抢抓机遇，趁热打铁，云南省民委把云发〔2009〕13号文件明确的六大工程落到实处，编制完成了《云南省兴边富民行动重点县实施规划》、《云南省扶持人口较少民族发展"十二五"规划》、《云南省扶持特困民族地区发展规划》、《云南省扶持散居民族地区发展规划》、《云南省民族特色村寨保护和发展规划》和《少数民族劳动者素质提高工程规划》，同时，通过各种形式和会议，积极加强与省级有关部门的沟通协调，力争使规划具有可操作性，得以顺利实施。

（撰稿 李红燕 审稿 徐畅江）

【云南省民委开展对少数民族和民族地区基本情况的摸底统计工作】 为摸清家底，做好规划，谋划长远，制定更加具有针对性的政策措施，云南省民委在各州市的配合下，对全省少数民族人口比例达到30%以上的村委会和自然村进行了基本情况统计，涉及40个指标260多万个数据。为争取国家支持，提供省委、省政府决策参考，乃至省级有关部门加大对民族地区通电、饮水、通广播电视等方面的扶持发挥了积极作用。同时，较好地完成了民族自治地方、边境县和民族乡（镇）国民经济和社会发展的统计工作，编纂出版了《2009年云南民族经济工作手册》。

（撰稿 李红燕 审稿 徐畅江）

【云南省民委进一步做好民族专项资金的规范管理】 2009年，云南省民委在民族专项资金管理方面进行了积极探索，在进一步规范程序、明确责任和争取民族专项资金投入方面取得了一定成效。一是探索建立资金安排、管理的新机制。按照"省做规划、州（市）负总责、县抓落实、项目到村、扶持到户"的要求，对扶持人口较少民族发展、兴边富民示范村、民族团结示范村、扶持特困民族等重点项目，采取分级负责的办法，即省民委作出规划，提出目标要求，明确投入标准，分配项目数量和资金额度，实行项目备案，加强事后监督检查和绩效评价；州（市）民委负责项目审核、指导项目实施、加强资金监管、进行项目验收；县级民委负责项目立项申报、组织项目实施、进行项目公示、引导群众参与、确保资金安全、录入项目信息、建立项目档案。这项新机制的实施，进一步强化了各级民族工作部门的责任意识，提高了工作效率，使项目更符合实际和更具针对性。二是积极协调争取资金投入。针对目前国家不断加大对边境及人口较少民族地区扶持力度的机遇，认真准备相关材料，积极向国家民委和省级财政争取资金，并协调上海对口帮扶支持，使2009年民族专项资金总量达到27 711万元，较2008年的24 228万元增加3 483万元，增长14.38%，有力地保障了民族工作的各项重点任务。三是圆满完成年度安排计划和资金检查总结。根据全省民委工作会议精神和省民委工作部署，在各州（市）申报基础上，编制了2009年度安排计划，与省财政厅共同进行审核，主要项目于9月底前完成了计划下达。同时，完成了《云南省民委关于2008年度少数民族发展资金绩效评价的报告》（云族函发〔2009〕21号），并于2009年7月14日通过省财政厅考核组的检查，得到充分肯定；根据国家民委等有关部门要求，组织开展了对少数民族发展资金管理使用情况的专项治理及总结，形成《云南省民族事务委员会关于开展少数民族发展资金专项治理的情况报告》（云族发〔2009〕83号）、《云南省民族事务委员会关于2004年以来少数民族发展资金安排使用情况的报告》（云族发〔2009〕59号）等材料。

（撰稿　李红燕　　审稿　徐畅江）

【国家民委领导高度评价《陕西·宁夏少数民族经济合作发展协议》】　陕西、宁夏两省区签署《陕西·宁夏少数民族经济合作发展协议》后，国家民委领导对此非常重视，并给予了充分肯定。国家民委主任杨晶、党组书记杨传堂分别在《陕西省民族事务委员会关于陕西宁夏开展少数民族经济合作发展活动的情况报告》上作了批示。

（撰稿　海建宇　　审稿　刘开岚）

【陕西省和宁夏回族自治区签署少数民族经济合作发展协议】　2009年4月6日下午，在第十三届中国东西部合作与投资贸易洽谈会上，陕西省政府和宁夏回族自治区政府联合举行了“陕西宁夏少数民族经济合作交流会暨协议签约仪式”。陕西省副省长景俊海、宁夏回族自治区副主席李锐、国家民委党组成员陈改户等出席仪式并致辞，景俊海和李锐代表双方政府签署了《陕西·宁夏少数民族经济合作发展协议》。会议和签约仪式由陕西省政府副秘书长李明远主持，两省区民委、商务、招商等部门领导及少数民族企业界200余人参加了会议暨签约仪式。

（撰稿　海建宇　　审稿　刘开岚）

【甘肃省出台《贯彻国务院支持青海等省藏区经济社会发展若干意见》的实施意见】　2009年5月，为了认真贯彻落实《国务院关于支持青海等省藏区经济社会发展的若干意见》，加快甘肃省藏区经济社会发展，甘肃省人民政府出台了具体的实施意见。意见提出，支持藏区经济社会发展，坚持科学发展，建设生态文明；坚持以人为本，着力改善民生；坚持统筹兼顾，实施分类指导；坚持自力更生，强化政策支持等原则，到2010年，藏区生态环境恶化的趋势得到初步控制，局部有明显改善，植被覆盖度、“三化”草原治理率、水源涵养能力逐步提高，沙化土地扩展趋势得到有效控制，水土流失防治面积稳步增加；基础设施进一步改善，重点产业和特色经济粗具规模；城乡居民收入接近或达到西部地区平均水平，基本公共服务能力大幅提高，与全省乃至全国差距拉大的趋势得到遏止。到2020年，生态环境总体改善，生态系统步入良性循环，人与自然和谐相处；基础设施比较完善，特色优势产业形成规模；城乡居民收入接近全国平均水平，基本公共服务达到全国平均水平；经济与社会协调发展，实现全面建设小康社会目标。

（撰稿　成自强　　审稿　王学仁）

【全国民族统计数据审核汇总分片会议在宁夏回族自治区召开】　2009年8月3—7日，由国家民委经济发展司组织召开的民族统计数据审核汇总分组会议在宁夏回族自治区圆满结束，来自辽宁、四川、新疆、贵州等15个省区的18名代表参加了会议。这次会议严格按照民族统计年鉴编排大纲要求，在认真做好本地区的撰稿、组稿和编辑、审稿、校对工作的基础上，对上报的报表、稿件进行了审核，确保了稿件的全面、真实、准确和权威性，较好地完成了审核汇总工作。

（撰稿　陈常国　　审稿　任薇娜）

【宁夏回族自治区加强少数民族发展资金管理】 宁夏回族自治区严格按照《少数民族发展资金管理办法》的规定和“统一规划、集中使用，渠道不乱、用途不变，各负其责、各记其功”的原则，以及自治区扶持农业产业发展的相关政策要求，与财政厅共同开展好项目的筛选、论证、实地考察等工作，并根据自治区扶贫开发领导小组《关于印发宁夏扶贫资金项目公示、公告制实施意见的通知》要求，对拟定建设项目在所在地的乡、村进行公示。杜绝了资金分散、政策交叉、合力不强、效果不佳等问题的发生。2009年，下达少数民族发展资金3 650万元，实施项目112个。其中，用于基础设施建设1 090万元，生产发展932万元，科技推广、培训154万元，医疗卫生、文化教育1 420万元。少数民族发展资金项目的实施，有效地改善了少数民族地区基础设施和生产、生活条件，加快了脱贫致富步伐，增强了民族经济发展后劲，特别是在解决宁夏中部干旱带吃水和农村基础设施建设项目上，其经济效益和社会效益十分显著，切实让发展资金为少数民族群众办实事、办好事，起到雪中送炭的作用，被群众称为“爱心资金”、“民心资金”，受到广大少数民族地区群众的好评。

（撰稿　陈常国　　审稿　任薇娜）

【宁夏回族自治区成功举办新中国成立60周年成就展】 2009年6月22日，由国家民委、宁夏回族自治区、内蒙古自治区、广西壮族自治区、新疆维吾尔自治区人民政府共同举办的“新中国成立60周年成就展”在北京民族文化宫举办。宁夏展馆以“如诗如画宁夏川”为主题，分5个部分，以图片、图表、模型、实物等形式，运用声、光、电以及现代多媒体等手段，充分展现了宁夏60年来在经济社会发展、基础设施建设、资源开发和生态环境保护、民族特色产业发展、扶贫开发等方面取得的巨大成就。生动表现了各族人民团结一心、自强不息、艰苦奋斗，夺取全面建设小康社会新胜利的坚定信心和精神风貌，突出展示了党的民族政策和民族区域自治制度的巨大优越性。展馆作为一个浓缩的窗口，让更多的各族各界群众和国外人士了解了宁夏回族自治区60年来发生的历史性巨变，感受到在党的民族政策的光辉照耀下各族人民共同团结奋斗、共同繁荣发展，平等、团结、互助、和谐的社会主义民族关系不断巩固的真实情况。

（撰稿　陈常国　　审稿　任薇娜）

【新疆维吾尔自治区实施饮水安全工程】 新疆农村居民饮水问题比较突出，相当一部分农牧民群众生活饮用水中氟、砷、苦咸水、细菌等严重超标，介水传染病、水致地方病和人畜共患病时有发生。随着大部分农牧区饮用水问题的解决，新疆农牧民饮水工程重点已由“解困型”转向了“安全型”。在国家的关心支持下，自治区在农村饮水安全工程建设方面总投资已达12.6亿元。截至2009年末，全区已建成饮水安全工程264处，新建水厂243座，铺设供水管道24 283千米，受益农牧民达270万人。新疆农村饮水安全工程建设，不仅改善了广大农牧民的生产生活条件，而且有力地促进了民族团结与社会进步。目前已有690万农牧民吃水安全问题得到了解决，占当地农村总人口的59%。

（撰稿　美亚赛　　审稿　葛丰交）

【新疆维吾尔自治区推进牧民定居工程】 2009年，新疆获中央财政3亿元拨款，用于推进牧民定居，推进范围涉及以北疆牧区为重点的5个地州33个县（市），1.2万户牧民受益。目前，全区已定居、半定居牧户18.5万户，占牧民总户数的78%，达到定居标准的占牧民总户数的37%，四季游牧的生产方式正在向冷季舍饲、暖季放牧方向转变，牧民收入稳步提高，牧区经济取得长足发展。同时，通过实施牧民定居点社区化管理，改变了传统牧区的管理模式，历史上逐水草而居的哈萨克牧民的生产生活方式实现了历史性跨越。牧民就业、教育、医疗、卫生条件有了很大改善，广大牧民的生活质量得到显著提高。

（撰稿　美亚赛　　审稿　葛丰交）

【新疆维吾尔自治区喀什老城区开始大规模危旧房改造工作】　为了更好地保护喀什古城风貌，2009年2月，国家正式对喀什老城区危旧房改造综合治理计划立项，确定了"以原有院落为单元、按照居民意愿改造"的方式，本着尽量不改变居民固有的生活方式和谋生手段，保护和传承老城核心区风貌、人文生态的原则，对28个集中连片的土木、砖木结构危旧房区进行改造，面积共8.36平方千米，涉及居民6.5万户22.1万人。联合国教科文组织还将向世界介绍喀什老城区危旧房改造的经验。2009年8月13日，喀什老城区危旧房改造综合治理项目"E-8片区"和"花盆巴扎片区"两个试点区举行了"自拆主体代建工程"完工交接仪式，65户居民住进了抗震安居房，这也标志着喀什老城区大规模危旧房改造的序幕正式拉开。

（撰稿　美亚赛　　审稿　葛丰交）

【新疆维吾尔自治区着力解决重大民生问题】2009年，在面对国际金融危机和乌鲁木齐"7·5"事件的双重影响下，国家和自治区继续下大气力解决涉及新疆各族人民群众的民生问题，并集中建设了一批关系新疆扩内需、保增长、调结构、惠民生的重大项目。7月，国家批复了7个专项规划，安排投资40亿元，重点建设南疆三地州民生项目。这些项目规划的实施，极大地改善了南疆三地州各族群众的生产生活条件。2009年，新疆财政用于民生支出资金为948.6亿元，增长30.4%，占财政支出的70.3%。

（撰稿　美亚赛　　审稿　葛丰交）

【新疆生产建设兵团农四师出台推进少数民族经济发展的新举措】　2009年9月15日，新疆生产建设兵团农四师党委为进一步贯彻落实兵团推进少数民族经济发展现场会精神，结合自身实际，制定了《农四师推进少数民族经济发展工程五年规划（2010—2014年）》。其目的是通过5年努力，使全师3 984户少数民族家庭户均收入达到1.2万元以上，使80.8%的少数民族家庭基本脱贫，努力实现各族职工群众共同富裕。为确保规划实施，在资金来源方面，农四师采取多种形式筹措资金，进行帮扶。各边境团场在利用国家兴边富民行动资金基础上，配套20万元，用于帮扶本团场的少数民族贫困家庭发展经济。其余6个腹心团场，农四师每年筹措资金300万元，支持每个团场50万元，团场配套50万元，用于少数民族经济发展工作。

2009年9月17日，为贯彻落实《农四师推进少数民族经济发展工程五年规划（2010—2014年）》，农四师召开由全师连长、指导员以上干部参加的"推进少数民族经济发展"的电视电话会议。会议指出：农四师少数民族经济发展5年规划，是师党委及团场党委的一项重要工作，是深入落实科学发展观，大力推进屯垦戍边新型团场建设，实现全师各民族齐奔小康的重要举措。少数民族经济的发展，党委有责任，主要领导有责任。要将规划实施的成效与经济发展争先创优奖励办法和团场领导干部薪酬收入奖惩考核办法结合起来，切实抓出成效。国家兴边富民行动项目资金的投入，对农四师推进少数民族经济健康、持续发展提供了难得的历史机遇。农四师13个边境团场要在师党委农业产业结构调整方针的指导下，努力奋斗，打一场扶贫帮困的攻坚战，使全师80%以上的少数民族家庭摆脱贫困。

（撰稿　刘海新　　审稿　热合曼·克日木）

【新疆生产建设兵团召开推进少数民族经济发展现场会】　2009年8月24—25日，新疆生产建设兵团在农四师召开了兵团推进少数民族经济发展现场会。兵团党委常委、副司令员哈尼巴提·沙布开，兵团副秘书长阿布力孜·尼牙孜以及兵团党委统战部、兵团民族宗教事务局、兵团财务局等兵团机关相关部门的领导，各师分管统战、民族宗教工作的领导，各师党委统战部、民宗局的领导，各少数民族聚居团场的主要领导等80多人参加了会议。农三师、农四师、农九师、农十师、农十三师及农四师农业局、组织部、统计局帮扶组做了大会发言，全面介绍了他们在推进少数民族经济发展方面的做法和经验。与会代表在76团、77团进行了现场观摩。

（撰稿　梁付江　　审稿　热合曼·克日木）

【新疆生产建设兵团少数民族发展资金使用情况】　2009年，中央财政拨付新疆生产建设兵团少数民族发展资金500万元。兵团民族宗教事务局本着既考虑全盘，又适当集中，点面结合，突出重点，注重效益的原则，对投资少、见效快、职工得到实惠、扶贫效果显著的项目优先考虑安排实施，并加强对项目和资金的跟踪检查工作。兵团民族宗教事务局制定了《兵团扶持少数民族发展资金项目管理暂行办法》，重点用于少数民族职工和少数民族聚居单位发展种植业、养殖业等增强自身造血功能，社会效益和经济效益明显，与少数民族群众生产生活密切相关的项目建设。2009年，共立项21个。其中，基础设施类项目7个，投资200万元；生产发展类项目9个，投资219万元；科技推广和培训类项目3个，投资47万元；其他项目2个，投资34万元。兵团民族宗教事务局、各师民族宗教事务局分别建立了项目档案，内容包括立项报告、立项批复、验收报告，项目档案有专人负责保存、管理。资金做到专款专用。

（撰稿　刘海新　　审稿　热合曼·克日木）

民族文化体育

民族文化

【首届内蒙古自治区民族文艺会演在呼和浩特开幕】 9月13日，由内蒙古自治区人民政府主办，自治区民委、文化厅、广播电影电视局共同承办的首届内蒙古自治区民族文艺会演在呼和浩特开幕。国家民委副主任丹珠昂奔，自治区党委副书记、自治区主席巴特尔，自治区党委常委、统战部部长伏来旺，自治区党委常委、宣传部部长乌兰，自治区人大常委会副主任、总工会主席云秀梅，自治区副主席刘新乐，自治区政协副主席娜仁出席了开幕式。首届全区民族文艺会演以“庆祝新中国成立60周年，歌颂祖国，歌颂内蒙古，弘扬少数民族优秀文化，促进各民族共同繁荣发展”为主题，被自治区党委、政府列为庆祝新中国成立60周年和全区第26个民族团结进步活动月的重要内容。来自全区各盟市、3个少数民族自治旗和内蒙古歌剧院的包括蒙古族、达斡尔族、鄂温克族、鄂伦春族等民族在内的近1 500名演职人员进行16场演出。

（撰稿　李日树　　审稿　常威）

【辽宁省民委赴阜新蒙古族自治县就敖包文化开展调研】 2009年2月2日，辽宁省民委副巡视员张德秀带领文教处同志，赴阜新蒙古族自治县就敖包文化开展调研。调研组考察了大巴镇关山旗敖包、大板镇衙门村敖包园和大板镇海棠山风景区普安寺寺庙敖包，对敖包进行了拍摄，对敖包碑文等进行了记录和研究。2月3日，召开阜新敖包文化座谈会。参加会议的有省、市、县民委人员，阜新蒙古族自治县人大、县委领导，有关乡镇领导和从事阜新敖包文化研究的专家学者。座谈会由阜新市民委主任海国兴主持，与会人员对阜新蒙古族自治县的敖包文化产业规划情况、现阶段的建设情况和存在的问题、将来的发展方向和思路等进行了交流。

（撰稿　李珂　　审稿　赵佐贤）

【首届“中国·阜新敖包文化节”在辽宁省举行】2009年8月21—23日，首届“中国·阜新敖包文化节”在辽宁省阜新蒙古族自治县举办。开幕式以“精神的家园”为主题，分为“盛世庆典”、“欢歌齐舞”、“圣魂敖包”三个乐章。辽宁省副省长陈海波出席大会并宣布开幕，著名蒙古族作家玛拉沁夫应邀参加了活动。省人大、省政协、省委统战部等有关领导参加了开幕式。省文化厅还授予阜新蒙古族自治县“敖包文化非物质文化遗产传承”牌匾。活动吸引了来自全国各地的蒙古族群众近万人。文化节期间还举办了各种论坛和民歌大赛活动。

（撰稿　康炳日　　审稿　赵佐贤）

【辽宁省开展民族文化下乡活动】　2009 年 5—7 月，辽宁省民委与省群众艺术馆共同组成辽宁省心连心艺术团，开展赴民族地区送文化下基层演出活动。演出活动紧密结合民族团结进步表彰活动和清原等 4 个满族自治县成立 20 周年县庆，先后分赴清原等 6 个民族自治县开展了文化下乡活动。艺术团共演出 6 场，受到了各民族群众的热烈欢迎，观众达 5 万多人。

（撰稿　康炳日　　审稿　赵佐贤）

【辽宁省举办第五届少数民族美术、书法、摄影展】为迎接中华人民共和国成立 60 周年，2009 年 8 月 22—27 日，辽宁省第五届少数民族美术、书法、摄影展在辽宁美术馆举行。展览活动由省民委、省文联主办。副省长陈海波，省人大、省政协领导等出席开幕仪式并剪彩。省民委主任包玉梅、省文联主席王秀杰出席大会并讲话。本届展览以“祖国颂·民族风”为主题，共展出作品 300 余幅，参选作品规模、质量超过以往历届。在征集的1 100幅作品中，共遴选入围参展作品 287 幅，评出金奖 15 幅、银奖 32 幅、铜奖 64 幅、优秀奖 176 幅。参展作者有满族、蒙古族、回族、朝鲜族、锡伯族、藏族、壮族、黎族 8 个少数民族成分，占作者总数的 57%。展览期间，来自全省各地的各族各界群众3 000多人参观了展览。

（撰稿　康炳日　　审稿　赵佐贤）

【辽宁省民委积极参加“漠河杯”中国北方少数民族歌舞服饰展演】　2009 年 12 月 10—15 日，“漠河杯”第二届中国北方少数民族歌舞服饰展演在黑龙江省漠河市举办，5 天来，来自黑龙江、吉林、辽宁、内蒙古 4 省区的 11 个代表队 400 多名演职人员共进行了 9 场精彩展演活动。辽宁省代表团充满满韵清风的地域特色的表演博得了观众的高度赞扬，参演的 8 个节目共获得 1 金 4 银 3 铜的好成绩，并获得了优秀组织奖。

（撰稿　康炳日　　审稿　赵佐贤）

【吉林省举办首届少数民族新歌大赛】　2009 年 11 月 18—19 日，吉林省民委联合省文化厅、省广电局在长春市举办了“吉林省首届少数民族新歌大赛”，对近 3 年来的少数民族新创作品进行了一次全面检阅。少数民族词曲作家、演职员等 320 人报名参赛，参赛歌曲达 120 首，共评出一等奖 3 名、二等奖 4 名、三等奖 6 名。吉林市、松原市、延边朝鲜族自治州获得“优秀组织奖”。

（撰稿　李颖　　审稿　王喜年）

【吉林省民委参加第三届“中华民族文化周”活动】　为庆祝新中国成立 60 周年，纪念“五四”运动 90 周年，吉林省民委应邀参加了在香港举办的以“香江会亲贺国庆”为主题的第三届“中华民族文化周”活动。由朝鲜族、满族、蒙古族等 40 名各族青年组成的吉林省代表团以优良的工作作风和高雅的艺术水平受到组委会和香港各界的一致好评。

（撰稿　李颖　　审稿　王喜年）

【吉林省扶持发展少数民族文化】　吉林省民委加大资金扶持力度，建设少数民族文化传承基地。在图们市、延吉市、汪清县、前郭尔罗斯蒙古族自治县分别建立了朝鲜族长鼓舞基地、洞萧基地、象帽舞基地和蒙古族马头琴基地。投入专项资金补助少数民族文化事业单位和重点项目。协调相关部门，支持延边朝鲜族自治州新建国庆 60 周年献礼项目——中国朝鲜族图书馆，对延边歌舞团献礼节目《长白山阿里郎》进行了补贴，进一步强化了少数民族公共文化服务体系建设。

（撰稿　李颖　　审稿　王喜年）

【黑龙江省举办第四届少数民族文艺会演】 2009年8月22日，由黑龙江省民委、省文化厅主办，黑河市人民政府承办的第四届少数民族文艺会演在黑河市举办。全省13个市（地）代表团、省农垦总局代表团的近400名演职人员参加了会演。本届会演共有9场文艺演出。演员不仅包括鄂伦春族、赫哲族、达斡尔族、锡伯族、柯尔克孜族、朝鲜族等本省10个世居少数民族，还有白族、藏族、俄罗斯族等少数民族。本次会演推出了一系列优秀作品，如鄂伦春族舞蹈《山林情韵》、蒙古族舞蹈《我思念的努图嘎》、锡伯族舞蹈《蝴蝶之恋》、柯尔克孜族歌舞《归乡小路》等，此外还有鄂伦春族民间说唱《波尔卡内莫尔根》、达斡尔族乌钦《少郎与岱夫》、达斡尔族哈库麦勒歌舞《什么最美丽》、赫哲族渔猎歌舞《乌苏里江船歌》等。原生态节目搬上了少数民族会演的舞台，为弘扬和传承优秀民族文化起到了很好的促进作用。

（撰稿　刘冬海　　审稿　包玉明）

【第二届“中国·漠河北方少数民族歌舞服饰展演”在黑龙江省举行】 2009年12月10日，由黑龙江省民委、省文化厅和大兴安岭地区行署联合主办，漠河县委、县政府承办的第二届“中国·漠河北方少数民族歌舞服饰展演”在漠河县举行，展演为期4天。来自黑龙江、吉林、辽宁、内蒙古4省区的11个代表团403名演职人员参加了展演，共有11台专场129个节目的精彩演出，充分展示了绚丽多彩的北方少数民族文化艺术风貌，进一步促进了各地区之间少数民族艺术的交流，为繁荣发展少数民族文化事业起到了促进作用。国家民委发来贺电。黑龙江省副省长孙永波出席了开幕式并看望演职人员。

（撰稿　刘冬海　　审稿　包玉明）

【中国第八届乌日贡大会在黑龙江省佳木斯市举行】 2009年6月7日，中国赫哲族第八届乌日贡大会在佳木斯市郊区敖其镇敖其赫哲族村开幕。国家民委经济发展司司长葛忠兴、文宣司副巡视员张学进、省民委副主任关立卓、佳木斯市市长李海涛出席了盛会。赫哲族的传统节日乌日贡大会是集赫哲族民间文化、体育项目为一体的赫哲族人民的节日盛会，每四年举办一届。本届乌日贡大会由黑龙江省民族研究学会赫哲族分会主办，佳木斯市郊区人民政府承办，是历届大会中规模最大、参与人数最多的一次，共有来自北京、同江、抚远、饶河、等地10支代表队300余名赫哲族演员、运动员参赛。第八届乌日贡大会为期两天，进行了文艺和体育两大类赛事，还举办了两场篝火文艺晚会。其中，文艺比赛包括伊玛堪说唱（民间口头说唱）、民族歌舞、民族服饰、赫哲族声乐和器乐4项赛事，体育比赛包括摔跤、射箭、赛船、顶杠、鱼王角力、打兔子、叉草球和杜列其8项赛事。

（撰稿　刘冬海　　审稿　包玉明）

【江苏省南京云锦研究所被列入中国非物质文化遗产保护名录】 江苏省民贸企业——南京云锦研究所被列入中国非物质文化遗产保护名录。6月6日，在南京隆重举行了“中国非物质文化遗产保护中心南京云锦传习基地”揭牌仪式。

（撰稿　刘克元　　审稿　王在郑）

【安徽省召开全省少数民族文化工作会议】 2009年8月，安徽省政府出台《关于进一步繁荣发展少数民族文化事业的实施意见》（皖政〔2009〕88号）。11月30日，省委、省政府召开新中国成立以来首次全省少数民族文化工作会议，省委书记王金山发表重要讲话。国家民委支持安徽省100万元少数民族特色村寨保护与发展试点工作补助资金，扶持有关民族村保护和发展少数民族特色文化。

（撰稿　刘炜　　审稿　白和平）

【福建省开展全省少数民族文化工作调研】 2009年8月24日—9月4日，由福建省政府办公厅牵头，福建省民族宗教厅、文化厅、广电局、新闻出版局和文物局等单位参与，开展对少数民族文化工作的调研。3 个调研组深入到福建省 9 个设区市的 12 个民族工作重点县和 30 多个民族文化工作点进行调研，为制定福建省贯彻落实《国务院关于进一步繁荣发展少数民族文化事业的若干意见》的政策措施提供了依据。

（撰稿　赖龙娣　　审稿　蓝国秋）

【全国畲族文化学术研讨会在福建省宁德召开】2009 年 10 月 22—24 日，全国畲族文化学术研讨会在宁德市召开，会议由福建省文化厅，宁德市委、市政府联合主办，来自北京、浙江、广东、台湾、江西、福建等地的 50 多位专家学者参加了研讨会，从不同角度和侧面探讨了畲族的历史文化、民俗风情、语言文学等方面内容，并对畲族文化的传承、保护与利用开发提出了意见和建议。

（撰稿　夏仕锦　　审稿　蓝国秋）

【福建省各地举办活动庆祝畲族“三月三”】2009 年农历“三月三”（3 月 29 日）前后，福建省龙岩市上杭县庐丰畲族乡、宁德市金涵畲族乡上金贝村、福安市穆云乡溪塔村、福鼎市秦屿镇方家山村、霞浦县溪南镇白露坑村、福州市罗源县八井村等地分别举行了丰富多彩的庆祝活动。通过畲族歌会、民俗表演、摄影展览以及民族政策、法律、法规和畲族传统习俗问答等系列活动，展示了畲族民俗风情，吸引了海内外众多游客前来观看。农历“三月三”是畲族同胞与春节相当的重要传统节目，又称“乌饭节”和“对歌节”，是畲族人文历史文化的一个缩影。

（撰稿　夏仕锦　　审稿　蓝国秋）

【江西省少数民族文化工作开创新局面】2009 年，江西省出台《关于进一步繁荣发展少数民族文化事业的实施意见》，文件提出：通过 5 年努力，全省民族地区公共文化基础设施基本完备，建立覆盖少数民族和民族地区的公共文化服务体系，主要指标达到或超过全省平均水平。12 月底，省政府召开全省少数民族文化工作会议，传达全国少数民族文化工作会议和《国务院关于进一步繁荣发展少数民族文化事业的若干意见》（国发〔2009〕29 号）精神，建立少数民族文化工作联席会议制度。省政府协调文化厅、发改委、财政厅、新闻出版局、民族宗教事务局、文物局等省直部门担任成员建立少数民族文化联席会议制度，省政府组织召开第一次联席会议，派出 3 个工作组赴各地市进行少数民族文化事业发展情况调研。省财政首次设立少数民族文化专项资金 100 万元，主要用于畲族古籍整理、民族传统体育项目建设、少数民族文化人才的培养等项目。2009 年，贵溪市樟坪畲族乡、永丰县龙冈畲族乡、铅山县篁碧畲族乡、资溪县新月畲族村组织开展畲歌创作、畲寨篝火晚会、畲歌学唱等群众文化活动。乡政府、村委会组织少数民族艺人参加了邻省畲歌大赛并获得佳绩。民族地区少数民族文化生活不断丰富，少数民族优秀传统文化得到传承与弘扬。

（撰稿　施莉文　　审稿　张国培）

【河南省少数民族文化事业发展情况】2009 年，河南省少数民族文化事业有了进一步发展。24 个民族区、乡（镇）建有文化馆 5 个、文化站 22 个，有放映队 15 个、业余演出队 57 个；863 个民族聚居村建有 96 个文化大院、51 个图书馆；有 8 个少数民族传统体育项目训练基地，加强了少数民族传统体育项目的训练开发和普及。民族式摔跤、武术、珍珠球、毽球、蹴球、板鞋等具有独特少数民族风情的传统体育文化活动在民族聚居地广泛开展，“文狮子”舞、回民秧歌、心意六合拳、石锁被列入河南省非物质文化遗产名录。

2009 年 10 月，河南省承办中国回族学会第十八次学术研讨会，400 多名回族和各兄弟民族的领导、专家、学者、企业家及民族工作者围绕“科学发展观在回族地区的实践”这一主题展开了深入研讨。多位回族书画家进行了艺术交流，共同创作了书画作品。

2009年，河南省民族事务委员会编印出版《河南省回族古籍总目提要》，收录了河南省回族古籍书籍类122册、铭刻类230通、文书档案类10条、讲唱类6条，且附有大量照片。河南省民族事务委员会编印出版《河南百坊清真寺》、《河南当代回族人物》、《河南回族区乡镇》。

（撰稿　刘宾　　审稿　金艳华）

【湖北省长阳土家族自治县15人入选首批湖北省非物质文化遗产项目代表性传承人名单】 2009年1月3日，从长阳土家族自治县获悉，湖北省文化厅公布了第一批湖北省非物质文化遗产项目代表性传承人名单，长阳有15人入选，数量位居全省第一。长阳入选第一批湖北省非物质文化遗产项目代表性传承人有：都镇湾故事传承人孙家香、刘泽刚、李国新；长阳薅草锣鼓传承人高秉全、王道本；长阳山歌传承人马协菊、李德翠、覃春波、王爱民；长阳土家族撒叶儿嗬传承人张言科、覃自友、汪达升；长阳南曲传承人田卜栋、覃远新、覃好群。湖北省文化厅本次公布的省级非物质文化遗产项目代表性传承人共183名，分为民间文学、传统音乐、传统舞蹈、传统戏剧、曲艺、传统体育游艺与杂技、传统美术、传统技艺、传统医药、民俗十大类非物质文化遗产项目。

（撰稿　张昌勤　汪金衍　　审稿　唐启明）

【湖北省利川市精心打造《龙船调》民族文艺品牌】 湖北省利川民族民间文化积淀丰富，底蕴深厚，特色鲜明，是世界优秀民歌《龙船调》的故乡。近年来，该市以非物质文化遗产保护为契机，围绕文艺品牌建设，着力挖掘整理《龙船调》系列民族民间文化，进一步丰富品牌内涵。与文化旅游有机结合，开展系列文艺活动，创办《龙船调》杂志，保护传承《龙船调》系列民族民间文化；同时，抓宣传推介，成立“龙船调”山民歌演唱队，先后6次应邀赴中央电视台录制《龙船调》系列节目，通过媒体向国内外广泛宣传，使之走向全国乃至世界，努力将《龙船调》打造成国内外文艺知名品牌。

（撰稿　江莉　　审稿　唐启明）

【湖北省民族歌舞进军央视春晚 尽显土苗风情】 2009年1月25日，中央电视台虎年春节联欢晚会上，湖北省民族歌舞节目《山乡春来早》闪亮登场，其浓郁的民族特色表演赢得全国观众的好评。《山乡春来早》由“土苗兄妹”和“比兹卡”组合以及湖北民族学院学生等59人共同完成。由巴东县7位地道的土家农民组成的“撒叶儿嗬”组合，也在央视表演了精彩的原生态节目《纤夫号子》，向全国观众演绎了我国非物质文化遗产之一的“撒叶儿嗬”的风采。

（撰稿　阮正云　李荣国　　审稿　唐启明）

【湖北省恩施市民俗文化表演在澳门喜获成功】 2009年2月1日，湖北省恩施市民俗文化表演团赴澳门参加第八届“春节文化活动内地习俗展”，大获成功。据了解，恩施市民俗文化表演团经过层层选拔和筛选，获得了澳门民政总署文化司的邀请资格，赴澳门参加文化部在澳门举办的“春节文化活动内地习俗展”。在近一周时间里，表演团共演出8场，场场爆满，无论是澳门当地人还是外来旅客，都对恩施土家族、苗族特有的民俗文化赞叹不已，受到了主办方的一致好评。

（撰稿　周建华　　审稿　唐启明）

【湖北省长阳土家族自治县再次入选“中国民间文化艺术之乡”】 2009年2月5日，湖北省文化厅公布了文化部《关于命名中国民间文化艺术之乡的决定》，长阳土家族自治县（歌舞）再次入选“中国民间文化艺术之乡”。2008年11月，文化部根据《“中国民间文化艺术之乡”命名办法》的有关规定，组织专家对全国31个省、自治区、直辖市和新疆生产建设兵团申报的“中国民间文化艺术之乡”进行了评审，决定长阳土家族自治县等963个市、县、区、乡镇为“中国民间文化艺术之乡”。湖北省有37个单位入选“中国民间文化艺术之乡”。

（撰稿　张昌勤　　审稿　唐启明）

【湖北省长阳土家族自治县民间艺人张言科获国务院津贴】　2009 年 2 月 6 日，湖北省长阳土家族自治县资丘镇民间艺人张言科从省文化厅领到了国务院非物质文化遗产项目津贴8 000元，这是长阳获此殊荣的第一人。民间艺人张言科现年 63 岁，从小就对“撒叶儿嗬”等民族民间文化情有独钟，自 2005 年起先后受聘于资丘镇文化服务中心和资丘中心学校担任“撒叶儿嗬”教师，可谓“桃李满天下”。张言科继上年 2 月被国务院授予土家“撒叶儿嗬”项目传承人后，成功组建了 40 多人的“撒叶儿嗬表演队”，多方筹集资金 2 万多元购置表演队所需服装、道具，已为群众举行民间文化表演 70 多场次。

（撰稿　陈代超　　审稿　唐启明）

【湖北省民族地区 14 个县、乡（镇）被文化部命名为“中国民间文化艺术之乡”】　2009 年 2 月，在文化部命名的全国963 个“中国民间文化艺术之乡”中，湖北省有 37 个，其中民族地区有 14 个县、乡（镇）名列其中。这 14 个县、乡（镇）分别是：以歌舞著称的长阳土家族自治县、以傩戏著称的恩施市三岔乡、以民歌著称的恩施市太阳河乡、以民歌著称的利川市柏杨坝镇、以吹打乐著称的建始县长梁乡、以摆手舞著称的来凤县百福司镇、以板凳龙著称的恩施市芭蕉侗族乡、以地龙灯著称的来凤县旧司乡、以宣恩耍耍著称的宣恩县、以歌舞著称的鹤峰县走马镇、以撒叶儿嗬著称的巴东县野三关镇、以地盘子著称的咸丰县朝阳寺镇、以堂戏著称的巴东县沿渡河镇、以堂戏著称的巴东县溪丘湾乡。

（撰稿　陈军　　审稿　唐启明）

【全国人大民委调研组到湖北省长阳土家族自治县调研非物质文化遗产保护工作情况】　2009 年 9 月 23—24 日，以全国人大常委会委员、全国人大民族委员会主任委员马启智为组长的调研组一行，在湖北省人大常委会副主任蒋大国、宜昌市人大常委会副主任张为民、宜昌市人民政府副市长邱智坤等省市领导的陪同下，赴长阳土家族自治县就非物质文化遗产保护工作情况进行了调研。调研组一行先后考察了国家 4A 级风景名胜区——清江画廊风景区、自治县民族民间传统文化保护中心和民族民间文化传承基地，观看了《省级以上非物质文化遗产名录集锦》电视专题片和长阳自治县创编的土家族原生态大型歌舞集锦《梦幻土家》。听取了自治县委、县人大常委会、县政府关于全县经济社会发展、非物质文化遗产保护和自治县民族民间传统文化保护条例等情况的汇报，并同部分民族民间文化传承人、乡镇政府负责人座谈，征求对国家制定非物质文化保护法的意见和建议。马启智一行对长阳民族民间传统文化保护工作给予了高度评价，希望长阳要进一步增强民族民间传统文化抢救保护工作的责任感和紧迫感，发挥政府的主导作用，尊重民族民间传统文化传承的内在规律，大力弘扬优秀的民族民间传统文化。

（撰稿　韩永波　　审稿　唐启明）

【湖北省土家族先祖陵墓——廪君陵修缮完成】廪君是巴人的祖先，即土家族的祖先。据史载，廪君死后化为白虎，在距巴人最初定居的都城长阳香炉石约一公里处升天，此处乃白虎垄即廪君陵。2007 年，湖北省长阳土家族自治县对其进行了修缮，2009 年 3 月全部完工。这一反映巴人早期文化、历史的古迹得到了更加清楚的展现，成为湘鄂川黔等地土家儿女的祭祖圣地。该工程由长阳土家族自治县民宗局和县民族文化研究会负责建设，内容包括对白虎垄覃家祠堂的修复、廪君陵墓的修缮、兴建祭祀亭及廪君神道、对廪君陵墓周边环境进行绿化美化、建立长阳历史文化碑林等。

（撰稿　覃正瑛　　审稿　唐启明）

【“来凤·中国原生态摆手舞文化旅游研究中心”在湖北省武汉市挂牌成立】　2009 年 3 月 8 日，“来凤·中国原生态摆手舞文化旅游研究中心”

挂牌仪式在武汉举行。中心的成立，旨在认真贯彻落实科学发展观及湖北省委、省政府“一带两圈”发展战略，变文化资源优势为经济优势，提升来凤作为中国土家第一县、原生态摆手舞发源地和土家族艺术之乡的文化旅游形象。此次来凤县请专家为原生态摆手舞提供理论支撑，在土家族居住地区将形成原生态摆手舞的“寻根”热；扩大原生态摆手舞的国内外影响，并力争把来凤县原生态摆手舞申报成为世界级非物质文化遗产。同时还请专家从健康美体的角度对原生态摆手舞进行研究，力争把原生态摆手舞打造成为继少林武术、太极拳之后风靡全国的第三大全民健身舞蹈。

（撰稿　尹月慧　滕晓玲　　审稿　唐启明）

【湖北省民族文化重点工程——咸丰“飞凤楼”、“药王亭”全面竣工】　湖北省咸丰县城郊青龙山森林公园“飞凤楼”、“药王亭”是省民宗委批准立项投资、咸丰民宗局组织施建的全省民族文化重点工程。该工程于2007年11月19日破土动工，2009年3月全面竣工。“飞凤楼”建在咸丰古县城内八景之一的城南郊里许飞凤山头，是一座仿古建筑，楼高20.7米，建筑总面积545.44平方米，占地面积295.84平方米。楼阁雕梁画栋，檐角翘首，气宇轩昂；青石栏板上镌刻着民间诗词歌赋100多件，民族文化内涵非常丰富。“药王亭”建在大鱼塘药王山上，因此地生长有咸丰特色树种木荷，而该树又称“药王树”，因此得名。在“飞凤楼”、“药王亭”的带动下，咸丰县第三产业发展迅速，已为当地群众带来了可观的经济收益。

（撰稿　王国权　　审稿　唐启明）

【“恩施土家女儿会”被列为湖北省地方节庆文化品牌】　2009年4月9日，在湖北省恩施市宣传思想工作会上，市委常委、宣传部长王怀东宣布，“恩施土家女儿会”被纳入湖北省地方节庆文化品牌。近年来，恩施市确立了“12345”跨越式发展的工作思路，提出打造“恩施土家女儿会”等三张具有浓郁地方民族特色的文化经济名片。

（撰稿　王传普　黄彩桂　　审稿　唐启明）

【湖北省民族歌舞团与中央民族歌舞团达成意向战略协议】　2009年4月22日，中央民族歌舞团党委副书记姜国华一行来到恩施，对湖北省民族歌舞团进行了考察访问，双方达成意向战略协议，决定加强合作，联手打造民族文艺作品。今后，中央民族歌舞团与湖北省民族歌舞团将在以下几个方面实行深度的紧密合作：一是在人才交流和培训学习方面，建立一种互动通道；二是在组织演出活动方面，构建一种相互支持、互通有无的良好局面；三是联手打造民族文艺作品，创造民族文化精品。

（撰稿　张声勇　　审稿　唐启明）

【湖北省恩施土家族苗族自治州电信分公司将率先在州城营业窗口统一着土家族服装】　为了将民族文化融入企业文化之中，彰显州城的民族特色，增强州城的民族文化氛围，恩施土家族苗族自治州电信分公司决定率先在州城营业窗口统一着土家族服装。目前，该公司已委托有关民族服装厂家精心研制首批土家族服装，“五一”之后在州城营业窗口统一着装，之后，在各县市营业窗口也将统一着土家族服装，逐步形成既有民族特色又有地域特色的企业文化。这一举措开创了恩施土家族苗族自治州国有企业营业窗口自觉着民族服装的先河，为在全州营业窗口统一着民族服装发挥了带头和示范作用。

（撰稿　张声勇　　审稿　唐启明）

【湖北省利川市举办第二届杜鹃文化旅游节】　2009年5月8日，中国传统习俗名镇——湖北省利川市谋道镇举办了“苏马荡第二届杜鹃文化旅游节”。重庆万州、恩施及周边地区近千名游客来到利川观赏了杜鹃花的盛放，欣赏了山民歌和肉连响等表演，参加了摄影大赛及篝火晚会。苏马荡森林度假村位于利川谋道与万州龙驹交界处。每到春夏之交，漫山遍野的杜鹃花组成“百里杜鹃长廊”，成为一道亮丽的风景。苏马荡拥有独特的民风、民俗、民歌、民谣、民谚，特别是山歌和劳动号子十分丰富。

（撰稿　杨敏　　审稿　唐启明）

【湖北省“来凤·中国土家摆手舞文化旅游节”开幕】　2009年5月24日，为期6天的“来凤·中国土家摆手舞文化旅游节”隆重开幕。副省长张岱梨宣布“来凤·中国土家摆手舞文化旅游节”开幕，州委副书记、州长杨天然，省民宗委副主任胡祥华，文化部社会文化司副司长王勇才在开幕式上致辞。来凤是全国第一个土家族自治县，是土家族文化重要的发祥地，是原生态摆手舞之乡，历史文化悠久。为弘扬优秀的土家族文化、塑造旅游文化品牌、大力推介魅力来凤、促进经济社会科学发展，省民宗委、省文化厅、省旅游局、省广电总台、省体育局、州政府主办，来凤县政府承办了“来凤·中国土家摆手舞文化旅游节”。节会期间，还举办了故乡行、招商酒会、省政府“616工程”对口帮扶工作会、大型土家歌舞晚会、民族产品展销和书画、摄影展览等活动。来凤县借节引“凤”，借力招商，已有一批招商项目达成合作意向，并在节会期间正式签约。

（撰稿　陈军　　审稿　唐启明）

【湖北省恩施土家族苗族自治州成功举办土家女儿会】　2009年8月31日（农历七月十二），一年一度的恩施土家族苗族自治州地域性民族节日——恩施土家女儿会如期举行。来自黑龙江、吉林、内蒙古等8个省、自治区的8 000多名青年男女及部分国外游客，齐聚凤凰山广场，“相约恩施土家女儿会，梦圆土家情人节”。女儿会由开幕式文艺演出、赶场相亲、“恩施土家女儿会”论坛、相亲大派对文艺晚会、土特产品展销和婚博会六项活动组成。8月31日—9月1日，作为本次恩施土家女儿会最大的亮点和看点的赶场相亲活动在风雨桥东亲水走廊、凤凰山广场、凤凰山森林公园举办，有8 000余名单身青年男女参加相亲活动。恩施土家女儿会是恩施土家族苗族自治州土家族独特的民族文化传统节日，被誉为“东方情人节”。经过300多年漫长的选择与沉淀，恩施土家女儿会以其独特的民族文化形态受到世人的关注，成为恩施民族文化的象征，已被列入湖北省第二批省级非物质文化遗产名录。从20世纪80年代起，恩施市每年都要举办盛大的女儿会活动。近几年，该市还把“恩施土家女儿会”作为全市的三张名片之一倾力打造，有效地提高了该市的知名度。

（撰稿　张声勇　　审稿　唐启明）

【湖北省民宗委在恩施土家族苗族自治州召开民族文化工作座谈会】　2009年9月9日，湖北省民宗委副主任胡祥华一行到恩施土家族苗族自治州召开座谈会，就湖北省人民政府拟出台的《关于促进少数民族文化大发展大繁荣的若干意见》和《湖北民族文化发展规划》（初稿）征求意见。座谈会上，恩施土家族苗族自治州相关部门人员及专家结合恩施土家族苗族自治州民族文化发展实际，提出了许多建设性的意见和建议。

（撰稿　张声勇　　审稿　唐启明）

【湖北省拍摄制作的《巴山撒叶嗬》喜获中国纪录片国际选片会金奖】　2009年10月17日，由湖北省长阳土家族自治县电视台和湖北省广播电视总台经济频道联合拍摄制作的大型电视纪录片《巴山撒叶嗬》，在第六届中国纪录片国际选片会上喜摘“十大纪录片金奖”，并将在世界各国巡回展播。该片以“巴山舞之父”覃发池以及长阳民间文化传承者群体为主线，大视角展现了长阳数十年不懈坚持挖掘、保护和传承土家族民间舞蹈——撒叶嗬的生动故事。拍摄组以长阳为轴心，辗转利川、巴东、建始、石柱、湘西等地采风拍摄，历尽千辛万苦收集了大量宝贵的影像资料。深情讴歌了土家族的淳朴民风以及对未来生活的追求与奋斗的情怀。土家撒叶嗬还曾荣膺中国群众文化政府最高奖——第十四届全国群星奖广场舞蹈比赛“群星奖”。2006年正式被国家列入首批非物质文化遗产保护名录，目前正在申报世界非物质文化遗产。

（撰稿　向世兵　　审稿　唐启明）

【全国土家族、苗族歌舞发展论坛在湖北省利川市隆重举行】　2009年10月22日，首届中国龙船调艺术节——全国土家族、苗族歌舞发展论坛在湖北省利川市隆重举行。论坛由中国舞蹈家协会、中共利川市委、利川市人民政府联合主办。国家民委文宣司副巡视员王庆朔，中国民间文艺家协会秘书长向云驹，利川市委书记、市人大常委会主任谭志平共同点击开通了虚拟龙船调艺术传承馆。讨论发言集中围绕龙船调与地域文化、民间歌舞等文化遗产的保护、土苗文化的宣传与传承等方面进行，高度评价了利川市所做的工作，认为利川市委、市政府举办首届龙船调艺术节有战略性、前瞻性，认为龙船调是我国宝贵的民族文化遗产，以龙船调为代表的土家族、苗族文化独具魅力，其保护重在传承，要建立民间歌手档案。此外，专家、学者们还对打造“龙船调”艺术节品牌与利川政治、经济、文化、社会发展等问题进行了广泛深入的论述。

（撰稿　杨敏　　审稿　唐启明）

【湖北省恩施土家族苗族自治州民族民间旅游商品获“中国第十二届根石美术精品展”金奖】
2009年10月29日—11月1日，湖北省恩施土家族苗族自治州民族民间旅游商品根艺作品《苗乡情》、《普渡》选送参加“中国第十二届根石美术精品展”，经过专家组的评选，双双荣获“刘开渠根艺奖”金奖。此次大赛是由中国根艺美术学会、中国文联对外评奖处、国家林业局等在中国革命军事博物馆举办的国家级赛事。全国有26个省（市）上千件根石美术作品参展，湖北代表团29人共56件作品参展，各参赛作品都是经过层层筛选选送的。本次精品展，旨在通过赛事，进一步发展中国根石美术事业，充分利用被废弃的根石资源，变废为宝，全面展示民族民间旅游商品根艺、石艺作品的新成果。

（撰稿　袁静玲　　审稿　唐启明）

【湖北省建始县加快土家族民俗博物馆建设】
2009年12月10日，在湖北省建始县政府办公会议上，县长庞红艳对建始县土家族民俗博物馆建设进行了督办，听取了土家族民俗博物馆的建设情况汇报，并就如何加快建始县土家族民俗博物馆建设提出了意见，对项目资金缺口问题进行了协调与妥善安排，同时要求民宗局加紧该项目的实施，力争年底交付使用。建始县土家族民俗博物馆是世界银行和湖北省世界银行贫困地区水电项目办公室利用“碳汇基金社区发展计划”实施的一项捐赠项目。按照社区发展计划项目实施方案，该项目总投资50万元，由县民宗局具体负责实施，主要用于民族文化的挖掘、整理。该项目分为《建始乡土文化丛书》和土家族民俗博物馆两个部分。目前，《建始乡土文化丛书》（共7本）已出版发行，土家族民俗博物馆已经全面进入装饰工程攻坚阶段。

（撰稿　张鹤林　　审稿　唐启明）

【湖北省恩施傩戏传承人蒋品三被文化部授牌】
2009年12月17日，湖北省恩施傩戏传承人蒋品三被文化部授予第三批国家级非物质文化遗产项目代表性传承人称号。本次得到授牌的恩施土家族苗族自治州仅有3人，另2人分别是恩施市灯戏传承人孟永香和利川肉连响传承人吴修富。湖北省有23人入选，其中民间文学2人、传统音乐6人、传统舞蹈1人、传统戏剧9人、曲艺2人、传统美术3人。国家级非物质文化遗产项目代表性传承人，是非物质文化遗产的重要承载者和传递者，掌握着非物质文化遗产的丰富知识和精湛技艺，是非物质文化遗产活态传承的代表性人物。

（撰稿　黄彩桂　　审稿　唐启明）

【湖北省利川市被评为中国“最具民俗文化特色旅游目的地”】　2009年7月27日，人民网旅游频道推出“最具民俗文化特色旅游目的地评选”活动，全国有190个地区参选。在此后的60天投票时间里，全国有近370万人参与了网上投票，利川在初选中居第七位。12月18日上午，人民网邀请来自旅游业界的专家、媒体、企业代表共同评选20个获奖旅游目的地。利川以龙船调、肉连响、利川小曲、腾龙洞、龙船水乡、大水井、鱼木寨等为代表的特色民俗文化及旅游景点征服了现场专家和代表，最终以117分的好成绩居第六位，被评为中国“最具民俗文化特色旅游目的地”。

（撰稿　余文生　　审稿　唐启明）

【湖北省《长阳年鉴》荣获全国年鉴编纂出版质量评比一等奖】　2009年12月，在第四届全国年鉴编纂出版质量评比工作会上，由中共长阳土家族自治县委、长阳土家族自治县人民政府主办，长阳土家族自治县地方志办公室主编的《长阳年鉴》在第四届全国年鉴编纂出版质量评比中荣获一等奖。全国年鉴编纂质量评比工作每五年举行一次，是中国年鉴出版界唯一的全国性评比奖项，和中国韬奋出版奖并列为中国出版工作者协会主办的两个全国性奖项。本次评比工作由中国出版工作者协会主办，中国出版工作者协会年鉴工作委员会承办。

（撰稿　韩永波　　审稿　唐启明）

【湖南省召开全省少数民族文化工作会议】2009年12月31日，在长沙市召开了首届湖南省少数民族文化工作会议，传达全国少数民族文化工作会议精神，总结近年来全省少数民族文化工作情况，交流经验，部署当前和今后一个时期的工作。会议由省委宣传部部长路建平主持，副省长刘力伟作工作报告，省委副书记梅克保作了重要讲话，省人大常委会副主任刘莲玉、省政协副主席谭仲池、省长助理袁建尧等领导，各市（州）分管副市（州）长，民委主任，文化局、旅游局、广电局、文物局、新闻出版局局长以及30多个省直单位领导出席了会议。

（撰稿　陈春建　　审稿　曹承明）

【湖南省三大举措挖掘、保护和开发少数民族和民族地区优秀传统文化资源】　湖南省三大举措挖掘、保护和开发少数民族和民族地区优秀传统文化资源：一是积极开展国家级、省级非物质文化遗产保护的申报工作。2009年2月，湖南省公布了湖南省第二批省级非物质文化遗产保护项目名录，共有114个项目列入第二批省级非物质文化遗产名录，其中少数民族地区53项，占推荐项目的46%。5月，文化部公布的第三批国家级项目代表性传承人名单中，湖南省又有22人入选，其中少数民族传承人有10人，占全省此次命名人数的45%。同时，为第一、二批省级非物质文化遗产项目和第一批省级非物质文化遗产项目代表性传承人统一制作了标牌和印制了传承人证书，并发放到项目保护单位和传承人手中。9月，湖南省组织开展第三批国家级非物质文化遗产项目的申报、评审和推荐工作，共推荐110个省级项目参加第三批国家级非物质文化遗产项目的评审，其中少数民族54个，占推荐项目的49%。二是组织开展民歌辅导传唱活动。为保护湖南省民族民间优秀传统文化，研究制定了《民歌辅导传唱活动实施方案和工作计划》。整个活动分筹备阶段、传唱阶段、创作整理阶段，计划3~5年完成。活动地点拟在郴州市嘉禾县、湘西土家族苗族自治州花垣县和保靖县、邵阳市隆回县、张家界市桑植县、怀化市沅陵县、永州江华县等地进行。活动将有重点、有层次地在全省开展，力争通过辅导、传唱、创作等形式，使各地民众能了解和熟悉本地本民族的民歌，让民歌真正走进普通民众的生活，使湖南民歌文化能继续传承和发展。三是挖掘整理民族传统文化。准备再版《湖南戏曲音乐集成》、《湖南民间歌曲集成》、《湖南曲艺音乐集成》、《湖南民族民间舞蹈集成》、《湖南民族民间器乐曲集成》。这“五大集成”中涵盖了湖南省土家族、苗族、瑶族、侗族等少数民族民间优秀文化传统曲目、舞蹈、音乐1 500多首(项)。同时,《湖南省非物质文化遗产名录》也在抓紧编写中。湘西土家族苗族自治州先后完成了《梯玛神歌》、《土家歌谣》、《土家织锦》、《湖南湘西民间工艺美术》等书的编辑出版工作,同时启动了国家级保护项目系列丛书的编写工作,该州还将民族语言教育普及与乡土文化教育纳入了教育的议事日程,编印了《湘西民族民间文化》中小学版课外辅导读物,下发到全州近百所中小学校,在音乐、美术课上试教,效果良好。

(撰稿　陈春建　　审稿　曹承明)

【湖南省“天下第一合拢宴”10 200人创吉尼斯纪录】 边喝侗乡美酒,边赏原生态歌舞,惬意赴宴,还能参与一项新的世界纪录诞生。2009年9月14日,“天下第一合拢宴”旅游主题活动在怀化侗文化城开席,万名游客、嘉宾共赴盛宴,场面甚为壮观。

本次合拢宴上用的是世界上最大的铁锅,直径4.5米、高3米、重2吨。在宴会主场,“杂交水稻之父”袁隆平院士亲手点燃了灶火,现场游客同吃一顿可口的“大锅饭”。当天,芷江、新晃、靖州、通道4个分会场也同时开席,整个合拢宴参宴人数达到10 200人,在上海大世界吉尼斯理事的现场公证下,一项新的世界纪录诞生了。

除了极富特色的合拢宴,四大分会场的活动也创意十足。芷江分会场不仅表演侗族歌舞,还汇聚了怀化苗族、瑶族、土家族等少数民族歌舞节目;靖州分会场用侗族特有的蜜饯拼制成一副巨大的中国地图,创下“天下第一大蜜饯”的世界纪录;新晃分会场则以古夜郎文化为中心,全牛宴、斗牛赛、祭牛神等古夜郎之风再现新晃夜郎故地;通道分会场的游客喝着拦门酒,看着侗族的芦笙表演,在皇都侗寨尽览侗家“三宝”(风雨桥、鼓楼、凉亭)。

(撰稿　陈春建　　审稿　曹承明)

【湖南省湘西花垣苗鼓获评民间文艺最高奖项“山花奖”】 在2009年“婺源·中国乡村文化旅游节暨第九届中国民间文艺‘山花奖’”、全国民间鼓舞鼓乐大赛上,湘西花垣苗鼓夺得了中国民间艺术的最高奖项“中国民间文艺‘山花奖’”。

此次活动由中国民间文艺家协会、中国文联联合主办,旨在促进中国非物质文化遗产的抢救与保护工作,传承和发展中华民族优秀传统文化,进一步弘扬中国民族民间传统艺术。来自新疆、内蒙古、云南、青海、贵州、湖南等地的15支艺术表演队近1 000名民间艺术人士登台献艺,角逐中国民间艺术的最高奖项“中国民间文艺山花奖”。苗鼓是湘西苗族民间艺苑中的一枝奇葩,是湘西人民在长期的社会生活、生产劳动和斗争中创造的一种民间艺术形式,已被列入国家非物质文化遗产名录。

(撰稿　陈春建　　审稿　曹承明)

【我国首部侗语电影《我们的嗓嘎》观摩研讨会在湖南省举行】 2009年11月30日,由潇湘电影集团公司和通道侗族自治县县委、县政府拍摄,潇湘电影集团公司出品的我国第一部侗语电影《我们的嗓嘎》,在北京举行观摩研讨会。研讨会由中国民族报社文化周刊主编俞灵主持,首都部分从事少数民族问题研究和电影理论研究的领导、专家和学者出席了研讨会。

《我们的嗓嘎》是在通道拍摄的,是我国第一部反映当代侗族人民生活的少数民族题材电影。影片大量启用非职业演员出演,并在大部分对白中采用侗语,加上演员们的本色演出,形成了影片原生态的纪实风格。影片的影像和音乐都很有特点,是一部风格独特、特色浓郁的少数民族题材作品。

(撰稿　陈春建　　审稿　曹承明)

【《湖南少数民族》一书出版发行】 为了宣传和介绍湖南省少数民族、民族地区和民族工作情况，湖南省民委组织编写的《湖南少数民族》一书由湖南人民出版社出版发行。全书共20万字，由绚丽多姿的湖南少数民族、神奇迷人的湖南民族地区、欣欣向荣的湖南民族工作三部分组成，构思严谨，文笔精炼，内容丰富，图文并茂，具有较高的史料价值。该书的出版，填补了湖南省民族类图书的一个空白。

（撰稿 陈春建 审稿 曹承明）

【中国侗族芦笙文化艺术节在湖南省通道侗族自治县举行】 2009年10月28日，中国（通道）首届侗族芦笙文化艺术节暨通道侗族自治县成立55周年庆祝大会在县城民族体育广场举行。近3万名群众身着鲜艳的民族服装，载歌载舞共同欢庆盛大的节日。省委常委、省委统战部部长李微微宣布艺术节开幕。通道侗族文化源远流长，民风古雅淳朴，被誉为“歌的海洋，舞的世界”，尤其芦笙在民间广为流传，芦笙文化艺术一直是侗族文化的象征，是寄托侗族群众情感的文化精髓，是维系侗族团结的精神纽带。2008年6月，侗族芦笙入围第二批国家级非物质文化遗产名录；11月，通道侗族自治县被文化部授予“中国芦笙艺术之乡”称号。这次艺术节共有六大主题活动：“侗乡巨变”成就展览、文艺演出、芦笙吹奏比赛、芦笙制作比赛、千人合拢宴、焰火晚会。来自全县的14支芦笙队进行了精彩的吹奏比赛和芦笙对抗赛。来自广西三江侗族自治县、龙胜各族自治县，贵州从江县、榕江县的芦笙匠与东道主通道芦笙匠现场比赛芦笙制作技艺。

（撰稿 陈春建 审稿 曹承明）

【广东省民族自治地方文化旅游发展加快】
2009年，广东省民族自治地方文化旅游有较快发展。连南瑶族自治县“瑶族婚俗”、“瑶族刺绣”被列为省级非物质文化遗产；成功举办第二届中国（连南瑶族自治县）瑶族文化艺术节；“广东省瑶族文化研究基地”成功落户，旅游专业县建设条件得到不断完善，接待游客人次和收入均同比增长300%。连山壮族瑶族自治县大旭山景区成功创建为全省50个森林生态旅游示范基地之一，建设金子山原生态旅游区，建成“戏水节”固定场地；旅游人数逐年增加，全年接待旅客达15.1万人次，增长40%，实现旅游总收入4 500万元，增长69%，带动消费近1亿元，其中进入景区游客达3.42万人次，增长75%。乳源瑶族自治县以创建“5A级生态旅游县”和“广东省旅游综合改革示范县”为主线，全力推动旅游业发展；成立大南岭民族贸易公司，瑶族刺绣、乳源彩石等特色旅游商品产销两旺；全年接待游客140多万人次，增长21%，旅游综合收入7.8亿元，增长42.2%。

（撰稿 黄春霞 审稿 温卫平）

【广东省领导深入民族地区专题调研民族文化发展情况】 2009年7月27—30日，广东省副省长雷于蓝率领由省发展改革委、省民族宗教委、省财政厅、省文化厅、省广电局、省新闻出版局等单位负责人组成的省政府调研组一行深入连南瑶族自治县、连山壮族瑶族自治县和乳源瑶族自治县，调研考察少数民族文化发展情况。在省委统战部副部长、省民族宗教委主任陈绿平，韶关、清远市领导陪同下，分别实地考察了3个自治县的电视台、文化中心、博物馆、影剧院、农家书屋以及瑶族传统文化培训基地等文化场所，听取3个自治县县委、县政府民族文化工作情况的汇报，并就如何进一步加快民族地区文化事业发展，打造民族文化品牌提出了意见。

（撰稿 黄春霞 审稿 温卫平）

【广东省加大文化基础设施建设扶持力度】 针对民族地区文化设施较为缺乏、文化发展较为落后的实际情况，广东省委、省政府着力改善民族地区文化设施条件，有效解决了少数民族群众看书难、看戏难和看电影难等问题。目前，连南、连山、乳源3个自治县都建有图书馆、博物馆、文化馆、电影院、广播电视台等设施，建有镇级文化站、村级文化室和农家书屋，3个自治县、7个民族乡基本实现广播电视村村通目标。同时，通过开展送书、送戏、送电影“三下乡”活动，使民族地区文化服务体系有了较大改善。特别是乳源瑶族自治县措施实、力度大，目前各镇都建有文化大楼，部分行政村还设立了图书站（室），并建成文化信息资源共享工程和“中国南岭瑶乡文化网”，制作瑶乡数字文化网，搭建宣传乳源特色文化的重要平台，为少数民族传统文化的发展创造了良好条件。2008年，乳源瑶族自治县被文化部授予“全国文化信息资源共享工程示范县”。

（撰稿　黄春霞　　审稿　温卫平）

【广东省重视民族文化的挖掘整理工作】　广东省重视做好少数民族传统文化的挖掘、整理和保护工作，弘扬了少数民族优秀传统文化。主要体现为“四个一批”：一是一批项目被列入国家级和省级非物质文化遗产名录。连南瑶族自治县的“瑶族耍歌堂”、“瑶族长鼓舞”，乳源瑶族自治县的“瑶族拜盘王”等被列入国家级非物质文化遗产名录，“瑶族反面刺绣”、“瑶族小长鼓舞”、“畲族招兵节”等被列入省级非物质文化遗产名录。同时，一批民族文化传承人被确立和保护。二是一批乡（村）被命名为各类历史文化名乡（村）。连南瑶族自治县三排镇油岭村、南岗村分别被文化部命名为中国民间艺术（瑶族长鼓舞）之乡、中国民间艺术（瑶族耍歌堂）之乡，南岗古排被评为中国文化历史名村和广东省省级重点文物保护单位。连山壮族瑶族自治县上帅镇被文化部命名为中国民间艺术（花炮）之乡。三是创作出版了一批反映广东少数民族历史文化的书籍，如《八排瑶历史文化》、《粤北壮族风情辑录》、《凤凰山畲语》、《广州伊斯兰古迹研究》、《广东满族志》、《连南排瑶》、《连山民歌集》、《乳源瑶族古籍汇编》等。四是一批少数民族文化艺术得到了保护和弘扬。3个自治县都成立了民族歌舞团，广东民族艺术团参演了全省民族大团结文艺晚会并到佛山、东莞、中山等市巡回演出，获得广泛好评。同时，刺绣、歌舞等少数民族传统文化艺术还进入了民族地区中小学校课堂，为少数民族传统文化的传承和发展打下了良好的基础。

（撰稿　黄春霞　　审稿　温卫平）

【广东省致力打造少数民族文化精品】　广东省致力打造少数民族文化精品。连南瑶族自治县创作的《瑶族长鼓舞》、《瑶族耍歌堂》、《瑶山谣》在国家和省市歌舞比赛中屡获大奖，原生态民族歌舞《连南瑶族风情》被中央电视台邀请进京演播，《瑶族舞曲》更是享誉国际。连山壮族瑶族自治县创作的《辣椒嫂戏郎》参加第二届全国少数民族文艺会演获得创编一等奖和省级一等奖，《咸鱼妈认媳》、《情系青山》、《三高农业托起山区的希望》获得国家级银奖。乳源瑶族自治县利用瑶族反面绣技艺创作的瑶族百米刺绣作品，受到社会各界的普遍好评。

（撰稿　黄春霞　　审稿　温卫平）

【广东省开发文化资源促进产业发展】　广东省民族地区开发利用少数民族传统文化资源，促进文化产业兴起和经济加快发展。利用各类传统节日、庆典活动等机会，大力开展少数民族文化活动，不仅丰富了各族群众的文化生活，还有效提升了少数民族文化和民族地区的影响力。省民族宗教委和清远市政府成功举办了两届中国（连南）瑶族文化艺术节，创意新、特色浓、影响大、效果好。连南瑶族自治县积极打造民族文化精品，吸引了瑶神酒庄有限公司和瑶族舞曲文化有限公司等企业到连南投资。连山壮族瑶族自治县积极打好民族风情、自然生态游两张牌，先后举办了3届“七月香”壮家戏水节、4届民族民间旅游文化艺术节，不仅宣传了民族文化，而且推动了民族文化旅游的融合发展。乳源瑶族自治县成功举办了世界勉瑶文化学术研讨会，打响了“十月朝”风情旅游文化节品牌，培育了瑶家源旅行社、大南岭民族文化公司、五彩瑶乡购物城、金马文化公司等少数民族文化企业，促进了瑶绣、彩石、瑶族特产等旅游商品的开发。7个民族乡的少数民族文化工作也开展得有声有色，怀集县下帅壮族瑶族乡每年都举办“牛旺”文化节，东源县漳溪畲族乡举办了畲族“招兵节”，龙门蓝田瑶族乡举办了瑶族“火狗文化旅游节”，始兴县深渡水瑶族乡，连州瑶安、三水瑶族乡，阳山秤架瑶族乡也结合自身实际积极开展文化活动。此外，广州、深圳、惠州等市也经常开展少数民族文化活动，凝聚了人心，增强了团结。

（撰稿　黄春霞　　审稿　温卫平）

【广东省召开全省少数民族文化工作会议】 2009年12月17日，广东省政府在广州召开广东省少数民族文化工作会议，副省长雷于蓝出席会议并作讲话，省政府副秘书长江海燕主持会议，省委统战部副部长、省民族宗教委主任陈绿平传达全国少数民族文化工作会议精神。省文化厅和连南、连山、乳源3个自治县总结、交流了开展少数民族文化工作的经验。会议还研究探讨了广东省进一步繁荣发展少数民族文化事业的政策措施。省直有关部门及各地级以上市政府分管领导，各市民族宗教局、文化局、新闻出版和广电局、文体旅游局局长及3个自治县县长、县政府有关负责人等约100人参加了会议。

（撰稿　黄春霞　　审稿　温卫平）

【广西壮族自治区召开全区少数民族文化工作会议】 2009年10月16日，广西壮族自治区在南宁召开全区少数民族文化工作会议。会前，自治区党委副书记陈际瓦作出重要批示；自治区党委常委、宣传部部长沈北海接见了与会代表并作重要讲话，强调指出，当前少数民族文化工作最重要的是要做好三件事：一是要发展少数民族的公共文化事业，为少数民族群众提供更多、更好的公共文化产品；二是要挖掘、保护和发展少数民族传统文化；三是要多出民族文化精品。自治区副主席高雄出席会议并作工作报告，全面回顾总结了广西少数民族文化工作的成绩和经验，明确了广西少数民族文化工作的目标任务，提出了繁荣广西少数民族文化事业的原则和要求。自治区民委、相关部门、全区14个市的新闻出版局、文化局、广电局等单位的主要领导或分管领导100多人参加了会议。

（撰稿　覃汉华　　审稿　周世相）

【广西壮族自治区组团赴港参加“第三届中华民族文化周”活动】 2009年4月30日—5月5日，由广西壮族自治区民委纪检组组长黄济健任团长的广西代表团一行40人，赴港参加了“第三届中华民族文化周”活动。在港期间，广西代表团各族青少年以饱满的热情、良好的精神状态，参与了由国家民委、中央人民政府驻港联络办公室、香港特区民政事务局、香港活动组委会以及国际青年商会香港总会组织的系列文化活动。5月3日，在维多利亚公园举行的民族文化嘉年华活动中，广西代表团用独具特色的壮乡文艺形式，为香港各界市民表演了壮族、瑶族、侗族、苗族、仫佬族的歌曲和舞蹈以及京族器乐和趣味民族体育等项目，现场编织壮锦、制作绣球等，引发了香港各界人士的极大兴趣，他们纷纷参与互动，现场一片欢腾。

（撰稿　覃汉华　　审稿　周世相）

【海南省《黎族传统民歌三千首》出版发行】 《黎族传统民歌三千首》是一部反映黎族传统生活的作品，集新中国成立以来收集的民歌精品之大成。黎族民歌题材广泛、内容丰富，包括历史人文、风光景色、劳动生产、时政世态、社会斗争等各个领域，概括起来主要有劳动歌、爱情歌、时政歌、生活歌、故事歌等。《黎族传统民歌三千首》按黎族的哈、杞、润、赛、美孚五种方言，对歌曲进行了分类收集。同时，还对黎族民歌中的劳动号子、山歌、民谣等体裁作了记载，并分析了黎族民歌的歌词艺术、音乐特点等。该书的出版对于保护、挖掘和发展黎族民歌，帮助人们进一步了解黎族的历史文化与黎族社会的发展变化轨迹，进一步传承、弘扬黎族优秀传统文化，具有十分重要的现实意义和历史意义。

（撰稿　邱其斌　　审稿　唐圣为）

【海南省举办黎族织锦技能比赛】　2009年3月25日，海南省“五指山杯”黎族织锦技能比赛在五指山市举行。此次织锦技能比赛活动，旨在弘扬黎族传统文化，展示黎锦精美技艺，增进民族团结，共建和谐社会。来自陵水、保亭、白沙、乐东、昌江、东方、琼中、五指山等市（县）及农垦系统的55名黎族织锦能手参加了比赛。经过角逐，现场裁判对选手织绣的速度、设计图案构思、花纹细腻、富有民族特色、色彩搭配协调美观、制作工艺精湛程度等方面进行了评比，评出一等奖1人、二等奖2人、三等奖3人。

（撰稿　邱其斌　　审稿　唐圣为）

【海南省黎锦技艺申报世界非物质文化遗产成功】　联合国教科文组织第四次政府间委员会常规会议正式批准海南省“黎族传统纺染织绣技艺”进入联合国教科文组织首批急需保护的非物质文化遗产名录，这标志着黎锦申报世界非物质文化遗产获得成功。海南黎族人民的纺织技术，特别是纺、染、织、绣技艺和单面织、双面绣技艺极具特色，这些纺织技艺源远流长，以口传身授的方法世代相传，从先秦一直延续至今，当前仍然在黎族人民的社会和文化生活中起着重要的作用。黎锦申报世界非物质文化遗产成功，对保护、发掘和传承这一黎族文化艺术瑰宝有着积极的作用。

（撰稿　邱其斌　　审稿　唐圣为）

【海南省举办首期黎族民间传统器乐培训班】　2009年12月8日，海南省首期黎族民间传统器乐培训班在保亭黎族苗族自治县开班，这是为挖掘、抢救、弘扬和发展黎族传统文化采取的一大举措。黎族民间传统器乐是黎族人民在长期的社会实践中，用自己的勤劳和智慧创造出来的丰富多彩的文化艺术，取材简单，做工精细，演奏出来的乐曲生动活泼，优美抒情，形式多样，成为黎族人民劳作生活中的一种主要抒情方式和美好的精神享受，是一种难得的原生态艺术表现形式。此次培训共有39名乐手参加，培训内容包括黎族传统器乐的种类、制作特点、表现形式及艺术特征等。

（撰稿　邱其斌　　审稿　唐圣为）

【海南省“乐东香蕉”商标通过国家注册】　海南省乐东黎族自治县是“中国香蕉之乡”，香蕉年种植面积约10万亩，产量30万吨。乐东香蕉以产量高、质量好享有盛誉，产品畅销国内外。为保护乐东香蕉的声誉，维护消费者的合法权益，乐东黎族自治县农业技术推广服务中心于2008年初向国家工商行政管理部门申请注册“乐东香蕉”商标。2009年11月，“乐东香蕉”商标通过国家工商行政管理总局商标局注册，正式成为乐东香蕉品牌的注册商标。

（撰稿　邱其斌　　审稿　唐圣为）

【2009年海南省七仙温泉嬉水节开幕】　2009年8月26日，海南七仙温泉嬉水节在保亭黎族苗族自治县七仙广场开幕。省人大常委会副主任符桂花、康耀红，省政协副主席史贻云，老干部王学萍、王家贤出席了开幕式。开幕式上，举办了大型歌舞演出、彩车方阵巡游和万民嬉水狂欢，表现了保亭黎族苗族自治县的地方特色和淳朴民风。台湾少数民族代表团一行14人应邀参加了嬉水节活动。

（撰稿　邱其斌　　审稿　唐圣为）

【首家彝文外宣网站在四川省凉山彝族自治州开通】　彝族具有悠久的历史和古老的文化，据2000年第五次全国人口普查统计有7 762 272人，总人口位居壮族、满族、回族、苗族、维吾尔族、土家族之后的第七位，主要分布在四川、云南、贵州三省和广西壮族自治区的西北部。其中，凉山彝族自治州彝族人口达224万人，占全国彝族总人口的28.86%，是我国最大的彝族聚居区。彝文是中国最早的音节文字之一，一个字形代表一个意义，文字总数达1万多个，大约于13世纪形成。1957年国家通过了彝文规范方案，确定819个文字为通用文字，并将其规范为表音的音节文字。为弘扬彝族文化，凉山彝族自治州州委外宣办创办的“中国凉山彝州新闻网”彝文网站，2009年正式与网民见面，成为全国第一家综合性的彝文对外宣传网站。该网站分州情、彝族火把节、彝族年、彝文古籍经典、自然资源等16个栏目，较为翔实地介绍了彝族文化和凉山经济及社会的发展成果。网站开通以来，点击数持续上升，目前一天的点击数已在2万次以上，网民遍及日本、韩国、美国、德国等12个国家和地区，成为凉山彝族自治州又一对外宣传的重要窗口。

（撰稿　刘康容　　审稿　唐伯华）

【四川省羌年列入首批世界急需保护非物质文化遗产名录】　2009年10月，在阿联酋召开的联合国教科文组织保护非物质文化遗产政府间委员会第四次会议上，正式批准我国的“羌年”列入首批急需保护的非物质文化遗产名录。羌年也称羌历年，羌语称“日美吉”。根据地方的不同，又有“过小年”、“丰收节”、“还愿节”等多种叫法，以庆祝丰收和感恩还愿为主要内容，具有浓郁的地方色彩，在每年的农历十月初一举行，持续3～5天。2006年，阿坝藏族羌族自治州与绵阳市共同申报，羌历年被列为四川省首批非物质文化遗产。2008年，茂县、汶川县、理县、北川县申报的羌年，入选第二批国家级非物质文化遗产名录。2009年1月，我国向联合国教科文组织递交了申请资料，之后获批被列入世界急需保护的非物质文化遗产名录。

（撰稿　刘康容　　审稿　唐伯华）

【四川省“云朵上的民族——羌族文化图片展”在深圳举办】　为让更多的群众认识、了解羌族历史和文化，进一步激发社会各界对羌族文化保护的关注和参与，2008年12月31日，四川省民委、深圳锦绣中华发展有限公司结合锦绣中华在元旦和春节期间推出的“火把节”、“印象中国年”等活动，在深圳锦绣中华举办了为期一个月的“云朵上的民族——羌族文化图片展”。这次展览是继“云朵上的民族——羌族文化展”在成都成功举办后，应深圳锦绣中华发展有限公司的邀请举办的。展览以图片为主，共展出图片200余幅。图片分4个部分：第一部分“悠久历史”，主要介绍羌族的历史发展情况；第二部分“羌风笛韵”，多方面展示羌族传统文化；第三部分“山崩地裂”，展示刻骨铭心的“5·12”地震；第四部分“美好明天”，展示羌族人民重建家园和羌族文化的美好前景。开展以来，已接待观众近4 000人，其中不少是来自印尼、马来西亚、韩国、日本等国的游客。

（撰稿　刘康容　　审稿　唐伯华）

【四川省成功举办“藏彝走廊专题会议”】　2009年7月27—31日，国际人类学与民族学联合会第十六届大会在昆明召开，来自100多个国家和地区的4 000多位人类学、民族学学者莅临大会。会上，四川省举办的“藏彝走廊：文化多样性、族际互动与发展专题会议”引起了众多学者的关注，专家们精彩的发言引起了强烈反响，新华社、云南电视台、民族画报社、中国民族杂志社等媒体高度重视，纷纷进行了采访报道。在新华社记者的采访报道《多民族和谐共居的藏彝走廊引起中外学者关注》中指出：“滇、川、藏毗邻地区‘藏彝走廊’引起了人类学、民族学专家学者的关注，被认为是中华民族和谐共居、文化交融的缩影。”中国政府网、新浪网、网易、凤凰网、和讯新闻网等新闻和门户网站也都作了报道。到8月3日，中国民族宗教网、中国民俗学网、云南电视网、云南网、中国军网、中国文明网、中国藏族网、深圳新闻网等约400家网站对专题会议作了报道或链接。

（撰稿　刘康容　　审稿　唐伯华）

【四川省少数民族文化工作会议在蓉召开】 为认真贯彻全国少数民族文化工作会议精神，回顾总结全省民族文化工作，9月21日，四川省在成都召开了“全省少数民族工作会议”，这是新中国成立以来四川第一次召开全省少数民族文化工作会议。省人大、省政协、民宗委及教科文卫委、省委宣传部、省发改委、省财政厅、省人事厅、省民委、省文化厅、省广播电影电视局、省新闻出版局负责人、民族自治州及部分市政府领导和民族、文化、广电、新闻出版部门的负责人出席了会议。会议传达了全国少数民族文化工作会议精神及中央领导同志对发展少数民族文化工作的重要指示，与会代表讨论修改了作为四川少数民族文化工作的纲领性文件《四川省人民政府关于贯彻落实〈国务院关于进一步繁荣发展少数民族文化事业的若干意见〉的实施意见》（征求意见稿）。黄彦蓉副省长出席会议并作了重要讲话。

（撰稿 刘康容 审稿 唐伯华）

【《红军长征过凉山》系列片在四川省凉山彝族自治州冕宁县开机】 2009年4月17日，中央电视台《中华民族》栏目组织拍摄的新中国成立60周年献礼节目——《红军长征过凉山》系列片在四川省凉山彝族自治州冕宁县正式开机。该系列片分“石破天惊”、“借路”、“彝海结盟”、“情深意长”4集，以纪录片的形式重现了当年红军过凉山的情景，真情讲述了红军和凉山彝族人民之间的深情厚谊。凉山彝族自治州作为著名的红色革命老区，是红军长征在总行程中全国市州征程最长、时间跨度最大的地区，也是红军长征途中历史事件发生最多的地方之一。

（撰稿 刘康容 审稿 唐伯华）

【四川省《民族》杂志荣获全国抗震救灾宣传报道先进期刊】 四川省民委主办的《民族》杂志在中宣部、民政部、新闻出版总署等有关部门联合举行的全国抗震救灾宣传报道先进期刊评审中，被评为“全国抗震救灾宣传报道先进期刊”。2008年“5·12”汶川特大地震发生后，《民族》杂志克服各种困难，与战斗在各地抗震救灾第一线的干部群众和通讯员取得联系，获取第一手信息，组织来自第一线的稿件和新闻图片，派出记者深入重灾区采访。就社会广泛关注的羌族文化的抢救和保护问题，深入北川灾区了解干部群众和社会各界的意见，为保护羌族文化作好宣传工作。通过大量独家报道和信息展现了灾区干部群众的优秀事迹和精神风貌，从当月（2008年第5期）开始，到第10期为止，刊登抗震救灾的文字报道80余篇，图片报道300余张，及时有效地发挥了四川省委民族工委、省民委机关刊物在重大事件中的舆论导向作用。

（撰稿 刘康容 审稿 唐伯华）

【云南省成功举办第六届民族民间歌舞乐展演】 2009年9月9—13日，由云南省文化厅、云南省民族事务委员会、玉溪市人民政府共同举办的“云南省第六届民族民间歌舞乐展演”在玉溪市聂耳大剧院举行。本次展演荟萃了16个州（市）23个民族768名演员的66个节目，其中少数民族演员441名，占参演人数的57.4%，成为参演节目最多、参加州（市）最齐、演员特别是少数民族演员最多的一次盛会。此次展演突破了以往惯例，首次由地州承办，选择在云南省经济、社会、文化较为发达的玉溪市举办，为各民族演员提供了一次较好的学习和观摩机会。参演节目除在剧场组织5台演出外，还到玉溪市聂耳文化广场和峨山彝族自治县演出，让更多群众享受到了民族民间传统文化盛宴，使展演更贴近生活，贴近群众。

（撰稿 刘满佳 审稿 徐畅江）

【“我们的生活——艺术作品展”在云南民族博物馆圆满落幕】 2009年5月30日，云南知名艺术家和热心观众近200人汇聚在云南民族博物馆展览大厅，举行“我们的生活——50场艺术展”闭幕仪式。昆明市美协主席陈崇平作了总结发言。“我们的生活——艺术作品系列展”为时一年，共举办了50场个人作品展及讲座，先后有80位老、中、青艺术家的3 000多件作品参展，观众达10万余人次，是迄今为止云南省规模最大、历时最长的一次艺术饕餮盛宴。

（撰稿　杜韵红　　审稿　徐畅江）

【“云岭颂歌——云南民族工作60年成就展”、“云南民族文字古籍展”在云南民族博物馆隆重开幕】　为庆祝中华人民共和国成立60周年和迎接国际人类学与民族学联合会第十六届大会在昆明的召开，2009年7月24日，由云南省民族事务委员会主办、云南民族博物馆承办的“云岭颂歌——云南民族工作60年成就展”、“云南民族文字古籍展”在云南民族博物馆隆重开幕。云南省政协副主席顾伯平，省民委主任王承才，副主任马泽、木桢、岩秒、李国林，副巡视员张宝安、胡忠文以及省财政厅、文化厅、社科院、云南民族大学、省文史馆等单位相关领导，各届各族群众上千人参加了开幕式并参观了展览。本次展出的“云岭颂歌——云南民族工作60年成就展”到10月底止，“云南民族文字古籍展”将作为云南民族博物馆的常设陈列常年展出。

（撰稿　杜韵红　　审稿　徐畅江）

【云南省组织开展“消防宣传形象大使”推荐命名活动】　为使云南省法定的第17个“119消防日”系列宣传活动办得丰富多彩，更加凸显云南消防的民族品牌，在全省营造浓厚的学习、宣传、贯彻、落实《消防法》的良好氛围，提高广大人民群众的消防安全意识，云南省公安消防总队和云南省民族事务委员会联合发起了云南少数民族消防宣传形象大使推荐活动，经各州（市）消防支队、民委（民宗局）层层推荐，云南省公安消防总队和云南省民族事务委员会严格审核，在全省5 000人以上的26个世居民族中，产生了26名优秀的各民族代表，被命名为“云南省消防宣传形象大使”。此项活动的开展，旨在更有效的传播消防法律法规常识，传授防火、灭火知识和逃生自救技能，进一步提高广大人民群众的消防安全意识，建设好富裕、民主、文明、开放、和谐的云南。此次活动，中央电视台《新闻联播》和云南电视台《云南新闻》分别进行了报道。

（撰稿　刘满佳　　审稿　徐畅江）

【数千拉祜族同胞在云南民族博物馆欢度葫芦节】
2009年4月8日，云南省独有、跨境民族拉祜族同胞欢聚在云南民族博物馆，载歌载舞，庆祝本民族传统节日“阿朋阿龙尼”（葫芦节）。云南省委常委、统战部部长黄毅激情、高亢地宣布活动开始后，从临沧、双江、孟连等地赶来的拉祜族兄弟姐妹演出了《婚誓》、《打猎歌》等10余场优秀的歌舞节目。据国家首批非物质文化遗产拉祜族创世史诗《牡帕密帕》记载：至高无上的厄莎神创造了金色的葫芦子并精心培育，最后命小米雀和老鼠凿开了葫芦，于是人类开始繁衍，也就有了拉祜族。如此璀璨绚丽的葫芦神话造就了拉祜人的能歌善舞，孕育了优秀的拉祜文化。原云南省级老领导刘树生，省民委副主任马泽、李国林，相关厅局和各民族学会的负责人以及各民族同胞数千人参加了本次活动。

（撰稿　杜韵红　　审稿　徐畅江）

【陕西省民族宗教文化交流协会在西安成立】
2009年12月18日，陕西省民族宗教文化交流协会成立暨第一届会员代表会议在西安举行，陕西省政协副主席张伟，省政协副主席、省委统战部部长周一波，省民委主任、省宗教局局长徐自立出席会议并讲话。

（撰稿　海建宇　　审稿　　刘开岚）

【甘肃省举行庆祝新中国成立60周年少数民族文艺会演】　2009年8月20日，“向祖国致敬”——甘肃省庆祝新中国成立60周年少数民族文艺会演汇报演出在省城兰州举行。这次少数民族文艺会演活动由甘肃省委宣传部、省民委、省文化厅联合举办，演出以歌颂祖国和甘肃少数民族和民族地区经济社会发生的巨大变化为题材，突出民族团结进步，展示了民族地区的新人、新事、新面貌和新气象，反映了全省各族人民勤劳致富、安居乐业和共建和谐家园的共同心愿和精神风貌。甘肃省委副书记刘伟平，省委常委、省军区政委刘巨魁，副省长泽巴足，省政协副主席德哇仓、黄选平、马国瑜等领导观看了演出。

（撰稿　成自强　　审稿　王学仁）

【宁夏回族自治区民委组团参加香港“第三届中华民族文化周”活动】　在新中国成立60周年之际，宁夏回族自治区民委组成代表团，于2009年4月30日—5月5日参加了在香港举办的“第三届中华民族文化周”系列活动。本届中华民族文化周活动，通过“民族文化嘉年华”、“香江会亲贺国庆”、“金紫荆广场五四升旗礼”、“我与我的祖国演讲”等大项活动，向香港市民，特别是青少年介绍了内地少数民族地区的巨大变化，展示了中华民族绚烂多姿的优秀文化，促进了香港与内地青少年的相互了解和友谊。

（撰稿　陈常国　　审稿　任薇娜）

【宁夏回族自治区召开首届国际文化艺术旅游博览会】　2009年9月8—16日，文化部、国家民族事务委员会、广播电影电视总局、旅游局、中国人民对外友好协会和宁夏回族自治区人民政府在银川市联合举办中国宁夏首届国际文化艺术旅游博览会（以下简称文艺旅博会）。文艺旅博会坚持“开放性、广泛性、共享性”原则，遵循“搭建交流舞台，聚焦世界目光，共享艺术盛宴”的宗旨，以“神奇宁夏，激情中国，和谐世界”为主题，按照“心相映，情相通，爱相融”的艺术定位，开展大型文化艺术旅游活动，倾力打造宁夏对外宣传的国际化品牌，构筑广泛交流、友好合作、优势互补、和谐共赢的文化交流合作平台，促进全区与国内外文化艺术的交流与融合。本届文艺旅博会是落实国务院《关于进一步促进宁夏经济社会发展的若干意见》精神、推进宁夏跨越式发展的重大举措，是中外友人走进宁夏、了解宁夏、体现合作精神的平台，是促进宁夏与国内外加强文化艺术旅游交流协作的重要桥梁，对增强文化软实力、推动宁夏文化大发展大繁荣将产生积极而深远的影响，具有十分重要的意义。

宁夏将与5个国家部委共同把文艺旅博会办成向全国、全世界宣传党的民族政策在宁夏成功实践的盛会，办成向全国、全世界呈现宁夏民族团结、繁荣发展的辉煌成就的盛会，办成推动全区文化旅游产业繁荣发展、推进全区在国内外知名度和影响力全面提升的盛会。

（撰稿　张惠琴　　审稿　任薇娜）

【纪念包尔汗逝世20周年座谈会在北京举行】　2009年8月10日，中共中央统战部和新疆维吾尔自治区党委在北京人民大会堂举行了“纪念包尔汉同志逝世20周年”座谈会。包尔汉同志是忠诚的共产主义战士、伟大的爱国者、著名的社会活动家、维吾尔族人民的杰出代表。他始终坚定地站在各民族共同利益的立场上，不遗余力地维护祖国统一和民族团结，旗帜鲜明地同一切企图把新疆从祖国中分裂出去的图谋和活动进行坚决斗争。座谈会上，大家共同缅怀了包尔汗同志为中国的解放事业、为维护祖国统一和民族团结、为党的统一战线工作和民族宗教工作作出的重要贡献。中央有关部门和有关方面负责同志、包尔汉同志的亲属及生前友好等140余人出席了座谈会。

（撰稿　美亚赛　　审稿　葛丰交）

【新疆维吾尔自治区组织参加“第三届中华民族文化周”活动】　2009年4月30日—5月5日，国家民委与国务院港澳办、中央人民政府港澳办、中央人民政府驻港联络办、香港特别行政区政府共同支持香港各界青少年60周年国情系列活动委员会在香港举办“第三届中华民族文化周”活动。香港和内地各族青少年开展了“民族文化嘉年华”、“金紫荆广场五四升旗礼”、

"我与我的祖国演讲"、"香江会亲贺国庆"和"迎国庆图片成就展"等活动。新疆维吾尔自治区代表团共组织47人赴港参加了此次活动，带去了《刀郎》、《手鼓》、《欢庆》等节目，全面展现了本区民情、民风、民俗和民艺，并在图片展中展示了本区经济、政治、文化、社会建设取得的巨大成就和历史性变化。

（撰稿　美亚赛　审稿　葛丰交）

【新疆维吾尔自治区少数民族家庭获得"中国幸福家庭"称号】　经过历时3个月的选拔，2009年贝因美"中国幸福家庭"推选活动正式落下帷幕。此次活动是国家民委文化宣传司和新华社《瞭望东方周刊》共同举办的，评选活动在全国32个省区市展开，新疆有维吾尔族、哈萨克族、柯尔克孜族、塔吉克族、锡伯族、乌孜别克族、塔塔尔族、俄罗斯族8个民族的家庭获得"中国幸福家庭"称号。其中，来自新疆阿勒泰的阿尼帕40年来含辛茹苦收养了汉族、回族、维吾尔族、哈萨克族的10个孤儿，加上自己亲生的9个儿女，这个民族团结大家庭的故事感动了全国各族人民。

（撰稿　美亚赛　审稿　葛丰交）

民族语文

【人力资源和社会保障部、国家民委举办全国民族语文翻译工作业务骨干高级研修班】　为推动民族语文翻译事业的发展，提高民族语文翻译工作业务骨干的综合素质和业务水平，2009年5月13—24日，人力资源和社会保障部、国家民委在京联合举办全国民族语文翻译工作业务骨干高级研修班。来自全国13个省、市、自治区包括蒙古族、藏族、维吾尔族、哈萨克族、朝鲜族、彝族、壮族、苗族、傣族、傈僳族的50位民族语文翻译工作业务骨干参加了此次培训。

国家民委副主任丹珠昂奔、中国翻译家协会常务副会长唐闻生等11位专家为研修班分别作了11场专题讲座，内容涉及民族语文翻译理论与实践问题、语言和谐与语言竞争、民族语言的保护与发展、中国的语言政策与语言规划、口语翻译实践、文学翻译的理论与实践、民族语文翻译调研等。

国家民委副主任吴仕民出席结业式，给学员颁发结业证书，并与学员进行座谈。在听取学员的意见和建议之后，吴仕民发表了即席讲话。他强调，要从法律的角度、文化的视野、理性的思维来正确认识民族语文工作。少数民族学习使用自己的语言文字是法律赋予的一项神圣权利。它既是个人的权利，也是集体的权利。少数民族语言文字是少数民族文化的一项重要内容，从文化多样性的角度看，少数民族语言文字应该得到有效保护。

（撰稿　李旭练　审稿　王平）

【民族地区基层干部藏语培训教材编译出版】
2009年，根据中央关于加强民族地区干部队伍、基层组织和党员队伍建设的要求，由中央组织部、中央统战部和国家民族事务委员会组织编译了《民族地区基层干部培训教材》藏、汉对照版。该套图书为《中国特色社会主义理论体系学习读本》、《科学发展观学习读本》、《党和国家民族政策宣传教育提纲》、《论坚持和完善民族区域自治制度》和《基层干部法律知识读本》5 本藏、汉对照的培训教材，由中国民族语文翻译局编译、民族出版社出版，向西藏自治区赠送 25 万册，价值 290 多万元，供西藏自治区基层干部培训或自学时使用。

这是中央组织部、中央统战部、国家民族事务委员会根据中央关于加强民族地区干部队伍、基层组织和党员队伍建设的要求而组织编译的第一批基层干部培训教材，以后还将根据需要编译出版少数民族语言文字和国家通用语言文字对照的相关出版物。

（撰稿　李旭练　审稿　王平）

【三部委联合主办《民族地区基层干部培训教材》藏、汉对照版首发式暨赠书仪式】 2009 年 9 月 23 日，由中央组织部、中央统战部、国家民族事务委员会（以下简称“国家民委”）联合主办的《民族地区基层干部培训教材》藏、汉对照版首发式暨赠书仪式在京举行。全国人民代表大会常务委员会原副委员长热地出席仪式并致辞，国家民委党组书记杨传堂、中央统战部副部长斯塔、西藏自治区政协副主席兼民宗委主任洛桑久美出席仪式并讲话，国家民委副主任吴仕民主持仪式。热地和中央组织部、中央统战部、国家民委、新闻出版总署的领导在仪式上向西藏自治区的代表赠送了图书。

杨传堂指出，党和国家历来十分重视干部教育培训工作。在干部教育培训工作中，少数民族干部教育培训是一项重要内容。少数民族干部尤其是基层少数民族干部，是党和政府联系少数民族群众的重要桥梁和纽带，是做好民族工作的骨干力量。建设一支政治坚定、业务精通、深受各族群众拥护的高素质的少数民族干部队伍，对于实现少数民族和民族地区经济社会又好又快发展、推进我国民族团结进步事业、维护祖国统一和社会稳定，具有重大意义。在广大的民族地区，为了切实发挥基层党组织和党员干部的战斗堡垒和先锋模范作用，需要我们在加强对少数民族干部培养的同时，加强少数民族干部的培训。做好培训工作，除了使用国家通用语言文字进行教育培训外，还要重视发挥少数民族语言文字在教育培训工作中的作用。

（撰稿　李旭练　审稿　王平）

【第十三次全国民族语文翻译学术研讨会召开】 2009 年 8 月 31 日—9 月 3 日，由国家民族事务委员会教育科技司、中国民族语文翻译中心（局）、中国翻译协会民族语文翻译委员会主办，广西壮族自治区少数民族语言文字工作委员会、广西壮族自治区翻译协会承办的第十三次全国民族语文翻译学术研讨会在广西桂林市举行，来自全国 14 个省、市、自治区的 19 个语种、20 多个民族的民族语文翻译界的专家、学者，中国翻译协会民族语文翻译委员会在京各成员单位的负责同志，各有关省区民委、民语委、民族译协的负责同志等 100 多人出席了会议。研讨会共收到论文 156 篇。国家民族事务委员会教育科技司司长俸兰出席会议并在会上讲话。研讨会围绕“民族语文翻译与构建和谐社会”这一主题开展学术交流，交流的论文选题广泛，内容丰富。有古籍翻译、新闻广播影视翻译、法律法规翻译、新词术语翻译、公文翻译、双语教学、同声传译、文学艺术翻译、翻译史等，内容涉及民族语文翻译各领域，具有广泛的代表性。

（撰稿　李旭练　审稿　王平）

【国家民委设立人口较少民族双语教学质量监测点】 为更好地开展人口较少民族的双语教学研究，促进双语教学质量的提高，2009 年 7 月，国家民委同意在云南省贡山县独龙江独龙族乡中心学校和景洪市基诺山基诺族乡民族小学，设立人口较少民族双语教学质量监测点。

设立监测点旨在通过长期动态的监测，进一步研究独龙族和基诺族地区开展双语教学工作的特点，分析比较直接用汉语教学和使用民汉双语教学在不通汉语的地区的不同效果，探索出一条适合独龙族地区和基诺族地区乃至其他民族地区的教育模式。总结双语教学的成功经验，形成对其他民族地区开展类似模式双语教学具有指导意义的报告或文件，从而从整体上提高少数民族学生学习汉语的积极性、主动性，增强学习汉语的能力，提高汉语运用水平。

（撰稿 周晓梅 审稿 王平）

【内蒙古自治区政府召开全区民族宗教蒙古语文工作会议】 2009 年 2 月 27 日，内蒙古自治区政府在呼和浩特召开了全区民族宗教蒙古语文工作会议。会议主要任务是深入学习贯彻党的十七大、十七届三中全会和自治区第八次党代会精神，以邓小平理论和“三个代表”重要思想为指导，深入落实科学发展观，传达贯彻全国民族工作座谈会、全国民委主任会议和全国宗教局长会议精神，总结交流 2008 年全区民族宗教蒙古语文工作成绩和经验，部署 2009 年工作任务。内蒙古自治区副主席刘新乐出席会议并作重要讲话，自治区民委主任阿迪雅作工作报告，自治区政府副秘书长杨玺主持会议。全区各盟（市）分管盟（市）长、民族局（民委）局长（主任）、语委主任、宗教局局长，满洲里、二连浩特市、莫力达瓦达斡尔族自治旗、鄂温克族自治旗、鄂伦春自治旗分管旗（市）长、民族局局长，自治区有关部门，自治区民委各处室、委属单位负责人参加了会议。

（撰稿 李日树 审稿 常威）

【内蒙古自治区包头市、锡林郭勒盟蒙古语文工作有新举措】 内蒙古自治区包头市蒙古语文工作采取了一系列新举措：一是对蒙古语文工作实绩突出的单位进行了表彰奖励。包头市达茂旗民宗局、固阳县民宗局、九原区民宗局、土右旗民宗局、白云区民宗局受到表彰。二是包头市民委会同市文明办对文明单位、行业、窗口社会市面蒙古文、汉文并用情况进行了检查，并决定在精神文明“三大创建”活动和文明单位评选活动中进一步强化社会市面蒙古文、汉文并用工作，将蒙古文、汉文并用作为评选文明单位、行业、窗口的重要条件，实行一票否决制。三是为进一步贯彻落实党的民族政策，推动蒙古语文的学习使用工作，强化干部职工为基层服务、为农牧民服务、为少数民族群众服务的意识。市委统战部、市民委在“全市第九期少数民族青干班”的课程中首次开设了蒙古语会话课程。锡林郭勒盟蒙古语文工作重点做好四项工作：一是开展治理整顿市面用文专项行动。结合全区“两个文明”建设经验交流现场会“迎会”工作，对各旗县市所在地市面用文进行全面整顿。二是对各旗县市、盟直各单位贯彻实施《内蒙古自治区蒙古语言文字工作条例》、开展蒙古语文工作情况进行全面检查，将蒙古文、汉文并行情况，用蒙古文、汉文两种文字开展工作和服务作为检查盟直单位的一项重要内容，抓好督查落实，年底通报检查结果。三是做好蒙古语文标准音地区语音保护和规范工作。四是进一步提高学习使用蒙古语文的社会效果。加强各领域，特别是重点领域学习使用蒙古语文的宏观管理和业务指导，努力拓展学习使用领域和范围，积极组织开展学习使用蒙古语文各类比赛、科研和表彰活动，进一步优化学习使用蒙古语文社会环境，推动蒙古语文工作的发展。

（撰稿 李日树 审稿 常威）

【内蒙古自治区公安边防总队积极开展学习使用蒙古语言文字活动】 内蒙古自治区公安边防总队坚持开展学习使用蒙古语言文字活动，特别是 2005 年《内蒙古自治区蒙古语言文字工作条例》颁布实施以来，结合边防工作的实际，掀起了学习使用蒙古语言文字的新高潮。2009 年，内蒙古自治区公安边防总队向各公安边防支队下发《关于开展学用蒙古语活动的通知》，对全区边防派出所开展学习使用蒙古语言文字活动工作作了部署。一是要求各级领导和全体边防派出所民警把学习使用蒙古语言文字活动作为当前和今后一个时期深化爱民固边战略的一项重要内容。二是要求采取灵活多样的方式，扎实开展学习使用蒙古语言文字活动，以《公安边防派出所民警常用蒙古语三百句》为基本学习教材，达到边防派出所民警人人都会用蒙古语与群众交心谈话、开展工作的目标。三是要求加强组织领导，确保学用蒙古语活动取得实效。通过开展学用蒙古语活动，在边防派出所连续工作满一年的汉族民警必须熟练掌握《公安边防派出所民警常用蒙古语三百句》中的200句以上常用蒙古语，能够与蒙古族群众进行简单交流；连续工作满两年以上的汉族民警要全部掌握，并能够与蒙古族群众熟练开展对话。此外，还提出非蒙古族少数民族聚居区的边防派出所民警，可学用当地少数民族语言。

（撰稿　李日树　　审稿　常威）

【中国民族语文翻译局向内蒙古自治区赠送《江泽民文选》、《资本论》蒙古文版】　2009年3月20日，中国民族语文翻译局向内蒙古自治区赠送《江泽民文选》、《资本论》蒙古文版仪式在内蒙古民族高等专科学院举行。此次赠送的《江泽民文选》蒙古文版1~3卷和《资本论》蒙古文版1~2卷由中国民族语文翻译局翻译，民族出版社出版。中国民族语文翻译局共向内蒙古自治区有关单位赠送《江泽民文选》、《资本论》蒙古文版各60套。

（撰稿　李日树　　审稿　常威）

【少数民族文字古籍定级标准工作座谈会在内蒙古自治区呼和浩特市召开】　2009年3月9日，受国家民委委派，以民族文化宫副主任杨崇清为组长的调研组在呼和浩特市召开少数民族文字古籍定级标准工作座谈会。杨崇清副主任在会上传达了国家民委《关于编制少数民族文字古籍标准的通知》精神，对《中国少数民族文字古籍定级标准实施方案和细则》（征求意见稿）征求意见，并对相关工作提出了指导意见。与会人员围绕《中国少数民族文字古籍定级标准实施方案和细则》（征求意见稿）进行了热烈讨论，提出了具体意见和建议。3月10—11日，调研组深入包头、鄂尔多斯进行了调研。少数民族文字古籍定级标准工作是贯彻落实《国务院办公厅关于进一步加强古籍保护工作的意见》（国办发〔2007〕6号）而实施的一项重要工程。此项工作政策性、法规性、专业性强，涉及面广，内容繁杂，任务紧迫，是首次编制的关于少数民族古籍工作的国家级行业标准，对于做好今后一个时期民族古籍工作具有重要意义。

（撰稿　李日树　　审稿　常威）

【内蒙古自治区民委组织召开会议研究修订《蒙古语标准音水平测试大纲》】　2009年2月23日，内蒙古自治区民委在呼和浩特市组织召开自治区蒙古语标准音工作委员会全体成员会议，研究修订《蒙古语标准音水平测试大纲》。自治区蒙古语标准音工作委员会全体成员和指导小组成员20多人参加了会议。2003年出版发行的《蒙古语标准音水平测试大纲》由于编辑出版周期短等原因，存在一些概念描述不充分、前后标注不一致、不适应现时教学等问题。针对上述情况，自治区蒙古语标准音工作委员会认真开展修订工作，提出了修订意见。经与会专家认真研究讨论，就自治区蒙古语标准音工作委员会指导小组提出的对《蒙古语标准音水平测试大纲》完善语音表述、统一音位标注、浊音标注采纳最新国际音标等21项修订内容达成共识，审订通过了修订意见。修订后的《蒙古语标准音水平测试大纲》将在今后的蒙古语标准音水平测试工作中开始实施。

（撰稿　李日树　　审稿　常威）

【内蒙古自治区锡林郭勒盟民族局开展社会市面蒙古文、汉文并用集中整治工作】　为迎接全区两个文明现场会，锡林郭勒盟民族局把进一步规范社会市面用文作为工作重点，在年初工作会议上提出就社会市面用文管理“一票否决制”措施和牌匾广告蒙古文、汉文并用率100%、规范率95%以上的工作目标，与各旗县市（区）签订了责任状，部署开展了社会市面用文集中整治工作，共排查社会市面用文牌匾广告2.7万块，下发整改通知书3 100份，更正更改不规范牌匾广告4 200块。

（撰稿　李日树　　审稿　常威）

【八省区蒙古语文翻译培训班在内蒙古自治区二连浩特市举办】　2009年8月17—19日，由内蒙古自治区民委、八省区蒙古语文工作协作小组办公室举办的八省区蒙古语文翻译培训班在二连浩特市举办。来自内蒙古、黑龙江、吉林、辽宁、甘肃、青海、新疆等省区的50多名蒙古语文翻译工作者参加了培训。培训班邀请中央民族语文翻译局和《蒙古语文》杂志社专家学者就蒙古语文翻译理论、口语和笔译技巧、实践等方面作了专题讲座。此次培训为八省区蒙古语文翻译工作者提供了学习与交流的平台。培训班结束时组织学员赴蒙古国扎门乌德市进行了学习考察。

（撰稿　李日树　　审稿　常威）

【首届“母语杯”蒙古文书法展览在内蒙古自治区包头市举办】　2009年9月16日，由内蒙古自治区民族事务委员会、自治区蒙古语文工作委员会主办，包头市民族事务委员会承办的首届“母语杯”蒙古文书法展览在包头市美术馆开幕。活动主题是“迎国庆、促和谐、各民族共同团结奋斗、共同繁荣发展”。本次活动是自治区民委、自治区语委庆祝新中国成立60周年和全区第二十六个民族团结进步活动月的重要内容，也是近年来规模最大的一次蒙古文书法展览。大赛共收到来自黑龙江、吉林、辽宁、青海、甘肃、新疆等省区和全区各盟市的书法作品870幅，作品涵盖了毛笔、硬笔、篆刻三种类型。经大赛评委会评审，其中有320幅作品入围决赛并展出。参展作品题材广泛、风格各异、内容丰富，从不同侧面反映了蒙古族灿烂的文化，讴歌了新中国成立60年来取得的辉煌成就及自治区60多年来发生的巨大变化，充分表达了广大少数民族干部群众祝愿祖国繁荣昌盛、民族团结进步、社会和谐发展、人民幸福安康的美好心愿和积极进取、健康向上的精神风貌。

（撰稿　李日树　　审稿　常威）

【《现代蒙古语常用词词表》通过内蒙古自治区鉴定】　2009年9月20日，内蒙古自治区民委在呼和浩特市组织召开了由内蒙古自治区民委申请并组织专家研制的教育部、国家语委民族语言文字规范标准建设及信息化项目“现代蒙古语常用词词表”鉴定会。鉴定委员会认真审读该项目课题组提交的《现代蒙古语常用词词表》及编制说明和附录，审查通过了项目送审材料。鉴定委员会一致认为，该科研项目已达到国际领先地位，项目的研制和发布结束了长期以来蒙古语文没有常用词表的历史，为蒙古语文规范化、标准化、信息化工作添了砖加了瓦。该科研项目具有以下突出特点：一是项目研制过程真实、材料齐全；二是选词方法科学、选词原则合理、选词数据可靠，所选常用词能够满足蒙古语初中级文化水平人群日常交际、社会用词和一般媒体用词需求；三是对蒙古语文教材编写、蒙古语教学、蒙古语标准音水平测试、蒙古语文应用水平等级测试、高考命题和词典编纂（释文用词）等工作具有重要的现实意义和参考价值。

（撰稿　李日树　　审稿　常威）

【庆祝蒙古语标准音确定30周年座谈会在内蒙古自治区呼和浩特市召开】　2009年10月16日，庆祝中国蒙古语标准音确定30周年座谈会在呼和浩特市召开。自治区民委委员单位负责人、自治区蒙古语标准音工作领导小组成员、专家、学者、新闻媒体单位60余人参加了会议。会议对下一步的工作提出了指导意见，通报了各单位普及推广蒙古语标准音工作开展情况，肯定了工作成绩，提出了针对推广普及蒙古语标准音工作中存在问题的解决措施。会议认为，1979年9月确定的以正蓝旗为代表的察哈尔语音为中国蒙古语标准音是在我国几代蒙古语文工作者多年来认真调查研究的基础上团结合作形成的成果，也是蒙古语言文字步入规范化道路的新起点。

（撰稿　李日树　　审稿　常威）

【蒙古语标准音确定30周年研讨会暨成立蒙古语标准音示范基地仪式在内蒙古自治区正蓝旗举行】 2009年11月10—11日，庆祝中国蒙古语标准音确定30周年研讨会暨成立中国蒙古语标准音示范基地仪式在锡林郭勒盟正蓝旗举行。来自北京和自治区有关单位负责人、自治区蒙古语标准音工作委员会部分成员、专家学者、正蓝旗各单位代表、新闻媒体单位等100余人参加了会议。黑龙江、吉林、辽宁、河北、青海、甘肃、新疆等省区蒙古语文工作协作单位和个人发来了贺电贺信。会议总结回顾了蒙古语标准音确定30年来的工作，充分肯定了取得的成绩，对下一步的工作提出了指导意见。与会专家学者围绕蒙古语标准音的推广普及工作情况及存在的问题进行了深入研讨。

（撰稿　李日树　　审稿　常威）

【“呼和浩特”蒙古文网站正式开通】 由内蒙古自治区呼和浩特市民族事务委员会、蒙古语文工作委员会与呼和浩特金轮文化传媒有限责任公司共同建设的“呼和浩特”蒙古文网站（www. huh - hot. com）正式开通。网站目前共设1个首页、9大版块。该网站的开通有利于促进蒙古族文化的传承与发展，使蒙古语文在网络媒体中更好地发挥作用，为广大蒙古族和热爱蒙古族文化的各族群众开创了学习交流的平台。

（撰稿　李日树　　审稿　常威）

【内蒙古自治区通辽市民委向少数民族农村牧区嘎查（村）赠送蒙古文科技类图书】 为使少数民族群众通过读书学习掌握最新科技知识，提高种植、养殖技术，了解最新农牧业信息，内蒙古自治区通辽市民委投入5万元资金购置图书资料，向8个少数民族聚居的嘎查（村）图书室各赠送了1 000余册种植、养殖科技类和综合类蒙古文图书，受到少数民族群众的欢迎与好评。

（撰稿　李日树　　审稿　常威）

【内蒙古自治区锡林郭勒盟采取措施加强党政机关蒙古语文翻译工作】 内蒙古自治区锡林郭勒盟盟委办公厅、行署办公厅下发《关于加强党政机关蒙古语文翻译工作的通知》，要求全盟各级党委、政府特别是各级领导干部，充分认识蒙古语文翻译工作的重要性、长期性和必要性，切实增强抓好蒙古语文翻译工作的意识和能力，不断提高工作质量和水平，切实解决蒙古语文翻译工作中存在的重视不够、机构设置不全、人员配备不足、工作机制不完善、办公手段相对落后等实际问题，更好地适应新形势、新任务的需要，更加及时准确地把党和政府的各项方针、政策传送到牧区基层干部群众中，为少数民族群众服务。

（撰稿　李日树　　审稿　常威）

【内蒙古自治区乌海市召开第七次民族团结进步暨学习使用蒙古语文表彰大会】 内蒙古自治区乌海市召开第七次民族团结进步暨学习使用蒙古语文表彰大会，表彰奖励了近年来在民族团结进步事业中作出突出贡献的15个先进集体和65名先进个人以及在学习使用蒙古语文工作中作出突出贡献的11个先进集体和15名先进个人。

（撰稿　李日树　　审稿　常威）

【《蒙古语标准音水平测试大纲》出台，《蒙古文正字法规范化研究》进行审订】 由内蒙古自治区蒙古语标准音工作委员会组织完成的《蒙古语标准音水平测试大纲》（修订本）向社会公开发行。本次修订工作历时两年，先后召开20多次专题会议，广泛征求各方意见，补充和完善了蒙古语后缀成分的标准读音，重新编入了21篇朗读文章，删除了译文和政论性文章，增编了土语与标准音的语音对照表、变形附加成分对照表，完善了语音系统等内容。自治区民委组织专家对《蒙古文正字法规范化研究》进行了审订。《蒙古文正字法规范化研究》是教育部和国家语委批准立项的民族语言文字规范标准建设及信息化项目，对蒙古文的规范化和蒙古文正字法的不断完善以及蒙古语言文字的正确使用，具有重要的现实意义和理论指导意义。自治区蒙古语名词术语委员会还组织召开了非物质文化遗产部分名词术语审定会议，审定统一了220条有关非物质文化遗产专业术语。

（撰稿　李日树　　审稿　常威）

【辽宁省民委恢复少数民族语言文字工作处】 2009年初，根据辽宁省政府“三定”规定，恢复了2000年机构改革取消的少数民族语言文字工作处。一年来，语言文字工作处积极开展少数民族语文工作，民族语言文字的规范化、标准化和信息化取得重要进展，学习、使用、发展、保护民族语文的工作稳步推进，全省学习、使用民族语文在教育、文化、新闻、广播、影视、古籍、科研、翻译、民族医药等领域保持稳定。

（撰稿　李志杰　　审稿　赵佐贤）

【辽宁省民族语文调研取得重要成果】 2009年初，辽宁省民委专门成立“辽宁少数民族语文工作情况、问题、对策研究”课题组，采取深入市县、农村、学校、厂矿听取汇报，深入查看，召开不同层次、不同类别座谈会，收集书面资料等多种方式，掌握了第一手资料，已经形成课题报告《辽宁少数民族语文工作情况、问题、对策研究》和解决问题的专项请示提交省政府。

（撰稿　李志杰　　审稿　赵佐贤）

【辽宁省民族语文实施规范化、标准化和信息化的品牌标志性活动形成稳定发展机制】 辽宁省民族语文实施规范化、标准化和信息化的品牌标志性活动形成稳定发展机制。每三年一次蒙古族“少儿艺术节”、每三年一次“蒙古语文工作者基本功竞赛”、每两年一次“蒙古语文软件培训班”、每两年一次“蒙古语文学会”、每年朝鲜族的“蒲公英”朝鲜语作文比赛、每两年一次“朝鲜语学会”，取得了良好的社会效应，为社会稳定起到了积极的作用。

（撰稿　李志杰　　审稿　赵佐贤）

【辽宁省民族语文翻译工作取得明显进展】 辽宁省根据中央翻译局部署，在全省开展了资深翻译家评选活动，共评选出蒙古族资深翻译家5人、朝鲜族资深翻译家1人；积极在全省开展翻译论文写作活动，共征集翻译论文6篇报送中央翻译局；组织专家学者参加国家翻译学术研讨会，并有6篇论文获奖。根据国家民委安排，选送蒙古族（喀喇沁左翼蒙古族自治县蒙语委何淑萍）、朝鲜族（辽宁朝文报崔秀香）各1名翻译业务骨干参加了国家民委4月在北京举办的翻译业务骨干高级研修班（培训时间10天）；协调落实了6名蒙古语翻译骨干赴内蒙古二连浩特参加八省区翻译进修班学习。

（撰稿　李志杰　　审稿　赵佐贤）

【辽宁省民族语文科研活动日趋活跃】 2009年2月，蒙古语文学会会同有关部门共同召开了纪念世界母语日“蒙古语实现网络化进程的对策”研讨会，到会40人。3月，根据东北三省朝鲜语文协作领导小组办公室通知精神，组织全省开展朝鲜语“标准音标”学术论文征文活动。5月，积极组织全省朝鲜族语文工作者开展朝鲜语学术活动，为参加三省朝鲜语规范化学术研讨会做好筹备工作。7月，下发征集学术论文文件，在全省开展蒙古语文学术研讨活动，共征集论文143篇，评出一等奖33篇、二等奖42篇、三等奖68篇。省际少数民族语文协作蓬勃开展。组织协调、落实、承办了蒙古语协作八省区在辽宁省阜新市、沈阳市分别举办的“八省区蒙古语新闻广播优质稿评选并颁奖会”活动，得到与会的八省区75名代表的一致好评。10月，八省区蒙古语文协作工作领导小组调研组到沈阳、阜新、朝阳进行了工作调研。

（撰稿　李志杰　　审稿　赵佐贤）

【辽宁省蒙古语文教师基本功竞赛异彩纷呈】 来自辽宁省各地的68名选手分别参加了蒙古语课件制作、蒙古语口语化演讲、蒙古文三书

（毛笔、钢笔、粉笔）、蒙古族历史文化知识、蒙古族歌舞器乐、蒙古文讲课等竞赛活动。

（撰稿　李志杰　　审稿　赵佐贤）

【辽宁省朝鲜族中小学“蒲公英”朝鲜语作文比赛评比活动深受欢迎】　辽宁省朝鲜族中小学“蒲公英”朝鲜语作文比赛评比活动开展后，共收到参赛作文290余篇，《辽宁朝文报》发表了其中的96篇，有33篇作文脱颖而出入围参评，共评出一等奖3篇、二等奖7篇、三等奖23篇。颁奖典礼后举行了获奖学生夏令营建团仪式。夏令营团组织喜爱朝鲜语言文字的朝鲜族中小学生参加了赴桓仁朝鲜族中学，探访民族历史遗址、登山、游戏和演出等活动。

（撰稿　安然　　审稿　赵佐贤）

【吉林省民委加强少数民族语言文字工作】　2009年，吉林省民委切实加强对民族语文工作的领导。省民委主任姜光子一行赴延边朝鲜族自治州开展了朝鲜语言文字社会使用情况和民族语文工作情况的调研，与延边朝鲜族自治州语委建立了工作指导关系。召开了东北三省朝鲜语文协作联席会议和《吉林蒙古语文》创刊20周年座谈会。加强了朝鲜语文规范化、标准化工作，召开了中国朝鲜语文规范委员会第二十二次业务会议，审定通过88条新词术语，出版发行了《汉朝世界地名录》。开展民族语文学术科研活动，召开了吉林省朝鲜语学会第十二次学术交流会，交流学术论文50篇，评选出的10篇一等奖论文在中国朝鲜语第十次学术会议上进行了交流。召开了吉林省蒙古语文学会第十次年会。组织参加了东北三省“特格喜杯”第二届蒙古族中小学教师课件和学生作文网络大赛，取得了好成绩。

（撰稿　李颖　　审稿　王喜年）

【湖北省民族文化专著《咸丰方言》即将问世】　《咸丰方言》是湖北省咸丰县政协教科文卫体委原主任冯正佩历时数载搜集整理，经过4年时间精心编写而成。它既是一本语言文化的工具性书籍，也是一本民族民间文化的笔录性书籍。本书共收录词条近2万条60余万字。该书突破常规性辞书的体例限制，把收录范围从词汇扩展到语汇，即把条目从发音、用字、遣词一直扩展到部分例句，为研究咸丰方言乃至西南方言提供了有价值的直观性材料。《咸丰方言》还收录了大量的民族民间文化条目，具有较高的可读性和文献价值。同时，还可以从书中领略到咸丰民族民间文化的神韵。《咸丰方言》是咸丰县抢救保护非物质文化遗产工作的一项重要成果。

（撰稿　王因权　　审稿　唐启明）

【第二套《宣恩县民族文化丛书》公开发行】　2009年4月8日，湖北省宣恩县民宗局召开新闻发布会，宣布第二套《宣恩县民族文化丛书》公开发行。《宣恩县民族文化丛书》分《宣恩土家族习俗》、《宣恩侗族》、《宣恩苗语》、《宣恩民间语汇》、《宣恩山民歌曲选》、《宣恩民间谚语》6册。《宣恩土家族习俗》从岁时节令、生产生活、游艺娱乐、饮食、婚庆生育、建筑、丧葬、祭祀、禁忌等方面介绍了宣恩土家族的民风民俗；《宣恩侗族》介绍了宣恩侗族的历史沿革、民俗风情、侗族人物、侗族民间文化等内容；《宣恩苗语》记录了宣恩苗语的来源、语序、主要特点；《宣恩山民歌曲选》搜集、整理了该县高腔山歌、川号子等有地方特色的山民歌；《宣恩民间谚语》概括了宣恩民间生产、生活、风情、人物等方面的谚语。

（撰稿　陈军　　审稿　唐启明）

【湖北省咸丰县隆重举行《唐崖天籁》咸丰民歌专集首发式】　2009年8月26日，湖北省咸丰县在县城南门广场隆重举行了《唐崖天籁》咸丰民歌专集首发式。20世纪80年代，咸丰县开展了第一轮保护、抢救民族民间文化遗产的工作，县民宗局和县文体局组织数十名专业文化工作者，同时发动众多的民间文化爱好者，对全县的民族民间文化遗产进行了一次拉网式的普查、搜集。出版这张精品民歌专集，是民族文化工作部门酝酿已久的事。《唐崖天籁》歌碟的最终面世，不仅是民族民间文化工作的一次成果展示，更是该县挖掘、抢救非物质文化遗产的一项重要举措，为传承、弘扬民族民间文化提供了一个极好的载体。近年来，咸丰县着力民族民间文化研究和非物质文化遗产的抢救保护，加大对民族民间文化研究的投入。《唐崖土司概观》、《咸丰县民族志》、《咸丰民间故事集》、《咸丰民间歌谣集》、《咸丰民间舞蹈》、《咸丰民间器乐曲集》、《咸丰民间对联》、《风情咸丰》等一大批研究成果相继公开出版发行。《土家苗寨风情歌谣选》、《土家族祝酒辞》、《咸丰方言》等著作也将于年内公开出版发行。

（撰稿　袁静玲　　审稿　唐启明）

【湖北省《土家族哲学通史》在全国正式发行】 2009年9月，由湖北省咸丰县土家族人士、武汉大学哲学博士、华中农业大学教授萧洪恩编写的《土家族哲学通史》在全国正式发行。该书从对土家族哲学研究方法的探讨入手，着眼于土家族哲学的转型，分上、中、下三篇对中华人民共和国成立前的土家族哲学进行了全面而系统地阐明和探讨。上篇总论土家族哲学，阐明了土家族及其哲学传统，理清了土家族精神传统的生成与转型；中篇集中考察和讨论了土家族传统哲学；下篇探讨了土家族近现代哲学。该书是我国第一次对土家族哲学的全景式展示，彰显了土家族哲学的民族性、时代性和个人风格的魅力。

（撰稿　陈军　　审稿　唐启明）

【第三届“湖北少数民族文学奖”颁奖典礼在湖北省武汉市举行】 2009年1月15日，第三届“湖北少数民族文学奖”颁奖典礼在湖北省武汉市隆重举行。荣获优秀奖的是：唐敦权散文集《心壁烙画》、邓斌散文集《巴人河》、吕金华中篇小说《新年好呀新年好》、吴道毅评论集《南方民族作家文学创作论》、李传锋中篇小说集《退役军犬》、阎刚短篇小说集《村上的将军》；荣获提名奖的是：白公散文集《感知鄂西》、刘小平诗集《蜜蜂部落》、刘智鹏诗集《执着千年》、徐述红诗集《暗香》、郭士萍诗集《无语丁香》、彭绪络儿童文学《少年冒险王》。杨秀武的诗集《巴国俪歌》荣获第九届全国少数民族文学创作“骏马奖”；杨秀武被授予第三届湖北少数民族文学创作特别奖。

（撰稿　朱建昌　李荣国　　审稿　唐启明）

【湖南省湘西土家族苗族自治州采取措施加大对土家语、苗语的传承保护力度】 湘西土家族苗族自治州人民政府办公室下发《关于认真做好土家语苗语保护传承工作的若干意见》（以下简称《若干意见》），明确加大保护传承土家语、苗语的政策措施。

《若干意见》明确了抢救、保护、传承土家语、苗语的指导思想和基本途径。坚持以科学发展观为指导，以土家族、苗族文化生态保护实验区为基础，以家庭传承和双语（少数民族语、汉语）教学为手段，以弘扬民族传统文化、培育优秀民族文化人才、发展文化旅游为总体目标，坚持自愿原则，在抢救中保护、在保护中传承利用、在传承利用中发展创新。继续在龙山、永顺、花垣、凤凰、吉首5县（市）14所中小学开展土家语、苗语与汉语双语双文教学试点工作。

《若干意见》明确了加大保护传承土家语、苗语的政策措施。成立以副州长为组长的领导小组，财政安排专项工作经费；加大宣传力度，开展民族文化活动，营造语言氛围；对保护区内会讲土家语、苗语的学生给予适当生活补助，初中双语双文教学班学生升入普通高中给予10分加分照顾，承担双语双文教学的老师绩效工资给予相应倾斜，州内招考公务员、企事业单位招考招录工作人员同等条件下优先录用会讲土家语、苗语者，专业技术人员评聘职称时同等条件下承担双语双文教学的教师优先。

《若干意见》要求全州各级、各部门要进一

步认清土家语、苗语现状，切实提高对做好土家语、苗语抢救、保护、传承工作的认识，加强组织领导，落实工作措施，确保抢救、保护、传承工作落实到位。

（撰稿　陈春建　　审稿　曹承明）

【海南省开展双语科技培训试点工作】　海南省双语科技培训试点工作在五指山市畅好乡草办村开展。在开展双语科普培训活动中，海南省有关部门组织培训了双语科普宣传队伍，通过制作宣传长廊和宣传画刊、印制科技读本等形式进行宣传，多次派人员深入基层现场指导，使双语培训试点工作取得了实质性成效。

（撰稿　邱其斌　　审稿　唐圣为）

【四川省成立广播影视少数民族语言译制播出中心】　为了让广大少数民族群众特别是偏远地区的少数民族群众及时了解党的方针政策，收听收看更加丰富多彩的文娱文化节目，提高生活品质，在国家有关部委的大力支持下，2009年11月2日，四川省正式成立了“四川省广播影视少数民族语言译制播出中心”。该中心主要译制播出少数民族语言新闻节目和综合节目，通过康巴藏语频道覆盖川、藏、青、甘、滇等地区。

（撰稿　刘康容　　审稿　唐伯华）

【全国彝语术语标准化工作委员会在四川省成立】　11月15日，全国彝语术语标准化工作委员会在西南民族大学挂牌成立。四川省副省长、省民语委主任张作哈，国家语委语信司副司长王铁琨和规划综合处处长王奇莅以及四川、云南、贵州、广西4省区民族语文工作部门负责人和西南民族大学师生100余人参加了大会。会议宣读了成立全国彝语术语标准化工作委员会批文及委员名单。批文明确指出：全国彝语术语标准化工作委员会挂靠在西南民族大学，秘书处设在西南民族大学彝学院，负责指导开展全国彝语术语标准化工作。工作业务上受国家语委和四川省民语委领导，技术上受全国术语标准化技术委员会及所属少数民族语特别分委员会领导。由四川省民委副主任、省民语委副主任何晓平任名誉主任，西南民族大学副校长、博士生导师沙马拉毅任主任。

（撰稿　刘康容　　审稿　唐伯华）

【四川省《凉山彝族自治州彝族语言文字工作条例》8月1日起实施】　经2009年3月凉山彝族自治州九届人民代表大会第四次会议通过，5月27日四川省第十一届人民代表大会常务委员会第九次会议批准，《凉山彝族自治州彝族语言文字工作条例》（修订）于8月1日起正式实施。《凉山彝族自治州彝族语言文字工作条例》的修订和实施，是凉山彝族自治州彝族人民的根本利益和共同愿望的反映，不仅有利于维护和发展平等、团结、互助、和谐的社会主义民族关系，有利于促进各民族的共同繁荣、共同发展，也有利于不断促进凉山彝族自治州民族语言文字管理工作取得新成绩，迈上新台阶。《凉山彝族自治州彝族语言文字工作条例》是于1993年1月1日起施行的。此条例的修订认真总结了原条例施行16年的经验和教训，重点修订了彝族语言文字的使用、监督管理以及违反条例规定的法律责任等方面的内容，并在“章、条、款”等方面作了比较大的调整和修改，由原条例的七章三十条修订为六章四十一条。修订后的条例，内容更加丰富，规范的事项更加明确、具体，更便于操作和执行。

（撰稿　刘康容　　审稿　唐伯华）

【四川省召开第四届少数民族文学奖总结表彰大会】
2009年12月29日，第四届四川少数民族文学奖总结表彰电视电话会议在成都隆重召开。大会宣读了《关于授予第四届四川少数民族文学创作优秀作品奖的决定》，对尹向东（藏族）的短篇小说《对一个城市的怀念》、李炬（羌族）的中篇小说《在幽暗中闪烁》、泽仁达娃（藏族）的短篇小说《山村的脚步》、杨国庆（羌族）的诗集《一只凤凰飞起来》、沙马（彝族）的组诗

《南高原，幻影之伤》、况璃（白族）的诗集《一秒钟的地球和一生的村庄》、贝史根尔（彝族）的诗集《我的甘嫫阿妞》、觉乃云才让（藏族）的藏文母语作品《隐忧》、郎加（藏族）的藏文母语作品《凋零》等进行了表彰。同时对长期在甘孜、凉山、阿坝3个少数民族自治州从事文学工作，为少数民族文学事业发展作出突出贡献的龚学敏、贺志富、罗定金3名汉族作家授予了荣誉奖。

（撰稿　刘康容　　审稿　唐伯华）

【云南省开展“云南少数民族村落语言使用情况”调查课题】　在2008年对彝族、白族、哈尼族、壮族、傣族、苗族、傈僳族、拉祜族、佤族、纳西族、瑶族、景颇族、藏族、独龙族、怒族、普米族、基诺族、布朗族、阿昌族、德昂族、蒙古族、布依族22个民族的79个民族聚居村进行基本概况、语言特征、语言使用情况、语言文字态度、国家语言文字政策在少数民族村落中的贯彻执行情况、语言文字使用需求等方面开展调查的基础上，专业人员撰写完成了70多份100多万字的调查报告。调查报告资料翔实，内容丰富，从不同角度反映了新时期云南少数民族语言文字的使用情况，为制定新形势下的民族语文政策提供了重要参考依据。

（撰稿　胡毅坚　　审稿　徐畅江）

【云南省开展中国语言有声资源数据库云南试点工作】　2009年，云南省民语委办公室承担了教育部“中国语言有声资源数据库”项目在云南的试点工作。7月24—25日，项目组聘请上海师范大学潘悟云教授、广西农业大学李龙博士、中国社会科学院人类学与民族学研究所黄行副所长，对专业人员进行语音采集培训。组织相关人员在潘悟云教授和黄行副所长的带领下，分赴云南省陇川县对傣语、景颇语和载瓦语进行为期7天的试验性录音，对每个语种采集了1 300多个常用词汇，并进行分析，为下一步全面开展云南少数民族语言文字资源采集积累了宝贵经验。

（撰稿　胡毅坚　　审稿　徐畅江）

【云南省召开民族文字信息技术国家标准工作组工作会议】　2009年5月14日，云南省民语委办公室受全国信息技术标准化管理委员会委托，组织在昆明召开了“云南民族文字信息技术国家标准工作组工作会议”，会议对云南民族文字信息技术国家标准工作组前一段工作进行了认真总结，并按国家相关工作规划，提出了云南少数民族文字信息技术国家标准工作下一阶段的任务。云南民族文字信息技术国家标准工作组全体成员参加了会议。

（撰稿　胡毅坚　　审稿　徐畅江）

【云南省西双版纳傣文键盘布局国家标准技术方案和德宏傣文键盘布局国家标准技术方案获得通过】　2009年10月21—22日，由全国信标委、云南省民语委办公室、潍坊北大青鸟华光照排公司等单位联合研制的西双版纳傣文键盘布局国家标准技术方案和德宏傣文键盘布局国家标准技术方案，在全国信标委召开的审查会议上顺利获得通过。

（撰稿　胡毅坚　　审稿　徐畅江）

【云南省滇东北老苗文字符编码国际标准方案正式提交】　云南省民语委办公室与世界少数民族语文研究院东亚部联合研制的滇东北老苗文字符编码国际标准方案正式提交给2009年10月26—30日在日本东京召开的ISO/IEC JTC1/SC2/WG2第五十五次会议和ISO/IEC JTC1/SC2第十六次会议，滇东北老苗文字符国际标准化方案进入审议阶段。

（撰稿　胡毅坚　　审稿　徐畅江）

【云南省对少数民族双语教学教材进行了审订】　2009年，云南省民语委办公室积极发挥优势，与云南省教育厅共同组织了彝文、白文、哈尼文、壮文、傣文（西傣、德傣）、苗文（川黔滇、滇东北)、纳西文、傈僳文、佤文、景颇文(景颇、载瓦)、瑶文(门方言、勉方言)18个文种的专家，对小学一年级民文教材进行了修订。同时，应云南省教育厅要求，安排彝、西傣、德傣、哈尼、景颇、藏等6个民语专业人员，对云南省幼儿版、小学三年级版“三生教育”民族文字教材进行了翻译和审订，促进了云南双语教学的开展。

(撰稿　胡毅坚　　审稿　徐畅江)

【云南省民语委参与招录少数民族学生民族语口语测试工作】　2009年6月，云南省首次举行云南省政法系统定向招录少数民族学生民族语口语测试工作，云南省民语委办公室本着对法律负责，对少数民族负责的态度，精选出各语种专业人员，按照公平、公正、公开的原则，参加测试了彝族、哈尼族、白族、壮族、傣族、苗族、景颇族、佤族、拉祜族、瑶族等少数民族学生1万多人次，按质按量完成了测试任务，受到参试学生和组织单位的好评，为民族地区法制建设作出了积极贡献。

(撰稿　胡毅坚　　审稿　徐畅江)

【云南省组织考察评估大理剑川白、汉双语项目】　2009年5月18—20日，云南省少数民族语文指导工作委员会办公室就与世界少数民族语文研究院合作的“白语文工作项目”，组织邀请联合国教科文组织、世界少数民族语文研究院、中央民族大学、中国社会科学院、四川省、贵州省、广西壮族自治区、广东乳源瑶族自治县、暨南大学及云南省等相关部门的领导、专家学者51人对剑川白、汉双语教学点进行了考察评估活动，项目实验成果得到了评估人员的充分肯定。

(撰稿　胡毅坚　　审稿　徐畅江)

【云南省加大民族图书出版力度】　2009年，云南民族出版社紧紧围绕“共同团结奋斗、共同繁荣发展”的民族工作主题，结合云南省的民族工作和民族文化建设，充分挖掘民族文化资源，不断加大民族图书出版。2009年出版图书325种，其中少数民族文字图书170种，占出书总数的52.31%。积极配合教育部门继续出版民文义务教育标准课程实验教科书《语文》(四年级上下册)，全年用10种文字出版20种；出版“十一五”国家重点图书出版规划项目《哈尼族口传文化译注全集》1~5卷、《彝族毕摩经典译注》(100卷)第41~60卷；用12个文种出版《农村法律普及读本》(第二辑)、《禁毒知识》；出版《西双版纳傣族谚语译释》、《纳西东巴文字概论》、《彝族文化知识读本》、《德宏傣语文概要》、《贝叶文库》(第三辑、第四辑)、《心愿——景颇语广播剧选》、《黔西苗族古歌》、《拉祜族民间特色药用植物》等民族文字图书。

重视积累和弘扬优秀民族传统文化，出版《大理丛书·考古文物篇》、《剑川民族文化丛书》(第一辑、第二辑)、《云南民族文化系列丛书》(第三辑)、《探秘大香格里拉文丛书》、《云南乡土文化读本·维西读本》等丛书；出版纪念新中国成立60周年的《云南六十年·综合卷》、《历程与见证——新中国云南民族事务》、《云南民族团结进步事业光辉历程》等重点图书；出版《云南少数民族地区的英汉双语数学》、《民族高校英语教学理论与方法研究》、《纳西东巴文字概论》等教学研究和民族语言文字研究方面的图书；出版《云南少数民族非物质文化遗产研究》、《云南民族药志》(第二卷)、《南段拉祜族村落文化的传承与变迁》、《南诏史探》(第二辑)、《大理回族史》等研究民族历史文化的图书。2009年，有11种图书获得第十七届中国西部地区优秀科技图书奖，其中《农村实用知识读本》(第二辑)(12个文种)、《傣医常用名词术语解释》、《云南民族药志》(一)获得一等奖，《文山三七·跨越生命百年的金钥匙》、《云南与东南亚南亚六国国际科技合作战略研究》获二等奖，《保山核桃栽培》、《设计家》(4)、《云南主要热带作物病虫害诊断与综合防治原色图谱》、《中国林业转型期的社会林业》、《云岭之光丛书·国兰荟萃》、《白州植物文化奇葩》获三等奖。此外，《云南改革开放启示录》获2008年云南省重点图书出版奖，《圣地卡瓦格博秘籍》获第十八届全国藏文图书奖二等奖，《云南民族团结进步事业光辉历程》被列为新闻出版总署“民族团结重点出版物”。

（撰稿　段波　　审稿　徐畅江）

【云南省《今日民族》杂志荣获改革创新期刊奖】　2009年9月，由云南省新闻出版局、云南省期刊协会举办的第三届云南省优秀期刊评选活动揭晓。在100多种参评期刊中，《今日民族》杂志脱颖而出，荣获改革创新期刊奖、优秀装帧奖，有关同志和栏目荣获优秀主编（社长）奖、突出贡献奖、优秀编辑奖、优秀栏目奖。

（撰稿　方绍荣　　审稿　徐畅江）

【云南省《今日民族·中小学版》创刊】　为认真贯彻落实《中共云南省委云南省人民政府关于进一步加强民族工作促进民族团结加快少数民族和民族地区科学发展的决定》（云发〔2009〕13号）关于“创办《今日民族》中小学版，对广大中小学生进行民族知识普及教育”的精神，在省民委的高度重视和大力支持下，今日民族杂志社于2009年9月起正式创办了16开、全彩页的《今日民族·中小学版》，作为《今日民族》杂志的下半月刊，每月1期。发行范围覆盖全省民族地区的部分中小学校以及全国各省区的部分民族中小学。是国内第一本面向全国中小学校的民族团结杂志。

（撰稿　方绍荣　　审稿　徐畅江）

【《青海省志·民族志》出版发行】　青海省研究起草了《青海省人民政府关于繁荣发展青海少数民族文化事业的实施意见》，对繁荣发展少数民族文化，增进各民族的交流和了解提出了一整套具体措施。出版发行《青海省志·民族志》，填补了青海省历史上没有专门记述民族和民族问题志书的空白。

（撰稿　刘兵　　审稿　金水平）

【青海省民族语文工作】　2009年，青海省民族语文工作得到进一步发展。组织召开了青海省第四次民族语文工作会议，总结了近年来的民族语文工作，安排部署了今后的工作任务。完成了政治、经济、科技类藏语新词术语的搜集、翻译、审订工作。发布《藏语新词术语公报》4期，翻译、规范各类牌匾、公章等200多个。完成了青海省民族语言文字市场用文的调查研究工作，对整顿治理社会市场用字混乱现象、净化语文环境、维护文明的语言文字交际秩序起到了积极作用。开展了对青海省少数民族语言文字的使用情况、濒危语言、母语教育等方面的调研，分析了青海省民族语言文字的社会生活状况、存在的问题，为今后民族语言文字工作决策提供了依据。按八省区蒙古语文工作协作办公室《2009年八省区蒙古语文协作工作要点》，积极协调有关部门，完成了各项协作任务；完成了八省区蒙古语文协作小组第十五次成员会议筹备工作。根据青海省人事厅有关文件精神，按照青海省少数民族语文翻译系列评审条件，认真受理、申查职称申报人员的评审材料，组织专家评委完成了2009年度少数民族语文翻译系列中、高级专业技术职务的职称评审工作。

（撰稿　刘兵　　审稿　金水平）

民族体育

【天津市举行“团结杯”少数民族传统体育花毽比赛】 2009 年 7 月 4 日，天津市“团结杯”少数民族传统体育花毽比赛暨红桥区首届少数民族传统体育运动会在民族中学隆重举行。市民委、市体育局、市少数民族体协及 12 个区县民宗办、体育局的领导同志出席了开幕仪式。各参赛代表队由回族、蒙古族、满族、维吾尔族等多民族运动员组成，有工人、农民、干部、教师和学生，有年近八旬的老运动员，也有十几岁的小运动员，充分体现了趣味性和群众参与性，创下了天津市花毽比赛参赛队最多、参赛队员最多、参赛队员水平最高、参赛选手年龄最大和最小的纪录。本次花毽比赛共决出金牌 8 枚、银牌 7 枚、铜牌 7 枚。中国民族报、天津电视台、天津日报、今晚报、北方网、红桥区有线台进行了专题报道。此次运动会的召开有力地促进了全市少数民族传统体育事业的发展和少数民族文化体育素质的提高，是本市民族团结进步创建工作的一次盛会。

（撰稿 薛腾 审稿 马竞）

【内蒙古自治区确定第七、第八届全区少数民族传统体育运动会承办地】 内蒙古自治区人民政府常务会议研究确定第七届内蒙古自治区少数民族传统体育运动会于 2010 年在鄂尔多斯市举办，第八届内蒙古自治区少数民族传统体育运动会于 2013 年在锡林郭勒盟举办。举办全区少数民族传统体育运动会是落实自治区党委、政府《关于进一步加强民族工作加快本区经济社会发展的决定》（以下简称《决定》）的具体举措。根据《决定》精神，全区少数民族传统体育运动会每四年举办一届。成功举办全区少数民族传统体育运动会，对于继承民族文化遗产、弘扬民族文化、振奋民族精神、增进民族团结、发展民族体育运动、增强人民体质，从而促进少数民族和少数民族聚居地区经济社会发展具有重大意义。同时，举办 2010 年第七届全区少数民族传统体育运动会，也是为参加好 2011 年在贵州举办的第九届全国少数民族传统体育运动会做好准备。第七届和第八届全区少数民族传统体育运动会分别在鄂尔多斯市和锡林郭勒盟的举办，是展示地区发展成就和精神风貌的良好机遇，将会为进一步弘扬和传承自治区少数民族传统体育作出积极的贡献。

（撰稿 李日树 审稿 常威）

【内蒙古自治区赛马训练基地挂牌成立】 2009 年 7 月 29 日，由内蒙古自治区民委、二连浩特市政府共同建设，自治区民委挂牌成立的内蒙古自治区赛马训练基地在二连浩特举行了挂牌仪式。自治区民委主任阿迪雅、副主任秦蒙，二连浩特市委书记邓月楼、市长孟宪东出席了仪式。阿迪雅主任在挂牌仪式上讲话指出，建设赛马训练基地是积极开展少数民族体育活动，繁荣发展少数民族传统文化体育事业的具体体现。也是在边境地区发展马产业，带动当地牧民致富的一条新途径。目前，赛马训练基地已建成 2 000平方米的现代化育马棚和1 600米的标准赛马跑道，饲养优良品种蒙古马 180 多匹。同时，基地还与周遍嘎查 15 户牧民签订了培育优良马匹的合作协议，为牧民无偿提供品种培育，带动牧民参与马产业的发展，提高牧民的收入。

（撰稿　李日树　　审稿　常威）

【全国珍珠球邀请赛在辽宁省举办】　2009年7月15—17日，由国家民委、国家体育总局、中国民族体育协会主办，辽宁省民委、辽宁省体育局、沈阳师范大学承办的全国珍珠球邀请赛在沈阳师范大学举行。来自北京、河北、吉林、河南、海南、陕西、宁夏、辽宁等8个省市的藏族、维吾尔族、满族、蒙古族、壮族、苗族、黎族、白族、朝鲜族、回族等近200名运动员、教练员、裁判员参加了赛事（少数民族运动员占86%）。经过3天的激烈角逐，辽宁队和海南队分获冠、亚军，第三名至第八名是北京队、吉林队、宁夏队、河北队、河南队、陕西队，邀请赛取得了圆满成功。

国家民委文宣司副司长兰智奇、沈阳师范大学校长赵大宇在开幕式上分别致辞，国家民委原副主任、中国民族体育协会主席李晋有在比赛结束后为获奖运动员颁奖。比赛之前，主办单位举办了珍珠球邀请赛的裁判员培训班，来自全国的30多名裁判员参加了培训，考试合格的裁判员获得了证书，录入珍珠球裁判人才库，首次对珍珠球裁判员资格进行了认定。

（撰稿　康炳日　　审稿　赵佐贤）

【辽宁省首届蒙古象棋大赛在阜新蒙古族自治县举行】　辽宁省民族事务委员会和辽宁省蒙古语文学会共同举办的全省首届蒙古象棋大赛在阜新蒙古族自治县举行。蒙古象棋是世界上最古老的博弈游戏之一，早在契丹王朝时期就有玩“喜塔尔”（蒙古象棋）游戏的记载。经过千年传承，现在的蒙古象棋有着广泛的群众基础，除蒙古族外，鄂伦春族、达斡尔族、鄂温克族、回族、满族、汉族等其他兄弟民族的不少棋类爱好者也十分喜欢蒙古象棋运动。1989年举行的内蒙古自治区第二届少数民族传统体育运动会把蒙古象棋列为正式比赛项目。

（撰稿　鲍帅　　审稿　赵佐贤）

【吉林省成功举办第五届民运会】　2009年8月6—13日，在白城和四平两地举行了吉林省第五届少数民族传统体育运动会，全省9个市（州）的朝鲜族、满族、蒙古族、回族等近千名运动员、教练员参赛，角出142枚奖牌，这是迄今为止吉林省规模最大的少数民族体育盛会。省长韩长赋出席了开幕式。

（撰稿　李颖　　审稿　王喜年）

【江苏省民委为民族学校购置体育训练器材】2009年，江苏省民委拨出专款30万元，为6所民族学校购置少数民族传统体育项目训练器材，全力备战全国第九届少数民族传统体育运动会。

（撰稿　刘克元　　审稿　王在郑）

【福建省举办少数民族传统体育项目射弩比赛】2009年10月31日—11月1日，福建省少数民族传统体育项目射弩比赛在三明市举行，比赛设民族标准射弩混合团体，男子立、跪姿，女子立、跪资5个项目，全省8个地市代表队参加。三明市运动员白德明获得男子立、跪姿第一名；宁德市运动员钟清青和钟张宁分别获得女子立、跪姿第一名；宁德、三明、龙岩等市代表队分获混合团体前三名。

（撰稿　夏仕锦　　审稿　蓝国秋）

【江西省少数民族传统体育项目取得佳绩】2009年8月，江西省组队参加由国家民委文化宣传司、国家体育总局群众体育司主办，在河北省衡水市举行的全国蹴球邀请赛。全国13个省17支代表队近200名裁判员、教练员、运动员参加了此次邀请赛。经过奋勇拼搏，江西省少数民族运动员雷诗、兰萍华喜获女子双蹴银牌。

（撰稿　程榕　　审稿　张国培）

【河南省命名8个省级少数民族传统体育项目训练基地】　河南省民族事务委员会联合省体育局、省教育厅命名8个少数民族传统体育项目训练基地。分别是：郑州大学体育学院为珍珠球、毽球、民族式摔跤训练基地；河南大学体育学院为毽球、石锁训练基地；洛阳师范学院体育学院为毽球、木球训练基地；南阳师范学院体育学院为蹴球训练基地；黄淮学院体育系为板鞋竞速、陀螺训练基地；河南省体育运动学校为民族式摔跤训练基地；漯河市体育运动学校为珍珠球、蹴球、板鞋竞速训练基地；洛阳市回民中学为木球训练基地。2009年3月17日，河南省民族事务委员会、省体育局、省教育厅在郑州大学为郑州大学体育学院、河南省体育运动学校举行河南省少数民族传统体育项目训练基地授牌仪式。至此，河南省8个省级少数民族传统体育项目训练基地授牌结束。

（撰稿　刘宾　　审稿　金艳华）

【湖北省五峰土家族自治县民宗局积极打造民族体育名校】　2009年2月，湖北省五峰土家族自治县民宗局党组书记关和平带领机关相关人员到湾潭民族中小学就“民族文化进校园”和打造“湖北民族体育第一名校”进行现场办公。湾潭民族传统体育训练基地于2004年挂牌，几年来，在各级领导的支持和帮助下，在基地教练员、运动员的努力下，民族体育取得了较好成绩。县民宗局和湾潭镇政府努力为湾潭民族中小学在民族体育发展方面营造一个好的环境，大力支持民族传统体育的参赛，经协商，湾潭镇政府将拿出5 000元用于比赛准备工作的支出。

（撰稿　王小芹　　审稿　唐启明）

【湖北省少数民族体协获全国“2008年全民健身活动先进单位”称号】　2009年2月23日，湖北省少数民族体协获得国家体育总局授予的“2008年全民健身活动先进单位”称号。副省长张岱梨亲自为省少数民族体协颁奖，并希望省少数民族体协珍惜荣誉，以此为契机和动力，扩大开展全民健身活动的示范效应，为推进民族体育工作的大发展作出更大的贡献。2008年，湖北省少数民族体协协助省体育局和省民宗委圆满完成了由省民宗委推荐的全省民宗委系统参加2008年北京奥运火炬在鄂传递的相关工作；成功举办了全省少数民族传统体育项目教练员培训班，为备战2011年第九届全国民运会奠定了基础；圆满完成了湖北省少数民族传统体育项目（陀螺、蹴球、高脚竞速）竞赛；选派运动员参加了中国陀螺邀请赛，并获得女子团体第四、个人第一的好成绩。

（撰稿　朱建昌　　审稿　唐启明）

【湖北省鹤峰县中营民族学校编辑《民族体育歌舞》教材】　2009年3月，湖北省鹤峰县中营乡民族中心学校乡土民间文化校本教材《民族体育歌舞》（文字稿）编辑成册。该教材共16课，分“乡土传统体育与武术”和“乡土民间舞蹈与民歌”两大部分。鹤峰县中营乡土家文化、土司文化和红色文化十分丰厚，为乡土民间文化校本教材的编写提供了丰富的素材。该教材的编成，使乡土民族文化的教学有“本”可依。目前，中营乡民族中心学校正按该教材的相关内容开展实验教学，并聘请了多位乡土民间艺人到校教练民间舞蹈和民歌等。

（撰稿　张声勇　　审稿　唐启明）

【湖北省少数民族传统体育项目教练员培训班在湖北民族学院召开】　2009年8月2—9日，湖北省民宗委在湖北民族学院举办了全省少数民族传统体育项目教练员培训班。这次培训班规模大，层次高，邀请全省经验丰富的教练员、裁判员张来成、高力玲和万兵分别从实战和理论方面进行讲解授课，同时还邀请了省内体育界专家学者倪东来、漆昌柱、胡亦海和谢雪峰分别讲述“体育心理学”、“体育运动训练学”、“体育科研方法”等课程，来自全省各县市的教练员和民族体育工作者约80人参加了培训。

（撰稿　袁桥　　审稿　唐启明）

【湖北省板鞋竞速代表队和高脚竞速代表队在全国邀请赛上荣获佳绩】　2009年8月10—15日，由第九届全国民运会筹委会、中国少数民族体育协会主办，贵州大学承办的全国板鞋和高脚竞速邀请赛在贵阳举行。在板鞋竞速赛场上开展的男子60米、100米板鞋竞速，女子60米、100米板鞋竞速，男、女2×100米混合接力中，湖北省代表队荣获男子60米第一名。在高脚竞速赛场上开展的男子100米、200米高脚竞速，女子100米、200米高脚竞速，男子2×100米接力，女子2×100米接力，男、女4×100米混合接力中，湖北代表队包揽了所有第一名，其中女子100米、200米高脚竞速项目第二、三名，男子100米、200米高脚竞速第二名也由湖北省获得。这是湖北省少数民族传统体育项目代表队在历届全国邀请赛中取得的最好成绩。

（撰稿　陈军　　审稿　唐启明）

【湖北省武汉市举办首届少数民族传统体育运动会】　2009年9月12—13日，湖北省武汉市首届少数民族传统体育运动会在市民族中学隆重举行，来自江岸、江汉等7个城区和市民族中学的回族、土家族、藏族、满族、黎族、畲族、壮族、苗族、瑶族、朝鲜族、侗族等10多个少数民族的100多名运动员参加了比赛。武汉市委常委、常务副市长袁善腊，市委常委、统战部部长贾耀斌，市人大副主任彭志敏等出席开幕式，并为获得陀螺比赛男、女单项前三名的运动员颁奖。本届运动会为期两天，设有陀螺、蹴球、高脚竞速三大类14个富有民族特色的竞赛项目。

（撰稿　吴升仁　　审稿　唐启明）

【湖南省民族事务委员会被评为“全国群众体育先进单位”】　湖南省民族事务委员会被国家体育总局评为2005—2008年度“全国群众体育先进单位”。近年来，湖南省民族事务委员会认真贯彻落实《民族区域自治法》、《体育法》、《全民健身计划纲要》和《关于加强少数民族传统体育工作的意见》，以增强各族同胞体质为根本任务，大力开展群众性民族传统体育活动，组织举办了全省第六届少数民族传统体育运动会，组团参加了第八届全国少数民族传统体育运动会，并取得优异的成绩，为群众体育事业，特别是湖南省民族传统体育事业的大发展作出了积极的贡献。

（撰稿　陈春建　　审稿　曹承明）

【第二十九届春节边区运动会在湖南湘西土家族苗族自治州龙山县桂塘镇举办】　2009年1月26—28日，第二十九届春节边区运动会在湖南湘西土家族苗族自治州龙山县桂塘镇举办。桂塘镇位于湘、鄂、渝3省（市）交界处，“一脚踏3省”。来自湖南龙山、重庆酉阳、湖北来凤3县的23支代表队参加了运动会。

（撰稿　陈春建　　审稿　曹承明）

【湖南省出台《少数民族传统体育基地管理办法》和《少数民族传统体育基地考核评估标准》】　2009年12月10日，湖南省民委、省体育局、省教育厅联合出台《少数民族传统体育基地管理办法》（试行）和《少数民族传统体育基地考核评估标准》（试行）。《少数民族传统体育基地管理办法》（试行）的出台，标志着湖南省少数民族传统体育基地建设和管理已步入制度化、规范化的运行轨道。《少数民族传统体育基地管理办法》（试行）共6章19条，对少数民族传统体育基地的命名与审定、基地的任务、经费保障、激励与处罚等作出了明确规定。《少数民族传统体育基地考核评估标准》（试行）对少数民族传统体育基地的基本条件、工作要求、工作成绩、奖励与处罚等作出了明确规定。

（撰稿　陈春建　　审稿　曹承明）

【广东省召开第四届少数民族传统体育运动会筹备工作会议】　9月28日，广东省第四届少数民族传统体育运动会筹备工作会议在韶关市召开，省民族宗教委、省体育局的领导以及各地级以上市民族宗教局、体育局，3个自治县民族宗教局、体育局、文化局（文体局），广东技术师范学院以及有关高校分管体育工作的负责人共

90 多人参加了会议。

会议明确了第四届少数民族传统体育运动会筹备工作需做到以下 4 点：一要充分认识举办全省第四届少数民族传统体育运动会的重要意义。二要做到“四个结合”，即与贯彻落实全国、全省少数民族文化工作会议精神相结合，与开展民族团结教育活动相结合，与备战第九届全国民族运动会相结合，与进一步普及推动民族体育项目、促进全民健身运动开展相结合。三要扎实做好各项筹备工作，建立协商机制。要明确目标和任务，及早制定组团参赛工作方案。筹备工作要抓早、抓实、抓好；各市民族、体育部门既要分工又要加强合作，密切配合；要精心策划开幕式和闭幕式，进一步挖掘表演项目，提高节目质量。四要勤俭节约，少花钱、多办事。

（撰稿　黄春霞　　审稿　温卫平）

【广西壮族自治区召开全区少数民族传统体育研讨会】　2009 年 5 月 26—27 日，广西壮族自治区少数民族传统体育研讨会在玉林市召开。自治区民委、自治区体育局及玉林市有关领导出席会议，14 个市的民委（民宗委）、体育局的分管负责人，广西民族大学生命健康科学学院、河池学院的相关领导共 40 人参加了会议。会议的主要任务是，总结多年来全区民族传统体育事业取得的成绩、存在的问题及今后的发展方向，了解第十二届全区民族体育运动会的筹备情况，并对如何备战第十二届全区民族体育运动会和 2011 年第九届全国民族体育运动会提出了具体要求。

（撰稿　覃汉华　　审稿　周世相）

【青海省举办第四届少数民族传统体育运动会】2009 年 7 月，在青海省海北藏族自治州西海镇举办了青海省第四届少数民族传统体育运动会。全省各地有 13 个代表团近千名少数民族运动员和表演队员参加了比赛。本届民族运动会共设 9 个竞赛项目和 6 个表演项目，是青海省历史上参赛人数最多、规模最大、层次最高的少数民族体育盛会。会上还表彰了 15 个民族体育先进集体和 21 名先进个人。

（撰稿　刘兵　　审稿　金水平）

民族教育科技

民族教育

【国家民委和教育部召开全国民族院校大学生思想政治教育工作会议】 在前期广泛深入调研的基础上，经认真筹备，2009 年 1 月 14 日，国家民委和教育部在北京联合召开全国民族院校大学生思想政治教育工作会议。会议以邓小平理论和“三个代表”重要思想为指导，深入贯彻落实科学发展观，紧密结合民族院校实际，认真学习贯彻中央领导同志的有关重要批示精神，就进一步做好新形势下的民族院校大学生思想政治教育工作，交流了经验，分析了形势，明确了要求。

（撰稿　丁文杰　　审稿　王平）

【国家民委、教育部制定下发《关于进一步加强和改进民族院校大学生思想政治教育的若干意见》】 为全面贯彻党的教育方针和民族政策，进一步加强和改进民族院校大学生思想政治教育，2009 年 3 月 4 日，国家民委与教育部联合制订下发《关于进一步加强和改进民族院校大学生思想政治教育的若干意见》［民委（教科）发〔2009〕54 号］，指出，要坚持民族院校大学生思想政治教育的正确方向，切实加强爱国主义教育和马克思主义民族观、宗教观、文化观教育，把思想政治教育与解决学生的实际问题相结合，切实做好新形势下民族院校学生的思想政治教育工作。

（撰稿　丁文杰　　审稿　王平）

【国家民委与内蒙古自治区人民政府签署协议共建内蒙古民族大学】 为支持地方民族院校发展，国家民委根据地方民族院校发展实际，稳步推进与地方政府共建地方民族院校工作。2009 年 3 月 11 日，国家民委与内蒙古自治区人民政府签署协议，共建内蒙古民族大学。

（撰稿　丁文杰　　审稿　王平）

【国家民委与西藏自治区人民政府签署协议共建西藏民族学院】 为支持地方民族院校发展，国家民委根据地方民族院校发展实际，稳步推进与地方政府共建地方民族院校工作。2009 年 3 月 13 日，国家民委与西藏自治区人民政府签署协议，共建西藏民族学院。

（撰稿　丁文杰　　审稿　王平）

【国家民委教育科技司调研督导委属院校毕业生就业工作】 2009年3月，国家民委教育科技司到委属院校开展了调研督导工作。督导工作采取召开师生座谈会、现场调查、材料收集分析等方式，了解委属院校贯彻落实有关政策和文件精神的情况，对毕业生就业工作进行了督促、指导，同时向各院校转达了委党组对委属院校毕业生就业工作的关心和重视。在对调研情况进行分析整理后，形成了《委属院校毕业生就业状况调研报告》。

（撰稿 丁文杰 审稿 王平）

【国家民委委属院校建立民族文献资源共建共享系统】 国家民委委属院校为有效整合委属院校的民族文献资源，建立委属院校民族文献资源的数字化和共建共享系统，更好地为各院校教学、科研和学科建设服务，2009年4月16日，在中南民族大学（武汉）召开“国家民委院校民族文献资源共建共享问题座谈会”，就建立委属院校民族文献资源共建共享系统的必要性和可行性问题进行了充分的研究和讨论。5月21日，成立国家民委院校民族文献资源共建共享系统协作委员会，负责此项工作的协调和开展。

（撰稿 丁文杰 审稿 王平）

【国家民委教育科技司召开2009年委属院校就业和招生工作会议】 2009年4月27日，国家民委教育科技司在西南民族大学（成都）召开2009年委属院校就业和招生工作会议，重点对毕业生就业工作进行了研究和部署。会议指出，在委党组的高度重视和正确领导下，各院校为促进毕业生就业做了大量扎实、细致的工作，取得了成效，但仍面临严峻的形势。参会代表结合各自工作实际，就如何加强工作，采取更加行之有效的措施，做好就业工作进行了深入的讨论和交流。

（撰稿 丁文杰 审稿 王平）

【国家民委委属院校积极调整结构，提升办学层次】 2009年，国务院学位办批准西南民族大学、西北民族大学为新增法律硕士专业学位研究生培养单位，中央民族大学为新增汉语国际教育硕士专业学位研究生培养单位，中央民族大学、西南民族大学、西北民族大学为新增艺术硕士专业学位研究生培养单位，中央民族大学为新增工商管理硕士（MBA）专业学位研究生培养单位。专业硕士主要定位为培养应用型高级专门人才，在市场经济条件下越来越受到社会的欢迎，也是研究生教育发展的重点方向。

（撰稿 丁文杰 审稿 王平）

【国家民委教育科技司举办全国民族院校辅导员培训班】 2009年7月12—20日，国家民委教育科技司在中央民族干部学院举办全国民族院校辅导员培训班，来自全国15所民族院校的100名学员参加了培训。国家民委党组书记杨传堂、教育部思政司司长杨振斌分别为学员作了专题报告。中国青年政治学院李家华教授和首都师范大学蔺桂瑞教授分别就大学生就业和心理健康教育作专题讲座。为交流经验，改进工作，培训班安排了大量的交流活动和分组讨论，不仅各民族院校间交流了经验，学员们还与清华大学的优秀辅导员进行了交流。

（撰稿 丁文杰 审稿 王平）

【国家民委教育科技司召开2009年度委属院校专业设置评审会】 按照教育部《高等学校本科专业设置规定》的有关规定和要求，2009年8月17—22日，国家民委教育科技司在内蒙古自治区包头市召开了委属院校2009年度专业设置评审会。经专家严格评审和学校答辩，通过了“高分子材料与工程”等13个新增本科专业。这些专业按程序报教育部备案或审批通过后，可于2010年开始招生。会议还在对委属院校近几年专业变化情况和招生情况进行统计分析的基础上，就委属院校的专业结构调整优化进行了讨论研究，并分别在包头市和鄂尔多斯市就民族地区人才需求情况进行了实地调研。

（撰稿　丁文杰　　审稿　王平）

【全国民族院校召开书记、校（院）长联席会议】 2009年8月20—24日，由西北民族大学承办的2009年全国民族院校书记、校（院）长联席会议在甘肃省召开，主题为“民族院校思想政治工作的特点与规律”。全国15所民族院校和甘肃民族师范学院（特邀）的书记、校（院）长参加了会议。

（撰稿　丁文杰　　审稿　王平）

【国家民委委属院校认真做好秋冬季甲型H1N1流感防控工作】 2009年9月8日，国家民委办公厅下发《关于进一步做好委属院校秋冬季甲型H1N1流感防控工作的通知》，要求委属院校切实抓好疫情防控工作，坚决防止甲型H1N1流感在校园的集中暴发和扩散流行。北方民族大学出现疫情后，迅速启动疾病防控预案，严格按照国家民委和宁夏回族自治区关于做好甲型H1N1流感防控工作的有关要求，在当地疾病防控中心的指导和配合下，采取隔离观察、临时停课等措施，认真落实各项疫情防控工作。由于处置及时、防控有序、措施到位，防控工作取得明显成效，学生情绪平稳，教学、生活秩序正常。

（撰稿　丁文杰　　审稿　王平）

【国家民委委属院校继续适度扩大招生规模】 2001年以来，全国普通高校中少数民族大学生比例一直徘徊在5.7%～6%之间，低于少数民族人口8.41%的比例。作为培养少数民族人才的重要基地，民族院校招生保持一定的增长十分必要。经积极协调，2009年，发改委、教育部共安排国家民委本科计划26 028名、硕士计划2 518名、博士计划207名，分别比2008年增加8%、16%和6.2%，高于全国平均4%、5%和1.7%的增长率。

（撰稿　丁文杰　　审稿　王平）

【国家民委委属院校质量工程获得新进展】 围绕教育部高等学校本科教学质量与教学改革工程的有关要求，国家民委教育科技司积极指导各院校加强特色专业建设，提高教学质量。2009年，委属院校共获批特色专业建设点10个，在国家级教学团队和双语教学示范课程项目上也首次实现突破：中央民族大学“民族学教学团队”和西北民族大学“蒙古语言文学主干课程教学团队”入选国家级教学团队，大连民族学院“国际商务”课程被批准为双语教学示范课程。

（撰稿　丁文杰　　审稿　王平）

【国家民委召开2009年所属院校国家奖助学金评审会】 2009年度，财政部共下达国家民委所属院校国家奖学金指标867名，预算693.6万元，较2008年增加17.8%；国家励志奖学金指标2 556名，预算1 278万元，较2008年增加9.98%；国家助学金指标24 371名，预算4 874.2万元，较2008年增加5.72%；三项合计共计6 845.8万元，较2008年增加7.62%。根据《国家民委所属院校国家奖学金评审办法》和财政部、教育部有关文件精神，10月28—30日，国家民委在西南民族大学（成都）召开国家民委所属院校国家奖助学金评审会，对委属院校2009年的国家奖学金、国家励志奖学金和国家助学金初评材料进行了审核、审批、备案。会议还总结了委属院校近年来国家奖助学金评审工作的经验，对存在的问题进行了研究。

（撰稿　丁文杰　　审稿　王平）

【少数民族高层次骨干人才培养计划招生继续扩大】 2005年，国家民委与教育部、国家发展改革委、财政部、人事部出台《关于大力培养少数民族高层次骨干人才的意见》。面向西部12省区直辖市和新疆生产建设兵团招生，安排到清华大学、北京大学、中国人民大学等国家重点大学和研究生培养单位进行培养。2006年开始实施，当年招生计划2 500人，至2010年，招生规模已扩大至5 000人，其中硕士生4 000人，博士生1 000人。国家民委所属中央、中南、西南、西北民族大学共安排39名博士计划和240名硕士计划。

（撰稿　丁文杰　　审稿　王平）

【国家民委教育科技司和教育部有关司联合召开全国民族地区边境教育事业发展研讨会】　为筹备召开全国第六次民族教育工作会议，2009年9月21—22日，由国家民委教育科技司与教育部民族教育司、发展规划司共同在内蒙古召开全国民族地区边境教育事业发展研讨会。内蒙古、辽宁、吉林、黑龙江、广西、云南、西藏、甘肃、新疆9省区和新疆生产建设兵团教育部门民教处、规划处、文教处负责人参加了会议。会议进一步提高了对促进边境地区教育事业的发展事关民族团结、边疆稳定和边防巩固，事关国家的长治久安重要意义的认识，增强了切实做好边境教育工作的责任感和紧迫感，增强了促进边境县教育事业上水平、大发展的信心。

会议要求各省区重视总结边境县教育事业发展经验，发现典型、树立典型、搞好示范，抓好调研、梳理问题、完善政策，尽快建立各省边境县教育台账，以边境县为单位，因地制宜，科学规划，提出一批适合边境民族地区发展实际的教育项目建议，搞好经费测算。

（撰稿　周晓梅　　审稿　王平）

【国家民委教育科技司召开民族教育问题小型专家座谈会】　为筹备第六次全国民族教育工作会议，深入研究有关问题，2009年10月22日，国家民委教育科技司在北京组织召开民族教育问题专家座谈会。来自中央民族大学、北京师范大学、内蒙古师范大学、青海民族学院、宁夏大学、中央民族大学附中、内蒙古呼和浩特市蒙文学校、广西壮族自治区壮文学校、宁夏银川回民高级中学、云南省民族中等专业学校以及北京、宁夏、贵州、云南省（区）民委、教育部门的同志参加了会议，交流了研究成果，共同研讨了当前新形势下制约民族教育发展的突出问题和困难，提出了进一步促进民族教育发展的政策建议。

（撰稿　周晓梅　　审稿　王平）

【教育部和国家民委召开全国中小学民族团结教育工作视频会议】　为贯彻落实中宣部、国家民委印发的《党和国家民族政策宣传教育提纲》和教育部办公厅、国家民委办公厅联合印发的《学校民族团结教育指导纲要》（试行）有关要求，2009年5月11日，教育部、国家民委共同召开全国中小学民族团结教育工作部署视频会议。会议在北京设立了视频主会场。教育部党组成员、副部长鲁昕，国家民委党组成员、驻委纪检组组长杜鹃出席会议并作了重要讲话。中央统战部二局，国家宗教局业务四司，教育部基础教育一司、基础教育二司、职业教育与成人教育司、民族教育司、思想政治工作司，国家民委教育科技司，北京市教委，内蒙古自治区教育厅，广东省民委有关负责人参加了北京主会场会议。除主会场外，各省、自治区、直辖市和新疆生产建设兵团设立了视频分会场，各教育厅（教委、教育局）、民（宗）委（厅、局）分管领导和有关处室负责人以及部分学校教师代表参加了分会场会议。会议对今后一个时期中小学全面开展民族团结教育工作的目标任务、方法和具体措施进行了全面部署。

（撰稿　周晓梅　　审稿　王平）

【教育部、中央统战部、中央政法委、国家民委召开大力加强内地民族班民族团结教育和学校管理工作会议】　为贯彻落实中共中央办公厅、国务院办公厅印发的《关于深入开展民族团结宣传教育活动的意见》以及中央宣传部、教育部、国家民委印发的《关于在学校开展民族团结教育活动的通知》精神，2009年8月28日，教育部、中央统战部、中央政法委、国家民委联合在京召开会议。会议全面部署了内地西藏班

(校)、新疆高中班、高校民族预科班、少数民族高层次骨干人才硕士研究生基础培训基地(以下简称内地民族班)民族团结教育工作,对今后内地民族班进一步加强学生爱国主义和民族团结教育提出了明确要求。会议强调了做好内地民族班爱国主义教育和民族团结教育工作的重要性和紧迫性,明确了今后的主要任务和重点工作,并对教育、统战、政法、民族事务等部门互相配合、共同做好内地民族班的民族团结教育和学校管理工作提出了明确要求。

(撰稿 周晓梅 审稿 王平)

【国家民委设立国家民委少数民族职业教育师资培训基地】 为促进民族地区发展职业教育,充分发挥沿海发达地区的经济和教育资源优势,切实提高民族地区职业教育师资队伍水平,国家民委同意在广东技术师范学院设立国家民委少数民族职业教育师资培训基地。2009 年 11 月 26 日,国家民委副主任吴仕民出席基地挂牌仪式,标志着基地正式运作。广东技术师范学院将从 2010 年起,每年定量免费为民族地区职业学校培训教师。

(撰稿 周晓梅 审稿 王平)

【北京市民委参与“我爱我的祖国——中华各民族青少年同心营”活动相关组织工作】 北京市民委作为协办单位参与了由共青团中央、国庆 60 周年庆祝活动北京筹委会群众游行指挥部主办的“我爱我的祖国——中华各民族少年同心营”的组织工作。来自全国各地的 56 个民族的 112 名青少年代表在京活动 11 天,并参加了国庆当天的升国旗仪式。北京市民委作为协办单位参与了有关民族政策咨询、工作人员及志愿者民族政策培训、清真餐厅设立等工作。

(撰稿 沙丽 审稿 马中璞)

【民建天津市委会为孙各庄满族乡捐款支教】 2009 年 8 月,由天津市思源工程扶贫基金捐资,向天津蓟县孙各庄满族乡民族中学捐款 10 万元仪式暨民族中学教学楼更换新式塑钢门窗竣工仪式在蓟县孙各庄满族乡民族中学举行。民建市委会副主委董维忠、市老区建设促进会会长滑兵来以及蓟县有关领导和部分民建企业家会员出席了捐赠和竣工仪式。此次,思源工程扶贫基金再次携手民营企业——福鸿房地产开发有限公司,向孙各庄满族乡民族中学捐款 10 万元,主要用于更换教学楼老式门窗,改善办学条件,杜绝安全隐患。此举充分体现了民建市委会企业家情系少数民族地区教育、倾情奉献爱心的崇高品德。

(撰稿 刘飞 审稿 马竞 从秀荣)

【山西省全面推动少数民族教育、文化、体育事业发展】 山西省认真贯彻全国中小学民族团结教育工作会议精神,全面部署山西省中小学民族团结教育工作,提出具体要求和工作安排。继续支持山西大学附属中学办好“西藏班”,注重了解藏族学生的思想动态,及时反映办学中遇到的困难和问题。围绕纪念新中国成立 60 周年,广泛组织开展形式多样、健康向上的群众性文化活动,举办了山西省民族宗教界书画展。认真贯彻全国少数民族文化工作会议精神,拟组建山西省民族文化交流中心,同时进行山西省建立“民族文化活动基地”的准备工作。积极筹备全省参加全国少数民族文艺会演的选送工作。抓好 11 个“少数民族体育训练基地”的工作,推动全省民族体育事业的发展。由临汾市翼城县北关村组成的山西代表队取得 2009 年全国蹴球邀请赛男双冠军、女单第三的佳绩。已开始着手筹备参加第九届全国少数民族传统体育运动会的项目。

(撰稿 解全东 审稿 白源)

【内蒙古自治区政府与国家民委共建内蒙古民族大学协议签字仪式在京举行】 2009 年 3 月 11 日,内蒙古自治区政府与国家民委共建内蒙古民族大学协议签字仪式在北京举行。国家民委副主任吴仕民、内蒙古自治区副主席连辑等出席签字仪式。吴仕民副主任、连辑副主席先后在签字仪式上讲话。根据共建协议，国家民委将对学校的改革、发展、建设等方面给予更多的关注和帮助，使学校在发展规划、教学管理与教学改革、学科建设、科研合作、师资队伍建设、人才培养等方面的工作有较大的提高。内蒙古自治区政府将在把学校作为自治区重点建设的大学加强建设的基础上，在政策、经费、项目、人才、环境等方面给予倾斜与支持，及时帮助学校解决好发展中的各种困难和问题。

（撰稿　李日树　　审稿　常威）

【内蒙古自治区鄂尔多斯市举办学生技能大赛等活动】　内蒙古自治区鄂尔多斯市民委、教育局、体育局在鄂托克前旗共同举办了鄂尔多斯市第六届“腾格尔—蒙古人”杯学生技能大赛，第十一届蒙古族中学生男篮、女排、男女搏克、蒙古象棋暨首届鄂尔多斯长调比赛。来自全市11所蒙古族中学的317名学生参加了包括三语演讲、乐器、书法、男子篮球、女子排球、男女搏克、蒙古象棋和鄂尔多斯长调等16个大项26个小项的比赛。

（撰稿　李日树　　审稿　常威）

【内蒙古自治区鄂尔多斯市公开招录蒙、汉兼通大学本科毕业生】　为进一步改善市直机关干部队伍民族结构，缓解日益严峻的少数民族大学毕业生就业压力，鄂尔多斯市民委与市人事局、市编委通过联合调研，向市人民政府提出公开考录蒙、汉兼通大学本科毕业生的建议，得到市政府的同意。市民委、市人事局和市编委组织人力，从2009年（含2009年）以前毕业、30周岁以下尚未就业且参加高考前具有鄂尔多斯市户籍的蒙、汉兼通蒙古族大学本科毕业生中公开考试录用30名公务员，充实市直机关干部队伍。

（撰稿　李日树　　审稿　常威）

【内蒙古自治区巴彦淖尔市“两免一补”惠及蒙古族中学700多名高中学生】　为有效解决因牧区连年遭受自然灾害，牧民收入下降，子女教育投入困难的问题，内蒙古自治区巴彦淖尔市在实施民族中学初中生免费教育政策后，2009年又对民族中学高中阶段学生实施了“两免一补”（免学费、免书本费和补助生活费）政策，免费和补助的部分全部由市财政负担。此项政策已惠及市蒙古族中学700多名高中学生，每年可以为每个高中生减轻经济负担3 500余元。

（撰稿　李日树　　审稿　常威）

【辽宁大学增设满族历史与文化专业】　2009年，针对满语文研究人才奇缺，从抢救满族文化和培养满语文研究人才出发，辽宁省民委与辽宁大学合作，在该校增设了满族历史与文化专业，共招生11名少数民族学生，培养从事满族语言学、文字历史研究、档案研究、档案管理、图书整理、民族文化研究与应用等方面工作的人才。该专业也是全国唯一专门研究满族语言文字的全日制本科专业，填补了国内满语文人才培养的空白。

（撰稿　康炳日　　审稿　赵佐贤）

【上海市高度重视西藏初中班和新疆高中班的办学工作】　2009年，上海市成立民族教育工作协调领导小组，加强对援疆援藏教育工作的领导。上海内地西藏初中班办班学校2所，学生850名，内地西藏高中散插班学校4所，学生81名；内地新疆高中班办班学校10所，学生2 810名。2009年，上海高校西藏民族班和新疆民族班共招收学生383人。在做好援疆援藏教育工作的同时，上海市继续做好对其他省区市的民族教育对口支援工作。

（撰稿　窦伟　　审稿　张继富）

【上海市教育系统隆重举行庆祝西藏民主改革50周年主题活动】　2009年3月26日，由上海市教育卫生工作委员会、市教委、市民族宗教委联合举办的“共创民族和谐共建美好明天”——上海教育系统庆祝西藏民主改革50周年主题活动在上海科技馆隆重举行。来自上海市共康中学、市行政管理学校以及在4所高级中学就读的近1 000名西藏学生，身着鲜艳的节日盛装与前来祝贺的其他各民族学生载歌载舞欢聚一堂。上海市委副书记殷一璀，市委常委、统战部部长杨晓渡以及市民族宗教委、市教委等部门的领导来到同学们中间，共同欢庆百万农奴翻身解放50年的盛大节日。殷一璀、杨晓渡等领导在藏族同学的陪同下饶有兴致地观看了“西藏今昔”图片展。藏族学生向“第二故乡”的市领导敬献了哈达，并与市领导手拉手跳起了欢快的民族舞蹈。

（撰稿　窦伟　　审稿　张继富）

【江苏省召开首届西藏中学和新疆高中班工作研讨会】　3月10—11日，江苏省西藏民族中学、新疆高中班工作研讨会在南通召开。各地就西藏民族中学、新疆高中班的办学情况作了交流，对如何进一步加强学校的教育教学工作以及做好2009年高考相关事宜进行了深入研讨。

（撰稿　刘克元　　审稿　王在郑）

【江苏省常州市投资8 000万元建设西藏民族中学新校区】　江苏省根据国务院“智力援藏”的精神，于1985年创办了学制4年的全日制常州西藏民族中学，迄今已有2 000名来自雪域高原的西藏学生从该校毕业。为了加强该校的硬件建设，2009年，常州市投资8 000万元，在闹市区新建了一座具有浓郁藏族文化特色的现代化新校区。新校区占地50亩，建筑面积18 041平方米，比原校区扩大三分之一。

（撰稿　刘克元　　审稿　王在郑）

【江苏省召开“在宁高校学生民族工作经验交流会”】　江苏省民委、省教育厅和南京市民宗局11月9日在南京召开“在宁高校学生民族工作经验交流会”，45所高校的学工部门负责人参加了会议。河海大学、东南大学、中国药科大学学工处负责人就高校如何加强少数民族大学生的服务和管理工作做了发言。与会人员围绕新形势下如何做好高校民族工作进行了交流。

（撰稿　刘克元　　审稿　王在郑）

【浙江省委副书记夏宝龙看望在浙新疆籍各民族学生和务工人员】　2009年9月3日，浙江省委副书记夏宝龙到杭州师范大学附属中学、绍兴市浙江勇大针纺工艺有限公司，看望在浙江的新疆籍各民族学生和务工人员并与他们座谈。夏宝龙强调，要认真学习贯彻胡锦涛总书记在新疆维吾尔自治区干部大会上的重要讲话精神，全面贯彻落实党的民族政策，积极促进民族团结进步，努力维护社会和谐稳定。副省长郑继伟一同看望了新疆班学生。省教育厅、省民宗委等部门负责人陪同看望。

（撰稿　徐钢泓　　审稿　陈智慧）

【福建省民族预科班创办20周年】　福建省民族预科班于1988年创办于福建农学院，并相继在福建医科大学、福州大学、福建师范大学、福建高等商业专科学校、宁德高等师范专科学校、集美大学等学校开办。20年来共招收少数民族预科学生2 650名，目前已有1 700名少数民族学生毕业走上工作岗位，取得了丰硕成果。开办以来，少数民族学生升入大学的人数大大增加，综合素质得到明显提高，少数民族各种专业人才不断增加。高校毕业后的民族预科生，现大多已成为公务员、医生、教师、科技工作者等少数民族干部和专业技术人才，其中一些还走上了县处级重要领导岗位，为促进全省民族乡村加快经济社会发展起到了重要作用。

（撰稿　夏仕锦　　审稿　蓝国秋）

【江西省加大民族教育投入，教育公平不断得到促进】　江西省重视加强民族教育的发展。一是继续加大对民族教育的投入。2009年上半年，省财政、教育、民宗等部门共投入1 000多万元帮助贵溪市樟坪畲族乡新建一所九年一贯制民族学校，学校已于9月1日正式开学。下半年，在已有的民族教育专项资金基础上又争取省财政、教育部门基础教育资金投入民族地区，全省20多所民族学校校舍、操场、宿舍等配套设施多年滞后问题得到解决。同时首次拿出部分民族教育专项资金用于7所高校民族团结教育工作及清真食堂建设，高校民族工作纳入城市民族工作重要内容。二是社会助学力量进一步加强。省地税局出资45万元高标准严要求在兴国县新建一所民族小学。江西省民族宗教事务局发动全局党员干部捐款3万多元，资助来自北川、乐安金竹畲族乡等地8名贫困少数民族大学生。这些举措，对偏远民族乡村办学困难、贫困家庭孩子上大学困难的实际问题的解决有所帮助。三是少数民族高招录取工作有序进行。2009年，在省高招办和省民族宗教事务局的共同努力下，全国20多所高等院校在江西省共录取少数民族考生1 045人，占少数民族考生的80%，其中少数民族预科录取人数235人。四是民族地区基本普及九年义务教育，教育质量进一步提高。全省民族地区适龄儿童入学率和小学毕业生升学率基本达到100%，民族地区九年义务教育得到实现。教师培训力度加强，全年每个教师平均培训次数达到1.5人次，小学毕业生语文、数学合格率超过90%。民族地区近90%的初中生毕业后升入高中、中专、职高学习，民族地区群众素质得到提升。

（撰稿 施莉文 审稿 张国培）

【河南省首次开办少数民族宏志班】 河南省民族事务委员会联合河南省教育厅，共同资助在郑州回民中学开办少数民族宏志班，2009年面向河南省招生50名。少数民族宏志班的招生对象为河南省品学兼优、家庭贫困的少数民族应届初中毕业生。这是河南省首次开办少数民族宏志班。

（撰稿 刘宾 审稿 金艳华）

【河南省少数民族教育事业发展情况】 截至2009年底，河南省有民族中小学校433所，在校学生19.92万人，其中少数民族学生8.97万人；义务教育少数民族学生入学率达99%以上。河南省民族中等专业学校1所，与郑州轻工业学院联合办学（民族职业学院），在校生2 500多人；建立中央民族大学和中南民族大学成人教育函授站，发展少数民族成人在职教育。2009年，郑州市第四中学西藏班初中班270人、高中班305人；郑州市第七中学高中新疆班初次招生80人；河南省民族事务委员会联合河南省教育厅，共同资助首次在郑州回民中学开办少数民族宏志班，面向河南省招生50名。

（撰稿 刘宾 审稿 金艳华）

【湖南省首批100名民族地区义务教育阶段英语教师接受培训】 7月21日，由北京外国语大学和湖南省教育厅共同举办的“歆语工程”——湖南省民族地区义务教育阶段英语教师培训项目启动仪式在张家界市举行。

为加大湖南省民族地区英语教师培养培训力度，逐步提高民族地区义务教育阶段英语教师的专业水平和教学能力，省教育厅与北京外国语大学签订《关于实施湖南省农村义务教育英语教师培训项目的协议》，决定从2009年开始，共同实施“歆语工程”培训项目，面向湖南省民族地区义务教育阶段培训中小学英语教师。本次接受培训的是来自全省少数民族地区的义务教育阶段的100名中小学教师和教研人员。培训内容着重从英语语言素养和英语教学技能两方面入手，培训时间为20天，旨在提升湖南省民族地区义务教育阶段英语教师专业水平和教学能力。

（撰稿 陈春建 审稿 曹承明）

【湖南省湘西土家族苗族自治州2009年投入7 500多万元建成义务教育合格学校68所】 2009年，湖南省湘西土家族苗族自治州共投入7 501.42万元，建成义务教育合格学校68所，进一步满足了山区孩子“上好学校，受好教育”的愿望。2008年以来，湘西土家族苗族自治州实施了声势浩大的义务教育合格学校建设，规划2008—2012年投入34 074.95万元，建设项目校333所，建设的重点目标是完善基础设施建设、配置教学设备、加强教师队伍建设和加强教育教学管理等，使这333所学校达到基本合格的要求。

湘西土家族苗族自治州将义务教育合格学校建设作为进一步改善办学条件、促进义务教育均衡发展、建设"教育强州"的关键措施来抓，积极落实组织领导、项目规划、建设资金、项目建设、现场推动、宣传工作、督查指导等工作，有效地促进了全州义务教育合格学校建设的整体推进，包括2008年建成的30所项目校，目前共建成义务教育合格学校98所，深受社会好评。

（撰稿　陈春建　　审稿　曹承明）

【广东省顺利完成2009年少数民族招生录取工作】　在2009年高考招生录取工作中，广东省民族宗教委积极协调协助省招生办和广东技术师范学院以及有关院校，做好对全省少数民族聚居区少数民族考生的录取工作。共照顾录取就读广东技术师范学院和有关院校预科班的全省民族生273人，其中中山大学预科班10人，华南理工大学预科班5人，中南民族大学、西南民族大学、西北民族大学和北方民族大学预科班共18人，广东技术师范学院240人，顺利完成了2009年少数民族招生录取工作。

一是制定少数民族招生录取照顾政策。1月6日，省民族宗教委和省招生委员会联合印发了《关于做好2009年普通高校招收广东省少数民族聚居区少数民族考生工作的通知》（粤民宗发〔2009〕7号），明确了2009年广东省少数民族招生录取的照顾对象范围、优惠划线分数等政策。

二是认真做好享受招生录取照顾政策的考生资格认定工作。经考生所在地公安派出所、有关县（市、区）民族事务部门和省民宗委的审核，省招生委员会办公室复核确认全省2009年符合录取照顾政策的少数民族聚居地区的少数民族考生1 354人、外省少数民族聚居地区高中阶段迁入广东省的少数民族考生32人、广东省少数民族聚居地区的汉族考生894人。

三是积极协调协助省招生办和广东技术师范学院以及有关院校做好照顾录取工作。根据教育部和省有关规定，经省招生委员会同意，2009年全省民族生报考中山大学、华南理工大学预科班优惠50分，报考第二批民族院校的少数民族预科班优惠80分，报考第二批民族院校和广东技术师范学院本科的民族生文、理科分别优惠55分、50分，报考专科层次的民族生和民族地区的汉族考生也享受到增加20分出档的优惠政策。

（撰稿　黄春霞　　审稿　温卫平）

【广东省新疆班2009年高考成绩喜人】　按照中央的要求，广东省分别在广州、深圳、江门、东莞、珠海、肇庆6个市9所中学办有内地新疆高中班。2009年共有7所高中的528名学生参加高考，其中507人上本科线，本科率达96%。自2000年以来，广东省高度重视内地新疆高中班的办班工作，省及有关市加大财政投入，保障了新疆班学生的生活学习。省及有关市领导还经常亲临办有新疆高中班的学校，给学生们带去关爱。学校也经常通过举办各种形式的活动，大力开展爱国主义和民族团结教育，增进各族学生的相互了解和友谊。

（撰稿　黄春霞　　审稿　温卫平）

【广东省民族教育喜添新基地】　2009年11月26日，国家民委职业教育师资培训中心和广东民族干部培训中心成立暨揭牌仪式在广东技术师范学院举行。国家民委副主任吴仕民，省委常委、统战部部长周镇宏，副省长雷于蓝等有关领导出席了仪式。国家民委教育司充分肯定了广东省在促进民族团结进步、培养培训少数民族人才、推动广东少数民族和民族地区经济社会发展等各项事业中做出的成绩，希望广东技术师范学院继续加强探索，充分发挥优势，更好地为少数民族和民族地区发展职业教育服务。省民宗委希望广东技术师范学院以此为契机，坚持在发展职业教育中大力为民族教育服务，为广东省少数民族和民族地区人才队伍建设作出更大贡献。

（撰稿　黄春霞　　审稿　温卫平）

【海南省启动教育人才智力扶持少数民族和贫困地区计划第四期项目】　2009 年 8 月 18 日，海南省教育人才智力扶持少数民族和贫困地区计划第三期项目结束，第四期项目同时启动。在第三期项目中，包括教育行政干部、中学校领导和普通教师在内的 29 名人员分别在昌江黎族自治县、乐东黎族自治县、白沙黎族自治县等 10 个市县挂职服务，同时 10 个市县也派出 24 名人员到省教育厅直属学校、海口市和三亚市跟班学习。第三期项目共涉及支援单位和受援单位 34 个，覆盖全省少数民族和贫困地区 10 个市县。第四期项目计划安排 61 名人员参加挂职服务和跟班学习，为期一年。

（撰稿　邱其斌　　审稿　唐圣为）

【海南省开展教育移民扶贫工程】　教育移民扶贫工程，就是将边远贫困的农村学生免费迁至县城以寄宿方式就读，并由政府全部实行包吃、包住、包入学，这是海南省民族地区教育扶贫的新举措、新亮点。海南省投入 2.1 亿元在陵水、保亭、乐东、白沙、琼中、昌江 6 个民族自治县和五指山、东方、屯昌、定安开工建设 10 所思源实验学校，总建筑面积 13.77 万平方米，这 10 所九年一贯制学校于 2009 年秋季开学全部投入使用，1.8 万名学生入读思源实验学校，享受优质的教育资源。

（撰稿　邱其斌　　审稿　唐圣为）

【四川省藏文学校毕业生就业形势喜人】　地处甘孜藏族自治州康定县的四川省藏文学校围绕争创藏区一流中专学校的目标，紧紧抓住省委、省政府大力发展职业教育的契机，全面贯彻党的教育方针，坚持“育人为本，德育为先”。多年来，学校加强社会需求和用人单位的调研，专业设置根据藏区当前的需要而定，以课堂教学为中心，狠抓教学质量，推进教育创新，坚持“树优良校风，让家长放心，让学生成才，让社会满意”，取得可喜成绩，被喻为“藏区双语人才基地”、“藏、汉双语教师摇篮”。2009 年，四川甘孜藏族自治州面向全国招考公务员 850 多名，全国有近 8 万人参考，省藏文学校有近 200 人参考，在双语公务员招考中，省藏文学校就有 156 名学生考入前 900 名，全州第一和第四名均为藏校毕业生。7 月 11 日公布的甘孜藏族自治州面向全省招考的小学双语教师 163 名，省藏文学校有 140 人考入前 160 名，有 8 人位居前 10 名，前 3 名均为省藏文学校毕业生。7 月 12 日揭晓的甘孜藏族自治州面向全省公招的藏医士 25 名，参加此项考试的有成都中医药大学、西藏医学院、青海大学医学院、青海藏医大学、四川省藏校、昌都地区职业技术学校、甘孜州卫生学校等 8 所院校应往届毕业生 300 多人，省藏文学校有 16 人进入录取体检名单，有 7 人位居前 10 名，前 3 名均为省藏文学校毕业生。

（撰稿　刘康容　　审稿　唐伯华）

【四川省实施藏区“9+3”免费教育计划】　为帮助广大农牧民脱贫致富，为藏区经济社会发展培养高素质劳动者和技能型人才，四川省决定全面启动藏区“9+3”免费教育计划。该计划提出，到 2013 年，藏区在全面实施九年义务教育基础上，每年组织 1 万名农牧民子女到内地接受中等职业教育，加快普及高中阶段教育，使初中毕业升学率达到 95%，中职学校与普通高中的招生比达到 6∶4。为此，省教育厅组建了藏区“9+3”免费职业教育内地中职学校专业指导委员会，针对藏区学生特点，确定 80 所省级以上重点中职学校作为该项计划的实施学校，遴选了 68 个专业 169 个专门化方向作为中职学校藏区招生的专业建议目录，相关中职学校已明确了招生专业计划。按照学制 3 年的计算，政府对来内地学习的藏族学生，每生补助经费在 2 万元左右。其中，每年免除学费 2 000 元；前两年生活补助每年 3 000 元，第三年补助 1 500 元

(不足部分通过工学结合、顶岗实习获得报酬);交通、住宿、书本等杂费,每年补助1 500元。藏族学生中布是2009年3月甘孜藏族自治州首批300名到内地5所重点职业学校学习的学生中的一员,目前就读于仁寿县第二职业中学。“能够到内地免费学习,我心中燃起了梦想。”中布说。学生家长基德说:“国家政策这么好,我们现在都想把孩子送出去学习。”

(撰稿 刘康容 审稿 唐伯华)

【云南省做好民族班招生工作】 2009年,云南省民委起草并下发了《2009年布朗族、基诺族等特有民族大中专班招生通知》,与教育厅联合下发《关于做好2009年度云南民族中学、师大附中、中央民族大学附属中学招生工作的通知》、《关于协助做好2009年河北省大厂实验中学西部民族班招生工作的通知》等文件。积极联系并完成云南农业大学、云南民族中专特有民族大中专班录取协调工作,协调有关部门做好师大附中民族班、云南民族中学民族班经费补助的申请及拨付。使全省少数民族同胞共享优质教育资源。

(撰稿 王金虎 审稿 徐畅江)

【云南省共建“军地爱民希望学校”】 2009年,云南省民委、省军区、省民政厅各出资100万元,省教育厅配套340万元,在8个自治州共建8所“军地爱民希望学校”,使民族地区教育教学条件得到了改善。

(撰稿 王金虎 审稿 徐畅江)

【云南省民族教育成果辉煌】 截至2009年12月,云南省各级各类教育共有少数民族学生4 048 065人。其中,高等教育少数民族研究生2 757人,普通本专科少数民族学生99 125人;高中阶段教育普通高中少数民族学生178 417人;中等职业教育少数民族学生138 145人;初中阶段教育普通初中少数民族学生682 400人;初等教育普通小学少数民族学生1 517 091人。少数民族学龄儿童入学率为97.35%,比上年提高0.1个百分点。

(撰稿 王金虎 审稿 徐畅江)

【甘肃省民族地区基础教育取得显著成就】 近年来,甘肃省各级党委和政府始终把发展民族地区基础教育作为教育工作的重点,采取一系列扶持民族教育发展的措施,加快了民族地区基础教育事业的发展,为少数民族和民族地区经济社会全面发展提供了有力的智力支持。一是义务教育普及程度迅速提高,“两基”攻坚进展顺利。截至2009年底,民族地区21个县(市)中有17个县(市)实现了“两基”目标。民族地区共有中小学2 479所,各级各类中小学生59万多人,小学学龄儿童入学率达到98.10%,初中学龄少年入学率达到87.9%。二是寄宿制学校建设不断加快,教育基础设施、办学条件和教学质量明显改善。全省10个牧业县共建成10所寄宿制中学,116个牧业乡共建成116所寄宿制小学。三是教师队伍建设加速,民族教育师资队伍不断壮大,结构不断优化。民族地区中小学专任教师学历合格率小学为98.7%,初中为95.9%,高中为79.66%。目前,全省民族地区已初步形成以学前教育、义务教育、高中阶段教育为主的比较完整的民族基础教育体系。

(撰稿 成自强 审稿 王学仁)

【青海省出台文件推进双语教育发展】 青海省民委积极协助省教育厅起草《中共青海省委、青海省人民政府关于加强和改进“双语”教育的决定》,并首次在平安县巴藏沟乡郭尔中心小学建立藏、汉双语教育监测点,着力推进民族地区“双语”教育良好发展。

(撰稿 刘兵 审稿 金水平)

【新疆生产建设兵团农六师新湖农场民族团结教育进课堂】 2009年9月,新学年开始以来,新疆生产建设兵团农六师新湖农场新民社区小学把每周一的升旗仪式从原来的10分钟延长至20分钟,用这一时间上一堂民族团结教育课。

新民社区小学把民族团结教育纳入重要授课日程。坚持每周上集体教育课一次，每个班级每周上民族团结教育课两次，该校少先队还利用每天下午各班的班队会传唱团结歌曲，谈学习感想，写心得体会，使民族团结意识在学生心里扎下了根。

（撰稿　刘海新　　审稿　热合曼·克日木）

科技工作

【国家民委积极贯彻落实《关于进一步加强少数民族和民族地区科技工作的若干意见》，推进民族地区科普工作】　2009年5月11日，国家民委教育科技司与科技部、农业部、中国科协三部门有关司局召开座谈会，商讨联合贯彻落实《关于进一步加强少数民族和民族地区科技工作的若干意见》的具体措施。并于9月9—13日、9月21—24日，联合内蒙古自治区人民政府、宁夏回族自治区人民政府开展了“百名科技专家和致富能手进通辽”、“百名科技专家和致富能手进回乡”、“科技进民族地区”系列活动。

与此同时，还与中国科协继续推动少数民族大学生科普工作队建设，西南民族大学、西北民族大学分别与四川省甘孜藏族自治州科协、甘肃省天祝藏族自治县科协联合承担藏、汉双语科普试点；内蒙古民族大学与内蒙古通辽市科协联合承担蒙、汉双语科普试点；大连民族学院与吉林延边朝鲜族自治州科协联合承担朝、汉双语科普试点；海南省白沙黎族自治县科协与民宗局联合承担黎、汉双语科普试点；新疆吐鲁番市科协与民宗局联合承担维、汉双语科普试点。

（撰稿　覃鹏　　审稿　王平）

【国家民委教育科技司与教育部社科司联合主办“繁荣发展民族院校哲学社会科学高层论坛”】
2009年4月18日，国家民委教育科技司与教育部社科司联合在中南民族大学主办“繁荣发展民族院校哲学社会科学高层论坛”。全国13所民族院校及兰州大学、四川大学等14所民族地区高等院校的代表参加了会议。会议对中央下发《关于进一步繁荣发展哲学社会科学的意见》以来，特别是党的十六大以来，民族院校哲学社会科学取得的成绩进行了总结；对今后一段时期内民族院校繁荣发展哲学与社会科学的思路进行了研讨。

（撰稿　覃鹏　　审稿　王平）

【北京市民委组织专家到大庄科乡进行实用技术培训】　2009年6月16日，北京市民委邀请北京市农林科学院的专家到延庆县大庄科乡3个民族村进行板栗种植实用技术培训，当地的70多名板栗种植户参加了培训。为提高培训的效果，北京市民委还委托北京市农林科学院编印了《板栗种植与管理实用技术手册》发放给当地农民。此次技术培训，针对性强，现场互动气氛浓厚，获得了民族村干部群众的好评。

（撰稿　沙海涛　　审稿　马中璞）

【内蒙古自治区巴彦淖尔市杭锦后旗举办少数民族农牧民科技培训班】　内蒙古自治区巴彦淖尔市杭锦后旗民族局早安排、早行动，组织科技局、农牧业局、农技推广中心等有关部门的科技人员在团结镇联合蒙古新村举办了2009年首期少数民族农牧民科技培训班。来自联合蒙古新村和邻近村社近100人参加了培训。科技人员以实际、实用、实效为主，从肉羊舍饲技术、动物防疫、葵花病虫害防治、测土配方施肥等方面进行了深入浅出的讲解和辅导，通报了2008年全旗农畜产品产销情况，分析了2009年农畜产品市场行情，对种养业安排提出了合理建议，还发放了300余册农牧业技术科普读物。

（撰稿　李日树　　审稿　常威）

【内蒙古自治区兴安盟少数民族农牧民科技培训中心挂牌成立】　内蒙古自治区兴安盟少数民族农牧民科技培训中心由内蒙古自治区兴安盟民族事务局协调有关部门，与兴安职业技术学院农牧分院合建，为少数民族农牧民学习新知识、新技术和交流经验提供了平台。全盟各旗县市、乡苏木镇、嘎查村40多名科技骨干参加了在培训中心举办的首期全盟少数民族农牧民科技骨干培训班。

（撰稿　李日树　　审稿　常威）

【内蒙古自治区鄂尔多斯市扎实开展2009年少数民族农牧民转移培训工作】　为深入贯彻落实《中共鄂尔多斯市委市人民政府关于贯彻落实收缩转移集中发展战略　进一步加强扶贫开发工作的意见》（鄂党发〔2006〕9号）文件精神，积极实施“城乡统筹、集中发展”战略，鄂尔多斯市委、市政府制定了《全市2009年少数民族农牧民扶贫工作方案》（鄂党发〔2009〕4号）。2009年扶持少数民族农牧民3 000户，每户培训1名劳动力，并实现顺利就业，带动3 000户少数民族农牧民脱贫致富。市级财政投入少数民族贫困农牧民转移培训资金800万元。根据劳动力市场需求状况以及少数民族贫困农牧民的就业意向，开设了汽车驾驶、特种机械操作、机动车维修、计算机、电工电焊、家政服务、餐饮服务、美容美发、民族器乐等专业。通过开展订单培训、上岗培训、自主创业等形式，鼓励少数民族农民积极参加培训，早日拿到结业证书，实现就业。

（撰稿　李日树　　审稿　常威）

【辽宁省民委举办全省信息员培训班】　2009年12月16—17日，辽宁省民委在辽宁省社会主义学院举办了2009年全省民族系统信息员培训班。此次培训旨在总结2009年全省民族信息工作，进一步加强信息员队伍建设，提升全省民族系统信息工作水平，更好地指导今后的信息工作，从而推进全省民族工作。各市以及各自治县、凤城、北镇市专职信息员和省民委各处室信息员参加了培训。在授课结束后，培训班部分学员到国家民委推荐的全国民委系统信息工作先进地区福建和广东部分市、县进行了考察、交流，学习了先进经验，为信息工作开创新局面打下了良好的理论和实践基础。

（撰稿　李珂　　审稿　赵佐贤）

【辽宁省民委继续推进农村少数民族妇女增收致富行动和少数民族农民“千村万户”电脑致富示范行动】　辽宁省民委继续推进农村少数民族妇女增收致富行动和少数民族农民“千村万户”电脑致富示范行动，进一步扶持已确立的典型示范户，发挥示范作用，带动更多的群众致富。全省各市依托本地科研院所、少数民族电脑中心户及农民专业合作社等，举办实用技术培训班，普及科技知识，提高广大少数民族群众素质，增强依靠科技致富的本领。安排200多万元扶持各级民委开展少数民族科技培训，各市县根据本地区产业特点和少数民族实际，开展多渠道、多种形式的培训，提高了农民素质，增强了少数民族致富技能，深受广大少数民族农民的欢迎。丹东市民委实施少数民族培训“百千万”计划；葫芦岛市民委与中科院果树研究所联合，成立了少数民族培训基地，全年举办5期培训班，培训农民400多人次。

（撰稿　李珂　　审稿　赵佐贤）

【福建省举办民族村新品种茶叶种植与加工技术培训班】　2009年10月11—17日，福建省民族与宗教事务厅与宁德市民族宗教局在福安市社口镇举办宁德市民族村少数民族群众新品种茶叶种植与加工技术培训班，邀请福建省农科院茶叶研究所的专家为学员授课。来自宁德蕉城、福安等6个县（市、区）27个民族村从事新品种茶叶种植加工的少数民族专业户参加了培训，课程内容包括新品种茶叶的栽培管理技术、无公害茶园管理技术和功夫红茶加工技术等方面，同时还进行了多批次功夫红茶加工操作实践。

（撰稿　夏仕锦　　审稿　蓝国秋）

【山东省民委举办少数民族实用技术培训班】 2009年11月9—13日，山东省民委分别在东明、定陶、曹县举办了少数民族实用技术培训班。培训工作强调针对性和实用性，充分利用农闲时节，采取集中培训，主动“送技术上门”的流动培训形式，及时把农民一看就懂、一学就会、学了会用、用能致富的农业实用技术送到农民的家门口。既方便了更多的群众就近学习，又拉近了双方的距离，增强了效果。培训班邀请县里数名专家授课，重点讲授畜牧养殖技术、蔬菜种植与管理、冬小麦栽培及病虫害防治技术等。东明、定陶、曹县共500余名少数民族群众参加了培训，收到良好效果。

（撰稿　米杨　　审稿　马辉）

【河南省开展“百期万人”少数民族农民工培训活动】 2009年3月开始，河南省民族事务委员会在全省组织开展“百期万人”少数民族农民工培训活动，免费开展少数民族企业、民族特需商品生产企业与少数民族返乡农民工的用工就业对接培训、定向培训，努力稳定扩大少数民族群众就业，为企业发展搞好人力智力服务。河南省民族事务委员会先后在焦作、周口、商丘举办4期培训班，培训400人，培训后直接安排就业。河南省民族事务委员会指导基层民族工作部门组织推荐，免费为企业培训适合其岗位要求的员工，努力实现“技能培训一人，再就业一人”的目标。河南省各级民族工作部门结合少数民族地域特点、民族传统，开展特色种植、养殖、皮毛加工、制革、食品加工、清真烹饪等方面的实用技术培训125期，培训11 000多人。在培训中，各地注重提高少数民族农民工民族团结意识、文化素质、道德素质和法律素质。

（撰稿　刘宾　　审稿　金艳华）

【河南省促进科技兴农】 河南省民族事务委员会积极发挥民委委员制度作用，协调农业、科技、林业、畜牧等涉农部门加大对农村少数民族群众农业技术推广的倾斜力度，提高农村少数民族群众在传统农业向现代农业转变进程中运用先进适用技术的能力。

（撰稿　刘宾　　审稿　金艳华）

【河南省推广电脑农业】 河南省民族事务委员会在民族聚居地方因地制宜，推广应用电脑农业专家系统技术，分别研发无公害蔬菜、中药材、烟叶、花卉、苗木果树种植、牛羊养殖等领域专家系统，建立电脑农业指导站和示范推广园区，提升传统种植、养殖业发展。2009年，以电脑农业专家系统为主的农业科技在民族乡村进一步推广应用。禹州市回族乡通过利用电脑农业专家系统和创建乡电脑农业网站、建立完善乡村两级便民信息服务室、成立农民协会等多种形式，农业信息化建设进一步加强。

（撰稿　刘宾　　审稿　金艳华）

【河南省科技推进民族乡村农业发展】 河南省21个民族乡（镇）建立各类农业科技与服务单位124个，有农技服务人员千余名。许多民族聚居村成立了种植养殖专业协会、经济合作组织等，获取农技信息、开展经验交流、互帮互助发展。河南省农业、科技、林业、畜牧等涉农部门加大在民族乡村的农技推广力度，开展送科技下乡和农业适用技术培训活动。一大批优良作物种植品种及畜禽良种得到推广，民族聚居地方农业种植结构和农业产品结构得到调整和优化。2009年，以电脑农业专家系统为主的农业科技在民族乡村进一步推广应用，襄城县颍桥回族镇的反季节蔬菜、郏县姚庄回族乡的花卉苗木、禹州市山货回族乡的中药材和沁阳市西向镇北鲁村的怀山药，种植规模均获得进一步扩大，效益进一步提高。禹州市山货回族乡通过利用电脑农业专家系统和创建乡电脑农业网站、建立完善乡村两级便民信息服务室、成立农民协会等多种形式，农业信息化建设进一步加强。全乡中药材种植面积达到2 500亩，亩均效益2 400多元；有效解决了玉米品种、密植、配方分期施肥和病虫综防4个环节的问题，玉米亩产突破千斤。长葛市后河镇白寨回族村的皮革工业园区建立了园区科技服务站，利用现代信息化技术服务于传统制革产业，使企业在生产、管理、销售等方面提升了服务质量。

（撰稿　刘宾　　审稿　金艳华）

【湖北省鹤峰县电脑农业科技推广工作形成良性推进格局】　湖北省鹤峰县是国家民委确定的全国民族地区电脑农业推广试点县之一。近年来，该县不断探索与实践，丰富和改版了鹤峰电脑农业网站，开发了各产业专家系统，创办了各产业示范企业、学校、基地和示范大户，电脑农业科技推广工作形成“一个主导、四个开发、四个结合、四个注重、实现四个提高”的新局面。在组织网络建设上形成了政府主导、部门合力推广的新局面。在电脑农业专家系统建设上形成了单机版、网络版、一点通和鹤峰电脑农业网站共同开发运行的新局面；在推广模式上形成了与部门、龙头企业、民族学校、新农村建设密切结合的新局面；在推广措施上形成了注重典型示范、宣传培训、投资配套、交流共享的新局面；在推广效果上实现了科技应用水平、企业效益、财政收入、农民收入四个提高的良好效果。电脑农业科技推广为该县实现农业信息化、促进民族地区经济发展起到了典型示范作用，也充分显示了电脑农业专家系统在农业科技推广应用中不可替代的重要地位。

（撰稿　余文生　　审稿　唐启明）

【电脑农业“点出”湖北侗乡新生活】　湖北省恩施市芭蕉侗族乡灯笼坝村用电脑农业“一点通”推广应用茶叶栽培技术，经济效益凸显，茶叶成为农民增收的主导产业，灯笼坝村也成为“湖北省无性系良种茶叶第一村”。该村有茶园6 000多亩，其中无性系良种茶4 200多亩，占茶叶面积的70%，由于电脑农业的推广应用，形成了“茶叶专业村＋信息化＋农户”的发展模式，为农民建起了致富园。2009年，该村人均纯收入已达4 000元以上，茶叶收入在1万元以上的有730户，3万元以上的有90户，5万元以上的有60户。电脑农业专家系统的推广应用，让老百姓走上了信息化的高速致富路。

（撰稿　陈任　　审稿　唐启明）

【湖北省长阳土家族自治县拟建国家级教育改革试验区】　2009年1月5日，华中师范大学与湖北省长阳土家族自治县共建“国家教师教育创新与服务综合改革试验区”合作协议签约暨授牌仪式在长阳县举行。这是华中师范大学迄今在全国建立的第六个试验区。“国家教师教育创新与服务综合改革实验区”项目已通过教育部批准，3年内将在安徽、云南、广西等地建成100个实验区和700个实验基地。

（撰稿　陈任　　审稿　唐启明）

【湖北省鹤峰县人民政府与中国农业科学院茶叶研究所签订茶叶科技合作协议】　2009年4月，湖北省鹤峰县人民政府和中国农业科学院茶叶研究所共同签署《茶叶科技合作协议》。协议明确了中国农业科学院茶叶研究所作为鹤峰茶叶产业发展的技术支撑单位，全面指导鹤峰县茶叶产业化建设，并将鹤峰县列为中国农业科学院茶叶研究所新技术、新产品科研示范基地县。协议明确了由有机茶发展与研究中心对口联系鹤峰，为鹤峰县提供茶叶技术培训与服务，每年派专家到鹤峰县举办实用技术讲座；指导鹤峰县开展无公害、绿色食品、有机茶基地建设，指导茶叶加工企业开展技术改造，协助鹤峰县茶叶招商引资工作；支持鹤峰县打造茶叶品牌，作为鹤峰县茶叶主导品牌的技术指导单位，帮助鹤峰县提升茶叶品位，扩大主导品牌影响；指导鹤峰县茶叶资源的综合开发利用，提高茶叶附加值。

（撰稿　江莉　　审稿　唐启明）

【湖北省五峰土家族自治县民宗局开展“践行科学发展观、送科技下乡”活动】　2009年5月15日，湖北省五峰土家族自治县民宗局到联系点白岩坪村开展“践行科学发展观、送科技下乡”活动，给农民发放科技资料，传授茶叶科学种植技术，受到农民普遍欢迎。活动当天，来自五峰土家族自治县茶叶局的茶叶专家针对广大茶农在茶园管理中禁用化学剧毒农药后所出现的病虫害状况，利用现代远程课件，图文并茂地为500多名农民传授了无公害茶叶栽培技术及病虫害防治技术，宣传了无公害生物防治的新理论、新技术以及促进茶叶产业提升生态质量的新观念。免费赠送价值5 000元的生物农药、黄板杀虫纸和杀虫灯，发放科技宣传资料1 000多份，接受农业科技咨询200多人次。

（撰稿　黄在运　　审稿　唐启明）

【湖北省长阳土家族自治县建成“公务员、专业技术人员网上教学平台”】　2009年6月，湖北省长阳土家族自治县“公务员、专业技术人员网上教学平台”顺利通过测试并正式投入使用，标志着该县公务员及专业技术人员网上教学平台正式开通。该教学平台系统由“在线学习”、“考试中心”、“在线论坛”等模块构成，平台从设计到运行本着实际、实用、实效原则，突出在线网络学习的主体功能，具有完整性、稳定性、易用性、灵活性等特点。同时，系统对每位学员的学习过程和阶段情况及考试结果等可以实现完整的系统跟踪记录，提供的网络教学为实现个性化教学提供了现实途径。该平台的建立是积极应对当前信息化挑战、构建“学习型社会”、建立终身教育体系、不断提高劳动者素质和科学技术水平的一大探索，最大限度地利用各种资源，打破地域限制，实现教育资源共享。

（撰稿　向世兵　　审稿　唐启明）

【中南民族大学专家组赴湖北省宣恩县调研】　2009年7月15日，中南民族大学孙奉娄教授率领专家组一行10人到湖北省宣恩县进行调研。宣恩县委常委、副县长覃遵国就宣恩的县情及科技合作情况向专家组一行作了汇报。近年来，宣恩县科技合作工作呈现出良好态势，政府支持和引导力度不断加大。在资金投入上，2008年，县级科技三项经费达到263万元，占财政一般预算支出的1.4%，全县企业科技开发投入达到近500万元，金融信贷支持科技开发资金近6 000万元。在组织领导上，县委、县政府主要领导多次带队走访了中南民族大学、长江大学等高校，并与武汉大学等14所大专院校及科研院所建立了长期合作关系。通过与高校及科研院所联建科研基地、合作开发、技术培训、专利技术转让等形式多样的广泛合作，科技合作成效显著。全县8家企业获得IS09001国际质量管理体系认证，13家企业获得国家工业产品生产许可证，5家企业10个产品获得“绿色产品证书”，取得国家知识产权局专利7项。2008年，宣恩县被列为全省首批农业科教工作示范县。

（撰稿　余文生　　审稿　唐启明）

【华中农业大学“111”计划服务湖北省利川市新农村建设】　2009年8月17日，湖北省“616”对口支援工程帮扶单位华中农业大学实施的“111”计划服务利川市汪营镇天上坪村新农村建设正式启动。“111”计划是省“616”工程的一项内容，计划通过“一院带一村、辐射一个县”，全力服务新农村建设。2008年6月，华中农业大学与利川市签署《利川市人民政府与华中农业大学科技合作协议书》。华中农业大学向利川市推荐在生命科学、动物科学、水产、土地管理、植物科学、食品科学、农业工程技术等领域中具有重大产业化前景的项目和科技成果，协助利川市快速实现科技成果的产业化，帮助利川市对传统产业进行技术改造，实现产业升级和跨越式发展。

（撰稿　杨敏　　审稿　唐启明）

【湖北省长阳土家族自治县与中国水产科学研究院共建水产健康养殖示范县】 2009年8月28日，中国水产科学研究院与湖南省长阳土家族自治县在长阳清江花园酒店隆重举行了结对共建签约仪式，中国水产科学研究院潘咏平处长和长阳土家族自治县张武先副县长分别代表中国水产科学院和长阳土家族自治县签署了联合共建协议。中国水产科学研究院学科齐全、技术雄厚、成果众多，是在国内外具有广泛影响的国家级权威渔业研究机构；长阳土家族自治县水域资源辽阔、水质优良、渔业基础设施健全，是湖北省乃至全国发展现代特色渔业的亮点县和示范县，二者强强联合，充分利用各自的资源，优势互补，将有力地促进长阳清江水产业进一步优化渔业结构、延长产业链条、加快科技成果转化，推动长阳特色现代渔业迈上新台阶。

（撰稿　覃立荣　　审稿　唐启明）

【农业部2009年送科技下乡活动在湖南省湘西土家族苗族自治州永顺县举行】 由农业部、中国农学会、农民日报社、湖南省农业厅等单位组织实施的2009年送科技下乡活动在湘西土家族苗族自治州永顺县勺哈乡举行。农业部等单位向该县赠送了多功能DVD机、农业科普资料、农技光盘、机动喷雾器等总价值30余万元的物资，省农业厅专家对湘西土家族苗族自治州部分县市92名基层农技人员进行了培训。此次活动全面提高了基层农技人员的素质，激发了广大农民学科技、用科技的热情。

（撰稿　陈春建　　审稿　曹承明）

【热带药用植物研究与利用国际联合实验室在海南省揭牌】 2009年8月28日，“热带药用植物研究与利用国际联合实验室”在中国热带农业科学院揭牌，海南省人大常委会副主任、省科协主席康耀红出席揭牌仪式。“热带药用植物研究与利用国际联合实验室”由海南省科协与中国热带农业科学院生物技术研究所共同创办，旨在推进热带药用植物产业化的关键技术研究和黎族药资源进入国际市场的标准化建设。在揭牌仪式上，中国热带农业科学院生物技术研究所与美国华裔医学科学家学会、美国耶鲁大学药物研究院、德国杜塞尔多夫大学药物生物学研究所分别签署了合作谅解备忘录，针对海南省丰富的热带药用植物资源的研究、开发与利用，研发医药产品、发展海南医药产业、培养药学创新型人才等方面展开合作，并向美国华裔医学科学家学会理事长李君博士、美国耶鲁大学药物研究院副院长汤姆·博迪博士、德国杜塞尔多夫大学药物生物学研究所所长皮特·普罗克希教授、北京大学药学院林文瀚教授颁发客座研究员聘任证书。

（撰稿　邱其斌　　审稿　唐圣为）

【海南省乐东黎族自治县启动“农信通”信息管理系统】 2009年8月，海南省乐东黎族自治县人民政府和新华社海南分社、中国移动通信集团海南有限公司签订全面战略合作框架协议，正式启动乐东黎族自治县“农信通”项目建设工作。“农信通”项目是新华社海南分社与中国移动通信集团海南有限公司共同建设，依托中国移动“村村通”网络技术平台，针对广大农村和农户开发的一套信息管理发布和服务系统，可直接向农户提供农业政策、农业科技、农业气象、农产品市场、农产品质检、种养技术、防灾减灾、劳务输出等“三农”实用信息，农户也可发送信息或通过其语音系统向专家请教，解决农业生产方面的疑难问题。推广“农信通”业务，及时为农民提供“三农”实用信息，有助于解决农民与市场信息不对称的问题，帮助农民转变观念，科学发展农业。按照协议，未来5年，中国移动通信集团有限公司计划投入资金1.6亿元，负责“数字城市”、TD－SCDMA网络等信息化基础设施建设，全面支持乐东黎族自治县建设“农信通”信息管理系统。

（撰稿　邱其斌　　审稿　唐圣为）

【贵州省加强引导和指导，推动电脑农业示范推广工作】 贵州省民委为不断提高少数民族和民族地区农业科技的推广运用，推动民族地区的产业结构调整，按照“调整产业结构，扩大推广面积，提高推广质量”的原则，加强引导和指导，推动电脑农业示范推广工作。在2008年13个点的基础上，2009年增加1个点，使全省电脑农业示范点增加到14个。年初，召开专门会议，进一步对电脑农业工作的指导思想、目标任务、组织机构和主要措施等方面提出了具体要求。2009年共安排资金200万元，主要用于基地建设、硬件配置和学习培训工作。注重基地建设，以科技为先导，推进产业结构调整，探索参与模式，促进增产增收。强调电脑农业工作要加强部门联动；要利用好电脑农业的平台，探索科技扶贫的路子；要体现通过电脑农业工作，达到促进生产、调整产业结构、农民增收的目的。

（撰稿　张发刚　　审稿　吴继堂）

民族干部

【国家民委人事司到湖北省恩施土家族苗族自治州调研民族干部工作】 2009年8月12日，国家民委人事司巡视员、副司长张湘冀一行在湖北省民宗委副主任李小润的陪同下，专程到湖北省恩施土家族苗族自治州调研民族干部工作。张湘冀一行听取了恩施土家族苗族自治州培养选拔少数民族干部工作情况汇报，并与州人民政府副州长曹毅和州民宗委、州人事局、州法制办的负责人就民族地区少数民族干部培养选拔任用、民族地区人才培养、民族地区干部到中央、国家机关和发达地区挂职锻炼等方面的工作进行了座谈交流，全面了解了恩施土家族苗族自治州民族干部和人才队伍建设情况，听取了意见和建议。张湘冀对恩施土家族苗族自治州的民族干部工作给予了高度评价，希望恩施要继续重视民族干部工作，进一步加强少数民族干部队伍和人才队伍建设，为全州加快发展提供更加有力的干部和人才保障。

（撰稿　张声勇　　审稿　唐启明）

【国家民委人事司副司长张湘冀赴湖北省十堰市调研少数民族干部培养工作】 2009年8月15—16日，国家民委人事司副司长张湘冀、湖北省民宗委副主任李小润等一行，赴十堰市就少数民族干部培养选拔工作进行了调研。十堰市委常委、副市长涂明安及市委组织部、市委统战部、市民宗局的负责人陪同调研。张湘冀对十堰市少数民族干部的选拔培养工作实行的“六优先”做法予以充分肯定，认为十堰市各级党委高度重视少数民族人才培养工作，在落实2005年中央关于培养少数民族干部的座谈会精神上，有计划、有目标、有措施，少数民族干部的总量在增加，素质在提高。张湘冀要求民宗部门要积极主动给市委提建议、献良策、当参谋，让少数民族干部更好地为构建和谐社会服务。

（撰稿　马平全　　审稿　唐启明）

【国家民委领导肯定陕西省少数民族干部工作】 2009年3月，陕西省出台了《陕西省2009—

2013 年党政机关培养选拔少数民族干部规划》。国家民委领导对该规划给予了高度肯定，2009 年 5 月 4 日，国家民委主任杨晶、党组书记杨传堂致信陕西省委书记赵乐际、省长袁纯清，对陕西省委、省政府支持和关心民族工作，特别是少数民族干部工作表示感谢。

（撰稿　海建宇　　审稿　刘开岚）

【国家民委举办新疆维吾尔自治区民委系统科级干部培训班和县处级领导干部培训班】 为贯彻落实中央民族工作会议精神，加强新疆维吾尔自治区少数民族干部队伍建设，2009 年 5 月 11—24 日，国家民委举办了新疆民委系统科级干部培训班，自治区 15 个地州市、县（市）民宗委（局）及自治区民委（宗教局）机关处室的 29 名科级干部参加了培训。10 月 15—23 日，国家民委在中央民族干部学院举办了新疆县处级领导干部培训班，自治区党委组织部和自治区民委（宗教局）选派 42 名干部参加了学习培训。

（撰稿　美亚赛　　审稿　葛丰交）

【天津市少数民族干部队伍建设情况】 天津市民委对少数民族干部队伍建设高度重视，积极配合市委组织部及有关部门，加强对少数民族干部的培养使用。市委在贯彻落实《中共中央、国务院关于进一步加强民族工作、加快少数民族和民族地区经济社会发展的决定》的实施意见中，明确了加快少数民族干部队伍建设，大力培养少数民族领导干部，在民族工作部门中配备一定数量的少数民族领导干部。少数民族干部队伍得到了较大的改善，截至 2009 年底，市机关干部队伍中少数民族干部达2 643人。

（撰稿　杨春波　　审稿　马竞）

【黑龙江省少数民族干部队伍状况】 截至 2009 年末，黑龙江省少数民族公务员、参照公务员法管理的群团机关工作人员、参照公务员法管理的事业单位工作人员［以下简称公务员（含参照管理）］共有10 606人，占公务员（含参照管理）总数的 4.4%，比上年减少 0.1 个百分点。其中，少数民族干部中担任副省部级职务 2 人、正厅局级职务 15 人、副厅局级职务 59 人、正县处级职务 450 人、副县处级职务 773 人、正乡科级职务2 309人、副乡科级职务2 481人、科员4 414人，分别占全省同级干部总数的 6.67%、5.98%、5.79%、4.49%、5.15%、4.57%、4.64%和 4.17%；知识结构上，研究生、大学本科、大专学历的分别为 412 人、5 970 人、3 829人，分别占 3.88%、56.29%和 36.1%；年龄结构上，45 岁以下的6 220人占 58.65%，46～55 岁的3 577人占 33.73%。

（撰稿　刘冬海　　审稿　包玉明）

【河南省举办第三期县处级少数民族干部培训班】 2009 年 9 月 2 日—12 月 2 日，河南省民族事务委员会联合中共河南省委组织部、河南省委统一战线工作部在河南省委党校主体班举办第三期县（处）级少数民族干部培训班，来自河南省各地的县（处）级少数民族干部 30 人参加了培训。培训期间，国家民族事务委员会副主任吴仕民为学员作专题报告。培训结束时，河南省民族事务委员会联合中共河南省委组织部、河南省委统一战线工作部组织召开了全体学员座谈会。

（撰稿　刘宾　　审稿　金艳华）

【湖北省选派干部到中直机关和发达地区挂职】 2009 年 4 月，根据“三部委”（中央组织部、中央统战部、国家民委）的要求，湖北省委组织部、省委统战部、省民宗委选派 10 名少数民族和民族地区干部到中直机关和经济相对发达地区挂职锻炼。其中，到农业部、人力资源和社会保障部、最高人民法院、中国证券监督管理委员会、交通银行、中国南电网有限责任公司 6 人，到广东省 2 人，到山东省 2 人。参加挂职锻炼的干部中，地厅级干部 4 人，县级干部 6 人；少数民族干部 5 人，女干部 1 人，党外干部 1 人，后备干部 1 人。省民宗委副主任沙玉山到人力资源和社会保障部挂职。

（撰稿　熊华启　　审稿　唐启明）

【湖北省荆门市东宝区重用少数民族女干部】 2009年5月，湖北省荆门市委组织部以荆组干〔2009〕22号文件明确了东宝区工业重镇牌楼镇党委书记秦芳（土家族）享受副县级待遇，标志着东宝区重用少数民族女干部取得新进展。据悉，该区有在职少数民族女干部11名。其中，副县级少数民族女干部1名，科级少数民族女干部1名，担任党政正职1名；担任市、区政协委员少数民族女干部5名，市、区人大代表少数民族女干部2名。

（撰稿 钟儒勇　审稿 唐启明）

【湖北省武汉市举办第五期少数民族中青年干部培训班】 2009年6月1—5日，湖北省武汉市委统战部、市民宗委、市社会主义学院联合举办的第五期少数民族中青年干部培训班在武汉市社会主义学院正式开课。此次培训人员包括回族、土家族、满族、哈尼族、布依族、蒙古族、高山族、壮族、苗族、仫佬族10个民族成分。培训班采取专题讲座、分组讨论、电教、参观考察等形式，使学员系统学习了科学发展观、新时期统一战线、新形势下的民族宗教工作等内容。通过培训，增强了学员们全面执行民族宗教政策、做好民族宗教工作的自觉性，积极为维护社会安定团结、促进经济又好又快发展作出积极贡献。

（撰稿 熊华启　审稿 唐启明）

【湖北省31名民族干部赴中央民族干部学院集中培训】 2009年8月6—16日，湖北省31名少数民族干部，与来自内蒙古、辽宁、山东、陕西、天津等省市区的155名民族干部在中央民族干部学院接受了为期10天的集中培训。这次培训采取学习、交流、考察、调研、考试等形式，来自中组部、国家民委、国家宗教局、中央党校等单位的领导和专家学者分别就民族理论、业务知识以及新形势下民族干部急需掌握的其他综合能力，为学员作了全面、系统的培训。所有课程和参观考察项目都经过精挑细选，使参训学员丰富了知识，开阔了眼界，拓宽了思路，增强了信心，达到了学用相长的效果。在这期全国民族干部培训班上，湖北省学员表现出了强烈的求知欲和积极向上的良好风貌。每位学员都把参加这次学习培训作为“加油”、“充电”的良好契机，自觉克服工学矛盾，排除干扰，安心学习，刻苦钻研。

（撰稿 洪利民　审稿 唐启明）

【湖南省高度重视民族地区人才和干部的培养选拔工作】 湖南省高度重视民族地区的人才和干部培养选拔工作，制定实施了一系列优惠政策措施。

在人才选拔培养方面。一是在选拔培养新世纪“121人才工程”人选、推荐国务院政府特殊津贴专家、评选湖南省优秀专家以及设立企业博士后科研工作站时，均对民族地区实行政策倾斜和计划指标单列。二是积极开展民族地区各类人才培训。

在引进人才智力方面。一是建立特聘专家岗位制度，出台了《关于在湘西地区建立特聘专家岗位制度的实施意见》，在湘西高新技术产业和优势产业领域设置了31个特聘专家岗位。二是建立人才柔性流动制度，凡自愿到民族自治地方工作的人才，可实行“户口不迁、身份保留、来去自由”的政策。三是积极引进国外智力项目，近年来共为湘西等民族地区引进国家、省级智力项目86个，资助引智项目资金184万元。

在公务员录用、培训及奖励方面。一是对少数民族报考予以适当照顾。二是部分省直部门和怀化、邵阳等市实行了公开选调少数民族公务员进机关工作的办法。三是在省政府及省直各部门、各系统开展奖励活动和向国家部委推荐奖励对象时，也都考虑了少数民族对象的比例，部分对民族自治地区实行指标单列。

在职称评聘工作方面。对少数民族和民族地区专业技术人员职称评聘实行政策倾斜。明确规定在少数民族地区工作的专业技术人员在评聘专业技术职务时，可在本省划定的全国职称外语水平考试合格标准上降10分；在湘西地区开发范围的32个县属企事业单位连续工作5

年以上的专业技术人员，外语不作参评资格的否决条件，仅作为评审条件之一。

在工资福利待遇方面。一是积极争取将湖南省民族自治地方纳入国家艰苦边远地区津贴实施范围，完成了14个列入国家艰苦边远地区津贴制度市县的津贴实施工作，共有19.5万人享受了艰苦边远地区津贴，其中湘西土家族苗族自治州8个县市10.61万人享受二类区标准、其他地方6个市县8.89万人享受一类区标准。

（撰稿　陈春建　　审稿　曹承明）

【广西壮族自治区民委大力加强民族干部培训】 为提升少数民族干部队伍整体素质，广西壮族自治区民委大力加强民族干部培训工作。2009年重点开展了以下培训：一是少数民族干部集中培训；二是少数民族县处级领导干部教育培训；三是少数民族干部学历教育；四是少数民族干部挂职锻炼；五是少数民族医疗骨干培训；六是基层少数民族干部培训。

（撰稿　谢万春　　审稿　周世相）

【云南省少数民族人才队伍状况】 截至2009年底，云南省少数民族人才总数达32.3万人，占全省人才总数的30%。其中，少数民族党政干部9.4万人，占全省党政干部总数的32%；少数民族专业技术人员20.6万人，占全省专业技术人员总数的27%；少数民族经营管理人员2.3万人，占全省经营管理人员总数的20%。

（撰稿　赵雄峰　　审稿　徐畅江）

【云南省选派干部挂职锻炼】 云南省民委配合省委组织部、省委统战部，努力做好全省少数民族和民族地区领导干部到中央、国家机关和经济相对发达地区挂职锻炼，以及在省级机关、省属国有企业和省内经济相对发达地区挂职锻炼。共选派9名厅处级领导干部到中央国家机关，8名到山东省青岛、东营两个沿海经济发达城市挂职锻炼；50名县处级、乡科级领导干部在省级机关、省属国有企业和昆明市、玉溪市、红河哈尼族彝族自治州等地区挂职锻炼。

（撰稿　赵雄峰　　审稿　徐畅江）

【云南省法院系统定向招录少数民族考生】 2009年，云南省委组织部、省人力资源和社会保障厅、省高级人民法院、省民委等6部门联合下发《云南省法院系统定向招录培养少数民族工作人员方案》，计划用两年时间，招录1 000名通晓少数民族语言的高中毕业生，委托高等院校培养后，充实到基层政法部门工作。这些政策措施，既明确了培养选拔少数民族干部的指导思想、目标任务和具体措施，又为做好少数民族干部工作提供了政策保障。为做好少数民族考生的录取，省民委积极协调本系统专家教授投入到民族口语面试中，从而保障了招生工作的顺利进行。

（撰稿　赵雄峰　　审稿　徐畅江）

【云南省委进一步加强少数民族干部队伍建设】 2009年8月28日，中共云南省委办公厅下发《中共云南省委办公厅印发〈关于进一步加强少数民族干部队伍建设的意见〉的通知》（云办发〔2009〕21号），进一步确定少数民族干部队伍建设的目标和任务，明确了职责，拓宽了思路，对全省少数民族干部队伍建设具有较强的指导作用。

（撰稿　赵雄峰　　审稿　徐畅江）

【陕西省印发培养选拔少数民族干部规划】 2009年3月，陕西省委组织部、统战部、省民委、省人力资源和社会保障厅联合制定下发《陕西省2009—2013年党政机关培养选拔少数民族干部规划》（以下简称《规划》），明确了加强少数民族干部队伍建设的指导思想、总体要求、主要目标和具体措施。

《规划》要求，2009—2013年，努力形成一支素质较高、业务精通、结构合理、数量充足的党政机关少数民族公务员队伍。对全省少数民族干部基本轮训一遍，加强实践锻炼，进一步提高少数民族干部的综合素质。选拔和推荐更多的少数民族干部担任领导职务，积极探索少数民族干部培养选拔和安排使用的工作机制，推进科学化、制度化、规范化建设。

《规划》的主要目标包括5个方面：一是有计划地扩大少数民族公务员数量，争取到2013年底，少数民族公务员数占全省党政机关公务员总数的比例与少数民族人口占全省总人口的比例相当；二是在少数民族人口聚居区按要求配齐少数民族干部，到2013年前，全省少数民族人口在千人以上的乡（镇、街道办事处），万人以上的县（区），5万人以上设区的市领导班子中，至少配备一名少数民族干部；三是在各民委委员单位配备少数民族公务员，明确民族事务工作岗位；四是在民族工作系统配齐少数民族公务员；五是在全省各级后备干部队伍中，有一定数量的少数民族干部，并逐年增加。

（撰稿　海建宇　　审稿　刘开岚）

【青海省民委重视民族干部的学习培训、挂职锻炼和选拔任用工作】　2009年，青海省先后选派63名干部分别参加了国家民委、国家宗教局和省委组织部举办的18个班次的学习培训。选派14名基层干部到中央国家机关和经济发达地区进行为期半年的挂职锻炼。选派2名副处级干部到大通县和玉树县挂职锻炼；接受安排了大通县和玉树县的2名挂职干部。接收安置了1名部队转业干部。选拔任用了4名正处级领导干部、6名副处级领导干部和2名处级以上非领导干部；对3名干部进行了轮岗。完成了1名专业技术人员正高技术等级申报工作。

（撰稿　刘兵　　审稿　金水平）

【宁夏回族自治区民委举办民族经济政策培训班】　为进一步提升基层民族工作部门干部做好民族经济工作的水平和能力，帮助民贸民品生产企业了解掌握并充分运用好国家在民贸民品方面的优惠政策，12月中旬，宁夏回族自治区民委在银川举办了全区民族经济政策培训班。全区各市县区民族工作部门及部分少数民族特需商品定点生产企业负责人和相关业务人员参加了培训。自治区财政厅、中国人民银行银川中心支行和自治区民委就流动资金贷款贴息程序以及技改贴息和财政补助项目的申报办理、民贸民品政策执行过程中需要注意和把握的问题等进行了专题辅导。培训班受到了基层民族工作部门和民贸民品企业的热烈欢迎，大家一致评价这次培训班针对性、操作性强，对今后全区民贸民品产业健康发展将会起到重要推动作用。

（撰稿　杨浩　　审稿　任薇娜）

【新疆维吾尔自治区少数民族干部队伍不断壮大】　中央和新疆维吾尔自治区历来高度重视少数民族干部队伍建设。新中国成立初期，新疆的少数民族干部仅有2 000余人。为适应新疆社会主义革命和建设的需要，新疆分局遵照党中央的指示精神，大量吸收少数民族同志参加工作，到1955年，全区少数民族干部已经发展到了4.6万多人。改革开放以来，特别是党的十五大以来，自治区各级党委认真贯彻落实党中央关于培养选拔少数民族干部工作的一系列指示精神，按照“提高素质、改善结构、大胆提拔、放手使用”的方针，不断加强少数民族干部队伍建设，少数民族干部队伍不断壮大。截至2009年，自治区少数民族干部已达35.67万人，占全区干部总数的50.14%。

（撰稿　王烨　　审稿　刘江勤）

【新疆维吾尔自治区加大民族宗教系统干部培训力度】　2009年2月9日，新疆维吾尔自治区党委、政府召开常委主席联席会议，决定由新疆民委（宗教局）负责，对民族宗教系统干部进行为期5年的轮训。新疆民委（宗教局）专门制定了《2009—2013年自治区民族宗教系统干部培训教育方案》。2009年，共举办了两期系统培训班，培训学员116名。通过培训，增强了民族宗教干部对民族宗教业务知识的掌握，增强了新形势下做好民族宗教工作的信心。

（撰稿　王烨　　审稿　刘江勤）

民族医药卫生

【湖北省武汉市举办首场大型少数民族妇女医疗义诊活动】 2009年3月6日，在“三八”国际劳动妇女节前夕，由湖北省武汉市民宗委、卫生局、武汉民族团结进步促进会联合举办的“关爱民族姐妹保障女性健康”大型医疗义诊活动在江岸区二七清真寺举行。当天开展了包括妇女保健知识讲座、义诊、常备药品宣传资料发放和赠送免费普查卡4项内容的活动。20多名专家和医务工作者为300多名少数民族妇女进行了义诊、100余人参加了专家讲座、发放免费普查卡60张和价值数千元的常备药品。此项活动引起了社会的广泛关注，营造了社会各界支持民族工作、关注少数民族的良好社会氛围。广大少数民族妇女深切体会到党和政府的民族政策落到了实处、少数民族妇女的权益得到了切实保障，亲身感受到祖国大家庭的温暖。

（撰稿　吴升仁　　审稿　唐启明）

【湖北省长阳土家族自治县着力实施“大病关爱”工程】 2009年4月，湖北省长阳土家族自治县成立了以书记、县长为组长，副书记、副县长为副组长，各相关单位主要负责人为成员，民政局负责办公室日常工作的县“大病关爱”工程领导小组，并印发通知出台了具体实施办法。规定凡持有自治县城乡户口，参加了自治县城镇职工医疗保险、城镇居民医疗保险或新型农村合作医疗，年医疗自费（扣除医疗保险、新型农村合作医疗、其他保险的报销和赔付，扣除报销目录以外的医药费用）达到4万元以上（含4万元）的因病致贫群众，每人每年可申请获得一次“大病关爱”救助。凡医疗自费达到4万元的患者，一次性救助金额5 000元，自费超出4万元以上的部分，按超出部分50%的比例再给予救助，最高救助限额为5万元。救助过程进行媒体公示，广泛接受社会监督。

（撰稿　汪金衍　　审稿　唐启明）

【湖北省海外联谊会为长阳援建4所新农村卫生室】 2009年6月2日，湖北省委统战部副厅级巡视员刘爱党、省委统战部联络处处长张方胜等一行来到长阳土家族自治县，与县人民政府正式签订了为长阳援建4所新农村卫生室的《建室协议书》。根据《建室协议书》，每所卫生室的建设费用为5万元，其中基建费为4.2万元，基本医疗设备为0.8万元。据了解，建设新农村卫生室是省海外联谊会贯彻落实中央关于建设社会主义新农村的精神，充分发挥自身优势，为构建社会主义和谐社会作贡献的一项重要举措。2008年，省委统战部、省海外联谊会为长阳援建了4所海联新农村卫生室，目前这4所海联新农村卫生室均已建成。

（撰稿　汪金衍　　审稿　唐启明）

【湖北省卫生厅到巴东县调研落实对口支援工作】 2009年7月29日，对口支援巴东县实施“616”工程的湖北省卫生厅厅长焦红率相关处室负责人深入巴东县调研“616”工程实施和卫生事业发展情况。焦红表示，省卫生厅作为巴东县“616”帮扶单位，一是将积极争取中央卫生建设项目落户巴东，在省级卫生建设项目的安排上给予倾斜；二是将进一步加大对巴东的人才培养和技术支持；三是巴东县作为省卫生厅工作联系点，2010 年要全面实行新型农村合作医疗门诊统筹；四是要突出中医特色和优势，大力推广中医药适宜技术；五是加强医疗机构的规范管理，提升卫生服务能力；六是按照省委、省政府的要求，认真落实“616”工程的有关工作。2009 年，省卫生厅共支援巴东县实施“616”工程项目 13 个，资金3 230万元，目前已到位资金2 409万元。

（撰稿　张世琼　　审稿　唐启明）

【湖北省五峰土家族自治县《城乡贫困群众医疗救助实施办法》颁布】　2009 年 8 月，湖北省五峰土家族自治县《城乡贫困群众医疗救助实施办法》正式颁布实施。五峰土家族自治县《城乡贫困群众医疗救助实施办法》共 27 条，一是确定了以现有民政在册的城乡低保对象、五保对象、优抚对象、三线建设伤残民工和经政府批准的其他需特殊救助的对象为救助主体；二是在原有救助政策基础上，取消救助病种限制，规定对“三无”对象全额救助和当年二次救助条件；三是进一步明确申请、审批和救助的程序和时限以及大病医疗救助相关单位的权利和义务。

（撰稿　张先超　　审稿　唐启明）

【湖北省建始县出台《民族医疗减免费管理办法》】　2009 年 9 月 14 日，湖北省建始县民宗局、财政局、卫生局联合制定出台《建始县民族医疗减免费管理办法》，为加强民族医疗减免费管理提供了翔实的政策依据。一是规范程序。民族医疗资金由县民宗局统一管理，县财政局、县卫生局监管，设立专门账户，采取集体研究，一支笔审批。二是严格管理。少数民族特困户因病住院治疗后，凭交付现金的医院收据到县民宗局提出申请并填写《少数民族医疗减免费申请表》，逐级报批，民宗部门审核后，确定减免金额，直达受助对象“一卡通”账户，减免费最高限额为2 000元。三是公正、公示、公开，阳光操作。对被救助对象审批前 10 天在县财政与编制政务网公开，接受社会监督，杜绝优亲厚友，严禁截留或挪作他用。四是凡被救助的少数民族特困户可同时享受挂号费、注射费、床位费等部分优惠。

（撰稿　黄元松　　审稿　唐启明）

【湖北省咸丰县民族医药专家祝均辉新著《土家族女科》问世】　2009 年 7 月，湖北省咸丰县中医院副主任医师祝均辉医学新著《土家族女科》由中医古籍出版社出版发行，并入选《中国特色医药丛书》。这是他主编出版的第三部医学专著。《土家族女科》12 万字，共分三部分。第一部分为总论，包括绪言、女人的生理特点、病因病机、诊断概要、土家女科治法概要、女科预防与保健 6 个方面；第二部分为各论，主要记叙了月经病、带下病、怀胎病、产后病及女科杂病等 69 症的民间验方及用药用方特点；第三部分以阐述女科疑难杂症为主，用附篇的形式讲述了土家医匠在月经、产前、产后、不孕症等几个方面的诊治心得，凸显了本土特色的医治理论和医治方法。此前，祝均辉还主编了《湖北苗医》、《风湿病苗药本草荟萃》两部医学专著，其中后者入选《中国当代医疗百科专家专著》。

（撰稿　袁静玲　　审稿　唐启明）

【湖南省大力改善民族地区医疗卫生服务条件】2008 年，湖南省对民族地区 11 所县人民医院、中医院和妇幼保健院业务用房进行了改扩建，共投入资金2 090万元，新建和改扩建业务用房面积22 600平方米；对 14 个少数民族乡镇卫生院的业务用房进行了维修改造，投入资金 736 万元新建和改扩建业务用房面积9 488万平方米；开展国债村卫生室建设试点，对民族地区 95 所村卫生室进行了建设，安排资金 285 万元；对民族地区县医院、中医院、妇幼保健院和乡镇卫生院开展设备配套，共投入资金2 045万元。

（撰稿　陈春建　　审稿　曹承明）

【湖南省湘西土家族苗族自治州启动医药健康产业百亿工程建设项目】　为全面开发利用湘西医药资源，将资源优势转化为产业优势，推进全州医药健康产业发展，湘西土家族苗族自治州与中山大学举行了医药健康产业发展规划签约仪式，标志着该州医药健康产业百亿工程建设项目正式启动。

为圆满完成此次医药健康产业发展规划，中山大学从管理学院、生命科学学院等院系抽调专家教授组成湘西土家族苗族自治州医药健康产业发展规划研究课题组。规划编制分中草药资源调查与民族验方、验方挖掘整理与医药健康产业调研、医药健康产业产品研究开发规划三个步骤实施，计划在2010年1月底前完成规划编制工作。医药健康产业发展规划的制定实施对湘西土家族苗族自治州医药健康产业的发展将起到积极的推动作用。

（撰稿　陈春建　　审稿　曹承明）

【湖南省湘西土家族苗族自治州2010年新型农村合作医疗限额补偿标准大幅提高】　湖南省湘西土家族苗族自治州出台2010年新型农村合作医疗有关工作规定（标准）。该州新型农村合作医疗财政补助、补偿比例以及年限额补偿标准将大幅提高。一是筹资标准提高。全州新农合筹资标准由2009年每人每年100元提高到每人每年140元，其中中央财政补助60元、地方财政补助60元（省级42元、州级9元、县市级9元）、农民个人缴费20元。二是年补偿限额和住院补偿比例提高。从2010年开始，统一提高住院费用补偿比例。州内一级、二级、三级和省级医院住院费用补偿比例分别由2009年的75%、60%、50%、45%提高到80%、65%、55%、50%。三是年最高限额补偿标准（封顶线）统一提高。全州参合农民住院费用每人每年累计补偿限额由2009年的3万元增加到6万元。四是特困人群可获减免。从2010年开始，全面实施农村参合五保户人员和重度残疾人在县市、乡镇新农合定点医疗机构住院基本医疗费用全额减免。农村参合五保户人员和重度残疾人在县市、乡镇定点医院住院治疗的，按所在县市新农合住院补偿政策补偿后，其自付住院费用由县市新农合基金和民政医疗救助资金各解决50%。农村参合低保户人员在县市、乡镇定点医疗机构住院治疗的，按所在县市新农合住院补偿政策补偿后，其自付住院费用由新农合基金再给予10%的补偿；获得新农合补偿后，对在县市、乡镇定点医疗机构住院的农村低保户人员，由农村医疗救助资金分别给予15%、20%的医疗救助。五是住院分娩补偿提高。2010年，对符合计划生育的参合孕产妇在乡镇卫生院住院分娩的，平产每例由中央和省财政补助300元后，由新农合基金再补偿300元；符合指征的剖宫产手术者，每例在中央和省级财政补助300元后，其余部分按县市新农合住院补偿相关规定给予补偿。对符合计划生育的参合孕产妇在县级及以上医疗保健机构住院分娩的，平产每例由中央和省财政补助300元后，由新农合基金再补偿550元；符合指征的剖宫产手术者，每例在中央和省财政补助300元后，其余部分按县市新农合住院补偿的规定给予补偿。

（撰稿　陈春建　　审稿　曹承明）

【广东省4项举措推动民族地区卫生事业发展】
广东省4项举措推动民族地区卫生事业发展。一是实行政策倾斜，加大对民族地区卫生事业的投入。2006—2009年，广东省卫生厅对3个自治县和7个民族乡的卫生经费补助达5 281.775万元。2009年，对连南、连山、乳源3个自治县卫生事业的专项补助由每年各自治县50万元提高到60万元。同时，还从县妇幼保健院建设经费中拿出100万元补助3个自治县妇幼保健院的建设。二是完善新型农村合作医疗制度，提高农村居民基本医疗保障水平。2009年，3个自治县的农业人口为51万人，参加合作医疗50.3万人，参合率为98.6%，超过全省平均水平1.2%。全年共3.1万人次获得住院补偿，补偿金额为3 614.6万元，有效缓解了农村群众看病难、看病贵的问题。三是实施农村卫生人才培训计划，加强对卫生技术人才的培训。自2006年启动“6161工程”和“1324工程”，实施农村卫生人才培训计划以来，对民族地区共300多名医务人员进行了培训。同时，还免费接收和安排基层医疗单位的卫生技术骨干到省直医疗卫生单位进修学习。四是开展农村环境卫生整治工作，不断改善农村的环境卫生。截至2009年底，连南瑶族自治县有1个村被评为省卫生村，3个村被评为清远市卫生村；连山壮族瑶族自治县有3个村分别被评为省卫生村和清远市卫生村；乳源瑶族自治县创建成为“广东省卫生县城”，有18个村被评为“广东省卫生村”。连南瑶族自治县卫生厕所普及率为61.64%，无害化卫生厕所普及率为51.32%；连山壮族瑶族自治县卫生厕所普及率为47.14%，无害化卫生厕所普及率为26.58%；乳源瑶族自治县卫生厕所普及率为87.62%，无害化卫生厕所普及率为73.55%。各项指标在所在市均处于先进水平。

（撰稿　黄春霞　　审稿　温卫平）

【广西壮族自治区民委积极参加“2009中国—东盟传统医药高峰论坛”的筹备工作】　2009年10月28日，由国家中医药管理局、国家民族事务委员会、广西壮族自治区人民政府共同主办的“2009中国—东盟传统医药高峰论坛”在南宁隆重召开。为顺利做好各项准备工作，根据自治区人民政府的指示，自治区民委协助自治区中医药管理局等单位，积极参与论坛的筹备，认真工作，精心准备，保证了论坛的成功召开。

（撰稿　覃汉华　　审稿　周世相）

【海南省海口市黎族医药产业发展促进会成立】　2009年5月7日，海南省海口市黎族医药产业发展促进会成立。海口市黎族医药产业发展促进会是由海口市从事黎族医药产业发展、具有行业影响力的企业以及民族医药工作者自愿组成的民间性联合组织，是非营利性社会团体，主要从事黎族医药产业发展的学术交流、推广、研究及业务咨询等工作。

（撰稿　邱其斌　　审稿　唐圣为）

【海南省中部区域医疗中心暨省惠民医院揭牌】　2009年6月16日，海南省中部区域医疗中心暨省惠民医院在五指山市举行揭牌仪式，副省长符跃兰参加了揭牌仪式。海南省中部区域医疗中心暨省惠民医院是根据省卫生区域规划的要求，在海南医学院附属医院提供技术支持下，利用中部区域医疗中心建设专款，在省第二人民医院基础上建立起来的，是省级惠民医疗定点单位，主要负责中部地区的五指山、保亭、琼中、白沙、乐东和昌江6个少数民族市县特困人群的惠民医疗服务。2009年开展的救助病种包括甲状腺良性肿瘤、甲状腺机能亢进、子宫平滑肌瘤、卵巢囊肿、胃肠息肉、上消化道出血、鼻息肉、胆囊结石手术治疗、急性阑尾炎、腹股沟斜疝、结肠恶性肿瘤、直肠恶性肿瘤共12个病种。五指山等6个中部市县的农村贫困人口和城乡低收入人群患有上述疾病均可获得免费治疗。患者除自己承担伙食费外，医保和新型农村合作医疗外的自付部分的医疗费均由省财政补助。海南省中部区域医疗中心暨省惠民医院的成立，对于建立特困群体和低收入人群的医疗救助体系，逐步消除看不起病、因病致贫的现象，努力实现公共卫生服务均等化具有重大意义。

（撰稿　邱其斌　　审稿　唐圣为）

【海南省正式启动“亮睛工程”】　2009年2月，海南省正式启动“亮睛工程”，计划用一年时间，为包括少数民族地区贫困群众在内的本省4万名白内障患者免费实施复明手术，把海南建设成为全国首个无白内障盲省。

（撰稿　邱其斌　　审稿　唐圣为）

【海南省黎族医药学会成立】 2009年1月17日，海南省黎族医药学会在海口市正式成立。该会是由全省民族医药工作者自愿组成，主要从事黎族医药学术交流、民族医药知识普及教育及相关业务咨询，开展民族医药学科建设，继承和保护民族医药传统文化，促进黎族医药事业发展。

（撰稿 邱其斌 审稿 唐圣为）

【四川省加强藏区地方病防治】 包虫病与大骨节病一直是困扰四川省藏区群众健康的主要地方病。截至2009年底，四川省共安排落实中央和省级包虫病专项经费6 509万元，覆盖了31个包虫病流行县，完成包虫病病人调查26.6万人，免费药物治疗7 622例，手术治疗81例。同时，采取多种防治大骨节病措施，使阿坝、甘孜两州的大骨节病情得以控制，7～12岁儿童大骨节病X线检出率已下降到3%以下。

2005年，卫生部在甘孜藏族自治州启动中央补助地方包虫病防治项目，并与科技部联合组织“九五”科技攻关。四川省委、省政府将包虫病防治工作纳入藏区民生工程，安排专项经费，开展包虫病人群查病、治疗、健康教育、监测，加强基层防治能力建设。2007年，省委、省政府将阿坝藏族羌族自治州大骨节病防治工作纳入“十大惠民行动”，并在阿坝藏族羌族自治州各病区县逐步实施易地育人、换粮、补硒、改变种植结构、大力发展经济和加强基础设施建设等综合防控措施。由于在病区采取了多种形式的防病措施，大骨节病病情得到有效控制。4年来，全省举办包虫病防治培训班265期，培训乡、村干部和专业技术人员7 013人次；印发健康教育资料44万份，发放宣传品13.5万个，覆盖目标人群70万人次，群众包虫病防治知识知晓率进一步提高。

（撰稿 刘康容 审稿 唐伯华）

【贵州省呼吁将苗药纳入国家基本药物目录】 2009年2月9日，贵州省民委、省食品药品监督管理局、省卫生厅、省中医药管理局及部分少数民族成药企业代表召开会议，呼吁将贵州苗药（民族药）纳入国家基本药物目录。贵州省是全国少数民族聚居的省份之一，以苗药为代表的民族药在全国具有一定的影响。近年来，贵州省的民族药事业在国家民委、国家食品药品监督管理局及有关部门的大力支持下，取得了长足的发展。在全省169家药品生产企业中，生产民族药品的企业有70多家，占全省制药企业总数的42%，民族药工业总产值占医药工业总产值的40%，民族药品种均为全国独家品种。有154个民族药成方制剂已收录进入国家药品标准，品种总数占全省中西药制剂品种的12%左右，并有76个品种获得发明专利保护，中药民族药制剂剂型共27种，涉及消化系统、呼吸系统、循环系统、泌尿系统、神经系统、皮肤和外伤各科等。贵州苗药（民族药）源远流长、疗效确切、传统独特，深受青睐。

（撰稿 沈洪华 审稿 王渝飞）

【青海省民族医药卫生事业得到进一步发展】 青海省“十一五”期间累计投入4.2亿元，改扩建州、县两级医疗卫生机构134所、乡镇卫生院213所，新建标准化村卫生室980个，配备基本诊疗设备1.3万台（件），装备县级巡回医疗车30辆、乡镇卫生院流动卫生服务车110辆，民族地区医疗卫生服务条件得到极大改善，医疗卫生服务可及性和可得性明显提升。新型农村合作医疗已全面覆盖民族地区30个县（市）的120万农牧民，参合率达95.6%，受益率达73%，贫困人口医疗救助制度同步建立。以大病统筹为主的城镇居民基本医疗保险试点工作已于2009年6月在民族地区30个县（市）全面启动，现已覆盖71%的城镇非从业居民。

创建藏医工作示范县6个、示范医院12所，建成藏医名院4所、名科8个，遴选名医12名，面向民族地区推广应用藏医适宜技术70余项，规定藏医药费用在新农合的报销比例较西医药高5个百分点。挖掘整理《八支精药·如意宝》、《零星秘诀集》等藏医药古籍文献82部。目前民族地区县级藏医院普遍建有急诊科、感染科、检验科，70%的乡镇卫生院设有藏医科，65%的村卫生室有藏药，藏医药“简、便、验、廉”的特色优势得到充分发挥。

（撰稿　刘兵　　审稿　金水平）

【宁夏回族自治区采取措施促进回族医药事业发展】 2009年，宁夏回族自治区政府出台《促进回族医药事业发展实施方案》。提出到2015年，回族医药文献整理和理论研究取得重大进展，筛选和推广一批回族医药特色诊疗技术，形成几个特色明显、优势突出的回族医药特色诊疗规范，培养一批回族医药研究和临床骨干；形成以自治区中医研究院、宁夏医科大学为龙头，地市级中医院、民营回医药机构为骨干，回族聚居区中医医院和乡镇卫生院为依托的回医医疗服务网络，使回族医药特色诊疗技术得到应用，回族医药产业不断发展。

为保障《促进回族医药事业发展实施方案》的贯彻落实，自治区将进一步强化政府对发展回族医药事业的主导作用，加大支持力度和投入；加强回族医药研究机构建设，积极开展回族医药关键性问题研究，组织制定和完善回族医药标准、临床诊疗指南和疗效评价标准，鼓励各级中医医疗、研究、教育和中医药企业整合资源，开展回族医药研究与技术合作；加强回族医药学术交流与合作，充分发挥中医药、回族医药学术团体在引导回族医药学术发展、开展学术交流和规范行业行为等方面的积极作用。

《促进回族医药事业发展实施方案》将对深入贯彻落实《国务院关于扶持和促进中医药事业的若干意见》、《国家中医药管理局、国家民委、卫生部等十一部委局关于切实加强民族医药事业发展的指导意见》精神，促进全区回族医药事业发展，起到积极的推动作用。

（撰稿　陈常国　　审稿　任薇娜）

【中华海外联谊会向新疆生产建设兵团捐款建设少数民族聚居连队卫生室】 2009年2月，新疆生产建设兵团民族宗教事务局充分发挥自身优势，通过多方努力，积极争取到中华海外联谊会使用香港李兆基基金捐款实施的“安康工程——千村海联新农村卫生室”项目，共计150万元，用于农一师、农三师、农五师、农六师、农七师、农九师的少数民族聚居连队建设30所海联连队卫生室，配合了兵团实施的连队卫生室建设。

（撰稿　徐键　　审稿　热合曼·克日木）

对外交流合作

【杨传堂同志率团访问越南】 2009年4月21—26日，应越南民族委员会邀请，国家民族事务委员会党组书记、副主任杨传堂率国家民族事务委员会代表团一行5人，对越南进行了工作访问，与越南民族委员会就两国近两年民族工作的最新进展情况进行了交流，并赴越南南部经济发展较快的胡志明市和北部以农业为主的广宁省进行了考察。越南政府副总理阮善人接见了代表团全体成员。

（撰稿 赵静 审稿 刘庆余）

【杨健强同志率团访问罗马尼亚和乌克兰】 2009年5月13—22日，应罗马尼亚政府民族署和乌克兰民族宗教委员会邀请，国家民族事务委员会副主任杨健强率代表团一行5人，对上述两国进行了工作访问。代表团与相关部门官员进行了会谈，并实地考察了少数民族群体的经济社会发展情况和文化保护状况。

（撰稿 赵静 审稿 刘庆余）

【吴仕民同志率团访问柬埔寨和印度尼西亚】 2009年12月8—17日，应柬埔寨文化与艺术部和印度尼西亚妇女权益与儿童保护部邀请，国家民族事务委员会副主任吴仕民率代表团一行5人，对柬埔寨和印度尼西亚进行了工作访问。代表团与相关部门官员进行了会谈，并实地考察了少数民族传统文化保护情况。

（撰稿 赵静 审稿 刘庆余）

【丹珠昂奔同志率团访问埃塞俄比亚和毛里求斯】 2009年8月5—14日，应埃塞俄比亚联邦事务部和毛里求斯教育、文化与人力资源部邀请，国家民族事务委员会副主任丹珠昂奔率代表团一行5人，对埃塞俄比亚和毛里求斯进行了工作访问。代表团与相关部门官员进行了会谈，就多民族国家创建、保持和谐共处的民族关系，以及尊重、保护和发展各民族的语言和文化等问题进行了深入探讨，并实地考察了传统文化保护、继承，以及民族区域自治、少数民族权益保障、农村扶贫、艾滋病防治工作等情况。埃塞俄比亚联邦议院副议长穆罕默德会见了代表团全体成员。

（撰稿 赵静 审稿 刘庆余）

【国际人类学与民族学联合会第十六届大会在云南省召开】 经国务院批准，由国家民族事务委员会和云南省人民政府共同支持，中国人类学民族学研究会于2009年7月27—31日在云南省昆明市承办国际人类学与民族学联合会第十六届大会。7月26日，全国政协主席贾庆林在北京会见了来华参加大会的国际人类学与民族学联合会代表团。7月27日，国务院副总理回良玉出席了大会开幕式并致辞。本次大会以“人类、发展与文化多样性”为主题，涵盖了人类学、民族学乃至人文、社会、自然科学的相关研究领域。大会共有来自近100个国家和地区的4 300人参加。大会主要安排了4个方面的学术交流活动：一是主旨发言，二是名家讲座，三是专题学术会议，四是影视人类学会议。其中，大会主旨发言5场，名家讲座13场，专题学术会议165场，影视人类学会议18场。共收到各国、各地区学者提交的5 000多篇论文，展示和交流了各自最新、最前沿的研究成果，体现了国际人类学与民族学界最高的学术水平。大会安排了“国际人类学与民族学联合会60周年回顾展”、“中国人类学民族学百年历程展”、“多彩中华——中国的少数民族”、“世界本土文化展”、“研究机构及个人学术展”和“人类学与民族学图书展”6项展览，向国内外学者突出宣传展示了我国的民族政策和民族工作成就。展览共接待观众11 500多人次。会议期间，中国人类学民族学研究会参加了国际人类学与民族学联合会组织召开的执委会、常务理事国会议和全体会员会议，报告了大会筹备和组织工作情况。会议顺利通过了由中国学界提交审议的《昆明宣言》。

（撰稿　赵静　　审稿　刘庆余）

【澳大利亚多元文化基金会代表团访华】　2009年4月17—25日，澳大利亚多元文化基金会执行主任哈斯·德拉尔率代表团一行5人来华访问。在京期间，国家民族事务委员会副主任杨健强会见并宴请了代表团一行，就双方继续深化交流合作事宜进行了友好商谈。代表团还赴湖南省和上海市开展实地考察访问。

（撰稿　赵静　　审稿　刘庆余）

【国家民委积极开展民族文化对外交流宣传工作】　国家民委积极开展民族文化对外交流宣传工作。2010年6月，组织内蒙古鄂尔多斯市乌审旗乌兰牧骑艺术团参加在波黑塞族共和国举办的“达卡特”国际艺术节。该艺术团在评奖活动中荣获“最佳荣誉奖”和“最佳表演风格奖”。7月20日—8月14日，组织内蒙古呼和浩特市民族歌舞团赴德国、荷兰、比利时三国参加国际民间艺术节，演出获组委会和当地观众高度评价。10月5—26日，由文化部和国家民族事务委员会共同组派，中央民族歌舞团赴东欧三国（匈牙利、捷克、塞尔维亚）参加庆祝建交60周年演出活动。演出展现了中国丰富多彩的民族文化，促进了与有关国家的文化交流，获得高度评价。

（撰稿　赵静　　审稿　刘庆余）

【国家民委召开联合国—西班牙千年发展目标基金“文化与发展窗口”项目启动会】　2009年3月27日，联合国—西班牙千年发展目标基金“文化与发展窗口”项目启动会在全国政协礼堂召开，国家民族事务委员会主任杨晶出席启动会并做主题发言，杨健强副主任主持启动会。

该项目经费来源于西班牙政府给联合国的赠款，总计600万美元，加上中国政府以实物形式配套100万美元，总额达700万美元，项目执行期为3年。项目申请工作始于2008年6月，2009年1月获得联合国总部批准。参与项目的联合国驻华系统机构共有8个：开发计划署、教科文组织、儿童基金会、人口基金会、世界卫生组织、国际劳工组织、工业发展组织和粮农组织。中方参与实施机构有商务部、国家民族事务委员会、卫生部、教育部、人力资源和社会保障部、农业部、国家人口和计划生育委员会、国家文物局、中国国际经济技术交流中心等部门。项目区包括：云南省德宏傣族景颇族自治州的潞西市、陇川县，贵州省黔东南苗族侗族自治州的从江县、雷山县，青海省海东地区的化隆回族自治县，以及西藏自治区的林芝地区。

（撰稿　赵静　　审稿　刘庆余）

【国家民委积极为民族地区争取外援资金和项目】　国家民委指导并协助云南省民族事务委员会成功申请亚洲开发银行区域技术援助项目“在发展中将少数民族纳入关切的专项能力培养项目”，项目资金20万美元，于2009年2月正式启动，为期2年。积极与有关部门协调沟通，促使甘肃省张家川县刘堡乡刘堡中心小学教学楼建设项目、海南省五指山市毛道乡毛枝村引水工程建设项目和宁夏回族自治区灵武市狼皮子梁学校宿舍楼建设项目通过日本政府无偿援助“利民工程”项目竞标，争取项目资金180余万元。2009年6月，与世界银行合作项目“加强方案设计和能力建设，优化实施少数民族和民族地区专项规划（2007—2009）”召开项目终期研讨会，完工报告通过了世界银行独立评估专家的评估和财政部、世界银行的验收。该项目通过机制建设和能力建设，选择云南、新疆两省区的60个村开展“社区主导型发展”示范。2009年9月，与世界银行合作开展“少数民族地区资源开发与社区利益补偿机制研究”项目，研究成果由中央民族大学出版社出版。与联合国开发计划署（UNDP）合作的“少数民族和民族地区综合扶贫项目（2006—2010）”，在内蒙古、云南、青海、新疆的27个村开展了人口较少民族综合扶贫开发和民族文化产品开发示范。2009年分别在北京和海南、加拿大举办国内外培训和村级项目管理与技术技能培训，在贵州凯里召开了文化产品开发研讨会等，执行情况顺利通过UNDP年度评审。与联合国教科文组织合作的“民族/校园红丝带”艾滋病防治宣传项目，召开了中外方中期研讨会，编印了“青春与健康知识试用教材”在云南临沧4县1区部分中小学试用。

（撰稿　赵静　　审稿　刘庆余）

【国家民委在香港成功举办“第三届中华民族文化周”活动】 4月30日—5月5日，国家民委在香港成功举办以“我与我的祖国”为主题的“第三届中华民族文化周”活动，营造出内地各族青少年与香港青少年共迎60周年国庆的良好氛围，赢得了香港各界人士的积极关注和广大媒体的高度评价。文化周活动规模宏大，来自内蒙古等10个省区的400余名青少年与香港12个青少年团体开展了深入的交流活动。

（撰稿　赵静　　审稿　刘庆余）

【“民族风·两岸情”入岛交流活动取得新突破】 9月21日—10月5日，国家民委组织少数民族大学生文化交流团赴台举办赈灾义演，开展中秋联欢，举办以“民族风·两岸情”为主题的文化交流活动，这是近年来同类活动中规模最大、层级最高、时间最长的一次，得到岛内各界人士的热烈响应和积极支持。

（撰稿　赵静　　审稿　刘庆余）

【国家民委加强支持配合，力促港澳台工作新发展】 国家民委指导西南民族大学与澳门中华青年进步协会共同举办第三届中华青年民族学习交流营活动，并接待由澳门、台湾青年学生组成的澳门青年交流营代表团一行80余人；支持澳门中华民族团结促进会与中央民族大学在澳门举办“祖国好·民族亲”国庆60周年和澳门回归10周年系列活动。以上两项活动均得到澳门特区政府、中联办的支持，何厚铧特首会见了代表团成员并给予了鼓励。此外，还积极支持并协助举办第五届海峡两岸各民族欢度三月三节庆活动；协助国台办做好以高金素梅为团长的台湾少数民族代表团有关接待工作。

（撰稿　赵静　　审稿　刘庆余）

【国家民委加强外事制度建设】 国家民委加强外事制度建设，制定了《国家民委因公出国（境）管理规定》和《国家民委因公出国（境）团组境外纪律规定》，对因公出国（境）计划报批、审批原则、双跨和培训团组管理、中介机构使用规范、证件监管以及境外纪律作了详细、全面的规定，使国家民委外事管理工作走上了规范化、制度化的轨道。

（撰稿　赵静　　审稿　刘庆余）

【国家民委外事专办员赴俄罗斯培训】 8月22日—9月11日，国家民委组织以外事专办员为主体的民族工作者社会事务管理培训班一行24人赴俄罗斯培训。此次培训以俄罗斯民族政策和社会事务管理为主要内容，针对性强，效果明显。各位外事专办员开阔了眼界，增长了知识，增强了做好民族工作、外事工作的能力和水平。

（撰稿　赵静　　审稿　刘庆余）

【国家民委召开委属院校外事暨港澳台工作研讨会】　9月24—26日，在西北民族大学召开了国家民委委属院校外事暨港澳台工作研讨会。会议总结了一年来外事及港澳台工作的成绩和不足，着重说明因公出国（境）管理等有关问题，探讨并明确了加强管理、完善服务的工作思路，确定下一年为“制度执行年”。各院校深入研讨了外籍专家管理、留学生管理、合作项目等方面的经验和问题，明确了今后工作的努力方向。

（撰稿　赵静　　审稿　刘庆余）

【国家民委参与国际人权斗争和国际会议】2009年2月，国家民委派员赴日内瓦参加联合国人权理事会“普遍定期审议机制”对华审议现场会，有效引导审议工作组成员和各国代表对我审议采取较为积极的态度。3月，派员赴日内瓦参加联合国人权理事会第十次会议，有效应对敌对势力对我攻击，配合政府团相关工作。7月，派员随外交部团组赴日参加中日第五次人权磋商，顺利完成任务。9月，派员赴丹麦参加第十四届大都会国际研讨会。11月，派员赴老挝参加大湄公河次区域合作人力资源工作组有关会议。

（撰稿　赵静　　审稿　刘庆余）

【福建省组织参加“第三届中华民族文化周”活动】　2009年4月30日—5月5日，福建省代表团一行39人赴香港参加由香港特区政府民政事务局、国家民委港澳台办联办的香港与内地各族青少年60周年国庆系列活动——“第三届中华民族文化周”活动。期间，福建省代表团在维多利亚公园参加了“民族文化嘉年华”活动，举办了福建省情和少数民族发展成就图文展览、民族歌舞表演、民族传统体育互动等活动；参加了“金紫荆广场五四升旗礼”和“我与我的祖国演讲”活动；并到香港中文大学和职业训练局香港专业教育学院与香港学生开展交流活动；此外，还参观了大埔林村、香港历史博物馆、科技馆、赤柱广场等。通过丰富多彩的系列活动，向香港市民，特别是青少年介绍了祖国内地少数民族和民族地区的巨大变化，展示了中华民族绚烂多姿的优秀文化，促进了香港与内地青少年的相互了解和友谊。

（撰稿　夏仕锦　　审稿　蓝国秋）

【福建省参加“促进海峡两岸少数民族事业发展座谈会”】　2009年5月17日，由全国台联主办的“促进海峡两岸少数民族事业发展座谈会”在厦门举行。台湾少数民族知名人士高金素梅、台湾部落观光协会理事长根志优等70多位来自台湾少数民族阿美人、卑南人的嘉宾和全国台联、福建台联、厦门台联有关领导以及少数民族问题专家、学者出席了座谈会。福建省民族宗教厅巡视员雷斌参加会议，并向与会代表介绍了福建省少数民族概况、近年来为促进少数民族经济社会发展工作出台的政策措施和所取得的成效，并重点介绍了福建省扶持人口较少民族高山族发展的有关情况。

（撰稿　夏仕锦　　审稿　蓝国秋）

【福建省与“台湾原住民族人文关怀协会”交流考察团座谈交流】　2009年6月19日，福建省民族宗教厅巡视员雷斌及厅民族业务处与“台湾原住民族人文关怀协会”理事长陈士章带领的交流考察团一行3人座谈交流。双方就闽台两地少数民族人口分布、自然资源、文化产业等情况进行了交流，并表示希望今后在闽台少数民族文化保护方面能有更多的交流合作。陈士章一行还到福州、宁德、莆田、厦门等地进行了海西区域相关事宜的交流考察。

（撰稿　蓝宗明　　审稿　蓝国秋）

【福建省积极参加“民族风·两岸情”赴台文化交流活动】　2009年9月21日—10月5日，由国家民委组织的“民族风·两岸情”为主题的少数民族大学生文化交流活动和第八届海峡两岸各民族中秋联欢晚会交流团共121人，赴台开展文化交流活动。活动主要内容有5个方面：一是在台北中山纪念堂、台中市圆满剧场分别进行3场赈灾义演；二是到东华大学、艺术大学、实践大学、体育大学、建国大学等学校进行交流；三是访问台北县乌来部落、桃园县复兴乡等民族地区和北投凯达格兰文化馆；四是在金门县举办“民族风·两岸情——海峡两岸各民族中秋联欢晚会”；五是交流团主要成员与台湾方面有关人士进行广泛接触，增进了解。福建省民族宗教厅副厅长施文、副巡视员洪新坤和厦门卫视节目主持人黄莉等7人随团参与交流活动。

（撰稿　李青　　审稿　洪新坤　蓝国秋）

【福建省举办“第二届海峡两岸少数民族丰收节”】　2009年10月21—26日，由福建省人大常委会台胞工作委员会、福建省台办等部门及台湾多个相关协会共同主办的“第二届海峡两岸少数民族丰收节”在厦门、漳州两市共同举行，先后在两市开展了台湾少数民族歌舞表演、台湾少数民族工艺品展示、台海少数民族部落旅游图片展、台湾少数民族部落旅游推介研讨会、“相约海西共话和谐”两岸少数民族座谈联谊会、少数民族丰收节联欢等活动，并签署了海峡两岸旅游界框架合作协议书。

（撰稿　夏仕锦　　审稿　蓝国秋）

【福建省举办“海峡两岸少数民族族谱对接恳亲会”】　2009年12月8日，“海峡两岸少数民族族谱对接恳亲会”在漳州举行，国家民委、福建省民族与宗教事务厅有关领导与两岸近200位少数民族同胞共同参加了族谱对接、宗亲座谈、参观祭拜、项目对接等活动。近年来，漳州市通过组织人员赴台湾、香港、澳门、浙江和宁德等地开展族谱对接工作，已对接从漳州迁移外地的畲族后裔人口达50多万人（其中台湾5.6万人），漳州作为畲族重要祖居地、台湾畲族重要发源地的论断得到各地族亲的普遍认同。

（撰稿　夏仕锦　　审稿　蓝国秋）

【美籍华人钟荣晖捐资援建湖北省郧西县湖北口回族乡德源希望小学】　2009年4月14日，湖北省郧西县湖北口回族乡德源希望小学正式揭牌，美籍华人、香港太平洋贸易有限公司董事长钟荣晖及其夫人钟李承珀，副县长周文生出席了揭牌仪式。德源希望小学是湖北口回族乡的中心小学，有11个教学班、482名学生。由于地方财力有限，学校教学楼破旧，教室昏暗，学生宿舍拥挤，在露天吃饭，教师办公条件落后。2008年7月，钟荣晖了解到这一情况后，当即捐款4万美元和7万元人民币支持该校改造。目前，学生淋浴洗澡间、宿舍、餐厅和标准化微机室等建设改造工程相继完工，学生用上了崭新的课桌、餐桌、床铺、日光灯和电脑，统一配备了床单、被罩、枕头等床上用品，教师开始电脑备课，学校面貌焕然一新。

（撰稿　庹新安　　审稿　唐启明）

【湖北省民族歌舞团应邀参加巴基斯坦“中国文化周”】　2009年9月28日，巴基斯坦“中国文化周”在伊斯兰堡国家艺术馆开幕。湖北省民族歌舞团应中国驻巴基斯坦大使馆邀请专程前往参加文化周活动。演员们在开幕式上表演的民族舞蹈《抛香袋》、民歌《龙船调》、女声独唱《巴基斯坦万岁》等节目获得掌声如潮，演出结束后，巴基斯坦总理吉拉尼亲切接见湖北省民族歌舞团演员。9月29日，湖北省民族歌舞团还参加了巴基斯坦旁遮普省在拉合尔市大剧场举行的庆祝中华人民共和国成立60周年文艺晚会。在巴基斯坦的10天时间里，湖北省民族歌舞团在伊斯兰堡及周边城市进行了10场专场演出，包括国庆招待会、巴基斯坦政要专场演出、慰问我国在巴大型企业演出等。独具土家族、苗族特色的歌舞赢得了巴基斯坦总统扎尔达里、各界群众以及当地华人华侨的盛赞，不仅给观众带去了艺术的享受，也给广大华人华侨带去了节日的问候，同时给巴基斯坦人民带去了中国人民的深情厚谊。

（撰稿 张声勇　审稿 唐启明）

【湖南省通道侗族自治县侗锦走俏国际纺织大舞台】 受（2009）第四届首尔国际纺织品博览会主办方邀请，湖南省通道侗族自治县国家级非遗项目——侗锦于11月初在韩国首尔设专柜展出。通道侗锦以其独特的制作工艺、富有民族特色的图案、丰富深刻的文化内涵、亮丽和谐的色彩、高雅凝重的品质和鲜明的民族风格，2008年6月入选第二批国家非物质文化遗产名录。2009年1—8月，该县共销售侗锦工艺品1 500余件。

（撰稿 陈春建　审稿 曹承明）

【以色列专家到四川省凉山彝族自治州西昌市讲授油橄榄生产技术】 四川省凉山彝族自治州种植油橄榄已有近50年历史，该州大部分地区气候与地中海极为相似，是我国为数不多的油橄榄一类适生区之一。2008年，凉山彝族自治州西昌市把发展油橄榄产业作为地区脱贫致富的惠民工程，列入了重点发展战略，拟用5～10年的时间发展油橄榄种植面积30万亩。多年来，中国对外应用技术交流促进会采取引进国外和海外专家开展实用技术培训、组团赴国外培训等形式，积极支持凉山彝族自治州油橄榄产业发展。这次来凉山彝族自治州西昌市授课的乌利先生和俄德先生是以色列国油橄榄生产技术方面的首席专家，在国内外业界享有很高的声誉。为了搞好这次培训，两位以色列专家6月8日到西昌后即对西昌月华油橄榄种植示范基地和北河油橄榄种植示范基地进行了实地考察，听取了基地管理技术人员的介绍，察看了西昌油橄榄品种、生长及表现情况。专家对授课内容做了充分准备。6月10日，西昌油橄榄生产技术班正式开班。培训班学员有州、市林业局、西昌市油橄榄领导小组办公室、市科技局、市农业局的领导，7个油橄榄发展重点县林业局的分管领导和技术员以及10个油橄榄产业重点发展乡镇的领导和个体种植大户等70余人。中国林业科学院李金花、北京神州公司马成圣、四川省林科院韩华柏和余灵帆也参加了这次培训。授课内容包括世界油橄榄产业概况、橄榄树生理、灌溉施肥技术、繁育技术，并结合西昌土壤、品种、气候条件进行了分析，提出了参考建议。6月13日下午举行了培训班结业典礼，两位专家向学员签发了结业证书。

（撰稿 刘康容　审稿 唐伯华）

【西班牙维拉米尔集团将在四川省甘孜藏族自治州兴建世界最大规模工业硅生产基地】 西班牙维拉米尔集团大西洋硅业公司将在四川省甘孜藏族自治州康定县兴建世界最大规模的金属硅厂和配套水电站。项目总投资10.6亿欧元，是西班牙在华最大的工业项目投资。项目包括在甘孜藏族自治州康定县兴建世界最大规模的化学级金属硅厂，年产10万吨，于2011年1月投产；世界最大的太阳能级金属硅厂，年产1万吨，于2011年底启动；专为生产工业硅而投入康定县力丘河流域水资源整体开发，2009年4月在成都举行"中—西论坛"期间启动。目前，维拉米尔集团已在甘孜藏族自治州注册"甘孜大西洋硅业有限公司"，注册资本金2亿元人民币；注册"维拉米尔（甘孜）能源开发有限公司"，注册资本金1 000万欧元。

（撰稿 刘康容　审稿 唐伯华）

【云南省民委积极抓好国际合作项目的实施】 近年来，云南省民委积极引进联合国开发计划署少数民族和民族地区综合扶贫示范项目、世界银行项目、联合国西班牙基金项目等，为民委经济工作增添了新内容，拓展了新领域，使基层干部和群众开阔了视野，提高了能力。一是组织怒江等6个州（市）8个县（市）的21名领导和项目管理人员参加了在海南和北京举办的培训班；二是全省的30个世界银行TCC5示范项目全部通过了独立评估专家的评估；三是联合国西班牙基金文化保护与发展项目启动会在德宏傣族景颇族自治州举办，潞西市和陇川县县、乡、村有关项目人员 60 人参加了社区主导型发展模式的培训，选定了 3 个示范村，并组织了相关项目县、乡、村的有关人员 17 人到成都参加了文化多样性保护与发展的培训。

（撰稿　李红燕　　审稿　徐畅江）

【云南省举办“世界各国多语教育推广”讲座】 2009 年 3 月 26 日，云南省少数民族语文指导工作委员会办公室与世界少数民族语文研究院共同举办题为“世界各国多语教育推广”讲座，世界少数民族语文研究院专家大卫·皮尔森向与会人员介绍了世界各国推广多语教育的情况，来自相关部门的专家学者近 50 人参加了座谈。

（撰稿　胡毅坚　　审稿　徐畅江）

【云南省举办“21 世纪的少数民族社区：他们如何适应全球化环境”座谈会】 2009 年 6 月 23 日，云南省少数民族语文指导工作委员会办公室与世界少数民族语文研究院一起召开座谈会，邀请世界少数民族语文研究院国际执行董事柏斯维尔，就“21 世纪的少数民族社区：他们如何适应全球化环境”进行了交流。来自世界少数民族语文研究院东亚部、云南省民委、云南省民语委办公室、云南民族大学的相关人员近 40 人参与了座谈。

（撰稿　胡毅坚　　审稿　徐畅江）

【云南省签订“关于使用少数民族语言帮助农村中学生学习英语的试行项目”并实施】 2009 年 4 月，云南省民语委办为扩大合作领域，经过友好协商，与世界少数民族语文研究院达成合作开展“关于使用少数民族语言帮助农村中学生学习英语的试行项目”，并向省政府进行了申报。该项目合作期限为 2009 年 9 月—2011 年 7 月，分 3 个阶段进行，目的是测定使用少数民族语言为当前使用的以中文为媒介语的中学英语教材制作录音辅助材料，以帮助少数民族学生显著提高英语成绩。

（撰稿　胡毅坚　　审稿　徐畅江）

【云南民族博物馆举办“宝贝孩子，漂亮衣服——韩国传统儿童服饰特别展”】 为增进中韩人民的传统友谊，祈愿中韩两国儿童健康幸福，让更多的人了解韩国服饰文化。2009 年 3 月 17 日，由云南民族博物馆与韩国庆云博物馆共同举办的“宝贝孩子，漂亮衣服——韩国传统儿童服饰特别展”在云南民族博物馆揭幕。云南省委副秘书长李森、省民委副主任李国林、省文化厅副厅长范建华等领导出席了开幕式。展览以“宝贝的孩子，漂亮的衣服”为主题，共展出韩国传统儿童服饰 119 套（件），这些展品线条简洁柔和，以白色为基本色，兼具朴素典雅、明艳华丽的风格，透露着东方伦理和超世俗之美。展览的韩国主办方庆云博物馆，由韩国久负盛名的百年名校京畿女高的校友志愿创办，此次展览是该馆藏品首次在韩国之外展出。为与这一专题互动，云南民族博物馆专门安排了白族民间美术大师赵怀珠现场演示民间工艺品的制作技艺，彰显了云南民族文化的特色。开幕式上，庆云博物馆还向云南民族博物馆捐赠了两套珍贵的韩国传统儿童服饰。该展览展出后，引起了社会各界的广泛关注，前来参观者络绎不绝，应广大观众的要求，原定于 3 月 26 日结束的展览延期至 4 月 14 日结束。云南日报、春城晚报、都市时报、生活新报等多家新闻媒体进行了详细报道。

（撰稿　杜韵红　　审稿　徐畅江）

【越南民族学博物馆馆长及美国福特基金会官员访问云南民族博物馆】 2009 年 3 月 22 日，越南民族学博物馆武光仲馆长、阮文辉博士，美国福特基金会迈可博士、艾伦教授一行专程访问云南民族博物馆。云南民族博物馆馆长谢沫华会见了武馆长一行，并陪同客人参观了“民族服饰与制作工艺”、“宝贝孩子，漂亮衣服——韩国传统儿童服饰特别展”等陈列。客人对云南民族博物馆的快速发展和变化表示敬佩。两馆馆长还就今后的馆际交流与合作达成了许多共识；福特基金会迈可博士对两馆过去的合作成就表示祝贺，并表示今后仍会继续支持两馆的合作交流项目。

（撰稿　杜韵红　　审稿　徐畅江）

【2009年缅甸华校校长及教师培训班学员参观云南民族博物馆】　2009年4月14日，来昆明参加“2009年缅甸华校校长、教师培训班”的33位校长及70余位教师，兴致勃勃地参观了云南民族博物馆。据曼德勒福庆学校孔子课堂的陈碧清副校长介绍，此次昆明培训活动由中国海外交流协会主办，召集了来自缅甸仰光、曼德勒、望濑、抹谷、抹港、邦赛、东枝、眉苗等10多个地区的师资人才，学员基本上都是缅甸华裔。云南民族博物馆为参观团派出一流的讲解员作了耐心细致的讲解服务，为中缅两国间民族文化的交流献出一份深深的情意。

（撰稿　杜韵红　　审稿　徐畅江）

【澳大利亚贸易部长一行参观访问云南民族博物馆】　2009年5月5日，澳大利亚贸易部长西蒙·克林、澳驻华大使芮捷锐、驻广州总领事柯胜利等一行12人莅临云南民族博物馆参观访问。云南民族博物馆馆长谢沫华、副馆长张金文率相关部门负责人陪同客人参观了“民族服饰与制作工艺”、“民族民间瓦当”、“民族民间面具”、“民族乐器”、“民族民间美术”、“人类的记忆——云南民族古籍文化遗产”、“民族乐器”、“传统生产生活技术”等陈列展览。部长一行在云南民族博物馆近两个小时的参观中，充分肯定了云南民族博物馆在保护和传承民族文化方面的业绩。参观结束时，西蒙·克林欣然题词：“我因访问这么一个具有民族多样性和展示迷人的博物馆而有了一次难忘的行程”。澳大利亚也具有悠久而独特的土著民族文化，岩画内容极其丰富精彩，西蒙·克林表示，回国后将尽力促成澳大利亚博物馆与云南民族博物馆间的交流合作。

（撰稿　杜韵红　　审稿　徐畅江）

【著名艺术家翁倩玉访问云南民族博物馆】　2009年5月11日，著名艺术家翁倩玉一行5人在中国对外友协、云南省友协领导陪同下，专程来到云南民族博物馆参观访问。云南民族博物馆馆长谢沫华率相关部门负责人会见了翁倩玉一行，并就民族文化艺术的传承、保护、发展进行了广泛交流。翁倩玉一行饶有兴致地参观了“民族服饰与制作工艺”等陈列以及驻馆艺术家陈崇平、王伟、段雪敬的工作室。对丰富多彩的陈列展览赞叹不已，对艺术家在博物馆设工作室感到很欣慰。访问结束时，翁倩玉用英文即兴留言：“我为我的祖国感到骄傲，我会永远铭记这次难忘的博物馆之行，并为之自豪”。

（撰稿　杜韵红　　审稿　徐畅江）

【云南民族博物馆组团参加越南民族学博物馆东南亚文化展咨询研讨会】　2009年6月10—15日，应越南民族学博物馆馆长武光中邀请，云南民族博物馆书记普卫华一行3人赴越南民族学博物馆，参加在此举行的东南亚文化展咨询研讨会。该咨询研讨会是为越南民族学博物馆于2010年建成的东南亚展馆举办东南亚展而专门召开的，会议得到美国洛克菲勒基金会的支持。来自泰国国家博物馆、柬埔寨国家博物馆的同行以及泰国大学教授和缅甸驻越南大使馆文化参赞等10位专家学者与会，就越南民族学博物馆的东南亚民族文化展计划的展示内容（纺织、生计、社会生活、表演艺术、宗教与信仰）和展示手段、展厅规划、民族学影视等进行了讨论。普卫华首先代表谢沫华馆长对越南民族学博物馆馆长武光中的邀请表示感谢，认为越南民族学博物馆举办东南亚展很有意义，并对文物展品、展厅布局、增加序厅提出了专业性建议，表示加强合作是补充展品数量、提高展品质量的有效方法。此后三天，在越南民族学博物馆阮副馆长陪同下，与会专家学者到越南老街省沙巴县实地考察了蒙人（苗族）、瑶族等族村落和文化。6 月 15 日中午，越南社会科学院副院长阮庆荣宴请与会专家学者，致辞希望越南民族学博物馆加强与云南民族博物馆的交流与合作。

（撰稿　杜韵红　　审稿　徐畅江）

【缅甸联邦巩固与发展协会干部考察团参观访问云南民族博物馆】　2009 年 8 月 21 日，以缅甸联邦巩固与发展协会中央执委、政府能源部副部长吴丹泰为团长的巩协干部考察团一行 8 人，在中国国际交流协会及云南省外事办有关领导的陪同下参观考察了云南民族博物馆。云南民族博物馆馆长谢沫华、副馆长张金文及科教部负责人一同接待了来自邻邦的缅甸联邦贵宾。谢沫华向客人们介绍了云南民族博物馆的基本情况，张金文陪同客人参观了“民族服饰与制作工艺”、“民族古籍文字展”等陈列展览。参观结束后，根据考察团访滇安排，云南省民委副主任李国林在云南民族博物馆贵宾厅与来访贵宾就云南省少数民族的基本特点和民族和谐发展的基本情况进行了座谈交流，吴丹泰也介绍了一些有关缅甸联邦少数民族的情况，并欣然题词：“中缅两国胞波情谊源远流长，祝愿中国繁荣发展，人民安居乐业”。

（撰稿　杜韵红　　审稿　徐畅江）

【云南民族博物馆应邀赴内蒙古自治区参加“薪传——中国少数民族非物质文化遗产展”】　2009 年 8 月 18—27 日，由文化部、内蒙古自治区人民政府主办的“第十一届亚洲艺术节”在鄂尔多斯市隆重举办。首届“薪传——中国少数民族非物质文化遗产展”作为亚洲艺术节的重要活动之一，在塞外明珠——内蒙古自治区的鄂尔多斯市文化艺术中心开展。本次展览主要展示民族服饰、民族手工艺、民族舞蹈以及民族史诗等 80 多个种类的国家级和省级非物质文化遗产，整个展览较全面地反映了中国 55 个少数民族非物质文化遗产的概况，展览旨在弘扬和传承少数民族传统文化，展示民族民间手工技艺。艺术节开幕当天，中共中央政治局委员、国务委员刘延东参观了展览，并对此次展览给予了高度评价。全国人大常委会副委员长乌云其木格、文化部副部长赵少华、内蒙古自治区副主席刘新乐、鄂尔多斯市市长云光中与参加亚洲文化部长圆桌会议的 16 国文化部部长、28 国使节相继参观了本次展览。云南民族博物馆作为主要参展单位，为此次首届“薪传——中国少数民族非物质文化遗产展”带去了突出反映中国各少数民族非物质文化遗产的展品共 617 套（件），其中有表现各民族创作与传承的口头文学作品、民间传说故事、彝文古籍《阿诗玛》，民族民间工艺制作“傣族慢轮制陶技艺”、“傣族、纳西族手工造纸技艺”、“阿昌族户撒刀锻制技艺”、“白族扎染技艺”、“彝族撒尼刺绣传统手工技艺”等多个非物质文化遗产名录项目。

（撰稿　杜韵红　　审稿　徐畅江）

【国际博协年会在首尔召开，云南民族博物馆应邀出席】　2009 年 10 月 19—24 日，国际博协民族学博物馆专业委员会 2009 年年会在韩国首尔召开。大会由韩国国立民俗博物馆、国际博协民族学博物馆专委会共同主办。大会组织了法国、英国、加拿大、以色列、俄罗斯、秘鲁、美国、墨西哥等 43 个国家和地区的馆长和专家学者参会。广西壮族自治区文化厅副厅长覃浦、云南民族博物馆馆长谢沫华作为中国代表应邀出席会议，并作了论文交流。大会共组织了两场大会主旨发言和六场专题发言，专家学者们就民族学博物馆对当地社区的和平和调解发表了各自的观点，讨论、提问十分热烈。出席会议的各国代表还参观了国立中央博物馆、文昌宫、昌德宫、李利子捐赠韩服特别展以及韩国传统非物质文化遗产表演，并赴安东、庆州等地进行了田野考察，会议还发表了《首尔宣言》，宣言提出：加强博物馆之间的交流，互相之间要增进学习与了解，在非物质文物遗产的保护、征集、收藏方面要加大力度，共享文明成果。

（撰稿　杜韵红　　审稿　徐畅江）

【“以色列中国友好交流历史图片展”在云南民族博物馆开幕】　2009 年 11 月 23 日，由中国人民对外友好协会、以色列驻华大使馆、云南省人民对外友好协会主办，云南民族博物馆协办的“以色列中国友好交流历史图片展”在云南民族博物馆开幕。以色列驻华大使安泰毅、云南省人大常委会副主任程映萱、中国友协文化交流部副主任马海荣、云南省外办主任周红、省民委副主任曹孟良等出席了展览开幕式。中国人民对外友好协会会长陈昊苏发来贺信。开幕式结束后，安泰毅大使参观了云南民族博物馆的陈列展览，盛赞云南民族文化多姿多彩和陈列展览美轮美奂，并表达了对云南民族博物馆的谢意和浓厚的兴趣。后与云南省地方媒体记者举行了见面会。此次展览以“以色列与中国——古老的文明，今天的朋友，未来的伙伴”为主题，通过 33 幅展板，以不同时期丰富的史料和图片，回顾了以色列人民和中国人民自中国唐宋以来友好交往的历史，包括：北宋时期在开封的犹太人的故事；自 19 世纪以来犹太人在哈尔滨、天津和上海与中国人民友好相处的故事；中国在二战期间驻维也纳总领事何凤山博士通过发放“生命签证”救助犹太难民的故事；以中两国建交的经历；两国建交后在政治、经济、科技、文化、农业等领域交流与合作的可喜成果等。展览较为全面地反映了以中两国人民友好交往的历史全貌，对增进两国人民的相互了解与合作具有积极意义。

（撰稿　杜韵红　　审稿　徐畅江）

【美国班尼克实业公司来宁夏回族自治区考察】2009 年 4 月 16—18 日，美国班尼克实业公司行政副总裁罗兰·斯奈德一行在中国民族经济对外合作促进会有关负责人的陪同下，对宁夏回族自治区进行了访问考察。

班尼克实业公司主要以物流产业为主，在美国各地拥有众多分公司。该公司属美国的少数族裔企业（MBE），是多家大型企业的重要供应商。此次来访的目的是寻求在食品、畜牧业、轻工业等方面的贸易机会以及合作关系。罗兰·斯奈德一行先后考察了灵武羊绒工业园区和贺兰德胜工业园区的部分企业，对宁夏羊绒服装、枸杞保健品以及清真食品表现出了浓厚的兴趣，表示将积极利用班尼克公司在美国的市场营销网络，帮助宁夏有关企业开拓美国市场。罗兰·斯奈德表示，今后还将继续来宁夏，力争取得实质性的合作成果。

美国对少数族裔企业也有一系列的优惠政策，国际知名的大型公司每年都会从少数族裔企业采购大量产品。国家民委主管的中国民族经济对外合作促进会近年来与美国少数族裔企业供应商发展委员会（NMSDC）积极合作，开展多种形式的经贸交流活动，以帮助我国的少数民族企业寻求更多的外贸合作的机会。

（撰稿　杨浩　　审稿　任薇娜）

【宁夏回族自治区成功举办贸易洽谈会】　“中国（宁夏）国际清真食品穆斯林用品节暨宁夏投资贸易洽谈会”已连续成功举办三届，规模和影响越来越大，效果越来越好。经国务院同意、商务部批准，正式更名为“中国（宁夏）国际投资贸易洽谈会”，并上升为由商务部、中国贸促会和宁夏回族自治区人民政府共同主办的国家级大型综合性国际展会。2009 年大会期间，举办了中—泰（宁夏）经贸合作洽谈会、泰国产品展销中心剪彩仪式、中国（宁夏）对外承包工程洽谈会、中国杂粮杂豆产业国际论坛、西北地区商务工作联席会议以及宁夏贸促会与美国、阿塞拜疆、土耳其、哈萨克斯坦、太平洋岛国经贸座谈会等 10 多项经贸活动。洽谈会吸引了全球 81 个国家和地区以及国内 31 个省市区参会，国外嘉宾 600 多人，其中有 46 个国家的 23 名大使、54 名外交官。来宾总数超过

6 000人，比上届增加33%以上。有来自泰国、印度尼西亚、马来西亚、摩洛哥、叙利亚、伊朗、土耳其、阿联酋、埃及、智利、美国、英国、法国等近20个国家和地区的企业参展，国际展馆展位数达到206个，现场销售额达1 806万元，签订销售合同12 063万元。众多的经贸活动，为海内外客商了解宁夏、认识宁夏、投资宁夏搭建了平台。

（撰稿　陈常国　　审稿　任薇娜）

【新疆维吾尔自治区民委组织代表团参加国际人类学民族学联合会第十六届大会】　2009年7月27—31日，被誉为世界人类学与民族学界“奥林匹克大会”的国际人类学与民族学联合会第十六届大会在我国云南省昆明市举行，这次大会的主题是“人类发展与文化多样性”。全球近100个国家和地区的4 300多名专家学者就人类发展路径的选择、文化多样性保护等重大问题发表了《昆明宣言》。新疆维吾尔自治区派出了以自治区民委（宗教局）副主任（副局长）木合塔尔·艾山为团长、新疆社科院院长吴福环为副团长，共有40余名专家学者的代表团参加了这次大会。

（撰稿　美亚赛　　审稿　葛丰交）

【世界银行TCC5项目评估专家对新疆维吾尔自治区实施情况进行评估】　2009年4月，国家民委项目办的两位专家对TCC5 A04－06项目在伊犁和哈密的示范村进行了社区主导推广理念、模式示范，依托生计开发项目逐步发展各类社区组织，实现可持续发展等情况的随机抽样评估。通过评估，专家认为新疆的项目工作有领导重视、百姓实惠、贫富互助团结、运转良好、深入人心、增收效果明显等优点，并对进一步实施项目提出了建议。

（撰稿　美亚赛　　审稿　葛丰交）

【新疆维吾尔自治区民委积极推进联合国501扶持项目】　联合国501项目，是联合国开发计划署中国少数民族和民族地区综合扶贫示范项目。2009年1月11—13日，新疆维吾尔自治区民委（宗教局）项目办聘请专家赴察布查尔锡伯自治县实地调研锡伯刺绣生产状况，现场指导产品的制作与设计，提出产品开发建议，专家们还为县刺绣培训班的学员们作了专题讲座。2009年3月4—17日，自治区民委项目办组织联合国501项目县的民宗局领导、项目乡镇负责人、手工艺品协会和民间刺绣骨干16人赴陕西、山西、内蒙古进行培训考察，进一步推动了项目区少数民族文化产品的开发与营销。

（撰稿　美亚赛　　审稿　葛丰交）

民族研究动态

【内蒙古自治区包头市民委完成《中国少数民族古籍总目提要·蒙古族卷》编纂工作】 内蒙古自治区包头市民委完成《中国少数民族古籍总目提要·蒙古族卷》编纂工作。登记著录的蒙古文古籍共有书籍、铭刻、文书、讲唱 4 大类、90 个条目、863 件。书籍类有民间流传上百年的占卜书《玉匣记》、藏医巨典《四部医典》、清朝史上第一部满、蒙、汉对照词典《三合便览》的第一册以及著名的《圣子书》（蒙古文手抄本）等。铭刻类有蒙古族历史上，尤其是藏传佛教传入蒙古地区时期的阿拉坦汗明万历年间的《阿拉坦汗碑》等。文书类大部分是清朝康熙三十四年到民国后期有 300 多年历史的关于"五当召"的原始文书档案，涉及宗教、政治、法律、经济 4 个方面的内容。讲唱类有《达茂蒙古族民歌》，60% 以上是在达尔罕茂明安及稀拉穆仁地区传唱几代的原创歌曲，有《草原传说》、《五当召传说》及祭奠哈布图哈斯尔专用唱词等。

（撰稿　李日树　　审稿　常威）

【内蒙古自治区包头市成立蒙古语言文字工作领导小组和民族宗教理论与政策讲师团】 经内蒙古自治区包头市委、市政府批准，包头市蒙古语言文字工作领导小组成立，张继平副市长任组长，领导小组下设办公室，办公室设在市民委。领导小组的职责是：一是组织学习宣传和贯彻蒙古语言文字法律、法规和政策，研究拟定地方性蒙古语文法规政策并组织实施；二是积极推进蒙古语言文字的规范化、标准化、信息化建设，繁荣发展蒙古语言文字事业；三是指导并推动蒙古语言文字学习使用工作；四是积极培养蒙古语言文字人才，促进蒙古语文出版和文字创作发展繁荣；五是监督检查各级党政机关、人民团体、企事业单位执行党的民族语言文字政策及相关法律法规情况；六是督查党政机关蒙古语文翻译工作；七是组织开展蒙古语言文字的表彰奖励活动。此外，还成立了包头市民族宗教理论与政策讲师团，市委副书记、常务副市长、市委党校校长廉素担任讲师团团长。讲师团的工作职责是：为各类民族宗教理论与政策培训班提供授课服务，开展民族宗教理论政策、发展动态及前瞻性研讨活动，开展民族宗教理论与政策相关课题的调查与研究，对民族宗教事业重大项目进行调研论证和实际指导，对民族宗教理论政策研究与调研成果开展总结评比活动，为各级民族宗教工作部门谋划新的发展思路等，开展民族宗教理论与政策的宣讲活动。

（撰稿　李日树　　审稿　常威）

【第十四届朝鲜族发展方略研讨会在辽宁省丹东市举办】 10 月 19—21 日，旨在为中国朝鲜族发展献计献策的第十四届朝鲜族发展方略研讨会、第三届辽宁朝鲜族现况及发展研讨会在丹东市召开。来自北京等全国各地的朝鲜族学者、专家、政界、经济界人士及省内朝鲜族中小学校长等100多人参加了会议。中华全国新闻工作者协会书记处原书记李贤德、中国朝鲜民族史学会会长黄有福及辽宁省民委巡视员张德秀、辽宁省朝鲜族经济文化交流协会会长张贤焕等政府、民间团体负责人出席会议并讲话。这次会议由中国朝鲜民族史学会、中央民族大学韩国文化研究会、辽宁朝鲜文报共同主办。大会交流了18篇论文，客观分析了新世纪中国朝鲜族社会所面临的困难与现实，提出了一些政策上、理论上、实践上现实可行的合理建议。

（撰稿　安然　　审稿　赵佐贤）

【“五化”背景下民族问题研讨会暨有关民族问题研究机构联席会议在辽宁召开】　2009年8月30日—9月2日，“五化”背景下民族问题研讨会暨有关民族问题研究机构联席会议在沈阳隆重召开。会议由国家民委政策研究室（民族问题研究中心）与辽宁省民族事务委员会联合主办，辽宁省民族研究所承办。出席会议的有国家民委主任杨晶，党组成员、办公厅主任陈改户，政策研究室主任金星华，政策研究室副主任王军以及科研处、办公室和民族关系处人员。辽宁省副省长陈海波，省民委主任包玉梅、副主任赵佐贤等也出席了会议。来自全国各省、自治区民委所属的民族研究所、民族院校共计27个民族研究机构负责人和专家学者参加了会议。

（撰稿　何晓薇　　审稿　赵佐贤）

【首届满族文化研究机构联席会议暨满族文化研究的发展与创新论坛在辽宁省沈阳市召开】2009年12月18—20日，首届满族文化研究机构联席会议暨满族文化研究的发展与创新论坛在沈阳召开。会议由辽宁省民族研究所发起并主办，辽宁、北京、吉林、黑龙江、抚顺、丹东等29家满族文化研究机构共计60余名代表参加了会议。会议由辽宁省民族研究所所长何晓芳主持，分为两个议题：一是各研究机构相互交流满族文化研究科研项目与工作，展示取得的成果，寻求满族文化研究的发展与创新之路；二是探讨各有关研究机构如何加强联谊与合作。满族文化研究机构联席会议在满族文化研究史上为首次召开，是满族文化研究领域的综合性会议。在本次会议上，有关机构相互交流、沟通信息、增进了解、加强联谊，从而为机构之间携手合作搭建了平台与桥梁。会议一致推举将本次会议作为满族文化研究机构联席会议的首届会议。

（撰稿　何晓薇　　审稿　赵佐贤）

【河南省承办中国回族学会第十八次学术研讨会】　2009年10月19—22日，河南省民族事务委员会承办的中国回族学会第十八次学术研讨会在郑州召开。全国政协副主席、中国回族学会名誉会长白立忱，国家民族事务委员会副主任丹珠昂奔，河南省人大常委会副主任铁代生，河南省副省长秦玉海，河南省政协副主席王平出席开幕式。中国回族学会会长高发元致开幕词，河南省民族事务委员会主任刘世军在会上作主旨发言。白立忱、丹珠昂奔、秦玉海分别讲话。会上，来自全国各地的400多名回族和各兄弟民族的领导、专家、学者、企业家及民族工作者围绕“科学发展观在回族地区的实践”这一主题展开了深入研讨，60余名回族学研究专家、学者及民族工作者就回族经济、教育、历史、文学艺术、出版物等回族学研究的重要领域作了重点发言。多位回族书画家进行了艺术交流，共同创作了书画作品。

（撰稿　刘宾　　审稿　金艳华）

【河南省出版《河南百坊清真寺》一书】　2009年9月，河南省民族事务委员会编印出版《河南百坊清真寺》一书。该书图文并茂地介绍了河南省较著名的100坊清真寺，彰显了河南省清真寺的历史悠久、文物丰富、规模宏大、建筑精巧等。

（撰稿　刘宾　　审稿　金艳华）

【河南省出版《河南省回族古籍总目提要》一书】 2009年10月，河南省民族事务委员会编印出版《河南省回族古籍总目提要》一书。该书历经6年，收录了河南省回族古籍书籍类122册、铭刻类230通、文书档案类10条、讲唱类6条，且附有大量照片。

（撰稿 刘宾 审稿 金艳华）

【河南省出版《河南当代回族人物》一书】 2009年10月，河南省民族事务委员会编印出版《河南当代回族人物》一书。该书收录了当代河南籍和在河南工作过的正县（处）级以上的回族领导干部、正高级职称以上的专业技术人才、知名企业家以及其他社会各界有贡献者、有影响者（已故者不录）。该书以辩证唯物主义和历史唯物主义为指导，实事求是地介绍人物的基本情况和事迹。

（撰稿 刘宾 审稿 金艳华）

【河南省出版《河南回族区乡镇》一书】 2009年10月，河南省民族事务委员会编印出版《河南回族区乡镇》一书。该书翔实记载了河南省3个城市回族区、21个回族乡（镇）的历史沿革、行政区划变迁、发展状况、民俗及非物质文化遗产、清真寺及历史古迹、历史人物、重大事件等，方便社会全面了解河南回族区、乡（镇）的政治、经济、文化等情况。

（撰稿 刘宾 审稿 金艳华）

【湖南省民族研究学会会员代表大会暨民族理论研讨会在长沙召开】 2009年12月15日，湖南省民族研究学会会员代表大会暨民族理论研讨会在长沙召开。会议通过了《湖南省民族研究学会章程修订草案》，总结了2007年省民族研究学会换届以来民族研究工作的发展情况，部署了下一步工作计划，并围绕如何办好研究学会、开展民族研究工作进行了广泛的研讨。省民委党组书记、主任、省民族研究学会名誉会长王德靖，省民委党组副书记、副主任、省民族研究学会会长田代武，省委督办专员、省审计厅原厅长、省民族研究学会顾问吴宗源，吉首大学历史与文化学院院长、省民族研究学会副会长罗康隆等出席会议并讲话。省民族研究学会副会长、秘书长、副秘书长、常务理事、理事及会员，各市州民委分管民族研究工作的领导，省内各民族研究所及民族研究学会的负责人，2009年度民族研究课题代表，省民委机关各单位主要负责人共100余人参加了会议。

（撰稿 陈春建 审稿 曹承明）

【广东省民族研究动态】 2009年，广东省民族（宗教）研究所升格为广东省民族宗教研究院。研究院先后15次深入民族地区及外来少数民族人口较多的城市和宗教活动场所调研，完成国家民委、省直有关部门有关研究课题10余项，形成调研报告15篇；在国内外学术刊物和学术会议发表学术论文20多篇，其中《珠江三角洲穆斯林文化适应问题研究》、《关于珠江三角洲少数民族适应情况的调研报告——以朝鲜族为例》分别获得国家民委社会科学研究成果奖二等奖和三等奖。积极开展学术交流活动，拓宽研究人员的学术视野，宣传党和国家的民族宗教政策。广东省民族宗教研究院赴北京市、宁夏回族自治区等地参加了国家民委、国家宗教局举办的有关业务培训和专题研讨班；参加了“中国民族史学会年会”、“第十六届世界人类学与民族学联合会大会”、“中越跨境瑶族经济与文化交流国际学术研讨会”、“非物质文化遗产保护与学科建设及高层论坛”、“广东韶关禅宗六祖文化节研讨会”、“首届火狗文化学术研讨会”、“澳门历史文化研究会第八届年会”等国内外学术研讨会；与广州市、江门市、中山市、揭阳市民族宗教干部培训班以及广东技术师范学院、五邑大学、贵州大学、香港中文大学等机构开展了学术交流活动。

（撰稿 李朗宁 杨建银 审稿 李筱文）

【广东省开展民族文化专题研究】 2009年，广东省积极开展对少数民族非物质文化遗产情况的调查研究，全面掌握民族地区非物质文化遗产的分布和保护情况；协助民族地区申报非物质文化遗产项目和申报古村落，帮助完成“瑶族刺绣之乡”的命名工作。就《广东省非物质文化遗产保护条例》（征求意见稿）和《广东瑶族文化博物馆可行性研究报告》提出修改意见；协助广州市民族宗教局做好增城畲族村民俗博物馆建筑设计方案及承担了增城畲族村民俗博物馆展览设计。与中山大学、乳源瑶族自治县人民政府联合建立“乳源过山瑶教学科研基地”；与中山大学、连南瑶族自治县人民政府合建“连南排瑶教学科研基地”。完成国家民委《民族问题五种丛书》之《连南瑶族自治县瑶族社会调查》、《海南黎族历史资料汇编》、《广东海南少数民族历史资料汇编》3本书的修订工作。编辑《南方民族史与民族关系史研究》、《岭南民族研究文集》、《多维视界中的宗教》、《区域·民族·记忆》、《盘王节文化研究文集》、《广东省志·民族宗教卷》、《清代广东少数民族资料汇编》（“十一五”全国少数民族古籍重点项目）等书籍。参与编辑出版论文集《禅和之声——禅宗六祖文化与构建和谐社会研讨会论文集》、《广东道教》（1~4期）；出版《畲族文化研究文集》、译著《走进中国佛教》；再版发行《黎族人民领袖王国兴》。

（撰稿 李朗宁 杨建银 审稿 李筱文）

【广西壮族自治区2009年民族理论政策研究动态】 2009年是广西少数民族研究的丰收、深化之年，一批学术著作、论文相继出版和发表。出版有《广西壮族自治区概况》以及广西11个自治县的概况等一批著作。有《实行民族平等政策的国家行动——20世纪中后期广西的民族识别研究之一》、《马克思民族理论中国化的重大实践——20世纪中后期广西民族识别研究之二》、《从族群认同走向民族——20世纪中后期广西民族识别研究之三》、《广西当代民族团结进步的历史考察与现代意义》、《对民族区域自治认识定位的三次飞跃》、《农民工对城市社会的心理适应——以广西南宁市为例》、《广西少数民族干部成长特点面临挑战及对策探讨》等一批论文在相关刊物上先后发表。

广西民族学、文化人类学研究动态。2009年出版有《花山探谜》、《民生与民心——华南紫村壮汉族群的生存境况与精神世界》、《现代背景下的乡土重构——龙脊平安寨经济与社会变迁研究》等一批著作。发表有《关于中国族群研究的若干问题》、《中国乡村人类学研究回顾》、《生态人类学研究：中国经验30年(1978—2008)》、《“城中村”民俗文化嬗变与和谐社会调适》、《壮族民间法的遗存与变迁——以广西龙胜县龙脊十三寨之马海村为例》、《文化视野下的毛南族族群认同》、《想象的共同体与共同体的想象——广西临江镇平话人族群意识的变迁》、《民间信仰的情感维度与村落公共生活的整合——以桂北村落为考察对象》、《论艺术人类学视野中的盘瑶画像》、《韦拔群从武思想来源的人类学阐释》、《〈刘三姐〉的民族艺术审美》、《罗城仫佬族婚姻习惯法民族志》、《社会契约与国家法律在现代乡村社会中的实践方式——对广西三江侗族自治县多元化纠纷解决机制的考察》、《纠纷：从原始部落到现代都市——当代西方法律人类学视野下的纠纷研究》、《跨境少数民族的生存空间与生存策略》、《中国西南与东南亚跨境民族形成及其族群认同》等一批论文。

广西民族史研究动态。2009年出版有《壮族通志·民族志》、《开天辟地——这里是盘古的故乡》、《桂林抗战损失调查研究报告》等著作。发表有《地域经济与羁縻制度——宋代广西左右江地区羁縻制度研究》、《广西土官“汉裔”认同过程：以泗城岑氏为例》、《汉初岭南地区铁器使用的社会机理探析》、《清代玉米和番薯在广西传播问题新探》、《广西“军话”及“军人”考——明代卫所制在广西所凸显的军事地位》、《天地之中建木分布的都广之野在广西中部平原（上）——兼论神树建木所处的位置在广西大明山上的天坪》、《论岑毓英》、《试论中法战争中的岑毓英——岑毓英研究之二》、《简论土司制度的核心与实质问题》、《太平天国史研究的新进展》、《论明代广西毛南族谭姓"轻"组织的性质》、《钦州西部的地方历史与都峒之民祖先记忆的创制》、《中国壮族与越南岱族土司制度比较述略》、《试论右江革命根据地中的"共耕社"生产模式》等一批论文。

民族文化研究动态。2009 年出版有《壮族民歌 100 首》、《壮族嘹歌研究》、《老挝语——壮语共时比较研究》、《勾町国与西林特色文化》等一批著作。发表有《壮族布傣与京族喃字歌谣比较研究》、《平地瑶的民间音乐、舞蹈文化探讨——以广西贺州富川平地瑶为例》、《社会学视角下的布洛陀文化——对壮族乡村和谐社区建设的思考》、《英汉壮思维器官跨语言文化比较》、《壮族、哈尼族梯田文化比较研究》、《粤语与壮语》、《文化景观遗产及构成要素探析——以广西龙脊梯田为例》、《宜州市打造刘三姐文化旅游品牌的调查与思考》、《仫佬族贺生习俗文化解读》、《略论民族文化的重构与输出——以广西文化为例》、《论民歌文化资源整体性保护模式——以广西为例》、《民间庆典与跨国民族文化网络的建构——以广西东兴市江平镇京族人为例》、《文化心理与瑶族民居建筑》、《仫佬族依饭节文化的传承及其演变》、《广西民族传统竞技的文化内涵及其教育功能探析》、《对广西铜鼓文化的开发式保护思考》、《关于少数民族非物质文化遗产保护实践的反思——以中国瑶族盘王节为例》、《论贺州客家民歌的文化内涵》等一批论文。

民族经济研究动态。2009 年出版有《广西民族发展报告》、《泛北部湾合作发展报告》、《产业转移与广西承接对策》等一批著作。发表有《试论南汉宋朝时期岭南的开发》、《晚清广西城市居民消费探论》、《毛南族聚居区新农村建设面临的现实难题与对策》、《明清民国粤港核心城市组合变化与广西城镇"无市不趋东"结构——粤港商业经济对广西辐射的研究之五》、《广西绅商与经济近代化》、《广西北部湾经济区建设与广西民族关系的发展》、《毛南族人口发展面临的问题与对策探析》、《广西北部湾城市群内部协同程度评价及对策——广西北部湾经济区区域治理制度创新问题研究之一》、《广西企业跨国经营存在的问题与对策研究》、《西部民族地区和谐型生态城市发展研究——以南宁市为例》、《广西北部湾经济区经济社会可持续发展研究》、《一种以市场为导向的少数民族地区新型经济组织——广西田阳农副产品综合批发市场调查报告》、《旅游中的民族文化整合与传承——以阳朔印象·刘三姐为例》等一批相关论文。

广西壮学与瑶学研究动态。2009 年出版和发表了一批质量较高的学术专著和论文，如壮学出版有《壮学初论》、《壮学研究讨论会论文集》等著作。先后发表有《反刍与探赜：壮学研究与历史人类学的契洽——侧重于近代壮族边疆区域社会史的分析》、《壮族原生型民间宗教结构及其特点》、《壮族与客家杂居的空间结构分析——壮族与客家关系研究之一》、《多族群杂居区壮族与客家的互动：以贺州大盘村为个案——壮族与客家关系研究之二》、《壮区里的客家：以广西上林为个案——壮族与客家关系研究之三》、《论壮族土司社会变迁的文化学意蕴》、《论黑衣壮母性神崇拜机制及其审美文化内蕴》、《壮族丧葬习俗的教育人类学分析》、《黑衣壮神灵崇拜考析》、《壮族师公教开丧仪式及其文化思考》、《壮族麽教与壮族师公教的比较研究》、《壮族认同"汉裔"现象研究回顾与展望》等一批相关论文。瑶学出版有《瑶族研究》、《民族志·瑶族卷》、《公平与和谐：瑶族传统教育研究》等相关著作。发表论文有《考古学文化考证的瑶族千家峒》、《从瑶族石牌律看法律的起源》、《浅议白裤瑶"油锅"组织及其社会功能》、《瑶族文化遗产价值研究之我见》、《盘王祭祀与瑶族文化认同》、《推进教育公平，和谐发展瑶族教育》、《广西东山瑶族的婚姻形态探析》、《瑶族儿童双语语义表征方式的研究》、《瑶族居所的历史叙事意象分析——以贺州瑶族为例》、《历史记忆中的瑶族自我认同——文化视野中的瑶汉族群关系研究》等。

（撰稿　刘建平　　审稿　周世相）

【海南省召开《中国少数民族古籍总目提要·黎族卷》专家评审会】　2009年4月，《中国少数民族古籍总目提要·黎族卷》第一次专家评审会在五指山市召开，标志着历时3年多的黎族古籍整理工作取得实质性成果。该书编撰委员会成员、专家学者30余人参加了评审会。《中国少数民族古籍总目提要·黎族卷》共收录各类黎族古籍2 790条。专家学者认为，《中国少数民族古籍总目提要·黎族卷》集中展示了海南黎族传统文化的内涵，篇目体例设计科学完整，资料翔实准确。

（撰稿　邱其斌　　审稿　唐圣为）

【四川省"十五"、"十一五"少数民族古籍保护整理出版工作成就斐然】　"十五"、"十一五"期间，四川省民委民族古籍整理工作在认真做好对藏族、彝族、羌族等民族古籍重点抢救整理保护的基础上，将古籍整理保护的范围扩展到全省14个世居少数民族。到目前为止，组织搜集、整理、出版的民族古籍达200多种，民族古籍出版物中有76种获奖，在全省出版获得国家级图书奖和提名奖的26部书中，少数民族古籍类就有7部，少数民族古籍保护整理出版工作成就斐然。藏文古籍《藏族历算大全》、《显迷文库》、《德格印经院藏传木集》分别获得第四、第五、第六届国家图书奖，《嘉绒藏族历史明镜》已出版，国家"十五"、"十一五"期间民族古籍重点出版项目藏族《古译文献宝典》（原名《续部》，3 800万字，每套总计133卷）正在出版之中。彝文古籍《彝文典籍目录》、《彝族尔比词典》获得国家图书奖提名奖，《中国彝族谱牒选编·四川卷》（彝、汉文对照版1～4集）荣获中国版协科技出版工作委员会和中国西部地区优秀科技图书评委会颁发的第十六届中国西部地区优秀科技图书一等奖，已出版《彝族习惯法》和国家少数民族"十五"重点出版项目《彝文典籍丛书》（全书1 000万字，1～10卷）。2009年5月，由国家民委全国少数民族古籍整理研究室与四川省民族事务委员会组织实施的国家"十一五"重点文化项目《中国少数民族古籍总目提要·羌族卷》和全国少数民族古籍重点出版项目《羌族释比经典》两部书出版，并举行了首发座谈会。编辑出版《中国南方回族文化教育资料选编》系列丛书12卷和《中国南方回族清真寺资料选编》。完成苗族古籍《苗族古歌》和《四川苗族文化志》的出版工作。这些少数民族古籍的挖掘、整理和出版，为学术研究提供了珍贵的典籍资料。

（撰稿　刘康容　　审稿　唐伯华）

【大型文献资料《贵州民族地区改革开放30年》正式出版发行】　为综合反映贵州省民族自治地方改革开放30年经济和社会发展状况，贵州省民委、省统计局编辑出版了大型文献资料《贵州民族地区改革开放30年》。

《贵州民族地区改革开放30年》共分为4个部分：一是法律法规篇。收录了与民族区域自治、民族经济相关的法律法规、管理办法等。二是领导讲话篇。收录了中央及省领导对民族工作的重要讲话。三是文字综述篇。全省民族自治地方，即3个自治州、11个自治县分别综述了30年来在经济社会发展方面所取得的成绩。四是统计资料篇。用大量翔实的统计数据，回顾总结了贵州民族自治地方改革开放30年来经济社会发展的辉煌成就。具体包括人口、就业、国民经济核算、固定资产投资、农业、工业、交通运输、邮电通信、国内贸易、对外贸易、财政、金融、人民生活、教育、文化、卫生等主要经济社会指标。以各民族自治地方分列历年资料的形式编辑。同时，为体现民族乡发展情况，单列了2001年以来民族乡的综合数据。另外，还以民族自治地方为单位，专门辑录了1949—1978年的历史数据。

《贵州民族地区改革开放30年》一书是目前为止反映贵州省民族自治地方改革开放30年经济和社会发展状况数据最全、最权威的大型文献资料，此书对研究贵州省民族自治地方经济和社会发展具有很好的参考价值。

（撰稿 沈洪华 审稿 王渝飞）

【新疆维吾尔自治区少数民族自治地方概况修订工作完成】 新疆维吾尔自治区少数民族自治地方概况于2009年6月正式出版发行。该概况为《民族问题五种丛书》之一《中国少数民族自治地方概况丛书》的新疆部分，包括新疆维吾尔自治区、伊犁哈萨克自治州等5个自治州、察布查尔锡伯自治县等6个自治县的概况，共计12本。其中，自治区概况的字数为40万字左右，各自治州概况字数为30万字左右，各自治县概况字数为20万字左右，共计310万字。《中国少数民族自治地方概况丛书》作为我国民族工作的巨大成果在国际人类学与民族学联合会第十六届大会（昆明）上进行了展示。

（撰稿 美亚赛 审稿 葛丰交）

【新疆维吾尔自治区少数民族古籍工作】 少数民族古籍工作是整理、发掘少数民族历史文化的一项重要工作。新疆维吾尔自治区古籍办现设于自治区民委（宗教局）。2009年，自治区少数民族古籍工作取得较大成果。一是《中国少数民族古籍总目提要》两部通过专家审定。二是5部古籍申报第二批《国家珍贵古籍名录》。《中国少数民族古籍总目提要》是国家少数民族事业“十一五”发展规划项目。自治区古籍办已出版发行了《锡伯族卷》和《柯尔克孜族卷》。2009年4月，《塔吉克族卷》和《塔塔尔族卷》专家审定工作结束，并报全国少数民族古籍整理研究室终审。根据文化部的要求，自治区古籍办组织专家筛选出《穆圣传》、《贤人传》、《艾米尔阿巴穆斯里木传》、《光芒正道》、《伊斯坎德尔传》5部古籍申报第二批《国家珍贵古籍名录》。第一批《国家珍贵古籍名录图录》已出版发行，共收录新疆古籍15部。

（撰稿 美亚赛 审稿 葛丰交）

【新疆维吾尔自治区民委（宗教局）科研工作取得较大成绩】 为进一步推进新疆维吾尔自治区民族宗教理论、政策的研究工作，推出更多更好的调研成果，自治区民委（宗教局）下大力气加强调查研究，建立激励机制，促进科研工作。2009年，自治区民委（宗教局）民研所所长葛丰交参与主研的教育部重大项目“新疆少数民族教育现状及发展对策”和国家哲学社会科学课题“内地高校新疆籍少数民族学生思想、学习及教育管理情况调研”在北京通过专家鉴定。此外，自治区民委（宗教局）承担的国家民委课题“新疆牧区民族关系研究”和“边疆发展与和谐社会建设研究”新疆子课题均通过审核予以结项。

（撰稿 美亚赛 审稿 葛丰交）

【新疆生产建设兵团承担国家有关部委理论课题调研情况】 2009年，新疆生产建设兵团民族宗教事务局组织精干人员组成课题组，通过多种形式的调研，撰写了题为《加快新疆生产建设兵团少数民族经济社会发展研究》和《兵团少数民族人才队伍建设研究》两篇论文。《加快新疆生产建设兵团少数民族经济社会发展研究》论述了兵团少数民族经济社会发展的重要性，认真分析了影响少数民族经济社会发展的主要因素，提出了推动兵团少数民族经济社会快速发展的指导思想。该论文获得2009年全国统战理论研究优秀成果优秀奖。《兵团少数民族人才队伍建设研究》阐述了兵团少数民族人才队伍建设围绕“共同团结奋斗、共同繁荣发展”的主题，结合兵团实际，运用多种形式，努力建设一支政治坚定、业务精通、服务于基层、植根于职工群众的少数民族人才队伍的方法，以实现少数民族人才各得其所、各尽其才、才尽其用。《兵团少数民族人才队伍建设研究》获得2009年全国统战理论研究优秀成果三等奖、全国民委系统调研报告三等奖。

（撰稿　刘海新　　审稿　热合曼·克日木）

【新疆生产建设兵团统战民族理论成果获奖情况】　2009年，新疆生产建设兵团统一战线理论研究工作，坚持以邓小平理论、“三个代表”重要思想和科学发展观为指导，紧紧围绕服务科学发展和实现自身科学发展，进行了广泛深入的理论研究和调查分析，取得了丰硕的成果。这些成果，涉及统战领域的各个方面，有统一战线在维护社会稳定、构建和谐兵团方面的研究新作，有加快少数民族经济发展和促进兵地融合经济发展方面的理性思考，有兵团少数民族人才队伍建设、民族宗教方面的论文和调研报告。既有理论层面的探讨，也有政策层面的建设性意见和建议；既有大视野下的统一战线工作研究，也有旨在突破具体问题的微观思考，整体成果具有较强的思想性、针对性、前瞻性和可操作性。经兵团统战理论研究优秀成果评审委员会评审，共评选出农六师党委统战部、民族宗教事务局和农八师党委统战部、民族宗教事务局为优秀组织奖单位，优秀论文和调研报告一等奖3篇、二等奖6篇、三等奖13篇、优秀奖22篇。

（撰稿　刘海新　　审稿　热合曼·克日木）

考察调研

【全国人大民族委员会主任委员马启智一行到广东省调研】　2009年3月29日—4月7日，以全国人大常委会委员、全国人大民族委员会主任委员马启智为组长，全国人大常委会委员、全国人大民族委员会委员高洪，全国人大常委会委员、全国人大民族委员会委员管国芳等一行6人组成的全国人大民族委员会调研组，在广东省人大华侨民族宗教委和省民族宗教委领导的陪同下，先后深入广东粤北的乳源、连南、连山3个自治县和深圳、佛山等地开展调研。调研组对广东省改革开放所取得的辉煌成就给予了充分肯定。他们认为，广东省作为改革开放事业的排头兵，30年来既在财政税收上为国家作出了重大贡献，也为全国探索和积累了先进发展经验，为实现整体科学发展起到了先行先试的作用。30年来，广东省的民族工作同样取得了可喜的进步。当前，广东省少数民族地区生产总值稳步提高、基础设施逐步完善、人民生活水平不断改善，民族教育、医疗和文化等社会事业的发展欣欣向荣；珠三角各大中城市接纳的少数民族群众由少到多，全国各地的少数民族同胞来此创业、发展，呈现出了经济繁荣、社会稳定、民族团结的喜人局面。

（撰稿　黄春霞　　审稿　温卫平）

【全国人大常委、全国人大民族委员会副主任委员雷鸣球来湖南省调研民族工作】　2009年9月10—25日，全国人大常委会委员、全国人大民族委员会副主任委员雷鸣球一行在湖南省调研民族地区经济社会发展基本情况及基础设施建设和民生问题。期间，先后赴湘西土家族苗族自治州、怀化市、邵阳市、永州市进行实地考察调研。9 月 11 日，湖南省召开全省民族地区经济社会发展、基础设施建设和民生问题情况汇报会，向雷鸣球一行汇报工作并进行深入交流。省人大民侨外委、省民委、省发改委、省财政厅、省建设厅、省水利厅、省林业厅、省卫生厅、省扶贫办、省电力公司、省通信管理局等单位负责人参加会议并作了汇报。雷鸣球强调，要着力改善人民生活，营造温馨和谐的发展环境，推进民族地区经济社会持续稳定健康发展。

（撰稿　陈春建　　审稿　曹承明）

【全国人大民族委员会副主任委员牟本理视察浙江省景宁畲族自治县】　2009 年 5 月 9 日上午，全国人大民族委员会副主任委员牟本理率全国人大民委法案室副主任梁庆、民委法案室调研员高宏一行 5 人，在浙江省人大常委会外事工委副主任阮龙生、丽水市人大常委会副主任吕文明等的陪同下，到景宁畲族自治县视察《民族区域自治法》和《浙江省景宁畲族自治县自治条例》贯彻落实情况。牟本理一行实地察看了景宁中学、民族中学、民族小学、畲族博物馆、外舍防护工程等，详细了解了《民族区域自治法》贯彻落实中存在的困难和问题，以及少数民族干部招聘录用、少数民族学生就学、少数民族自治地方的干部培养使用等情况，并观看了畲族风情表演。牟本理充分肯定了景宁畲族自治县贯彻落实《民族区域自治法》和自治条例所取得的成效，他说，景宁山清水秀，景色宜人，生态优良，资源丰富，发展思路清晰，发展措施有力，开拓意识很强，特别是外舍防护工程的建设，让景宁站在新的起点上，发展后劲十足。并指出，要进一步加强《民族区域自治法》的宣传学习工作，让全社会形成自觉贯彻执行《民族区域自治法》的浓厚氛围。要出台相应的配套实施办法，让《民族区域自治法》和自治条例等法律、法规和条例具有可操作性，真正让政策更好地落到实处。各级政府都有责任关心和支持民族地区经济社会的发展，重视自治地方单行条例的制定工作，多出台一些有利于自治地方经济社会发展的单行条例。

（撰稿　徐钢泓　　审稿　陈智慧）

【全国政协民宗委委员在浙江省考察】　2009 年 5 月 4—11 日，全国政协民族和宗教委员会副主任邓宗良率考察组到浙江省就经济社会发展与民族宗教工作情况进行了考察。考察组听取了浙江省以及温州、义乌市政府有关部门的情况介绍，考察了重大基础设施建设项目、工业企业、商贸设施和部分宗教活动场所。省政协副主席王永昌，省政协民族和宗教委员会主任鲍钢、常务副主任赵一新陪同考察。在考察中，考察组参观了杭州湾跨海大桥、义乌国际商贸城和部分民营企业，切身体会了改革开放以来浙江省经济社会发展所取得的成就。

（撰稿　徐钢泓　　审稿　陈智慧）

【国家民委主任杨晶与辽宁省、大连市领导就民族工作进行会谈】　在全国城市民族工作座谈会期间，国家民委主任杨晶与辽宁省委常委、大连市委书记夏德仁，辽宁省副省长陈海波，大连市代市长李万才，辽宁省政府副秘书长王世伟，辽宁省民委主任包玉梅，大连市副市长肖盛峰等同志进行了亲切会谈。会谈中，夏德仁书记简要介绍了大连市民族工作的基本情况，对杨晶主任一行能到大连来参加会议表示欢迎，并希望国家民委对大连的民族工作继续给予支持。杨晶对辽宁省和大连市的民族工作给予了充分的肯定，并对辽宁省和大连市长久以来对国家民委工作的支持表示感谢。随后，各位与会人员还就新形势下如何开展城市民族工作等具体问题交换了意见。国家民委党组成员、国家民委办公厅主任陈改户，国家民委政策法规司司长石玉钢，大连市委常委、秘书长姚家凯，大连市民委主任王先基，大连民族学院党委书记黎树斌，大连民族学院院长刘玉彬等出席了会谈。

（撰稿　李珂　审稿　赵佐贤）

【国家民委主任杨晶率队深入四川省民族地区调研】　2009年6月，国家民委主任杨晶率国家民委办公厅主任陈改户、政法司司长石玉刚等赴四川省就少数民族和民族地区经济社会发展情况进行调研。调研组深入阿坝、甘孜、凉山3个自治州及绵阳市的北川等9个民族县（市），深入牧区、农村、灾区、企业、学校、乡镇基层一线调研。

在阿坝藏族羌族自治州，调研组先后深入红原县色地乡、买哇乡，若尔盖县唐克乡、达扎寺镇等地，现场查看牧民定居规划建设情况、公共设施配套情况和产业发展情况，详细了解少数民族群众生产生活状况，询问群众在定居中还有没有困难。专程到唐克九年一贯制学校看望了学校师生。在甘孜藏族自治州，深入到康定县塔公乡江巴村、康定县新都桥藏文中学、四川省藏文学校、康定县小天都水电站、康定县冷竹关水电站，对牧民新村定居点、教育十年行动计划和水资源开发等情况开展调研。在凉山彝族自治州，深入到昭觉县彝族聚居区，对畜牧业发展、彝区“三房改造”及扶贫开发工作、农业生产、民族教育事业发展等进行了实地调研，和基层干部亲切交谈，认真倾听群众意见，全面了解民族地区经济社会发展情况。在北川羌族自治县深入基层，考察了“5·12”特大地震灾后重建工作进展情况，重点考察了新县城建设情况和羌族文化重建和保护工作情况。

调研过程中，杨晶一行先后听取了阿坝、甘孜、凉山州委、州政府和北川县委、县政府的工作汇报。对“三州一县”经济社会发展和民族团结进步事业所取得的成就给予了充分肯定，并强调，四川民族地区和各级民族工作部门一定要按照四川省委、省政府的安排部署，进一步抓好牧民定居、彝区“三房改造”等各项民生工作，保证各项民生工程的进度和质量，围绕建设社会主义新农村、新牧区的要求，以群众长远发展为工作着力点，创新工作思路，抓好生产方式改进，以产业发展促进地区发展和群众增收。党中央、国务院对民族工作高度重视，对广大少数民族群众特别关怀，我们一定要把民族地区经济社会发展和民族团结工作做得更好，以实际行动回报党中央、国务院的关爱。

（撰稿　刘康容　审稿　唐伯华）

【国家民委主任杨晶考察云南省民族工作】2009年7月27—31日，国家民委主任杨晶到云南省玉溪市通海县、楚雄彝族自治州武定县等地，就进一步做好民族工作等进行调研。杨晶考察了通海县纳古镇纳家营清真寺、纳古中心小学、锦程公司、天方食品有限公司和武定县高桥镇下长冲苗族村、狮山镇西和村，了解各族群众生产生活情况，对创建民族团结示范村、民族企业生产经营、散居民族工作等问题进行了调研。在云南省考察期间，杨晶分别与云南省委书记白恩培、省长秦光荣交换了民族工作意见。

（撰稿　农开文　审稿　徐畅江）

【国家民委主任杨晶视察云南民族博物馆】2009年7月31日，国家民委主任杨晶、办公厅副主任宫兆强一行在云南省民委主任王承才、副主任木桢和李国林等的陪同下视察了云南民族博物馆。参观了“民族服饰与制作工艺”、“民族文字古籍”、“民族乐器”以及“云岭颂歌——云南民族工作60年成就展”、“画家陈崇平工作室”等特色陈列，聆听了讲解，对云南民族博物馆这几年的工作成绩给予了充分肯定。在展厅接受云南电视台采访时，杨晶对云南为民族文化的抢救保护、建设民族文化强省予以了肯定，并在参观考察活动结束时欣然题词：“云南民博展示了云南各民族文化”。

（撰稿　杜韵红　审稿　徐畅江）

【国家民委党组书记杨传堂到新疆维吾尔自治区民委（宗教局）检查指导工作】　2009年7月11日，国家民委党组书记杨传堂在新疆维吾尔自治区党委常委肖开提·依明、自治区副主席贾帕尔·阿比布拉和自治区政协副主席、自治区党委统战部部长王伟的陪同下，到自治区民委（宗教局）机关看望了全体干部职工，并作重要讲话，充分肯定了全区各级民族工作部门和干部在自治区党委、政府的领导下，认真贯彻党的民族工作方针政策，大力推进民族团结，促进少数民族经济社会又好又快发展和为促进全区的民族团结进步事业作出的贡献。

（撰稿　美亚赛　　审稿　葛丰交）

【国家民委副主任杨健强视察甘肃省扶持人口较少民族发展工作】　2009 年 7 月 13 日，国家民委副主任杨健强在甘肃省民委主任贡保甲和张掖市主要领导的陪同下，考察了甘肃省肃南裕固族自治县扶持人口较少民族发展工作。杨健强一行深入肃南裕固族自治县康乐乡，考察了卫生院、学校、牧民集中定居工程及县城全民健身活动中心和民族博物馆，听取了肃南裕固族自治县扶持人口较少民族发展工作情况汇报。杨健强对肃南裕固族自治县扶持人口较少民族发展工作给予了充分肯定，并就进一步做好扶持人口较少民族发展工作提出了要求。他强调，要抓紧实施国家扶持人口较少民族发展规划，把项目建设摆在民族经济工作的首位，进一步用好国家扶持发展的各项政策，大力发展文化、卫生、教育等各项事业，确保人口较少民族聚居村“四通、五有、三达到”规划目标的如期实现。

（撰稿　成自强　　审稿　王学仁）

【国家文物局局长单霁翔一行到云南民族博物馆视察调研】　2009 年 8 月 28 日，国家文物局局长单霁翔一行带着国家课题调研任务到云南民族博物馆视察调研，云南省民委副主任李国林、省文化厅副厅长熊正益等相关部门负责人陪同调研。单霁翔一行在认真细致地参观了“民族服饰与制作工艺”、“民族古籍文字”等展览后，与云南民族博物馆中层以上干部进行了座谈，听取了省民委副主任李国林和云南民族博物馆馆长谢沫华的汇报。

（撰稿　杜韵红　　审稿　徐畅江）

【国家民委充分肯定湖北省民族经济工作】　2009 年 1 月 10—11 日，国家民委在广州召开了全国民族地区经济形势分析暨经验交流会。湖北省民宗委作为全国 4 个典型经验交流省区之一，在会上作了典型经验交流发言。经验交流会上，省民宗委主任谭徽在就湖北民族经济工作，特别是“十一五”以来民族经济工作取得的成效向国家民委领导作了汇报，并与参会的其他省市的同志交流了民族经济工作经验。国家民委副主任杨健强对湖北省民族经济工作，特别是“616”工程对口支援工作取得的成效给予了充分肯定。

（撰稿　唐启明　　审稿　唐启明）

【国家民委领导对福建省民族工作作出重要批示】　2009 年 7 月 3 日，国家民委主任杨晶和党组书记、副主任杨传堂在国家民委《民族工作简报》（第 51 期）关于《增强活力 凸显特色 惠及群众福建省上金贝畲族村围绕“三园”目标建设民族特色村寨》的信息上分别作出批示，对福建省民族工作予以充分肯定。杨晶主任批示：“我同意传堂同志批示意见。请经济司按照委务会议定意见，尽快与福建省协商，签订共建协议。并请办公厅以传堂我们俩名义写信给福建省委、政府领导，感谢他们重视支持民族工作。”杨传堂书记批示：“请杨晶同志阅示。福建省宁德市上金贝畲族村在省、市各级组织和部门的支持下，大力发展民族特色村寨建设，科学规划、增强活力，突出特色、惠及群众，取得了明显成效，成为省级社会主义新农村建设示范村。这充分体现了福建省各级组织认真学习贯彻省委、省政府部署，对民族工作的高度重视；充分体现了福建省各族群众在科学发展观指引下，立足实际，创造性贯彻党的民族政策的智慧和力量。民族部门的同志应该认真学习。向上金贝村取得的成绩表示祝贺，向展工书记、小晶省长对民族工作的重视和支持表示感谢。”

（撰稿　王学荣　　审稿　蓝国秋）

【中央统战部、国家民委调研组赴湖北省调研总结“616”对口支援工程工作】　2009 年 11 月 13 日，中央统战部、国家民委调研组一行到湖北省就“616”对口支援工程工作进行了调研总结。13 日上午，湖北省委、省政府在东湖宾馆召开“616”对口支援工程工作汇报会，汇报会由副省长张岱梨主持，省委常委、省委统战部部长苏晓云出席会议并代表省委、省政府向调研组汇报了湖北省实施“616”对口支援工程工作的情况。苏晓云在汇报中详细介绍了湖北省实施“616”对口支援取得的成效、工作体会和今后工作的打算以及推动“616”深入发展的建议。下午，调研组在省民宗委举行了湖北省实施“616”对口支援工程工作座谈会。省民宗委会同省发改委、省民政厅、省财政厅、省农业厅、省地税局、省工商局、省林业局、省旅游局、省三峡办、省扶贫办 10 个省直“616”工程牵头部门，向调研组详细汇报了“616”省直各部门支援和各民族县市受援工作情况，并就推进“616”工作深入开展进行了充分讨论。

（撰稿　徐东圣　董文学　　审稿　唐启明）

【国家民委赴新疆维吾尔自治区调研民族地区财政经济运行情况】　2009 年 2 月，国家民委会同财政部在新疆维吾尔自治区对财政经济运行情况进行了专题调研。调研组由国家民委经济发展司副司长张志刚带队，在伊犁哈萨克自治州、昌吉回族自治州、察布查尔锡伯自治县、木垒哈萨克自治县等自治地方，就现行民族地区转移支付制度与当地财政、民委等部门座谈，听取意见和建议，研究建立民族地区转移支付稳定增长机制和资金分配方法。

（撰稿　美亚赛　　审稿　葛丰交）

【国家民委到新疆生产建设兵团调研兴边富民行动项目落实情况】　2009 年 10 月 30 日—11 月 1 日，国家民委兴边富民行动调研组一行在新疆生产建设兵团党委统战部副部长、兵团民族宗教事务局副局长杨传鹏和农五师党委常委、副师长乔林巴特的陪同下，对农五师 2009 年兴边富民行动 86 团、89 团的红提葡萄基地和 90 团无公害蔬菜种植基地进行了实地调研。调研组一行对农五师的兴边富民行动给予了好评和充分肯定。国家民委财经处处长王红文说：团场紧紧抓住国家兴边富民行动的契机，在时间短、任务重的情况下，高标准、高质量地完成了项目建设。特别是 90 团的无公害蔬菜种植基地，实现了当年建设、当年收益。同时希望团场要认真做好来年的项目申报工作，加大产业结构调整，使团场增效、职工群众增收。杨传鹏就兵团党委提出的“减棉、增果”和率先在西北地区实现小康社会目标，完成好“十一五”、“十二五”、“兴边富民行动”项目，致富职工群众，发挥好屯垦戍边、维护社会稳定以及发挥“三大作用”、处理好“三大关系”与调研组进行了沟通。乔林巴特就当前和今后一个时期抓好农五师边境团场的兴边富民行动工作提出要求：要进一步理清思路、明确目标，在全面科学谋划兴边富民行动工作上下工夫，使兴边富民行动的成效体现在解决群众困难上，体现在职工群众生活改善上。以实实在在的发展成果体现兴边富民行动的实际效果，切实达到富民、兴边、强团、睦邻的目的。

（撰稿　刘海新　　审稿　热合曼·克日木）

【北京市委、市政府领导听取民族宗教工作汇报】　2009 年 3 月 12 日，北京市委常委、统战部部长牛有成，北京市副市长程红听取了北京市民委（市宗教局）关于 2009 年少数民族乡村经济发展专项资金使用意见、宗教房产落实政策以及宗教团体换届等工作汇报。在听取民族乡村经济发展专项资金使用意见的汇报后，牛有成强调，一是坚持以奖代补的原则，核心是调动区县、乡镇政府的积极性，把有效资金放大。奖励资金不能低于总数的三分之一。二是抓紧时间与财政、农委沟通，进一步完善资金使用意见。在奖项设置上不分组，关键是看效益、看变化。要完善考核机制，年底前组织相关部门、区县两个层面进行考评。三是以市委、市政府名义，于3月底之前召开全市少数民族乡村经济工作会，总结工作，部署任务，提出要求。北京市委副秘书长肖培，北京市民委主任申建军，北京市委统战部副部长周伯琦，北京市民委副主任马中璞、程二雁，北京市民委委员赵宏生参加了会议。

（撰稿　沙海涛　　审稿　马中璞）

【天津市委书记张高丽深入北辰区天穆回族村进行调研】　2009年12月1日，中共中央政治局委员、市委书记张高丽深入到北辰区天穆村，就深入贯彻落实党的十七届四中全会和国务院第五次民族团结进步表彰大会精神，加强农村基层党组织建设，做好民族工作进行了调研。在察看了天穆村旧村改造规划和新村建设、清真北寺规划建设模型，主持召开了座谈会，听取有关情况汇报，征求基层干部群众的意见建议后，张高丽对北辰区和天穆村经济社会发展所取得的成绩给予了充分肯定，希望发扬与时俱进的精神，始终保持清醒头脑，切实增强忧患意识，充分看到经济形势的严峻性和复杂性，进一步加大工作力度，努力完成全年的目标任务，并积极为下一年工作做好充分准备，努力在更长时间内实现更高水平的发展。市民委主任刘民选和有关方面负责人参加了调研活动。

（撰稿　刘飞　　审稿　马竞　从秀荣）

【内蒙古自治区民委开展“保增长、惠民生、进百县、促落实”活动工作调研】　2009年3月8—10日，按照内蒙古自治区党委深入学习实践科学发展观活动领导小组办公室关于开展“保增长、惠民生、进百县、促落实”活动的安排部署，自治区民委组成调研组，由特古斯副主任带队，深入到联系点巴彦淖尔市杭锦后旗进行调研。调研组围绕落实“保增长、惠民生”、“十件实事”、“十项民生工程”方面的政策、工作实施的实际情况、需要帮助解决的问题以及在落实“惠民生”的各项工作任务中，准备突出哪些重点、采取什么措施保证落实及民族工作在“保增长、惠民生、进百县、促落实”活动中如何发挥作用等方面进行了调研。调研组认真听取了杭锦后旗旗委、政府就开展“保增长、惠民生、进百县、促落实”活动的情况介绍，与各科局负责人进行座谈，广泛交换意见，并到杭锦后旗新农村建设示范点、奋斗中学、企业等实地调研。

（撰稿　李日树　　审稿　常威）

【内蒙古自治区民委主任阿迪雅在内蒙古自治区呼伦贝尔市进行调研】　2009年4月17—20日，内蒙古自治区民委主任阿迪雅赴呼伦贝尔市新巴尔虎右旗、额尔古纳市和鄂温克族自治旗调研。阿迪雅一行先后深入到新巴尔虎右旗阿拉坦额莫勒镇、额尔古纳市室韦俄罗斯族民族乡、鄂温克族自治旗锡尼河镇，重点查看了兴边富民行动和扶持人口较少民族发展工作开展情况，并与当地负责同志具体研究了2009年的有关工作。新巴尔虎右旗和额尔古纳市于2008年被列为新一轮国家级兴边富民行动重点旗，得到了国家专项资金、项目的重点支持。同时，额尔古纳市和鄂温克族自治旗也是内蒙古人口较少民族聚居区，分别是国家和自治区进行扶持人口较少民族发展工作的重点地区之一。根据国家民委和财政部的项目实施目标和资金使用要求，自治区民委会同财政厅，2008年，向新巴尔虎右旗安排300万元兴边富民行动专项资金，实施项目2个；向额尔古纳市安排300万元兴边富民行动专项资金和120万元扶持人口较少民族发展专项资金，实施项目8个；向鄂温克族自治旗安排430万元扶持人口较少民族发展专项资金，实施项目20个，顺利完成了年度工作任务，进一步推进了兴边富民行动和扶持人口较少民族发展工作，积极促进了边境地区和人口较少民族聚居地区经济社会的发展。

（撰稿　李日树　　审稿　常威）

【内蒙古自治区民委主任阿迪雅一行赴青海省河南蒙古族自治县进行八协工作调研】　2009年5月30—31日，八协小组副组长兼办公室主任、内蒙古自治区民委主任阿迪雅带领有关处室负责人到青海省黄南藏族自治州河南蒙古族自治县进行八协工作调研。由于历史和地理等原因，河南蒙古族目前已经改用藏语。近年来，河南蒙古族自治县鼓励干部职工熟练使用汉、藏两种语言文字和积极学习蒙古语言文字。各级机关牌匾使用蒙、藏、汉三种文字，在干部职工中广泛开展蒙古语会话活动。这次调研，受到了县委、县政府的高度重视和大力支持。调研组在当地党政和有关部门的陪同下，深入托叶玛完小、蒙藏医院、优干宁镇等地走访群众，调查研究，召开座谈会，听取情况介绍，了解掌握了社会、经济发展等情况。河南蒙古族自治县在民族教育、文化、蒙医蒙药、有机畜牧业、招商引资和干部交流等方面向八协办和内蒙古自治区民族工作部门提出了加强交流和协作的意向。调研组和河南蒙古族自治县就上述方面的合作等达成了共识。调研组以八省区蒙古语文协作小组的名义为托叶玛完小捐赠了价值5万元的8台电脑和30套学生椅桌，向县乌兰牧骑捐赠了1万元。

（撰稿　李日树　　审稿　常威）

【内蒙古自治区民委深入落实科学发展观课题组赴盟市调研】　为深入落实科学发展观，进一步做好民族工作，按照《内蒙古自治区民族事务委员会深入学习实践科学发展观整改落实方案》的部署和要求，2009年5月25日—6月13日，内蒙古自治区民委调研组赴乌兰察布市集宁区、凉城县，包头市土默特右旗，鄂尔多斯市达拉特旗、杭锦旗、鄂托克旗、乌审旗进行调研。调研组围绕少数民族聚居区的划定与政策扶持、更改民族成分方面存在的问题与对策建议、蒙古语授课毕业生就业问题，和市、旗（区）民族、教育、财政、人事、公安等部门负责同志进行了座谈，广泛听取了建议，深入交换了意见。调研组在凉城县曹碾满族乡看望了各族干部群众，考察了土右旗新农村牧区建设点，参观了旗市城市建设景观。在深入实践科学发展观活动中，自治区根据全区民族工作中存在的问题制定了三个调研课题作为整改重要内容之一，此次调研标志着这些课题的前期调研工作全面启动。

（撰稿　李日树　　审稿　常威）

【江苏省委书记梁保华视察高邮菱塘回族乡】　2009年7月9日，江苏省委书记梁保华视察全省唯一的民族乡——高邮市菱塘回族乡。梁保华听取了菱塘回族乡经济社会简要情况汇报并视察了部分企业、回民小区，走访了回民家庭，并与回民群众进行了亲切交谈。他对民族乡各项工作给予了充分肯定，希望菱塘回族乡更加突出科学发展，进一步加快社会主义新农村建设，要在全面小康的基础上朝着富康的现代化生活迈进，要认真贯彻落实党和国家的民族方针政策及法律法规，大力推进民族团结进步事业，确保民族领域的团结和稳定。

（撰稿　刘克元　　审稿　王在郑）

【江苏省省长罗志军到高邮市菱塘回族乡调研】　2009年10月14日，江苏省省长罗志军到高邮市菱塘回族乡进行调研指导。在调研时，罗志军与企业负责人和职工亲切交谈，实地了解当地积极应对金融危机影响、调整经济结构取得的新成绩；与回民小区居民座谈了解他们的学习、生活及工作情况。随后，召开座谈会，听取了菱塘回族乡负责同志关于贯彻落实十七届四中全会精神的汇报并作重要讲话。

（撰稿　刘克元　　审稿　王在郑）

【江苏省委常委、南京市委书记朱善璐视察社区民族工作】 7月15日上午，江苏省委常委、南京市委书记朱善璐视察建邺区健园社区，并与部分少数民族群众座谈，了解他们的生活情况，听取少数民族群众的意见和建议。

（撰稿　刘克元　　审稿　王在郑）

【浙江省副省长龚正到景宁畲族自治县调研】 2009年2月17日，浙江省副省长龚正率相关部门负责人到景宁畲族自治县调研，省民宗委主任王毅、副主任陈智慧等随行调研。龚正一行在丽水市副市长金建新和景宁县委书记武昌、县长钟昌明、县委副书记张晓强等的陪同下，深入外舍防护工程、金坵民族村、澄照乡茶叶基地、双后岗民族村、民族中学等地，实地考察项目建设、产业发展情况，进农户访畲民，与干部群众亲切交谈。龚正强调，必须牢牢把握新时期民族工作“共同团结奋斗、共同繁荣发展”的主题，认真对照省委53号文件提出的“三大目标”的要求，紧紧抓住当前重要的机遇期，充分发挥民族、生态优势，错位发展、后发赶超，努力推进少数民族地区经济社会又好又快发展。

（撰稿　徐钢泓　　审稿　陈智慧）

【浙江省委书记赵洪祝在景宁畲族自治县调研】 2009年5月21—22日，浙江省委书记、省人大常委会主任赵洪祝和随行的省委常委秘书长李强、副省长茅临生一起，到景宁畲族自治县调研指导工作。在实地察看了省重点工程——外舍防护工程和云景高速公路溪口大桥工地后，赵洪祝指出，景宁要充分发挥、落实、利用好省委53号文件，进一步把文件精神和要求抓紧、抓实、抓到位、抓出成效，努力做好借力发展、不断超越的文章。各相关部门要继续重视对景宁的帮扶工作，加大支持力度，继续推进自治县经济社会又好又快发展，努力实现走在全国民族自治县前列的目标。在考察了东坑镇深垟村的畲族农耕文化展示馆、“农家乐”经营情况和大漈乡的省级名胜风景区后，赵洪祝指出，要努力保护好好山、好水、好环境，保护利用好文化底蕴深厚的历史文化遗存，促进景宁旅游业的可持续发展。一定要咬定青山不放松，保护绿水不动摇，真正发挥好景宁的生态优势。在考察了鹤溪镇三枝树村农村危旧房改造工作后，赵洪祝指出，统筹城乡全面发展，最艰巨、最繁重的任务在农村，最广泛、最深厚的基础在农村。浙江作为一个经济大省，将来发展的难点和重点就在于全省如何均衡发展，我们提出要建设惠及全省人民的小康生活，就是要让所有在这里生活的浙江人感到社会是和谐的、生活是舒适的、腰包里是有钱可用的。我们更要帮助民族地区和欠发达地区加快步伐，加快发展的速度。

（撰稿　徐钢泓　　审稿　陈智慧）

【福建省委、省政府主要领导对民族工作作出重要批示】 2009年12月28日，国家民委主任杨晶和党组书记杨传堂给福建省委书记孙春兰和省长黄小晶写信，对福建省2009年民族工作给予充分肯定。福建省委书记孙春兰在该信中批示：“衷心感谢国家民委长期以来对福建省工作的大力支持，衷心感谢杨晶主任、传堂书记的大力支持和帮助。我们一定会在过去的工作基础上继续重视民族工作，在国家民委的指导下把福建民族团结进步事业发展好。希望得到国家民委一如既往的关心，欢迎来闽指导工作。”福建省省长黄小晶在该信中批示：“国家民委长期支持福建工作，非常感谢，我们工作要更深入。”

（撰稿　王学荣　　审稿　蓝国秋）

【福建省政协副主席叶家松率重点提案调研组赴民族地区调研】 2009年3月9—11日和23—27日，福建省政协副主席叶家松率省政协提案委等有关部门负责人，就省政协重点提案《关于要求重点扶持民族乡村加快发展的建议》，到福州、宁德、三明、龙岩和漳州等地调研，与6

个县的12个民族乡和县直有关部门进行座谈，了解少数民族群众生产生活情况和民族乡村经济社会发展情况。叶家松充分肯定了当地民族乡村经济社会发展取得的成效，并指出，民族乡村大多地处偏远，发展相对滞后，各级政府有责任帮助民族乡村加快发展，解决好制约民族乡村发展的机制体制问题；民族乡村的出路在发展，要明确发展思路，努力改善群众生产生活条件，千方百计增加群众收入；民族乡村要抓住机遇，立足自我发展，自力更生，发展特色产业，增加群众收入。

（撰稿　央金拉姆　　审稿　蓝国秋）

【福建省副省长洪捷序赴南平市慰问调研】2009年1月17—18日，福建省副省长洪捷序到南平武夷山调研。洪捷序一行到黎前畲族村看望特困户，询问老人的起居生活情况，送上慰问金，嘱咐村干部对畲族困难群众要给予更多的关心和帮助。南平市委书记雷春美、福建省民族宗教厅雷斌巡视员等陪同调研。

（撰稿　央金拉姆　　审稿　蓝国秋）

【福建省开展城市民族工作调研】　2009年3—4月，福建省民族宗教厅先后到厦门、漳州、泉州、莆田、福州等地开展城市民族工作调研。调研组深入有关社区、清真寺、清真饭店、清真食品生产企业和接收西北少数民族员工的企业了解情况，组织各市公安、城市执法、工商、民政、贸发、教育、卫生和市（区）民宗局座谈，共召开座谈会22场，考察调研点24个，详细了解了各地城市民族工作和城市少数民族流动人口的服务和管理情况，形成了《福建城市民族工作调研报告》。报告指出，福建省各级党委、政府牢牢把握“各民族共同团结奋斗、共同繁荣发展”的民族工作主题，重视做好新时期城市民族工作，从巩固各民族平等、团结、互助、和谐的社会主义民族关系的高度深刻认识做好新形势下城市民族工作的重要意义，认真贯彻落实党的民族政策和中央民族工作会议精神，发挥城市功能，做好民族工作，创新工作举措，认真协调城市民族关系，妥善处理城市民族问题，全省各民族团结和睦，城市民族关系和谐稳定，城市民族工作取得了新的成效。

（撰稿　刘培芝　　审稿　蓝国秋）

【山东省民委主任马文艺赴北川慰问考察】2009年3月10—15日，山东省民委主任、宗教局局长马文艺率队赴北川灾区援建一线，走访慰问对口援建的北川民族宗教局，看望了受灾干部职工和少数民族群众，并在前期已定向捐助北川民宗局30万元的基础上，再次捐赠30万元资金用于恢复工作、恢复生活，送去了山东省广大少数民族和信教群众的祝福。山东省和四川省、绵阳市、北川民族宗教局、山东省北川指挥部的负责同志出席了捐赠签字仪式。在川期间，马文艺一行还走访慰问了山东省北川指挥部，并与四川省民委以及绵阳和北川的负责同志进行了广泛的磋商交流，双方就进一步加强两地民族宗教部门信息交流、合力支持北川灾后重建等达成了共识。

（撰稿　米杨　　审稿　马辉）

【山东省民委开展民族工作大调研和大讨论活动】　2009年，山东省民委为贯彻落实党的十七大、十七届四中全会和省九次党代会精神，围绕新形势下民族工作中出现的新情况、新问题、新特点，在全省民委系统深入开展了民族工作大调研和大讨论活动，积极引导广大民族工作干部大兴调查研究之风，充分调动各方面的工作积极性，营造想干事、会干事、干成事的工作氛围，大力提升各级民族工作部门和广大干部研究问题、分析问题、解决问题的实际能力。全省各级共240人参加了调研活动，撰写调研报告和论文170篇，评选出调研报告一等奖5名、二等奖10名、三等奖15名，论文一等奖5名、二等奖10名、三等奖15名。许多调研报告或论文有很高的理论价值和实践价值，对进一步理清思路，创新机制，推动全省民族工作再上新台阶发挥了重要作用。

（撰稿　米杨　　审稿　马辉）

【湖北省委书记罗清泉赴民族地区视察指导工作】　2009年2月15—18日，湖北省委书记、省人大常委会主任罗清泉在恩施土家族苗族自治州鹤峰县和宜昌市五峰土家族自治县调研时强调，要深入贯彻落实科学发展观，统筹区域经济发展，切实加大民族地区扶贫开发工作力度，积极探索贫困地区脱贫奔小康的新路径，突破性发展县域经济，确保全省经济平稳较快发展。罗清泉先后视察了德繁木业有限公司、长友现代农业股份有限公司、新桥生物科技有限责任公司、柴埠溪旅游景区、采花茶业科技园等企业，在分别听取恩施、宜昌和鹤峰、五峰主要负责人有关经济社会发展情况以及脱贫奔小康试点县工作情况汇报后，罗清泉对各地的工作给予了充分肯定。他指出，要以开展学习实践活动为动力，促进民族地区经济平稳较快发展。一定要抓住发展不放松，充分发挥自身优势，对州情、市情、县情再认识。要坚持工业兴州、工业兴市、工业兴县不动摇。发展是“本”，企业是“根”，各级党委、政府要服务企业、扶持企业，做大做强龙头企业，发展壮大支柱产业，着力构建有竞争力的产业体系，形成更多的产业集群，集成发展、又好又快地发展。省委常委、副省长汤涛，省直有关部门负责同志参加了调研。

（撰稿　张声勇　　审稿　唐启明）

【湖北省省长李鸿忠批示肯定省民宗委工作】2009年1月7日，湖北省省长李鸿忠在省民宗委《关于2008年工作情况和2009年工作打算的报告》上批示：“我省是民族工作大省，做好民族工作对于全省经济社会又好又快发展关系重大。省民宗委2008年工作成绩显著。望再接再厉，2009年工作再上新台阶。”2008年，湖北省民宗委认真贯彻胡锦涛总书记关于民族工作的重要批示精神，紧扣民族工作主题，大力推进民族工作法制化、社会化、科学化、人本化，各项工作取得了新进展、新成绩。在2008年湖北省组织开展的各项工作检查评比中，省民宗委先后被评为省直机关目标责任制考核先进单位、党建工作先进单位、最佳文明单位、社会治安综合治理优胜单位、保密工作先进单位、绿化工作先进单位，被国家民委、国家宗教局评为信息工作先进单位等。

（撰稿　向祖文　　审稿　唐启明）

【湖南省委书记张春贤深入江华瑶族自治县看望灾民】　2009年2月8日上午，湖南省委书记、省人大常委会主任张春贤，在省委常委、省委秘书长杨泰波，省直相关部门主要负责人，以及永州市委书记黄天锡、市长龚武生、市委副书记唐长久的陪同下，深入江华瑶族自治县沱江镇小洛坪村看望灾民。在2008年的“6·13”特大洪灾中，小洛坪村遭受了重大损失，95户房屋受损，38户房屋倒塌，在党委、政府的关怀下，所有的倒房户都在2009年春节之前搬进了新居。在灾民郭友英、廖能江夫妇家，张春贤与大家欢度新春佳节，并与县、镇、村干部共话民生，探讨农民增收之策。在得知灾民住上了新房，还迅速恢复了生产，走出了一条特色增收路子时，他说，当前广大党员干部要坚持权为民所用、利为民所谋，勤政廉政，多做实事，解决群众困难，最大限度调动广大群众的积极性，从根本上解决“三农”问题，带领农民致富。

（撰稿　陈春建　　审稿　曹承明）

【湖南省省长周强深入城步苗族自治县考察调研】　2009年9月2—3日，湖南省委副书记、省长周强率领省财政厅、省农业厅、省交通厅等省直有关单位负责人深入城步苗族自治县考察调研。周强一行先后到南山牧场、亚华南山分公司、清溪奶牛场等地调研，重点考察乳品安全生产、旅游业发展情况。针对“三鹿问题奶粉”事件发生后，城步乳业发展受到了较大影响的实际情况，为城步乳业发展加油鼓劲，要求亚华乳业和南山人在中信资本控股有限公司收购亚华乳业后，进一步树立“质量就是市场”的观念，加大技改投入，以质量安全赢得消费者的信赖，确保乳业又好又快发展。

（撰稿　陈春建　　审稿　曹承明）

【湖南省委常委、常务副省长于来山赴湘西土家族苗族自治州调研】　2009年11月2—3日，湖南省委常委、常务副省长于来山率省民政厅、省发改委、省财政厅、省劳动和社会保障厅、省国土资源厅、省交通厅和省林业厅等省直相关部门负责人赴湘西土家族苗族自治州调研。于来山一行先后考察了乾州古城建设、湘西民族职业技术学院、吉凤经济开发区120万吨天源建材新型干法水泥项目、吉怀高速公路第七标段，并认真听取了自治州的工作汇报。

（撰稿　陈春建　　审稿　曹承明）

【湖南省委常委、统战部部长李微微到怀化民族地区调研】　2009年2月17—19日，湖南省委常委、省委统战部部长李微微在省委统战部副部长汤新华、省民委主任王德靖等的陪同下，到怀化市民族地区进行了为期3天的调研。李微微一行先后深入怀化市区、新晃侗族自治县、芷江侗族自治县、麻阳苗族自治县实地考察了老蔡肉牛食品有限公司、和翔鸭业、苗家王腊制品有限责任公司等民族企业和建设项目。考察中，还与部分民族宗教代表人士进行了座谈。李微微对民族企业依托本地资源优势，积极应对国际金融危机，大力发展农副产品加工业，大力发展循环经济的做法给予了高度评价，希望企业面向市场，在危机中寻求机遇，加强产品研究，依靠科技创新，进一步扩大生产规模，实现又好又快发展。

（撰稿　陈春建　　审稿　曹承明）

【中央政治局委员、广东省委书记汪洋对广东民族工作作重要指示】　在2009年12月举行的广东省第五次民族团结进步表彰大会上，中共中央政治局委员、广东省委书记汪洋就贯彻落实胡锦涛总书记重要讲话精神，进一步推进全省民族团结进步工作，做了三点重要指示：

第一，统一思想，进一步增强做好新形势下民族工作的责任感和紧迫感。广东毗邻港澳，地处改革开放的前沿，要正确认识全省民族工作存在的问题和面临的困难，进一步增强做好新形势下民族工作的政治意识、忧患意识和责任意识，切实把认识和行动统一到胡锦涛总书记重要讲话精神上来，统一到中央的部署和要求上来，不断把全省民族工作推向前进。

第二，坚持科学发展，努力争当推进民族团结进步事业的排头兵。全省各级党委、政府要树立“民族一家亲，团结共发展”的理念，坚持中国特色社会主义道路不动摇，坚持党的民族政策不动摇，坚持共同团结奋斗、共同繁荣发展不动摇，坚持维护祖国统一不动摇，确保民族团结进步事业始终沿着正确的方向发展。一是要深入开展民族团结进步宣传教育活动，切实打牢民族团结的思想和群众基础。二是要积极推进少数民族和民族地区经济社会又好又快发展。三是要扎实做好城市民族工作，立足于增强服务意识、改善服务设施、提升服务水平，建立健全城市民族工作机制。四是要进一步繁荣发展少数民族文化事业，增进各族人民的沟通了解。五是要进一步创新对口援助西部民族地区的各项工作，充分认识本省援疆、援藏和援助汶川灾区重建等对口援助西部民族地区的重大意义。六是要广泛开展民族团结进步创建活动。

第三，加强领导，共同推进民族团结进步事业不断取得新进步。全省各级党委、政府要从维护民族团结的高度，从提高党的执政能力的要求出发，加强领导，落实责任，明确分工，团结协作。一是加强对民族工作的领导，进一步健全民族工作领导体制和工作机制。二是加强民族法制建设，推动民族工作制度化、规范化。三是加强少数民族干部的选拔培养，大力加强民族工作部门和干部队伍建设，合理设置民族工作部门。四是加强民族工作督促检查，及时发现问题，提出对策举措。

（撰稿　黄春霞　　审稿　温卫平）

【广东省统战部部长周镇宏强调要配强民族工作部门】 2009 年 9 月 9 日，广东省委常委、统战部部长周镇宏率调研组到珠海考察民族工作。周镇宏肯定了珠海市各级党委、政府的工作，并针对当前的民族工作，特别是加强民族团结的紧迫形势和任务，提出了三点要求：一是各级党委、政府要充分认识当前国际国内的新形势以及民族工作面临的新任务，认真贯彻胡锦涛总书记在云南考察工作时关于加强民族团结的重要谈话精神，进一步加强对民族工作的领导。二是在此次市、县机构改革中要配强配好民族工作部门及干部，确保各项工作有专人负责，具备必要的工作条件，为切实维护民族团结的大好局面、推动民族团结进步事业稳步发展提供保障。三是引导教育各族群众进一步加强民族团结，促进民族关系和谐。首先要引导广大干部群众认清形势，深刻领会民族团结的极端重要性，切实把思想统一到珍惜民族团结大好局面上来。其次要教育各族群众增强公民意识和法制意识，自觉维护祖国统一和民族团结。进一步增强爱国主义意识，坚定自觉地反对民族分裂；深入学习把握党的民族政策的基本精神，不断增强维护民族团结进步的自觉性和坚定性；进一步加强社会主义法制意识，坚持不信谣、不传谣，坚决与分裂分子作斗争，要依法表达利益诉求，自觉运用法律武器维护合法权益，做知法守法的公民。

（撰稿　黄春霞　　审稿　温卫平）

【广东省委常委会听取民族工作汇报】 2009 年 11 月 25 日下午，广东省委十届第九十五次常委会听取省民族宗教委主任陈绿平关于国务院第五次全国民族团结进步表彰大会、全国民族团结进步创建活动经验交流会和全国少数民族文化工作会议精神及广东省贯彻意见的汇报，讨论并原则同意省民族宗教委提出的贯彻落实意见，同意以省政府名义召开广东省第五次民族团结进步表彰大会并套开广东省民族团结进步创建活动经验交流会。要求省民族宗教委突出做好两方面的工作，争取有所突破：一是要积极探索加强对外来少数民族人口的教育、服务和管理工作新机制；二是研究在新形势下做好援藏、援疆工作的新思路、新举措。为认真贯彻落实省委常委会议精神，要采取三项措施：一是认真筹备并及时召开有关会议。二是进一步加强城市民族工作。建立健全珠三角城市民族工作联席会议制度，继续贯彻落实国办 33 号文件精神，完善输入输出地政府及相关部门联系交流、与外来少数民族代表人士沟通协商、部门协调合作等机制，提升对城市外来少数民族人员教育、管理和服务的能力和水平。三是多形式、多渠道开展民族团结进步创建活动，推动全省民族团结进步事业健康发展。开展民族团结教育“进学校、进课堂、进书本”和举办民族团结进步巡回演出文艺晚会和民族团结艺术作品展等宣传活动。继续实施经济援助、推进经贸合作、开展智力扶贫，办好新疆班和西藏班，加大对口援助西部民族地区的工作力度。

（撰稿　黄春霞　　审稿　温卫平）

【四川省委书记刘奇葆在藏区调研】 2009 年 7 月，四川省委书记、省人大常委会主任刘奇葆深入甘孜藏族自治州、阿坝藏族羌族自治州调研藏区发展、稳定和民生工作，强调要坚持以科学发展观为指导，认真贯彻中央关于藏区工作的方针，按照省委“一条主线、三个加强”的藏区工作思路，认真落实中央和省委、省政府支持藏区加快发展的政策措施，加快藏区全面建设小康社会进程，尽快让藏区各族群众过上更加幸福美好的生活，努力推动四川省藏区经济跨越发展和社会长治久安。刘奇葆先后深入康定、小金、马尔康、红原、若尔盖、松潘等县的牧民定居点、乡镇卫生院、民族中学调研，了解牧民定居行动计划和帐篷新生活行动、藏区教育卫生事业发展情况和灾后恢复重建情况。他指出，四川藏区是全国第二大藏区，加快藏区发展，维护藏区稳定，改善藏区民生，对维护祖国统一和民族团结，维护全省改革发展稳定大局，维护和发展藏区各族群众根本利益，具有重要意义。近年来，藏区各级党委、政府团结带领各族干部群众，艰苦奋斗，扎实工作，藏区经济社会发展取得明显进步，社会大局保持稳定，各族群众生活不断改善。一要着力加强基础设施建设，为藏区长远发展打好基础。要结合建设西部综合交通枢纽，根据实施牧民定居行动计划、实现牧业现代化、推进城镇化的实际需要，重点加快干线公路建设，规划和建设铁路、高速公路、机场等重点项目，加快建设出入藏区的干线通道，要依托交通干线，布局产业，发展经济，改善民生。要加快建设一批电力、水利、通信等重大基础设施项目，改善藏区发展条件和群众生产生活条件。二要加快资源科学开发，把潜在资源优势转化为经济优势。要按照有利于资源深度开发、有利于所在地加快发展，与开放合作相结合，与保护生态环境相结合，开发好、利用好藏区丰富的水能、矿产、中药材、旅游等优势资源。三要努力做大特色优势产业，增强藏区自我发展能力。要从藏区资源条件和产业基础出发，发展既有地方特色又有比较优势和市场竞争力的产业，重点加快生态农牧业、清洁能源业、优势矿业、旅游业四大特色产业发展，规划建设一批重大特色产业项目。引导牧区群众树立商品经济意识，搞好牦牛精深加工和产品开发，发展牦牛产业，增加牧民群众收入，提升藏区经济实力。改善民生事关藏区各族群众的切身利益和根本利益，要切实解决各族群众的实际困难，推动藏区经济发展和社会进步，让各族群众共享改革发展成果，过上现代文明的物质生活和精神文化生活。

（撰稿　刘康容　　审稿　唐伯华）

【四川省委副书记李崇禧对民族工作部门干部提出四点要求】　四川省委副书记、省委民族工委书记李崇禧在2009年召开的全省民委主任会议暨民族工作培训会上强调，民族工作是党和政府工作的重要组成部分，是一项综合性工作。加快民族地区发展，维护民族地区稳定，事关全省工作大局。在推进民族团结进步事业中，民族工作部门的同志责任重大。他对全省民族工作部门干部提出四点希望和要求：一要加强学习。自觉学习党的方针政策和国家法律法规，特别是党的民族政策和宗教政策，深入了解民族地区州情、县情和历史文化，主动学习民族地区语言文字，增强自身底蕴，以便更好地开展民族宗教工作。二要探索新时期民族工作的方式方法。努力探索经济工作与思想政治工作相结合、抓民生工作与抓群众工作相结合、抓发展与抓稳定相结合的方法，使各项工作取得最大的政治、经济和社会综合效益。切实加强工作调研，多为党委、政府决策提供依据。三要满怀感情去做工作。多与民族地区群众、僧尼交朋友，联络感情，增进友谊。切实转变作风，大力倡导“三深入”——深入基层、深入群众、深入寺庙，面对面地做工作。四要进一步增强工作能力。增强统筹协调能力，形成民族工作合力，统筹推进民生、发展、稳定等各项工作。增强服务指导能力，加强规划制定、产业发展、项目实施等方面的指导，推动各项事业健康发展。增强化解矛盾的能力，善于处理涉及民族、宗教等敏感问题，促进社会和谐稳定。

（撰稿　刘康容　　审稿　唐伯华）

【云南省联合调研组专题调研扶持富宁县瑶族山瑶支系脱贫发展问题】　2009年4月15—18日，云南省民委主任王承才、省扶贫办副主任欧志明、省民委副主任李国林率领省教育厅、省民政厅、省住房和城乡建设厅、省交通运输厅、省水利厅等部门同志与文山壮族苗族自治州、富宁县领导组成联合调研组，到富宁县安者村、龙井村、龙桑村、龙绍村、龙门村、干呼村、飞乐村等7个瑶族山瑶支系聚居村，对当地少数民族群众生产生活中的特殊困难和问题进行调研。调研组与州、县相关部门共同对扶持瑶族山瑶支系脱贫发展工作进行了探讨，形成了扶持瑶族山瑶支系脱贫发展的基本思路、目标任务和政策保障措施，决定2009—2011年，用3年时间，围绕解决瑶族山瑶支系贫困群众的吃饭、住房、饮水、出行、教育等突出问题，重点实施温饱、安居、通达、饮水、通电、素质提高、社会保障7项工程。

（撰稿　农开文　　审稿　徐畅江）

【陕西省副省长景俊海到省民委进行调研】 2009年4月22日，陕西省副省长景俊海在省政府副秘书长姚超英陪同下，来到省民委对全省民族工作进行调研。省民委党组书记、主任徐自立详细汇报了全省民族工作基本情况，取得的工作成绩，存在的困难，影响民族领域稳定的主要问题以及下一步工作重点。景俊海副省长认真听取了汇报，详细记录，仔细询问全省民族经济创新发展、民族队伍和机构建设等热点难点工作情况，并做了重要讲话。

（撰稿　海建宇　　审稿　刘开岚）

部门建设

【天津市民族工作部门建设情况】 2009年，按照天津市委、市政府机构改革方案，设立天津市民族事务委员会，加挂天津市人民政府宗教事务局牌子，为市政府的组成部门，统一负责全市民族宗教事务管理工作。全市共设16个行政区县，每个区县均设立民族宗教工作部门，专门负责本区县的民族宗教事务管理工作。

（撰稿　杨春波　　审稿　马竞）

【内蒙古自治区民委举办全区民委系统经济工作培训班】 2009年3月1—2日，内蒙古自治区民委在呼和浩特市举办全区民委系统经济工作培训班，对全区各盟（市）民委（局）分管主任（局长）、经济科长，3个自治旗、19个边境旗（市）民委（局）主任（局长）进行培训，并邀请有关旗（市）分管领导参加了培训。近年来，自治区民族经济工作任务不断加重，特别是少数民族发展资金项目申报工作要求不断提高，在具体工作中面临着很多新的情况和问题。为进一步提高全区民委系统做好民族经济工作，特别是少数民族发展资金项目申报工作的能力和水平，更好地适应新形势、新任务的需要，更好地为少数民族和少数民族聚居地区又好又快发展服务，自治区民委举办了本次培训班。国家民委经济发展司巡视员王铁志专程到班并就如何做好民委经济工作讲话。4位农业财政扶贫资金项目评审专家举办了讲座，特别是针对少数民族发展资金项目申报当中存在的一些问题进行了讲解。自治区民委副主任特古斯就做好下一步各项民族经济工作提出了要求。

（撰稿　李日树　　审稿　常威）

【内蒙古自治区呼伦贝尔市民委联合市委组织部举办“三少”民族及俄罗斯族民族村负责人培训班】 来自鄂温克族自治旗、鄂伦春自治旗、莫力达瓦达斡尔族自治旗、陈巴尔虎旗、阿荣旗、扎兰屯市、额尔古纳市的39名鄂温克、鄂伦春、达斡尔和俄罗斯民族聚居村负责人参加了在大连大学举办的为期4天的培训班，培训内容包括我国经济发展与新农村建设、农村村务管理、农业产业化问题、大连现代畜牧业发展情况等。培训期间，还组织学员参观了当地新农村建设示范村和企业，与有关方面进行了学习与交流。

（撰稿　李日树　　审稿　常威）

【辽宁省民委召开民族社团深入学习实践科学发展观指导工作动员会议】　2009年11月30日，辽宁省民委组织召开委属民族社团深入学习实践科学发展观活动指导工作动员会议，委属8个民族社团的秘书长、办公室主任参加了会议。会议传达了辽宁省新社会组织学习实践活动指导小组组长、民政厅党组书记、厅长徐铁南在辽宁省新社会组织深入学习实践科学发展观活动大会上的讲话精神，对委属民族社团学习实践科学发展观活动进行了全面的动员和部署。会议同时下发了《辽宁省民委所属民族社团深入学习实践科学发展观活动实施方案》，就如何开展新社会组织学习实践活动指导工作做出了具体安排。这次会议，既是对省民委所属民族社团组织学习实践活动的部署，也是第一阶段的动员大会，它标志着省民委所属民族社团组织开展深入学习实践科学发展观活动正式启动。

（撰稿　王立红　　审稿　赵佐贤）

【辽宁省民委机关全体干部传达学习国家民委主任会议精神】　2009年12月25日，辽宁省民委召开全体干部会议，传达全国民委主任会议精神。会议首先传达了贾庆林主席在全国统战部长会议上的讲话、回良玉副总理在全国民委委员工作会议上的讲话、杨晶主任在全国民委主任会议上的讲话精神，学习讨论了国家民委2010年工作要点。省民委主任包玉梅要求，学习贯彻国家民委主任会议精神，要和学习胡锦涛总书记关于民族工作重要讲话结合起来，要和总结全年工作、谋划下年工作思路结合起来，要在深刻领会会议精神上下工夫，要在推动民族工作科学发展上下工夫，要在创新工作思路、强化“三基”工作上下工夫，要在切实解决民族工作中的重点、难点问题上下工夫，不断开创民族工作新局面。

（撰稿　李珂　　审稿　赵佐贤）

【辽宁省加强民族统计工作】　为了更好地做好民族统计工作，及时准确完成民族自治地方国民经济和社会发展主要指标统计年报、边境县（市）经济社会发展主要指标统计报表、民族乡镇主要指标统计报表以及内地西藏班和新疆班统计报表，7月8日，辽宁省民委举办了民委统计信息员培训会，认真总结2009年统计信息工作，应对新形势、新任务、新要求，就做好统计信息工作进行了深入研讨，并对2009年各项报表填报工作进行了现场指导和培训。

（撰稿　李珂　　审稿　赵佐贤）

【吉林省民委建设维护稳定“三项机制”】　吉林省民委建设维护稳定“三项机制”：一是加强责任制建设。在全省民委系统开展“增进民族团结、促进民族领域稳定”绩效评估工作，把评估结果作为安排项目资金的重要依据，奖优罚劣。二是加强预案机制建设。年初以来，特别是乌鲁木齐“7·5”事件后，按照国家民委和省政府的部署，组织省、市、县三级民委组织，进一步补充完善了应急预案，及时开展了应急演练。三是加强应急处置机制建设。设立了维护稳定资金，购置了维稳办公、通信设备和交通工具，落实了应急值班、信息报送制度，确保不稳定因素在第一时间获悉、响应及处置。

（撰稿　李颖　　审稿　王喜年）

【黑龙江省民委加强机关建设】　黑龙江民委加强机关建设。在省直机关机构改革中，经积极努力，省民委领导职数增加1职，达到7职，处级干部职数增加2职，内设机构增设监督检查处，达到了9个处室，省宗教局仍保留4个处室。省民委和省宗教局机关27个事业编制全部转成机关行政编制。加强干部队伍建设。配合省委组织部完成后备干部推荐考察工作，黑龙江民族职业学院配备3名副院级领导干部；完成省宗教局部分处级干部配备工作。圆满完成深入学习实践科学发展观活动各项工作，群众测评满意率为100%。认真开展以“讲党性、树新风、优环境、促发展”为主题的作风建设，进一步树立民族宗教工作部门的良好形象，委（局）机关在省直机关第三届职工运动会上取得好成绩。配合省委第二巡视组完成到省民委（宗教局）巡视工作。巡视组对委（局）近几年来的工作给予了充分肯定。进一步加强机关党风廉政建设，深入贯彻《建立健全惩治和预防腐败体系2008—2012年实施办法》。制定相关制度，开展网上答题活动，规范行政权力运行。进一步加强财务工作，认真做好预决算制度工作，严格财经纪律，为机关各项工作提供了有力的经费保证。进一步加强机关管理工作，切实维护好办公秩序，切实做好后勤保障工作，严格值班值宿制度，委（局）机关事务管理工作获得好评。切实做好对外接待，全年共接待有组织的参观、考察团组10个，为他们提供了较好服务。进一步加强老干部工作，组织老干部到省外考察民族工作，使他们对全国民族工作有了进一步了解。进一步加强保密工作，先后两次接受省保密局检查，印发委（局）党组关于进一步加强保密工作的意见。进一步做好政务信息公开工作，全年新公开政务信息近200件。切实做好档案、人事管理、安全保卫、网络、职工生活等项工作，积极做好新办公地址的协调工作。积极为基层办实事，联合下发《关于进一步加强宗教工作经费保障工作的通知》，努力为基层宗教工作部门解决经费保障问题创造条件。

（撰稿　刘冬海　　审稿　包玉明）

【江苏省成立民族宗教工作讲师团】　1月14日，江苏省民族宗教工作讲师团正式成立，讲师团首批聘请了34名来自高校和社科院所的专家、教授及资深民族宗教工作干部。省民委（省宗教局）主任（局长）王军向讲师团成员颁发了聘书。

（撰稿　刘克元　审稿　王在郑）

【江苏省民委（省宗教局）召开全省民宗局长会议】　2月24日，江苏省民委（省宗教局）2月24日在南京召开全省民宗局长会议，传达学习全国民族工作座谈会、2009年全国宗教工作会议、全国民委主任会议和省两会的有关精神。省政协副主席、统战部部长周珉对做好全年工作提出了要求，王军代表委（局）党组总结了2008年全省民族宗教工作，部署了2009年的工作任务。会议还表彰了2008年全省民族宗教信息工作先进单位、先进个人和优秀调研成果。

（撰稿　刘克元　　审稿　王在郑）

【江苏省民委主任王军调研南京市民族宗教工作】　5月16日，江苏省民委主任王军到南京市调研民族宗教工作，听取了南京市民宗局汇报，考察了南京市清真安乐园菜馆新营业点、南京市回民小学、健园民族社区等。南京市委常委、市委统战部部长钱继红，市政府副秘书长李恕，市民宗局局长朱淮宁等陪同调研。

（撰稿　刘克元　　审稿　王在郑）

【江苏省民委邀请专家作民族问题辅导讲座】10月30日，江苏省民委邀请中央民族大学民族学与社会学学院院长杨圣敏教授为全省民族宗教干部作了题为《当代的民族宗教问题：国际形势、历史背景与当前的民族关系》的专题报告。

（撰稿　刘克元　　审稿　王在郑）

【江苏省民委召开青年干部学习交流会】　12月4日，江苏省民委召开青年干部学习交流会，各支部选派7名代表进行了交流发言。王军、沈成、王在郑等委领导出席了会议，各处室负责同志参加了会议。王军主任就机关青年干部加强学习、努力实践、多做工作、成长锻炼提出了希望。

（撰稿　刘克元　　审稿　王在郑）

【江苏省民委（省宗教局）召开全省民族宗教工作协作共管机制经验交流会】　12月8日，江苏省民委（省宗教局）在无锡市召开全省民族宗教工作协作共管机制经验交流会。全省13个省辖市民宗局有关负责人参加了会议。南京、无锡、宿迁市民宗局和锡山区政法委、民宗局、财政局、卫生局分别在会上作了交流发言。会议期间，与会代表就如何建立和完善民族宗教工作协作共管机制进行了座谈和研讨，并实地考察了锡山区宗教活动场所和社区宗教工作。顾传勇副主任（副局长）出席会议并作总结讲话。

（撰稿　刘克元　　审稿　王在郑）

【江苏省民委举办全省示范社区负责人培训班】 2009年12月22日，江苏省民委在南京市举办全省民族工作示范社区负责人培训班，来自全省39个示范社区和各市民宗局民族处的负责人近60人参加了培训。王在郑副主任出席开班仪式并讲话。

（撰稿　刘克元　　审稿　王在郑）

【江苏省政府调整省民委（省宗教局）职责和内设机构】 12月15日，江苏省政府办公厅印发江苏省民委（省宗教事务局）主要职责、内设机构和人员编制规定的通知（苏政办发〔2009〕135号）。经省政府批准，江苏省民委（省宗教事务局）职责调整5项，主要职责11项，新增人事教育处。内设机构为：办公室、机关党委、人事教育处、政策法规处、民族处、宗教一处和宗教二处，人员编制为45名。

（撰稿　刘克元　　审稿　王在郑）

【浙江省成立民族工作领导小组】 为促进浙江省少数民族和民族地区经济社会又好又快发展，营造各民族和谐发展的社会环境，浙江省政府专门成立了省民族工作领导小组。领导小组由副省长龚正任组长，省政府副秘书长夏海伟、省民宗委主任王毅任副组长。领导小组成员包括省发改委、省经贸委、省教育厅、省财政厅、省人事厅等33个厅局负责人。领导小组办公室设在省民宗委，省民宗委副主任陈智慧任办公室主任。

（撰稿　徐钢泓　　审稿　陈智慧）

【浙江省民宗委举办2009年民族乡（镇）长培训班】 7月6—12日，省民宗委在杭州举办2009年度全省民族乡（镇）长培训班。来自全省5个市、14个县（市、区）和18个民族乡（镇）及景宁畲族自治县少数民族重点乡（镇）的近50人参加了培训班。省民宗委副主任陈智慧在开班仪式上作了讲话。培训班邀请省农办副主任邵峰介绍了新一轮农村改革与发展情况，对现阶段中央涉农政策进行了解读。培训班对本省民族工作中的省重点农业开发帮扶项目的实施情况、民族团结进步小康村的创建和开展民族特色村寨情况进行了讨论交流，并组织赴四川甘孜藏族自治州进行了考察。

（撰稿　徐钢泓　　审稿　陈智慧）

【安徽省召开全省民委主任宗教局长会议】 1月11日，经安徽省政府批准，省民委主任宗教局长会议在合肥市召开。会议的主要任务是进一步认真学习贯彻党的十七大、十七届三中全会、纪念党的十一届三中全会召开30周年大会以及胡锦涛总书记两次视察安徽的重要讲话精神，传达贯彻全国民族工作座谈会、全国民委主任会议和2009年全国宗教工作会议精神，分析形势、交流情况、总结经验，进一步加强和做好新形势下的民族宗教工作。副省长唐承沛出席会议并讲话，省委统战部副部长、省民委（宗教局）主任（局长）黄荣华作工作报告。会议首次对“和谐民族乡”、“和谐民族村”、“和谐民族社区”进行了命名表彰，并对2008年度全省民族、宗教工作先进集体、先进个人和信息工作先进集体、先进个人以及全省民族宗教工作系统机关效能建设先进集体进行了表彰。省政府副秘书长宓建毅出席会议，各市民委（宗教局）主任（局长）、办公室主任，省民委（宗教局）负责同志和机关各处室主要负责人以及受表彰的和谐民族乡、村，和谐民族社区代表参加了会议。

（撰稿　刘炜　　审稿　白和平）

【安徽省加强民族宗教工作"三支队伍"培训工作】 安徽省加强民族宗教工作"三支队伍"培训工作。一是加强党政领导干部培训。在顺利完成2004—2008年的培训规划后，安徽省民委（宗教局）及时提请省民族宗教工作领导小组制定并实施《安徽省民族宗教工作"三支队伍"培训规划（2009—2012年）》。8月，省民委会同省委组织部、统战部举办第七期全省党政领导干部民族宗教工作专题培训班，全省105个县（市、区）党委或政府分管领导参加了培训。二是加强少数民族干部和人才培训。省民委会同省委组织部再次选派33名县处级少数民族干部到中央民族干部学院参加培训。举办了4期农村实用技术培训班，培训民族乡村各族干部群众500多人。三是加强民族宗教工作干部培训。6月，首次举办全省民族村领导干部培训班，全省135个民族村书记（主任）参加了培训。举办全省民族宗教行政执法资格培训班、宣传信息保密工作培训班等，培训民族宗教工作干部近200人次。

（撰稿　刘炜　　审稿　白和平）

【安徽省加强民族工作部门机构建设】 2009年7月，安徽省政府办公厅下发皖政办〔2009〕80号文件，为省民委正式增设监督检查处，增加2个领导职数，以加强对各地贯彻落实有关政策措施和用于民族聚居地区经济发展的各项专项资金使用情况的监督检查，确保中央和省里的决策部署落到实处，资金使用安全有效。

（撰稿　刘炜　　审稿　白和平）

【福建省加强民族干部交流工作】 福建省加强民族干部交流工作。由福建省委组织部牵头组织，选送1名畲族厅级干部到中直机关挂职；选调12名基层少数民族干部到省直单位挂职任处长助理，占该批到省直单位挂职干部的46%；选调24名少数民族应届优秀大学毕业生到基层工作锻炼。

（撰稿　邹福鹏　　审稿　蓝国秋）

【福建省做好民族干部培训工作】 2009年2月23日—4月24日，福建省委组织部、统战部、省民族宗教厅在福建省委党校联合举办福建省第八期少数民族干部培训班，共29名来自全省各地少数民族科级干部参加了培训；8月24日—9月2日，福建省民族宗教厅与国家民委人事司联合在中央民族干部学院举办福建省少数民族干部培训班，参加培训学习的有福建省民族乡及民族工作重点乡镇领导干部28人。

（撰稿　邹福鹏　　审稿　蓝国秋）

【福建省民族宗教局长会议在福州召开】 2009年1月16日，福建省民族宗教局长会议在福州召开。会议传达了全国民族工作座谈会、全国民委主任会议和全国宗教工作会议精神，总结了2008年全省民族宗教工作，部署了2009年民族宗教工作任务。福建省副省长洪捷序出席会议并作重要讲话，省政府副秘书长罗健等共160多人参加了会议。洪捷序副省长指出，做好2009年福建省民族宗教工作，一要肯定成绩，保持清醒，切实增强做好民族宗教工作的责任意识。二要突出重点，强化措施，扎实推进民族宗教工作。要着力持续推动少数民族地区经济加快发展，持续做好少数民族的民生保障工作，持续推进民族团结进步事业深入开展。三要加强领导，形成合力，进一步提高做好民族宗教工作的能力水平。要进一步完善民族宗教工作领导体制和工作机制；坚持以"科学发展、四求先行"统领民族宗教工作；进一步加强民族宗教工作队伍建设。福建省民族宗教厅厅长王聚仁传达了全国民族工作座谈会、全国民委主任会议和全国宗教工作会议主要精神。会上，还表彰了2008年度福建省民族宗教信息工作先进单位和先进个人。

（撰稿　央金拉姆　　审稿　蓝国秋）

【福建省民族工作协调委员会召开挂钩帮扶民族乡会议】 2009年7月22日，福建省民族工作协调委员会在福州召开成员单位联络员会议，27

个委员单位的联络员及福建省民族工作协调委员会办公室有关人员参加了会议。会议由福建省民族工作协调委员会主任、福建省政府副秘书长罗健主持，福建省民族工作协调委员会副主任、福建省民族宗教厅厅长王聚仁总结了2008年挂钩帮扶民族乡工作取得的显著成效，并对下一阶段工作提出了要求：一要进一步提高对挂钩帮扶民族乡工作的认识；二要坚持以科学发展观为指导推进工作开展；三要深化帮扶工作机制，推进挂钩帮扶工作向深度发展；四要在新的起点上不断提高挂钩帮扶工作水平；五要将挂钩帮扶工作与开展民族团结进步新农村和民族特色村寨保护相结合。

（撰稿　央金拉姆　　审稿　蓝国秋）

【江西省民宗局获“2008年全省政风行风建设先进单位”荣誉称号】　江西省民宗局2008年政风行风建设喜结硕果，根据省政府《关于表彰2008年全省民主评议政风行风工作先进单位的决定》，省民宗局等10个单位被授予“2008年全省政风行风建设先进单位”荣誉称号。

2008年，在省委、省政府的正确领导下，在各级各界的关心支持下，省民宗局高度重视政风行风建设，始终把民评工作摆在突出位置来抓，强化认识，实化措施，细化分工，取得了明显成效。一是与巩固以往政风行风建设成果有机结合，在全省民宗系统深入组织开展民评工作。针对2008年新任务、新要求，注重政风行风建设的连续性，狠抓历年政风行风建设成果的巩固、深化和提高，继续发挥省民宗局民评工作领导小组指导协调作用，继续深入推进本系统民主评议政风行风工作，继续发挥政风行风建设长效机制作用。二是与开展深入学习实践科学发展观活动有机结合，深刻查找和解决本单位存在的突出问题。多渠道广泛征求意见，高标准狠抓整改落实，以学习实践活动成果深化政风行风建设，以政风行风建设成效体现学习实践活动成果。三是与服务省委、省政府中心工作有机结合，扎实推动民族宗教工作取得新成效。紧紧围绕建设服务型政府这一目标，以关注民族团结进步、宗教稳定和谐为主线，坚持纠建并举、重在建设，认真贯彻落实中央和省委、省政府各项决策部署，努力为构建社会主义和谐社会、实现江西在新起点上的新跨越作出积极贡献。

（撰稿　沈红波　　审稿　张国培）

【山东省举办市（厅）级领导干部民族宗教专题研讨班】　2009年8月25—28日，山东省委组织部和山东省民委联合举办市（厅）级领导干部民族宗教专题研讨班，17个市分管副市长，部分企业、高校和省民族事务协调委员会成员单位（省直28个单位）负责人参加了专题研讨。研讨班结合当前民族宗教工作面临的形势和任务，在抓好“当代世界民族宗教”、“宗教工作法律知识”和“民族宗教法律法规知识”等基本内容学习的基础上，重点安排了“当代中国民族问题的观察与思考”、“当前宗教工作形势与任务”、“少数民族经济社会发展战略”、“如何正确处理基层民族关系问题”以及“突发事件应急管理知识”等内容的学习讲座，专门邀请领导和专家进行了具体辅导。

（撰稿　米杨　　审稿　马辉）

【河南省加强民族工作机构建设】　河南省加强民族工作机构建设。2009年9月，河南省民族事务委员会设立两个正处级专职委员；增加了民族三处（河南省清真食品管理办公室），行政编制5人；政策法规处更名为政策法规与监督检查处。

（撰稿　刘宾　　审稿　金艳华）

【湖北省民宗系统实行目标考核责任制管理】　2009年2月19日，在湖北省民族宗教工作会议上，省民宗委与全省各地市州、直管市、林区签订了目标考核责任状。这也是湖北省民宗系统首次实行目标考核责任制管理。目标管理考核内容共分为4部分19项，按照百分制实行考核。

一是认真贯彻实施党和国家的民族宗教方针政策及法律法规；二是做好政务值守、重大信息报送和应急处理工作；三是认真做好有关会议、文件、领导批示及信访件的落实工作；四是认真做好保密、档案、文明创建等工作。

（撰稿 田秀丽 审稿 唐启明）

【广东省民宗委启动机关作风建设年活动】 2009年，广东省民族宗教委启动机关作风建设年活动。党组书记、主任陈绿平在动员会上强调，要深刻认识加强作风建设是贯彻落实中央、省委新要求和巩固、扩大学习实践科学发展观活动成果的重要举措，要按照胡锦涛总书记倡导的八个方面良好风气和汪洋书记提出的六种新风正气，以作风建设为突破口，以“三型”机关建设为载体，全面加强机关思想建设、组织建设、党风廉政建设和制度建设，以良好的作风保障狠抓工作的落实，并提出加强机关作风建设的三点具体意见：一是大兴“五大作风”，全面加强队伍自身建设。“五大作风”分别是解放思想之风、调查研究之风、为民利民之风、求真务实之风和干净干事之风，树立民族宗教工作干部新形象。二是以“三型”机关建设为载体，推动机关建设。以“规范、高效、优质”为目标，建设服务型机关；以“变革、敢为、开拓”为导向，建设创新型机关；以“立德、增智、管用”为目的，建设学习型机关。要以“三型”机关建设为载体，重点抓好“机关作风建设年”活动，通过开展机关作风阳光评议、机关作风评先创优、纪律教育月三项活动，进一步制定和完善办文、办会、办事制度，做到按制度办事，按程序办事，努力提升服务水平。三是转变作风，狠抓落实，确保出色完成全年各项工作任务。

（撰稿 黄春霞 审稿 温卫平）

【广东省民宗委三大举措推进机关党建工作】 广东省民族宗教委通过建立健全有关机制和制度，开展干部、职工喜闻乐见的文体活动，加强机关党组织和干部、职工队伍建设等举措，扎实推进机关党建工作不断创新发展，取得了显著成效。一是建立健全有关机制和制度。建立党组理论学习中心组学习制度和学习会制度。坚持务虚与务实相结合，以自学和读原著为主，辅以必要的集中讨论，或以支部为单位进行学习讨论后再将情况反馈到中心组。坚持每两个月举行一次学习会，邀请委领导、有关专家学者作专题报告，组织机关干部开展为民族宗教工作和机关党建工作建言献策等活动。制定并实施《学历学位教育学习管理办法》，鼓励干部、职工参加研究生以下学历教育学习，并在毕业时给予报销学费50%的支持和奖励。二是开展干部、职工喜闻乐见的文体活动。充分发挥工、青、妇等群团组织的作用，开展有益于干部、职工身心健康的文体活动。每年以召开座谈会、组织参观考察等形式，欢度妇女节、青年节和建军节。开展健身活动，增强干部、职工的体质。举行扑克牌、乒乓球比赛和庆祝中华人民共和国成立60周年歌会等多种形式开展爱国主义和民族团结教育。组织党员干部、职工到扶贫工作驻点村参加“贯彻落实党的十七届四中全会精神，争当全国民族宗教工作排头兵”主题党日活动现场会。三是加强机关党组织和干部、职工队伍建设。通过选派年轻干部下基层、驻农村，使其经受艰苦环境的锻炼和考验，增长才干。强化机关党委办公室、纪检组、监察室等内设机构的职能。将下属事业单位省民族（宗教）研究所升格为研究院，加强民族宗教研究工作。发展和壮大机关公务员、职工队伍以及研究院科研人员队伍，优化干部、职工队伍的年龄和知识结构。严格选拔任用干部，营造风清气正的选人用人环境，公务员队伍梯次结构逐步形成。

（撰稿 黄春霞 审稿 温卫平）

【广东省民宗委创新主题党日活动形式】 广东省民族宗教委创新主题党日活动形式，整合社会资源共同开展扶贫开发工作。2009年11月，省民族宗教委主任、党组书记陈绿平率领机关

40 余名党员干部到连水村参加贯彻落实党的十七届四中全会精神，争当全国民族宗教工作排头兵主题党日活动现场会。通过召开现场会、走家串户慰问贫困群众、邀请省农业专家讲授农业科技知识、与连水村签订帮扶协议、争取广东福利龙复合肥有限公司 3 年内免费为贫困户赠送 180 吨化肥等系列社会实践活动，把党和政府的温暖送到每一户贫困群众家中，全面实施结对帮扶工程，推动机关党建工作与扶贫开发工作取得新的成效。

（撰稿　黄春霞　　审稿　温卫平）

【广东省民族宗教研究院挂牌成立】　2009 年 12 月，以省委、省政府任命院领导班子成员为标志，广东省民族宗教研究院正式挂牌成立。省民族宗教研究院的前身是省民族研究所，成立于 1960 年，1996 年加挂宗教研究所牌子，是省民族宗教委管理的正处级事业单位。2008 年 8 月，经省委常委会研究，并报国家编委批准，同意省民族（宗教）研究所更名为省民族宗教研究院，由正处级升格为副厅级。2009 年 7 月，省编委印发了广东省民族宗教研究院机构编制方案，明确了省民族宗教研究院为省民族宗教委管理的公益性事业单位，内设办公室、民族研究所、宗教研究所 3 个副处级机构。核定事业编制 38 名。其中，院长 1 名，副院长 3 名；内设机构正、副领导职数 9 名，其中正职 3 名、副职 6 名。人员经费由省财政核拨。省民族宗教研究院的职责：一是宣传党和国家关于民族、宗教工作的方针政策和法律法规。二是开展民族、宗教基础理论和广东民族、宗教的历史及现状等研究工作。三是协助政府有关部门开展有关民族、宗教问题和政策的调查研究工作，提出意见和建议。四是负责广东民族、宗教的古籍、资料的收集、整理、修复和编撰出版工作；开展广东民族、宗教的文物研究工作。五是开展国内外民族、宗教学术交流和合作。六是参与有关院校民族、宗教专业的教学和研究工作；指导、联系省民族研究学会、省宗教研究学会和广东瑶学研究会工作。七是承担上级相关部门交办的有关事宜。

（撰稿　黄春霞　　审稿　温卫平）

【广西壮族自治区民委 2009 年部门建设情况】
2009 年，广西壮族自治区民族事务委员会共有 9 个处（室、中心），在职干部职工 50 人。其中行政编制 43 人、事业编制 7 人。一年来，广西民委以开展深入学习实践科学发展观为契机，通过提高对自身角色和功能定位的认识、进一步优化机构职能、明确岗位职责、完善工作机制、强化班子和干部队伍建设等切实有力的措施，实现了部门建设新的突破。

加强领导班子自身建设。一是把政治理论学习摆上重要位置。党组中心组带头深入学习党的十七大和十七届三中、四中全会精神以及中央领导在广西视察时的重要讲话精神以及各级领导对民族工作的批示精神等，并根据当前国际、国内的形势变化，加强对有关民族政策、法律法规的学习研究。二是进一步改进作风。党组严格执行民主集中制原则，凡属人事任免、重要工作安排、重要事项决策、大额经费开支均经集体研究决定，民主科学决策水平进一步提高；大兴调研之风，领导班子成员多次带队深入基层开展各类调研，切实掌握真实情况，为本级领导班子和上级领导科学决策提供依据；倾听群众意见、自觉接受监督，召开党员领导干部民主生活会，向所属基层党组织广泛征求党员干部群众对委领导班子及成员的意见，并对照收集到的意见、建议开展批评和自我批评，提出整改意见，及时书面反馈各单位；积极履行职责，进一步加强 10 个方面的工作，并实现新的突破。三是加强党风廉政建设。委领导带头做到不在单位报私人账，下基层轻车简从，不违规收取财物等。

加强党建工作。一是抓好学习实践科学发展观活动。采取多种形式，认真做好各环节工作，实现了“取得实效”和“群众满意”的目标，得到了自治区督导组的好评。二是抓好学习型党组织创建活动。以提高党员干部运用理论指导实践的能力、服务基层解决实际问题的能力为目标，推荐并要求广大党员干部阅读《当次贷危机改变世界》、《没有任何借口》等书籍。三是抓好基层党组织建设。督促和指导基层党组织完成了换届选举工作；安排入党积极分子到区直工委党校学习，严格按照标准和程序发展新党员。四是抓好“争先创优”活动。“七一”前夕，组织评选表彰先进基层党组织、优秀党员和优秀党务工作者。五是抓好主题实践活动。组织党员干部到委机关扶贫点靖西县峒平村和邕宁区罗马村开展“走基层、送温暖”活动，到百色开展革命传统教育；开展企业服务年活动，深入民族用品定点生产企业开展调研。

加强宣传工作。一是抓好政务信息工作。进一步完善广西民委信息网站建设，修改下发了《自治区民委关于进一步加强信息工作有关问题的通知》，举办了广西民委有史以来规模最大的一次民族信息员培训班，信息的编、写和报送工作进一步加强。上报自治区党委、政府和国家民委的信息被采用量均有所增加。二是与重点新闻媒体合作进行广泛宣传。与区内多家重点杂志社合作，以专版的形式宣传民委工作、民族工作取得的显著成就；与《广西日报》联合开辟多个栏目，有计划、有系统、分时段地刊登了100多篇文章，全面宣传了民族工作方面的理论、政策、知识和成就。

加强干部队伍建设。一是积极做好机构改革工作。认真研究领会国家政府机构改革的意见、国家民委“三定”规定和自治区政府机构改革文件精神，组织人员赴内蒙古、云南等省区开展对民委机构改革情况的调研，对“三定”方案进行多次修改完善。二是做好全区民委系统干部的培训工作。完成了全区民委系统处级领导干部在中央民族干部学院的培训和科级领导干部及机关公务员在区内的培训任务，并组织机关部分人员赴英国、澳大利亚学习培训。三是完成部分处级干部缺位补充和机关干部岗位调整。按照干部“四化”原则，通过民主测评、组织考核等程序，及时提拔补充机关空缺处级干部，对部分工作人员进行了岗位调整。四是做好招录公务员和接收军队转业干部工作。严格按照录用公务员的有关规定和程序，面向全国公开招录了6名公务员；同时，接收4名军队转业干部充实机关干部队伍。

加强纪检监察工作。一是签订党风廉政建设责任状。年初，委党组与机关各处室、直属单位和各市民委签订了党风廉政建设责任状，并达到预期效果。二是采取多种形式进行反腐倡廉教育。充分利用广西民委网站宣传党和国家反腐倡廉政策，组织观看警示教育片、电影，邀请上级职能部门领导到委机关作警示教育专场报告等，使广大干部职工进一步了解掌握了反腐倡廉相关政策，强化了拒腐防变意识，做到警钟长鸣。与广西广播电台合作举办“政风行风热线”，就当前民族工作中的热点难点问题回答广大听众的提问，收到了良好的社会效果。三是做好信访处理工作。全年共收到信访和举报信6件，其中5件转办处理，1件已查明并予以澄清，做到随收随办，办结率达100%。

（撰稿　覃汉华　　审稿　周世相）

【全国少数民族省（区、市）反腐倡廉理论研讨会在海南省海口市召开】　2009年3月31日，第十一届全国少数民族省（区、市）反腐倡廉理论研讨会在海南省海口市召开。会议交流研讨了少数民族地区反腐败和党风廉政建设的理论成果，共收到论文72篇，评选出特别奖7篇、一等奖10篇、二等奖15篇、三等奖18篇。会议强调要求，面对全球金融危机的新形势，要以科学发展观为指导，进一步加强少数民族地区的反腐倡廉理论研究，着力推进惩防体系建设。海南省委常委、省纪委书记王为璐致辞，中央纪委研究室主任刘明波讲话。

（撰稿　邱其斌　　审稿　唐圣为）

【海南省保亭黎族苗族自治县政务服务中心启用】　2009年9月26日，海南省保亭黎族苗族自治县政务服务中心正式启动运行，这是保亭黎族苗族自治县委、县政府改善投资环境，转变政府职能，推进依法行政，打造服务型政府的重大举措。全县共有 24 个单位和部门进驻办公，涉及办理事项 62 个。

（撰稿　邱其斌　　审稿　唐圣为）

【四川省民委采取四项措施突出三个重点深入贯彻落实全国民委主任会议精神】　全国民委主任会议召开后，四川省民委及时采取四项措施全面贯彻落实会议精神。一是召开处以上干部会，学习贯彻会议精神。2009 年 12 月 28 日，四川省民委召开副处级以上干部会议，专题学习贯彻全国民委主任会议精神。省委民族工委副书记、省民委党组书记、主任敬全林在会上全面传达了中共中央政治局常委、全国政协主席贾庆林在全国统战部长会议开幕式上关于民族工作的讲话精神，中央政治局委员、国务院副总理回良玉在国家民委委员全体会议上的讲话精神，国家民委主任杨晶在全国民委主任会议上的工作报告和国家民委党组书记、副主任杨传堂在会国民委主任会议上的总结讲话精神。二是及时向省委、省政府主要领导和分管领导专题汇报了全国民委主任会议精神以及四川省贯彻落实会议精神的建议意见。三是计划在即将召开的全省民委主任会议上作进一步的学习贯彻，并对 2010 年全省民委工作进行了部署。四是结合四川民族地区和民族工作实际，继续有针对性地解决问题，进一步扎扎实实地把民族工作做好。重点抓好以下三个方面的工作：

第一，实施好民生工程，促进民族地区加快发展。按照省委、省政府的要求，深入推进富民安康工程、藏区“牧民定居行动计划”、彝区“三房”改造行动、“9 + 3”免费职业教育计划等民生工程的实施。着力抓好百姓安居、道路畅通、教育助学等省“八项民生工程”项目实施。继续实施好“万户光明计划”和“百村甘泉计划”，帮助民族地区群众解决用电难、饮水难问题。落实好即将召开的西藏工作座谈会精神及省委、省政府关于 2010 年的工作部署，继续协调推进民族地区加快建设灾后美好新家园，做好民族文化的保护与重建；积极协调推进民族地区农牧业、矿冶业、水电业、旅游业等特色支柱产业发展，促进农牧民群众增收。做好少数民族发展资金、民族工作机动金和两项资金项目的安排工作，着力改善少数民族群众基本生产生活条件。配合相关部门做好“十二五”民族地区经济社会发展规划的编制工作。做好“民族地区教育发展十年行动计划”最后一年实施工作，研究编制好第二个“民族地区教育发展十年行动计划”。会同卫生厅编制“民族地区卫生发展十年行动计划”，为 2011 年启动实施做好充分准备；积极参加民族地区地方病、传染病防治工作。筹备和举办好四川省第十三届少数民族体育运动会；做好组团参加 2011 年第九届全国民运会的筹备工作。督促各地认真落实全省少数民族文化工作会议精神，抓好少数民族文化工作；筹备和举办好四川省第六届少数民族艺术节；进一步做好民族古籍保护、搜集、整理、出版工作。

第二，切实促进民族团结、社会稳定和长治久安。做好党的民族政策和省委、省政府一系列优惠政策执行情况的检查工作，使之落实到位，促进民族团结进步事业发展。认真做好涉及民族方面的矛盾纠纷排查化解工作，维护少数民族群众的合法权益；加大对苗头性、倾向性、预警性信息的分析研判，把不稳定因素化解在基层、消除在萌芽状态。做好城市民族工作、民族乡行政工作办法的修订的相关工作。按照中央、省关于深入开展民族团结宣传教育活动的部署，推动民族团结教育进课堂、进社会。大力宣传民族团结进步模范的先进事迹，宣传民族地区各项事业取得的巨大成就和重大民生工程的成效，形成促进民族团结和谐的良好氛围。积极做好甘孜藏族自治州建州 60 周年州庆活动相关工作，使州庆活动成为展示巨大发展成就、宣传党的民族区域自治政策和深入推进民族团结进步的隆重、热烈活动。

第三，协同推进民族干部人才队伍建设，为

做好新形势下民族工作提供组织保证。做好培养选拔少数民族干部工作，深入实施“民族人才振兴计划”。推进省委关于少数民族干部政策措施的落实，促进民族工作重点市、县、乡镇党政班子按照省委要求配备少数民族领导干部。继续推动有关民族地区在补充基层公务员时，按照一定比例录用少数民族人员。协同做好少数民族干部学历培训工作和民族干部到中央国家机关、沿海省（市）和内地发达地区挂职锻炼和干部援州工作。进一步加强民族工作部门干部队伍建设，适应新时期民族工作的迫切需要。

（撰稿 刘康容 审稿 唐伯华）

【四川省民委连续四年被评为全省涉台工作先进单位】 2009年，四川省委台办表彰了2008年度涉台工作先进单位，省民委连续四年获得全省涉台先进单位称号。四川省民委党组历来十分重视民族工作领域中涉台工作，形成了一把手亲自抓、分管领导直接抓、职能处室深入抓、全委上下一起抓的良好机制。在认真贯彻中央和省委对台工作精神的同时，一方面紧密结合全省民族地区稳定与发展实际，结合民族工作和机关实际，深入调查研究，为上级和有关部门当好参谋助手；另一方面在民族地区加强涉台政策宣传教育和对台互动交流、争取民心工作，突出涉台突发事件的预防与处理，出色完成了省委、省政府及国家民委台办、省委台办有关入岛交流和接待来川交流台胞的相关工作任务，扎扎实实做好委系统台胞台属工作并协助做好民族地区台胞台属、台资企业等各方面工作，为促进祖国统一和四川省特别是民族地区的稳定和发展作出了积极贡献。

（撰稿 刘康容 审稿 唐伯华）

【四川省召开赴中央国家机关、省级机关和经济相对发达地区挂职锻炼干部座谈会】 2009年3月23日，四川省委组织部、统战部和省民委在成都共同召开2009年赴中央国家机关、省级机关和经济相对发达地区挂职锻炼干部座谈会。赴中央国家机关和经济相对发达地区挂职的20名同志和到省级机关、成都市挂职的30名同志参加了会议。往年的挂职干部在会上交流了挂职的体会和收获，即将挂职干部代表也作了发言。省委组织部常务副部长李佳代表省三部委就做好这次挂职干部工作讲了三点意见：一是对挂职干部个人来讲，是一次难得的机会，一定要珍惜。她指出，选派西部地区和民族地区干部到中央国家机关和经济相对发达地区挂职锻炼，是培养锻炼干部的重要途径，而在灾后重建和加快发展任务十分繁重的情况下，省委和各市州党委选派干部上挂锻炼，非常不容易，希望挂职干部珍惜这次难得的学习和锻炼机会，定好位、做好人、干好事，力求学有所思，学有所获。二是对团队来讲，一定要团结。挂职干部走出去，代表的是四川干部的形象，是四川人民奋起抗震救灾的形象。希望大家在挂职期间发扬团队精神，展示良好形象。三是省三部委是挂职干部的服务部门，为挂职干部服务是职责所在，要搭建好平台，加强沟通协调，积极为挂职干部解决工作和生活上的具体困难。会后，挂职干部立即启程奔赴各自的挂职岗位。

（撰稿 刘康容 审稿 唐伯华）

【四川省首次对藏区乡镇党政“一把手”开展全员培训】 为了落实四川省委关于藏区工作的总体部署，加强乡镇领导班子和干部队伍建设，省委组织部、统战部、省民委、省人事厅、省委党校于2009年底以前联合举办了6期藏区乡镇领导干部培训班。藏区乡镇党委书记、乡镇长是基层组织的重要骨干，是党在藏区执政的中坚力量。这次对藏区578个乡镇的1 156名乡镇党委书记和乡镇长的培训，是四川省近年来首次对藏区乡镇党政一把手的全员培训，范围广、规模大、时间集中。四川省委对这次培训高度重视，省委书记、省人大常委会主任刘奇葆亲自审定加强藏区乡镇领导班子和干部队伍建设的实施方案，要求要抓紧、抓实、抓好；省委副书记李崇禧到省委党校看望慰问培训班学员，并为第二期培训班学员上了生动的一课；省委常委、组织部长、党校校长柯尊平深入藏区进行专题调研，并主持召开部务会对培训工作进行了细化研究。培训重点围绕坚定理想信念、维护民族团结、促进区域发展、做好群众工作、提升领导力五大板块。培训内容从藏区实际出发，把基层的需求与省委要求、工作需要有机结合起来，创新办班理念、培训内容和培训方式，使培训过程充满张力，始终保持活力。培训期间还邀请省级相关部门参加了研讨交流，现场解疑释惑、听取意见和建议，并围绕相关重大政策、重要举措、重点工作组织专题调研。参加培训的乡镇党委书记、乡镇长普遍反映，通过集中培训，大家在强化理论武装、坚定政治立场、加强党性锻炼上有了新的收获，在开阔视野、提高素质、增强能力上有了新的进展，在学用结合、指导实践、推动工作上有了新的举措，在转变作风、攻坚克难、真抓实干上有了新的形象，进一步统一了思想，提升了能力素质。

（撰稿　刘康容　　审稿　唐伯华）

【四川省色达县年轻干部赴省直机关和成都市挂职锻炼】　四川省甘孜藏族自治州色达县是省民委对口帮扶县，为尽快提高基层干部综合素质，加快推进民族地区经济社会全面发展步伐，经省民委和色达县共同协调，决定选派色达县12名优秀年轻干部于2009年11月赴省委组织部、省民委、省民政厅、省扶贫办、省畜牧食品局和成都市民宗局等单位挂职锻炼。在挂职干部赴任前，省民委专门召开了座谈会。省委民族工委副书记、省民委党组书记、主任敬全林要求大家要牢记使命，珍惜机会，真挂实干，学有所成，学有所获。通过挂职锻炼，增强新形势下依法办事能力和应急管理、舆论引导等方面的能力，回去后成为“桥梁纽带”和“发动机”，推动省、市、县合作，带动周围干部群众共同奋斗，为加快色达县的发展稳定作出更大贡献。

（撰稿　刘康容　　审稿　唐伯华）

【四川省民委系统办公室主任培训会召开】
2009年12月1—4日，四川省民委在蓉举行了全省民委系统办公室主任培训暨政务信息等业务工作培训会。各市州民（宗）委（局、办）办公室主任和承担具体工作的工作人员、省民委各处室、事业单位（含两校）承办具体工作人员等60余人参加了培训。省民委副主任肖晓军在培训会上要求全省各级民族工作部门办公室，坚持以沟通协调、衔接服务、参谋助手、信息调研四大工作为主轴，从五个方面做好办公室工作：一是从认识上对办公室职能准确定位；二是在实践中把握做好办公室履职重点；三是强化管理，规范程序，提高服务质量和服务水平；四是进一步提高办文、办事效率和质量，认真做好各项业务工作；五是进一步加强自身建设。培训会还邀请了四川行政学院叶黔达教授作《改变办文观念，提高以文辅政能力》的公文专题辅导报告。

（撰稿　刘康容　　审稿　唐伯华）

【贵州省民委深入学习实践科学发展观，努力推动民族经济工作取得新进展】　贵州省民委党组和各级民族工作部门按照省委的要求继续深化学习实践科学发展观活动，通过制订学习计划，明确学习专题，采取集中学习、专题讲座、分散自学等形式，进一步深化了民族工作部门干部职工对科学发展观的理解，深刻领会了科学发展观的精神实质，提高了贯彻科学发展观的能力和水平。全省各级民族工作部门将学习和贯彻落实十七届四中全会、贯彻胡锦涛总书记对民族工作的重要批示和贵州省第六次民族团结进步表彰大会精神及中央经济工作会议精神作为学习实践科学发展观、推动民族经济新发展的载体，把思想和行动统一到中央和省委、省政府的要求上来，进一步加大了党和国家各项民族政策的宣传力度，深入开展了民族团结教育宣传活动，将民族工作的重点放在推动民族地区经济社会发展、切实维护民族团结和社会稳定上，有力地推动了贵州省民族经济工作的发展。

（撰稿　张发刚　　审稿　吴继堂）

【陕西省政府召开民族工作会议】　2009 年 2 月 25 日，陕西省政府召开全省民族工作会议，副省长景俊海出席会议并做重要讲话。会议传达了全国民族工作座谈会、全国民委主任会议精神，省民委主任徐自立做工作报告。景俊海深入分析目前民族领域的形势、强调民族工作的重要性后指出，要坚定不移地贯彻民族工作主题，与时俱进地探索改革开放条件下的民族工作新思路；要突出重点，切实做好民族工作，坚持贯彻落实科学发展观，努力促进少数民族和民族聚居地方经济社会又好又快发展，优先解决少数民族群众的切身利益问题，切实保障和改善民生；要切实维护好民族领域的团结稳定。

（撰稿　海建宇　　审稿　刘开岚）

【甘肃省民族工作座谈会在兰州召开】　2009 年 2 月 24 日，甘肃省民族工作座谈会在兰州召开。会议的主要任务是学习贯彻胡锦涛总书记关于民族工作重要批示精神以及全国民族工作座谈会、全国民委主任会议精神，总结交流全省民族工作会议以来民族工作的经验做法，深入分析当前全省民族工作面临的形势，研究部署今后一个时期全省的民族工作。甘肃省委常委、省委统战部部长刘立军，副省长泽巴足出席会议并讲话。省民委委员单位负责人、有关州（市）分管领导、全省各州（市）民族工作部门负责人等约 120 人参加了会议。会上，4 个市（州）的代表进行了交流发言。大会还表彰了全省民族工作部门目标管理责任书完成先进单位及全省民族工作部门信息工作先进集体和个人。

（撰稿　成自强　　审稿　王学仁）

【青海省民委大力加强机关党建工作】　青海省民委大力加强机关党建工作，组织学习党的十七大精神、十七届四中全会精神、第十七届中央纪委第三次、四次全体会议精神以及省第十一届五次、六次全会精神，开办专栏 8 期，展出图片 360 张，编发简报 5 次、信息 3 次，全年发放各种学习资料 560 册，组织中心组及全体党员收看电视录像讲座、听报告 15 次，共计 460 人次，全年除支部、处室组织学习外，党组中心组学习 12 次。中心组成员全年写读书笔记 3 万字以上，体会 3 篇以上；党员干部写读书笔记 2 万字以上，体会 2 篇以上。

（撰稿　刘兵　　审稿　金水平）

【青海省民委积极督促落实科学发展观活动整改工作】　青海省民委积极督促落实科学发展观活动整改工作，转化形成制度性文件或政策措施有 12 个，即《关于建立民族宗教工作双语言法制辅导队伍的通知》、《青海省藏传佛教寺院内部管理办法》、《进一步加强省民宗委中心组学习实施意见》、《省民宗委党员培训实施方案》、《关于认真做好党务公开工作的通知》、《青海省扶持少数民族文化事业实施意见》、《青海省民族宗教政策定期监督检查制度》、《宗教教职人员和信教宣传材料》、《关于涉及民族宗教因素的矛盾纠纷化解工作制度》、《青海省宗教事务管理条例》、《青海省藏传佛教寺院管理办法》、《青海省城市民族工作长效机制》。

（撰稿　刘兵　　审稿　金水平）

【青海省民委扎实开展“抓作风建设，促工作落实”主题实践活动和“户帮户、一帮一”结对帮扶活动】　按照青海省纪委、省委组织部《关于开好2009 年度党员领导干部民主生活会的通知》精神，省民族宗教事务委员会党组召开了以“加强党性修养，树立和弘扬良好作风”为主题的民主生活会，对照“六个着力、六个切实”的要求，针对党性修养、弘扬良好作风方面存在的不足，进行自我剖析，提出切实可行的整改措施，促进了领导干部作风的进一步转变。全年深入民委帮扶县果洛藏族自治州久治县慰问困难党员群众 6 次，发放慰问金5 900元，培训支部书记、村干部、党员 6 次，共计 80 人次，解决哇尔依乡建设资金10万元、智青松多乡道路建设资金20万元、图书资料150本、特困群众棉被150套，制定帮扶涣散村党组织工作方案，帮扶哇尔依达尕牧委会党组织工作。

（撰稿　刘兵　　审稿　金水平）

【新疆生产建设兵团民族宗教事务局加强自身队伍建设】　2009年，新疆生产建设兵团民族宗教事务局认真加强自身队伍建设：一是抓好调研工作。为了谋划全局，增强工作的针对性和有效性，注重加大调研工作的力度，兵团、师两级民族工作部门先后派出多个工作组，深入到少数民族聚居团场、连队进行调研，为做好工作提供了决策依据。仅兵团民族宗教事务局就先后派出近30余个（次）调研组，就不同时期的重点工作进行了调研，既掌握了第一手资料，又指导了基层工作。二是抓好培训工作。先后组织7批44人参加国家级的专题培训。兵团党委统战部、民族宗教事务局协同兵团组织部组织15人赴内地挂职锻炼。各师民族宗教事务局进一步加强团场、连队分管领导和统战民宗干部的业务培训，均取得显著效果。三是抓好理论研究工作。2009年，兵团民族宗教事务局把加强理论研究作为加强工作指导、提升工作水平的基础性工作来抓，在统战理论研究会成员单位的共同努力下，共完成研究论文和调研报告278篇，比上年增加148%，经统战理论研究成果评审委员会评选，有45篇获奖。集2006—2008年研究成果，出版了43万字的《统战理论优秀成果选编》一书，受到好评。四是抓好信息工作。2009年上报的信息被中央和国家部委采用26条，被兵团《每日要情》采用12条，被兵团《政法动态》采用112条，《兵团统战工作信息》刊用510条。按照《兵团统战、民族宗教信息工作制度》规定，经综合评定，评选出先进单位6个，优秀信息员21名。

（撰稿　苏虹云　　审稿　热合曼·克日木）

【新疆生产建设兵团农七师召开民族工作会议】
2009年9月20日，新疆生产建设兵团农七师召开师民族宗教工作会议，师属各单位主管民族宗教工作的领导、民族宗教工作部门的领导和业务人员参加了会议。师党委常委、副政委对山·托呼加在会议上做了题为《高举民族团结大旗，坚决反对分裂祖国，为维护社会稳定作贡献》的重要讲话，要求师民族宗教领域：一要深刻认识分裂与反分裂斗争的长期性、复杂性，始终和党中央保持一致，维护祖国统一；二要竭尽全力做好民族团结、促进社会稳定工作；三要认清形势，提高认识，统一思想，推进少数民族经济发展，为建立平等、团结、互助、和谐的民族关系奠定基础；四要全面贯彻落实党的民族宗教工作方针政策，确保民族宗教领域的稳定。会议进一步明确了当前的任务是全面贯彻落实党的民族宗教工作方针政策，按照中央、自治区和兵团党委关于维护新疆稳定指示精神，切实做好民族团结工作和党的民族宗教政策教育工作，继续推进少数民族经济发展，巩固和发展各民族团结的大好形势。会议同时认真听取了124团、126团、127团、128团和130团等单位近期民族宗教工作开展情况的汇报。师党委统战部部长、民族宗教事务局局长吾甫尔·阿依丁对全师民族宗教工作做了总结，对近期民族宗教工作做了安排。

（撰稿　刘海新　　审稿　热合曼·克日木）

统计资料篇

分“民族自治地方”、“陆地边境县”、“全国少数民族发展情况”、“其他资料”四部分。涉及的全国性统计数据均不包括台湾省和香港特别行政区、澳门特别行政区的资料。统计资料主要来源于国家政府主管部门、各级统计和民族工作部门。全部统计资料均经国家统计局国民经济综合统计司审核。

民族自治地方

行政区划和自然资源 1

1-1 民族自治地方行政区划

（2009年末）

省级		地级		县级		乡级
合计	行政区划单位	合计	行政区划单位	合计	行政区划单位	行政区划单位
5	5 自治区	77	31 地级市 13 地区 30 自治州 3 盟	698	75 市辖区 65 县级市 389 县 49 旗 117 自治县 3 自治旗	7 759
	河北			6	6 自治县	117
	内蒙古	12	9 地级市 3 盟	101	21 市辖区 11 县级市 17 县 49 旗 3 自治旗	600
	辽宁			8	8 自治县	152
	吉林	1	1 自治州	11	6 县级市 2 县 3 自治县	111
	黑龙江			1	1 自治县	11
	浙江			1	1 自治县	24
	湖北	1	1 自治州	10	2 县级市 6 县 2 自治县	102
	湖南	1	1 自治州	15	1 县级市 7 县 7 自治县	299
	广东			3	3 自治县	23
	广西	14	14 地级市	109	34 市辖区 7 县级市 56 县 12 自治县	1 126

注：乡级行政区划单位不包括街道办事处。

1-1 续表

(2009年末)

省级	地级		县级		乡级
行政区划单位	合计	行政区划单位	合计	行政区划单位	行政区划单位
海南			6	6 自治县	60
重庆			4	4 自治县	142
四川	3	3 自治州	51	1 县级市 46 县 4 自治县	1 220
贵州	3	3 自治州	46	4 县级市 31 县 11 自治县	731
云南	8	8 自治州	78	7 县级市 42 县 29 自治县	788
西藏	7	1 地级市 6 地区	73	1 市辖区 1 县级市 71 县	690
甘肃	2	2 自治州	21	2 县级市 12 县 7 自治县	267
青海	6	6 自治州	35	2 县级市 26 县 7 自治县	307
宁夏	5	5 地级市	21	8 市辖区 2 县级市 11 县	191
新疆	14	2 地级市 7 地区 5 自治州	98	11 市辖区 19 县级市 62 县 6 自治县	798

1－2 民族自治地方县(旗)、市分布

(2009 年末)

地 区	数 量	县(旗)、市名称
河 北	6 自治县	秦皇岛市:青龙满族自治县 廊坊市:大厂回族自治县 承德市:宽城满族自治县、丰宁满族自治县、围场满族蒙古族自治县 沧州市:孟村回族自治县
内蒙古	9 地级市 3 盟 21 市辖区 11 县级市 17 县 49 旗 3 自治旗	* 呼和浩特市:新城区、回民区、玉泉区、赛罕区、土默特左旗、托克托县、和林格尔县、清水河县、武川县 * 包头市:昆都仑区、东河区、青山区、石拐区、白云鄂博矿区、九原区、土默特右旗、固阳县、达尔罕茂明安联合旗 * 乌海市:海勃湾区、海南区、乌达区 * 赤峰市:红山区、元宝山区、松山区、阿鲁科尔沁旗、巴林左旗、巴林右旗、林西县、克什克腾旗、翁牛特旗、喀喇沁旗、宁城县、敖汉旗 * 通辽市:科尔沁区、霍林郭勒市、科尔沁左翼中旗、科尔沁左翼后旗、开鲁县、库伦旗、奈曼旗、扎鲁特旗 * 呼伦贝尔市:海拉尔区、满洲里市、扎兰屯市、牙克石市、根河市、额尔古纳市、阿荣旗、莫力达瓦达斡尔族自治旗、鄂伦春自治旗、鄂温克族自治旗、新巴尔虎右旗、新巴尔虎左旗、陈巴尔虎旗 * 鄂尔多斯市:东胜区、达拉特旗、准格尔旗、鄂托克前旗、鄂托克旗、杭锦旗、乌审旗、伊金霍洛旗 * 乌兰察布市:集宁区、丰镇市、卓资县、化德县、商都县、兴和县、凉城县、四子王旗、察哈尔右翼前旗、察哈尔右翼中旗、察哈尔右翼后旗 * 巴彦淖尔市:临河区、五原县、磴口县、乌拉特前旗、乌拉特中旗、乌拉特后旗、杭锦后旗 兴安盟:乌兰浩特市、阿尔山市、科尔沁右翼前旗、科尔沁右翼中旗、扎赉特旗、突泉县 锡林郭勒盟:二连浩特市、锡林浩特市、阿巴嘎旗、苏尼特右旗、苏尼特左旗、东乌珠穆沁旗、西乌珠穆沁旗、太仆寺旗、镶黄旗、正镶白旗、正蓝旗、多伦县 阿拉善盟:阿拉善左旗、阿拉善右旗、额济纳旗
辽 宁	8 自治县	鞍山市:岫岩满族自治县 抚顺市:新宾满族自治县、清原满族自治县 本溪市:本溪满族自治县、桓仁满族自治县 丹东市:宽甸满族自治县 朝阳市:喀喇沁左翼蒙古族自治县 阜新市:阜新蒙古族自治县
吉 林	1 自治州 6 县级市 2 县 3 自治县	四平市:伊通满族自治县 白山市:长白朝鲜族自治县 松原市:前郭尔罗斯蒙古族自治县 延边朝鲜族自治州:延吉市、图们市、敦化市、珲春市、龙井市、和龙市、汪清县、安图县
黑龙江	1 自治县	大庆市:杜尔伯特蒙古族自治县
浙 江	1 自治县	丽水市:景宁畲族自治县
湖 北	1 自治州 2 县级市 6 县 2 自治县	宜昌市:长阳土家族自治县、五峰土家族自治县 恩施土家族苗族自治州:恩施市、利川市、建始县、巴东县、宣恩县、咸丰县、来凤县、鹤峰县

注:1. 内蒙古行政区划中的旗相当于县。

2. 表中有 * 号的为民族自治地方所辖地级市。

1－2　续表1

（2009 年末）

地区	数量	县(旗)、市名称
湖南	1 自治州 1 县级市 7 县 7 自治县	邵阳市：城步苗族自治县 永州市：江华瑶族自治县 怀化市：麻阳苗族自治县、新晃侗族自治县、芷江侗族自治县、靖州苗族侗族自治县、通道侗族自治县 湘西土家族苗族自治州：吉首市、泸溪县、凤凰县、花垣县、保靖县、古丈县、永顺县、龙山县
广东	3 自治县	韶关市：乳源瑶族自治县 清远市：连山壮族瑶族自治县、连南瑶族自治县
广西	14 地级市 34 市辖区 7 县级市 56 县 12 自治县	* 南宁市：青秀区、兴宁区、江南区、西乡塘区、良庆区、邕宁区、武鸣县、横县、宾阳县、上林县、隆安县、马山县 * 柳州市：柳北区、城中区、鱼峰区、柳南区、柳江县、柳城县、鹿寨县、融安县、三江侗族自治县、融水苗族自治县 * 桂林市：象山区、叠彩区、秀峰区、七星区、雁山区、阳朔县、临桂县、灵川县、全州县、兴安县、永福县、灌阳县、龙胜各族自治县、资源县、平乐县、荔浦县、恭城瑶族自治县 * 梧州市：长洲区、万秀区、蝶山区、岑溪市、苍梧县、藤县、蒙山县 * 北海市：海城区、银海区、铁山港区、合浦县 * 防城港市：港口区、防城区、东兴市、上思县 * 钦州市：钦南区、钦北区、灵山县、浦北县 * 贵港市：港北区、港南区、覃塘区、桂平市、平南县 * 玉林市：玉州区、北流市、容县、陆川县、博白县、兴业县 * 崇左市：江州区、凭祥市、扶绥县、大新县、天等县、宁明县、龙州县 * 来宾市：兴宾区、合山市、象州县、武宣县、金秀瑶族自治县、忻城县 * 贺州市：八步区、昭平县、钟山县、富川瑶族自治县 * 百色市：右江区、田阳县、田东县、平果县、德保县、靖西县、那坡县、凌云县、乐业县、田林县、隆林各族自治县、西林县 * 河池市：金城江区、宜州市、罗城仫佬族自治县、环江毛南族自治县、南丹县、天峨县、凤山县、东兰县、巴马瑶族自治县、都安瑶族自治县、大化瑶族自治县
海南	6 自治县	白沙黎族自治县、昌江黎族自治县、乐东黎族自治县、陵水黎族自治县、保亭黎族苗族自治县、琼中黎族苗族自治县
重庆	4 自治县	石柱土家族自治县、秀山土家族苗族自治县、酉阳土家族苗族自治县、彭水苗族土家族自治县
四川	3 自治州 1 县级市 46 县 4 自治县	绵阳市：北川羌族自治县 乐山市：峨边彝族自治县、马边彝族自治县 阿坝藏族羌族自治州：汶川县、理县、茂县、松潘县、九寨沟县、金川县、小金县、黑水县、马尔康县、壤塘县、阿坝县、若尔盖县、红原县 甘孜藏族自治州：康定县、泸定县、丹巴县、九龙县、雅江县、道孚县、炉霍县、甘孜县、新龙县、德格县、白玉县、石渠县、色达县、理塘县、巴塘县、乡城县、稻城县、得荣县 凉山彝族自治州：西昌市、木里藏族自治县、盐源县、德昌县、会理县、会东县、宁南县、普格县、布拖县、金阳县、昭觉县、喜德县、冕宁县、越西县、甘洛县、美姑县、雷波县

1-2 续表2

(2009年末)

地 区	数 量	县(旗)、市名称
贵 州	3 自治州 4 县级市 31 县 11 自治县	遵义市:道真仡佬族苗族自治县、务川仡佬族苗族自治县 铜仁地区:玉屏侗族自治县、印江土家族苗族自治县、沿河土家族自治县、松桃苗族自治县 毕节地区:威宁彝族回族苗族自治县 安顺地区:关岭布依族苗族自治县、镇宁布依族苗族自治县、紫云苗族布依族自治县 黔西南布依族苗族自治州:兴义市、兴仁县、普安县、晴隆县、贞丰县、望谟县、册亨县、安龙县 黔东南苗族侗族自治州:凯里市、黄平县、施秉县、三穗县、镇远县、岑巩县、天柱县、锦屏县、剑河县、台江县、黎平县、榕江县、从江县、雷山县、麻江县、丹寨县 黔南布依族苗族自治州:都匀市、福泉市、荔波县、贵定县、瓮安县、独山县、平塘县、罗甸县、长顺县、龙里县、惠水县、三都水族自治县
云 南	8 自治州 7 县级市 42 县 29 自治县	昆明市:石林彝族自治县、禄劝彝族苗族自治县、寻甸回族彝族自治县 玉溪市:峨山彝族自治县、新平彝族傣族自治县、元江哈尼族彝族傣族自治县 丽江市:玉龙纳西族自治县、宁蒗彝族自治县 普洱市:宁洱哈尼族彝族自治县、墨江哈尼族自治县、景东彝族自治县、景谷傣族彝族自治县、镇沅彝族哈尼族拉祜族自治县、江城哈尼族彝族自治县、孟连傣族拉祜族佤族自治县、澜沧拉祜族自治县、西盟佤族自治县 临沧市:双江拉祜族佤族布朗族傣族自治县、耿马傣族佤族自治县、沧源佤族自治县 楚雄彝族自治州:楚雄市、双柏县、牟定县、南华县、姚安县、大姚县、永仁县、元谋县、武定县、禄丰县 红河哈尼族彝族自治州:个旧市、开远市、蒙自县、屏边苗族自治县、建水县、石屏县、弥勒县、泸西县、元阳县、红河县、金平苗族瑶族傣族自治县、绿春县、河口瑶族自治县 文山壮族苗族自治州:文山县、砚山县、西畴县、麻栗坡县、马关县、丘北县、广南县、富宁县 西双版纳傣族自治州:景洪市、勐海县、勐腊县 大理白族自治州:大理市、漾濞彝族自治县、祥云县、宾川县、弥渡县、南涧彝族自治县、巍山彝族回族自治县、永平县、云龙县、洱源县、剑川县、鹤庆县 德宏傣族景颇族自治州:瑞丽市、潞西市、梁河县、盈江县、陇川县 怒江傈僳族自治州:泸水县、福贡县、贡山独龙族怒族自治县、兰坪白族普米族自治县 迪庆藏族自治州:香格里拉县、德钦县、维西傈僳族自治县
西 藏	1 地级市 6 地 区 1 市辖区 1 县级市 71 县	* 拉萨市:城关区、林周县、当雄县、尼木县、曲水县、堆龙德庆县、达孜县、墨竹工卡县 昌都地区:昌都县、江达县、贡觉县、类乌齐县、丁青县、察雅县、八宿县、左贡县、芒康县、洛隆县、边坝县 山南地区:乃东县、扎囊县、贡嘎县、桑日县、琼结县、曲松县、措美县、洛扎县、加查县、隆子县、错那县、浪卡子县 日喀则地区:日喀则市、南木林县、江孜县、定日县、萨迦县、拉孜县、昂仁县、谢通门县、白朗县、仁布县、康马县、定结县、仲巴县、亚东县、吉隆县、聂拉木县、萨嘎县、岗巴县 那曲地区:那曲县、嘉黎县、比如县、聂荣县、安多县、申扎县、索县、班戈县、巴青县、尼玛县 阿里地区:普兰县、札达县、噶尔县、日土县、革吉县、改则县、措勤县 林芝地区:林芝县、工布江达县、米林县、墨脱县、波密县、察隅县、朗县

1－2　续表3

（2009年末）

地　区	数　量	县(旗)、市名称
甘　肃	2 自治州 2 县级市 12 县 7 自治县	天水市:张家川回族自治县 酒泉市:肃北蒙古族自治县、阿克塞哈萨克族自治县 张掖市:肃南裕固族自治县 武威市:天祝藏族自治县 临夏回族自治州:临夏市、临夏县、康乐县、永靖县、广河县、和政县、东乡族自治县、积石山保安族东乡族撒拉族自治县 甘南藏族自治州:合作市、临潭县、卓尼县、舟曲县、迭部县、玛曲县、碌曲县、夏河县
青　海	6 自治州 2 县级市 26 县 7 自治县	西宁市:大通回族土族自治县 海东地区:民和回族土族自治县、互助土族自治县、化隆回族自治县、循化撒拉族自治县 海北藏族自治州:门源回族自治县、祁连县、海晏县、刚察县 黄南藏族自治州:同仁县、尖扎县、泽库县、河南蒙古族自治县 海南藏族自治州:共和县、同德县、贵德县、兴海县、贵南县 果洛藏族自治州:玛沁县、班玛县、甘德县、达日县、久治县、玛多县 玉树藏族自治州:玉树县、杂多县、称多县、治多县、囊谦县、曲麻莱县 海西蒙古族藏族自治州:格尔木市、德令哈市、乌兰县、都兰县、天峻县
宁　夏	5 地级市 8 市辖区 2 县级市 11 县	* 银川市:兴庆区、金凤区、西夏区、永宁县、贺兰县、灵武市 * 石嘴山市:大武口区、惠农区、平罗县 * 吴忠市:利通区、青铜峡市、盐池县、同心县 * 固原市:原州区、西吉县、隆德县、泾源县、彭阳县 * 中卫市:沙坡头区、中宁县、海原县
新　疆	2 地级市 7 地　区 5 自治州 11 市辖区 19 县级市 62 县 6 自治县	* 乌鲁木齐市:天山区、沙依巴克区、新市区、水磨沟区、头屯河区、达坂城区、米东区、乌鲁木齐县 * 克拉玛依市:克拉玛依区、独山子区、白碱滩区、乌尔禾区 自治区直辖县级市:石河子市、阿拉尔市、图木舒克市、五家渠市 吐鲁番地区:吐鲁番市、鄯善县、托克逊县 哈密地区:哈密市、巴里坤哈萨克自治县、伊吾县 阿克苏地区:阿克苏市、温宿县、库车县、沙雅县、新和县、拜城县、乌什县、阿瓦提县、柯坪县 喀什地区:喀什市、疏附县、疏勒县、英吉沙县、泽普县、莎车县、叶城县、麦盖提县、岳普湖县、伽师县、巴楚县、塔什库尔干塔吉克自治县 和田地区:和田市、和田县、墨玉县、皮山县、洛浦县、策勒县、于田县、民丰县 昌吉回族自治州:昌吉市、阜康市、呼图壁县、玛纳斯县、奇台县、吉木萨尔县、木垒哈萨克自治县 博尔塔拉蒙古自治州:博乐市、精河县、温泉县 巴音郭楞蒙古自治州:库尔勒市、轮台县、尉犁县、若羌县、且末县、焉耆回族自治县、和静县、和硕县、博湖县 克孜勒苏柯尔克孜自治州:阿图什市、阿克陶县、阿合奇县、乌恰县 伊犁哈萨克自治州:奎屯市、伊宁市、伊宁县、察布查尔锡伯自治县、霍城县、巩留县、新源县、昭苏县、特克斯县、尼勒克县 塔城地区:塔城市、乌苏市、额敏县、沙湾县、托里县、裕民县、和布克赛尔蒙古自治县 阿勒泰地区:阿勒泰市、布尔津县、富蕴县、福海县、哈巴河县、青河县、吉木乃县

1-3 民族自治地方自然资源及状况(2009年)
Natural Resources in Ethnic Minority Autonomous Areas(2009)

项 目	Item	2009年	民族自治地方占全国比重(%) Percentage to Total Area(%)
土地资源	Land Resources		
土地总面积(万平方公里)	Area of Territory (10 000 sq. km)	613.33	63.89
耕地面积(万公顷)	Area of Cultivated Land (10 000 hectares)	2 306.86	
草原面积(万公顷)	Grassland (10 000 hectares)	30 027	75.07
#可利用草原面积	Utilizable	21 700	69.26
#牧区、半农半牧区草原面积	Pastoral and Semi-pastoral Grasslands Area	30 000	75.00
草山草坡面积(万公顷)	(10 000 hectares)	3 560	32.50
森林资源	Forest Resources		
森林面积(万公顷)	Forest Area(10 000 hectares)	5 648	21.81
森林蓄积量(亿立方米)	Stock Volume of the Forest (100 million cu. m)	52.49	46.57
水利资源	Water Resources		
淡水面积(万公顷)	Freshwater Area (10 000 hectares)	407	24.50
水力资源蕴藏量(万千瓦)	Hydropower Resources (10 000 kw)	44 568	65.93
主要矿产资源保有储量	Mineral Resources(Ensured Reserves)		
煤(亿吨)	Coal(100 million tons)	3 731.9	37.1
铁矿石(亿吨)	Iron Ore(100 million tons)	111.9	24.4
磷矿石(亿吨)	Phosphate Ore(100 million tons)	53.9	40.7
钾盐(亿吨)	Sylvite(100 million tons)	4.4	95.9
稀土(亿吨)	Rare Earths(100 million tons)	0.8	
石油(亿吨)	Petroleum(100 million tons)	2.6	
天然气(亿立方米)	Natual Gas (100 million cu. m)	3 375.1	
铜矿(亿吨)	Copper (100 million tons)	0.5	
铝土矿(亿吨)	Bauxite(100 million tons)	5.1	

注:除总面积和耕地面积外,其他资源为1994年清查数,有待进一步勘测。

Note: Figures were obtained from surveys in 1994, and is subject to further verification.

1－4 民族自治地方分地区面积(2009年)
Areas by Region of Ethnic Minority Autonomous Areas (2009)

单位:平方公里 (sq. km)

地 区 Region	*总面积 Total Land Area	#民族自治地方面积 Area of Ethnic Minority Autonomous Area	民族自治地方面积占总面积(%) Percentage to Total Area (%)	民族自治地方人口密度(人/平方公里) Density of Population of Ethnic Minority Autonomous Area (person / sq. km)
全国总计	**9 600 000**	**6 133 277**	**63.89**	
合 计 Total	**8 362 920**	**6 133 277**	**73.34**	**29.87**
河 北 Hebei	187 700	24 005	12.79	84.70
内蒙古 Inner Mongolia	1 183 000	1 183 000	100.00	20.47
辽 宁 Liaoning	145 900	34 200	23.44	98.25
吉 林 Jilin	187 400	54 849	29.27	60.81
黑龙江 Heilongjiang	454 600	6 054	1.33	42.43
浙 江 Zhejiang	101 800	1 950	1.92	87.27
湖 北 Hubei	185 900	29 444	15.84	155.30
湖 南 Hunan	211 800	30 946	14.61	163.08
广 东 Guangdong	177 900	4 622	2.60	106.41
广 西 Guangxi	236 000	236 000	100.00	215.76
海 南 Hainan	33 920	11 462	33.79	151.49
重 庆 Chongqing	82 400	14 629	17.75	183.59
四 川 Sichuan	485 000	303 813	62.64	23.81
贵 州 Guizhou	176 000	97 844	55.59	172.04
云 南 Yunnan	394 000	275 547	69.94	82.09
西 藏 Tibet	1 228 400	1 228 400	100.00	2.36
甘 肃 Gansu	454 000	171 459	37.77	19.88
青 海 Qinghai	721 200	709 053	98.32	4.96
宁 夏 Ningxia	66 000	66 000	100.00	94.73
新 疆 Xinjiang	1 650 000	1 650 000	100.00	13.08

注:1. 合计为全国民族自治地方面积合计数。

2. 总面积为全省区面积数。

Note: a. The total is to be as the amount of total of minority national autonomous area.

b. The total land area are the area of the province of region.

1-5 流经民族自治地方主要河流及流域面积
The Major Rivers in Ethnic Minority Autonomous Areas and the Total Drainage Areas

	流域名称 River	流域面积 （平方公里） Drainage Area （sq. km）
外流河	**Out-flowing Rivers**	
黑龙江及绥芬河	Heilongjiang River and Suifenhe River	875 342
辽河、鸭绿江及沿海诸河	Liaohe, Yalujiang and Related Coastal Rivers	345 207
黄河	Huanghe River(Yellow River)	752 443
长江	Changjiang River(Yangtze River)	1 808 500
元江及澜沧江	Yuanjiang River and Lancang River	240 652
怒江及滇西诸河	Nujiang River and West Yunnan Rivers	157 156
雅鲁藏布江及藏南诸河	Yarlung Zangvo River and Southern Tibet Rivers	396 258
藏西诸河	Western Tibet Rivers	57 340
额尔齐斯河	Ertix River	50 000
内陆河	**Inland Rivers**	
内蒙内陆河	Rivers in Inner Mongolia	300 067
河西内陆河	Rivers in Huanghe Upper Reach Area	488 301
准噶尔内陆河	Rivers in Zunger Basin	316 530
中亚细亚内陆河	Rivers in Central Asia	93 130
塔里木内陆河	Rivers in Tarim Basin	1 074 810
青海内陆河	Rivers in Qinghai Province	316 285
羌唐内陆河	Rivers in Qiangtang	721 182
松花江、黄河、藏南闭流区	Blind Drainage Areas of Songhua River, Huanghe River and Southern Tibet	90 353

1－6 民族自治地方主要山脉基本情况

Main Mountain Ranges in Ethnic Minority Autonomous Areas

名　称 Mountain Range		山峰高程（米）Height of Mountain Peak (m)	雪线高程（米）Height of Snow Line (m)	冰川面积（平方公里）Glacier Area (sq. km)
阿尔泰山	Altay Mountains	4 374	3 000～3 200	287
天山	Tianshan Mountains	7 435	3 600～4 400	9 548
祁连山	Qilian Mountains	5 826	4 300～5 240	2 063
帕米尔	Pamirs	7 579		2 258
昆仑山	Kunlun Mountains	6 973		11 639
喀喇昆仑山	Karakorum Mountains	8 611	5 100～5 400	3 265
唐古拉山	Tanggula Mountains	6 137		2 082
羌塘高原	Qiangtang Plateau	6 596		3 566
念青唐古拉山	Nyainqentanglha Mountains	7 111	4 500～5 700	7 536
横断山	Hengduan Mountains	7 556	4 600～5 500	1 456
喜马拉雅山	The Himalayas	8 844	4 300～6 200	11 055
冈底斯山	Gangdise Mountains	7 095	5 800～6 000	2 188

1－7 民族自治地方主要城市气候情况(2009 年)

Climate in Major Cities of Ethnic Minority Autonomous Areas (2009)

城　市 City		年平均气温（摄氏度）Annual Average Temperature (℃)	年平均相对湿度（%）Annual Average Relative Humidity (%)	年降水量（毫米）Annual Total Precipitation (millimeters)	年日照时数（小时）Annual Total Sunshine Hours (hours)
呼和浩特	Hohhot	8.0	44	265.0	2 574.1
南　宁	Nanning	22.2	75	963.1	1 753.8
拉　萨	Lhasa	10.3	31	344.0	3 245.2
银　川	Yinchuan	10.5	48	180.0	2 830.6
乌鲁木齐	Urumqi	8.0	56	353.1	2 835.0

1－8 民族自治区水资源总量和总供水量(2009年)

Total Amount of Water Resources and Water Supply of Ethnic Minority Autonomous Regions (2009)

地 区 Region	水资源总量(亿立方米) Total Amount of Water Resources (100 million cu. m)	#地表水资源量 Surface Water Resources	#地下水资源量 Ground Water Resources	人均水资源量(立方米/人) Per Capita Water Resources (cu. m/person)	总供水量(亿立方米) Total Amount of Water Supply (100 million cu. m)	地表水 Surface Water	地下水 Ground Water	其他 Others
全 国 National Total	**24 180. 2**	**23 125. 2**	**7 267. 0**	**1 816. 2**	**5 965. 2**	**4 839. 5**	**1 094. 5**	**31. 2**
内蒙古 Inner Mongolia	378. 1	263. 4	214. 4	1 563. 9	181. 3	93. 5	87. 5	0. 3
广 西 Guangxi	1 484. 3	1 484. 3	256. 8	3 069. 3	303. 4	289. 0	11. 6	2. 7
西 藏 Tibet	4 029. 2	4 029. 2	871. 5	139 658. 9	30. 9	28. 3	2. 6	
宁 夏 Ningxia	8. 4	6. 0	22. 1	135. 5	72. 2	67. 0	5. 2	
新 疆 Xinjiang	754. 3	713. 7	470. 5	3 516. 6	530. 9	440. 2	90. 0	0. 7

注:水资源总量等于地表水资源量加地下水资源量减两者之间的重复计算水量。

Note: Total amount of water resources is equal to surface water plus ground water and minus the repeat－calculated part between them.

1－9 民族自治区总用水量和人均生活用水量(2009年)

Total Consumption of Water and Per Capita Living Consumption of Water of Ethnic Minority Autonomous Regions (2009)

地 区 Region	总用水量(亿立方米) Total Amount of Water Use (100 million cu. m)	农 业 Agricultural	工 业 Industrial	生 活 Domestic	生 态 Biology	人均生活用水量(立方米/人) Amount of Domestic Water Use Per Capita (cu. m/person)
全 国 National Total	**5 965. 2**	**3 723. 1**	**1 390. 9**	**748. 2**	**103. 0**	**448. 0**
内蒙古 Inner Mongolia	181. 3	138. 7	20. 9	14. 1	7. 6	749. 6
广 西 Guangxi	303. 4	195. 3	54. 0	48. 4	5. 7	627. 3
西 藏 Tibet	30. 9	27. 4	1. 4	2. 0		1 069. 4
宁 夏 Ningxia	72. 2	65. 3	3. 7	1. 7	1. 6	1 162. 3
新 疆 Xinjiang	530. 9	489. 4	10. 1	14. 9	16. 5	2 475. 1

主要统计指标解释

行政区划 指国家对行政区域的划分。根据宪法规定，民族自治地方的行政区域划分如下：(1) 自治区分为地区（市、自治州）、县、自治县、市； (2) 自治州分为县、自治县、市；(3) 自治县分为乡、民族乡、镇。

自然资源 指人类可以直接从自然界获得，并用于生产和生活的物质资源。自然资源一般可以分成可再生资源和非再生资源两大类。可再生资源是指在较短时间内可以再生、可以循环利用的资源，包括土地资源、水资源、气候资源、生物资源和海洋资源等。非再生资源是指在使用后不能再生的资源，包括矿产资源和地热资源。

土地资源 土地指陆地的表层部分，主要由岩石、岩石的风化物和土壤构成。土地资源按利用类型可以分为农用地、建筑用地和未利用地。

森林资源 指森林、林木、林地以及依托森林、林木、林地生存的野生动物、植物和微生物。

森林面积 指由乔木树种构成，郁闭度0.2以上（含0.2）的林地或冠幅宽度10米以上的林带的面积，即有林地面积。

森林蓄积量 指一定森林面积上存在着的林木树干部分的总材量。它是反映一个国家或地区森林资源总规模和水平的基本指标之一，也是反映森林资源的丰富程度、衡量森林生态环境优劣的重要依据。

水利资源 水在自然界中以固态、液态和气态三种聚集状态存在，分布于海洋、陆地（包括土壤）以及大气之中，通过水循环形成水利资源。水利资源包括经人类控制并直接可供灌溉、发电、给水、航运、养殖等用途的地表水和地下水，以及江河、湖泊、井、泉、潮汐、港湾和养殖水域等。水利资源是发展国民经济不可缺少的重要自然资源。

矿产资源 矿产指由地质作用形成，富集于地壳中或出露于地表达到工农业利用要求的有用矿物。矿产是一种人类需要的自然资源，是社会发展的重要物质基础。

矿产保有储量 指探明的矿产储量（包括工业储量和远景储量），扣除已开采部分和地下损失量后的年末实有储量，是反映国家矿产资源现状的重要指标。

气温 指空气的温度，我国一般以摄氏度（℃）为单位表示。气象观测的温度表是放在离地面1.5米处通风良好的百叶箱里测量温度的，因此，通常所说的气温指的是离地面1.5米处百叶箱中的温度。其统计计算方法为：

月平均气温是将全月各日的平均气温相加后除以该月的天数而得。

年平均气温是将12个月的月平均气温累加后除以12而得。

降水量 指从天空降到地面的液态或固态（经融化后）水，未经蒸发、渗透、流失而在地面上积聚的深度。

耕地面积 指经过开垦用以种植农作物并经常进行耕耘的土地面积。包括种有作物的土地面积、休闲地、新开荒地和抛荒未满三年的土地面积。

相对湿度 指空气中实际所含水蒸气密度和同温度下饱和水蒸气密度的百分比值。其统计计算方法与气温相同。

日照时数 指太阳实际照射地面的时间。其统计方法与降水量相同。

流域 每条河都有自己的干流和支流，干支流共同组成这条河流的水系。每条河流都有自己的集水区域，这个集水区域就称为该河流的流域。

外流河 指直接或间接流入海洋的河流。供给外流河河水的区域称为外流区。

内陆河 指在陆地内部干燥地区，河水沿途消失于沙漠或注入内陆湖泊的河流。供给内陆河河水的区域称为内陆区。

综合2

2－1 民族自治地方国民经济与社会发展主要指标

指　标	Item	1990年	1995年
人口与就业	**Population and Employment**		
人口(万人)	**Population (10 000 persons)**		
年底总人口	Population at the Year－end	15 296	16 044
#少数民族人口	Minority Population	6 880	7 232
就业	**Employment**		
单位从业人员数(万人)	Persons Employed in Various Units (10 000 persons)	1 543	1 672
宏观经济	**Macroeconomic Indicator**		
地区生产总值(亿元)	**GRP(100 million yuan)**		**4 901**
第一产业	Primary Industry		1 629
第二产业	Secondary Industry		1 747
第三产业	Tertiary Industry		1 526
人均地区生产总值(元)	**Per Capita Gross Domestic Product(yuan)**		**3 055**
固定资产(亿元)	**Investment in Fixed Assets(100 million yuan)**		
全社会固定资产投资总额	Total Investment in Fixed Assets		1 444
#国有单位	State-owned Units	259. 4	983
财政(亿元)	**Public Finance(100 million yuan)**		
地方财政收入	Local Governments Revenue	166. 7	248
地方财政支出	Local Governments Expenditures	304. 4	595
产业	**Industry**		
农业	**Agriculture**		
耕地面积(万公顷)	Cultivated Areas(10 000 hectares)	1 763	1 508
灌溉面积(万公顷)	Irrigated Areas(10 000 hectares)	764	838
农林牧渔总产值(亿元)	Gross output Value of Farming, Forestry, Animal Husbandry and Fishery (100 million yuan)		2 537
主要农产品产量	Output of Major Farm Products		
粮食产量(万吨)	Grain Output(10 000 tons)	5 373	5 801
棉花产量(万吨)	Cotton Output(10 000 tons)	47	95
油料产量(万吨)	Oil-bearing Crops Output(10 000 tons)	208	264
大牲畜年底头数(万头)	Large Domestic Animals (10 000 heads)	5 286	5 618
羊年底头数(万只)	Goats and Sheep (10 000 heads)	11 362	11 906
猪年底头数(万头)	Hogs (10 000 heads)	5 668	7 240

Principal Aggregate Indicators on National Economic and Social Development and Their Related Indices and Growth Rates

总量指标 Aggregate Data				速度指标(%) Indices and Growth Rates							
				指数 Index(2009 年为以下各年)(2009 as percentage of the following years)					平均增长速度 Average Annual Growth Rate		
2000 年	2005 年	2008 年	2009 年	1990 年	1995 年	2000 年	2005 年	2008 年	1991—2009 年	1996—2009 年	2001—2009 年
16 818	17 499	18 135	18 318	119.8	114.2	108.9	104.7	101.0	1.0	1.0	1.0
7 767	8 239	8 616	8 714	126.7	120.5	112.2	105.8	101.1	1.3	1.3	1.3
1 733	1 202	1 232	1 257	81.4	75.2	72.5	104.6	102.0	-1.1	-2.0	-3.5
7 486	**15 706**	**27 940**	**32 015**		**459.9**	**298.2**	**171.3**	**114.0**		**11.5**	**12.9**
2 022	3 300	5 002	5 243		216.6	164.9	125.1	105.0		5.7	5.7
2 834	6 419	13 202	14 644		696.7	413.8	198.5	117.9		14.9	17.1
2 629	5 987	9 736	12 129		459.4	285.7	166.4	113.3		11.5	12.4
4 451	**8 991**	**15 889**	**18 091**								
2 477	8 358	17 285	23 263		1 611.0	939.1	278.3	134.6		22.0	28.3
1 553	3 767	6 655	9 397	3 622.7	956.4	605.3	249.4	141.2	20.8	17.5	22.1
476	1 026	2 100	2 548	1 528.6	1027.1	535.9	248.3	121.4	15.4	18.1	20.5
1 173	3 050	6 497	8 369	2 749.2	1 406.3	713.5	274.3	128.8	19.1	20.8	24.4
2 086	2 033	2 303	2 307	130.8	153.0	110.6	113.5	100.2	1.4	3.1	1.1
936	1 027	1 114	1 114	145.8	133.0	119.1	108.4	100.0	2.0	2.1	2.0
3 200	5 349	8 260	8 671	325.8	233.7	178.0	123.5	107.6	6.4	6.3	6.6
6 381	7 187	7 925	8 006	149.0	138.0	125.5	111.4	101.0	2.1	2.3	2.6
146	188	303	253	538.2	267.4	173.0	134.6	83.4	9.3	7.3	6.3
353	372	397	397	191.0	150.5	112.5	106.8	100.2	3.5	3.0	1.3
5 566	6 153	5 599	5 684	107.5	101.2	102.1	92.4	101.5	0.4	0.1	0.2
13 076	16 391	14 467	14 806	130.3	124.4	113.2	90.3	102.3	1.4	1.6	1.4
8 201	8 526	7 697	7 944	140.1	109.7	96.9	93.2	103.2	1.8	0.7	-0.4

2-1 续表1

指标	Item	1990年	1995年
工业	**Industry**		
工业总产值（亿元）	Gross industrial Output Value(100 million yuan)		
主要工业产品产量	Output of Major Industrial Products		
布（亿米）	Cloth(100 million m)	7.4	6.9
机制纸及纸板（万吨）	Machine-made Paper and Paperboard(10 000 tons)	94	191
成品糖（万吨）	Refined Sugar (10 000 tons)	223	240
原煤（亿吨）	Coal (100 million tons)	1.2	1.7
原油（万吨）	Crude Oil (10 000 tons)	1 265	1 610
发电量（亿千瓦小时）	Electricity (100 million kw. h)	739	1 187
粗钢（万吨）	Crude Steel (10 000 tons)	368	700
生铁（万吨）	Pig Iron (10 000 tons)	417	555
水泥（万吨）	Cement (10 000 tons)	1 958	4 296
木材（万立方米）	Timber (10 000 cu. m)	1 761	3 257
建筑业	**Construction**		
建筑业企业人数（万人）	Number of Employed Persons (10 000 persons)		
建筑业总产值（亿元）	Gross Output Value (100 million yuan)		
施工房屋面积（万平方米）	Floor Space of Buildings Under Construction(10 000 sq. m)		
竣工房屋面积（万平方米）	Floor Space of Buildings Completed (10 000 sq. m)		
邮电运输	**Transportation, Post and Telecommunication**		
铁路营业里程（万公里）	Railways in Operation (10 000 km)	1.31	1.70
公路通车里程（万公里）	Highways (10 000 km)	29	33
邮电业务总量（亿元）	Total and Telecommunications Services (100 million yuan)	9	78
邮路及农村投递线路总长度（万公里）	Postal Routes (10 000 km)	88	107
国内商业	**Domestic Trade**		
社会消费品零售总额(亿元)	Total Value of Retail Sales (100 million yuan)	682	1 692
对外经济贸易	**Foreign Trade**		
进出口总额（亿美元）	Total Exports and Imports (USD 100 million)		
出口额	Exports		
进口额	Imports		

注:1. 2000年及以后铁路营业里程为国家铁路营业里程。

2. 工业总产值为全部国有和年销售收入500万元以上的非国有工业企业的工业总产值。

Continued

总量指标 Aggregate Data				速度指标(%) Indices and Growth Rates							
				指数 Index(2009 年为以下各年) (2009 as percentage of the following years)					平均增长速度 Average Annual Growth Rate		
2000 年	2005 年	2008 年	2009 年	1990 年	1995 年	2000 年	2005 年	2008 年	1991—2009 年	1996—2009 年	2001—2009 年
3 923	10 654	25 911	29 145								
5.0	3.5	3.2	3.1	41.7	44.8	61.7	88.2	96.2	-4.5	-5.6	-5.2
175	273	358	500	531.6	261.6	285.1	183.3	139.6	9.2	7.1	12.3
498	678	1 174	1 047	470.5	437.3	210.2	154.5	89.2	8.5	11.1	8.6
1.5	3.8	6.5	8.3	688.3	501.7	569.6	219.2	127.6	10.7	12.2	21.3
2 292	2 833	3 055	4 649	367.5	288.8	202.9	164.1	152.2	7.1	7.9	8.2
1 712	3 052	5 501	5 911	800.1	498.2	345.2	193.7	107.5	11.6	12.2	14.8
647	1 846	2 981	3 469	941.8	495.8	536.1	187.9	116.4	12.5	12.1	20.5
725	2 087	3 021	3 946	946.2	711.3	544.3	189.1	130.6	12.6	15.0	20.7
5 703	10 156	15 780	21 376	1 091.8	497.6	374.8	210.5	135.5	13.4	12.1	15.8
1 052	169	385	401	22.7	12.3	38.1	236.5	103.9	-7.5	-13.9	-10.2
132	142	165	184			139.8	129.8	111.3			3.8
754	1 656	3 083	3 962			525.2	239.2	128.5			20.2
9 232	15 964	24 600	28 156			305.0	176.4	114.5			13.2
5 326	8 072	11 858	13 167			247.2	163.1	111.0			10.6
1.43	1.69	2.00	2.09			146.5	123.8	104.4			4.3
42	59	86	88	298.9	264.3	207.2	148.9	101.7	5.9	7.2	8.4
297	892	1 804	2 142	24 905.3	2 746.0	721.4	240.2	118.8	33.7	26.7	24.6
110	110	116	123	139.8	115.2	112.4	112.2	106.5	1.8	1.0	1.3
2 570	4 874	8 243	9 857	1 445.8	582.5	383.6	202.2	119.6	15.1	13.4	16.1
86	222	531	416			485.5	187.7	78.3			19.2
50	126	368	266			534.9	210.2	72.2			20.5
36	95	163	150			417.3	157.8	91.8			17.2

Note: a. Railway in operation from 2000 refer to country railways.

b. Gross industrial output value refer to all state-owned industrial enterprises and the non-state-owned industrial enterprises with an annual sales income of over 5 million yuan.

2-1 续表2

指标	Item	1990年	1995年
国际旅游	**International Tourism**		
国际旅游人数（万人次）	Number of Foreign Tourists (10 000 persons)		
旅游外汇收入（亿美元）	Foreign Exchange Earning from Tourism(USD 100 million)		
金融	**Finance**		
金融机构各项存款（亿元）	Deposits of National Banking System(100 million yuan)		
金融机构各项贷款（亿元）	Loans of National Banking System (100 million yuan)		
教育、文化、卫生	**Education, Technology and Culture**		
教育	**Education**		
在校学生数（万人）	Students Enrollment (10 000 persons)		
普通高等学校	Institutions of Higher Education	13.6	18.6
普通中学	Secondary Schools	610	632
普通小学	Primary Schools	1 853	1 889
专任教师数（万人）	Full-time Teachers (10 000 persons)		
普通高等学校	Institutions of Higher Education	2.8	3.7
普通中学	Secondary Schools	41.5	41.5
普通小学	Primary Schools	84.8	85.8
文化	**Culture**		
出版数量	Publications		
图书（万册）	Number of Books Published (10 000 copies)	30 166	42 275
杂志（万册）	Number of Magazines Issued(10 000 copies)	7 866	7 881
报纸（万份）	Number of Newspapers Issued (10 000 copies)	79 120	94 985
卫生	**Health Care**		
医院、卫生院数（万个）	Number of Hospitals and Township Hospitals (10 000 units)	1.06	1.23
医院、卫生院床位（万张）	Number of Hospitals and Township Hospitals Beds(10 000 units)	33.2	35.7

Continued

总量指标 Aggregate Data				速度指标(%) Indices and Growth Rates							
				指数 Index(2009年为以下各年) (2009 as percentage of the following years)					平均增长速度 Average Annual Growth Rate		
2000年	2005年	2008年	2009年	1990年	1995年	2000年	2005年	2008年	1991—2009年	1996—2009年	2001—2009年
348	532	899	965			277.1	181.4	107.3			12.0
8	13	18	27			354.7	209.2	147.3			15.1
7 906	16 324	30 144	36 816			465.7	225.5	122.1			18.6
6 548	11 300	19 318	24 494			374.1	216.8	126.8			15.8
34.2	100.0	137.5	148.5	1 092.0	798.4	434.2	148.5	108.0	13.4	16.0	17.7
873	1 082	1 062	1 050	172.3	166.2	120.3	97.0	98.9	2.9	3.7	2.1
1 886	1 668	1 616	1 581	85.3	83.7	83.8	94.8	97.9	-0.8	-1.3	-1.9
3.6	6.3	8.2	8.7	310.6	235.1	239.0	138.1	105.8	6.1	6.3	10.2
47.9	61.1	64.7	66.2	159.5	159.6	138.2	108.3	102.2	2.5	3.4	3.7
89.9	88.1	90.0	90.6	106.8	105.6	100.7	102.8	100.7	0.3	0.4	0.08
42 310	41 958	48 929	47 690	158.1	112.8	112.7	113.7	97.5	2.4	0.9	1.3
8 332	10 280	7 257	7 366	93.6	93.5	88.4	71.7	101.5	-0.3	-0.5	-1.4
123 277	169 518	159 786	165 395	209.0	174.1	134.2	97.6	103.5	4.0	4.0	3.3
1.25	1.18	1.19	1.18	112.0	96.0	94.8	99.9	99.5	0.6	-0.3	-0.59
36.1	38.4	47.1	51.6	155.4	144.5	142.8	134.2	109.5	2.3	2.7	4.0

2-2 民族自治地方国民经济与社会发展主要指标占全国的比重
The Proportion of Main Indicators of National Economy of Ethnic Minority Autonomous Areas in the National Economy as a Whole

指标	Item	1990 年	1995 年	2000 年	2005 年	2009 年
人口与就业	**Population and Employment**					
年底总人口	Population at the Year-end	13.38	13.25	13.27	13.36	13.74
单位从业人员	Employment	10.98	11.22	14.29	10.79	10.31
地区生产总值	**Gross Regional Product**		**8.52**	**7.70**	**7.94**	**8.84**
第一产业	Primary Industry		13.68	13.62	14.35	14.91
第二产业	Secondary Industry		6.50	6.19	6.62	8.18
第三产业	Tertiary Industry		8.14	7.19	7.69	8.19
人均地区生产总值	**Per Capita Gross Domestic Product**		**60.54**	**56.65**	**63.98**	**65.55**
全社会固定资产投资	**Total Investment in Fixed Assets**		**7.21**	**7.52**	**9.41**	**10.36**
国有单位固定资产投资	State-owned Units Capital Construction Investment	8.70	9.02	9.41	12.70	19.29
财政	**Public Finance**					
地方财政收入	Local Finance Revenue	8.60	8.31	7.42	6.80	7.82
地方财政支出	Local Finance Expenditure	14.60	12.33	11.31	12.13	13.71
农业	**Agriculture**					
农业总产值	Gross Output Value of Agriculture	12.80	12.47	12.84	13.56	14.95
耕地面积	Cultivated Areas	18.40				
灌溉面积	Irrigated Areas	16.12	17.00	17.40	18.67	19.05
主要农牧产品	Output of Major Farm Products					
粮食	Grain Output	12.00	12.43	15.75	14.85	15.08
棉花	Cotton Output	10.40	19.84	33.11	32.89	39.67
油料	Oil-bearing Corps Output	12.90	11.73	11.95	12.09	12.60
大牲畜年末头数	Large Domestic Animals	40.60	35.40	36.74	39.09	46.40
羊年末只数	Goats and Sheep	54.10	43.00	45.04	43.98	52.72
猪年末头数	Hogs	15.60	16.40	18.35	16.94	17.16
工业	**Industry**					
工业总产值	Gross Output Value of Industry	5.40	4.60	4.59	4.23	5.74
主要工业产品	Gross Industrial Output Value					
布(混合数)	Cloth Output	3.90	2.70	1.81	0.74	0.44
机制纸及纸板	Machine-made Paper and Paperboard	6.86	6.80	7.06	5.05	5.96
成品糖	Sugar	38.25	42.84	71.17	75.09	72.26
原煤	Coal Output	11.20	12.20	14.65	17.37	29.87
原油	Crude Oil Output	9.10	10.70	14.06	15.66	24.47
发电量	Power Generation	11.90	11.80	12.63	12.33	17.05
粗钢	Steel Output	5.60	7.30	5.04	5.24	6.92
生铁	Pig Iron	6.68	5.27	5.53	6.32	8.38
水泥	Cement	9.34	9.03	9.55	9.55	15.27
木材	Timber Output	31.60	48.10	22.28		

2-2 续表
Continued

指 标	Item	1990 年	1995 年	2000 年	2005 年	2009 年
建筑业	**Construction**					
建筑业总产值	Gross Output Value			4.50	4.77	6.39
运输	**Transportation**					
铁路营业里程	Railway in Operation	24.50	31.10	24.30	22.41	26.25
公路线路里程	Highways	28.40	28.70	30.20	17.63	23.53
国内商业	**Domestic Trade**					
社会消费品零售总额	Total Value of Retail Sales	9.40	8.20	7.50	7.26	7.43
对外经济贸易	**Foreign Trade**					
进出口贸易	Total Exports and Imports			1.81	1.56	1.88
出口额	Exports			1.99	1.91	2.21
进口额	Imports			1.60	1.25	1.49
国际旅游	**International Tourism**					
国际旅游人数	Number of Foreign Tourism			4.17	4.42	7.42
旅游外汇收入	Foreign Exchange Earning from Tourism			4.65	4.37	6.56
教育	**Education**					
在校学生	Students Enrollment					
普通高等学校	Institutions of Higher Education	6.59	6.40	6.15	6.40	7.35
普通中学	Secondary Schools	13.29	11.76	11.85	14.88	13.04
普通小学	Primary Schools	15.14	14.32	14.49	15.35	15.30
专任教师	Full-time Teachers					
普通高等学校	Institutions of Higher Education	7.09	9.23	7.86	6.48	7.03
普通中学	Secondary Schools	13.68	12.44	11.96	12.82	13.39
普通小学	Primary Schools	15.19	15.15	15.35	15.75	16.11
卫生	**Health Care**					
医院卫生院数	Hospitals	17.00	18.10	18.78	19.68	19.76
医院卫生院床位数	Hospital Beds	12.70	12.60	12.25	11.96	12.64
卫生技术人员	Medical Personnel	12.50	12.40	7.91	10.66	11.52

注:1.本表中涉及民族自治地方 GDP 占全国的比重,分母为全国 31 个省(区、市)相加的合计数。

2.财政收支占全国的比重是指占全国地方财政收支的比重。

3.2000 年后工业总产值指全部国有和年销售收入 500 万元以上非国有工业企业的工业总产值。

Note: a. Calculating the percentage of Ethnic Minority Autonomous Areas to all country, the denominator is the sum of 31 provinces (autonomous regions, municipality).

b. Budgetary revenue and expenditure as percentage to nation refers to as nationwide local government.

c. Gross industrial output value refer to all state-owned industrial enterprises and the non-state-owned industrial enterprises with an annual sales income of over 5 million yuan since 2000.

2-3 按区域分的国民经济和社会发展主要指标（2009年）

指标	Item	全国总计 National Total	民族自治地方 Ethnic Minority Autonomous Areas 绝对数 Absolute Figures	占全国比重（%） As Percentage of National Total
自然资源	Natural Resources			
土地面积（万平方公里）	Area of Land（10 000 sq. km）	960.0	613.3	63.9
人口	Population			
总人口（年末）（万人）	Population at the Year-end（10 000 persons）	133 474.0	18 317.9	13.7
国民经济核算	National Accounting			
国内(地区)生产总值(亿元)	Gross Domestic Product（100 million yuan）	362 232.0	32 015.4	8.8
第一产业	Primary Industry	35 176.3	5 243.1	14.9
第二产业	Secondary Industry	178 958.7	14 643.7	8.2
#工业	Industry	157 497.4	12 311.4	7.8
第三产业	Tertiary Industry	148 097.0	12 128.6	8.2
人均国内(地区)生产总值(元)	Per Capita Gross Domestic Product（yuan）	27 600.0	18 091.2	65.5
固定资产投资	Investment in Fixed Assets			
全社会固定资产投资总额（亿元）	Total Investment in Fixed Assets（100 million yuan）	224 598.8	23 262.6	10.4
财政	Government Finance			
地方财政收入（亿元）	Local Government Revenue（100 million yuan）	32 602.6	2 548.2	7.8
地方财政支出（亿元）	Local Government Expenditure（100 million yuan）	61 044.1	8 368.6	13.7
对外贸易	Foreign Trade			
货物进出口总额（亿美元）	Total Value of Imports and Exports(100 million USD)	22 075.4	415.8	1.9
出口额	Exports	12 016.1	265.7	2.2
进口额	Imports	10 059.2	150.1	1.5
农业	Agriculture			
主要农产品产量（万吨）	Output of Major Farm Products（10 000 tons）			
粮食	Grain	53 082.1	8 005.9	15.1
棉花	Cotton	637.7	253.0	39.7
油料	Oil-bearing Crops	3 154.3	397.3	12.6

Main Indicators of National Economic and Social Development by Eastern, Central, Western and Northeastern Provinces (2009)

东部地区 Eastern Provinces		中部地区 Central Provinces		西部地区 Western Provinces		东北地区 Northeastern Provinces	
绝对数 Absolute Figures	占全国比重 (%) As Percentage of National Total	绝对数 Absolute Figures	占全国比重 (%) As Percentage of National Total	绝对数 Absolute Figures	占全国比重 (%) As Percentage of National Total	绝对数 Absolute Figures	占全国比重 (%) As Percentage of National Total
91.6	9.5	102.8	10.7	686.7	71.5	78.8	8.2
48 442.9	36.8	35 603.5	27.0	36 729.7	27.9	10 884.6	8.3
194 670.9	53.7	70 137.4	19.4	66 866.9	18.5	30 556.8	8.4
12 822.7	36.5	9 606.1	27.3	9 197.8	26.1	3 549.7	10.1
96 489.3	53.9	35 374.5	19.8	31 860.8	17.8	15 234.1	8.5
86 695.7	55.0	30 683.5	19.5	26 588.3	16.9	13 530.0	8.6
85 358.9	57.6	25 156.8	17.0	25 808.3	17.4	11 773.0	7.9
40 800.0	147.8	19 861.7	72.0	18 285.7	66.3	28 566.4	103.5
95 548.0	43.7	49 851.8	22.8	49 686.3	22.7	23 732.9	10.8
18 786.6	57.6	5 039.6	15.5	6 056.4	18.6	2 720.0	8.3
24 951.5	40.9	12 473.1	20.4	17 580.1	28.8	6 039.3	9.9
19 470.5	88.2	779.0	3.5	916.7	4.2	909.1	4.1
10 610.4	88.3	419.1	3.5	520.4	4.3	466.2	3.9
8 860.1	88.1	359.9	3.6	396.3	3.9	442.8	4.4
13 817.4	26.0	16 615.2	31.3	14 245.4	26.8	8 404.0	15.8
188.4	29.5	176.5	27.7	272.5	42.7	0.3	0.05
809.0	25.6	1 385.7	43.9	825.7	26.2	133.9	4.2

2-3 续表

指 标	Item	全国总计 National Total	民族自治地方 Ethnic Minority Autonomous Areas 绝对数 Absolute Figures	占全国比重(%) As Percentage of National Total
工业	**Industry**			
主要工业产品产量	Output of Major Industrial Products			
原煤（亿吨）	Coal (100 million tons)	29.7	8.3	28.0
原油（万吨）	Crude Oil (10 000 tons)	18 949.0	4 649.5	24.5
发电量（亿千瓦小时）	Electricity (100 million kw. h)	37 146.5	5 910.8	15.9
粗钢（万吨）	Crude Steel (10 000 tons)	57 218.2	3 468.6	6.1
水泥（万吨）	Cement (10 000 tons)	164 397.8	21 375.5	13.0
交通运输业	**Transportation**			
铁路营业里程（公里）	Length of Railways in Operation (km)	85 517.9	20 919.2	24.5
公路里程（公里）	Length of Highways (km)	3 860 823.0	877 873.3	22.7
旅客周转量（亿人公里）	Total Passenger-kilometer (100 million person-km)	24 834.9	2 419.5	9.7
货物周转量（亿吨公里）	Total Freight Ton-kilometer (100 million ton-km)	122 133.3	9 228.5	7.6
邮电通信业	**Post and Telecommunication Services**			
邮电业务总量（亿元）	Total Business Revenue (100 million yuan)	27 193.5	2 141.9	7.9
国内商业	**Domestic Trade**			
社会消费品零售总额（亿元）	Total Retail Sales of Consumer Goods (100 million yuan)	132 678.4	9 857.1	7.4
教育	**Education**			
普通高等学校	Institutions of Higher Education			
学校数（个）	Number of Institutions (unit)	2 305.0	196.0	8.5
招生数（万人）	New Student Enrollment (10 000 persons)	639.5	44.4	6.9
在校学生数（万人）	Student Enrollment (10 000 persons)	2 144.7	148.5	6.9
毕业生数（万人）	Number of Graduates (10 000 persons)	531.1	33.0	6.2
卫生	**Health Care**			
医院、卫生院数（个）	Hospitals and Health Centers(unit)	59 918.0	11 840.0	19.8
卫生技术人员（万人）	Medical Technical Personnel (10 000 persons)	553.5	63.8	11.5
医院、卫生院床位数(万张)	Hospitals and Health Centers(10 000 units)	441.7	51.6	11.7
人民生活	**People's Livelihood**			
城镇居民可支配收入（元）	Per Capita Disposable Income of Urban Households (yuan)	17 174.7	14 072.8	81.9
农村居民人均纯收入（元）	Per Capita Net Income of Rural Households(yuan)	5 153.2	3 655.6	70.9

注:本表中涉及分地区数据相加不等于全国总计的指标,在计算东、中、西和东北地区占全国的比重时,分母为 31 个省(区、市)相加的合计数。

Continued

东部地区 Eastern Provinces		中部地区 Central Provinces		西部地区 Western Provinces		东北地区 Northeastern Provinces	
绝对数 Absolute Figures	占全国比重 (%) As Percentage of National Total	绝对数 Absolute Figures	占全国比重 (%) As Percentage of National Total	绝对数 Absolute Figures	占全国比重 (%) As Percentage of National Total	绝对数 Absolute Figures	占全国比重 (%) As Percentage of National Total
2. 8	9. 6	10. 6	35. 9	14. 1	47. 8	2. 0	6. 7
7 280. 9	38. 4	555. 4	2. 9	5 472. 1	28. 9	5 640. 6	29. 8
15 269. 6	41. 1	8 628. 4	23. 2	10 821. 3	29. 1	2 427. 3	6. 5
31 771. 9	55. 5	11 855. 3	20. 7	7 418. 2	13. 0	6 172. 9	10. 8
69 033. 8	42. 0	42 764. 8	26. 0	41 611. 0	25. 3	10 988. 2	6. 7
17 223. 3	22. 3	17 392. 4	22. 6	29 062. 1	37. 7	13 406. 0	17. 4
895 705. 0	25. 9	978 767. 0	28. 3	1 260 964. 0	36. 5	321 565. 0	9. 3
6 807. 0	40. 5	4 675. 4	27. 8	3 947. 0	23. 5	1 397. 2	8. 3
53 182. 1	67. 6	10 059. 4	12. 8	9 580. 9	12. 2	5 866. 9	7. 5
8 307. 9	54. 4	2 669. 5	17. 5	3 000. 4	19. 6	1 303. 3	8. 5
42 591. 5	54. 4	15 197. 5	19. 4	13 335. 8	17. 0	7 108. 2	9. 1
915. 0	39. 7	596. 0	25. 9	554. 0	24. 0	240. 0	10. 4
257. 2	40. 2	179. 0	28. 0	143. 5	22. 4	59. 7	9. 3
876. 1	40. 9	585. 3	27. 3	474. 0	22. 1	209. 2	9. 8
221. 1	41. 6	148. 9	28. 0	110. 2	20. 8	50. 8	9. 6
16 728. 0	27. 9	15 488. 0	25. 8	22 562. 0	37. 7	5 140. 0	8. 6
221. 0	39. 9	140. 6	25. 4	138. 5	25. 0	53. 4	9. 7
163. 7	37. 1	113. 6	25. 7	119. 8	27. 1	44. 6	10. 1
20 953. 0	122. 0	14 367. 0	83. 7	14 213. 0	82. 8	14 324. 0	83. 4
7 155. 5	138. 9	4 792. 8	93. 0	3 816. 5	74. 1	5 456. 6	105. 9

Note: As the sum of some indicators by region is different from the national total, while calculating the percentage of eastern, central, western and northeastern region to all country, the denominator is the sum of 31 provinces.

2-4 民族自治地方地区生产总值

Gross Regional Product and Composition of Ethnic Minority Autonomous Areas

年 份 Year	地区生产总值(亿元) GRP (100 million yuan)	第一产业 Primary Industry	第二产业 Secondary Industry	第三产业 Tertiary Industry	地区生产总值构成(%) GRP	第一产业 Primary Industry	第二产业 Secondary Industry	第三产业 Tertiary Industry
1992	2 182.62	822.51	750.34	609.77	100	37.7	34.4	27.9
1993	2 762.41	938.13	1 072.35	751.93	100	34.0	38.8	27.2
1994	3 976.93	1 294.45	1 450.44	1 232.04	100	32.5	36.5	31.0
1995	4 901.14	1 628.55	1 746.52	1 526.07	100	33.2	35.6	31.2
1996	5 658.35	1 876.61	2 208.18	1 753.56	100	33.2	35.8	31.0
1997	6 333.26	2 047.92	2 320.20	1 965.14	100	32.3	36.6	31.1
1998	6 589.84	2 055.62	2 381.01	2 153.21	100	31.2	36.1	32.7
1999	6 886.17	2 007.83	2 528.18	2 350.16	100	29.2	36.7	34.1
2000	7 486.15	2 022.30	2 834.43	2 629.41	100	27.0	37.8	35.2
2001	8 179.19	2 088.98	3 085.54	3 004.67	100	25.5	37.7	36.8
2002	9 015.06	2 200.28	3 438.70	3 376.08	100	24.4	38.1	37.5
2003	10 381.02	2 455.72	4 163.54	3 761.76	100	23.7	40.1	36.2
2004	12 518.62	2 919.70	5 347.60	4 251.32	100	23.3	42.7	34.0
2005	15 705.93	3 300.20	6 419.02	5 986.71	100	21.0	40.9	38.1
2006	18 659.12	3 622.87	8 089.54	6 946.71	100	19.4	43.4	37.2
2007	22 852.78	4 311.54	10 265.37	8 275.88	100	18.9	44.9	36.2
2008	27 940.20	5 002.01	13 202.16	9 736.03	100	17.9	47.3	34.8
2009	32 015.43	5 243.11	14 643.71	12 128.61	100	16.4	45.7	37.9

2-5 民族自治地方地区生产总值指数

Indices of Gross Regional Product of Ethnic Minority Autonomous Areas

(上年=100) (preceding year=100)

年 份 Year	地区生产总值 GRP	第一产业 Primary Industry	第二产业 Secondary Industry	第三产业 Tertiary Industry
1993	111.7	104.7	121.8	113.8
1994	113.8	107.1	118.8	114.7
1995	109.4	106.3	112.4	109.3
1996	110.6	110.1	112.3	109.1
1997	110.7	108.4	112.7	110.6
1998	108.8	105.7	111.3	109.0
1999	107.3	102.5	109.5	109.4
2000	107.9	101.7	109.2	111.8
2001	108.3	103.1	109.2	111.4
2002	110.2	105.4	112.4	111.3
2003	111.9	105.9	117.2	110.2
2004	113.4	106.7	119.0	111.7
2005	114.9	107.3	121.7	112.4
2006	114.4	106.2	119.7	113.3
2007	115.4	105.4	120.2	114.8
2008	113.8	106.4	117.1	112.9
2009	114.0	105.0	117.9	113.3

2-6 民族自治地方分地区生产总值(2009年)

Gross Regional Product by Region of Ethnic Minority Autonomous Areas(2009)

单位:亿元 (100 million yuan)

地 区 Region	地区生产总值 GRP	第一产业 Primary Industry	第二产业 Secondary Industry	工 业 Industry	建筑业 Construction	第三产业 Tertiary Industry
合 计 Total	**32 015.43**	**5 243.11**	**14 643.71**	**12 311.37**	**2 331.12**	**12 128.61**
河 北 Hebei	356.01	61.84	204.82	186.27	18.54	89.36
内蒙古 Inner Mongolia	9 740.25	929.60	5 114.00	4 503.33	610.67	3 696.65
辽 宁 Liaoning	704.82	135.16	323.78	295.70	28.08	245.89
吉 林 Jilin	835.69	126.25	365.95	325.45	40.50	343.48
黑龙江 Heilongjiang	40.77	16.75	14.74	14.39	0.35	9.28
浙 江 Zhejiang	23.13	4.03	8.31	5.79	2.51	10.79
湖 北 Hubei	366.63	118.25	98.06	84.18	13.88	150.32
湖 南 Hunan	455.14	92.47	169.74	149.19	20.54	192.93
广 东 Guangdong	57.19	10.92	26.99	22.02	4.98	19.28
广 西 Guangxi	7 759.16	1 458.49	3 381.54	2 863.84	517.70	2 919.13
海 南 Hainan	185.68	96.63	38.69	22.83	14.63	50.37
重 庆 Chongqing	223.14	45.78	92.72	64.26	28.46	84.64
四 川 Sichuan	892.90	218.92	357.89	271.98	85.91	316.09
贵 州 Guizhou	1 088.96	260.71	357.52	290.64	66.88	470.73
云 南 Yunnan	2 390.76	586.77	914.94	733.81	181.14	889.05
西 藏 Tibet	441.36	63.88	136.63	33.11	103.52	240.85
甘 肃 Gansu	213.43	43.10	75.73	59.70	16.03	94.60
青 海 Qinghai	610.06	86.57	369.77	308.66	61.12	153.72
宁 夏 Ningxia	1 353.31	127.25	662.32	520.38	141.94	563.74
新 疆 Xinjiang	4 277.05	759.74	1 929.59	1 555.84	373.75	1 587.72

2－7　民族自治地方分地区生产总值指数和人均地区生产总值(2009年)

Indices of Gross Regional Product and Per Capita GRP by Region of Ethnic Minority Autonomous Areas(2009)

地区 Region	地区生产总值(以2006年为100) GRP	第一产业 Primary Industry	第二产业 Secondary Industry	第三产业 Tertiary Industry	人均地区生产总值(元) Per Capita GRP (yuan)
合计 Total	**114.0**	**105.0**	**117.9**	**113.3**	**18 091**
河北 Hebei	113.1	104.2	115.4	114.4	17 511
内蒙古 Inner Mongolia	116.9	102.3	121.1	115.0	40 282
辽宁 Liaoning	124.5	107.5	132.3	123.8	20 958
吉林 Jilin	119.4	106.4	127.4	116.7	25 059
黑龙江 Heilongjiang	135.3	120.5	160.3	123.5	15 936
浙江 Zhejiang	109.8	104.9	108.5	112.7	13 659
湖北 Hubei	111.6	104.6	119.2	113.5	8 966
湖南 Hunan	111.2	106.1	113.8	111.5	10 048
广东 Guangdong	114.6	106.9	118.4	113.5	12 628
广西 Guangxi	113.9	105.2	117.7	113.8	16 045
海南 Hainan	114.5	108.9	127.3	115.7	9 826
重庆 Chongqing	115.5	105.7	121.3	113.8	10 967
四川 Sichuan	116.8	104.6	128.7	112.1	13 303
贵州 Guizhou	113.0	105.9	118.1	113.1	7 091
云南 Yunnan	112.4	107.0	115.3	112.6	10 495
西藏 Tibet	112.4	103.0	121.7	110.4	15 295
甘肃 Gansu	112.4	107.1	114.5	112.3	6 285
青海 Qinghai	110.9	105.0	111.8	111.8	17 510
宁夏 Ningxia	111.9	107.3	114.4	110.0	21 777
新疆 Xinjiang	108.1	104.5	108.5	109.2	19 942

2-8 民族自治地方分地区生产总值构成(2009年)

Composition of Gross Regional Product by Region of Ethnic Minority Autonomous Areas(2009)

单位:% (%)

地 区 Region	地区生产总值 GRP	第一产业 Primary Industry	第二产业 Secondary Industry	工 业 Industry	建筑业 Construction	第三产业 Tertiary Industry
合 计 Total	**100**	**16.4**	**45.7**	**38.5**	**7.3**	**37.9**
河 北 Hebei	100	17.4	57.5	52.3	5.2	25.1
内蒙古 Inner Mongolia	100	9.5	52.5	46.2	6.3	38.0
辽 宁 Liaoning	100	19.2	45.9	42.0	4.0	34.9
吉 林 Jilin	100	15.1	43.8	38.9	4.8	41.1
黑龙江 Heilongjiang	100	41.1	36.2	35.3	0.9	22.8
浙 江 Zhejiang	100	17.4	35.9	25.1	10.9	46.6
湖 北 Hubei	100	32.3	26.7	23.0	3.8	41.0
湖 南 Hunan	100	20.3	37.3	32.8	4.5	42.4
广 东 Guangdong	100	19.1	47.2	38.5	8.7	33.7
广 西 Guangxi	100	18.8	43.6	36.9	6.7	37.6
海 南 Hainan	100	52.0	20.8	12.3	7.9	27.1
重 庆 Chongqing	100	20.5	41.6	28.8	12.8	37.9
四 川 Sichuan	100	24.5	40.1	30.5	9.6	35.4
贵 州 Guizhou	100	23.9	32.8	26.7	6.1	43.2
云 南 Yunnan	100	24.5	38.3	30.7	7.6	37.2
西 藏 Tibet	100	14.5	31.0	7.5	23.5	54.6
甘 肃 Gansu	100	20.2	35.5	28.0	7.5	44.3
青 海 Qinghai	100	14.2	60.6	50.6	10.0	25.2
宁 夏 Ningxia	100	9.4	48.9	38.5	10.5	41.7
新 疆 Xinjiang	100	17.8	45.1	36.4	8.7	37.1

2-9 全国民族自治区、自治州、自治县(旗)基本情况(2009年)(一)

地 区	Region	年末总人口(万人) Total Population at Year-end (10 000 persons)	#少数民族 Minority Population	少数民族占总人口(%) Minority Population As% of Total Population
5个自治区合计		**10 587.73**	**4 244.83**	**40.09**
内蒙古自治区	Inner Mongolia Autonomous Region	2 422.07	540.61	22.32
广西壮族自治区	Guangxi Zhuang Autonomous Region	5 092.00	1 884.00	37.00
西藏自治区	Tibet Autonomous Region	289.82	273.30	94.30
宁夏回族自治区	Ningxia Hui Autonomous Region	625.20	229.98	36.78
新疆维吾尔自治区	Xinjiang Uygur Autonomous Region	2 158.63	1 316.94	61.01
30个自治州合计		**5 755.80**	**3 274.58**	**56.89**
吉林省	**Jilin**			
延边朝鲜族自治州	Yanbian Korean Autonomous Prefecture	217.86	87.31	40.07
湖北省	**Hubei**			
恩施土家族苗族自治州	Enshi Tujia and Miao Autonomous Prefecture	394.92	208.52	52.80
湖南省	**Hunan**			
湘西土家族苗族自治州	Xiangxi Tujia and Miao Autonomous Prefecture	275.83	207.73	75.31
四川省	**Sichuan**			
阿坝藏族羌族自治州	Aba Tibetan and Qiang Autonomous Prefecture	89.20	69.50	77.92
凉山彝族自治州	Liangshan Yi Autonomous Prefecture	473.04	247.49	52.32
甘孜藏族自治州	Ganzi Tibetan Autonomous Prefecture	102.30	86.09	84.15
贵州省	**Guizhou**			
黔东南苗族侗族自治州	Qiandongnan Miao and Dong Autonomous Prefecture	445.57	359.56	80.70
黔南布依族苗族自治州	Qiannan Bouyei and Miao Autonomous Prefecture	397.31	225.01	56.63
黔西南布依族苗族自治州	Qianxi'nan Bouyei and Miao Autonomous Prefecture	332.09	141.04	42.47
云南省	**Yunnan**			
西双版纳傣族自治州	Xishuangbanna Dai Autonomous Prefecture	107.60	81.40	75.65
文山壮族苗族自治州	Wenshan Zhuang and Miao Autonomous Prefecture	345.40	198.20	57.38
红河哈尼族彝族自治州	Honghe Hani and Yi Autonomous Prefecture	444.20	251.70	56.66
德宏傣族景颇族自治州	Dehong Dai and Jingpo Autonomous Prefecture	119.40	62.30	52.18
怒江傈僳族自治州	Nujiang Lisu Autonomous Prefecture	53.60	49.50	92.35
迪庆藏族自治州	Diqing Tibetan Autonomous Prefecture	37.90	33.00	87.07
大理白族自治州	Dali Bai Autonomous Prefecture	350.80	175.20	49.94
楚雄彝族自治州	Chuxiong Yi Autonomous Prefecture	270.10	87.80	32.51
甘肃省	**Gansu**			
临夏回族自治州	Linxia Hui Autonomous Prefecture	206.55	115.40	55.87
甘南藏族自治州	Gannan Tibetan Autonomous Prefecture	72.68	44.62	61.40

Main Data Autonomous Region, Autonomous Prefecture and Autonomous County (Banner) in China (2009) (1)

地区生产总值（亿元）Gross Regional Product (100 million yuan)	第一产业（亿元）Primary Industry (100 million yuan)	第二产业（亿元）Secondary Industry (100 million yuan)	第三产业（亿元）Tertiary Industry (100 million yuan)	地区生产总值增长速度（%）Annual Growth Rate (%)	人均地区生产总值（元）Per Capita Regional GRP (yuan)
23 571.13	**3 338.96**	**11 224.08**	**9 008.09**	**13.85**	**22 865**
9 740.25	929.60	5 114.00	3 696.65	16.90	40 282
7 759.16	1 458.49	3 381.54	2 919.13	13.90	16 045
441.36	63.88	136.63	240.85	12.40	15 295
1 353.31	127.25	662.32	563.74	11.90	21 777
4 277.05	759.74	1 929.59	1 587.72	8.10	19 942
7 110.40	**1 579.09**	**2 935.78**	**2 595.43**	**20.05**	**15 127**
450.34	45.33	206.39	198.62	18.20	20 631
294.26	96.01	79.05	119.20	11.50	8 436
268.97	44.34	107.56	117.07	11.00	10 724
109.58	22.97	43.21	43.41	36.00	12 185
627.11	157.46	256.08	213.58	15.70	14 604
103.15	25.44	34.96	42.75	9.00	10 325
269.73	65.20	81.69	122.84	12.20	6 705
297.97	61.04	115.43	121.50	14.62	7 944
274.83	49.73	101.75	123.35	13.10	9 011
138.64	40.69	41.01	56.93	12.80	12 920
284.90	70.69	94.83	119.38	12.60	8 277
560.88	104.60	283.56	172.72	11.10	12 769
115.71	33.09	34.67	47.95	15.10	9 728
48.05	5.92	20.35	21.77	13.10	8 989
63.66	6.91	23.93	32.82	18.30	16 480
404.50	104.01	145.48	155.01	12.00	11 555
343.95	81.66	138.60	123.68	12.20	12 758
93.17	20.20	28.65	44.32	10.90	4 673
57.65	14.31	13.49	29.85	12.50	8 472

2-9(一) 续表1

地 区	Region	年末总人口（万人）Total Population at Year-end (10 000 persons)	#少数民族 Minority Population	少数民族占总人口（%）Minority Population As% of Total Population
青海省	**Qinghai**			
海北藏族自治州	Haibei Tibetan Autonomous Prefecture	28.01	18.12	64.69
黄南藏族自治州	Huangnan Tibetan Autonomous Prefecture	24.72	21.17	85.65
海南藏族自治州	Hainan Tibetan Autonomous Prefecture	44.05	32.50	73.79
果洛藏族自治州	Guoluo Tibetan Autonomous Prefecture	16.62	14.89	89.64
玉树藏族自治州	Yushu Tibetan Autonomous Prefecture	35.73	34.66	97.00
海西蒙古族藏族自治州	Haixi Mongolian and Tibetan Autonomous Prefecture	38.59	11.26	29.17
新疆维吾尔自治区	**Xinjiang Uygur Autonomous Region**			
昌吉回族自治州	Changji Hui Autonomous Prefecture	157.22	36.81	23.41
巴音郭楞蒙古自治州	Bayingolin Mongolian Autonomous Prefecture	129.32	56.52	43.71
克孜勒苏柯尔克孜自治州	Kizilsu Kirgiz Autonomous Prefecture	53.02	49.05	92.51
博尔塔拉蒙古自治州	Bortala Mongolian Autonomous Prefecture	47.84	16.16	33.79
伊犁哈萨克自治州	Ili Kazak Autonomous Prefecture	444.32	252.05	56.73
120个自治县(旗)合计		**3 171.49**	**2 009.50**	**63.36**
河北省	**Hebei**			
大厂回族自治县	Dachang Hui Autonomous County	11.85	2.75	23.23
孟村回族自治县	Mengcun Hui Autonomous County	19.91	4.87	24.46
青龙满族自治县	Qinglong Manchu Autonomous County	54.27	37.66	69.40
丰宁满族自治县	Fengning Manchu Autonomous County	39.49	27.91	70.67
围场满族蒙古族自治县	Weichang Manchu and Mongolian Autonomous County	53.20	30.86	58.00
宽城满族自治县	Kuancheng Manchu Autonomous County	24.59	16.06	65.32
内蒙古自治区	**Inner Mongolia Autonomous Region**			
鄂伦春自治旗	Oroqen Autonomous Banner	28.07	3.31	11.78
莫力达瓦达斡尔族自治旗	Morindawa Daur Autonomous Banner	33.82	6.77	20.01
鄂温克族自治旗	Ewenki Autonomous Banner	14.42	5.75	39.89
辽宁省	**Liaoning**			
阜新蒙古族自治县	Fuxin Mongolian Autonomous County	73.07	15.91	21.78
喀喇沁左翼蒙古族自治县	Harqin Zuoyi Mongolian Autonomous County	42.72	9.35	21.89
岫岩满族自治县	Xiuyan Manchu Autonomous County	52.11	41.08	78.83
新宾满族自治县	Xinbin Manchu Autonomous County	30.55	22.65	74.14
清原满族自治县	Qingyuan Manchu Autonomous County	33.90	22.03	65.00
本溪满族自治县	Benxi Manchu Autonomous County	29.69	19.39	65.32
桓仁满族自治县	Huanren Manchu Autonomous County	30.23	17.83	59.00
宽甸满族自治县	Kuandian Manchu Autonomous County	43.76	25.61	58.52

Continued

地区生产总值（亿元）Gross Regional Product (100 million yuan)	第一产业（亿元）Primary Industry (100 million yuan)	第二产业（亿元）Secondary Industry (100 million yuan)	第三产业（亿元）Tertiary Industry (100 million yuan)	地区生产总值增长速度（%）Annual Growth Rate (%)	人均地区生产总值（元）Per Capita Regional GRP (yuan)
42.57	9.15	18.76	14.65	15.70	15 261
34.64	10.94	12.46	11.24	0.70	15 047
58.72	15.74	25.94	17.05	13.60	13 073
15.05	4.02	4.36	6.68	11.90	9 324
25.48	15.83	3.88	5.77	8.10	7 131
289.30	7.37	226.17	55.76	12.30	65 290
444.71	132.44	175.21	137.07	16.00	28 520
525.94	84.14	336.06	105.74	1.70	39 467
30.10	7.56	5.02	17.43	10.00	5 750
100.98	30.40	17.76	52.82	10.20	21 135
735.87	211.91	259.48	264.47	11.60	16 221
3 973.26	**965.41**	**1 447.29**	**1 295.09**	**25.84**	**11 455**
40.34	7.05	22.30	10.99	12.50	34 293
42.00	3.67	27.27	11.07	15.50	21 184
59.01	14.88	26.07	18.07	12.40	10 874
45.09	12.48	17.43	15.18	0.20	11 419
41.16	15.97	10.35	14.85	8.40	7 755
128.40	7.79	101.41	19.20	19.80	54 248
31.02	11.60	3.22	16.20	12.40	11 021
56.89	27.24	12.72	16.93	11.50	16 754
53.72	5.45	33.23	15.04	24.40	37 221
78.04	32.84	17.26	27.94	17.10	10 680
66.78	16.36	29.76	20.66	28.30	15 528
120.35	16.01	63.26	41.09	27.90	23 095
56.41	12.98	19.00	24.43	25.70	18 465
68.23	12.94	31.01	24.28	26.40	20 128
90.83	13.50	48.33	29.00	24.20	30 594
89.44	14.47	35.79	39.18	24.00	29 586
134.75	16.06	79.38	39.31	23.40	30 795

2－9(一)　续表2

地　区	Region	年末总人口（万人）Total Population at Year-end (10 000 persons)	#少数民族 Minority Population	少数民族占总人口（%）Minority Population As% of Total Population
吉林省	**Jilin**			
长白朝鲜族自治县	Changbai Korean Autonomous County	8.41	1.52	18.11
前郭尔罗斯蒙古族自治县	Qian Gorlos Mongolian Autonomous County	59.27	7.05	11.90
伊通满族自治县	Yitong Manchu Autonomous County	48.01	18.24	38.00
黑龙江省	**Heilongjiang**			
杜尔伯特蒙古族自治县	Dorbod Mongolian Autonomous County	25.69	5.30	20.63
浙江省	**Zhejiang**			
景宁畲族自治县	Jingning She Autonomous County	17.02	1.86	10.91
湖北省	**Hubei**			
长阳土家族自治县	Changyang Tujia Autonomous County	41.39	20.96	50.65
五峰土家族自治县	Wufeng Tujia Autonomous County	20.95	17.76	84.77
湖南省	**Hunan**			
城步苗族自治县	Chengbu Miao Autonomous County	26.33	15.20	57.72
通道侗族自治县	Tongdao Dong Autonomous County	23.29	19.33	83.00
江华瑶族自治县	Jianghua Yao Autonomous County	47.99	35.03	72.99
新晃侗族自治县	Xinhuang Dong Autonomous County	26.89	23.32	86.70
芷江侗族自治县	zhijiang Dong Autonomous County	39.07	27.78	71.10
靖州苗族侗族自治县	Jingzhou Miao and Dong Autonomous County	26.75	19.74	73.80
麻阳苗族自治县	Mayang Miao Autonomous County	38.52	30.45	79.05
广东省	**Guangdong**			
连南瑶族自治县	Liannan Yao Autonomous County	16.32	8.76	53.67
连山壮族瑶族自治县	Lianshan zhuang and Yao Autonomous County	11.76	7.20	61.20
乳源瑶族自治县	Ruyuan Yao Autonomous County	21.11	2.39	11.31
广西壮族自治区	**Guangxi Zhuang Autonomous Region**			
都安瑶族自治县	Du'an Yao Autonomous County	67.55	65.68	97.23
融水苗族自治县	Rongshui Miao Autonomous County	49.79	36.90	74.10
三江侗族自治县	Sanjiang Dong Autonomous County	37.48	31.90	85.11
龙胜各族自治县	Longsheng Gezu Autonomous County	17.44	14.09	80.79
金秀瑶族自治县	Jinxiu Yao Autonomous County	15.46	12.06	78.00
隆林各族自治县	Longlin Gezu Autonomous County	39.15	31.80	81.24
巴马瑶族自治县	Bama Yao Autonomous County	26.23	23.04	87.85
罗城仫佬族自治县	Luocheng Mulao Autonomous County	37.63	27.35	72.69
富川瑶族自治县	Fuchuan Yao Autonomous County	32.11	15.22	47.39

Continued

地区生产总值（亿元）Gross Regional Product (100 million yuan)	第一产业（亿元）Primary Industry (100 million yuan)	第二产业（亿元）Secondary Industry (100 million yuan)	第三产业（亿元）Tertiary Industry (100 million yuan)	地区生产总值增长速度（%）Annual Growth Rate (%)	人均地区生产总值（元）Per Capita Regional GRP (yuan)
17.40	3.71	6.71	6.98	18.30	21 070
266.08	50.53	131.95	83.61	20.10	45 252
101.86	26.69	20.90	54.28	23.60	21 160
40.77	16.75	14.74	9.28	35.30	15 936
23.13	4.03	8.31	10.79	9.80	13 659
47.45	14.24	11.97	21.24	12.50	11 717
24.92	8.00	7.04	9.88	10.80	12 713
15.97	5.78	5.54	4.65	7.20	6 690
15.51	3.46	5.13	6.92	12.30	7 491
39.40	12.74	9.44	17.22	13.80	9 605
19.14	3.17	7.98	7.99	1.10	8 029
39.80	9.66	15.78	14.35	13.60	11 464
29.39	6.37	10.10	12.92	13.70	11 994
26.97	6.96	8.19	11.82	13.00	8 044
14.82	2.95	6.10	5.77	16.60	10 112
12.97	4.10	3.43	5.44	18.10	11 412
29.40	3.86	17.47	8.08	12.10	15 259
23.59	8.10	5.88	9.61	7.30	4 102
34.40	9.97	14.10	10.32	12.80	8 021
23.21	6.35	9.61	7.25	17.00	7 559
28.07	5.66	14.68	7.74	12.42	16 093
13.97	4.43	4.10	5.44	13.00	9 757
40.61	5.72	24.56	10.32	8.10	10 850
19.49	5.69	7.72	6.08	13.07	8 114
25.82	8.54	8.53	8.75	6.62	7 728
26.91	9.47	9.04	8.41	1.30	9 347

2-9(一) 续表3

地 区	Region	年末总人口(万人) Total Population at Year-end (10 000 persons)	#少数民族 Minority Population	少数民族占总人口(%) Minority Population As% of Total Population
大化瑶族自治县	Dahua Yao Autonomous County	44.91	42.19	93.93
环江毛南族自治县	Huanjiang Maonan Autonomous County	37.63		
恭城瑶族自治县	Gongcheng Yao Autonomous County	29.16	18.25	62.57
海南省	Hainan			
白沙黎族自治县	Baisha Li Autonomous County	19.94	12.26	61.48
昌江黎族自治县	Changjiang Li Autonomous County	26.03	9.77	37.55
乐东黎族自治县	Ledong Li Autonomous County	52.58	20.36	38.71
陵水黎族自治县	Lingshui Li Autonomous County	36.40	20.11	55.26
琼中黎族苗族自治县	Qiongzhong Li and Miao Autonomous County	21.82	12.72	58.31
保亭黎族苗族自治县	Baoting Li and Miao Autonomous County	16.88	11.22	66.47
重庆市	Chongqing			
石柱土家族自治县	Shizhu Tujia Autonomous County	53.92	38.96	72.24
秀山土家族苗族自治县	Xiushan Tujia and Miao Autonomous County	64.55	34.86	54.00
酉阳土家族苗族自治县	Youyang Tujia and Miao Autonomous County	81.81	68.71	83.99
彭水苗族土家族自治县	Pengshui Miao and Tujia Autonomous County	68.30	42.65	62.45
四川省	Sichuan			
北川羌族自治县	Beichuan Qiang Autonomous County	23.80	8.63	36.25
木里藏族自治县	Muli Tibetan Autonomous County	13.35	10.70	80.13
马边彝族自治县	Mabian Yi Autonomous County	20.31	8.99	44.27
峨边彝族自治县	Ebian Yi Autonomous County	14.79	5.37	36.32
贵州省	Guizhou			
松桃苗族自治县	Songtao Miao Autonomous County	69.63	32.99	47.38
镇宁布依族苗族自治县	Zhenning Bouyei and Miao Autonomous County	37.49	21.97	58.61
紫云苗族布依族自治县	Ziyun Miao and Bouyei Autonomous County	35.98	24.62	68.43
威宁彝族回族苗族自治县	Weining Yi, Hui and Miao Autonomous County	131.92	32.58	24.70
关岭布依族苗族自治县	Guanling Bouyei and Miao Autonomous County	35.33	22.66	64.12
三都水族自治县	Sandu Shui Autonomous County	34.21	32.84	96.00
玉屏侗族自治县	Yuping Dong Autonomous County	14.93	12.21	81.78
道真仡佬族苗族自治县	Daozhen Gelao and Miao Autonomous County	33.70	26.67	79.15
务川仡佬族苗族自治县	Wuchuan Gelao and Miao Autonomous County	43.84	42.33	96.56
印江土家族苗族自治县	Yinjiang Tujia and Miao Autonomous County	42.92	35.45	82.59
沿河土家族自治县	Yanhe Tujia Autonomous County	62.55	50.95	81.45

Continued

地区生产总值（亿元）Gross Regional Product (100 million yuan)	第一产业（亿元）Primary Industry (100 million yuan)	第二产业（亿元）Secondary Industry (100 million yuan)	第三产业（亿元）Tertiary Industry (100 million yuan)	地区生产总值增长速度（%）Annual Growth Rate (%)	人均地区生产总值（元）Per Capita Regional GRP (yuan)
31.83	5.21	18.75	7.87	4.79	8 296
24.07	9.57	5.94	8.56	0.68	6 620
39.57	12.75	14.84	11.98	15.60	14 173
19.43	12.62	2.29	4.52	9.50	9 840
43.93	13.16	21.69	9.09	17.40	17 061
47.92	30.87	3.69	13.37	12.90	9 198
39.57	19.87	7.55	12.15	17.00	10 967
19.26	12.37	1.83	5.07	16.40	8 857
15.57	7.75	1.65	6.17	10.20	9 276
55.18	11.78	22.21	21.20	16.00	12 838
62.12	9.81	29.74	22.57	14.10	12 516
47.70	12.40	17.44	17.86	20.80	8 350
58.14	11.80	23.34	23.01	12.30	10 822
18.78	5.64	6.56	6.57	17.10	8 693
12.03	2.97	4.52	4.54	11.30	9 204
15.50	4.56	6.12	4.83	10.00	8 345
18.77	2.86	10.96	4.95	11.50	13 265
35.16	12.27	9.54	13.35	11.10	5 547
21.92	4.20	5.71	12.02	10.10	6 292
13.22	6.28	1.95	4.99	10.70	4 088
52.51	20.38	12.12	20.01	14.24	4 677
20.56	5.87	4.96	9.73	12.30	6 329
13.24	4.54	2.13	6.58	17.60	4 379
22.03	3.34	11.97	6.72	9.00	16 308
14.80	4.90	2.14	7.76	12.30	4 944
17.28	6.36	2.49	8.43	11.80	4 264
21.56	10.14	3.24	8.17	12.80	5 415
27.39	11.01	4.52	11.85	13.00	5 063

2-9(一) 续表4

地 区	Region	年末总人口(万人) Total Population at Year-end (10 000 persons)	#少数民族 Minority Population	少数民族占总人口(%) Minority Population As% of Total Population
云南省	Yunnan			
峨山彝族自治县	Eshan Yi Autonomous County	16.20	11.70	72.22
石林彝族自治县	Shilin Yi Autonomous County	24.40	9.50	38.93
沧源佤族自治县	Cangyuan Va Autonomous County	17.60	16.44	93.40
耿马傣族佤族自治县	Gengma Dai and Va Autonomous County	28.60	12.70	82.59
玉龙纳西族自治县	Yulong Naxi Autonomous County	23.20	15.60	67.24
宁蒗彝族自治县	Ninglang Yi Autonomous County	25.70	23.90	93.00
江城哈尼族彝族自治县	Jiangcheng Hani and Yi Autonomous County	12.10	9.83	81.23
澜沧拉祜族自治县	Iancang Lahu Autonomous County	50.00	39.20	78.40
孟连傣族拉祜族佤族自治县	Menglian Dai, Lahu and Va Autonomous County	13.40	11.70	87.31
西盟佤族自治县	Ximeng Va Autonomous County	9.30	8.80	94.62
河口瑶族自治县	Hekou Yao Autonomous County	10.40	5.94	57.09
屏边苗族自治县	Pingbian Miao Autonomous County	14.80	9.97	67.38
贡山独龙族怒族自治县	Gongshan Dulong and Nu Autonomous County	3.80	3.52	92.73
巍山彝族回族自治县	Weishan Yi and Hui Autonomous County	31.00	13.70	44.19
南涧彝族自治县	Nanjian Yi Autonomous County	22.40	11.11	49.60
寻甸回族彝族自治县	Xundian Hui and Yi Autonomous County	51.30	12.20	23.78
元江哈尼族彝族傣族自治县	Yuanjiang Hani, Yi and Dai Autonomous County	21.80	17.90	82.11
新平彝族傣族自治县	Xinping Yi and Dai Autonomous County	28.50	22.10	77.54
墨江哈尼族自治县	Mojiang Hani Autonomous County	38.00	29.10	76.58
双江拉祜族佤族布朗族傣族自治县	Shuangjiang Lahu, Va, Blang and Dai Autonomous County	18.10	9.00	49.72
兰坪白族普米族自治县	Lanping Bai and Pumi Autonomous County	21.50	19.76	91.90
维西傈僳族自治县	Weixi Lisu Autonomous County	15.40	13.33	86.55
景东彝族自治县	Jingdong Yi Autonomous County	38.00	19.20	50.53
景谷傣族彝族自治县	Jinggu Dai and Yi Autonomous County	31.10	15.90	51.13
宁洱哈尼族彝族自治县	Ninger Hani and Yi Autonomous County	19.50	11.50	58.97
漾濞彝族自治县	Yangbi Yi Autonomous County	10.20	6.74	66.06
禄劝彝族苗族自治县	Luquan Yi and Miao Autonomous County	44.80	14.20	31.70
金平苗族瑶族傣族自治县	Jinping Miao, Yao and Dai Autonomous County	35.20	31.99	90.89
镇沅彝族哈尼族拉祜族自治县	Zhenyuan Yi, Hani and Lahu Autonomous County	21.50	12.30	57.21

Continued

地区生产总值（亿元）Gross Regional Product (100 million yuan)	第一产业（亿元）Primary Industry (100 million yuan)	第二产业（亿元）Secondary Industry (100 million yuan)	第三产业（亿元）Tertiary Industry (100 million yuan)	地区生产总值增长速度（%）Annual Growth Rate (%)	人均地区生产总值（元）Per Capita Regional GRP (yuan)
28. 28	4. 92	13. 01	10. 35	10. 20	17 484
31. 00	9. 30	8. 33	13. 37	14. 10	12 743
11. 26	3. 49	2. 82	4. 95	8. 80	6 418
26. 06	11. 84	5. 77	8. 45	11. 20	9 114
19. 08	5. 41	5. 31	8. 36	14. 00	7 732
12. 51	3. 71	3. 19	5. 61	13. 20	4 436
11. 06	3. 49	4. 66	2. 91	13. 40	9 172
23. 79	8. 01	7. 50	8. 28	11. 20	4 764
8. 92	3. 50	1. 92	3. 50	12. 30	6 657
3. 98	1. 22	0. 72	2. 04	10. 40	4 289
14. 87	2. 96	3. 53	8. 38	11. 70	14 309
10. 59	3. 36	3. 16	4. 07	6. 80	7 157
3. 16	0. 78	1. 13	1. 25	16. 00	8 444
19. 38	7. 61	4. 41	7. 37	10. 20	6 288
15. 01	6. 06	2. 09	6. 87	12. 20	6 808
32. 47	10. 80	8. 31	13. 36	13. 20	6 355
26. 97	8. 63	6. 46	11. 87	11. 10	12 405
41. 04	7. 61	20. 53	12. 90	14. 10	14 421
21. 24	5. 86	7. 90	7. 47	14. 40	5 591
12. 30	4. 73	3. 78	3. 80	11. 50	6 803
20. 86	2. 13	12. 41	6. 32	10. 20	10 060
15. 24	2. 90	4. 60	7. 74	22. 10	9 912
25. 09	11. 62	5. 10	8. 36	13. 90	6 611
33. 53	13. 16	12. 20	8. 17	16. 00	10 794
19. 03	6. 00	4. 98	8. 05	10. 80	9 754
9. 24	2. 63	4. 55	2. 07	13. 40	8 995
28. 45	9. 92	6. 88	11. 65	12. 90	6 371
17. 90	4. 69	8. 51	4. 70	10. 00	5 127
14. 43	5. 96	3. 16	5. 32	13. 90	6 720

2-9(一) 续表5

地 区	Region	年末总人口(万人) Total Population at Year-end (10 000 persons)	#少数民族 Minority Population	少数民族占总人口(%) Minority Population As% of Total Population
甘肃省	**Gansu**			
张家川回族自治县	Zhangjiachuan Hui Autonomous County	34.28	22.91	66.83
天祝藏族自治县	Tianzhu Tibetan Autonomous County	21.70	8.42	38.82
肃南裕固族自治县	Sunan Yugur Autonomous County	3.66	2.07	56.41
肃北蒙古族自治县	Subei Mongolian Autonomous County	1.14	0.47	41.34
阿克塞哈萨克族自治县	Aksay Kazak Autonomous County	0.85	0.32	38.12
东乡族自治县	Dongxiang Autonomous County	27.96	24.88	88.98
积石山保安族东乡族撒拉族自治县	Jishishan Baoan, Dongxiang and Salar Autonomous County	23.89	12.79	53.55
青海省	**Qinghai**			
互助土族自治县	Huzhu Tu Autonomous County	38.74	10.11	26.09
化隆回族自治县	Hualong Hui Autonomous County	26.83	20.11	74.96
循化撒拉族自治县	Xunhua Salar Autonomous County	13.63	12.19	89.48
河南蒙古族自治县	Henan Mongolian Autonomous County	3.62	3.51	97.10
门源回族自治县	Menyuan Hui Autonomous County	15.33	9.37	61.09
大通回族土族自治县	Datong Hui and Tu Autonomous County	44.92	21.89	48.73
民和回族土族自治县	Minhe Hui and Tu Autonomous County	39.76	23.19	58.31
新疆维吾尔自治区	**Xinjiang Uygur Autonomous Region**			
巴里坤哈萨克自治县	Barkol Kazak Autonomous County	10.24	3.80	37.11
塔什库尔干塔吉克自治县	Taxkorgan Tajik Autonomous County	3.70	3.48	58.31
木垒哈萨克自治县	Mori Kazak Autonomous County	8.87	3.06	34.54
焉耆回族自治县	Yanqi Hui Autonomous County	13.87	7.96	57.39
察布查尔锡伯自治县	Qapaqal Xibe Autonomous County	19.11	12.52	65.48
和布克赛尔蒙古自治县	Hoboksar Mongolian Autonomous County	5.23	3.36	64.22

Continued

地区生产总值（亿元）Gross Regional Product (100 million yuan)	第一产业（亿元）Primary Industry (100 million yuan)	第二产业（亿元）Secondary Industry (100 million yuan)	第三产业（亿元）Tertiary Industry (100 million yuan)	地区生产总值增长速度（%）Annual Growth Rate (%)	人均地区生产总值（元）Per Capita Regional GRP (yuan)
12.84	3.05	3.05	6.74	10.20	4 161
16.86	2.88	7.67	6.31	10.31	7 818
11.69	2.05	7.05	2.59	22.80	32 013
15.26	0.33	12.09	2.84	15.10	126 098
5.97	0.28	3.72	1.96	20.60	71 018
7.15	2.42	1.99	2.75	10.32	2 561
6.00	1.80	1.03	3.17	9.80	2 512
34.13	8.34	10.85	14.94	13.30	8 882
18.10	2.95	10.73	4.42	7.70	7 211
9.05	2.04	2.67	4.33	12.00	6 982
5.62	3.63	0.77	1.23	4.29	16 990
13.40	3.81	4.14	5.44	8.30	8 744
63.40	6.67	47.13	9.60	4.80	14 099
19.61	3.52	6.82	9.27	13.40	5 616
15.98	5.17	5.31	5.50	10.50	15 679
5.23	0.64	3.29	1.30	17.20	14 138
11.80	5.68	1.78	4.34	15.30	13 288
28.25	8.06	9.65	10.55	14.80	21 082
17.60	9.06	3.46	5.08	12.10	9 295
17.09	3.92	8.47	4.70	17.20	27 091

2-9 全国民族自治区、自治州、自治县(旗)基本情况(2009年)(二)

地区	Region	地方财政收入(亿元) Local Revenue (100 million yuan)	地方财政支出(亿元) Local Expenditure (100 million yuan)	农民人均纯收入(元) Peasant's Net Income Per Capita (yuan)
5个自治区合计		**2 002.30**	**5 798.07**	**4 125**
内蒙古自治区	Inner Mongolia Autonomous Region	850.86	1 926.84	4 938
广西壮族自治区	Guangxi Zhuang Autonomous Region	620.99	1 621.82	3 980
西藏自治区	Tibet Autonomous Region	30.09	470.13	3 532
宁夏回族自治区	Ningxia Hui Autonomous Region	111.58	432.36	4 048
新疆维吾尔自治区	Xinjiang Uygur Autonomous Region	388.78	1 346.91	3 883
30个自治州合计		**497.07**	**2 222.46**	**3 071**
吉林省	**Jilin**			
延边朝鲜族自治州	Yanbian Korean Autonomous Prefecture	34.70	126.40	4 708
湖北省	**Hubei**			
恩施土家族苗族自治州	Enshi Tujia and Miao Autonomous Prefecture	18.29	102.59	2 810
湖南省	**Hunan**			
湘西土家族苗族自治州	Xiangxi Tujia and Miao Autonomous Prefecture	15.35	84.97	2 858
四川省	**Sichuan**			
阿坝藏族羌族自治州	Aba Tibetan and Qiang Autonomous Prefecture	8.01	136.90	3 066
凉山彝族自治州	Liangshan Yi Autonomous Prefecture	48.88	160.24	3 960
甘孜藏族自治州	Ganzi Tibetan Autonomous Prefecture	13.02	102.69	2 229
贵州省	**Guizhou**			
黔东南苗族侗族自治州	Qiandongnan Miao and Dong Autonomous Prefecture	17.43	106.73	2 717
黔南布依族苗族自治州	Qiannan Bouyei and Miao Autonomous Prefecture	20.85	97.41	3 190
黔西南布依族苗族自治州	Qianxi'nan Bouyei and Miao Autonomous Prefecture	21.91	77.53	2 758
云南省	**Yunnan**			
西双版纳傣族自治州	Xishuangbanna Dai Autonomous Prefecture	8.60	35.24	3 750
文山壮族苗族自治州	Wenshan Zhuang and Miao Autonomous Prefecture	17.29	89.94	2 379
红河哈尼族彝族自治州	Honghe Hani and Yi Autonomous Prefecture	52.04	137.65	3 446
德宏傣族景颇族自治州	Dehong Dai and Jingpo Autonomous Prefecture	9.83	48.87	2 831
怒江傈僳族自治州	Nujiang Lisu Autonomous Prefecture	4.67	27.54	1 709
迪庆藏族自治州	Diqing Tibetan Autonomous Prefecture	4.36	30.09	2 936
大理白族自治州	Dali Bai Autonomous Prefecture	31.55	102.39	3 483
楚雄彝族自治州	Chuxiong Yi Autonomous Prefecture	25.58	91.06	3 511
甘肃省	**Gansu**			
临夏回族自治州	Linxia Hui Autonomous Prefecture	4.03	64.59	2 089
甘南藏族自治州	Gannan Tibetan Autonomous Prefecture	3.01	60.89	2 301

Main Data Autonomous Region, Autonomous Prefecture and Autonomous County (Banner) in China (2009)(2)

规模以上工业企业数（个）Number of Enterprises (unit)	规模以上工业总产值（亿元）Gross Output Value of Industry (100 million yuan)	农林牧渔业总产值（亿元）Gross Output Value of Farming, Forestry, Animal, Husbandry and Fishery (100 million yuan)	农林牧渔业总产值增长速度（%）Annual Growth Rate (%)	农业机械总动力（万千瓦特）Total Power of Agricultural Machinery (10 000kw)	粮食总产量（万吨）Grain Output (10 000 tons)	肉类总产量（万吨）Meat Output (10 000 tons)
13 220	**23 093.78**	**5 582.28**	**4.6**	**8 006.72**	**5 028.14**	**769.85**
4 465	10 699.44	1 570.58	2.4	2 891.60	1 981.70	234.00
5 678	6 880.04	2 377.20	5.4	2 550.90	1 463.20	371.00
90	51.60	93.38	3.6	358.40	90.53	24.00
969	1 461.58	243.50	8.2	702.55	340.70	25.54
2 018	4 001.12	1 297.61	5.1	1 503.27	1 152.00	115.31
4 788	**4 935**	**2 387**	**24.7**	**3 106.03**	**2 350.62**	**489.77**
493	434.21	81.97	2.7	131.40	82.84	10.73
472	139.76	152.45	6.1	155.89	160.65	36.94
354	218.34	73.71	5.0	117.16	87.31	9.71
86	54.95	33.18	5.9	62.00	16.73	8.98
400	450.79	259.40	4.5	185.00	213.18	63.43
58	33.95	32.95	4.1	68.20	19.01	8.94
267	155.64	101.28	5.8	191.56	147.66	16.18
319	253.60	107.06	6.2	200.00	150.26	17.80
232	207.11	78.59	5.8	165.48	111.80	14.26
62	30.77	65.63	10.8	92.00	35.78	2.85
133	150.14	111.63	7.7	136.00	123.53	35.95
205	574.39	165.68	7.5	230.00	140.12	51.11
85	51.57	51.53	9.5	98.87	54.83	7.16
15	24.48	9.54	5.6	15.00	17.46	3.12
22	19.25	10.98	11.6	29.00	14.48	2.30
190	247.82	176.60	10.3	178.00	139.18	41.37
182	239.90	137.99	7.2	165.89	102.18	30.62
66	41.99	31.67	7.10	68.42	58.73	4.42
46	21.14	18.73	7.01	26.50	8.68	5.15

2-9(二) 续表1

地 区	Region	地方财政收入（亿元）Local Revenue (100 million yuan)	地方财政支出（亿元）Local Expenditure (100 million yuan)	农民人均纯收入（元）Peasant's Net Income Per Capita (yuan)
青海省	**Qinghai**			
海北藏族自治州	Haibei Tibetan Autonomous Prefecture	1.43	17.55	4 023
黄南藏族自治州	Huangnan Tibetan Autonomous Prefecture	0.98	15.35	2 633
海南藏族自治州	Hainan Tibetan Autonomous Prefecture	2.44	23.26	3 822
果洛藏族自治州	Guoluo Tibetan Autonomous Prefecture	0.63	13.73	2 291
玉树藏族自治州	Yushu Tibetan Autonomous Prefecture	0.52	20.47	2 335
海西蒙古族藏族自治州	Haixi Mongolian and Tibetan Autonomous Prefecture	24.44	43.89	4 544
新疆维吾尔自治区	**Xinjiang Uygur Autonomous Region**			
昌吉回族自治州	Changji Hui Autonomous Prefecture	24.13	70.82	9 249
巴音郭楞蒙古自治州	Bayingolin Mongolian Autonomous Prefecture	26.60	74.23	6 785
克孜勒苏柯尔克孜自治州	Kizlsu Kirgiz Autonomous Prefecture	2.26	33.86	1 801
博尔塔拉蒙古自治州	Bortala Mongolian Autonomous Prefecture	4.86	26.31	5 963
伊犁哈萨克自治州	Ili Kazak Autonomous Prefecture	49.39	199.29	4 584
120个自治县(旗)合计		**185.54**	**941.27**	**3 766**
河北省	**Hebei**			
大厂回族自治县	Dachang Hui Autonomous County	1.84	4.12	6 841
孟村回族自治县	Mengcun Hui Autonomous County	2.91	5.47	4 242
青龙满族自治县	Qinglong Manchu Autonomous County	2.92	10.62	3 398
丰宁满族自治县	Fengning Manchu Autonomous County	2.60	7.41	2 686
围场满族蒙古族自治县	Weichang Manchu and Mongolian Autonomous County	0.97	11.56	2 607
宽城满族自治县	Kuancheng Manchu Autonomous County	3.70	10.43	4 930
内蒙古自治区	**Inner Mongolia Autonomous Region**			
鄂伦春自治旗	Oroqen Autonomous Banner	0.62	12.24	4 292
莫力达瓦达斡尔族自治旗	Morindawa Daur Autonomous Banner	0.74	11.87	5 688
鄂温克族自治旗	Ewenki Autonomous Banner	3.94	9.67	7 883
辽宁省	**Liaoning**			
阜新蒙古族自治县	Fuxin Mongolian Autonomous County	2.63	14.00	5 394
喀喇沁左翼蒙古族自治县	Harqin Zuoyi Mongolian Autonomous County	3.20	10.47	5 091
岫岩满族自治县	Xiuyan Manchu Autonomous County	4.56	12.27	6 393
新宾满族自治县	Xinbin Manchu Autonomous County	3.34	10.37	5 364
清原满族自治县	Qingyuan Manchu Autonomous County	4.15	11.19	5 508
本溪满族自治县	Benxi Manchu Autonomous County	5.01	11.52	6 764
桓仁满族自治县	Huanren Manchu Autonomous County	3.81	11.02	6 003
宽甸满族自治县	Kuandian Manchu Autonomous County	6.01	14.52	6 600

Continued

规模以上工业企业数（个）Number of Enterprises (unit)	规模以上工业总产值（亿元）Gross Output Value of Industry (100 million yuan)	农林牧渔业总产值（亿元）Gross Output Value of Farming, Forestry, Animal, Husbandry and Fishery (100 million yuan)	农林牧渔业总产值增长速度（%）Annual Growth Rate (%)	农业机械总动力（万千瓦特）Total Power of Agricultural Machinery (10 000 kw)	粮食总产量（万吨）Grain Output (10 000 tons)	肉类总产量（万吨）Meat Output (10 000 tons)
44	25.22	13.05	3.3	37.16	4.43	3.81
8	3.67	13.20		11.30	2.87	3.37
20	6.65	22.17	7.0	33.15	11.80	5.39
13	7.18	4.76	4.7	3.07	0.15	2.48
8	0.42	17.78		11.40	1.91	3.19
98	350.08	10.88	7.4	35.62	8.55	2.22
329	390.57	170.78	11.8	163.38	177.42	41.26
136	437.24	118.05	12.3	112.52	39.57	7.94
18	6.13	14.92	12.6	23.89	23.33	3.35
45	23.20	34.58	11.7	43.58	46.94	1.97
382	334.34	266.08	8.7	314.60	349.23	43.76
3 571	**2 506.04**	**1 584.91**	**9.1**	**2 036.06**	**1 638.13**	**288.03**
54	55.60	12.23	3.1	26.50	9.16	2.79
98	51.10	7.43	6.6	20.20	12.63	1.80
67	21.51	27.27	14.6	26.30	11.81	5.55
40	29.71	21.53	-8.5	39.41	6.87	4.22
40	10.04	26.82	3.6	50.38	8.96	4.38
52	217.34	12.80	12.2	16.10	6.50	1.66
12	4.87	18.83			29.07	0.87
21	21.48	44.02	4.5	62.29	126.40	2.94
19	65.49	8.85		14.70	5.05	0.93
80	33.09	71.36	15.5	115.90	77.66	18.61
130	92.98	31.50	20.0	20.20	10.34	6.28
207	172.69	30.02	7.6	25.22	24.01	9.16
196	42.80	24.99	17.5	19.60	16.47	3.15
184	88.90	24.61	19.8	14.30	16.02	2.20
100	85.50	24.52	14.6	18.47	8.16	3.58
82	37.51	27.33	20.0	14.10	11.37	3.24
163	97.95	26.45	13.6	44.01	12.35	4.06

2-9(二) 续表 2

地 区	Region	地方财政收入（亿元）Local Revenue (100 million yuan)	地方财政支出（亿元）Local Expenditure (100 million yuan)	农民人均纯收入（元）Peasant's Net Income Per Capita (yuan)
吉林省	**Jilin**			
长白朝鲜族自治县	Changbai Korean Autonomous County	1.19	6.75	4 948
前郭尔罗斯蒙古族自治县	Qian Gorlos Mongolian Autonomous County	7.05	20.72	5 605
伊通满族自治县	Yitong Manchu Autonomous County	1.75	12.00	5 217
黑龙江省	**Heilongjiang**			
杜尔伯特蒙古族自治县	Dorbod Mongolian Autonomous County	2.02	5.23	6 614
浙江省	**Zhejiang**			
景宁畲族自治县	Jingning She Autonomous County	1.70	8.96	5 409
湖北省	**Hubei**			
长阳土家族自治县	Changyang Tujia Autonomous County	1.94	11.07	3 282
五峰土家族自治县	Wufeng Tujia Autonomous County	0.70	6.91	2 968
湖南省	**Hunan**			
城步苗族自治县	Chengbu Miao Autonomous County	0.73	5.41	2 369
通道侗族自治县	Tongdao Dong Autonomous County	0.66	5.02	2 028
江华瑶族自治县	Jianghua Yao Autonomous County	1.25	8.55	2 204
新晃侗族自治县	Xinhuang Dong Autonomous County	0.68	5.63	1 898
芷江侗族自治县	Zhijiang Dong Autonomous County	1.42	6.95	2 528
靖州苗族侗族自治县	Jingzhou Miao and Dong Autonomous County	1.06	5.94	3 321
麻阳苗族自治县	Mayang Miao Autonomous County	0.87	7.22	2 167
广东省	**Guangdong**			
连南瑶族自治县	Liannan Yao Autonomous County	1.25	4.27	3 852
连山壮族瑶族自治县	Lianshan zhuang and Yao Autonomous County	0.70	3.42	4 231
乳源瑶族自治县	Ruyuan Yao Autonomous County	2.38	5.63	4 580
广西壮族自治区	**Guangxi Zhuang Autonomous Region**			
都安瑶族自治县	Du'an Yao Autonomous County	1.38	9.62	2 871
融水苗族自治县	Rongshui Miao Autonomous County	1.22	10.08	2 920
三江侗族自治县	Sanjiang Dong Autonomous County	0.80	8.10	3 062
龙胜各族自治县	Longsheng Gezu Autonomous County	1.00	1.35	3 037
金秀瑶族自治县	Jinxiu Yao Autonomous County	0.51	4.46	2 975
隆林各族自治县	Longlin Gezu Autonomous County	2.25	8.43	2 681
巴马瑶族自治县	Bama Yao Autonomous County	0.86	6.07	2 699
罗城仫佬族自治县	Luocheng Mulao Autonomous County	0.79	8.28	2 237
富川瑶族自治县	Fuchuan Yao Autonomous County	1.31	7.87	3 444

Continued

规模以上工业企业数(个) Number of Enterprises (unit)	规模以上工业总产值(亿元) Gross Output Value of Industry (100 million yuan)	农林牧渔业总产值(亿元) Gross Output Value of Farming, Forestry, Animal, Husbandry and Fishery (100 million yuan)	农林牧渔业总产值增长速度(%) Annual Growth Rate (%)	农业机械总动力(万千瓦特) Total Power of Agricultural Machinery (10 000 kw)	粮食总产量(万吨) Grain Output (10 000 tons)	肉类总产量(万吨) Meat Output (10 000 tons)
29	14.53	5.46	5.2	4.52	1.53	0.45
141	158.77	96.10	5.2	121.50	163.10	24.01
35	41.05	48.84	7.1	19.10	70.11	12.66
22	26.79	30.17	35.2	57.00	65.00	2.23
66	11.06	6.23	4.9	7.30	5.01	0.45
66	20.67	23.14	10.0	14.53	11.36	4.36
17	15.40	13.57	33.7	10.29	8.76	2.79
23	13.46	9.32	6.3	10.25	7.73	1.55
27	12.08	5.76	5.1	21.24	8.37	0.84
36	15.01	21.93	6.7	26.38	21.94	3.82
35	19.13	6.46	7.8	6.98	8.33	2.05
49	41.25	15.28	7.9	16.00	20.80	3.63
35	25.20	10.11	7.0	9.00	12.19	2.05
35	17.51	11.00	7.9	9.15	11.01	2.21
15	8.76	4.35	2.0	3.56	3.47	0.41
10	6.13	5.90		3.10	4.16	0.56
51	51.29	6.23	5.9	4.80	5.67	0.55
15	5.24	13.69	3.2		12.67	3.67
38	11.70	16.59	4.2	14.90	11.61	2.52
22	5.02	10.22	10.0	14.00	6.83	1.75
20	16.81	8.72	0.6	15.90	5.81	1.05
18	4.05	6.85	3.3	9.10	4.36	0.80
9	14.83	9.41	4.0	20.76	8.65	1.25
20	8.64	9.02	8.6	10.29	5.84	1.65
30	11.63	14.07	6.3	19.18	11.33	1.96
17	9.16	14.91	8.0	11.98	12.24	2.12

2－9(二)　续表3

地　区	Region	地方财政收入(亿元) Local Revenue (100 million yuan)	地方财政支出(亿元) Local Expenditure (100 million yuan)	农民人均纯收入(元) Peasant's Net Income Per Capita (yuan)
大化瑶族自治县	Dahua Yao Autonomous County	1.82	9.37	3 304
环江毛南族自治县	Huanjiang Maonan Autonomous County	0.92	7.36	3 015
恭城瑶族自治县	Gongcheng Yao Autonomous County	2.30	7.44	4 546
海南省	**Hainan**			
白沙黎族自治县	Baisha Li Autonomous County	0.64	8.68	3 079
昌江黎族自治县	Changjiang Li Autonomous County	4.90	12.64	3 976
乐东黎族自治县	Ledong Li Autonomous County	1.51	14.63	4 156
陵水黎族自治县	Lingshui Li Autonomous County	3.84	15.46	3 785
琼中黎族苗族自治县	Qiongzhong Li and Miao Autonomous County	0.63	8.61	2 709
保亭黎族苗族自治县	Baoting Li and Miao Autonomous County	0.81	6.68	2 872
重庆市	**Chongqing**			
石柱土家族自治县	Shizhu Tujia Autonomous County	3.38	13.00	3 998
秀山土家族苗族自治县	Xiushan Tujia and Miao Autonomous County	4.15	16.27	3 447
酉阳土家族苗族自治县	Youyang Tujia and Miao Autonomous County	3.34	18.76	3 082
彭水苗族土家族自治县	Pengshui Miao and Tujia Autonomous County	4.14	16.48	3 517
四川省	**Sichuan**			
北川羌族自治县	Beichuan Qiang Autonomous County	0.76	26.34	3 450
木里藏族自治县	Muli Tibetan Autonomous County	1.19	6.39	2 588
马边彝族自治县	Mabian Yi Autonomous County	0.70	5.88	2 774
峨边彝族自治县	Ebian Yi Autonomous County	1.59	5.80	2 517
贵州省	**Guizhou**			
松桃苗族自治县	Songtao Miao Autonomous County	1.40	11.94	2 505
镇宁布依族苗族自治县	Zhenning Bouyei and Miao Autonomous County	1.38	7.00	2 764
紫云苗族布依族自治县	Ziyun Miao and Bouyei Autonomous County	0.74	6.82	2 702
威宁彝族回族苗族自治县	Weining Yi Hui and Miao Autonomous County	3.29	19.03	2 573
关岭布依族苗族自治县	Guanling Bouyei and Miao Autonomous County	1.06	5.03	2 688
三都水族自治县	Sandu Shui Autonomous County	0.56	6.52	2 974
玉屏侗族自治县	Yuping Dong Autonomous County	1.19	4.64	3 602
道真仡佬族苗族自治县	Daozhen Gelao and Miao Autonomous County	0.73	6.75	2 478
务川仡佬族苗族自治县	Wuchuan Gelao and Miao Autonomous County	1.08	7.79	2 475
印江土家族苗族自治县	Yinjiang Tujia and Miao Autonomous County	0.91	7.96	2 611
沿河土家族自治县	Yanhe Tujia Autonomous County	1.58	10.48	2 553

Continued

规模以上工业企业数（个）Number of Enterprises (unit)	规模以上工业总产值（亿元）Gross Output Value of Industry (100 million yuan)	农林牧渔业总产值（亿元）Gross Output Value of Farming, Forestry, Animal, Husbandry and Fishery (100 million yuan)	农林牧渔业总产值增长速度（%）Annual Growth Rate (%)	农业机械总动力（万千瓦特）Total Power of Agricultural Machinery (10 000 kw)	粮食总产量（万吨）Grain Output (10 000 tons)	肉类总产量（万吨）Meat Output (10 000 tons)
13	18.46	8.83	6.1	14.94	7.57	2.53
26	8.76	15.79		27.83	11.73	2.08
33	21.79	19.49	1.7	42.00	7.44	2.13
6	3.36	10.10	7.7	5.50	3.60	1.03
18	36.33	18.34	36.1	10.61	3.69	1.14
6	3.05	40.14	9.8	47.70	14.52	2.04
3	2.57	30.46	10.7	7.30	10.33	1.31
4	1.50	8.15	7.8	5.88	4.67	0.80
3	0.81	7.06	7.8	3.20	2.98	0.55
50	26.25	18.12	6.0	22.16	25.47	3.30
92	45.58	15.25	6.4	24.69	32.24	3.70
70	15.71	19.79	7.9	37.10	36.50	5.83
46	25.55	19.01	6.5	22.51	29.50	4.76
31	11.01	9.19	8.0	7.39	4.54	1.69
1	2.34	4.90		6.20	5.14	1.51
34	10.86	8.34	3.2	3.41	7.11	1.74
30	37.15	3.83	-16.7	8.10	4.29	1.17
32	21.53	19.20	6.8	22.14	26.07	3.21
26	6.96	6.01	5.5	17.20	11.71	1.05
9	3.08	9.28	6.6	12.00	11.68	2.87
40	16.53	27.99	5.3	28.14	37.09	7.21
13	7.17	8.22	6.2	13.59	11.66	1.52
19	3.25	6.92	5.7	11.67	11.19	1.30
34	33.50	5.30	4.9	10.20	4.48	0.87
9	2.52	8.06	6.0	22.73	15.89	1.72
8	3.21	10.42	6.7	18.20	18.37	1.95
25	5.31	14.85	6.1	13.64	14.62	2.54
18	3.32	17.67	2.7	21.57	20.17	2.83

2-9(二) 续表 4

地区 Region		地方财政收入(亿元) Local Revenue (100 million yuan)	地方财政支出(亿元) Local Expenditure (100 million yuan)	农民人均纯收入(元) Peasant's Net Income Per Capita (yuan)
云南省	Yunnan			
峨山彝族自治县	Eshan Yi Autonomous County	2.18	5.71	4 532
石林彝族自治县	Shilin Yi Autonomous County	2.60	7.12	4 790
沧源佤族自治县	Cangyuan Va Autonomous County	0.44	6.90	2 328
耿马傣族佤族自治县	Gengma Dai and Va Autonomous County	0.85	7.97	2 964
玉龙纳西族自治县	Yulong Naxi Autonomous County	1.41	7.50	2 997
宁蒗彝族自治县	Ninglang Yi Autonomous County	0.73	8.73	1 938
江城哈尼族彝族自治县	Jiangcheng Hani and Yi Autonomous County	0.51	4.39	2 258
澜沧拉祜族自治县	Lancang Lahu Autonomous County	1.24	13.04	1 737
孟连傣族拉祜族佤族自治县	Menglian Dai Lahu and Va Autonomous County	0.41	4.36	2 300
西盟佤族自治县	Ximeng Va Autonomous County	0.21	4.58	1 578
河口瑶族自治县	Hekou Yao Autonomous County	0.90	5.24	2 998
屏边苗族自治县	Pingbian Miao Autonomous County	0.47	4.45	1 860
贡山独龙族怒族自治县	Gongshan Dulong and Nu Autonomous County	0.23	2.79	1 257
巍山彝族回族自治县	Weishan Yi and Hui Autonomous County	0.97	6.10	2 166
南涧彝族自治县	Nanjian Yi Autonomous County	1.21	5.05	2 228
寻甸回族彝族自治县	Xundian Hui and Yi Autonomous County	2.71	10.86	3 058
元江哈尼族彝族傣族自治县	Yuanjiang Hani Yi and Dai Autonomous County	1.43	6.89	4 299
新平彝族傣族自治县	Xinping Yi and Dai Autonomous County	4.25	10.92	4 335
墨江哈尼族自治县	Mojiang Hani Autonomous County	1.22	9.13	2 216
双江拉祜族佤族布朗族傣族自治县	Shuangjiang Lahu Va Blang and Dai Autonomous County	0.41	5.82	2 369
兰坪白族普米族自治县	Lanping Bai and Pumi Autonomous County	2.10	7.77	1 903
维西傈僳族自治县	Weixi Lisu Autonomous County	0.58	6.62	2 835
景东彝族自治县	Jingdong Yi Autonomous County	1.80	9.29	3 063
景谷傣族彝族自治县	Jinggu Dai and Yi Autonomous County	1.84	7.53	3 342
宁洱哈尼族彝族自治县	Ninger Hani and Yi Autonomous County	1.19	6.08	2 920
漾濞彝族自治县	Yangbi Yi Autonomous County	0.68	3.52	2 810
禄劝彝族苗族自治县	Luquan Yi and Miao Autonomous County	2.31	9.49	2 707
金平苗族瑶族傣族自治县	Jinping Miao Yao and Dai Autonomous County	1.40	8.67	1 809
镇沅彝族哈尼族拉祜族自治县	Zhenyuan Yi Hani and Lahu Autonomous County	0.72	6.33	2 677

Continued

规模以上工业企业数（个）Number of Enterprises (unit)	规模以上工业总产值（亿元）Gross Output Value of Industry (100 million yuan)	农林牧渔业总产值（亿元）Gross Output Value of Farming，Forestry，Animal，Husbandry and Fishery (100 million yuan)	农林牧渔业总产值增长速度（%）Annual Growth Rate (%)	农业机械总动力（万千瓦特）Total Power of Agricultural Machinery (10 000 kw)	粮食总产量（万吨）Grain Output (10 000 tons)	肉类总产量（万吨）Meat Output (10 000 tons)
23	31.99	7.46	5.3	32.00	5.31	2.04
30	10.81	16.76	15.2	22.00	12.28	2.05
8	2.68	7.93	10.9	3.85	5.34	0.80
9	6.69	18.14	23.0	18.00	8.63	1.13
6	3.29	9.74	9.6	10.00	10.25	2.70
12	2.88	5.60	20.7	5.00	7.29	1.39
6	1.31	5.39		5.92	3.59	0.50
9	9.44	12.16	0.9	21.12	18.28	2.00
5	1.90	5.88	12.3	9.57	4.77	0.46
2	0.61	2.00	11.3	5.52	3.33	0.24
5	2.04	6.23	6.2	1.38	1.80	0.41
10	3.78	5.25	5.4	3.20	6.24	1.70
1	0.30	1.28	6.9	1.20	1.01	0.19
9	2.90	13.21	10.2	11.53	13.24	3.47
7	1.73	10.57		6.10	9.42	3.23
20	33.10	18.84	8.5	25.00	19.81	7.80
17	9.81	12.97	7.0	11.00	5.96	1.65
16	69.55	13.63	7.7	19.50	9.57	3.27
9	6.72	9.29	13.6	15.68	11.78	1.53
10	7.24	7.50	7.0	10.38	5.72	1.19
4	17.97	3.41	4.5	7.10	7.66	1.03
4	1.15	5.08	15.3		5.97	0.87
10	4.40	16.87	12.3	22.69	13.27	2.41
25	16.85	19.79	14.1	19.00	12.75	1.46
15	6.29	8.74	8.1	17.40	7.00	1.26
10	7.25	4.15	15.1	5.60	5.00	1.38
23	5.70	18.50	0.1	23.00	18.28	4.77
21	12.04	8.00	6.7	11.10	11.61	2.12
11	3.04	9.25	9.4	18.86	8.26	1.43

2-9(二) 续表5

地区	Region	地方财政收入（亿元）Local Revenue (100 million yuan)	地方财政支出（亿元）Local Expenditure (100 million yuan)	农民人均纯收入（元）Peasant's Net Income Per Capita (yuan)
甘肃省	**Gansu**			
张家川回族自治县	Zhangjiachuan Hui Autonomous County	0.42	8.64	2 116
天祝藏族自治县	Tianzhu Tibetan Autonomous County	0.74	9.19	2 396
肃南裕固族自治县	Sunan Yugur Autonomous County	0.89	4.12	6 098
肃北蒙古族自治县	Subei Mongolian Autonomous County	1.47	2.90	7 489
阿克塞哈萨克族自治县	Aksay Kazak Autonomous County	0.31	1.76	7 962
东乡族自治县	Dongxiang Autonomous County	0.21	8.38	1 602
积石山保安族东乡族撒拉族自治县	Jishishan Baoan Dongxiang and Salar Autonomous County	0.20	6.55	1 778
青海省	**Qinghai**			
互助土族自治县	Huzhu Tu Autonomous County	0.80	7.28	4 010
化隆回族自治县	Hualong Hui Autonomous County	0.56	7.33	3 609
循化撒拉族自治县	Xunhua Salar Autonomous County	0.47	5.47	3 862
河南蒙古族自治县	Henan Mongolian Autonomous County	0.07	2.21	3 470
门源回族自治县	Menyuan Hui Autonomous County	0.38	4.87	3 592
大通回族土族自治县	Datong Hui and Tu Autonomous County	2.33	12.10	4 644
民和回族土族自治县	Minhe Hui and Tu Autonomous County	0.91	9.89	3 590
新疆维吾尔自治区	**Xinjiang Uygur Autonomous Region**			
巴里坤哈萨克自治县	Barkol Kazak Autonomous County	0.74	5.79	4 009
塔什库尔干塔吉克自治县	Taxkorgan Tajik Autonomous County	0.32	4.22	2 841
木垒哈萨克自治县	Mori Kazak Autonomous County	0.85	4.35	4 602
焉耆回族自治县	Yanqi Hui Autonomous County	1.51	5.44	6 330
察布查尔锡伯自治县	Qapaqal Xibe Autonomous County	0.85	6.86	5 032
和布克赛尔蒙古自治县	Hoboksar Mongolian Autonomous County	3.58	6.09	4 921

Continued

规模以上工业企业数（个） Number of Enterprises (unit)	规模以上工业总产值（亿元） Gross Output Value of Industry (100 million yuan)	农林牧渔业总产值（亿元） Gross Output Value of Farming, Forestry, Animal, Husbandry and Fishery (100 million yuan)	农林牧渔业总产值增长速度（%） Annual Growth Rate (%)	农业机械总动力（万千瓦特） Total Power of Agricultural Machinery (10 000 kw)	粮食总产量（万吨） Grain Output (10 000 tons)	肉类总产量（万吨） Meat Output (10 000 tons)
12	1. 89	5. 19	4. 6	8. 68	10. 07	0. 46
28	10. 19	4. 95	5. 6	18. 19	3. 26	1. 29
25	13. 77	3. 25	8. 6	6. 40	1. 67	0. 83
24	18. 12	0. 66	3. 4	2. 80	0. 48	0. 17
14	8. 52	0. 43	17. 0		0. 16	0. 12
3	1. 25	4. 40	6. 2	10. 81	6. 72	1. 10
3	0. 73	3. 50	11. 1	4. 51	6. 90	0. 31
31	18. 85	13. 21	6. 7	40. 51	13. 74	2. 93
9	20. 38	4. 79		25. 40	5. 99	0. 98
7	3. 30	3. 06	66. 8	8. 10	3. 15	0. 58
		4. 15	3. 0	0. 04		1. 28
21	4. 25	5. 90	5. 2	27. 00	3. 51	1. 07
41	114. 25	13. 03	8. 6	42. 96	8. 38	2. 98
23	7. 37	7. 70	6. 9	31. 30	13. 29	1. 35
19	6. 23	8. 20	17. 7	12. 42	9. 48	1. 51
		1. 36	7. 9	1. 05	0. 74	0. 51
10	3. 25	10. 81	9. 8	12. 73	15. 05	3. 41
14	12. 21	12. 62	9. 0	13. 07	9. 07	0. 91
12	6. 21	11. 66	15. 2	13. 70	27. 68	1. 60
10	10. 39	5. 00	17. 6	3. 30	0. 66	0. 93

2-9 全国民族自治区、自治州、自治县(旗)基本情况(2009年)(三)

地区	Region	全社会固定资产投资(亿元) Total Investment in Fixed Assets (100 million yuan)	社会消费品零售总额(亿元) Total Retail Sale of Consumer Goods (100 million yuan)
5个自治区合计		**16 753.74**	**7 319.44**
内蒙古自治区	Inner Mongolia Autonomous Region	7 336.80	2 855.31
广西壮族自治区	Guangxi Zhuang Autonomous Region	5 237.20	2 790.70
西藏自治区	Tibet Autonomous Region	378.30	156.58
宁夏回族自治区	Ningxia Hui Autonomous Region	1 075.94	339.32
新疆维吾尔自治区	Xinjiang Uygur Autonomous Region	2 725.50	1 177.53
30个自治州合计		**5 043.94**	**1 982.20**
吉林省	**Jilin**		
延边朝鲜族自治州	Yanbian Korean Autonomous Prefecture	568.70	217.82
湖北省	**Hubei**		
恩施土家族苗族自治州	Enshi Tujia and Miao Autonomous Prefecture	182.21	114.04
湖南省	**Hunan**		
湘西土家族苗族自治州	Xiangxi Tujia and Miao Autonomous Prefecture	188.80	102.07
四川省	**Sichuan**		
阿坝藏族羌族自治州	Aba Tibetan and Qiang Autonomous Prefecture	351.30	23.02
凉山彝族自治州	Liangshan Yi Autonomous Prefecture	507.03	201.41
甘孜藏族自治州	Ganzi Tibetan Autonomous Prefecture	160.06	30.80
贵州省	**Guizhou**		
黔东南苗族侗族自治州	Qiandongnan Miao and Dong Autonomous Prefecture	210.06	103.22
黔南布依族苗族自治州	Qiannan Bouyei and Miao Autonomous Prefecture	127.32	82.87
黔西南布依族苗族自治州	Qianxi'nan Bouyei and Miao Autonomous Prefecture	150.12	74.79
云南省	**Yunnan**		
西双版纳傣族自治州	Xishuangbanna Dai Autonomous Prefecture	88.86	41.54
文山壮族苗族自治州	Wenshan Zhuang and Miao Autonomous Prefecture	216.48	118.76
红河哈尼族彝族自治州	Honghe Hani and Yi Autonomous Prefecture	404.53	127.25
德宏傣族景颇族自治州	Dehong Dai and Jingpo Autonomous Prefecture	100.92	46.01
怒江傈僳族自治州	Nujiang Lisu Autonomous Prefecture	40.40	12.58
迪庆藏族自治州	Diqing Tibetan Autonomous Prefecture	93.58	16.95
大理白族自治州	Dali Bai Autonomous Prefecture	217.32	120.43
楚雄彝族自治州	Chuxiong Yi Autonomous Prefecture	207.95	109.74
甘肃省	**Gansu**		
临夏回族自治州	Linxia Hui Autonomous Prefecture	76.49	29.40
甘南藏族自治州	Gannan Tibetan Autonomous Prefecture	62.34	16.65

Main Data Autonomous Region, Autonomous Prefecture and Autonomous County (Banner) in China (2009)(3)

进出口总额（亿美元） Total Sum of Imports and Exports (USD 100 million)	普通中学在校学生数（万人） Students Enrollment of Secondary Schools (10 000 persons)	小学在校学生数（万人） Students Enrollment of Primary Schools (10 000 persons)	医院、卫生院数（个） Hospitals and Health Centers (unit)	医院、卫生院卫生技术人员数（人） Medical Technical Personnel (person)	医院、卫生院床位数（张） Number of Beds (bed)	文化馆（个） Cultural Centers (unit)	图书馆（个） Libraries (unit)
364. 01	**623. 61**	**881. 06**	**6 343**	**462 469**	**331 911**	**363**	**331**
67. 64	135. 19	149. 30	1 801	134 988	77 666	102	113
142. 06	281. 83	436. 78	1 722	172 910	122 315	99	100
4. 02	18. 16	30. 52	757	10 115	8 142	49	4
12. 02	43. 96	67. 06	394	28 428	21 168	19	20
138. 28	144. 48	197. 39	1 669	116 028	102 620	94	94
110. 38	**319. 16**	**523. 56**	**5 059**	**174 102**	**149 506**	**437**	**250**
13. 48	9. 44	8. 82	133	12 601	8 506	8	9
0. 87	20. 72	24. 61	113	11 058	11 557	88	9
1. 68	16. 05	24. 22	237	9 591	2 544	8	9
0. 09	5. 31	8. 59	248	2 696	2 566	14	9
0. 31	23. 42	55. 78	696	11 843	11 156	17	11
0. 12	4. 12	10. 54	368	4 459	2 775	19	3
0. 04	27. 46	42. 74	248	9 269	9 265	16	17
0. 53	25. 99	37. 38	276	8 408	8 332	12	13
0. 06	21. 74	39. 56	166	5 027	6 585	8	9
6. 73	5. 02	8. 99	53	3 989	4 310	4	4
1. 15	20. 38	36. 80	134	7 497	6 870	104	9
9. 24	24. 52	41. 51	208	12 177	14 459	13	15
7. 63	6. 14	10. 79	78	3 645	3 088	7	7
0. 07	2. 85	5. 04	35	1 702	1 410	5	5
0. 07	2. 13	3. 21	34	1 305	670	4	3
1. 44	18. 74	29. 89	690	8 952	9 456	14	13
0. 69	14. 19	21. 05	164	8 580	9 218	11	11
0. 09	12. 57	22. 86	138	3 912	4 792	9	9
0. 04	4. 76	9. 06	120	3 029	1 769	9	9

2-9(三) 续表1

地区	Region	全社会固定资产投资(亿元) Total Investment in Fixed Assets (100 million yuan)	社会消费品零售总额(亿元) Total Retail Sale of Consumer Goods (100 million yuan)
青海省	**Qinghai**		
海北藏族自治州	Haibei Tibetan Autonomous Prefecture	29.65	7.72
黄南藏族自治州	Huangnan Tibetan Autonomous Prefecture	18.00	3.60
海南藏族自治州	Hainan Tibetan Autonomous Prefecture	55.71	12.23
果洛藏族自治州	Guoluo Tibetan Autonomous Prefecture	10.88	2.35
玉树藏族自治州	Yushu Tibetan Autonomous Prefecture	16.98	3.95
海西蒙古族藏族自治州	Haixi Mongolian and Tibetan Autonomous Prefecture	133.88	36.57
新疆维吾尔自治区	**Xinjiang Uygur Autonomous Region**		
昌吉回族自治州	Changji Hui Autonomous Prefecture	163.41	100.54
巴音郭楞蒙古自治州	Bayingolin Mongolian Autonomous Prefecture	307.37	47.30
克孜勒苏柯尔克孜自治州	Kizlsu Kirgiz Autonomous Prefecture	24.68	6.94
博尔塔拉蒙古自治州	Bortala Mongolian Autonomous Prefecture	35.66	17.37
伊犁哈萨克自治州	Ili Kazak Autonomous Prefecture	293.24	154.30
120个自治县(旗)合计		**2 670.86**	**1 005.91**
河北省	**Hebei**		
大厂回族自治县	Dachang Hui Autonomous County	40.65	8.41
孟村回族自治县	Mengcun Hui Autonomous County	35.53	11.10
青龙满族自治县	Qinglong Manchu Autonomous County	37.66	15.64
丰宁满族自治县	Fengning Manchu Autonomous County	54.16	16.54
围场满族蒙古族自治县	Weichang Manchu and Mongolian Autonomous County	39.36	17.71
宽城满族自治县	Kuancheng Manchu Autonomous County	58.92	16.27
内蒙古自治区	**Inner Mongolia Autonomous Region**		
鄂伦春自治旗	Oroqen Autonomous Banner	7.19	13.03
莫力达瓦达斡尔族自治旗	Morindawa Daur Autonomous Banner	20.96	14.47
鄂温克族自治旗	Ewenki Autonomous Banner	60.43	7.30
辽宁省	**Liaoning**		
阜新蒙古族自治县	Fuxin Mongolian Autonomous County	57.00	21.42
喀喇沁左翼蒙古族自治县	Harqin Zuoyi Mongolian Autonomous County	67.83	10.72
岫岩满族自治县	Xiuyan Manchu Autonomous County	93.26	48.10
新宾满族自治县	Xinbin Manchu Autonomous County	59.91	16.67
清原满族自治县	Qingyuan Manchu Autonomous County	55.09	16.27
本溪满族自治县	Benxi Manchu Autonomous County	50.20	24.76
桓仁满族自治县	Huanren Manchu Autonomous County	34.31	21.12
宽甸满族自治县	Kuandian Manchu Autonomous County	90.37	32.00

Continued

进出口总额（亿美元）Total Sum of Imports and Exports (USD 100 million)	普通中学在校学生数（万人）Students Enrollment of Secondary Schools (10 000 persons)	小学在校学生数（万人）Students Enrollment of Primary Schools (10 000 persons)	医院、卫生院数（个）Hospitals and Health Centers (unit)	医院、卫生院卫生技术人员数（人）Medical Technical Personnel (person)	医院、卫生院床位数（张）Number of Beds (bed)	文化馆（个）Cultural Centers (unit)	图书馆（个）Libraries (unit)
	1.57	3.15	44	965	637	4	5
	1.51	3.34	44	677	629	5	5
	2.65	4.90	52	1 263	1 481		6
	0.94	2.18	56	726	515	6	7
	1.61	4.89		886			
	2.30	4.06	62	2 146	172	12	8
2.27	7.98	8.47	111	8 900	6 887		
1.20	7.24	9.20	118	6 626	5 489	9	10
1.50	0.11	5.24	43	2 298		4	4
10.97	2.43	2.80	35	2 168	1 399	3	4
50.12	25.28	33.91	355	17 707	12 969	24	27
6.66	**181.85**	**294.57**	**2 269**	**72 649**	**62 378**	**112**	**115**
	0.67	0.57	8	479	387		
0.78	1.18	1.62	8	329	195		
	2.17	2.57	27	1 059	932	1	1
0.01	2.18	2.41	30	1 314	844	1	1
0.01	2.86	3.52	43	1 677	1 533	1	1
0.01	1.02	1.44	21	913	785	1	1
	1.42	1.20	14	1 465	813	1	1
	1.25	1.71	25	863	571	1	1
	0.57	0.65	15	821	645	1	1
0.08	3.96	4.19	38	1 482	1 095	1	1
0.30	2.91	2.61	25	1 229	981	1	1
0.18	2.37	3.24	27	818	523	1	1
0.12	1.26	1.64	17	968	841	1	1
0.17	1.39	1.51	18	1 230	878	1	1
0.13	1.45	1.45	14	1 084	1 022	1	1
0.06	1.50	1.39	18	895	1 090	1	1
0.26	1.94	2.72	31	1 618	861	1	1

2-9(三)　续表 2

地　区 Region		全社会固定资产投资（亿元）Total Investment in Fixed Assets (100 million yuan)	社会消费品零售总额（亿元）Total Retail Sale of Consumer Goods (100 million yuan)
吉林省	**Jilin**		
长白朝鲜族自治县	Changbai Korean Autonomous County	40.09	4.90
前郭尔罗斯蒙古族自治县	Qian Gorlos Mongolian Autonomous County	136.55	85.30
伊通满族自治县	Yitong Manchu Autonomous County	36.05	23.43
黑龙江省	**Heilongjiang**		
杜尔伯特蒙古族自治县	Dorbod Mongolian Autonomous County	19.90	8.60
浙江省	**Zhejiang**		
景宁畲族自治县	Jingning She Autonomous County	15.42	11.12
湖北省	**Hubei**		
长阳土家族自治县	Changyang Tujia Autonomous County	19.78	19.23
五峰土家族自治县	Wufeng Tujia Autonomous County	10.18	8.65
湖南省	**Hunan**		
城步苗族自治县	Chengbu Miao Autonomous County	16.27	7.16
通道侗族自治县	Tongdao Dong Autonomous County	6.04	4.81
江华瑶族自治县	Jianghua Yao Autonomous County	33.47	14.36
新晃侗族自治县	Xinhuang Dong Autonomous County	9.25	5.52
芷江侗族自治县	Zhijiang Dong Autonomous County	24.01	14.82
靖州苗族侗族自治县	Jingzhou Miao and Dong Autonomous County	8.27	10.00
麻阳苗族自治县	Mayang Miao Autonomous County	13.43	10.63
广东省	**Guangdong**		
连南瑶族自治县	Liannan Yao Autonomous County	9.03	4.48
连山壮族瑶族自治县	Lianshan zhuang and Yao Autonomous County	12.33	3.27
乳源瑶族自治县	Ruyuan Yao Autonomous County	18.43	9.33
广西壮族自治区	**Guangxi Zhuang Autonomous Region**		
都安瑶族自治县	Du'an Yao Autonomous County	13.03	9.20
融水苗族自治县	Rongshui Miao Autonomous County	25.69	10.52
三江侗族自治县	Sanjiang Dong Autonomous County	22.04	8.38
龙胜各族自治县	Longsheng Gezu Autonomous County	21.73	4.08
金秀瑶族自治县	Jinxiu Yao Autonomous County	10.52	3.60
隆林各族自治县	Longlin Gezu Autonomous County	33.48	6.07
巴马瑶族自治县	Bama Yao Autonomous County	16.29	6.02
罗城仫佬族自治县	Luocheng Mulao Autonomous County	20.02	8.00
富川瑶族自治县	Fuchuan Yao Autonomous County	35.49	6.61

Continued

进出口总额（亿美元） Total Sum of Imports and Exports (USD 100 million)	普通中学在校学生数（万人） Students Enrollment of Secondary Schools (10 000 persons)	小学在校学生数（万人） Students Enrollment of Primary Schools (10 000 persons)	医院、卫生院数（个） Hospitals and Health Centers (unit)	医院、卫生院卫生技术人员数（人） Medical Technical Personnel (person)	医院、卫生院床位数（张） Number of Beds (bed)	文化馆（个） Cultural Centers (unit)	图书馆（个） Libraries (unit)
0. 22	0. 38	0. 39	12	488	310	1	1
0. 26	2. 82	3. 44	26	1 890	1 000	2	1
	2. 04	2. 76	23	1 454	1 247	1	1
0. 07	1. 25	1. 39	14	396	354	1	1
0. 04	0. 57	0. 82	26	480	230	1	1
0. 13	1. 71	1. 76	13	1 189	925	1	1
0. 02	0. 81	0. 77	11	597	397	2	1
0. 03	0. 91	1. 75	13	574	505	1	1
	0. 76	1. 54	24	538	511	1	1
	2. 62	3. 60	28	1 123	1 118	1	1
	0. 80	1. 57	30	663	634	1	1
0. 03	1. 72	0. 26	32	1 312	658	1	3
0. 01	1. 10	1. 74	21	698	712	1	1
	1. 36	2. 66	31	961	1 065	1	1
0. 10	0. 94	1. 36	13	444	333	1	1
	0. 73	0. 74	11	340	150	1	1
0. 86	1. 28	1. 40	16	592	342	1	1
	3. 52	6. 59	23	1 152	892	1	
	2. 09	3. 88	21	914	831	1	1
	1. 53	2. 72	17	745	723	1	1
	0. 64	0. 89	13	538	230	1	11
	0. 57	0. 98	14	541	522	1	1
	1. 87	4. 27	22	411	448	1	1
	1. 34	2. 53	15	382	343	1	1
	1. 46	2. 26	15	765	538	1	1
	1. 92	2. 34	14	821	559	1	1

2－9(三) 续表3

地 区	Region	全社会固定资产投资（亿元）Total Investment in Fixed Assets (100 million yuan)	社会消费品零售总额（亿元）Total Retail Sale of Consumer Goods (100 million yuan)
大化瑶族自治县	Dahua Yao Autonomous County	15.41	7.42
环江毛南族自治县	Huanjiang Maonan Autonomous County	17.01	8.98
恭城瑶族自治县	Gongcheng Yao Autonomous County	29.12	11.55
海南省	**Hainan**		
白沙黎族自治县	Baisha Li Autonomous County	3.81	2.58
昌江黎族自治县	Changjiang Li Autonomous County	31.81	5.37
乐东黎族自治县	Ledong Li Autonomous County	10.00	10.52
陵水黎族自治县	Lingshui Li Autonomous County	55.45	6.32
琼中黎族苗族自治县	Qiongzhong Li and Miao Autonomous County	4.78	2.16
保亭黎族苗族自治县	Baoting Li and Miao Autonomous County	10.15	3.20
重庆市	**Chongqing**		
石柱土家族自治县	Shizhu Tujia Autonomous County	70.17	20.75
秀山土家族苗族自治县	Xiushan Tujia and Miao Autonomous County	47.49	22.67
酉阳土家族苗族自治县	Youyang Tujia and Miao Autonomous County	67.67	21.21
彭水苗族土家族自治县	Pengshui Miao and Tujia Autonomous County	69.59	23.56
四川省	**Sichuan**		
北川羌族自治县	Beichuan Qiang Autonomous County	95.14	7.59
木里藏族自治县	Muli Tibetan Autonomous County	28.31	2.92
马边彝族自治县	Mabian Yi Autonomous County	19.59	3.68
峨边彝族自治县	Ebian Yi Autonomous County	16.22	7.35
贵州省	**Guizhou**		
松桃苗族自治县	Songtao Miao Autonomous County	20.08	8.40
镇宁布依族苗族自治县	Zhenning Bouyei and Miao Autonomous County	8.71	5.50
紫云苗族布依族自治县	Ziyun Miao and Bouyei Autonomous County	5.11	4.78
威宁彝族回族苗族自治县	Weining Yi, Hui and Miao Autonomous County	19.75	11.24
关岭布依族苗族自治县	Guanling Bouyei and Miao Autonomous County	5.26	5.96
三都水族自治县	Sandu Shui Autonomous County	4.21	4.86
玉屏侗族自治县	Yuping Dong Autonomous County	10.11	3.62
道真仡佬族苗族自治县	Daozhen Gelao and Miao Autonomous County	8.01	3.52
务川仡佬族苗族自治县	Wuchuan Gelao and Miao Autonomous County	11.65	5.27
印江土家族苗族自治县	Yinjiang Tujia and Miao Autonomous County	13.07	4.72
沿河土家族自治县	Yanhe Tujia Autonomous County	24.08	6.63

Continued

进出口总额（亿美元） Total Sum of Imports and Exports (USD 100 million)	普通中学在校学生数（万人） Students Enrollment of Secondary Schools (10 000 persons)	小学在校学生数（万人） Students Enrollment of Primary Schools (10 000 persons)	医院、卫生院数（个） Hospitals and Health Centers (unit)	医院、卫生院卫生技术人员数（人） Medical Technical Personnel (person)	医院、卫生院床位数（张） Number of Beds (bed)	文化馆（个） Cultural Centers (unit)	图书馆（个） Libraries (unit)
	2. 09	4. 37	18	463	649	1	1
	1. 63	2. 59	13	667	499	1	1
	1. 36	1. 53	13	782	522	1	1
	1. 06	1. 70	24	659	458	1	1
	1. 86	2. 34	17	878	607	1	1
	3. 75	5. 42	26	1 420	962	1	1
	2. 17	3. 01	22	794	577	1	1
	1. 18	1. 49	27	922	609	1	1
	1. 04	1. 25	19	624	435		
0. 19	3. 72	4. 24	34	1 485	1 027	1	1
	3. 97	5. 32	40	887	929	1	1
1. 48	5. 48	7. 35	47	998	728	1	1
	4. 48	6. 74	42	1 097	864	1	1
	1. 20	1. 27	25	352	350	1	
	0. 49	1. 68	31	247	297	1	
	0. 80	2. 12	22	334	379	1	1
0. 25	0. 81	1. 19	20	373	284	1	
	4. 80	8. 19	30	1 001	961	1	1
	1. 91	4. 13	21	351	491	1	1
	2. 39	4. 45	17	376	421	1	1
	8. 24	26. 40	41	756	1 436	1	
	2. 19	3. 59	18	270	506	1	
	2. 01	4. 19	22	456	399	1	1
	0. 76	1. 21	9	383	313	1	1
	1. 85	3. 03	16	560	872	1	1
	2. 91	4. 99	17	582	784	1	
	2. 73	4. 30	19	516	469	1	1
	4. 01	8. 78	24	640	587	1	1

2－9(三)　续表4

地　区	Region	全社会固定资产投资(亿元) Total Investment in Fixed Assets (100 million yuan)	社会消费品零售总额(亿元) Total Retail Sale of Consumer Goods (100 million yuan)
云南省	Yunnan		
峨山彝族自治县	Eshan Yi Autonomous County	16.43	5.71
石林彝族自治县	Shilin Yi Autonomous County	27.68	15.31
沧源佤族自治县	Cangyuan Va Autonomous County	7.94	3.96
耿马傣族佤族自治县	Gengma Dai and Va Autonomous County	15.20	7.01
玉龙纳西族自治县	Yulong Naxi Autonomous County	22.83	4.04
宁蒗彝族自治县	Ninglang Yi Autonomous County	8.93	3.64
江城哈尼族彝族自治县	Jiangcheng Hani and Yi Autonomous County	8.33	2.64
澜沧拉祜族自治县	Lancang Lahu Autonomous County	27.91	7.15
孟连傣族拉祜族佤族自治县	Menglian Dai, Lahu and Va Autonomous County	3.81	3.62
西盟佤族自治县	Ximeng Va Autonomous County	2.98	1.10
河口瑶族自治县	Hekou Yao Autonomous County	12.23	2.12
屏边苗族自治县	Pingbian Miao Autonomous County	8.02	3.77
贡山独龙族怒族自治县	Gongshan Dulong and Nu Autonomous County	4.94	1.07
巍山彝族回族自治县	Weishan Yi and Hui Autonomous County	12.42	6.17
南涧彝族自治县	Nanjian Yi Autonomous County	5.18	5.20
寻甸回族彝族自治县	Xundian Hui and Yi Autonomous County	30.07	10.22
元江哈尼族彝族傣族自治县	Yuanjiang Hani, Yi and Dai Autonomous	12.69	9.07
新平彝族傣族自治县	Xinping Yi and Dai Autonomous County	27.75	7.82
墨江哈尼族自治县	Mojiang Hani Autonomous County	23.00	4.67
双江拉祜族佤族布朗族傣族自治县	Shuangjiang Lahu, Va, Blang and Dai Autonomous County	7.65	3.10
兰坪白族普米族自治县	Lanping Bai and Pumi Autonomous County	10.92	4.39
维西傈僳族自治县	Weixi Lisu Autonomous County	21.66	2.61
景东彝族自治县	Jingdong Yi Autonomous County	8.20	5.82
景谷傣族彝族自治县	Jinggu Dai and Yi Autonomous County	17.72	7.93
宁洱哈尼族彝族自治县	Ninger Hani and Yi Autonomous County	16.71	4.62
漾濞彝族自治县	Yangbi Yi Autonomous County	7.48	2.33
禄劝彝族苗族自治县	Luquan Yi and Miao Autonomous County	31.52	6.49
金平苗族瑶族傣族自治县	Jinping Miao, Yao and Dai Autonomous County	14.01	3.75
镇沅彝族哈尼族拉祜族自治县	Zhenyuan Yi, Hani and Lahu Autonomous County	7.05	4.18

Continued

进出口总额（亿美元）Total Sum of Imports and Exports (USD 100 million)	普通中学在校学生数（万人）Students Enrollment of Secondary Schools (10 000 persons)	小学在校学生数（万人）Students Enrollment of Primary Schools (10 000 persons)	医院、卫生院数（个）Hospitals and Health Centers (unit)	医院、卫生院卫生技术人员数（人）Medical Technical Personnel (person)	医院、卫生院床位数（张）Number of Beds (bed)	文化馆（个）Cultural Centers (unit)	图书馆（个）Libraries (unit)
0.01	0.87	1.37	13	509	549	1	1
	1.43	2.29	11	759	711	1	1
	0.83	1.64	17	257	120	1	1
0.62	1.42	3.07	15	661	570	1	1
	1.32	1.62	17	637	250	1	1
	1.70	3.15	20	415	390	5	1
0.07	0.56	0.95	10	368	192	1	1
0.17	2.06	3.52	24	683	789	1	1
0.62	0.66	1.21	8	339	173	1	1
0.08	0.56	0.82	11	197	199	1	1
0.01	0.49	0.93	12	521	665	1	1
	0.74	1.74	10	179	254	1	1
	0.18	0.33	6	181	101	1	1
	1.66	2.93	11	536	657	1	1
	1.14	1.89	11	331	346	1	1
0.03	3.56	4.88	18	629	853	1	1
0.01	1.24	1.89	15	432	398	1	1
0.01	1.20	2.32	14	454	568	1	1
	1.57	2.23	17	642	507	1	1
	0.86	1.51	10	262	171	1	1
	1.16	1.96	12	611	447		1
	0.86	1.38	12		205		1
0.01	1.45	2.83	15	588	614	1	1
0.03	1.17	2.28	16	480	509	1	1
	0.96	1.27	14	557	439	1	1
	0.46	0.75	13	207	301	1	1
	0.90	3.99	26	886	1 461	1	6
0.05	1.88	3.71	18	494	413	1	1
	0.89	1.30	10	412	228	1	1

2-9(三) 续表5

地 区	Region	全社会固定资产投资（亿元）Total Investment in Fixed Assets (100 million yuan)	社会消费品零售总额（亿元）Total Retail Sale of Consumer Goods (100 million yuan)
甘肃省	Gansu		
张家川回族自治县	Zhangjiachuan Hui Autonomous County	17.08	3.02
天祝藏族自治县	Tianzhu Tibetan Autonomous County	19.64	9.67
肃南裕固族自治县	Sunan Yugur Autonomous County	19.47	1.99
肃北蒙古族自治县	Subei Mongolian Autonomous County	13.02	0.86
阿克塞哈萨克族自治县	Aksay Kazak Autonomous County	5.11	0.82
东乡族自治县	Dongxiang Autonomous County	6.29	0.93
积石山保安族东乡族撒拉族自治县	Jishishan Baoan, Dongxiang and Salar Autonomous County	7.86	1.85
青海省	Qinghai		
互助土族自治县	Huzhu Tu Autonomous County	14.93	6.05
化隆回族自治县	Hualong Hui Autonomous County	8.23	2.96
循化撒拉族自治县	Xunhua Salar Autonomous County	7.03	3.00
河南蒙古族自治县	Henan Mongolian Autonomous County	3.49	0.52
门源回族自治县	Menyuan Hui Autonomous County	9.30	3.34
大通回族土族自治县	Datong Hui and Tu Autonomous County	16.43	7.76
民和回族土族自治县	Minhe Hui and Tu Autonomous County	13.52	8.78
新疆维吾尔自治区	Xinjiang Uygur Autonomous Region		
巴里坤哈萨克自治县	Barkol Kazak Autonomous County	10.15	2.17
塔什库尔干塔吉克自治县	Taxkorgan Tajik Autonomous County	9.35	0.84
木垒哈萨克自治县	Mori Kazak Autonomous County	3.70	3.40
焉耆回族自治县	Yanqi Hui Autonomous County	11.48	3.56
察布查尔锡伯自治县	Qapaqal Xibe Autonomous County	8.46	1.31
和布克赛尔蒙古自治县	Hoboksar Mongolian Autonomous County	13.30	2.08

Continued

进出口总额（亿美元） Total Sum of Imports and Exports (USD 100 million)	普通中学在校学生数（万人） Students Enrollment of Secondary Schools (10 000 persons)	小学在校学生数（万人） Students Enrollment of Primary Schools (10 000 persons)	医院、卫生院数（个） Hospitals and Health Centers (unit)	医院、卫生院卫生技术人员数（人） Medical Technical Personnel (person)	医院、卫生院床位数（张） Number of Beds (bed)	文化馆（个） Cultural Centers (unit)	图书馆（个） Libraries (unit)
	2. 58	4. 10	26	944	580	1	9
	1. 66	1. 62	20	740	296	1	
	0. 22	0. 26	23	193	354	1	1
	0. 07	0. 08	5	101	88	1	1
	0. 06	0. 07	4	84	82	1	1
	1. 35	3. 68	28	298	315	1	1
	1. 37	3. 35	22	295	589	1	1
	2. 27	2. 93	33	682	557	1	1
	1. 09	2. 48	22	274	204	1	1
	0. 16	0. 29	17	300	163	1	1
	0. 19	0. 46	8	122	131	1	1
	0. 79	1. 66	15	240	176	1	1
	2. 53	4. 20	34	1 201	914	1	1
	2. 69	4. 38	31	403	663		
	0. 36	0. 54	16	292		1	1
	0. 18	0. 49	15	249	173	1	
	0. 40	0. 53	89	369	320	1	1
	0. 67	0. 88	10	493	513	1	1
	1. 08	1. 51	18	432	355	1	1
	0. 17	0. 38	3	290	209	1	1

主要统计指标解释

国内（地区）生产总值 是按市场价格计算的国内生产总值的简称。它是一个国家（地区）所有常驻单位在一定时期内生产活动的最终成果。国内生产总值有三种表现形态：价值形态、收入形态和产品形态。从价值形态看，它是所有常驻单位在一定时期内生产的全部货物和服务价值超过同期投入的全部非固定资产货物和服务价值的差额，即所有常驻单位的增加值之和；从收入形态看，它是所有常驻单位在一定时期内所创造并分配给常驻单位和非常驻单位的初次分配收入之和；从产品形态看，它是最终使用的货物和服务减去进口货物和服务。在实际核算中，国内生产总值的三种表现形态表现为三种计算方法，即生产法、收入法和支出法。三种方法分别从不同的方面反映国内生产总值及其构成。

当年价格 指报告期的实际价格，如工厂的出厂价格，农产品的收购价格，商业的零售价格等。使用当年价格计算的数字，是为了使国民经济各项指标互相衔接，便于考察当年社会经济效益，便于对生产和流通、生产和分配、生产和消费进行经济核算和综合平衡。

按当年价格计算的价格指标在不同年份之间进行对比时，因为包含有各年间价格的因素，不能确切地反映实物量的增减变动，必须消除价格变动因素后才能真正反映经济发展动态。因此，在计算增长速度时都使用按可比价格计算的数字。

不变价格 指用同类产品的年平均价格作为固定价格来计算各年产品价值。按不变价格计算的产品价值消除了价格变动因素，不同时期对比可以反映生产的发展速度。新中国成立后，随着工农业产品价格水平的变化，国家统计局先后五次制定了全国统一的工业产品不变价格和农业产品不变价格，1949—1957年使用1952年工（农）业产品不变价格，1957—1971年使用1957年不变价格，1971—1981年使用1970年不变价格，1981—1990年使用1980年不变价格，1990年开始使用1990年不变价格。

平均每年增长速度 在我国计算平均增长速度有两种方法：一种是习惯上经常使用的“水平法”，又称几何平均法，是以间隔期最后一年的水平同基期水平对比来计算平均每年增长（或下降）速度；另一种是“累计法”，又称代数平均法或方程法，是以间隔期内各年水平的总和同基期水平对比来计算平均每年增长（或下降）速度。

三次产业 三次产业的划分是世界上较为常用的产业结构分类，但各国的划分不尽一致。我国的三次产业划分是：

第一产业是指农、林、牧、渔业。

第二产业是指采矿业，制造业，电力、煤气及水的生产和供应业，建筑业。

第三产业是指除第一、二产业以外的其他行业。

人口 3

3－1 民族自治地方年末总人口及构成

The Composition and Overall Population of Ethnic Minority Autonomous Areas at the End of Year

单位:万人 (10 000 persons)

年 份 Year	民族自治地方总人口 Total Population	民族自治地方总人口 农业人口 Agriculture	民族自治地方总人口 非农业人口 Non-agriculture	比 重（以自治地方总人口为100）Proportion (Total Population in Ethnic Minority Autonomous Areas = 100) 农业人口 Agriculture	比 重 非农业人口 Non-agriculture	民族自治地方少数民族人口 Total Population of Minority Nationalities	少数民族人口占民族自治地方总人口的比重(%) Population of Minority Nationality As Percentage of Total Population in Ethnic Minority Autonomous Areas
1952	5 600.95	4 967.73	633.22	88.59	11.31		
1957	6 464.90	5 663.04	801.86	87.60	12.40		
1965	7 739.20	6 618.05	1 121.15	85.51	14.49		
1975	10 441.43	8 873.60	1 567.83	84.98	15.02		
1978	11 077.22	9 376.34	1 700.88	84.65	15.35	4 342.36	39.2
1979	11 333.94	9 534.45	1 799.49	84.12	15.88		
1980	11 586.35	9 717.60	1 868.75	83.87	16.13	4 714.31	40.7
1981	11 767.29	9 864.52	1 902.77	83.83	16.17		
1982	12 127.26	10 161.43	1 965.83	83.79	16.21	5 007.50	41.3
1983	12 659.05	10 601.55	2 057.50	83.75	16.25	5 339.10	42.2
1984	12 899.98	10 769.19	2 130.79	83.48	16.52	5 491.20	42.6
1985	13 547.71	11 263.66	2 284.05	83.14	16.86	5 852.87	43.2
1986	13 927.03	11 567.63	2 359.40	83.06	16.94	6 072.23	43.6
1987	14 246.65	11 794.22	2 254.43	82.79	17.21	6 252.58	43.9
1988	14 579.84	12 037.74	2 542.10	82.56	17.44	6 442.79	44.2
1989	15 060.57	12 382.47	2 678.10	82.22	17.78	6 688.63	44.4
1990	15 295.71	12 580.41	2 715.30	82.24	17.76	6 879.58	45.0
1991	15 462.71	12 660.58	2 802.13	81.88	18.12	7 044.32	45.6
1992	15 630.06	12 768.95	2 861.11	81.69	18.31	7 125.20	45.6
1993	15 776.06	12 808.13	2 967.93	81.49	18.51	7 179.08	45.5
1994	15 974.68	12 890.12	3 084.56	80.69	19.31	7 286.83	45.6
1995	16 044.41	12 878.06	3 166.35	80.27	19.73	7 232.13	45.1
1996	16 230.41	12 941.79	3 288.72	79.74	20.26	7 393.99	45.6
1997	16 407.92	13 054.47	3 353.45	79.56	20.44	7 451.12	45.4
1998	16 615.95	13 155.42	3 460.53	79.17	20.83	7 577.45	45.6
1999	16 678.00	13 169.40	3 508.60	78.96	21.04	7 571.34	45.4
2000	16 817.70	13 246.25	3 570.45	78.76	21.24	7 766.76	46.2
2001	16 870.10	13 256.90	3 613.20	78.59	21.41	7 799.47	46.2
2002	17 051.24	13 287.33	3 763.91	77.93	22.07	7 930.39	46.5
2003	17 214.12	13 384.84	3 829.28	77.75	22.25	8 016.96	46.6
2004	17 311.28	13 407.54	3 903.74	77.45	22.55	8 114.66	46.9
2005	17 498.65	13 426.44	4 072.21	76.73	23.27	8 238.95	47.1
2006	17 679.86	13 365.71	4 314.16	75.60	24.40	8 367.37	47.3
2007	17 947.89	13 570.29	4 310.46	75.61	24.02	8 501.22	47.4
2008	18 135.33	13 723.48	4 351.91	75.92	24.08	8 616.02	47.5
2009	18 317.90	13 670.06	4 647.84	74.63	25.37	8 713.71	47.6

注:1. 本表未扣除区域变动因素,年度之间不可比。下同。
2. 2001年后人口数为公安部门数,以前为抽样调查数。
3. 有些年份因部分省区农业人口与非农业人口数据不全,因此合计数不等于总人口数。

Note: a. The factor of regional changes is not deducted, so data among years are not comparable. The next is the same.
b. The Population is obtain from police, the other date is obtain from the sample survey since 2001.
c. the data in some provinces are incomplete sum of various subentries in some years.

3-2 民族自治地方分地区年末总人口和少数民族人口(2009年)
Total Population and Minority Ethnic Population
by Region of Ethnic Minority Autonomous Areas(2009)

地 区 Region	年末总人口(万人) Total Population (year-end) (10 000 persons)	#少数民族人口 Minority Population	少数民族占总人口的比重(%) As% of National Total
合 计 Total	**18 317.90**	**8 713.71**	**47.57**
河 北 Hebei	203.31	120.11	59.08
内蒙古 Inner Mongolia	2 422.07	540.61	22.32
辽 宁 Liaoning	336.02	173.86	51.74
吉 林 Jilin	333.54	114.12	34.21
黑龙江 Heilongjiang	25.69	5.30	20.63
浙 江 Zhejiang	17.02	1.86	10.91
湖 北 Hubei	457.26	247.24	54.07
湖 南 Hunan	504.68	378.58	75.01
广 东 Guangdong	49.18	18.34	37.29
广 西 Guangxi	5 092.00	1 884.00	37.00
海 南 Hainan	173.64	86.44	49.78
重 庆 Chongqing	268.58	185.18	68.95
四 川 Sichuan	723.44	426.07	58.90
贵 州 Guizhou	1 683.27	1 028.04	61.07
云 南 Yunnan	2 262.10	1 269.43	56.12
西 藏 Tibet	289.82	273.30	94.30
甘 肃 Gansu	340.86	194.22	56.98
青 海 Qinghai	351.59	220.09	62.60
宁 夏 Ningxia	625.20	229.98	36.78
新 疆 Xinjiang	2 158.63	1 316.94	61.01

3-3 民族自治地方分地区人口构成(2009年)(一)

Population Composition by Region of Ethnic Minority Autonomous Areas(2009)(1)

单位:万人 (10 000 persons)

地 区 Region	按性别分 By Sex		按城乡分 By Residence	
	男 Male	女 Female	城镇人口 Urban	乡村人口 Rural
合 计 Total	**9 476.52**	**8 841.39**	**6 464.43**	**11 853.48**
河 北 Hebei	106.08	97.23	56.41	146.90
内蒙古 Inner Mongolia	1 244.94	1 177.13	1 293.45	1 128.62
辽 宁 Liaoning	172.14	163.88	100.60	235.42
吉 林 Jilin	167.78	165.76	235.16	98.39
黑龙江 Heilongjiang	13.05	12.64	6.54	19.15
浙 江 Zhejiang	9.04	7.98	8.15	8.87
湖 北 Hubei	238.60	218.66	117.12	340.14
湖 南 Hunan	262.95	241.73	153.59	351.09
广 东 Guangdong	25.42	23.76	11.29	37.89
广 西 Guangxi	2 681.00	2 411.00	1 996.53	3 095.47
海 南 Hainan	91.11	82.53	41.42	132.23
重 庆 Chongqing	141.80	126.77	48.02	220.56
四 川 Sichuan	372.09	351.35	178.75	544.69
贵 州 Guizhou	879.04	804.23	517.32	1 165.95
云 南 Yunnan	1 162.90	1 099.20	348.80	1 913.30
西 藏 Tibet	146.03	143.79	69.03	220.79
甘 肃 Gansu	166.59	174.27	58.32	282.54
青 海 Qinghai	179.03	172.56	75.50	276.09
宁 夏 Ningxia	318.60	306.60	288.22	336.98
新 疆 Xinjiang	1 098.31	1 060.32	860.21	1 298.42

3－3 民族自治地方分地区人口构成(2009 年)(二)

Population Composition by Region of Ethnic Minority Autonomous Areas(2009)(2)

单位:万人　　(10 000 persons)

地 区 Region	按农业、非农业分 By Agriculture and Non-agriculture	
	农业人口 Agriculture	非农业人口 Non-agriculture
合 计 Total	**13 670.06**	**4 647.84**
河 北 Hebei	170.50	32.82
内蒙古 Inner Mongolia	1 437.50	984.57
辽 宁 Liaoning	257.89	78.13
吉 林 Jilin	160.57	172.97
黑龙江 Heilongjiang	18.55	7.13
浙 江 Zhejiang	13.95	3.07
湖 北 Hubei	392.91	64.35
湖 南 Hunan	423.72	80.96
广 东 Guangdong	40.24	8.94
广 西 Guangxi	4 143.85	948.15
海 南 Hainan	113.59	60.05
重 庆 Chongqing	233.44	35.14
四 川 Sichuan	619.47	103.97
贵 州 Guizhou	1 503.23	180.04
云 南 Yunnan	1 913.30	348.80
西 藏 Tibet	69.03	220.79
甘 肃 Gansu	263.90	76.97
青 海 Qinghai	272.25	79.34
宁 夏 Ningxia	392.42	232.78
新 疆 Xinjiang	1 229.77	928.86

主要统计指标解释

人口数 指一定时点、一定地区范围内的有生命的个人的总和。年度统计的年末人口数指每年12月31日24时的人口数。

市镇总人口和乡村总人口 一般是按常住人口划分。

市镇总人口 指市、镇辖区的全部人口。

乡村总人口 指县（不含镇）的全部人口。

市 指经国家批准成立“市”建制的城市。

镇 指经省、自治区、直辖市批准的镇。1963年以前为常住人口在2 000人以上，非农业人口占50%以上的人口聚居地。1964年起改为常住人口在3 000人以上，非农业人口占70%以上或常住人口在2 500人以上，不满3 000人，非农业人口占85%以上的。1984年后又调整为凡县级地方国家机关所在地；或总人口在20 000人以下的乡，乡政府驻地非农业人口超过2 000人的；或总人口在20 000人以上的乡，乡政府驻地非农业人口占全乡人口10%以上；或少数民族地区、人口稀少的边远地区、山区和小型工矿区、小港口、风景旅游地、边境口岸等地，非农业人口虽不足2 000人，都可建镇。

就业人员和劳动报酬 4

4－1 民族自治地方单位从业人员年平均工资

Average Annual Wage of Employment of Ethnic Minority Autonomous Areas

单位:元 (yuan)

年 份 Year	合 计 Total	国有单位 State-owned	集体单位 Collective-owned	其他单位 Others
1981	816	848	650	
1982	845	827	686	
1983	884	917	711	
1984	1 026	1 077	810	
1985	1 142	1 202	899	
1986	1 320	1 392	1 011	
1987	1 465	1 535	1 156	
1988	1 739	1 815	1 396	
1989	1 850	1 931	1 420	
1990	2 040	2 150	1 525	2 033
1991	2 214	2 318	1 718	2 284
1992	2 527	3 006	1 949	2 538
1993	3 074	3 210	2 363	3 652
1994	3 970	4 092	3 185	4 205
1995	4 559	4 857	3 492	4 801
1996	5 268	5 436	4 033	5 513
1997	5 593	5 799	4 102	6 077
1998	6 243	6 414	4 580	6 739
1999	6 822	6 979	5 093	7 234
2000	7 802	7 976	5 716	8 165
2001	9 548	9 839	6 762	9 385
2002	10 990	11 303	7 277	11 042
2003	12 471	12 877	8 365	12 164
2004	14 583	15 235	10 161	13 370
2005	15 481	15 869	10 966	15 201
2006	17 766	18 323	12 375	17 041
2007	21 374	22 334	15 163	19 603
2008	25 232	26 034	18 600	23 854
2009	28 187	29 351	21 439	25 994

注:1. 本表未扣除区域变动因素,年度之间不可比。下同。

2. 1998 年以后为人均劳动报酬。

Note: a. The factor of regional changes is not deducted, so data among years are not comparable. The next is the same.

b. 1998 figures are per capita remuneration payment.

-2 民族自治地方分地区年末单位从业人员(2009年)

Employed Persons by Region of Ethnic Minority Autonomous Areas (2009)

单位:万人 (10 000 Persons)

地区 Region	合计 Total	国有单位 State-owned Units	城镇集体单位 Urban Collective-owned Units	其他单位 Others
合计 Total	**1 256.91**	**881.62**	**44.58**	**330.72**
河北 Hebei	9.45	7.11	0.36	1.98
内蒙古 Inner Mongolia	245.83	166.67	9.18	69.98
辽宁 Liaoning	14.72	11.91	1.28	1.53
吉林 Jilin	31.51	22.69	0.96	7.87
黑龙江 Heilongjiang	1.11	0.82	0.12	0.17
浙江 Zhejiang	0.96	0.70	0.06	0.20
湖北 Hubei	16.86	12.98	0.16	3.72
湖南 Hunan	22.30	18.26	1.34	2.70
广东 Guangdong	3.55	2.10	0.15	1.29
广西 Guangxi	301.42	196.99	16.92	87.51
海南 Hainan	7.19	6.36	0.30	0.53
重庆 Chongqing	8.50	7.01	0.35	1.14
四川 Sichuan	36.33	28.83	0.97	6.52
贵州 Guizhou	56.02	46.07	1.95	8.00
云南 Yunnan	129.70	81.39	4.25	44.06
西藏 Tibet	21.11	19.68	0.46	0.98
甘肃 Gansu	17.80	15.90	0.65	1.26
青海 Qinghai	25.03	18.78	0.68	5.58
宁夏 Ningxia	58.10	36.03	0.78	21.29
新疆 Xinjiang	249.42	181.34	3.68	64.40

4－3 民族自治地方分地区单位从业人员劳动报酬(2009年)

Income of Employed Persons by Region of Ethnic Minority Autonomous Areas (2009)

单位:亿元 (100 million yuan)

地 区 Region		合 计 Total	国有单位 State-owned Units	城镇集体单位 Urban Collective-owned Units	其他单位 Others
合 计	**Total**	**3 542.83**	**2 587.61**	**95.57**	**859.65**
河 北	Hebei	23.75	19.23	0.96	3.55
内蒙古	Inner Mongolia	761.81	537.15	22.86	201.80
辽 宁	Liaoning	33.18	27.94	2.60	2.64
吉 林	Jilin	69.69	54.38	1.84	13.47
黑龙江	Heilongjiang	2.42	1.96	0.13	0.33
浙 江	Zhejiang	3.36	2.76	0.14	0.46
湖 北	Hubei	36.31	29.77	0.43	6.11
湖 南	Hunan	53.18	44.98	2.55	5.65
广 东	Guangdong	8.44	5.78	0.33	2.32
广 西	Guangxi	810.66	574.12	30.73	205.81
海 南	Hainan	18.46	17.00	0.51	0.95
重 庆	Chongqing	21.61	18.43	0.65	2.54
四 川	Sichuan	112.04	93.72	2.69	15.62
贵 州	Guizhou	140.35	119.14	4.76	16.44
云 南	Yunnan	305.54	227.48	9.13	68.93
西 藏	Tibet	95.03	91.84	0.58	2.61
甘 肃	Gansu	45.03	41.97	0.88	2.18
青 海	Qinghai	91.51	72.57	1.17	17.77
宁 夏	Ningxia	195.37	117.49	3.11	74.77
新 疆	Xinjiang	715.10	489.90	9.50	215.70

4－4 民族自治地方分地区单位从业人员平均劳动报酬(2009 年)
Average Annual Income of Employed Persons by Region of Ethnic Minority Autonomous Areas (2009)

单位:元 (yuan)

地 区 Region	合 计 Total	国有单位 State-owned Units	城镇集体单位 Urban Collective-owned Units	其他单位 Others
合 计 Total	**28 187**	**29 351**	**21 439**	**25 994**
河 北 Hebei	25 143	27 053	27 001	17 950
内蒙古 Inner Mongolia	30 990	32 228	24 917	28 837
辽 宁 Liaoning	22 546	23 459	20 399	17 224
吉 林 Jilin	22 114	23 967	19 159	17 130
黑龙江 Heilongjiang	21 839	24 029	11 270	18 688
浙 江 Zhejiang	35 002	39 388	23 483	23 033
湖 北 Hubei	21 544	22 942	27 076	16 428
湖 南 Hunan	23 844	24 637	18 939	20 929
广 东 Guangdong	23 783	27 469	22 206	17 966
广 西 Guangxi	26 895	29 145	18 161	23 519
海 南 Hainan	25 657	26 721	16 944	17 833
重 庆 Chongqing	25 415	26 273	18 576	22 227
四 川 Sichuan	30 842	32 504	27 759	23 952
贵 州 Guizhou	25 051	25 860	24 440	20 543
云 南 Yunnan	23 558	27 951	21 489	15 644
西 藏 Tibet	45 012	46 676	12 663	26 673
甘 肃 Gansu	25 294	26 396	13 687	17 321
青 海 Qinghai	36 555	38 646	17 240	31 871
宁 夏 Ningxia	33 624	32 604	39 987	35 118
新 疆 Xinjiang	28 671	27 016	25 805	33 493

4-5 民族自治地方分地区年末在岗职工人数(2009年)

Number of Staff and Workers at Year-end by Region of Ethnic Minority Autonomous Areas (2009)

单位:万人 (10 000 Persons)

地区 Region	合计 Total	国有单位 State-owned Units	城镇集体单位 Urban Collective-owned Units	其他单位 Others
合计 Total	**1 192.09**	**847.54**	**40.40**	**304.14**
河北 Hebei	9.17	6.92	0.36	1.89
内蒙古 Inner Mongolia	241.78	164.44	9.04	68.30
辽宁 Liaoning	14.43	11.67	1.72	1.04
吉林 Jilin	30.32	22.04	0.93	7.35
黑龙江 Heilongjiang	1.06	0.77	0.12	0.17
浙江 Zhejiang	0.93	0.67	0.06	0.20
湖北 Hubei	16.37	12.56	0.16	3.65
湖南 Hunan	20.91	17.36	1.11	2.45
广东 Guangdong	3.51	2.08	0.15	1.28
广西 Guangxi	279.00	184.00	14.00	81.00
海南 Hainan	6.82	6.04	0.28	0.49
重庆 Chongqing	8.24	6.84	0.32	1.08
四川 Sichuan	34.74	27.53	0.93	6.27
贵州 Guizhou	51.58	42.48	1.73	7.37
云南 Yunnan	119.61	81.61	3.66	34.34
西藏 Tibet	18.89	17.86	0.46	0.56
甘肃 Gansu	16.97	15.20	0.63	1.14
青海 Qinghai	23.66	17.74	0.53	5.39
宁夏 Ningxia	54.56	33.82	0.68	20.06
新疆 Xinjiang	239.54	175.90	3.54	60.10

4-6 民族自治地方分地区在岗职工工资总额(2009年)

Total Wages Bill of Staff and Workers by Region of Ethnic Minority Autonomous Areas (2009)

单位:亿元 (100 million yuan)

地区 Region	合计 Total	国有单位 State-owned Units	城镇集体单位 Urban Collective-owned Units	其他单位 Others
合计 Total	**3 439.76**	**2 537.46**	**90.15**	**812.15**
河北 Hebei	23.38	18.99	0.96	3.43
内蒙古 Inner Mongolia	753.51	533.81	22.72	196.98
辽宁 Liaoning	32.89	27.69	3.44	1.76
吉林 Jilin	67.90	53.56	1.81	12.53
黑龙江 Heilongjiang	2.37	1.91	0.13	0.33
浙江 Zhejiang	3.31	2.71	0.14	0.46
湖北 Hubei	35.75	29.27	0.43	6.05
湖南 Hunan	50.71	43.39	2.35	4.97
广东 Guangdong	8.37	5.71	0.33	2.32
广西 Guangxi	779.21	557.23	26.30	195.69
海南 Hainan	17.82	16.41	0.47	0.95
重庆 Chongqing	21.28	18.21	0.63	2.45
四川 Sichuan	109.68	91.98	2.65	15.05
贵州 Guizhou	136.05	116.20	4.49	15.36
云南 Yunnan	295.84	222.71	8.72	64.41
西藏 Tibet	92.08	89.78	0.57	1.73
甘肃 Gansu	43.68	40.82	0.87	1.99
青海 Qinghai	85.60	72.49	1.08	12.03
宁夏 Ningxia	189.12	114.91	2.93	71.28
新疆 Xinjiang	691.21	479.68	9.15	202.38

4-7 民族自治地方分地区在岗职工平均工资(2009年)

Income of Employed Persons by Region of Ethnic Minority Autonomous Areas (2009)

单位:元 (yuan)

地区 Region	合计 Total	国有单位 State-owned Units	城镇集体单位 Urban Collective-owned Units	其他单位 Others
合计 Total	**28 855**	**29 939**	**22 314**	**26 703**
河北 Hebei	25 494	27 424	27 007	18 145
内蒙古 Inner Mongolia	31 166	32 463	25 130	28 841
辽宁 Liaoning	22 788	23 715	20 028	16 947
吉林 Jilin	22 396	24 303	19 505	17 046
黑龙江 Heilongjiang	22 276	24 749	11 244	18 688
浙江 Zhejiang	35 474	40 207	23 474	23 043
湖北 Hubei	21 833	23 298	27 136	16 564
湖南 Hunan	24 250	24 996	21 205	20 333
广东 Guangdong	23 851	27 451	22 099	18 187
广西 Guangxi	27 929	30 284	18 784	24 159
海南 Hainan	26 153	27 156	16 617	19 280
重庆 Chongqing	25 825	26 628	19 450	22 651
四川 Sichuan	31 575	33 410	28 477	23 982
贵州 Guizhou	26 378	27 354	25 963	20 848
云南 Yunnan	24 733	27 290	23 786	18 757
西藏 Tibet	48 750	50 272	12 233	30 642
甘肃 Gansu	25 737	26 853	13 869	17 389
青海 Qinghai	36 185	40 872	20 216	22 328
宁夏 Ningxia	34 665	33 976	43 254	35 536
新疆 Xinjiang	28 855	27 270	25 851	33 673

主要统计指标解释

单位就业人员 指在各级国家机关、政党机关、社会团体及企业、事业单位中工作，取得工资或其他形式的劳动报酬的全部人员。包括在岗职工和其他就业人员，不包括离开本单位仍保留劳动关系的职工。

乡村劳动力 指乡村人口中实际参加各种行业劳动并取得实物或货币收入的劳动力人数。包括劳动年龄内实际参加劳动的人数和不足或超过劳动年龄实际参加劳动的人数。

城镇登记失业人员 指有非农业户口，在一定的劳动年龄内，有劳动能力，无业而要求就业，并在当地就业服务机构进行求职登记的人员。

城镇登记失业率 指城镇登记失业人数同城镇就业人数与城镇登记失业人数之和的比。计算公式：

城镇登记失业率 = 城镇登记失业人数/（城镇就业人数 + 城镇登记失业人数） ×100%

就业人员劳动报酬 指各单位在一定时期内直接支付给本单位就业人员的劳动报酬总额。

工资总额的计算原则应以直接支付给职工的全部劳动报酬为根据。各单位支付给职工的劳动报酬以及其他根据有关规定支付的工资，不论是计入成本的还是不计入成本的，不论是按国家规定列入计征奖金税项目的还是未列入计征奖金税项目的，不论是以货币形式支付的还是以实物形式支付的，均包括在工资总额内。

固定资产投资 5

5-1 民族自治地方全社会固定资产投资和新增固定资产完成情况
Total Investment in Fixed Assets and Newly Increased Fixed Assets of Ethnic Minority Autonomous Areas

单位:亿元　　(100 million yuan)

年份 Year	全社会固定资产投资 Total Investment in Fixed Assets	#国有经济固定资产投资 State-owned Units	新增固定资产 Increased Fixed Assets
1980			40.03
1981		61.62	29.25
1982		74.20	45.56
1983		93.24	63.21
1984		115.00	75.72
1985		161.94	118.88
1986		171.84	131.72
1987		200.17	241.92
1988		246.86	176.40
1989		230.99	193.15
1990		259.45	226.34
1991		340.84	251.00
1992	675.39	531.01	354.29
1993	978.51	791.44	543.07
1994	1 271.46	994.16	603.75
1995	1 444.03	982.60	924.65
1996	1 611.37	1 078.76	950.21
1997	1 791.29	1 198.37	1 000.95
1998	2 077.93	1 342.49	1 226.82
1999	2 230.47	1 411.56	1 445.81
2000	2 477.00	1 552.59	1 803.97
2001	2 928.36	1 610.05	1 718.51
2002	3 542.10	2 187.80	2 058.52
2003	4 733.93	2 652.59	2 582.59
2004	6 259.40	2 923.32	
2005	8 357.69	3 767.48	5 006.48
2006	10 564.01	4 642.16	5 795.57
2007	13 517.34	5 198.81	7 729.66
2008	17 285.35	6 655.11	7 595.31
2009	23 262.59	9 397.21	14 512.25

5-2 民族自治地方分地区全社会固定资产投资和新增固定资产(2009年)
Total Investment in Fixed Assets and Newly Increased Fixed Assets by Region of Ethnic Minority Autonomous Areas (2009)

单位:亿元 (100 million yuan)

地区 Region	全社会固定资产投资 Total Investment in Fixed Assets	城镇固定资产投资 Urban	农村固定资产投资 Rural	新增固定资产 Newly Increased Fixed Assets
合计 **Total**	**23 262.59**	**20 878.38**	**2 384.20**	**14 512.25**
河北 Hebei	266.27	220.59	45.69	138.87
内蒙古 Inner Mongolia	7 336.80	7 143.80	193.00	4 896.46
辽宁 Liaoning	507.97	345.20	162.77	350.82
吉林 Jilin	781.39	589.27	192.12	600.32
黑龙江 Heilongjiang	19.90	19.90		19.90
浙江 Zhejiang	15.42	14.61	0.81	4.38
湖北 Hubei	212.16	183.56	28.60	126.15
湖南 Hunan	299.54	274.72	24.81	121.33
广东 Guangdong	39.80	24.55	15.25	24.99
广西 Guangxi	5 237.20	4 689.90	547.30	3 062.66
海南 Hainan	116.00	107.35	8.65	43.83
重庆 Chongqing	254.91	210.32	44.59	109.44
四川 Sichuan	1 149.35	970.52	178.82	535.19
贵州 Guizhou	613.32	523.68	89.65	309.64
云南 Yunnan	1 694.43	1 404.65	289.78	881.95
西藏 Tibet	378.30	327.60	50.70	260.32
甘肃 Gansu	213.15	180.02	33.13	102.87
青海 Qinghai	325.24	249.74	75.50	178.23
宁夏 Ningxia	1 075.94	964.20	111.74	609.38
新疆 Xinjiang	2 725.50	2 434.20	291.30	2 135.53

5-3 民族自治地方分地区按经济类型分的全社会固定资产投资(2009 年)

Total Investment in Fixed Assets by Ownership and Ethnic Minority Autonomous Areas(2009)

单位:亿元 (100 million yuan)

地区 Region	全社会固定资产投资 Total Investment in Fixed Assets	国有经济 State-owned	集体经济 Collective-owned	外商、港澳台经济 Foreign and Funds from Hong Kong, Macao and Taiwan
合计 Total	**23 262.59**	**9 397.21**	**357.16**	**647.57**
河北 Hebei	266.27	47.21	20.07	10.78
内蒙古 Inner Mongolia	7 336.80	2 831.00	69.30	192.10
辽宁 Liaoning	507.97	119.71	26.41	3.12
吉林 Jilin	781.39	325.51	10.90	39.76
黑龙江 Heilongjiang	19.90	5.00		2.10
浙江 Zhejiang	15.42	10.69	2.73	
湖北 Hubei	212.16	101.01	2.61	0.61
湖南 Hunan	299.54	135.74	4.70	1.86
广东 Guangdong	39.80	12.17	2.14	0.53
广西 Guangxi	5 237.20	1 647.80	119.80	300.20
海南 Hainan	116.00	36.57	0.43	1.95
重庆 Chongqing	254.91	185.08	0.56	
四川 Sichuan	1 149.35	689.80	3.35	25.71
贵州 Guizhou	613.32	268.08	2.52	8.17
云南 Yunnan	1 694.43	854.65	57.00	11.98
西藏 Tibet	378.30	267.30	1.00	0.30
甘肃 Gansu	213.15	81.82	11.98	0.26
青海 Qinghai	325.24	152.98	11.34	0.36
宁夏 Ningxia	1 075.94	370.20	2.80	15.50
新疆 Xinjiang	2 725.50	1 254.90	7.50	32.30

5-4 民族自治地方分地区按资金来源分的全社会固定资产投资(2009年)

Total Investment in Fixed Assets by Source of Funds and Ethnic Minority Autonomous Areas(2009)

单位:亿元 (100 million yuan)

地区 Region	国家预算内资金 State Budgetary Appropriation	国内贷款 Domestic Loans	利用外资 Foreign Investment	自筹资金 Self-raising Funds
合计 Total	**2 656.64**	**3 239.06**	**237.56**	**14 512.25**
河北 Hebei	14.36	25.22	1.36	138.87
内蒙古 Inner Mongolia	420.10	708.30	14.70	4 896.46
辽宁 Liaoning	66.14	26.98	2.91	350.82
吉林 Jilin	81.97	34.96	28.02	600.32
黑龙江 Heilongjiang	4.90	13.00	2.00	19.90
浙江 Zhejiang	0.99	1.46	0.21	4.38
湖北 Hubei	35.53	44.18	1.11	126.15
湖南 Hunan	66.97	19.36	3.35	121.33
广东 Guangdong	7.55	1.38	1.28	24.99
广西 Guangxi	286.90	852.10	75.80	3 062.66
海南 Hainan	25.10	10.32	61.53	43.83
重庆 Chongqing	53.13	47.63		109.44
四川 Sichuan	212.34	233.89	5.91	535.19
贵州 Guizhou	108.16	123.26	2.37	309.64
云南 Yunnan	293.18	226.50	22.18	881.95
西藏 Tibet	255.00	10.30		260.32
甘肃 Gansu	28.58	25.14	0.22	102.87
青海 Qinghai	94.64	55.97	1.11	178.23
宁夏 Ningxia	74.90	294.50	4.10	609.38
新疆 Xinjiang	526.20	484.60	9.40	2 135.53

5-5 民族自治地方国有经济基本建设投资

Capital Construction Investment of State-owned Units of Ethnic Minority Autonomous Areas

单位:亿元 (100 million yuan)

年 份 Year	基本建设投资 Capital Construction	年 份 Year	基本建设投资 Capital Construction
1950—1952	5. 60	1976—1980	237. 58
1953—1957	40. 78	1981—1985	344. 71
1958—1962	119. 93	1986—1990	662. 88
1963—1965	45. 06	1991—1995	2 399. 00
1966—1970	90. 05	1996—2000	4 876. 74
1971—1975	152. 12	2001—2003	5 169. 67

主要统计指标解释

全社会固定资产投资 固定资产投资是社会固定资产再生产的主要手段。通过建造和购置固定资产的活动，国民经济不断采用先进技术装备，建立新兴部门，进一步调整经济结构和生产力的地区分布，增强经济实力，为改善人民物质文化生活创造物质条件。这对我国的社会主义现代化建设具有重要意义。

固定资产投资额是以货币表现的建造和购置固定资产活动的工作量，它是反映固定资产投资规模、速度、比例关系和使用方向的综合性指标。全社会固定资产投资包括国有经济单位投资、城乡集体经济单位投资、各种经济类型的单位投资和城乡居民个人投资。按照我国现行计划管理体制，国有经济单位固定资产投资总额分为基本建设、更新改造、商品房屋建设投资和其他固定资产投资四个部分；城乡集体经济单位投资包括城镇集体所有制单位投资和农村集体所有制单位投资；各种经济类型的单位投资包括联营经济、股份制经济、中外合资经营、中外合作经营、外资、港澳台与大陆合资经营、港澳台与大陆合作经营、港澳台独资及其他经济类型的单位投资。

基本建设投资 基本建设是企业、事业单位以扩大生产能力或工程效益为主要目的的新建、扩建工程及有关工作。包括工厂、矿山、铁路、桥梁、港口、农田水利、商店、住宅、学校、医院等工程的建造和机器设备、车辆船舶、飞机等的购置。

基本建设投资额是以货币表现的基本建设完成的量，是反映一定时期内基本建设规模和建设进度的综合性指标。它是根据工程的实际进度按预算价格（预算价格是编制施工图预算时所用的价格）计算的工作量，没有形成工程实体的建筑材料和没有开始安装的设备都不计算投资完成额。

更新改造投资 更新改造是指企业、事业单位对原有设施进行固定资产更新和技术改造，以及相应配套的工程和有关工作（不包括大修理和维护工程）。更新改造投资是以货币表现的更新改造完成的工作量。根据我国现行统计制度，基本建设和更新改造的划分是：(1) 列入基本建设计划的项目作为基本建设投资，列入更新改造计划的项目作为更新改造投资。(2) 更新改造计划与基本建设计划结合安排的项目以及未列入计划的项目，根据工程性质作为基本建设投资或更新改造投资。属于对企业、事业单位原有设施进行技术改造或更新的项目和增建主要生产车间、分厂等，其新增生产能力或效益尚未达到大中型标准的项目，以及由于城市环境保护和安全生产的需要而进行的迁建工程，作为更新改造投资。

其他固定资产投资 是指除基本建设投资、更新改造投资和房地产投资以外的其他投资。

新增固定资产 指通过投资活动所形成的新的固定资产价值。包括已经建成投入生产或交付使用的工程价值和达到固定资产标准的设备、工具、器具的价值及有关应摊入的费用。它是以价值形式表示的固定资产投资的综合性指标，可以综合反映不同时期、不同部门、不同地区的固定资产投资成果。

财政 6

6－1 民族自治地方财政收支情况

Financial Revenue and Expenditures of Ethnic Minority Autonomous Areas

单位:亿元 (100 million yuan)

年 份 Year	收 入 Revenue			支 出 Expenditure			收支差额 Balance
	合 计 Total	五个自治区 Five Autonomous Regions	自治州、县 Autonomous Prefectures Counties	合 计 Total	五个自治区 Five Autonomous Regions	自治州、县 Autonomous Prefectures Counties	
1952	4.96	3.81	1.15	4.39	3.34	1.05	0.57
1957	11.48	8.91	2.57	12.43	9.58	2.85	-0.95
1960	29.19	21.92	7.27	42.87	35.12	7.75	-13.68
1961	16.58	12.54	4.04	21.36	16.54	4.82	-4.78
1962	13.23	9.93	3.30	14.15	11.10	3.05	-0.92
1963	15.71	11.57	4.14	16.69	12.60	4.09	-0.98
1964	17.62	13.22	4.40	20.55	16.09	4.46	-2.93
1965	19.67	15.09	4.58	23.06	18.48	4.58	-3.39
1966	21.18	16.65	4.53	26.07	21.00	5.07	-4.89
1968	10.68	8.74	1.94	17.02	13.12	3.90	-6.34
1972	22.05	15.94	6.11	43.12	31.55	11.57	-21.07
1973	22.72	15.13	7.59	47.83	34.91	12.92	-25.11
1974	22.87	15.31	7.56	49.66	36.90	12.76	-26.79
1975	23.49	15.80	7.69	50.63	38.01	12.62	-27.14
1976	24.41	16.24	8.17	55.70	41.24	14.46	-31.29
1977	28.46	19.26	9.20	59.97	43.35	16.62	-31.51
1978	40.79	30.18	10.61	83.35	62.02	21.33	-42.56
1979	34.00	25.88	8.12	87.97	69.93	18.04	-53.97
1980	31.07	22.44	8.63	81.20	62.45	18.75	-50.13
1981	29.67	19.77	9.90	76.13	56.17	19.96	-46.46
1982	36.31	23.86	12.45	86.81	63.42	23.39	-50.50
1983	41.48	27.81	13.67	100.62	73.11	27.51	-59.14
1984	45.33	30.65	14.68	131.58	96.28	35.30	-86.25
1985	63.45	42.32	21.13	156.98	112.67	44.31	-93.53

6-1 续表

Continued

年 份 Year	收 入 Revenue			支 出 Expenditure			收支差额 Balance
	合 计 Total	五个自治区 Five Autonomous Regions	自治州、县 Autonomous Prefectures Counties	合 计 Total	五个自治区 Five Autonomous Regions	自治州、县 Autonomous Prefectures Counties	
1986	80.66	55.04	25.62	198.62	142.22	56.40	-117.96
1987	97.51	65.62	31.89	210.43	147.92	62.51	-112.92
1988	119.39	78.74	40.65	241.10	167.49	73.61	-121.71
1989	147.65	96.49	51.16	273.26	182.62	90.64	-125.61
1990	166.74	109.28	57.46	304.37	202.37	102.00	-137.63
1991	204.35	136.28	68.07	342.70	227.70	115.00	-138.35
1992	210.00	135.17	74.83	367.52	239.11	128.41	-157.52
1993	302.69	199.59	103.10	462.31	301.48	160.83	-159.62
1994	201.49	139.97	61.52	516.96	338.52	178.44	-315.47
1995	248.13	172.56	75.57	595.12	397.04	198.08	-346.99
1996	313.01	211.19	101.82	720.15	464.65	255.50	-407.14
1997	355.66	246.98	108.68	774.97	512.39	262.58	-419.31
1998	399.31	284.16	115.15	868.54	605.10	263.44	-469.23
1999	437.18	314.86	122.32	1 003.77	693.84	309.93	-566.59
2000	475.54	347.35	128.19	1 172.90	817.34	355.56	-697.36
2001	544.92	406.88	138.04	1 608.60	1 132.38	476.22	-1 063.68
2002	594.66	449.83	144.83	1 926.50	1 426.71	499.79	-1 331.84
2003	673.97	508.78	165.19	2 109.30	1 511.01	598.29	-1 435.34
2004	825.78	637.72	188.06	2 467.73	1 749.48	718.25	-1 641.95
2005	1 026.35	800.56	225.79	3 050.44	2 158.08	892.36	-2 024.08
2006	1 281.04	981.34	299.70	3 732.88	2 613.53	1 119.35	-2 451.84
2007	1 660.89	1 297.14	363.75	4 898.51	3 461.27	1 437.24	-3 237.61
2008	2 099.88	1 650.05	449.83	6 496.73	4 635.88	1 860.85	-4 396.85
2009	2 548.23	2 002.30	545.93	8 368.64	5 798.07	2 570.57	-5 820.41

注:表列五个自治区,系指内蒙古自治区、广西壮族自治区、西藏自治区、宁夏回族自治区和新疆维吾尔自治区。自治州、县系指除上述五个自治区以外各省所属的民族自治州、自治县。

Note: Five Autonomous regions refer to Inner Mongolia Autonomous Region, Guangxi Zhuang Autonomous Region, Tibet Autonomous Region, Ningxia Hui Autonomous Region and XinJiang Uygur Autonomous Region. Autonomous prefectures and counties refer to autonomous prefectures and counties beside those of five Autonomous regions.

6－2 民族自治地方分地区财政收入情况(2009年)

Financial Revenue by Region of Ethnic Minority Autonomous Areas(2009)

单位:亿元 (100 million yuan)

地区 Region	财政总收入 Total Revenue	#地方财政一般预算收入 Local Revenue	#各项税收 Government Taxes Revenue
合计 Total	**4 838.77**	**2 548.23**	**1 796.35**
河北 Hebei	35.96	14.94	11.61
内蒙古 Inner Mongolia	1 377.70	850.86	576.83
辽宁 Liaoning	91.80	32.69	23.33
吉林 Jilin	89.32	44.70	29.72
黑龙江 Heilongjiang	8.65	2.02	1.66
浙江 Zhejiang	2.81	1.70	1.34
湖北 Hubei	52.78	20.92	16.01
湖南 Hunan	40.71	22.02	14.91
广东 Guangdong	12.85	4.33	2.55
广西 Guangxi	966.88	620.99	417.68
海南 Hainan	59.48	12.32	10.09
重庆 Chongqing	27.44	15.01	8.44
四川 Sichuan	112.40	72.95	47.77
贵州 Guizhou	140.38	73.55	54.58
云南 Yunnan	424.04	182.37	134.72
西藏 Tibet	501.86	30.09	18.51
甘肃 Gansu	21.37	10.87	6.36
青海 Qinghai	165.61	35.52	28.38
宁夏 Ningxia	213.65	111.58	90.74
新疆 Xinjiang	493.07	388.78	301.13

6－3 民族自治地方分地区各项税收情况(2009 年)

Taxes by Region of Ethnic Minority Autonomous Areas(2009)

单位:亿元 (100 million yuan)

地 区 Region	各项税收 Government Taxes Revenue	#增值税 Value－added Tax	#营业税 Business Tax	#企业所得税 Income Tax of Enterprises	#个人所得税 Individual Income Tax
合 计 Total	**1 796.35**	**324.77**	**616.64**	**178.62**	**94.46**
河 北 Hebei	11.61	2.61	3.53	1.15	0.57
内蒙古 Inner Mongolia	576.83	109.56	170.22	74.81	29.68
辽 宁 Liaoning	23.33	2.28	6.23	1.35	0.69
吉 林 Jilin	29.72	5.72	9.16	2.81	1.69
黑龙江 Heilongjiang	1.66	0.78	0.28	0.14	0.03
浙 江 Zhejiang	1.34	0.18	0.45	0.12	0.27
湖 北 Hubei	16.01	2.60	4.62	0.70	0.48
湖 南 Hunan	14.91	3.44	5.10	0.52	0.72
广 东 Guangdong	2.55	0.63	0.58	0.28	0.12
广 西 Guangxi	417.68	65.01	154.86	36.06	20.04
海 南 Hainan	10.09	1.08	3.39	1.16	0.25
重 庆 Chongqing	8.44	1.55	2.98	0.65	0.45
四 川 Sichuan	47.77	8.23	17.57	4.21	1.96
贵 州 Guizhou	54.58	7.39	18.17	3.95	4.99
云 南 Yunnan	134.72	29.96	48.88	6.06	5.49
西 藏 Tibet	18.51	2.84	10.07	2.10	0.73
甘 肃 Gansu	6.36	1.89	2.31	0.41	0.30
青 海 Qinghai	28.38	4.60	6.89	4.81	1.29
宁 夏 Ningxia	90.74	16.81	38.98	9.27	4.50
新 疆 Xinjiang	301.13	57.63	112.37	28.06	20.20

6－4 民族自治地方分地区财政支出情况(2009年)(一)

Financial Expenditure by Region of Ethnic Minority Autonomous Areas(2009)(1)

单位:亿元 (100 million yuan)

地区 Region	#地方财政支出 Local Expenditures	#一般公共服务 Expenditure for General Public Services	#教育 Expenditure for Education
合计 Total	**8 368.64**	**1 208.59**	**1 354.11**
河北 Hebei	49.62	6.92	11.76
内蒙古 Inner Mongolia	1 926.84	295.22	243.48
辽宁 Liaoning	95.37	11.97	16.93
吉林 Jilin	165.87	20.65	27.02
黑龙江 Heilongjiang	5.23	0.99	1.51
浙江 Zhejiang	8.96	1.69	1.54
湖北 Hubei	120.58	18.55	20.77
湖南 Hunan	129.67	19.13	21.93
广东 Guangdong	13.32	2.49	2.70
广西 Guangxi	1 621.82	237.08	296.60
海南 Hainan	66.71	8.64	12.03
重庆 Chongqing	64.51	6.22	12.95
四川 Sichuan	437.85	50.30	52.72
贵州 Guizhou	369.11	60.97	85.53
云南 Yunnan	715.40	94.58	130.23
西藏 Tibet	470.13	85.72	61.04
甘肃 Gansu	152.08	21.11	22.79
青海 Qinghai	176.30	23.77	28.95
宁夏 Ningxia	432.36	46.97	63.50
新疆 Xinjiang	1 346.91	195.64	240.15

-4 民族自治地方分地区财政支出情况(2009年)(二)

Financial Expenditure by Region of Ethnic Minority Autonomous Areas(2009)(2)

单位:亿元 (100 million yuan)

地区 Region	地方财政支出 Local Expenditures		
	#科学技术 Expenditure for Science and Technology	#环境保护 Expenditure for Environment Protection	#交通运输 Expenditure for Transportation
合计 Total	**71.72**	**328.96**	**484.21**
河北 Hebei	0.24	3.42	0.58
内蒙古 Inner Mongolia	18.07	97.90	132.90
辽宁 Liaoning	0.73	3.53	2.11
吉林 Jilin	0.98	7.32	3.94
黑龙江 Heilongjiang	0.01	0.01	0.11
浙江 Zhejiang	0.10	0.21	0.66
湖北 Hubei	0.67	7.27	5.10
湖南 Hunan	0.66	6.32	5.53
广东 Guangdong	0.21	0.64	0.05
广西 Guangxi	18.07	49.92	81.55
海南 Hainan	0.51	8.88	0.58
重庆 Chongqing	0.34	4.06	2.67
四川 Sichuan	1.50	24.58	36.41
贵州 Guizhou	1.94	11.53	10.62
云南 Yunnan	3.33	23.34	51.92
西藏 Tibet	2.69	9.75	54.92
甘肃 Gansu	0.57	4.87	6.58
青海 Qinghai	0.56	6.41	1.71
宁夏 Ningxia	4.40	22.59	20.39
新疆 Xinjiang	16.14	36.42	65.91

6-4 民族自治地方分地区财政支出情况(2009年)(三)

Financial Expenditure by Region of Ethnic Minority Autonomous Areas(2009)(3)

单位:亿元 (100 million yuan)

地 区 Region	地方财政支出 Local Expenditures #文化体育与传媒 Expenditure for Culture, Sport and Media	 #农林水事务 Expenditure for Agriculture, Forestry and Water Conservancy	 #工业商业金融等事务 Expenditure for Industry, Commerce and Banking
合 计 Total	**174.55**	**1 131.40**	**334.51**
河 北 Hebei	0.64	9.06	0.83
内蒙古 Inner Mongolia	47.33	222.36	137.37
辽 宁 Liaoning	1.47	19.41	2.47
吉 林 Jilin	4.65	22.90	12.80
黑龙江 Heilongjiang	0.08	0.65	0.25
浙 江 Zhejiang	0.22	1.23	0.21
湖 北 Hubei	2.90	20.34	2.10
湖 南 Hunan	2.35	19.72	3.37
广 东 Guangdong	0.30	1.29	0.48
广 西 Guangxi	29.27	210.74	106.49
海 南 Hainan	1.50	12.29	0.39
重 庆 Chongqing	0.80	12.59	2.68
四 川 Sichuan	4.61	38.84	6.24
贵 州 Guizhou	4.73	55.75	3.17
云 南 Yunnan	11.68	89.54	19.34
西 藏 Tibet	13.36	84.71	
甘 肃 Gansu	2.80	20.73	0.12
青 海 Qinghai	3.51	23.78	1.17
宁 夏 Ningxia	9.03	68.68	35.01
新 疆 Xinjiang	33.34	196.78	

主要统计指标解释

财政收入 指国家财政参与社会产品分配所取得的收入，是实现国家职能的财力保证。财政收入所包括的内容几经变化，目前主要包括：

1. 各项税收：包括增值税、营业税、消费税、土地增值税、城市维护建设税、资源税、城市土地使用税、印花税、固定资产投资方向调节税、个人所得税、企业所得税、关税、农牧业税和耕地占用税。

2. 专项收入：包括征收排污费收入、城市水资源费收入、教育费附加收入等。

3. 其他收入：包括基本建设贷款归还收入、基本建设收入、捐赠收入等。

4. 国有企业计划亏损补贴：此项为负收入，冲减财政收入。

财政支出 指国家财政将筹集起来的资金进行分配使用，以满足经济建设和各项事业的需要。主要包括：

1. 一般公共服务：指政府提供基本公共管理与服务的支出。

2. 教育：指政府教育事务支出。

3. 科学技术：指用于科学技术方面的支出。

4. 文化体育与传媒：指政府在文化、文物、体育、广播影视、新闻出版等方面的支出。

5. 社会保障和就业：指政府在社会保障与就业方面的支出。

6. 医疗卫生：指政府医疗卫生方面的支出。

7. 环境保护：指政府环境保护支出。

8. 农林水事务：指政府农林水事务支出。

9. 交通运输：指政府交通运输和邮政业方面的支出。

10. 工业商业金融等事务：指政府对工业、商业及金融等方面的支出。

地方财政收入 指按现行分税制财政体制划分的中央本级收入和地方本级收入。属于地方财政的收入包括营业税（不含铁道部门、各银行总行、各保险公司总公司集中交纳的营业税）、地方企业上缴利润、城市维护建设税（不含铁道部门、各银行总行、各保险公司总公司集中交纳的部分）、房产税、城镇土地使用税、土地增值税、车船税、耕地占有税、契税、烟叶税、印花税、增值税25%部分、纳入共享范围的企业所得税40%部分、个人所得税40%部分、证券交易印花税3%部分、海洋石油资源税以外的其他资源税、地方非税收入等。

地方财政支出 指根据政府在经济和社会活动中的不同职责，划分中央和地方政府的责权，按照政府的责权划分确定的支出。地方财政支出包括一般公共服务支出、公共安全支出、地方统筹的各项社会事业支出等。

人民生活 7

7-1 民族自治地方农村经济收益分配

Distribution of Economic and Benefits for Rural Area's of Ethnic Minority Autonomous Areas

单位:万元 (10 000 yuan)

年 份 Year	总收入 Total Revenue	总费用 Total Cost	纯收入 Net Income	农村居民人均纯收入(元) Average Per Capita Net Income of Rural Residents (yuan)
1980	1 150 891	340 849	810 042	76
1981	1 185 423	306 249	879 174	85
1982	1 469 052	325 352	1 143 700	121
1983	2 365 174	523 817	1 841 357	196
1984	2 934 551	664 198	2 270 353	213
1985	4 374 432	1 197 661	3 176 771	272
1986	4 659 810	1 475 707	3 184 103	282
1987	5 612 773	1 843 054	3 769 719	390
1988	7 269 734	2 614 861	4 654 873	357
1989	8 384 964	3 310 070	5 074 719	316
1990	9 808 134	3 557 847	6 250 287	402
1991	11 103 900	4 257 723	6 846 177	508
1992	14 516 956	6 839 613	7 677 343	568
1993	17 647 399	9 213 249	8 434 150	629
1994	26 941 170	15 745 332	12 395 140	820
1995	39 168 900	24 476 400	14 634 500	945
1996	58 982 800	30 164 200	16 527 500	1 300
1997			19 025 038	1 489
1998			20 493 461	1 633
1999			21 238 277	1 653
2000			18 513 508	1 626
2001			18 771 435	1 726
2002			20 097 149	1 771
2003			21 630 125	1 895
2004			23 661 775	2 113
2005			26 373 410	2 287
2006			29 105 425	2 517
2007			33 292 764	2 900
2008			38 672 130	3 369
2009			43 331 218	3 656

7-2 民族自治地方分地区城镇居民生活水平情况(2009 年)(一) Basic Indicators of Urban Households by Region of Ethnic Minority Autonomous Areas(2009)(1)

单位:元 (yuan)

地 区 Region	城镇居民可支配收入 Average Per Capita Annual Net Income	城镇居民人均生活费支出合计 Average Per Capita Annual Expenditure	#食品 Food	#衣着 Clothing	#居住 Residence
合 计 Total	**14 072.76**	**10 209.60**	**3 759.01**	**1 207.04**	**999.58**
河 北 Hebei	13 122.96	9 252.69	2 711.69	1 323.83	1 123.89
内蒙古 Inner Mongolia	15 849.00	12 370.00	3 773.00	1 857.00	1 246.00
辽 宁 Liaoning	11 091.83	7 188.67	2 712.99	885.98	963.60
吉 林 Jilin	13 889.33	10 512.79	3 569.78	1 456.42	1 232.21
黑龙江 Heilongjiang	6 890.00	4 629.00	2 008.00	1 034.00	467.00
浙 江 Zhejiang	16 157.00	10 975.00	4 837.00	1 176.00	935.00
湖 北 Hubei	10 302.30	7 613.92	3 034.85	940.38	891.78
湖 南 Hunan	10 069.81	7 316.02	2 675.86	906.68	635.09
广 东 Guangdong	10 718.00	8 536.00	3 718.00	755.00	881.00
广 西 Guangxi	15 451.00	10 352.40	4 129.60	855.60	1 021.10
海 南 Hainan	10 698.04	6 839.35	3 651.84	384.47	574.97
重 庆 Chongqing	12 110.42	8 212.52	3 255.59	884.49	1 204.68
四 川 Sichuan	13 003.37	9 258.16	4 172.46	1 094.38	689.14
贵 州 Guizhou	13 114.11	9 615.67	3 719.00	1 023.09	898.37
云 南 Yunnan	12 224.67	9 205.61	3 964.19	1 039.51	667.26
西 藏 Tibet	13 544.00	9 034.00	4 582.00	1 086.00	690.00
甘 肃 Gansu	8 233.35	5 909.68	2 569.42	773.64	629.09
青 海 Qinghai	13 937.66	10 511.29	3 677.35	1 348.63	1 038.87
宁 夏 Ningxia	14 024.70	10 280.00	3 432.23	1 260.58	1 128.12
新 疆 Xinjiang	12 257.52	9 327.55	3 386.33	1 357.05	857.00

7-2 民族自治地方分地区城镇居民生活水平情况(2009年)(二)
Basic Indicators of Urban Households
by Region of Ethnic Minority Autonomous Areas(2009)(2)

单位:元 (yuan)

地区 Region	城镇居民人均生活费支出 Average Per Capita Annual Expenditure #家庭设备及服务 Household Facilities, Articles and Services	#医疗保健支出 Medicines and Medical Services	#交通和通信 Transportation and Communications	#娱乐教育文化服务 Cultural, Educational and Recreational Articles and Services
合计 Total	**667.31**	**689.24**	**1 388.83**	**1 091.77**
河北 Hebei	683.37	793.25	1 618.93	771.30
内蒙古 Inner Mongolia	798.00	993.00	1 557.00	1 504.00
辽宁 Liaoning	348.87	689.57	624.55	664.94
吉林 Jilin	563.59	1 194.02	1 098.56	869.13
黑龙江 Heilongjiang	442.00	84.00	425.00	169.00
浙江 Zhejiang	485.00	897.00	1 264.00	1 381.00
湖北 Hubei	588.82	496.00	644.74	741.83
湖南 Hunan	654.28	508.63	590.78	1 014.11
广东 Guangdong	735.00	468.00	816.00	1 160.00
广西 Guangxi	754.80	538.20	1 598.70	1 111.10
海南 Hainan	488.91	294.46	753.68	524.16
重庆 Chongqing	692.60	730.84	705.49	559.17
四川 Sichuan	532.27	493.80	1 019.81	913.63
贵州 Guizhou	619.52	520.11	1 272.39	1 236.71
云南 Yunnan	422.76	542.23	1 755.38	735.66
西藏 Tibet	357.00	352.00	1 063.00	466.00
甘肃 Gansu	351.26	432.43	501.10	433.38
青海 Qinghai	738.60	625.02	1 468.95	1 153.34
宁夏 Ningxia	636.88	921.86	1 363.63	1 075.88
新疆 Xinjiang	552.50	684.01	1 198.65	855.53

7-3 民族自治地方分地区农村居民生活水平情况(2009年)(一)

Basic Indicators of Rural Households

by Region of Ethnic Minority Autonomous Areas(2009)(1)

单位:元 (yuan)

地区 Region		农村居民人均纯收入 Average Per Capita Annual Net Income	农村居民人均生活费支出合计 Average Per Capita Annual Expenditure	#食品 Food	#衣着 Clothing	#居住 Residence
合计	**Total**	**3 655.57**	**2 959.19**	**1 367.64**	**160.78**	**542.02**
河北	Hebei	3 446.14	3 134.30	1 200.93	188.98	534.59
内蒙古	Inner Mongolia	4 938.00	3 968.00	1 579.00	272.00	609.00
辽宁	Liaoning	5 883.28	4 125.18	1 633.14	283.57	853.90
吉林	Jilin	5 325.67	3 561.14	1 212.21	276.46	674.12
黑龙江	Heilongjiang	6 613.50	2 916.00	1 345.00	686.00	252.00
浙江	Zhejiang	5 409.00	4 790.00	2 176.00	236.00	944.00
湖北	Hubei	2 867.83	2 702.91	1 430.74	148.99	370.71
湖南	Hunan	2 583.85	2 261.89	1 317.85	106.87	273.79
广东	Guangdong	4 229.39	3 160.43	1 488.51	122.48	660.41
广西	Guangxi	3 980.00	3 231.10	1 572.80	91.80	677.90
海南	Hainan	3 647.72	2 210.86	1 186.37	82.95	258.73
重庆	Chongqing	3 452.20	2 935.67	1 472.02	145.33	499.87
四川	Sichuan	3 505.39	3 001.76	1 580.62	168.94	595.00
贵州	Guizhou	2 747.84	2 057.99	973.40	96.92	436.10
云南	Yunnan	2 945.00	2 595.79	1 249.65	138.96	434.67
西藏	Tibet	3 532.00	2 399.00	1 190.00	267.00	383.00
甘肃	Gansu	2 208.11	1 987.38	939.26	113.10	407.27
青海	Qinghai	3 636.46	3 229.25	1 344.69	197.57	677.55
宁夏	Ningxia	4 048.33	3 348.00	1 395.42	256.00	501.75
新疆	Xinjiang	3 883.10	2 950.63	1 225.93	261.26	514.72

7-3 民族自治地方分地区农村居民生活水平情况(2009年)(二)
Basic Indicators of Rural Households by Region of Ethnic Minority Autonomous Areas(2009)(2)

单位:元 (yuan)

地区 Region	农村居民人均生活费支出 Average Per Capita Annual Expenditure			
	#家庭设备及服务 Household Facilities, Articles and Services	#医疗保健支出 Medicines and Medical Services	#交通和通信 Transportation and Communications	#娱乐教育文化服务 Cultural, Educational and Recreational Articles and Services
合 计 Total	**133.84**	**223.60**	**279.87**	**193.52**
河 北 Hebei	205.46	357.19	289.33	274.57
内蒙古 Inner Mongolia	148.00	417.00	466.00	391.00
辽 宁 Liaoning	186.22	377.27	372.27	334.41
吉 林 Jilin	145.97	310.82	267.39	252.17
黑龙江 Heilongjiang	98.00	212.00	208.00	115.00
浙 江 Zhejiang	105.10	383.00	489.00	347.00
湖 北 Hubei	145.37	175.98	211.36	150.54
湖 南 Hunan	108.05	117.02	152.81	140.46
广 东 Guangdong	175.55	225.95	296.93	123.00
广 西 Guangxi	157.90	205.20	275.60	192.50
海 南 Hainan	99.73	81.53	215.27	255.69
重 庆 Chongqing	152.81	187.00	219.84	203.78
四 川 Sichuan	120.30	127.91	231.70	145.21
贵 州 Guizhou	103.84	91.03	177.34	145.51
云 南 Yunnan	115.73	187.25	263.83	161.11
西 藏 Tibet	149.00	72.00	225.00	61.00
甘 肃 Gansu	89.96	119.11	178.67	110.17
青 海 Qinghai	130.25	322.81	306.26	157.67
宁 夏 Ningxia	169.00	356.00	365.59	217.21
新 疆 Xinjiang	107.28	316.55	319.00	158.13

7－4 民族自治地方分地区居民住房情况(2009年)
Housing Conditions of Urban and Rural Residents by Region of Ethnic Minority Autonomous Areas(2009)

地 区 Region	城镇人均使用面积 (平方米) Per Capita Use Space in Urban Areas (sq. m)	农村人均住房面积 (平方米) Per Capita Floor Space in Rural Areas (sq. m)
合 计 Total	**39.5**	**30.2**
河 北 Hebei	29.4	21.6
内蒙古 Inner Mongolia	30.3	22.2
辽 宁 Liaoning	22.6	22.4
吉 林 Jilin	27.9	24.1
黑龙江 Heilongjiang	31.1	23.2
浙 江 Zhejiang	24.6	36.0
湖 北 Hubei	40.3	41.6
湖 南 Hunan	34.1	25.0
广 东 Guangdong	26.0	28.4
广 西 Guangxi	38.5	33.1
海 南 Hainan	20.5	23.5
重 庆 Chongqing	38.4	37.5
四 川 Sichuan	23.2	26.9
贵 州 Guizhou	27.8	24.9
云 南 Yunnan	34.0	27.1
西 藏 Tibet	34.0	25.0
甘 肃 Gansu	24.9	18.9
青 海 Qinghai	21.6	19.2
宁 夏 Ningxia	28.7	24.5
新 疆 Xinjiang	23.5	23.0

7-5 民族自治地方城乡居民储蓄存款年末余额
Deposits of Urban and Rural Residents of Ethnic Minority Autonomous Areas(Year-end)

单位:亿元 (100 million yuan)

年份 Year	城乡居民储蓄存款 Saving Deposits of Urban and Rural Residents	城镇储蓄 Urban	农户储蓄 Rural
1980	38.33	24.19	14.14
1981	48.87	31.68	17.19
1982	62.88	40.51	22.37
1983	82.46	60.30	22.16
1984	105.73	78.40	27.33
1985	151.03	110.92	40.11
1986	209.48	155.74	53.74
1987	282.22	217.81	64.41
1988	350.60	271.30	79.30
1989	452.80	364.29	88.51
1990	623.43	506.11	117.32
1991	791.09	644.34	146.75
1992	1 007.72	819.57	188.15
1993	1 316.27	1 078.18	238.09
1994	1 798.84	1 475.18	323.66
1995	2 390.94	1 996.03	394.91
1996	2 906.20	2 439.79	466.41
1997	3 473.46	1 817.66	1 655.80
1998	3 932.65	2 098.71	1 833.94
1999	4 351.35	2 504.78	1 846.57
2000	4 765.37		
2001	5 299.30		
2002	6 131.85		
2003	7 353.07		
2004	8 162.68		
2005	9 665.26		
2006	11 180.18		
2007	12 124.58		
2008	14 955.75		
2009	18 086.29		

7－6 民族自治地方分地区城乡居民储蓄存款年末余额(2009年)

Deposits of Urban and Rural Residents

by Region of Ethnic Minority Autonomous Areas(Year-end)(2009)

单位:亿元 (100 million yuan)

地区 Region	城乡居民储蓄存款年末余额 Saving Deposits of Urban and Rural Residents
合计 Total	**18 086.29**
河北 Hebei	218.62
内蒙古 Inner Mongolia	3 913.95
辽宁 Liaoning	368.94
吉林 Jilin	561.38
黑龙江 Heilongjiang	17.11
浙江 Zhejiang	15.18
湖北 Hubei	244.21
湖南 Hunan	329.74
广东 Guangdong	37.20
广西 Guangxi	4 686.20
海南 Hainan	107.87
重庆 Chongqing	147.26
四川 Sichuan	481.67
贵州 Guizhou	712.42
云南 Yunnan	1 554.13
西藏 Tibet	226.37
甘肃 Gansu	176.49
青海 Qinghai	269.04
宁夏 Ningxia	967.72
新疆 Xinjiang	3 050.80

主要统计指标解释

城镇家庭可支配收入　指城镇家庭成员得到可用于最终消费支出和其他非义务性支出以及储蓄的总和，即居民家庭可以用来自由支配的收入。它是家庭总收入扣除交纳的所得税、个人交纳的社会保障支出以及记账补贴后的收入。

城镇家庭消费性支出　指城镇家庭用于日常生活的支出，包括食品、衣着、家庭设备用品及服务、医疗保健、交通和通信、娱乐教育文化服务、居住、杂项商品和服务八大类支出。

农村居民家庭纯收入　指农村常住居民家庭总收入中，扣除从事生产和非生产经营费用支出、缴纳税款和上交承包集体任务金额以后剩余的，可直接用于生产性、非生产性建设投资、生活消费和积蓄的那一部分收入。农村居民家庭纯收入包括从事生产性和非生产性的经营收入，取自在外人口寄回、带回和国家财政救济、各种补贴等非经营性收入；既包括货币收入，又包括自产自用的实物收入。但不包括向银行、信用社和亲友借款等属于借贷性的收入。

农村居民家庭生活消费支出　指农村常住居民家庭用于日常生活的全部开支，是反映和研究农民家庭实际生活消费水平高低的重要指标。

城乡居民储蓄存款余额　指某一时点城乡居民存入银行及农村信用社的储蓄金额，包括城镇居民储蓄存款和农民个人储蓄存款，不包括居民的手持现金和工矿企业、部队、机关、团体等单位存款。

城市概况 8

8-1 民族自治地方分地区城市情况(2009 年)

General Survey of Cities by Region of Ethnic Minority Autonomous Areas(2009)

地 区 Region	城市数 (个) Number of Cities (unit)	#地级市 Cities at Prefectural Level	#县级市 Cities at County Level
合 计 Total	**97**	**31**	**66**
河 北 Hebei			
内蒙古 Inner Mongolia	20	9	11
辽 宁 Liaoning			
吉 林 Jilin	6		6
黑龙江 Heilongjiang			
浙 江 Zhejiang			
湖 北 Hubei	2		2
湖 南 Hunan	1		1
广 东 Guangdong			
广 西 Guangxi	21	14	7
海 南 Hainan			
重 庆 Chongqing			
四 川 Sichuan	1		1
贵 州 Guizhou	4		4
云 南 Yunnan	7		7
西 藏 Tibet	2	1	1
甘 肃 Gansu	2		2
青 海 Qinghai	2		2
宁 夏 Ningxia	7	5	2
新 疆 Xinjiang	22	2	20

8－2 民族自治地方分地区城市设施水平(2009年)

Level of Public Facilities in Cities by Region of Ethnic Minority Autonomous Areas(2009)

地区 Region	年末实有公共汽(电)车(辆) Number of Public Transportation Vehicles(year-end)(unit)	公园数(个) Number of Parks(unit)	年末实有道路面积(万平方米) Area of Paved Roads(10 000 sq. m)	公共厕所(座) Number of Public Lavatories(unit)
合 计 Total	**29 851**	**688**	**40 325**	**10 328**
河 北 Hebei				
内蒙古 Inner Mongolia	5 558	121	10 789	4 114
辽 宁 Liaoning				
吉 林 Jilin		26	1 221	795
黑龙江 Heilongjiang				
浙 江 Zhejiang				
湖 北 Hubei	536	16	619	108
湖 南 Hunan	199	17	793	126
广 东 Guangdong				
广 西 Guangxi	8 521	137	11 007	1 493
海 南 Hainan				
重 庆 Chongqing				
四 川 Sichuan	486	5	385	110
贵 州 Guizhou	1 035	40	1 753	416
云 南 Yunnan	1 492	94	1 277	404
西 藏 Tibet	800	39	619	216
甘 肃 Gansu	142	3	456	31
青 海 Qinghai	445	10	65	148
宁 夏 Ningxia	2 594	51	3 627	465
新 疆 Xinjiang	8 043	129	7 715	1 902

主要统计指标解释

道路面积 指经过铺筑的路面宽度在3.5米以上（含3.5米）的道路面积和与道路相通的广场、桥梁、停车场面积。不包括街心花坛、侧石、人行道和路肩的面积。

公共绿地 指向公众开放的市级、区级、居住区级各类公园、街旁游园，包括其范围内的水域。其中居住区级公园应不小于1万平方米，街旁游园的宽度不小于8米，面积不小于400平方米。

农业 9

9-1 民族自治地方农村基层组织情况
Basic Rural Units of Ethnic Minority Autonomous Areas

年 份 Year	乡镇个数 (个) Township and Town Governments (unit)	乡村户数 (万户) Households (10 000 households)	乡村人口 (万人) Population (10 000 persons)
1983	10 129	2 024.28	10 269
1984	17 742	2 083.79	10 444
1985	18 429	2 189.20	10 968
1986	19 165	2 303.86	11 198
1987	18 776	2 361.84	11 794
1988	11 594	2 451.26	12 034
1989	11 792	2 575.50	12 998
1990	11 295	2 591.42	12 358
1991	11 149	2 700.09	12 446
1992	11 031	2 741.34	12 511
1993	10 501	2 750.84	12 602
1994	10 645	2 865.33	12 652
1995	10 491	2 869.52	12 677
1996	9 660	2 803.80	12 495
1997	9 943		12 782
1998	9 972		12 544
1999	9 630		12 856
2000	9 534		11 414
2001	9 045		12 959
2002	8 916		13 027
2003	8 747		13 104
2004	8 737		13 243
2005	8 275		13 331
2006	7 796		9 193
2007	7 743		13 262
2008	7 802		13 362
2009	7 757		10 269

9－2 民族自治地方分地区农村基层组织情况(2009年)

Basic Rural Units by Region of Ethnic Minority Autonomous Areas (2009)

地 区 Region	乡镇个数 (个) Township and Town Governments (unit)	村民委员会 (个) Village Committee (unit)	乡村人口 (万人) Population (10 000 persons)
合 计 Total	**7 757**	**85 804**	**11 853.48**
河 北 Hebei	117	1 453	146.90
内蒙古 Inner Mongolia	600	11 235	1 128.62
辽 宁 Liaoning	152	1 520	235.42
吉 林 Jilin	111	1 543	98.39
黑龙江 Heilongjiang	11	79	19.15
浙 江 Zhejiang	22	254	8.87
湖 北 Hubei	102	2 791	340.14
湖 南 Hunan	299	4 075	351.09
广 东 Guangdong	23	222	37.89
广 西 Guangxi	1 126	14 345	3 095.47
海 南 Hainan	60	609	132.23
重 庆 Chongqing	142	1 001	220.56
四 川 Sichuan	1 220	8 370	544.69
贵 州 Guizhou	731	9 110	1 165.95
云 南 Yunnan	788	7 379	1 913.30
西 藏 Tibet	690	5 261	220.79
甘 肃 Gansu	267	2 383	282.54
青 海 Qinghai	307	3 056	276.09
宁 夏 Ningxia	191	2 319	336.98
新 疆 Xinjiang	798	8 799	1 298.42

9－3 民族自治地方农、林、牧、渔业总产值及指数

Gross Output Value and Related Indices of Farming, Forestry, Animal Husbandry and Fishery of Ethnic Minority Autonomous Areas

年 份 Year	绝对数 (亿元) Gross Output Value of Farming, Forestry, Animal Husbandry and Fishery (100 million yuan)					指 数 (上年＝100) Indices of Gross Output of Farming, Forestry, Animal Husbandry and Fishery (Preceding year＝100)				
	农林牧渔业总产值 Total	#农业 Farming	#林业 Forestry	#牧业 Animal Husbandry	#渔业 Fishery	农林牧渔业总产值 Total	#农业 Farming	#林业 Forestry	#牧业 Animal Husbandry	#渔业 Fishery
1981						107.4	105.1	120.1	111.4	115.3
1982										
1983						107.8	106.7	111.9	106.4	114.6
1984						109.4	107.1	122.7	108.4	108.2
1985						110.8	108.1	114.2	116.3	120.2
1986						103.5	101.7	95.5	107.5	114.7
1987						105.7	106.1	99.4	105.4	113.4
1988	733.21	422.84	50.37	171.42	7.48	105.8	105.2	102.7	105.7	111.8
1989	653.47	372.19	45.26	156.61	7.11	106.1	104.8	107.1	108.7	113.0
1990						110.2	115.3	105.8	104.6	146.8
1991	1 070.63	612.22	71.14	291.41	19.88	105.9	99.5	130.2	124.0	145.4
1992	1 208.49	675.72	85.39	336.87	27.51	107.6	107.6	107.0	108.4	115.4
1993	1 400.64	859.91	92.13	412.92	35.68	105.1				
1994	1 994.17	1 210.66	111.28	615.86	56.37	107.1	104.9	106.2	109.8	134.2
1995	2 536.60	1 538.41	124.65	795.14	78.40	108.7	106.1	102.6	114.2	126.2
1996	2 947.22	1 796.40	137.89	918.38	94.55	109.0	108.2	102.2	111.2	118.4
1997	3 175.11	1 911.99	138.79	1 014.52	109.81	105.7	105.0	99.2	107.2	115.0
1998	3 210.06	1 990.68	145.76	951.34	122.28	106.9	110.4	105.1	99.7	114.1
1999	3 159.95	1 898.60	157.68	974.90	128.77	104.6	104.0	102.9	105.5	109.1
2000	3 199.77	1 853.04	165.19	1 038.43	143.12	101.9	99.1	103.7	106.6	106.1
2001	3 327.71	1 899.61	170.36	1 110.98	146.77	104.5	104.1	99.1	106.3	104.8
2002	3 501.22	1 981.90	187.22	1 179.83	152.26	105.4	105.2	108.7	105.5	104.0
2003	4 014.59	2 136.46	264.58	1 342.09	166.64	105.8				
2004	4 803.39	2 509.73	277.23	1 708.31	193.54	108.2				
2005	5 349.47	2 830.56	290.25	1 900.65	210.20	108.1	106.9	102.6	110.7	106.5
2006	5 905.76	3 148.31	327.92	2 073.17	229.49	107.4	106.4	109.0	108.0	107.5
2007	7 104.18	3 693.64	399.90	2 552.73	263.07	106.9	105.9	104.3	105.3	101.0
2008	8 260.45	4 157.44	470.71	3 103.73	306.18	107.6	107.1	111.8	108.1	105.5
2009	8 670.89	4 470.73	521.74	3 118.90	331.07	105.8	104.6	103.7	106.6	107.2

注:1992 年以前农业总产值包括副业,2003 年执行新国民经济行业分类标准,总产值包括农林牧渔服务业产值。

Note: The total agricultural output including sidelines before 1992. The new classification for national standard of industry classification has been implemented since 2003 and the gross output value includes the services in support of farming, forestry, animal husbandry and fishery.

9－4 民族自治地方分地区农、林、牧、渔业总产值及指数(2009年)

地区 Region		绝对数 (亿元) Gross Output Value (100 million yuan)				
		农林牧渔业总产值 Total	#农业 Farming	#林业 Forestry	#牧业 Animal Husbandry	#渔业 Fishery
合计	**Total**	**8 670.89**	**4 470.73**	**521.74**	**3 118.90**	**331.07**
河北	Hebei	108.07	43.46	8.78	51.94	1.64
内蒙古	Inner Mongolia	1 570.58	731.90	78.25	721.44	12.71
辽宁	Liaoning	260.79	103.63	34.92	98.45	19.64
吉林	Jilin	232.36	109.56	20.33	89.24	2.77
黑龙江	Heilongjiang	30.17	10.96	0.28	17.80	1.10
浙江	Zhejiang	6.23	4.38	1.00	0.72	0.06
湖北	Hubei	189.16	112.01	5.42	66.77	3.82
湖南	Hunan	153.57	84.63	16.70	48.91	2.60
广东	Guangdong	16.48	9.66	2.69	3.29	0.36
广西	Guangxi	2 377.20	1 135.00	129.00	812.50	216.95
海南	Hainan	114.24	69.90	7.46	14.75	18.41
重庆	Chongqing	72.16	39.55	3.97	27.72	0.51
四川	Sichuan	346.89	152.30	23.54	161.09	3.56
贵州	Guizhou	413.94	230.79	23.30	142.91	8.26
云南	Yunnan	956.03	470.90	120.24	325.71	20.07
西藏	Tibet	93.38	39.06	7.12	44.29	0.20
甘肃	Gansu	64.87	33.95	1.87	27.13	0.17
青海	Qinghai	123.63	43.68	1.85	75.10	0.05
宁夏	Ningxia	243.50	146.78	8.38	70.76	7.05
新疆	Xinjiang	1 297.61	898.62	26.65	318.37	11.14

注:本表绝对数按当年价格计算,指数按可比价格计算。

Gross Output Value of Farming, Forestry, Animal Husbandry and Fishery and Related Indices by Region of Ethnic Minority Autonomous Areas (2009)

指　数
(上年=100)
Indices of Gross Output
(preceding year =100)

农林牧渔业总产值 Total	#农业 Farming	#林业 Forestry	#牧业 Animal Husbandry	#渔业 Fishery
105.8	**104.6**	**103.7**	**106.6**	**107.2**
104.5	95.2	115.2	108.8	111.4
102.4	97.3	105.1	107.0	107.9
115.8	104.3	133.6	123.4	118.7
104.7	98.6	107.9	114.7	113.6
135.2	125.5	139.3	140.6	161.4
104.9	104.3	108.3	102.5	109.3
108.2	106.2	108.8	110.7	126.6
106.1	107.1	105.1	104.9	106.3
104.3	109.1	102.8	99.0	109.7
105.4	105.3	102.1	105.6	106.2
113.1	108.6	118.6	109.0	113.9
106.7	105.4	107.6	108.2	110.6
104.4	104.9	103.2	103.9	106.8
105.8	103.4	100.5	109.5	114.0
108.9	110.5	92.1	106.2	94.2
103.6	87.4	249.2	112.0	101.0
106.8	106.0	108.1	112.0	108.8
107.9	112.6	127.8	108.3	40.1
108.2	108.6	112.1	106.3	111.5
105.1	107.8	106.5	98.5	106.9

Note: Data in value terms in this table are calculated at current prices, while the indices are calculated at comparable prices.

9-5 民族自治地方农、林、牧、渔业总产值构成

The Composition of Gross Output Value of Farming, Forestry, Animal Husbandry and Fishery of Ethnic Minority Autonomous Areas

单位:%　　　　(%)

年份 Year	农林牧渔业总产值 Total	农业 Farming	林业 Forestry	牧业 Animal Husbandry	副业 Sideline	渔业 Fishery
1980	100	65.94	4.82	22.17	6.62	0.45
1981	100	64.53	5.38	22.99	6.62	0.48
1982	100	62.11	6.78	22.02	8.37	0.72
1983	100	61.49	7.04	21.75	8.96	0.76
1984	100	60.20	7.90	21.56	9.59	0.75
1985	100	58.77	8.15	22.62	9.65	0.81
1986	100	57.75	7.51	23.49	10.35	0.90
1987	100	57.99	7.06	23.41	10.57	0.97
1988	100	57.67	6.87	23.38	11.06	1.02
1989	100	56.96	6.92	23.97	11.06	1.09
1990	100	59.60	6.65	22.75	9.55	1.45
1991	100	55.99	8.19	26.64	7.19	1.99
1992	100	56.02	8.13	26.84	6.68	2.15
1993	100	61.61	8.09	27.84		2.46
1994	100	60.03	8.03	28.55		3.08
1995	100	58.87	7.58	29.98		3.57
1996	100	58.43	7.11	30.58		3.88
1997	100	60.22	4.37	31.95		3.46
1998	100	62.01	4.54	29.64		3.81
1999	100	60.08	4.99	30.85		4.08
2000	100	57.91	5.16	32.45		4.47
2001	100	57.08	5.12	33.39		4.41
2002	100	56.60	5.35	33.70		4.35
2003	100	53.22	6.59	33.43		4.15
2004	100	52.25	5.77	35.56		4.03
2005	100	52.91	5.43	35.53		3.93
2006	100	53.31	5.55	35.10		3.89
2007	100	51.99	5.63	35.93		3.70
2008	100	50.33	5.70	37.57		3.71
2009	100	51.56	6.02	35.97		3.82

注:1. 本表按当年价格计算。
2. 2003 年后,总产值包括农林牧渔服务业。

Note: a. The data in terms of value in this table are calculated at current price.
b. The data of gross output of FFAF include FFAF services after 2003.

-6 民族自治地方分地区农、林、牧、渔业总产值构成(2009年)

The Composition of Gross Output Value of Farming, Forestry, Animal Husbandry and Fishery by Region of Ethnic Minority Autonomous Areas(2009)

(以农、林、牧、渔业和农林牧渔服务业总产值为100)

地区 Region	农业 Farming	林业 Forestry	牧业 Animal Husbandry	渔业 Fishery
合计 Total	**51.56**	**6.02**	**35.97**	**3.82**
河北 Hebei	40.22	8.13	48.06	1.52
内蒙古 Inner Mongolia	46.60	4.98	45.93	0.81
辽宁 Liaoning	39.74	13.39	37.75	7.53
吉林 Jilin	47.15	8.75	38.41	1.19
黑龙江 Heilongjiang	36.34	0.92	58.99	3.64
浙江 Zhejiang	70.24	16.03	11.56	1.04
湖北 Hubei	59.21	2.87	35.30	2.02
湖南 Hunan	55.11	10.88	31.85	1.69
广东 Guangdong	58.60	16.34	19.96	2.20
广西 Guangxi	47.75	5.43	34.18	9.13
海南 Hainan	61.19	6.53	12.91	16.11
重庆 Chongqing	54.81	5.50	38.41	0.70
四川 Sichuan	43.90	6.79	46.44	1.03
贵州 Guizhou	55.75	5.63	34.52	1.99
云南 Yunnan	49.26	12.58	34.07	2.10
西藏 Tibet	41.83	7.62	47.43	0.22
甘肃 Gansu	52.34	2.89	41.81	0.26
青海 Qinghai	35.33	1.50	60.74	0.04
宁夏 Ningxia	60.28	3.44	29.06	2.89
新疆 Xinjiang	69.25	2.05	24.54	0.86

注:本表按当年价格计算(at current price)。

9-7 民族自治地方耕地面积、总播种面积和粮食播种面积
Cultivated Areas, Total Sown Areas and Grain Crops Sown Areas of Ethnic Minority Autonomous Areas

单位:万公顷 (10 000 hectares)

年 份 Year	耕地面积 Cultivated Areas	总播种面积 Total Sown Areas	#粮食播种面积 Grain Crops Sown Areas	粮食播种面积占总播种面积比例 Grain Crops Sown Area As % of Total Sown Area
1952	1 347.97	1 548.56	1 344.16	86.80
1957	1 536.43	1 846.69	1 568.33	84.93
1962	1 629.33	1 770.48	1 531.27	86.49
1965	1 672.33	1 897.81	1 637.43	86.28
1975	1 635.47	1 962.02	1 659.29	84.57
1978	1 639.60	2 018.10	1 674.34	82.97
1980	1 657.56	1 939.90	1 583.71	81.64
1981	1 650.33	1 898.34	1 544.39	81.35
1982	1 651.91	1 933.57	1 561.88	80.78
1983	1 685.61	1 972.06	1 609.35	81.61
1984	1 661.42	1 965.80	1 576.22	80.18
1985	1 747.06	2 022.08	1 542.37	76.28
1986	1 697.07	2 061.43	1 579.60	76.63
1987	1 698.51	2 084.79	1 622.16	77.81
1988	1 725.04	2 139.69	1 619.59	75.69
1989	1 751.54	2 231.22	1 685.37	75.54
1990	1 763.39	2 274.08	1 717.69	75.53
1991	1 743.00	2 266.62	1 666.78	73.54
1992	1 766.25	2 352.48	1 697.90	72.17
1993	1 776.09	2 424.17	1 341.07	55.32
1994	1 805.89	2 410.23	1 281.97	53.19
1995	1 508.00	2 439.00	1 726.78	70.80
1996	1 804.98	2 469.04	1 742.38	70.57
1997	2 069.84	2 620.54	1 832.01	69.91
1998	2 068.50	2 667.96	1 862.78	69.82
1999	2 095.99	2 684.13	1 831.14	68.22
2000	2 086.44	2 660.02	1 754.33	65.95
2001	2 062.60	2 645.44	1 721.52	65.07
2002	2 006.63	2 691.71	1 719.73	63.89
2003	1 967.68	2 624.32	1 614.21	61.51
2004	2 048.18	2 699.24	1 660.58	61.52
2005	2 033.13	2 766.88	1 695.65	61.28
2006	2 087.60	2 797.27	1 696.06	60.63
2007	2 287.60	2 802.92	1 718.69	61.32
2008	2 302.55	2 866.25	1 746.29	60.93
2009	2 306.86	2 964.58	1 854.66	62.56

9-8 民族自治地方分地区耕地面积和农作物播种面积(2009年)

Cultivated Areas and Sown Areas by Region of Ethnic Minority Autonomous Areas(2009)

单位:千公顷 (1 000 hectares)

地 区 Region	年末实有耕地面积 Cultivated Areas	农作物总播种面积 Total Sown Areas	#粮食 Grain Crops	#油料 Oil-bearing Crops	#棉花 Cotton Crops
合 计 Total	**23 068.63**	**29 645.84**	**18 546.62**	**2 221.12**	**1 416.11**
河 北 Hebei	212.99	224.02	174.08	7.76	1.26
内蒙古 Inner Mongolia	7 200.00	6 927.80	5 424.00	702.20	0.90
辽 宁 Liaoning	542.03	532.44	410.91	64.38	0.06
吉 林 Jilin	691.73	704.41	616.49	33.53	
黑龙江 Heilongjiang	136.04	136.04	130.27	4.45	
浙 江 Zhejiang	7.30	16.70	10.07	0.32	
湖 北 Hubei	306.20	831.60	489.38	73.01	0.01
湖 南 Hunan	263.47	647.12	352.17	99.00	0.64
广 东 Guangdong	18.76	52.15	30.22	5.19	
广 西 Guangxi	4 300.00	5 826.50	3 067.50	181.16	2.20
海 南 Hainan	101.20	181.99	90.01	7.10	
重 庆 Chongqing	159.42	424.24	276.42	45.56	
四 川 Sichuan	529.45	944.16	672.64	34.96	
贵 州 Guizhou	759.34	1 985.47	1 216.81	211.80	1.45
云 南 Yunnan	1 700.85	3 292.35	2 157.02	162.73	0.27
西 藏 Tibet	229.57	235.07	169.43	24.50	
甘 肃 Gansu	344.44	363.03	256.87	51.86	
青 海 Qinghai	333.49	430.26	190.74	155.76	
宁 夏 Ningxia	1 107.80	1 226.70	826.90	85.80	
新 疆 Xinjiang	4 124.56	4 663.80	1 984.70	270.05	1 409.31

9-9 民族自治地方主要农产品产量

Output of Major Farm Crops of Ethnic Minority Autonomous Areas

单位:万吨 (10 000 tons)

年份 Year	粮食 Grain Crops	棉花 Cotton Crops	油料 Oil-bearing Crops	烟叶 Tobacco Crops	#烤烟 Flue-cured Tobacco	糖料 Sugar Crops	甜菜 Beetroot	甘蔗 Sugarcane
1949	1 155.50	1.02						
1952	1 581.50	3.14	21.47	1.90	1.90	109.52	0.16	109.36
1957	1 882.50	5.98	28.79	3.68	3.68	156.86	24.48	132.38
1962	1 717.50	3.02	13.03			62.13	12.41	49.72
1965	2 217.00	8.87	27.49	5.47	5.47	271.99	39.43	232.56
1975	3 069.50	5.39	32.01	10.62	10.62	417.70	56.83	360.87
1978	3 123.50	5.97	36.15	12.29	12.29	578.46	65.68	512.78
1980	3 300.10	8.33	36.68	8.53	8.53	694.20	133.14	561.06
1981	3 371.00	11.73	106.79	17.33	13.51	855.15	127.21	727.94
1982	3 744.15	15.21	129.40	27.58	21.51	1 208.71	196.50	1 012.21
1983	4 026.64	16.83	140.51	17.72	13.61	1 227.15	207.68	1 019.47
1984	4 114.67	20.92	153.95	26.22	20.79	1 338.80	235.36	1 103.44
1985	4 006.33	19.36	192.82	46.40	33.72	1 780.68	243.59	1 537.09
1986	4 065.04	22.40	198.79	31.32	23.15	1 954.26	270.50	1 683.76
1987	4 338.74	28.58	175.58	35.14	26.66	2 008.29	306.06	1 702.23
1988	4 361.40	28.26	174.16	51.67	41.43	2 335.47	397.04	1 938.43
1989	4 662.37	29.80	169.33	53.65	42.29	2 139.35	335.89	1 803.46
1990	5 372.98	47.37	208.13	48.76	39.30	2 673.98	532.30	2 141.68
1991	5 516.37	65.24	230.06	63.69	51.96	3 404.49	655.32	2 749.17
1992	5 612.34	67.89	235.23	85.11		3 840.06	652.16	3 187.90
1993	5 157.09	68.93	226.29	90.50	77.08	3 657.16	571.25	3 085.91
1994	5 092.17	89.14	242.91	60.79	49.36	4 211.21	1 080.18	3 131.03
1995	5 800.83	94.60	264.09	65.32	55.34	3 317.69	613.93	2 703.76
1996	6 799.13	94.99	252.63	89.82	75.01	4 560.67	722.92	3 837.75
1997	6 640.68	115.85	255.21	158.62		5 190.36	822.67	4 367.69
1998	7 150.42	141.05	290.60	85.92				
1999	6 873.84	136.14	332.87	68.57				
2000	6 381.36	146.24	353.16	69.19				
2001	6 492.55	157.66	313.36	63.34				
2002	6 586.77	148.20	355.39	66.94		6 656.91		
2003	6 480.24	160.81	359.22	65.63		7 972.26		
2004	6 764.42	179.94	397.36	70.40		6 446.32		
2005	7 186.78	187.93	372.02	80.30		6 511.64		
2006	7 202.07	219.46	359.47	82.49		8 074.50		
2007	7 321.31	302.14	286.54	77.02		9 905.47		
2008	7 925.39	303.34	396.60	94.68		10 427.56		
2009	8 005.93	252.97	397.31	103.40		9 389.06		

9-10 民族自治地方分地区主要农产品产量(2009年)(一)

Output of Major Farm Crops by Region of Ethnic Minority Autonomous Areas (2009)(1)

单位:万吨 (10 000 tons)

地区 Region	粮食 Grain Crops	油料 Oil-bearing Crops	棉花 Cotton Crops	麻类 Fiber Crops	糖料 Sugar Crops
合计 Total	**8 005.93**	**397.31**	**252.97**	**5.64**	**9 389.06**
河北 Hebei	55.94	0.73	0.12		
内蒙古 Inner Mongolia	1 981.70	119.62	0.10	1.00	109.58
辽宁 Liaoning	176.37	12.03			0.09
吉林 Jilin	317.59	8.74			0.99
黑龙江 Heilongjiang	65.00	0.59			
浙江 Zhejiang	5.01	0.05			
湖北 Hubei	180.77	9.96			0.05
湖南 Hunan	177.68	13.57	0.04	0.04	1.83
广东 Guangdong	13.30	0.93			0.01
广西 Guangxi	1 463.20	42.08	0.20	0.99	7 509.44
海南 Hainan	39.80	2.05			106.08
重庆 Chongqing	123.71	7.85		0.13	0.05
四川 Sichuan	264.87	6.08		0.01	32.51
贵州 Guizhou	581.45	27.69	0.09	0.03	62.24
云南 Yunnan	819.03	25.07	0.01	1.75	1 146.71
西藏 Tibet	90.53	5.80			
甘肃 Gansu	83.04	7.92		0.08	1.04
青海 Qinghai	74.25	28.99			
宁夏 Ningxia	340.70	13.65			0.01
新疆 Xinjiang	1 152.00	63.91	252.40	1.60	418.41

9-10 民族自治地方分地区主要农产品产量(2009年)(二)

Output of Major Farm Crops by Region of Ethnic Minority Autonomous Areas (2009)(2)

单位:万吨 (10 000 tons)

地 区 Region	烟 叶 Tobacco Crops	茶 叶 Tea	水 果 Fruit
合 计 Total	**103.40**	**23.08**	**3 164.62**
河 北 Hebei			34.73
内蒙古 Inner Mongolia	1.20		208.70
辽 宁 Liaoning	1.09		26.05
吉 林 Jilin	1.18		14.65
黑龙江 Heilongjiang			0.50
浙 江 Zhejiang	0.02	0.06	0.86
湖 北 Hubei	10.68	5.40	22.58
湖 南 Hunan	4.64	0.16	122.17
广 东 Guangdong	0.17	0.05	2.60
广 西 Guangxi	3.70	3.66	1 010.74
海 南 Hainan			57.44
重 庆 Chongqing	3.70	0.33	6.84
四 川 Sichuan	13.63	0.43	81.25
贵 州 Guizhou	15.82	1.54	46.78
云 南 Yunnan	47.24	11.44	258.05
西 藏 Tibet			1.20
甘 肃 Gansu	0.01		9.47
青 海 Qinghai			1.24
宁 夏 Ningxia	0.21		202.42
新 疆 Xinjiang	0.10		1 056.35

9-11 民族自治地方牲畜年末头(只)数及比重
The Number and the Proportion of Animal Products at the End of Year of Ethnic Minority Autonomous Areas

单位:万头(只) (10 000 heads)

年份 Year	牲畜总头数 Total	大牲畜 Large Animals	猪 Hogs	羊 Sheep and Goats	比重 Proportion(%) 大牲畜 Large Animals	猪 Hogs	羊 Sheep and Goats
1949	4 108.00	1 646.00	796.00	1 666.00	40.07	19.38	40.55
1952	7 606.50	2 439.20	1 136.90	4 030.00	32.07	14.95	52.98
1957	9 914.20	2 926.30	1 589.00	5 398.90	29.52	16.03	54.45
1962	10 424.60	2 560.60	1 255.30	6 605.70	24.57	12.05	63.38
1965	14 119.70	3 372.90	2 151.40	8 595.40	23.89	15.24	60.87
1975	16 226.95	3 848.53	3 031.85	9 346.57	23.72	18.68	57.60
1978	16 656.50	3 807.20	3 256.70	9 579.60	22.87	19.58	57.55
1980	17 168.30	3 928.32	3 286.26	9 983.72	22.88	18.97	58.15
1981	17 713.95	4 057.86	3 314.11	10 314.98	22.91	18.71	58.38
1982	18 026.93	4 244.84	3 635.67	10 146.42	23.55	20.17	56.28
1983	17 983.04	4 339.77	3 970.58	9 672.69	24.13	22.08	53.79
1984	18 198.34	4 462.62	4 047.20	9 688.52	24.52	22.24	53.24
1985	19 038.77	4 748.79	4 532.86	9 757.12	24.94	23.81	51.25
1986	19 808.61	4 950.94	4 869.33	9 988.34	24.99	23.58	50.43
1987	20 260.96	5 046.00	4 968.82	10 246.14	24.91	24.52	50.57
1988	20 938.16	5 130.19	5 085.00	10 722.97	24.50	24.29	51.21
1989	21 948.68	5 229.87	5 434.73	11 284.08	23.83	24.76	51.41
1990	22 312.78	5 285.92	5 668.05	11 361.81	23.69	25.39	50.92
1991	22 151.91	5 308.61	5 564.71	11 278.59	23.96	25.12	50.91
1992	23 039.85	5 391.81	6 726.06	10 921.98	23.40	29.19	47.41
1993	22 779.51	5 429.58	6 443.30	10 926.63	23.81	28.26	47.93
1994	23 449.37	5 480.15	6 729.43	11 239.79	23.37	28.70	47.93
1995	24 763.73	5 618.25	7 239.62	11 905.86	22.69	29.23	48.08
1996	24 891.68	5 545.03	7 138.86	12 207.79	22.28	28.68	49.04
1997	25 884.50	5 636.80	7 517.70	12 690.00	21.81	29.09	49.10
1998	25 455.63	5 564.79	7 046.73	12 844.11	21.86	27.68	50.46
1999	26 015.82	5 688.57	7 291.72	13 035.53	21.87	28.03	50.10
2000	26 842.63	5 565.95	8 200.84	13 075.84	20.74	30.55	48.71
2001	27 039.50	5 549.57	8 251.87	13 238.06	20.52	30.51	48.97
2002	27 572.94	5 570.19	8 062.49	13 940.26	20.20	29.24	50.56
2003	28 326.20	5 797.61	7 728.94	14 799.65	20.47	27.29	52.25
2004	30 155.18	5 973.76	7 955.65	16 225.77	19.81	26.38	53.81
2005	31 069.89	6 152.63	8 526.44	16 390.83	19.80	27.44	52.75
2006	30 868.69	6 265.13	8 143.88	16 459.68	20.30	26.38	53.32
2007	29 010.23	5 744.65	7 972.45	15 293.12	19.80	27.48	52.72
2008	27 762.38	5 598.60	7 696.79	14 467.00	20.17	27.72	52.11
2009	28 433.52	5 683.81	7 943.70	14 806.01	19.99	27.94	52.07

9－12　民族自治地方大牲畜、猪、羊年末头(只)数占全国的比重

The Proportion of the Number of Large Animals, Hogs, Sheep and Goats of Ethnic Minority Autonomous Areas in that of the Nation as a Whole

单位:%　　(%)

年　份 Year	牲畜总头数 Total	大牲畜 Large Animals	猪 Hogs	羊 Sheep and Goats
1949	25.66	27.42	13.78	39.34
1952	33.36	31.90	12.66	65.24
1957	30.20	34.91	10.89	54.77
1962	34.19	36.48	12.56	49.06
1965	36.20	40.05	12.89	61.82
1975	30.75	39.63	10.78	57.21
1978	28.71	60.55	10.82	56.37
1980	29.20	41.24	10.66	53.30
1981	30.58	41.56	11.28	55.09
1982	30.89	41.17	13.19	61.16
1983	31.61	41.93	13.30	57.94
1984	31.73	41.17	13.19	61.16
1985	31.67	41.72	13.67	62.48
1986	31.83	41.64	14.45	60.23
1987	32.16	41.39	15.16	56.82
1988	31.34	31.04	14.87	53.35
1989	31.69	40.84	15.40	53.32
1990	31.76	40.59	15.63	54.10
1991	31.30	40.23	15.05	54.69
1992	31.72	39.98	17.51	52.68
1993	30.39	38.82	16.40	50.30
1994	29.12	36.70	16.20	46.70
1995	30.81	38.20	17.40	49.50
1996	28.67	43.50	15.60	40.10
1997	27.87	33.85	16.44	41.83
1998	30.32	37.59	16.68	47.74
1999	30.26	37.90	16.90	46.70
2000	30.20	36.74	18.35	45.04
2001	29.86	37.01	18.04	44.38
2002	29.61	36.60	17.42	44.03
2003	29.46	37.40	16.59	43.45
2004	29.99	37.96	16.51	44.29
2005	30.90	39.09	17.69	44.74
2006	30.23	39.74	16.47	44.61
2007	34.18	46.67	18.12	53.54
2008	32.05	45.70	16.63	51.51
2009	32.82	46.40	17.16	52.72

9－13 民族自治地方分地区牲畜出栏数和年底存栏数(2009年)

The Amounts of Slaughtering Livestock and Feeding Livestock at the End of Year by Region of Ethnic Minority Autonomous Areas(2009)

单位:万头(只) (10 000 heads)

地区 Region	牲畜当年出栏数 Slaughtered Number			牲畜年末存栏数 Livestock Number		
	大牲畜 Large Animals	猪 Hogs	羊 Sheep and Goats	大牲畜 Large Animals	猪 Hogs	羊 Sheep and Goats
合计 Total	**2 078.60**	**9 643.78**	**11 801.25**	**5 683.81**	**7 943.70**	**14 806.01**
河北 Hebei	44.56	109.63	125.38	52.06	77.76	91.92
内蒙古 Inner Mongolia	525.75	883.00	5 705.71	868.90	683.70	5 197.20
辽宁 Liaoning	57.86	281.17	223.01	83.78	173.68	222.54
吉林 Jilin	84.48	230.05	122.82	123.78	137.61	100.94
黑龙江 Heilongjiang	4.77	7.50	10.85	20.64	9.22	15.17
浙江 Zhejiang	0.49	3.80	1.08	0.94	3.16	1.38
湖北 Hubei	6.78	484.72	87.00	36.44	463.47	80.06
湖南 Hunan	24.08	274.06	54.96	78.69	250.27	41.35
广东 Guangdong	0.48	15.17	0.45	4.03	15.44	0.54
广西 Guangxi	145.80	3 119.90	205.00	493.50	2 332.40	190.00
海南 Hainan	40.47	72.61	14.72	52.58	61.39	15.76
重庆 Chongqing	15.23	191.08	28.52	42.31	132.35	30.92
四川 Sichuan	163.35	702.86	490.36	740.12	621.55	828.02
贵州 Guizhou	57.82	722.36	119.87	360.37	751.17	202.35
云南 Yunnan	209.88	2 015.98	409.77	720.94	1 809.10	594.02
西藏 Tibet	126.58	14.70	259.84	697.10	30.50	1 674.50
甘肃 Gansu	49.38	47.97	251.31	193.58	48.63	529.65
青海 Qinghai	151.48	85.78	690.82	472.46	70.18	1 391.99
宁夏 Ningxia	55.80	127.20	395.30	104.70	91.70	470.20
新疆 Xinjiang	313.57	254.23	2 604.48	536.90	180.42	3 127.50

9－14　民族自治地方主要畜产品产量

Output of Livestock Products of Ethnic Minority Autonomous Areas

单位:万吨　(10 000 tons)

年 份 Year	猪 肉 Pork	牛 肉 Beef	羊 肉 Mutton	牛羊奶 Milk	羊 毛 Sheep and Goats Wool
1980	131.04	14.30	19.66	43.78	10.70
1981	124.29	19.34	20.56	54.41	11.66
1982	136.55	15.30	23.14	61.08	12.18
1983	135.20	18.58	29.08	65.02	12.59
1984	151.09	20.46	28.54	76.37	12.64
1985	179.85	27.41	31.13	86.76	15.76
1986	191.05	29.60	35.35	111.18	13.00
1987	212.84	30.18	36.32	123.15	13.86
1988	217.22	33.94	35.37	119.51	14.57
1989	235.76	39.12	43.31	126.07	15.62
1990	245.99	40.59	31.33	135.06	17.96
1991	301.63	45.97	51.21	129.32	15.82
1992	304.09	51.50	53.44	150.90	15.45
1993	336.61	56.56	37.20	159.31	15.15
1994	390.88	66.29	57.06	173.76	15.44
1995	454.16	78.77	65.07	185.79	19.34
1996	501.72	87.60	74.09	201.04	16.86
1997	506.74	101.14	84.34	216.85	17.89
1998	536.96	105.56	91.16	230.70	18.05
1999	583.74	111.47	97.72	243.49	18.19
2000	554.17	120.89	110.78	260.52	18.37
2001	616.96	125.44	111.71	304.57	18.66
2002	579.99	131.58	118.54	397.36	18.92
2003	589.18	152.46	138.54	595.35	20.95
2004	607.72	167.04	165.05	830.12	23.43
2005	672.40	185.08	189.69	1 071.01	25.71
2006	717.14	204.48	209.96	1 301.53	25.70
2007	696.04	194.50	203.38	1 385.04	25.89
2008	705.04	199.44	188.94	1 377.67	25.59
2009	752.96	208.68	196.13	1 363.29	25.58

9－15 民族自治地方分地区畜产品和水产品产量(2009 年)(一)

Output of Livestock Products and Aquatic Products by Region of Ethnic Minority Autonomous Areas (2009) (1)

单位:万吨 (10 000 tons)

地 区 Region	肉类总产量 Output of Meat	#猪肉 Pork	#牛肉 Beef	#羊肉 Mutton
合 计 Total	**1 403.25**	**752.96**	**208.68**	**196.13**
河 北 Hebei	20.41	8.98	6.49	1.64
内蒙古 Inner Mongolia	234.00	68.62	47.45	88.23
辽 宁 Liaoning	50.28	24.07	6.58	3.53
吉 林 Jilin	47.85	18.13	11.43	1.47
黑龙江 Heilongjiang	2.23	0.63	0.68	0.16
浙 江 Zhejiang	0.45	0.35	0.02	0.02
湖 北 Hubei	44.09	39.64	1.05	1.64
湖 南 Hunan	25.85	19.38	1.67	0.80
广 东 Guangdong	1.52	1.09	0.05	0.01
广 西 Guangxi	371.00	232.30	13.36	3.16
海 南 Hainan	6.88	4.99	0.46	0.17
重 庆 Chongqing	17.59	14.41	1.84	0.34
四 川 Sichuan	85.94	53.16	17.80	10.26
贵 州 Guizhou	74.02	59.41	5.87	2.03
云 南 Yunnan	214.57	166.31	22.17	8.43
西 藏 Tibet	24.00	1.20	14.20	8.40
甘 肃 Gansu	12.45	3.38	4.35	4.36
青 海 Qinghai	29.27	5.70	12.05	10.90
宁 夏 Ningxia	25.54	9.16	7.28	6.80
新 疆 Xinjiang	115.31	22.03	33.88	43.77

9－15 民族自治地方分地区畜产品和水产品产量(2009年)(二)

Output of Livestock Products and Aquatic Products

by Region of Ethnic Minority Autonomous Areas (2009)(2)

单位:万吨 (10 000 tons)

地 区 Region		牛羊奶产量 Milk	羊 毛 Wool	山羊毛 Goat Wool	绵羊毛 Sheep Wool	羊 绒 Cashmere	水产品 Aquatic Product
合 计	**Total**	**1 363. 29**	**25. 58**	**2. 79**	**22. 78**	**1. 12**	**349. 88**
河 北	Hebei	10. 82	0. 14	0. 04	0. 10	0. 01	1. 75
内蒙古	Inner Mongolia	934. 07	12. 05	1. 85	10. 20	0. 74	10. 59
辽 宁	Liaoning	10. 19	0. 25	0. 07	0. 18	0. 05	9. 65
吉 林	Jilin	7. 75	0. 48		0. 47		0. 87
黑龙江	Heilongjiang	40. 81	0. 09		0. 09		0. 19
浙 江	Zhejiang						0. 07
湖 北	Hubei	0. 09					2. 35
湖 南	Hunan	5. 07					3. 04
广 东	Guangdong						0. 41
广 西	Guangxi	8. 07					262. 30
海 南	Hainan						11. 76
重 庆	Chongqing	0. 06					0. 43
四 川	Sichuan	26. 06	0. 72	0. 04	0. 67		2. 84
贵 州	Guizhou	0. 55	0. 03		0. 03		6. 95
云 南	Yunnan	44. 28	0. 09	0. 02	0. 07	0. 05	18. 49
西 藏	Tibet	28. 70	1. 01	0. 12	0. 88	0. 06	0. 10
甘 肃	Gansu	10. 40	0. 87	0. 04	0. 83	0. 01	0. 21
青 海	Qinghai	30. 09	1. 65	0. 13	1. 52	0. 04	0. 18
宁 夏	Ningxia	81. 14	0. 60	0. 03	0. 57	0. 03	8. 18
新 疆	Xinjiang	125. 15	7. 60	0. 44	7. 16	0. 13	9. 50

9－16 民族自治地方人均农业总产值和主要农产品人均占有量
Per Capita of Gross Output Value of Agriculture and Per Capita Output of Major Farm Products of Ethnic Minority Autonomous Areas

年份 Year	农林牧渔业总产值（元） Output Value of Agriculture (yuan)	粮食（公斤） Grain Crops (kg)	棉花（公斤） Cotton Crops (kg)	油料（公斤） Oil-bearing Crops (kg)	大牲畜（头） Large Animals (head)	猪（头） Hogs (head)	羊（只） Sheep and Goats (head)
1980	139. 27	287. 96	0. 73		0. 34	0. 28	0. 87
1981	146. 86	288. 69	1. 01	9. 15	0. 35	0. 28	0. 89
1982	225. 09	313. 39	1. 28	10. 83	0. 36	0. 30	0. 85
1983	233. 81	324. 91	1. 36	11. 34	0. 35	0. 32	0. 78
1984	248. 10	321. 97	1. 64	12. 05	0. 35	0. 32	0. 76
1985	265. 61	302. 96	1. 47	14. 58	0. 36	0. 34	0. 74
1986	264. 63	295. 91	1. 63	14. 47	0. 36	0. 35	0. 73
1987	272. 78	308. 00	2. 03	12. 46	0. 36	0. 35	0. 73
1988	282. 05	302. 60	1. 96	12. 08	0. 36	0. 35	0. 74
1989	290. 99	314. 60	2. 01	11. 43	0. 35	0. 37	0. 76
1990	303. 10	342. 70	3. 00	13. 30	0. 34	0. 36	0. 72
1991	692. 39	356. 75	4. 22	14. 88	0. 34	0. 36	0. 73
1992	773. 18	359. 10	4. 30	15. 00	0. 34	0. 40	0. 70
1993	887. 83	330. 90	4. 40	14. 60	0. 35	0. 40	0. 70
1994	1 248. 33	317. 25	5. 55	15. 14	0. 34	0. 42	0. 73
1995	1 580. 99	374. 97	5. 91	16. 14	0. 35	0. 45	0. 74
1996	1 815. 86	426. 20	5. 95	15. 84	0. 46	0. 45	0. 77
1997	1 935. 11	406. 93	7. 10	15. 64	0. 44	0. 46	0. 78
1998	1 931. 91	430. 75	8. 50	17. 51	0. 34	0. 42	0. 77
1999	1 894. 68	412. 15	8. 16	19. 96	0. 34	0. 44	0. 78
2000	1 902. 62	379. 44	8. 70	21. 00	0. 33	0. 49	0. 78
2001	1 972. 55	389. 29	9. 45	18. 79	0. 33	0. 49	0. 79
2002	2 053. 35	386. 29	8. 69	20. 84	0. 34	0. 49	0. 82
2003	2 332. 15	376. 45	9. 34	20. 87	0. 34	0. 45	0. 86
2004	2 774. 72	390. 75	10. 39	22. 95	0. 35	0. 46	0. 94
2005	3 090. 16	411. 43	10. 76	21. 30	0. 35	0. 49	0. 94
2006	3 340. 39	407. 36	12. 41	20. 33	0. 35	0. 46	0. 93
2007	3 958. 22	407. 92	16. 83	15. 97	0. 32	0. 44	0. 85
2008	4 570. 00	438. 46	16. 78	21. 94	0. 31	0. 43	0. 80
2009	4 733. 56	437. 05	13. 81	21. 69	0. 31	0. 43	0. 81

注：人均农林牧渔业总产值1980年、1981年按1970年不变价格计算，1982—1990年按1980年不变价格计算，1991年至现在按当年价格计算。

Note: Per capita gross output value of agriculture is calculated at 1970 comparable prices in 1980 and 1981, while at 1980 comparable prices from 1982 to 1990, at current prices from 1991 to now.

9－17 民族自治地方农业机械总动力和大中小型拖拉机拥有量
Total Power of Agricultural Machinery and the Numbers of Farm Machinery of Ethnic Minority Autonomous Areas

年份 Year	农业机械总动力（万千瓦） Total Power of Agricultural Machinery (10 000 kw)	大中型农用拖拉机 Large and Medium Agricultural Tractors		小型拖拉机 Small Tractors	
		万台 (10 000 units)	万千瓦 (10 000 kw)	万台 (10 000 units)	万千瓦 (10 000 kw)
1980		12.08	410.0	20.75	183.2
1981		12.28	428.2	21.33	188.2
1982		12.45	452.5	23.25	207.1
1983	1 869.9	13.07	454.1	27.85	245.8
1984	1 964.5	13.25	480.5	33.83	301.3
1985	2 144.4	14.37	492.7	40.27	360.3
1986	2 468.7	15.25	501.0	51.46	478.0
1987	2 643.8	15.27	473.0	58.15	568.8
1988	2 908.4	16.41	562.2	75.53	668.6
1989	3 329.5	16.10	564.3	84.86	783.8
1990	3 817.1	15.89	646.0	90.74	1 019.6
1991	3 569.0	15.21	570.0	99.74	975.0
1992	3 675.7	15.01	551.7	105.37	983.9
1993	4 104.7	13.97	540.2	95.22	1 049.1
1994	4 137.4	12.89	529.1	107.78	1 210.3
1995	4 563.3	13.00	463.3	125.80	974.1
1996	5 053.4	13.80	503.6	131.85	1 394.4
1997	5 166.3				
1998	5 353.7				
1999	5 857.5				
2000	6 206.5				
2001	6 547.2				
2002	7 117.7				
2003	7 369.8				
2004	7 871.7				
2005	8 611.3				
2006	9 088.1				
2007	9 900.2				
2008	11 323.0				
2009	12 186.7				

9-18 民族自治地方机耕地面积、有效灌溉面积、农村用电量和化肥施用量

Areas Ploughed by Tractors, Irrigated Area, Electricity Consumed in Rural Areas and Consumption of Chemical Fertilizers of Ethnic Minority Autonomous Areas

年份 Year	机耕地面积 (万公顷) Areas Ploughed Cultivated Land (10 000 hectares)	有效灌溉面积 (万公顷) Irrigated Area (10 000 hectares)	农村用电量 (万千瓦小时) Electricity Consumed in Rural Area (10 000 kw. h)	化肥施用量(折纯) (万吨) Consumption of Chemical Fertilizers(pure) (10 000 tons)
1980	538.73	684.39	237 400	99.90
1981	439.34	677.29	260 443	98.30
1982	411.99	672.67	278 432	116.37
1983	393.42	689.30	292 538	138.72
1984	424.71	673.01	328 503	140.87
1985	377.02	685.53	335 832	154.74
1986	399.10	705.20	422 109	179.52
1987	456.23	717.61	463 331	197.23
1988	529.07	723.44	485 995	209.46
1989	577.02	736.79	568 346	245.69
1990	700.36	764.37	702 621	266.86
1991	732.08	749.85	691 599	307.51
1992	798.16	825.83	927 593	323.79
1993		821.52	991 140	363.87
1994		841.44	947 083	396.92
1995		837.80	1 109 215	458.42
1996		898.62	1 146 385	508.59
1997		879.69	1 238 268	501.17
1998		899.28	1 230 817	551.10
1999		918.00	1 248 000	528.40
2000		935.70	1 273 827	545.08
2001		962.36	1 405 697	572.80
2002		982.97	1 438 346	597.60
2003		975.49	1 500 085	623.23
2004		988.74	1 645 652	656.61
2005		1 027.41	1 892 751	724.86
2006		1 050.00	2 059 616	813.06
2007		1 096.53	2 191 476	865.09
2008		1 114.16	2 506 820	980.54
2009		1 139.28	2 712 534	919.87

9－19 民族自治地方分地区农业机械总动力、化肥施用量及农村用电量(2009年)

Total Power of Agricultural Machinery, Consumption of Chemical Fertilizers and Electricity Consumed in Rural Areas by Region of Ethnic Minority Autonomous Areas(2009)

地区 Region	农业机械总动力(万千瓦) Total Power of Agricultural Machinery (10 000kw)	化肥施用量(折纯)(万吨) Consumption of Chemical Fertilizers(pure) (10 000 tons)	农村用电量(万千瓦小时) Electricity Consumed in Rural Area (10 000 kw. h)
合 计 Total	**12 186.69**	**919.87**	**2 712 533.79**
河 北 Hebei	178.89	6.22	128 331.00
内蒙古 Inner Mongolia	2 891.60	171.43	411 454.00
辽 宁 Liaoning	271.80	24.71	211 810.00
吉 林 Jilin	276.52	33.52	97 457.00
黑龙江 Heilongjiang	57.00	1.60	7 117.00
浙 江 Zhejiang	7.30	0.36	2 852.00
湖 北 Hubei	180.71	28.89	41 707.27
湖 南 Hunan	216.16	36.24	37 746.80
广 东 Guangdong	11.46	1.47	5 999.00
广 西 Guangxi	2 550.90	229.32	484 800.00
海 南 Hainan	80.19	18.08	5 688.00
重 庆 Chongqing	106.46	10.24	34 733.00
四 川 Sichuan	334.10	16.45	86 618.94
贵 州 Guizhou	736.45	32.94	64 043.45
云 南 Yunnan	1 260.24	100.78	334 167.66
西 藏 Tibet	358.40	4.69	7 540.00
甘 肃 Gansu	130.99	3.82	44 865.67
青 海 Qinghai	331.70	8.61	17 548.00
宁 夏 Ningxia	702.55	35.50	101 055.00
新 疆 Xinjiang	1 503.27	155.00	587 000.00

9 - 20 民族自治地方分地区有效灌溉面积和当年造林面积(2009 年)

Irrigated Area and Afforestation Areas
by Region of Ethnic Minority Autonomous Areas (2009)

地 区 Region	有效灌溉面积 (千公顷) Irrigated Area (1 000 hectares)	当年造林面积 (千公顷) Afforestation Area (1 000 hectares)
合 计 Total	**18 417.77**	**2 296.02**
河 北 Hebei	96.16	30.98
内蒙古 Inner Mongolia	2 949.80	861.90
辽 宁 Liaoning	114.89	23.56
吉 林 Jilin	275.80	10.63
黑龙江 Heilongjiang	74.27	3.33
浙 江 Zhejiang	6.20	0.90
湖 北 Hubei	55.69	24.75
湖 南 Hunan	188.57	13.01
广 东 Guangdong	15.38	8.74
广 西 Guangxi	1 522.32	139.40
海 南 Hainan	37.34	7.52
重 庆 Chongqing	55.72	31.11
四 川 Sichuan	153.22	159.10
贵 州 Guizhou	408.50	93.40
云 南 Yunnan	7 869.75	404.82
西 藏 Tibet	235.10	2.48
甘 肃 Gansu	133.83	46.23
青 海 Qinghai	95.94	20.76
宁 夏 Ningxia	453.60	89.48
新 疆 Xinjiang	3 675.70	323.92

主要统计指标解释

实用耕地面积 指种植农作物并经常进行耕锄的田地。包括热地、当年新开荒地、连续撂荒未满三年的耕地和当年的休闲地（轮歇地），也包括以种植农作物为主，附带种植桑、茶、果树和其他林木的土地以及沿海、沿湖地区已围垦利用的“海涂”、“湖田”等和小于1米宽的渠、路、田埂。不包括专业性的桑园、茶园、果园、果木苗圃、林地、芦苇地、天然草原等。

农业机械总动力 指主要用于农、林、牧、渔业生产经营活动的各种动力机械的动力总和。包括耕地机械、农用排灌机械、收获机械、植保机械、林业机械、畜牧机械、渔业机械、农用机械等。

农村用电总量 指调查年度内农村范围内所有企业、事业、行政单位和住户从事生产经营活动、工作和日常生活用电总量。

农用化肥施用量 指调查年度内实际用于农业生产的化学肥料数量。包括氮肥、磷肥、钾肥和混合肥。施用量要求按折纯法计算，即各类化学肥料的实际施用量按其含氮、五氧化二磷、氧化钾的比例折成100%计算。其计算公式为：折纯量=实物量×某种化肥有效成分含量的百分比。

地膜覆盖面积 指农作物播种面积中覆盖塑料薄膜的面积。包括地膜本身覆盖的面积和操作畦间的未覆盖面积。

农药使用量 指在农业生产过程中为防治病虫害使用的化学药物数量，按实物量计算。包括购买的和自产自用的杀虫剂、杀菌剂、除草剂等，不包括兽药、渔业用药以及土农药。

有效灌溉面积 指具有一定水源、地块比较平整、灌溉工程或设备已经配套、在一般年景下能够进行正常灌溉的耕地面积。

农作物总播种面积 指应该在调查年度内收获农作物产品的播种面积之和。其计算公式为：

本年农作物总播种面积=上年秋冬播作物面积+本年春播作物面积+本年夏播作物面积=本年夏收作物播种面积+本年秋收作物播种面积

农作物产量 指调查年度内全社会生产农产品的数量，不论耕地上与非耕地上的农作物产量，都应该统计在内。各种主要作物产量按国家的统一规定计算。谷物一律按脱粒后原粮计算（玉米按脱粒后的粒子计算）；薯类产量按五斤折一斤计算；豆类按去豆荚后干豆计算；棉花按去籽后的皮棉计算；麻类除亚麻以麻秆计算、苎麻以刮皮后的干麻计算、苘麻和线麻以熟麻皮计算外，其余一律以生麻计算；烤烟和晒烟均以干烟叶计算；花生以带壳的干花生计算；甘蔗以蔗秆计算；甜菜以根块计算。城市郊区按蔬菜计算的薯类和豆类产量按鲜品统计。

粮食产量 指全社会的产量。包括国有经济经营的、集体统一经营的和农民家庭经营的粮食产量，还包括工矿企业办的农场和其他生产单位的产量。粮食除包括稻谷、小麦、玉米、高粱、谷子及其他杂粮外，还包括薯类和豆类。

油料产量 指全部油料作物的生产量。包括花生、油菜子、芝麻、向日葵子、胡麻子（亚麻子）和其他油料。不包括大豆、木本油料和野生油料。花生以带壳干花生计算。

茶叶产量 指调查年度内生产的全部茶叶数

量。包括从成片茶园和荒芜未垦土地上种植的以及零星种植的茶树上所采摘的全部产量，不论自食的或出售的，都应统计在内。茶叶产量按经过初步加工后的干毛茶计算。

水果产量 指调查年度内从果树上收获的全部水果数量。不论自食的或出售的，都应统计在内。但不包括果用瓜，如西瓜、甜瓜、白兰瓜、哈密瓜、脆瓜等以及主要作蔬菜用的藕、西红柿等；也不包括采集的野生水果。水果产量按鲜果计算，干枣、葡萄干、柿饼、橘饼等应统一折成鲜果计算。

造林面积 指在荒山、荒地、沙丘等一切可以造林的土地上，采用人工播种、植苗、飞机播种等方法新植的成片乔木林和灌木林，经验收符合“造林技术规程”要求株数，成活率达85%以上的面积。四旁植树如一侧在4行以上，连续面积0.0667公顷（1亩以上），应统计在造林面积内。不包括补植面积、治沙种草面积、经济林垦复面积、迹地更新面积和低产林改造面积。

禽畜出栏数 指报告期内各种类型生产单位和住户饲养的已屠宰或出售的全部畜禽数量。包括交售给国家、集市上出售以及自食的部分，但出售或食用的仔畜不包括在内。

禽畜存栏数 指报告期初、期末各种类型生产单位和住户饲养的全部畜禽存栏量。

肉产量 指报告期内出栏并已屠宰的畜禽肉产量。畜禽肉产量按除去头、蹄、下水后的带骨肉重量计算。

水产品产量 指调查年度内捕捞的水产品（包括人工养殖并捕获的水产品和捕捞天然生长的水产品）数量。

农林牧渔业总产值 指以货币表现的农、林、牧、渔业全部产品的总量，它反映一定时期内农业生产总规模和总成果。农林牧渔业总产值的计算方法通常是按农林牧渔业产品及其副产品的产量分别乘以各自单位产品价格，少数生产周期较长，当年没有产品或产品产量不易统计的，则采用间接方法匡算其产值，然后将四业产品产值相加即为农业总产值。

1957年以前，农业总产值中包括了厩肥和农民自给性手工业产值（如农民自制衣服、鞋、袜，自己从事粮食初步加工等）。1958年及以后的农业总产值，林业中增加了村及村以下竹木采伐产值；牧业中取消了厩肥产值；副业中取消了农民自给性手工业产值，增加了村及村以下办的工业产值；渔业中增加了海洋捕捞水产品产值。1980年及以后的农业总产值，在副业中增加了农民家庭兼营工业商品部分的产值。从1984年起，村及村以下工业产值划归工业。从1993年起取消副业，将野生动物的捕猎划入牧业，将野生植物采集和农民家庭兼营商品性工业划归农业。从2003年起，农业总产值中增加了农林牧渔服务业产值。

农林牧渔业中间消耗 指各种经济类型的农业生产单位在农业生产经营过程中投入（或消耗）的各种物质产品和劳务价值的总和。包括中间物质消耗和中间劳务消耗两部分。计入中间消耗必须具备以下两个条件：一是与总产出相对应的生产过程中消耗的物质产品和劳务活动；二是本期投入并一次性消耗的不属于固定资产的非耐用品。

工业 10

10-1 民族自治地方年末工业企业单位数和工业总产值及指数
The Amount of Industrial Enterprises and Gross Industrial Output Value and Related Indices of Ethnic Minority Autonomous Areas

年份 Year	工业企业单位数（个） Number of Enterprises (unit)	工业总产值（亿元） Total Industry (100 million yuan)	轻工业 Light	重工业 Heavy	工业总产值指数（上年=100） Total Industry	轻工业 Light	重工业 Heavy
1980	37 881						
1981	35 526						
1982	37 184						
1983	36 838						
1984	39 769						
1985	43 762						
1986	46 588						
1987	46 435						
1988	53 495						
1989	57 443	1 097.57					
1990	53 451						
1991	48 784	1 521.60					
1992	48 938	1 880.17	841.46	1 038.71	118.5	118.7	118.3
1993	50 340	2 757.41	1 086.60	1 670.81	122.3	112.8	131.1
1994	53 191	3 776.85	1 639.59	2 137.26	128.1	135.6	122.2
1995	59 217	4 248.39	1 848.49	2 399.90	105.1	102.3	107.6
1996	58 419	4 857.79	2 078.64	2 779.15	116.7	118.2	115.4
1997	55 413	5 119.40	2 138.18	2 981.22	111.6	99.8	121.4
1998	917 410	5 312.62	2 177.41	3 135.22	108.4	102.5	113.3
1999	974 754	5 450.45	2 243.97	3 206.48	105.8	113.4	100.0

注：1. 工业总产值按当年价格计算。
2. 指数按可比价格计算。

Note: a. The gross industrial output value is calculated at current prices.
b. Indices are calculated at comparable prices.

10－2　民族自治地方工业总产值

Gross Industrial Output Value of Ethnic Minority Autonomous Areas

单位:亿元 (100 million yuan)

年　份 Year	工业总产值 Total	国有经济 State-owned	集体经济 Collective-owned	私营经济 Private	联营经济 Joint Management	城乡个体经济 Individual Owned	其他经济 Others
1980	240.14						
1981	245.24				11.27		
1982	296.01	238.75	56.52		12.06		0.74
1983	331.51	267.06	62.92		14.18		1.53
1984	364.63	283.58	75.96	12.11	15.02	2.59	2.50
1985	449.72	343.02	96.31	17.30	21.15	5.62	4.77
1986	508.84	378.07	125.70	23.02	33.51	3.72	1.35
1987	585.92	428.89	126.24	26.28	20.47	27.99	2.80
1988	685.93	487.73	154.15	31.21	25.74	35.73	8.32
1989	772.93	531.13	186.43	40.66	33.20	44.42	10.93
1990	814.99	558.24	193.00	42.95	33.96	53.62	10.13
1991	1 548.96	1 108.70	326.39	82.58	37.27	94.24	19.63
1992	1 835.50	1 266.64	401.67	111.72	51.37	141.15	26.04
1993	2 245.70	1 381.41	517.54	151.09	80.62	262.97	83.78
1994	2 876.52	1 422.95	766.83	166.80	14.02	410.25	22.43
1995	3 024.36	1 558.91	709.81	255.92	15.34	449.12	35.26
1996	3 528.43	1 323.68	1 375.34	271.34	15.57	713.51	171.01
1997	3 686.82	1 430.52	897.91	33.46	13.27	987.39	314.27

注:1. 工业总产值1980年、1981年按1970年不变价格计算,1982—1990年按1980年不变价格计算,1991—1997年按1990年不变价格计算。

2. 1994—1997年工业总产值按新口径统计。

Note:a. The industrial output value is calculated at 1970 comparable Prices in 1980 and 1981, while at 1980 comparable prices from 1982 to 1990 and at 1990 comparable prices from 1991 to 1997.

b. The industrial output values of 1994—1997 are calculated according new coverage.

-3 民族自治地方工业总产值构成

The Composition of Gross Industrial Output Value of Ethnic Minority Autonomous Areas

位:%　　(%)

年 份 Year	工业总产值 Total	国有经济 State-owned	集体经济 Collective-owned	#乡办工业 Township	#村办工业 Village	城乡个体工业 Individual Owned	其他经济类型工业 Others
1980	100						
1981	100				4.60		
1982	100	80.66	19.09		4.07		0.25
1983	100	80.56	18.98		4.28		0.46
1984	100	77.77	20.83	3.32	4.12	0.71	0.69
1985	100	76.27	21.41	3.85	4.70	1.26	1.06
1986	100	74.30	24.70	4.52	6.58	0.73	0.27
1987	100	73.20	21.54	4.49	3.49	4.78	0.48
1988	100	71.11	22.47	4.55	3.75	5.21	1.21
1989	100	68.72	24.12	5.26	4.30	5.75	1.41
1990	100	68.50	23.68	5.27	4.17	6.58	1.24
1991	100	71.58	21.07	5.33	2.41	6.08	1.27
1992	100	69.01	21.88	6.09	2.80	7.69	1.42
1993	100	69.51	23.05	6.73	3.59	11.71	3.73
1994	100	55.28	24.43	7.40	3.88	14.33	5.96
1995	100	54.20	23.47	10.20	3.77	14.85	7.48
1996	100	46.13	14.47	7.42	5.77	21.86	4.25
1997	100	38.80	24.35	7.73	7.05	27.05	9.79

注:1990 年以前的村办工业中包括城乡合作经营工业,比重偏大。

Note: Before 1990, the village - owned industry include urban and rural cooperative enterprises, so the proportion is bigger.

10－4 民族自治地方分地区规模以上工业企业单位数(2009 年)(一)
Number of Industrial Enterprises above Designated Size by Region of Ethnic Minority Autonomous Areas(2009)(1)

单位:个 (unit)

地区 Region		总计 Total	#国有企业 State－owned Enterprises	#集体企业 Collective－owned Enterprises	#股份合作企业 Cooperative Enterprises	#港、澳、台商投资企业 Funded by Enterprises from HK. Macao and Taiwan	#外商投资企业 Foreign Funded
合　计	**Total**	**20 370**	**1 390**	**598**	**617**	**513**	**674**
河　北	Hebei	351	8	5	40	5	13
内蒙古	Inner Mongolia	4 465	230	89	25	73	155
辽　宁	Liaoning	1 142	23	102	7	17	32
吉　林	Jilin	698	36	7	18	7	91
黑龙江	Heilongjiang	22	1	1		1	1
浙　江	Zhejiang	66	2		54		1
湖　北	Hubei	555	34	2	82	5	3
湖　南	Hunan	594	48	7	63	9	1
广　东	Guangdong	76	6	1	9	15	3
广　西	Guangxi	5 678	373	254	45	284	247
海　南	Hainan	40	11	2		1	
重　庆	Chongqing	258	10	4	101	1	
四　川	Sichuan	639	60	17	5	10	1
贵　州	Guizhou	1 032	126	20	33	15	9
云　南	Yunnan	1 160	117	35	68	27	22
西　藏	Tibet	90	28	7	2	3	
甘　肃	Gansu	215	26	7	44		
青　海	Qinghai	302	63	5	14	7	7
宁　夏	Ningxia	969	41	4	2	7	34
新　疆	Xinjiang	2 018	147	29	5	26	54

0－4　民族自治地方分地区规模以上工业企业单位数（2009年）（二）

Number of Industrial Enterprises above Designated Size by Region of Ethnic Minority Autonomous Areas（2009）（2）

单位：个　　(unit)

地区 Region	总计 Total	#亏损企业 Loss-marking Enterprises
合计 Total	**20 370**	**4 979**
河北 Hebei	351	129
内蒙古 Inner Mongolia	4 465	823
辽宁 Liaoning	1 142	100
吉林 Jilin	698	98
黑龙江 Heilongjiang	22	3
浙江 Zhejiang	66	9
湖北 Hubei	555	86
湖南 Hunan	594	13
广东 Guangdong	76	11
广西 Guangxi	5 678	1 471
海南 Hainan	40	12
重庆 Chongqing	258	51
四川 Sichuan	639	194
贵州 Guizhou	1 032	400
云南 Yunnan	1 160	390
西藏 Tibet	90	24
甘肃 Gansu	215	49
青海 Qinghai	302	108
宁夏 Ningxia	969	379
新疆 Xinjiang	2 018	629

10－5 民族自治地方分地区规模以上工业企业总产值(2009年)(一)

Gross Industrial Output Value of Industrial Enterprises above Designated Size by Region of Ethnic Minority Autonomous Areas(2009)(1)

单位:亿元 (100 million yuan)

地区 Region		#总产值 Gross Output Value	#国有企业 State－owned Enterprises	#集体企业 Collective－owned Enterprises	#股份合作企业 Cooperative Enterprises	#港、澳、台商投资企业 Funded by Enterprises from HK. Macao and Taiwan	#外商投资企业 Foreign Funded
合计	**Total**	**29 145.38**	**3 668.19**	**346.74**	**563.56**	**879.17**	**2 221.14**
河北	Hebei	385.29	6.85	0.66	28.78	3.89	8.23
内蒙古	Inner Mongolia	10 699.44	1 049.58	82.06	88.32	286.90	799.60
辽宁	Liaoning	651.41	7.84	85.76	2.83	14.30	30.39
吉林	Jilin	648.56	51.67	3.47	24.28	21.12	75.88
黑龙江	Heilongjiang	26.79	2.48	16.39		0.22	0.27
浙江	Zhejiang	11.06	1.66		8.92		0.48
湖北	Hubei	175.84	42.20	1.24	32.06	1.50	0.61
湖南	Hunan	361.98	35.74	0.90	50.36	6.02	1.09
广东	Guangdong	66.18	10.79	0.05	8.41	19.00	1.38
广西	Guangxi	6 880.04	944.11	111.33	49.75	389.09	1 110.58
海南	Hainan	47.63	8.51	0.23	1.10	0.09	
重庆	Chongqing	113.08	11.97	0.99	69.63	1.84	
四川	Sichuan	598.71	103.76	8.98	3.00	29.99	0.24
贵州	Guizhou	719.47	210.34	4.38	12.69	15.30	18.82
云南	Yunnan	1 572.61	510.16	17.38	55.82	49.29	12.86
西藏	Tibet	51.60	16.01	1.20	0.07	5.46	
甘肃	Gansu	115.62	9.09	3.93	20.68		
青海	Qinghai	557.35	68.15	5.34	103.29	9.64	37.08
宁夏	Ningxia	1 461.58	189.50	1.17	1.70	5.78	60.71
新疆	Xinjiang	4 001.12	387.77	1.29	1.87	19.75	62.91

10－5 民族自治地方分地区规模以上工业企业总产值(2009年)(二)

Gross Industrial Output Value of Industrial Enterprises above Designated Size by Region of Ethnic Minority Autonomous Areas(2009)(2)

单位:亿元 (100 million yuan)

地 区 Region	总 计 Total	#亏损企业 Loss-marking Enterprises
合 计 Total	**29 145.38**	**3 401.48**
河 北 Hebei	385.29	31.16
内蒙古 Inner Mongolia	10 699.44	1 701.38
辽 宁 Liaoning	651.41	33.85
吉 林 Jilin	648.56	108.08
黑龙江 Heilongjiang	26.79	0.03
浙 江 Zhejiang	11.06	1.50
湖 北 Hubei	175.84	33.47
湖 南 Hunan	361.98	12.31
广 东 Guangdong	66.18	1.03
广 西 Guangxi	6 880.04	874.61
海 南 Hainan	47.63	2.82
重 庆 Chongqing	113.08	9.61
四 川 Sichuan	598.71	39.96
贵 州 Guizhou	719.47	152.48
云 南 Yunnan	1 572.61	87.11
西 藏 Tibet	51.60	
甘 肃 Gansu	115.62	4.40
青 海 Qinghai	557.35	15.39
宁 夏 Ningxia	1 461.58	292.29
新 疆 Xinjiang	4 001.12	

10－6 民族自治地方分地区规模以上工业企业主要财务指标(2009年)(一)
Main Indicators of Industrial Enterprises above Designated Size by Region of Ethnic Minority Autonomous Areas(2009)(1)

单位:亿元 (100 million yuan)

地区 Region	工业增加值 Value Added of Industry	工业销售产值 Sales Value of Industry	本年应交增值税 Value Added Tax Payable	主营业务收入 Major Business Income
合计 Total	**10 885.92**	**28 227.88**	**1 094.70**	**28 025.12**
河北 Hebei	113.80	363.76	21.26	360.43
内蒙古 Inner Mongolia	4 400.45	10 387.17	374.96	10 410.15
辽宁 Liaoning	208.32	626.24	17.19	612.72
吉林 Jilin	231.04	627.32	17.62	593.16
黑龙江 Heilongjiang	10.08	25.59	1.44	25.62
浙江 Zhejiang	4.79	10.85	0.57	10.52
湖北 Hubei	69.25	168.79	6.78	167.93
湖南 Hunan	126.57	362.30	14.89	334.55
广东 Guangdong	17.77	64.04	2.58	61.92
广西 Guangxi	2 136.81	6 542.47	239.87	6 554.72
海南 Hainan	21.73	38.23	3.27	47.07
重庆 Chongqing	54.80	332.01	6.09	103.41
四川 Sichuan	296.83	580.41	32.81	532.83
贵州 Guizhou	244.74	659.00	20.98	648.89
云南 Yunnan	604.20	1 493.04	84.02	1 532.60
西藏 Tibet	27.56	50.17	3.58	48.88
甘肃 Gansu	44.42	103.12	3.25	95.05
青海 Qinghai	256.79	593.08	9.57	490.21
宁夏 Ningxia	517.75	1 376.29	53.87	1 393.09
新疆 Xinjiang	1 498.23	3 824.00	180.11	4 001.38

10－6 民族自治地方分地区规模以上工业企业主要财务指标(2009年)(二)

Main Indicators of Industrial Enterprises above Designated Size by Region of Ethnic Minority Autonomous Areas(2009)(2)

单位:亿元 (100 million yuan)

地区 Region	资产合计 Total Assets	负债合计 Total Liabilities	所有者权益合计 Creditors Equity
合计 Total	**36 173.48**	**21 931.16**	**14 242.32**
河北 Hebei	356.03	216.86	139.17
内蒙古 Inner Mongolia	11 650.94	7 021.53	4 629.41
辽宁 Liaoning	399.26	193.37	205.89
吉林 Jilin	522.72	289.95	232.77
黑龙江 Heilongjiang	9.73	3.39	6.34
浙江 Zhejiang	20.31	11.12	9.20
湖北 Hubei	384.39	256.85	127.54
湖南 Hunan	252.31	147.59	104.72
广东 Guangdong	82.85	51.37	31.48
广西 Guangxi	6 840.00	4 399.00	2 441.00
海南 Hainan	95.57	56.06	39.50
重庆 Chongqing	248.42	183.13	65.29
四川 Sichuan	1 032.75	689.37	343.38
贵州 Guizhou	965.25	693.25	272.00
云南 Yunnan	2 493.04	1 521.65	971.39
西藏 Tibet	251.08	59.29	191.79
甘肃 Gansu	228.48	145.76	82.72
青海 Qinghai	1 225.68	734.36	491.32
宁夏 Ningxia	2 676.61	1 775.75	900.86
新疆 Xinjiang	6 438.07	3 481.52	2 956.55

10-6 民族自治地方分地区规模以上工业企业主要财务指标(2009年)(三)
Main Indicators of Industrial Enterprises above Designated Size by Region of Ethnic Minority Autonomous Areas(2009)(3)

单位:亿元 (100 million yuan)

地区 Region	利润总额 Total Profits	亏损企业亏损总额 Total loss of Loss-making Enterprises
合计 **Total**	**2 677.30**	**312.46**
河北 Hebei	30.08	5.11
内蒙古 Inner Mongolia	988.17	83.86
辽宁 Liaoning	42.61	2.90
吉林 Jilin	30.85	4.10
黑龙江 Heilongjiang	1.56	0.03
浙江 Zhejiang	1.02	0.09
湖北 Hubei	6.98	2.04
湖南 Hunan	6.42	2.08
广东 Guangdong	4.83	0.29
广西 Guangxi	321.27	59.63
海南 Hainan	8.04	0.23
重庆 Chongqing	9.27	1.46
四川 Sichuan	52.47	8.45
贵州 Guizhou	9.33	26.81
云南 Yunnan	119.04	25.08
西藏 Tibet	6.82	4.23
甘肃 Gansu	9.87	1.15
青海 Qinghai	87.58	8.52
宁夏 Ningxia	83.47	18.02
新疆 Xinjiang	857.62	58.40

10－7 民族自治地方分地区规模以上工业企业全员劳动生产率(2009 年)

All Labor Productivity of Industrial Enterprises above Designated Size by Region of Ethnic Minority Autonomous Areas(2009)

地 区 Region	职工年平均人数 (人) **Annual Average Staff and Workers** (person)	工业增加值 (亿元) **Value Added of Industry** (100 million yuan)	全员劳动生产率 (元/人年) **Overall Labor Productivity** (yuan / person. year)
合 计 Total	**3 844 441**	**10 885.92**	**283 160**
河 北 Hebei	55 767	113.80	204 059
内蒙古 Inner Mongolia	1 104 000	4 400.45	398 591
辽 宁 Liaoning	78 328	208.32	265 959
吉 林 Jilin	117 535	231.04	196 574
黑龙江 Heilongjiang	2 313	10.08	435 685
浙 江 Zhejiang	3 905	4.79	122 773
湖 北 Hubei	57 124	69.25	121 236
湖 南 Hunan	79 933	126.57	158 346
广 东 Guangdong	16 751	17.77	106 073
广 西 Guangxi	1 228 786	2 136.81	173 896
海 南 Hainan	14 751	21.73	147 304
重 庆 Chongqing	36 914	54.80	148 440
四 川 Sichuan	108 553	296.83	273 447
贵 州 Guizhou	163 671	244.74	149 530
云 南 Yunnan	359 322	604.20	168 150
西 藏 Tibet	16 854	27.56	163 522
甘 肃 Gansu	33 818	44.42	131 340
青 海 Qinghai	92 967	256.79	276 218
宁 夏 Ningxia	273 149	517.75	189 547
新 疆 Xinjiang	582 452	1 498.23	257 228

10 - 8 民族自治地方主要工业产品产量(一)

Output of Major Industrial Products of Ethnic Minority Autonomous Areas(1)

年份 Year	纱 (吨) Yarn (ton)	布 (万米) Cloth (10 000 m)	机制纸及纸板 (万吨) Machine-made Paper and Paperboard (10 000 tons)	成品糖 (万吨) Refined Sugar (10 000 tons)	卷烟 (亿支) Cigarettes (100 million pieces)	原煤 (万吨) Coal (10 000 tons)	原油 (万吨) Crude Oil (10 000 tons)
1952	483	3 500	1.31		2.58	178	5
1957	4 785	8 100	3.97		3.57	545	10
1962	11 521	8 000	5.86			1 631	101
1965	29 278	18 200	7.86	22.20	7.70	2 029	97
1975	45 542	25 700	20.97	32.72	36.28	4 561	441
1978	66 554	37 300	30.90	43.57	51.43	6 081	578
1980	79 400	44 300	32.07	65.62	89.39	5 418	624
1981	91 907	45 789	31.65	78.99	107.05	5 430	617
1982	103 619	52 136	34.56	82.30	131.60	5 799	625
1983	105 025	52 995	45.30	101.16	150.99	6 521	672
1984	98 992	47 414	44.51	107.32	174.47	6 993	705
1985	121 984	54 183	59.21	126.91	209.89	8 597	805
1986	146 097	67 766	64.33	174.52	257.20	8 875	862
1987	170 916	67 210	72.68	187.81	323.60	9 261	899
1988	173 602	69 419	79.68	180.75	371.08	10 995	973
1989	187 615	77 916	93.16	198.65	413.84	13 924	1 113
1990	220 499	73 705	94.10	222.62	443.10	12 077	1 265
1991	262 900	71 433	109.52	249.06	441.27	12 227	1 402
1992	272 100	69 287	131.85	372.82	444.05	13 064	1 405
1993	220 850	66 505	151.27	373.94	479.78	14 157	1 637
1994	316 616	70 072	153.00	280.20	491.60	14 860	1 466
1995	371 319	69 306	191.21	239.54	353.63	16 639	1 610
1996	328 504	61 689	172.84	312.42	271.45	17 205	1 813
1997	365 347	69 246	168.99	312.42	458.85	19 038	2 003
1998	334 036	52 548	155.82	519.48	446.28	17 570	2 047
1999	416 571	52 191	153.07	567.20	434.76	15 361	2 058
2000	457 689	50 096	175.46	498.22	376.49	14 623	2 292
2001	452 315	47 197	178.51	437.68	395.74	15 930	2 229
2002	428 472	37 000	177.95	669.09	417.34	15 727	2 460
2003	446 235	29 969	219.68	823.95	444.73	20 614	2 597
2004	407 111	23 135	224.94	813.02	1 756.45	27 127	2 843
2005	481 145	34 786	272.85	678.09	2 105.57	38 038	2 833
2006	471 856	47 193	258.73	758.48	2 042.46	42 931	2 914
2007	613 969	44 604	283.39	1 005.39	2 077.56	50 991	3 033
2008	543 640	32 091	358.32	1 174.42	1 684.40	65 284	3 055
2009	542 573	30 885	500.22	1 047.41	1 931.44	83 287	4 649

注:卷烟 2003 年及以前计量单位为万箱。

Note: Unit of Cigarettes in 2003 and before was 10 000 boxes.

10－8 民族自治地方主要工业产品产量(二)

Output of Major Industrial Products of Ethnic Minority Autonomous Areas(2)

年 份 Year	发电量 (亿千瓦小时) Electricity Hydropower (100 million kw. h)	生 铁 (万吨) Pig Iron (10 000 tons)	粗 钢 (万吨) Crude Steel (10 000 tons)	水 泥 (万吨) Cement (10 000 tons)	木 材 (万立方米) Timber (10 000 cu. m)	农用化肥(折纯) (万吨) Chemical Fertilizers(pure) (10 000 tons)
1952	0.81	0.90			233	
1957	0.43	4.50			645	
1962	23.40	41.70	10.30	11.92	220	1.03
1965	33.40	55.80	39.40	91.01	858	36.43
1975	125.65	89.90	66.20	334.98	1 034	48.67
1978	173.99	168.20	128.50	554.00	1 212	
1980	193.36	177.52	166.60	576.09	1 619	57.10
1981	202.24	190.02	166.15	587.12	1 493	61.95
1982	221.25	182.76	167.59	699.87	1 545	67.11
1983	239.30	195.66	173.38	843.38	1 565	74.55
1984	260.90	214.98	197.82	940.78	1 665	80.18
1985	389.01	258.12	232.45	1 222.08	1 826	85.72
1986	400.81	295.08	248.06	1 343.15	2 049	100.03
1987	518.97	346.23	291.09	1 538.03	1 903	131.85
1988	553.34	328.60	291.36	1 667.50	1 931	128.64
1989	675.57	362.88	320.04	1 714.40	1 763	153.93
1990	738.80	417.03	368.25	1 957.83	1 761	197.05
1991	712.72	376.86	414.14	2 372.10	1 808	203.59
1992	847.62	450.92	435.21	2 828.96	1 863	213.31
1993	992.09	515.34	489.40	3 210.18	2 008	205.37
1994	1 107.87	536.70	493.48	3 952.47	2 042	205.25
1995	1 186.46	554.68	699.57	4 295.92	3 257	218.75
1996	1 228.93	663.67	722.14	4 181.51	3 453	189.47
1997	1 230.44	841.30	663.72	4 454.00	1 895	227.50
1998	1 356.79	701.73	632.76	4 905.98	1 637	299.79
1999	1 428.87	696.44	643.34	5 271.35	1 230	314.57
2000	1 712.00	725.00	647.05	5 703.15	1 052	388.65
2001	1 777.00	853.00	738.45	5 896.53	1 155	431.86
2002	1 957.00	988.00	899.82	6 552.63	1 023	517.24
2003	2 243.24	1 156.93	1 082.34	7 828.52	1 097	554.61
2004	2 363.18	1 409.66	1 321.02	8 394.46	276	636.55
2005	3 052.23	2 086.77	1 846.25	10 155.90	169	717.29
2006	3 740.15	2 384.34	2 150.20	11 752.67	464	862.66
2007	4 903.37	2 907.68	2 660.04	14 011.36	131	932.08
2008	5 500.95	3 021.32	2 980.87	15 779.76	385	950.32
2009	5 910.84	3 945.56	3 468.61	21 375.54	401	1 159.96

10－9 民族自治地方分地区主要工业产品产量(2009年)(一)

Output of Major Industrial Products by Region of Ethnic Minority Autonomous Areas(2009)(1)

地 区 Region		纱 (万吨) Yarn (10 000 tons)	布 (万米) Cloth (10 000 m)	机制纸及纸板 (万吨) Machine-made Paper and Paperboard (10 000 tons)	原 盐 (万吨) Crude Salt (10 000 tons)	成品糖 (万吨) Refined Sugar (10 000 tons)	卷 烟 (亿支) Cigarettes (100 million pieces)
合 计	**Total**	**54.26**	**30 885.15**	**500.22**	**583.07**	**1 047.41**	**1 931.44**
河 北	Hebei		150.00	0.49			
内蒙古	Inner Mongolia	2.03	8 030.00	99.97	216.98	15.42	240.00
辽 宁	Liaoning	0.95	4 103.50	1.24			
吉 林	Jilin	0.57	695.00	9.14			214.50
黑龙江	Heilongjiang			1.76			
浙 江	Zhejiang			0.07			
湖 北	Hubei	0.59	992.00	4.00			
湖 南	Hunan	0.55	78.00	8.09			
广 东	Guangdong						
广 西	Guangxi	10.22	3 115.05	238.72	6.35	824.08	137.25
海 南	Hainan			0.17	9.53	12.71	
重 庆	Chongqing		48.50				
四 川	Sichuan			1.03	2.57	4.23	135.65
贵 州	Guizhou	0.53	1 404.10	3.48		0.99	20.00
云 南	Yunnan	0.12	69.00	19.16	6.02	149.20	1 049.04
西 藏	Tibet						
甘 肃	Gansu						
青 海	Qinghai				212.26		
宁 夏	Ningxia	0.08		77.32			
新 疆	Xinjiang	38.61	12 200.00	35.58	129.36	40.77	135.00

10-9 民族自治地方分地区主要工业产品产量(2009 年)(二)
Output of Major Industrial Products by Region of Ethnic Minority Autonomous Areas(2009)(2)

地 区 Region	原 煤 (万吨) Coal (10 000 tons)	原 油 (万吨) Crude Oil (10 000 tons)	天然气 (万立方米) Natural Gas (10 000 cu. m)	发电量 (亿千瓦小时) Electricity Hydropower (100 million kw. h)	生 铁 (万吨) Pig Iron (10 000 tons)
合 计 Total	**83 287.34**	**4 649.49**	**4 347 684**	**5 910.84**	**3 945.56**
河 北 Hebei	2.58			4.71	261.65
内蒙古 Inner Mongolia	60 375.46	193.45	1 463 100	2 242.57	1 381.30
辽 宁 Liaoning	118.14			19.48	88.41
吉 林 Jilin	837.54	79.67		67.17	
黑龙江 Heilongjiang					
浙 江 Zhejiang				7.72	4.96
湖 北 Hubei	313.44			64.11	
湖 南 Hunan	16.60			31.52	4.12
广 东 Guangdong				14.32	
广 西 Guangxi	587.60			922.99	967.70
海 南 Hainan				3.65	
重 庆 Chongqing	185.91			68.26	
四 川 Sichuan	119.10			274.53	103.78
贵 州 Guizhou	2 205.54			262.18	13.75
云 南 Yunnan	2 503.71	0.05		492.95	350.61
西 藏 Tibet				22.03	
甘 肃 Gansu	207.03			68.80	
青 海 Qinghai	1 492.60	1 860.31	430 697	293.58	1.49
宁 夏 Ningxia	5 509.53	3.14		478.96	36.18
新 疆 Xinjiang	8 812.55	2 512.86	2 453 887	571.31	731.60

10－9 民族自治地方分地区主要工业产品产量(2009年)(三)
Output of Major Industrial Products by Region of Ethnic Minority Autonomous Areas(2009)(3)

地 区 Region	粗 钢 (万吨) Crude Steel (10 000 tons)	水 泥 (万吨) Cement (10 000 tons)	平板玻璃 (箱) Plate Glass (box)	木 材 (万立方米) Timber (10 000 cu. m)	农用化肥(折纯) (万吨) Chemical Fertilizers(pure) (10 000 tons)
合 计 Total	**3 468.61**	**21 375.54**	**2 269.15**	**400.55**	**1 159.96**
河 北 Hebei	64.40	30.73		4.18	
内蒙古 Inner Mongolia	1 261.94	4 333.75	1 564.89		259.13
辽 宁 Liaoning	1.10	248.59		29.68	
吉 林 Jilin	11.52	429.58	1.98	138.09	13.75
黑龙江 Heilongjiang					1.81
浙 江 Zhejiang				7.60	
湖 北 Hubei		481.41			4.21
湖 南 Hunan		233.49	18.50	76.16	16.41
广 东 Guangdong	25.65	16.03		8.10	
广 西 Guangxi	1 003.09	6 435.27	453.92		94.14
海 南 Hainan		1 510.22			
重 庆 Chongqing		275.86		2.23	1.12
四 川 Sichuan	93.52	582.01			14.90
贵 州 Guizhou		909.21		0.48	123.92
云 南 Yunnan	336.96	2 270.99	0.66	134.04	98.68
西 藏 Tibet		189.87			
甘 肃 Gansu		65.69	1.86		
青 海 Qinghai	7.41	248.33			281.03
宁 夏 Ningxia	38.01	1 064.50			91.77
新 疆 Xinjiang	625.00	2 050.00	227.34		159.10

主要统计指标解释

工业 指从事自然资源的开采，对采掘品和农产品进行加工和再加工的物质生产部门。具体包括：(1) 对自然资源的开采，如采矿、晒盐、森林采伐等（但不包括禽兽捕猎和水产捕捞）。(2) 对农副产品的加工、再加工，如粮油加工、食品加工、轧花、缫丝、纺织、制革等。(3) 对采掘品的加工、再加工，如炼铁、炼钢、化工生产、石油加工、机器制造、木材加工等以及电力、自来水、煤气的生产和供应等。(4) 对工业品的修理、翻新，如机器设备的修理、交通运输工具（包括小卧车）的修理等。

轻工业 指主要提供生活消费品和制作手工工具的工业。按其使用的原料不同，可分为两大类：(1) 以农产品为原料的轻工业，是指直接或间接以农产品为基本原料的轻工业。主要包括食品制造、饮料制造、烟草加工、纺织、缝纫、皮革和毛皮制作、造纸以及印刷等工业。(2) 以非农产品为原料的轻工业，是指以工业品为原料的轻工业。主要包括文教体育用品、化学药品、合成纤维、日用化学制品、日用玻璃制品、日用金属制品、手工工具、医疗器械、文化和办公用机械制造等工业。

重工业 指为国民经济各部门提供物质技术基础的主要生产资料的工业。按其生产性质和产品用途，可以分为下列三类：(1) 采掘（伐）工业，是指对自然资源的开采，包括石油开采、煤炭开采、金属矿开采、非金属矿开采和木材采伐等工业。(2) 原材料工业，指向国民经济各部门提供基本材料、动力和燃料的工业。包括金属冶炼及加工、炼焦及焦炭化学、化工原料、水泥、人造板以及电力、石油和煤炭加工等工业。(3) 加工工业，是指对工业原材料进行再加工制造的工业。包括装备国民经济各部门的机械设备制造工业，金属结构、水泥制品等工业以及为农业提供生产资料如化肥、农药等工业。

1984 年以前农村的村及村以下办工业归属农业，1984 年以后划归工业。

工业总产值 指以货币表现的工业企业在报告期内生产的工业产品总量。

工业总产值包括：生产成品价值、对外加工费收入以及自制半成品、在产品期末期初差额价值。

工业总产值不包括：非本企业生产的工业产品价值、本企业工业生产过程中产生的废料（如锯末、切屑、矸石等）的出售价值。

工业总产值计算价格：

(1) 不变价格：又称固定价格，指在计算不同时期的总产值时，采用同一时点的工业产品出厂价格。采用不变价格计算工业总产值，主要是为消除不同时期价格变动影响，以保证计算工业发展速度时可比。

新中国成立以来，我国已编制过 5 次工业产品不变价格：1952 年不变价格，1957 年不变价格，1970 年不变价格，1980 年不变价格，1990 年不变价格。目前采用的是 1990 年不变价格。

(2) 当年价格：指计算工业总产值时，采用的报告期内的产品实际销售价格。报告期的产品销售价格前后有变动，或同一种产品在同一时期有几种销售价格的，应分别按不同价格计算总产值，如生产完成时还不能确定按哪一种价格销售，可按报告期实际平均销售价格计算。实际销售价格指产品销售时的实际出厂价格（不含增值税销项税额）。工业总产值中有些项目，如自制设备、提供本企业基本建设和生活福利部门的产品和工业性作业等，没有出厂价格，可以把它们的实际成本作为当年价格。

工业增加值 指工业企业在报告期内以货币表现的工业生产活动的最终成果。工业增加值有两种计算方法：一是生产法，即工业总产值减去工业中间投入加上应交增值税；二是收入法，即从收入的角度出发，根据生产要素在生产过程中应得到的收入份额计算，具体构成项目有固定资产折旧、劳动者报酬、生产税净额、营业盈余。

生产法：工业增加值 = 工业总产值 - 工业中间投入 + 应交增值税

工业中间投入 指工业企业在工业生产活动中消耗的外购物质产品和对外支付的服务费用。服务费用包括支付物质生产部门（工业、农业、批发零售贸易业、建筑业、运输邮电业）的服务费用和支付给非物质生产部门（保险、金融、文化教育、科学研究、医疗卫生、行政管理等）的服务费用。

工业中间投入包括外购材料、燃料、动力的消耗以及向外单位支付的运输费、邮电费、修理费、仓储费、利息支出、保险费、职工教育费等各种服务费。不包括外购产品和服务时支付的增值税进项税额。工业中间投入按购买价格计算。

固定资产折旧 指固定资产在使用过程中，通过逐渐损耗（包括有形损耗和无形损耗）而转移到产品成本的部分价值，即为补偿生产中所耗用的固定资产而提取的价值。固定资产折旧由两部分组成，一部分是按规定比率提取的基本折旧，另一部分是为恢复固定资产在使用过程中已损耗部分的价值而发生的大修理费用。

工业销售产值 指以货币表现的工业企业在一定时间内销售的本企业生产的工业产品总量。包括已销售的成品、半成品价值，对外提供的工业性作业价值。工业销售产值按现行价格计算。

产品销售收入 指企业销售产品的销售收入和提供劳务等主要经营业务取得的收入总额。

资产 指企业拥有或控制的能以货币计量的经济资源，包括各种财产、债权和其他权利。资产按其流动性（即资产的变现能力和支付能力）划分为：流动资产、长期投资、固定资产、无形资产、递延资产和其他资产。

负债 指企业所承担的能以货币计量，将以资产或劳务偿还的债务。偿还形式包括货币、资产或提供劳务。负债一般按偿还期长短分为流动负债和长期负债。

所有者权益 指企业投资人对企业净资产的所有权。企业净资产为企业全部资产与企业全部负债的差额，包括实收资本、资本公积、盈余公积、未分配利润等。

利润总额 指企业实现的利润。

全员劳动生产率 指根据产品的价值量指标计算的平均每一个从业人员在单位时间内的产品生产量，是考核企业经济活动的重要指标，是企业生产技术水平、经营管理水平、职工技术熟练程度和劳动积极性的综合表现。目前我国的全员劳动生产率是将工业企业的工业增加值除以同一时期全部从业人员的平均人数来计算的。计算公式为：

全员劳动生产率 = 工业增加值 ÷ 全部从业人员平均人数

建筑业 11

11－1 民族自治地方分地区建筑业基本情况

Construction by Region of Ethnic Minority Autonomous Areas

年份 Year 地区 Region	单位数（个）Number of Enterprises (unit)	建筑业总产值（亿元）Gross Output Value (100 million yuan)	房屋建筑施工面积（万平方米）Floor Space of Buildings under Construction (10 000 sq. m)	房屋建筑竣工面积（万平方米）Floor Space of Buildings Completed (10 000 sq. m)	年末从业人数（万人）Number of Persons Engaged (10 000 persons)
1998	5 333	584. 72	8 587. 33	4 573. 54	130. 04
1999	5 092	639. 67	9 148. 76	5 408. 04	133. 80
2000	4 828	754. 30	9 231. 85	5 325. 88	131. 59
2001	4 587	916. 49	10 448. 20	6 149. 86	133. 77
2002	4 148	1 064. 46	11 547. 41	6 480. 94	138. 67
2003	4 108	1 227. 17	13 420. 09	7 222. 96	138. 10
2004	4 361	1 358. 38	14 100. 68	6 893. 58	132. 56
2005	4 508	1 610. 27	15 964. 37	8 072. 09	141. 73
2006	4 694	1 927. 93	18 543. 61	9 183. 23	151. 85
2007	4 945	2 500. 49	22 694. 59	11 234. 59	162. 61
2008	5 198	3 082. 89	24 600. 04	11 857. 88	165. 28
2009	5 250	3 961. 73	28 156. 47	13 167. 00	183. 97
合计 Total	**5 250**	**3 961. 73**	**28 156. 47**	**13 167. 00**	**183. 97**
河北 Hebei	63	29. 84	245. 03	192. 01	2. 35
内蒙古 Inner Mongolia	782	964. 73	5 823. 40	3 140. 56	49. 72
辽宁 Liaoning	112	65. 36	395. 57	290. 70	3. 19
吉林 Jilin	175	71. 08	589. 83	344. 93	3. 96
黑龙江 Heilongjiang	8	1. 18	6. 70	6. 70	0. 11
浙江 Zhejiang	7	2. 45	11. 12	9. 00	0. 12
湖北 Hubei	118	40. 42	532. 95	161. 71	3. 04
湖南 Hunan	77	28. 71	289. 30	125. 69	1. 99
广东 Guangdong	5	4. 46	23. 27	15. 90	0. 15
广西 Guangxi	994	934. 38	9 052. 90	3 613. 90	53. 28
海南 Hainan	53	4. 39	36. 84	8. 84	0. 13
重庆 Chongqing	48	78. 45	210. 79	80. 14	1. 64
四川 Sichuan	89	26. 22	201. 01	98. 37	2. 05
贵州 Guizhou	143	47. 99	738. 65	259. 86	4. 13
云南 Yunnan	957	459. 17	2 054. 49	967. 05	20. 86
西藏 Tibet	165	94. 93	283. 60	177. 50	3. 80
甘肃 Gansu	75	24. 97	256. 87	142. 45	4. 42
青海 Qinghai	106	37. 19	137. 20	65. 90	1. 82
宁夏 Ningxia	474	259. 22	2 113. 44	948. 00	7. 00
新疆 Xinjiang	799	786. 59	5 153. 50	2 517. 79	20. 22

11－2 民族自治地方分地区建筑业主要财务指标(2009年)

Main Indicators of Construction by Region of Ethnic Minority Autonomous Areas(2009)

单位:亿元 (100 million yuan)

地区 Region	企业资产合计 Total Assets	企业负债合计 Total Liabilities	企业所有者权益 Creditors Equity	企业利润总额 Total Profits	建筑业增加值 Add-value of Construction Enterprises
合计 Total	**3 052.48**	**1 892.40**	**1 160.08**	**171.66**	**1 140.31**
河北 Hebei	45.45	22.25	23.20	4.23	18.55
内蒙古 Inner Mongolia	742.50	441.98	300.53	74.40	283.62
辽宁 Liaoning	38.24	23.04	15.20	2.16	21.55
吉林 Jilin	52.49	28.29	24.20	5.38	31.37
黑龙江 Heilongjiang	1.25	0.46	0.79	0.23	0.35
浙江 Zhejiang	2.76	1.50	1.27	0.04	0.50
湖北 Hubei	30.40	11.69	18.72	1.68	13.78
湖南 Hunan	20.74	12.02	8.73	2.20	20.27
广东 Guangdong	1.32	1.01	0.30	0.08	1.62
广西 Guangxi	689.01	464.62	224.39	19.78	191.50
海南 Hainan	0.49	0.22	0.27	0.05	0.34
重庆 Chongqing	60.39	28.41	31.98	7.04	31.48
四川 Sichuan	40.83	25.17	15.65	0.69	68.88
贵州 Guizhou	48.28	30.71	17.57	1.20	6.74
云南 Yunnan	261.32	140.48	120.85	15.20	187.02
西藏 Tibet	77.29	21.42	55.87	12.07	23.88
甘肃 Gansu	3.48	1.33	2.15	1.50	14.13
青海 Qinghai	35.31	21.31	14.00	1.64	4.74
宁夏 Ningxia	251.42	165.45	85.97	6.32	65.01
新疆 Xinjiang	649.50	451.05	198.45	15.77	154.98

主要统计指标解释

建筑业统计单位　指从事房屋、构筑物建造和设备安装活动的法人企业。建筑业法人企业应同时具备的条件是：（1）依法成立，有自己的名称、组织机构和场所，能够承担民事责任。（2）独立拥有和使用资产，承担负债，有权与其他单位签订合同。（3）独立核算盈亏，能够编制资产负债表。

建筑业总产值（自行完成施工产值）　是以货币表现的建筑安装企业在一定时期内生产的建筑业产品的总和。建筑业总产值包括：

1. 建筑工程产值：指列入建筑工程预算内的各种工程价值。

2. 设备安装工程产值：指列入建筑工程预算内的各种工程价值。

3. 房屋、构筑物修理产值：指房屋、构筑物修理所完成的价值，但不包括被修理房屋、构筑物本身的价值和生产设备的修理价值。

4. 非标准设备制造产值：指加工制造没有定型的、非标准的生产设备的加工费和原材料价值以及附属加工厂为本企业承建工程制作的非标准设备的价值。

房屋建筑施工面积　指在报告期内施工的全部房屋建筑面积，包括本期新开工的房屋面积、上期停缓建在本期恢复施工的房屋面积、本期竣工的房屋面积以及本期施工后又停缓建的房屋面积。

房屋建筑竣工面积　指在报告期内房屋建筑按照设计要求全部完工，达到住人和使用条件，经验收鉴定合格，正式移交使用单位的房屋建筑面积。

运输和邮电 12

12－1 民族自治地方运输、邮电情况

Transportation, Post and Telecommunications Services of Ethnic Minority Autonomous Areas

年 份 Year	铁路营业里程（万公里）Railways in Operation (10 000 km)	公路里程（万公里）Length of Highways (10 000 km)	全年铁路货运量（万吨）Railway Freight Traffic (10 000 tons)	全年公路货运量（万吨）Highway Freight Traffic (10 000 tons)	邮电局、所（个）Post and Telecommunication Offices (unit)	邮路及农村投递线路（万公里）Length of Postal Routes and Rural Delivery Routes (10 000 km)
1949	0.35	1.14				
1952	0.38	2.59		355	3 499	13.13
1957	0.55	6.27		1 425	4 452	39.72
1962	0.72	12.57			5 174	45.73
1965		12.55		4 165	5 272	36.37
1975		17.71		10 695		
1978	0.90	20.80		13 448	7 222	94.75
1980	0.20	21.16		10 266	7 136	88.68
1981	1.22	21.21		12 059	7 121	84.61
1982	1.23	21.65	9 999	14 960	7 226	86.19
1983	1.21	23.00	11 014	11 885	7 482	88.11
1984	1.21	23.54	12 066	12 864	7 578	87.04
1985	1.25	25.41	13 101	22 013	8 075	90.40
1986	1.26	25.09	13 212	31 628	8 809	88.37
1987	1.27	27.57	12 283	38 566	8 219	87.27
1988	1.27	27.68	14 045	53 937	8 276	86.61
1989	1.29	30.05	15 599	61 385	8 443	95.10
1990	1.31	29.37	18 078	58 371	8 436	88.02
1991	1.33	28.67	17 066	76 352	9 589	90.51
1992	1.35	28.30	17 651	68 366	8 509	84.25
1993	1.45	30.84	27 038	122 362	8 422	85.61
1994	1.67	31.19	23 117	128 162	8 814	83.29
1995	1.70	33.21	20 385	111 060	9 076	106.82
1996	1.76	36.33			9 082	108.00
1997	1.69	36.49	22 250	113 947	9 836	100.38
1998	1.71	37.64	18 909	110 164	12 664	102.56
1999	1.75	40.26	19 294	120 064	13 564	106.07
2000	1.42	42.36	21 248	181 784	10 893	109.52
2001	1.43	49.57	22 734	136 983	12 574	109.04
2002	1.44	52.70	23 045	119 536	7 855	100.37
2003	1.51	54.78	24 246	133 128	8 812	108.53
2004	1.68	55.67	35 285	154 040	9 049	108.06
2005	1.69	58.96	34 170	171 842	9 321	109.67
2006	1.80	77.28	39 932	333 614	9 110	114.23
2007	1.83	84.25	45 027	214 636	9 171	112.29
2008	2.00	86.35	58 892	264 528	8 814	115.59
2009	2.09	87.79	65 509	292 338	9 124	123.06

注：1. 本表未扣除区域变动因素，年度之间不可比。
2. 2000 年后铁路营业里程指国有铁路营业里程。
3. 2002 年后邮电局、所数据仅指邮政局所数。

Note: a. The factor of regional changes is not deducted, so the data among years are not comparable.
b. The length of railway in operation in 2000 is national railways.
c. Data of post and telecommunication offices refer to data of post offices since 2002.

12-2 民族自治地方分地区运输条件(2009年)

Transportation Conditions by Region of Ethnic Minority Autonomous Areas(2009)

单位:公里 (km)

地区 Region	公路线路里程 Length of Highways	#等级路 Expressway and Class I to Ⅳ Highway	国有铁路营业里程 Length of Central Railway	内河航道里程 Length of Navigable Inland Waterways	民用机场数(个) Number of Civil Airports (unit)
合计 Total	**880 106**	**556 779**	**20 944**	**13 005**	**54**
河北 Hebei	9 595	6 346	77		
内蒙古 Inner Mongolia	150 756	122 231	8 074	2 403	12
辽宁 Liaoning	13 106	11 244	233	281	
吉林 Jilin	14 748	9 819	650		1
黑龙江 Heilongjiang	853	148	50	147	
浙江 Zhejiang	1 659	1 580		94	
湖北 Hubei	26 565	14 408		728	1
湖南 Hunan	19 746	5 482	494	751	1
广东 Guangdong	3 667	1 238		12	
广西 Guangxi	100 491	77 154	3 126	5 433	6
海南 Hainan	4 709	1 612	25		
重庆 Chongqing	10 743	8 166	118	157	
四川 Sichuan	51 453	37 101	407	453	4
贵州 Guizhou	53 375	30 192	374	1 842	3
云南 Yunnan	138 577	71 734	905	295	5
西藏 Tibet	53 845	26 063	526		4
甘肃 Gansu	13 856	5 319	91	293	
青海 Qinghai	39 874	15 026	1 232		2
宁夏 Ningxia	21 805	20 297	890	117	2
新疆 Xinjiang	150 683	91 618	3 673		13

12-3 民族自治地方分地区公路、铁路旅客、货物运输量(2009年)
Railway and Road Passenger and Freight Traffic by Region of Ethnic Minority Autonomous Areas (2009)

地区 Region		客运量合计(万人) Total Passenger Traffic (10 000 Persons)	#公路 Highway	#铁路 Railway	货运量合计(万吨) Total Freight Traffic (10 000 tons)	#公路 Highway	#铁路 Railway
合计	Total	249 366	237 925	9 773	368 173	292 338	65 509
河北	Hebei	563	521	42	2 776	2 741	35
内蒙古	Inner Mongolia	22 077	17 998	4 079	113 916	70 832	43 084
辽宁	Liaoning	4 823	4 813		10 577	10 577	
吉林	Jilin	9 891	9 891		3 429	3 429	
黑龙江	Heilongjiang	278	190	88	191	144	47
浙江	Zhejiang	208	206		127	127	
湖北	Hubei	5 626	5 492		2 539	2 349	
湖南	Hunan	7 958	7 354	545	18 965	18 348	594
广东	Guangdong	875	875		352	339	
广西	Guangxi	68 593	65 400	2 886	94 466	75 800	8 962
海南	Hainan	5 865	5 865		1 594	1 594	
重庆	Chongqing	3 404	3 326	48	1 530	1 391	28
四川	Sichuan	10 342	10 305		7 525	7 525	
贵州	Guizhou	22 181	21 313		9 038	8 593	
云南	Yunnan	24 833	24 355	142	21 038	20 544	355
西藏	Tibet	7 844	7 759	85	943	920	23
甘肃	Gansu	3 585	3 585		1 017	1 177	
青海	Qinghai	7 904	8 102		3 863	3 989	13
宁夏	Ningxia	12 629	12 034	513	29 242	23 263	5 979
新疆	Xinjiang	29 886	28 541	1 345	45 046	38 657	6 389

12-4 民族自治地方分地区公路、铁路旅客、货物周转量(2009年)

Railway and Road Passenger - kilometers and Ton - kilometers by Region of Ethnic Minority Autonomous Areas(2009)

地 区 Region	旅客周转量(亿人公里) Passenger-kilometers (100 million passenger. km)	#公路 Highway	#铁路 Railway	货物周转量(亿吨公里) Ton-kilometers (100 million ton. km)	#公路 Highway	#铁路 Railway
合 计 Total	**2 419.46**	**1 527.53**	**523.11**	**9 228.49**	**4 629.37**	**3 984.40**
河 北 Hebei	2.51	1.63	0.88	10.63	9.51	1.12
内蒙古 Inner Mongolia	360.00	0.02	0.02	4 116.90	1 885.00	2 231.70
辽 宁 Liaoning	19.99	19.99		30.82	30.82	
吉 林 Jilin	216.78	36.99	179.79	49.92	49.92	
黑龙江 Heilongjiang	1.83	1.17	0.66	1.46	0.94	0.53
浙 江 Zhejiang	0.98	0.98		0.95	0.94	
湖 北 Hubei	42.18	39.20		37.17	30.40	
湖 南 Hunan	40.88	40.44	0.32	68.31	67.07	0.29
广 东 Guangdong	3.42	3.42		1.85	1.79	
广 西 Guangxi	787.30	618.28	167.30	2 337.20	934.71	796.80
海 南 Hainan	17.57	17.57		13.64	13.64	
重 庆 Chongqing	15.00	14.56	0.24	13.97	9.91	0.27
四 川 Sichuan	66.82	65.38		83.95	83.94	
贵 州 Guizhou	101.46	99.05		82.69	79.35	
云 南 Yunnan	203.38	200.10	1.16	231.64	223.08	6.99
西 藏 Tibet	30.00	21.73	8.25	35.30	25.40	9.93
甘 肃 Gansu	14.76	15.16		15.54	17.34	1.80
青 海 Qinghai	16.08	18.32		91.27	67.73	26.57
宁 夏 Ningxia	91.80	61.02	30.40	749.38	496.97	253.40
新 疆 Xinjiang	386.70	252.50	134.10	1 255.90	600.90	655.00

12-5 民族自治地方分地区邮电业情况(2009年)(一)

Post and Telecommunications Services by Region of Ethnic Minority Autonomous Areas (2009)(1)

地 区 Region	邮电业务总量 (亿元) Revenue from Posts Telecommunication (100 million yuan)	邮政局所 (处) Post Offices (unit)	邮路总长度 (万公里) Length of Postal Routes (10 000 kilometers)	农村投递线路 (万公里) Length of Rural Delivery (10 000 kilometers)
合 计 Total	**2 141.86**	**9 124**	**56.23**	**66.82**
河 北 Hebei	3.98	51	0.38	0.87
内蒙古 Inner Mongolia	553.85	1 599	7.22	11.26
辽 宁 Liaoning	9.14	184	1.19	1.62
吉 林 Jilin	16.18	198	0.72	0.85
黑龙江 Heilongjiang	0.17	15	0.03	0.02
浙 江 Zhejiang	0.07	8	0.10	0.05
湖 北 Hubei	14.39	225	0.35	2.45
湖 南 Hunan	31.35	224	0.97	1.44
广 东 Guangdong	1.80	31	0.20	0.19
广 西 Guangxi	694.75	1 605	11.94	11.07
海 南 Hainan	2.22	106	0.05	0.20
重 庆 Chongqing	5.18	163	0.33	0.39
四 川 Sichuan	28.04	346	1.59	2.18
贵 州 Guizhou	19.77	628	1.70	2.79
云 南 Yunnan	112.01	987	11.42	10.20
西 藏 Tibet	52.12	194	1.92	11.76
甘 肃 Gansu	7.47	173	0.54	1.36
青 海 Qinghai	7.78	140	0.52	0.32
宁 夏 Ningxia	118.94	370	2.39	1.12
新 疆 Xinjiang	462.64	1 877	12.67	6.69

12－5 民族自治地方分地区邮电业情况(2009年)(二)

Post and Telecommunications Services by Region of Ethnic Minority Autonomous Areas (2009)(2)

单位:万户　　(10 000 subscribers)

地　区 Region	移动电话年末用户 Number of Movie Telephones Subscribers at Year-end	国际互联网用户 Number of Internet of Subscribers
合　计 Total	**8 288.31**	**876.90**
河　北 Hebei	92.35	6.48
内蒙古 Inner Mongolia	1 616.00	176.00
辽　宁 Liaoning	97.46	14.30
吉　林 Jilin	289.53	40.68
黑龙江 Heilongjiang	11.77	0.83
浙　江 Zhejiang	10.53	0.76
湖　北 Hubei	265.88	12.69
湖　南 Hunan	154.89	14.20
广　东 Guangdong	19.54	1.08
广　西 Guangxi	1 960.10	258.19
海　南 Hainan	36.61	1.76
重　庆 Chongqing	74.68	3.91
四　川 Sichuan	283.95	18.42
贵　州 Guizhou	524.06	20.66
云　南 Yunnan	980.97	115.87
西　藏 Tibet	125.51	
甘　肃 Gansu	114.31	2.55
青　海 Qinghai	120.17	13.01
宁　夏 Ningxia	390.40	41.82
新　疆 Xinjiang	1 119.60	133.70

12-5 民族自治地方分地区邮电业情况(2009年)(三)

Post and Telecommunications Services by Region of Ethnic Minority Autonomous Areas (2009)(3)

单位:万户 (10 000 subscribers)

地区 Region		固定电话年末用户 Local Telephone Subscribers of at Year-end	城市电话用户 Number of Urban Telephone Subscribers	#住宅电话 Household Telephone Subscribers	农村电话用户 Number of Rural Telephone Subscribers	#住宅电话 Household Telephone Subscribers
合计	**Total**	**2 827.99**	**1 812.40**	**1 092.81**	**1 015.59**	**803.40**
河北	Hebei	24.39	8.30	6.57	16.09	11.68
内蒙古	Inner Mongolia	442.00	373.00	264.00	69.00	61.40
辽宁	Liaoning	83.45	25.79	18.18	57.66	51.40
吉林	Jilin	94.35	70.11	61.04	24.23	23.01
黑龙江	Heilongjiang	5.78	2.37	1.82	3.41	2.68
浙江	Zhejiang	2.50	1.75	0.94	0.75	0.64
湖北	Hubei	46.72	18.56	10.45	28.16	25.52
湖南	Hunan	52.67	25.66	20.50	27.01	23.38
广东	Guangdong	6.25	3.58	2.59	2.68	2.27
广西	Guangxi	787.60	485.80	268.80	301.80	273.80
海南	Hainan	8.10	2.85	0.80	5.25	1.01
重庆	Chongqing	20.87	7.43	5.53	13.44	12.80
四川	Sichuan	70.72	34.73	16.09	35.99	22.50
贵州	Guizhou	136.56	60.63	44.98	75.93	48.87
云南	Yunnan	254.59	117.73	61.12	136.86	73.67
西藏	Tibet	53.93	51.21	24.10	2.72	1.00
甘肃	Gansu	36.19	16.15	4.66	20.04	4.31
青海	Qinghai	36.36	19.83	4.44	16.53	11.43
宁夏	Ningxia	114.45	77.31	41.60	37.14	34.83
新疆	Xinjiang	550.50	409.60	234.60	140.90	117.20

主要统计指标解释

铁路营业里程 又称营业长度，指办理客货运输业务的铁路正线总长度。凡是全线或部分建成双线及以上的线路，以第一线的实际长度计算；复线、站线、段管线、岔线和特殊用途以及不计算运费的联络线都不计算营业里程。铁路营业里程是反映铁路运输业基础设施发展水平的重要指标，也是计算客货周转量、运输密度和机车车辆运用效率等指标的基础资料。

公路里程 指在一定时期内实际达到《公路工程（WTBZ）技术标准 JTJ00－88》规定的等级公路，并经公路主管部门正式验收交付使用的公路里程数。包括大中城市的郊区公路以及通过小城镇街道部分的公路里程，包括桥梁、渡口的长度，不包括大中城市的街道和厂矿、林区生产用道的里程。两条或多条公路共同经由同一路段，只计算一次，不得重复计算里程长度。它是反映公路建设发展规模的重要指标，也是计算运输网密度等指标的基础资料。

内河航道里程 也称内河通航里程，指在一定时期内，能通航运输船舶及排筏的天然河流、湖泊、水库、运河及通航渠道的长度。包括全年季节性通航累计三个月以上的航道，不包括仅供零散流放竹、木排的河道。它是反映内河水运网规模、水平和发展情况的主要指标。

铁路旅客运量 指一定时期内使用铁路客车运送的旅客人数。铁路旅客运量的计算方法：不论票价多少或行程长短，均按单程计算为一人次；不足购票年龄免购客票的儿童不计算运量；月、季票按每月往返各 25 人次计算。

铁路旅客周转量 指一定时期内使用铁路客车运送的旅客人数与运输距离的乘积之总和。

铁路货物运量 指使用铁路货车实际运送的货物数量。

铁路货物周转量 指一定时期内使用铁路货车完成的货物运量与运送距离的乘积之总和。

公路货运量 指在一定时期内由各种公路运输工具实际运送到目的地并卸完的货物数量。反映公路货运量的指标有发送货物吨数、到达货物吨数和运送货物吨数。

公路货物周转量 指一定时期内由各种公路运输工具实际完成运送过程的货物总运输量。

公路客运量 指公路运输企业及由其组织的其他单位在一定时期内实际运送的旅客人数。公路客运量的计算方法：不论乘车路程远近和票价多少，以客票为依据，“人”为计量单位；不足购票年龄的免票儿童不计算客运量。

公路旅客周转量 指在报告期内实际运送的旅客人数与其相应的旅客运送距离的乘积。

邮电业务总量 指以价值量形式表现的邮电通信企业为社会提供各类邮电通信服务的总数量。

移动电话用户 指通过移动电话交换机进入移动电话网、占有移动电话号码的各类电话用户。

国际互联网用户 国际互联网是一个连接计算机的网络，范围遍及全世界，包括局域网、城域网和广域网，旨在实现计算机资源共享。

城市电话用户 指直辖市、省辖市、地级市、县级市的市区、市郊区及县城（包括县人民政府所在地的县城关区或行政建制相当于县人民政府所在地的镇）范围内接入局用交换机的电话用户数，包括分布在农村地区的独立工矿区、林区、驻军等接入局用交换机的电话用户数。

邮路 指各邮电局、所、代办所之间，邮电局、所与代办所、车站、码头、机场、转运站、报刊社之间，有自编或委办人员按固定班期规定路线交换邮件、报刊的路线。包括农村地区运邮兼投递的路线，不包括城市、农村地区纯投递路线。

农村投递路线 指农村局、所自编或委办人员按固定班期、规定路线至农村乡（镇）、行政村等收件单位投递邮件、报刊的路线。

国内贸易 13

13－1 民族自治地方社会消费品零售总额、国内纯购进总额

Total Retail Sales of Consumer Goods and Total Value of Domestic Purchases of Ethnic Minority Autonomous Areas

单位:亿元 (100 million yuan)

年 份 Year	社会消费品零售总额 Total Retail Sales of Consumer Goods	国内纯购进总额 Total Domestic Purchases	#农副产品购进 Farm and Sideline Products Purchases
1952	17.10	4.80	4.46
1957	37.35	24.00	14.37
1965	58.79	42.90	24.51
1975	102.70	82.20	36.74
1978	125.07	103.30	41.97
1980	176.67	131.23	58.09
1981	196.75	145.87	63.73
1982	217.43	163.57	75.05
1983	247.39	185.50	85.55
1984	290.28	199.69	87.16
1985	370.45	237.74	94.31
1986	415.45	277.65	105.92
1987	476.60	360.12	133.50
1988	607.27	497.83	185.76
1989	633.72	554.74	197.82
1990	681.84	618.58	227.01
1991	762.96	696.60	260.52
1992	890.41	744.32	258.28
1993	1 205.10	1 056.60	153.29
1994	1 356.42	2 027.85	280.86
1995	1 169.29	2 541.73	394.75
1996	1 867.40	2 535.08	385.49
1997	2 063.72	2 470.81	296.82
1998	2 332.10	1 406.92	
1999	2 378.23	1 173.70	
2000	2 569.84	1 321.45	
2001	2 809.35	1 420.59	
2002	2 832.01	1 479.99	
2003	3 108.98	1 919.62	
2004	3 677.93		
2005	4 874.17		
2006	5 665.30		
2007	6 712.45		
2008	8 243.07		
2009	9 857.15		

注:1998 年以后国内纯购进总额为限额以上社会商品购进总额。

Note:The total net domestic purchase above the Limitation after 1998, is the total amount of purchasing of the commodities.

13－2 民族自治地方分地区社会消费品零售总额(2009 年)

Total Retail Sales of Consumer Goods by Region of Ethnic Minority Autonomous Areas (2009)

单位:亿元 (100 million yuan)

地 区 Region	社会消费品零售总额 Total Retail Sales	批发零售贸易业 Wholesale and Retail Sale Trade	餐饮业 Catering Trade	其 他 Others
合 计 Total	**9 857.15**	**8 052.84**	**1 584.93**	**219.37**
河 北 Hebei	85.67	75.18	10.00	0.49
内蒙古 Inner Mongolia	2 855.31	2 223.29	574.18	57.84
辽 宁 Liaoning	191.06	153.30	35.34	2.43
吉 林 Jilin	331.44	277.26	54.14	0.05
黑龙江 Heilongjiang	8.60	7.72	0.82	0.07
浙 江 Zhejiang	11.12	9.69	1.23	0.21
湖 北 Hubei	141.92	119.53	18.00	4.38
湖 南 Hunan	169.37	140.59	24.53	4.25
广 东 Guangdong	17.07	14.66	2.41	
广 西 Guangxi	2 790.70	2 417.16	337.09	36.45
海 南 Hainan	30.15	23.41	5.99	0.75
重 庆 Chongqing	88.18	74.70	12.33	1.15
四 川 Sichuan	273.85	207.73	59.25	6.87
贵 州 Guizhou	320.53	279.26	36.21	5.06
云 南 Yunnan	711.36	542.99	122.57	45.80
西 藏 Tibet	156.58	129.82	22.93	3.83
甘 肃 Gansu	62.41	48.30	12.67	1.43
青 海 Qinghai	94.97	73.00	20.14	1.82
宁 夏 Ningxia	339.32	278.63	57.89	2.81
新 疆 Xinjiang	1 177.53	956.64	177.21	43.68

13－3 民族自治地方分地区限额以上批发零售贸易业商品购进、销售、库存总额(2009年)(一) Total Retail and Inventory in Wholesale and Retail Sales Trades above Designated Size by Region of Ethnic Minority Autonomous Areas(2009)(1)

地区 Region		法人企业（个）Number of Corporation (unit)	年末从业人员（人）Persons Employed (person)	购进总额（亿元）Total Purchases (100 million yuan)	年末库存总额（亿元）Total Inventory (100 million yuan)
合 计	**Total**	**5 321**	**439 689**	**7 861.36**	**865.32**
河 北	Hebei	51	3 195	18.05	1.92
内蒙古	Inner Mongolia	1 168	114 792	1 951.50	156.40
辽 宁	Liaoning	89	3 717	35.30	3.96
吉 林	Jilin	117	8 115	88.27	19.71
黑龙江	Heilongjiang	2	333	6.88	1.04
浙 江	Zhejiang	6	309	2.16	0.14
湖 北	Hubei	98	9 320	50.53	3.69
湖 南	Hunan	101	6 559	52.87	9.10
广 东	Guangdong	1	11	0.05	0.02
广 西	Guangxi	1 323	109 276	1 882.13	165.76
海 南	Hainan	3	102	0.34	0.21
重 庆	Chongqing	99	7 052	42.84	7.55
四 川	Sichuan	102	9 855	131.31	17.02
贵 州	Guizhou	155	14 340	487.86	55.39
云 南	Yunnan	440	38 994	392.83	73.27
西 藏	Tibet	60	5 912	64.42	11.49
甘 肃	Gansu	18	1 471	16.70	1.09
青 海	Qinghai	34	1 794	54.28	3.17
宁 夏	Ningxia	372	24 952	457.25	42.10
新 疆	Xinjiang	1 082	79 590	2 125.80	292.30

13-3 民族自治地方分地区限额以上批发零售贸易业商品购进、销售、库存总额(2009 年)(二)

Total Retail and Inventory in Wholesale and Retail Sales Trades above Designated Size by Region of Ethnic Minority Autonomous Areas(2009)(2)

单位:亿元 (100 million yuan)

地区 Region	销售总额 Total Sales	批发合计 Total Wholesale	零售合计 Total Retail Trades
合计 Total	**9 424.70**	**6 804.82**	**2 619.87**
河北 Hebei	18.79	9.93	8.86
内蒙古 Inner Mongolia	2 222.90	1 342.30	880.60
辽宁 Liaoning	41.90	27.65	14.25
吉林 Jilin	134.47	75.96	58.50
黑龙江 Heilongjiang	7.90	7.85	0.05
浙江 Zhejiang	3.47	2.86	0.61
湖北 Hubei	71.18	51.70	19.48
湖南 Hunan	95.30	59.70	35.60
广东 Guangdong	0.08		0.08
广西 Guangxi	2 032.31	1 414.32	617.99
海南 Hainan	0.32	0.17	0.15
重庆 Chongqing	55.32	34.33	20.99
四川 Sichuan	165.06	133.92	31.14
贵州 Guizhou	522.33	298.82	223.50
云南 Yunnan	500.71	369.70	131.01
西藏 Tibet	76.87	35.74	41.13
甘肃 Gansu	19.46	9.73	9.73
青海 Qinghai	57.11	43.57	13.54
宁夏 Ningxia	518.44	374.77	143.66
新疆 Xinjiang	2 880.80	2 511.80	369.00

13－4 民族自治地方分地区限额以上批发零售贸易业企业财务状况(2009 年)

Main Financial Indicators in Wholesale and Retail Sales Trades above Designated Size by Region of Ethnic Minority Autonomous Areas(2009)

单位:亿元 (100 million yuan)

地 区 Region	资产合计 Total Assets	负债合计 Total Liabilities	所有者权益 Creditors Equity
合 计 Total	**3 605.95**	**2 416.94**	**1 189.01**
河 北 Hebei	10.83	6.61	4.21
内蒙古 Inner Mongolia	744.60	526.66	217.94
辽 宁 Liaoning	13.56	6.37	7.18
吉 林 Jilin	68.16	44.83	23.33
黑龙江 Heilongjiang	1.58	1.53	0.05
浙 江 Zhejiang	2.35	1.12	1.23
湖 北 Hubei	32.66	23.45	9.22
湖 南 Hunan	39.59	17.88	21.71
广 东 Guangdong	0.01		0.01
广 西 Guangxi	817.31	568.86	248.46
海 南 Hainan	0.11	0.01	0.10
重 庆 Chongqing	15.90	11.77	4.12
四 川 Sichuan	70.15	39.08	31.07
贵 州 Guizhou	170.79	79.46	91.33
云 南 Yunnan	268.43	129.67	138.76
西 藏 Tibet	37.84	18.57	19.28
甘 肃 Gansu	4.51	2.10	2.42
青 海 Qinghai	35.46	16.96	18.49
宁 夏 Ningxia	200.82	133.21	67.61
新 疆 Xinjiang	1 071.30	788.80	282.50

主要统计指标解释

社会消费品零售总额 指批发和零售业、餐饮业、新闻出版业、邮政业和其他服务业等，售与城乡居民用于生活消费的商品和社会集团用于公共消费的商品之总量。社会消费品零售总额包括：

一、批发和零售业企业（单位）。

1. 售与城乡居民的各种生活消费品。

2. 售与入境旅游的外国人、华侨、港澳台同胞的各类商品。

3. 售与行政事业单位、社会团体、军队和武警等机构的商品以及以零售方式售与各类企业的商品。具体包括：用于非生产和社会交往的办公用品，如通信设备、计算器具和设备、电信网络设备、文印设备、音像视听器材和设备、纸张、本册、文具及装订文印材料、家具、日用电器、针纺织品、清洁卫生用品、文体用品、奖品、纪念品、礼品等；供内部人员使用的交通工具和燃料；用于办公设施修缮的各类配件、材料、工具等；用于取暖和防暑降温的设备、燃料、材料及食品等；专用于教学的用品和设备；非盈利医疗机构的中、西药品、中药材和医疗设备器材；非专用的劳动保护用品；不对外营业的内部食堂用的餐具、炊具、设备、清洁卫生工具和食品、燃料等；军队、武警用于其人员生活的衣着品和个人用品；其他各类非生产性设备和用品。

二、餐饮业出售的主食、菜肴、烟酒饮料和其他商品。

三、新闻出版业、邮政业售与城乡居民、企事业单位、军队和武警等机构的书报杂志、音像制品、邮品等。

四、其他服务业出售的食品、烟酒饮料、服装鞋帽、日常生活用品、医药保健用品、艺术品、工艺美术品、玩具、殡葬用品以及其他消费品。

批发零售贸易业商品购、销、存总额 指各种登记注册类型的批发、零售业企业（单位）以本企业（单位）为总体的，从国内、国外市场购进的商品总量、销售和出口的商品总量、库存商品总量等情况。该指标可以反映商品流转过程中商品的购进、销售、库存之间的比例关系和存在的问题。

商品购进总额 指从本企业（单位）以外的单位和个人购进（包括从境外直接进口）作为转卖或加工后转卖的商品总额。它反映批发零售贸易业从国内、国外市场上购进商品的总量。商品购进总额包括：（1）从工农业生产者购进的商品；（2）从出版社、报社的出版发行部门购进的图书、杂志和报纸；（3）从各种登记注册类型的批发零售贸易企业（单位）购进的商品；（4）从其他单位购进的商品，如从机关、团体、企业等单位购进的剩余物资，从餐饮业、服务业购进的商品，从海关、市场管理部门购进的缉私和没收的商品，从居民手中收购的废旧商品等；（5）从国（境）外直接进口的商品。不包括企业（单位）为自身经营用和未通过买卖行为而收入的商品以及销售退回、商品升溢等。

商品销售总额 指对本企业（单位）以外的单位和个人出售（包括对境外直接出口）的商品总额。它反映批发零售贸易业在国内市场上销售商品以及出口商品的总量。商品销售总额包括：(1) 售给城乡居民和社会集团消费用的商品；(2) 售给工业、农业、建筑业、运输邮电业、批发零售贸易业、餐饮业、服务业等作为生产、经营使用的商品；(3) 售给批发零售贸易业作为转卖或加工后转卖的商品；(4) 对国（境）外直接出口的商品。不包括出售本企业（单位）自用的废旧包装用品；未通过买卖行为付出的商品；经本单位介绍，由买卖双方直接结算，本单位只收取手续费的业务；购货退回的商品以及商品损耗和损失等。

批发零售贸易业库存　指报告期末各种登记注册类型的批发零售贸易企业（单位）已取得所有权的商品。它反映批发零售贸易企业（单位）的商品库存情况和对市场商品供应的保证程度。期末库存包括：(1) 存放在批发零售贸易业经营单位（如门市部、批发站、经营处）仓库、货场、货柜和货架中的商品；(2) 挑选、整理、包装中的商品；(3) 已记入购进而尚未运到本单位的商品，即发货单或银行承兑凭证已到而货未到的部分；(4) 寄放他处的商品，如因购货方拒绝承付而暂时存放在购货方的商品和已办完加工成品收回手续而未提回的商品；(5) 委托其他单位代销（未作销售或调出）尚未售出的商品；(6) 代其他单位购进尚未交付的商品。不包括所有权不属于本单位的商品、拨付除批发零售贸易业以外的其他行业所属独立核算加工厂等加工生产尚未收回成品的商品、代国家物资储备部门保管的商品等。

库存总额采用的计算价格是：农副产品采购单位按购进价计算；批发单位按进货价计算；零售单位按核算价格计算，即按什么价格核算就按什么价格计算。

餐饮业商品零售额　指餐饮企业、产业活动单位或个体户直接对居民和社会集团零售的各种商品。包括：(1) 经烹饪、调制加工后出售的各种食品，如主食、炒菜、凉拌菜等；(2) 不经加工直接转卖的各种外购商品，如卷烟、酒、饮料、熟食、水果等；(3) 附设非独立核算的专门销售商品的小卖部出售的各种食品及其他商品。

限额以上批发零售贸易业、餐饮业统计限额标准　批发业，年末从业人员20人及以上，年销售额2 000万元及以上；零售业，年末从业人员60人及以上，年销售额500万元及以上；餐饮业，年末从业人员40人及以上，年销售额200万元及以上。

对外经济贸易 14

14－1 民族自治地方分地区对外贸易和利用外资情况

Foreign Trade and Utilization of Foreign Capital by Region of Ethnic Minority Autonomous Areas

单位:万美元 (10 000 USD)

年 份 Year 地 区 Region		进出口总额 Total Value of Exports and Imports	进口总额 Imports	出口总额 Exports	当年新签利用外资协议(合同)项目(个) Amount of Utilization of Foreign Capital Through New Signed Contracts or Agreements (unit)	本年实际利用外资额 Foreign Capital Actually Used	年末实有外商投资企业(户) Foreign Funded Enterprises at the Year-end (unit)
	1997	670 200	213 000	457 200	1 132	164 000	6 416
	1998	613 000	211 800	401 200	874	130 600	7 503
	1999	621 900	245 000	376 900	775	141 100	6 029
	2000	856 410	359 631	496 779	1 137	150 441	5 942
	2001	757 372	354 831	402 541	1 162	164 514	5 366
	2002	1 010 576	460 291	550 285	794	167 082	5 252
	2003	1 357 730	573 371	784 359	1 036	200 541	3 203
	2004	1 733 122	809 524	923 599	1 002	185 468	5 310
	2005	2 214 873	951 257	1 263 616	969	265 772	5 637
	2006	2 752 293	1 035 358	1 718 724	753	340 745	2 931
	2007	3 818 965	1 353 481	2 465 484	1 009	416 601	5 520
	2008	5 313 640	1 634 242	3 679 399	669	693 933	5 073
	2009	4 158 091	1 500 897	2 657 194	903	547 223	5 618
合 计	**Total**	**4 158 091**	**1 500 897**	**2 657 194**	**903**	**547 223**	**5 618**
河 北	Hebei	8 067	199	7 868	22	9 101	45
内蒙古	Inner Mongolia	676 395	444 839	231 556	53	318 019	3 675
辽 宁	Liaoning	13 029		13 029	15	19 450	91
吉 林	Jilin	139 550	26 597	112 953	82	14 015	764
黑龙江	Heilongjiang	733		733			
浙 江	Zhejiang	393		393		2 013	2
湖 北	Hubei	10 225	5	10 221	63	1 569	40
湖 南	Hunan	17 606	76	17 530	16	2 874	4
广 东	Guangdong	9 581	3 914	5 667	7	1 132	15
广 西	Guangxi	1 420 600	583 500	837 100	165	103 500	
海 南	Hainan						
重 庆	Chongqing	16 686	7	16 679	1	126	
四 川	Sichuan	7 678	2 621	5 057	6	5 194	27
贵 州	Guizhou	6 341	3 699	2 642	6	10 279	25
云 南	Yunnan	286 821	86 448	200 372	378	18 373	313
西 藏	Tibet	40 202	2 667	37 535		5 800	
甘 肃	Gansu	1 257	18	1 239			
青 海	Qinghai						
宁 夏	Ningxia	120 156	45 862	74 294	34	14 208	302
新 疆	Xinjiang	1 382 771	300 446	1 082 325	55	21 570	315

注:进出口总额按经营单位所在地分。

Note: The total volume of imports and exports are grouped by the location of business units.

主要统计指标解释

进出口总额 指实际进出我国国境的货物总金额。包括对外贸易实际进出口货物，来料加工装配进出口货物，国家间、联合国及国际组织无偿援助物资和赠送品，华侨、港澳台同胞和外籍人员捐赠品，租赁期满归承租人所有的租赁货物，进料加工进出口货物，边境地方贸易及边境地区小额贸易进出口货物（边民互市贸易除外），中外合资经营企业、中外合作经营企业、外商独资经营企业进出口货物和公用物品，到、离岸价格在规定限额以上的进出口货样的广告品（无商业价值、无使用价值和免费提供出口的除外），从保税仓库提取在中国境内销售的进口货物以及其他进出口货物。进出口总额用以观察一个国家在对外贸易方面的总规模。我国规定出口货物按离岸价格统计，进口货物按到岸价格统计。

进口 指直接从国外进口的商品和委托外贸部门代理进口的商品，不包括从国内有关单位（包括对外贸易部门和其他单位）购进的进口商品。对外贸易企业只统计自主经营进口的商品，不包括受托代理进口的商品。

出口 指直接向国（境）外出口商品和委托外贸部门代理出口的商品，不包括售给外贸部门出口或加工后出口的商品以及在国内市场以外币销售的商品。

商品经营单位所在地进出口额 指所在地海关注册登记的有进出口经营权的企业实际进出口额。

利用外资 指我国各级政府、部门、企业和其他经济组织通过对外借款、吸收外商直接投资以及用其他方式筹措的境外现汇、设备、技术等。

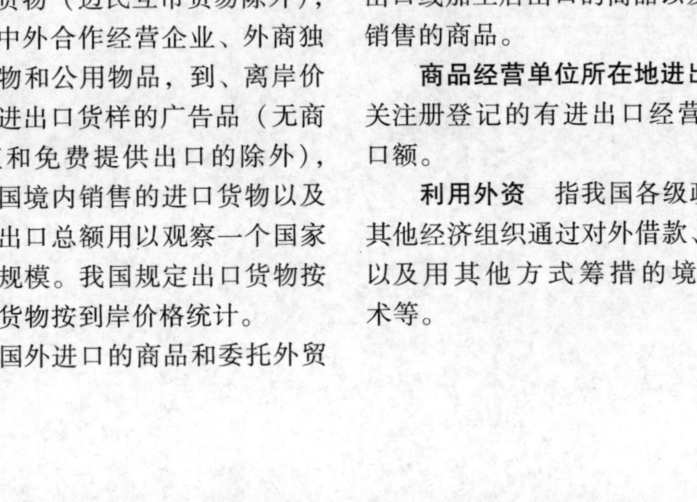

旅游 15

15－1 民族自治地方分地区世界遗产情况（2009 年）

World Heritage Status by Region of Ethnic Minority Autonomous Areas (2009)

单位：个 (unit)

地 区 Region	世界自然遗产 World Natural Heritage	世界文化遗产 World Cultural Heritage	世界自然与文化遗产 World Natural and Cultural Heritage	人类口述和非物质遗产 Oral and Nonmaterial Heritage
全 国 National	**7**	**26**	**4**	**4**
合 计 Total	**4**	**2**		**2**
河 北 Hebei				
内蒙古 Inner Mongolia				1
辽 宁 Liaoning				
吉 林 Jilin				
黑龙江 Heilongjiang				
浙 江 Zhejiang				
湖 北 Hubei				
湖 南 Hunan				
广 东 Guangdong				
广 西 Guangxi				
海 南 Hainan				
重 庆 Chongqing				
四 川 Sichuan	3			
贵 州 Guizhou				
云 南 Yunnan	1	1		
西 藏 Tibet		1		
甘 肃 Gansu				
青 海 Qinghai				
宁 夏 Ningxia				
新 疆 Xinjiang				1

15－2 民族自治地方分地区重点文物保护单位（2009 年）
Major Historical and Cultural Sites Under State Protection by Region of Ethnic Minority Autonomous Areas (2009)

单位：个 (unit)

地 区 Region	全国重点文物保护单位 Major Historical and Cultural Sites Under State Protection	古遗址 Remains of Ancient Culture	古墓葬 Ancient Tombs	古建筑及历史纪念建筑物 Ancient Buildings and the Buildings with Historic Significance	近现代重要史迹及代表性建筑 Important Historical Relics and Representative Buildings of Modern Times	石窟寺石刻及其他 Rock Cave Temple, Carved Stones and Others
合 计 Total	**363**	**115**	**40**	**127**	**55**	**26**
河 北 Hebei						
内蒙古 Inner Mongolia	78	41	9	21	5	2
辽 宁 Liaoning	6	5	1			
吉 林 Jilin	10	6	3	1		
黑龙江 Heilongjiang						
浙 江 Zhejiang	1			1		
湖 北 Hubei	8	4		2	1	1
湖 南 Hunan	10	1		4	3	2
广 东 Guangdong						
广 西 Guangxi	42	8	1	12	18	3
海 南 Hainan	1				1	
重 庆 Chongqing	1				1	
四 川 Sichuan	17	2	1	10	3	1
贵 州 Guizhou	14		1	9	4	
云 南 Yunnan	42	6		22	10	4
西 藏 Tibet	35	3	4	27	1	
甘 肃 Gansu	8	3		1	1	3
青 海 Qinghai	14	4	1	5	3	1
宁 夏 Ningxia	18	7	1	7	1	2
新 疆 Xinjiang	58	25	18	5	3	7

15-3 民族自治地方分地区国家 A 级旅游区（2009 年）

A Tourist Spots of the State by Region of Ethnic Minority Autonomous Areas（2009）

单位：个 (unit)

地　区 Region	国家 AAAAA 级旅游区 5A Tourist Spots of the State	国家 AAAA 级旅游区 4A Tourist Spots of the State	国家 AAA 级旅游区 3A Tourist Spots of the State	国家 AA 级旅游区 2A Tourist Spots of the State	国家 A 级旅游区 1A Tourist Spots of the State
合　计　Total	**12**	**180**	**146**	**212**	**43**
河　北　Hebei		3	3	4	
内蒙古　Inner Mongolia		28	29	48	6
辽　宁　Liaoning		10	3	10	3
吉　林　Jilin		4	6	10	1
黑龙江　Heilongjiang				3	
浙　江　Zhejiang				2	
湖　北　Hubei		3	2	9	
湖　南　Hunan		3	5	2	
广　东　Guangdong					
广　西　Guangxi	2	46	36	5	
海　南　Hainan		1			
重　庆　Chongqing		1		3	1
四　川　Sichuan	1	8	1	1	
贵　州　Guizhou	2	4		3	
云　南　Yunnan	2	25	11	45	7
西　藏　Tibet		8	1	2	1
甘　肃　Gansu		6	13	7	1
青　海　Qinghai		7		1	
宁　夏　Ningxia	2	6	3	8	1
新　疆　Xinjiang	3	17	33	49	22

15-4 民族自治地方分地区国家级重点风景名胜区和全国历史文化名城、名镇、名村（2009年）
Major Scenic Spots of the State and Historical and Cultural Famous City and Town and Country by Region of Ethnic Minority Autonomous Areas (2009)

单位：个 (unit)

地区 Region	国家级重点风景名胜区 Major Scenic Spots of the State	全国历史文化名城 Historical and Cultural Famous City	全国历史文化名镇 Historical and Cultural Famous Town	全国历史文化名村 Historical and Cultural Famous Country
合 计 Total	**61**	**17**	**25**	**17**
河 北 Hebei				
内蒙古 Inner Mongolia	3	1	2	2
辽 宁 Liaoning	2		1	
吉 林 Jilin	2			
黑龙江 Heilongjiang				
浙 江 Zhejiang			1	
湖 北 Hubei			1	2
湖 南 Hunan	3	1	3	
广 东 Guangdong				
广 西 Guangxi	3	2	3	3
海 南 Hainan				
重 庆 Chongqing			2	
四 川 Sichuan	4			1
贵 州 Guizhou	11	1	2	3
云 南 Yunnan	9	4	5	3
西 藏 Tibet	4	3	2	
甘 肃 Gansu			1	
青 海 Qinghai	1	1		1
宁 夏 Ningxia	1	1		
新 疆 Xinjiang	18	3	2	2

15-5 民族自治地方分地区国家重点自然保护区（2009年）
Major State Nature Reserve by Region of Ethnic Minority Autonomous Areas (2009)

地区 Region	国家重点自然保护区（个） Major State Nature Reserve (unit)	面积（千公顷） Area (1 000 hectares)
合计 Total	**121**	**81 421.85**
河北 Hebei	3	77.97
内蒙古 Inner Mongolia	23	3 924.88
辽宁 Liaoning	3	33.69
吉林 Jilin	7	508.18
黑龙江 Heilongjiang		
浙江 Zhejiang		
湖北 Hubei	4	183.70
湖南 Hunan	1	24.80
广东 Guangdong		
广西 Guangxi	15	286.19
海南 Hainan	4	81.97
重庆 Chongqing		
四川 Sichuan	11	1 730.60
贵州 Guizhou	5	152.31
云南 Yunnan	12	951.48
西藏 Tibet	9	37 153.10
甘肃 Gansu	4	2 015.12
青海 Qinghai	5	20 252.50
宁夏 Ningxia	6	439.20
新疆 Xinjiang	9	13 606.15

15－6 民族自治地方分地区旅行社单位数（2009年）

Number of Travel Agencies and Staff by Region of Ethnic Minority Autonomous Areas (2009)

单位：个 (unit)

地区 Region	旅行社数 Total Number of Travel Agencies	国际旅行社 International Travel Agencies	国内旅行社 Domestic Travel Agencies
合计 Total	**2 182**	**246**	**1 936**
河北 Hebei	12		12
内蒙古 Inner Mongolia	616	56	560
辽宁 Liaoning	38	1	37
吉林 Jilin	109	8	101
黑龙江 Heilongjiang	5		5
浙江 Zhejiang	3		3
湖北 Hubei	45	1	44
湖南 Hunan	35	2	33
广东 Guangdong	6		6
广西 Guangxi	434	92	342
海南 Hainan	1		1
重庆 Chongqing	15		15
四川 Sichuan	81	1	80
贵州 Guizhou	53	1	52
云南 Yunnan	157	19	138
西藏 Tibet			
甘肃 Gansu	16		16
青海 Qinghai	18		18
宁夏 Ningxia	97	12	85
新疆 Xinjiang	441	53	388

15－7 民族自治地方分地区旅游人数和收入情况（2009 年）

Number of Tourists and Earnings from Tourism by Region of Ethnic Minority Autonomous Areas (2009)

地 区 Region	旅游人次合计（万人次）Total (10 000 person-times)	国际旅游 Foreign Tourists	国内旅游 Domestic Tourists	国际旅游收入（万美元）Earnings from International Tourism (10 000 USD)	国内旅游收入（亿元）Earnings from Domestic Tourism (100 million yuan)
合 计 Total	**38 741. 2**	**965. 0**	**37 776. 2**	**267 804. 4**	**2 493. 6**
河 北 Hebei	168. 8		168. 8		8. 3
内蒙古 Inner Mongolia	4 009. 1	129. 0	3 880. 2	55 831. 0	573. 2
辽 宁 Liaoning	1 869. 5	11. 4	1 858. 2	3 739. 3	120. 0
吉 林 Jilin	844. 5	31. 0	813. 5	8 821. 4	76. 4
黑龙江 Heilongjiang	61. 0	0. 1	60. 9	11. 2	2. 2
浙 江 Zhejiang	133. 8	0. 4	133. 4	168. 5	5. 4
湖 北 Hubei	866. 9	25. 1	841. 8	2 689. 4	34. 5
湖 南 Hunan	1 302. 5	5. 3	1 297. 2	1 132. 6	58. 5
广 东 Guangdong	209. 2		209. 2		8. 9
广 西 Guangxi	9 942. 4	209. 9	9 732. 5	64 300. 0	657. 0
海 南 Hainan	433. 7	25. 1	408. 6	567. 5	4. 7
重 庆 Chongqing	233. 1		233. 1		5. 7
四 川 Sichuan	2 404. 9	13. 1	2 391. 8	3 408. 7	112. 7
贵 州 Guizhou	4 420. 8	10. 2	4 410. 5	3 687. 2	173. 6
云 南 Yunnan	6 985. 0	222. 9	6 762. 1	76 939. 3	354. 5
西 藏 Tibet	559. 8	17. 5	542. 3	7 873. 0	50. 6
甘 肃 Gansu	408. 3	5. 8	402. 5	23 364. 5	9. 3
青 海 Qinghai	876. 1	221. 4	654. 8	1 165. 2	8. 4
宁 夏 Ningxia	910. 4	1. 5	908. 9	442. 6	53. 1
新 疆 Xinjiang	2 101. 5	35. 5	2 066. 1	13 663. 0	176. 8

主要统计指标解释

旅游人数 包括入境国际旅游者人数、出境居民人数和国内旅游者人数。

1. 入境国际旅游者人数：指来中国参观、访问、旅行、探亲、访友、休养、考察、参加会议和从事经济、科技、文化、教育、宗教等活动的外国人、华侨、港澳同胞和台湾同胞的人数。不包括外国在我国的常驻机构，如使领馆、通讯社、企业办事处的工作人员，以及来我国常住的外国专家、留学生、在岸逗留不过夜人员。

2. 出境居民人数：指我国大陆居民因公务活动或私人事务短期出境的人数。公务活动出境居民人数包括在国际交通工具上的中国服务员工，因私出境居民人数不包括在国际交通工具上的中国服务员工。

3. 国内旅游者人数：指我国大陆居民和在我国常住1年以上的外国人、华侨、港澳台同胞离开常住地在境内其他地方的旅游设施内至少停留1夜、最长不超过6个月的人数。

国际旅游（外汇）收入 指入境旅游的外国人、华侨、港澳同胞和台湾同胞在中国内地旅游过程中发生的一切旅游支出，对于国家来说就是国际旅游（外汇）收入。

国际旅行社 指经营对外招徕并接待外国人、华侨、港澳同胞和台湾同胞来中国、归国或回内地旅游业务的旅行社。

国内旅行社 指负责经营招徕、组团、接待国内旅客的旅游业务，以及不对外招徕，负责经营接待国际旅行社或其他涉外部门组织的外国人、华侨、港澳同胞和台湾同胞来中国、归国或回内地旅游业务的旅行社。

银行和金融 16

16－1 民族自治地方金融机构存贷款年末余额

Credit and Deposits of Ethnic Minority Autonomous Areas

单位:亿元 (100 million yuan)

年 份 Year	各项存款 Deposits	各项贷款 Loans
1989	824. 19	1 041. 28
1990	1 048. 99	1 449. 71
1991	1 226. 48	1 525. 62
1992	1 671. 64	2 012. 49
1993	2 048. 81	2 451. 69
1994	2 654. 01	2 961. 95
1995	3 865. 71	4 035. 72
1996	4 483. 19	4 728. 59
1997	5 325. 62	5 770. 71
1998	5 975. 78	6 188. 96
1999	6 918. 26	6 738. 41
2000	7 905. 79	6 548. 01
2001	8 954. 49	7 288. 37
2002	10 238. 64	8 039. 72
2003	11 749. 93	9 339. 76
2004	13 545. 97	10 613. 63
2005	16 323. 84	11 299. 73
2006	19 897. 89	13 419. 65
2007	24 208. 78	15 696. 98
2008	30 144. 33	19 318. 35
2009	36 815. 92	24 493. 96

注:1997 年以前的信贷数为国家银行信贷数,1998 年以后为全部金融机构数。

Note: The credit and loan before the year of 1997 are of the national banking system, those of after 1998 are of the financial credit.

16－2 民族自治地方分地区金融机构信贷(2009年)

Financial Credit Funds by Region of Ethnic Minority Autonomous Areas(2009)

单位:亿元 (100 million yuan)

地 区 Region	各项存款 Deposits	各项贷款 Loans
合 计 Total	**37 097.90**	**24 493.96**
河 北 Hebei	281.99	231.42
内蒙古 Inner Mongolia	8 373.70	6 292.52
辽 宁 Liaoning	471.74	202.12
吉 林 Jilin	817.31	391.74
黑龙江 Heilongjiang	35.09	17.97
浙 江 Zhejiang	34.67	19.91
湖 北 Hubei	419.99	234.93
湖 南 Hunan	482.94	198.24
广 东 Guangdong	58.06	22.80
广 西 Guangxi	9 583.13	7 268.41
海 南 Hainan	231.79	28.45
重 庆 Chongqing	242.39	138.28
四 川 Sichuan	1 211.34	548.79
贵 州 Guizhou	1 276.27	740.47
云 南 Yunnan	2 861.09	1 801.78
西 藏 Tibet	1 027.24	248.01
甘 肃 Gansu	308.61	143.36
青 海 Qinghai	467.09	253.14
宁 夏 Ningxia	2 068.42	1 928.71
新 疆 Xinjiang	6 845.07	3 782.92

16－3 民族自治地方上市公司股本结构及主要财务指标

Capital Structure and Major Financial Targets of Stock Companies of Ethnic Minority Autonomous Areas

指标	Item	2000年	2001年	2002年	2003年	2006年	2007年	2008年	2009年
上市公司数目(家)	**Number of Listed Companies (unit)**	**77**	**84**	**87**	**95**	**100**	**102**	**106**	**111**
A股上市公司	A Shares	76	83	86	94	98	101	104	109
B股上市公司	B Shares	1	1	1	1	2	1	2	2
A、B股上市公司	A&B Shares								
总股本（亿股）	**Total Capital (100 million shares)**	**171.42**	**207.76**	**237.09**	**266.15**	**488.97**	**431.47**	**525.52**	**437.25**
主要财务指标(亿元)	**Main Indicators (100 million yuan)**								
资产总额	Total Assets	865.32	1 130.03	1 394.94	1 740.22	2 706.59	3 499.36	4 166.06	3 839.89
所有者权益合计	Total Owners' Equities	474.28	562.33	640.89	711.40	928.46	1 220.79	1 447.81	1 288.68
营业收入	Business Income	331.63	468.72	598.93	808.65	1 609.15	2 088.04	2 706.37	2 231.63
利润总额	Total Business Profits	92.91	109.76	145.12	185.04	328.23	221.12	152.17	147.67
净利润	Profits	41.48	31.06	32.06	26.82	70.24	141.55	97.78	92.90
每股收益（元）	EPS (yuan)					0.32	0.33	15.30	0.24
净资产收益率(%)	Net Asset Ratio (%)					16.69	11.60	3.30	8.06

16-4 民族自治地方分地区上市公司数（2009年）
The Number of Stock Companies by Region of Ethnic Minority Autonomous Areas (2009)

地区 Region	总计（个） Total (unit)	A股上市公司 A Shares	B股上市公司 B Shares
合计 Total	111	109	2
河北 Hebei			
内蒙古 Inner Mongolia	21	19	2
辽宁 Liaoning			
吉林 Jilin	1	1	
黑龙江 Heilongjiang			
浙江 Zhejiang			
湖北 Hubei			
湖南 Hunan	1	1	
广东 Guangdong			
广西 Guangxi	26	26	
海南 Hainan			
重庆 Chongqing			
四川 Sichuan	1	1	
贵州 Guizhou			
云南 Yunnan	3	3	
西藏 Tibet	9	9	
甘肃 Gansu			
青海 Qinghai	1	1	
宁夏 Ningxia	11	11	
新疆 Xinjiang	37	37	

16－5 民族自治地方分地区上市公司主要财务指标（2009 年）（一）

Major Financial Targets of Stock Companies by Region of Ethnic Minority Autonomous Areas（2009）（1）

地 区 Region	总股本 （亿股） Total Shares （10 000 Shares）	资产总额 （亿元） Total Assets （100 million yuan）	所有者权益合计 （亿元） Total Owners' Equities （100 million yuan）	营业收入 （亿元） Business Income （100 million yuan）
合 计 Total	**437.25**	**3 839.89**	**1 288.68**	**2 231.63**
河 北 Hebei				
内蒙古 Inner Mongolia	185.52	1 751.50	540.55	1 068.71
辽 宁 Liaoning				
吉 林 Jilin	4.11	13.95	－0.75	4.46
黑龙江 Heilongjiang				
浙 江 Zhejiang				
湖 北 Hubei				
湖 南 Hunan	3.03	12.22	6.78	3.65
广 东 Guangdong				
广 西 Guangxi	99.14	749.08	287.14	527.17
海 南 Hainan				
重 庆 Chongqing				
四 川 Sichuan	3.65	16.67	4.48	4.00
贵 州 Guizhou				
云 南 Yunnan	7.08	34.93	16.46	15.30
西 藏 Tibet	25.47	135.41	51.95	52.93
甘 肃 Gansu				
青 海 Qinghai	7.68	94.89	51.18	45.60
宁 夏 Ningxia	27.59	231.13	77.98	125.39
新 疆 Xinjiang	74.00	800.10	252.91	384.43

16－5 民族自治地方分地区上市公司主要财务指标（2009 年）（二）

Major Financial Targets of Stock Companies by Region of Ethnic Minority Autonomous Areas（2009）（2）

地　区 Region	利润总额（亿元） Business Profits （100 million yuan）	净利润（亿元） Net Profits （100 million yuan）	每股收益（元） EPS （yuan）	净资产收益率（%） Net Asset Ratio （%）
合　计 Total	**147.67**	**92.90**	**0.24**	**8.06**
河　北 Hebei				
内蒙古 Inner Mongolia	43.37	24.80	0.16	5.64
辽　宁 Liaoning				
吉　林 Jilin	-3.39	-3.38	-0.82	
黑龙江 Heilongjiang				
浙　江 Zhejiang				
湖　北 Hubei				
湖　南 Hunan	0.55	0.58	0.19	8.64
广　东 Guangdong				
广　西 Guangxi	27.70	17.47	0.21	7.31
海　南 Hainan				
重　庆 Chongqing				
四　川 Sichuan	1.91	1.56	0.43	38.64
贵　州 Guizhou				
云　南 Yunnan	0.61	0.41	0.06	2.57
西　藏 Tibet	5.68	4.47	0.20	9.78
甘　肃 Gansu				
青　海 Qinghai	24.63	12.30	1.60	40.63
宁　夏 Ningxia	11.29	8.27	0.30	10.72
新　疆 Xinjiang	35.32	26.42	0.37	10.88

16－6 民族自治地方上市公司总股本及财务指标（2009年）（一）

Total Shares and Financial Targets of Stock Companies by Region of Ethnic Minority Autonomous Areas (2009) (1)

上市公司名称 Name of Stock Companies	总股本（万股） Total Shares (10 000 shares)	资产总额（万元） Total Assets (10 000 yuan)	所有者权益合计（万元） Total Owners' Equities (10 000 yuan)	营业收入（万元） Business Income (10 000 yuan)
内蒙古	**1 855 155.95**	**17 514 992.09**	**5 405 477.04**	**10 687 106.75**
金宇集团	28 081.49	139 913.26	75 098.08	68 549.47
内蒙华电	198 122.00	2 234 763.48	341 293.67	719 656.18
伊利股份	79 932.27	1 315 214.36	344 296.12	2 432 354.75
时代科技	32 182.20	79 255.14	68 207.06	28 213.53
包钢股份	642 336.76	4 294 206.35	1 240 520.73	3 401 623.03
*ST明科	33 652.60	147 418.36	68 535.83	3 659.23
包钢稀土	80 734.80	646 352.00	169 607.36	259 295.60
华资实业	48 493.20	261 931.74	203 974.35	10 746.05
平庄能源	101 430.60	449 317.70	296 887.88	268 783.91
福瑞股份	9 620.00	25 096.46	15 745.88	17 997.53
北方股份	17 000.00	281 867.58	72 145.91	186 909.72
富龙热电	38 067.65	166 587.17	118 620.24	32 419.44
北方创业	17 323.00	215 114.23	88 843.13	240 332.28
西水股份	38 400.00	436 662.83	292 114.29	68 525.71
亿利能源	60 129.00	1 213 547.47	585 221.09	562 798.30
鄂尔多斯	103 200.00	2 061 891.93	396 825.13	811 748.89
鄂绒B股	103 200.00	2 061 891.93	396 825.13	811 748.89
伊泰B股	146 400.00	2 238 094.90	926 370.72	1 099 668.80

16 -6（一） 续表1
Continued

上市公司名称 Name of Stock Companies	总股本（万股） Total Shares (10 000 shares)	资产总额（万元） Total Assets (10 000 yuan)	所有者权益合计（万元） Total Owners' Equities (10 000 yuan)	营业收入（万元） Business Income (10 000 yuan)
远兴能源	76 781.40	646 231.78	203 708.17	173 973.23
兰太实业	35 911.80	376 637.17	97 780.56	108 827.27
露天煤业	110 557.18	461 091.15	329 226.42	478 943.75
吉　林	**41 060.00**	**139 542.23**	**-7 491.12**	**44 556.13**
*ST石岘	41 060.00	139 542.23	-7 491.12	44 556.13
湖　南	**30 305.00**	**122 248.22**	**67 849.51**	**36 490.29**
酒鬼酒	30 305.00	122 248.22	67 849.51	36 490.29
广　西	**991 386.32**	**7 490 781.49**	**2 871 442.31**	**5 271 658.08**
桂冠电力	147 989.25	1 505 859.19	494 655.71	307 609.90
*ST南化	23 514.81	252 567.82	44 706.77	141 893.75
五洲交通	55 586.77	399 793.04	240 154.72	24 050.59
南宁百货	17 360.64	89 052.61	24 981.28	147 272.08
阳光股份	74 991.33	776 084.50	231 850.60	98 812.10
*ST南方	17 825.95	80 408.81	13 827.91	34 095.80
南宁糖业	28 664.00	391 192.81	152 402.88	353 190.83
两面针	45 000.00	365 879.45	280 716.81	51 075.21
柳化股份	39 934.75	396 935.25	140 099.77	153 972.84
莱茵生物	6 476.69	40 978.31	25 350.35	12 793.84
广陆数测	8 539.83	39 776.03	25 892.53	11 511.68
柳钢股份	256 279.32	1 495 264.30	502 286.35	2 656 551.44
柳工	65 016.14	956 512.94	410 780.56	1 018 296.27
S*ST集琦	21 505.74	47 119.35	23 687.71	16 008.31

16－6（一） 续表 2

Continued

上市公司名称 Name of Stock Companies	总股本 （万股） Total Shares (10 000 shares)	资产总额 （万元） Total Assets (10 000 yuan)	所有者权益合计 （万元） Total Owners' Equities (10 000 yuan)	营业收入 （万元） Business Income (10 000 yuan)
桂林旅游	27 700.00	101 073.30	54 290.45	21 183.31
中恒集团	54 587.38	150 455.46	56 768.47	71 239.59
索芙特	28 798.92	124 251.75	90 432.60	42 809.12
*ST 河化	29 405.94	114 598.58	13 994.84	63 599.73
*ST 国发	27 921.60	94 342.37	15 830.41	24 020.59
北海港	14 212.26	68 560.62	28 656.61	21 596.10
*ST 光华	14 391.00	30 344.64	18 754.75	18 389.51
银河科技	69 921.50	301 135.30	117 891.85	101 933.94
桂东电力	18 395.00	290 349.73	56 409.23	145 544.20
皇氏乳业	10 700.00	91 533.17	72 394.52	30 471.85
桂林三金	45 400.00	206 185.26	178 285.32	111 082.85
贵糖股份	29 606.79	133 678.47	76 794.20	108 215.73
四　川	**36 456.75**	**166 650.95**	**44 768.79**	**39 995.15**
西昌电力	36 456.75	166 650.95	44 768.79	39 995.15
云　南	**70 764.94**	**349 316.75**	**164 617.65**	**152 982.16**
文山电力	47 852.64	182 808.59	90 406.21	114 533.53
丽江旅游	9 932.30	101 659.51	46 646.62	18 318.81
景谷林业	12 980.00	64 848.65	27 564.82	20 129.82
西　藏	**254 744.46**	**1 354 102.19**	**519 539.77**	**529 268.06**
西藏药业	13 871.00	74 370.29	29 999.79	110 962.11

16－6（一）　续表 3

Continued

上市公司名称 Name of Stock Companies	总股本 （万股） Total Shares （10 000 shares）	资产总额 （万元） Total Assets （10 000 yuan）	所有者权益合计 （万元） Total Owners' Equities （10 000 yuan）	营业收入 （万元） Business Income （10 000 yuan）
西藏天路	45 600.00	205 030.37	121 494.60	104 076.52
ST 珠峰	15 833.33	59 030.15	－33.07	49 477.36
西藏旅游	16 500.00	62 604.14	28 321.35	9 777.09
西藏城投	57 570.50	497 976.87	81 417.67	43 939.58
五洲明珠	10 823.66	103 252.47	28 164.51	98 432.54
奇正藏药	40 600.00	129 734.16	114 309.38	46 929.80
西藏发展	26 375.85	116 507.81	54 796.34	36 374.65
西藏矿业	27 570.12	105 595.93	61 069.20	29 298.41
青　海	**76 755.00**	**948 905.27**	**511 772.28**	**456 011.55**
盐湖钾肥	76 755.00	948 905.27	511 772.28	456 011.55
宁　夏	**275 866.12**	**2 311 321.87**	**779 762.72**	**1 253 942.71**
大元股份	20 000.00	37 087.01	28 729.80	8 620.70
宁夏恒力	19 395.35	158 845.01	49 870.01	152 567.16
赛马实业	19 513.39	431 210.43	218 207.91	181 037.00
新华百货	17 285.94	178 991.31	90 082.21	323 556.18
ST 广夏	68 613.40	21 161.61	－20 047.62	410.38
西北轴承	21 682.93	86 835.43	36 444.35	24 465.54
美利纸业	15 840.00	345 636.31	98 164.98	100 136.15
中银绒业	16 600.00	170 482.09	35 721.77	76 509.57
银星能源	23 589.00	217 833.80	31 642.79	79 411.69

16-6（一） 续表4
Continued

上市公司名称 Name of Stock Companies	总股本 （万股） Total Shares （10 000 shares）	资产总额 （万元） Total Assets （10 000 yuan）	所有者权益合计 （万元） Total Owners' Equities （10 000 yuan）	营业收入 （万元） Business Income （10 000 yuan）
英力特	17 706.11	375 133.09	90 703.99	187 336.52
东方钽业	35 640.00	288 105.77	120 242.53	119 891.83
新　疆	**740 049.76**	**8 000 999.47**	**2 529 104.09**	**3 844 252.57**
新疆天业	43 859.20	464 505.30	159 702.41	324 181.49
啤酒花	36 791.66	107 763.62	50 847.40	98 646.16
广汇股份	95 266.74	920 968.31	437 856.21	310 081.15
美克股份	51 060.40	259 333.82	152 627.14	186 947.77
新疆城建	67 578.58	303 518.65	152 958.40	161 090.11
八一钢铁	76 644.89	1 259 939.86	289 356.03	1 645 257.28
ST百花	26 885.20	95 742.84	27 274.90	6 364.99
友好集团	31 149.14	239 410.61	93 772.94	200 004.74
新疆众和	35 205.87	268 232.31	189 415.08	105 937.96
国际实业	24 056.96	230 205.23	116 557.13	51 751.03
*ST汇通	30 033.58	115 390.13	25 362.69	25 442.64
宏源证券	146 120.42	2 897 076.03	653 905.66	291 990.40
天山纺织	36 345.60	51 628.48	40 612.70	24 887.91
天山股份	38 894.52	787 127.27	138 698.41	411 511.93
新中基	48 205.33	571 790.15	116 376.05	166 002.10
中泰化学	53 686.00	747 716.95	258 314.20	332 650.07
天康生物	22 673.69	172 324.29	73 373.42	207 469.19

16-6（一） 续表 5
Continued

上市公司名称 Name of Stock Companies	总股本（万股）Total Shares (10 000 shares)	资产总额（万元）Total Assets (10 000 yuan)	所有者权益合计（万元）Total Owners' Equities (10 000 yuan)	营业收入（万元）Business Income (10 000yuan)
北新路桥	18 945.00	183 943.17	69 777.11	232 104.68
*ST 天宏	8 016.00	45 817.39	12 718.68	37 353.57
天富热电	65 569.66	653 288.22	186 158.64	164 925.94
天利高新	52 559.52	371 777.13	120 000.56	89 105.10
伊力特	44 100.00	157 419.39	102 764.88	87 088.04
新农开发	32 100.00	316 048.83	117 097.62	203 923.66
特变电工	179 737.57	1 886 794.75	796 618.35	1 475 429.30
中粮屯河	100 560.42	701 323.47	306 659.19	287 948.67
新赛股份	23 285.27	221 152.17	87 307.56	122 690.19
冠农股份	36 210.00	177 233.91	81 838.91	53 368.67
*ST 香梨	14 770.69	35 159.20	27 951.11	2 308.03
青松建化	36 889.12	306 667.57	160 523.93	125 042.52
金风科技	224 000.00	1 488 294.58	552 725.70	1 073 835.52
国统股份	10 000.00	91 713.73	42 020.14	42 717.42
准油股份	9 945.87	68 156.42	35 549.59	28 865.38
西部建设	21 000.00	144 700.37	92 257.22	91 275.23
*ST 中葡	80 991.93	333 072.50	106 268.07	34 592.96
光正钢构	9 038.00	34 170.91	12 975.78	27 603.47
西部牧业	11 700.00	35 021.30	16 086.70	26 723.08
新研股份	4 100.00	15 157.31	8 422.05	12 666.34

16-6 民族自治地方上市公司总股本及财务指标（2009年）（二）

Total Shares and Financial Targets of Stock Companies by Region of Ethnic Minority Autonomous Areas（2009）（2）

上市公司名称 Name of Stock Companies	利润总额（万元） Total Business Profits (10 000 yuan)	净利润（万元） Net Profits (10 000 yuan)	每股收益（元） EPS (yuan)	净资产收益率（%） Net Asset Ratio (%)
内蒙古	**433 723.36**	**247 980.08**	**0.16**	**5.64**
金宇集团	9 650.67	6 647.37	0.24	8.85
内蒙华电	91 105.93	40 368.05	0.2	11.83
伊利股份	81 187.68	64 765.97	0.81	18.81
时代科技	2 857.04	1 294.51	0.04	2.13
包钢股份	-216 442.66	-163 121.85	-0.25	-13.15
*ST明科	-96 043.53	-96 043.53	-2.85	-140.14
包钢稀土	17 349.12	5 576.81	0.07	3.29
华资实业	5 578.99	5 269.39	0.11	2.58
平庄能源	54 803.23	46 861.06	0.46	15.78
福瑞股份	4 274.68	3 441.81	0.63	21.86
北方股份	5 460.60	4 896.00	0.29	6.79
富龙热电	7 902.11	7 874.78	0.21	6.74
北方创业	5 753.50	4 464.10	0.26	5.02
西水股份	43 840.06	35 692.36	1.12	12.22
亿利能源	20 424.28	9 308.30	0.15	1.84
鄂尔多斯	74 144.74	39 345.88	0.38	9.92
鄂绒B股	74 144.74	39 345.88	0.38	9.92
伊泰B股	381 573.70	314 097.72	4.29	33.91

16-6（二） 续表 1
Continued

上市公司名称 Name of Stock Companies	利润总额（万元） Total Business Profits (10 000 yuan)	净利润（万元） Net Profits (10 000 yuan)	每股收益（元） EPS (yuan)	净资产收益率（%） Net Asset Ratio (%)
远兴能源	118 541.13	90 970.37	1.78	44.66
兰太实业	4 063.37	3 255.04	0.09	3.33
露天煤业	125 127.67	97 767.77	0.88	30.42
吉　林	**-33 853.89**	**-33 839.78**	**-0.82**	
*ST 石岘	-33 853.89	-33 839.78	-0.82	
湖　南	**5 526.87**	**5 848.44**	**0.19**	**8.64**
酒鬼酒	5 526.87	5 848.44	0.19	8.64
广　西	**277 008.66**	**174 696.04**	**0.21**	**7.31**
桂冠电力	44 577.51	32 817.59	0.22	0.22
*ST 南化	-32 167.32	-29 729.03	-1.26	-66.5
五洲交通	14 533.36	14 268.10	0.28	6.6
南宁百货	3 586.85	2 875.15	0.18	11.85
阳光股份	44 095.90	26 709.00	0.5	13.64
*ST 南方	-424.47	-629.89	-0.04	-4.56
南宁糖业	14 901.77	12 187.72	0.43	9.15
两面针	51 075.21	5 353.78	0.12	2.04
柳化股份	3 195.31	2 058.33	0.08	1.47
莱茵生物	827.83	682.10	0.11	2.69
广陆数测	620.47	456.40	0.05	1.76
柳钢股份	31 477.60	27 021.80	0.11	5.38

16－6（二） 续表 2

Continued

上市公司名称 Name of Stock Companies	利润总额（万元） Total Business Profits（10 000 yuan）	净利润（万元） Net Profits（10 000 yuan）	每股收益（元） EPS（yuan）	净资产收益率（%） Net Asset Ratio（%）
柳工	103 229.09	86 569.43	1.41	21.13
S＊ST 集琦	515.62	848.24	0.04	3.66
桂林旅游	3 815.11	3 380.71	0.19	7.06
中恒集团	15 744.26	12 570.91	0.48	22.14
索芙特	756.23	293.12	0.01	0.32
＊ST 河化	－13 201.65	－13 201.65	－0.45	－94.33
＊ST 国发	－14 703.08	－14 296.48	－0.51	－90.31
北海港	4 478.05	4 460.68	0.31	15.57
＊ST 光华	－2 219.28	－2 019.83	－0.14	－10.87
银河科技	8 244.94	4 608.99	0.07	3.91
桂东电力	6 733.84	4 938.68	0.32	8.76
皇氏乳业	4 749.40	4 561.51	0.57	6.3
桂林三金	37 739.06	30 731.49	0.72	17.33
贵糖股份	3 783.30	2 998.97	0.1	4.00
四　川	**19 085.00**	**15 643.86**	**0.43**	**38.64**
西昌电力	19 085.00	15 643.86	0.43	38.64
云　南	**6 139.17**	**4 067.88**	**0.06**	**2.57**
文山电力	10 845.28	9 414.96	0.2	10.41
丽江旅游	5 871.10	3 827.03	0.39	9.17
景谷林业	－10 577.21	－9 174.11	－0.71	－33.28

16－6（二） 续表3

Continued

上市公司名称 Name of Stock Companies	利润总额（万元） Total Business Profits (10 000 yuan)	净利润（万元） Net Profits (10 000 yuan)	每股收益（元） EPS (yuan)	净资产收益率（%） Net Asset Ratio (%)
西　藏	**56 826.36**	**44 721.32**	**0.20**	**9.78**
西藏药业	2 245.15	1 908.71	0.14	6.48
西藏天路	12 048.12	7 764.28	0.17	7.79
ST 珠峰	5 656.31	5 050.75	0.32	
西藏旅游	295.66	104.37	0.01	0.37
西藏城投	10 568.14	7 727.71	0.22	11.28
五洲明珠	2 406.29	1 098.74	0.1	4.65
奇正藏药	16 266.59	16 081.20	0.42	14.07
西藏发展	7 086.02	2 840.96	0.11	5.18
西藏矿业	254.08	2 144.59	0.08	3.51
青　海	**246 259.91**	**122 974.66**	**1.60**	**40.63**
盐湖钾肥	246 259.91	122 974.66	1.6	40.63
宁　夏	**112 855.11**	**82 686.48**	**0.30**	**10.72**
大元股份	－4 780.11	－4 804.56	－0.24	－16.72
宁夏恒力	796.80	493.92	0.02	1.01
赛马实业	54 221.83	44 468.20	2.28	21.5
新华百货	26 734.60	19 172.49	1.11	22.4
ST 广夏	18 502.23	18 465.09	0.27	
西北轴承	－8 532.79	－11 952.43	－0.55	－32.8
美利纸业	1 534.68	812.94	0.05	0.85

16－6（二） 续表4

Continued

上市公司名称 Name of Stock Companies	利润总额（万元） Total Business Profits (10 000 yuan)	净利润（万元） Net Profits (10 000 yuan)	每股收益（元） EPS (yuan)	净资产收益率（%） Net Asset Ratio (%)
中银绒业	5 934.01	3 898.22	0.23	11.51
银星能源	4 958.47	3 595.43	0.15	14.74
英力特	9 202.04	4 776.48	0.32	5.76
东方钽业	4 283.35	3 760.70	0.11	3.15
新　疆	**353 173.73**	**264 240.11**	**0.37**	**10.88**
新疆天业	1 981.48	688.14	0.02	0.43
啤酒花	6 946.91	506.08	0.01	1.57
广汇股份	69 590.58	53 740.32	0.56	16.66
美克股份	10 413.46	4 523.63	0.09	3.25
新疆城建	17 959.41	15 534.67	0.25	10.31
八一钢铁	7 834.26	11 016.83	0.14	3.81
ST百花	1 865.11	1 706.09	0.12	6.26
友好集团	7 000.29	6 043.43	0.19	6.44
新疆众和	21 124.77	18 234.17	0.52	9.62
国际实业	17 779.87	15 068.08	0.63	12.92
*ST汇通	-8 448.24	-8 582.03	-0.29	-33.84
宏源证券	155 720.96	115 165.09	0.79	17.61
天山纺织	-5 196.53	-4 664.89	-0.13	-11.49
天山股份	48 444.39	35 103.49	1.12	25.31
新中基	838.66	2 598.71	0.05	2.23
中泰化学	12 723.06	10 313.03	0.19	4.04

16－6（二） 续表 5
Continued

上市公司名称 Name of Stock Companies	利润总额（万元） Total Business Profits (10 000yuan)	净利润（万元） Net Profits (10 000yuan)	每股收益（元） EPS (yuan)	净资产收益率（%） Net Asset Ratio (%)
天康生物	11 197.79	9 844.64	0.6	13.42
北新路桥	6 835.61	5 858.80	0.4	8.4
＊ST 天宏	－2 571.86	－2 632.79	－0.33	－20.7
天富热电	11 768.92	8 225.42	0.13	4.42
天利高新	50.87	143.23		0.12
伊力特	17 243.66	10 923.87	0.25	11.14
新农开发	9 011.27	6 054.57	0.19	5.94
特变电工	182 675.28	152 866.58	0.85	21.93
中粮屯河	28 351.13	26 769.27	0.27	8.95
新赛股份	2 123.02	1 143.57	0.05	1.31
冠农股份	3 359.18	2 746.33	0.08	3.36
＊ST 香梨	3 171.33	3 172.68	0.21	11.35
青松建化	26 761.89	20 688.26	0.56	13.75
金风科技	199 055.73	174 557.95	1.25	33.56
国统股份	6 803.45	5 166.99	0.52	14.03
准油股份	1 491.68	1 128.23	0.11	3.17
西部建设	10 514.78	7 928.95	0.72	8.59
＊ST 中葡	－23 208.08	－22 619.62	－0.39	－21.29
光正钢构	2 357.00	1 908.72	0.28	14.71
西部牧业	3 027.31	3 044.28	0.35	18.92
新研股份	2 428.44	2 367.84	0.91	28.11

主要统计指标解释

信贷资金 指金融机构以信用方式积聚和分配的货币资金。金融机构信贷资金的来源有各项存款、金融债券、对国际金融机构负债、流通中现金、其他项目等；信贷资金的运用有各项贷款、有价证券及投资、金银占款、外汇占款、财政借款以及在国际金融机构中的资产等。

存款 指企业、机关、团体或居民根据资金必须收回的原则，把货币资金存入银行或其他信贷机构保管并取得一定利息的一种信用活动形式。根据存款对象或性质的不同可划分为企业存款、财政存款、机关团体存款、城乡储蓄存款、农业存款、信托及委托类存款、其他存款等科目。它是银行信贷资金的主要来源。

贷款 指银行或其他信贷机构根据资金必须归还的原则，按一定利率，为企业、个人等提供资金的一种信用活动形式。我国银行贷款分为短期贷款、委托及信托类贷款、其他类贷款等。

教育和科技 17

17－1 民族自治地方各类学校

Schools by Types of Ethnic Minority Autonomous Areas

单位:所 (unit)

年份 Year	高等学校 Institutions of Higher Education	中等学校 Secondary Schools	#中等专业学校 Specialized Secondary Schools	#普通中学 Regular Secondary Schools	小学 Primary Schools
1952	11	531			59 597
1957	14	1 115			57 480
1965	37	4 777			140 056
1975	35	8 353			121 110
1978	56	14 277			142 865
1979	63	12 249	545	11 704	139 256
1980	63	11 765	588	11 177	131 123
1981	67	11 072	563	10 509	117 581
1982	68	11 056	586	10 470	114 164
1983	76	11 493	516	10 977	119 418
1984	74	11 406	567	10 839	117 643
1985	86	11 644	560	11 084	121 712
1986	93	11 677	547	11 130	119 874
1987	100	11 849	541	11 308	119 879
1988	101	12 038	583	11 455	119 614
1989	106	14 441	815	11 626	120 118
1990	105	12 273	648	11 625	117 717
1991	104	12 882	571	11 563	103 139
1992	102	12 148	560	11 588	99 916
1993	101	12 051	570	11 481	97 858
1994	104	12 677	559	11 880	99 160
1995	105	13 550	584	11 606	97 650
1996	96	13 460	570	11 484	90 982
1997	92	13 466	579	11 486	90 704
1998	94	13 323	578	11 364	88 869
1999	95	13 034	554	11 209	87 150
2000	97	12 841	515	11 208	84 710
2001	105	12 926	472	11 433	75 386
2002	116	13 196	450	11 862	73 577
2003	135	13 094	419	11 711	70 497
2004	149	12 975	425	11 653	66 757
2005	155	12 771	384	11 559	67 056
2006	167	12 469	647	11 247	63 149
2007	171	12 220	721	10 885	58 223
2008	192	11 925	738	10 622	55 374
2009	196	11 334		10 261	52 283

注:本表未扣除区域变动因素,年度之间不可比,下同。中等学校包括职业中学,下同。

Note: This table excludes the changed factor of region. There is no comparison between the years. The same below. The secondary school includes vocational school. The same below.

17－2 民族自治地方各类学校专任教师

Full-time Teachers by Types of Schools of Ethnic Minority Autonomous Areas

单位:万人 (10 000 persons)

年 份 Year	高等学校 Institutions of Higher Education	中等学校 Secondary Schools	#中等专业学校 Specialized Secondary Schools	#普通中学 Regular Secondary Schools	小 学 Primary Schools
1952	0. 06	1. 02			
1957	0. 26	2. 22			
1965	0. 62	5. 30			
1975	0. 79	27. 47			
1978	1. 49	37. 70			
1979	1. 68	34. 78	1. 63	33. 15	61. 25
1980	1. 51	35. 10	1. 94	33. 16	73. 01
1981	1. 51	31. 87	1. 93	29. 94	72. 29
1982	1. 67	32. 05	2. 02	30. 03	74. 23
1983	1. 90	32. 41	2. 09	30. 32	77. 12
1984	2. 03	31. 08	2. 17	28. 91	75. 85
1985	2. 18	33. 53	2. 39	31. 14	60. 03
1986	2. 39	35. 66	2. 58	33. 09	80. 58
1987	2. 55	37. 39	2. 78	34. 61	80. 71
1988	2. 67	39. 86	3. 20	36. 66	83. 21
1989	3. 40	47. 57	10. 36	37. 21	84. 01
1990	2. 77	41. 55	3. 30	38. 25	84. 78
1991	2. 70	43. 09	3. 24	38. 90	83. 96
1992	2. 71	42. 53	3. 19	39. 34	83. 39
1993	2. 69	42. 92	3. 17	39. 75	83. 68
1994	2. 80	43. 96	3. 28	40. 67	86. 11
1995	3. 69	48. 90	4. 07	41. 47	85. 83
1996	2. 92	49. 41	3. 47	42. 40	83. 83
1997	2. 95	52. 29	3. 57	44. 65	88. 55
1998	3. 01	52. 79	3. 56	45. 65	87. 77
1999	3. 10	54. 29	3. 59	46. 97	89. 89
2000	3. 64	54. 50	3. 33	47. 89	89. 94
2001	3. 87	55. 74	3. 12	49. 32	86. 43
2002	4. 22	60. 14	4. 91	53. 73	89. 68
2003	4. 88	61. 54	2. 67	55. 51	87. 69
2004	5. 76	63. 06	2. 40	57. 46	86. 80
2005	6. 26	66. 80	2. 49	61. 15	88. 05
2006	7. 12	68. 33	3. 32	62. 57	88. 23
2007	7. 59	71. 55	5. 29	63. 66	89. 21
2008	8. 22	72. 50	5. 15	64. 73	89. 98
2009	8. 70	71. 52		66. 19	90. 59

17－3 民族自治地方各类学校在校学生

Students Enrollment by Types of Schools of Ethnic Minority Autonomous Areas

单位:万人 (10 000 persons)

年 份 Year	高等学校 Institutions of Higher Education	中等学校 Secondary Schools	#中等专业学校 Specialized Secondary Schools	#普通中学 Regular Secondary Schools	小 学 Primary Schools
1952	0.45	20.94			467.31
1957	1.20	49.39			599.45
1965	3.05	95.41			1 124.44
1975	3.11	362.46			1 416.10
1978	5.65	682.00			1 705.24
1979	6.20	628.39	7.50	610.19	1 685.50
1980	7.08	601.14	18.56	582.57	1 701.73
1981	7.79	509.15	15.38	493.76	1 629.57
1982	7.18	469.15	13.75	455.41	1 645.07
1983	7.76	486.41	14.52	471.89	1 711.15
1984	8.73	508.38	17.62	490.76	1 752.13
1985	10.44	573.29	20.65	516.64	1 836.90
1986	11.61	595.60	21.83	573.77	1 875.90
1987	12.38	608.72	22.83	585.89	1 840.70
1988	13.23	610.86	25.64	585.22	1 833.20
1989	13.98	707.17	27.33	579.84	1 997.00
1990	13.55	509.64	25.25	584.40	1 852.90
1991	13.16	665.44	27.39	589.30	1 877.44
1992	14.17	627.99	28.37	599.62	1 913.65
1993	16.11	606.52	32.04	574.48	1 844.30
1994	18.06	643.52	35.89	607.62	1 998.69
1995	18.60	721.09	39.14	631.88	1 889.49
1996	18.66	767.21	48.16	667.66	2 014.76
1997	20.47	819.15	43.40	721.75	2 061.79
1998	22.13	867.75	47.75	763.75	2 030.69
1999	26.00	918.84	51.31	809.76	1 927.46
2000	34.23	978.33	52.71	872.97	1 886.01
2001	44.89	999.89	49.03	901.20	1 806.05
2002	56.70	1 093.22	48.89	996.11	1 813.33
2003	69.54	1 134.98	46.62	1 036.74	1 738.25
2004	83.53	1 169.83	49.71	1 064.90	1 692.94
2005	100.00	1 386.97	52.38	1 082.39	1 667.69
2006	113.02	1 218.80	85.74	1 092.61	1 653.10
2007	123.46	1 254.29	122.80	1 081.43	1 645.80
2008	137.47	1 231.45	115.90	1 061.57	1 615.53
2009	148.51	1 224.75		1 050.15	1 580.89

17－4 民族自治地方各类学校毕业生

Graduates by Types of Schools of Ethnic Minority Autonomous Areas

单位：万人 (10 000 persons)

年 份 Year	高等学校 Institutions of Higher Education	中等学校 Secondary Schools	#中等专业学校 Specialized Secondary Schools	#普通中学 Regular Secondary Schools	小 学 Primary Schools
1952	0.03	2.93			22.56
1957	0.14	7.44			69.43
1965	0.82	15.70			60.82
1975	0.76	103.71			158.30
1978	1.06	182.31			254.10
1979	1.05	219.68	3.49	216.19	224.69
1980	0.74	183.56	6.66	176.90	222.16
1981	1.21	132.36	8.17	124.19	217.55
1982	2.57	142.33	6.90	135.44	203.81
1983	2.04	143.89	5.33	129.56	214.51
1984	1.77	127.88	4.97	122.92	215.58
1985	2.04	143.00	5.40	137.60	228.02
1986	2.37	152.17	6.56	145.61	243.31
1987	3.54	162.64	7.26	155.38	251.29
1988	3.64	175.96	7.65	168.31	244.39
1989	3.63	185.75	41.33	144.42	283.60
1990	4.04	182.76	9.06	173.70	218.97
1991	3.98	177.71	8.98	161.98	237.50
1992	3.81	173.80	8.39	165.41	306.08
1993	3.65	178.64	8.80	169.84	261.09
1994	4.07	170.43	8.71	161.73	258.53
1995	5.29	193.86	9.94	171.16	257.68
1996	5.32	201.74	11.12	176.89	262.93
1997	4.99	213.64	11.26	187.72	278.73
1998	5.39	234.91	12.01	207.31	294.22
1999	5.58	244.89	13.73	215.24	313.09
2000	5.99	225.31	14.81	193.85	324.57
2001	6.69	255.77	14.27	227.53	314.90
2002	8.38	286.18	15.06	368.12	325.85
2003	12.00	312.38	16.77	281.22	315.90
2004	14.69	330.09	14.25	302.14	300.02
2005	19.26	357.83	14.01	327.41	289.12
2006	23.92	372.13	19.44	341.66	276.14
2007	28.33	384.38	26.65	346.46	271.21
2008	30.96	373.97	29.53	332.14	274.46
2009	32.98	377.46		336.00	269.58

17－5 民族自治地方分地区高等学校基本情况（2009 年）

Institutions of Higher Education by Region of Ethnic Minority Autonomous Areas (2009)

单位：人 (person)

地区 Region	学校数（所）Schools (unit)	在校研究生数 Postgraduates Enrollment	在校本、专科学生数 Students Enrollment	招生数 New Students Enrollment	毕业生数 Graduates	教职工数 Staff and Workers	#专任教师数 Full-time Teachers
合计 Total	**196**	**49 604**	**1 435 457**	**444 137**	**329 837**	**136 937**	**86 976**
河北 Hebei							
内蒙古 Inner Mongolia	41	12 491	351 928	109 077	75 805	34 932	22 327
辽宁 Liaoning							
吉林 Jilin	1	3 093	18 470	5 763	5 639	2 594	1 483
黑龙江 Heilongjiang							
浙江 Zhejiang							
湖北 Hubei	2		21 741	6 705	7 785	2 010	1 210
湖南 Hunan	3	522	32 435	7 563	7 015	2 241	1 350
广东 Guangdong							
广西 Guangxi	68	18 748	528 300	168 942	121 500	48 304	29 459
海南 Hainan							
重庆 Chongqing							
四川 Sichuan	3		26 371	9 014	6 450	1 913	1 450
贵州 Guizhou	8		51 804	18 826	12 620	4 062	3 006
云南 Yunnan	11	279	49 845	16 842	9 862	2 043	2 966
西藏 Tibet	6		30 264	9 020	8 454	3 082	1 969
甘肃 Gansu	1		7 098	2 335	1 245	522	386
青海 Qinghai							
宁夏 Ningxia	15	2 836	75 564	22 402	16 391	8 599	5 136
新疆 Xinjiang	37	11 635	241 637	67 648	57 071	26 635	16 234

17-6 民族自治地方分地区各类中等学校基本情况(2009年)

Middle Schools by Region of Ethnic Minority Autonomous Areas(2009)

单位:人 (person)

地区 Region	学校数(所) Schools (unit)	在校学生数 Students Enrollment	招生数 New Students Enrollment	毕业生数 Graduates	教职工数 Staff and Workers	#专任教师数 Full-time Teachers
合计 Total	**11 334**	**12 247 488**	**4 396 287**	**3 774 607**	**874 026**	**715 246**
河北 Hebei	123	110 144	37 460	34 987	9 491	8 212
内蒙古 Inner Mongolia	1 354	1 678 815	613 272	548 838	144 261	110 583
辽宁 Liaoning	192	181 348	60 834	61 594	16 833	12 798
吉林 Jilin	247	153 557	49 933	58 267	17 310	13 667
黑龙江 Heilongjiang	17	14 094	4 524	4 598	1 181	1 054
浙江 Zhejiang	8	6 577	2 196	1 925	584	486
湖北 Hubei	224	274 504	91 791	90 114	16 399	14 180
湖南 Hunan	385	287 676	103 335	99 477	22 445	19 524
广东 Guangdong	34	33 309	12 167	9 936	2 513	2 140
广西 Guangxi	2 889	3 447 197	1 263 794	1 029 027	223 351	165 277
海南 Hainan	143	115 335	41 094	40 618	7 808	6 720
重庆 Chongqing	127	189 219	71 269	48 510	12 468	8 988
四川 Sichuan	386	393 072	146 199	111 473	24 230	20 941
贵州 Guizhou	1 108	1 162 140	432 072	328 623	64 229	57 890
云南 Yunnan	1 390	1 351 526	479 444	412 261	82 918	82 239
西藏 Tibet	118	202 927	74 964	59 316	13 046	12 099
甘肃 Gansu	236	231 115	82 176	62 157	14 741	12 607
青海 Qinghai	287	216 519	49 083	63 245	23 483	15 336
宁夏 Ningxia	374	536 023	202 358	157 968	33 246	29 159
新疆 Xinjiang	1 692	1 662 391	578 322	551 673	143 489	121 346

17－7 民族自治地方分地区普通中学基本情况(2009 年)

Regular Secondary Schools by Region of Ethnic Minority Autonomous Areas(2009)

单位:人 (person)

地 区 Region		学校数(所) Schools (unit)	在校学生数 Students Enrollment	招生数 New Students Enrollment	毕业生数 Graduates	教职工数 Staff and Workers	#专任教师数 Full-time Teachers
合 计	**Total**	**10 261**	**10 501 506**	**3 612 738**	**3 359 958**	**776 934**	**661 871**
河 北	Hebei	119	100 721	34 251	32 384	8 704	7 591
内蒙古	Inner Mongolia	1 196	1 351 859	451 720	471 755	122 818	95 356
辽 宁	Liaoning	183	167 808	54 575	58 131	15 754	12 128
吉 林	Jilin	238	146 820	47 228	55 267	16 441	13 149
黑龙江	Heilongjiang	16	12 489	3 770	4 260	1 029	922
浙 江	Zhejiang	7	5 703	1 910	1 579	501	423
湖 北	Hubei	205	232 291	76 092	77 360	14 683	12 814
湖 南	Hunan	342	253 163	86 910	88 923	20 314	18 124
广 东	Guangdong	31	29 472	10 480	9 039	2 301	1 977
广 西	Guangxi	2 497	2 818 297	988 894	881 527	190 755	159 696
海 南	Hainan	137	110 490	37 251	40 041	7 436	6 420
重 庆	Chongqing	116	176 416	64 406	46 271	11 653	8 398
四 川	Sichuan	346	356 581	128 825	101 824	22 142	19 332
贵 州	Guizhou	1 013	1 069 727	390 798	313 227	60 432	54 812
云 南	Yunnan	1 250	1 191 448	409 745	377 358	75 629	75 352
西 藏	Tibet	118	181 570	63 926	55 713	12 249	11 498
甘 肃	Gansu	211	219 206	77 471	58 964	13 658	11 776
青 海	Qinghai	271	193 034	38 129	56 655	22 360	14 450
宁 夏	Ningxia	355	439 575	156 519	137 421	29 920	26 811
新 疆	Xinjiang	1 610	1 444 836	489 838	492 259	128 155	110 842

17－8 民族自治地方分地区职业中学基本情况(2009年)

Vocational Middle Schools by Region of Ethnic Minority Autonomous Areas(2009)

单位:人 (person)

地区 Region	学校数(所) Schools (unit)	在校学生数 Students Enrollment	招生数 New Students Enrollment	毕业生数 Graduates	教职工数 Staff and Workers	#专任教师数 Full-time Teachers
合计 Total	**1 073**	**1 745 982**	**783 549**	**414 649**	**97 092**	**53 375**
河北 Hebei	4	9 423	3 209	2 603	787	621
内蒙古 Inner Mongolia	158	326 956	161 552	77 083	21 443	15 227
辽宁 Liaoning	9	13 540	6 259	3 463	1 079	670
吉林 Jilin	9	6 737	2 705	3 000	869	518
黑龙江 Heilongjiang	1	1 605	754	338	152	132
浙江 Zhejiang	1	874	286	346	83	63
湖北 Hubei	19	42 213	15 699	12 754	1 716	1 366
湖南 Hunan	43	34 513	16 425	10 554	2 131	1 400
广东 Guangdong	3	3 837	1 687	897	212	163
广西 Guangxi	392	628 900	274 900	147 500	32 596	5 581
海南 Hainan	6	4 845	3 843	577	372	300
重庆 Chongqing	11	12 803	6 863	2 239	815	590
四川 Sichuan	40	36 491	17 374	9 649	2 088	1 609
贵州 Guizhou	95	92 413	41 274	15 396	3 797	3 078
云南 Yunnan	140	160 078	69 699	34 903	7 289	6 887
西藏 Tibet		21 357	11 038	3 603	797	601
甘肃 Gansu	25	11 909	4 705	3 193	1 083	831
青海 Qinghai	16	23 485	10 954	6 590	1 123	886
宁夏 Ningxia	19	96 448	45 839	20 547	3 326	2 348
新疆 Xinjiang	82	217 555	88 484	59 414	15 334	10 504

17－9 民族自治地方分地区小学基本情况(2009年)

Elementary Schools by Region of Ethnic Minority Autonomous Areas(2009)

单位:人 (person)

地 区 Region		学校数(所) Schools (unit)	在校学生数 Students Enrollment	招生数 New Students Enrollment	毕业生数 Graduates	教职工数 Staff and Workers	#专任教师数 Full-time Teachers
合 计	**Total**	**52 283**	**15 808 933**	**2 561 525**	**2 695 811**	**985 594**	**905 851**
河 北	Hebei	444	121 437	20 628	21 340	9 725	9 059
内蒙古	Inner Mongolia	3 139	1 493 013	228 806	279 222	139 539	114 848
辽 宁	Liaoning	762	187 461	30 814	36 414	17 413	15 233
吉 林	Jilin	586	154 090	24 510	28 737	18 270	15 607
黑龙江	Heilongjiang	51	13 861	2 584	2 451	1 415	1 284
浙 江	Zhejiang	20	8 231	1 405	1 351	911	848
湖 北	Hubei	851	271 325	43 877	52 106	16 264	15 491
湖 南	Hunan	1 591	373 419	66 196	66 676	23 007	21 774
广 东	Guangdong	154	35 053	5 085	7 926	2 751	2 578
广 西	Guangxi	14 290	4 367 800	752 500	730 600	245 745	220 832
海 南	Hainan	553	152 139	16 738	32 686	11 689	10 881
重 庆	Chongqing	919	236 338	36 710	51 850	14 576	13 813
四 川	Sichuan	3 134	794 927	132 284	110 272	41 933	37 240
贵 州	Guizhou	6 349	1 887 354	289 757	325 744	88 789	84 674
云 南	Yunnan	9 058	2 014 255	315 448	334 793	114 501	118 671
西 藏	Tibet	884	305 235	53 682	50 850	19 293	18 686
甘 肃	Gansu	2 127	380 563	57 604	62 726	17 223	18 883
青 海	Qinghai	1 589	367 921	60 019	49 110	18 733	17 780
宁 夏	Ningxia	2 131	670 621	104 390	111 121	33 979	33 406
新 疆	Xinjiang	3 651	1 973 890	318 488	339 836	149 838	134 263

17－10　民族自治地方分地区教育经费支出情况(2009 年)
Expenditures for Education by Region of Ethnic Minority Autonomous Areas(2009)

地　区 Region	教育经费支出 (万元) Expenditures for Education (10 000 yuan)
合　计　Total	**14 422 380**
河　北　Hebei	102 108
内蒙古　Inner Mongolia	2 625 527
辽　宁　Liaoning	189 268
吉　林　Jilin	275 828
黑龙江　Heilongjiang	17 701
浙　江　Zhejiang	19 687
湖　北　Hubei	209 059
湖　南　Hunan	275 395
广　东　Guangdong	33 012
广　西　Guangxi	3 476 223
海　南　Hainan	108 977
重　庆　Chongqing	137 357
四　川　Sichuan	681 084
贵　州　Guizhou	905 461
云　南　Yunnan	1 357 414
西　藏　Tibet	494 122
甘　肃　Gansu	118 177
青　海　Qinghai	191 708
宁　夏　Ningxia	702 612
新　疆　Xinjiang	2 501 661

17－11 民族自治地方分地区县及县以上政府部门所属研究与开发机构及情报文献机构和人员(2009 年)
Staffs of State-owned Research and Development Institutions and Information and Literature Institutions at and above County Level of Ethnic Minority Autonomous Areas(2009)

地 区 Region	机构数(个) Number of Institutions (unit)	从业人员(人) Social Labor (person)	#从事科技活动人员 Number of Staff and Workers	#大学本科及以上学历 Under－graduate Courses and above
合 计 **Total**	**675**	**42 024**	**29 880**	**18 614**
河 北 Hebei				
内蒙古 Inner Mongolia	130	9 319	6 719	4 054
辽 宁 Liaoning	10	200	165	60
吉 林 Jilin	10	191	179	129
黑龙江 Heilongjiang				
浙 江 Zhejiang	3	40	17	7
湖 北 Hubei	21	332	248	151
湖 南 Hunan	12	233	136	76
广 东 Guangdong	4	51	18	7
广 西 Guangxi	201	14 319	8 963	5 573
重 庆 Chongqing	2	11	9	9
四 川 Sichuan	13	708	514	262
贵 州 Guizhou	19	579	371	211
云 南 Yunnan	40	2 392	2 016	1 041
西 藏 Tibet	21	1 421	1 039	553
甘 肃 Gansu	7	423	337	141
青 海 Qinghai	9	219	180	80
宁 夏 Ningxia	48	3 922	2 080	1 211
新 疆 Xinjiang	125	7 664	6 889	5 049

17－12 民族自治地方分地区县及县以上政府部门所属研究与开发机构及情报文献机构经费(2009年)

Fund of State-owned Research and Development Institutions and Information and Literature Institutions at and above County Level of Ethnic Minority Autonomous Areas(2009)

单位:万元 (10 000 yuan)

地区 Region	经费收入 Revenue	#科技活动收入 Funding for S&T Activities	经费支出 Expenditure	#科技经费支出 Expenditure on Technology
合计 Total	**8 657 467**	**4 275 143**	**8 167 037**	**4 346 221**
河北 Hebei				
内蒙古 Inner Mongolia	1 954 027	903 333	1 876 873	852 505
辽宁 Liaoning	15 707	11 020	14 894	10 392
吉林 Jilin	25 809	21 206	25 255	16 106
黑龙江 Heilongjiang				
浙江 Zhejiang	4 679	3 124	5 409	3 282
湖北 Hubei	36 351	25 951	40 719	26 509
湖南 Hunan	11 083	8 815	10 319	9 193
广东 Guangdong	1 210	390	1 091	415
广西 Guangxi	3 437 687	1 444 163	3 303 869	1 457 952
重庆 Chongqing	479	430	472	496
四川 Sichuan	69 798	48 130	56 948	34 201
贵州 Guizhou	50 888	42 574	47 735	31 649
云南 Yunnan	374 376	222 774	379 142	295 678
西藏 Tibet	462 290	206 377	432 647	343 301
甘肃 Gansu	35 493	19 212	29 910	23 089
青海 Qinghai	32 155	25 553	27 199	22 543
宁夏 Ningxia	637 444	218 838	600 436	243 432
新疆 Xinjiang	1 507 991	1 073 253	1 314 119	975 478

17－13 民族自治地方分地区县及县以上政府部门所属研究与开发机构及情报文献机构科技活动成果情况(2009 年)(一)

Achievements in Scientific and Technological of Research and Development Institutions at and above County Level of Ethnic Minority Autonomous Areas(2009)(1)

单位:篇 (piece)

地　区 Region	发表科技论文 Publishing of Technological Component	#国外发表 Publishing of Abroad	出版科技著作 Publishing of Technological	有效发明专利总数(项) Total of Invention of Patent (item)
合　计 **Total**	**7 988**	**359**	**272**	**431**
河　北 Hebei				
内蒙古 Inner Mongolia	789	56	15	44
辽　宁 Liaoning	32		1	
吉　林 Jilin	27	4	2	3
黑龙江 Heilongjiang				
浙　江 Zhejiang				
湖　北 Hubei	68		1	1
湖　南 Hunan	8		5	3
广　东 Guangdong	2			
广　西 Guangxi	2 736	94	63	66
重　庆 Chongqing				
四　川 Sichuan	148	4	3	3
贵　州 Guizhou	161		1	
云　南 Yunnan	419	69	7	23
西　藏 Tibet	261		31	
甘　肃 Gansu	66		1	
青　海 Qinghai	40			
宁　夏 Ningxia	591	2	39	39
新　疆 Xinjiang	2 640	130	103	249

17 - 13 民族自治地方分地区县及县以上政府部门所属研究与开发机构及情报文献机构科技活动成果情况(2009 年)(二)

Achievements in Scientific and Technological of Research and Development Institutions at and above County Level of Ethnic Minority Autonomous Areas(2009)(2)

单位:项 (item)

地 区 Region	专利申请数 Number of Patent Applications	#发明专利 Inventions of Patent	专利授权数 Number of Patent Granted	#发明专利 Inventions of Patent
合 计 Total	**387**	**229**	**185**	**78**
河 北 Hebei				
内蒙古 Inner Mongolia	40	25	25	12
辽 宁 Liaoning				
吉 林 Jilin	18	8	6	2
黑龙江 Heilongjiang				
浙 江 Zhejiang				
湖 北 Hubei	2	1	3	1
湖 南 Hunan	1		1	1
广 东 Guangdong				
广 西 Guangxi	73	46	46	17
重 庆 Chongqing				
四 川 Sichuan			3	3
贵 州 Guizhou	7	2		
云 南 Yunnan	17	16	6	5
西 藏 Tibet				
甘 肃 Gansu				
青 海 Qinghai	2	2		
宁 夏 Ningxia	43	22	28	15
新 疆 Xinjiang	184	107	67	22

17－14 民族自治地方分地区开发区高新技术企业主要经济指标(2009年)
Main Economic Indicators of High－tech Enterprises in Development Areas by Region of Ethnic Minority Autonomous Areas(2009)

开发区 Development Area	企业数 (个) Number of Enterprises (unit)	从业人员 (人) Number of Persons Engaged (person)	总产值 (万元) Gross Output Value (10 000 yuan)	总收入 (万元) Total Income (10 000 yuan)	出口总额 (万美元) Exports (10 000 USD)
全　国 National Total	**53 692**	**8 153 213**	**611 513 927**	**787 069 413**	**20 072 181**
合　计 Total	**1 746**	**326 209**	**19 195 248**	**20 140 469**	**191 788**
包　头 Baotou	573	109 273	9 276 985	9 080 715	55 850
南　宁 Nanning	686	108 400	4 541 069	5 802 673	23 585
桂　林 Guilin	277	74 338	3 750 522	3 220 050	54 272
乌鲁木齐 Urumqi	210	34 198	1 626 672	2 037 031	58 081

主要统计指标解释

普通高等学校 指按照国家规定的设置标准和审批程序批准举办，通过国家统一招生考试，招收高中毕业生为主要培养对象，实施高等教育的全日制大学、独立设置的学院和高等专科学校、短期职业大学。

独立研究与开发机构 指有明确的任务和研究方向，有一定学术水平的业务骨干和一定数量的研究人员，具有研究、开发、开展学术工作的基本条件，主要进行科学研究与技术开发活动，并且在行政上有独立的组织形式，财务上独立核算盈亏，有权与其他单位签订合同，在银行有单独户头的单位。包括国务院各部门、中国科学院、中国社会科学院和各省、自治区、直辖市以及地（市）以上［含地（市）］各部门所属的国有科学研究与技术开发机构。

独立研究与开发机构职工 指在独立研究与开发机构工作，并由其支付工资的人员。包括长期职工、临时职工和招聘人员，不包括编制以外的离休、退休人员和停薪留职人员。

研究与发展经费支出 指用于研究与发展课题活动（基础研究、应用研究、实验发展）的全部实际支出，包括用于研究与发展课题活动的直接支出和间接用于研究与发展活动的支出［如研究院（所）管理费、维持研究院（所）正常运转的必需费用和与研究发展有关的基本建设支出］。

科学家和工程师 指具有大学本科及以上学历和不具备上述学历但有高、中级职称的人员。

文化和出版 18

18－1　民族自治地方艺术事业机构

Number of Arts Organizations of Ethnic Minority Autonomous Areas

单位:个　　　　(unit)

年　份 Year	合　计 Total	艺术表演团体 Art Performance Troupes	#少数民族歌舞团 Ethnical Performance Groups	艺术表演场馆 Art Performance Halls	#剧场、影剧院 Theaters and Music Halls	艺术创作机构 Art Production Troupes
1979	645	589	24		56	
1980	672	603	37		69	
1981	682	603	34		79	
1982	690	600	43		90	
1983	703	608	39		95	
1984	709	614	43		95	
1985	726	630	46		96	
1986	887	616	56		180	91
1987	889	607	64		184	98
1988	923	592	67		182	149
1989	843	565	52		177	101
1990	846	557	54		184	105
1991	843	545	59		182	113
1992	828	540	59		175	111
1993	820	530	60		179	109
1994	821	535	62		176	108
1995	827	535	63		179	113
1996	834	516	61		183	135
1997	856	526	59		188	142
1998	825	534	58		194	97
1999	831	511	58		180	140
2000	829	510	58		182	137
2001	819	508	55		167	144
2002	846	512	55		193	141
2003	845	513	69		188	144
2004	761	501	59		173	81
2005	764	525	55		166	67
2006	773	538	73		164	66
2007	859	651	127		157	25
2008	866	651	127		163	24
2009	953	748	122	186	145	19

注:本表未扣除区域变动因素,年度之间不可比。下同。

Note:The factor of regional changes is not deducted,so data among years are not comparable. The next is the Same.

18－2　民族自治地方艺术事业机构职工
Personnel of Arts Organizations of Ethnic Minority Autonomous Areas

单位:人　　(person)

年 份 Year	合 计 Total	艺术表演团体 Art Performance Troupes	#少数民族歌舞团 Ethnical Performance Groups	艺术表演场馆 Art Performance Halls	#剧场、影剧院 Theaters and Music Halls	艺术创作机构 Art Production Troupes
1979	28 466	27 883	2 322		583	
1980	29 516	28 661	3 861		855	
1981	30 291	29 319	3 504		972	
1982	29 665	28 590	4 528		1 075	
1983	29 013	27 909	4 053		1 104	
1984	28 967	27 821	4 411		1 146	
1985	27 961	26 831	4 168		1 130	
1986	32 299	28 429	4 855		2 702	1 168
1987	32 370	28 216	5 214		2 798	1 356
1988	31 047	26 518	5 098		2 848	1 681
1989	29 237	24 930	3 770		2 931	1 379
1990	29 419	25 105	3 790		2 996	1 308
1991	29 528	24 650	4 753		3 151	1 663
1992	28 836	24 097	4 728		3 099	1 599
1993	28 196	23 323	4 762		3 174	1 653
1994	27 491	22 881	4 908		2 972	1 601
1995	27 160	22 470	4 786		3 044	1 646
1996	26 307	21 240	4 401		3 261	1 806
1997	27 197	21 729	3 801		3 472	1 996
1998	26 410	21 573	3 711		3 594	1 243
1999	25 758	20 705	3 897		3 277	1 776
2000	24 818	20 456	4 125		2 671	1 691
2001	25 519	21 139	4 022		2 694	1 686
2002	25 697	21 230	3 882		2 840	1 627
2003	24 990	20 849	4 550		2 445	1 696
2004	24 065	20 760	3 430		2 313	902
2005	24 193	21 012	3 052		2 272	811
2006	24 417	21 169	3 349		2 319	819
2007	34 021	30 131	5 598		2 571	188
2008	29 393	25 912	5 912		2 272	187
2009	31 144	28 201	5 557	2 809	1 798	134

18－3 民族自治地方群众文化事业、图书馆事业机构

Number of Public Cultural and Library of Ethnic Minority Autonomous Areas

单位:个 (unit)

年 份 Year	群众文化机构 Mass Culture Institutions	群众艺术馆 Mass Art Centers	文化馆 Cultural Centers	文化站 Cultural Stations	图书馆 Library
1979	2 568		544	2 024	
1980	3 158		568	2 590	
1981	3 436		582	2 854	331
1982	3 974		562	3 412	332
1983	5 008		566	4 442	407
1984	7 169		856	6 313	469
1985	7 699		579	7 120	494
1986	8 164	73	614	7 476	533
1987	8 030	77	620	7 333	547
1988	7 980	77	623	7 280	549
1989	7 866	80	670	7 114	551
1990	7 994	79	637	7 278	556
1991	8 295	79	626	7 590	561
1992	7 531	78	635	6 818	573
1993	8 231	79	629	7 523	573
1994	8 222	81	630	7 511	577
1995	8 323	79	639	7 605	584
1996	7 624	79	653	6 892	573
1997	7 867	80	658	7 129	596
1998	8 079	82	679	7 318	661
1999	7 847	79	645	7 123	670
2000	7 812	79	655	7 078	563
2001	7 671	84	637	6 950	563
2002	7 698	83	633	8 082	567
2003	7 617	81	642	6 894	566
2004	7 925	80	632	7 213	575
2005	7 757	83	630	7 044	591
2006	7 423	82	631	6 710	602
2007	7 429	96	618	6 715	605
2008	7 582	80	643	6 859	604
2009	7 954		738	7 207	619

18－4 民族自治地方群众文化事业、图书馆事业机构职工

Personnel of Public Cultural and Library of Ethnic Minority Autonomous Areas

单位:人 (person)

年 份 Year	群众文化事业 Mass Cultural Institutions				图书馆事业 Libraries
	合 计 Total	群众艺术馆 Mass Art Centers	文化馆 Cultural Centers	文化站 Cultural Stations	
1979	7 101		4 896	2 205	
1980	8 436		5 441	2 995	
1981	9 408		6 147	3 261	2 853
1982	10 655		6 282	4 373	3 031
1983	11 928		6 527	5 401	3 722
1984	14 682		7 153	7 529	4 278
1985	15 198		6 657	8 541	4 698
1986	18 717	1 702	7 495	9 517	5 411
1987	19 162	1 837	7 392	9 933	5 775
1988	19 058	1 858	7 451	9 749	6 124
1989	19 180	1 973	7 814	9 393	6 241
1990	19 934	1 949	8 221	9 764	6 507
1991	20 313	2 001	8 264	10 048	6 794
1992	19 651	1 995	8 182	9 474	7 024
1993	20 425	1 971	8 176	10 278	7 088
1994	20 076	1 970	8 106	10 000	7 052
1995	22 305	1 991	8 159	12 155	7 165
1996	16 459	1 855	7 614	6 990	7 002
1997	17 556	1 897	7 746	7 913	7 311
1998	17 873	1 957	7 771	8 145	7 363
1999	16 969	1 881	7 157	7 931	7 202
2000	17 429	1 839	7 183	8 407	7 065
2001	19 072	2 017	7 152	9 903	7 204
2002	19 602	2 020	7 083	10 499	7 177
2003	19 734	1 799	6 904	11 031	7 024
2004	20 317	1 829	6 894	11 594	6 993
2005	20 215	1 891	7 039	11 285	9 598
2006	20 496	1 939	7 047	11 510	7 256
2007	20 458	1 890	7 093	11 475	7 432
2008	21 107	1 725	7 314	12 068	7 285
2009	21 982		9 179	12 803	7 439

18-5 民族自治地方文物事业机构和职工

Number of Cultural Undertaking and Personnel of Ethnic Minority Autonomous Areas

单位:个、人 (unit, person)

年份 Year	文物事业机构 Cultural Organization		#文物保护管理机构 Cultural Relics Organization		#博物馆 Museums	
	机构数 Institutions	职工人数 Personnel	机构数 Institutions	职工人数 Personnel	机构数 Institutions	职工人数 Personnel
1983	122	1 379	95	665	27	714
1984	156	1 504	115	701	41	803
1985	201	1 919	152	1 004	49	915
1986	263	2 692	204	1 605	59	1 087
1987	311	3 020	244	1 886	67	1 134
1988	333	3 376	256	1 966	77	1 410
1989	367	3 478	284	2 060	83	1 418
1990	418	3 534	327	2 032	91	1 502
1992	337	2 959	269	1 775	68	1 184
1993	315	3 390	243	2 118	72	1 272
1994	334	3 349	259	2 067	75	1 282
1995	398	4 217	317	2 776	81	1 441
1996	544	6 884	401	2 189	121	1 945
1997	571	8 988	415	2 349	134	2 099
1998	607	10 461	430	2 474	155	2 344
1999	602	9 598	435	2 312	144	2 183
2000	617	12 240	444	2 422	151	2 206
2001	622	9 486	441	5 159	156	2 417
2002	644	5 652	458	2 774	162	2 310
2003	630	6 139	445	3 291	163	2 391
2004	636	8 896	438	5 126	175	2 724
2005	659	9 598	456	5 717	184	2 808
2006	678	7 176	471	3 399	190	2 821
2007	701	9 310	467	5 217	212	3 219
2008	732	7 943	470	3 417	240	3 567
2009	833	8 495	499	3 113	312	4 437

18－6 民族自治地方分类别按登记注册类型分的主要文化事业机构(2009 年)

Main Cultural Organizations of Ethnic Minority Autonomous Areas by Registration Status and Category(2009)

单位:个 (unit)

类别	Category	合计 Total	文化部门 Cultural Departments				其他部门 Other Departments
			小计 Subtotal	国有经济 State-owned	集体经济 Collective-owned	其他经济 Other-owned	
总计	**Total**	**53 967**	**11 692**	**11 590**	**4**	**98**	**42 275**
艺术事业	Art Institution	953	751	718	4	29	202
1. 艺术表演团体	Art Performance Troupes	748	579	548	4	27	169
#少数民族歌舞团	Ethnic Performance Groups	122	73	68		5	49
2. 艺术表演场馆	Art Performance Halls	186	153	151		2	33
#剧场、影剧院	Theaters and Music Halls	145	135	133		2	10
3. 艺术创作机构	Art Production Troupes	19	19	19			
图书馆事业	Libraries	619	619	619			
群众文化事业	Mass Cultural Units	7 945	7 945	7 945			
文化馆	Cultural Centers	738	738	738			
文化站	Cultural Stations	7 207	7 207	7 207			
文物事业机构	Cultural Organization	833	823	823			10
#文物保护管理机构	Cultural Relics Organization	499	499	499			
#博物馆	Museums	312	302	302			10
网络文化服务	Network Culture Service	1					1
文化休闲娱乐服务	Culture and Leisure Entertainment Services	33 827	65			65	33 762
1. 娱乐场所	Entertainment	15 978	20			20	15 958
2. 其他计算机服务(网吧)	Other Computer Services (Internet Cafes)	17 849	45			45	17 804
动漫企业	Animation Enterprise	20	4	1		3	16
其他文化产业及相关产业	Other Culture Units	9 769	1 485	1 484		1	8 284

18－7 民族自治地方分类别按登记注册类型分的主要文化事业机构职工（2009年）
Personnel of Main Cultural Organizations
of Ethnic Minority Autonomous Areas by Registration Status and Category (2009)

单位：人 (person)

类别	Category	合计 Total	文化部门 Cultural Departments 小计 Subtotal	国有经济 State-owned	集体经济 Collective-owned	其他经济 Other-owned	其他部门 Other Departments
总计	**Total**	**241 944**	**65 303**	**64 181**	**70**	**1 052**	**176 641**
艺术事业	Art Institution	31 144	25 427	24 546	70	811	5 717
1. 艺术表演团体	Art Performance Troupes	28 201	23 602	22 791	70	741	4 599
#少数民族歌舞团	Ethnic Performance Groups	5 557	4 045	3 917		128	1 512
2. 艺术表演场馆	Art Performance Halls	2 809	1 691	1 621		70	1 118
#剧场、影剧院	Theaters and Music Halls	1 798	1 538	1 468		70	260
3. 艺术创作机构	Art Production Troupes	134	134	134			
图书馆事业	Libraries	7 439	7 439	7 439			
群众文化事业	Mass Cultural Units	21 982	21 982	21 982			
文化馆	Cultural Centers			9 179			
文化站	Cultural Stations			12 803			
文物事业机构	Cultural Organization			7 771			10
#文物保护管理机构	Cultural Relics Organization			3 113			
#博物馆	Museums			4 252			10
网络文化服务	Network Culture Service						1
文化休闲娱乐服务	Culture and Leisure Entertainment Services					65	33 762
1. 娱乐场所	Entertainment					20	15 958
2. 其他计算机服务（网吧）	Other Computer Services (Internet Cafes)					45	17 804
动漫企业	Animation Enterprise			8		3	16
其他文化产业及相关产业	Other Culture Units			2 435		1	8 284

18－8 民族自治地方分地区按登记注册类型分的主要文化事业机构（2009 年）

Main Cultural Organizations by Registration Status and Region of Ethnic Minority Autonomous Areas（2009）

单位：个 (unit)

地区 Region		合计 Total	文化部门 Cultural Departments				其他部门 Other Departments
			小计 Subtotal	国有经济 State-owned	集体经济 Collective-owned	其他经济 Other-owned	
合计	**Total**	**53 967**	**11 692**	**11 590**	**4**	**98**	**42 275**
河北	Hebei	437	156	154	2		281
内蒙古	Inner Mongolia	9 298	1 655	1 654		1	7 643
辽宁	Liaoning	962	270	206		64	692
吉林	Jilin	1 724	237	237			1 487
黑龙江	Heilongjiang	59	21	21			38
浙江	Zhejiang	51	31	31			20
湖北	Hubei	611	179	179			432
湖南	Hunan	2 211	512	512			1 699
广东	Guangdong	114	43	43			71
广西	Guangxi	9 856	1 903	1 900		3	7 953
海南	Hainan	572	127	127			445
重庆	Chongqing	531	202	202			329
四川	Sichuan	2 108	964	962		2	1 144
贵州	Guizhou	2 056	759	758		1	1 297
云南	Yunnan	7 899	1 351	1 342	1	8	6 548
西藏	Tibet	2 002	442	429		13	1 560
甘肃	Gansu	585	303	303			282
青海	Qinghai	1 115	390	384	1	5	725
宁夏	Ningxia	2 186	359	358		1	1 827
新疆	Xinjiang	9 590	1 788	1 788			7 802

18-9 民族自治地方分地区按登记注册类型分的主要文化事业机构职工（2009 年）

Personnel of Main Cultural Organizations by Registration Status and by Region of Ethnic Minority Autonomous Areas (2009)

单位：人 (person)

地区 Region	合计 Total	文化部门 Cultural Departments 小计 Subtotal	国有经济 State-owned	集体经济 Collective-owned	其他经济 Other-owned	其他部门 Other Departments
合计 Total	**76 152**	**79 057**	**77 935**	**70**	**98**	**311**
河北 Hebei	830	595	540	55		4
内蒙古 Inner Mongolia	15 111	16 545	16 529		1	93
辽宁 Liaoning	1 449	1 412	1 003		64	
吉林 Jilin	2 046	2 179	2 179			
黑龙江 Heilongjiang	119	128	128			
浙江 Zhejiang	119	124	124			
湖北 Hubei	444	1 317	1 317			
湖南 Hunan	2 825	2 320	2 320			11
广东 Guangdong	337	297	297			6
广西 Guangxi	13 291	14 288	14 242		3	39
海南 Hainan	623	722	722			
重庆 Chongqing	638	736	736			7
四川 Sichuan	3 399	2 671	2 651		2	34
贵州 Guizhou	4 201	3 467	3 432		1	
云南 Yunnan	9 010	8 606	8 348		8	34
西藏 Tibet	2 435	2 587	2 524		13	
甘肃 Gansu	883	1 921	1 921			
青海 Qinghai	1 720	1 961	1 741	15	5	
宁夏 Ningxia	5 227	4 164	4 164		1	40
新疆 Xinjiang	11 445	13 017	13 017			43

18－10　民族自治地方分地区艺术事业机构（2009 年）

Number of Arts Organizations by Region of Ethnic Minority Autonomous Areas（2009）

单位：个、座　(unit)

地区 Region	合计 Total	艺术表演团体 Performance of Art Troupes	#少数民族歌舞团 Ethnic Performance Groups	艺术表演场所馆 Art Performance Halls	#剧场影剧院 Theaters and Music Halls	艺术创作机构 Art Production Troupes
合计 Total	**953**	**748**	**122**	**186**	**145**	**19**
河北 Hebei	15	14		1	1	
内蒙古 Inner Mongolia	155	120	9	28	27	7
辽宁 Liaoning	21	19	1	2	2	
吉林 Jilin	23	14	2	6	5	3
黑龙江 Heilongjiang	1	1				
浙江 Zhejiang	6	6	2			
湖北 Hubei	11	11				
湖南 Hunan	24	15	12	7	7	2
广东 Guangdong	8	5	3	3	2	
广西 Guangxi	160	135	8	24	20	1
海南 Hainan	8	7	2	1	1	
重庆 Chongqing	7	6		1		
四川 Sichuan	44	26	21	17	7	1
贵州 Guizhou	22	21	4	1	1	
云南 Yunnan	110	95	20	14	12	1
西藏 Tibet	51	29	1	22	10	
甘肃 Gansu	20	15	9	3	3	2
青海 Qinghai	45	26	14	19	18	
宁夏 Ningxia	64	47	2	16	9	1
新疆 Xinjiang	158	136	12	21	20	1

18-11 民族自治地方分地区艺术事业机构职工（2009年）

Personnel of Number of Arts Organizations by Region of Ethnic Minority Autonomous Areas（2009）

单位：人 （person）

地 区 Region	合 计 Total	艺术表演团体 Performance of Art Troupes	#少数民族歌舞团 Ethnic Performance Groups	艺术表演场馆 Art Performance Halls	#剧场影剧院 Theaters and Music Halls	其 他 Others
合 计 Total	**31 144**	**28 201**		**2 809**	**1 798**	**134**
河 北 Hebei	292	284		8	8	
内蒙古 Inner Mongolia	6 192	5 692	1 050	462	427	38
辽 宁 Liaoning	455	410	59	45	45	
吉 林 Jilin	743	676	335	56	33	11
黑龙江 Heilongjiang	54	54				
浙 江 Zhejiang	63	63	63			
湖 北 Hubei	453	453				
湖 南 Hunan	638	553	478	69	69	16
广 东 Guangdong	258	189	105	69	19	
广 西 Guangxi	5 102	4 774	252	324	203	4
海 南 Hainan	241	205	70	36	36	
重 庆 Chongqing	110	104		6		
四 川 Sichuan	1 923	1 218	1 159	699	219	6
贵 州 Guizhou	691	674	194	17	17	
云 南 Yunnan	3 570	3 404	751	166	45	
西 藏 Tibet	1 270	1 238	60	32	26	
甘 肃 Gansu	704	657	489	31	31	16
青 海 Qinghai	956	810	337	146	143	
宁 夏 Ningxia	2 327	2 033	28	275	122	19
新 疆 Xinjiang	5 102	4 710	127	368	355	24

18－12 民族自治地方分地区群众文化事业、图书馆事业机构（2009年）
Number of Pubic Cultural and Library Organizations by Region of Ethnic Minority Autonomous Areas (2009)

单位：个、座 (unit)

地 区 Region	群众文化事业 Mass Cultural Institutions			图书馆事业 Libraries
	合 计 Total	文化馆 Cultural Centers	文化站 Cultural Stations	
合 计 Total	**7 945**	**738**	**7 207**	**619**
河 北 Hebei	123	6	117	6
内蒙古 Inner Mongolia	1 020	115	905	113
辽 宁 Liaoning	165	8	157	8
吉 林 Jilin	151	12	139	12
黑龙江 Heilongjiang	15	1	14	1
浙 江 Zhejiang	23	1	22	1
湖 北 Hubei	120	11	109	11
湖 南 Hunan	400	18	382	18
广 东 Guangdong	26	3	23	3
广 西 Guangxi	1 254	114	1 140	100
海 南 Hainan	86	8	78	8
重 庆 Chongqing	177	5	172	5
四 川 Sichuan	782	54	728	27
贵 州 Guizhou	554	39	515	40
云 南 Yunnan	902	88	814	87
西 藏 Tibet	295	56	239	4
甘 肃 Gansu	194	23	171	23
青 海 Qinghai	227	41	186	38
宁 夏 Ningxia	250	26	224	20
新 疆 Xinjiang	1 181	109	1 072	94

18－13 民族自治地方分地区群众文化事业、图书馆事业机构职工（2009年）
Personnel of Public Cultural and Library Organizations by Region of Ethnic Minority Autonomous Areas (2009)

单位：人 (person)

地区 Region		群众文化事业 Mass Cultural Institutions			图书馆事业 Libraries
		合计 Total	文化馆 Cultural Centers	文化站 Cultural Stations	
合计	**Total**	**21 982**	**9 179**	**12 803**	**7 439**
河北	Hebei	238	56	182	39
内蒙古	Inner Mongolia	3 920	1 812	2 108	1 822
辽宁	Liaoning	325	163	162	120
吉林	Jilin	692	480	212	296
黑龙江	Heilongjiang	32	15	17	15
浙江	Zhejiang	42	15	27	9
湖北	Hubei	416	120	296	101
湖南	Hunan	848	281	567	184
广东	Guangdong	53	21	32	19
广西	Guangxi	3 976	1 557	2 419	1 471
海南	Hainan	203	76	127	72
重庆	Chongqing	475	60	415	39
四川	Sichuan	870	477	393	173
贵州	Guizhou	1 221	297	924	248
云南	Yunnan	2 950	1 129	1 821	874
西藏	Tibet	216	203	13	66
甘肃	Gansu	415	249	166	190
青海	Qinghai	501	325	176	225
宁夏	Ningxia	977	491	486	531
新疆	Xinjiang	3 612	1 352	2 260	945

18－14 民族自治地方分地区文物事业机构和职工（2009 年）
Number of Cultural Undertaking and Personnel
by Region of Ethnic Minority Autonomous Areas (2009)

单位：个、人 (unit, person)

地 区 Region	文物事业机构 Cultural Organization		#文物保护管理机构 Cultural Relics		#博物馆 Museums	
	机构数 Institutions	职工人数 Personnel	机构数 Institutions	职工人数 Personnel	机构数 Institutions	职工人数 Personnel
合 计 Total	**833**	**8 495**	**499**	**3 113**	**312**	**4 437**
河 北 Hebei	9	29	6	15	3	14
内蒙古 Inner Mongolia	133	1 836	84	617	46	1 146
辽 宁 Liaoning	16	315	7	176	9	104
吉 林 Jilin	24	186	12	91	12	95
黑龙江 Heilongjiang	2	17	1		1	17
浙 江 Zhejiang	2	6	1	2	1	4
湖 北 Hubei	13	117	7	45	6	60
湖 南 Hunan	29	303	20	112	9	191
广 东 Guangdong	3	12			3	12
广 西 Guangxi	130	1 464	59	244	62	1 081
海 南 Hainan	5	22			5	22
重 庆 Chongqing	7	31	5	24	2	7
四 川 Sichuan	32	260	27	141	5	119
贵 州 Guizhou	59	452	36	112	23	312
云 南 Yunnan	99	593	72	329	27	264
西 藏 Tibet	24	370	19	203	2	85
甘 肃 Gansu	24	227	7	19	17	205
青 海 Qinghai	31	158	21	62	10	55
宁 夏 Ningxia	30	519	21	282	6	186
新 疆 Xinjiang	161	1 578	94	639	63	458

18-15 民族自治地方分地区网络文化服务和文化休闲娱乐服务机构和职工（2009 年）
Number of Cultural Organization and Cultural Relics
by Region of Ethnic Minority Autonomous Areas (2009)

单位：个、人 (unit, person)

地区 Region	网络文化服务 Cultural Organization		文化休闲娱乐服务 Cultural Relics		娱乐场所 Entertainment		其他计算机服务（网吧） Other Computer Services (Internet Cafes)	
	机构数 Institutions	职工人数 Personnel	机构数 Institutions	职工人数 Personnel	机构数 Institutions	职工人数 Personnel	机构数 Institutions	职工人数 Personnel
合计 Total	**1**	**8**	**33 827**	**153 331**	**15 978**	**88 147**	**17 849**	**65 181**
河北 Hebei			271	947	92	448	179	499
内蒙古 Inner Mongolia			5 148	19 141	2 151	10 468	2 997	8 673
辽宁 Liaoning			666	1 977	304	976	362	1 001
吉林 Jilin			842	3 121	458	1 460	384	1 661
黑龙江 Heilongjiang			38	121	17	70	21	51
浙江 Zhejiang			15	114	6	57	9	57
湖北 Hubei			432	2 036	144	1 059	288	977
湖南 Hunan			1 660	6 247	395	2 248	1 265	3 999
广东 Guangdong			68	368	46	271	22	97
广西 Guangxi			7 869	51 831	2 896	28 732	4 973	23 099
海南 Hainan			445	1 826	236	1 032	209	794
重庆 Chongqing			325	1 701	104	578	221	1 123
四川 Sichuan			1 109	4 747	530	3 135	579	1 609
贵州 Guizhou			1 293	5 666	613	2 977	680	2 689
云南 Yunnan			5 775	19 273	3 987	13 929	1 788	5 344
西藏 Tibet			823	4 260	514	2 963	309	1 297
甘肃 Gansu			240	1 045	101	657	139	388
青海 Qinghai			342	1 298	109	576	233	722
宁夏 Ningxia			1 518	8 026	859	5 094	659	2 932
新疆 Xinjiang	1	8	4 948	19 586	2 416	11 417	2 532	8 169

18－16 民族自治地方分地区动漫企业和其他文化产业及相关产业机构和职工（2009年）

Number of Animation Enterprise and Other Culture Units by Region of Ethnic Minority Autonomous Areas (2009)

单位：个、人 (unit, person)

地 区 Region	动漫企业 Animation Enterprise		其他文化产业及相关产业 Other Culture Units	
	机构数 Institutions	职工人数 Personnel	机构数 Institutions	职工人数 Personnel
合 计 Total	**20**	**521**	**9 756**	**3 2645**
河 北 Hebei				
内蒙古 Inner Mongolia	3	74	2 726	8 128
辽 宁 Liaoning			86	240
吉 林 Jilin			672	1 547
黑龙江 Heilongjiang			2	10
浙 江 Zhejiang			4	34
湖 北 Hubei			24	230
湖 南 Hunan			80	1 139
广 东 Guangdong			6	70
广 西 Guangxi	6	324	337	3 020
海 南 Hainan			20	184
重 庆 Chongqing			10	146
四 川 Sichuan			114	967
贵 州 Guizhou			88	904
云 南 Yunnan			926	2 802
西 藏 Tibet	2	25	803	2 464
甘 肃 Gansu			84	527
青 海 Qinghai			432	1 464
宁 夏 Ningxia	9	98	295	1 571
新 疆 Xinjiang			3 047	7 198

18－17 民族自治地方广播、电视事业机构
Broadcasting and Television Stations of Ethnic Minority Autonomous Areas

单位：个 (unit)

年 份 Year	广播电视台 Broadcasting and Television Stations	广播电台 Broadcasting Stations	电视台 Television Stations
1952		5	
1957		6	
1965		14	
1975		42	
1978		50	
1979		25	
1980		25	
1981		34	
1982		34	
1983		33	
1984		42	16
1985		54	44
1986		64	69
1987		75	69
1988		133	88
1989		107	94
1990		111	96
1991		133	96
1992		189	106

18－17 续表

Continued

年 份 Year	广播电视台 Broadcasting and Television Stations	广播电台 Broadcasting Stations	电视台 Television Stations
1993		152	126
1994		209	142
1995		247	206
1996		205	215
1997		202	189
1998		261	225
1999		193	193
2000		277	206
2001		84	85
2002		73	90
2003		73	94
2004	389	41	50
2005	444	41	50
2006	381	91	117
2007	348	49	65
2008	447	47	59
2009	599	47	59

注：1. 2001年后广播电台、电视台数据由国家广电总局提供，与以前数据不可比。

2. 2004年及以后数据中，广播电视台指既可对外广播又可播放电视的机构，广播电台仅含播放广播的机构，电视台仅含播放电视的机构。

Note: a. The data on radio and TV stations was provided by State Broadcast Bureau since 2001, can't been compared with the former data.

b. Since 2004, the Broadcast and TV Station indicates broadcasting both of the radio and TV program, radio station only indicates the institutions broadcasting radio program, TV Central Station only indicates the institutions broadcasting TV program.

18－18 民族自治地方分地区广播电视机构设置情况（2009年）（一）

Establishing Status of Broadcasting and Television Organizations by Region of Ethnic Minority Autonomous Areas（2009）（1）

单位：个 （unit）

地 区 Region	合 计 Total	广播电台 Broadcasting Stations	电视台 Television Stations	广播电视台 Broadcasting and Television Stations
合 计 Total	**705**	**47**	**59**	**599**
河 北 Hebei	6			6
内蒙古 Inner Mongolia	103	13	14	76
辽 宁 Liaoning	8			8
吉 林 Jilin	13	1	1	11
黑龙江 Heilongjiang	1			1
浙 江 Zhejiang	1			1
湖 北 Hubei	11	1	1	9
湖 南 Hunan	17	1	1	15
广 东 Guangdong	3			3
广 西 Guangxi	111	9	8	94
海 南 Hainan	6			6
重 庆 Chongqing	4			4
四 川 Sichuan	55	1	1	53
贵 州 Guizhou	48		1	47
云 南 Yunnan	104	8	8	88
西 藏 Tibet	9	1	5	3
甘 肃 Gansu	18	1	1	16
青 海 Qinghai	9	2	6	1
宁 夏 Ningxia	38	2	2	34
新 疆 Xinjiang	140	7	10	123

18－18 民族自治地方分地区广播电视机构设置情况（2009 年）（二）

Establishing Status of Broadcasting and Television Organizations by Region of Ethnic Minority Autonomous Areas (2009) (2)

单位：个 (unit)

地区 Region	省 Province			
	合计 Total	广播电台 Broadcasting Stations	电视台 Television Stations	广播电视台 Broadcasting and Television Stations
合计 Total	15	7	6	2
内蒙古 Inner Mongolia	2	1	1	
广西 Guangxi	3	2	1	
西藏 Tibet	2	1	1	
宁夏 Ningxia	4	2	2	
新疆 Xinjiang	4	1	1	2

18－18 民族自治地方分地区广播电视机构设置情况（2009 年）（三）

Establishing Status of Broadcasting and Television Organizations by Region of Ethnic Minority Autonomous Areas (2009) (3)

单位：个 (unit)

地区 Region	地 Prefecture			
	合计 Total	广播电台 Broadcasting Stations	电视台 Television Stations	广播电视台 Broadcasting and Television Stations
合计 Total	125	40	53	32
内蒙古 Inner Mongolia	25	12	13	
吉林 Jilin	2	1	1	
湖北 Hubei	2	1	1	
湖南 Hunan	2	1	1	
广西 Guangxi	21	7	7	7
四川 Sichuan	4	1	1	2
贵州 Guizhou	3		1	2
云南 Yunnan	16	8	8	
西藏 Tibet	7		4	3
甘肃 Gansu	3	1	1	1
青海 Qinghai	8	2	6	
宁夏 Ningxia	8	1	1	6
新疆 Xinjiang	24	5	8	11

18－18 民族自治地方分地区广播电视机构设置情况（2009 年）（四）
Establishing Status of Broadcasting and Television Organizations by Region of Ethnic Minority Autonomous Areas（2009）（4）

单位：个 (unit)

地区名称 Region	县 County			
	合计 Total	广播电台 Broadcasting Stations	电视台 Television Stations	广播电视台 Broadcasting and Television Stations
合 计 Total	**567**	**1**	**1**	**565**
河 北 Hebei	6			6
内蒙古 Inner Mongolia	76			76
辽 宁 Liaoning	8			8
吉 林 Jilin	11			11
黑龙江 Heilongjiang	1			1
浙 江 Zhejiang	1			1
湖 北 Hubei	9			9
湖 南 Hunan	15			15
广 东 Guangdong	3			3
广 西 Guangxi	87			87
海 南 Hainan	6			6
重 庆 Chongqing	4			4
四 川 Sichuan	51			51
贵 州 Guizhou	45			45
云 南 Yunnan	88			88
西 藏 Tibet				
甘 肃 Gansu	15			15
青 海 Qinghai	1			1
宁 夏 Ningxia	26			26
新 疆 Xinjiang	114	1	1	112

18－19 民族自治地方使用民族语言广播播出机构（2009年）（一）

Language Using Broadcasting Organizations by Region of Ethnic Minority Autonomous Areas（2009）（1）

单位：个 (unit)

地区 Region	合计 Total	蒙古语 Mongolian	藏语 Tibetan	维吾尔语 Uygur	苗语 Miao	彝语 Yi	壮语 Zhuang	朝鲜语 Korean	哈尼语 Hani
合计 Total	**147**	**42**	**11**	**54**	**1**	**2**	**1**	**8**	**2**
北京 Beijing	1							1	
内蒙古 Inner Mongolia	33	33							
辽宁 Liaoning	3	2						1	
吉林 Jilin	6	1						5	
黑龙江 Heilongjiang	2	1						1	
山东 Shandong									
四川 Sichuan	3		2			1			
云南 Yunnan	14		1		1	1	1		2
西藏 Tibet	4		4						
甘肃 Gansu	2		2						
青海 Qinghai	3	1	2						
新疆 Xinjiang	76	4		54					

18－19 民族自治地方使用民族语言广播播出机构（2009年）（二）

Language Using Broadcasting Organizations by Region of Ethnic Minority Autonomous Areas（2009）（2）

单位：个 (unit)

地区 Region	哈萨克语 Kazak	傣语 Dai	傈僳语 Lisu	拉祜语 Lahu	景颇语 Jingpo	柯尔克孜语 Kirgiz
合计 Total	**14**	**3**	**2**	**1**	**2**	**4**
云南 Yunnan		3	2	1	2	
新疆 Xinjiang	14					4

18－20 民族自治地方广播节目制作情况（2009年）（一）

Production of Radio Program by Region of Ethnic Minority Autonomous Areas（2009）（1）

单位：小时 (hour)

地区 Region		全年制作广播节目时间 Production of Broadcasting	全年制作新闻资讯类广播节目时间 News Programs	全年制作专题服务类广播节目时间 Special Subject Programs	全年制作综艺类广播节目时间 General Entertainment Programs
合计	**Total**	**943 241**	**178 834**	**271 626**	**291 347**
河北	Hebei				
内蒙古	Inner Mongolia	237 383	36 387	81 661	60 279
辽宁	Liaoning	15 154	1 586	4 022	5 886
吉林	Jilin	35 259	3 732	11 785	10 007
黑龙江	Heilongjiang	103	60	37	6
浙江	Zhejiang	394	91	182	91
湖北	Hubei	3 711	1 006	740	755
湖南	Hunan	8 291	2 481	1 269	1 795
广东	Guangdong	1 358	250	116	20
广西	Guangxi	174 891	35 322	47 932	54 202
海南	Hainan	2 953	731	559	1 494
重庆	Chongqing	380	244	56	
四川	Sichuan	3 157	1 185	1 045	305
贵州	Guizhou	13 368	3 329	3 323	3 373
云南	Yunnan	48 439	11 052	16 843	11 044
西藏	Tibet	23 903	3 923	7 930	11 227
甘肃	Gansu	7 094	2 626	1 958	1 713
青海	Qinghai	3 218	466	639	1 992
宁夏	Ningxia	38 397	8 471	10 327	11 454
新疆	Xinjiang	325 788	65 892	81 202	115 704

18－20　民族自治地方广播节目制作情况（2009年）（二）

Production of Radio Program by Region of Ethnic Minority Autonomous Areas（2009）（2）

单位：小时　　(hour)

地　区 Region		全年制作广播剧类广播节目时间 Production of Broadcasting	全年制作广播剧数量 Broadcasting Theatre		全年制作广告类广播节目时间 Advertisement Programs	全年制作其他类广播节目时间 Others
			部 Unit	集 Volume		
合　计	**Total**	**22 234**	**636**	**21 628**	**88 014**	**91 186**
河　北	Hebei					
内蒙古	Inner Mongolia	3 315	69	5 381	29 746	25 995
辽　宁	Liaoning				1 316	2 344
吉　林	Jilin	271	15	400	9 297	167
黑龙江	Heilongjiang					
浙　江	Zhejiang				30	
湖　北	Hubei				533	677
湖　南	Hunan	720	2	50	736	1 290
广　东	Guangdong	81				891
广　西	Guangxi	411	60	706	14 843	22 181
海　南	Hainan				56	113
重　庆	Chongqing				80	
四　川	Sichuan	7	11	28	101	514
贵　州	Guizhou	776	17	1 552	963	1 604
云　南	Yunnan	1 825	3	181	3 537	4 138
西　藏	Tibet	2	1	4	313	508
甘　肃	Gansu	190	4	365	36	571
青　海	Qinghai					121
宁　夏	Ningxia	1 274	7	750	5 390	1 481
新　疆	Xinjiang	13 362	447	12 211	21 037	28 591

18－21 民族自治地方广播覆盖情况（2009 年）（一）

Listener Rating by Region of Ethnic Minority Autonomous Areas（2009）（1）

地 区 Region	广播综合人口覆盖 Listener Population and Rating		中央节目 Central Broadcasting		省级节目 Provincial Broadcasting	
	人 口 （万人） Number of Population （10 000 persons）	覆盖率 （%） Listener Rating （%）	人 口 （万人） Number of Population （10 000 persons）	覆盖率 （%） Listener Rating （%）	人 口 （万人） Number of Population （10 000 persons）	覆盖率 （%） Listener Rating （%）
合 计 Total	**17 610.80**	**90.82**	**17 312.93**	**89.28**	**16 832.03**	**86.80**
河 北 Hebei	188.59	93.16	188.59	93.16	186.77	92.26
内蒙古 Inner Mongolia	2 287.00	94.75	2 276.01	94.29	2 088.05	86.51
辽 宁 Liaoning	316.46	94.25	314.02	93.53	311.02	92.63
吉 林 Jilin	330.74	99.10	325.77	97.61	326.45	97.82
黑龙江 Heilongjiang	23.21	92.65	23.21	92.65	23.14	92.38
浙 江 Zhejiang	16.64	98.70	16.00	94.90	16.64	98.70
湖 北 Hubei	432.09	94.45	432.09	94.45	413.44	90.37
湖 南 Hunan	371.56	74.78	350.79	70.60	341.67	68.77
广 东 Guangdong	45.33	94.95	45.33	94.95	36.07	75.56
广 西 Guangxi	5 120.29	91.91	4 981.16	89.41	4 953.91	88.93
海 南 Hainan	161.46	94.54	161.42	94.51	145.61	85.26
重 庆 Chongqing	143.09	53.82	143.09	53.82	126.31	47.51
四 川 Sichuan	566.89	81.38	564.06	80.97	526.16	75.53
贵 州 Guizhou	1 416.19	83.82	1 396.31	82.64	1 387.44	82.12
云 南 Yunnan	2 264.63	93.58	2 258.59	93.33	2 160.52	89.28
西 藏 Tibet	249.07	89.20	221.45	79.31	249.07	89.20
甘 肃 Gansu	330.38	88.89	326.13	87.75	299.36	80.55
青 海 Qinghai	309.15	84.06	309.15	84.06	294.01	79.94
宁 夏 Ningxia	581.89	92.92	579.93	92.60	579.92	92.60
新 疆 Xinjiang	2 456.14	94.38	2 399.83	92.21	2 366.47	90.93

18－21 民族自治地方广播覆盖情况（2009年）（二）

Listener Rating by Region of Ethnic Minority Autonomous Areas（2009）（2）

地区 Region		广播综合人口覆盖 Listener Population and Rating				无线广播综合覆盖 All Radio Broadcasting Listener Population and Rating			
		地市级节目 Prefectural Broadcasting		县级节目 County Broadcasting				中央节目 Central Broadcasting	
		人口（万人）Number of Population (10 000 persons)	覆盖率（%）Listener Rating (%)	人口（万人）Number of Population (10 000 persons)	覆盖率（%）Listener Rating (%)	人口（万人）Number of Population (10 000 persons)	覆盖率（%）Listener Rating (%)	人口（万人）Number of Population (10 000 persons)	覆盖率（%）Listener Rating (%)
合计	**Total**	**11 197.56**	**57.75**	**5 910.86**	**30.48**	**16 479.10**	**84.98**	**16 208.37**	**83.59**
河北	Hebei	182.00	89.91			148.88	73.55	147.80	73.01
内蒙古	Inner Mongolia	2 052.26	85.02	1 089.07	45.12	2 278.35	94.39	2 269.42	94.02
辽宁	Liaoning	267.25	79.60	285.81	85.12	313.04	93.23	299.66	89.25
吉林	Jilin	287.96	86.28	231.52	69.37	330.74	99.10	325.77	97.61
黑龙江	Heilongjiang	23.21	92.65	23.02	91.90	23.21	92.65	23.21	92.65
浙江	Zhejiang	7.60	45.08	7.60	45.08	10.00	59.31	7.00	41.52
湖北	Hubei	357.41	78.13	139.97	30.60	432.09	94.45	432.09	94.45
湖南	Hunan	237.19	47.74	121.55	24.46	326.00	65.61	312.65	62.93
广东	Guangdong	25.99	54.44	29.43	61.65	43.07	90.22	42.42	88.86
广西	Guangxi	3 826.91	68.70	1 837.30	32.98	4 816.82	86.46	4 767.73	85.58
海南	Hainan			107.96	63.21	161.29	94.44	160.23	93.82
重庆	Chongqing			16.36	6.15	140.29	52.76	140.29	52.76
四川	Sichuan	274.60	39.42	85.80	12.32	467.83	67.16	463.71	66.56
贵州	Guizhou	442.80	26.21	114.91	6.80	942.82	55.80	916.44	54.24
云南	Yunnan	1 526.02	63.06	134.72	5.57	2 143.71	88.58	2 140.67	88.46
西藏	Tibet	33.00	11.82			249.07	89.20	221.45	79.31
甘肃	Gansu	176.49	47.49	83.87	22.57	326.28	87.79	321.66	86.55
青海	Qinghai	22.12	6.01	0.30	0.08	306.38	83.30	306.38	83.30
宁夏	Ningxia	362.52	57.89	269.52	43.04	576.45	92.05	575.28	91.86
新疆	Xinjiang	1 092.23	41.97	1 332.15	51.19	2 442.78	93.86	2 334.51	89.70

18－22 民族自治地方使用民族语言电视播出机构（2009 年）

Language Using Television Organizations by Region of Ethnic Minority Autonomous Areas（2009）

单位：个 (unit)

地　区 Region	合　计 Total	蒙古语 Mongolian	藏　语 Tibetan	维吾尔语 Uygur	彝　语 Yi	壮　语 Zhuang	朝鲜语 Korean	哈萨克语 Kazak	傣　语 Dai	景颇语 Jingpo	柯尔克孜语 Kirgiz
合　计 Total	**183**	**41**	**31**	**51**	**2**	**5**	**11**	**25**	**9**	**5**	**3**
内蒙古 Inner Mongolia	33	33									
辽　宁 Liaoning	1	1									
吉　林 Jilin	12	1					11				
黑龙江 Heilongjiang	1	1									
广　西 Guangxi	3					3					
四　川 Sichuan	19		19								
云　南 Yunnan	19		1		2	2			9	5	
西　藏 Tibet	6		6								
甘　肃 Gansu	2		2								
青　海 Qinghai	3		3								
新　疆 Xinjiang	84	5		51				25			3

18－23 民族自治地方电视节目制作情况（2009 年）（一）

Production of Television Program by Region of Ethnic Minority Autonomous Areas (2009) (1)

单位：小时 (hour)

地区 Region		全年制作电视节目时间 Production of Broadcasting	#新闻资讯类 News Programs	#专题服务类 Special Subject Programs	#综艺益智类 General Entertainment Programs	#影视剧类 TV Plat Programs	#广告类 Advertisement Programs
合计	**Total**	**370 489**	**117 856**	**77 576**	**46 706**	**6 842**	**83 423**
河北	Hebei	1 967	430	334	678		344
内蒙古	Inner Mongolia	65 686	18 273	15 517	7 857	59	17 202
辽宁	Liaoning	8 727	687	729	4 572	1 095	1 076
吉林	Jilin	7 929	1 720	2 217	867		2 141
黑龙江	Heilongjiang	196	92	37	6		61
浙江	Zhejiang	440	86	25	98		110
湖北	Hubei	7 866	1 634	1 299	740		3 506
湖南	Hunan	8 843	2 887	1 196	947		1 777
广东	Guangdong	360	250				110
广西	Guangxi	82 981	25 557	16 797	9 153	400	19 969
重庆	Chongqing	996	519	257	46		125
四川	Sichuan	10 084	4 766	2 380	1 349		851
贵州	Guizhou	9 151	3 695	1 335	1 104	696	1 462
云南	Yunnan	30 946	12 534	6 820	1 842		7 842
西藏	Tibet	5 504	1 892	1 389	364	858	729
甘肃	Gansu	5 900	2 193	1 718	958		679
青海	Qinghai	4 844	935	764	1 222		1 183
宁夏	Ningxia	27 445	6 029	7 501	4 315	2 312	5 444
新疆	Xinjiang	90 624	33 677	17 261	10 588	1 422	18 812

18－23 民族自治地方电视节目制作情况（2009 年）（二）
Production of Television Program by Region of Ethnic Minority Autonomous Areas（2009）（2）

地 区 Region	全年制作其他类电视节目时间 （小时） Others （hour）	全年制作电视剧数量 Production of TV Play Programs 部 （unit）	 集 （volume）
合 计 **Total**	**38 086**	**82**	**1 741**
河 北 Hebei	181		
内蒙古 Inner Mongolia	6 778	1	22
辽 宁 Liaoning	568		
吉 林 Jilin	984		
黑龙江 Heilongjiang			
浙 江 Zhejiang	121		
湖 北 Hubei	687		
湖 南 Hunan	2 036		
广 东 Guangdong			
广 西 Guangxi	11 105	13	370
海 南 Hainan			
重 庆 Chongqing	49		
四 川 Sichuan	738		
贵 州 Guizhou	859		
云 南 Yunnan	1 908		
西 藏 Tibet	272	40	1 095
甘 肃 Gansu	352		
青 海 Qinghai	740		
宁 夏 Ningxia	1 844		
新 疆 Xinjiang	8 864	28	254

18－24 民族自治地方电视覆盖情况（2009年）（一）

Viewer Rating by Region of Ethnic Minority Autonomous Areas（2009）（1）

地区 Region	电视人口综合覆盖 Viewer Rating		中央节目 Central Television		省级节目 Provincial Television	
	人口（万人）Number of Population（10 000 persons）	覆盖率（%）Viewer Rating（%）	人口（万人）Number of Population（10 000 persons）	覆盖率（%）Viewer Rating（%）	人口（万人）Number of Population（10 000 persons）	覆盖率（%）Viewer Rating（%）
合计 Total	**18 225.32**	**93.99**	**17 650.03**	**91.02**	**17 131.82**	**88.35**
河北 Hebei	192.81	95.25	192.81	95.25	149.56	73.88
内蒙古 Inner Mongolia	2 257.54	93.53	2 240.90	92.84	1 953.39	80.93
辽宁 Liaoning	319.68	95.21	317.97	94.70	317.86	94.67
吉林 Jilin	325.99	97.68	316.56	94.85	313.99	94.08
黑龙江 Heilongjiang	23.36	93.25	23.36	93.25	23.36	93.25
浙江 Zhejiang	16.85	99.94	16.40	97.27	11.00	65.24
湖北 Hubei	435.70	95.24	435.70	95.24	430.16	94.03
湖南 Hunan	464.13	93.41	459.70	92.52	399.75	80.46
广东 Guangdong	44.05	92.27	44.05	92.27	40.38	84.58
广西 Guangxi	5 281.74	94.81	4 918.58	88.29	5 110.80	91.74
海南 Hainan	159.76	93.54	159.43	93.35	156.67	91.73
重庆 Chongqing	236.07	88.79	236.07	88.79	231.45	87.05
四川 Sichuan	623.68	89.53	612.85	87.97	569.05	81.69
贵州 Guizhou	1 540.61	91.18	1 511.03	89.43	1 504.23	89.03
云南 Yunnan	2 297.76	94.95	2 293.12	94.76	2 148.61	88.78
西藏 Tibet	252.32	90.36	222.82	79.80	252.32	90.36
甘肃 Gansu	341.24	91.82	335.06	90.15	292.93	78.82
青海 Qinghai	337.79	91.84	337.79	91.84	323.60	87.98
宁夏 Ningxia	609.20	97.28	600.17	95.83	590.61	94.31
新疆 Xinjiang	2 465.04	94.72	2 375.66	91.28	2 312.10	88.84

18－24　民族自治地方电视覆盖情况（2009 年）（二）

Viewer Rating by Region of Ethnic Minority Autonomous Areas (2009) (2)

地区 Region	电视人口综合覆盖率 Viewer Rating							
	地市级节目 Prefectural Television		县级节目 County Television		无线电视综合覆盖 Viewer Population and Rating of Wireless Television		#中央节目 Central Television	
	人口（万人）Number of Population (10 000 Persons)	覆盖率（%）Viewer Rating (%)	人口（万人）Number of Population (10 000 Persons)	覆盖率（%）Viewer Rating (%)	人口（万人）Number of Population (10 000 Persons)	覆盖率（%）Viewer Rating (%)	人口（万人）Number of Population (10 000 Persons)	覆盖率（%）Viewer Rating (%)
合计 Total	**11 707.92**	**60.38**	**7 917.61**	**40.83**	**16 132.69**	**83.20**	**15 443.47**	**79.64**
河北 Hebei	177.76	87.81	118.65	58.61	185.68	91.73	185.68	91.73
内蒙古 Inner Mongolia	1 792.28	74.25	1 024.76	42.46	2 084.75	86.37	2 073.77	85.92
辽宁 Liaoning	293.77	87.49	279.87	83.35	282.79	84.22	270.46	80.55
吉林 Jilin	278.67	83.50	293.55	87.96	263.62	78.99	250.36	75.02
黑龙江 Heilongjiang	20.26	80.88	12.35	49.30	20.26	80.88	20.26	80.88
浙江 Zhejiang	8.21	48.70	8.21	48.70	9.01	53.44	9.01	53.44
湖北 Hubei	382.97	83.71	303.50	66.34	433.70	94.80	433.70	94.80
湖南 Hunan	271.68	54.68	182.70	36.77	385.22	77.53	377.00	75.88
广东 Guangdong	27.61	57.83	17.00	35.61	42.38	88.77	42.38	88.77
广西 Guangxi	4 026.19	72.27	2 440.23	43.80	4 917.43	88.27	4 465.01	80.15
海南 Hainan					159.09	93.15	158.87	93.02
重庆 Chongqing			68.14	25.63	171.54	64.52	171.54	64.52
四川 Sichuan	259.70	37.28	197.67	28.38	422.43	60.64	419.12	60.16
贵州 Guizhou	526.33	31.15	217.57	12.88	872.14	51.62	868.74	51.42
云南 Yunnan	1 566.20	64.72	1 262.32	52.16	1 945.51	80.39	1 942.77	80.28
西藏 Tibet	46.16	16.53			252.32	90.36	222.82	79.80
甘肃 Gansu	106.73	28.72	67.73	18.22	326.40	87.82	320.22	86.16
青海 Qinghai	52.48	14.27	15.27	4.15	326.58	88.80	322.08	87.57
宁夏 Ningxia	449.30	71.74	262.92	41.98	591.27	94.41	589.31	94.10
新疆 Xinjiang	1 421.62	54.63	1 145.17	44.00	2 440.57	93.78	2 300.37	88.39

18－25　民族自治地方出版物情况

Basic Statistics on Publications of Ethnic Minority Autonomous Areas

单位：种数：种　　印数：万册（份）

unit：number of publications：kind　printed copies：10 000 copies

年份 Year	图书 Published Books		杂志 Magazines		报纸 Newspapers	
	种数 Number of Publications	印数 Printed Copies	种数 Number of Publications	印数 Printed Copies	种数 Number of Publications	印数 Printed Copies
1978	1 336	14 279. 4	78	1 306. 4	44	28 271. 3
1979	2 018	13 332. 5	76	1 226. 8	62	47 739. 6
1980	2 084	16 162. 5	114	2 250. 5	68	45 109. 9
1981	2 343	23 964. 6	160	3 770. 7	67	52 678. 2
1982	3 242	28 089. 6	163	8 385. 6	68	54 594. 5
1983	2 613	17 477. 9	165	2 480. 7	79	49 894. 6
1984	2 859	28 065. 2	231	8 606. 7	117	63 627. 4
1985	3 365	35 906. 9	321	7 818. 8	175	76 847. 2
1986	3 435	29 287. 8	332	7 171. 9	176	150 281. 9
1987	4 507	29 167. 4	358	7 273. 6	214	92 964. 4
1988	5 107	30 754. 8	445	8 620. 4	236	93 274. 4
1989	5 696	30 127. 0	447	6 502. 9	239	76 404. 0
1990	5 784	30 166. 3	544	17 866. 4	227	79 119. 6
1991	6 662	39 810. 3	507	6 561. 9	245	87 342. 0
1992	6 707	41 277. 0	487	6 705. 0	334	89 412. 0
1993	5 907	42 263. 3	502	9 833. 3	248	71 607. 1
1994	8 052	60 986. 3	631	8 541. 2	350	101 678. 5
1995	7 647	42 275. 0	633	7 881. 0	340	94 984. 8
1996	7 979	44 497. 3	560	7 482. 1	298	102 861. 1
1997	8 417	45 876. 7	559	7 824. 4	322	116 203. 9
1998	10 154	48 507. 5	542	7 509. 9	293	108 276. 7
1999	11 208	48 394. 4	592	8 069. 4	347	111 943. 9
2000	11 402	42 310. 0	650	8 332. 0	356	123 277. 0
2001	10 089	42 599. 0	693	8 892. 0	441	132 611. 0
2002	10 856	45 564. 0	750	9 085. 0	383	139 467. 0
2003	12 431	43 214. 6	778	9 981. 9	381	163 731. 6
2004	12 332	39 510. 9	731	8 341. 7	311	173 632. 6
2005	12 592	41 957. 6	738	10 279. 5	311	169 518. 4
2006	15 082	45 838. 7	580	10 223. 1	265	143 372. 3
2007	13 482	45 627. 4	657	7 728. 0	315	161 625. 5
2008	19 086	48 929. 1	675	9 783. 9	313	159 786. 3
2009	21 518	47 689. 9	733	7 366. 0	334	165 394. 8

18－26 民族自治地方分地区图书、杂志、报纸出版情况（2009 年）
Published Books, Magazines and Newspapers by Region of Ethnic Minority Autonomous Areas (2009)

单位：种数：种　印数：万册（份）

unit: number of publications: kind　printed copies: 10 000 copies

地区 Region	图书 Published Books 种数 Number of Publications	图书 Published Books 印数 Printed Copies	杂志 Magazines 种数 Number of Publications	杂志 Magazines 印数 Printed Copies	报纸 Newspapers 种数 Number of Publications	报纸 Newspapers 印数 Printed Copies
合计 Total	**21 518**	**47 690**	**733**	**7 366**	**334**	**165 395**
河北 Hebei						
内蒙古 Inner Mongolia	2 400	6 862	149	1 025	61	29 000
辽宁 Liaoning	9	22	12	42	7	209
吉林 Jilin	2 794	2 239	21	49	12	2 396
黑龙江 Heilongjiang			1	1	2	2
浙江 Zhejiang					1	70
湖北 Hubei	129	10	40	5	10	20
湖南 Hunan					2	1 200
广东 Guangdong						
广西 Guangxi	7 245	26 000	185	4 263	55	67 163
海南 Hainan						
重庆 Chongqing			1	104	1	2
四川 Sichuan			25	8	8	2 433
贵州 Guizhou			3	4	7	1 767
云南 Yunnan	130	23	10	8	10	3 002
西藏 Tibet	329	1 351	36	133	23	5 927
甘肃 Gansu			1		3	1 194
青海 Qinghai	9	2	4	4	8	11
宁夏 Ningxia	738	182	36	720	25	9 000
新疆 Xinjiang	7 735	11 000	209	1 000	99	42 000

主要统计指标解释

文化产业机构　指专门从事文化工作具有法人资格、独立核算的事业、企业单位以及单独核算、附属于事业单位的经营性专业文化活动单位。

文化产业机构包括艺术业、图书馆业、群众文化业、文物业、文化艺术教育业、出版业、娱乐业、文化艺术经纪与代理业以及不属于以上分类的其他文化产业。

艺术业　包括戏剧、舞蹈、音乐、美术等各种艺术团及艺术家的活动。如演员、音乐家、作家、雕刻家、画家、漫画家、雕塑家的活动等。也包括剧场、音乐厅、美术展览馆等演出、展出设施的管理。

在制度中，将艺术业分为艺术表演团体、艺术表演场所和其他艺术三类。

艺术表演团体　指话剧团、方言话剧团、滑稽剧团、儿童剧团、歌剧团、舞剧团、歌舞剧团、歌舞团、轻音乐团、乐团、合唱团、文工团、文宣队、乌兰牧骑、戏曲剧团、曲艺团、说唱团、杂技团、马戏团、木偶团、皮影团等专业艺术表演团体。不包括半工半艺、半艺半农和民间职业剧团。

艺术表演场所　指由各级文化主管部门或文化单位举办的和除部队系统外其他部门兴办的，具有观众厅、舞台、灯光设备，经常供专业艺术表演团体演出，在工商、税务部门登记，公开售票的营业场所。艺术表演场所共分为两类：第一类为剧场、影剧院，包括独立核算的专业剧场和属文化部门主管的能演出戏剧的影剧院、兼映电影的剧场，以及附属在剧院、公开营业的非独立核算的剧场、排演场；第二类为其他艺术表演场所，包括不论是否独立核算的书场、曲艺场、杂技场、马戏场、音乐厅等。

图书馆业　包括公共图书馆和除部队系统外的各类单位内部举办的或单独举办的图书馆。不包括群众艺术馆、文化馆、文化站内设的图书室。目前制度仅统计公共图书馆。

群众文化业　包括群众艺术馆、文化馆、文化站、文化宫、少年宫等群众文化活动。在制度中，目前暂不统计文化系统外的文化宫和少年宫。

群众艺术馆、文化馆、文化站指从事群众文化工作的专业机构。不包括临时抽调人员组成、没有编制的农村和街道文化工作队、服务站等。

广播电台　经国家广播电影电视总局（原广播电影电视部，下同）批准设置并颁发许可证，独立建制，财务上独立核算，有自办节目并正式播出的无线广播播出机构。

广播节目套数　经国家广播电影电视总局批准，并在颁发许可证中载明的，用固定频率自办播出节目并编有整套节目时间表，定期向听众公布广播节目名称和播出时间的节目的套数。

广播覆盖人口数　按一定的技术标准，在对象区内能接收广播节目的人口数。

电视台　经国家广播电影电视总局批准设置，并颁发许可证，独立建制，财务上独立核算，有自办节目并正式播出的无线电视播出机构。

电视节目套数　经国家广播电影电视总局批准，并在颁发许可证中载明的，用固定频道自办电视节目，并编有整套节目时间表，定期向观众公布电视节目名称和播出时间的节目的套数。

电视覆盖人口数 按一定的技术标准，在对象区内能接收电视节目的人口数。

电视发射台和转播台 经广播电影电视行政主管部门批准设置正式开播的电视发射台和转播台。

电影放映单位 指具有放映机器设备、固定或不固定的放映场所与专职或兼职的放映技术人员，经有关部门登记批准，经常为一定的观众对象放映电影的机构。包括经批准对外开放进行营业，并与电影发行放映管理机构分账的专用放映单位和军委系统租片单位。

卫生 19

19－1 民族自治地方卫生机构、床位、人员

Health Care Institutions, Beds and Personnel of Ethnic Minority Autonomous Areas

年份 Year	机构 (个) Health Care Institutions (unit)	#医院、卫生院 Hospitals and Health centers	床位 (张) Beds (unit)	#医院、卫生院 Hospitals and Health centers	卫生技术人员 (人) Medical Technical Personnel (person)	#医生 Doctors
1949	361	230	3 310		3 531	
1952	1 176	378	5 711		17 877	
1957	13 819	603	26 470	20 773	65 649	26 825
1962	19 763	3 203	94 769	71 356	129 818	59 086
1965	25 306	6 275	120 781	89 497	156 889	72 832
1975	21 575	9 749	219 055	190 980	232 218	97 957
1978	23 934	10 191	253 520	22 927	279 387	120 711
1980	26 073	10 433	271 463	241 679	324 300	140 752
1981	27 604	10 735	276 119	246 922	353 395	154 439
1982	28 237	10 803	281 555	251 805	468 850	159 927
1983	28 800	11 349	290 067	267 382	387 690	169 141
1984	29 794	11 659	302 321	279 259	406 880	176 305
1985	30 432	10 061	312 137	288 732	423 733	182 503
1986	31 168	10 012	318 144	294 676	435 882	186 717
1987	31 838	10 129	332 116	307 350	451 429	192 597
1988	31 931	10 520	338 892	313 677	463 900	215 187
1989	31 081	10 342	347 555	321 659	478 304	224 851
1990	31 973	10 574	359 382	331 955	488 661	230 088
1991	32 142	10 680	365 439	338 425	500 254	232 819
1992	31 075	10 210	375 377	347 194	512 996	236 402
1993	30 642	10 389	419 873	380 079	545 934	253 329
1994	30 588	12 482	415 203	380 626	554 220	259 481
1995	28 957	12 331	387 139	357 024	527 438	250 733
1996	15 706	12 201	370 171	349 457	455 220	209 508
1997	16 111	12 461	378 905	357 059	475 731	220 647
1998	16 724	12 859	392 671	370 449	498 720	233 290
1999	16 733	12 464	379 121	357 972	482 722	230 138
2000	16 009	12 492	381 979	361 235	485 181	231 024
2001	15 904	12 372	385 995	365 274	486 749	235 750
2002	15 319	11 832	362 185	346 818	460 043	207 999
2003	15 230	11 768	381 534	359 090	463 382	208 246
2004	15 519	11 884	400 448	375 029	475 313	213 882
2005	15 488	11 846	409 938	384 466	478 320	214 447
2006	15 463	11 796	425 361	399 690	485 766	216 159
2007	47 081	12 198	458 316	430 786	578 875	249 957
2008	44 429	11 872	501 968	471 146	603 747	256 811
2009	44 209	11 840	550 535	515 809	637 850	263 924

注：1. 本表未扣除区域变动因素，年度之间不可比。下同。
2. 1996—2006 年机构数不含诊所数、村卫生室、社区卫生服务中心。下同。
3. 2002 年卫生机构数为登记注册数。下同。
4. 2002 年后医生系执业（助理）医师数，故有所减少。

Note: a. The factor of regional changes is not deducted, so data among years are not comparable. The same below.
b. The number of institution from 1996 to 2006 is excluding the clinics and health service center for community. The same below.
c. The number of health institutions in 2002 is the number of registration. The same below.
d. Doctors after 2002 refer to the certified (assistant) doctors, so the numbers decreased somewhat.

19－2 民族自治地方卫生机构

Health Care Institutions of Ethnic Minority Autonomous Areas

单位：个 （unit）

年 份 Year	合 计 Total	医 院 Hospitals	卫生院 Health Centers	疗养院、所 Sanatoriums	门诊部 Clinics	专科防治所、站 Specialized Stations	卫生防疫站 Sanitation and Disease Control Stations	妇幼保健所、站 Maternity and Childcare Centers	其 他 Others
1957	13 819	603		17	5 541		146	641	6 871
1962	19 763	3 203		69	15 279		387	363	462
1965	25 306	6 275		43	17 626		485	427	450
1975	21 575	9 749		25	10 292		633	412	464
1978	23 934	10 191		30	11 866		649	478	720
1979	25 027	10 254		30	12 676	124	635	478	830
1980	26 073	10 433		34	13 457	140	672	497	840
1981	27 604	10 735		36	14 661	146	694	505	827
1982	28 237	10 803		41	15 175	164	720	511	823
1983	28 800	11 349		44	15 130	173	727	522	855
1984	29 794	11 659		43	15 713	187	763	545	884
1985	30 432	10 061		47	17 761	221	817	559	966
1986	31 168	10 012		47	18 342	249	847	591	1 080
1987	31 838	10 129		49	18 817	277	873	600	1 093
1988	31 931	10 520		48	18 488	283	862	603	1 127
1989	31 081	10 342		46	17 744	291	892	606	1 160
1990	31 973	10 574		48	18 312	300	910	625	1 204
1991	32 142	10 680		48	18 307	313	915	634	1 245
1992	31 075	10 210		49	11 568	315	930	640	1 363
1993	30 642	10 389		64	16 772	309	1 004	649	1 423
1994	30 588	12 482		65	14 651	350	994	643	1 403
1995	28 957	12 331		45	13 282	331	995	630	1 343
1996	15 706	2 548	9 653	44	377	311	881	593	1 299
1997	16 111	2 606	9 855	44	435	320	893	609	1 349
1998	16 724	2 691	10 168	41	543	340	920	624	1 397
1999	16 733	2 681	9 783	38	1 124	329	887	529	1 362
2000	16 009	2 685	9 807	37	339	323	884	525	1 409
2001	15 904	2 695	9 677	38	401	319	881	525	1 368
2002	15 319	2 671	9 161	36	698	278	740	387	1 348
2003	15 230	2 603	9 165	35	645	262	672	371	1 477
2004	15 519	2 739	9 145	35	571	238	502	364	1 925
2005	15 488	2 739	9 107	34	487	216	411	363	2 131
2006	15 463	2 780	9 016	33	479	190	305	361	2 299
2007	47 081	2 907	9 291	34	502	181	910	690	32 566
2008	44 429	2 868	9 004	27	495	171	893	675	30 296
2009	44 209	2 901	8 939	25	517	165	889	669	30 104

注：1995 年以前卫生院数字含在医院数中。

Note：Before 1995, the number of township hospitals include in the number of hospitals.

19－3 民族自治地方卫生机构床位

Number of Beds in Health Care Institutions of Ethnic Minority Autonomous Areas

单位：张 (unit)

年 份 Year	合 计 Total	医 院 Hospitals	卫生院 Health Centers	疗养院、所 Sanatoriums	门诊部 Clinics	专科防治所、站 Specialized Stations	卫生防疫站 Sanitation and Disease Control Stations	妇幼保健所、站 Maternity and Childcare Centers	其 他 Others
1957	26 470	20 773		1 277				4 420	
1962	94 769	71 356		4 954				18 459	
1965	120 781	89 497		3 732				27 552	
1975	219 055	190 980		3 178				24 897	
1978	253 520	220 927		3 482				29 111	
1979	263 202	230 877		3 736	25 127	1 035	60	426	1 941
1980	271 463	241 679		4 318	21 471	1 248	60	661	2 026
1981	276 119	246 922		4 844	19 735	1 299	60	882	2 377
1982	281 555	251 805		5 436	19 811	1 174	60	1 063	2 206
1983	290 067	267 382		5 651	12 034	1 234	60	1 376	2 321
1984	302 321	279 259		5 851	12 120	1 113	60	1 530	2 388
1985	312 137	288 732		6 213	11 972	770	75	1 536	2 839
1986	318 144	294 676		6 367	11 191	944	75	1 824	3 067
1987	332 116	307 350		6 681	11 589	1 090	84	1 994	3 328
1988	338 892	313 677		6 294	11 756	967	118	2 130	3 950
1989	347 555	321 659		5 981	11 757	1 384	116	2 261	4 391
1990	359 382	331 955		6 262	12 051	1 717	117	2 509	4 771
1991	365 439	338 425		6 157	11 548	1 772	216	2 533	4 788
1992	375 377	347 194		6 508					
1993	416 259	380 079		12 187	12 709	1 761	146	3 464	5 913
1994	415 203	380 626		11 464	12 087	1 087	68	3 478	5 593
1995	387 139	357 024		6 511	12 017	1 621	241	4 076	5 649
1996	370 171	257 701	91 756	6 588	2 720	1 308	238	4 578	5 282
1997	378 905	260 708	96 351	6 667	2 957	1 571	286	5 276	5 089
1998	392 671	272 202	98 247	6 637	2 600	1 550	293	5 697	5 445
1999	379 121	261 888	96 084	6 256	3 266	1 465	317	4 696	5 149
2000	381 979	264 963	96 272	5 591	2 673	1 570	347	5 018	5 545
2001	385 995	268 103	97 171	5 567	2 695	1 563	490	5 347	5 059
2002	362 185	257 800	89 018	2 249	1 379	2 158		3 234	6 347
2003	381 534	269 155	89 935	128	1 523	1 480		3 384	15 929
2004	400 448	282 239	92 790	2 872	2 127	2 265		3 789	14 364
2005	409 938	289 726	94 740	2 804	1 795	1 867		3 819	15 173
2006	425 361	299 743	99 947	4 066	1 228	1 539		4 001	14 836
2007	458 316	318 697	112 089	3 846	1 116	1 235		15 743	5 590
2008	501 968	343 568	127 578	3 143	1 063	1 280	450	17 942	6 944
2009	550 535	371 645	144 164	3 601	994	1 343		19 089	9 699

注：1995 年以前卫生院数字含在医院数中。

Note：Before 1995 , the number of township hospitals include in the number of hospitals.

19-4 民族自治地方分地区卫生机构数(2009年)

单位:个

地区 Region	卫生机构数 Health Institutions	医院 Hospitals	卫生院 Health Centers
合 计 **Total**	**44 209**	**2 901**	**8 939**
河 北 Hebei	421	17	117
内蒙古 Inner Mongolia	7 958	469	1 332
辽 宁 Liaoning	936	29	156
吉 林 Jilin	1 476	78	123
黑龙江 Heilongjiang	61	4	11
浙 江 Zhejiang	42	1	25
湖 北 Hubei	608	28	108
湖 南 Hunan	1 047	51	351
广 东 Guangdong	67	8	31
广 西 Guangxi	10 666	460	1 262
海 南 Hainan	90	13	14
重 庆 Chongqing	326	10	142
四 川 Sichuan	2 111	120	1 258
贵 州 Guizhou	1 851	153	737
云 南 Yunnan	4 197	307	842
西 藏 Tibet	1 324	100	657
甘 肃 Gansu	1 091	47	287
青 海 Qinghai	1 047	85	344
宁 夏 Ningxia	1 602	158	236
新 疆 Xinjiang	7 288	763	906

Health Care Institutions by Region of Ethnic Minority Autonomous Areas(2009)

(unit)

门诊部 Clinics	疗养院、所 Sanatoriums	专科防治所、站 Specialized Stations	卫生防疫站 Sanitation and Disease Control Stations	妇幼保健所、站 Maternity and Childcare Centers	其他卫生机构 Others
517	**25**	**165**	**889**	**669**	**30 104**
1			6	6	274
66	6	50	133	116	5 786
4	3	9	8	8	719
55	2	12	13	12	1 181
			1	1	44
			1	1	14
34		2	10	10	416
2		6	16	16	605
5		2	3	3	15
83	6	46	105	103	8 601
8			1	1	53
		3	4	4	163
6		4	55	54	614
1		3	54	45	858
10		21	91	86	2 840
	1		81	57	428
1	1	1	24	23	707
		1	44	11	562
20	1		25	22	1 140
221	5	5	214	90	5 084

19－5　民族自治地方分地区卫生机构床位数(2009年)

单位:张

地区 Region		卫生机构 Health Institutions	医院 Hospitals	市 City	县 County	卫生院 Health Centers	#乡卫生院 Rural
合计	Total	**550 535**	**371 645**	**212 575**	**159 070**	**144 164**	**143 364**
河北	Hebei	5 039	2 811		2 811	1 942	1 942
内蒙古	Inner Mongolia	87 390	62 067	44 496	17 571	15 599	15 568
辽宁	Liaoning	9 542	5 063		5 063	3 517	3 517
吉林	Jilin	11 421	8 753	6 114	2 639	2 138	2 138
黑龙江	Heilongjiang	487	286		286	145	145
浙江	Zhejiang	257	210		210	47	47
湖北	Hubei	13 288	7 500	3 866	3 634	5 446	5 336
湖南	Hunan	14 998	8 280	1 947	6 333	6 246	6 246
广东	Guangdong	996	510		510	394	394
广西	Guangxi	131 569	81 896	53 312	28 584	40 419	39 957
海南	Hainan	609	485		485	115	115
重庆	Chongqing	4 338	1 621		1 621	2 504	2 504
四川	Sichuan	18 418	10 418	2 864	7 554	7 265	7 265
贵州	Guizhou	32 413	19 470	7 802	11 668	11 231	11 231
云南	Yunnan	64 220	42 826	14 879	27 947	17 943	17 928
西藏	Tibet	8 502	5 368	1 862	3 506	2 774	2 774
甘肃	Gansu	8 950	5 494	1 627	3 867	2 978	2 978
青海	Qinghai	8 713	6 020	658	5 362	2 240	2 240
宁夏	Ningxia	22 142	18 791	14 775	4 016	2 377	2 377
新疆	Xinjiang	107 243	83 776	58 373	25 403	18 844	18 662

Number of Beds in Health Care Institutions by Region of Ethnic Minority Autonomous Areas(2009)

(unit)

门诊部 Clinics	疗养院、所 Sanatoriums	专科防治所、站 Specialized Stations	妇幼保健所、站 Maternity and Childcare Centers	其他卫生机构 Others
994	**3 601**	**1 343**	**19 089**	**9 699**
20			187	79
192	910	246	2 921	5 455
30	732	56	120	24
83	68	71	213	95
			56	
10		16	288	28
		27	390	55
		42	50	
123	1 138	354	7 093	546
			9	
		58	124	31
		10	630	95
10		114	1 195	393
50		344	2 684	373
	40		320	
	100		271	107
			124	329
			800	174
476	613	5	1 614	1 915

19－6 民族自治地方专业卫生人员

Full-time Personnel in Public Health Care of Ethnic Minority Autonomous Areas

单位:人 (person)

年 份 Year	专业卫生人员 Health Care Personnel	#卫生技术人员 Medical Technical Personnel	#中医 Traditional Chinese Medicine	#西医师 Western Medicine Senior	#西医士 Western Medicine Junior	#中、西医结合高级医师 Senior Doctors who Integrate Traditional Chinese Therapeutics with Western
1957	77 221	65 649	15 014	2 997	8 814	
1962	152 872	129 818	25 980	10 360	22 764	
1965	184 446	156 889	26 448	17 860	28 524	
1975	288 559	232 218	16 126	35 498	46 333	
1978	349 249	279 387	20 575	42 574	57 562	
1979	379 396	302 034	22 663	45 174	61 018	
1980	407 629	324 300	24 770	52 258	63 724	
1981	443 076	353 395	28 562	58 808	66 940	129
1982	461 245	368 850	30 106	60 692	68 954	175
1983	482 042	387 690	32 706	65 544	70 723	168
1984	505 994	406 880	37 010	65 707	73 377	211
1985	526 965	432 733	39 634	64 999	77 710	160
1986	544 777	435 882	39 909	66 237	80 391	180
1987	562 349	451 429	41 722	69 372	81 304	199
1988	573 682	463 900	43 647	114 098	57 023	419
1989	592 461	478 304	44 250	123 978	65 180	443
1990	606 085	488 661	44 266	127 894	57 470	458
1991	621 172	500 254	42 922	129 825	59 664	408
1992	638 230	512 996	42 764	130 294	62 864	480
1993	693 651	548 899	44 089	143 005	61 875	755
1994	696 548	554 240	43 862	152 530	62 169	920
1995	657 512	527 438	41 406	146 031	62 171	1 125
1996	579 693	455 220				
1997	601 826	475 731				
1998	629 331	498 720				
1999	606 016	482 722				
2000	606 447	485 181				
2001	606 776	486 749				
2002	568 754	460 043				
2003	569 326	463 382				
2004	581 723	475 313				
2005	585 216	478 320				
2006	592 094	485 766				
2007	697 774	578 875				
2008	726 526	603 747				
2009	765 433	637 850				

19－7 民族自治地方分地区专业卫生人员（2009年）（一）

Full-time Health Care Personnel by Region of Ethnic Minority Autonomous Areas (2009) (1)

单位：人 (person)

地区 Region	卫生人员合计 Health Care Personnel	#卫生技术人员 Medical Technical Personnel	#执业（助理）医师 Doctors with License
合计 Total	**765 433**	**637 850**	**263 924**
河北 Hebei	6 683	5 530	2 635
内蒙古 Inner Mongolia	139 544	117 263	51 972
辽宁 Liaoning	12 424	9 763	3 905
吉林 Jilin	20 732	16 917	7 708
黑龙江 Heilongjiang	739	561	249
浙江 Zhejiang	578	488	205
湖北 Hubei	15 092	13 045	4 960
湖南 Hunan	18 641	15 606	6 009
广东 Guangdong	1 836	1 543	588
广西 Guangxi	206 902	169 519	63 735
海南 Hainan	1 144	922	404
重庆 Chongqing	4 940	4 099	1 981
四川 Sichuan	23 890	20 864	9 325
贵州 Guizhou	33 894	29 410	13 479
云南 Yunnan	70 820	59 463	26 229
西藏 Tibet	12 073	10 026	4 463
甘肃 Gansu	11 204	9 620	4 012
青海 Qinghai	11 874	10 379	4 468
宁夏 Ningxia	34 079	28 311	11 981
新疆 Xinjiang	138 344	114 521	45 616

19－7 民族自治地方分地区专业卫生人员(2009年)(二)

Full-time Health Care Personnel by Region of Ethnic Minority Autonomous Areas (2009)(2)

单位:人 (person)

地区 Region	市属卫生人员 Health Care Personnel at City Level	#卫生技术人员 Medical Technical Personnel	#执业(助理)医师 Doctors with License	县属专业卫生人员 Health Care Personnel at County Level	#卫生技术人员 Medical Technical Personnel	#执业(助理)医师 Doctors with License
合计 Total	**218 302**	**177 760**	**69 061**	**258 824**	**215 409**	**88 377**
河北 Hebei				5 741	4 717	2 207
内蒙古 Inner Mongolia	49 532	40 954	17 337	39 969	33 936	15 158
辽宁 Liaoning				9 234	7 245	2 947
吉林 Jilin	7 263	5 930	2 701	5 257	4 188	1 851
黑龙江 Heilongjiang				668	490	213
浙江 Zhejiang				422	343	139
湖北 Hubei	4 318	3 618	1 174	6 641	5 658	2 070
湖南 Hunan	2 731	2 188	780	13 768	11 467	4 227
广东 Guangdong				1 123	926	355
广西 Guangxi	68 863	54 847	18 868	61 080	49 489	17 194
海南 Hainan				445	346	125
重庆 Chongqing				2 192	1 805	732
四川 Sichuan	5 288	4 210	1 690	11 802	10 405	4 821
贵州 Guizhou	6 813	5 726	2 423	15 208	13 266	6 251
云南 Yunnan	15 990	13 177	5 187	31 802	26 562	11 959
西藏 Tibet	3 017	2 314	1 165	3 424	2 942	1 420
甘肃 Gansu	2 381	1 887	886	5 741	4 883	2 160
青海 Qinghai	2 833	2 342	1 014	5 210	4 608	1 955
宁夏 Ningxia	12 248	10 171	4 001	6 079	5 205	2 504
新疆 Xinjiang	37 025	30 396	11 835	33 018	26 928	10 089

19－8 民族自治地方少数民族专业卫生人员

Full-time Health Care Ethnic Personnel in Public Health Care of Ethnic Minority Autonomous Areas

单位：人 (person)

年份 Year	专业卫生人员 Health Care Personnel	#卫生技术人员 Medical Technical Personnel	#中医 Traditional Chinese Medicine	#西医师 Western Medicine Senior	#西医士 Western Medicine Junior	#中、西医结合高级医师 Senior Doctors Who Integrate Traditional Chinese Therapeutics with Western
1980	71 694	56 823	5 815	8 656	13 782	
1981	96 115	74 843	7 318	11 197	18 556	9
1982	100 672	80 521	8 083	12 038	18 943	19
1983	108 287	87 216	8 803	13 509	20 104	30
1984	117 473	95 310	10 928	13 818	22 252	36
1985	135 745	105 656	11 884	14 926	22 792	23
1986	139 196	112 058	12 051	15 516	25 284	35
1987	147 783	118 748	12 464	15 360	24 550	32
1988	154 894	123 586	13 736	31 191	18 347	115
1989	163 731	189 603	14 758	34 717	18 569	114
1990	170 738	141 448	14 957	36 825	20 570	129
1991	178 890	145 406	11 689	37 943	21 402	109
1992	187 543	149 635	14 235	38 438	22 800	156
1993	172 504	143 744	13 136	39 007	19 931	101
1994	180 811	151 953	14 220	41 238	20 391	118
1995	180 049	152 523	13 379	41 363	20 999	141
1996	174 537	144 575				
1997	183 469	155 803				
1998	185 412	158 121				
1999	185 458	159 199				
2000	186 494	160 113				
2001	184 132	158 169				
2002	184 132	158 169				
2003	196 725	177 110				
2004	194 686	175 213				

19－9　民族自治地方分地区中医中的民族医生

Ethnic Doctors Engaged in Traditional Chinese Medicine by Region of Ethnic Minority Autonomous Areas

单位:人　　　　(person)

年份 Year 地区 Region	合计 Total	蒙医 Mongolian	藏医 Tibetan	维医 Uygur	傣医 Dai
1991	5 584	3 325	1 787	439	33
1992	4 759	3 325	1 014	420	
1993	5 649	3 361	1 706	525	57
1994	6 098	3 537	1 815	707	39
1995	5 702	3 095	1 804	767	36
1996	5 557	3 202	1 801	461	93
1997	5 857	3 076	1 961	660	160
1998	6 252	3 312	1 995	736	209
1999	5 970	2 827	2 109	853	181
2000	6 744	3 386	2 169	934	255
2001	6 440	2 766	2 307	1 124	243
2002	6 440	2 766	2 307	1 124	243
2003	4 302	2 136	1 723	417	26
2004	4 544	2 314	1 759	438	33
合计 Total	**4 544**	**2 314**	**1 759**	**438**	**33**
河北 Hebei	1				1
内蒙古 Inner Mongolia	2 107	2 094	10		3
辽宁 Liaoning	125	124		1	
吉林 Jilin	1				1
黑龙江 Heilongjiang	2	2			
浙江 Zhejiang					
湖北 Hubei	1	1			
湖南 Hunan	2				2
广东 Guangdong					
广西 Guangxi	4	1		3	
海南 Hainan					
重庆 Chongqing					
四川 Sichuan	307		304		3
贵州 Guizhou	2				2
云南 Yunnan	67	2	57	1	7
西藏 Tibet	651		651		
甘肃 Gansu	418	1	417		
青海 Qinghai	363	46	317		
宁夏 Ningxia	2				2
新疆 Xinjiang	491	43	3	433	12

19－10 民族自治地方分地区卫生机构万元以上设备台数(2009年)

Number of Equipment for Medical Treatment above 10 000 yuan in Health Care Institutions by Region of Ethnic Minority Autonomous Areas(2009)

单位:台 (unit)

地 区 Region	合 计 Total	10万元以下 Under 100 000 Yuan	10万～49万元 100 000 yuan～490 000 Yuan	50万～99万元 500 000 yuan～990 000 Yuan	100万元以上 Above 1 Million Yuan
合 计 Total	**263 330**	**222 304**	**30 373**	**6 317**	**4 336**
河 北 Hebei	1 911	1 564	280	42	25
内蒙古 Inner Mongolia	45 466	39 080	4 553	1 038	795
辽 宁 Liaoning	2 650	2 284	244	73	49
吉 林 Jilin	6 675	5 383	963	192	137
黑龙江 Heilongjiang	159	145	9	4	1
浙 江 Zhejiang	303	283	7	9	4
湖 北 Hubei	5 243	4 371	655	135	82
湖 南 Hunan	4 736	4 272	291	103	70
广 东 Guangdong	626	581	33	8	4
广 西 Guangxi	72 072	59 328	9 769	1 746	1 229
海 南 Hainan	215	171	39	5	
重 庆 Chongqing	1 440	1 276	128	24	12
四 川 Sichuan	7 048	6 328	496	153	71
贵 州 Guizhou	9 565	8 304	906	212	143
云 南 Yunnan	29 108	25 097	2 853	721	437
西 藏 Tibet	2 771	2 349	314	66	42
甘 肃 Gansu	2 900	2 645	190	39	26
青 海 Qinghai	3 149	2 739	322	49	39
宁 夏 Ningxia	12 795	10 423	1 754	376	242
新 疆 Xinjiang	54 498	45 681	6 567	1 322	928

19－11 民族自治地方农村村级卫生组织

Rural Health Care Unions of Ethnic Minority Autonomous Areas

单位:个 (unit)

年份 Year	村总数 Total Villages	有卫生机构的村数 Villages with Health Care Station	占村总数的比重(%) As% to Total	无医疗点的村数 Villages without Health Care Stations	占村总数的比重(%) As% to Total
1978	67 937	56 655	83.4	11 282	16.6
1979	68 783	44 324	64.4	24 459	35.6
1980	68 916	39 325	55.6	30 591	44.4
1981	75 257	53 434	71.0	21 823	29.0
1982	75 523	54 240	71.8	21 283	28.2
1983	79 105	64 006	80.9	15 099	19.1
1984	80 406	60 790	75.6	19 616	24.4
1985	86 764	65 426	75.4	21 338	24.6
1986	92 575	67 353	72.8	25 222	27.2
1987	92 822	69 005	74.3	23 817	25.7
1988	96 096	65 248	67.9	30 848	32.1
1989	97 459	65 665	67.4	31 794	32.6
1990	91 092	68 843	75.6	22 249	24.4
1991	96 525	70 045	72.6	26 480	27.4
1992	76 188	59 356	77.9	16 832	22.1
1993	93 939	74 260	79.1	19 679	20.9
1994	97 287	76 244	78.4	21 043	21.6
1995	96 685	74 375	76.9	29 310	23.1
1996	97 140	76 059	78.3	21 081	21.7
1997	100 012	79 368	79.4	20 644	20.6
1998	101 644	83 571	82.2	18 073	17.8
1999	98 496	82 023	83.3	16 473	16.7
2000	99 621	83 442	83.8	16 179	16.2
2001	98 091	82 995	84.6	15 096	15.4

19－12 民族自治地方乡村医生、卫生员、农村接生员

Rural Doctors, Health Care Workers and Rural Midwives of Ethnic Minority Autonomous Areas

单位:人 (person)

年 份 Year	乡村医生和卫生员 Rural Doctors and Medical Technical Personnel Total	乡村医生 Rural Doctors	卫生员 Medics	#少数民族乡村医生和卫生员 Minority Rural Doctors and Medical Technical Personnel	农村接生员 Rural Midwives
1982	116 965	47 933	69 032	49 743	86 158
1983	116 754	55 580	61 174	49 228	88 703
1984	118 730	58 109	60 621	52 630	96 148
1985	131 381	62 255	69 129	55 914	101 291
1986	135 634	68 480	68 154	57 423	106 411
1987	139 901	72 374	67 527	56 634	107 692
1988	135 751	73 106	62 645	55 188	106 464
1989	136 780	75 228	61 552	56 304	141 857
1990	135 424	75 935	59 489	54 594	107 261
1991	139 332	79 709	59 623	58 052	104 869
1992	146 472	83 518	62 954	44 695	97 374
1993	163 129	100 993	62 136	63 582	98 064
1994	154 147	96 347	57 800	63 573	94 585
1995	158 014	102 376	55 639	64 290	91 630
1996	159 529	101 416	58 113	66 865	84 919
1997	165 976	108 712	57 264	71 229	86 735
1998	172 286	115 367	56 919	68 872	81 786
1999	169 759	116 520	53 239	69 098	80 421
2000	173 025	119 979	53 046	70 989	73 321
2001	171 341	120 976	50 365	68 431	68 870
2002	171 341	120 976	50 365	68 431	68 870
2008	117 401	106 146	11 255		
2009	133 541	119 579	13 962		

19－13 民族自治地方分地区乡村医生、卫生员（2009 年）

Rural Doctors and Health Care Workers of Ethnic Minority Autonomous Areas (2009)

单位：人 (person)

地区 Region	乡村医生和卫生员 Rural Doctors and Medical Technical Personnel Total	乡村医生 Rural Doctors	卫生员 Medics
合计 **Total**	**133 541**	**119 579**	**13 962**
河北 Hebei	2 466	2 456	10
内蒙古 Inner Mongolia	20 428	18 850	1 578
辽宁 Liaoning	3 099	3 068	31
吉林 Jilin	2 284	1 818	466
黑龙江 Heilongjiang	253	208	45
浙江 Zhejiang	34	34	
湖北 Hubei	3 383	3 302	81
湖南 Hunan	5 597	4 248	1 349
广东 Guangdong	287	271	16
广西 Guangxi	35 318	32 616	2 702
海南 Hainan	12	12	
重庆 Chongqing	1 845	1 689	156
四川 Sichuan	7 361	6 828	533
贵州 Guizhou	12 147	9 417	2 730
云南 Yunnan	18 164	16 381	1 783
西藏 Tibet	3 878	3 121	757
甘肃 Gansu	1 882	1 850	32
青海 Qinghai	4 473	3 821	652
宁夏 Ningxia	3 538	3 136	402
新疆 Xinjiang	7 092	6 453	639

19－14　民族自治地方分地区民族医院情况（2009 年）

National Hospital Situations by Region of Ethnic Minority Autonomous Areas（2009）

地　区 Region		机构数（个） Health Care Institutions (unit)	床位数（张） Beds (unit)	人员数（人）Personnel (person)				
				合　计 Total	卫生技术人员小计 Medical Technical Personnel total	医　生 Doctors	其他技术人员 Others Technical Personnel	管理人员 Managements
合　计	**Total**	**179**	**9 731**	**10 387**	**8 379**	**4 102**	**501**	**486**
内蒙古	Inner Mongolia	43	1 812	2 781	2 370	1 168	103	115
辽　宁	Liaoning	1	100	141	100	43		36
吉　林	Jilin	1	64	100	90	50	2	7
黑龙江	Heilongjiang	1	40	74	43	18	7	5
湖　北	Hubei	2	243	262	212	71	11	10
广　西	Guangxi	4	103	124	102	40	4	7
四　川	Sichuan	19	332	435	368	277	16	17
贵　州	Guizhou	4	270	204	176	74	6	9
云　南	Yunnan	4	262	320	248	110	20	6
西　藏	Tibet	18	829	1 183	835	458	32	112
甘　肃	Gansu	10	418	511	444	256	20	19
青　海	Qinghai	24	759	685	582	318	23	26
宁　夏	Ningxia	4	105	73	55	30	1	9
新　疆	Xinjiang	44	4 394	3 494	2 754	1 189	256	108

主要统计指标解释

医院　指设有固定床位，能收容病人住院并能为病人提供医疗、护理服务的医疗机构，包括县及县以上医院、农村乡卫生院和其他医院三部分。医院按所属性质不同分为卫生部门、工业及其他部门和集体经济单位三类。县及县以上医院按业务性质不同分为综合医院和专科医院。

医院包括综合医院、中医医院、中西医结合医院、各类专科医院（含专科病防治院）、妇幼保健院。

卫生院　指名称为“乡（镇）中心卫生院”、“乡（镇）卫生院”和“街道卫生院”的医疗机构。包括无床的乡卫生院和独立核算的乡卫生院分院。

门诊部　指名称为“门诊部”的医疗机构。

专科防治所、站　不包括各类专科病防治院，各类专科病防治院计入相应的专科医院中。

村卫生室总数　应与当地卫生厅行政部门注册登记的个数相等。

床位数　指本年10月底的固定实有床位（非编制床位数）。包括正规床、简易床、监护床和正在消毒、修理的床位及因扩建或大修理而停用的床位，不包括产科新生儿床、库存床、观察床、临时加床、病人家属陪侍床、接产室待产床。

卫生员　指村卫生室中未获得乡村医生证书的卫生人员。

卫生技术人员　指卫生机构中医生、护理人员、药剂人员、检验人员等卫生技术人员。

医生　指在医疗、预防保健机构工作且取得《执业医师证书》的执业医师和执业助理医师。

环境保护 20

20－1 民族自治地方分地区工业废水排放及处理情况、工业固体废物产生和综合利用情况(2009 年)

Discharge and Treatment of Industrial Waste Water by Region of Ethnic Minority Autonomous Areas(2009)

单位:万吨 (10 000 tons)

地 区 Region		工业废水排放总量 Total Volume of Waste Water Discharged	#工业废水排放达标量 Volume of Industrial Waste Water up to the Discharge Standards	工业固体废物产生量 Volume of Industrial Solid Wastes Produced	工业固体废物综合利用量 Volume of Industrial Solid Wastes Utilized in a Comprehensive Way
合 计	**Total**	**283 939**	**246 100**	**37 286**	**18 459**
河 北	Hebei	1 567	1 522	2 350	323
内蒙古	Inner Mongolia	28 616	24 366	12 108	6 368
辽 宁	Liaoning	1 461	1 060	1 535	153
吉 林	Jilin	3 945	1 057	884	507
黑龙江	Heilongjiang				
浙 江	Zhejiang	133	123	5	5
湖 北	Hubei	1 972	1 822	61	44
湖 南	Hunan	3 874	3 289	582	161
广 东	Guangdong	403	348	16	4
广 西	Guangxi	161 596	153 458	5 693	3 857
海 南	Hainan	1 062	1 027	40	28
重 庆	Chongqing	2 609	1 491	461	276
四 川	Sichuan	1 306	1 059	372	184
贵 州	Guizhou	2 791	1 038	2 379	925
云 南	Yunnan	19 350	16 784	3 548	2 565
西 藏	Tibet	942	210	11	
甘 肃	Gansu	1 143	693	116	22
青 海	Qinghai	5 426	1 766	2 521	521
宁 夏	Ningxia	21 542	18 835	1 398	988
新 疆	Xinjiang	24 201	16 152	3 206	1 527

主要统计指标解释

工业废水排放量　指经过企业厂区所有排放口排到企业外部的工业废水量。包括生产废水、外排的直接冷却水、超标排放的矿井地下水和与工业废水混排的厂区生活污水，不包括外排的间接冷却水（清污不分流的间接冷却水应计算在内）。

工业废水排放达标量　指各项指标都达到国家或地方排放标准的外排工业废水量，包括未经处理外排达标和经过处理后外排达标两部分。

工业废气排放量　指企业厂区内燃料燃烧和生产工艺过程中产生的各种排入空气的含有污染物的气体总量，按标准状态〔273K，101325Pa〕计算。

工业固体废物产生量　指企业在生产过程中产生的固体状、半固体状和高浓度液体状废弃物的总量，包括危险废物、冶炼废渣、粉煤灰、炉渣、煤矸石、尾矿、放射性废物和其他废物等，不包括矿山开采的剥离废石和掘进废石（煤矸石和呈酸性或碱性的废石除外）。酸性或碱性废石指采掘的废石其流经水、雨淋水的 pH 值小于 4 或 pH 值大于 10.5 者。

工业固体废物综合利用量　指通过回收、加工、循环、交换等方式，从固体废物中提取或者使其转化为可以利用的资源、能源和其他原材料的固体废物量（包括当年利用往年的工业固体废物累计贮存量），如用作农业肥料、生产建筑材料、筑路等。综合利用量由原产生固体废物的单位统计。

"三废"综合利用产品产值　指利用"三废"（废液、废气、废渣）作为主要原料生产的产品价值（现行价）。已经销售或准备销售的应计算产品价值，留作生产自用的不应计算产品价值。

城镇低保人数　指在实施居民最低生活保障制度地区，领取最低生活保障费的城镇人员总数。包括"三无"对象、失业人员和在职、下岗、退休人员等。

城镇保障资金　指在报告期内实施最低生活保障制度的城市（县），国家财政用于救济城镇低保人员支出的资金总数。

农村低保人数　指报告期内实施农村最低生活保障制度的地区，领取最低生活保障费或救济的农业人口数。

农村保障资金　指在报告期内实施农村最低生活保障制度的城市（县），国家财政用于救济农村低保人员支出的资金和实物折款总数。

城镇社区服务设施数　指报告期末城镇（街道办事处、居委会）设立以非盈利为目的，为本社区居民服务，特别是为老年人、残疾人、儿童服务的社区服务中心、活动站、服务站、养老院、老年公寓（托老所）、残疾人工作站、残疾儿童日托所、家务服务站、婚姻介绍所等福利性设施以及职工社会保险管理服务的机构数。几种不同类型的社区服务单位共用一个场所的，只能统计为一个社区服务设施。成为社区服务设施的条件：（1）是独立核算单位；（2）有固定的从业人员；（3）有一定的服务项目；（4）有一定的场所。

城镇便民、利民服务网点　指报告期末居委会设立的、方便本社区居民生活服务的网点。

农村社会保障网络数 指设有社会保障委员会或领导小组，在其统一管理和指导下已有各种福利院、社会福利厂，优待和五保实行集体统筹三项或三项以上农村社会保障项目的乡（镇）个数。

陆地边境县

1-1 陆地边境县经济发展主要指标
Principal Aggregate Indicators on Economic Development of Counties in Borderland

指　标	Item	2008 年	占全国比重（%）	2009 年	占全国比重（%）
人口与就业	**Population and Employment**				
年底总人口（万人）	Population at the Year - end (10 000 persons)	2 329.12	1.75	2 368.09	1.78
#少数民族人口	Minority Population	1 080.99	0.81	1 123.47	
单位就业人员数（万人）	Employment (10 000 persons)	157.84	1.31	158.44	1.32
地区生产总值（亿元）	**GRP (100 million yuan)**	**3 529.83**	**1.08**	**4 341.12**	**1.20**
第一产业	Primary Industry	774.03	2.29	945.04	2.69
第二产业	Secondary Industry	1 457.80	0.87	1 811.75	1.01
第三产业	Tertiary Industry	1 298.00	1.03	1 584.33	1.07
人均地区生产总值（元）	**Per Capita Gross Domestic Product (Yuan)**	**15 155.21**	**60.38**	**18 729.14**	**67.86**
固定资产（亿元）	**Investment in Fixed Assets (100 million yuan)**				
全社会固定资产投资总额	Total Investment in Fixed Assets	2 322.03	1.34	3 178.91	1.42
#国有单位	State-owned Units	2 033.03	5.25	2 809.55	7.26
财政（亿元）	**Public Finance (100 million yuan)**				
地方财政收入	Local Governments Revenue	191.53	0.67	231.30	0.71
地方财政支出	Local Governments Expenditures	710.41	1.44	947.93	1.55
产业	**Industry**				
农业	**Agriculture**				
耕地面积（万公顷）	Cultivated Areas (10 000 hectares)	446.97	0.91	457.96	0.94
灌溉面积（万公顷）	Irrigated Areas (10 000 hectares)	201.18	0.41	209.06	0.43
农林牧渔总产值（亿元）	Gross output Value of Farming Forestry Animal Husbandry and Fishery (100 million yuan)	1 175.94	2.41	1 339.49	2.74
主要农产品产量	Output of Major Farm Products				
粮食产量（万吨）	Grain Output (10 000 tons)	1 378.22	2.61	1 552.86	2.93
棉花产量（万吨）	Cotton Output (10 000 tons)	22.12	2.95	26.73	4.19
油料产量（万吨）	Oil-bearing Crops Output (10 000 tons)	63.08	2.14	64.51	2.05
大牲畜年底头数（万头）	Large Domestic Animals (10 000 heads)	842.62	6.85	916.03	7.48
羊年底头数（万只）	Goats and Sheep (10 000 heads)	3 065.92	10.73	3 113.70	10.90
猪年底头数（万头）	Hogs (10 000 heads)	968.09	2.20	860.77	1.96
工业	**Industry**				
规模以上工业总产值（亿元）	Gross industrial Output Value (100 million yuan)	2 186.26	0.54	2 808.98	0.69

2－1 陆地边境县行政区划(2009 年末)
Administrative Division of Counties in Borderland(End of 2009)

地 区 Region	合 计 Total	自治县 Autonomous Counties	县 Counties	旗 Banners	市 Cities	市辖区 Districts under the Jurisdiction of Cities
合 计 Total	**136**	**17**	**72**	**15**	**26**	**6**
内蒙古 Inner Mongolia	19			15	4	
辽 宁 Liaoning	5	1			1	3
吉 林 Jilin	10	1	2		6	1
黑龙江 Heilongjiang	18		12		5	1
广 西 Guangxi	8		5		2	1
云 南 Yunnan	25	9	13		3	
西 藏 Tibet	18		18			
甘 肃 Gansu	1	1				
新 疆 Xinjiang	32	5	22		5	

2-2 中国陆地边境县(旗)、市(市辖区)分布

Distribution of Counties (Banners) and Cities (Districts under the jurisdiction of cities) in Counties in Borderland

地区	个数	县、旗、市(市辖区)
内蒙古自治区	4 市 15 旗	包头市:达尔罕茂明安联合旗 乌兰察布市:四子王旗 锡林郭勒盟:二连浩特市、阿巴嘎旗、东乌珠穆沁旗、苏尼特左旗、苏尼特右旗 呼伦贝尔市:满洲里市、额尔古纳市、陈巴尔虎旗、新巴尔虎左旗、新巴尔虎右旗 巴彦淖尔市:乌拉特中旗、乌拉特后旗 阿拉善盟:阿拉善左旗、阿拉善右旗、额济纳旗 兴安盟:阿尔山市、科尔沁右翼前旗
辽宁省	1 市 3 市辖区 1 自治县	丹东市:振安区、元宝区、振兴区、东港市、宽甸满族自治县
吉林省	6 市 1 市辖区 2 县 1 自治县	通化市:集安市 白山市:八道江区、临江市、抚松县、长白朝鲜族自治县 延边朝鲜族自治州:图们市、龙井市、珲春市、和龙市、安图县
黑龙江省	5 市 1 市辖区 12 县	鹤岗市:萝北县、绥滨县 双鸭山市:饶河县 鸡西市:密山市、虎林市、鸡东县 伊春市:嘉荫县 牡丹江市:穆棱市、绥芬河市、东宁县 佳木斯市:同江市、抚远县 黑河市:爱辉区、逊克县、孙吴县 大兴安岭地区:呼玛县、塔河县、漠河县

2-2 续表
Continued

地区	个数	县、旗、市（市辖区）
广西壮族自治区	2 市 1 市辖区 5 县	防城港市：防城区、东兴市 崇左市：凭祥市、大新县、宁明县、龙州县 百色市：靖西县、那坡县
云南省	3 市 13 县 9 自治县	普洱市：澜沧拉祜族自治县、江城哈尼族彝族自治县、西盟佤族自治县、孟连傣族拉祜族佤族自治县 临沧市：镇康县、沧源佤族自治县、耿马傣族佤族自治县 保山市：龙陵县、腾冲县 文山壮族苗族自治州：麻栗坡县、马关县、富宁县 红河哈尼族彝族自治州：绿春县、金平苗族瑶族傣族自治县、河口瑶族自治县 西双版纳傣族自治州：景洪市、勐海县、勐腊县 德宏傣族景颇族自治州：潞西市、瑞丽市、盈江县、陇川县 怒江傈僳族自治州：泸水县、福贡县、贡山独龙族怒族自治县
西藏自治区	18 县	山南地区：洛札县、错那县、浪卡子县 日喀则地区：定结县、定日县、康马县、聂拉木县、吉隆县、亚东县、岗巴县、仲巴县、萨嘎县 阿里地区：噶尔县、普兰县、日土县、札达县 林芝地区：墨脱县、察隅县
甘肃省	1 自治县	酒泉市：肃北蒙古族自治县
新疆维吾尔自治区	5 市 22 县 5 自治县	哈密地区：哈密市、伊吾县、巴里坤哈萨克自治县 和田地区：和田县、皮山县 阿克苏地区：温宿县、乌什县 喀什地区：叶城县、塔什库尔干塔吉克自治县 克孜勒苏柯尔克孜自治州：阿图什市、阿合奇县、乌恰县、阿克陶县 昌吉回族自治州：奇台县、木垒哈萨克自治县 博尔塔拉蒙古自治州：博乐市、温泉县 伊犁哈萨克自治州：昭苏县、霍城县、察布查尔锡伯自治县 塔城地区：塔城市、额敏县、裕民县、托里县、和布克赛尔蒙古自治县 阿勒泰地区：阿勒泰市、青河县、吉木乃县、富蕴县、布尔津县、福海县、哈巴河县

3－1　陆地边境县分地区年末总人口和少数民族人口(2009年)

Total Population and Minority Ethnic Population by Region of Counties in Borderland (2009)

单位:万人　　(10 000 persons)

地　区 Region		年末总人口 Total Population (year-end)	#少数民族人口 Minority Population	农业人口 Agriculture	非农业人口 Non-agriculture
合　计	**Total**	**2 368.09**	**1 123.47**	**1 512.93**	**855.16**
内蒙古	Inner Mongolia	173.37	58.14	91.74	81.63
辽　宁	Liaoning	178.69	41.47	87.63	91.06
吉　林	Jilin	208.12	53.03	77.08	131.05
黑龙江	Heilongjiang	347.17	17.99	151.33	195.84
广　西	Guangxi	254.61	206.39	205.74	48.87
云　南	Yunnan	655.07	387.20	556.51	98.56
西　藏	Tibet	32.47	24.75	28.36	4.11
甘　肃	Gansu	1.21	0.47	0.62	0.59
新　疆	Xinjiang	517.36	334.04	313.92	203.44

4－1　陆地边境县分地区生产总值(2009年)

Gross Regional Product by Region of Counties in Borderland (2009)

单位:亿元　　(100 million yuan)

地　区 Region		地区生产总值 GRP	第一产业 Primary Industry	第二产业 Secondary Industry	第三产业 Tertiary Industry	人均地区生产总值
合　计	**Total**	**4 341.12**	**945.04**	**1 811.75**	**1 584.33**	**18 729**
内蒙古	Inner Mongolia	940.13	100.35	565.90	273.88	49 664
辽　宁	Liaoning	605.00	64.58	304.51	235.90	32 114
吉　林	Jilin	492.88	52.49	252.82	187.56	23 665
黑龙江	Heilongjiang	681.33	268.62	161.11	251.61	21 651
广　西	Guangxi	302.96	74.38	120.81	107.77	13 437
云　南	Yunnan	579.70	166.94	184.59	228.16	8 910
西　藏	Tibet	32.42	8.68	7.16	16.57	9 985
甘　肃	Gansu	15.26	0.31	12.11	2.84	126 098
新　疆	Xinjiang	691.44	208.68	202.72	280.04	13 627

4-2 陆地边境县分地区生产总值指数(2009年)

Indices of Gross Regional Product by Region of Counties in Borderland (2009)

地 区 Region	地区生产总值 (以2008年为100) GRP	第一产业 Primary Industry	第二产业 Secondary Industry	第三产业 Tertiary Industry
合 计 Total	**119.9**	**112.1**	**127.0**	**116.7**
内蒙古 Inner Mongolia	121.0	106.5	127.1	116.0
辽 宁 Liaoning	123.9	110.2	127.5	123.3
吉 林 Jilin	124.2	115.6	125.4	124.8
黑龙江 Heilongjiang	114.2	113.4	118.1	110.9
广 西 Guangxi	118.0	105.2	131.2	116.2
云 南 Yunnan	112.7	108.2	118.0	112.0
西 藏 Tibet	112.5	107.1	128.0	110.4
甘 肃 Gansu	115.7	104.7	121.6	103.6
新 疆 Xinjiang	125.8	119.3	144.8	117.5

4-3 陆地边境县分地区生产总值构成(2009年)

Composition of Gross Regional Product by Region of Counties in Borderland (2009)

单位:% (%)

地 区 Region	地区生产总值 GRP	第一产业 Primary Industry	第二产业 Secondary Industry	第三产业 Tertiary Industry
合 计 Total	**100**	**21.8**	**41.7**	**36.5**
内蒙古 Inner Mongolia	100	10.7	60.2	29.1
辽 宁 Liaoning	100	10.7	50.3	39.0
吉 林 Jilin	100	10.7	51.3	38.1
黑龙江 Heilongjiang	100	39.4	23.6	36.9
广 西 Guangxi	100	24.6	39.9	35.6
云 南 Yunnan	100	28.8	31.8	39.4
西 藏 Tibet	100	26.8	22.1	51.1
甘 肃 Gansu	100	2.0	79.4	18.6
新 疆 Xinjiang	100	30.2	29.3	40.5

5－1 陆地边境县单位从业人员和劳动报酬（2009年）

Number and Income of Employed Persons by Region of Counties in Borderland (2009)

地 区 Region		单位从业人员数 (万人) Employed Persons (10 000 persons)	劳动报酬 (亿元) Income of Employed Persons (10 000 million yuan)	平均劳动报酬 (元) Average Income of Employed Persons (yuan)
合 计	**Total**	**158.44**	**402.12**	**25 379**
内蒙古	Inner Mongolia	20.47	67.88	33 166
辽 宁	Liaoning	8.46	16.89	19 968
吉 林	Jilin	17.92	51.46	28 720
黑龙江	Heilongjiang	21.38	44.11	20 638
广 西	Guangxi	13.43	30.74	22 885
云 南	Yunnan	37.89	81.48	21 506
西 藏	Tibet	1.00	18.94	190 223
甘 肃	Gansu	0.24	0.73	30 779
新 疆	Xinjiang	37.68	89.89	23 859

5－2 陆地边境县在岗职工和劳动报酬（2009年）

Number and Income of Staff and Workers by Region of Counties in Borderland (2009)

地 区 Region		在岗职工人数 (万人) Staff and Workers (10 000 persons)	工资总额 (亿元) Total Average of Staff and Workers (10 000 million yuan)	平均工资 (元) Average Earning of Staff and Workers (yuan)
合 计	**Total**	**155.11**	**427.83**	**27 583**
内蒙古	Inner Mongolia	20.11	60.77	30 220
辽 宁	Liaoning	8.33	16.73	20 088
吉 林	Jilin	17.35	56.38	32 486
黑龙江	Heilongjiang	20.66	43.36	20 980
广 西	Guangxi	14.01	29.97	21 395
云 南	Yunnan	36.04	79.61	22 091
西 藏	Tibet	1.08	3.67	34 069
甘 肃	Gansu	0.23	0.71	30 879
新 疆	Xinjiang	37.30	136.63	36 634

6-1 陆地边境县分地区全社会固定资产投资(2009年)

Total Investment in Fixed Assets by Region of Counties in Borderland (2009)

单位:亿元 (100 million yuan)

地 区 Region	全社会固定资产投资 Total Investment in Fixed Assets	城镇固定资产投资 Urban	农村固定资产投资 Rural
合 计 Total	**3 178.91**	**2 809.55**	**369.37**
内蒙古 Inner Mongolia	896.21	889.69	6.52
辽 宁 Liaoning	326.61	264.28	62.33
吉 林 Jilin	442.27	395.88	46.39
黑龙江 Heilongjiang	255.88	237.78	18.10
广 西 Guangxi	273.21	230.03	43.18
云 南 Yunnan	482.84	395.82	87.02
西 藏 Tibet	29.37	17.54	11.83
甘 肃 Gansu	13.02	12.82	0.20
新 疆 Xinjiang	459.50	365.72	93.78

7-1 陆地边境县分地区财政收入情况(2009年)

Financial Revenue by Region of Counties in Borderland (2009)

单位:亿元 (100 million yuan)

地 区 Region	财政总收入 Total Revenue	#地方财政收入 Local Revenue	#各项税收 Government Taxes Revenue
合 计 Total	**453.62**	**231.30**	**164.90**
内蒙古 Inner Mongolia	125.25	54.50	35.40
辽 宁 Liaoning	47.12	23.82	25.10
吉 林 Jilin	38.16	23.17	15.09
黑龙江 Heilongjiang	53.00	29.83	14.74
广 西 Guangxi	33.20	21.16	17.68
云 南 Yunnan	72.00	34.04	28.30
西 藏 Tibet	10.36	1.04	0.56
甘 肃 Gansu	2.22	1.47	0.34
新 疆 Xinjiang	72.31	42.26	27.70

7－2 陆地边境县分地区各项税收情况(2009年)

Taxes by Region of Counties in Borderland (2009)

单位:亿元 (100 million yuan)

地区 Region		各项税收 Government Taxes Revenue	#增值税 Value-added Tax	#营业税 Business Tax	#企业所得税 Income Tax of Enterprises	#个人所得税 Individual Income Tax
合计	**Total**	**174.91**	**33.00**	**50.78**	**13.39**	**9.05**
内蒙古	Inner Mongolia	35.40	6.63	9.86	4.55	2.11
辽宁	Liaoning	25.10	1.48	3.38	0.68	0.27
吉林	Jilin	25.10	2.73	4.78	2.19	1.05
黑龙江	Heilongjiang	14.74	4.01	3.46	1.75	1.18
广西	Guangxi	17.68	5.67	3.37	1.05	0.74
云南	Yunnan	28.30	6.50	11.95	0.86	0.80
西藏	Tibet	0.56	0.02	0.33	0.04	0.01
甘肃	Gansu	0.34	0.06	0.08	0.02	0.03
新疆	Xinjiang	27.70	5.90	13.58	2.25	2.85

7－3 陆地边境县分地区财政支出情况(2009年)

Financial Expenditure by Region of Counties in Borderland (2009)

单位:亿元 (100 million yuan)

地区 Region		地方财政支出 Local Expenditures	#一般公共服务 Expenditure for General Public Services	#教育 Expenditure for Education	#科学技术 Expenditure for Science and Technology
合计	**Total**	**947.93**	**139.03**	**169.63**	**5.30**
内蒙古	Inner Mongolia	173.43	26.18	17.98	1.23
辽宁	Liaoning	47.39	6.45	8.15	0.14
吉林	Jilin	100.39	12.35	16.47	0.30
黑龙江	Heilongjiang	132.73	21.28	19.09	0.80
广西	Guangxi	66.18	13.29	12.03	0.22
云南	Yunnan	194.31	26.45	39.07	0.63
西藏	Tibet	18.87	5.40	5.43	0.09
甘肃	Gansu	2.90	0.60	0.24	0.03
新疆	Xinjiang	211.73	27.03	51.17	1.87

8-1 陆地边境县分地区农村居民生活水平情况(2009年)(一)

Basic Indicators of Rural Households by Region of Counties in Borderland (2009)(1)

单位:元 (yuan)

地区 Region		农村居民人均纯收入 Average Per Capita Annual Net Income	农村居民人均生活费支出合计 Average Per Capita Annual Expenditure	#食品 Food	#衣着 Clothing	#居住 Residence
合计	**Total**	**3 943**	**3 172**	**1 278**	**240**	**496**
内蒙古	Inner Mongolia	4 850	3 766	1 389	325	503
辽宁	Liaoning	7 413	5 037	2 128	446	1 048
吉林	Jilin	4 684	3 555	1 255	241	538
黑龙江	Heilongjiang	5 394	3 682	1 374	370	514
广西	Guangxi	3 661	2 984	1 397	75	741
云南	Yunnan	2 641	3 132	1 396	200	416
西藏	Tibet	3 208	1 446	574	159	200
甘肃	Gansu	7 489	3 211	1 865	322	181
新疆	Xinjiang	3 966	2 392	729	264	293

8-1 陆地边境县分地区农村居民生活水平情况(2009年)(二)

Basic Indicators of Rural Households by Region of Counties in Borderland (2009)(2)

单位:元 (yuan)

地区 Region		农村居民人均生活费支出 Average Per Capita Annual Expenditure			
		#家庭设备及服务 Household Facilities, Articles and Services	#医疗保健支出 Medicines and Medical Services	#交通和通信 Transportation and Communications	#娱乐教育文化服务 Cultural, Educational and Recreational Articles and Services
合计	**Total**	**156**	**247**	**358**	**215**
内蒙古	Inner Mongolia	138	387	540	393
辽宁	Liaoning	195	353	399	310
吉林	Jilin	335	435	400	267
黑龙江	Heilongjiang	179	364	363	436
广西	Guangxi	115	197	260	153
云南	Yunnan	149	186	409	113
西藏	Tibet	365	478	100	100
甘肃	Gansu	67	85	153	48
新疆	Xinjiang	113	181	290	225

9－1 陆地边境县分地区农村基层组织情况(2009年)

Basic Rural Units by Region of Counties in Borderland (2009)

地 区 Region		乡镇个数 (个) Township and Town Governments (unit)	乡村人口 (万人) Population (10 000 persons)	村民委员会 (个) Village Committee (unit)
合 计	**Total**	**1 138**	**1 435.72**	**10 655**
内蒙古	Inner Mongolia	112	79.37	1 153
辽 宁	Liaoning	44	98.31	455
吉 林	Jilin	81	74.59	946
黑龙江	Heilongjiang	154	159.82	1 422
广 西	Guangxi	84	199.30	1 000
云 南	Yunnan	252	487.43	2 073
西 藏	Tibet	115	28.36	749
甘 肃	Gansu	3	0.62	26
新 疆	Xinjiang	293	307.92	2 831

9－2 陆地边境县分地区农、林、牧、渔业总产值及指数(2009年)

Gross Output Value of Farming, Forestry, Animal Husbandry and Fishery and Related Indies by Region of Counties in Borderland (2009)

地 区 Region		绝对数 (亿元) Gross Output Value (100 million yuan)					指 数 (上年=100) Indices of Gross Output (preceding year =100)
		农林牧渔业总产值 Total	#农业 Farming	#林业 Forestry	#牧业 Animal Husbandry	#渔业 Fishery	农林牧渔业总产值 Total
合 计	**Total**	**1 339.49**	**719.44**	**160.91**	**378.82**	**84.70**	**111.5**
内蒙古	Inner Mongolia	164.95	59.30	7.73	67.86	4.15	107.0
辽 宁	Liaoning	111.12	35.45	5.76	25.36	41.06	111.4
吉 林	Jilin	98.21	44.93	23.19	25.02	3.55	101.4
黑龙江	Heilongjiang	256.37	168.44	28.26	47.45	7.78	116.7
广 西	Guangxi	118.70	61.35	12.10	24.69	19.87	105.3
云 南	Yunnan	268.51	180.62	65.14	63.68	5.67	109.4
西 藏	Tibet	10.90	3.55	0.30	6.63	0.02	104.2
甘 肃	Gansu	0.66	0.16		0.49	0.01	103.4
新 疆	Xinjiang	310.09	165.65	18.44	117.63	2.60	123.1

9-3 陆地边境县分地区耕地面积和有效灌溉面积(2009年)

Cultivated Areas and Irrigated Area by Region of Counties in Borderland (2009)

单位:千公顷 (1 000 hectares)

地区 Region	年末实有耕地面积 Cultivated Area	有效灌溉面积 Irrigated Area
合计 Total	**4 579.59**	**2 090.60**
内蒙古 Inner Mongolia	724.44	225.69
辽宁 Liaoning	128.13	60.51
吉林 Jilin	170.38	57.84
黑龙江 Heilongjiang	1 490.74	365.69
广西 Guangxi	174.99	62.01
云南 Yunnan	660.76	243.61
西藏 Tibet	31.13	25.75
甘肃 Gansu	0.69	0.40
新疆 Xinjiang	1 198.34	1 049.11

9-4 陆地边境县分地区主要农产品产量(2009年)

Output of Major Farm Crops by Region of Counties in Borderland (2009)

单位:万吨 (10 000 tons)

地区 Region	粮食 Grain Crops	油料 Oil-bearing Crops	棉花 Cotton Crops
合计 Total	**1 552.86**	**64.51**	**26.73**
内蒙古 Inner Mongolia	172.18	23.73	0.30
辽宁 Liaoning	64.24	1.50	
吉林 Jilin	48.33	0.66	
黑龙江 Heilongjiang	504.50	3.92	
广西 Guangxi	62.11	0.72	
云南 Yunnan	245.11	7.96	0.01
西藏 Tibet	10.41	0.60	
甘肃 Gansu	0.48	0.02	
新疆 Xinjiang	445.50	25.40	26.42

9-5 陆地边境县分地区牲畜年末存栏数(2009年)

The Amounts of Feeding Livestock at the End of Year by Region of Counties in Borderland (2009)

单位:万头(只) (10 000 heads)

地 区 Region	牲畜年末存栏数 Livestock Number		
	大牲畜 Large Animals	猪 Hogs	羊 Sheep and Goats
合 计 Total	**916.03**	**860.77**	**3 113.70**
内蒙古 Inner Mongolia	100.15	26.00	1 209.85
辽 宁 Liaoning	8.19	43.54	30.00
吉 林 Jilin	41.04	38.43	15.95
黑龙江 Heilongjiang	52.44	93.68	114.36
广 西 Guangxi	30.82	102.47	6.99
云 南 Yunnan	172.59	495.51	55.81
西 藏 Tibet	61.47	16.59	342.76
甘 肃 Gansu	1.14	0.05	25.83
新 疆 Xinjiang	448.18	44.50	1 312.15

9-6 陆地边境县分地区畜产品产量(2009年)

Output of Livestock Products by Region of Counties in Borderland (2009)

单位:万吨 (10 000 tons)

地 区 Region	肉类总产量 Output of Meat	#猪肉 Pork	#牛肉 Beef	#羊肉 Mutton
合 计 Total	**178.54**	**76.06**	**33.24**	**43.20**
内蒙古 Inner Mongolia	29.72	2.56	6.21	19.05
辽 宁 Liaoning	13.90	6.60	0.72	0.26
吉 林 Jilin	8.49	4.32	3.16	0.32
黑龙江 Heilongjiang	16.36	9.10	3.51	1.33
广 西 Guangxi	12.72	8.91	0.85	0.11
云 南 Yunnan	41.31	32.20	4.42	0.63
西 藏 Tibet	2.34	0.12	0.79	1.43
甘 肃 Gansu	0.17		0.01	0.14
新 疆 Xinjiang	53.53	12.25	13.58	19.93

9－7 陆地边境县分地区农业机械总动力和农村用电量(2009年)
Total Power of Agricultural Machinery and Electricity Consumed in Rural Area by Region of Counties in Borderland (2009)

地 区 Region	农业机械总动力 (万千瓦) **Total Power of Agricultural Machinery** **(10 000 kw)**	农村用电量 (万千瓦小时) **Electricity Consumed in Rural Area** **(10 000 kw. h)**
合 计 Total	**1 800.79**	**397 948.33**
内蒙古 Inner Mongolia	275.69	31 807.42
辽 宁 Liaoning	104.95	119 246.80
吉 林 Jilin	87.10	37 569.40
黑龙江 Heilongjiang	381.36	40 164.00
广 西 Guangxi	136.24	21 316.81
云 南 Yunnan	317.38	40 490.22
西 藏 Tibet	56.11	498.61
甘 肃 Gansu	2.80	111.07
新 疆 Xinjiang	439.15	106 744.00

10－1 陆地边境县分地区规模以上工业企业单位数和工业总产值(2009年)
The Amount and Gross Industrial Output Value of Industrial Enterprises above Designated Size by Region of Counties in Borderland (2009)

地 区 Region	工业企业单位数 (个) **Number of Enterprises** **(unit)**	工业总产值 (亿元) **Total Industry** **(100 million yuan)**
合 计 Total	**3 178**	**2 808.98**
内蒙古 Inner Mongolia	569	957.58
辽 宁 Liaoning	728	442.07
吉 林 Jilin	561	460.03
黑龙江 Heilongjiang	379	235.18
广 西 Guangxi	170	241.90
云 南 Yunnan	324	209.02
西 藏 Tibet	3	0.27
甘 肃 Gansu	24	18.12
新 疆 Xinjiang	420	244.82

10－2 陆地边境县分地区规模以上工业企业主要财务指标(2009年)(一)
Main Indicators of Industrial Enterprises above Designated Size by Region of Counties in Borderland (2009)(1)

单位:亿元 (100 million yuan)

地区 Region		资产合计 Total Assets	负债合计 Total Liabilities	所有者权益合计 Creditors Equity
合计	**Total**	**3 203.27**	**1 863.24**	**1 340.03**
内蒙古	Inner Mongolia	1 126.41	660.54	465.87
辽宁	Liaoning	220.66	104.01	116.65
吉林	Jilin	333.26	204.50	128.75
黑龙江	Heilongjiang	249.33	122.32	127.02
广西	Guangxi	265.27	145.01	120.26
云南	Yunnan	507.18	340.88	166.30
西藏	Tibet	0.63	0.09	0.54
甘肃	Gansu	15.52	6.55	8.97
新疆	Xinjiang	485.02	279.35	205.67

10－2 陆地边境县分地区规模以上工业企业主要财务指标(2009年)(二)
Main Indicators of Industrial Enterprises above Designated Size by Region of Counties in Borderland (2009)(2)

地区 Region		利润总额 (亿元) Total Profits (100 million yuan)	职工年平均人数 (人) Annual Average Staff and Workers (person)
合计	**Total**	**195.46**	**559 128**
内蒙古	Inner Mongolia	68.33	115 757
辽宁	Liaoning	25.65	85 976
吉林	Jilin	13.90	91 222
黑龙江	Heilongjiang	34.05	96 850
广西	Guangxi	18.50	35 904
云南	Yunnan	16.96	56 661
西藏	Tibet	0.02	269
甘肃	Gansu	1.43	3 057
新疆	Xinjiang	16.61	73 432

11-1 各陆地边境县主要经济指标(2009年)(一)
The Major Economic Indicators of Counties in Borderland (2009) (1)

地区	Region	年末总人口(万人) Total Population at Year-end (10 000 persons)	地区生产总值(亿元) Gross Regional Product (100 million yuan)	人均地区生产总值(元) Per Capita Regional GRP (yuan)	规模以上工业总产值(亿元) Gross Output Value of Industry (100 million yuan)
内蒙古自治区	**Inner Mongolia Autonomous Region**				
达尔罕茂明安联合旗	Darhan Mumingan Lianhe Banner	11.96	106.87	89 052	90.69
四子王旗	Siziwang Banner	21.70	28.20	13 093	21.87
二连浩特市	Erenhot City	2.60	40.10	55 997	23.67
阿巴嘎旗	Abag Banner	4.48	23.63	52 790	21.45
东乌珠穆沁旗	Dong Ujimqin Banner	7.57	55.81	61 107	50.76
苏尼特左旗	Sonid Zuo Banner	3.39	24.87	66 720	26.71
苏尼特右旗	Sonid You Banner	6.92	28.37	35 907	31.07
满洲里市	Manzhouli City	16.70	120.39	48 000	60.23
额尔古纳市	Ergun City	8.49	23.95	28 140	10.71
陈巴尔虎旗	Chen Barag Banner	5.94	40.33	67 706	31.48
新巴尔虎左旗	Xin Barag Zuo Banner	4.21	18.69	44 481	6.03
新巴尔虎右旗	Xin Barag You Banner	3.45	37.65	109 514	41.19
乌拉特中旗	Urad Zhong Banner	13.58	50.56	37 108	67.67
乌拉特后旗	Urad Hou Banner	4.93	50.67	102 467	99.78
阿拉善左旗	Alxa Zuo Banner	14.30	191.29	133 782	310.08
阿拉善右旗	Alxa You Banner	2.46	23.77	90 375	19.57
额济纳旗	Ejin Banner	1.71	27.40	160 137	25.81
阿尔山市	Arsan City	4.82	7.52	15 654	0.15
科尔沁右翼前旗	Horqin Youyi Qian Banner	34.18	40.07	11 730	18.65
辽宁省	**Liaoning Province**				
振安区	Zhen'an District	17.78	46.36	17 220	63.18
元宝区	Yuanbao District	18.57	30.28	16 306	25.78
振兴区	Zhenxing District	37.34	118.16	31 642	30.78
东港市	Donggang City	61.25	273.92	44 685	223.50
宽甸满族自治县	Kuandian Manchu Autonomous County	43.76	136.28	30 795	98.83
吉林省	**Jilin Province**				
集安市	Ji'an City	22.47	66.60	29 573	24.83
八道江区	Badaojiang District	34.36	113.43	33 017	83.35
临江市	Linjiang City	17.24	48.06	27 876	54.08
抚松县	Fusong County	30.13	80.09	26 598	100.27
长白朝鲜族自治县	Changbai Korean Autonomous County	8.41	17.40	20 686	15.01
图们市	Tumen City	12.99	21.73	16 661	24.66
龙井市	Longjing City	18.34	19.33	10 454	11.68
珲春市	Hunchun City	22.34	65.99	29 670	101.65
和龙市	Helong City	20.14	27.27	13 451	26.19

11－1(一)　续表1
Continued

地　区	Region	年末总人口（万人）Total Population at Year-end (10 000 persons)	地区生产总值（亿元）Gross Regional Product (100 million yuan)	人均地区生产总值（元）Per Capita Regional GRP (yuan)	规模以上工业总产值（亿元）Gross Output Value of Industry (100 million yuan)
安图县	Antu County	21.69	33.00	15 279	18.32
黑龙江省	**Heilongjiang Province**				
萝北县	Luobei County	22.50	40.40	17 967	16.76
绥滨县	Suibin County	19.00	27.19	14 304	5.36
饶河县	Raohe County	14.37	25.72	17 956	4.06
密山市	Mishan City	43.47	74.34	17 126	24.88
虎林市	Hulin City	29.43	77.78	26 450	36.82
鸡东县	Jidong County	29.72	62.19	20 953	13.40
嘉荫县	Jiayin County	7.59	16.00	21 047	3.89
绥芬河市	Suifenhe City	6.40	69.39	69 646	9.49
东宁县	Dongning County	21.33	66.23	31 092	27.93
同江市	Tongjiang City	17.60	46.61	22 043	7.42
抚远县	Fuyuan County	10.80	26.32	23 383	2.79
爱辉区	Aihui District	19.22	10.07	11 991	20.10
逊克县	Xunke County	10.30	12.86	12 508	3.30
孙吴县	Sunwu County	10.40	6.36	6 099	3.59
呼玛县	Huma County	34.30	8.20	16 083	0.84
塔河县	Tahe County	9.60	12.76	13 130	2.25
漠河县	Mohe County	8.61	20.44	23 889	9.55
穆棱市	Muling City	32.55	78.48	24 052	42.74
广西壮族自治区	**Guangxi Zhuang Autonomous Region**				
防城区	Fangcheng District	39.53	54.78	16 326	41.22
东兴市	Dongxing City	12.49	32.94	24 298	17.31
凭祥市	Pingxiang City	11.04	21.94	18 740	7.21
大新县	Daxin County	37.28	46.95	13 939	48.11
宁明县	Ningming County	42.55	41.64	11 158	32.52
龙州县	Longzhou County	27.54	36.96	13 976	22.53
靖西县	Jingxi County	62.99	57.28	11 102	70.35
那坡县	Napo County	21.20	10.48	5 948	2.65
云南省	**Yunnan Province**				
澜沧拉祜族自治县	Lancang Lahu Autonomous County	49.97	23.79	4 764	9.44
江城哈尼族彝族自治县	Jiangcheng Hani and Yi Autonomous County	12.09	11.06	9 172	1.31
西盟佤族自治县	Ximeng Va Autonomous County	9.30	3.98	4 298	0.61
孟连傣族拉祜族佤族自治县	Menglian Dai Lahu and Va Autonomous County	13.41	8.92	6 657	1.90
镇康县	Zhenkang County	17.30	14.58	8 506	8.29
沧源佤族自治县	Cangyuan Va autonomous County	17.60	11.26	6 418	2.68
耿马傣族佤族自治县	Gengma Dai and Va Autonomous County	28.60	26.06	9 114	6.69
龙陵县	Longling County	27.60	23.66	8 604	14.94

11－1(一) 续表2
Continued

地 区 Region		年末总人口（万人） Total Population at Year-end (10 000 persons)	地区生产总值（亿元） Gross Regional Product (100 million yuan)	人均地区生产总值（元） Per Capita Regional GRP (yuan)	规模以上工业总产值（亿元） Gross Output Value of Industry (100 million yuan)
腾冲县	Tengchong County	63. 80	57. 47	9 057	22. 49
麻栗坡县	Malipo County	27. 70	21. 11	7 639	12. 37
马关县	Maguan County	36. 60	30. 35	8 333	22. 99
富宁县	Funing County	40. 10	30. 50	7 628	9. 55
绿春县	Luchun County	22. 30	9. 13	4 114	0. 96
金平苗族瑶族傣族自治县	Jinping Miao Yao and Dai Autonomous County	35. 20	17. 90	5 127	12. 04
河口瑶族自治县	Hekou Yao Autonomous County	10. 40	14. 87	14 309	2. 04
景洪市	Jinghong City	48. 20	75. 38	15 704	9. 85
勐海县	Menghai County	33. 40	34. 00	10 211	14. 60
勐腊县	Mengla County	26. 00	34. 65	13 379	6. 32
潞西市	Luxi City	38. 20	37. 31	9 811	17. 14
瑞丽市	Ruili City	17. 00	24. 72	14 618	11. 68
盈江县	Yingjiang County	30. 00	30. 63	10 250	11. 51
陇川县	Longchuan County	18. 10	14. 34	7 963	3. 11
泸水县	Lushui County	18. 80	16. 10	9 540	5. 78
福贡县	Fugong County	9. 60	4. 77	4 987	0. 44
贡山独龙族怒族自治县	Gongshan Dulong and Nu Autonomous County	3. 80	3. 16	8 444	0. 30
西藏自治区	**Tibet Autonomous Region**				
洛札县	Lhozhag County	1. 94	1. 42	7 288	
错那县	Cona County	1. 49	1. 49	9 997	
浪卡子县	Nagarze County	3. 61	2. 17	6 375	
定结县	Dinggye County	1. 88	1. 68	8 650	
定日县	Tingri County	5. 01	3. 13	6 260	
康马县	Kangmar County	2. 16	1. 83	8 552	
聂拉木县	Nyalam County	1. 55	2. 64	18 634	
吉隆县	Gyirong County	1. 41	2. 76	11 752	0. 20
亚东县	Yadung County	1. 27	2. 04	16 248	
岗巴县	Kamba County	1. 03	1. 17	10 235	
仲巴县	Zhongba County	2. 08	3. 08	14 915	
萨嘎县	Saga County	1. 34	1. 31	11 551	
噶尔县	Gar County	1. 44	1. 05	7 318	
普兰县	Burang County	0. 86	1. 30	14 502	
日土县	Rutog County	0. 78	0. 86	10 942	
札达县	Zanda County	0. 70	0. 78	18 074	
墨脱县	Medog County	1. 29	1. 13	9 769	
察隅县	Zayu County	2. 63	2. 58	9 499	0. 07

11－1(一)　续表3
Continued

地　区	Region	年末总人口(万人) Total Population at Year-end (10 000 persons)	地区生产总值(亿元) Gross Regional Product (100 million yuan)	人均地区生产总值(元) Per Capita Regional GRP (yuan)	规模以上工业总产值(亿元) Gross Output Value of Industry (100 million yuan)
甘肃省	**Gansu Province**				
肃北蒙古族自治县	Subei Mongolian Autonomous County	1.21	15.26	126 098	18.12
新疆维吾尔自治区	**Xinjiang Uygur Autonomous Region**				
哈密市	Hami[Kumul] City	44.33	105.93	23 988	64.98
伊吾县	Yiwu[Araturuk] County	2.21	8.31	38 155	1.69
巴里坤哈萨克自治县	Barkol Kazak Autonomous County	10.24	15.98	15 679	6.23
和田县	Hotan County	25.71	11.58	4 569	2.29
皮山县	Pishan[Guma] County	24.91	8.94	3 641	0.43
温宿县	Wensu[Onsu] County	24.07	24.30	10 166	3.62
乌什县	Wushi[Uxturpan] County	19.92	12.02	5 869	8.82
叶城县	Yecheng[Kagilik] County	42.27	28.41	6 802	2.34
塔什库尔干塔吉克自治县	Taxkorgan Tajik Autonomous County	3.70	5.23	14 138	
阿图什市	Artux City	24.06	15.29	6 410	2.19
阿合奇县	Akqi County	4.11	4.96	8 801	
乌恰县	Wuqia[Ulugqat] County	5.66	3.02	7 357	1.15
阿克陶县	Akto County	19.19	8.38	4 078	2.79
奇台县	Qitai County	23.60	43.66	20 849	13.89
木垒哈萨克自治县	Mori Kazak Autonomous County	8.87	11.80	13 882	6.93
博乐市	Bole[Bortala] City	26.10	70.03	26 751	19.18
温泉县	Wenquan[Araxang] County	7.48	8.89	11 891	0.69
昭苏县	Zhaosu[Mongolkure] County	17.66	16.84	9 678	8.10
霍城县	Huocheng[Korgas] County	39.09	42.25	10 886	14.56
察布查尔锡伯自治县	Qapaqal Xibe Autonomous County	19.11	17.60	9 295	2.64
塔城市	Tacheng[Qoqek] City	16.72	34.00	20 334	7.22
额敏县	Emin[Dorbiljin] County	21.41	34.50	16 114	10.75
裕民县	Yumin[Qagantokay] County	5.73	7.12	12 532	0.10
托里县	Toli County	9.47	17.15	17 610	10.10
和布克赛尔蒙古自治县	Hoboksar Mongol Autonomous County	5.16	10.64	16 886	4.98
阿勒泰市	Altay City	23.28	30.76	16 660	8.81
青河县	Qinghe[Qinggil] County	6.27	7.88	13 007	2.34
吉木乃县	Leminay County	3.92	3.51	9 587	0.44
富蕴县	Fuyun[Koktokay] County	9.32	27.94	32 680	23.92
布尔津县	Burqin County	7.08	9.92	15 095	1.25
福海县	Fuhai[Burultokay] County	7.33	17.60	23 432	1.70
哈巴河县	Habahe[Kaba] County	8.58	20.55	25 495	13.02

11－1 各陆地边境县主要经济指标(2009 年)(二)

The Major Economic Indicators of Counties in Borderland (2009)(2)

地　区	Region	农业总产值(亿元) Gross Output Value of Agriculture (100 million yuan)	粮食总产量(万吨) Grain Output (10 000 tons)	肉类总产量(万吨) Meat Output (10 000 tons)	全社会固定资产投资(亿元) Total Investment in Fixed Assets (100 million yuan)
内蒙古自治区	**Inner Mongolia Autonomous Region**				
达尔罕茂明安联合旗	Darhan Mumingan Lianhe Banner	5.36	6.92	1.93	108.43
四子王旗	Siziwang Banner	3.34	6.29	3.06	12.62
二连浩特市	Erenhot City	0.16	1.98	0.14	26.02
阿巴嘎旗	Abag Banner	1.02		2.17	40.83
东乌珠穆沁旗	Dong Ujimqin Banner	1.35	5.58	3.58	64.40
苏尼特左旗	Sonid Zuo Banner			1.94	18.23
苏尼特右旗	Sonid You Banner		0.01	1.26	30.20
满洲里市	Manzhouli City	0.39	0.09	0.26	65.39
额尔古纳市	Ergun City	8.88	24.55	0.48	9.00
陈巴尔虎旗	Chen Barag Banner	5.27	16.52	1.70	55.53
新巴尔虎左旗	Xin Barag Zuo Banner	1.78	4.08	1.87	36.52
新巴尔虎右旗	Xin Barag You Banner		0.04	1.80	28.40
乌拉特中旗	Urad Zhong Banner	13.21	26.67	1.36	135.11
乌拉特后旗	Urad Hou Banner	1.00	4.67	0.44	70.24
阿拉善左旗	Alxa Zuo Banner		13.72	1.05	117.60
阿拉善右旗	Alxa You Banner	0.83	1.63	0.24	8.06
额济纳旗	Ejin Banner	1.25	0.30	0.15	15.23
阿尔山市	Arsan City	0.19	4.51	0.21	14.80
科尔沁右翼前旗	Horqin Youyi Qian Banner	15.28	54.62	6.08	39.60
辽宁省	**Liaoning Province**				
振安区	Zhen'an District	3.70	2.86	2.31	34.50
元宝区	Yuanbao District	0.48	0.39	0.41	33.29
振兴区	Zhenxing District	1.06	1.31	0.26	48.10
东港市	Donggang City	21.64	47.33	6.85	120.36
宽甸满族自治县	Kuandian Manchu Autonomous County	8.56	12.35	4.06	90.37
吉林省	**Jilin Province**				
集安市	Ji'an City	9.95	5.19	0.95	66.09
八道江区	Badaojiang District	3.87	1.81	2.03	70.95
临江市	Linjiang City	3.92	3.41	0.95	35.13
抚松县	Fusong County	9.75	5.08	0.60	71.28
长白朝鲜族自治县	Changbai Korean Autonomous County	2.32	1.53	0.33	28.15
图们市	Tumen City	1.23	2.74	0.28	20.92
龙井市	Longjing City	3.46	8.85	0.90	15.66
珲春市	Hunchun City	3.01	6.45	0.62	53.52
和龙市	Helong City	2.92	6.71	0.87	39.58

11－1(二)　续表 1
Continued

地　区	Region	农业总产值(亿元) Gross Output Value of Agriculture (100 million yuan)	粮食总产量(万吨) Grain Output (10 000 tons)	肉类总产量(万吨) Meat Output (10 000 tons)	全社会固定资产投资(亿元) Total Investment in Fixed Assets (100 million yuan)
安图县	Antu County	4. 51	6. 55	0. 97	41. 00
黑龙江省	**Heilongjiang Province**				
萝北县	Luobei County	5. 86	26. 37	1. 24	10. 41
绥滨县	Suibin County	6. 58	26. 00	0. 99	7. 24
饶河县	Raohe County	9. 27	31. 91	0. 29	12. 56
密山市	Mishan City	16. 72	75. 30	3. 01	11. 57
虎林市	Hulin City	19. 32	76. 22	0. 76	11. 82
鸡东县	Jidong County	14. 65	50. 38	1. 93	16. 10
嘉荫县	Jiayin County	7. 75	16. 07	0. 54	8. 23
绥芬河市	Suifenhe City	0. 40	0. 50	0. 21	36. 14
东宁县	Dongning County	21. 30	15. 88	0. 73	25. 48
同江市	Tongjiang City	13. 28	43. 04	0. 84	19. 24
抚远县	Fuyuan County	10. 11	27. 49	1. 09	15. 72
爱辉区	Aihui District	5. 73	18. 82	0. 54	10. 81
逊克县	Xunke County	9. 47	30. 21	0. 38	8. 43
孙吴县	Sunwu County	3. 96	13. 54	0. 39	3. 46
呼玛县	Huma County	4. 89	14. 70	0. 18	5. 77
塔河县	Tahe County	0. 76	1. 29	0. 19	4. 45
漠河县	Mohe County	2. 06	0. 58	0. 30	12. 03
穆棱市	Muling City	16. 33	36. 20	2. 77	36. 40
广西壮族自治区	**Guangxi Zhuang Autonomous Region**				
防城区	Fangcheng District	6. 67	10. 17	2. 19	52. 81
东兴市	Dongxing City	1. 38	2. 54	0. 62	40. 71
凭祥市	Pingxiang City	2. 06	1. 57	0. 51	23. 89
大新县	Daxin County	12. 56	10. 88	2. 84	31. 53
宁明县	Ningming County	13. 23	6. 75	1. 93	27. 39
龙州县	Longzhou County	14. 15	4. 38	0. 80	23. 81
靖西县	Jingxi County	8. 72	20. 23	2. 69	58. 79
那坡县	Napo County	2. 59	5. 60	1. 13	14. 28
云南省	**Yunnan Province**				
澜沧拉祜族自治县	Lancang Lahu Autonomous County	4. 61	18. 28	2. 00	27. 91
江城哈尼族彝族自治县	Jiangcheng Hani and Yi Autonomous County	2. 55	3. 59	0. 50	8. 33
西盟佤族自治县	Ximeng Va autonomous County	0. 89	3. 33	0. 24	2. 98
孟连傣族拉祜族佤族自治县	Menglian Dai Lahu and Va Autonomous County	2. 77	4. 77	0. 46	3. 81
镇康县	Zhenkang County	3. 77	6. 33	1. 29	13. 01
沧源佤族自治县	Cangyuan Va Autonomous County	4. 73	5. 34	0. 80	7. 94
耿马傣族佤族自治县	Gengma Dai and Va Autonomous County	11. 91	8. 63	1. 13	15. 20
龙陵县	Longling County	5. 68	10. 60	2. 22	27. 10

11 -1(二) 续表 2
Continued

地 区	Region	农业总产值(亿元) Gross Output Value of Agriculture (100 million yuan)	粮食总产量(万吨) Grain Output (10 000 tons)	肉类总产量(万吨) Meat Output (10 000 tons)	全社会固定资产投资(亿元) Total Investment in Fixed Assets (100 million yuan)
腾冲县	Tengchong County	9. 69	31. 24	6. 95	56. 60
麻栗坡县	Malipo County	3. 65	9. 58	3. 40	22. 82
马关县	Maguan County	61. 95	13. 81	3. 60	19. 54
富宁县	Funing County	6. 20	12. 86	3. 39	28. 71
绿春县	Luchun County	2. 53	7. 94	1. 50	12. 56
金平苗族瑶族傣族自治县	Jinping Miao Yao and Dai Autonomous County	3. 92	11. 61	2. 12	14. 01
河口瑶族自治县	Hekou Yao Autonomous County	3. 58	1. 80	0. 41	12. 23
景洪市	Jinghong City	8. 65	12. 36	1. 17	62. 51
勐海县	Menghai County	8. 39	15. 51	0. 98	10. 15
勐腊县	Mengla County	5. 95	7. 91	0. 73	16. 20
潞西市	Luxi City	8. 66	18. 19	1. 92	30. 54
瑞丽市	Ruili City	3. 26	6. 93	1. 33	22. 43
盈江县	Yingjiang County	8. 77	14. 80	2. 15	29. 51
陇川县	Longchuan County	6. 74	9. 91	0. 99	11. 26
泸水县	Lushui County	0. 76	5. 69	1. 36	16. 03
福贡县	Fugong County	0. 64	3. 10	0. 48	6. 51
贡山独龙族怒族自治县	Gongshan Dulong and Nu Autonomous County	0. 37	1. 01	0. 19	4. 94
西藏自治区	**Tibet Autonomous Region**				
洛札县	Lhozhag County	0. 24	0. 92	0. 07	1. 46
错那县	Cona County	0. 12	0. 40	0. 08	1. 50
浪卡子县	Nagarze County	0. 10	0. 52	0. 29	3. 03
定结县	Dinggye County	0. 29	0. 59	0. 10	0. 70
定日县	Tingri County	0. 73	2. 58	0. 18	1. 76
康马县	Kangmar County	0. 40	1. 03	0. 11	1. 00
聂拉木县	Nyalam County	0. 30	0. 60	0. 12	1. 96
吉隆县	Gyirong County	0. 21	0. 45	0. 11	
亚东县	Yadung County	0. 16	0. 15	0. 07	1. 44
岗巴县	Kamba County	0. 13	0. 32	0. 10	
仲巴县	Zhongba County			0. 40	1. 96
萨嘎县	Saga County	0. 07	0. 12	0. 19	1. 40
噶尔县	Gar County	0. 08	0. 05	0. 11	
普兰县	Burang County	0. 08	0. 29	0. 06	0. 61
日土县	Rutog County	0. 05	0. 09	0. 12	
札达县	Zanda County	0. 01	0. 01	0. 06	6. 46
墨脱县	Medog County	0. 10	0. 51	0. 04	
察隅县	Zayu County	0. 47	1. 80	0. 13	2. 99

11-1(二) 续表 3
Continued

地 区 Region		农业总产值（亿元） Gross Output Value of Agriculture (100 million yuan)	粮食总产量（万吨） Grain Output (10 000 tons)	肉类总产量（万吨） Meat Output (10 000 tons)	全社会固定资产投资（亿元） Total Investment in Fixed Assets (100 million yuan)
甘肃省	**Gansu Province**				
肃北蒙古族自治县	Subei Mongolian Autonomous County	0.16	0.48	0.17	13.02
新疆维吾尔自治区	**Xinjiang Uygur Autonomous Region**				
哈密市	Hami[Kumul] City	8.58	3.54	1.97	64.01
伊吾县	Yiwu[Araturuk] County	1.68	0.75	0.72	23.34
巴里坤哈萨克自治县	Barkol Kazak Autonomous County	2.90	9.48	1.51	3.50
和田县	Hotan County	6.41	16.21	0.86	12.02
皮山县	Pishan[Guma] County	5.00	12.58	0.56	51.26
温宿县	Wensu[Onsu] County	10.74	33.83	1.56	9.22
乌什县	Wushi[Uxturpan] County	4.70	14.93	1.35	2.79
叶城县	Yecheng[Kagilik] County	12.73	38.80	4.81	29.06
塔什库尔干塔吉克自治县	Taxkorgan Tajik Autonomous County	0.18	0.64	0.51	9.35
阿图什市	Artux City	4.00	7.23	1.21	11.63
阿合奇县	Akqi County	0.29	0.93	0.47	4.61
乌恰县	Wuqia[Ulugqat] County	0.27	0.73	0.49	4.01
阿克陶县	Akto County	4.01	14.44	1.17	3.05
奇台县	Qitai County	15.40	68.40	9.86	18.55
木垒哈萨克自治县	Mori Kazak Autonomous County	4.10	15.05	3.41	3.70
博乐市	Bole[Bortala] City	9.28	21.41	0.75	30.22
温泉县	Wenquan[Araxang] County	4.16	18.56	0.63	3.09
昭苏县	Zhaosu[Mongolkure] County	3.64	13.78	2.09	5.85
霍城县	Huocheng[Korgas] County	7.22	18.91	2.88	12.39
察布查尔锡伯自治县	Qapaqal Xibe Autonomous County	8.04	27.68	1.60	12.52
塔城市	Tacheng[Qoqek] City	12.12	39.91	1.53	7.97
额敏县	Emin[Dorbiljin] County	9.61	25.26	2.35	16.39
裕民县	Yumin[Qagantokay] County	2.88	12.04	1.08	2.49
托里县	Toli County	1.17	4.90	1.70	8.04
和布克赛尔蒙古自治县	Hoboksar Mongol Autonomous County	1.18	1.04	1.04	6.85
阿勒泰市	Altay City	4.03	3.85	1.54	12.99
青河县	Qinghe[Qinggil] County	1.82	4.79	0.74	7.10
吉木乃县	Leminay County	0.85	1.79	0.49	4.00
富蕴县	Fuyun[Koktokay] County	2.91	4.29	1.64	21.12
布尔津县	Burqin County	1.75	3.35	0.92	14.64
福海县	Fuhai[Burultokay] County	4.26	2.47	1.15	9.41
哈巴河县	Habahe[Kaba] County	3.25	4.33	1.04	10.21

1-1 各陆地边境县主要经济指标(2009年)(三)

The Major Economic Indicators of Counties in Borderland (2009)(3)

地区 Region		社会消费品零售总额(亿元) Total Retail Sale of Consumer Goods (100 million yuan)	农民人均纯收入(元) Peasant's Net Income Per Capita (yuan)	地方财政收入(亿元) Local Revenue (100 million yuan)	地方财政支出(亿元) Local Expenditure (100 million yuan)
内蒙古自治区	**Inner Mongolia Autonomous Region**				
达尔罕茂明安联合旗	Darhan Mumingan Lianhe Banner	10.44	6 879	8.01	13.87
四子王旗	Siziwang Banner	9.80	3 102	0.35	9.78
二连浩特市	Erenhot City	13.75	6 527	2.00	7.97
阿巴嘎旗	Abag Banner	5.06	7 955	1.40	6.40
东乌珠穆沁旗	Dong Ujimqin Banner	11.78	9 997	2.94	6.92
苏尼特左旗	Sonid Zuo Banner	3.25	5 206	1.18	6.03
苏尼特右旗	Sonid You Banner	7.59	4 506	1.82	6.64
满洲里市	Manzhouli City	65.67		10.55	25.27
额尔古纳市	Ergun City	6.21	9 965	0.95	6.67
陈巴尔虎旗	Chen Barag Banner	2.50	8 049	2.13	6.22
新巴尔虎左旗	Xin Barag Zuo Banner	3.00	7 893	1.37	5.68
新巴尔虎右旗	Xin Barag You Banner	2.59	7 849	2.35	5.28
乌拉特中旗	Urad Zhong Banner	8.31	7 137	3.32	11.54
乌拉特后旗	Urad Hou Banner	3.75	5 138	6.22	9.47
阿拉善左旗	Alxa Zuo Banner	22.25	6 171	6.57	17.89
阿拉善右旗	Alxa You Banner	3.03	7 314	0.77	5.97
额济纳旗	Ejin Banner	5.59	7 830	1.14	5.79
阿尔山市	Arsan City	5.50	3 465	0.39	3.47
科尔沁右翼前旗	Horqin Youyi Qian Banner	12.01	3 154	1.06	12.58
辽宁省	**Liaoning Province**				
振安区	Zhen'an District	8.87	7 128	2.58	4.75
元宝区	Yuanbao District	41.19	7 415	1.52	2.94
振兴区	Zhenxing District	54.83	7 841	3.65	5.77
东港市	Donggang City	56.83	8 030	10.06	19.41
宽甸满族自治县	Kuandian Manchu Autonomous County	32.00	6 600	6.01	14.52
吉林省	**Jilin Province**				
集安市	Ji'an City	18.80	5 394	2.69	11.18
八道江区	Badaojiang District	32.66	6 125	2.08	7.01
临江市	Linjiang City	16.31	5 514	2.28	10.06
抚松县	Fusong County	23.58	6 039	4.15	15.25
长白朝鲜族自治县	Changbai Korean Autonomous County	4.90	4 948	1.19	6.75
图们市	Tumen City	7.96	4 864	1.41	7.61
龙井市	Longjing City	22.51	3 126	1.48	9.73
珲春市	Hunchun City	6.47	5 375	4.40	13.16
和龙市	Helong City	7.94	3 126	1.99	10.96

11-1(三) 续表 1
Continued

地区	Region	社会消费品零售总额（亿元）Total Retail Sale of Consumer Goods (100 million yuan)	农民人均纯收入（元）Peasant's Net Income Per Capita (yuan)	地方财政收入（亿元）Local Revenue (100 million yuan)	地方财政支出（亿元）Local Expenditure (100 million yuan)
安图县	Antu County	8.23	3 435	1.50	8.70
黑龙江省	**Heilongjiang Province**				
萝北县	Luobei County	4.80	6 150	1.29	5.57
绥滨县	Suibin County	3.90	1 176	0.49	4.65
饶河县	Raohe County	2.20	1 160	0.53	5.10
密山市	Mishan City	15.98	5 677	1.97	8.62
虎林市	Hulin City	11.90	6 118	1.20	10.74
鸡东县	Jidong County	8.77	5 899	2.00	8.48
嘉荫县	Jiayin County	2.98	6 416	0.70	6.21
绥芬河市	Suifenhe City	11.19	8 906	7.67	17.03
东宁县	Dongning County	15.70	10 051	3.70	10.67
同江市	Tongjiang City	7.71	2 580	1.02	9.34
抚远县	Fuyuan County	4.17	5 950	1.29	7.72
爱辉区	Aihui District	2.70	5 265	1.14	6.86
逊克县	Xunke County	2.89	6 305	1.30	5.48
孙吴县	Sunwu County	3.83	2 605	0.35	5.12
呼玛县	Huma County	2.01	5 537	0.40	3.55
塔河县	Tahe County	3.67	4 825	0.50	2.29
漠河县	Mohe County	6.17	8 443	1.24	4.06
穆棱市	Muling City	24.57	7 654	3.05	11.21
广西壮族自治区	**Guangxi Zhuang Autonomous Region**				
防城区	Fangcheng District	18.10	5 134	3.81	9.77
东兴市	Dongxing City	9.41	5 883	3.26	6.79
凭祥市	Pingxiang City	9.42	3 800	2.97	5.65
大新县	Daxin County	5.46	4 140	2.87	7.87
宁明县	Ningming County	6.34	3 928	2.47	9.81
龙州县	Longzhou County	7.49	3 683	1.89	7.85
靖西县	Jingxi County	11.91	2 631	3.40	12.72
那坡县	Napo County	3.34	2 353	0.50	5.72
云南省	**Yunnan Province**				
澜沧拉祜族自治县	Lancang Lahu Autonomous County	7.15	1 737	1.24	13.53
江城哈尼族彝族自治县	Jiangcheng Hani and Yi Autonomous County	2.64	2 258	0.51	4.39
西盟佤族自治县	Ximeng Va Autonomous County	1.10	1 578	0.21	4.58
孟连傣族拉祜族佤族自治县	Menglian Dai Lahu And Va Autonomous County	3.62	2 300	0.41	0.41
镇康县	Zhenkang County	3.12	2 314	0.65	6.48
沧源佤族自治县	Cangyuan Va Autonomous County	3.96	2 328	0.44	6.90
耿马傣族佤族自治县	Gengma Dai and Va Autonomous County	7.01	2 964	0.85	7.94
龙陵县	Longling County	5.74	2 895	1.40	8.07

11-1(三) 续表2
Continued

地区	Region	社会消费品零售总额(亿元) Total Retail Sale of Consumer Goods (100 million yuan)	农民人均纯收入(元) Peasant's Net Income Per Capita (yuan)	地方财政收入(亿元) Local Revenue (100 million yuan)	地方财政支出(亿元) Local Expenditure (100 million yuan)
腾冲县	Tengchong County	15.35	3 482	5.01	17.22
麻栗坡县	Malipo County	7.63	2 205	1.36	8.74
马关县	Maguan County	12.19	2 588	1.97	9.12
富宁县	Funing County	16.67	2 337	1.50	10.76
绿春县	Luchun County	3.20	1 866	0.72	6.83
金平苗族瑶族傣族自治县	Jinping Miao Yao and Dai Autonomous County	3.75	1 809	1.40	8.67
河口瑶族自治县	Hekou Yao Autonomous County	2.12	2 998	0.90	5.23
景洪市	Jinghong City	24.81	4 218	3.62	12.24
勐海县	Menghai County	7.61	3 346	1.13	7.76
勐腊县	Mengla County	9.12	3 236	1.57	7.23
潞西市	Luxi City	17.37	3 106	2.55	10.35
瑞丽市	Ruili City	10.90	3 766	2.21	7.12
盈江县	Yingjiang County	11.27	3 122	2.17	9.84
陇川县	Longchuan County	3.43	2 186	0.69	6.50
泸水县	Lushui County	5.62	1 972	1.08	6.87
福贡县	Fugong County	1.66	1 248	0.23	4.72
贡山独龙族怒族自治县	Gongshan Dulong and Nu Autonomous County	1.07	1 257	0.23	2.79
西藏自治区	**Tibet Autonomous Region**				
洛札县	Lhodak County	0.27	3 730	0.06	1.07
错那县	Cona County	0.25	2 975	0.05	2.29
浪卡子县	Nagarze County	0.36	3 420	0.06	1.32
定结县	Dinggye County		2 499	0.03	1.04
定日县	Tingri County	0.51	2 495	0.17	0.86
康马县	Kangmar County	0.34	3 653	0.05	1.03
聂拉木县	Nyalam County	1.27	3 920	0.08	1.39
吉隆县	Gyirong County		2 965	0.02	0.70
亚东县	Yadung County	0.53	3 349	0.06	1.01
岗巴县	Kamba County	0.06	3 017	0.03	0.83
仲巴县	Zhongba County	0.36	3 390	0.07	1.18
萨嘎县	Saga County	0.15	2 948	0.02	0.93
噶尔县	Gar County	0.27	4 416	0.14	1.04
普兰县	Burang County	0.26	3 191	0.01	0.60
日土县	Rutog County		3 755		
札达县	Zanda County	0.09	2 750	0.03	1.02
墨脱县	Medog County	0.14	2 985	0.03	1.05
察隅县	Zayu County	0.32	3 526	0.13	1.50

11-1(三)　续表 3

Continued

地　区	Region	社会消费品零售总额(亿元) Total Retail Sale of Consumer Goods (100 million yuan)	农民人均纯收入(元) Peasant's Net Income Per Capita (yuan)	地方财政收入(亿元) Local Revenue (100 million yuan)	地方财政支出(亿元) Local Expenditure (100 million yuan)
甘肃省	**Gansu Province**				
肃北蒙古族自治县	Subei Mongolian Autonomous County	0.86	7 489	1.47	2.90
新疆维吾尔自治区	**Xinjiang Uygur Autonomous Region**				
哈密市	Hami[Kumul] City	31.78	5 502	8.22	11.91
伊吾县	Yiwu[Araturuk] County	0.84	5 503	0.78	3.38
巴里坤哈萨克自治县	Barkol Kazak Autonomous County	2.17	4 009	0.74	5.72
和田县	Hotan County	1.05	3 298	0.42	8.24
皮山县	Pishan[Guma] County	0.89	2 566	0.42	8.02
温宿县	Wensu[Onsu] County	2.53	3 827	1.19	4.32
乌什县	Wushi[Uxturpan] County	0.88	3 827	0.16	3.12
叶城县	Yecheng[Kagilik] County	5.62	3 744	1.47	14.09
塔什库尔干塔吉克自治县	Taxkorgan Tajik Autonomous County	0.80	2 841	0.32	4.22
阿图什市	Artux City	4.42	2 058	0.72	8.84
阿合奇县	Akqi County	0.56	1 482	0.17	3.91
乌恰县	Wuqia[Ulugqat] County	0.70	1 630	0.54	5.03
阿克陶县	Akto County	1.26	1 615	0.54	7.57
奇台县	Qitai County	11.07	6 640	2.02	8.32
木垒哈萨克自治县	Mori Kazak Autonomous County	3.40	4 602	0.85	4.35
博乐市	Bole[Bortala] City	12.22	6 397	2.30	7.39
温泉县	Wenquan[Araxang] County	1.55	4 620	0.27	3.99
昭苏县	Zhaosu[Mongolkure] County	3.14	4 656	0.45	6.59
霍城县	Huocheng[Korgas] County	10.98	5 532	1.64	8.20
察布查尔锡伯自治县	Qapaqal Xibe Autonomous County	1.31	5 032	0.85	6.86
塔城市	Tacheng[Qoqek] City	8.35	6 685	1.34	6.64
额敏县	Emin[Dorbiljin] County	7.20	5 317	1.01	6.31
裕民县	Yumin[Qagantokay] County	1.57	4 925	0.21	3.39
托里县	Toli County	1.36	3 671	0.96	5.01
和布克赛尔蒙古自治县	Hoboksar Mongol Autonomous County	1.56	4 301	6.64	7.65
阿勒泰市	Altay City	9.96	4 942	1.34	9.26
青河县	Qinghe[Qinggil] County	1.75	3 762	0.47	5.05
吉木乃县	Leminay County	0.69	2 865	0.19	3.84
富蕴县	Fuyun[Koktokay] County	3.98	5 221	4.65	8.56
布尔津县	Burqin County	6.36	4 997	0.77	4.79
福海县	Fuhai[Burultokay] County	3.30	3 722	1.12	5.56
哈巴河县	Habahe[Kaba] County	2.67	5 136	2.30	6.78

全国少数民族发展情况

人口 1

1-1 历次人口普查全国分民族人口

Population of China's Ethnic Minorities

单位：人 (person)

民族	Ethnic	历次普查人口数 Census 1953年	1964年	1982年	1990年	2000年
全国总计	**Total**	**577 856 141**	**691 220 104**	**1 003 913 927**	**1 130 510 638**	**1 242 612 226**
汉族	Han	542 824 056	651 296 368	936 674 944	1 039 187 548	1 137 386 112
少数民族合计	**Total Minority Population**	**34 013 782**	**39 883 909**	**66 434 341**	**90 567 245**	**104 490 735**
少数民族占全国比重（%）	AS% of Total Population	5.89	5.77	6.62	8.01	8.41
蒙古族	Mongolian	1 451 035	1 965 766	3 411 367	4 802 407	5 813 947
回族	Hui	3 530 498	4 473 147	7 228 398	8 612 001	9 816 805
藏族	Tibetan	2 753 081	2 501 174	3 847 875	4 593 072	5 416 021
维吾尔族	Uygur	3 610 462	3 996 311	5 963 491	7 207 024	8 399 393
苗族	Miao	2 490 874	2 782 088	5 021 175	7 383 622	8 940 116
彝族	Yi	3 227 750	3 380 960	5 453 564	6 578 524	7 762 272
壮族	Zhuang	6 864 585	8 386 140	13 383 086	15 555 820	16 178 811
布依族	Bouyei	1 237 714	1 348 055	2 119 345	2 548 294	2 971 460
朝鲜族	Korean	1 111 275	1 339 569	1 765 204	1 923 361	1 923 842
满族	Manchu	2 399 228	2 695 675	4 304 981	9 846 776	10 682 262
侗族	Dong	712 802	836 123	1 426 400	2 508 624	2 960 293
瑶族	Yao	665 933	857 265	1 411 967	2 137 033	2 637 421
白族	Bai	567 119	706 623	1 132 224	1 598 052	1 858 063
土家族	Tujia		524 755	2 836 814	5 725 049	8 028 133
哈尼族	Hani	481 220	628 727	1 058 806	1 254 800	1 439 673
哈萨克族	Kazak	509 375	491 637	907 546	1 110 758	1 250 458
傣族	Dai	478 966	535 389	839 496	1 025 402	1 158 989
黎族	Li	360 950	438 813	887 107	1 112 498	1 247 814
傈僳族	Lisu	317 465	270 628	481 884	574 589	634 912
佤族	Va	286 158	200 272	298 611	351 980	396 610
畲族	She		234 167	371 965	634 700	709 592
高山族	Gaoshan	329	366	1 650	2 877	4 461
拉祜族	Lahu	139 060	191 241	304 256	411 545	453 705
水族	Shui	133 566	156 099	286 908	347 116	406 902
东乡族	Dongxiang	155 761	147 443	279 523	373 669	513 805
纳西族	Naxi	143 453	156 796	251 592	277 750	308 839
景颇族	Jingpo	101 852	57 762	92 976	119 276	132 143

注：1. 各年度人口均为中国大陆人口普查数，不包括现役军人。

2. 少数民族人口合计数中不包括其他未识别的民族人口和外国人加入中国籍人口数。

3. 1982年人口数未包括西藏间接调查的28 601人，据有关资料计算，如包括间接调查人口数，1982年门巴族为6 248人，珞巴族为2 065人。

4. 2000年人口数为人口普查机器汇总数据。

Note: a. Population census date exclude the number of military personel.

b. The total of minority population exclude the people from unidentified ethnic groups and the number of foreigners who have joined China's nationality.

c. The population figure of 1982 exclude the number of 28 601 persons which is calculated through indirect survey by tibet. According to indirect survey, in 1982, the population of Monba is about 6 248, that of Lhoba is about 2 065.

d. Figures of population are obtained from the Population Census in 2000.

1-1 续表

Continued

单位：人 (person)

民族	Ethnic	1953 年	1964 年	1982 年	1990 年	2000 年
		历次普查人口数 Census				
柯尔克孜族	Kirgiz	70 944	70 151	113 386	143 537	160 823
土族	Tu	53 277	77 349	159 632	192 568	241 198
达斡尔族	Daur		63 394	94 126	121 463	132 394
仫佬族	Mulam		52 819	90 357	160 648	207 352
羌族	Qiang	35 660	49 105	102 815	198 303	306 072
布朗族	Blang		39 411	58 473	82 398	91 882
撒拉族	Salar	30 658	34 664	69 135	87 546	104 503
毛南族	Maonan		22 382	38 159	72 370	107 166
仡佬族	Gelao		26 852	54 164	438 192	579 357
锡伯族	Xibe	19 022	33 438	83 683	172 932	188 824
阿昌族	Achang		12 032	20 433	27 718	33 936
普米族	Primi		14 298	24 238	29 721	33 600
塔吉克族	Tajik	14 462	16 236	26 600	33 223	41 028
怒族	Nu		15 047	22 896	27 190	28 759
乌孜别克族	Uzbek	13 626	7 717	12 213	14 763	12 370
俄罗斯族	Russian	22 656	1 326	2 917	13 500	15 609
鄂温克族	Ewenki	4 957	9 681	19 398	26 379	30 505
德昂族	Deang		7 261	12 297	15 461	17 935
保安族	Bonan	4 957	5 125	9 017	11 683	16 505
裕固族	Yugur	3 861	5 717	10 568	12 293	13 719
京族	Gin		4 293	13 108	18 749	22 517
塔塔尔族	Tatar	6 929	2 294	4 122	5 064	4 890
独龙族	Derung		3 090	4 633	5 825	7 426
鄂伦春族	Oroqen	2 262	2 709	4 103	7 004	8 196
赫哲族	Hezhen		718	1 489	4 254	4 640
门巴族	Monba		3 809	1 140	7 498	8 923
珞巴族	Lhoba			1 066	2 322	2 965
基诺族	Jino			11 962	18 022	20 899
其他未识别民族	Non-identified Ethnics	1 017 299	32 411	799 705	752 347	734 438
外国人加入中国籍	Chinese Foreigner	1 004	7 416	4 937	3 498	941

1-2 历次人口普查少数民族人口的分布情况（一）

Geographic Distribution of Ethnic Population in Overall National Censuses（1）

单位：人　　　　(person)

地区 Region	1953年 绝对数 Total Minority Population	1953年 占该地区总人口的比重（%） AS % of Total Population	1953年 占全国少数民族人口的比重（%） AS % of Total Minority Population in Country	1964年 绝对数 Total Minority Population	1964年 占该地区总人口的比重（%） AS % of Total Population	1964年 占全国少数民族人口的比重（%） AS % of Total Minority Population in Country
全国 National	**34 013 782**	**5.89**	**100**	**39 883 909**	**5.77**	**100**
北京 Beijing	168 404	6.08	0.50	283 524	3.75	0.71
天津 Tianjin	79 857	2.96	0.23	115 613	2.70	0.29
河北 Hebei	715 752	1.75	2.10	621 926	1.50	1.56
山西 Shanxi	20 316	0.14	0.06	40 100	0.22	0.10
内蒙古 Inner Mongolia	959 336	15.73	2.82	1 604 756	13.00	4.02
辽宁 Liaoning	1 482 619	8.07	4.36	1 858 900	6.90	4.66
吉林 Jilin	1 193 237	10.67	3.51	1 342 170	8.57	3.37
黑龙江 Heilongjiang	944 328	7.98	2.78	1 087 045	5.40	2.73
上海 Shanghai	31 461	0.51	0.90	43 591	0.40	0.11
江苏 Jiangsu	66 362	0.16	0.20	83 002	9.19	0.21
浙江 Zhejiang	30 854	0.14	0.09	106 411	0.38	0.27
安徽 Anhui	133 801	0.45	0.39	155 256	0.50	0.39
福建 Fujian	19 979	0.15	0.06	147 017	0.88	0.37
江西 Jiangxi	2001	0.01	0.01	9 300	0.04	0.02
山东 Shandong	252 506	0.52	0.74	294 643	0.53	0.74
河南 Henan	405 715	0.93	1.19	517 195	1.03	1.30
湖北 Hubei	35 434	0.13	0.10	183 035	0.54	0.46
湖南 Hunan	586 737	1.78	1.72	1 275 719	3.43	3.20
广东 Guangdong	430 279	1.25	1.27	747 181	1.75	1.87
广西 Guangxi	7 337 944	37.51	21.57	8 553 300	41.03	21.45
海南 Hainan						
四川 Sichuan	2 022 315	3.11	5.95	1 728 955	2.54	4.33
贵州 Guizhou	3 562 493	23.69	10.47	4 009 683	23.39	10.05
云南 Yunnan	5 411 883	31.59	15.91	6 384 114	31.13	16.01
西藏 Tibet	1 273 969	100.00	3.75	1 213 796	97.01	3.04
陕西 Shaanxi	56 272	0.36	0.17	93 978	0.45	0.24
甘肃 Gansu	1 486 775	11.71	4.37	955 396	7.56	2.40
青海 Qinghai	854 136	50.95	20.51	829 318	38.65	2.18
宁夏 Ningxia				650 366	30.86	1.63
新疆 Xinjiang	4 449 017	93.01	13.08	4 948 619	68.07	12.41

1－2 历次人口普查少数民族人口的分布情况（二）

Geographic Distribution of Ethnic Population in Overall National Censuses (2)

单位：人 (person)

地 区 Region	1982年 绝对数 Total Minority Population	1982年 占该地区总人口的比重（%） AS % of Total Population	1982年 占全国少数民族人口的比重（%） AS % of Total Minority Population in Country	1990年 绝对数 Total Minority Population	1990年 占该地区总人口的比重（%） AS% of Total Population	1990年 占全国少数民族人口的比重（%） AS % of Total Minority Population in Country
全 国 National	**66 434 341**	**6.62**	**100**	**90 567 245**	**8.01**	**100**
北 京 Beijing	322 320	3.49	0.49	413 937	3.83	0.46
天 津 Tianjin	164 241	2.12	0.25	202 642	2.31	0.22
河 北 Hebei	853 275	1.61	1.28	2 408 876	3.94	2.66
山 西 Shanxi	63 760	0.25	0.10	82 061	0.29	0.09
内蒙古 Inner Mongolia	2 996 477	15.55	4.51	4 166 260	19.42	4.60
辽 宁 Liaoning	2 909 615	8.15	4.38	6 165 508	15.62	6.81
吉 林 Jilin	1 829 555	8.11	2.75	2 525 212	10.24	2.79
黑龙江 Heilongjiang	1 613 043	4.94	2.43	1 997 934	5.67	2.21
上 海 Shanghai	49 748	0.42	0.07	62 171	0.47	0.07
江 苏 Jiangsu	110 559	0.18	0.17	153 060	0.23	0.07
浙 江 Zhejiang	161 546	0.42	0.24	212 582	0.51	0.23
安 徽 Anhui	261 760	0.53	0.39	324 227	0.58	0.36
福 建 Fujian	250 449	0.97	0.38	465 995	1.55	0.51
江 西 Jiangxi	22 052	0.07	0.03	101 144	0.27	0.11
山 东 Shandong	407 849	0.55	0.61	505 694	0.60	0.56
河 南 Henan	799 338	1.07	1.20	1 008 972	1.18	1.11
湖 北 Hubei	1 778 494	3.72	2.68	2 140 188	3.97	2.36
湖 南 Hunan	2 201 087	4.08	3.31	4 823 649	7.95	5.33
广 东 Guangdong	1 057 527	1.78	1.59	354 625	0.56	0.39
广 西 Guangxi	13 933 250	38.26	20.97	16 577 113	39.24	18.30
海 南 Hainan				1 114 803	17.00	1.23
四 川 Sichuan	3 660 402	3.67	5.51	4 889 295	4.56	5.40
贵 州 Guizhou	6 675 360	23.38	10.05	10 504 828	32.43	11.60
云 南 Yunnan	10 277 069	31.57	15.47	12 351 834	33.41	13.64
西 藏 Tibet	1 769 935	94.97	2.66	2 112 168	96.18	2.33
陕 西 Shaanxi	133 098	0.46	2.20	156 403	0.48	0.17
甘 肃 Gansu	1 555 186	7.95	2.34	1 857 467	8.30	2.05
青 海 Qinghai	1 535 774	39.42	2.31	1 878 028	42.14	2.07
宁 夏 Ningxia	1 244 238	31.94	1.87	1 549 067	33.27	1.71
新 疆 Xinjiang	7 797 344	59.61	11.74	9 961 202	62.42	10.45

1-2 历次人口普查少数民族人口的分布情况（三）

Geographic Distribution of Ethnic Population in Overall National Censuses (3)

单位：人 (person)

地区 Region	2000年 绝对数 Total Minority Population	2000年 占该地区总人口的比重（%） AS% of Total Population	2000年 占全国少数民族人口的比重（%） AS % of Total Minority Population in Country
全国 National	**104 490 735**	**8.41**	**100.00**
北京 Beijing	585 381	4.31	0.56
天津 Tianjin	266 918	2.71	0.26
河北 Hebei	2 902 669	4.35	2.78
山西 Shanxi	103 018	0.32	0.10
内蒙古 Inner Mongolia	4 857 633	20.83	4.65
辽宁 Liaoning	6 718 332	16.06	6.43
吉林 Jilin	2 453 212	9.15	2.35
黑龙江 Heilongjiang	1 772 411	4.89	1.70
上海 Shanghai	103 639	0.63	0.10
江苏 Jiangsu	258 489	0.35	0.25
浙江 Zhejiang	392 049	0.85	0.38
安徽 Anhui	397 712	0.67	0.38
福建 Fujian	582 822	1.71	0.56
江西 Jiangxi	125 356	0.31	0.12
山东 Shandong	632 591	0.70	0.61
河南 Henan	1 143 375	1.25	1.09
湖北 Hubei	2 596 839	4.36	2.49
湖南 Hunan	6 410 512	10.13	6.14
广东 Guangdong	1 266 186	1.49	1.21
广西 Guangxi	16 827 705	38.37	16.10
海南 Hainan	1 313 521	17.38	1.26
重庆 Chongqing	1 973 448	6.47	1.89
四川 Sichuan	4 118 424	5.00	3.94
贵州 Guizhou	12 625 500	35.82	12.08
云南 Yunnan	14 151 343	33.41	13.54
西藏 Tibet	2 453 942	93.79	2.35
陕西 Shaanxi	176 385	0.50	0.17
甘肃 Gansu	2 199 180	8.75	2.10
青海 Qinghai	2 216 888	45.97	2.12
宁夏 Ningxia	1 895 830	34.56	1.81
新疆 Xinjiang	10 969 425	59.42	10.50

注：2000年人口数为人口普查机器汇总数据。

Note: Figures of population are obtained from the Population Census in 2000.

1－3 全国少数民族分布的主要地区

Major Geographic Distribution of China's Ethnic Minorities

民族	Ethnic	分布的主要地区	Major Region by Geographic Distribution
蒙古族	Mongolian	内蒙古、辽宁、吉林、河北、黑龙江、新疆	Inner Mongolia, Liaoning, Jilin, Hebei, Heilongjiang and Xinjiang
回　族	Hui	宁夏、甘肃、河南、新疆、青海、云南、河北、山东、安徽、辽宁、北京、内蒙古、天津、黑龙江、陕西、贵州、吉林、江苏、四川	Ningxia, Gansu, Henan, Xinjiang, Qinghai, Yunnan, Hebei, Shandong, Anhui, Liaoning, Beijing, Inner Mongolia, Tianjin, Heilongjiang, Shaanxi, Guizhou, Jilin, Jiangsu and Sichuan
藏　族	Tibetan	西藏、四川、青海、甘肃、云南	Tibet, Sichuan, Qinghai, Gansu and Yunnan
维吾尔族	Uygur	新疆	Xinjiang
苗　族	Miao	贵州、湖南、云南、广西、重庆、湖北、四川	Guizhou, Hunan, Yunnan, Guangxi, Chongqing, Hubei and Sichuan
彝　族	Yi	云南、四川、贵州	Yunnan, Sichuan and Guizhou
壮　族	Zhuang	广西、云南、广东	Guangxi, Yunnan and Guangdong
布依族	Bouyei	贵州	Guizhou
朝鲜族	Korean	吉林、黑龙江、辽宁	Jilin, Heilongjiang and Liaoning
满　族	Manchu	辽宁、河北、黑龙江、吉林、内蒙古、北京	Liaoning, Hebei, Heilongjiang, Jilin, Inner Mongolia and Beijing
侗　族	Dong	贵州、湖南、广西	Guizhou, Hunan and Guangxi
瑶　族	Yao	广西、湖南、云南、广东	Guangxi, Hunan, Yunnan and Guangdong
白　族	Bai	云南、贵州、湖南	Yunnan, Guizhou and Hunan
土家族	Tujia	湖南、湖北、重庆、贵州	Hunan, Hubei, Chongqing and Guizhou
哈尼族	Hani	云南	Yunnan
哈萨克族	Kazak	新疆	Xinjiang
傣　族	Dai	云南	Yunnan
黎　族	Li	海南	Hainan
傈僳族	Lisu	云南、四川	Yunnan and Sichuan
佤　族	Va	云南	Yunnan
畲　族	She	福建、浙江、江西、广东	Fujian, Zhejiang, Jiangxi and Guangdong
高山族	Gaoshan	台湾、福建	Taiwan and Fujian
拉祜族	Lahu	云南	Yunnan
水　族	Shui	贵州、广西	Guizhou and Guangxi

1－3 续表

Continued

民 族 Ethnic		分布的主要地区 Major Region by Geographic Distribution	
东乡族	Dongxiang	甘肃、新疆	Gansu and Xinjiang
纳西族	Naxi	云南	Yunnan
景颇族	Jingpo	云南	Yunnan
柯尔克孜族	Kirgiz	新疆	Xinjiang
土　族	Tu	青海、甘肃	Qinghai and Gansu
达斡尔族	Daur	内蒙古、黑龙江	Inner Mongolia and Heilongjiang
仫佬族	Mulam	广西	Guangxi
羌　族	Qiang	四川	Sichuan
布朗族	Blang	云南	Yunnan
撒拉族	Salar	青海	Qinghai
毛南族	Maonan	广西	Guangxi
仡佬族	Gelao	贵州	Guizhou
锡伯族	Xibe	辽宁、新疆	Liaoning and Xinjiang
阿昌族	Achang	云南	Yunnan
普米族	Primi	云南	Yunnan
塔吉克族	Tajik	新疆	Xinjiang
怒　族	Nu	云南	Yunnan
乌孜别克族	Uzbek	新疆	Xinjiang
俄罗斯族	Russian	新疆、黑龙江	Xinjiang and Heilongjiang
鄂温克族	Ewenki	内蒙古	Inner Mongolia
德昂族	Deang	云南	Yunnan
保安族	Bonan	甘肃	Gansu
裕固族	Yugur	甘肃	Gansu
京　族	Gin	广西	Guangxi
塔塔尔族	Tatar	新疆	Xinjiang
独龙族	Derung	云南	Yunnan
鄂伦春族	Oroqen	黑龙江、内蒙古	Heilongjiang and Inner Mongolia
赫哲族	Hezhen	黑龙江	Heilongjiang
门巴族	Monba	西藏	Tibet
珞巴族	Lhoba	西藏	Tibet
基诺族	Jino	云南	Yunnan

1-4 2000年全国人口普查各民族分城市、镇、乡村的人口

Ethnic Population by City, Town and Rural on National Population Census in 2000

单位：人 (person)

民族	Ethnic	总人口 Total	城市人口 City	镇人口 Town	乡村人口 Rural
全国总计	**Total**	**1 242 612 226**	**292 632 692**	**166 138 291**	**783 841 243**
汉　族	Han	1 137 386 112	280 208 523	153 986 813	703 190 776
少数民族合计	**Total Minority Population**	**104 490 735**	**12 404 005**	**12 087 809**	**79 998 921**
少数民族占全国比重	AS % of Total Population	8.41	4.24	7.28	10.21
蒙古族	Mongolian	5 813 947	915 877	985 086	3 912 984
回　族	Hui	9 816 805	3 090 015	1 357 078	5 369 712
藏　族	Tibetan	5 416 021	221 355	473 467	4 721 199
维吾尔族	Uygur	8 399 393	868 695	764 411	6 766 287
苗　族	Miao	8 940 116	512 990	751 212	7 675 914
彝　族	Yi	7 762 272	309 097	494 306	6 958 869
壮　族	Zhuang	16 178 811	1 422 458	2 197 197	12 559 156
布依族	Bouyei	2 971 460	220 806	288 032	2 462 622
朝鲜族	Korean	1 923 842	882 308	310 174	731 360
满　族	Manchu	10 682 262	2 206 143	1 559 255	6 916 864
侗　族	Dong	2 960 293	152 965	377 011	2 430 317
瑶　族	Yao	2 637 421	115 619	267 451	2 254 351
白　族	Bai	1 858 063	164 942	216 610	1 476 511
土家族	Tujia	8 028 133	597 110	877 546	6 553 477
哈尼族	Hani	1 439 673	42 822	94 698	1 302 153
哈萨克族	Kazak	1 250 458	80 538	110 191	1 059 729
傣　族	Dai	1 158 989	84 958	248 491	825 540
黎　族	Li	1 247 814	127 519	121 354	998 941
傈僳族	Lisu	634 912	6 253	28 171	600 488
佤　族	Wa	396 610	4 015	34 736	357 859
畲　族	She	709 592	86 984	79 357	543 251
高山族	Gaoshan	4 461	1 686	871	1 904
拉祜族	Lahu	453 705	6 320	23 788	423 597
水　族	Shui	406 902	16 922	32 094	357 886
东乡族	Dongxiang	513 805	12 064	10 221	491 520
纳西族	Naxi	308 839	12 579	55 827	240 433
景颇族	Jingpo	132 143	7 177	19 749	105 217
柯尔克孜族	Kirgiz	160 823	6 707	11 872	142 244

1－4　续表

Continued

单位：人　(person)

民族 Ethnic		总人口 Total	城市人口 City	镇人口 Town	乡村人口 Rural
土　族	Tu	241 198	18 312	23 886	199 000
达斡尔族	Daur	132 394	32 357	36 818	63 219
仫佬族	Mulam	207 352	27 922	35 712	143 718
羌　族	Qiang	306 072	7 680	32 632	265 760
布朗族	Blang	91 882	1 768	3 713	86 401
撒拉族	Salar	104 503	7 372	9 610	87 521
毛南族	Maonan	107 166	7 733	14 215	85 218
仡佬族	Gelao	579 357	27 993	73 339	478 025
锡伯族	Xibe	188 824	55 499	22 754	110 571
阿昌族	Achang	33 936	887	1 888	31 161
普米族	Primi	33 600	643	2 747	30 210
塔吉克族	Tajik	41 028	970	2 790	37 268
怒　族	Nu	28 759	402	2 125	26 232
乌孜别克族	Uzbek	12 370	5 395	3 070	3 905
俄罗斯族	Russian	15 609	9 870	2 830	2 909
鄂温克族	Ewenki	30 505	3 562	10 387	16 556
德昂族	Deang	17 935	852	4 250	12 833
保安族	Bonan	16 505	737	1 639	14 129
裕固族	Yugur	13 719	1 634	2 064	10 021
京　族	Gin	22 517	7 345	2 815	12 357
塔塔尔族	Tatar	4 890	1 463	904	2 523
独龙族	Derung	7 426	601	702	6 123
鄂伦春族	Oroqen	8 196	1 405	2 715	4 076
赫哲族	Hezhen	4 640	1 612	1 181	1 847
门巴族	Monba	8 923	345	1 421	7 157
珞巴族	Lhoba	2 965	99	456	2 410
基诺族	Jino	20 899	2 623	890	17 386
其他未识别的民族	Non-identified Ethnics	734 438	19 836	63 520	651 082
外国人加入中国籍	Chinese Foreigner	941	328	149	464

1-5 2000年全国人口普查各民族6岁及6岁以上人口的受教育状况

单位：人

民族	Ethnic	合计 Total	未上过学 Non-schooling	扫盲班 Literacy Class	小学 Primary School	初中 Junior Secondary School
全国总计	**Total**	**1 156 700 293**	**89 629 436**	**20 767 295**	**441 613 351**	**422 386 607**
汉族	Han	1 061 196 336	77 071 225	18 265 483	398 665 791	395 955 476
少数民族合计	**Total Minority Population**	**94 862 306**	**12 405 724**	**2 489 664**	**42 613 187**	**26 318 911**
少数民族占全国比重	AS % of Total Population	8. 20	13. 84	11. 99	9. 65	6. 23
蒙古族	Mongolian	5 319 180	384 595	35 733	1 984 851	1 846 606
回族	Hui	8 929 839	1 396 753	239 811	3 285 763	2 588 667
藏族	Tibetan	4 791 241	2 179 449	290 956	1 685 203	369 913
维吾尔族	Uygur	7 514 089	663 296	213 379	3 986 342	1 850 417
苗族	Miao	7 973 173	1 366 138	274 881	4 054 837	1 716 973
彝族	Yi	6 848 737	1 454 867	330 037	3 537 042	1 124 234
壮族	Zhuang	14 975 738	898 204	259 619	6 955 244	5 200 763
布依族	Bouyei	2 621 028	533 289	64 535	1 327 681	531 914
朝鲜族	Korean	1 858 942	51 293	8 541	379 027	800 677
满族	Manchu	9 940 547	458 380	53 438	3 727 015	4 020 604
侗族	Dong	2 681 992	245 316	79 156	1 334 922	760 979
瑶族	Yao	2 424 215	199 530	59 637	1 267 953	672 171
白族	Bai	1 679 629	155 525	50 746	781 424	495 595
土家族	Tujia	7 293 618	722 321	92 221	3 471 886	2 180 523
哈尼族	Hani	1 295 239	340 990	87 014	619 925	186 054
哈萨克族	Kazak	1 126 537	35 760	8 437	545 783	342 489
傣族	Dai	1 057 092	140 700	62 360	604 129	186 773
黎族	Li	1 124 444	125 116	16 486	506 241	375 113
傈僳族	Lisu	571 678	163 962	40 599	290 024	57 880
佤族	Wa	357 234	73 187	29 481	198 010	42 689
畲族	She	655 442	62 850	22 461	325 940	187 361
高山族	Gaoshan	4 109	192	36	1 322	1 354
拉祜族	Lahu	413 767	88 013	74 598	205 319	32 189
水族	Shui	359 856	69 001	17 572	195 831	58 402
东乡族	Dongxiang	456 203	264 428	16 947	136 400	27 401
纳西族	Naxi	281 190	36 055	3 579	123 776	76 730
景颇族	Jingpo	118 063	15 654	4 726	66 930	23 744
柯尔克孜族	Kirgiz	144 401	11 600	3 430	82 094	28 379

Ethnic Population of Aged 6 and Over by Education Attainment on National Population Census in 2000

(person)

高 中 Senior Secondary School	中 专 Secondary Technical School	大学专科 Junior College	大学本科 University	研 究 生 Post Graduate
99 073 845	**39 209 614**	**28 985 486**	**14 150 726**	**883 933**
93 677 240	36 139 553	27 250 348	13 323 659	847 561
5 382 911	**3 059 014**	**1 730 790**	**825 771**	**36 334**
5. 43	7. 80	5. 97	5. 84	4. 11
544 479	244 687	181 798	91 960	4 471
739 688	314 898	238 512	119 613	6 134
81 366	119 504	45 702	18 315	833
326 502	268 105	130 968	74 118	962
260 907	184 961	81 904	31 287	1 285
176 369	153 103	52 165	20 119	801
846 540	508 069	225 750	78 276	3 273
62 140	65 910	25 336	9 940	283
368 763	91 704	84 805	70 891	3 241
843 801	360 190	308 266	160 159	8 694
118 584	87 429	40 210	14 862	534
111 409	68 094	31 705	13 178	538
85 073	60 981	31 423	18 027	835
418 277	240 367	118 388	47 067	2 568
26 052	25 918	7 283	1 915	88
84 393	63 444	32 717	13 325	189
27 244	25 636	7 641	2 509	100
61 640	24 786	10 997	3 942	123
6 350	9 725	2 272	842	24
6 330	5 866	1 249	412	10
29 775	15 362	7 292	4 220	181
578	201	262	158	6
4 999	6 519	1 577	529	24
7 217	7 954	2 892	952	35
5 378	4 001	1 199	431	18
16 134	14 779	6 421	3 547	169
3 077	2 984	705	238	5
6 803	7 495	3 418	1 160	22

1－5 续表

单位：人

民族 Ethnic		合计 Total	未上过学 Non-schooling	扫盲班 Literacy Class	小学 Primary School	初中 Junior Secondary school
土　族	Tu	216 551	40 773	9 879	91 015	48 110
达斡尔族	Daur	122 179	4 258	227	37 843	48 608
仫佬族	Mulam	190 540	9 676	3 195	92 989	58 110
羌　族	Qiang	274 771	22 432	8 779	150 334	65 546
布朗族	Blang	82 548	17 651	6 464	46 426	9 072
撒拉族	Salar	93 593	40 182	2 854	34 189	10 362
毛南族	Maonan	97 787	6 451	960	45 414	33 320
仡佬族	Gelao	501 968	75 340	7 250	253 672	122 146
锡伯族	Xibe	173 863	4 462	247	54 790	71 273
阿昌族	Achang	29 874	3 528	1 496	16 740	6 181
普米族	Primi	30 218	7 533	1 119	13 778	5 473
塔吉克族	Tajik	36 133	4 252	1 103	20 843	6 031
怒　族	Nu	25 842	7 671	1 683	10 626	3 900
乌孜别克族	Uzbek	11 190	335	79	4 180	3 143
俄罗斯族	Russian	14 441	494	53	3 258	5 042
鄂温克族	Ewenki	27 718	1 089	46	9 755	10 140
德昂族	Deang	16 067	2 894	1 498	9 283	1 905
保安族	Bonan	14 661	7 199	110	4 684	1 517
裕固族	Yugur	12 463	1 518	365	4 973	3 339
京　族	Gin	20 356	1 391	450	7 566	6 599
塔塔尔族	Tatar	4 513	114	19	1 303	1 407
独龙族	Derung	6 721	1 676	103	2 946	1 298
鄂伦春族	Oroqen	7 412	274	11	2 226	2 730
赫哲族	Hezhen	4 297	121	18	1 140	1 595
门巴族	Monba	7 725	4 000	376	2 381	543
珞巴族	Lhoba	2 568	1 193	109	932	207
基诺族	Jino	19 084	2 753	755	8 987	4 720
其他未识别的民族	Non-identified Ethnics	640 752	152 329	12 125	334 107	111 998
外国人加入中国籍	Chinese Foreigner	899	158	23	266	222

Continued

(person)

高　中 Senior Secondary School	中　专 Secondary Technical School	大学专科 Junior College	大学本科 University	研　究　生 Post Graduate
13 456	5 472	4 395	3 382	69
14 431	7 511	6 290	2 879	132
11 916	8 526	4 275	1 774	79
10 671	10 633	4 695	1 615	66
1 196	1 282	334	119	4
2 552	1 961	950	529	14
4 970	4 236	1 806	609	21
17 398	13 806	8 295	3 978	83
19 635	8 729	9 161	5 294	272
789	812	236	90	2
695	1 069	365	178	8
1 361	1 727	635	178	3
615	1 037	239	70	1
1 380	892	588	577	16
2 261	1 320	1 237	762	14
3 005	1 802	1 420	434	27
196	215	62	14	4
561	369	163	52	6
897	725	496	142	8
1 802	1 434	761	332	21
580	457	328	297	8
256	284	117	33	8
903	609	466	181	12
597	344	310	165	7
106	199	88	28	4
30	59	28	9	1
784	832	193	58	2
13 597	11 001	4 319	1 249	27
97	46	29	47	11

1-6 2000年全国人口普查各民族15岁及15岁以上的文盲人口状况

Illiterate Ethnic Population of Aged 15 and Over on National Population Census in 2000

单位：人,% (person,%)

民族	Ethnic	15岁及15岁以上人口 Population Aged 15 and Over	文盲人口 Illiterate Population	文盲人口占15岁及以上人口比例 Ratio of Illiterate Population to Population Aged 15 and Over
全国总计	**Total**	**958 084 632**	**86 992 069**	**9.08**
汉 族	Han	881 959 957	75 854 493	8.60
少数民族合计	**Total Minority Population**	**75 637 952**	**10 995 821**	**14.54**
少数民族占全国比重	AS % of Total Population	7.89	12.64	
蒙古族	Mongolian	4 242 473	356 172	8.40
回 族	Hui	7 134 646	1 267 508	17.77
藏 族	Tibetan	3 737 813	1 777 196	47.55
维吾尔族	Uygur	5 630 418	519 200	9.22
苗 族	Miao	6 275 886	1 244 343	19.83
彝 族	Yi	5 412 904	1 256 025	23.20
壮 族	Zhuang	12 225 560	834 517	6.83
布依族	Bouyei	2 054 159	488 337	23.77
朝鲜族	Korean	1 620 084	46 349	2.86
满 族	Manchu	8 120 058	449 507	5.54
侗 族	Dong	2 137 781	232 458	10.87
瑶 族	Yao	1 925 078	179 343	9.32
白 族	Bai	1 350 485	148 371	10.99
土家族	Tujia	5 918 979	693 344	11.71
哈尼族	Hani	1 040 082	309 499	29.76
哈萨克族	Kazak	865 390	23 151	2.68
傣 族	Dai	847 483	133 171	15.71
黎 族	Li	859 847	103 974	12.09
傈僳族	Lisu	454 578	147 940	32.54
佤 族	Wa	279 874	65 807	23.51
畲 族	She	522 518	61 693	11.81
高山族	Gaoshan	3 227	180	5.58
拉祜族	Lahu	329 391	78 128	23.72
水 族	Shui	275 862	60 846	22.06
东乡族	Dongxiang	342 339	215 259	62.88

1-6 续表

Continued

单位：人,%　　　　(person,%)

民　族 Ethnic		15岁及15岁以上人口 Population Aged 15 and Over	文盲人口 Illiterate Population	文盲人口占15岁及以上人口比例 Ratio of Illiterate Population to Population Aged 15 and Over
纳西族	Naxi	232 336	35 345	15.21
景颇族	Jingpo	91 067	14 307	15.71
柯尔克孜族	Kirgiz	106 685	9 654	9.05
土　族	Tu	169 370	39 294	23.20
达斡尔族	Daur	96 062	3 319	3.46
仫佬族	Mulam	151 135	9 008	5.96
羌　族	Qiang	218 870	20 618	9.42
布朗族	Blang	64 386	15 088	23.43
撒拉族	Salar	70 284	34 514	49.11
毛南族	Maonan	80 019	6 020	7.52
仡佬族	Gelao	389 974	71 090	18.23
锡伯族	Xibe	137 343	3 758	2.74
阿昌族	Achang	22 641	3 071	13.56
普米族	Primi	23 781	7 148	30.06
塔吉克族	Tajik	26 554	3 538	13.32
怒　族	Nu	20 094	6 435	32.02
乌孜别克族	Uzbek	8 760	219	2.50
俄罗斯族	Russian	11 599	422	3.64
鄂温克族	Ewenki	20 699	788	3.81
德昂族	Deang	12 251	2 603	21.25
保安族	Bonan	10 942	6 121	55.94
裕固族	Yugur	10 138	1 482	14.62
京　族	Gin	16 144	1 279	7.92
塔塔尔族	Tatar	3 578	71	1.98
独龙族	Derung	5 265	1 411	26.80
鄂伦春族	Oroqen	5 486	191	3.48
赫哲族	Hezhen	3 302	101	3.06
门巴族	Monba	5 558	3 124	56.21
珞巴族	Lhoba	1 847	938	50.79
基诺族	Jino	14 867	2 546	17.13
其他未识别的民族	Non-identified Ethnics	485 906	141 594	29.14
外国人加入中国籍	Chinese Foreigner	817	161	19.71

1-7 2000年全国人口普查各民族分产业的人口

Employed Population by Industry and Ethnic on National Population Census in 2000

单位：人 (person)

民族	Ethnic	总计 Total	第一产业 Primary Industry	第二产业 Secondary Industry	第三产业 Tertiary Industry
全国总计	**Total**	**66 874 889**	**43 051 661**	**11 244 385**	**12 578 843**
汉族	Han	61 015 128	38 430 988	10 800 916	11 783 224
少数民族合计	**Total Minority Population**	**5 819 283**	**4 584 200**	**441 876**	**793 207**
少数民族占全国比重	AS % of Total Population	8.70	10.65	3.93	6.31
蒙古族	Mongolian	309 510	220 167	24 083	65 260
回族	Hui	489 307	291 603	69 907	127 797
藏族	Tibetan	290 824	251 303	7 738	31 783
维吾尔族	Uygur	450 784	362 609	23 337	64 838
苗族	Miao	505 894	439 475	29 065	37 354
彝族	Yi	468 497	424 453	13 593	30 451
壮族	Zhuang	963 389	771 562	83 054	108 773
布依族	Bouyei	166 212	145 986	8 055	12 171
朝鲜族	Korean	86 436	40 779	14 805	30 852
满族	Manchu	580 815	383 204	75 038	122 573
侗族	Dong	164 557	134 391	13 279	16 887
瑶族	Yao	158 835	135 383	9 878	13 574
白族	Bai	106 982	84 834	7 478	14 670
土家族	Tujia	451 155	361 767	37 115	52 273
哈尼族	Hani	83 894	76 005	2 660	5 229
哈萨克族	Kazak	57 308	44 647	2 204	10 457
傣族	Dai	69 512	61 903	1 680	5 929
黎族	Li	68 856	61 111	1 649	6 096
傈僳族	Lisu	39 713	37 713	393	1 607
佤族	Wa	24 193	22 507	426	1 260
畲族	She	37 691	27 002	5 485	5 204
高山族	Gaoshan	213	86	50	77
拉祜族	Lahu	28 413	26 841	383	1 189
水族	Shui	23 289	21 115	832	1 342
东乡族	Dongxiang	28 845	27 111	261	1 473
纳西族	Naxi	18 947	14 633	842	3 472

1-7 续表

Continued

单位：人 (person)

民 族 Ethnic		总 计 Total	第一产业 Primary Industry	第二产业 Secondary Industry	第三产业 Tertiary Industry
景颇族	Jingpo	7 666	6 910	173	583
柯尔克孜族	Kirgiz	8 915	7 586	114	1 215
土 族	Tu	14 127	11 746	905	1 476
达斡尔族	Daur	5 652	3 014	583	2 055
仫佬族	Mulam	11 446	8 184	1 368	1 894
羌 族	Qiang	18 132	15 335	644	2 153
布朗族	Blang	5 429	5 091	89	249
撒拉族	Salar	5 441	4 463	221	757
毛南族	Maonan	6 297	5 012	510	775
仡佬族	Gelao	31 831	26 677	1 879	3 275
锡伯族	Xibe	11 278	7 274	1 355	2 649
阿昌族	Achang	1 906	1 710	54	142
普米族	Primi	2 040	1 795	34	211
塔吉克族	Tajik	2 343	1 879	51	413
怒 族	Nu	1 655	1 462	21	172
乌孜别克族	Uzbek	504	175	59	270
俄罗斯族	Russian	604	128	118	358
鄂温克族	Ewenki	1 273	730	82	461
德昂族	Deang	1 031	977	10	44
保安族	Bonan	940	792	27	121
裕固族	Yugur	774	590	40	144
京 族	Gin	1 105	554	107	444
塔塔尔族	Tatar	175	57	15	103
独龙族	Derung	2 307	2 165	18	124
鄂伦春族	Oroqen	305	122	32	151
赫哲族	Hezhen	249	98	34	117
门巴族	Monba	449	370	8	71
珞巴族	Lhoba	125	109	2	14
基诺族	Jino	1 213	1 005	33	175
其他未识别的民族	Non-identified Ethnics	40 432	36 444	1 589	2 399
外国人加入中国籍	Chinese Foreigners	46	29	4	13

1－8 2000年全国人口普查各民族分年龄的人口

Population of Different Ethnic by Age on National Population Census in 2000

单位：人 (person)

民族	Ethnic	人口总计 Total	0～14岁	15～60岁	61岁以上
全国总计	**Total**	**1 242 612 226**	**284 527 594**	**837 247 903**	**120 836 729**
汉族	Han	1 137 386 112	255 426 155	769 352 913	112 607 044
少数民族合计	**Total Minority Population**	**104 490 735**	**28 852 783**	**67 461 584**	**8 176 368**
少数民族占全国比重	AS % of Total Population	8.41	10.14	8.06	6.77
蒙古族	Mongolian	5 813 947	1 571 474	3 901 067	341 406
回族	Hui	9 816 805	2 682 159	6 354 097	780 549
藏族	Tibetan	5 416 021	1 678 208	3 343 505	394 308
维吾尔族	Uygur	8 399 393	2 768 975	5 118 556	511 862
苗族	Miao	8 940 116	2 664 230	5 578 391	697 495
彝族	Yi	7 762 272	2 349 368	4 866 623	546 281
壮族	Zhuang	16 178 811	3 953 251	10 720 472	1 505 088
布依族	Bouyei	2 971 460	917 301	1 810 957	243 202
朝鲜族	Korean	1 923 842	303 758	1 416 737	203 347
满族	Manchu	10 682 262	2 562 204	7 290 762	829 296
侗族	Dong	2 960 293	822 512	1 871 446	266 335
瑶族	Yao	2 637 421	712 343	1 721 596	203 482
白族	Bai	1 858 063	507 578	1 188 710	161 775
土家族	Tujia	8 028 133	2 109 154	5 180 337	738 642
哈尼族	Hani	1 439 673	399 591	940 965	99 117
哈萨克族	Kazak	1 250 458	385 068	812 279	53 111
傣族	Dai	1 158 989	311 506	760 811	86 672
黎族	Li	1 247 814	387 967	776 641	83 206
傈僳族	Lisu	634 912	180 334	409 292	45 286
佤族	Wa	396 610	116 736	257 573	22 301
畲族	She	709 592	187 074	453 003	69 515
高山族	Gaoshan	4 461	1 234	2 880	347
拉祜族	Lahu	453 705	124 314	300 828	28 563
水族	Shui	406 902	131 040	244 504	31 358
东乡族	Dongxiang	513 805	171 466	310 598	31 741
纳西族	Naxi	308 839	76 503	202 121	30 215
景颇族	Jingpo	132 143	41 076	84 088	6 979
柯尔克孜族	Kirgiz	160 823	54 138	96 632	10 053
土族	Tu	241 198	71 828	156 703	12 667

1-8 续表
Continued

单位：人 (person)

民族	Ethnic	人口总计 Total	0~14 岁	15~60 岁	61 岁以上
达斡尔族	Daur	132 394	36 332	89 330	6 732
仫佬族	Mulam	207 352	56 217	134 268	16 867
羌　族	Qiang	306 072	87 202	198 711	20 159
布朗族	Blang	91 882	27 496	58 112	6 274
撒拉族	Salar	104 503	34 219	63 863	6 421
毛南族	Maonan	107 166	27 147	70 814	9 205
仡佬族	Gelao	579 357	189 383	346 064	43 910
锡伯族	Xibe	188 824	51 481	125 481	11 862
阿昌族	Achang	33 936	11 295	20 629	2 012
普米族	Primi	33 600	9 819	21 235	2 546
塔吉克族	Tajik	41 028	14 474	23 808	2 746
怒　族	Nu	28 759	8 665	18 039	2 055
乌孜别克族	Uzbek	12 370	3 610	8 041	719
俄罗斯族	Russian	15 609	4 010	10 431	1 168
鄂温克族	Ewenki	30 505	9 806	19 649	1 050
德昂族	Deang	17 935	5 684	11 205	1 046
保安族	Bonan	16 505	5 563	9 823	1 119
裕固族	Yugur	13 719	3 581	9 283	855
京　族	Gin	22 517	6 373	14 098	2 046
塔塔尔族	Tatar	4 890	1 312	3 320	258
独龙族	Derung	7 426	2 161	4 736	529
鄂伦春族	Oroqen	8 196	2 710	5 264	222
赫哲族	Hezhen	4 640	1 338	3 075	227
门巴族	Monba	8 923	3 365	5 082	476
珞巴族	Lhoba	2 965	1 118	1 682	165
基诺族	Jino	20 899	6 032	13 367	1 500
其他未识别的民族	Non-identified Ethnics	734 438	248 532	432 883	53 023
外国人加入中国籍	Chinese Foreigners	941	124	523	294

1-9 2000年全国人口普查各民族分性别出生人口和死亡人口

（1999.11.1—2000.10.31）

Population of Birth and Death by Sex and Ethnic on National Population Census in 2000

单位：人 (person)

民族	Ethnic	出生人数 Total Number of Births			死亡人数 Total Number of Deaths		
		小计 Sub-total	男 Male	女 Female	小计 Sub-total	男 Male	女 Female
全国总计	**Total**	**1 182 136**	**644 608**	**537 528**	**7 313 081**	**4 106 571**	**3 206 510**
汉族	Han	1 035 308	567 061	468 247	6 656 680	3 735 845	2 920 835
少数民族合计	**Total Minority Population**	**145 262**	**76 778**	**68 484**	**651 213**	**367 829**	**283 384**
少数民族占全国比重	AS % of Total Population	12.3	11.9	12.7	8.9	9.0	8.8
蒙古族	Mongolian	6 319	3 307	3 012	33 006	19 819	13 187
回族	Hui	12 948	6 853	6 095	48 336	27 350	20 986
藏族	Tibetan	8 538	4 305	4 233	39 278	20 278	19 000
维吾尔族	Uygur	15 087	7 716	7 371	51 772	29 256	22 516
苗族	Miao	15 411	8 217	7 194	62 614	35 300	27 314
彝族	Yi	14 538	7 677	6 861	60 862	33 789	27 073
壮族	Zhuang	19 043	10 390	8 653	96 474	54 360	42 114
布依族	Bouyei	5 630	2 956	2 674	22 809	12 501	10 308
朝鲜族	Korean	938	488	450	11 536	6 655	4 881
满族	Manchu	9 444	4 937	4 507	49 087	29 711	19 376
侗族	Dong	4 192	2 343	1 849	20 002	11 146	8 856
瑶族	Yao	3 149	1 729	1 420	15 590	9 343	6 247
白族	Bai	2 721	1 396	1 325	12 128	6 754	5 374
土家族	Tujia	10 024	5 505	4 519	51 621	29 007	22 614
哈尼族	Hani	2 531	1 359	1 172	13 114	6 942	6 172
哈萨克族	Kazak	2 072	1 061	1 011	6 450	3 864	2 586
傣族	Dai	1 532	769	763	7 946	4 426	3 520
黎族	Li	1 879	993	886	6 415	3 593	2 822
傈僳族	Lisu	1 128	557	571	5 951	3 265	2 686
佤族	Wa	669	323	346	3 844	2 091	1 753
畲族	She	741	379	362	4 277	2 618	1 659
高山族	Gaoshan	8	6	2	19	14	5
拉祜族	Lahu	754	371	383	4 324	2 337	1 987
水族	Shui	787	431	356	2 692	1 504	1 188
东乡族	Dongxiang	793	422	371	2 930	1 467	1 463

1-9 续表

Continued

单位：人 (person)

民族	Ethnic	出生人数 Total Number of Births			死亡人数 Total Number of Deaths		
		小计 Sub-total	男 Male	女 Female	小计 Sub-total	男 Male	女 Female
纳西族	Naxi	447	228	219	2 376	1 353	1 023
景颇族	Jingpo	237	119	118	1 122	638	484
柯尔克孜族	Kirgiz	306	165	141	954	505	449
土　族	Tu	414	230	184	1 293	732	561
达斡尔族	Daur	109	59	50	813	551	262
仫佬族	Mulam	227	108	119	1 026	601	425
羌　族	Qiang	418	195	223	1 567	931	636
布朗族	Blang	151	82	69	784	425	359
撒拉族	Salar	183	89	94	554	302	252
毛南族	Maonan	133	70	63	694	398	296
仡佬族	Gelao	1 001	535	466	4 139	2 395	1 744
锡伯族	Xibe	179	74	105	709	455	254
阿昌族	Achang	61	36	25	225	121	104
普米族	Primi	69	43	26	275	163	112
塔吉克族	Tajik	71	39	32	236	123	113
怒　族	Nu	46	30	16	253	131	122
乌孜别克族	Uzbek	17	10	7	43	32	11
俄罗斯族	Russian	12	9	3	62	36	26
鄂温克族	Ewenki	35	23	12	194	121	73
德昂族	Deang	33	20	13	146	75	71
保安族	Bonan	26	13	13	86	43	43
裕固族	Yugur	23	12	11	83	46	37
京　族	Gin	40	23	17	65	31	34
塔塔尔族	Tatar	5	3	2	17	10	7
独龙族	Derung	86	48	38	77	48	29
鄂伦春族	Oroqen	14	7	7	46	23	23
赫哲族	Hezhen	9	5	4	17	10	7
门巴族	Monba	8	3	5	89	52	37
珞巴族	Lhoba	6	4	2	26	16	10
基诺族	Jino	20	6	14	165	72	93
其他未识别的民族	Non-identified Ethnics	1 565	769	796	5 174	2 894	2 280
外国人加入中国籍	Chinese Foreigners	1		1	14	3	11

教育 2

2-1 全国分地区少数民族教职工（2009 年）（一）

Teachers and Staffs of Ethnic Minorities by Region（2009）（1）

单位：人 (person)

地区 Region	普通高等学校 Institutions of Higher Education	成人高等学校 Adult Institutions of Higher Education	中等职业教育 Vocational Secondary Education
全国 National	**103 764**	**4 906**	**46 210**
北京 Beijing	7 382	146	644
天津 Tianjin	1 363	70	247
河北 Hebei	3 057	38	1 875
山西 Shanxi	341	14	56
内蒙古 Inner Mongolia	9 717	172	4 114
辽宁 Liaoning	8 652	251	2 763
吉林 Jilin	5 828	203	1 949
黑龙江 Heilongjiang	3 232	112	566
上海 Shanghai	1 293	23	111
江苏 Jiangsu	1 726	41	189
浙江 Zhejiang	1 090	17	246
安徽 Anhui	709	10	173
福建 Fujian	760	3	145
江西 Jiangxi	362	15	31
山东 Shandong	1 825	50	332
河南 Henan	2 388	120	558
湖北 Hubei	4 046	45	1 054
湖南 Hunan	4 896	28	2 777
广东 Guangdong	2 628	89	622
广西 Guangxi	9 725	766	7 719
海南 Hainan	403	6	313
重庆 Chongqing	1 211	14	746
四川 Sichuan	2 433	62	669
贵州 Guizhou	7 239	83	3 723
云南 Yunnan	6 230	375	5 100
西藏 Tibet	1 070		453
陕西 Shaanxi	1 270	18	105
甘肃 Gansu	1 772	44	1 059
青海 Qinghai	1 334	180	769
宁夏 Ningxia	1 528	19	449
新疆 Xinjiang	8 254	1 892	6 653

2-1 全国分地区少数民族教职工（2009 年）（二）

Teachers and Staffs of Ethnic Minorities by Region (2009) (2)

单位：人 (person)

地 区 Region	普通中学 Regular Secondary Schools	职业初中 Junior Secondary Vocational Schools	特殊教育学校 Schools of Special Education	小 学 Primary Schools	幼儿园 Kindergartens
全 国 National	**459 572**	**536**	**2 713**	**633 473**	**70 317**
北 京 Beijing	3 690		63	2 936	1 224
天 津 Tianjin	1 277		22	989	284
河 北 Hebei	15 938	26	158	16 505	2 863
山 西 Shanxi	238		6	211	70
内蒙古 Inner Mongolia	31 341	43	242	37 695	5 300
辽 宁 Liaoning	35 526		289	35 549	3 526
吉 林 Jilin	10 324	6	130	9 769	1 428
黑龙江 Heilongjiang	6 899		81	6 836	483
上 海 Shanghai	934		15	396	214
江 苏 Jiangsu	938		23	577	325
浙 江 Zhejiang	1 585		12	2 259	496
安 徽 Anhui	1 219	1	18	1 433	236
福 建 Fujian	1 820		31	2 172	337
江 西 Jiangxi	333		1	368	114
山 东 Shandong	2 219		30	1 947	564
河 南 Henan	3 421		37	4 552	1 114
湖 北 Hubei	11 873		88	12 602	1 759
湖 南 Hunan	31 307		105	33 920	5 837
广 东 Guangdong	5 316		27	3 092	1 583
广 西 Guangxi	71 646		530	101 476	13 868
海 南 Hainan	3 364		5	8 125	640
重 庆 Chongqing	9 818		44	13 875	928
四 川 Sichuan	8 128	92	46	22 543	1 290
贵 州 Guizhou	60 853	194	329	86 263	6 164
云 南 Yunnan	43 204	155	180	80 855	9 135
西 藏 Tibet	7 748		28	17 323	929
陕 西 Shaanxi	632		3	520	238
甘 肃 Gansu	6 616		5	12 160	1 017
青 海 Qinghai	7 287	13	33	12 217	1 236
宁 夏 Ningxia	6 779	6	36	9 496	1 173
新 疆 Xinjiang	67 299		96	94 812	5 942

2-2 全国少数民族专任教师

Number of Full-time Ethnic Teachers of China

单位：万人　　(10 000 persons)

年 份 Year	高等学校 Institutions of Higher Education	中等技术学校 Technical Schools	中等师范学校 Teacher's Training Schools	普通中学 Regular Secondary Schools	职业中学 Vocational Schools	小 学 Primary Schools
1951				0. 27		
1952	0. 06			0. 45		5. 98
1957	0. 19			1. 17		9. 82
1963	0. 10	0. 12	0. 05	1. 32	0. 06	7. 24
1965	0. 33	0. 11	0. 04	1. 46	0. 28	13. 32
1975	0. 27		6. 85		27. 17	
1978	0. 59	0. 27	0. 20	11. 23		31. 02
1979	0. 72	0. 29	0. 22	10. 82		31. 30
1980	0. 78	0. 35	0. 26	11. 23	0. 07	32. 94
1981	0. 84	0. 38	0. 24	10. 52	0. 09	33. 06
1982	0. 92	0. 44	0. 27	10. 42	0. 13	34. 32
1983	1. 08	0. 49	0. 27	10. 72	0. 23	34. 49
1984	1. 08	0. 52	0. 28	11. 24	0. 36	37. 80
1985	1. 28	0. 60	0. 32	12. 56	0. 56	39. 78
1986	1. 42	0. 78	0. 36	13. 92	0. 68	42. 13
1987	1. 54	0. 81	0. 42	15. 05	0. 84	43. 68
1988	1. 69	0. 85	0. 44	15. 85	1. 63	42. 12
1989	1. 75	0. 92	0. 47	17. 39	1. 03	46. 25
1990	1. 78	0. 97	0. 51	18. 30	1. 09	45. 87
1991	1. 89	1. 01	0. 53	19. 21	1. 19	46. 41
1992	1. 94	1. 05	0. 51	20. 00	1. 29	47. 63
1993	1. 94	1. 04	0. 52	20. 21	1. 39	47. 72
1994	2. 11	1. 10	0. 52	20. 76	1. 40	47. 88
1995	2. 20	1. 16	0. 58	22. 25	1. 50	50. 19
1996	2. 20	1. 22	0. 60	23. 34	1. 82	51. 55
1997	2. 28	1. 27	0. 62	24. 69	1. 66	52. 79
1998	2. 32	1. 26	0. 62	26. 03	1. 64	53. 69
1999	2. 33	1. 25	0. 61	27. 14	1. 68	54. 51
2000	2. 51	1. 26	0. 53	28. 16	1. 63	55. 30
2001	2. 87	1. 16	0. 47	30. 04	1. 63	57. 47
2002	3. 35	1. 05	0. 46	31. 70	1. 65	57. 23
2003	3. 63	0. 87	0. 37	33. 35	0. 30	57. 09
2004	4. 30	0. 82	0. 35	34. 61	0. 28	56. 86
2005	4. 65			36. 18	0. 21	56. 93
2006	5. 03			37. 44	0. 17	57. 20
2007	5. 52			38. 18	0. 12	57. 79
2008	5. 83			38. 93	0. 08	58. 11
2009	6. 20			39. 90	0. 05	58. 52

注：2003 年以后职业中学数仅指职业初中数。(下同)

Note：Since 2003，the data on vocational schools are vocational junior secondary schools.

2-3 全国少数民族专任教师占全国专任教师总数的比重

The Proportion of Full-time Ethnic Teachers in the Full-time Teachers of the Whole Nation

单位:% (%)

年份 Year	高等学校 Institutions of Higher Education	中等技术学校 Technical Schools	中等师范学校 Teacher's Training Schools	普通中学 Regular Secondary Schools	职业中学 Vocational Schools	小学 Primary Schools
1951				2.6		
1952				2.9		
1957	2.8			3.9		4.3
1963	2.2	2.5	4.1	3.1	3.9	2.8
1965	2.4	2.5	3.5	3.2	1.4	3.5
1975	1.7	4.2		3.3		5.2
1978	2.9	3.9	6.6	3.5		5.9
1979	3.0	3.7	6.4	3.5		5.8
1980	3.2	3.9	6.9	3.7	3.2	6.0
1981	3.4	3.9	6.4	3.7	3.0	5.9
1982	3.2	4.0	6.7	3.9	3.3	6.2
1983	3.6	4.2	6.9	4.1	3.1	6.4
1984	3.4	4.3	6.6	4.4	3.5	7.0
1985	3.7	4.7	6.9	4.7	3.9	7.4
1986	3.8	5.4	7.3	5.0	4.2	7.8
1987	4.0	5.2	7.8	5.2	4.5	8.0
1988	4.3	5.1	7.7	5.4	8.0	7.7
1989	4.4	5.4	8.2	5.8	4.8	8.3
1990	4.4	5.5	8.7	6.	4.9	8.2
1991	4.8	5.7	9.3	6.2	5.1	8.4
1992	5.0	5.9	8.9	6.4	5.2	8.6
1993	5.0	5.7	9.0	6.4	5.3	8.6
1994	5.3	5.9	8.7	5.3	5.1	8.5
1995	5.5	5.9	9.4	6.7	5.1	8.9
1996	5.5	6.0	9.5	6.7	5.9	9.0
1997	5.6	6.0	9.8	6.9	5.2	9.1
1998	5.7	6.1	5.7	7.0	4.9	9.2
1999	5.5	6.2	9.9	7.1	5.0	9.3
2000	5.4	6.2	9.9	7.0	5.1	9.4
2001	5.4	6.3	10.4	7.2	5.3	9.7
2002	5.4	6.2	12.2	7.2	5.3	9.9
2003	5.0			7.4		10.0
2004	5.0			7.4		10.1
2005	4.8			7.6		10.2
2006	4.6			7.7		10.2
2007	4.7			7.8		10.3
2008	4.7			7.9		10.3
2009	4.8			8.0		10.4

2-4 全国分地区少数民族专任教师（2009 年）（一）

Full-time Ethnic Teachers by Region (2009) (1)

单位：人 (person)

地　区 Region	普通高等学校 Institutions of Higher Education	成人高等学校 Adult Institutions of Higher Education	中等职业教育 Vocational Secondary Education
全　国 National	62 016	2 861	32 078
北　京 Beijing	3 066	71	393
天　津 Tianjin	741	44	139
河　北 Hebei	2 008	30	1 338
山　西 Shanxi	191	9	32
内蒙古 Inner Mongolia	6 044	65	2 911
辽　宁 Liaoning	5 253	145	1 901
吉　林 Jilin	3 086	125	1 242
黑龙江 Heilongjiang	1 904	54	404
上　海 Shanghai	839	12	87
江　苏 Jiangsu	1 106	21	155
浙　江 Zhejiang	853	12	209
安　徽 Anhui	422	5	118
福　建 Fujian	525	3	124
江　西 Jiangxi	236	11	21
山　东 Shandong	1 123	30	197
河　南 Henan	1 432	59	344
湖　北 Hubei	2 166	25	812
湖　南 Hunan	2 907	6	1 799
广　东 Guangdong	1 761	58	492
广　西 Guangxi	5 991	442	4 840
海　南 Hainan	260	3	187
重　庆 Chongqing	801	10	480
四　川 Sichuan	1 693	41	473
贵　州 Guizhou	4 293	50	2 743
云　南 Yunnan	3 989	209	3 673
西　藏 Tibet	560		328
陕　西 Shaanxi	746	12	72
甘　肃 Gansu	1 060	26	745
青　海 Qinghai	926	102	597
宁　夏 Ningxia	953	9	310
新　疆 Xinjiang	5 081	1 172	4 912

2－4 全国分地区少数民族专任教师（2009 年）（二）

Full-time Ethnic Teachers by Region（2009）(2)

单位：人 (person)

地区 Region		普通中学 Regular Secondary Schools	职业初中 Junior Secondary Vocational Schools	特殊教育学校 Schools of Special Education	小学 Primary Schools	幼儿园 Kindergartens
全国	**National**	**399 022**	**498**	**2 243**	**585 165**	**47 142**
北京	Beijing	2 871		49	2 469	836
天津	Tianjin	1 009		15	851	194
河北	Hebei	13 686	24	124	15 468	2 081
山西	Shanxi	206		6	192	44
内蒙古	Inner Mongolia	25 059	38	190	32 114	3 982
辽宁	Liaoning	28 831		255	31 902	2 501
吉林	Jilin	8 231	6	99	8 457	1 036
黑龙江	Heilongjiang	5 991		67	6 216	319
上海	Shanghai	813		11	347	165
江苏	Jiangsu	818		19	543	240
浙江	Zhejiang	1 471		12	2 127	361
安徽	Anhui	1 057	1	15	1 389	188
福建	Fujian	1 626		29	2 046	239
江西	Jiangxi	312		1	359	83
山东	Shandong	1 918		20	1 839	401
河南	Henan	2 956		32	4 308	782
湖北	Hubei	10 378		85	11 998	1 068
湖南	Hunan	27 635		92	32 028	3 673
广东	Guangdong	4 915		27	2 857	1 183
广西	Guangxi	59 796		412	91 385	8 617
海南	Hainan	3 007		5	7 722	426
重庆	Chongqing	8 741		39	13 214	644
四川	Sichuan	7 255	85	44	21 018	1 019
贵州	Guizhou	57 007	187	282	83 173	4 266
云南	Yunnan	37 724	144	146	76 507	6 355
西藏	Tibet	7 201		25	16 788	633
陕西	Shaanxi	541		3	479	159
甘肃	Gansu	5 914		4	11 811	748
青海	Qinghai	6 516	7	31	11 557	829
宁夏	Ningxia	6 110	6	34	9 369	788
新疆	Xinjiang	59 427		70	84 632	3 282

2-5 全国少数民族在校学生

Number of Ethnic Students Enrollment of China

单位：万人 (10 000 persons)

年 份 Year	高等学校 Institutions of Higher Education	中等技术学校 Technical Schools	中等师范学校 Teacher's Training Schools	普通中学 Regular Secondary Schools	职业中学 Vocational Schools	小 学 Primary Schools
1950	0.13					
1951		0.07	0.45	4.03		94.3
1952	0.29	0.26	1.62	7.32		147.4
1957	1.61	1.77	1.97	27.69		319.4
1962	2.87	1.31	0.94	29.47		
1963					1.21	299.2
1965	2.19	1.09	0.81	37.18	1.35	521.9
1975	3.06			155.69		770.8
1978	3.60	2.84	3.03	246.75		768.6
1979	3.74	3.22	3.97	205.87		737.8
1980	4.29	3.93	4.47	199.30	1.46	752.2
1981	5.12	3.91	3.90	177.06	1.36	735.6
1982	5.39	4.10	3.46	177.96	1.77	823.9
1983	5.96	4.48	3.74	182.97	3.62	821.9
1984	6.93	5.24	4.21	202.07	6.17	910.1
1985	9.41	6.65	4.98	224.47	8.74	954.8
1986	9.95	7.57	5.62	254.06	10.32	1 033.7
1987	11.87	8.50	6.22	280.07	12.43	1 051.3
1988	12.54	8.83	6.18	281.64	26.39	983.6
1989	13.16	9.95	6.28	283.54	13.65	1 052.1
1990	13.79	11.41	6.77	294.62	15.06	1 069.5
1991	14.18	11.93	6.70	308.59	16.51	980.6
1992	15.29	12.71	7.09	320.88	18.37	1 122.3
1993	16.32	14.30	7.67	313.69	18.62	1 140.2
1994	17.79	15.69	7.52	324.23	18.98	1 149.2
1995	18.76	18.43	8.84	346.65	23.78	1 200.2
1996	19.68	21.05	9.02	370.19	24.57	1 251.1
1997	21.68	23.71	9.13	403.93	22.93	1 248.2
1998	22.63	25.25	9.72	449.16	22.86	1 240.2
1999	24.77	27.96	9.71	463.29	24.15	1 214.2
2000	31.99	28.98	9.47	498.91	23.88	1 181.6
2001	40.97	27.60	8.70	482.84	25.07	1 172.0
2002	52.39	27.17	7.82	613.16	26.55	1 149.7
2003	65.52	18.88	5.10	654.46	8.74	1 120.70
2004	75.59	18.72	3.71	676.11	8.95	1 097.15
2005	95.32			684.74	8.55	1 078.07
2006	107.55			689.38	3.47	1 081.28
2007	115.35			685.46	3.10	1 074.18
2008	127.99			680.23	2.19	1 070.79
2009	141.05			679.94	1.61	1 059.12

2-6 全国少数民族在校学生占全国在校学生总数的比重

The Proportion of Ethnic Students Enrollment in Students Enrollment of the Whole Nation

单位:% (%)

年 份 Year	高等学校 Institutions of Higher Education	中等技术学校 Technical Schools	中等师范学校 Teacher's Training Schools	普通中学 Regular Secondary Schools	职业中学 Vocational Schools	小 学 Primary Schools
1951	1.4	0.4	2.1	2.6		2.2
1952	1.5	0.9	4.7	2.9		2.9
1957	3.7	3.7	6.7	4.4		5.0
1962	3.5	3.7	5.2	3.9	3.9	4.1
1965	3.2	2.8	5.2	4.0	2.3	4.5
1975	6.1	7.6		3.5	5.0	5.1
1978	4.2	5.4	8.4	3.8		5.3
1979	3.7	4.5	8.2	3.5		5.0
1980	3.8	5.2	9.3	3.6	3.2	5.1
1981	4.0	6.2	8.9	3.6	2.8	5.1
1982	4.7	6.5	8.4	3.9	2.5	5.9
1983	4.9	6.5	8.2	4.2	3.0	6.0
1984	5.0	6.5	8.2	4.4	3.5	6.7
1985	5.3	6.6	8.9	4.8	3.8	7.1
1986	5.3	6.6	9.2	5.2	4.0	7.8
1987	6.1	7.0	9.5	5.7	4.7	8.2
1988	6.1	6.5	9.0	5.9	9.4	7.8
1989	6.3	6.7	9.2	6.3	4.8	11.2
1990	6.6	7.3	10.0	6.4	5.1	8.7
1991	6.9	7.4	10.1	6.6	5.2	8.1
1992	7.0	7.3	10.7	6.7	5.4	9.2
1993	6.4	6.8	10.6	6.6	5.1	9.2
1994	6.4	6.5	9.6	5.5	4.7	9.0
1995	6.5	6.4	10.4	6.5	5.3	9.1
1996	6.5	6.3	10.3	6.5	5.2	9.2
1997	6.8	6.3	10.0	6.7	4.5	8.9
1998	6.6	6.2	10.6	7.1	4.2	8.9
1999	6.0	6.6	10.7	6.8	4.5	9.0
2000	5.8	7.0	12.3	6.8	4.7	9.1
2001	5.7	7.0	13.1	7.5	5.4	9.3
2002	5.8	6.9	13.0	9.3	5.2	9.5
2003	5.9			7.6		9.6
2004	5.7			7.8		9.8
2005	6.1			8.0		9.9
2006	6.2			8.2		10.1
2007	6.1			8.3		10.2
2008	6.3			8.4		10.4
2009	6.6			8.6		10.5

2－7　全国分地区少数民族在校学生（2009 年）（一）

Ethnic Students Enrollment by Region（2009）（1）

单位：人　　(person)

地　区 Region	博士生（含科研机构） Doctor's Degree	硕士生（含科研机构） Master's Degree	普通高等学校（普通本、专科） Institutions of Higher Education (Regular Undergraduates and College Students)	成人高等学校（成人本、专科） Adult Institutions of Higher Education (Adult Undergraduates and College Students)	中等职业教育 Vocational Secondary Education
全　国　National	**10 765**	**59 160**	**1 410 507**	**312 996**	**1 072 031**
北　京　Beijing	3 109	9 253	53 495	21 383	6 765
天　津　Tianjin	149	957	22 537	2 384	3 099
河　北　Hebei	77	1 040	56 131	7 678	33 712
山　西　Shanxi	14	185	4 408	246	630
内蒙古　Inner Mongolia	278	3 876	91 768	14 289	64 020
辽　宁　Liaoning	716	5 656	133 697	16 335	57 540
吉　林　Jilin	690	3 017	54 487	10 238	16 901
黑龙江　Heilongjiang	425	2 221	38 061	7 137	6 580
上　海　Shanghai	577	1 958	15 218	2 765	1 038
江　苏　Jiangsu	447	1 911	21 847	3 946	1 375
浙　江　Zhejiang	161	656	8 170	3 884	3 369
安　徽　Anhui	23	250	7 581	567	3 298
福　建　Fujian	131	592	11 896	913	5 632
江　西　Jiangxi	4	224	17 556	2 520	1 616
山　东　Shandong	88	630	22 165	4 720	8 243
河　南　Henan	22	514	30 080	5 990	11 304
湖　北　Hubei	961	3 105	66 240	10 535	36 805
湖　南　Hunan	160	1 942	74 149	11 355	68 687
广　东　Guangdong	884	4 069	16 303	4 018	8 515
广　西　Guangxi	112	2 733	164 564	45 997	196 745
海　南　Hainan	8	131	10 934	2 302	22 471
重　庆　Chongqing	291	1 815	34 687	5 785	32 049
四　川　Sichuan	456	3 204	47 104	17 364	30 987
贵　州　Guizhou	48	1 267	105 693	20 108	115 309
云　南　Yunnan	243	2 514	99 125	48 392	138 145
西　藏　Tibet	6	256	18 942	4 468	18 327
陕　西　Shaanxi	435	2 080	22 471	3 319	3 658
甘　肃　Gansu	169	1 281	32 747	5 401	16 317
青　海　Qinghai	14	240	15 170	6 004	22 294
宁　夏　Ningxia	5	361	23 743	7 148	21 588
新　疆　Xinjiang	62	1 222	89 538	15 805	115 012

2-7 全国分地区少数民族在校学生（2009年）（二）

Ethnic Students Enrollment by Region (2009) (2)

单位：人 (person)

地区 Region		普通中学 Regular Secondary Schools	职业初中 Junior Secondary Vocational Schools	特殊教育学校 Schools of Special Education	小学 Primary Schools	幼儿园 Kinder-gartens
全国	**National**	**6 799 385**	**16 116**	**32 815**	**10 591 233**	**1 696 837**
北京	Beijing	38 095		210	36 606	6 884
天津	Tianjin	15 285		36	12 288	2 632
河北	Hebei	196 700	171	593	221 148	66 064
山西	Shanxi	3 800	1	7	2 385	527
内蒙古	Inner Mongolia	341 740	414	940	360 509	68 692
辽宁	Liaoning	361 343		710	372 311	68 041
吉林	Jilin	101 704	28	291	61 828	11 419
黑龙江	Heilongjiang	63 583	78	128	45 782	7 915
上海	Shanghai	8 511		21	4 852	586
江苏	Jiangsu	11 297		68	6 327	1 066
浙江	Zhejiang	23 000		64	41 150	5 990
安徽	Anhui	23 980		35	21 487	3 538
福建	Fujian	40 109		448	37 460	7 928
江西	Jiangxi	4 624		39	5 587	1 295
山东	Shandong	32 690		107	41 200	7 805
河南	Henan	78 419		108	93 647	17 136
湖北	Hubei	184 470		853	203 477	42 967
湖南	Hunan	386 934		1 390	555 020	119 211
广东	Guangdong	29 827		6	40 017	6 518
广西	Guangxi	1 014 545		5 247	1 539 998	345 124
海南	Hainan	95 738		284	140 113	9 952
重庆	Chongqing	185 381		1 019	225 409	44 477
四川	Sichuan	217 557	6 525	1 766	616 313	40 132
贵州	Guizhou	1 067 179	2 956	5 530	1 858 233	259 249
云南	Yunnan	860 817	5 699	6 800	1 517 091	243 054
西藏	Tibet	171 555		195	293 661	10 292
陕西	Shaanxi	9 145		26	8 386	1 741
甘肃	Gansu	142 405		909	303 791	16 227
青海	Qinghai	149 559	146	1 317	314 249	31 622
宁夏	Ningxia	144 088	98	533	307 790	36 451
新疆	Xinjiang	795 305		3 135	1 303 118	212 302

2-8 全国民族学院（大学）教职工（一）

Teachers and Staffs in Ethnic University and Colleges (1)

单位：人 (person)

年份 Year	合计 Total	中央民族大学 Minzu University of China	内蒙古民族大学 Inner Mongolia University for Nationalities	大连民族学院 Dalian Nationalities University	中南民族大学 South-Central University for Nationalities
1978	4 888	11 731			
1979	5 616	1 380			
1980	6 241	1 674			
1981	7 652	1 849			674
1982	7 997	1 911			718
1983	8 255	1 933			803
1984	8 466	1 945			877
1985	9 431	2 125			1 000
1986	9 902	2 200			1 085
1987	10 403	2 386			1 145
1988	10 377	2 248			1 218
1989	10 641	2 034			1 231
1990	10 593	1 938			1 265
1991	10 612	2 034			1 264
1992	10 570	1 877			1 264
1993	10 584	1 837			1 254
1994	10 629	1 791			1 210
1995	10 752	1 821			1 215
1996	10 452	1 551			1 220
1997	10 668	1 544			1 128
1998	11 342	1 776		205	1 129
1999	10 621	1 763		289	1 126
2000	10 549	1 591		330	1 124
2001	11 041	1 587		469	1 395
2002	11 939	1 536		515	1 371
2003	13 691	1 501	1 664	574	1 325
2004	14 469	1 547	1 678	642	1 430
2005	15 355	1 638	1 821	713	1 545
2006	16 457	1 813	1 837	807	1 673
2007	16 819	1 879	1 755	841	1 725
2008	17 171	1 918	1 793	919	1 807
2009	17 430	2 029	1 762	982	1 767

2-8 全国民族学院（大学）教职工（二）

Teachers and Staffs in Ethnic University and Colleges (2)

单位：人 (person)

年 份 Year	湖北民族学院 Hubei University for Nationalities	广东民族学院 Guangdong Institute for Nationalities	广西民族大学 Guangxi University for Nationalities	西南民族大学 Southwest University for Nationalities	贵州民族学院 Guizhou University for Nationalities
1978		145	759	630	139
1979		179	808	738	186
1980		240	845	803	224
1981		279	917	829	335
1982		338	918	950	378
1983		364	914	992	415
1984		394	295	1 046	402
1985		411	970	1 127	906
1986		436	1 007	1 168	654
1987		429	1 055	1 204	722
1988		423	1 054	948	780
1989	477	434	1 045	1 206	792
1990	512	421	1 049	1 192	792
1991	518	410	1 033	1 170	753
1992	550	399	1 018	1 161	843
1993	540	419	1 049	1 164	882
1994	558	439	1 047	1 157	888
1995	591	463	1 050	1 143	920
1996	601	467	1 048	1 108	956
1997	611	491	1 052	1 252	934
1998	1 079	510	1 028	1 192	923
1999	1 066		1 003	993	880
2000	1 080		1 008	1 004	890
2001	1 086		967	1 006	898
2002	1 119		1 007	1 382	851
2003	1 163		1 043	1 316	909
2004	1 221		1 120	1 436	986
2005	1 281		1 158	1 497	1 049
2006	1 451		1 202	1 564	1 084
2007	1 428		1 185	1 608	1 124
2008	1 365		1 156	1 667	1 135
2009	1 396		1 134	1 696	1 129

2－8 全国民族学院（大学）教职工（三）

Teachers and Staffs in Ethnic University and Colleges（3）

单位：人 （person）

年 份 Year	云南民族大学 Yunnan University for Nationalities	西藏民族学院 Tibet College for Nationalities	西北民族大学 Northwest University for Nationalities	青海民族大学 Qinghai University for Nationalities	北方民族大学 North University for Nationalities
1978	416	568	586	472	
1979	484	633	634	574	
1980	509	630	655	661	
1981	624	641	828	676	
1982	725	650	844	565	
1983	776	609	873	576	
1984	783	609	903	582	
1985	554	562	941	654	181
1986	915	559	1 011	639	228
1987	953	597	1 011	654	247
1988	948	873	971	655	268
1989	956	581	958	659	268
1990	960	561	970	646	281
1991	944	567	981	648	290
1992	953	574	998	614	319
1993	928	575	996	616	324
1994	980	577	1 010	594	378
1995	984	591	1 000	589	385
1996	918	601	1 006	570	406
1997	977	596	995	582	402
1998	975	577	984	546	418
1999	911	561	979	554	496
2000	909	553	986	568	506
2001	943	554	990	580	566
2002	867	667	1 087	902	635
2003	864	549	1 056	1 023	704
2004	911	581	1 115	1 030	772
2005	947	627	1 183	1 045	851
2006	1 004	661	1 286	1 193	882
2007	985	699	1466	1215	909
2008	1 027	729	1 503	1 221	931
2009	1 067	775	1 532	1 198	963

2－9 全国民族学院（大学）专任教师（一）

Full-time Teachers in Ethnic University and Colleges (1)

单位：人 (person)

年 份 Year	合 计 Total	中央民族大学 Minzu University of China	内蒙古民族大学 Inner Mongolia University for Nationalities	大连民族学院 Dalian Nationalities University College	中南民族大学 South－Central University for Nationalities
1978	2 121	563			
1979	2 430	673			
1980	2 891	818			185
1981	3 253	732			306
1982	3 334	775			302
1983	3 479	781			344
1984	3 516	809			363
1985	3 874	804			419
1986	4 092	834			439
1987	4 208	855			432
1988	4 557	821			525
1989	4 484	800			462
1990	4 393	763			472
1991	4 241	720			471
1992	4 332	687			503
1993	4 466	678			522
1994	4 486	701			512
1995	4 629	740			526
1996	4 702	797			530
1997	4 755	760			516
1998	4 897	730		73	509
1999	4 780	722		129	512
2000	4 816	700		156	511
2001	5 361	698		281	709
2002	6 171	714		367	731
2003	7 223	734	806	403	758
2004	8 073	751	803	467	837
2005	8 933	859	939	490	957
2006	9 952	959	1 021	573	998
2007	10 180	1 003	955	634	1 044
2008	10 902	1040	1 004	640	1 093
2009	11 096	1175	1 034	672	1 131

2-9 全国民族学院（大学）专任教师（二）

Full-time Teachers in Ethnic University and Colleges (2)

单位：人 (person)

年 份 Year	湖北民族学院 Hubei University for Nationalities	广东民族学院 Guangdong Institute for Nationalities	广西民族大学 Guangxi University for Nationalities	西南民族大学 Southwest University for Nationalities	贵州民族学院 Guizhou University for Nationalities
1978		68	307	318	34
1979		84	315	324	56
1980		96	327	347	68
1981		113	410	356	119
1982		129	381	426	156
1983		153	400	461	157
1984		160	410	432	163
1985		167	435	488	388
1986		181	449	464	283
1987		182	445	468	302
1988		182	446	495	386
1989	197	189	447	490	359
1990	228	180	441	444	375
1991	225	177	424	442	306
1992	243	174	426	440	385
1993	233	192	453	518	418
1994	282	202	470	439	420
1995	296	202	500	448	430
1996	326	211	431	473	429
1997	325	225	491	452	436
1998	529	247	440	412	469
1999	532		462	408	449
2000	524		460	426	447
2001	521		481	498	469
2002	555		521	774	490
2003	564		534	713	512
2004	655		605	914	562
2005	692		616	984	611
2006	834		717	1 010	645
2007	819		741	1 064	655
2008	783		758	1 156	655
2009	801		777	1 229	694

2-9 全国民族学院（大学）专任教师（三）

Full-time Teachers in Ethnic University and Colleges (3)

单位：人 (person)

年份 Year	云南民族大学 Yunnan University for Nationalities	西藏民族学院 Tibet College for Nationalities	西北民族大学 Northwest University for Nationalities	青海民族大学 Qinghai University for Nationalities	北方民族大学 North University for Nationalities
1978	163	193	246	229	
1979	182	223	272	301	
1980	209	203	314	314	
1981	272	226	289	330	
1982	321	209	376	259	
1983	340	185	400	258	
1984	336	185	401	257	
1985	219	235	424	211	84
1986	403	235	438	270	96
1987	436	224	474	287	103
1988	442	389	436	298	137
1989	445	244	431	292	128
1990	422	234	429	274	131
1991	406	229	439	271	131
1992	389	232	444	241	168
1993	376	238	443	226	169
1994	377	232	449	209	193
1995	396	233	437	222	199
1996	416	243	427	217	202
1997	424	243	438	221	193
1998	420	233	442	194	199
1999	428	241	449	200	248
2000	433	235	459	209	256
2001	442	240	483	218	321
2002	446	239	564	419	351
2003	464	259	577	477	422
2004	513	303	683	541	439
2005	560	354	754	610	507
2006	642	488	806	731	528
2007	686	468	874	702	535
2008	732	519	883	717	564
2009	762	564	910	714	633

2-10 全国民族学院（大学）在校学生（一）
Students Enrollment in Ethnic University and Colleges (1)

单位：人 (person)

年 份 Year	合 计 Total	中央民族大学 Minzu University of China	内蒙古民族大学 Inner Mongolia University for Nationalities	大连民族学院 Dalian Nationalities University	中南民族大学 South - Central University for Nationalities
1978	6 902	1 337			
1979	7 384	1 474			
1980	8 477	1 778			
1981	10 059	2 126			161
1982	9 556	1 977			514
1983	11 337	2 135			1 078
1984	14 045	2 487			1 591
1985	18 369	3 255			2 060
1986	21 497	3 211			3 826
1987	20 267	3 171			2 760
1988	22 144	3 374			3 004
1989	22 932	2 983			3 039
1990	22 095	2 723			3 064
1991	21 400	2 416			2 952
1992	22 836	2 366			2 997
1993	26 638	2 726			3 532
1994	30 782	2 871			4 393
1995	32 625	3 512			4 750
1996	33 516	3 948			5 536
1997	35 081	3 995			5 695
1998	39 332	3 850		650	5 848
1999	42 751	3 799		1 533	6 478
2000	52 098	3 881		2 543	7 037
2001	71 096	4 784		4 237	8 997
2002	86 681	6 373		5 595	11 764
2003	115 966	8 100	13 185	7 238	13 198
2004	133 865	9 715	16 402	8 571	15 551
2005	146 716	10 766	16 013	9 277	16 817
2006	154 992	11 127	15 653	10 196	17 837
2007	162 947	11 237	17 169	10 996	18 477
2008	178 566	11 305	16 563	11 868	19 027
2009	181 892	11 271	17 867	13 089	19 757

2－10 全国民族学院（大学）在校学生（二）

Students Enrollment in Ethnic University and Colleges（2）

单位：人 (person)

年 份 Year	湖北民族学院 Hubei University for Nationalities	广东民族学院 Guangdong Institute for Nationalities	广西民族大学 Guangxi University for Nationalities	西南民族大学 Southwest University for Nationalities	贵州民族学院 Guizhou University for Nationalities
1978		402	1 306	933	178
1979		532	1 316	1 198	176
1980		123	1 586	1 439	260
1981		547	1 584	1 436	241
1982		395	1 366	1 513	391
1983		518	1 493	1 674	638
1984		737	1 933	1 924	910
1985		1 041	2 562	2 315	1 338
1986		1 266	2 479	2 386	1 603
1987		1 144	2 285	2 471	1 728
1988		1 569	2 302	2 680	1 764
1989	1 639	1 850	2 204	2 572	1 728
1990	1 792	1 204	2 188	2 480	1 654
1991	1 834	1 052	2 022	2 649	1 477
1992	2 099	1 298	2 492	2 740	1 450
1993	2 143	1 594	2 942	3 197	1 726
1994	2 178	2 215	3 464	3 708	2 173
1995	2 211	2 464	3 602	3 585	2 663
1996	2 348	2 530	3 634	3 664	2 181
1997	2 586	2 551	4 040	3 901	2 349
1998	4 093	2 620	4 620	4 353	2 655
1999	4 701		5 423	4 445	3 489
2000	5 682		6 624	5 445	4 489
2001	6 584		7 713	7 211	6 073
2002	7 570		9 074	9 804	7 239
2003	8 391		9 996	12 871	8 791
2004	9 574		11 270	15 115	8 682
2005	11 114		12 410	16 660	9 926
2006	12 095		13 599	17 558	9 440
2007	13 453		14 337	18 130	8 249
2008	13 453		14 689	19 023	8 757
2009	12 938		14 795	20 090	9 925

2－10 全国民族学院（大学）在校学生（三）

Students Enrollment in Ethnic University and Colleges (3)

单位：人 (person)

年 份 Year	云南民族大学 Yunnan University for Nationalities	西藏民族学院 Tibet College for Nationalities	西北民族大学 Northwest University for Nationalities	青海民族大学 Qinghai University for Nationalities	北方民族大学 North University for Nationalities
1978	793	496	514	943	
1979	854	201	790	843	
1980	895	314	734	1 108	
1981	1 167	438	1 006	1 353	
1982	858	418	1 005	1 119	
1983	1 068	409	1 118	1 206	
1984	1 432	409	1 302	1 320	
1985	1 979	559	1 631	1 363	266
1986	2 344	838	1 909	1 241	394
1987	2 366	837	1 949	1 185	371
1988	2 665	1 098	2 067	1 218	403
1989	2 489	697	2 046	1 141	544
1990	2 526	663	2 009	1 149	643
1991	2 557	586	2 006	1 100	689
1992	2 562	618	2 299	1 124	891
1993	2 653	951	2 731	1 248	1 195
1994	2 618	1 184	2 879	1 376	1 723
1995	2 528	1 539	2 613	1 450	1 708
1996	2 624	1 283	2 640	1 508	1 620
1997	2 835	1 244	2 807	1 520	1 558
1998	3 103	1 317	2 873	1 566	1 784
1999	3 764	1 588	3 573	1 690	2 268
2000	4 612	2 098	4 329	2 229	3 129
2001	5 437	2 494	6 051	2 915	4 363
2002	6 866	3 199	7 265	6 640	5 292
2003	7 993	3 781	9 484	6 655	6 283
2004	8 988	5 604	10 920	6 372	7 101
2005	8 845	7 497	12 756	6 781	7 854
2006	9 019	8 435	13 908	7 155	8 970
2007	9 430	9 334	15 262	7 662	10 160
2008	10 451	10 024	16 802	8 036	11 470
2009	12 662	9 813	18 413	8 442	12 830

2－11 全国民族学院（大学）教职工基本情况（2009年）

单位：人

单 位	Unit	总 计 Total	校本部职工 Number of Staff and Workers	专任教师 Full-time Teachers	正高级 Senior
合计	**Total**	**17 430**	**16 765**	**11 096**	**1 678**
中央民族大学	Minzu University of China	2 029	1 939	1 175	263
内蒙古民族大学	Inner Mongolia University for Nationalities	1 762	1 721	1 034	121
大连民族学院	Dalian Nationalities University	982	894	672	106
湖北民族学院	Hubei University for Nationalities	1 396	1 206	801	107
中南民族大学	South－central University for Nationalities	1 767	1 701	1 131	164
广西民族大学	Guangxi University for Nationalities	1 134	1 114	777	130
西南民族大学	Southwest University for Nationalities	1 696	1 696	1 229	151
贵州民族学院	Guizhou University for Nationalities	1 129	1 071	694	107
云南民族大学	Yunnan University for Nationalities	1 067	1 027	762	137
西藏民族学院	Tibet College for Nationalities	775	775	564	26
西北民族大学	Northwest University for Nationalities	1 532	1 497	910	144
青海民族大学	Qinghai University for Nationalities	1 198	1 168	714	156
北方民族大学	North University for Nationalities	963	956	633	66

Basic Statistics of Teachers and Staffs in Ethnic University and Colleges (2009)

(person)

副高级 Sub-senior	中级 Middle	初级 Junior	无职称 No Rank	教辅人员 Supporting Staff	行政人员 Administrative Personnel	工勤人员 Service Personnel	科研机构人员 Science and Research Personnel	校办企业人员 Corporation Personnel	其他附设机构 Others
3 892	**6 108**	**2 697**	**3 055**	**2 641**	**1 517**	**1 511**	**75**	**216**	**374**
411	933	133	289	145	510	109		90	
305	494	414	428	185	190	312			41
253	389	120	114	85	107	30		88	
509	657	218	219	182	231	157	37		29
346	496	333	114	130	167	108	5		185
255	443	92	214	79	168	90			20
372	668	283	222	48	276	143			
258	414	172	178	104	218	55	4	38	16
248	399	183	100	58	139	68	22		18
156	179	107	307	47	59	105			
274	395	310	409	190	302	95			35
284	304	187	267	162	106	186			30
221	337	145	194	102	168	53	7		

2-12 全国民族学院（大学）学生基本情况（2009年）

Students Enrollment and Entrants and Graduates in Ethnic University and Colleges (2009)

单位：人 (person)

单位	Unit	本、专科生 Regular College Course and Specialized Subject		
		在校学生 Students Enrollment	招生数 New Students Enrollment	毕业生数 Graduates
合计	**Total**	**181 892**	**51 123**	**39 542**
中央民族大学	Minzu University of China	11 271	2 789	2 740
内蒙古民族大学	Inner Mongolia University for Nationalities	17 867	4 956	3 517
大连民族学院	Dalian Nationalities University	13 089	3 809	2 440
湖北民族学院	Hubei University for Nationalities	12 938	3 121	3 382
中南民族大学	South - central University for Nationalities	19 757	5 360	4 728
广西民族大学	Guangxi University for Nationalities	14 795	3 862	3 655
西南民族大学	Southwest University for Nationalities	20 090	5 494	4 280
贵州民族学院	Guizhou University for Nationalities	9 925	4 164	2 810
云南民族大学	Yunnan University for Nationalities	12 662	4 158	2 150
西藏民族学院	Tibet College for Nationalities	9 813	2 363	2 712
西北民族大学	Northwest University for Nationalities	18 413	5 000	3 279
青海民族大学	Qinghai University for Nationalities	8 442	2 387	1 854
北方民族大学	North University for Nationalities	12 830	3 660	1 995

2－13 全国内地西藏班和新疆班招生情况

The Enrollment Status of Tibet and Xinjiang Classes of China

单位：人 (Person)

年份 Year	合计 Total	西藏班 Tibet Classes						新疆班 Xinjiang Classes
		小计 Sub-total	初中 Junior High School	高中 Senior High School	中师 Secondary Normal School	中专 Secondary Specialized School	大学 College	高中 Senior High School
1985	1 300	1 300	1 300					
1986	1 240	1 240	1 240					
1987	1 320	1 320	1 320					
1988	1 400	1 400	1 400					
1989	2 176	2 176	1 180	200	295	501		
1990	2 485	2 485	1 277	300	302	606		
1991	2 444	2 444	1 242	261	250	691		
1992	2 654	2 654	1 222	300	270	605	257	
1993	2 654	2 654	1 300	294	200	612	248	
1994	2 646	2 646	1 235	333	240	576	262	
1995	2 815	2 815	1 420	360	280	544	211	
1996	3 151	3 151	1 621	390	310	550	280	
1997	3 161	3 161	1 735	400	336	489	201	
1998	3 365	3 365	1 855	455	369	347	339	
1999	3 442	3 442	1 782	505	375	380	400	
2000	4 487	3 487	1 520	953	205	387	422	1 000
2003	5 574	4 039	2 568	1 471				1 535
2004	5 281	3 144	2 012	2 137				2 304
2005	5 992	3 073	1 873	1 200				2 919
2006	7 288	3 385	2 042	1 343				3 903
2007	8 404	3 750	2 115	1 635				4 654
2008	9 648	3 677	2 026	1 651				5 971
2009	10 668	3 865	1 969	1 896				6 803

2－14 全国分地区内地西藏班和新疆班招生情况（2009 年）

The Enrollment Status of Tibet and Xinjiang Classes by Region（2009）

单位：人 (person)

地区 Region	合计 Total	西藏班 Tibet Classes			新疆班 Xinjiang Classes
		小计 Sub-total	初中 Junior High School	高中 Senior High School	高中 Senior High School
总计 Total	**10 668**	**3 865**	**1 969**	**1 896**	**6 803**
北京 Beijing	1 070	290		290	780
天津 Tianjin	629	249	72	177	380
河北 Hebei	240	240		240	
山西 Shanxi	107	107		107	
辽宁 Liaoning	397	212	185	27	185
吉林 Jilin	90				90
黑龙江 Heilongjiang	80				80
上海 Shanghai	893	251	210	41	642
江苏 Jiangsu	1 069	293	167	126	776
浙江 Zhejiang	978	222	200	22	756
安徽 Anhui	137	137	96	41	
福建 Fujian	278	100	80	20	178
江西 Jiangxi	182	82	82		100
山东 Shandong	1 850	151	151		1 699
河南 Henan	255	175		175	80
湖北 Hubei	300	210	90	120	90
湖南 Hunan	200	200		200	
广东 Guangdong	1 302	335	301	34	967
重庆 Chongqing	311	311	210	101	
四川 Sichuan	170	170		170	
陕西 Shaanxi	130	130	125	5	

2-15 全国分地区内地西藏班和新疆班在校学生数（2009年）

Students Enrollment of Tibet and Xinjiang Classes by Region（2009）

单位：人 (person)

地区 Region	合计 Total	西藏班 Tibet Classes			新疆班 Xinjiang Classes
		小计 Sub-total	初中 Junior High School	高中 Senior High School	高中 Senior High School
总计 Total	**31 586**	**12 421**	**7 712**	**4 709**	**19 165**
北京 Beijing	3 639	879		879	2 760
天津 Tianjin	2 307	869	311	558	1 438
河北 Hebei	258	258		258	
山西 Shanxi	312	312		312	
辽宁 Liaoning	1 377	824	740	84	553
吉林 Jilin	328				328
黑龙江 Heilongjiang	240				240
上海 Shanghai	3 735	921	840	81	2 814
江苏 Jiangsu	3 766	1 017	663	354	2 749
浙江 Zhejiang	3 613	864	802	62	2 749
安徽 Anhui	413	413	352	61	
福建 Fujian	550	374	314	60	176
江西 Jiangxi	586	386	386		200
山东 Shandong	1 945	593	588	5	1 352
河南 Henan	655	575	270	305	80
湖北 Hubei	1 049	721	401	320	328
湖南 Hunan	507	507		507	
广东 Guangdong	4 202	804	744	60	3 398
重庆 Chongqing	1 072	1 072	810	262	
四川 Sichuan	526	526		526	
陕西 Shaanxi	506	506	491	15	

文化 3

3－1 全国少数民族文字出版物情况

Publications with Ethnic Characters of China

单位：种数：种　印数：万册（份）

unit：number of publications：kind　printed copies：10 000 copies

年份 Year	图书 Published Books		杂志 Magazines		报纸 Newspapers	
	种数 Number of Publications	印数 Printed Copies	种数 Number of Publications	印数 Printed Copies	种数 Number of Publications	印数 Printed Copies
1952	621	661	15	169	20	2 933
1957	1 763	1 462	35	244	32	2 434
1962	942	910	27	170	32	2 252
1965	1 694	2 480	36	268	36	3 955
1970	312	1 331	5	93	5	3 262
1975	1 226	3 365	18	237	10	6 461
1978	1 386	3 179	35	313	11	7 072
1980	1 921	3 427	42	575	18	7 384
1981	1 904	2 652	63	590	18	6 631
1982	2 270	3 330	75	631	18	7 063
1983	2 327	3 358	74	616	19	7 927
1984	2 524	3 514	76	748	42	15 175
1985	2 759	3 629	109	1 035	57	11 402
1986	2 972	3 635	126	1 085	56	12 561
1987	3 157	4 184	128	1 148	70	13 306
1988	3 294	3 816	541	1 350	76	13 411
1989	3 260	3 853	153	1 280	75	9 031
1990	3 251	3 867	131	1 027	79	14 837
1991	3 575	4 922	142	1 006	81	11 983
1992	3 065	4 326	167	1 354	83	11 981
1993	3 500	5 090	173	1 291	87	11 513
1994	3 248	4 552	178	1 247	92	12 526
1995	3 342	4 791	185	1 197	92	16 833
1996	3 209	5 060	183	1011	89	14 917
1997	3 429	4 999	184	970	88	10 527
1998	4 108	5 376	184	1 099	83	9 651
1999	4 591	6 021	185	1 009	81	10 486
2000	5 062	5 640	193	863	84	10 116
2001	4 779	5 306	202	990	92	12 396
2002	5 125	5 729	211	978	89	10 229
2003	4 787	5 034	205	781	88	13 130
2004	5 457	6 355	193	584	89	14 404
2005	5 295	6 755	192	466	82	10 966
2006	5 931	6 518	192	651	82	11 809
2007	5 561	6 444	192	758	82	12 740
2008	5 563	3 797	192	650	82	14 964
2009	8 535	6 689	192	612	82	12 184

3－2　全国少数民族文字出版的图书（一）

Published Books with Ethnic Characters of China（1）

种数：种　　　　number of publications：kind

单位：印数：万册（份）　　　　unit：printed copies：10 000 copies

印张：万印张　　　　printed sheets：10 000 sheets

年份 Year	总计 Total				书籍 Books			
	种数 Number of Publications		印数 Printed Copies	印张 Printed Sheets	种数 Number of Publications		印数 Printed Copies	印张 Printed Sheets
	合计 Total	#新出 Late Published			合计 Total	#新出 Late Published		
1952	621	534	661	1 714	391	341	281	739
1957	1 763	1 504	1 462	6 320	1 204	1 120	685	3 122
1962	942	627	910	4 111	361	341	202	1 230
1965	1 694	1 290	2 480	9 276	644	560	1 002	4 650
1970	312	247	1 331	4 874	159	134	797	3 556
1975	1 226	1 072	3 365	12 428	762	720	1 868	8 514
1978	1 386	1 120	3 179	12 346	750	689	874	4 914
1979	1 544	1 290	2 707	14 166	803	791	716	5 571
1980	1 921	1 456	3 427	16 854	1 047	976	905	6 449
1981	1 904	1 471	2 652	16 249	1 038	973	776	6 991
1982	2 270	1 713	3 330	18 882	1 232	1 132	1 033	7 919
1983	2 237	1 683	3 358	19 783	1 267	1 182	1 113	8 974
1984	2 524	1 931	3 514	21 177	1 483	1 379	1 142	9 854
1985	2 759	2 075	3 629	20 253	1 602	1 478	1 111	8 168
1986	2 972	2 108	3 635	21 030	1 679	1 567	1 021	8 158
1987	3 157	2 022	4 184	22 878	1 752	1 532	1 215	9 134
1988	3 294	1 975	3 816	21 647	1 842	1 580	1 046	7 958
1989	3 260	1 783	3 853	22 059	1 709	1 385	1 124	8 088
1990	3 251	1 869	3 867	21 673	1 734	1 422	1 049	7 853
1991	3 575	1 913	4 922	25 103	1 700	1 369	1 201	8 220
1992	3 065	1 556	4 326	25 49	1 536	1 207	1 096	8 104
1993	3 500	1 995	5 090	26 069	1 704	1 353	1 398	9 087
1994	3 428	1 827	4 552	25 869	2 277	1 535	2 136	12 926
1995	3 342	1 473	4 791	24 943	1 547	1 085	1 411	8 521
1996	3 209	1 431	5 060	26 523	1 607	1 080	1 648	8 635
1997	3 429	1 361	4 999	27 022	1 959	1 143	1 784	9 027
1998	4 108	1 548	5 376	30 291	2 412	1 341	2 164	11 418
1999	4 591	1 828	6 021	34 557	2 367	1 473	1 896	11 156
2000	5 062	2 078	5 640	33 514	2 598	1 741	1 510	9 965
2001	4 779	2 374	5 306	32 241	2 451	1 933	1 412	9 254
2002	5 125	2 329	5 729	34 765	2 548	1 840	1 552	10 524
2003	4 787	2 275	5 034	31 947	2 624	1 683	1 501	9 289
2004	5 457	2 430	6 355	40 022	2 832	1 798	1 458	10 137
2005	5 295	2 522	6 755	44 154	2 606	1 669	1 424	9 902
2006	5 931	2 811	6 518	47 302	3 324	2 156	1 382	12 493
2007	5 561	2 175	6 444	42 347	4 543	1 821	5 264	35 770
2008	5 563	2 543	3 797	26 679	4 734	2 285	2 780	21 057
2009	8 535	3 163	6 689	45 988	5 361	2 687	2 705	19 106

3-2 全国少数民族文字出版的图书（二）

Published Books with Ethnic Characters of China（2）

种数：种 number of publications：kind
单位：印数：万册（份） unit：printed copies：10 000 copies
印张：万印张 printed sheets：10 000 sheets

年份 Year	课本 Textbooks				图片 Photographs			
	种数 Number of Publications		印数 Printed Copies	印张 Printed Sheets	种数 Number of Publications		印数 Printed Copies	印张 Printed Sheets
	合计 Total	#新出 Late Published			合计 Total	#新出 Late Published		
1952	230	193	380	975	41	41	29	18
1957	509	341	759	3 180	50	43	18	18
1962	550	256	640	2 820	31	30	68	61
1965	787	561	1 150	4 404	263	169	328	222
1970	75	35	316	1 144	78	78	218	174
1975	358	246	939	3481	106	106	558	433
1978	537	340	1 629	6 829	99	91	676	603
1980	808	414	1 958	9 713	66	66	564	692
1981	803	436	1 692	8 998	63	62	184	260
1982	974	517	2 170	10 820	64	64	27	143
1983	975	420	2 020	10 499	85	81	225	310
1984	946	464	2 198	11 145	95	88	174	121
1985	1 084	525	2 326	11 885	73	72	192	201
1986	1 263	515	2 561	12 686	30	26	53	179
1987	1 330	416	2 847	13 566	75	74	124	154
1988	1 400	345	2 669	13 197	52	50	101	299
1989	1 509	356	2 624	13 644	42	42	105	154
1990	1 482	413	2 754	13 582	35	34	64	226
1991	1 828	497	3 671	16 616	47	47	50	233
1992	1 488	309	3 154	14 261	41	40	76	163
1993	1 780	628	3 623	16 837	16	14	71	97
1994	1 137	283	2 361	12 843	14	9	55	99
1995	1 780	373	3 346	16 283	15	15	34	20
1996	1 592	343	3 403	17 860	10	8	9	10
1997	1 464	213	3 204	17 908	6	5	11	24
1998	1 677	193	3 199	18 805	19	14	13	67
1999	2 204	337	4 100	22 871	20	18	25	108
2000	2 455	334	4 124	23 838	9	3	6	11
2001	2 311	427	3 886	22 978	17	14	8	9
2002	2 555	472	4 163	24 137	22	17	14	89
2003	2 142	583	3 521	22 623	21	9	12	18
2004	2 611	619	4 890	29 873	14	13	7	12
2005	2 689	853	5 331	34 239				
2006	2 605	653	5 134	34 802				
2007	1 009	347	1 175	6 545				
2008	826	257	1 015	5 620				
2009	3 154	470	3 962	26 811				

3-3 全国分地区少数民族文字出版的图书（2009年）（一）

Published Books with Ethnic Characters by Region (2009) (1)

种数：种　number of publications: kind

单位：印数：万册（份）　unit: printed copies: 10 000 copies

印张：千印张　printed sheets: 1 000 sheets

地区 Region	总计 Total 种数 Number of Publications 合计	总计 Total 种数 #新出 Late Published Books	总计 Total 印数 万册张 Printed Copies	总计 Total 印张 千印张 Printed Sheets	书籍 Total Amount of Works 种数 Number of Publications 合计	书籍 Total Amount of Works 种数 #新出 Late Published	书籍 印数 Printed Copies	书籍 印张 Printed Sheets
总计 Total	**8 535**	**3 163**	**6 689**	**459 880**	**5 361**	**2 687**	**2 705**	**191 058**
中央 Central	**750**	**529**	**208**	**19 966**	**747**	**527**	**208**	**19 812**
民族出版社 The Ethnic Publishing House	733	513	194	18 845	732	513	194	18 840
中国地图出版社 China Maps Press								
中国旅游出版社 China Travel & Tourism Press								
中国藏学出版社 China Tibetology Press	14	13	11	793	14	13	11	793
中央民族大学出版社 Minzu University of China Press	2	2		149				
地方 Local	**7 785**	**2 634**	**6 480**	**439 913**	**4 614**	**2 160**	**2 498**	**171 246**
内蒙古 Inner Mongolia	1 127	360	938	70 914	548	229	234	19 808
辽宁 Liaoning	153	95	58	3 983	144	94	54	3 869
吉林 Jilin	770	198	269	21 012	509	176	172	12 314
黑龙江 Heilongjiang	50	34	19	3 626	42	30	16	3 033
广西 Guangxi	39	37	13	882	15	15	2	137
四川 Sichuan	149	76	159	14 414	86	64	65	8 933
贵州 Guizhou								
云南 Yunnan	60	59	20	1 666	51	51	13	1 059
西藏 Tibet	263	71	277	17 188	169	61	84	6 670
陕西 Shaanxi	12		9	577				
甘肃 Gansu	48	43	10	1 512	48	43	10	1 512
青海 Qinghai	249	73	292	24 334	87	35	44	6 679
新疆 Xinjiang	4 865	1 588	4 416	279 805	2 915	1 362	1 804	107 232

3-3 全国分地区少数民族文字出版的图书（2009 年）（二）
Published Books with Ethnic Characters by Region（2009）（2）

种数：种　　　　　　　　　　number of publications：kind
单位：印数：万册（份）　　　　unit：printed copies：10 000 copies
印张：千印张　　　　　　　　　printed sheets：1 000 sheets

地区 Region	课本 Total Amount of Textbooks Published			
	种数 Number of Publications		印数 Printed Copies	印张 Printed Sheets
	合计 Total	#新出 Late Published Books		
总　计　Total	**3 154**	**470**	**3 962**	**268 110**
中　央　Central	**3**	**2**		**155**
中央民族大学出版社　Central Ethnic University Press	2	2		149
民族出版社　Ethnic Press	1			6
地　方　Local	**3 151**	**468**	**3 962**	**267 955**
内蒙古　Inner Mongolia	579	131	704	51 105
辽　宁　Liaoning	5		2	91
吉　林　Jilin	261	22	97	8 699
黑龙江　Heilongjiang	8	4	3	593
广　西　Guangxi	24	22	11	745
四　川　Sichuan	63	12	94	5 481
贵　州　Guizhou				
云　南　Yunnan	7	6	3	287
西　藏　Tibet	93	10	193	10 502
陕　西　Shaanxi	12		9	577
甘　肃　Gansu				
青　海　Qinghai	162	38	249	17 655
新　疆　Xinjiang	1 937	223	2 597	172 221

3-4 全国少数民族文字出版的杂志、报纸

Published Magazines and Newspapers with Ethnic Characters

种数：种 number of publications：kind

单位：印数：万册（份） unit：printed copies：10 000 copies

印张：万印张 printed sheets：10 000 sheets

年 份 Year	杂志 Magazines Published			报纸 Newspapers Published		
	种数 Number of Publications	印数 Printed Copies	印张 Printed Sheets	种数 Number of Publications	印数 Printed Copies	印张 Printed Sheets
1950				14	259	205
1952	15	169	311	20	2 933	2 043
1957	35	244	757	32	2 434	2 432
1962	27	170	617	32	2 252	2 002
1965	36	268	846	36	3 955	4 159
1970	5	93	659	5	3 262	3 880
1975	18	237	1 346	10	6 461	6 211
1978	35	313	2 022	11	7 072	7 416
1979	41	392	2 084	12	6 078	6 291
1980	42	575	2 441	18	7 384	6 231
1981	63	590	2 462	18	6 631	5 541
1982	75	631	2 432	18	7 063	6 598
1983	74	616	2 495	19	7 927	8 377
1984	76	748	3 123	42	15 175	13 657
1985	109	1 035	4 745	57	11 402	9 331
1986	126	1 085	4 991	56	12 561	11 070
1987	128	1 148	4 742	70	13 306	11 571
1988	154	1 350	5 823	76	13 411	11 829
1989	153	1 280	5 188	75	9 031	7 998
1990	131	1 027	4 221	79	14 837	13 957
1991	142	1 006	4 151	81	11 983	10 819
1992	167	1 354	5 124	83	11 981	10 410
1993	173	1 291	5 011	87	11 513	8 831
1994	178	1 247	4 577	92	12 526	12 102
1995	185	1 197	4 544	92	16 833	14 078
1996	183	1 011	3 983	89	14 917	10 728
1997	184	970	3 723	88	10 527	9 596
1998	184	1 099	4 207	83	9 651	9 227
1999	185	1 009	3 919	81	10 486	11 996
2000	193	863	3 349	84	10 116	10 133
2001	202	990	3 759	92	12 396	12 705
2002	211	978	3 693	89	10 229	11 001
2003	205	781	3 037	88	13 130	15 149
2004	193	584	2 383	89	14 404	17 495
2005	192	466	2 186	82	10 966	12 131
2006	192	651	2 655	82	11 809	12 800
2007	192	758	3 130	82	12 740	14 526
2008	192	650	2 889	82	14 964	30 570
2009	192	612	2 742	82	12 184	15 329

3－5 全国分地区少数民族文字出版的杂志（2009 年）（一）

Magazines with Ethnic Characters by Region（2009）（1）

种数：种　　number of publications：kind
单位：印数：万册（份）　　unit：printed copies：10 000 copies
印张：千印张　　printed sheets：1 000 sheets

地 区 Region	合 计 Total				综合类 General			
	种 数 Number of Publications	平均期印数 Printed Copies for Average	总印数 Total Printed Copies	总印张 Total Printed Sheets	种 数 Number of Publications	平均期印数 Printed Copies for Average	总印数 Total Printed Copies	总印张 Total Printed Sheets
总 计 Total	**192**	**71**	**612**	**27 423**	**10**	**3**	**16**	**771**
中 央 Central	**17**	**13**	**79**	**4 233**				
地 方 Local	**175**	**59**	**534**	**23 190**	**10**	**3**	**16**	**771**
内蒙古 Inner Mongolia	44	14	134	6 387				
吉 林 Jilin	11	3	29	2 010				
黑龙江 Heilongjiang	3	1	9	698				
广 西 Guangxi	1		1	18				
四 川 Sichuan	5	1	4	143	2	1	3	96
西 藏 Tibet	14	3	21	970	2	1	2	225
甘 肃 Gansu	3	1	2	137	2			24
新 疆 Xinjiang	94	36	333	12 828	4	1	10	427

3－5 全国分地区少数民族文字出版的杂志（2009 年）（二）

Magazines with Ethnic Characters by Region（2009）（2）

种数：种　　number of publications：kind
单位：印数：万册（份）　　unit：printed copies：10 000 copies
印张：千印张　　printed sheets：1 000 sheets

地 区 Region	哲学、社会科学类 Philosophy and Social Science				自然科学、技术类 Natural Science and Technology			
	种 数 Number of Publication	平均期印数 Printed Copies for Average	总印数 Total Printed Copies	总印张 Total Printed Sheets	种 数 Number of Publication	平均期印数 Printed Copies for Average	总印数 Total Printed Copies	总印张 Total Printed Sheets
总 计 Total	**56**	**34**	**326**	**12 860**	**30**	**11**	**80**	**3 213**
中 央 Central	**12**	**12**	**66**	**3 168**				
地 方 Local	**44**	**22**	**260**	**9 692**	**30**	**11**	**80**	**3 213**
内蒙古 Inner Mongolia	14	8	91	3 997	7	1	10	439
吉 林 Jilin	2	1	14	766	2		2	111
黑龙江 Heilongjiang								
广 西 Guangxi								
四 川 Sichuan								
西 藏 Tibet	5	1	12	365				
甘 肃 Gansu								
新 疆 Xinjiang	23	12	142	4 565	21	9	69	2 664

3-5 全国分地区少数民族文字出版的杂志（2009 年）（三）

Magazines with Ethnic Characters by Region (2009) (3)

种数：种 number of publications: kind
单位：印数：万册（份） unit: printed copies: 10 000 copies
印张：千印张 printed sheets: 1 000 sheets

地区 Region	文化、教育类 Culture and Education				文学、艺术类 Literature and Arts			
	种数 Number of Publications	平均期印数 Printed Copies for Average	总印数 Total Printed Copies	总印张 Total Printed Sheets	种数 Number of Publications	平均期印数 Printed Copies for Average	总印数 Total Printed Copies	总印张 Total Printed Sheets
总计 Total	**29**	**8.1**	**75**	**2 564**	**53**	**13.2**	**91**	**6 281**
中央 Central								
地方 Local	**29**	**8.1**	**75**	**2 564**	**53**	**13.2**	**91**	**6 281**
内蒙古 Inner Mongolia	5	0.9	10	414	14	3.2	23	1 538
吉林 Jilin	1		1	68	5	0.8	5	674
黑龙江 Heilongjiang	1			27	1	0.5	6	521
广西 Guangxi					1		1	18
四川 Sichuan					3		1	47
西藏 Tibet	2	0.7	3	131	5	0.9	4	250
甘肃 Gansu					1	0.5	2	112
新疆 Xinjiang	20	6.2	61	1 924	23	7.0	49	3 121

3-5 全国分地区少数民族文字出版的杂志（2009 年）（四）

Magazines with Ethnic Characters by Region (2009) (4)

种数：种 number of publications: kind
单位：印数：万册（份） unit: printed copies: 10 000 copies
印张：千印张 printed sheets: 1 000 sheets

地区 Region	少儿读物类 Books Published for Children				画刊类 Pictorials			
	种数 Number of Publications	平均期印数 Printed Copies for Average	总印数 Total Printed Copies	总印张 Total Printed Sheets	种数 Number of Publications	平均期印数 Printed Copies for Average	总印数 Total Printed Copies	总印张 Total Printed Sheets
总计 Total	**2**	**2**	**10**	**541**	**7**	**1.2**	**16**	**1 193**
中央 Central					**5**	**1.0**	**13**	**1 065**
地方 Local	**2**	**2**	**10**	**541**	**2**	**0.2**	**3**	**127.5**
黑龙江 Heilongjiang	1	1	7	391				
新疆 Xinjiang	1	1	3	150	2	0.2	3	127.5

3-6 全国分地区少数民族文字出版的报纸（2009年）

Newspapers with Ethnic Characters by Region（2009）

种数：种　　number of publications：kind

单位：印数：万册（份）　　unit：printed copies：10 000 copies

印张：千印张　　printed sheets：1 000 sheets

地区 Region		合计 Total				#省、自治区、直辖市级 Province，Autonomous Regions and Cities Directly under Central Government			
		种数 Number of Publications	平均期印数 Printed Copies for Average	总印数 Total Printed Copies	总印张 Total Printed Sheets	种数 Number of Publications	平均期印数 Printed Copies for Average	总印数 Total Printed Copies	总印张 Total Printed Sheets
总计	**Total**	**82**	**69**	**12 184**	**153 292**	**28**	**31**	**5 930**	**88 177**
内蒙古	Inner Mongolia	12	4	782	9 745	3	1	58	1 164
辽宁	Liaoning	2	1	63	1 190	1	1	66	1 313
吉林	Jilin	6	4	398	5 769	1	1	186	1 860
黑龙江	Heilongjiang	1	1	319	6 380	1	1	319	6 380
四川	Sichuan	2	1	140	1 404				
云南	Yunnan	6	1	77	596				
西藏	Tibet	9	8	1 568	23 734	4	5	1 173	20 283
青海	Qinghai	5	3	103	1 341	4	2	99	1 322
新疆	Xinjiang	39	47	8 733	103 132	14	21	4 029	55 855

3-7 2009年全国少数民族文字图书出版数量与上年相比增减百分比

The Increasing and Decreasing Percentage of the Number of Books Publications in Ethnic Minority Characters Comparing to the Former Year

地区 Region	图书总计 Published Books Total				书籍 Books				课本 Textbooks			
	种数 Number of Publications		印数 Printed Copies	印张 Printed Sheets	种数 Number of Publications		印数 Printed Copies	印张 Printed Sheets	种数 Number of Publications		印数 Printed Copies	印张 Printed Sheets
	合计 Total	新出 Late Published			合计 Total	新出 Late Published			合计 Total	新出 Late Published		
总计 Total	**53.4**	**24.4**	**76.2**	**72.4**	**13.2**	**17.6**	**-2.7**	**-9.3**	**281.8**	**82.9**	**290.3**	**377.0**
中央 Central	10.8	7.7		7.4	10.7	7.6		6.7	50.0	100.0		811.8
地方 Local	59.3	28.4	80.6	77.2	13.7	20.3	-2.9	-10.8	282.4	82.8		376.9

3-8 2009 年全国少数民族文字期刊出版数量与上年相比增减的百分比

The Increasing and Decreasing Percentage of the Number of Magazines Publications in Ethnic Minority Characters Comparing to the Former Year

地 区 Region	种 数 Number of Publications	总印数 Total Printed Copies	总印张 Total Printed Sheets
总 计 Total		**-5.75**	**-5.06**
中 央 Central		16.68	24.53
地 方 Local		-8.35	-9.00

3-9 2009 年全国少数民族文字报纸出版数量与上年相比增减的百分比

The Increasing and Decreasing Percentage of the Number of Newspapers Publications in Ethnic Minority Characters Comparing to the Former Year

地 区 Region	合 计 Total				其中：省、自治区、直辖市级 Province, Autonomous Regions and Cities Directly under Central Government			
	种数 Number of Publi-cations	平均期印数 Printed Copies for Average	总印数 Total Printed Copies	总印张 Total Printed Sheets	种数 Number of Publi-cations	平均期印数 Printed Copies for Average	总印数 Total Printed Copies	总印张 Total Printed Sheets
总 计 Total		**-6.46**	**-18.58**	**-49.86**		**-1.48**	**-5.71**	**-5.82**
中 央 Central								
地 方 Local		-6.46	-18.58	-49.86		-1.48	-5.71	-5.82

3－10 主要少数民族语言无线广播播出基本情况（2009年）
Basic Statistics on Ethnic Language Broadcasting Program（2009）

地区 Region		广播使用语言 Language Using Broadcasting （种）	合计 Total 时：分	转中央台节目 Relaying Central Broadcasting Programs 时：分	转省级台节目 Relaying Province Broadcasting Programs 时：分	转地市级台节目 Relaying Prefecture Broadcasting Programs 时：分	制作节目播出时间 Broadcasting Time of Production Programs 时：分
合 计	**Total**	蒙古语 Mongolia	**220 162：35**	**59 842：50**	**36 005：50**	**12 773：20**	**102 492：35**
内蒙古	Inner Mongolia		180 371：45	54 564：50	23 360：50	11 487：40	85 221：25
吉 林	Jilin		4 088：20	730：0	1 703：20	375：0	997：0
辽 宁	Liaoning		10 530：0	730：0	365：0		7 352：0
黑龙江	Heilongjiang		2 228：30	465：0	596：40	857：40	309：10
青 海	Qinghai		4 104：0	365：0	432：0		2 883：0
新 疆	Xinjiang		18 839：0	2 988：0	9 548：0	53：0	5 730：0
合 计	**Total**	朝鲜语 Korean	**37 843：45**	**3 522：15**			**25 234：30**
北 京	Beijing		6 534：0				6 534：0
辽 宁	Liaoning		4 130：35	2 609：45			1 155：50
吉 林	Jilin		25 353：10	912：30			15 719：40
黑龙江	Heilongjiang		1 825：0				1 825：0
合 计	**Total**	藏语 Tibetan	**54 109：19**	**3 445：0**	**7 556：30**		**39 326：19**
四 川	Sichuan		13 537：54	365：0	5 292：30		7 824：54
云 南	Yunnan		6 485：0	893：0	449：0		1 857：0
西 藏	Tibet		14 978：25	727：0	420：0		13 831：25
甘 肃	Gansu		8 397：0	730：0	963：0		6 704：0
青 海	Qinghai		10 711：0	730：0	432：0		9 109：0
合 计	**Total**	维吾尔语	**216 381：21**	**28 907：51**	**78 249：29**	**2 838：45**	**100 601：46**
新 疆	Xinjiang	Uygur	216 381：21	28 907：51	78 249：29	2 838：45	100 601：46

3-11 主要少数民族语言电视播出基本情况（2009年）

Basic Statistics on Ethnic Language TV Program (2009)

地区 Region	电视节目播出语种种类 Kind of Language (种)	合计 Total	转中央台节目 Relaying Central Broadcasting Programs	转省级台节目 Relaying Province Broadcasting Programs	转地市级台节目 Relaying Prefecture Broadcasting Programs	制作节目播出时间 Broadcasting Time of Production Programs
		时：分	时：分	时：分	时：分	时：分
合 计 Total		**206 698 : 42**	**34 429 : 20**	**25 778 : 20**	**11 838 : 48**	**54 706 : 59**
内蒙古 Inner Mongolia		180 535 : 42	30 411 : 25	22 769 : 20	8 969 : 48	50 474 : 54
吉 林 Jilin	蒙古语	2 963 : 0	1 360 : 0	412 : 0	165 : 0	501 : 0
辽 宁 Liaoning	Mongolia	5 840 : 0	182 : 30			1 058 : 30
黑龙江 Heilongjiang		3 929 : 0			2 608 : 0	588 : 0
新 疆 Xinjiang		13 430 : 0	2 475 : 25	2 597 : 0	96 : 0	2 083 : 35
合 计 Total	朝鲜语	**68 099 : 9**	**1 472 : 24**			**23 349 : 29**
吉 林 Jilin	Korean	68 099 : 9	1 472 : 24			23 349 : 29
合 计 Total		**62 670 : 0**	**4 093 : 30**	**7 133 : 30**		**27 126 : 20**
四 川 Sichuan		17 495 : 30	182 : 30	3 432 : 0		4 681 : 20
云 南 Yunnan	西藏	4 420 : 0	1 008 : 0	1 298 : 0		1 109 : 0
西 藏 Tibet	Tibetan	21 097 : 0	2 154 : 0	1 593 : 0		11 110 : 0
甘 肃 Gansu		7 274 : 0	365 : 0	445 : 0		3 694 : 0
青 海 Qinghai		12 383 : 30	383 : 0	364 : 30		6 532 : 0
合 计 Total	维吾尔语	**241 917 : 3**	**17 943 : 29**	**41 581 : 27**	**4 078 : 25**	**43 338 : 45**
新 疆 Xinjiang	Uygur	241 917 : 3	17 943 : 29	41 581 : 27	4 078 : 25	43 338 : 45
合 计 Total	哈萨克语	**85 190 : 20**	**3 043 : 42**	**27 445 : 47**	**1 495 : 45**	**12 520 : 19**
新 疆 Xinjiang	Kazak	85 190 : 20	3 043 : 42	27 445 : 47	1 495 : 45	12 520 : 19

体育 4

4－1 全国少数民族传统体育运动会情况

The Traditional Sports Meetings of the Ethnic Minorities

届　次 Congress	时间 Time	地点 Place	参加代表团 （个） Total Number of Delegations	运动员人数 （个） Total Number of Athletes	比赛项目 （个） Item of Match	表演项目 （个） Item of Performance
1	1953. 11	天津	15	395	6	414
2	1982. 9	呼和浩特	29	863	2	68
3	1986. 8	乌鲁木齐	29	1 097	7	115
4	1991. 11	南宁	30	1 740	9	120
5	1995. 11	昆明	31	2 342	11	129
6	1999. 8—9	拉萨、北京	31	3 390	14	150
7	2003. 9	银川、石嘴山	34	3 735	14	125
8	2007. 11	广州	34	6 381	15	149

4－2 全国少数民族在队运动员和教练员

Ethnic Active Athletes and Coaches

单位：人　　　　（person）

年　份 Year	少数民族运动员 Ethnic Active Athletes	少数民族教练员 Ethnic Active Coaches
1991	1 120	296
1992	1 197	306
1993	954	289
1994	998	326
1995	941	262
1996	1 018	258
1997	1 049	261
1998	1 064	269
1999	1 026	242
2000	1 105	252
2001	1 137	247
2002	1 063	239
2003	1 234	1 791
2004	1 195	1 846
2005	1 204	1 804
2006	1 150	1 840
2007	1 400	2 268
2008	1 756	1 950
2009	1 729	1 631

注：2002 年以前少数民族教练员为一线教练员，2003 年后教练员指一、二、三线教练员。

Note：Ethnic active coaches before 2002 refer to Ⅰ coaches. Ethnic active coaches since 2003 refer to Ⅰ、Ⅱ and Ⅲ coaches.

4-3 全国分地区少数民族在队运动员和教练员（2009年）

Ethnic Active Athletes and Coaches by Region (2009)

单位：人 (person)

地区 Region		少数民族运动员 Ethnic Active Athletes	少数民族教练员 Ethnic Active Coaches	一线	二线	三线
全国	**National**	**1 729**	**1 631**	**332**	**241**	**1 058**
中央	**Central**	**32**	**6**	**6**		
地方	**Local**	**1 697**	**1 625**	**326**	**241**	**1 058**
北京	Beijing	44	25	5	3	17
天津	Tianjin	8	19	7		12
河北	Hebei	26	40	3	9	28
山西	Shanxi	10	4	1	2	1
内蒙古	Inner Mongolia	406	179	32	43	104
辽宁	Liaoning	118	109	38	7	64
吉林	Jilin	36	73	10	26	37
黑龙江	Heilongjiang	31	45	11	6	28
上海	Shanghai	9	15	4	1	10
江苏	Jiangsu	20	8	5	1	2
浙江	Zhejiang	3	5		1	4
安徽	Anhui	5	7	2	1	4
福建	Fujian	9	9	2	1	6
江西	Jiangxi		2		1	1
山东	Shandong	16	24	3	4	17
河南	Henan	35	58	18	31	9
湖北	Hubei	12	38	2	13	23
湖南	Hunan	32	105	8	1	96
广东	Guangdong	27	23	10	5	8
广西	Guangxi	139	141	36	7	98
海南	Hainan	5	7	2		5
重庆	Chongqing	6	12		1	11
四川	Sichuan	23	86	4	1	81
贵州	Guizhou	32	13	5	7	1
云南	Yunnan	63	108	16		92
西藏	Tibet	124	42	27		15
陕西	Shaanxi	13	13	6	2	5
甘肃	Gansu	57	32	21	2	9
青海	Qinghai	67	51	10	1	40
宁夏	Ningxia	70	33			33
新疆	Xinjiang	251	299	38	64	197

民族乡基本情况 5

5-1 全国民族乡镇基本情况

Basic Statistics of Ethnic Township and Town Government

年 份 Year	民族乡（个） Ethnic Township (unit)	#实际汇总数 Real Collected Number	年末总人口（万人） Total Population (10 000 persons)	#少数民族人口 Minority Population	农业总产值（亿元） Gross Output Value of Agriculture (100 million yuan)	工业总产值（亿元） Gross Output Value of Industry (100 million yuan)	粮食总产量（万吨） Output of Grain Crops (10 000 tons)	财政收入（万元） Revenues (10 000 yuan)	人均纯收入（元） Net Income of Peasants Surveyed (yuan)
1991	1 246	1 031	1 250.92	597.32	91.93	87.13	1 195.85	396 135	
1992	1 260	1 153	1 933.72	770.83	128.22	89.9	719.58	63 573	
1993	1 262	1 238	1 759.87	868.28	157.2	187.99	1 120.81	103 445	
1994	1 711	1 258	1 710.63	860.64	206.01	257.88	1 511.17	94 085	
1995	1 267	1 263	1 729.24	878.93	282.15	348.92	1 408.46	112 923	
1996	1 272	1 264	1 714.58	889.13	326.34	451.45	953.93	141 068	
1997	1 256	1 207	1 676.7	1 011.9	382.2	547.9	2 246.7	213 727	
1998	1 252	1 249	1 690.9	894.64	382.96	561.72	957.88	259 527	
1999	1 252	1 248	1 738.64	901.89	521.12	543.93	751.81	310 977	1 466
2000	1 231	1 247	1 851.2	947.7	415.32	595.45	901.05	191 942	1 674
2001		1 204	1 769.59	900.31	316.89	388.9	873.52	184 372	1 510
2002	1 190	1 190	1 745.18	894.94	386.73	432.13	832.92	221 046	1 611
2003	1 173	1 165	1 716.13	883.20	398.29	520.42	792.69	235 592	1 740
2004	1 159	1 151	1 731.21	899.91	462.84	607.36	943.47	286 062	2 148
2005	1 159	1 123	1 754.05	891.21	516.15	714.99	1 092.77	368 015	2 361
2006	1 125	1 125	1 767.66	905.81	594.21	902.16	1 067.36	414 099	2 648
2007	1 131	1 123	1 800.32	923.76	827.18	1 132.60	1 076.59	495 824	3 092
2008	1 135	1 135	1 815.38	935.07	898.62	1 344.95	1 161.39	682 219	3 420
2009	1 140	1 140	1 830.82	943.05	932.41	1464.63	1 160.58	693 493	4 028

5-2 全国分地区民族乡镇基本情况（2009年）

Basic Statistics of Ethnic Township and Town Government by Region (2009)

地 区 Region		民族乡镇数（个）Ethnic Township and Town Governments (uint)	#民族镇 Ethnic Town Governments	#民族苏木 Ethnic Village Government	行政区划面积（平方公里）Areas of Administrative Division (sq. km)	年末总人口（万人）Total Population (10 000 person)	#少数民族 Minority Population
合 计	**Total**	**1 140**	**36**	**1**	**522 917**	**1 830.82**	**943.05**
北 京	Beijing	5			621	6.26	1.86
天 津	Tianjin	2			42	1.98	0.48
河 北	Hebei	53			5 592	88.92	36.04
内蒙古	Inner Mongolia	18		1	29 122	21.92	6.83
辽 宁	Liaoning	75			10 368	127.27	76.65
吉 林	Jilin	33	5		7 238	64.32	19.56
黑龙江	Heilongjiang	69	10		25 781	114.60	46.86
江 苏	Jiangsu	1			52	2.33	0.72
浙 江	Zhejiang	18	4		1 070	17.74	3.95
安 徽	Anhui	9			423	19.42	6.01
福 建	Fujian	19			2 122	41.39	13.63
江 西	Jiangxi	8			1 083	10.07	2.80
山 东	Shandong	4	3		216	14.30	2.55
河 南	Henan	21	9		425	73.39	17.27
湖 北	Hubei	12	1		2 389	28.24	15.82
湖 南	Hunan	99	1		9 888	109.61	77.99
广 东	Guangdong	7			1 428	7.92	3.61
广 西	Guangxi	58			15 566	109.50	79.41
重 庆	Chongqing	14			1 421	16.45	6.47
四 川	Sichuan	98			16 687	71.72	31.66
贵 州	Guizhou	252			25 771	501.00	255.85
云 南	Yunnan	152			44 671	293.70	175.98
西 藏	Tibet	8			934	0.81	0.39
陕 西	Shaanxi	3	3		673	3.29	1.21
甘 肃	Gansu	34			16 758	31.10	20.60
青 海	Qinghai	26			4 686	21.31	13.30
新 疆	Xinjiang	42			297 888	32.26	25.52

5－3 全国分地区民族乡镇村民委员会情况（2009年）
Number of Villager's Committee of Ethnic Township and Town Government by Region（2009）

地 区 Region	村民委员会（个）Villager's Committee	#已通公路的村 Accessed of Highways	#已通自来水的村 Accessed of Tap Water	#已通电的村 Accessed of Electricity	#已通电话的村 Accessed of Telephone	#已通邮的村 Accessed of Post
合 计 Total	**11 149**	**10 691**	**7 623**	**11 066**	**10 189**	**9 044**
北 京 Beijing	62	62	54	62	62	62
天 津 Tianjin	26	26	26	26	26	26
河 北 Hebei	695	694	539	695	693	695
内蒙古 Inner Mongolia	172	174	68	181	176	168
辽 宁 Liaoning	752	737	323	752	751	752
吉 林 Jilin	394	373	200	394	385	394
黑龙江 Heilongjiang	583	583	428	583	583	583
江 苏 Jiangsu	11	11	11	11	11	11
浙 江 Zhejiang	246	245	215	246	246	246
安 徽 Anhui	69	69	22	69	69	69
福 建 Fujian	321	320	293	321	321	321
江 西 Jiangxi	71	71	40	71	71	63
山 东 Shandong	128	122	82	128	128	128
河 南 Henan	190	190	136	190	190	190
湖 北 Hubei	192	192	79	192	192	189
湖 南 Hunan	1 266	1 157	523	1 260	1 169	1 205
广 东 Guangdong	52	52	39	52	50	49
广 西 Guangxi	590	577	393	583	554	540
重 庆 Chongqing	100	95	57	100	85	66
四 川 Sichuan	642	571	363	619	526	432
贵 州 Guizhou	2 479	2 403	1 973	2 475	1 985	938
云 南 Yunnan	1 163	1 112	997	1 149	1 100	1 086
西 藏 Tibet	24	20	22	20	18	19
陕 西 Shaanxi	24	23	24	24	22	24
甘 肃 Gansu	305	294	252	303	286	259
青 海 Qinghai	346	279	293	324	268	314
新 疆 Xinjiang	246	239	171	236	222	215

5-4 全国分地区民族乡镇乡镇企业情况（2009年）

Township Enterprises' Basic Statistics of Ethnic Township and Town Government by Region (2009)

地 区 Region	乡镇企业个数（个） Township Enterprises (unit)	乡镇企业从业人员（万人） Employment of Township Enterprises (10 000 person)	乡镇企业总产值（万元） Gross Output of Township Enterprises (10 000 yuan)	#工业企业总产值（万元） Gross Output Value of Industry (10 000 yuan)	乡镇企业年净利润总额（万元） Total Net Profits of Township Enterprises (10 000 yuan)
合 计 Total	**97 855**	**97.17**	**19 684 273**	**14 646 252**	**1 908 129**
北 京 Beijing	505	1.49	380 428	174 337	6 374
天 津 Tianjin	666	1.01	470 558	303 070	250 302
河 北 Hebei	16 762	13.78	3 164 515	2 482 658	369 290
内蒙古 Inner Mongolia	1 257	1.43	79 750	56 304	8 983
辽 宁 Liaoning	5 860	9.73	3 834 095	2 793 704	372 814
吉 林 Jilin	2 959	4.10	679 128	295 223	25 829
黑龙江 Heilongjiang	4 785	4.86	1 030 690	587 207	76 031
江 苏 Jiangsu	285	0.81	725 900	686 020	18 920
浙 江 Zhejiang	1 757	1.30	215 678	211 783	10 689
安 徽 Anhui	158	0.43	75 095	55 177	7 335
福 建 Fujian	5 436	4.75	967 144	876 426	39 005
江 西 Jiangxi	719	1.00	363 502	344 972	19 983
山 东 Shandong	301	1.22	1 103 841	1 049 440	22 420
河 南 Henan	3 068	9.34	1 512 208	909 181	78 754
湖 北 Hubei	1 028	1.02	112 533	95 259	9 750
湖 南 Hunan	5 274	4.46	425 094	264 168	56 475
广 东 Guangdong	136	0.22	31 941	27 201	5 269
广 西 Guangxi	5 286	4.45	431 915	309 175	47 857
重 庆 Chongqing	81	0.34	29 269	22 977	7 680
四 川 Sichuan	1 323	2.84	461 935	395 889	83 232
贵 州 Guizhou	22 093	18.23	2 224 979	1 675 826	246 637
云 南 Yunnan	12 163	7.32	951 449	773 307	109 013
西 藏 Tibet	6	0.01	210		40
陕 西 Shaanxi	597	0.20	22 195	16 282	2 633
甘 肃 Gansu	1 848	1.61	181 270	127 309	11 048
青 海 Qinghai	1 149	0.23	11 401	2 828	1 526
新 疆 Xinjiang	2 353	0.97	197 550	110 529	20 242

5－5 全国分地区民族乡镇农业基本情况（2009 年）（一）

Agriculture of Ethnic Township and Town Government by Region (2009) (1)

地区 Region		农业机械总动力（万千瓦）Total Power of Agricultural Machinery (10 000 kw)	农村用电量（万千瓦时）Electricity Consumed in Rural Area (10 000 kwh)	年末实有耕地面积（公顷）Area of Cultivated Land (hectare)	有效灌溉面积（公顷）Irrigated Area (hectare)	农作物总播种面积（公顷）Total Sown Area (hectare)	#粮食播种面积 Sown Area of Grain Crops
合　计	**Total**	**1 887**	**344 798**	**2 550 414**	**899 562**	**3 412 211**	**2 476 036**
北　京	Beijing	3	16 127	5 479	4 412	7 593	6 467
天　津	Tianjin	3	1 023	7 467	6 883	818	363
河　北	Hebei	125	52 604	80 709	55 207	107 107	87 436
内蒙古	Inner Mongolia	64	2 298	405 908	31 706	178 383	119 547
辽　宁	Liaoning	131	41 875	215 579	62 340	235 980	182 820
吉　林	Jilin	194	8 967	177 483	76 420	182 867	153 143
黑龙江	Heilongjiang	437	17 292	596 701	218 860	592 973	536 398
江　苏	Jiangsu	2	4 904	1 915	1 915	3 709	3 576
浙　江	Zhejiang	8	5 639	9 103	6 492	17 962	10 446
安　徽	Anhui	21	5 437	17 868	13 747	81 625	71 009
福　建	Fujian	10	26 395	19 199	13 134	37 749	22 078
江　西	Jiangxi	2	2 988	4 256	3 403	8 914	6 638
山　东	Shandong	127	1 613	11 799	10 201	22 432	17 475
河　南	Henan	192	8 549	22 110	20 172	48 122	32 221
湖　北	Hubei	13	5 132	24 684	7 728	79 686	39 556
湖　南	Hunan	31	10 578	72 983	67 884	148 701	82 564
广　东	Guangdong	4	3 593	5 319	2 604	8 451	5 107
广　西	Guangxi	62	4 468	84 421	33 135	133 635	77 304
重　庆	Chongqing	5	1 426	16 023	3 690	32 474	20 544
四　川	Sichuan	41	8 267	58 683	19 267	113 293	80 582
贵　州	Guizhou	127	33 409	258 513	59 952	700 508	484 227
云　南	Yunnan	210	76 691	280 223	83 372	483 084	315 566
西　藏	Tibet	24	42	23	15	477	370
陕　西	Shaanxi	1	447	2 140	603	5 098	3 001
甘　肃	Gansu	11	3 211	57 471	14 461	56 280	44 185
青　海	Qinghai	20	1 228	34 161	6 921	38 275	17 196
新　疆	Xinjiang	19	595	80 197	75 038	86 018	56 216

5-5 全国分地区民族乡镇农业基本情况（2009年）（二）
Agriculture of Ethnic Township and Town Government by Region (2009) (2)

地 区 Region	农林牧渔业总产值 （万元） Gross Output Value of Farming, Forestry, Animal Husbandry and Fishery (10 000 yuan)	粮食产量 （吨） Output of Grain Crops (ton)	肉类总产量 （吨） Gross Output Value of Meat (ton)
合 计 Total	**9 324 128**	**11 605 792**	**2 221 361**
北 京 Beijing	37 785	37 398	34 700
天 津 Tianjin	4 391	1 843	853
河 北 Hebei	570 279	506 255	108 100
内蒙古 Inner Mongolia	152 014	497 918	34 000
辽 宁 Liaoning	1 141 313	1 056 718	322 157
吉 林 Jilin	555 507	1 083 601	115 949
黑龙江 Heilongjiang	820 299	2 699 554	333 723
江 苏 Jiangsu	25 171	24 496	3 536
浙 江 Zhejiang	83 395	60 222	8 358
安 徽 Anhui	97 656	5 437	16 660
福 建 Fujian	195 273	120 320	19 004
江 西 Jiangxi	25 647	35 968	4 389
山 东 Shandong	102 337	128 898	28 483
河 南 Henan	164 018	197 668	41 310
湖 北 Hubei	141 945	150 539	26 269
湖 南 Hunan	560 864	499 334	105 509
广 东 Guangdong	36 358	24 344	4 087
广 西 Guangxi	388 948	338 346	62 961
重 庆 Chongqing	81 273	93 081	16 500
四 川 Sichuan	329 789	341 939	96 169
贵 州 Guizhou	1 138 965	1 965 153	251 510
云 南 Yunnan	1 052 135	1 113 955	265 616
西 藏 Tibet		3 373	947
陕 西 Shaanxi	9 380	10 120	1 578
甘 肃 Gansu	57 829	129 172	17 492
青 海 Qinghai	1 179 945	78 446	240 103
新 疆 Xinjiang	371 611	401 695	61 400

5-6 全国分地区民族乡镇财政收支和人均纯收入情况（2009年）

Government Revenue and Expenditure and Per Capita Net Income of Ethnic Township and Town Government by Region (2009)

地区 Region	财政收入（万元） Revenues (10 000 yuan)	财政支出（万元） Expenditures (10 000 yuan)	人均纯收入（元） Net Income of Peasants Surveyed (yuan)
合　计 Total	**693 493**	**696 700**	**4 028**
北　京 Beijing	23 122	30 848	11 672
天　津 Tianjin	2 973	2 973	11 000
河　北 Hebei	98 092	86 245	3 765
内蒙古 Inner Mongolia	13 073	11 743	4 454
辽　宁 Liaoning	58 443	61 052	5 454
吉　林 Jilin	20 235	18 905	5 334
黑龙江 Heilongjiang	34 237	31 162	5 794
江　苏 Jiangsu	10 749	11 655	12 002
浙　江 Zhejiang	13 668	13 735	5 463
安　徽 Anhui	1 983	5 437	4 801
福　建 Fujian	17 407	18 380	5 041
江　西 Jiangxi	13 082	4 057	4 252
山　东 Shandong	5 941	5 295	5 341
河　南 Henan	19 821	20 855	4 961
湖　北 Hubei	6 561	6 576	3 491
湖　南 Hunan	27 273	25 224	2 155
广　东 Guangdong	3 748	3 943	4 346
广　西 Guangxi	18 580	21 771	2 977
重　庆 Chongqing	4 233	5 334	3 600
四　川 Sichuan	51 790	52 336	3 871
贵　州 Guizhou	144 894	150 545	2 487
云　南 Yunnan	79 111	83 692	2 278
西　藏 Tibet	20	60	4 147
陕　西 Shaanxi	74	968	3 102
甘　肃 Gansu	6 434	6 321	2 027
青　海 Qinghai	3 421	3 435	3 275
新　疆 Xinjiang	14 527	14 154	5 216

5－7 全国分地区民族乡镇教育情况（2009 年）

Education of Ethnic Township and Town Government by Region (2009)

地 区 Region	学校总数 (所) Schools (unit)	在校学生数 (人) Students Enrollment (person)	教师总数 (人) Teachers (person)
合 计 Total	**9 239**	**2 215 296**	**146 159**
北 京 Beijing	12	6 589	868
天 津 Tianjin	6	1 733	183
河 北 Hebei	380	78 061	6 489
内蒙古 Inner Mongolia	84	18 389	1 827
辽 宁 Liaoning	454	107 573	9 574
吉 林 Jilin	221	46 364	5 571
黑龙江 Heilongjiang	372	66 492	8 194
江 苏 Jiangsu	3	2 355	210
浙 江 Zhejiang	27	12 322	990
安 徽 Anhui	63	21 287	1 226
福 建 Fujian	145	5 437	3 156
江 西 Jiangxi	53	10 979	653
山 东 Shandong	37	15 621	1 077
河 南 Henan	188	139 285	9 286
湖 北 Hubei	65	29 923	1 866
湖 南 Hunan	456	79 896	7 899
广 东 Guangdong	43	7 633	616
广 西 Guangxi	659	110 858	7 573
重 庆 Chongqing	43	14 491	856
四 川 Sichuan	321	92 160	4 735
贵 州 Guizhou	2 663	820 168	36 437
云 南 Yunnan	2 334	423 960	28 090
西 藏 Tibet	6	1 454	164
陕 西 Shaanxi	25	4 437	340
甘 肃 Gansu	259	39 354	2 324
青 海 Qinghai	227	25 583	1 874
新 疆 Xinjiang	93	32 892	4 081

5-8 全国分地区民族乡镇文化卫生情况（2009 年）（一）

Culture of Ethnic Township and Town Government by Region (2009) (1)

地 区 Region	图书馆 Libraries (unit)	文化站 Cultural Central (unit)	村文化活动室 Village Cultural Central
合 计 Total	**763**	**1 048**	**5 075**
北 京 Beijing	4	4	56
天 津 Tianjin			
河 北 Hebei	39	53	240
内蒙古 Inner Mongolia	18	22	
辽 宁 Liaoning	79	80	393
吉 林 Jilin	24	30	253
黑龙江 Heilongjiang	92	74	321
江 苏 Jiangsu		1	11
浙 江 Zhejiang	15	18	175
安 徽 Anhui	2	8	27
福 建 Fujian	5	19	124
江 西 Jiangxi	6	6	23
山 东 Shandong	9	8	53
河 南 Henan	15	20	119
湖 北 Hubei	8	12	108
湖 南 Hunan	119	75	331
广 东 Guangdong	2	7	28
广 西 Guangxi	31	57	179
重 庆 Chongqing	5	13	54
四 川 Sichuan	19	48	292
贵 州 Guizhou	102	252	948
云 南 Yunnan	68	153	870
西 藏 Tibet	5		4
陕 西 Shaanxi	4	3	9
甘 肃 Gansu	32	12	133
青 海 Qinghai	15	17	120
新 疆 Xinjiang	45	56	204

5-8 全国分地区民族乡镇文化卫生情况（2009 年）（二）

Public Health of Ethnic Township and Town Government by Region（2009）（2）

地 区 Region	医院、卫生院			村卫生室	
	个数 （个） Hospital、Township	医生数 （人） Doctors	病床数 （张） Beds	个数 （个） Village Clinics	医生数 （人） Doctors
合 计 Total	**1 768**	**17 270**	**21 696**	**9 261**	**11 819**
天 津 Tianjin	2	28	33	27	7
河 北 Hebei	71	955	1 158	787	1 046
内蒙古 Inner Mongolia	21	346	363	143	162
辽 宁 Liaoning	222	895	1 567	799	972
吉 林 Jilin	67	668	872	406	533
黑龙江 Heilongjiang	166	925	1 393	592	774
江 苏 Jiangsu	1	54	28	6	15
浙 江 Zhejiang	22	191	217	79	85
安 徽 Anhui	25	133	232	67	171
福 建 Fujian	18	209	316	338	234
江 西 Jiangxi	8	107	114	82	98
山 东 Shandong	4	158	137	61	116
河 南 Henan	49	3 968	3 195	189	278
湖 北 Hubei	14	438	364	166	215
湖 南 Hunan	135	1 081	1 506	846	897
广 东 Guangdong	7	79	72	52	60
广 西 Guangxi	69	844	1 133	505	616
重 庆 Chongqing	20	120	172	74	98
四 川 Sichuan	107	710	1 013	397	477
贵 州 Guizhou	272	2 539	3 203	1 912	2 193
云 南 Yunnan	342	1 884	3 229	1 100	2 123
西 藏 Tibet	8	15	29	1	1
陕 西 Shaanxi	3	68	77	30	41
甘 肃 Gansu	41	320	467	182	189
青 海 Qinghai	32	166	217	239	237
新 疆 Xinjiang	42	369	589	181	181

5-9 全国各民族乡镇基本情况（2009 年）（一）

民族乡镇名称 Name of Ethnic Township and Town Government	村民委员会（个） Villager's Committee (unit)	年末实有耕地面积（亩） Area of Cultivated Land (acreage)	年末总人口（人） Total Population (person)	#少数民族 Minority Population
北京市				
朝阳区常营回族乡			15 755	7 065
通州区于家务回族乡	23	59 025	23 028	3 107
密云县檀营满族蒙古族乡			6 729	999
怀柔区喇叭沟门满族乡	15	11 850	6 830	3 132
怀柔区长哨营满族乡	24	11 316	10 279	4 292
天津市				
东丽区么六桥回族乡	13	66 000	13 015	2 663
蓟县孙各庄满族乡	13	46 000	6 782	2 151
河北省				
石家庄市新乐市彭家庄回族乡	8	23 145	21 032	5 947
石家庄市藁城市九门回族乡	13	42 358	41 360	5 738
石家庄市无极县高头回族乡	15	36 810	35 426	15 236
唐山市遵化市汤泉满族乡	10	12 795	8 682	6 946
唐山市遵化市西下营满族乡	14	13 425	11 091	4 880
唐山市遵化市东陵满族乡	27	39 240	22 515	13 719
邯郸市邱县陈村回族乡	5	12 975	6 031	5 371
邯郸市大名县营镇回族乡	17	19 280	16 126	4 935
保定市易县凌云册满族回族乡	19	38 655	30 744	9 558
保定市定州市号头庄回族乡	17	62 257	38 019	12 660
保定市涞水县娄村满族乡	22	24 630	28 634	15 134
张家口市沽源县大二号回族乡	4	26 700	3 285	1 092
张家口市怀来县王家楼回族乡	16	11 748	7 752	1 881
廊坊市永清县管家务回族乡	12	20 091	11 356	2 939
廊坊市文安县大围河回族满族乡	24	53 040	31 285	5 562
承德市丰宁南关蒙古族乡	14	32 115	18 003	9 181
承德市滦平县平坊满族乡	8	6 570	7 377	4 666
承德市滦平县安纯沟门满族乡	11	13 470	13 419	10 207
承德市滦平县五道营子满族乡	6	9 330	5 085	4 305
承德市滦平县邓厂满族乡	3	2 595	2 711	2 160
承德市滦平县马营子满族乡	10	8 580	9 931	6 413
承德市滦平县付家店满族乡	6	4 410	5 607	2 628
承德市滦平县西地满族乡	10	17 835	19 204	7 208
承德市滦平县小营满族乡	10	16 005	12 966	10 933
承德市滦平县大屯满族乡	14	20 175	20 050	13 506
承德市滦平县西沟满族乡	9	8 805	7 624	5 861

Basic Statistics of Ethnic Township and Town Government（2008）（1）

乡镇企业总产值（万元）Gross Output of Township Enterprises (10 000 yuan)	农林牧渔业总产值（万元）Gross Output Value of Farming，Forestry，Animal Husbandry and Fishery (10 000 yuan)	粮食产量（吨）Output of Grain Crops (ton)	肉类总产量（吨）Gross Output Value of Meat (ton)	财政收入（万元）Revenues (10 000 yuan)	财政支出（万元）Expenditures (10 000 yuan)	人均纯收入（元）Net Income of Peasants Surveyed (yuan)
149 724	572		4	7 066	6 863	15 899
117 545	21 036	31 516	2 171	9 360	9 360	10 027
14 666	1 020			1 259	1 259	
49 295	7 531	1 446	29 636	2 780	6 137	10 093
49 199	7 626	4 436	2 889	2 658	7 229	9 926
467 470	1 291	285	407	2 477	2 477	12 056
3 088	3 100	1 558	446	496	496	8 978
167 220	20 001	18 712	7 980	382	382	5 780
497 000	39 445	30 127	4 794	1 440	1 810	7 745
31 063	37 054	24 105	4 922	395	395	5 230
15 614	3 995	3 294	612	521	517	4 900
32 862	6 733	1 631	1 406	497	543	4 908
99 510	11 165	9 403	1 337	699	699	4 611
22 425	9 350	644	7 540	209	209	4 448
9 770	1 520	4 050	830	55	55	3 000
28 402	23 397	25 494	7 202	230	230	2 935
105 000	44 342	41 931	3 068	423	417	4 984
4 230	5 209	10 958	923	249	249	2 086
57	3 839	618	155	73	73	2 650
7 884	4 702	579	534	596	573	3 742
15 750	10 312	6 162	2 077	492	492	6 015
358 000	13 625	13 171	2 876	2 202	667	6 367
27 170	7 643	3 996	1 139	210	210	617
4 710	7 384	2 423	1 888	253	253	2 000
784	9 108	3 742	3 545	395	395	2 584
1 580	5 701	2 578	1 055	216	216	2 465
3 990	3 200	1 032	317	126	126	2 200
8 628	9 636	4 310	2 371	218	218	3 100
13 800	8 623	1 516	2 852	241	241	2 950
129 072	5 968	3 928	3 320	6 050	837	3 300
362 348	6 737	7 526	593	53 000	53 000	3 450
65 500	13 423	8 600	2 206	650	650	2 850
6 970	5 732	3 041	2 740	264	264	2 290

5－9（一） 续表1

民族乡镇名称 Name of Ethnic Township and Town Government	村民委员会 （个） Villager's Committee （unit）	年末实有耕地面积 （亩） Area of Cultivated Land （acreage）	年末总人口 （人） Total Population （person）	#少数民族 Minority Population
承德市承德县岗子满族乡	10	9 420	8 325	3 338
承德市承德县两家满族乡	9	14 055	10 207	3 851
承德市兴隆县八卦岭满族乡	8	6 795	14 959	11 236
承德市兴隆县南天门满族乡	10	1 575	7 389	2 183
承德市隆化县尹家营满族乡	11	19 215	8 664	5 727
承德市隆化县庙子沟蒙古族满族乡	6	8 910	6 750	3 395
承德市隆化县偏坡营蒙古族乡	14	12 840	12 960	6 220
承德市隆化县八达营蒙古族乡	12	16 875	13 160	7 100
承德市隆化县太平庄满族乡	11	15 665	11 979	7 365
承德市隆化县旧屯满族乡	11	12 605	7 545	5 978
承德市隆化县西阿超满族蒙古族乡	10	12 900	12 380	6 972
承德市隆化县白虎沟蒙古族满族乡	6	12 180	8 521	6 912
承德市平泉县柳溪满族乡	9	12 480	12 403	9 898
承德市平泉县七家岱满族乡	5	9 765	9 359	5 841
承德市平泉县平房满族蒙古族乡	14	24 375	17 602	16 282
承德市平泉县蒙和乌苏蒙古族乡	9	14 235	13 357	3 684
承德市平泉县茅兰沟满族蒙古族乡	11	29 325	20 066	9 817
承德市平泉县郭杖子满族乡	15	19 395	20 319	16 115
沧州市黄骅市羊二庄回族乡	48	46 950	50 682	6 275
沧州市黄骅市新村回族乡	4		8 073	1 662
沧州市黄骅市杨三木回族乡	8	29 808	8 126	4 392
沧州市河间市果子洼回族乡	20	24 600	20 636	6 310
沧州市献县本斋回族乡	11	27 456	15 075	3 921
沧州市沧县大褚村回族乡	26	54 640	24 809	3 630
沧州市沧县杜林回族乡	43	78 815	45 709	3 828
沧州市沧县李天木回族乡	14	82 605	36 711	3 480
沧州市沧县捷地回族乡	16	36 105	28 069	6 353
内蒙古自治区				
莫力达瓦旗巴彦鄂温克民族乡	17	460 000	16 032	4 300
莫力达瓦旗杜拉尔鄂温克民族乡	10	204 000	8 130	1 990
鄂温克旗巴彦塔拉达斡尔民族乡	6	400 000	2 322	2 125
扎兰屯市南木鄂伦春民族乡	2	222 500	9 321	2 630
扎兰屯市萨马街鄂温克民族乡	6	272 000	8 553	2 555
扎兰屯市达斡尔民族乡	6	163 000	10 795	2 623
阿荣旗查巴奇鄂温克民族乡	11	244 934	12 279	2 278
阿荣旗新发朝鲜族民族乡	7	325 000	9 180	2 120
阿荣旗音河达斡尔鄂温克民族乡	8	373 000	10 526	1 884

Continued

乡镇企业总产值（万元）Gross Output of Township Enterprises (10 000 yuan)	农林牧渔业总产值（万元）Gross Output Value of Farming，Forestry，Animal Husbandry and Fishery (10 000 yuan)	粮食产量（吨）Output of Grain Crops (ton)	肉类总产量（吨）Gross Output Value of Meat (ton)	财政收入（万元）Revenues (10 000 yuan)	财政支出（万元）Expenditures (10 000 yuan)	人均纯收入（元）Net Income of Peasants Surveyed (yuan)
915	3 701	4 038	937	167	167	2 955
7 843	6 242	4 988	353	696	279	2 070
39 321	12 082	1 561	833	283	283	5 136
15 044	6 928	946	458	1 085	274	3 720
2 500	7 861	6 631	3 112	215	215	3 050
462	5 600	3 970	1 230	198	198	2 960
3 120	8 200	8 816	3 173	467	467	3 720
5 100	7 230	9 240	2 284	212	212	3 020
6 850	5 120	6 973	1 768	243	243	3 300
50	6 150	5 970	1 303	167	167	3 135
1 300	2 300	5 495	1 929	141	141	2 480
1 700	4 900	5 038	1 731	226	220	2 915
7 200	6 407	4 200	750	1 464	637	3 820
13 520	4 210	5 009	402	1 724	475	3 878
1 680	4 893	8 018	268	152	830	2 850
13 670	5 359	6 022	969	1 533	733	3 487
1 625	16 756	12 808	265	566	927	3 850
25 900	4 278	9 972	300	1 694	1 441	3 802
220 162	21 392	24 013	4 090	4 179	3 090	6 133
84 159	4 710	10 203	447	3 148	970	6 272
6 500	13 290			232	220	6 851
44 240	3 120	10 787	790	870	1 210	5 538
120 000	23 500	12 048	3 534	492	492	4 750
49 000	17 701	22 731	2 230	1 201	1 404	2 750
171 735	19 468	30 388	2 155	2 527	2 164	3 055
186 580	14 952	30 081	1 870	3 121	3 555	3 790
115 000	16 085	22 738	2 637	1 003	1 510	3 040
512	10 000	60 000	25	718	718	4 000
	3 915	53 200	400	524	496	3 700
	1 786		841	546	246	3 995
	3 000	2 900	2 513	400	300	4 500
	5 890	50 270	2 647	590	418	4 225
390	6 500	6 000	1 370	900	950	4 420
189	5 300	50 813	2 800	1 020	1 015	4 818
234	400	5 500	500	762	762	5 280
215	12 000	40 000	2 347	700	600	4 970

5-9（一） 续表2

民族乡镇名称 Name of Ethnic Township and Town Government	村民委员会（个） Villager's Committee (unit)	年末实有耕地面积（亩） Area of Cultivated Land (acreage)	年末总人口（人） Total Population (person)	#少数民族 Minority Population
阿荣旗得力其尔鄂温克民族乡	10	248 805	14 386	1 618
根河市敖鲁古雅鄂温克民族乡	1	626 535	1 566	374
陈巴尔虎旗鄂温克苏木	7	330 000	2 870	2 600
额尔古纳市三河回族乡	3	753 270	11 391	5 602
额尔古纳市室韦俄罗斯民族乡	10	288 000	4 200	1 520
科右前旗满族屯满族乡	8	563 000	4 815	4 350
赤峰市松山区当铺地满族乡	25	456 301	38 894	13 102
赤峰市喀喇沁旗十家满族乡	14	78 620	27 857	13 917
乌盟凉城县曹碾满族乡	21	79 650	26 041	2 700
辽宁省				
沈阳市康平县柳树屯蒙古族满族乡	9	85 000	14 700	7 490
沈阳市康平县沙金台蒙古族满族乡	11	85 600	17 654	13 046
沈阳市沈北新区黄家锡伯族乡	15	76 230	15 481	4 644
沈阳市沈北新区石佛寺朝鲜族锡伯族乡	9	40 110	12 456	4 631
沈阳市法库县四家子蒙古族乡	9	57 600	16 800	7 902
沈阳市康平县东升满族蒙古族乡	10	87 510	17 903	7 311
沈阳市康平县西关屯蒙古族满族乡	9	77 000	15 525	8 948
大连市瓦房店市三台满族乡	10	53 152	24 683	14 125
大连市瓦房店市杨家满族乡	11	58 290	23 671	9 158
大连市庄河市太平岭满族乡	6	60 780	21 719	10 091
大连市庄河市桂云花满族乡	5	31 095	19 429	7 170
抚顺市抚顺县拉古满族乡	10	38 715	17 100	5 945
抚顺市抚顺县汤图满族乡	9	24 030	7 873	6 483
本溪市桓仁县雅河朝鲜族乡	8	34 675	19 917	9 767
本溪市南芬区思山岭满族乡	9	10 260	11 346	7 338
锦州市义县聚粮屯满族乡	14	62 955	19 747	14 856
锦州市义县地藏寺满族乡	5	20 100	7 712	3 743
锦州市义县留龙沟满族乡	10	41 000	13 021	6 978
锦州市义县大定堡满族乡	8	20 377	8 651	3 968
锦州市义县头台满族乡	9	41 400	12 253	6 633
锦州市义县头道河满族乡	11	46 305	15 046	8 073
锦州市黑山县镇安满族乡	22	105 390	33 375	19 293
锦州市凌海市温滴楼满族乡	12	45 930	19 757	6 914
阜新市彰武县西六家子蒙古族满族乡	10	91 920	17 889	8 229
阜新市彰武县二道河子蒙古族乡	8	60 195	13 390	4 200
阜新市彰武县苇子沟蒙古族乡	9	118 065	17 174	7 788

Continued

乡镇企业总产值（万元）Gross Output of Township Enterprises (10 000 yuan)	农林牧渔业总产值（万元）Gross Output Value of Farming, Forestry, Animal Husbandry and Fishery (10 000 yuan)	粮食产量（吨）Output of Grain Crops (ton)	肉类总产量（吨）Gross Output Value of Meat (ton)	财政收入（万元）Revenues (10 000 yuan)	财政支出（万元）Expenditures (10 000 yuan)	人均纯收入（元）Net Income of Peasants Surveyed (yuan)
180	10 253	38 375	536	698	690	4 458
360	569	3 725	300	400	370	2 960
		32 813	3 500	353	320	3 500
290	21 000	62 585	600	310	200	5 400
980	7 800	25 975	675	363	327	4 000
588	5 800	4 000	200	180	130	4 000
46 312	49 501	50 015	3 518	3 954	3 568	5 700
29 500	1 500	10 002	10 923	537	500	4 625
	6 800	1 745	305	90	133	2 300
49 750	27 036	30 000	6 354	45	260	7 968
18 150	21 039	13 600	7 613	893	1 311	6 613
164 583	19 231	43 349	5 368	130	437	8 600
50 620	21 221	22 781	4 331	42	514	10 400
21 903	17 597	18 020	5 216	790	319	8 096
50 882	27 204	39 747	9 372	1 886	1 886	7 230
60 000	22 000	30 000	7 892	1 584	1 478	7 230
297 900	55 908	26 055	12 703	3 666	3 620	9 040
145 000	35 676	26 832	8 317	584	2 200	7 910
106 092	23 195	18 334	4 289	1 609	1 609	6 988
146 000	24 002	9 491	6 010	3 373	3 373	6 631
42 700	15 432	12 237	3 121	1 100	755	6 615
26 280	6 956	7 321	425	512	684	4 000
112 520	12 015	10 998	2 623	1 251	1 251	5 925
69 700	18 012	3 400	4 770	1 759	1 642	7 388
187 384	2 744	15 635	7 291	1 205	1 352	5 908
23 485	9 346	2 705	2 319	584	639	3 120
118 700	9 072	1 291	3 150	503	731	3 043
90 260	9 089	2 586	2 757	426	426	3 303
127 520	9 400	2 586	4 525	980	980	4 676
93 830	9 650	1 790	2 865	597	597	3 360
173 277	46 982	42 632	13 705	2 063	1 775	7 172
164 038	15 998	3 374	3 914	2 388	2 670	5 427
22 000	28 378	23 810	7 857	890	890	5 622
1 900	3 230	28 804	4 500	248	248	5 570
26 330	36 175	27 282	4 253	1 543	1 305	5 620

5-9（一） 续表3

民族乡镇名称 Name of Ethnic Township and Town Government	村民委员会（个）Villager's Committee (unit)	年末实有耕地面积（亩）Area of Cultivated Land (acreage)	年末总人口（人）Total Population (person)	#少数民族 Minority Population
阜新市彰武县大冷蒙古族乡	10	66 870	17 511	7 179
辽阳市辽阳县吉洞峪满族乡	12	27 705	20 828	13 077
辽阳市辽阳县甜水满族乡	14	37 005	22 075	17 669
铁岭市开原市黄旗寨满族乡	10	41 145	16 318	15 690
铁岭市开原市上肥地满族乡	11	36 510	11 908	9 130
铁岭市开原市下肥地满族乡	10	28 935	16 301	14 966
铁岭市开原市林丰满族乡	10	16 620	10 848	8 935
铁岭市铁岭县白旗寨满族乡	9	18 915	11 663	5 250
铁岭市铁岭县横道河子满族乡	10	40 965	14 150	10 860
铁岭市西丰县成平满族乡	10	36 360	13 480	10 344
铁岭市西丰县德兴满族乡	7	29 821	10 712	8 585
铁岭市西丰县和隆满族乡	10	28 018	17 540	10 969
铁岭市西丰县金星满族乡	9	41 500	14 220	8 960
铁岭市西丰县明德满族乡	7	29 976	10 508	7 162
铁岭市西丰县营厂满族乡	8	26 324	10 372	6 731
铁岭市清河区聂家满族乡	10	35 550	11 132	9 347
朝阳市北票市马友营蒙古族乡	9	57 500	16 280	3 470
朝阳市北票市凉水河蒙古族乡	6	19 800	7 033	543
朝阳市建平县三家蒙古族乡	14	90 687	28 819	3 845
朝阳市凌源县三家子蒙古族乡	17	40 200	35 986	2 611
朝阳市朝阳县松岭门蒙古族乡	6	19 500	10 401	2 708
朝阳市朝阳县乌兰河硕蒙古族乡	7	43 650	9 985	2 995
葫芦岛市绥中县西平坡满族乡	10	26 970	19 602	18 642
葫芦岛市绥中县范家满族乡	10	32 265	16 196	14 583
葫芦岛市绥中县高甸子满族乡	9	32 805	19 595	15 956
葫芦岛市绥中县葛家满族乡	10	14 475	14 790	12 600
葫芦岛市绥中县明水满族乡	8	10 386	14 927	13 200
葫芦岛市绥中县网户满族乡	14	48 390	21 255	11 114
葫芦岛市兴城市白塔满族乡	6	18 848	12 187	10 358
葫芦岛市兴城市大寨满族乡	14	52 898	23 617	20 188
葫芦岛市兴城市高家岭满族乡	10	29 508	15 773	13 860
葫芦岛市兴城市海滨满族乡	10	32 460	15 429	12 725
葫芦岛市兴城市红崖子满族乡	19	71 583	29 840	22 079
葫芦岛市兴城市碱厂满族乡	7	28 180	12 042	7 056
葫芦岛市兴城市旧门满族乡	8	19 815	10 620	7 009
葫芦岛市兴城市刘台子满族乡	10	27 645	15 125	7 390
葫芦岛市兴城市南大山满族乡	15	52 560	22 449	19 181

Continued

乡镇企业总产值（万元）Gross Output of Township Enterprises (10 000 yuan)	农林牧渔业总产值（万元）Gross Output Value of Farming, Forestry, Animal Husbandry and Fishery (10 000 yuan)	粮食产量（吨）Output of Grain Crops (ton)	肉类总产量（吨）Gross Output Value of Meat (ton)	财政收入（万元）Revenues (10 000 yuan)	财政支出（万元）Expenditures (10 000 yuan)	人均纯收入（元）Net Income of Peasants Surveyed (yuan)
10 500	17 000	27 149	4 994	299	299	5 371
80 112	8 000	6 381	2 658	915	915	5 365
34 000	7 400	8 128	2 400	769	774	3 200
18 590	14 650	22 730	2 490	913	913	5 848
22 850	19 320	17 362	3 572	639	639	7 246
17 800	21 040	10 553	7 655	513	513	7 387
6 640	11 150	11 159	2 156	566	566	5 938
13 717	16 105	5 488	4 854	327	327	5 830
15 439	7 590	38 976	5 860	455	455	4 900
20 130	17 021	16 870	4 118	291	458	5 316
31 080	13 670	11 672	3 610	144	366	4 914
17 856	13 392	12 260	358	223	389	4 600
13 040	10 652	18 410	2 530	298	295	4 500
7 162	7 580	10 127	3 375	359	400	4 999
17 500	7 011	17 623	3 614	263	263	4 815
5 462	6 149	21 462	3 510	480	533	5 500
18 620	9 805	3 012	8 983	745	745	5 461
18 720	1 620	194	5 978	147	147	4 648
18 000	27 500	17 869	1 650	2 320	2 320	5 398
5 668	20 231	7 500	5 065	1 495	1 495	4 660
63 000	5 500	1 685	2 710	1 092	1 092	3 100
80	3 000	2 589	1 300	790	790	2 950
9 910	13 340	7 500	6 879	475	310	4 746
24 370	12 583	10 530	6 207	430	413	4 150
8 768	13 124	10 818	7 480	540	406	5 235
14 465	15 378	6 100	3 388	266	266	2 760
9 800	173	3 300	3 350	380	380	4 370
20 350	31 624	19 800	11 406	412	397	6 495
2 867	1 562	8 266	685	280	280	5 700
29 050	25 800	30 551	2 877	308	284	5 660
15 000	13 113	9 227	980	40	40	4 380
1 532	24 520	9 464	1 072	418	460	5 286
31 000	25 000	9 432	4 289	676	676	5 000
14 435	2 415	5 426	559	277	277	2 490
117 646	7 236	7 622	1 085	173	173	4 543
4 483	4 760	9 898	1 925	94	94	5 100
2 200	6 500	27 200	850	280	280	4 200

5－9（一） 续表4

民族乡镇名称 Name of Ethnic Township and Town Government	村民委员会（个） Villager's Committee (unit)	年末实有耕地面积（亩） Area of Cultivated Land (acreage)	年末总人口（人） Total Population (person)	#少数民族 Minority Population
葫芦岛市兴城市望海满族乡	10	61 745	20 840	15 356
葫芦岛市兴城市围屏满族乡	8	31 860	13 531	11 641
葫芦岛市兴城市羊安满族乡	11	38 295	21 684	17 347
葫芦岛市兴城市药王庙满族乡	11	26 205	16 928	9 473
葫芦岛市兴城市三道沟满族乡	11	24 795	16 761	13 409
葫芦岛市兴城市元台子满族乡	9	37 737	18 773	13 245
葫芦岛市建昌二道弯子满族乡	12	37 850	22 287	6 124
丹东市宽甸县下露河朝鲜族乡	6	14 085	10 953	7 411
丹东市东港市合隆满族乡	10	51 525	20 738	12 442
丹东市凤城市大堡蒙古族乡	8	62 925	22 510	21 943
锦州市义县城关满族乡	17	42 495	31 064	27 402
大连市普兰店市乐甲满族乡	5	18 135	20 847	9 038
吉林省				
延边州珲春市三家子满族乡	8	26 600	8 580	5 242
延边州珲春市杨泡满族乡	7	21 620	3 861	2 632
吉林市昌邑区土城子满族朝鲜族乡	12	60 782	21 118	11 150
吉林市龙潭区乌拉街满族镇	13	91 440	18 463	4 896
吉林市龙潭区大口钦满族镇	28	144 705	67 905	15 337
吉林市昌邑区两家子满族乡	12	53 295	21 603	7 588
吉林市永吉县金家满族乡	7	92 370	21 089	8 010
吉林市蛟河市乌林朝鲜族乡	20	123 960	18 113	5 434
通化市梅河口小杨满族朝鲜族乡	17	38 160	15 661	3 927
通化市集安市凉水朝鲜族乡	9	36 825	6 458	1 937
通化市通化县金斗朝鲜族满族乡	5	18 670	7 597	2 580
通化市通化县大泉源满族朝鲜族乡	21	53 820	24 408	8 051
通化市辉南县楼街朝鲜族乡	12	79 020	25 595	3 940
通化市柳河县姜家店朝鲜族乡	10	60 901	12 347	5 185
通化市柳河县三元浦朝鲜族镇	20	104 655	41 209	8 070
辽源市东丰县三合满族朝鲜族乡	16	96 315	26 630	5 736
长春市双阳区双营子回族乡	5	47 685	13 908	4 890
榆树市延和朝鲜族乡	3	87 665	2 709	2 574
九台市胡家回族乡	9	87 150	24 191	9 340
九台市莽卡满族乡	12	106 455	33 829	13 378
白城市通榆县包拉温都蒙古族乡	4	23 500	5 148	2 817
白城市通榆县向海蒙古族乡	16	159 540	24 610	9 256
白城市洮南市呼和车力蒙古族乡	7	45 000	6 530	1 693

Continued

乡镇企业总产值（万元）Gross Output of Township Enterprises (10 000 yuan)	农林牧渔业总产值（万元）Gross Output Value of Farming, Forestry, Animal Husbandry and Fishery (10 000 yuan)	粮食产量（吨）Output of Grain Crops (ton)	肉类总产量（吨）Gross Output Value of Meat (ton)	财政收入（万元）Revenues (10 000 yuan)	财政支出（万元）Expenditures (10 000 yuan)	人均纯收入（元）Net Income of Peasants Surveyed (yuan)
4 400	11 514	13 831	2 737	229	229	5 453
1 310	8 642	8 440	2 243	378	378	3 743
18 260	6 706	9 030	1 626	429	429	4 444
19 859	2 900	4 455	1 591	203	203	1 450
13 000	4 000	4 124	2 473	126	268	1 538
39 576	7 073	12 219	1 771	206	206	5 096
13 423	7 938	14 048	2 970	775	775	4 700
36 570	2 693	4 200	716	397	397	2 122
28 653	29 692	18 800	4 028	878	891	3 976
12 467	20 223	20 698	6 458	1 756	1 756	6 700
326 281	28 312	11 006	6 895	1 962	1 777	7 100
167 650	22 518	6 875	6 637	1 361	1 361	6 088
6 000	5 261	8 318	683	245	245	5 218
7 536	3 684	5 023	536	260	260	5 409
8 960	17 603	46 000	2 900	262	262	6 087
18 500	38 000	36 501	8 900	155	155	6 200
49 876	39 910	76 248	23 010	1 390	1 390	6 116
56 000	18 372	29 820	8 324	400	398	5 835
1 180	22 432	51 150	2 680	575	575	5 120
5 362	20 417	35 860	4 408	702	702	5 323
13 670	5 863	21 031	1 483	423	422	5 097
3 240	4 543	3 233	721	522	522	4 685
25 800	2 785	6 601	410	500	500	6 223
18 100	10 867	20 902	1 751	1 143	1 143	5 334
16 231	18 024	43 536	7 348	565	565	5 915
33 194	7 075	32 150	5 200	420	420	7 200
37 000	31 600	44 468	10 824	2 068	2 119	6 855
263 000	13 766	54 200	8 200	2 311	938	5 381
27 000	7 000	28 773	1 820	2 801	2 801	5 869
2 100	1 228	3 695	15	171	171	8 200
5 800	8 365	47 000	734	539	539	4 156
8 900	128 240	62 030	1 611	589	588	5 180
	5 164	2 770	571	22	22	2 900
176	8 508	19 235	800	460	460	2 700
	2 908	13 640	492	112	112	3 280

5－9（一） 续表5

民族乡镇名称 Name of Ethnic Township and Town Government	村民委员会（个） Villager's Committee (unit)	年末实有耕地面积（亩） Area of Cultivated Land (acreage)	年末总人口（人） Total Population (person)	#少数民族 Minority Population
白城市洮南市胡力吐蒙古族乡	10	40 180	8 655	1 695
白城市镇赉县哈吐气蒙古族乡	5	20 630	5 137	1 860
白城市镇赉县莫莫格蒙古族乡	13	48 750	13 130	6 371
白城市大安市新艾里蒙古族乡	5	16 680	5 465	1 144
白城市洮北区德顺蒙古族乡	19	238 300	24 571	3 634
松原市三骏满族蒙古族锡伯族乡	29	28 389	46 173	6 362
梨树县叶赫满族镇	13	96 430	31 695	12 475
公主岭市二十家子满族镇	9	273 500	23 225	9 921
公主岭市龙山满族乡	8	61 505	13 256	4 371
双辽县那木斯蒙古族乡	10	177 750	20 340	4 103
黑龙江省				
哈尔滨市南岗区红旗满族乡	8	51 592	18 242	6 553
哈尔滨市双城市幸福满族乡	8	101 550	18 470	8 920
哈尔滨市双城市乐群满族乡	9	109 875	22 124	18 201
哈尔滨市双城市同心满族乡	7	106 995	19 710	13 123
哈尔滨市双城市希勤满族乡	8	135 000	20 109	13 150
哈尔滨市双城市公正满族乡	9	134 685	22 797	13 490
哈尔滨市双城市联兴满族乡	8	109 995	20 869	4 581
哈尔滨市双城市团结满族乡	14	194 805	33 125	7 710
哈尔滨市双城市新兴满族乡	7	105 375	22 626	10 176
哈尔滨市双城市青岭满族乡	9	132 825	20 789	12 440
哈尔滨市双城市农丰满族锡伯族镇	9	115 575	22 234	12 274
哈尔滨市五常市拉林满族镇	13	183 525	52 622	31 531
哈尔滨市五常市红旗满族乡	12	221 725	43 950	21 840
哈尔滨市五常市营城子满族乡	7	108 822	25 753	17 128
哈尔滨市五常市牛家满族镇	15	243 165	44 474	17 806
哈尔滨市五常市民乐朝鲜族乡	6	52 065	12 456	6 052
哈尔滨市尚志市河东朝鲜族乡	9	156 430	16 893	7 087
哈尔滨市尚志市鱼池朝鲜族乡	7	140 350	11 816	2 732
哈尔滨市阿城市料甸满族乡	15	163 680	44 150	30 021
哈尔滨市依兰县迎兰朝鲜族乡	15	150 120	24 295	3 480
齐齐哈尔市梅里斯区卧牛吐达斡尔族镇	7	181 470	14 120	3 964
齐齐哈尔市梅里斯区莽格吐达斡尔族乡	3	192 112	7 527	2 536
齐齐哈尔市泰来县宁姜蒙古族乡	7	209 300	19 523	3 514
齐齐哈尔市泰来县胜利蒙古族乡	5	361 250	12 915	2 839
齐齐哈尔市泰来县江桥蒙古族镇	6	168 090	19 980	3 078
齐齐哈尔市昂昂溪区水师营满族镇	6	438 640	11 091	3 622

Continued

乡镇企业总产值（万元）Gross Output of Township Enterprises (10 000 yuan)	农林牧渔业总产值（万元）Gross Output Value of Farming, Forestry, Animal Husbandry and Fishery (10 000 yuan)	粮食产量（吨）Output of Grain Crops (ton)	肉类总产量（吨）Gross Output Value of Meat (ton)	财政收入（万元）Revenues (10 000 yuan)	财政支出（万元）Expenditures (10 000 yuan)	人均纯收入（元）Net Income of Peasants Surveyed (yuan)
	262	1 137	846	97	97	2 200
	6 043	6 430	570	28	28	2 100
	4 347	10 700	275	60	60	1 850
2 701	2 850	6 987	658	200	200	2 450
2 632	16 484	56 144	1 269	220	220	3 540
17 900	41 347	130 000	6 300	890	890	6 190
27 000	14 556	39 549	3 035	1 340	1 340	5 988
6 150	22 103	30 440	7 610	395	395	5 540
7 610	14 500	30 030	1 725	155	155	5 550
7 510	11 400	80 000	240	216	211	5 300
270 885	28 750	24 537	2 716	1 796	1 536	7 338
23 500	18 900	46 203	2 516	375	375	6 000
9 000	14 000	37 024	6 601	420	420	6 485
52 191	16 040	64 166	2 640	400	400	6 288
28 000	51 000	96 250	7 150	300	300	6 165
1 800	13 080	31 600	149	800	780	6 043
44 900	26 321	68 248	2 871	778	778	6 400
42 862	39 000	128 788	4 450	554	554	6 277
187 000	42 000	71 841	187 300	2 052	2 052	7 582
1 800	16 200	85 400	916	109	109	6 010
35 000	20 000	79 000	2 100	250	250	6 568
66 988	30	99 886	7 402	950	950	5 395
857	50	151 773	2 313	251	251	6 555
	9 865	55 700	1 930	380	380	6 555
47 163	12 865	129 590	1 072	396	396	5 888
2 600	7 300	39 000	310	289	289	7 548
44 680	16 433	23 677	2 719	322	322	6 800
1 036	26 983	16 115	358	131	131	5 675
30 000	15 882	85 749	2 078	854	854	5 278
2 500	2 700	58 000	2 600	224	224	6 100
5 300	4 420	22 116	898	229	229	4 229
2 630	4 760	22 590	212	376	376	4 500
159	8 968	26 350	1 742	335	335	2 974
1 346	4 902	11 712	2 037	784	784	1 620
2 340	16 317	28 175	2 410	639	639	3 905
776	16 532	10 191	3 955	224	224	7 276

5－9（一） 续表6

民族乡镇名称 Name of Ethnic Township and Town Government	村民委员会（个） Villager's Committee (unit)	年末实有耕地面积（亩） Area of Cultivated Land (acreage)	年末总人口（人） Total Population (person)	#少数民族 Minority Population
齐齐哈尔市富裕县友谊达斡尔族满族柯尔克孜族乡	14	233 760	23 851	2 295
齐齐哈尔市富裕县塔哈满族达斡尔族乡	12	185 580	24 755	7 366
齐齐哈尔市讷河市兴旺鄂温克族乡	12	297 000	36 687	1 814
齐齐哈尔市富拉尔基区杜尔门沁达斡尔族乡	3	91 995	14 367	3 338
牡丹江市海林市新安朝鲜族镇	17	95 700	19 334	8 908
牡丹江市海林市海南朝鲜族乡	11	60 570	12 004	6 402
牡丹江市宁安市江南朝鲜族满族乡	31	151 695	31 242	9 930
牡丹江市宁安市卧龙朝鲜族乡	13	76 905	15 708	6 100
牡丹江市东宁县三岔口朝鲜族镇	13	76 470	16 970	6 775
佳木斯市同江市街津口赫哲族乡	6	162 595	3 894	475
佳木斯市同江市八岔赫哲族乡	4	234 495	3 921	461
佳木斯市桦川县星火朝鲜族乡	6	323 000	5 557	5 557
佳木斯市汤原县汤旺朝鲜族乡	14	42 100	12 035	8 395
大庆市肇源县义顺蒙古族乡	7	74 175	14 687	3 819
大庆市肇源县浩德蒙古族乡	5	51 810	9 760	1 598
大庆市肇源县超等蒙古族乡	7	94 974	18 198	4 162
黑河市逊克县新鄂鄂伦春族乡	5	46 140	2 160	409
黑河市逊克县新兴鄂伦春族乡	4	29 835	1 487	237
黑河市爱辉区新生鄂伦春族乡	3	34 213	1 075	175
黑河市爱辉区四嘉子满族乡	6	77 175	4 647	1 726
黑河市爱辉区坤河达斡尔族满族乡	6	56 220	2 484	1 825
黑河市北安市主星朝鲜族乡	4	45 000	4 350	1 890
黑河市孙吴县沿江达斡尔族满族乡	8	110 805	7 733	4 235
绥化市北林区兴和朝鲜族乡	2	22 320	3 755	3 678
绥化市北林区绥胜满族镇	5	121 320	24 697	11 389
绥化市北林区永安满族镇	7	136 425	26 587	12 561
绥化市北林区红旗满族乡	5	111 240	18 436	15 460
绥化市望奎县惠七满族镇	8	153 792	22 575	8 494
绥化市望奎县厢白满族乡	7	164 895	22 492	8 475
绥化市望奎县灵山满族乡	5	199 750	22 418	5 245
伊春市铁力市年丰朝鲜族乡	10	73 365	12 335	2 292
鹤岗市萝北县东明朝鲜族乡	7	39 540	3 724	3 650
鹤岗市绥滨县福兴满族乡	3	60 840	4 421	2 652
大兴安岭地区呼玛县白银纳鄂伦春族乡	6	176 014	2 201	376
大兴安岭地区塔河县十八站鄂伦春族乡	6	118 645	4 556	627
双鸭山市饶河县四排赫哲族乡	4	46 995	1 628	225
双鸭山市友谊县成富朝鲜族满族乡	10	81 900	5 212	1 310

Continued

乡镇企业总产值（万元）Gross Output of Township Enterprises (10 000 yuan)	农林牧渔业总产值（万元）Gross Output Value of Farming, Forestry, Animal Husbandry and Fishery (10 000 yuan)	粮食产量（吨）Output of Grain Crops (ton)	肉类总产量（吨）Gross Output Value of Meat (ton)	财政收入（万元）Revenues (10 000 yuan)	财政支出（万元）Expenditures (10 000 yuan)	人均纯收入（元）Net Income of Peasants Surveyed (yuan)
1 680	20 100	68 695	2 563	265	265	5 014
	23 879	64 790	1 880	2 119	367	5 935
2 100	14 850	37 660	2 000	470	470	4 560
7 782	4 244	37 871	2 459	72	72	6 813
3 359	12 378	37 823	748	323	290	10 395
31 050	9 008	22 516	1 351	518	384	11 040
23 400	31 708	42 600	2 857	575	575	8 600
9 100	17 759	22 900	2 921	230	230	7 486
13 780	14 229	28 794	328	778	414	10 592
	7 533	10 150	1 291	196	196	5 800
	10 370	28 600	212	159	159	6 250
1 380	2 947	14 598	35	180	180	4 412
	5 369	23 689	57	252	252	4 647
320	8 680	20 150	4 722	200	200	4 394
5 100	7 415	27 024	3 564	230	230	5 948
	17 563	41 269	5 954	290	290	6 974
298	1 815	6 045	204	100	100	4 871
61	1 161	3 376	317	47	47	5 073
92	602	2 058	291	436	436	4 254
110	2 816	6 489	221	399	399	5 070
80	1 800	7 471	112	116	116	5 149
145	2 928	15 100	20	215	215	5 224
14	15 532	7 522	285	431	431	2 687
	1 900	12 100		247	247	7 203
1 500	15 460	47 300	8 900	746	746	4 925
2 890	17 470	65 900	6 100	889	889	5 208
2 500	12 100	40 700	3 400	707	707	4 558
5 000	6 800	35 245	200	24	24	2 187
60	7 500	70 899	7 100	799	799	2 654
13	7 426	28 300	2 862	263	263	2 200
3 060	16 462	31 464	2 183	305	311	5 813
820	4 534	13 000	1 101	230	230	6 143
	3 320	9 050	285	100	100	4 415
	2 314	9 578	101	647	479	5 450
50	1 871	1 065	428	942	731	3 920
260	1 460	12 396		170	170	4 410
	11 435	38 597	2 078	1 500	1 300	9 309

5-9（一） 续表 7

民族乡镇名称 Name of Ethnic Township and Town Government	村民委员会（个）Villager's Committee (unit)	年末实有耕地面积（亩）Area of Cultivated Land (acreage)	年末总人口（人）Total Population (person)	#少数民族 Minority Population
七台河市勃利县杏树朝鲜族乡	11	136 935	19 747	2 975
七台河市勃利县吉兴朝鲜族满族乡	14	125 280	15 500	4 610
鸡西市密山市和平朝鲜族乡	12	127 800	16 172	4 292
鸡西市鸡东县鸡林朝鲜族乡	6	53 065	8 978	8 928
鸡西市鸡东县明德朝鲜族乡	8	63 270	10 296	2 915
鸡西市城子河区永丰朝鲜族乡	7	15 890	10 731	2 683
江苏省				
扬州市高邮市菱塘回族乡	11	28 725	23 250	7 237
浙江省				
金华市兰溪市水亭畲族乡	36	27 825	20 364	2 970
金华市武义县柳城畲族镇	53	16 200	29 715	3 590
衢州市龙游县沐尘畲族乡	10	8 702	11 820	1 650
丽水市莲都区老竹畲族镇	25	15 278	15 574	3 554
丽水市莲都区丽新畲族乡	10	7 545	10 042	1 935
丽水市龙泉市竹垟畲族乡	10	10 676	7 666	2 392
丽水市云和县雾溪畲族乡	6	995	2 092	489
丽水市云和县安溪畲族乡	8	2 090	2 672	789
丽水市遂昌县三仁畲族乡	14	7 440	8 148	2 059
丽水市松阳县板桥畲族乡	9	2 093	4 909	1 257
杭州市桐庐县莪山畲族乡	7	9 150	9 016	2 618
温州市平阳县青街畲族乡	11	3 675	11 438	2 520
温州市苍南县岱岭畲族乡	8	4 605	6 517	2 477
温州市苍南县凤阳畲族乡	6	3 645	5 526	2 819
温州市文成县西坑畲族镇	11	6 675	11 295	2 688
温州市文成县周山畲族乡	9	2 881	5 183	1 883
温州市泰顺县司前畲族镇	10	4 215	12 588	2 687
温州市泰顺县竹里畲族乡	3	2 850	2 795	1 092
安徽省				
淮南市谢家集区孤堆回族乡	8	28 362	15 783	5 342
合肥市肥东县牌坊回族满族乡	13	60 900	42 679	5 915
滁州市定远县二龙回族乡	5	27 750	15 392	11 730
淮南市凤台县李冲回族乡	6	12 571	17 314	7 445
淮南市潘集区古沟回族乡	12	32 900	31 198	6 085
六安市寿县陶店回族乡	4	25 040	14 243	4 699
宣城市宁国市云梯畲族乡	4	2 520	6 050	1 826
蚌埠市五河县临北回族乡	11	50 679	27 948	9 085
阜阳市颍上县赛涧回族乡	6	27 300	23 608	7 960

Continued

乡镇企业总产值（万元）Gross Output of Township Enterprises (10 000 yuan)	农林牧渔业总产值（万元）Gross Output Value of Farming, Forestry, Animal Husbandry and Fishery (10 000 yuan)	粮食产量（吨）Output of Grain Crops (ton)	肉类总产量（吨）Gross Output Value of Meat (ton)	财政收入（万元）Revenues (10 000 yuan)	财政支出（万元）Expenditures (10 000 yuan)	人均纯收入（元）Net Income of Peasants Surveyed (yuan)
361	15 486	43 267	5 437	1 230	1 291	5 188
540	12 250	42 600	2 592	758	758	4 920
956	10 852	48 500	516	622	622	6 147
1 000		26 500	2 960	270	270	5 900
1 020		26 345	154	426	426	5 607
5 496	3 676	5 877	1 489	544	544	5 825
725 900	25 171	24 496	3 536	10 749	2 161	
47 088	9 300	12 297	2 760	1 722	2 161	4 662
34 496	13 756	8 844	1 135	2 466	2 605	5 110
23 500	7 698	3 609	208	592	560	6 437
1 551	8 299	5 414	388	1 985	1 898	5 507
2 446	8 163	5 396	208	330	274	5 810
3 274	7 430	4 817	442	473	444	5 386
4 383	1 218	676	75	230	209	5 308
273	1 503	1 770	915	212	222	5 302
8 545	5 012	2 988	262	595	583	6 006
1 851	1 866	1 319	285	105	105	5 633
74 080	5 181	4 229	396	1 202	1 045	8 796
	2 831	949	53	657	570	5 115
500	1 654	1 631	376	835	835	4 379
	1 825	605	112	519	519	3 914
762	1 518	2 120	239	366	366	5 198
254	1 341	907	73	182	182	5 350
11 960	3 612	2 079	398	863	822	5 557
715	1 189	573	33	335	335	5 189
10 900	6 972	24 029	375	29	29	4 691
13 552	34 874	24 050	7 399	677	674	5 936
7 300	7 822	18 810	1 630	375	380	4 450
12 574	6 703	6 684	846	90	402	4 759
9 520	10 315	29 552	1 001	93	90	4 248
10 000	9 830	24 622	892	217	217	4 200
10 069	5 054	1 439	1 085	145	265	7 818
500	12 886	33 015	3 052	282	468	4 340
680	3 200	8 800	380	75	420	3 950

5-9（一） 续表8

民族乡镇名称 Name of Ethnic Township and Town Government	村民委员会（个） Villager's Committee (unit)	年末实有耕地面积（亩） Area of Cultivated Land (acreage)	年末总人口（人） Total Population (person)	#少数民族 Minority Population
福建省				
福州市罗源县霍口畲族乡	24	24 550	19 039	4 415
福州市连江县小沧畲族乡	5	2 050	4 275	2 437
宁德市福安市坂中畲族乡	19	14 463	24 500	11 200
宁德市福安市康厝畲族乡	32	23 698	29 270	6 700
宁德市福安市穆云畲族乡	33	19 550	25 501	9 168
宁德市霞浦县盐田畲族乡	22	14 367	30 641	6 598
宁德市霞浦县崇儒畲族乡	27	24 185	24 238	4 956
宁德市霞浦县水门畲族乡	23	18 978	23 003	4 875
宁德市蕉城区金涵畲族乡	16	9 646	18 331	3 725
宁德市福鼎市硖门畲族乡	9	10 310	17 327	3 572
漳州市漳浦县赤岭畲族乡	12	13 396	20 515	8 348
漳州市漳浦县湖西畲族乡	9	11 503	13 397	12 052
漳州市龙海市隆教畲族乡	10	20 200	25 756	9 300
三明市永安市青水畲族乡	10	18 250	24 945	7 460
三明市宁化县治平畲族乡	21	22 264	16 230	5 632
龙岩市上杭县官庄畲族乡	12	8 225	13 276	4 050
龙岩市上杭县庐丰畲族乡	18	17 450	31 078	10 723
泉州市惠安县百崎回族乡	14	24 247	29 016	7 901
江西省				
鹰潭市贵溪市樟坪畲族乡	5	2 421	4 412	1 185
上饶市铅山县太源畲族乡	4	1 115	2 056	872
上饶市铅山县篁碧畲族乡	4	2 655	4 096	1 400
吉安市永丰县龙冈畲族乡	11	14 550	14 342	4 396
吉安市青原区东固畲族乡	15	17 220	18 092	5 392
吉安市峡江县金坪京族乡	5	2 610	3 037	1 005
赣州市南康市赤土畲族乡	17	15 916	43 135	9 612
抚洲市乐安县金竹畲族乡	10	7 350	11 560	4 100
山东省				
淄博市临淄区金岭回族镇	10	7 161	13 126	4 751
聊城市莘县张鲁回族镇	51	72 855	54 510	6 521
菏泽市曹县侯集回族镇	33	55 044	43 818	8 806
德州市禹城市十里望回族乡	34	41 925	31 509	5 441
河南省				
郑州市荥阳市金寨回族乡	2	4 695	6 648	5 031
周口市太康县城关回族镇	16	4 768	79 294	14 716
周口市淮阳县城关回族镇	15	16 440	133 617	22 714

Continued

乡镇企业总产值（万元）Gross Output of Township Enterprises (10 000 yuan)	农林牧渔业总产值（万元）Gross Output Value of Farming, Forestry, Animal Husbandry and Fishery (10 000 yuan)	粮食产量（吨）Output of Grain Crops (ton)	肉类总产量（吨）Gross Output Value of Meat (ton)	财政收入（万元）Revenues (10 000 yuan)	财政支出（万元）Expenditures (10 000 yuan)	人均纯收入（元）Net Income of Peasants Surveyed (yuan)
33 621	15 908	6 712	911	660	709	4 000
1 991	1 377	968	132	308	361	4 494
285 262	10 431	5 276	697	2 330	2 500	6 360
32 012	11 400	10 445	950	778	770	5 566
22 000	12 091	6 980	906	411	286	5 487
36 150	17 488	3 982	458	865	895	4 316
10 200	8 693	6 539	539	722	730	3 295
18 295	8 652	5 513	467	530	559	4 177
52 118	6 514	2 225	658	1 031	970	4 501
43 843	6 674	3 546	198	905	994	5 472
4 939	8 538	3 201	224	180	481	5 028
3 020	5 069	7 127	1 435	210	203	4 068
558	13 503	12 118	702	878	858	5 417
9 200	13 382	4 639	1 306	902	1 504	4 577
26 830	18 295	10 939	1 590	478	478	6 531
4 985	5 564	5 084	842	322	322	3 882
23 504	9 793	6 612	2 014	1 580	1 477	4 927
5 616	17 856	14 422	4 521	1 058	1 024	4 503
300 000	1 250	980	75	10 200	231	5 300
3 500	1 390	650	59	323	191	5 310
1 280	1 201	1 103	92	207	320	4 103
22 000	4 200	9 000	620	1 002	340	4 369
18 350	3 050	9 548	350	593	590	3 950
5 992	1 843	1 496	300	140	344	4 100
8 248	8 521	10 213	2 596	84	1 508	4 234
4 132	4 192	2 978	297	533	533	4 154
838 200	4 140	3 792	6 868	2 900	2 072	8 547
10 370	63 100	58 953	9 875	893	915	5 220
51 775	10 785	28 227	1 604	1 278	1 278	4 631
203 496	19 600	33 100	10 136	870	1 030	5 200
11 200	4 985	3 810	1 066	635	414	7 265
134 000	3 930	2 360	757	2 848	2 848	5 882
332 500	26 240	7 070	2 245	4 260	4 260	4 500

5-9（一） 续表9

民族乡镇名称 Name of Ethnic Township and Town Government	村民委员会（个） Villager's Committee (unit)	年末实有耕地面积（亩） Area of Cultivated Land (acreage)	年末总人口（人） Total Population (person)	#少数民族 Minority Population
周口市沈丘县槐店回族镇	3	12 000	103 126	21 059
商丘市宁陵县城关回族镇	5	6 960	45 670	8 640
商丘市睢县城关回族镇	7	3 804	62 387	9 892
商丘市民权县伯党回族乡	9	23 805	20 992	9 295
商丘市民权县胡集回族乡	13	21 750	17 678	8 904
平顶山市叶县马庄回族乡	8	7 600	11 028	5 938
平顶山市郏县姚庄回族乡	6	8 040	8 186	4 503
新乡市封丘县荆乡回族乡	5	7 155	6 091	6 042
许昌市许昌县艾庄回族乡	9	11 580	13 972	1 803
许昌市禹州市山货回族乡	6	11 880	12 100	5 518
许昌市襄城县颍桥回族镇	5	8 295	9 980	3 080
南阳市镇平县郭庄回族乡	9	18 810	12 576	5 129
南阳市方城县袁店回族乡	9	22 170	16 399	6 383
驻马店市西平县蔡寨回族乡	6	21 450	15 986	4 810
驻马店新蔡县李桥回族镇	10	42 690	28 536	6 088
漯河市临颍县繁城回族镇	32	66 834	59 017	3 016
洛阳市洛宁县王范回族镇	4	2 595	38 600	4 503
洛阳市廛河回族乡	11	8 325	31 985	15 676
湖北省				
荆门市钟祥市九里回族乡	9	26 033	13 156	2 791
荆州市洪湖市老湾回族乡	11	17 286	15 706	4 585
荆州市松滋市卸甲坪土家族乡	8	12 878	13 941	8 258
宜昌市宜都潘家湾土家族乡	9	17 754	15 847	7 022
十堰市郧西县湖北口回族乡	19	24 410	22 317	4 658
恩施州恩施市芭蕉侗族乡	18	53 040	64 420	40 465
恩施州宣恩县长潭河侗族乡	39	53 055	38 726	30 896
恩施州宣恩县晓关侗族乡	40	88 616	41 244	30 933
恩施州鹤峰县铁炉白族乡	12	23 124	24 883	8 086
仙桃市沔城回族镇	6	8 888	6 105	4 820
神龙家林区下谷坪土家族乡	9	30 326	11 358	3 226
咸宁市赤壁市周郎嘴回族镇	12	14 850	14 696	12 507
湖南省				
怀化市辰溪县罗子山瑶族乡	10	7 650	6 970	4 579
怀化市辰溪县苏木溪瑶族乡	13	5 695	8 669	6 035
怀化市辰溪县上蒲溪瑶族乡	12	5 850	9 026	6 230
怀化市辰溪县后塘瑶族乡	17	12 135	11 455	11 675
怀化市辰溪县仙人湾瑶族乡	19	15 998	21 945	9 848

Continued

乡镇企业总产值（万元）Gross Output of Township Enterprises (10 000 yuan)	农林牧渔业总产值（万元）Gross Output Value of Farming, Forestry, Animal Husbandry and Fishery (10 000 yuan)	粮食产量（吨）Output of Grain Crops (ton)	肉类总产量（吨）Gross Output Value of Meat (ton)	财政收入（万元）Revenues (10 000 yuan)	财政支出（万元）Expenditures (10 000 yuan)	人均纯收入（元）Net Income of Peasants Surveyed (yuan)
156 020	5 212	3 760	1 860	4 160	4 160	7 580
64 590	2 310	5 190	1 680	1 177	1 718	2 700
191 046	4 609	4 553	2 188	730	1 050	4 385
5 118	14 000	21 062	3 620	85	138	3 290
5 260	9 800	19 860	1 260	80	136	3 120
46 240	4 360	5 600	6 300	239	437	3 978
3 895	2 700	4 510	780	657	553	3 670
8 694	1 406	5 670	440	68	126	2 940
21 700	9 980	7 860	1 120	286	446	4 853
37 500	6 350	7 411	694	218	365	5 180
5 129	2 980	5 110	1 120	132	260	3 900
4 647	5 745	9 203	146	47	190	3 106
7 720	6 948	6 930	1 890	225	570	3 800
4 065	13 040	14 860	2 082	320	320	3 744
42 160	12 865	20 930	3 980	196	196	4 193
111 357	18 973	37 581	4 697	835	998	5 117
29 756	2 460	1 080	1 950	903	903	4 616
289 611	5 125	3 258	1 435	1 720	767	6 235
23 400	21 657	23 677	2 615	550	550	5 865
3 000	6 500	20 400	18	167	167	3 208
9 000	3 200	5 768	1 435	310	310	3 000
8 673	15 796	9 353	4 847	253	498	5 481
420	9 345	8 121	1 350	271	301	3 018
25 296	18 490	16 027	4 994	967	967	2 869
2 942	15 436	13 843	2 885	1 071	1 071	2 572
2 262	18 798	19 696	3 890	1 024	810	2 845
21 138	17 603	9 027	1 369	880	880	5 707
	3 875	2 062	615	358	337	3 934
8 750	7 600	17 300	1 020	130	105	4 945
7 652	3 645	5 265	1 232	580	580	2 599
	1 110	1 600	231	185	185	1 020
	1 467	1 782	165	415	410	1 380
210	1 015	1 990	230	160	160	1 550
116	2 712	6 077	625	495	485	1 794
975	6 988	7 010	440	560	532	1 860

5-9（一） 续表10

民族乡镇名称 Name of Ethnic Township and Town Government	村民委员会（个） Villager's Committee (unit)	年末实有耕地面积（亩） Area of Cultivated Land (acreage)	年末总人口（人） Total Population (person)	#少数民族 Minority Population
怀化市洪江市深渡苗族乡	13	13 900	10 650	7 860
怀化市洪江市龙船塘瑶族乡	9	10 868	8 380	7 068
怀化市会同县炮团侗族苗族乡	12	7 062	11 683	11 605
怀化市会同县宝田侗族苗族乡	10	5 919	10 386	7 355
怀化市会同县蒲稳侗族苗族乡	9	4 624	9 408	8 750
怀化市会同县金子岩侗族苗族乡	13	8 237	12 982	12 120
怀化市会同县漠滨侗族苗族乡	10	5 037	13 444	12 152
怀化市会同县青朗侗族苗族乡	9	4 920	9 542	6 870
怀化市沅陵县二酉苗族乡	40	43 899	41 182	40 642
怀化市沅陵县火场土家族乡	9	10 043	7 720	7 351
怀化市中方县蒿吉坪瑶族乡	7	3 794	5 465	3 059
怀化市通道侗族自治县大高坪苗族乡	4	2 424	3 437	3 199
怀化市通道侗族自治县锅冲苗族乡	3	1 351	1 478	1 458
怀化市通道侗族自治县传素瑶族乡	5	1 920	1 443	1 175
怀化市通道侗族自治县步头降苗族乡	14	12 153	11 513	11 046
怀化市通道侗族自治县米贝苗族乡	16	10 045	9 782	6 845
邵阳市绥宁县党坪苗族乡	12	11 955	10 399	9 672
邵阳市绥宁县河口苗族乡	7	5 385	6 129	5 577
邵阳市绥宁县麻塘苗族乡	13	8 864	9 838	8 069
邵阳市绥宁县竹江舟苗族乡	9	9 248	8 380	6 635
邵阳市绥宁县东山侗族乡	19	14 550	16 260	14 895
邵阳市绥宁县朝仪侗族乡	13	7 277	8 046	7 648
邵阳市绥宁县鹅公岭侗族苗族乡	17	10 031	11 682	11 394
邵阳市绥宁县寨市苗族侗族乡	20	17 259	15 687	11 842
邵阳市绥宁县乐安铺苗族侗族乡	11	8 858	9 876	9 037
邵阳市绥宁县联民苗族侗族乡	8	6 270	5 903	3 508
邵阳市绥宁县枫木团苗族侗族乡	10	3 945	7 114	5 907
邵阳市绥宁县黄桑坪苗族乡	11	7 005	5 415	4 983
邵阳市绥宁县关峡苗族乡	19	24 290	23 433	22 308
邵阳市绥宁县长铺子苗族乡	24	14 010	16 845	14 480
邵阳市隆回县山界回族乡	25	16 638	24 506	8 870
邵阳市隆回县虎形山瑶族乡	15	16 263	13 992	5 680
邵阳市洞口县那溪瑶族乡	17	7 429	11 216	6 936
邵阳市洞口县大屋瑶族乡	11	2 830	5 021	2 410
邵阳市洞口县长塘瑶族乡	10	3 720	5 236	2 110
邵阳市新宁县黄金瑶族乡	14	6 124	8 446	5 490
邵阳市新宁县麻林瑶族乡	15	8 459	12 622	8 900

Continued

乡镇企业总产值（万元）Gross Output of Township Enterprises (10 000 yuan)	农林牧渔业总产值（万元）Gross Output Value of Farming, Forestry, Animal Husbandry and Fishery (10 000 yuan)	粮食产量（吨）Output of Grain Crops (ton)	肉类总产量（吨）Gross Output Value of Meat (ton)	财政收入（万元）Revenues (10 000 yuan)	财政支出（万元）Expenditures (10 000 yuan)	人均纯收入（元）Net Income of Peasants Surveyed (yuan)
201	2 035	6 441	640	298	298	1 900
80	1 440	5 052	320	120	120	1 400
800	2 115	3 702	817	289	283	1 470
2 260	2 869	3 779	339	145	145	1 640
730	2 510	2 670	1 270	181	174	1 168
100	2 634	4 380	1 231	165	161	2 148
560	3 806	5 609	518	317	287	1 875
32	2 589	2 105	789	162	161	1 275
	9 416	19 236	1 659	47	47	1 219
	2 588	3 901	406	130	130	1 305
300	5 500	2 400	300	127	160	1 280
	690	806	72	121	121	932
84	517	440	44	90	90	1 150
	672	289	129	91	91	995
	2 961	3 269	820	193	163	1 100
	3 002	3 607	1 033	217	213	1 340
4 088	3 685	5 140	770	51	78	2 835
800	2 921	2 473	843	26	105	2 200
12 000	8 480	3 798	266	75	120	2 580
8 120	4 830	4 560	1 274	210	277	2 580
2 963	8 213	6 800	100	85	150	2 062
401	2 540	1 688	490	12	110	2 664
39	3 434	5 715	1 050	28	46	1 885
6 105	3 925	8 074	1 599	137	158	3 110
4 210	6 018	456	992	68	71	4 151
124	2 110	5 801	2 804	61	240	1 930
5 552	3 374	2 381	624	79	113	3 486
2 640	2 260	4 120	7 738	57	89	4 050
1 500	3 600	9 800	1 500	21	412	1 468
25 000	1 270	932	1 903	228	230	2 860
6 300	5 612	10 787	976	508	508	1 159
1 000	4 781	6 815	1 156	509	480	1 012
22 000	12 000	5 482	1 310	457	150	2 800
1 300	850	2 270	80	66	92	1 260
1 000	1 500	1 200	150	68	120	1 366
6 000	4 100	3 486	299	45	45	1 130
7 286	2 300	4 881	842	513	513	860

5-9（一） 续表11

民族乡镇名称 Name of Ethnic Township and Town Government	村民委员会（个） Villager's Committee (unit)	年末实有耕地面积（亩） Area of Cultivated Land (acreage)	年末总人口（人） Total Population (person)	#少数民族 Minority Population
永州市蓝山县荆竹瑶族乡	8	5 565	4 334	4 086
永州市蓝山县紫良瑶族乡	5	2 201	2 986	2 850
永州市蓝山县浆洞瑶族乡	9	3 140	5 290	4 000
永州市蓝山县汇源瑶族乡	5	1 893	3 030	4 349
永州市蓝山县大桥瑶族乡	10	9 545	8 872	3 549
永州市江永县松柏瑶族乡	14	19 186	13 660	13 537
永州市江永县千家洞瑶族乡	10	8 429	9 368	9 095
永州市江永县兰溪瑶族乡	10	7 811	6 067	6 006
永州市江永县源口瑶族乡	7	4 244	5 801	5 510
永州市宁远县九疑山瑶族乡	31	15 374	31 473	6 499
永州市宁远县棉花坪瑶族乡	4	1 665	5 455	4 083
永州市宁远县桐木漯瑶族乡	7	3 134	4 884	1 221
永州市宁远县荒塘瑶族乡	15	7 529	10 710	4 203
永州市道县横岭瑶族乡	15	8 782	9 723	9 100
永州市道县洪塘营瑶族乡	17	7 210	13 417	9 160
永州市道县井塘瑶族乡	7	6 935	9 426	4 419
永州市道县审章塘瑶族乡	17	15 907	16 476	7 550
永州市祁阳县晒北滩瑶族乡	11	1 334	5 938	2 340
永州市新田县门楼下瑶族乡	20	4 068	8 668	6 246
永州市双牌县上梧江瑶族乡	23	7 599	14 232	4 806
永州市江华瑶族自治县清塘壮族乡	12	5 910	6 997	4 513
永州市蓝山县犁头瑶族乡	4	2 326	2 678	846
张家界市桑植县刘家坪白族乡	13	8 336	11 762	10 581
张家界市桑植县马合口白族乡	16	8 705	11 670	8 673
张家界市桑植县走马坪白族乡	11	6 176	7 914	7 281
张家界市桑植县淋溪河白族乡	11	2 295	4 601	1 380
张家界市桑植县芙蓉桥白族乡	13	8 657	13 588	13 208
张家界市桑植县麦地坪白族乡	8	5 208	5 033	4 686
张家界市桑植县洪家关白族乡	25	16 885	23 557	21 200
张家界市武陵源区索溪峪土家族乡	11	97 845	10 396	9 876
张家界市慈利县三关寺土家族乡	26	24 462	23 506	22 340
张家界市慈利县高峰土家族乡	25	15 300	15 600	14 700
张家界市慈利县金岩土家族乡	19	17 860	17 200	16 871
张家界市慈利县许家坊土家族乡	16	18 930	19 150	14 580
张家界市慈利县阳和土家族乡	16	21 763	18 250	18 133
张家界市慈利县甘堰土家族乡	21	20 290	19 767	18 780
张家界市慈利县赵家岗土家族乡	20	12 700	15 483	15 172

Continued

乡镇企业总产值（万元）Gross Output of Township Enterprises (10 000 yuan)	农林牧渔业总产值（万元）Gross Output Value of Farming, Forestry, Animal Husbandry and Fishery (10 000 yuan)	粮食产量（吨）Output of Grain Crops (ton)	肉类总产量（吨）Gross Output Value of Meat (ton)	财政收入（万元）Revenues (10 000 yuan)	财政支出（万元）Expenditures (10 000 yuan)	人均纯收入（元）Net Income of Peasants Surveyed (yuan)
5 162	1 565	670	530	250	250	2 600
1 500	1 750	1 380	400	120	120	2 500
2 890	2 318	1 318	316	210	205	1 293
970	1 640	1 069	527	126	125	1 381
5 776	6 200	6 050	1 900	188	186	2 394
2 358	3 878	9 060	1 527	148	159	1 100
2 514	3 352	9 941	1 608	118	127	1 350
1 378	1 681	5 400	1 356	136	136	1 508
3 200	1 834	3 866	954	151	151	1 223
10 300	3 570	9 716	3 370	313	313	1 800
131	800	1 200	310	167	1 005	1 475
220	1 380	1 347	101	151	154	1 184
9 500	1 400	9 700	420	287	289	1 490
1 275	6 300	5 970	570	141	141	2 600
1 894	6 500	5 615	500	132	132	2 130
1 406	7 199	4 975	330	100	100	2 100
6 500	9 200	10 600	714	120	120	1 600
3 790	1 500	1 533	310	245	219	3 120
910	1 900	5 180	1 066	176	176	1 679
980	9 432	3 763	615	184	185	1 408
615	1 215	4 545	587	75	80	987
90	489	850	326	64	64	1 006
	1 896	4 141	328	270	270	1 530
	1 146	5 370	375	204	204	1 430
	880	3 426	412	240	240	1 648
	680	2 090	974	100	110	1 223
7 618	1 961	3 147	554	251	251	1 055
	685	2 015	157	85	85	1 351
400	2 986	6 150	551	1 055	1 055	1 400
100	305	2 933	1 876	765	765	3 765
38	430	10 405	921	385	385	2 296
	5 899	10 499	2 365	5 899	2 321	2 952
20	1 351	8 266	323	170	150	1 742
	4 500	8 550	345	155	155	1 722
467	4 376	7 218	276	336	336	2 638
2 100	6 936	11 481	1 173	213	213	2 453
850	2 500	5 100	2 400	240	240	2 450

5－9（一） 续表12

民族乡镇名称 Name of Ethnic Township and Town Government	村民委员会（个） Villager's Committee (unit)	年末实有耕地面积（亩） Area of Cultivated Land (acreage)	年末总人口（人） Total Population (person)	#少数民族 Minority Population
郴州市桂阳县华山瑶族乡	6	17 850	3 220	852
郴州市桂阳县杨柳瑶族乡	3	18 525	2 456	543
郴州市北湖区月峰瑶族乡	8	5 432	7 058	1 950
郴州市北湖区大塘瑶族乡	4	2 403	4 075	834
郴州市汝城县盈洞瑶族乡	11	6 437	7 065	6 215
郴州市汝城县延寿瑶族乡	17	11 677	16 494	13 195
郴州市汝城县小垣瑶族镇	7	5 180	11 025	6 082
郴州市汝城县岭秀瑶族乡	12	8 123	10 512	8 420
郴州市汝城县三江口瑶族乡	11	8 228	10 063	6 484
郴州市临武县西山瑶族乡	6	2 294	2 074	705
郴州市临武县团结瑶族乡	7	1 774	2 533	854
郴州市资兴市连坪瑶族乡	4	1 511	2 130	982
郴州市宜章县莽山瑶族乡	7	4 656	6 437	4 315
常德市鼎城区许家桥回族维吾尔族乡	16	28 468	20 758	8 800
常德市汉寿县毛家滩回族维吾尔族乡	16	34 665	25 578	9 809
常德市桃源县枫树维吾尔族回族乡	23	44 227	31 037	8 865
常德市桃源县青林回族维吾尔族乡	16	28 998	24 577	8 370
株洲市炎陵县龙渣瑶族乡	4	2 676	2 164	1 126
衡阳市常宁市塔山瑶族乡	13	6 162	8 183	4 039
益阳市桃江县鲜埠回族乡	9	19 429	19 141	8 747
广东省				
惠州市龙门县蓝田瑶族乡	7	16 227	9 848	9 060
清远市连州市三水瑶族乡	4	2 580	3 983	1 536
清远市连州市瑶安瑶族乡	12	7 782	12 300	4 328
清远市阳山县秤架瑶族乡	10	31 649	17 372	4 678
肇庆市怀集县下帅壮族瑶族乡	5	5 955	10 869	7 608
韶关市始兴县深渡水瑶族乡	4	4 170	5 456	2 021
河源市东源县漳溪畲族乡	10	11 418	19 387	6 842
广西壮族自治区				
梧州市蒙山县长坪瑶族乡	5	1 710	2 957	2 775
梧州市蒙山县夏宜瑶族乡	6	3 050	6 685	5 898
贺州市八步区黄洞瑶族乡	4	9 225	6 939	5 204
贺州市八步区大平瑶族乡	6	14 431	13 773	6 331
贺州市昭平县仙回瑶族乡	6	9 825	14 940	6 116
贺州市钟山县两安瑶族乡	6	11 310	16 757	16 635
贺州市钟山县花山瑶族乡	6	3 200	7 680	6 928
贵港市平南县马练瑶族乡	12	15 000	44 343	29 745

Continued

乡镇企业总产值（万元）Gross Output of Township Enterprises (10 000 yuan)	农林牧渔业总产值（万元）Gross Output Value of Farming, Forestry, Animal Husbandry and Fishery (10 000 yuan)	粮食产量（吨）Output of Grain Crops (ton)	肉类总产量（吨）Gross Output Value of Meat (ton)	财政收入（万元）Revenues (10 000 yuan)	财政支出（万元）Expenditures (10 000 yuan)	人均纯收入（元）Net Income of Peasants Surveyed (yuan)
280	1 503	935	341	7	7	2 450
230	562	1 321	186	3	3	2 250
11 959	2 496	2 198	727	200	198	5 141
2 050	1 620	1 320	460	140	140	5 796
70	3 177	3 428	254	127	120	1 056
3 938	216 775	10 012	745	116	112	852
10 356	1 248	2 177	200	423	418	876
6 020	2 443	4 673	556	119	116	715
5 450	3 589	4 681	510	195	195	1 158
8 500	2 415	905	146	110	110	3 403
3 439	2 067	770	231	125	162	5 686
6 316	2 061	1 129	822	274	270	6 181
7 125	1 734	3 332	518	125	126	2 209
10 719	6 647	18 781	580	650	649	3 580
22 655	6 544	25 586	4 139	330	323	4 463
25 900	33 000	11 102	20 750	883	892	3 412
31 085	6 018	19 989	1 064	488	488	4 667
4 785	1 224	862	158	145	145	2 458
390	1 191	1 832	95	346	346	1 810
64 000	6 480	6 958	2 817	687	666	6 830
10 650	9 924	4 057	516	863	813	4 362
83	1 063	753	80	307	307	4 327
3 321	3 800	1 669	623	263	260	4 000
850	7 914	5 587	798	642	642	4 795
4 621	5 704	3 055	1 009	493	493	3 309
170	2 614	2 279	296	163	163	4 758
12 246	5 339	6 944	765	1 017	1 265	4 869
	1 486	1 136	191	258	258	2 330
55	2 135	2 256	365	210	210	2 160
5 758	6 228	1 908	527	868	302	3 850
4 476	8 335	5 050	399	277	277	1 600
5 436	8 995	5 162	1 044	228	228	3 155
13 810	8 012	8 670	4 660	325	352	3 436
2 286	3 560	2 142	2 310	200	180	3 343
300	5 350	3 500	1 280	319	490	3 669

5－9（一）　续表13

民族乡镇名称 Name of Ethnic Township and Town Government	村民委员会（个） Villager's Committee (unit)	年末实有耕地面积（亩） Area of Cultivated Land (acreage)	年末总人口（人） Total Population (person)	#少数民族 Minority Population
贵港市平南县国安瑶族乡	10	7 280	22 141	20 927
防城港市上思县南屏瑶族乡	9	42 000	13 206	13 114
南宁市马山县古寨瑶族乡	9	15 726	21 330	21 219
南宁市马山县里当瑶族乡	10	13 365	21 635	21 572
南宁市上林县镇圩瑶族乡	11	17 049	24 076	24 035
柳州市三江县同乐苗族乡	19	17 480	43 246	43 068
柳州市三江县福禄苗族乡	15	16 830	27 236	26 146
柳州市三江县高基苗族乡	8	8 655	7 891	7 250
柳州市融水县滚贝侗族乡	11	19 545	19 502	17 433
柳州市融水县同练瑶族乡	6	9 047	10 999	10 788
柳州市柳城县古砦仫佬族乡	13	54 285	37 660	12 153
桂林市临桂县宛田瑶族乡	15	34 200	23 998	15 296
桂林市临桂县黄沙瑶族乡	5	11 100	5 600	2 261
桂林市灵川县大境瑶族乡	8	10 429	12 731	6 677
桂林市灵川县兰田瑶族乡	3	4 465	6 445	3 469
桂林市全州县蕉江瑶族乡	8	10 688	14 781	5 316
桂林市全州县东山瑶族乡	16	36 860	32 500	25 550
桂林市兴安县华江瑶族乡	9	12 320	16 734	4 424
桂林市灌阳县洞井瑶族乡	9	8 285	9 201	3 432
桂林市灌阳县西山瑶族乡	10	9 650	12 743	4 500
桂林市资源县车田苗族乡	12	20 309	24 346	13 877
桂林市资源县两水苗族乡	6	8 520	10 890	7 560
桂林市资源县河口瑶族乡	5	3 808	5 961	2 714
桂林市平乐县大发瑶族乡	10	29 288	19 816	10 423
桂林市荔浦县蒲芦瑶族乡	8	18 745	11 997	9 133
桂林市雁山区草坪回族乡	3	4 720	5 028	2 093
百色市右江区汪甸瑶族乡	13	28 278	26 648	3 156
百色市田东县作登瑶族乡	21	35 627	37 298	14 271
百色市田林县潞城瑶族乡	19	52 934	26 743	23 405
百色市田林县利周瑶族乡	9	19 452	15 979	13 963
百色市田林县八桂瑶族乡	12	16 577	14 603	14 100
百色市田林县八渡瑶族乡	17	40 978	22 052	20 949
百色市凌云县伶站瑶族乡	9	10 467	17 737	15 664
百色市凌云县朝里瑶族乡	6	5 316	9 386	7 950
百色市凌云县沙里瑶族乡	12	87 000	19 537	14 458
百色市凌云县玉洪瑶族乡	18	27 247	22 639	15 032
百色市西林县足别瑶族苗族乡	6	32 428	8 808	8 709

Continued

乡镇企业总产值（万元）Gross Output of Township Enterprises (10 000 yuan)	农林牧渔业总产值（万元）Gross Output Value of Farming, Forestry, Animal Husbandry and Fishery (10 000 yuan)	粮食产量（吨）Output of Grain Crops (ton)	肉类总产量（吨）Gross Output Value of Meat (ton)	财政收入（万元）Revenues (10 000 yuan)	财政支出（万元）Expenditures (10 000 yuan)	人均纯收入（元）Net Income of Peasants Surveyed (yuan)
1 121	4 450	4 178	1 530	143	254	2 904
	4 800	2 100	520	426	426	2 300
	5 837	5 421	2 001	1 236	1 145	2 517
	4 805	5 369	1 598	1 126	586	2 085
780	3 200	4 057	616	256	923	2 895
5 520	7 936	6 792	1 800	381	381	2 919
208	4 632	4 637	1 515	293	293	2 032
1 500	6 400	1 200	105	85	125	3 495
	6 328	3 848	776	239	400	2 191
	4 491	3 118	453	117	163	1 794
6 580	15 185	18 458	2 513	568	568	3 976
20 710	3 035	2 060	1 545	283	283	3 100
6 295	4 197	2 168	272	262	298	4 100
7 235	3 309	3 838	750	335	829	3 770
11 045	3 045	1 950	301	580	580	3 237
9 876	6 417	3 210	642	42	201	3 195
34 001	9 193	15 500	2 468	70	650	2 500
113 400	10 108	4 824	1 783	1 209	964	6 618
5 607	6 331	5 931	609	122	236	3 204
11 190	7 294	4 109	841	234	277	2 889
15 420	13 364	7 076	1 259	254	254	3 502
3 105	8 613	5 163	1 017	115	115	3 183
3 321	3 198	1 779	478	96	96	3 249
10 968	12 593	7 853	996	91	242	3 865
4 100	4 093	3 253	625	319	319	3 005
3 960	1 200	5 920	800	365	360	4 452
51 480	21 568	11 640	2 299	460	439	3 860
154	8 762	8 452	1 433	538	433	1 826
	2 525	9 774	1 677	725	667	2 974
	2 194	4 781	907	450	429	2 953
	7 077	5 419	1 242	450	419	2 800
	9 800	7 884	1 638	138	393	2 960
22 982	4 850	3 772	1 078	339	333	2 479
172	1 656	2 933	673	310	412	2 484
295	5 916	6 280	521	324	324	2 462
6 083	6 478	6 387	91	23	23	2 469
	3 326	3 519	657	18	174	2 512

5-9（一） 续表 14

民族乡镇名称 Name of Ethnic Township and Town Government	村民委员会（个） Villager's Committee (unit)	年末实有耕地面积（亩） Area of Cultivated Land (acreage)	年末总人口（人） Total Population (person)	#少数民族 Minority Population
百色市西林县普合苗族乡	7	89 155	10 741	10 449
百色市西林县那佐苗族乡	18	68 801	27 482	24 863
河池市南丹县八圩瑶族乡	16	19 856	21 549	16 982
河池市南丹县里湖瑶族乡	13	20 433	20 296	18 469
河池市南丹县中堡苗族乡	6	6 713	7 978	5 998
河池市天峨县八腊瑶族乡	9	29 103	21 327	6 953
河池市凤山县平乐瑶族乡	10	13 897	22 934	15 136
河池市凤山县江洲瑶族乡	7	6 577	11 356	7 494
河池市凤山县金牙瑶族乡	12	16 003	25 537	10 194
河池市东兰县三弄瑶族乡	5	3 670	5 624	4 624
河池市环江县驯乐苗族乡	12	22 206	25 237	25 200
河池市宜州市北牙瑶族乡	19	59 193	60 440	48 229
河池市宜州市福龙瑶族乡	15	42 010	37 340	33 834
重庆市				
奉节县云雾土家族乡	3	44 600	4 613	1 670
奉节县长安土家族乡	8	27 735	15 229	5 450
奉节县龙桥土家族乡	6	11 280	11 180	5 380
奉节县太和土家族乡	8	27 125	14 495	6 662
万州区恒合土家族乡	14	27 009	29 213	13 795
万州区地宝土家族乡	4	7 095	7 619	3 896
云阳县清水土家族乡	16	11 235	18 228	4 032
巫山县红椿土家族乡	5	11 817	6 389	3 171
巫山县邓家土家族乡	5	5 660	4 146	1 779
忠县磨子土家族乡	7	15 650	19 415	6 349
四川省				
甘孜州九龙县子耳彝族乡	5	5 415	3 909	2 583
甘孜州九龙县三垭彝族乡	4	4 095	3 220	2 680
甘孜州九龙县俄尔彝族乡	3	3 900	2 783	2 646
甘孜州九龙县小金彝族乡	3	2 670	2 679	2 445
甘孜州九龙县朵落彝族乡	3	1 605	1 449	989
甘孜州九龙县踏卡彝族乡	4	1 320	4 251	3 709
甘孜州九龙县湾坝彝族乡	5	4 335	6 681	5 785
阿坝州松潘县十里回族乡	6	7 851	3 365	2 151
阿坝州松潘县进安回族乡	10	3 960	4 889	2 853
攀枝花市仁和区大龙潭彝族乡	8	28 845	15 693	11 850
攀枝花市仁和区啊喇彝族乡	6	7 785	9 186	5 387
攀枝花市米易县麻陇彝族乡	8	21 000	8 542	6 979

Continued

乡镇企业总产值（万元）Gross Output of Township Enterprises (10 000 yuan)	农林牧渔业总产值（万元）Gross Output Value of Farming, Forestry, Animal Husbandry and Fishery (10 000 yuan)	粮食产量（吨）Output of Grain Crops (ton)	肉类总产量（吨）Gross Output Value of Meat (ton)	财政收入（万元）Revenues (10 000 yuan)	财政支出（万元）Expenditures (10 000 yuan)	人均纯收入（元）Net Income of Peasants Surveyed (yuan)
	3 198	4 302	810	104	168	2 680
	5 690	10 073	1 137	9	291	2 537
600	6 841	6 155	1 110	94	372	2 889
720	5 714	6 006	1 172	91	379	2 788
170	2 829	2 008	242	202	231	3 162
2 020	6 061	9 308	1 468	750	750	2 868
2 055	6 247	6 584	1 054	300	300	2 765
2 434	1 901	2 458	275	247	247	2 143
4 623	6 345	5 134	1 408	336	336	2 172
705	1 042	750	388	58	58	2 259
25 100	12 372	9 250	720	610	750	2 250
3 502	31 615	20 204	2 293	47	555	4 712
757	16 786	21 637	79	25	23	3 168
	1 740	2 350	376	182	182	3 240
	5 450	14 324	760	614	614	3 511
2 005	6 280	7 380	1 350	398	398	3 780
	9 432	7 719	281	350	350	3 726
3 458	7 542	11 761	1 100	450	955	3 241
2 525	2 210	3 150	327	233	320	3 448
3 170	16 765	8 200	2 459	517	517	3 211
5 900	5 450	2 341	354	187	264	3 408
6 600	1 700	2 900	857	200	229	3 971
4 200	6 178	8 922	825	200	373	3 615
	835	1 458	251	127	127	2 998
	683	1 049	220	174	174	3 023
	725	525	163	123	123	2 818
	752	513	176	115	115	2 942
	480	435	43	98	98	2 641
	652	598	233	128	128	2 955
	1 228	2 707	884	210	210	3 076
	1 219	434	107	210	158	3 146
524	1 585	560	181	174	174	3 240
10 875	11 945	12 966	3 276	1 040	860	5 970
4 026	5 818	5 853	1 213	585	377	5 527
53	7 046	3 884	965	585	582	5 268

5－9（一） 续表15

民族乡镇名称 Name of Ethnic Township and Town Government	村民委员会（个） Villager's Committee (unit)	年末实有耕地面积（亩） Area of Cultivated Land (acreage)	年末总人口（人） Total Population (person)	#少数民族 Minority Population
攀枝花市米易县白坡彝族乡	10	24 375	9 389	3 520
攀枝花市米易县湾丘彝族乡	7	13 851	11 480	5 865
攀枝花市米易县新山傈僳族乡	4	15 900	7 073	1 998
攀枝花市盐边县鳡鱼彝族乡	14	11 240	7 617	3 299
攀枝花市盐边县红果彝族乡	11	13 950	13 758	6 086
攀枝花市盐边县温泉彝族乡	7	14 039	7 033	5 586
攀枝花市盐边县箐河傈僳族乡	6	5 805	5 947	1 817
攀枝花市盐边县格萨拉彝族乡	11	21 322	11 792	11 359
攀枝花市盐边县和爱彝族乡	4	10 100	5 235	1 803
攀枝花市盐边县红宝苗族彝族乡	7	5 878	4 930	3 818
泸州市叙永县白蜡苗族乡	7	21 930	19 382	2 886
泸州市叙永县合乐苗族乡	5	12 990	11 737	3 051
泸州市叙永县枧槽苗族乡	5	13 890	12 145	3 433
泸州市叙永县石坝彝族乡	4	6 000	8 612	1 824
泸州市叙永县水潦彝族乡	10	16 638	23 830	7 829
泸州市古蔺县箭竹苗族乡	8	16 710	14 973	3 150
泸州市古蔺县大寨苗族乡	3	7 425	7 164	1 407
泸州市古蔺县马嘶苗族乡	5	19 343	12 681	1 283
广元市青川县蒿溪回族乡	6	7 234	4 183	1 530
广元市青川县大院回族乡	6	10 037	6 377	1 402
乐山市金口河区和平彝族乡	6	6 612	8 379	1 689
乐山市金口河区共安彝族乡	7	5 000	5 854	2 359
南充市阆中市博树回族乡	8	7 530	7 180	3 780
宜宾市筠连县高坪苗族乡	5	8 532	7 388	2 163
宜宾市筠连县联合苗族乡	8	11 151	8 593	2 838
宜宾市筠连县团林苗族乡	8	8 325	6 843	1 957
宜宾市屏山县屏边彝族乡	7	10 935	8 680	4 350
宜宾市屏山县清平彝族乡	10	14 040	8 454	1 672
宜宾市兴文县大坝苗族乡	17	21 315	30 204	8 144
宜宾市兴文县毓秀苗族乡	5	9 450	6 709	1 968
宜宾市兴文县大河苗族乡	18	29 625	41 522	5 792
宜宾市兴文县麒麟苗族乡	25	21 960	30 463	7 070
宜宾市兴文县仙峰苗族乡	13	17 430	12 972	3 331
宜宾市珙县罗渡苗族乡	10	12 180	13 576	2 567
宜宾市珙县玉和苗族乡	4	4 442	5 468	1 749
宜宾市珙县观斗苗族乡	4	4 515	4 965	1 001
雅安市汉源县小堡藏族彝族乡	5	2 910	2 342	397

Continued

乡镇企业总产值（万元）Gross Output of Township Enterprises（10 000 yuan）	农林牧渔业总产值（万元）Gross Output Value of Farming，Forestry，Animal Husbandry and Fishery（10 000 yuan）	粮食产量（吨）Output of Grain Crops（ton）	肉类总产量（吨）Gross Output Value of Meat（ton）	财政收入（万元）Revenues（10 000 yuan）	财政支出（万元）Expenditures（10 000 yuan）	人均纯收入（元）Net Income of Peasants Surveyed（yuan）
285	9 616	4 572	1 647	291	367	5 398
12 360	5 328	5 726	1 125	1 060	1 241	5 254
5 775	5 829	4 031	1 474	712	712	5 470
	3 108	3 283	911	310	310	4 620
88 698	6 970	5 339	1 556	588	650	4 750
	4 330	2 903	1 289	297	280	4 560
6 581	1 474	2 970	431	253	248	4 716
4 992	7 210	6 206	2 260	450	450	4 892
651	3 589	2 101	681	276	865	4 713
781	2 767	1 497	1 050	206	206	4 656
1 280	3 600	11 500	2 100	1 084	1 084	2 200
1 000	4 572	4 800	1 151	650	650	2 220
282	4 281	4 610	1 050	902	902	2 382
890	3 340	2 744	932	486	486	2 257
520	3 560	6 110	885	1 560	1 560	2 337
22 440	3 878	10 868	1 707	1 972	2 320	3 350
200	3 404	3 992	846	764	764	3 052
440	1 660	4 168	1 861	749	723	2 895
300	1 372	1 930	193	206	206	3 604
48	2 179	2 508	367	222	222	3 105
1 300	4 890	2 718	980	198	198	3 804
1 210	1 928	1 010	791	196	196	3 758
880	2 436	3 642	880	119	220	3 002
20 450	3 700	4 300	1 100	160	140	4 400
640	3 765	3 948	3 720	319	319	4 218
550	4 300	3 350	900	140	140	4 200
2 019	2 837	3 432	478	260	257	3 287
43	3 564	4 004	1 238	325	325	3 566
14 000	14 000	14 000	5 000	1 362	1 362	4 230
590	2 340	3 096	900	308	308	3 450
28 300	15 358	19 283	5 264	1 150	1 100	4 025
7 250	8 986	12 742	2 277	1 400	1 390	3 929
28 000	7 300	6 752	632	1 212	1 212	5 259
3 836	7 136	6 767	1 581	210	210	5 500
	2 338	2 788	911	250	250	4 434
4 100	1 310	2 177	612	248	248	4 198
	1 141	1 807	318	93	93	3 525

5-9（一） 续表16

民族乡镇名称 Name of Ethnic Township and Town Government	村民委员会（个） Villager's Committee (unit)	年末实有耕地面积（亩） Area of Cultivated Land (acreage)	年末总人口（人） Total Population (person)	#少数民族 Minority Population
雅安市汉源县坭美彝族乡	8	4 328	1 738	924
雅安市汉源县永利彝族乡	6	9 930	3 602	873
雅安市汉源县顺河彝族乡	6	9 015	1 750	1 125
雅安市汉源县片马彝族乡	6	8 105	5 885	1 960
雅安市石棉县安顺彝族乡	6	4 844	8 513	3 353
雅安市石棉县先锋藏族乡	7	5 295	6 548	2 200
雅安市石棉县蟹螺藏族乡	7	3 683	3 857	2 027
雅安市石棉县回隆彝族乡	6	2 145	6 248	2 263
雅安市石棉县擦罗彝族乡	5	1 560	4 375	2 034
雅安市石棉县栗子坪彝族乡	7	2 107	4 400	4 305
雅安市石棉县新民藏族彝族乡	9	8 588	7 368	2 348
雅安市石棉县挖角彝族藏族乡	3	987	3 005	1 565
雅安市石棉县田湾彝族乡	6	3 038	3 045	1 165
雅安市石棉县草科藏族乡	5	2 751	2 648	1 391
雅安市宝兴县跷碛藏族乡	5	4 740	5 488	5 301
雅安市荥经县宝峰彝族民族乡	3	3 462	2 534	793
雅安市荥经县民建彝族民族乡	5	2 711	4 183	1 021
凉山州西昌市高草回族乡	7	21 750	13 743	2 188
凉山州西昌市裕隆回族乡	9	26 835	17 413	4 848
凉山州木里县屋脚蒙古族乡	2	4 305	2 367	2 355
凉山州木里县俄亚纳西族乡	6	9 105	5 899	5 157
凉山州木里县白碉苗族乡	4	9 405	5 832	5 195
凉山州木里县项脚蒙古族乡	3	6 165	3 250	2 885
凉山州木里县固增苗族乡	4	7 485	3 511	2 812
凉山州盐源县大坡蒙古族乡	5	9 855	3 746	2 520
凉山州德昌县金沙傈僳族乡	3	3 765	2 988	2 945
凉山州德昌县南山傈僳族乡	3	4 265	1 942	1 942
凉山州会理县新安傣族乡	5	7 140	4 392	3 044
凉山州冕宁县和爱藏族乡	6	5 991	3 322	1 258
凉山州越西县保安藏族乡	3	5 355	4 889	4 044
绵阳市平武县木皮藏族乡	3	225	1 163	848
绵阳市平武县木座藏族乡	3	720	1 768	1 019
绵阳市平武县白马藏族乡	4	420	1 588	1 522
绵阳市平武县黄羊关藏族乡	6	5 160	1 558	679
绵阳市平武县虎牙藏族乡	5	3 555	2 560	1 045
绵阳市平武县泗耳藏族乡	3	1 096	821	351
绵阳市平武县徐塘羌族乡	5	11 115	2 778	2 569

Continued

乡镇企业总产值（万元）Gross Output of Township Enterprises (10 000 yuan)	农林牧渔业总产值（万元）Gross Output Value of Farming, Forestry, Animal Husbandry and Fishery (10 000 yuan)	粮食产量（吨）Output of Grain Crops (ton)	肉类总产量（吨）Gross Output Value of Meat (ton)	财政收入（万元）Revenues (10 000 yuan)	财政支出（万元）Expenditures (10 000 yuan)	人均纯收入（元）Net Income of Peasants Surveyed (yuan)
	923	1 860	80	52	52	3 333
	2 158	2 225	621	1 071	1 071	3 548
	855	860	153	92	92	3 888
	3 324	2 844	665	159	129	3 904
30 274	3 259	2 429	790	5 106	5 106	3 443
3 500	2 873	2 457	162	1 189	1 189	4 415
11 963	1 983	144	1 343	528	528	4 000
100 372	1 942	1 077	950	120	120	4 842
5 290	884	830	319	950	950	4 544
5 300	1 679	1 382	62	1 201	931	3 753
2 160	3 929	3 742	509	267	298	4 505
7 186	661	379	152	386	386	4 367
790	1 902	1 427	623	485	463	3 707
8 096	2 636	1 615	638	238	238	3 749
1 400	2 042	2 900	2 468	758	758	5 019
	1 497	2 207	500	262	276	4 609
2 395	618	1 230	245	210	224	4 736
	19 985	12 396	5 165	289	289	5 053
3 812	17 807	17 846	3 121	462	462	5 699
	458	682	269	132	132	2 484
	2 024	3 007	683	114	114	2 433
	1 367	2 474	477	141	141	2 840
	951	1 399	394	96	96	2 341
	1 077	1 788	509	144	144	2 789
	1 987	7 266	1 181	85	85	3 467
	2 200	940	310	90	90	4 280
	790	940	180	34	58	4 300
	4 194	3 313	1 231	38	38	2 858
	1 977	1 682	806	101	101	3 831
	715	3 517	640	93	93	2 568
	397	100	100	385	385	3 360
	411	56	135	234	234	2 768
	359	18	137	523	523	3 095
	727	633	223	340	340	3 184
	849	970	285	197	197	3 270
	342	160	50	380	380	2 870
138	963	1 316	372	391	391	3 608

5－9（一） 续表17

民族乡镇名称 Name of Ethnic Township and Town Government	村民委员会（个） Villager's Committee (unit)	年末实有耕地面积（亩） Area of Cultivated Land (acreage)	年末总人口（人） Total Population (person)	#少数民族 Minority Population
绵阳市平武县锁江羌族乡	10	20 360	6 514	6 340
绵阳市平武县平南羌族乡	5	8 549	2 308	2 195
绵阳市北川县桃龙藏族乡	6	6 858	2 850	939
绵阳市盐亭县大兴回族乡	8	6 931	6 658	2 208
达州市宣汉渡口土家族乡	7	9 165	7 520	6 998
达州市宣汉龙泉土家族乡	13	5 895	10 758	9 780
达州市宣汉三墩土家族乡	7	7 485	13 216	9 873
达州市宣汉漆树土家族乡	4	3 337	6 195	5 882
绵阳市平武县水田羌族乡	7	16 320	4 064	3 801
绵阳市平武县旧堡羌族乡	6	6 408	3 705	2 019
绵阳市平武县阔达藏族乡	6	8 154	5 027	3 036
绵阳市平武县土城藏族乡	9	12 507	6 131	3 867
贵州省				
贵阳市花溪区高坡苗族乡	12	10 590	16 370	6 220
贵阳市花溪区马铃布依族苗族乡	19	8 850	21 774	16 548
贵阳市花溪区孟关苗族布依族乡	8	8 850	8 973	4 790
贵阳市花溪区黔陶布依族苗族乡	9	13 875	20 415	9 799
贵阳市花溪区湖潮布依族苗族乡	7	8 460	10 048	4 717
贵阳市花溪区小碧布依族苗族乡	13	20 490	23 489	8 195
贵阳市乌当区偏坡布依族乡	2	2 145	1 813	1 776
贵阳市乌当区新堡布依族乡	7	4 815	5 158	2 962
贵阳市白云区都拉布依族乡	7	3 893	8 267	3 860
贵阳市白云区牛场布依族乡	13	10 860	12 340	3 296
贵阳市清镇市麦格苗族布依族乡	27	16 545	22 665	7 486
贵阳市清镇市王庄布依族苗族乡	15	18 330	21 727	7 934
贵阳市清镇市流长苗族乡	39	27 495	49 041	25 485
贵阳市息烽市青山苗族乡	5	12 070	7 065	2 190
贵阳市开阳县禾丰布依族苗族乡	6	18 960	16 569	6 034
贵阳市开阳县南江布依族苗族乡	6	21 000	20 458	7 774
贵阳市开阳县高寨苗族布依族乡	8	27 825	25 943	8 665
贵阳市修文县大石布依族乡	15	15 465	13 311	3 699
六盘水市六枝特区落别布依族彝族乡	13	22 285	34 124	18 086
六盘水市六枝特区折溪彝族乡	9	12 075	17 635	16 073
六盘水市六枝特区牛场苗族彝族乡	9	26 865	22 612	8 601
六盘水市六枝特区中寨苗族彝族布依族乡	21	22 815	41 988	41 917
六盘水市六枝特区箐口彝族仡佬族布依族苗族乡	7	12 225	13 034	7 299
六盘水市六枝特区洒志彝族布依族苗族乡	9	16 800	19 401	15 120

Continued

乡镇企业总产值 (万元) Gross Output of Township Enterprises (10 000 yuan)	农林牧渔业总产值 (万元) Gross Output Value of Farming, Forestry, Animal Husbandry and Fishery (10 000 yuan)	粮食产量 (吨) Output of Grain Crops (ton)	肉类总产量 (吨) Gross Output Value of Meat (ton)	财政收入 (万元) Revenues (10 000 yuan)	财政支出 (万元) Expenditures (10 000 yuan)	人均纯收入 (元) Net Income of Peasants Surveyed (yuan)
290	5 012	3 155	1 595	642	642	3 740
	1 424	836	638	482	482	3 604
	2 885	1 833	629	333	333	3 057
	6 383	3 435	224	388	388	4 631
1 600	1 769	5 550	1 800	125	125	2 780
	5 290	4 346	1 185	259	261	2 575
628	1 543	5 800	1 650	245	245	2 788
42	1 288	1 890	702	195	195	2 770
	1 363	1 327	538	480	480	3 195
	2 013	1 104	583	523	523	3 150
531	1 808	1 680	360	5 255	5 255	3 618
	3 902	2 217	908	967	967	3 568
54 100	7 731	25	1 544	1 254	1 142	5 320
1 500	8 275	10 888	1 703	474	475	2 736
5 952	6 430	3 050	836	45	327	3 752
81 689	10 600	7 654	1 287	680	442	4 349
8 291	7 153	3 806	951	81	299	4 375
8 230	9 986	7 108	1 027	232	408	4 160
416	1 920	704	264	90	308	5 402
518	5 535	4 827	952	167	718	5 258
231 552	3 196	1 274	292	1 756	2 100	5 231
41 711	6 410	4 957	686	222	912	4 467
7 526	8 524	8 496	1 447	759	1 081	3 616
1 031	4 817	11 236	1 197	636	587	3 604
3 482	12 707	13 730	1 833	726	1 172	3 840
74	4 050	4 444	449	935	1 150	4 460
7 591	7 456	8 682	1 296	445	563	3 373
1 245	8 120	11 034	12 350	350	350	3 565
23 980	9 880	10 924	2 507	1 678	1 840	3 027
9 765	5 553	4 553	1 144	207	300	3 002
7 754	3 565	15 546	705	550	651	2 655
366	2 268	7 612	603	40	349	3 149
53	5 446	8 195	1 314	884	884	2 291
64 623	3 385	15 127	868	1 501	1 462	2 674
3 725	1 512	2 571	651	578	383	2 205
1 300	3 559	6 674	762	61	61	2 569

5-9（一） 续表18

民族乡镇名称 Name of Ethnic Township and Town Government	村民委员会（个） Villager's Committee (unit)	年末实有耕地面积（亩） Area of Cultivated Land (acreage)	年末总人口（人） Total Population (person)	#少数民族 Minority Population
六盘水市六枝特区毛口布依族苗族乡	6	8 445	9 820	8 514
六盘水市六枝特区梭戛苗族彝族乡	7	12 465	18 113	7 064
六盘水市六枝特区陇脚布依族乡	8	9 285	14 159	7 629
六盘水市盘县特区普田回族乡	6	12 270	14 363	4 596
六盘水市盘县特区鸡场坪彝族乡	13	41 910	38 761	15 116
六盘水市盘县特区旧营白族彝族苗族乡	11	31 800	30 127	10 708
六盘水市盘县特区马场彝族苗族乡	11	18 000	15 217	5 320
六盘水市盘县特区羊场布依族白族苗族乡	16	22 545	37 302	15 229
六盘水市盘县特区保基苗族彝族乡	7	26 800	14 560	12 012
六盘水市盘县特区四格彝族乡	9	20 505	24 025	5 216
六盘水市盘县特区松河彝族乡	6	10 980	24 919	7 738
六盘水市盘县特区坪地彝族乡	15	37 755	35 205	11 327
六盘水市盘县特区淤泥彝族乡	20	21 045	28 668	20 580
六盘水市盘县特区普古彝族苗族乡	19	28 000	24 365	16 080
六盘水市钟山区月照彝族回族苗族乡	7	10 215	11 369	3 224
六盘水市水城县坪寨彝族乡	4	22 185	10 589	2 734
六盘水市水城县勺米彝族苗族乡	8	11 984	20 306	4 795
六盘水市水城县比德苗族彝族乡	7	14 970	28 451	10 825
六盘水市水城县化乐苗族彝族乡	10	16 665	28 993	10 044
六盘水市水城县陡箐苗族彝族乡	9	29 248	22 743	6 680
六盘水市水城县董地苗族彝族乡	9	29 963	18 425	4 800
六盘水市水城县双戛彝族乡	5	2 415	10 135	2 470
六盘水市水城县南开苗族彝族乡	8	14 175	17 459	9 620
六盘水市水城县保华苗族彝族回族乡	11	18 600	25 765	19 647
六盘水市水城县青林苗族彝族乡	7	15 570	17 880	10 659
六盘水市水城县金盆苗族彝族乡	9	23 145	24 360	13 980
六盘水市水城县木果彝族苗族乡	12	25 875	33 340	16 380
六盘水市水城县发箐苗族彝族乡	5	8 759	9 537	3 456
六盘水市水城县玉舍彝族苗族乡	11	15 750	32 590	9 230
六盘水市水城县纸厂彝族乡	5	7 847	11 262	1 094
六盘水市水城县杨梅彝族苗族回族乡	13	17 475	23 634	11 359
六盘水市水城县新街彝族苗族布依族乡	5	7 515	12 962	6 513
六盘水市水城县野钟苗族彝族布依族乡	7	16 170	1 890	8 432
六盘水市水城县果布嘎彝族苗族布依族乡	5	13 935	15 995	9 658
六盘水市水城县发耳布依族苗族彝族乡	15	21 210	36 977	21 987
六盘水市水城县都格布依族苗族彝族乡	6	15 750	27 729	10 743
六盘水市水城县鸡场布依族彝族苗族乡	8	15 555	25 852	10 964

Continued

乡镇企业总产值（万元）Gross Output of Township Enterprises (10 000 yuan)	农林牧渔业总产值（万元）Gross Output Value of Farming, Forestry, Animal Husbandry and Fishery (10 000 yuan)	粮食产量（吨）Output of Grain Crops (ton)	肉类总产量（吨）Gross Output Value of Meat (ton)	财政收入（万元）Revenues (10 000 yuan)	财政支出（万元）Expenditures (10 000 yuan)	人均纯收入（元）Net Income of Peasants Surveyed (yuan)
6 560	1 455	3 839	319	177	309	2 356
380	1 989	5 847	582	128	128	2 156
3 972	1 775	6 289	551	305	305	2 456
598	3 328	5 414	337	176	568	2 567
31 660	7 993	17 199	2 588	1 733	1 733	2 843
1 590	2 291	12 725	1 089	167	167	2 725
1 733	3 104	6 858	200	97	80	2 167
51 380	5 815	13 335	1 627	6 149	3 072	2 909
2 650	1 344	5 860	91	256	598	2 031
700	5 121	7 726	1 788	820	818	2 170
64 675	3 310	8 414	951	1 600	1 239	3 085
10 102	6 051	10 800	3 215	1 051	1 021	2 360
291 720	6 170	11 444	2 020	41 232	1 552	2 850
46 290	5 534	11 200	1 394	1 654	1 098	2 626
62 563	3 110	2 450	1 175	3 085	3 633	3 453
86	1 489	2 772	385	1 632	4 248	2 200
16 280	3 900	6 950	1 100	2 359	556	2 500
8 240	1 630	8 389	988	2 087	614	2 310
7 886	5 418	1 567	712	1 140	616	2 670
62 340	1 198	8 700	1 095	400	608	2 651
9 200	2 586	5 050	600	1 381	647	2 500
18 709		2 880	570	768	523	2 900
3 001	8 103	5 990	750	266	413	2 250
15 759	1 773	8 560	1 064	1 089	607	2 480
548	2 323	4 328	610	103	390	2 200
230	1 480	8 980	1 080	338	425	2 310
6 778	1 695	11 271	176	1 381	529	2 500
18 900	2 835	3 500	590	589	531	2 439
17 750	7 870	12 356	1 396	593	828	2 750
19 316	12 560	6 289	484	817	483	2 225
1 031	4 800	7 954	536	659	610	2 351
175	3 865	4 400	848	22	413	2 300
692	1 200	6 013	837	398	381	2 315
938	2 983	6 230	576	146	492	2 340
11 025	2 970	10 089	1 981	4 233	4 150	2 836
2 768	5 345	10 213	1 195	1 431	555	2 490
6 545	4 650	8 498	1 043	1 657	712	2 250

5-9（一） 续表19

民族乡镇名称 Name of Ethnic Township and Town Government	村民委员会（个）Villager's Committee (unit)	年末实有耕地面积（亩）Area of Cultivated Land (acreage)	年末总人口（人）Total Population (person)	#少数民族 Minority Population
六盘水市水城县龙场苗族白族彝族乡	14	11 760	21 006	17 405
六盘水市水城县营盘苗族彝族白族乡	6	10 950	17 200	8 325
六盘水市水城县顺场苗族彝族布依族乡	11	13 455	21 564	13 228
六盘水市水城县花戛苗族布依族彝族乡	18	10 425	16 658	13 445
六盘水市水城县米箩布依族苗族彝族乡	5	21 360	29 256	12 390
六盘水市水城县猴场苗族布依族乡	11	13 568	18 977	11 546
六盘水市水城县红岩布依族彝族苗族乡	8	141 750	17 459	9 620
黔东南州麻江县贤昌布依族乡	3	23 580	10 967	970
黔东南州麻江县坝芒布依族乡	6	29 055	20 975	4 260
黔东南州麻江县景阳布依族乡	10	15 120	8 639	2 151
黔东南州镇远县尚寨土家族乡	4	44 920	15 355	8 105
黔东南州岑巩县杨桥土家族乡	4	10 665	10 457	4 287
黔东南州黎平县顺化瑶族乡	6	40 545	14 487	1 042
黔东南州黎平县雷洞瑶族水族乡	4	13 365	20 319	17 678
黔东南州从江县秀塘壮族乡	3	20 310	16 924	16 068
黔东南州从江县刚边壮族乡	16	14 335	15 507	5 675
黔东南州从江县翠里瑶族壮族乡	11	16 927	15 833	9 456
黔东南州榕江县三江水族乡	13	10 349	19 587	8 231
黔东南州榕江县塔石瑶族水族乡	20	10 432	28 696	15 765
黔东南州榕江县仁里水族乡	14	20 047	16 611	14 626
黔东南州榕江县定威水族乡	21	22 553	33 596	9 616
黔东南州榕江县兴华水族乡	12	21 970	22 156	12 038
黔东南州榕江县水尾水族乡	25	1 590	28 936	7 435
黔东南州雷山县达地水族乡	16	17 800	21 588	7 823
黔南州都匀市基场水族乡	26	20 089	29 308	10 050
黔南州都匀市阳和水族乡	17	15 460	23 007	8 375
黔南州都匀市奉和水族乡	6	14 380	16 662	15 163
黔南州平塘县卡蒲毛南族乡	7	13 138	16 367	10 464
黔南州荔波县瑶山瑶族乡	5	7 663	9 025	8 985
黔南州荔波县水利水族乡	4	21 270	7 394	7 098
黔南州荔波县水尧水族乡	15	53 130	27 214	23 132
黔南州荔波县永康水族乡	4	4 635	4 892	4 891
黔南州荔波县瑶麓瑶族乡	16	7 680	12 197	12 196
黔南州独山县甲定水族乡	13	4 513	7 550	7 144
黔南州独山县翁台水族乡	9	5 250	10 360	10 335
黔南州独山县本寨水族乡	20	9 580	13 516	13 054
黔西南州晴隆县三宝彝族乡	13	11 160	13 318	11 595

Continued

乡镇企业总产值（万元）Gross Output of Township Enterprises (10 000 yuan)	农林牧渔业总产值（万元）Gross Output Value of Farming, Forestry, Animal Husbandry and Fishery (10 000 yuan)	粮食产量（吨）Output of Grain Crops (ton)	肉类总产量（吨）Gross Output Value of Meat (ton)	财政收入（万元）Revenues (10 000 yuan)	财政支出（万元）Expenditures (10 000 yuan)	人均纯收入（元）Net Income of Peasants Surveyed (yuan)
995	3 280	7 950	1 250	363	566	2 580
312	1 900	4 345	590	17	449	2 010
99	395	7 685	635	69	454	2 450
923	3 260	5 381	916	180	423	2 480
890	1 400	10 658	1 312	593	636	2 480
1 815	3 798	6 960	800	626	562	2 500
3 001	810	5 990	750	266	413	2 250
25	3 755	6 456	607	369	380	3 162
11 316	6 650	12 984	1 692	680	680	2 920
1 215	3 414	6 455	342	185	320	2 963
5 420	9 872	6 958	3 273	320	510	3 260
2 856	5 136	4 711	544	657	645	2 188
	4 227	12 673	850	386	386	2 236
1 580	4 818	21 744	23	324	324	2 153
5 697	1 090	8 718	586	142	271	2 981
	4 274	6 328	1 111	130	631	1 150
360		6 815	887	317	568	2 356
1 206	7 566	6 339	1 354	1 108	1 080	1 510
140	167	35 000	600	360	360	1 500
3 000	8 210	9 293	1 265	22	350	1 847
21 881	12	12 671	1 389	760	730	2 229
37 600	6 750	9 205	850	554	545	2 611
8 634	4 650	8 869	1 965	395	418	2 137
35 357	6 090	7 852	1 439	1 349	270	2 356
8 504	4 211	8 080	1 589	1 082	2 047	2 445
5 486	4 600	6 637	1 167	352	316	2 130
3 805		7 376	821	219	219	2 419
2 400	1 723	4 907	852	214	214	1 792
3 906	3 135	2 931	550	177	177	2 360
	2 072	4 662	281	114	125	2 150
1 200	4 230	8 656	1 235	267	267	2 653
49	180	380	248	132	131	1 136
145	652	3 262	134	124	138	1 288
500	1 800	3 700	600	3	202	1 989
1 538	1 545	3 637	902	8	186	1 648
	1 722	4 590	610		212	1 622
1 257	3 533	3 251	289	372	372	1 828

5-9（一） 续表20

民族乡镇名称 Name of Ethnic Township and Town Government	村民委员会（个）Villager's Committee (unit)	年末实有耕地面积（亩）Area of Cultivated Land (acreage)	年末总人口（人）Total Population (person)	#少数民族 Minority Population
黔西南州兴仁县鲁础营回族乡	9	6 225	10 435	9 401
黔西南州望谟县油迈瑶族乡	8	7 335	11 768	11 294
遵义市遵义县洪关苗族乡	7	3 119	6 252	5 857
遵义市遵义县平正仡佬族乡	9	6 540	10 436	10 325
遵义市桐梓县马鬃苗族乡	5	14 520	3 828	3 800
遵义市余庆县花山苗族乡	10	7 486	11 003	8 236
遵义市仁怀后山苗族布依族乡	4	14 550	12 079	11 838
遵义市正安县谢坝仡佬族苗族乡	4	39 570	12 678	12 633
遵义市正安县市坪苗族仡佬族乡	4	35 475	7 370	6 431
遵义市道真县上坝土家族乡	6	20 310	14 230	13 780
安顺市西秀区新场布依族苗族乡	4	10 350	5 680	5 450
安顺市西秀区鸡场布依族苗族乡	5	20 055	6 428	5 788
安顺市西秀区岩腊苗族布依族乡	5	16 935	7 705	6 804
安顺市西秀区杨武布依族苗族乡	6	18 495	6 123	6 034
安顺市西秀区黄腊布依族苗族乡	1	15 645	1 519	1 516
安顺市平坝县十字回族乡	5	15 330	3 544	3 207
安顺市平坝县羊昌布依族苗族乡	3	20 220	3 051	3 019
安顺市普定县坪上苗族彝族布依族乡	12	18 855	25 632	25 375
安顺市普定县补郎苗族乡	3	17 790	4 517	4 426
安顺市普定县猫洞苗族仡佬族乡	8	33 675	17 821	6 950
安顺市普定县猴场苗族仡佬族乡	8	35 150	12 868	12 608
毕节地区毕节市田坎彝族乡	7	12 728	15 454	4 091
毕节地区毕节市大屯彝族乡	8	14 281	19 896	4 841
毕节地区毕节市阿市苗族彝族乡	13	27 243	25 529	7 912
毕节地区毕节市团结彝族苗族乡	13	18 552	20 890	6 323
毕节地区毕节市千溪彝族苗族白族乡	5	14 076	20 429	5 830
毕节地区毕节市阴底彝族苗族白族乡	12	27 179	37 299	8 938
毕节地区黔西县花溪彝族苗族乡	10	17 605	18 634	11 466
毕节地区黔西县定新彝族苗族乡	12	16 199	22 122	6 488
毕节地区黔西县协和彝族苗族乡	14	27 929	31 940	10 057
毕节地区黔西县钟山布依族彝族乡	11	19 512	28 811	10 339
毕节地区黔西县绿化白族彝族乡	10	18 409	24 615	6 635
毕节地区黔西县新仁苗族乡	9	17 876	23 034	7 098
毕节地区黔西县红林彝族苗族乡	10	11 284	19 949	12 075
毕节地区黔西县沙井苗族彝族仡佬族乡	20	27 747	39 214	11 488
毕节地区黔西县中建苗族彝族乡	6	9 905	11 332	3 572
毕节地区黔西县仁和彝族苗族乡	12	17 732	22 922	11 797

Continued

乡镇企业总产值（万元）Gross Output of Township Enterprises (10 000 yuan)	农林牧渔业总产值（万元）Gross Output Value of Farming, Forestry, Animal Husbandry and Fishery (10 000 yuan)	粮食产量（吨）Output of Grain Crops (ton)	肉类总产量（吨）Gross Output Value of Meat (ton)	财政收入（万元）Revenues (10 000 yuan)	财政支出（万元）Expenditures (10 000 yuan)	人均纯收入（元）Net Income of Peasants Surveyed (yuan)
72	2 984	3 266	420	123	123	1 686
		3 318	50		172	1 993
1 096	1 210	2 289	96	170	170	2 438
100	2 465	3 537	595	122	122	1 680
	1 358	1 153	95	100	100	1 474
100	2 231	4 747	570		205	1 698
	3 111	5 252	741	124	242	3 083
1 100	3 014	4 990	753	516	497	2 690
1 408	2 489	2 661	599	222	184	3 086
120	1 236	4 450	560	41	137	2 356
24	2 128	1 855	1 092	74	113	1 625
533	890	2 249	346	9	148	2 300
11 288	2 348	2 759	50	18	92	2 187
3 800	2 150	2 641	365	25	50	2 448
		712	223	35	96	2 895
	1 124	1 841	129	94	94	2 421
	994	1 704	170	126	111	1 970
1 871	5 705	8 166	1 162	273	275	2 501
	921	1 830				1 616
6 220	5 091	6 252	1 209	420	436	2 843
	4 385	4 792	438		126	1 994
1 303	2 601	5 932	1 290	11	257	1 471
4 578	3 041	6 281	1 215	23	541	1 480
3 428	4 380	9 383	1 198	19	475	1 900
17 880	6 092	8 535	1 460	126	391	2 019
2 750	3 279	10 191	1 016	69	288	1 786
2 485	7 783	12 638	2 098	172	549	1 480
9 538	4 782	9 510	964	706	779	2 871
1 638	4 680	7 164	838	97	894	2 871
5 567	7 471	13 635	1 296	1 110	1 594	3 093
3 374	8 966	15 238	1 250	311	1 246	3 107
8 698	5 745	8 503	925	732	994	3 154
3 483	5 004	11 481	607	9	994	2 748
5 271	6 080	6 440	1 209	599	916	3 237
491	8 152	19 729	1 264	953	1 610	2 893
2 500	2 827	5 132	491	162	558	2 538
8 216	6 382	9 632	657	1 213	1 417	3 061

5-9（一）　续表21

民族乡镇名称 Name of Ethnic Township and Town Government	村民委员会（个） Villager's Committee (unit)	年末实有耕地面积（亩） Area of Cultivated Land (acreage)	年末总人口（人） Total Population (person)	#少数民族 Minority Population
毕节地区黔西县永燊彝族苗族乡	13	21 853	26 262	6 986
毕节地区黔西县太来彝族苗族乡	13	22 466	31 144	7 460
毕节地区黔西县铁石苗族彝族乡	10	19 027	22 134	13 491
毕节地区黔西县金波苗族彝族满族乡	10	10 956	17 691	11 166
毕节地区黔西县五里布依族苗族乡	10	16 965	20 867	6 420
毕节地区大方县竹园彝族苗族乡	9	14 995	23 232	8 920
毕节地区大方县响水白族彝族仡佬族乡	14	18 700	34 945	11 542
毕节地区大方县鼎新彝族苗族乡	12	23 041	41 785	22 716
毕节地区大方县牛场苗族彝族乡	10	25 297	39 865	13 028
毕节地区大方县理化苗族彝族乡	10	45 856	45 330	15 319
毕节地区大方县安乐彝族仡佬族乡	8	18 880	14 522	9 966
毕节地区大方县风山彝族蒙古族乡	9	11 957	17 115	6 771
毕节地区大方县白纳彝族乡	3	7 268	9 710	3 661
毕节地区大方县三元彝族苗族白族乡	8	22 356	18 012	10 552
毕节地区大方县普底彝族苗族白族乡	22	38 914	37 150	16 961
毕节地区大方县沙厂彝族乡	8	13 158	14 634	5 068
毕节地区大方县大水彝族苗族布依族乡	9	16 532	13 281	9 920
毕节地区大方县黄泥彝族苗族满族乡	8	13 941	15 992	6 413
毕节地区大方县核桃彝族白族乡	9	20 616	30 552	8 896
毕节地区大方县八堡彝族苗族乡	9	25 702	37 272	11 682
毕节地区大方县兴隆苗族乡	8	20 660	26 815	8 136
毕节地区大方县大山苗族彝族乡	11	15 335	15 821	4 686
毕节地区大方县星宿苗族彝族仡佬族乡	10	17 741	12 077	4 023
毕节地区金沙县石场苗族彝族乡	10	22 923	28 365	7 720
毕节地区金沙县太平彝族苗族乡	5	14 262	13 515	4 206
毕节地区金沙县箐门苗族彝族仡佬族乡	8	8 552	6 226	1 792
毕节地区金沙县马路彝族苗族乡	7	14 414	15 827	3 642
毕节地区金沙县安洛苗族彝族满族乡	8	22 620	18 429	8 146
毕节地区金沙县新华苗族彝族满族乡	10	22 970	19 102	5 550
毕节地区金沙县大田彝族苗族布依族乡	8	12 430	9 210	3 161
毕节地区织金县三甲白族苗族乡	14	10 021	27 701	14 669
毕节地区织金县官寨苗族乡	16	11 295	28 182	14 455
毕节地区织金县金龙苗族彝族布依族乡	20	30 005	37 560	20 520
毕节地区织金县鸡场苗族彝族布依族乡	24	27 163	40 694	21 679
毕节地区织金县自强苗族乡	11	11 480	15 326	7 387
毕节地区织金县茶店布依族苗族彝族乡	21	21 587	33 488	15 407
毕节地区织金县太平苗族彝族乡	13	12 818	21 202	11 906

Continued

乡镇企业总产值(万元) Gross Output of Township Enterprises (10 000 yuan)	农林牧渔业总产值(万元) Gross Output Value of Farming, Forestry, Animal Husbandry and Fishery (10 000 yuan)	粮食产量(吨) Output of Grain Crops (ton)	肉类总产量(吨) Gross Output Value of Meat (ton)	财政收入(万元) Revenues (10 000 yuan)	财政支出(万元) Expenditures (10 000 yuan)	人均纯收入(元) Net Income of Peasants Surveyed (yuan)
1 568	6 511	10 973	1 031	740	1 000	2 917
5 726	6 833	13 479	1 301	333	1 149	2 835
2 305	6 306	13 057	1 052	376	807	2 890
9 875	5 003	6 245	541	1 338	1 552	3 303
2 072	6 066	10 217	1 028	50	869	2 801
627	3 977	7 850	639	13	589	2 324
3 638	7 054	11 521	1 335		799	2 433
2 633	6 723	11 146	1 387		649	2 258
553	10 302	13 182	1 397		630	2 424
1 976	12 343	12 835	1 273		724	2 792
6 037	3 289	7 920	459	2	553	2 556
21 096	3 491	4 740	714	8	893	2 783
8 525	2 345	4 358	309	2	500	2 595
364	4 240	10 099	613		460	2 458
18 320	9 006	19 058	497	2 408	1 567	3 052
742	3 369	7 450	531	33	703	2 245
2 615	3 244	6 403	108	826	408	2 412
3 939	4 006	7 219	553		493	2 833
5 060	4 919	7 816	835	5	827	2 285
2 029	5 845	12 198	1 112		530	2 367
1 479	4 378	9 666	895	10	590	2 234
1 380	3 794	8 235	539	2	556	2 657
13 716	2 685	5 551	530		674	2 069
21 700	5 820	11 783	1 044	602	602	3 185
8 230	3 728	6 334	740	363	342	3 752
615	2 232	4 231	371	234	234	3 266
845	3 595	6 338	787	410	410	2 807
38 500	5 722	11 482	906	366	632	3 985
95 880	5 494	12 347	973	450	721	4 497
18 620	3 007	4 608	457	958	386	4 281
3 901	4 271	9 844	723	41	587	2 936
3 300	3 832	8 384	756	3	605	2 782
2 002	10 185	12 639	2 736	1	935	2 808
3 500	8 718	17 193	1 633	10	656	2 536
260	3 232	7 678	605	1	378	2 423
120	5 476	11 174	943		854	2 628
425	4 063	8 892	663	10	515	2 554

5-9（一） 续表 22

民族乡镇名称 Name of Ethnic Township and Town Government	村民委员会（个）Villager's Committee (unit)	年末实有耕地面积（亩）Area of Cultivated Land (acreage)	年末总人口（人）Total Population (person)	#少数民族 Minority Population
毕节地区织金县后寨苗族乡	13	13 087	24 335	11 022
毕节地区纳雍县新房彝族苗族乡	25	18 630	35 959	14 845
毕节地区纳雍县库东关彝族苗族白族乡	10	12 075	20 735	10 771
毕节地区纳雍县董地苗族彝族乡	17	18 075	26 913	15 474
毕节地区纳雍县化作苗族彝族乡	21	20 310	34 852	12 267
毕节地区纳雍县姑开苗族彝族乡	12	15 075	29 331	10 322
毕节地区纳雍县羊场苗族彝族乡	16	18 810	28 238	18 353
毕节地区纳雍县锅圈岩苗族彝族乡	15	18 390	24 438	6 994
毕节地区纳雍县昆寨苗族彝族白族乡	22	13 650	23 274	10 351
毕节地区纳雍县左鸠戛彝族苗族乡	10	7 995	10 495	2 081
毕节地区纳雍县猪场苗族彝族乡	13	13 080	18 395	11 130
毕节地区威宁县新发布依族乡	31	23 049	40 493	13 890
毕节地区赫章县兴发苗族彝族回族乡	16	25 007	24 974	10 068
毕节地区赫章县松林坡白族彝族苗族乡	16	19 506	25 509	11 454
毕节地区赫章县雉街彝族苗族乡	10	16 948	14 414	7 126
毕节地区赫章县朱市彝族乡	18	27 180	19 005	10 451
毕节地区赫章县双坪彝族乡	26	40 828	38 923	8 631
毕节地区赫章县辅处彝族苗族乡	9	11 643	15 259	4 060
毕节地区赫章县铁匠苗族乡	10	15 601	17 068	4 779
毕节地区赫章县可乐彝族满族乡	19	28 729	35 980	11 117
毕节地区赫章县河镇彝族苗族乡	20	38 450	32 339	15 190
毕节地区赫章县结构彝族苗族乡	8	18 238	18 096	9 115
毕节地区赫章县水塘堡彝族苗族乡	14	13 491	18 389	4 286
毕节地区赫章县古达苗族彝族乡	25	21 568	24 266	5 521
铜仁地区铜仁市桐木坪侗族乡	3	12 165	9 110	6 377
铜仁地区铜仁市鱼塘侗族土家族苗族乡	11	22 065	28 763	27 010
铜仁地区铜仁市大坪侗族土家族苗族乡	7	18 450	25 500	25 245
铜仁地区铜仁市和平土家族侗族乡	8	14 355	20 159	17 817
铜仁地区铜仁市滑石侗族苗族土家族乡	7	16 365	19 221	15 377
铜仁地区铜仁市瓦屋侗族乡	5	8 250	11 437	8 870
铜仁地区铜仁市六龙山侗族土家族乡	3	2 490	4 320	3 621
铜仁地区江口县太坪土家族苗族乡	7	32 645	17 716	12 680
铜仁地区江口县桃映土家族苗族乡	7	19 530	31 444	25 150
铜仁地区江口县民和侗族土家族苗族乡	10	58 104	29 212	16 692
铜仁地区江口县德旺土家族苗族乡	6	19 770	17 333	9 753
铜仁地区江口县官和侗族土家族苗族乡	4	7 100	9 752	6 845
铜仁地区江口县怒溪土家族苗族乡	6	13 121	21 862	19 002

Continued

乡镇企业总产值（万元）Gross Output of Township Enterprises (10 000 yuan)	农林牧渔业总产值（万元）Gross Output Value of Farming，Forestry，Animal Husbandry and Fishery (10 000 yuan)	粮食产量（吨）Output of Grain Crops (ton)	肉类总产量（吨）Gross Output Value of Meat (ton)	财政收入（万元）Revenues (10 000 yuan)	财政支出（万元）Expenditures (10 000 yuan)	人均纯收入（元）Net Income of Peasants Surveyed (yuan)
4 230	4 958	9 916	1 279	40	497	2 584
7 185	4 421	13 002	875	390	390	2 533
1 219	2 895	7 991	886	60	96	2 652
1 021	3 898	6 616	916	172	172	1 990
8 398	3 941	13 175	1 000	316	316	2 328
4 213	2 637	8 031	723	323	323	1 997
751	2 470	9 760	620	206	161	1 875
631	2 412	8 822	628	357	357	1 978
874	2 174	9 718	664	288	288	2 312
314	1 775	4 024	421	160	160	2 026
1 574	1 968	6 390	656	22	24	1 901
1 028	7 419	6 857	3 268	72	320	1 798
21 100	3 411	6 851	620	293	1 583	1 766
6 136	4 209	8 953	625	394	1 618	1 812
16 007	3 476	7 253	483	2 664	1 118	2 897
35 846	4 357	8 269	914	1 553	1 600	2 323
19 421	9 147	17 420	1 204	349	2 040	2 129
1 699	4 051	5 052	1 031	253	954	2 114
3 993	4 216	6 559	860	108	1 194	2 303
7 621	13 989	14 395	2 848	843	2 459	2 989
5 121	7 209	7 185	1 707	130	2 486	2 435
13 303	3 805	6 036	674	369	1 280	2 408
23 608	3 177	6 461	581	719	1 540	2 407
7 869	5 136	9 721	1 077	133	1 656	2 506
2 963	2 899	5 560	517			2 750
450		18 904	1 802			2 191
196	12 760	8 660	2 139	231	231	2 300
879	7 910	7 807	1 267		243	2 615
4 600	13 148	19 000	1 852			3 860
115	280	500	90	173	173	3 280
50	890	1 320	5 210	14	14	1 350
1 509	4 276	9 596	980	22	376	2 903
196		5 591	2 223	576	727	1 996
		34 934	14	143	483	2 480
	4 650	12 037	1 128	172	340	1 904
24		3 200	870	42	288	2 446
862	5 899	8 527	920	77	352	1 982

5－9（一） 续表23

民族乡镇名称 Name of Ethnic Township and Town Government	村民委员会（个） Villager's Committee (unit)	年末实有耕地面积（亩） Area of Cultivated Land (acreage)	年末总人口（人） Total Population (person)	#少数民族 Minority Population
铜仁地区江口县坝盘土家族侗族苗族乡	9	18 775	28 464	21 563
铜仁地区石阡县青羊苗族仡佬族侗族乡	4	915	12 157	8 835
铜仁地区石阡县枫香仡佬族侗族乡	4	7 815	9 409	6 621
铜仁地区石阡县坪地仡佬族侗族乡	6	19 290	20 914	15 940
铜仁地区石阡县龙井侗族仡佬族乡	8	21 645	28 751	19 938
铜仁地区石阡县石固仡佬族侗族乡	5	15 135	13 836	10 072
铜仁地区石阡县坪山仡佬族侗族乡	4	8 910	8 020	5 800
铜仁地区石阡县甘溪仡佬族侗族乡	3	10 095	14 474	10 464
铜仁地区石阡县聚凤仡佬族侗族乡	6	16 755	19 938	13 686
铜仁地区石阡县大沙坝仡佬族侗族乡	5	15 990	20 257	15 505
铜仁地区思南县大河坝土家族苗族乡	7	17 280	24 460	10 491
铜仁地区思南县思林土家族苗族乡	4	11 700	15 125	6 705
铜仁地区思南县东华土家族苗族乡	5	9 900	13 573	7 655
铜仁地区思南县胡家湾苗族土家族乡	4	10 425	16 118	11 201
铜仁地区思南县宽坪土家族苗族乡	5	16 575	15 856	7 911
铜仁地区思南县亭子坝土家族苗族乡	4	9 870	13 403	6 465
铜仁地区思南县枫柽土家族苗族乡	4	11 850	17 646	8 449
铜仁地区思南县香坝土家族苗族乡	7	15 735	27 401	11 807
铜仁地区思南县长坝苗族土家族乡	4	11 895	14 471	6 831
铜仁地区思南县板桥苗族土家族乡	4	10 650	16 458	7 464
铜仁地区思南县三道水土家族苗族乡	6	12 765	21 582	11 882
铜仁地区思南县天桥土家族苗族乡	4	11 745	16 386	7 707
铜仁地区思南县兴隆土家族苗族乡	4	10 905	16 297	6 892
铜仁地区思南县杨家坳苗族土家族乡	5	15 225	22 809	10 015
铜仁地区德江县泉口土家族乡	8	20 100	25 339	21 412
铜仁地区德江县楠杆土家族乡	6	14 790	18 391	11 072
铜仁地区德江县复兴土家族乡	7	22 950	35 932	22 459
铜仁地区德江县合兴土家族乡	6	21 120	26 389	12 720
铜仁地区德江县沙溪土家族乡	5	10 800	15 167	7 250
铜仁地区德江县长堡土家族乡	9	11 175	30 769	21 692
铜仁地区德江县桶井土家族乡	8	17 550	28 636	23 338
铜仁地区德江县共和土家族乡	6	11 550	24 249	13 536
铜仁地区德江县荆角土家族乡	6	18 990	18 759	13 319
铜仁地区德江县长丰土家族乡	5	17 820	18 866	12 735
铜仁地区德江县平原土家族乡	5	10 650	15 837	7 602
铜仁地区德江县高山土家族乡	4	15 030	17 687	12 486
铜仁地区德江县钱家土家族乡	4	10 695	14 890	6 745

Continued

乡镇企业总产值（万元）Gross Output of Township Enterprises (10 000 yuan)	农林牧渔业总产值（万元）Gross Output Value of Farming, Forestry, Animal Husbandry and Fishery (10 000 yuan)	粮食产量（吨）Output of Grain Crops (ton)	肉类总产量（吨）Gross Output Value of Meat (ton)	财政收入（万元）Revenues (10 000 yuan)	财政支出（万元）Expenditures (10 000 yuan)	人均纯收入（元）Net Income of Peasants Surveyed (yuan)
783	4 453	11 237	2 123	110	380	2 456
271	2 646	4 523	623	103	106	1 236
170	2 200	3 320	516	62	68	1 000
645	2 897	5 675	1 508	117	126	1 100
420	4 596	6 235	732	132	119	1 220
430	3 613	4 485	579	173	146	1 306
214	2 514	3 765	503	81	114	1 132
100	2 145	3 611	336	66	85	956
300	4 603	7 102	1 025	99	121	1 120
210	2 135	4 593	713	69	113	986
1 900	6 433	8 288	1 466	218	420	2 464
892	4 424	6 488	978	118	270	2 604
394	4 921	5 803	1 111	138	261	2 598
403	4 600	5 934	966	69	201	2 338
716	5 111	5 913	954	91	262	2 469
1 647	4 312	5 998	678	130	231	2 495
6 650	5 827	8 011	1 175	279	331	2 567
4 728	6 984	8 893	1 375	215	509	2 643
1 150	4 066	5 360	826	104	275	2 653
1 985	4 908	6 518	1 189	38	381	2 624
850	4 792	8 319	902	81	418	2 515
1 340	5 504	7 597	1 043	83	267	2 497
1 072	4 516	6 737	1 208	78	250	2 501
585	6 728	8 233	1 148	112	278	2 444
1 533	7 457	6 063	929	114	298	1 297
1 717	7 100	4 681	831	232	385	1 977
4 421	13 392	14 119	1 618	137	488	2 407
879	13 236	14 304	1 234	229	429	2 001
1 320	8 687	6 549	737	216	373	2 478
1 098	8 959	7 645	1 232	229	429	2 001
1 457	7 640	7 071	989	48	262	2 131
2 719	7 554	8 555	1 109	91	329	1 673
1 244	7 426	6 989	874	78	284	1 479
1 279	6 238	7 561	726	106	313	1 791
1 324	6 151	6 435	856	159	380	2 176
1 638	5 735	6 508	847	209	367	1 540
713	6 077	6 423	756	31	275	2 600

5-9（一） 续表 24

民族乡镇名称 Name of Ethnic Township and Town Government	村民委员会（个）Villager's Committee (unit)	年末实有耕地面积（亩）Area of Cultivated Land (acreage)	年末总人口（人）Total Population (person)	#少数民族 Minority Population
铜仁地区德江县龙泉土家族乡	4	11 700	14 917	8 057
铜仁地区德江县堰塘土家族乡	5	18 450	17 578	9 509
铜仁地区万山特区下溪侗族乡	8	4 560	8 653	7 700
铜仁地区万山特区敖寨侗族乡	7	6 525	9 757	7 464
铜仁地区万山特区高楼坪侗族乡	15	18 510	15 331	10 426
铜仁地区万山特区黄道侗族乡	12	7 860	13 829	8 989
云南省				
昆明市富民县罗免彝族苗族乡	10	15 740	15 034	4 525
昆明市晋宁县夕阳彝族乡	10	11 450	10 210	8 015
昆明市晋宁县双河彝族乡	6	8 886	9 467	7 602
昆明市宜良县耿家彝族苗族乡	9	21 120	18 967	6 252
昆明市宜良县九乡彝族回族乡	8	24 323	18 516	5 240
昭通市守望回族乡	7	29 689	42 839	31 358
昭通市小龙洞回族彝族乡	6	48 345	32 013	28 395
昭通市布嘎回族乡	5	22 500	32 457	21 155
昭通市青冈岭回族彝族乡	7	23 158	26 954	8 234
昭通市鲁甸县桃源回族乡	5	33 210	39 028	36 686
昭通市鲁甸县茨院回族乡	5	22 813	26 161	7 840
昭通市大关县上高桥回族彝族苗族乡	6	25 290	18 256	5 904
昭通市永善县马楠苗族彝族乡	6	34 545	13 022	3 562
昭通市永善县伍寨彝族苗族乡	5	31 823	10 912	3 286
昭通市镇雄县坡头彝族苗族白族镇	12	56 116	70 547	14 941
昭通市镇雄县果珠彝族乡	5	55 198	39 028	9 662
昭通市镇雄县林口彝族苗族乡	8	46 816	42 802	10 442
昭通市镇雄县以古彝族苗族乡	8	40 266	30 946	6 217
昭通市彝良县龙街苗族彝族乡	12	62 925	44 273	10 223
昭通市彝良县奎香苗族彝族乡	8	44 446	48 447	11 845
昭通市彝良县树林彝族苗族乡	4	37 000	23 904	6 545
昭通市彝良县柳溪苗族乡	5	21 946	21 073	5 186
昭通市彝良县洛旺苗族乡	8	32 466	30 637	7 129
昭通市威信县双河苗族彝族乡	8	36 135	30 016	8 083
曲靖市师宗县龙庆彝族壮族乡	14	58 380	35 800	16 500
曲靖市师宗县五龙壮族乡	13	52 890	35 163	13 489
曲靖市师宗县高良壮族苗族瑶族乡	11	43 920	27 063	19 913
曲靖市罗平县长底布依族乡	6	12 930	17 179	6 023
曲靖市罗平县旧屋基彝族乡	7	13 035	10 996	3 597
曲靖市罗平县鲁布革布依族苗族乡	9	11 265	18 644	16 222

Continued

乡镇企业总产值（万元）Gross Output of Township Enterprises (10 000 yuan)	农林牧渔业总产值（万元）Gross Output Value of Farming, Forestry, Animal Husbandry and Fishery (10 000 yuan)	粮食产量（吨）Output of Grain Crops (ton)	肉类总产量（吨）Gross Output Value of Meat (ton)	财政收入（万元）Revenues (10 000 yuan)	财政支出（万元）Expenditures (10 000 yuan)	人均纯收入（元）Net Income of Peasants Surveyed (yuan)
1 740	5 749	7 246	735	109	277	2 510
770	8 591	7 213	1 113	211	413	2 345
	2 039	2 307	357	58	210	1 849
	5 836	4 527	685	24	147	2 142
806	5 273	7 131	818	37	555	2 528
	4 762	5 457	839	48	182	2 050
10 648	5 965	6 346	1 045	418	418	2 362
	7 100	4 572	772	1 002	506	3 300
10 940	5 720	4 053	1 439	1 755	1 755	3 697
19 505	10 185	11 868	720	489	489	3 009
106	10 076	10 331	4 109	429	429	3 096
8 130	11 536	1 544	2 056	538	534	3 427
33 350	6 597	13 416	1 188	425	326	1 622
	9 508	7 100	370	505	535	2 100
5 000	2 456	9 961	1 423	346	346	1 490
	8 915	10 487	1 478	1 038	1 038	1 728
	6 256	7 620	1 800	554	724	2 832
23	8 448	6 194	1 861	463	463	2 065
	1 721	3 251	111	395	320	1 210
	2 808	6 427	119	334	334	1 769
1 100	11 170	12 289	372	537	537	1 474
3 534	12 141	1 450	2 274	168	168	1 792
12 930	81	10 871	1 569	530	1 265	2 160
	4 323	12 554	2 014	1 120	1 200	1 097
	10 552	13 405	2 501	657	656	2 476
	9 520	15 563	2 151	239	466	2 103
	2 971	6 883	1 095	329	329	1 870
1 350	2 507	6 450	2 454	178	165	2 194
500	2 894	7 806	1 549	443	658	2 279
	6 466	9 960	1 992	679	679	2 109
2 649	21 000	15 800	6 839	1 395	865	2 140
16 720	7 766	11 979	3 020	774	760	1 585
6 366	14 338	14 453	5 594	750	638	1 738
1 200	12 789	8 752	3 157	631	682	2 760
490	4 500	4 100	1 700	380	460	2 320
1 080	4 025	3 462	1 980	571	571	2 066

5－9（一） 续表25

民族乡镇名称 Name of Ethnic Township and Town Government	村民委员会（个） Villager's Committee (unit)	年末实有耕地面积（亩） Area of Cultivated Land (acreage)	年末总人口（人） Total Population (person)	#少数民族 Minority Population
曲靖市富源县古敢水族乡	3	11 295	14 260	6 313
曲靖市会泽县新街回族乡	16	27 267	40 917	16 472
楚雄州南华县雨露白族乡	7	18 400	14 411	11 620
楚雄州大姚县湾碧傈僳傣族乡	12	17 402	17 859	9 742
楚雄州永仁县永兴傣族乡	12	17 176	13 504	8 815
楚雄州武定县东坡傣族乡	8	16 330	14 483	11 702
玉溪市红塔区小石桥彝族乡	3	9 512	6 306	2 800
玉溪市红塔区洛河彝族乡	5	11 010	9 922	9 183
玉溪市江川县安化彝族乡	5	9 477	9 512	9 168
玉溪市通海县高大傣族彝族乡	6	9 170	11 287	7 114
玉溪市通海县里山彝族乡	6	16 154	8 566	4 314
玉溪市兴蒙蒙古族乡	0	3 335	5 665	5 499
玉溪市通红甸彝族苗族乡	6	18 033	10 777	4 293
玉溪市易门县十街彝族乡	8	21 209	13 603	7 467
玉溪市易门县浦贝彝族乡	7	22 604	18 289	9 563
玉溪市易门县铜厂彝族乡	9	31 558	23 022	14 686
红河州河口县桥头苗族壮族乡	8	21 600	17 448	13 260
红河州金平县拉祜族乡	4	22 141	20 606	20 606
红河州蒙自县期路白苗族乡	6	22 264	16 853	12 177
红河州蒙自县老寨苗族乡	4	19 847	10 820	6 600
红河州开远市大庄回族乡	4	23 545	18 197	13 722
文山州文山县东山彝族乡	4	15 746	10 188	9 090
文山州文山县红甸回族乡	4	19 057	14 290	11 032
文山州文山县秉烈彝族乡	10	24 563	22 736	21 583
文山州文山县柳井彝族乡	7	18 375	15 558	10 045
文山州文山县追栗街彝族乡	5	12 914	10 943	6 747
文山州文山县坝心彝族乡	5	11 850	7 725	4 141
文山州砚山县阿舍彝族乡	6	26 997	23 232	18 801
文山州砚山县维末彝族乡	10	66 985	52 939	35 439
文山州砚山县盘龙彝族乡	5	31 297	31 210	19 302
文山州砚山县干河彝族乡	4	27 846	23 277	19 208
文山州丘北县舍得彝族乡	7	47 437	18 475	15 951
文山州丘北县新店彝族乡	6	31 955	18 923	17 422
文山州丘北县树皮彝族乡	9	66 637	42 700	24 542
文山州丘北县八道哨彝族乡	5	27 315	31 151	2 180
文山州丘北县腻脚彝族乡	7	44 776	25 462	14 822
文山州麻栗坡县猛硐瑶族乡	5	14 797	14 719	14 095

Continued

乡镇企业总产值（万元）Gross Output of Township Enterprises (10 000 yuan)	农林牧渔业总产值（万元）Gross Output Value of Farming, Forestry, Animal Husbandry and Fishery (10 000 yuan)	粮食产量（吨）Output of Grain Crops (ton)	肉类总产量（吨）Gross Output Value of Meat (ton)	财政收入（万元）Revenues (10 000 yuan)	财政支出（万元）Expenditures (10 000 yuan)	人均纯收入（元）Net Income of Peasants Surveyed (yuan)
1 930	7 010	6 689	2 990	1 465	1 245	3 484
2 138	4 110	11 250	2 649	950	884	1 390
	7 062	6 230	1 853	377	304	3 306
3 972	10 787	6 820	1 483	230	230	1 348
9 684	8 169	5 053	2 309	387	387	1 562
517	8 607	6 201	2 561	280	280	1 487
14 591	7 389	3 930	1 345	1 688	1 688	5 631
169 088	8 186	3 752	2 179	8 686	1 447	4 600
2 387	9 636	3 768	610	660	395	4 325
13 789	7 312	4 816	1 520	319	419	4 664
24 926	7 928	3 716	1 286	615	523	2 854
9 781	3 318	593	447	152	309	4 164
779	6 241	4 431	1 364	360	366	3 735
5 746	11 175	676	3 074	412	584	4 476
58 408	13 293	702	4 707	588	612	4 425
5 862	14 047	10 449	3 236	678	714	3 766
850	2 579	6 821	1 294	58	1 874	1 491
	7 389	8 781	1 421	20	225	1 775
41	2 610	768	1 358	522	495	1 464
1 435	6 306	6 607	1 888	503	455	1 860
11 159	4 275	9 790	2 327	126	498	4 141
1 980	5 010	4 628	1 346	292	190	2 369
5 886	4 642	5 721	1 361	354	306	2 759
607	7 164	9 445	2 081	97	565	2 349
344	5 976	6 278	1 414	255	328	1 744
980	6 774	4 404	1 596	377	340	2 926
532	3 334	4 115	920	270	215	1 929
51 940	5 133	9 823	1 878	614	233	1 847
2 040	17 379	29 636	4 969	399	319	2 014
24 840	9 935	15 930	2 087	475	314	2 093
1 892	7 630	10 363	2 320	126	220	1 808
245	7 074	1 335	3 760	306	306	2 091
	6 274	1 086	3 110	307	307	2 061
212	42 765	1 988	5 540	360	360	2 368
21 212	13 789	1 574	8 340	366	366	2 264
328	14 196	1 831	6 382	633	633	2 272
5 760	4 877	5 505	1 771	1 250	1 250	2 103

5-9（一） 续表26

民族乡镇名称 Name of Ethnic Township and Town Government	村民委员会（个） Villager's Committee (unit)	年末实有耕地面积（亩） Area of Cultivated Land (acreage)	年末总人口（人） Total Population (person)	#少数民族 Minority Population
文山州富宁县洞波瑶族乡	12	39 439	37 613	33 478
普洱市澜沧县酒井哈尼族乡	4	62 095	14 233	13 507
普洱市澜沧县发展河哈尼族乡	4	36 164	16 643	12 844
普洱市澜沧县惠民哈尼族乡	5	30 595	16 737	14 388
普洱市澜沧县谦六彝族乡	15	103 191	51 241	39 655
普洱市澜沧县文东佤族乡	6	46 986	17 815	11 629
普洱市澜沧县安康佤族乡	5	32 475	13 176	12 989
普洱市澜沧县雪林佤族乡	7	35 045	14 978	14 924
普洱市思茅区云仙彝族乡	12	32 475	16 740	6 250
普洱市思茅区龙潭彝族傣族乡	6	35 130	10 850	4 580
普洱市墨江县孟弄彝族乡	7	25 815	12 957	10 697
普洱市墨江县鱼塘彝族乡	9	46 005	18 121	13 831
普洱市西盟县力所拉祜族乡	5	25 800	11 321	11 065
大理州大理市太邑彝族乡	5	46 050	8 647	8 410
大理州鹤庆县六合彝族乡	13	16 157	16 447	16 274
大理州宾川县钟英傈僳族彝族乡	6	19 697	9 165	5 504
大理州宾川县拉乌彝族乡	7	11 968	10 431	4 521
大理州祥云县东山彝族乡	8	19 695	9 987	9 567
大理州弥渡县牛街彝族乡	11	18 286	20 445	7 254
大理州永平县北斗彝族乡	9	24 527	13 303	9 994
大理州永平县厂街彝族乡	11	40 010	19 653	10 622
大理州永平县水泄彝族乡	9	27 826	17 027	12 971
大理州云龙县表村傈僳族乡	5	12 562	8 928	8 701
大理州云龙县团结彝族乡	5	14 670	10 835	10 406
丽江市华坪县永兴傈僳族乡	7	16 736	14 129	4 785
丽江市华坪县通达傈僳族乡	5	10 305	8 204	6 148
丽江市华坪县新庄傈僳族傣族乡	7	18 876	17 723	8 344
丽江市华坪县石龙坝彝族傣族乡	6	19 200	16 289	6 340
丽江市华坪县船房傈僳族傣族乡	4	12 247	10 583	3 164
丽江市永胜县羊坪彝族乡	5	17 387	6 874	6 874
丽江市永胜县东山傈僳族彝族乡	5	13 338	8 124	7 443
丽江市永胜县东风傈僳族乡	9	17 782	12 776	11 754
丽江市永胜县六德傈僳族彝族乡	8	17 684	14 184	11 347
丽江市永胜县大安彝族纳西族乡	8	19 107	14 600	11 459
丽江市永胜县光华傈僳族彝族乡	8	14 248	14 662	7 647
丽江市永胜县松坪傈僳族彝族乡	8	11 081	8 354	7 400
丽江市宁蒗县翠玉傈僳族普米族乡	6	17 367	15 534	10 630

Continued

乡镇企业总产值（万元）Gross Output of Township Enterprises (10 000 yuan)	农林牧渔业总产值（万元）Gross Output Value of Farming, Forestry, Animal Husbandry and Fishery (10 000 yuan)	粮食产量（吨）Output of Grain Crops (ton)	肉类总产量（吨）Gross Output Value of Meat (ton)	财政收入（万元）Revenues (10 000 yuan)	财政支出（万元）Expenditures (10 000 yuan)	人均纯收入（元）Net Income of Peasants Surveyed (yuan)
6 110	8 330	14 641	2 749	1 947	1 947	2 490
498	5 183	8 559	366	1 392	1 392	1 452
948	5 496	7 683	776	1 259	1 259	1 383
2 475	3 470	4 664	497	1 348	1 348	1 308
784	8 964	17 123	2 425	2 316	2 316	728
186	2 610	7 794	831	1 205	1 205	1 288
231	1 786	4 236	255	996	996	728
388	2 067	4 614	329	1 141	1 141	855
160	6 094	11 302	2 090	411	770	1 789
490	3 910	4 860	1 095	360	640	1 750
	2 647	4 316	451	193	185	819
	4 362	6 347	673	284	289	908
382	30	2 650	260	275	331	1 456
9 860	3 618	4 759	1 841	729	407	2 741
	3 206	4 038	1 973	251	251	1 604
1 158	6 815	5 055	917	231	231	1 799
297	4 033	4 184	612	309	309	3 060
	5 823	4 857	612	129	292	1 735
280	11 036	9 569	3883	489	583	1 422
3 240	12 063	6 175	2 195	364	302	2 395
1 500	11 224	9 340	2 006	881	711	2 760
22 262	10 162	9 091	1 820	898	532	2 354
6 600	5 018	6 140	1 598	198	141	2 045
1 020	3 662	4 740	2 585	220	290	2 100
21 428	4 537	3 797	503	58	451	1 798
2 586	4 007	2 959	570	550	549	1 850
2 845	3 618	7 026	1 037	223	690	3 368
67 894	2 663	9 805	1 610	763	803	3 355
4 653	3 376	2 978	1 113	316	418	2 059
	1 269	2 725	328	5	320	1 685
	3 792	2 095	95	275	320	1 744
	3 892	4 232	715	37	298	1 225
10 515	2 832	5 312	650	417	322	1 162
	2 850	4 475	919	180	207	1 965
90	2 601	5 254	715	34	232	2 310
	863	3 491	903	46	411	1 700
	4 614	4 878	909	257	257	1 910

5－9（一） 续表27

民族乡镇名称 Name of Ethnic Township and Town Government	村民委员会（个） Villager's Committee (unit)	年末实有耕地面积（亩） Area of Cultivated Land (acreage)	年末总人口（人） Total Population (person)	#少数民族 Minority Population
丽江市古城区金山白族乡	10	37 758	25 067	23 297
丽江市古城区金江白族乡	5	17 370	4 370	3 503
丽江市玉龙县九河白族乡	10	35 770	26 745	26 407
丽江市玉龙县石头白族乡	5	11 174	9 422	8 462
丽江市玉龙县黎明傈僳族乡	7	20 820	15 860	12 847
保山市隆阳区瓦马彝族白族乡	21	30 962	25 204	12 599
保山市隆阳区瓦房彝族苗族乡	19	31 560	32 422	12 522
保山市隆阳区杨柳白族彝族乡	18	54 465	38 143	26 309
保山市隆阳区潞江傣族镇	27	83 129	71 461	17 793
保山市隆阳区芒宽彝族傣族乡	14	56 299	41 471	25 244
保山市施甸县摆榔彝族布朗族乡	4	105 720	7 295	5 165
保山市施甸县木老元布朗族彝族乡	4	7 736	6 027	3 553
保山市腾冲县荷花傣族佤族乡	10	26 726	28 170	7 770
保山市龙陵县木城彝族傈僳族乡	5	26 281	9 005	3 417
保山市昌宁县朱街彝族乡	10	21 988	15 449	14 430
保山市昌宁县苟街彝族苗族乡	13	38 140	24 123	5 791
保山市昌宁县湾甸傣族乡	5	31 378	13 549	4 011
德宏州陇川户撒阿昌族乡	11	67 771	23 976	16 648
德宏州潞西市三台山德昂族乡	4	37 696	6 626	5 048
德宏州梁河县曩宋阿昌族乡	9	27 089	24 437	6 391
德宏州梁河县九保阿昌族乡	6	22 238	14 876	7 862
德宏州盈江县苏典傈僳族乡	4	25 905	7 333	5 580
怒江州福贡县匹河怒族乡	9	12 912	11 479	11 398
怒江州泸水洛本卓白族乡	8	11 655	10 681	10 681
怒江州泸水县老窝白族乡	6	22 110	13 927	10 456
迪庆州香格里拉县三坝纳西族乡	6	39 270	17 266	16 456
迪庆州德钦县霞若傈僳族乡	7	10 714	8 763	8 613
迪庆州德钦县拖顶傈僳族乡	5	10 679	9 627	9 435
临沧市凤庆县新华彝族苗族乡	11	38 923	25 817	17 905
临沧市凤庆县腰街彝族乡	6	10 874	8 599	7 799
临沧市凤庆县郭大寨彝族白族乡	11	17 358	21 265	8 129
临沧市云县栗树彝族傣族乡	16	30 290	21 693	17 608
临沧市云县忙怀彝族布朗族乡	11	33 475	19 548	15 348
临沧市云县后箐彝族乡	11	33 000	20 342	13 831
临沧市永德县大雪山彝族拉祜族傣族乡	8	38 566	18 577	6 906
临沧市永德县乌木龙彝族乡	10	29 010	27 387	19 822
临沧市临翔区平村彝族傣族乡	5	39 765	8 329	4 841

Continued

乡镇企业总产值（万元）Gross Output of Township Enterprises (10 000 yuan)	农林牧渔业总产值（万元）Gross Output Value of Farming, Forestry, Animal Husbandry and Fishery (10 000 yuan)	粮食产量（吨）Output of Grain Crops (ton)	肉类总产量（吨）Gross Output Value of Meat (ton)	财政收入（万元）Revenues (10 000 yuan)	财政支出（万元）Expenditures (10 000 yuan)	人均纯收入（元）Net Income of Peasants Surveyed (yuan)
32 434	3 451	13 793	393	913	913	3 641
118	549	2 188	14	286	286	2 058
1 792	6 934	10 057	2 922	499	499	2 747
	2 630	4 274	1 154	249	249	2 122
289	198	9 327	1 679	438	438	2 735
1 788	8 892	21 576	3 612	130	160	2 128
598	17 344	32 505	4 170	493	493	1 762
4 311	23 678	31 373	4 717	1 169	981	2 735
26 682	61 631	29 848	6 818	1 083	1 006	3 528
10 204	25 725	18 104	4 627	1 113	1 205	4 193
	2 575	3 021	836	246	246	1 941
	2 304	2 141	652	235	235	1 509
600	8 800	13 047	2 518	375	863	3 356
433	6 625	431	971	132	419	2 644
600	3 200	8 502	3 435	577	529	2 354
2 340	5 400	9 300	4 212	555	562	2 820
600	8 100	8 824	2 778	383	435	3 415
250	5 575	21 572	1 916	353	298	1 915
	4 634	3 408	382	110	279	2 202
2 109	7 409	6 168	1 087	349	349	2 201
1 917	3 908	4 916	498	380	380	2 181
2 872	816	1 577	347	11	251	824
1 198	1 298	3 915	498		1 288	1 269
283	1 251	3 111	761	383	383	1 309
22 219	3 202	4 995	1 372	434	414	2 117
867	4 063	10 155	260	536	530	2 320
154	899	313	34	485	485	2 522
		5 034	7 586	559	559	2 958
	15 123	12 620	1 881	363	589	2 964
	3 962	2 842	700	100	258	2 536
554	8 214	6 047	1 586	145	391	2 714
286	2 350	8 720	1 050		371	2 770
245	5 131	7 525	2 581	15	288	2 764
158	3 528	9 877	1 821		335	2 845
4 882	3 503	7 985	976	23	142	2 087
598	4 478	8 071	1 368	18	138	1 304
1 997	2 788	348	312	4	197	2 249

5－9（一） 续表28

民族乡镇名称 Name of Ethnic Township and Town Government	村民委员会（个） Villager's Committee (unit)	年末实有耕地面积（亩） Area of Cultivated Land (acreage)	年末总人口（人） Total Population (person)	#少数民族 Minority Population
临沧市临翔区南美拉祜乡	4	14 487	4 525	3 564
临沧市耿马县芒洪拉祜族布朗族乡	5	18 986	8 587	5 761
临沧市沧源县勐角傣族彝族拉祜族乡	9	34 281	13 569	13 006
临沧市镇康县军赛佤族拉祜族傈僳族德昂族乡	6	17 175	12 499	3 996
西双版纳州景洪市基诺山基诺族乡	7	26 335	12 020	11 000
西双版纳州景洪市景哈哈尼族乡	6	17 100	15 650	14 871
西双版纳州勐腊县瑶区瑶族乡	4	35 423	7 805	7 364
西双版纳州勐腊县象明彝族乡	5	49 491	9 941	9 772
西双版纳州勐海县格朗和哈尼族乡	5	53 467	15 905	15 319
西双版纳州勐海县布朗山布朗族乡	7	58 829	19 014	18 739
西双版纳州勐海县西定哈尼族乡	11	108 489	23 600	21 586
陕西省				
商洛市镇安县西口回族镇	10	16 338	12 875	3 496
商洛市镇安县茅坪回族镇	5	10 642	8 946	5 239
安康市宁陕县江口回族镇	9	5 118	11 087	3 362
甘肃省				
临夏州广河县阿里麻土东乡族乡	6	11 418	13 495	13 226
临夏州临夏县井沟东乡族乡	13	23 225	18 761	10 934
临夏州和政县梁家寺东乡族乡	8	14 646	13 326	12 544
临夏州临夏县安家坡东乡族乡	4	10 136	11 000	5 836
甘南州临潭县长川回族乡	10	27 795	10 092	5 692
甘南州临潭县卓洛回族乡	3	6 300	2 489	2 365
甘南州临潭县古战回族乡	5	16 965	5 446	2 150
甘南州卓尼县勺哇土族乡	2	1 095	1 784	1 182
陇南市文县铁楼藏族乡	16	16 662	10 568	3 280
陇南市武都县坪垭藏族乡	9	8 439	5 590	5 556
陇南市武都县磨坝藏族乡	8	7 900	5 257	1 756
陇南市宕昌县新城子藏族乡	9	7 489	6 348	2 452
酒泉市肃州区黄泥堡裕固族乡	3	6 366	1 685	1 036
酒泉市玉门市小金湾东乡族乡	5	21 000	6 303	6 303
白银市会宁县新添堡回族乡	13	94 545	19 418	14 950
庆阳市正宁县五倾源回族乡	5	18 795	6 778	2 408
平凉市峡门回族乡	24	79 753	19 500	17 501
平凉市华亭县神峪回族乡	11	39 166	11 163	3 701
平凉市华亭县山寨回族乡	8	40 109	13 777	3 772

Continued

乡镇企业总产值（万元）Gross Output of Township Enterprises (10 000 yuan)	农林牧渔业总产值（万元）Gross Output Value of Farming, Forestry, Animal Husbandry and Fishery (10 000 yuan)	粮食产量（吨）Output of Grain Crops (ton)	肉类总产量（吨）Gross Output Value of Meat (ton)	财政收入（万元）Revenues (10 000 yuan)	财政支出（万元）Expenditures (10 000 yuan)	人均纯收入（元）Net Income of Peasants Surveyed (yuan)
207	1 045	2 080	132	1	134	1 314
	3 797	3 262	525		173	1 887
435	2 522	658	481	70	404	1 980
4 627	1 650	3 700	800		289	2 270
2 187	6 996	6 901	390	379	670	2 915
12 675	20 298	4 953	436	624	626	4 746
45 264	5 916	4 288	172	23	421	2 905
560	4 095	5 853	330	6	424	2 595
1 694	6 864	6 409	427	39	434	2 761
40	5 381	5 881	479	66	501	1 594
	7 167	12 244	371	146	527	2 150
1 740	2 370	5 150	673	22	313	2 892
1 255	2 878	3 262	375	33	397	2 888
19 200	4 132	1 708	530	19	258	3 520
1 800	1 500	2 659	100	98	98	1 958
3 193	5 742	9 108	482	96	96	1 736
2 421	2 013	5 789	186	94	94	1 901
4 638	245	4 214	514	85	85	2 665
179		544	1 193	280		
880		118	336	91		
860		317	559	140		
		194	600	19	48	48
283	1 705	4 150	251	150	150	1 468
	412	2 150	197	69	69	1 580
102	780	2 000	237	89	89	1 660
680	702	2 821	27	197	197	1 450
	1 666	1 055	337	67	67	4 746
280	2 860	2 457	680	467	167	850
1 171	2 734	5 629	885	771	771	2 148
	1 290	5 030	385	49	49	2 015
107 150	2 762	10 750	720	382	382	3 388
5 817	2 415	8 514	192	16	280	1 755
6 502	2 230	6 210	580	21	250	1 650

5-9（一） 续表 29

民族乡镇名称 Name of Ethnic Township and Town Government	村民委员会（个） Villager's Committee (unit)	年末实有耕地面积（亩） Area of Cultivated Land (acreage)	年末总人口（人） Total Population (person)	#少数民族 Minority Population
平凉市白庙回族乡	9	39 480	13 360	6 484
平凉市大秦回族乡	12	38 060	10 947	9 392
平凉市寨河回族乡	12	52 460	14 424	12 047
平凉市大寨回族乡	24	98 360	23 835	16 139
平凉市西阳回族乡	13	58 646	13 264	13 264
平凉市上杨回族乡	7	27 516	7 270	6 750
张掖市肃南县祁丰藏族乡	13	4 854	3 114	2 675
张掖市肃南县马蹄藏族乡	23	17 362	4 567	2 389
张掖市肃南县白银蒙古族乡	3	1 062	593	261
张掖市甘州区平山湖蒙古族乡	3	613	748	275
酒泉市瓜州县七墩回族东乡族乡	3	20 201	4 089	2 277
酒泉市瓜州县腰站子东乡族乡	6	28 851	7 747	2 953
酒泉市瓜州县广至藏族乡	6	31 200	9 193	3 222
酒泉市瓜州县沙河回族乡	5	27 479	6 726	2 892
酒泉市玉门市独山子东乡族乡	4	29 880	8 372	8 372
青海省				
西宁市大通县朔北藏族乡	18	41 083	18 494	8 024
西宁市大通县向化藏族乡	9	31 267	8 565	4 668
西宁市湟中县群加藏族乡	5	6 090	2 443	1 359
西宁市湟中县大才回族乡	19	38 385	24 180	13 057
西宁市湟中县汉东回族乡	14	11 828	19 100	10 150
西宁市湟源县日月藏族乡	7	10 733	4 082	3 653
海东地区民和县杏儿藏族乡	10	6 241	5 130	1 461
海东地区乐都县下营藏族乡	14	25 327	7 460	2 387
海东地区乐都县中坝藏族乡	21	22 226	9 806	5 459
海东地区乐都县达拉土族乡	8	23 079	6 424	4 561
海东地区互助县松多藏族乡	24	37 030	9 064	6 348
海东地区化隆县雄先藏族乡	12	30 278	6 475	4 355
海东地区化隆县查甫藏族乡	14	21 042	6 661	6 658
海东地区化隆县金源藏族乡	9	11 145	4 181	4 181
海东地区化隆县塔加藏族乡	27	36 460	12 424	12 113
海东地区循化县道帏藏族乡	11	18 190	4 952	4 952
海东地区循化县尕楞藏族乡	16	23 723	8 158	8 158
海东地区循化县文都藏族乡	4	25 125	1 921	1 391
海北州门源县皇城蒙古族乡	10	19 807	9 465	5 868
海东地区平安县沙沟回族乡	13	22 500	4 350	1 685
海东地区平安县巴藏沟回族乡	14	37 600	8 154	4 100

Continued

乡镇企业总产值（万元）Gross Output of Township Enterprises (10 000 yuan)	农林牧渔业总产值（万元）Gross Output Value of Farming, Forestry, Animal Husbandry and Fishery (10 000 yuan)	粮食产量（吨）Output of Grain Crops (ton)	肉类总产量（吨）Gross Output Value of Meat (ton)	财政收入（万元）Revenues (10 000 yuan)	财政支出（万元）Expenditures (10 000 yuan)	人均纯收入（元）Net Income of Peasants Surveyed (yuan)
880	1 359	7 953	3 056	332	334	2 735
415	1 213	5 380	544	210	210	2 500
2 900	1 120	7 280	962	331	331	2 546
5 150	3 852	11 630	769	209	209	2 046
40	930	8 800	494	31	31	2 110
2 295	950	3 735	159	107	107	3 073
25 203	3 594	1 344	1 279	694	566	6 905
5 300	3 370	876	1 063	246	508	5 617
1 200	560	251	184	89	154	6 192
1 180	367	251	208	128	128	4 283
421	6 580	945	18	173	173	1 038
330	3 620	4 298	246	456	432	2 965
	35	219				738
	665	1 357	38	68	68	790
	558	1 145	12	178	178	506
2 863	9 678	4 332	230 000	405	405	4 080
5	3 227	2 204	416	161	161	3 604
180	1 096 066	750	280	22	21	2 579
850	6 233	5 955	1 010	152	159	2 604
2 785	5 230	5 508	717	117	117	3 535
46	814	1 721	115	73	73	3 416
	2 220	1 480	591	977	977	3 252
	2 467	4 110	498			3 234
	2 654	3 441	705	170	170	3 095
	1 934	228	382	176	176	2 452
		2 809	184			3 466
		2 391	544			3 362
		2 282	687			3 348
		1 288	353			3 378
80	3 336	3 150	63	280	280	2 400
	2 870	1 859	164	117	117	3 446
	2 918	694	153	232	232	3 615
336	1 196			93	98	6 226
1 500	2 340	2 930	110	17	15	3 584
	750	16 500	16	120	124	2 507
	28 700	128				3 244

5-9（一） 续表30

民族乡镇名称 Name of Ethnic Township and Town Government	村民委员会（个） Villager's Committee (unit)	年末实有耕地面积（亩） Area of Cultivated Land (acreage)	年末总人口（人） Total Population (person)	#少数民族 Minority Population
海东地区平安县石灰窑回族乡	15	6 005	7 608	2 786
海东地区平安县洪水泉回族乡	14	13 662	10 912	6 026
海东地区平安县古城回族乡	8	7 896	5 013	3 162
海东地区互助县巴扎藏族乡	9	27 200	6 194	4 619
海南州贵德县新街回族乡				
新疆维吾尔自治区				
吐鲁番地区鄯善县东巴扎回族乡	4	5 514	4 251	3 664
和田地区皮山县瑙阿巴提塔吉克族乡	3	2 015	938	931
和田地区皮山县康克尔柯尔克孜族乡	3	1 604	1 680	1 676
巴音郭楞州和硕县乌什塔拉回族乡	7	142 000	11 000	6 298
昌吉州奇台县大泉塔塔尔族乡	7	46 252	4 207	3 306
昌吉州奇台县五马场哈萨克族乡	7	122 415	8 040	5 910
昌吉州奇台县乔仁哈萨克族乡	2	25 995	3 245	2 687
昌吉州木垒县大南沟乌孜别克族乡	3	8 923	3 158	3 148
昌吉州玛纳斯县旱卡子滩哈萨克族乡	5	17 502	5 536	3 565
昌吉州玛纳斯县塔西河哈萨克族乡	6	14 660	4 230	3 933
昌吉州玛纳斯县清水河哈萨克族乡	7	17 110	7 236	6 040
昌吉州阜康市三工河哈萨克族乡	5	11 810	4 705	3 670
昌吉州阜康市上户沟哈萨克族乡	6	84 000	15 000	9 981
昌吉州昌吉市阿什里哈萨克族乡	5	24 000	8 180	7 450
昌吉州呼图壁县石梯子哈萨克族乡	5	62 430	7 237	5 885
乌鲁木齐市米东区柏杨河哈萨克族乡	1	17 860	4 785	3 662
克孜勒苏州阿克陶县塔尔塔吉克族乡	8	5 150	4 959	4 959
喀什地区塔什库尔干县科克亚尔柯尔克孜族乡	2	31 920	877	877
喀什地区泽普县布依鲁克塔吉克族乡	4	12 705	3 493	2 496
喀什地区莎车县孜热普夏提塔吉克族乡	8	5 150	4 959	4 959
伊犁地区察布查尔县米粮泉回族乡	3	22 077	5 382	4 622
伊犁地区特克斯县科克铁热克柯尔克孜族乡	7	39 673	17 716	15 235
伊犁地区特克斯县呼吉尔特蒙古族乡	5	22 875	7 000	3 593
伊犁地区伊宁县愉群翁回族乡	15	114 947	50 701	47 074
伊犁地区尼勒克县科克浩特浩尔蒙古族乡	10	89 606	16 604	12 021
伊犁地区霍城县伊车嘎善锡伯族乡	5	62 229	12 565	5 318
伊犁地区霍城县三宫回族乡	5	30 000	14 132	12 650
伊犁地区昭苏县胡松图喀尔逊蒙古族乡	8	90 000	9 100	6 850
伊犁地区昭苏县察汗乌苏蒙古族乡	7	62 700	11 074	9 729
伊犁地区昭苏县夏特柯尔克孜族乡	8	62 280	13 434	12 007
塔城地区塔城市阿西尔达斡尔族乡	20	17 196	9 721	4 445

Continued

乡镇企业总产值（万元）Gross Output of Township Enterprises (10 000 yuan)	农林牧渔业总产值（万元）Gross Output Value of Farming, Forestry, Animal Husbandry and Fishery (10 000 yuan)	粮食产量（吨）Output of Grain Crops (ton)	肉类总产量（吨）Gross Output Value of Meat (ton)	财政收入（万元）Revenues (10 000 yuan)	财政支出（万元）Expenditures (10 000 yuan)	人均纯收入（元）Net Income of Peasants Surveyed (yuan)
	2 023	8 764	2 387	11	11	3 090
1 235	1 326	1 932	150			3 608
989	2 232	1 020	45	149	149	3 750
532	1 281	2 970	82	135	135	2 974
	1 031	87	150	162	163	5 500
	466	18	181	10	10	2 604
	492	34	101	3	3	2 252
3	70 669	1 120	1202	607	607	7 067
	10 673	16 246	2 243	275	275	5 975
201	87 793	60 089	2 765	305	305	6 041
1 359	8 031	1 091	681	183	183	5 735
		1 694	1 242	115	115	2 561
4 680	6 800	7 698	735	319	319	6 335
6 276	4 868	4 116	1 060	210	209	5 976
4 585	9 432	4 336	1 526	357	357	5 826
	9 012	3 553	3 404			6 906
9 730	5 550	1 994	6 954	481	481	6 921
17 012	16 000	8 438	5 375	814	814	6 205
16 000	32 779	15 881	6 981	366	366	5 900
35 976	4 374	1 263	1 001	514	514	5 260
	1 017	1 516	298	66	60	941
	946	245	80			3 595
18	1 850	2 795	550	135	135	3 290
	1 017	1 516	298	66	60	941
1 700	3 689	12 417	286	298	298	6 341
		3 019	3 612	361	361	3 984
175	6 040	2 672	1 234	520	520	5 372
42 516	28 227	71 999	750	1 018	927	5 940
2 394	9 816	17 479	2 525	515	515	5 292
5 848	9 742	21 490	1 259	68	68	6 066
3 587	1 385	4 500	1 500	54	54	3 700
170		4 900		150	194	4 674
2 770	6 925	5 843	100	80	80	5 333
250	780	13 200	1 656	620	620	5 543
7 621	11 200	54 736	3 780	470	470	6 710

5－9（一） 续表 31

民族乡镇名称 Name of Ethnic Township and Town Government	村民委员会（个） Villager's Committee (unit)	年末实有耕地面积（亩） Area of Cultivated Land (acreage)	年末总人口（人） Total Population (person)	#少数民族 Minority Population
塔城地区乌苏市塔布勒合特蒙古族乡	4	17 500	2 715	2 497
塔城地区乌苏市吉尔格勒特郭楞蒙古族乡	9	25 000	6 480	2 080
塔城地区额敏县额玛勒郭楞蒙古族乡	9	39 700	4 666	1 493
塔城地区额敏县霍吉尔特蒙古族乡	5	29 099	4 216	3 182
阿克苏地区乌什县雅曼苏柯尔克孜族乡	7	17 259	9 170	9 085
阿克苏地区温宿县博孜东柯尔克孜族乡	5	13 202	7 826	7 394
哈密地区伊吾县前山哈萨克族乡	4	35 970	2 606	2 578
哈密地区哈密市德外都如克哈萨克族乡	2	5 850	2 705	2 682
哈密地区哈密市乌拉台哈萨克族乡	1	7 230	725	
阿勒泰地区布尔津县禾木哈纳斯蒙古族乡	2	22 500	2 218	2 199
阿勒泰地区阿勒泰市汗德尕特蒙古族乡	7	8 004	4 118	3 411

Continued

乡镇企业总产值（万元） Gross Output of Township Enterprises (10 000 yuan)	农林牧渔业总产值（万元） Gross Output Value of Farming, Forestry, Animal Husbandry and Fishery (10 000 yuan)	粮食产量（吨） Output of Grain Crops (ton)	肉类总产量（吨） Gross Output Value of Meat (ton)	财政收入（万元） Revenues (10 000 yuan)	财政支出（万元） Expenditures (10 000 yuan)	人均纯收入（元） Net Income of Peasants Surveyed (yuan)
19 940	2 960	2 731	70	162	162	6 086
8 313	5 893	15 400	480	468	468	7 325
6 426	2 866	18 410	126	373	375	6 508
	2 400	3 051	4 238	300	300	4 436
		5 732	2 350	504	489	1 997
	816	10 300	55	492	492	1 002
			734	1 023	765	4 855
	390		340	340	340	2 880
	592	25	10	141	141	3 930
			270	1 124	1 139	4 433
	5 090	61	400	459	401	4 867

5-9 全国民族乡（镇）基本情况（2009年）（二）

Basic Statistics of Ethnic Township and Town Government (2009) (2)

民族乡镇名称 Name of Ethnic Township and Town Government	学校数（所） Schools (unit)	在校学生数（人） Students Enrollment (person)	教师数（人） Teachers (person)	医院、卫生院（个） Hospital, Township Hospital (unit)	医生数（人） Doctors (person)	病床数（张） Beds (unit)
北京市						
朝阳区常营回族乡	3	3 717	388	1	33	
通州区于家务回族乡	4	1 497	210	1	16	20
密云县檀营满族蒙古族乡	1	614	58			
怀柔区喇叭沟门满族乡	2	319	89	1	12	6
怀柔区长哨营满族乡	2	442	123	1	21	9
天津市						
东丽区么六桥回族乡	3	1 158	128	1	24	21
蓟县孙各庄满族乡	3	575	55	1	4	12
河北省						
石家庄市新乐市彭家庄回族乡	9	3 011	211	1	15	20
石家庄市藁城市九门回族乡	12	4 070	296	1	20	25
石家庄市无极县高头回族乡	11	2 763	210	1	16	20
唐山市遵化市汤泉满族乡	5	691	64	1	6	10
唐山市遵化市西下营满族乡	1	680	66	1	10	10
唐山市遵化市东陵满族乡	7	1 577	105	1	48	104
邯郸市邱县陈村回族乡	2	514	52	1	12	25
邯郸市大名县营镇回族乡	6	2 092	115	1	12	25
保定市易县凌云册满族回族乡	11	1 360	112	1	13	21
保定市定州市号头庄回族乡	10	2 992	199	2	20	36
保定市涞水县娄村满族乡	7	1 456	197	1	15	10
张家口市沽源县大二号回族乡	1	189	19	1	4	16
张家口市怀来县王家楼回族乡	2	485	43	1	4	10
廊坊市永清县管家务回族乡	4	681	94	1	15	27
廊坊市文安县大围河回族满族乡	14	4 026	285	2	39	46
承德市丰宁南关蒙古族乡	15	1 449	138	2	15	30
承德市滦平县平坊满族乡	3	287	57	1	5	8
承德市滦平县安纯沟门满族乡	2	772	78	1	20	16
承德市滦平县五道营子满族乡	1	242	14	1	5	10
承德市滦平县邓厂满族乡	1	127	15	1	2	4
承德市滦平县马营子满族乡	1	422	28	1	16	10
承德市滦平县付家店满族乡	4	263	33	1	5	5
承德市滦平县西地满族乡	8	1 542	129	1	31	11
承德市滦平县小营满族乡	6	1 441	94	2	24	18
承德市滦平县大屯满族乡	11	1 325	133	2	27	35
承德市滦平县西沟满族乡	5	609	53	1	5	20

5-9（二） 续表1

民族乡镇名称 Name of Ethnic Township and Town Government	学校数（所） Schools (unit)	在校学生数（人） Students Enrollment (person)	教师数（人） Teachers (person)	医院、卫生院（个） Hospital, Township Hospital (unit)	医生数（人） Doctors (person)	病床数（张） Beds (unit)
承德市承德县岗子满族乡	1	333	26	1	4	8
承德市承德县两家满族乡	1	457	40	1	10	8
承德市兴隆县八卦岭满族乡	9	1 082	80	1	15	15
承德市兴隆县南天门满族乡	7	437	37	2	15	16
承德市隆化县尹家营满族乡	8	1 132	69	1	26	20
承德市隆化县庙子沟蒙古族满族乡	6	492	67	1	17	8
承德市隆化县偏坡营蒙古族乡	10	1 127	92	1	29	20
承德市隆化县八达营蒙古族乡	13	950	103	1	26	14
承德市隆化县太平庄满族乡	10	670	70	1	17	15
承德市隆化县旧屯满族乡	10	674	61	1	13	15
承德市隆化县西阿超满族蒙古族乡	8	586	70	1	30	16
承德市隆化县白虎沟蒙古族满族乡	5	469	44	1	30	14
承德市平泉县柳溪满族乡	5	777	81	1	6	8
承德市平泉县七家岱满族乡	5	553	60	1	6	10
承德市平泉县平房满族蒙古族乡	12	1 070	104	3	14	15
承德市平泉县蒙和乌苏蒙古族乡	9	1 042	75	1	9	9
承德市平泉县茅兰沟满族蒙古族乡	10	1 292	118	2	12	16
承德市平泉县郭杖子满族乡	15	1 518	174	2	7	9
沧州市黄骅市羊二庄回族乡	25	4 312	421	3	48	51
沧州市黄骅市新村回族乡	2	1 784	120	3	42	80
沧州市黄骅市杨三木回族乡	5	660	86	1	15	12
沧州市河间市果子洼回族乡	3	1 873	243	1	24	24
沧州市献县本斋回族乡	3	1 276	92	1	4	8
沧州市沧县大褚村回族乡	4	2 200	188	1	14	24
沧州市沧县杜林回族乡	15	5 450	359	2	21	48
沧州市沧县李天木回族乡	11	3 240	250	3	57	68
沧州市沧县捷地回族乡	9	7 539	519	2	40	35
内蒙古自治区						
莫力达瓦旗巴彦鄂温克民族乡	16	612	126	1	34	10
莫力达瓦旗杜拉尔鄂温克民族乡	9	273	65	1	2	6
鄂温克旗巴彦塔拉达斡尔民族乡				1	4	7
扎兰屯市南木鄂伦春民族乡	2	580	51	1	11	8
扎兰屯市萨马街鄂温克民族乡	3	564	59	1	7	17
扎兰屯市达斡尔民族乡	1	608	96	1	5	8
阿荣旗查巴奇鄂温克民族乡	5	1 016	109	1	6	8
阿荣旗新发朝鲜族民族乡						
阿荣旗音河达斡尔鄂温克民族乡	2	895	133	1	9	10

5-9（二） 续表2

民族乡镇名称 Name of Ethnic Township and Town Government	学校数（所） Schools (unit)	在校学生数（人） Students Enrollment (person)	教师数（人） Teachers (person)	医院、卫生院（个） Hospital, Township Hospital (unit)	医生数（人） Doctors (person)	病床数（张） Beds (unit)
阿荣旗得力其尔鄂温克民族乡	2	865	117	1	7	4
根河市敖鲁古雅鄂温克民族乡	1	15	12	1	2	3
陈巴尔虎旗鄂温克苏木	1	10	5	1	10	10
额尔古纳市三河回族乡	4	1 409	142	1	60	62
额尔古纳市室韦俄罗斯民族乡	2	256	53	2	26	26
科右前旗满族屯满族乡	1	642	113	1	21	8
赤峰市松山区当铺地满族乡	17	6 750	324	3	96	115
赤峰市喀喇沁旗十家满族乡	17	3 514	360	2	31	50
乌盟凉城县曹碾满族乡	1	380	62	1	15	11
辽宁省						
沈阳市康平县柳树屯蒙古族满族乡	4	1 703	123	1	4	10
沈阳市康平县沙金台蒙古族满族乡	11	1 526	168	1	11	22
沈阳市沈北新区黄家锡伯族乡	1	1 180	110	1	17	20
沈阳市沈北新区石佛寺朝鲜族锡伯族乡	1	381	48	1	13	15
沈阳市法库县四家子蒙古族乡	2	1 451	133	1	10	20
沈阳市康平县东升满族蒙古族乡	7	1 353	123	1	20	12
沈阳市康平县西关屯蒙古族满族乡	1	1 262	135	1	17	18
大连市瓦房店市三台满族乡	5	1 440	104	1	8	30
大连市瓦房店市杨家满族乡	5	1 892	145	1	22	20
大连市庄河市太平岭满族乡	11	1 489	134	1	15	32
大连市庄河市桂云花满族乡	5	1 291	157	2	10	40
抚顺市抚顺县拉古满族乡	9	1 415	128	1	5	12
抚顺市抚顺县汤图满族乡	1	463	49	1	8	20
本溪市桓仁县雅河朝鲜族乡	1	338	71	1	4	22
本溪市南芬区思山岭满族乡	2	815	83	10	12	25
锦州市义县聚粮屯满族乡	6	1 658	170	1	8	18
锦州市义县地藏寺满族乡	6	514	46	1	8	15
锦州市义县留龙沟满族乡	6	800	80	1	18	12
锦州市义县大定堡满族乡	1	427	37	1	4	20
锦州市义县头台满族乡	2	945	67	1	5	27
锦州市义县头道河满族乡	6	970	115	1	7	25
锦州市黑山县镇安满族乡	7	1 581	190	1	15	27
锦州市凌海市温滴楼满族乡	6	1 388	117	1	17	20
阜新市彰武县西六家子蒙古族满族乡	3	1 186	142	1	2	4
阜新市彰武县二道河子蒙古族乡	3	956	128	1	13	8
阜新市彰武县苇子沟蒙古族乡	6	1 267	145	1	3	20

5-9（二）　续表3

民族乡镇名称 Name of Ethnic Township and Town Government	学校数（所） Schools (unit)	在校学生数（人） Students Enrollment (person)	教师数（人） Teachers (person)	医院、卫生院（个） Hospital, Township Hospital (unit)	医生数（人） Doctors (person)	病床数（张） Beds (unit)
阜新市彰武县大冷蒙古族乡	1	2 003	188	1	13	8
辽阳市辽阳县吉洞峪满族乡	12	1 725	132	2	8	50
辽阳市辽阳县甜水满族乡	15	1 427	148	1	20	31
铁岭市开原市黄旗寨满族乡	7	1 166	107	1	22	18
铁岭市开原市上肥地满族乡	2	683	58	1	6	15
铁岭市开原市下肥地满族乡	1	1 325	119	1	10	24
铁岭市开原市林丰满族乡	4	1 018	83	1	3	16
铁岭市铁岭县白旗寨满族乡	2	1 259	78	1	21	16
铁岭市铁岭县横道河子满族乡	1	1 195	149	1	12	12
铁岭市西丰县成平满族乡	4	834	78	1	15	20
铁岭市西丰县德兴满族乡	2	724	69	1	10	9
铁岭市西丰县和隆满族乡	4	1 022	98	1	10	15
铁岭市西丰县金星满族乡	5	1 307	99	1	12	30
铁岭市西丰县明德满族乡	3	560	71	1	10	30
铁岭市西丰县营厂满族乡	3	745	64	1	14	21
铁岭市清河区聂家满族乡	1	853	79	1	9	12
朝阳市北票市马友营蒙古族乡	9	1 450	146	1	12	20
朝阳市北票市凉水河蒙古族乡	6	381	79	1	7	40
朝阳市建平县三家蒙古族乡	13	4 840	302	1	7	20
朝阳市凌源县三家子蒙古族乡	13	3 528	272	2	40	34
朝阳市朝阳县松岭门蒙古族乡	7	844	76	1	6	10
朝阳市朝阳县乌兰河硕蒙古族乡	6	962	91	1	2	5
葫芦岛市绥中县西平坡满族乡	8	3 188	158	1	10	20
葫芦岛市绥中县范家满族乡	6	1 655	124	1	8	25
葫芦岛市绥中县高甸子满族乡	8	1 536	131	1	26	50
葫芦岛市绥中县葛家满族乡	1	2 080	131	1	6	10
葫芦岛市绥中县明水满族乡	7	1 400	95	1	23	40
葫芦岛市绥中县网户满族乡	6	1 900	123	1	40	15
葫芦岛市兴城市白塔满族乡	6	1 148	140	1	10	10
葫芦岛市兴城市大寨满族乡	11	2 115	202	1	15	20
葫芦岛市兴城市高家岭满族乡	6	1 500	110	1	27	12
葫芦岛市兴城市海滨满族乡	6	1 462	128	1	2	4
葫芦岛市兴城市红崖子满族乡	14	3 457	186	1	12	22
葫芦岛市兴城市碱厂满族乡	5	1 240	100	1	16	30
葫芦岛市兴城市旧门满族乡	4	1 015	100	1	20	26
葫芦岛市兴城市刘台子满族乡	5	1 359	120			
葫芦岛市兴城市南大山满族乡	13	1 771	161	1	9	20

5－9（二） 续表4

民族乡镇名称 Name of Ethnic Township and Town Government	学校数（所） Schools (unit)	在校学生数（人） Students Enrollment (person)	教师数（人） Teachers (person)	医院、卫生院（个） Hospital, Township Hospital (unit)	医生数（人） Doctors (person)	病床数（张） Beds (unit)
葫芦岛市兴城市望海满族乡	10	2 100	177	1	10	12
葫芦岛市兴城市围屏满族乡	7	1 097	101	1	8	20
葫芦岛市兴城市羊安满族乡	8	2 152	202	1	7	20
葫芦岛市兴城市药王庙满族乡	10	1 655	160	1	11	24
葫芦岛市兴城市三道沟满族乡	11	1 840	175	1	7	20
葫芦岛市兴城市元台子满族乡	9	1 819	161	1	3	20
葫芦岛市建昌二道湾子蒙古族乡	11	2 193	198	1	13	35
丹东市宽甸满族自治县下露河朝鲜族乡	10	981	104	1	10	30
丹东市东港市合隆满族乡	5	1 550	114	1	7	30
丹东市凤城市大堡蒙古族乡	10	2 693	167	1	27	30
大连市普兰店市乐甲满族乡	12	1 919	325	1	18	20
锦州市义县城关满族乡	6	1 206	147	1	5	32
吉林省						
延边州珲春市三家子满族乡	2	196	55	1	6	12
延边州珲春市杨泡满族乡	1	80	22	1	5	6
吉林市昌邑区土城子满族朝鲜族乡	4	1 308	110	5	6	16
吉林市龙潭区乌拉街满族镇	6	1 469	103	1	12	35
吉林市龙潭区大口钦满族镇	10	5 026	437	5	47	120
吉林市昌邑区两家子满族乡	2	1 107	105	1	13	14
吉林市永吉县金家满族乡	5	750	96	5	1	6
吉林市蛟河市乌林朝鲜族乡	6	958	157	2	36	31
通化市梅河口小杨满族朝鲜族乡	9	701	105	1	14	18
通化市集安市凉水朝鲜族乡	1	365	61	1	6	4
通化市通化县金斗朝鲜族满族乡	1	131	29	1	5	25
通化市通化县大泉源满族朝鲜族乡	5	1 288	261	2	42	77
通化市辉南县楼街朝鲜族乡	5	1 947	177	2	12	20
通化市柳河县姜家店朝鲜族乡	2	414	62	1	27	16
通化市柳河县三元浦朝鲜族镇	4	1 906	285	1	76	52
辽源市东丰县三合满族朝鲜族乡	17	3 200	320	3	54	51
长春市双阳区双营子回族乡	4	1 663	241	1	19	9
榆树市延和朝鲜族乡	1	20	21	1	2	4
九台市胡家回族乡	1	1 450	183	5	6	10
九台市莽卡满族乡	10	2 198	316	1	10	15
白城市通榆县包拉温都蒙古族乡	2	733	75	1	10	9
白城市通榆县向海蒙古族乡	6	3 654	365	3	23	60
白城市洮南市呼和车力蒙古族乡	9	510	82	5	11	5

5－9（二） 续表5

民族乡镇名称 Name of Ethnic Township and Town Government	学校数（所） Schools (unit)	在校学生数（人） Students Enrollment (person)	教师数（人） Teachers (person)	医院、卫生院（个） Hospital, Township Hospital (unit)	医生数（人） Doctors (person)	病床数（张） Beds (unit)
白城市洮南市胡力吐蒙古族乡	10	673	111	2	13	7
白城市镇赉县哈吐气蒙古族乡	6	412	75	1	5	11
白城市镇赉县莫莫格蒙古族乡	21	1 500	240	1	30	25
白城市大安市新艾里蒙古族乡	6	422	86	5	13	14
白城市洮北区德顺蒙古族乡	17	3 010	359	3	26	68
松原市三骏满族蒙古族锡伯族乡	13	3 510	344	1	13	16
梨树县叶赫满族镇	12	2 603	231	1	25	35
公主岭市二十家子满族镇	5	804	169	1	8	6
公主岭市龙山满族乡	8	1 100	115	1	9	22
双辽县那木斯蒙古族乡	10	1 256	173	1	83	53
黑龙江省						
哈尔滨市南岗区红旗满族乡	2	1 390	175	1	30	60
哈尔滨市双城市幸福满族乡	5	1 405	134	8	24	42
哈尔滨市双城市乐群满族乡	10	1 626	118	1	1	10
哈尔滨市双城市同心满族乡	9	1 312	114	15	5	19
哈尔滨市双城市希勤满族乡	9	760	99	1	21	30
哈尔滨市双城市公正满族乡	2	1 920	130	5	7	23
哈尔滨市双城市联兴满族乡	8	728	108	1	3	11
哈尔滨市双城市团结满族乡	18	1 598	178	2	20	16
哈尔滨市双城市新兴满族乡	4	1 570	130	1	9	12
哈尔滨市双城市青岭满族乡	2	946	103	1	15	20
哈尔滨市双城市农丰满族锡伯族镇	4	2 300	310	15	24	50
哈尔滨市五常市拉林满族镇	10	3 104	308	3	90	120
哈尔滨市五常市红旗满族乡	19	2 055	257	1	5	8
哈尔滨市五常市营城子满族乡	9	1 500	180	5	15	15
哈尔滨市五常市牛家满族镇	16	2 377	277	1	18	30
哈尔滨市五常市民乐朝鲜族乡	4	500	65	1	5	20
哈尔滨市尚志市河东朝鲜族乡	1	253	51	5	16	10
哈尔滨市尚志市鱼池朝鲜族乡	3	452	85	1	6	10
哈尔滨市阿城区料甸满族乡	15	2 084	311	2	18	44
哈尔滨市依兰县迎兰朝鲜族乡	4	2 150	152	2	11	22
齐齐哈尔市梅里斯区卧牛吐达斡尔族镇	7	810	105	1	25	20
齐齐哈尔市梅里斯区莽格吐达斡尔族乡	4	865	78	1	8	13
齐齐哈尔市泰来县宁姜蒙古族乡	11	821	152	1	15	15
齐齐哈尔市泰来县胜利蒙古族乡	13	1 354	135	15	33	38
齐齐哈尔市泰来县江桥蒙古族镇	9	2 017	165	1	15	20
齐齐哈尔市昂昂溪区水师营满族镇	3	1 082	106	1	11	5

5-9（二） 续表6

民族乡镇名称 Name of Ethnic Township and Town Government	学校数（所） Schools (unit)	在校学生数（人） Students Enrollment (person)	教师数（人） Teachers (person)	医院、卫生院（个） Hospital, Township Hospital (unit)	医生数（人） Doctors (person)	病床数（张） Beds (unit)
齐齐哈尔市富裕县友谊达斡尔族满族柯尔克孜族乡	2	1 537	164	1	7	20
齐齐哈尔市富裕县塔哈满族达斡尔族乡	1	987	125	1	7	15
齐齐哈尔市讷河市兴旺鄂温克族乡	17	2 498	353	1	2	2
齐齐哈尔市富拉尔基区杜尔门沁达斡尔族乡	3	1 432	116	1	23	26
牡丹江市海林市新安朝鲜族镇	6	774	117	1	32	30
牡丹江市西安区海南朝鲜族乡	6	630	108	1	10	10
牡丹江市宁安市江南朝鲜族满族乡	9	2 238	292	2	48	20
牡丹江市宁安市卧龙朝鲜族乡	2	850	116	1	16	18
牡丹江市东宁县三岔口朝鲜族镇	7	1 045	164	1	19	20
佳木斯市同江市街津口赫哲族乡	5	219	33	1	10	8
佳木斯市同江市八岔赫哲族乡	1	98	27	1	8	12
佳木斯市桦川县星火朝鲜族乡	1	44	32	1	6	18
佳木斯市汤原县汤旺朝鲜族乡	1	7	24	1	3	12
大庆市肇源县义顺蒙古族乡	8	1 055	179	5	6	8
大庆市肇源县浩德蒙古族乡	6	752	193	15	5	10
大庆市肇源县超等蒙古族乡	11	1 069	187	1	7	8
黑河市逊克县新鄂鄂伦春族乡	1	47	15	5	4	5
黑河市逊克县新兴鄂伦春族乡	1	39	16	1	6	4
黑河市爱辉区新生鄂伦春族乡	1	42	18	1	8	4
黑河市爱辉区四嘉子满族乡	2	298	49	1	16	2
黑河市爱辉区坤河达斡尔族满族乡	1	140	22	1	4	6
黑河市北安市主星朝鲜族乡	1	5	5	1	2	6
黑河市孙吴县沿江达斡尔族满族乡	1	447	54	1	7	6
绥化市北林区兴和朝鲜族乡	1	22	21	1	5	27
绥化市北林区绥胜满族镇	9	1 670	134	1	8	10
绥化市北林区永安满族镇	11	2 560	220	5	45	40
绥化市北林区红旗满族乡	8	1 690	120	1	8	28
绥化市望奎县惠七满族镇	9	826	196	1	26	14
绥化市望奎县厢白满族乡	11	906	202	1	12	10
绥化市望奎县灵山满族乡	9	720	141	1	8	14
伊春市铁力市年丰朝鲜族乡	1	255	57	1	17	15
鹤岗市萝北县东明朝鲜族乡	1	205	48	1	9	6
鹤岗市绥滨县福兴满族乡	1	203	25	1	4	10
大兴安岭地区呼玛县白银纳鄂伦春族乡	1	201	37	1	8	12
大兴安岭地区塔河县十八站鄂伦春族乡	1	417	53	1	31	80
双鸭山市饶河县四排赫哲族乡	1	27	24	1	4	4
双鸭山市友谊县成富朝鲜族满族乡	1	168	35	1	9	15

5-9（二） 续表7

民族乡镇名称 Name of Ethnic Township and Town Government	学校数（所） Schools (unit)	在校学生数（人） Students Enrollment (person)	教师数（人） Teachers (person)	医院、卫生院（个） Hospital, Township Hospital (unit)	医生数（人） Doctors (person)	病床数（张） Beds (unit)
七台河市勃利县杏树朝鲜族乡	5	1 135	99	1	4	20
七台河市勃利县吉兴朝鲜族满族乡	2	897	106	1	5	12
鸡西市密山市和平朝鲜族乡	2	867	115	1	9	31
鸡西市鸡东县鸡林朝鲜族乡	1	160	43	1	3	12
鸡西市鸡东县明德朝鲜族乡	1	231	66	1	4	30
鸡西市城子河区永丰朝鲜族乡	1	100	17			50
江苏省						
扬州市高邮市菱塘回族乡	3	2 355	210	1	54	28
浙江省						
金华市兰溪市水亭畲族乡	3	1 339	108	2	24	10
金华市武义县柳城畲族镇	4	4 027	276	2	48	100
衢州市龙游县沐尘畲族乡	3	500	36	2	10	10
丽水市莲都区老竹畲族镇	1	1 649	119	1	19	30
丽水市莲都区丽新畲族乡	1	307	28	1	13	10
丽水市龙泉市竹垟畲族乡	1	233	25	1	7	5
丽水市云和县雾溪畲族乡	1	85	13	1	2	3
丽水市云和县安溪畲族乡	1	59	11	1	3	3
丽水市遂昌县三仁畲族乡	1	413	38	1	9	
丽水市松阳县板桥畲族乡	1	152	19	1	4	2
杭州市桐庐县莪山畲族乡	1	675	45	1	14	10
温州市平阳县青街畲族乡	1	253	45	1	2	2
温州市苍南县岱岭畲族乡	1	288	38	1	4	3
温州市苍南县凤阳畲族乡	1	143	17	1	4	5
温州市文成县西坑畲族镇	2	541	49	1	7	16
温州市文成县周山畲族乡	2	31	13	2	3	1
温州市泰顺县司前畲族镇	2	1 627	110	1	14	5
温州市泰顺县竹里畲族乡				1	4	2
安徽省						
淮南市谢家集区孤堆回族乡	6	2 016	85	1	9	20
合肥市肥东县牌坊回族满族乡	16	5 727	338	3	34	60
滁州市定远县二龙回族乡	3	1 040	83	1	9	15
淮南市凤台县李冲回族乡	7	1 805	107	1	18	20
淮南市潘集区古沟回族乡	9	3 764	262	1	14	36
六安市寿县陶店回族乡	4	1 212	70	15	10	20
宣城市宁国市云梯畲族乡	5	184	22	1	6	6
蚌埠市五河县临北回族乡	7	2 309	132	1	10	25
阜阳市颍上县赛涧回族乡	6	3 230	127	1	23	30

5-9（二） 续表8

民族乡镇名称 Name of Ethnic Township and Town Government	学校数（所） Schools (unit)	在校学生数（人） Students Enrollment (person)	教师数（人） Teachers (person)	医院、卫生院（个） Hospital, Township Hospital (unit)	医生数（人） Doctors (person)	病床数（张） Beds (unit)
福建省						
福州市罗源县霍口畲族乡	4	927	149	1	9	18
福州市连江县小沧畲族乡	1	42	20	1	4	5
宁德市福安市坂中畲族乡	18	9 367	551	1	17	7
宁德市福安市康厝畲族乡	15	3 650	195	1	8	4
宁德市福安市穆云畲族乡	9	2 711	170	1	1	10
宁德市霞浦县盐田畲族乡	7	1 716	157	1	16	15
宁德市霞浦县崇儒畲族乡	7	753	133	1	10	68
宁德市霞浦县水门畲族乡	11	919	140	1	7	20
宁德市蕉城区金涵畲族乡	6	2 419	251	1	7	13
宁德市福鼎市硖门畲族乡	6	1 095	125	1	6	6
漳州市漳浦县赤岭畲族乡	7	665	96			
漳州市漳浦县湖西畲族乡	5	1 253	98	1	5	20
漳州市龙海市隆教畲族乡	7	2 385	166	1	7	15
三明市永安市青水畲族乡	10	2 156	194	1	8	20
三明市宁化县治平畲族乡	4	1 230	105	1	8	23
龙岩市上杭县官庄畲族乡	3	847	100	1	18	12
龙岩市上杭县庐丰畲族乡	9	2 376	178	1	35	25
泉州市惠安县百崎回族乡	12	2 040	212	1	36	20
江西省						
鹰潭市贵溪市樟坪畲族乡	4	302	51	1	3	15
上饶市铅山县太源畲族乡	1	230	16	1	5	5
上饶市铅山县篁碧畲族乡	2	870	20	1	2	8
吉安市永丰县龙冈畲族乡	6	1 747	87	1	24	16
吉安市峡江县金坪京族乡	1	312	16	1	8	15
吉安市青原区东固畲族乡	14	2 231	143	1	23	21
赣州市南康市赤土畲族乡	10	3 401	208	1	34	20
抚洲市乐安县金竹畲族乡	15	1 886	112	1	8	14
山东省						
淄博市临淄区金岭回族镇	2	1 013	85	1	26	20
聊城市莘县张鲁回族镇	14	4 184	390	1	60	20
菏泽市曹县侯集回族镇	14	4 289	211	1	50	42
德州市禹城市十里望回族乡	7	6 135	391	1	22	55
河南省						
郑州市荥阳市金寨回族乡	1	367	35	1	9	20
周口市太康县城关回族镇	16	17 411	794	7	852	327
周口市淮阳县城关回族镇	19	12 455	1 039	8	1 265	350

5-9（二） 续表9

民族乡镇名称 Name of Ethnic Township and Town Government	学校数（所）Schools (unit)	在校学生数（人）Students Enrollment (person)	教师数（人）Teachers (person)	医院、卫生院（个）Hospital, Township Hospital (unit)	医生数（人）Doctors (person)	病床数（张）Beds (unit)
周口市沈丘县槐店回族镇	22	22 860	2 040	3	245	210
商丘市宁陵县城关回族镇	10	25 750	1 648	9	860	750
商丘市睢县城关回族镇	12	24 525	1 399	6	387	1 104
商丘市民权县伯党回族乡	10	4 610	206	1	28	40
商丘市民权县胡集回族乡	7	2 040	130	1	16	30
平顶山市叶县马庄回族乡	6	2 032	132	1	10	45
平顶山市郏县姚庄回族乡	5	520	46	1	12	10
新乡市封丘县荆乡回族乡	3	1 218	103	1	8	16
许昌市许昌县艾庄回族乡	3	1 360	91	1	20	20
许昌市禹州市山货回族乡	3	1 950	85	1	6	20
许昌市襄城县颍桥回族镇	3	915	94	1	21	27
南阳市镇平县郭庄回族乡	9	1 036	102	1	18	21
南阳市方城县袁店回族乡	9	1 690	145	1	21	35
驻马店市西平县蔡寨回族乡	7	2 251	108	1	18	20
驻马店新蔡县李桥回族镇	11	4 415	273	1	32	30
漯河市临颍县繁城回族镇	25	7 321	546	1	106	80
洛阳市洛宁县王范回族镇	5	4 106	221	1	20	20
洛阳市瀍河回族乡	2	453	49	1	14	20
湖北省						
荆门市钟祥市九里回族乡	2	907	105	2	32	18
荆州市洪湖市老湾回族乡	1	1 193	110	1	26	10
荆州市松滋市卸甲坪土家族乡	4	1 058	75	1	13	15
宜昌市宜都潘家湾土家族乡	2	852	53	1	24	25
十堰市郧西县湖北口回族乡	13	2 415	137	1	24	27
恩施州恩施市芭蕉侗族乡	2	6 095	277	2	120	60
恩施州宣恩县长潭河侗族乡	8	3 107	190	1	29	60
恩施州宣恩县晓关侗族乡	17	3 998	255	1	86	50
恩施州鹤峰县铁炉白族乡	4	1 125	95	1	20	32
仙桃市沔城回族镇	4	7 120	384	1	29	36
神龙家林区下谷坪土家族乡	4	543	60	1	11	11
咸宁市赤壁市周郎嘴回族镇	4	1 510	125	1	24	20
湖南省						
怀化市辰溪县罗子山瑶族乡	8	321	41	1	3	10
怀化市辰溪县苏木溪瑶族乡	6	656	56	1	8	14
怀化市辰溪县上蒲溪瑶族乡	4	538	39	1	5	25
怀化市辰溪县后塘瑶族乡	7	195	98	1	22	43
怀化市辰溪县仙人湾瑶族乡	10	1 436	153	1	14	20

5-9（二） 续表10

民族乡镇名称 Name of Ethnic Township and Town Government	学校数（所） Schools (unit)	在校学生数（人） Students Enrollment (person)	教师数（人） Teachers (person)	医院、卫生院（个） Hospital, Township Hospital (unit)	医生数（人） Doctors (person)	病床数（张） Beds (unit)
怀化市洪江市深渡苗族乡	1	773	48	1	12	15
怀化市洪江市龙船塘瑶族乡	5	810	58	1	9	11
怀化市会同县炮团侗族苗族乡	1	1 084	71	1	9	18
怀化市会同县宝田侗族苗族乡	1	458	51	1	8	20
怀化市会同县蒲稳侗族苗族乡	2	775	64	1	6	30
怀化市会同县金子岩侗族苗族乡	13	842	63	1	9	14
怀化市会同县漠滨侗族苗族乡	5	1 185	92	1	11	12
怀化市会同县青朗侗族苗族乡	7	760	58	1	8	12
怀化市沅陵县二酉苗族乡	7	2 533	224	3	58	53
怀化市沅陵县火场土家族乡	1	574	51	15	6	12
怀化市中方县蒿吉坪瑶族乡	1	338	38	1	8	4
怀化市通道县大高坪苗族乡	3	320	19	1	4	4
怀化市通道县锅冲苗族乡	1	32	2	1	1	12
怀化市通道县传素瑶族乡						
怀化市通道县步头降苗族乡	2	713	57	1	9	15
怀化市通道县米贝苗族乡	2	655	50	1	10	15
邵阳市绥宁县党坪苗族乡	2	373	39	1	3	4
邵阳市绥宁县河口苗族乡	2	841	71	1	9	20
邵阳市绥宁县麻塘苗族乡	2	680	68	1	10	18
邵阳市绥宁县竹江舟苗族乡	1	380	64	1	4	8
邵阳市绥宁县东山侗族乡	3	1 236	115	1	32	24
邵阳市绥宁县朝仪侗族乡	2	756	75	1	8	20
邵阳市绥宁县鹅公岭侗族苗族乡	2	787	83	1	8	5
邵阳市绥宁县寨市苗族侗族乡	6	853	84	1	18	16
邵阳市绥宁县乐安铺苗族侗族乡	2	636	70	1	10	10
邵阳市绥宁县联民苗族侗族乡	1	245	28	1	3	6
邵阳市绥宁县枫木团苗族侗族乡	1	316	45	1	3	8
邵阳市绥宁县黄桑坪苗族乡	1	267	38	1	6	8
邵阳市绥宁县关峡苗族乡	8	1 625	174	1	12	12
邵阳市绥宁县长铺子苗族乡	7	546	103	1	25	6
邵阳隆回县山界回族乡	6	1 519	127	1	15	20
邵阳隆回县虎形山瑶族乡	8	1 070	66	1	11	15
邵阳洞口县那溪瑶族乡	14	1 331	65	1	10	20
邵阳洞口县大屋瑶族乡	1	232	23	1	3	6
邵阳洞口县长塘瑶族乡	4	292	30	1	2	4
邵阳新宁县黄金瑶族乡	3	681	51	1	12	12
邵阳新宁县麻林瑶族乡	4	1 003	79	1	15	20

5-9（二） 续表11

民族乡镇名称 Name of Ethnic Township and Town Government	学校数（所） Schools (unit)	在校学生数（人） Students Enrollment (person)	教师数（人） Teachers (person)	医院、卫生院（个） Hospital, Township Hospital (unit)	医生数（人） Doctors (person)	病床数（张） Beds (unit)
永州市蓝山县荆竹瑶族乡	1	119	14	1	4	12
永州市蓝山县紫良瑶族乡	4	125	27	1	1	7
永州市蓝山县浆洞瑶族乡	1	224	21	1	11	8
永州市蓝山县汇源瑶族乡	2	145	11	1	3	4
永州市蓝山县大桥瑶族乡	2	626	29	1	8	17
永州市江永县松柏瑶族乡	9	682	71	1	8	10
永州市江永县千家洞瑶族乡	5	809	85	1	11	10
永州市江永县兰溪瑶族乡	1	411	30	1	3	
永州市江永县源口瑶族乡	1	689	51	1	7	15
永州市宁远县九疑山瑶族乡	20	3 800	230	2	10	10
永州市宁远县棉花坪瑶族乡	4	300	22	1	1	9
永州市宁远县桐木漯瑶族乡	3	2 330	28	1	3	2
永州市宁远县荒塘瑶族乡	6	714	49	1	5	7
永州市道县横岭瑶族乡	5	710	53	1	4	4
永州市道县洪塘营瑶族乡	5	996	76	1	6	10
永州市道县井塘瑶族乡	5	888	53	1	5	4
永州市道县审章塘瑶族乡	10	1 080	63	1	9	2
永州市祁阳县晒北滩瑶族乡	6	230	33	1	4	3
永州市新田县门楼下瑶族乡	2	366	47	1	5	10
永州市双牌县上梧江瑶族乡	4	358	57	1	5	6
永州市江华县清塘壮族乡	3	1 121	88	1	5	6
永州市蓝山县犁头瑶族乡	2	80	10	1	2	
张家界市桑植县刘家坪白族乡	8	732	76	1	7	10
张家界市桑植县马合口白族乡	9	743	57	1	9	12
张家界市桑植县走马坪白族乡	7	502	45	1	17	16
张家界市桑植县淋溪河白族乡	5	400	40	1	6	20
张家界市桑植县芙蓉桥白族乡	7	1 026	81	3	15	26
张家界市桑植县麦地坪白族乡	6	292	23	2	9	9
张家界市桑植县洪家关白族乡	14	2 642	294	2	37	50
张家界市武陵源区索溪峪土家族乡	1	859	53	1	102	123
张家界市慈利县三关寺土家族乡	18	2 362	121	1	7	20
张家界市慈利县高峰土家族乡	8	1 048	81	1	17	12
张家界市慈利县金岩土家族乡	15	1 309	89	1	11	15
张家界市慈利县许家坊土家族乡	9	1 552	78	1	12	8
张家界市慈利县阳和土家族乡	1	1 421	88	1	26	25
张家界市慈利县甘堰土家族乡	7	1 428	74	1	5	12
张家界市慈利县赵家岗土家族乡	16	1	1 420	1	13	12

5-9（二） 续表 12

民族乡镇名称 Name of Ethnic Township and Town Government	学校数（所） Schools (unit)	在校学生数（人） Students Enrollment (person)	教师数（人） Teachers (person)	医院、卫生院（个） Hospital, Township Hospital (unit)	医生数（人） Doctors (person)	病床数（张） Beds (unit)
郴州市桂阳县华山瑶族乡	1	121	16	1	1	4
郴州市桂阳县杨柳瑶族乡	1	256	10	1	3	4
郴州市北湖区月峰瑶族乡	1	634	58	1	15	10
郴州市北湖区大塘瑶族乡	1	290	30	1	7	6
郴州市汝城县盈洞瑶族乡	1	785	49	1	5	10
郴州市汝城县延寿瑶族乡	6	1 983	118	1	6	14
郴州市汝城县小垣瑶族镇	1	802	43	1	6	20
郴州市汝城县岭秀瑶族乡	3	915	59	1	10	13
郴州市汝城县三江口瑶族乡	1	814	52	1	7	9
郴州市临武县西山瑶族乡	3	22	9	1	3	3
郴州市临武县团结瑶族乡	1	89	17	1	4	3
郴州市资兴市连坪瑶族乡	1	98	18	1	4	4
郴州市宜章县莽山瑶族乡	6	454	43	1	5	20
常德市鼎城区许家桥回族维吾尔族乡	2	1 409	134	1	28	40
常德市汉寿县毛家滩回族维吾尔族乡	3	1 421	89	1	18	33
常德市桃源县枫树维吾尔族回族乡	5	2 491	215	1	24	15
常德市桃源县青林回族维吾尔族乡	4	1 349	131	1	41	120
株洲市炎陵县龙渣瑶族乡	1	218	20	1	5	3
衡阳市常宁市塔山瑶族乡	9	948	71	2	15	10
益阳市桃江县鲜埠回族乡	6	1 010	118	1	22	18
广东省						
惠州市龙门县蓝田瑶族乡	2	1 037	107	1	27	18
清远市连州市三水瑶族乡	1	134	15	1	4	3
清远市连州市瑶安瑶族乡	6	523	96	1	7	12
清远市阳山县秤架瑶族乡	16	1 971	138	1	16	20
肇庆市怀集县下帅壮族瑶族乡	6	1 971	102	1	13	8
韶关市始兴县深渡水瑶族乡	4	184	29	1	4	5
河源市东源县漳溪畲族乡	8	1 813	129	1	8	6
广西壮族自治区						
梧州市蒙山县长坪瑶族乡	5	66	23	1	2	
梧州市蒙山县夏宜瑶族乡	6	750	73	1	7	8
贺州市八步区黄洞瑶族乡	5	603	53	1	16	9
贺州市八步区大平瑶族乡	5	1 151	94	1	26	22
贺州市昭平县仙回瑶族乡	6	724	105	1	17	30
贺州市钟山县两安瑶族乡	7	1 613	113	1	10	18
贺州市钟山县花山瑶族乡	7	1 104	94	1	10	3
贵港市平南县马练瑶族乡	14	5 389	232	1	8	20

5-9（二） 续表13

民族乡镇名称 Name of Ethnic Township and Town Government	学校数（所） Schools (unit)	在校学生数（人） Students Enrollment (person)	教师数（人） Teachers (person)	医院、卫生院（个） Hospital, Township Hospital (unit)	医生数（人） Doctors (person)	病床数（张） Beds (unit)
贵港市平南县国安瑶族乡	9	2 410	139	1	6	16
防城港市上思县南屏瑶族乡	6	1 541	126	1	10	4
南宁市马山县古寨瑶族乡	10	2 191	155	1	16	45
南宁市马山县里当瑶族乡	10	1 855	155	1	7	36
南宁市上林县镇圩瑶族乡	9	2 300	145	1	8	18
柳州市三江县同乐苗族乡	24	4 807	258	1	35	49
柳州市三江县福禄苗族乡	15	3 637	148	1	9	28
柳州市三江县高基苗族乡	19	382	45	1	6	20
柳州市融水县滚贝侗族乡	13	1 599	136	1	4	23
柳州市融水县同练瑶族乡	6	1 136	82	1	3	5
柳州市柳城县古砦仫佬族乡	20	3 316	252	1	15	26
桂林市临桂县宛田瑶族乡	5	1 416	146	1	11	12
桂林市临桂县黄沙瑶族乡	4	328	62	1	8	4
桂林市灵川县大境瑶族乡	8	811	101	1	9	20
桂林市灵川县兰田瑶族乡	1	341	59	1	5	16
桂林市全州县蕉江瑶族乡	10	967	83	1	5	4
桂林市全州县东山瑶族乡	6	2 092	203	1	7	30
桂林市兴安县华江瑶族乡	10	1 248	129	1	54	54
桂林市灌阳县洞井瑶族乡	10	1 090	90	1	13	18
桂林市灌阳县西山瑶族乡	10	894	112	1	14	16
桂林市资源县车田苗族乡	12	1 811	164	1	18	30
桂林市资源县两水苗族乡	8	773	75	1	6	8
桂林市资源县河口瑶族乡	4	264	34	1	6	5
桂林市平乐县大发瑶族乡	10	1 082	130	1	9	9
桂林市荔浦县蒲芦瑶族乡	18	427	65	1	7	18
桂林市雁山区草坪回族乡	3	513	53	1	7	10
百色市右江区汪甸瑶族乡	14	2 551	243	2	24	27
百色市田东县作登瑶族乡	22	3 642	234	1	9	12
百色市田林县潞城瑶族乡	18	2 767	292	2	16	20
百色市田林县利周瑶族乡	7	1 621	75	1	24	19
百色市田林县八桂瑶族乡	9	1 320	54	2	7	22
百色市田林县八渡瑶族乡	5	2 450	140	2	33	26
百色市凌云县伶站瑶族乡	10	2 243	143	1	27	15
百色市凌云县朝里瑶族乡	11	1 301	68	1	12	15
百色市凌云县沙里瑶族乡	16	3 988	134	1	21	20
百色市凌云县玉洪瑶族乡	31	2 918	156	2	32	30
百色市西林县足别瑶族苗族乡	9	1 133	30	1	3	8

5－9（二） 续表14

民族乡镇名称 Name of Ethnic Township and Town Government	学校数（所） Schools (unit)	在校学生数（人） Students Enrollment (person)	教师数（人） Teachers (person)	医院、卫生院（个） Hospital, Township Hospital (unit)	医生数（人） Doctors (person)	病床数（张） Beds (unit)
百色市西林县普合苗族乡	9	1 187	89	1	12	7
百色市西林县那佐苗族乡	23	2 856	130	2	25	12
河池市南丹县八圩瑶族乡	20	2 419	146	1	23	15
河池市南丹县里湖瑶族乡	19	2 496	181	1	20	14
河池市南丹县中堡苗族乡	7	1 027	72	1	6	5
河池市天峨县八腊瑶族乡	11	2 756	197	3	22	16
河池市凤山县平乐瑶族乡	13	3 229	179	1	13	25
河池市凤山县江洲瑶族乡	10	2 149	106	1	8	11
河池市凤山县金牙瑶族乡	15	4 210	226	2	15	50
河池市东兰县三弄瑶族乡	6	517	36	1	3	5
河池市环江县驯乐苗族乡	20	2 012	215	2	32	15
河池市宜州市北牙瑶族乡	27	6 119	322	2	40	90
河池市宜州市福龙瑶族乡	12	3 316	171	1	23	20
重庆市						
奉节县云雾土家族乡	1	380	19	1	5	4
奉节县长安土家族乡	4	1 530	79	3	10	20
奉节县龙桥土家族乡	4	855	43	1	7	6
奉节县太和土家族乡	4	928	76	1	6	7
万州区恒合土家族乡	2	2 528	159	1	14	20
万州区地宝土家族乡	4	867	32	1	6	10
云阳县清水土家族乡	2	2 563	123	2	18	30
巫山县红椿土家族乡	2	512	23	1	7	5
巫山县邓家土家族乡	6	410	20	1	6	10
忠县磨子土家族乡	6	963	92	2	23	20
四川省						
甘孜藏族自治州九龙县子耳彝族乡	3	548	22	1	3	5
甘孜藏族自治州九龙县三垭彝族乡	1	338	12	1	8	8
甘孜藏族自治州九龙县俄尔彝族乡	1	313	10	1	3	4
甘孜藏族自治州九龙县小金彝族乡	2	264	11	1	2	2
甘孜藏族自治州九龙县朵落彝族乡	1	168	11	1	2	4
甘孜藏族自治州九龙县踏卡彝族乡	2	536	18	1	7	2
甘孜藏族自治州九龙县湾坝彝族乡	5	1 264	50	1	9	8
阿坝藏族羌族自治州松潘县十里回族乡	3	293	29	1	3	4
阿坝藏族羌族自治州松潘县进安回族乡	2	742	61	1	3	7
攀枝花市仁和区大龙潭彝族乡	8	1 184	89	1	20	30
攀枝花市仁和区啊喇彝族乡	10	606	72	1	15	36
攀枝花市米易县麻陇彝族乡	3	940	42	1	14	9

5-9（二） 续表15

民族乡镇名称 Name of Ethnic Township and Town Government	学校数（所） Schools (unit)	在校学生数（人） Students Enrollment (person)	教师数（人） Teachers (person)	医院、卫生院（个） Hospital, Township Hospital (unit)	医生数（人） Doctors (person)	病床数（张） Beds (unit)
攀枝花市米易县白坡彝族乡	6	915	55	1	24	25
攀枝花市米易县湾丘彝族乡	5	1 580	76	1	8	20
攀枝花市米易县新山傈僳族乡	4	578	37	1	9	5
攀枝花市盐边县鳡鱼彝族乡	5	668	35	1	14	12
攀枝花市盐边县红果彝族乡	6	2 010	72	8	26	22
攀枝花市盐边县温泉彝族乡	4	1 198	48	1	6	8
攀枝花市盐边县箐河傈僳族乡	6	893	45	1	15	10
攀枝花市盐边县格萨拉彝族乡	12	1 785	88	2	24	25
攀枝花市盐边县和爱彝族乡	3	497	31	1	6	14
攀枝花市盐边县红宝苗族彝族乡	6	417	25	1	8	10
泸州市叙永县白蜡苗族乡	3	3 688	138	1	18	32
泸州市叙永县合乐苗族乡	2	1 520	57	1	10	20
泸州市叙永县枧槽苗族乡	5	2 430	95	1	11	22
泸州市叙永县石坝彝族乡	3	1 298	58	1	19	25
泸州市叙永县水潦彝族乡	4	4 352	156	1	9	44
泸州市古蔺县箭竹苗族乡	6	1 676	131	1	16	11
泸州市古蔺县大寨苗族乡	3	1 242	57	1	10	15
泸州市古蔺县马嘶苗族乡	5	1 763	79	1	15	20
广元市青川县蒿溪回族乡	1	580	47	1	5	8
广元市青川县大院回族乡	1	751	49	1	8	4
乐山市金口河区和平彝族乡	5	1 151	108	1	8	10
乐山市金口河区共安彝族乡	3	944	95	1	6	8
南充市阆中市博树回族乡	1	352	40	1	6	6
宜宾市筠连县高坪苗族乡	3	1 240	65	1	3	5
宜宾市筠连县联合苗族乡	5	1 596	72	1	3	3
宜宾市筠连县团林苗族乡	7	1 103	75	1	2	3
宜宾市屏山县屏边彝族乡	5	1 098	60	1	5	10
宜宾市屏山县清平彝族乡	10	942	42	1	5	7
宜宾市兴文县大坝苗族乡	5	3 840	168	1	20	25
宜宾市兴文县毓秀苗族乡	1	676	39	1	4	6
宜宾市兴文县大河苗族乡	4	7 103	239	1	5	32
宜宾市兴文县麒麟苗族乡	4	3 916	190	1	14	8
宜宾市兴文县仙峰苗族乡	3	1 500	70	1	12	20
宜宾市珙县罗渡苗族乡	7	1 851	98	1	10	17
宜宾市珙县玉和苗族乡	3	915	44	1	6	12
宜宾市珙县观斗苗族乡	4	778	35	1	4	10
雅安市汉源县小堡藏族彝族乡	2	156	16	1	5	2

5－9（二） 续表16

民族乡镇名称 Name of Ethnic Township and Town Government	学校数（所） Schools (unit)	在校学生数（人） Students Enrollment (person)	教师数（人） Teachers (person)	医院、卫生院（个） Hospital, Township Hospital (unit)	医生数（人） Doctors (person)	病床数（张） Beds (unit)
雅安市汉源县坭美彝族乡	1	264	11	1	3	3
雅安市汉源县永利彝族乡	3	212	18	1	3	3
雅安市汉源县顺河彝族乡	2	52	4	1	3	2
雅安市汉源县片马彝族乡	2	440	22	1	4	4
雅安市石棉县安顺彝族乡	4	625	39	1	6	12
雅安市石棉县先锋藏族乡	2	719	65	1	7	13
雅安市石棉县蟹螺藏族乡	2	364	31	1	6	10
雅安市石棉县回隆彝族乡	4	567	38	1	6	20
雅安市石棉县擦罗彝族乡	3	576	29	1	6	5
雅安市石棉县栗子坪彝族乡	2	693	33	1	7	14
雅安市石棉县新民藏族彝族乡	2	425	32	1	14	14
雅安市石棉县挖角彝族藏族乡	1	314	15	1	9	11
雅安市石棉县田湾彝族乡	1	209	19	1	6	8
雅安市石棉县草科藏族乡	1	165	17	1	7	17
雅安市宝兴县跷碛藏族乡	9	459	59	1	11	12
雅安市荥经县宝峰彝族民族乡	1	214	14	1	4	3
雅安市荥经县民建彝族民族乡	2	224	21	1	7	15
凉山彝族自治州西昌市高草回族乡	4	1 621	108	1	4	10
凉山彝族自治州西昌市裕隆回族乡	8	2 665	144	1	6	12
凉山彝族自治州木里县屋脚蒙古族乡	1	351	12	1	2	2
凉山彝族自治州木里县俄亚纳西族乡	2	942	28	1	4	2
凉山彝族自治州木里县白碉苗族乡	2	982	33	1	3	3
凉山彝族自治州木里县项脚蒙古族乡	1	464	26	1	6	3
凉山彝族自治州木里县固增苗族乡	1	363	25	2	1	3
凉山彝族自治州盐源县大坡蒙古族乡	5	678	22	1	4	5
凉山彝族自治州德昌县金沙傈僳族乡	1	313	19	1	4	3
凉山彝族自治州德昌县南山傈僳族乡	1	222	23	1	4	2
凉山彝族自治州会理县新安傣族乡	1	344	13	1	2	10
凉山彝族自治州冕宁县和爱藏族乡	2	425	28	1	3	5
凉山彝族自治州越西县保安藏族乡	5	887	23	1	3	4
绵阳市平武县木皮藏族乡	1	82	13	1	3	6
绵阳市平武县木座藏族乡	1	67	14	1	4	3
绵阳市平武县白马藏族乡	1	48	12	1	4	6
绵阳市平武县黄羊关藏族乡	1	82	17	1	2	4
绵阳市平武县虎牙藏族乡	1	86	14	1	3	6
绵阳市平武县泗耳藏族乡	1	23	7	1	2	3
绵阳市平武县徐塘羌族乡	2	174	20	1	2	6

5－9（二） 续表 17

民族乡镇名称 Name of Ethnic Township and Town Government	学校数（所） Schools (unit)	在校学生数（人） Students Enrollment (person)	教师数（人） Teachers (person)	医院、卫生院（个） Hospital, Township Hospital (unit)	医生数（人） Doctors (person)	病床数（张） Beds (unit)
绵阳市平武县锁江羌族乡	2	357	32	1	4	4
绵阳市平武县平南羌族乡	1	140	14	1	3	6
绵阳市北川县桃龙藏族乡	1	252	16	1	2	2
绵阳市盐亭县大兴回族乡	2	511	35	1	11	10
达州市宣汉渡口土家族乡	6	825	38	1	8	10
达州市宣汉龙泉土家族乡	3	2 607	67	1	13	13
达州市宣汉三墩土家族乡	8	2 121	85	1	8	12
达州市宣汉漆树土家族乡	4	646	27	1	5	7
绵阳市平武县水田羌族乡	1	204	17	1	2	7
绵阳市平武县旧堡羌族乡	1	247	15	1	3	6
绵阳市平武县阔达藏族乡	3	284	31	1	4	7
绵阳市平武县土城藏族乡	2	427	28	1	4	10
贵州省						
贵阳市花溪区高坡苗族乡	8	2 000	119	1	6	8
贵阳市花溪区马铃布依族苗族乡	9	3 586	182	1	13	10
贵阳市花溪区孟关苗族布依族乡	8	1 000	80	1	7	6
贵阳市花溪区黔陶布依族苗族乡	8	3 139	279	1	23	12
贵阳市花溪区湖潮布依族苗族乡	8	1 208	87	1	8	6
贵阳市花溪区小碧布依族苗族乡	13	3 211	183	2	8	21
贵阳市乌当区偏坡布依族乡	1	237	23	1	6	8
贵阳市乌当区新堡布依族乡	8	562	58	1	7	5
贵阳市白云区都拉布依族乡	9	1 110	67	1	7	10
贵阳市白云区牛场布依族乡	11	1 183	125	2	12	10
贵阳市清镇市麦格苗族布依族乡	6	2 657	148	1	16	10
贵阳市清镇市王庄布依族苗族乡	12	3 422	164	1	6	6
贵阳市清镇市流长苗族乡	20	7 271	294	1	19	23
贵阳市息烽市青山苗族乡	4	916	67	1	7	12
贵阳市开阳县禾丰布依族苗族乡	8	2 076	133	1	6	18
贵阳市开阳县南江布依族苗族乡	7	2 001	134	1	8	8
贵阳市开阳县高寨苗族布依族乡	8	3 134	176	1	7	10
贵阳市修文县大石布依族乡	5	1 432	107	1	10	6
六盘水市六枝特区落别布依族彝族乡	15	4 436	243	1	25	20
六盘水市六枝特区折溪彝族乡	12	2 336	101	1	8	16
六盘水市六枝特区牛场苗族彝族乡	15	4 159	139	1	9	22
六盘水市六枝特区中寨苗族彝族布依族乡	24	6 117	271	1	18	20
六盘水市六枝特区箐口彝族仡佬族布依族苗族乡	4	1 904	96	1	7	16
六盘水市六枝特区洒志彝族布依族苗族乡	15	2 746	99	1	17	5

5－9（二） 续表18

民族乡镇名称 Name of Ethnic Township and Town Government	学校数（所） Schools (unit)	在校学生数（人） Students Enrollment (person)	教师数（人） Teachers (person)	医院、卫生院（个） Hospital, Township Hospital (unit)	医生数（人） Doctors (person)	病床数（张） Beds (unit)
六盘水市六枝特区毛口布依族苗族乡	7	1 575	79	1	8	10
六盘水市六枝特区梭戛苗族彝族乡	11	2 593	129	1	8	10
六盘水市六枝特区陇脚布依族乡	11	1 810	103	1	6	10
六盘水市盘县特区普田回族乡	6	2 151	121	1	11	12
六盘水市盘县特区鸡场坪彝族乡	17	6 605	302	1	25	32
六盘水市盘县特区旧营白族彝族苗族乡	14	3 431	194	1	25	21
六盘水市盘县特区马场彝族苗族乡	11	2 590	106	1	13	20
六盘水市盘县特区羊场布依族白族苗族乡	13	5 572	273	1	23	48
六盘水市盘县特区保基苗族彝族乡	5	1 988	102	1	9	4
六盘水市盘县特区四格彝族乡	8	3 492	175	1	11	30
六盘水市盘县特区松河彝族乡	8	3 946	181	1	18	20
六盘水市盘县特区坪地彝族乡	13	6 114	271	1	19	20
六盘水市盘县特区淤泥彝族乡	9	3 792	239	1	24	45
六盘水市盘县特区普古彝族苗族乡	7	3 221	193	1	32	57
六盘水市钟山区月照彝族回族苗族乡	8	1 186	105	1	11	
六盘水市水城县坪寨彝族乡	7	2 015	47	1	8	9
六盘水市水城县勺米彝族苗族乡	16	3 900	170	1	7	4
六盘水市水城县比德苗族彝族乡	16	5 276	195	1	14	27
六盘水市水城县化乐苗族彝族乡	13	4 790	187	1	12	15
六盘水市水城县陡箐苗族彝族乡	11	2 610	168	1	16	6
六盘水市水城县董地苗族彝族乡	11	2 480	139	1	6	5
六盘水市水城县双戛彝族乡	6	1 290	98	1	11	8
六盘水市水城县南开苗族彝族乡	9	2 870	92	1	9	12
六盘水市水城县保华苗族彝族回族乡	11	3 995	110	1	8	11
六盘水市水城县青林苗族彝族乡	11	3 151	46	1	12	8
六盘水市水城县金盆苗族彝族乡	13	3 854	114	1	9	11
六盘水市水城县木果彝族苗族乡	16	5 930	144	1	8	8
六盘水市水城县发箐苗族彝族乡	6	1 536	70	2	13	12
六盘水市水城县玉舍彝族苗族乡	24	7 580	268	1	10	22
六盘水市水城县纸厂彝族乡	6	2 375	88	1	13	5
六盘水市水城县杨梅彝族苗族回族乡	14	4 421	182	3	23	15
六盘水市水城县新街彝族苗族布依族乡	6	1 880	81	1	7	12
六盘水市水城县野钟苗族彝族布依族乡	12	3 296	97	1	23	15
六盘水市水城县果布嘎彝族苗族布依族乡	6	2 512	80	1	11	6
六盘水市水城县发耳布依族苗族彝族乡	10	7 286	323	3	24	20
六盘水市水城县都格布依族苗族彝族乡	11	4 025	225	1	13	10
六盘水市水城县鸡场布依族彝族苗族乡	11	4 110	138	8	8	

5-9（二） 续表19

民族乡镇名称 Name of Ethnic Township and Town Government	学校数（所） Schools (unit)	在校学生数（人） Students Enrollment (person)	教师数（人） Teachers (person)	医院、卫生院（个） Hospital, Township Hospital (unit)	医生数（人） Doctors (person)	病床数（张） Beds (unit)
六盘水市水城县龙场苗族白族彝族乡	9	3 238	159	1	15	20
六盘水市水城县营盘苗族彝族白族乡	7	2 900	127	1	6	4
六盘水市水城县顺场苗族彝族布依族乡	12	3 612	132	1	9	10
六盘水市水城县花戛苗族布依族彝族乡	6	5 400	108	1	9	12
六盘水市水城县米箩布依族苗族彝族乡	12	4 312	128	1	10	10
六盘水市水城县猴场苗族布依族乡	9	3 190	136	1	7	5
六盘水市水城县红岩布依族彝族苗族乡	9	2 870	92	1	9	12
黔东南苗族侗族自治州麻江县贤昌布依族乡	5	2 006	90	1	3	3
黔东南苗族侗族自治州麻江县坝芒布依族乡	14	3 265	172	1	8	10
黔东南苗族侗族自治州麻江县景阳布依族乡	4	974	39	1	7	3
黔东南苗族侗族自治州镇远县尚寨土家族乡	5	1 947	103	1	15	20
黔东南苗族侗族自治州岑巩县杨桥土家族乡	7	1 721	105	1	10	13
黔东南苗族侗族自治州黎平县顺化瑶族乡	4	1 996	117	1	13	6
黔东南苗族侗族自治州黎平县雷洞瑶族水族乡	9	3 107	180	1	5	10
黔东南苗族侗族自治州从江县秀塘壮族乡	11	2 314	189	1	16	18
黔东南苗族侗族自治州从江县刚边壮族乡	17	2 694	120	1	15	5
黔东南苗族侗族自治州从江县翠里瑶族壮族乡	10	3 602	161	1	19	10
黔东南苗族侗族自治州榕江县三江水族乡	21	3 851	139	1	6	12
黔东南苗族侗族自治州榕江县塔石瑶族水族乡	20	4 180	188	1	15	20
黔东南苗族侗族自治州榕江县仁里水族乡	8	2 388	128	1	8	6
黔东南苗族侗族自治州榕江县定威水族乡	21	5 388	283	1	7	10
黔东南苗族侗族自治州榕江县兴华水族乡	13	2 595	162	1	10	11
黔东南苗族侗族自治州榕江县水尾水族乡	23	5 326	229	1	16	26
黔东南苗族侗族自治州雷山县达地水族乡	14	2 716	169	1	14	15
黔南布依族苗族自治州都匀市基场水族乡	15	2 726	185	1	13	20
黔南布依族苗族自治州都匀市阳和水族乡	12	4 262	183	1	15	20
黔南布依族苗族自治州都匀市奉和水族乡	11	2 727	161	1	13	15
黔南布依族苗族自治州平塘县卡蒲毛南族	9	2 231	110	1	13	25
黔南布依族苗族自治州荔波县瑶山瑶族乡	6	1 167	87	1	10	8
黔南布依族苗族自治州荔波县水利水族乡	5	982	59	1	6	6
黔南布依族苗族自治州荔波县水尧水族乡	13	4 682	231	1	7	36
黔南布依族苗族自治州荔波县永康水族乡	4	424	22	1	6	6
黔南布依族苗族自治州荔波县瑶麓瑶族乡	17	1 343	47	1	9	5
黔南布依族苗族自治州独山县甲定水族乡	9	1 064	77	1	5	9
黔南布依族苗族自治州独山县翁台水族乡	8	1 797	94	1	8	8
黔南布依族苗族自治州独山县本寨水族乡	2	1 978	95	1	6	10
黔西南布依族苗族自治州晴隆县三宝彝族乡	15	1 838	107	1	8	25

5－9（二） 续表20

民族乡镇名称 Name of Ethnic Township and Town Government	学校数（所） Schools (unit)	在校学生数（人） Students Enrollment (person)	教师数（人） Teachers (person)	医院、卫生院（个） Hospital, Township Hospital (unit)	医生数（人） Doctors (person)	病床数（张） Beds (unit)
黔西南布依族苗族自治州兴仁县鲁础营回族乡	8	1 786	81	1	8	10
黔西南布依族苗族自治州望谟县油迈瑶族乡	11	1 963	90	1	10	6
遵义市遵义县洪关苗族乡	6	929	46	1	8	7
遵义市遵义县平正仡佬族乡	11	2 495	96	1	10	18
遵义市桐梓县马鬃苗族乡	1	756	36	1	7	10
遵义市余庆县花山苗族乡	9	1 695	79	1	2	20
遵义市仁怀后山苗族布依族乡	6	1 406	81	1	8	7
遵义市正安县谢坝仡佬族苗族乡	9	1 544	84	1	6	4
遵义市正安县市坪苗族仡佬族乡	5	1 003	66	1	7	8
遵义市道真县上坝土家族乡	10	1 892	103	1	10	10
安顺市西秀区新场布依族苗族乡	2	1 243	81	1	6	10
安顺市西秀区鸡场布依族苗族乡	5	698	54	1	7	5
安顺市西秀区岩腊苗族布依族乡	6	818	58	1	6	7
安顺市西秀区杨武布依族苗族乡	5	576	38	1	6	12
安顺市西秀区黄腊布依族苗族乡	1	161	9			
安顺市平坝县十字回族乡	4	255	27	1	4	3
安顺市平坝县羊昌布依族苗族乡	4	279	25	1	4	5
安顺市普定县坪上苗族彝族布依族乡	22	4 327	238	1	10	14
安顺市普定县补郎苗族乡	4	879	35	1	7	1
安顺市普定县猫洞苗族仡佬族乡	10	3 120	119	1	7	10
安顺市普定县猴场苗族仡佬族乡	16	1 697	98	1	10	6
毕节地区毕节市田坎彝族乡	7	2 672	98	1	11	15
毕节地区毕节市大屯彝族乡	8	3 354	129	1	9	10
毕节地区毕节市阿市苗族彝族乡	14	4 144	161	1	9	20
毕节地区毕节市团结彝族苗族乡	13	4 333	145	1	9	20
毕节地区毕节市干溪彝族苗族白族乡	9	3 642	147	1	7	10
毕节地区毕节市阴底彝族苗族白族乡	15	8 060	263	1	15	20
毕节地区黔西县花溪彝族苗族乡	6	2 048	99	1	2	6
毕节地区黔西县定新彝族苗族乡	9	2 843	133	1	3	11
毕节地区黔西县协和彝族苗族乡	11	4 962	254	1	11	15
毕节地区黔西县钟山布依族彝族乡	10	3 684	202	1	10	40
毕节地区黔西县绿化白族彝族乡	9	2 872	192	1	8	15
毕节地区黔西县新仁苗族乡	9	2 729	158	1	5	14
毕节地区黔西县红林彝族苗族乡	12	3 359	171	1	10	12
毕节地区黔西县沙井苗族彝族仡佬族乡	17	6 251	258	1	7	9
毕节地区黔西县中建苗族彝族乡	6	1 486	82	1	1	6
毕节地区黔西县仁和彝族苗族乡	11	2 398	159	1	7	5

5－9（二） 续表21

民族乡镇名称 Name of Ethnic Township and Town Government	学校数（所） Schools (unit)	在校学生数（人） Students Enrollment (person)	教师数（人） Teachers (person)	医院、卫生院（个） Hospital, Township Hospital (unit)	医生数（人） Doctors (person)	病床数（张） Beds (unit)
毕节地区黔西县永燊彝族苗族乡	8	2 313	108	1	2	8
毕节地区黔西县太来彝族苗族乡	12	4 313	201	1	3	6
毕节地区黔西县铁石苗族彝族乡	7	3 066	159	1	6	40
毕节地区黔西县金波苗族彝族满族乡	12	2 600	154	1	9	8
毕节地区黔西县五里布依族苗族乡	7	3 471	156	1	9	8
毕节地区大方县竹园彝族苗族乡	9	3 981	137	1	8	9
毕节地区大方县响水白族彝族仡佬族乡	9	5 371	244	1	8	8
毕节地区大方县鼎新彝族苗族乡	17	7 719	301	1	13	14
毕节地区大方县牛场苗族彝族乡	13	6 541	222	1	11	13
毕节地区大方县理化苗族彝族乡	17	6 911	216	1	22	13
毕节地区大方县安乐彝族仡佬族乡	4	2 152	94	1	7	5
毕节地区大方县风山彝族蒙古族乡	12	2 816	132	1	8	8
毕节地区大方县白纳彝族乡	13	3 950	161	1	13	25
毕节地区大方县三元彝族苗族白族乡	9	3 830	114	1	6	10
毕节地区大方县普底彝族苗族白族乡	22	5 785	229	2	12	16
毕节地区大方县沙厂彝族乡	9	2 817	103	1	13	10
毕节地区大方县大水彝族苗族布依族乡	14	1 775	92	1	6	8
毕节地区大方县黄泥彝族苗族满族乡	9	2 894	76	1	6	12
毕节地区大方县核桃彝族白族乡	10	4 743	193	1	10	8
毕节地区大方县八堡彝族苗族乡	9	5 609	252	1	8	6
毕节地区大方县兴隆苗族乡	11	3 851	141	1	4	6
毕节地区大方县大山苗族彝族乡	17	3 686	116	1	6	6
毕节地区大方县星宿苗族彝族仡佬族乡	12	2 043	79	1	8	6
毕节地区金沙县石场苗族彝族乡	15	3 643	207	1	16	15
毕节地区金沙县太平彝族苗族乡	9	1 616	120	1	6	6
毕节地区金沙县箐门苗族彝族仡佬族乡	12	746	71	1	2	4
毕节地区金沙县马路彝族苗族乡	11	2 355	151	1	6	6
毕节地区金沙县安洛苗族彝族满族乡	9	2 717	158	1	18	20
毕节地区金沙县新华苗族彝族满族乡	12	4 677	197	1	5	30
毕节地区金沙县大田彝族苗族布依族乡	8	1 667	103	1	8	6
毕节地区织金县三甲白族苗族乡	9	3 900	161	1	6	20
毕节地区织金县官寨苗族乡	17	4 682	162	1	8	10
毕节地区织金县金龙苗族彝族布依族乡	17	6 425	216	1	6	15
毕节地区织金县鸡场苗族彝族布依族乡	11	9 281	303	1	5	30
毕节地区织金县自强苗族乡	8	2 222	106	1	5	11
毕节地区织金县茶店布依族苗族彝族乡	15	5 240	175	1	12	21
毕节地区织金县太平苗族彝族乡	9	3 593	99	1	4	10

5－9（二） 续表 22

民族乡镇名称 Name of Ethnic Township and Town Government	学校数（所） Schools (unit)	在校学生数（人） Students Enrollment (person)	教师数（人） Teachers (person)	医院、卫生院（个） Hospital, Township Hospital (unit)	医生数（人） Doctors (person)	病床数（张） Beds (unit)
毕节地区织金县后寨苗族乡	10	4 100	154	1	9	12
毕节地区纳雍县新房彝族苗族乡	8	7 088	276	1	13	30
毕节地区赫章县铁匠苗族乡	9	3 710	182	1	14	8
毕节地区赫章县可乐彝族满族乡	14	5 719	205	1	6	9
毕节地区赫章县河镇彝族苗族乡	14	5 232	230	1	5	18
毕节地区赫章县结构彝族苗族乡	17	6 407	171	1	13	20
毕节地区赫章县水塘堡彝族苗族乡	20	6 474	274	1	15	16
毕节地区赫章县古达苗族彝族乡	17	5 516	216	1	5	30
铜仁地区铜仁市桐木坪侗族乡	22	4 527	185	1	18	20
铜仁地区铜仁市鱼塘侗族土家族苗族乡	8	2 253	93	1	13	14
铜仁地区铜仁市大坪侗族土家族苗族乡	16	3 631	152	1	9	15
铜仁地区铜仁市和平土家族侗族乡	22	10 078	375	1	7	26
铜仁地区铜仁市滑石侗族苗族土家族乡	16	6 671	280	1	18	20
铜仁地区铜仁市瓦屋侗族乡	10	5 606	225	1	6	10
铜仁地区铜仁市六龙山侗族土家族乡	12	3 107	131	1	5	20
铜仁地区江口县太坪土家族苗族乡	12	5 031	211	1	8	10
铜仁地区江口县桃映土家族苗族乡	22	10 032	355	1	8	5
铜仁地区江口县民和侗族土家族苗族乡	10	3 616	143	1	4	5
铜仁地区江口县德旺土家族苗族乡	9	4 917	210	1	13	8
铜仁地区江口县官和侗族土家族苗族乡	20	10 035	402	2	12	21
铜仁地区江口县怒溪土家族苗族乡	18	8 267	301	2	10	25
铜仁地区江口县坝盘土家族侗族苗族乡	14	4 027	163	1	5	15
铜仁地区石阡县青羊苗族仡佬族侗族乡	11	5 823	232	1	13	16
铜仁地区石阡县枫香仡佬族侗族乡	14	4 591	210	2	14	43
铜仁地区石阡县坪地仡佬族侗族乡	6	975	90	1	7	7
铜仁地区石阡县龙井侗族仡佬族乡	16	4 676	135	1	7	10
铜仁地区石阡县石固仡佬族侗族乡	12	3 310	189	1	11	20
铜仁地区石阡县坪山仡佬族侗族乡	11	2 328	173	1	23	8
铜仁地区石阡县甘溪仡佬族侗族乡	11	1 692	139	1	6	11
铜仁地区石阡县聚凤仡佬族侗族乡	5	1 650	93	1	5	16
铜仁地区石阡县大沙坝仡佬族侗族乡	4	238	32	3	5	4
铜仁地区思南县大河坝土家族苗族乡	11	2 320	150	1	9	14
铜仁地区思南县思林土家族苗族乡	18	4 437	241	1	11	28
铜仁地区思南县东华土家族苗族乡	17	3 856	198	1	20	24
铜仁地区思南县胡家湾苗族土家族乡	13	1 900	116	1	12	15
铜仁地区思南县宽坪土家族苗族乡	7	1 326	68	1	10	12
铜仁地区思南县亭子坝土家族苗族乡	11	2 941	136	1	15	13

5－9（二）　续表 23

民族乡镇名称 Name of Ethnic Township and Town Government	学校数（所） Schools (unit)	在校学生数（人） Students Enrollment (person)	教师数（人） Teachers (person)	医院、卫生院（个） Hospital, Township Hospital (unit)	医生数（人） Doctors (person)	病床数（张） Beds (unit)
铜仁地区思南县枫柽土家族苗族乡	14	6 638	147	2	23	41
铜仁地区思南县香坝土家族苗族乡	4	1 832	112	1	18	15
铜仁地区石阡县枫香仡佬族侗族乡	2	1 406	95	1	10	14
铜仁地区石阡县坪地仡佬族侗族乡	4	1 805	106	1	16	15
铜仁地区石阡县龙井侗族仡佬族乡	4	1 935	123	1	16	17
铜仁地区石阡县石固仡佬族侗族乡	4	2 120	116	1	15	16
铜仁地区石阡县坪山仡佬族侗族乡	4	1 563	99	1	14	13
铜仁地区石阡县甘溪仡佬族侗族乡	2	1 152	82	1	11	12
铜仁地区石阡县聚凤仡佬族侗族乡	4	1 754	106	1	15	15
铜仁地区石阡县大沙坝仡佬族侗族乡	4	1 922	101	1	8	10
铜仁地区思南县大河坝土家族苗族乡	17	4 785	274	1	9	10
铜仁地区思南县思林土家族苗族乡	5	2 200	131	1	3	9
铜仁地区思南县东华土家族苗族乡	7	2 130	116	1	4	3
铜仁地区思南县胡家湾苗族土家族乡	10	3 296	158	1	5	4
铜仁地区思南县宽坪土家族苗族乡	7	3 124	165	1	4	6
铜仁地区思南县亭子坝土家族苗族乡	9	2 571	112	1	5	4
铜仁地区思南县枫柽土家族苗族乡	6	2 881	140	1	4	10
铜仁地区思南县香坝土家族苗族乡	13	4 955	238	1	5	10
铜仁地区思南县长坝苗族土家族乡	9	2 592	123	1	3	3
铜仁地区思南县板桥苗族土家族乡	12	2 748	156	1	3	4
铜仁地区思南县三道水土家族苗族乡	10	3 753	191	1	5	20
铜仁地区思南县天桥土家族苗族乡	9	2 750	170	1	5	3
铜仁地区思南县兴隆土家族苗族乡	12	2 846	145	1	6	5
铜仁地区思南县杨家坳苗族土家族乡	19	4 024	166	1	3	2
铜仁地区德江县泉口土家族乡	14	4 614	114	1	17	13
铜仁地区德江县楠杆土家族乡	9	3 491	107	1	12	6
铜仁地区德江县复兴土家族乡	19	6 601	147	1	24	15
铜仁地区德江县合兴土家族乡	16	3 791	119	1	15	9
铜仁地区德江县沙溪土家族乡	12	2 340	69	1	17	8
铜仁地区德江县长堡土家族乡	16	3 791	119	1	15	9
铜仁地区德江县桶井土家族乡	12	4 407	114	1	14	5
铜仁地区德江县共和土家族乡	13	3 410	107	1	13	12
铜仁地区德江县荆角土家族乡	10	2 270	76	1	15	5
铜仁地区德江县长丰土家族乡	8	3 410	107	1	14	6
铜仁地区德江县平原土家族乡	8	2 801	87	1	17	12
铜仁地区德江县高山土家族乡	10	3 313	90	1	12	14
铜仁地区德江县钱家土家族乡	11	1 871	79	1	4	2

5-9（二） 续表 24

民族乡镇名称 Name of Ethnic Township and Town Government	学校数（所） Schools (unit)	在校学生数（人） Students Enrollment (person)	教师数（人） Teachers (person)	医院、卫生院（个） Hospital, Township Hospital (unit)	医生数（人） Doctors (person)	病床数（张） Beds (unit)
铜仁地区德江县龙泉土家族乡	11	2 171	68	1	10	4
铜仁地区德江县堰塘土家族乡	11	2 179	114	1	9	4
铜仁地区万山特区下溪侗族乡	7	1 168	76	1	8	10
铜仁地区万山特区敖寨侗族乡	8	1 068	83	1	5	2
铜仁地区万山特区高楼坪侗族乡	6	1 739	115	1	7	6
铜仁地区万山特区黄道侗族乡	11	1 580	110	1	6	12
云南省						
昆明市五华区沙朗白族乡	2 418	6	2 418	1	1	29
昆明市富民县罗免彝族苗族乡	1 279	2	1 279	1	1	11
昆明市晋宁县夕阳彝族乡	1 387	1	1 387	4	1	4
昆明市晋宁县双河彝族乡	2 625	6	2 625	1	1	5
昆明市官渡区阿拉彝族乡	3 017	8	3 017	1	15	16
昆明市宜良县九乡彝族回族乡	7 628	10	7 628	1	1	8
昆明市宜良县耿家彝族苗族乡	5 620	10	5 620	1	100	19
昭通市守望回族乡	6 238	6	6 238	1	1	16
昭通市小龙洞回族彝族乡	5 100	11	5 100	1	1	7
昭通市布嘎回族乡	7 762	11	7 762	1	15	13
昭通市青冈岭回族彝族乡	3 700	8	3 700	1	1	8
昭通市鲁甸县桃源回族乡	3 715	21	3 715	1	1	8
昭通市鲁甸县茨院回族乡	2 156	15	2 156		1	9
昭通市大关县上高桥回族彝族苗族乡	1 596	22	1 596	1	1	6
昭通市永善县马楠苗族彝族乡	13 421	15	13 421	1	1	23
昭通市永善县伍寨彝族苗族乡	9 804	26	9 804	1	1	9
昭通市镇雄县坡头彝族苗族白族镇	9 271	17	9 271	1	1	13
昭通市镇雄县果珠彝族乡	7 617	25	7 617		1	13
昭通市镇雄县林口彝族苗族乡	9 347	25	9 347	1	1	10
昭通市镇雄县以古彝族苗族乡	9 010	39	9 010	1	1	18
昭通市彝良县龙街苗族彝族乡	4 857	22	4 857	1	25	8
昭通市彝良县奎香苗族彝族乡	4 233	19	4 233	1	1	8
昭通市彝良县树林彝族苗族乡	5 192	33	5 192	1	1	11
昭通市彝良县柳溪苗族乡	6 201	29	6 201	1	1	15
昭通市彝良县洛旺苗族乡	5 230	39	5 230	1	1	19
昭通市威信县双河苗族彝族乡	5 510	58	5 510	1	1	29
曲靖市师宗县龙庆彝族壮族乡	5 315	60	5 315	1	15	38
曲靖市师宗县五龙壮族乡	2 214	14	2 214	1	1	13
曲靖市师宗县高良壮族苗族瑶族乡	1 810	30	1 810	1	1	6
曲靖市罗平县长底布依族乡	2 598	39	2 598	1	3	31

5-9（二） 续表25

民族乡镇名称 Name of Ethnic Township and Town Government	学校数（所） Schools (unit)	在校学生数（人） Students Enrollment (person)	教师数（人） Teachers (person)	医院、卫生院（个） Hospital, Township Hospital (unit)	医生数（人） Doctors (person)	病床数（张） Beds (unit)
曲靖市罗平县旧屋基彝族乡	3 219	4	3 219	1	1	13
曲靖市罗平县鲁布革布依族苗族乡	5 790	20	5 790	1	1	21
曲靖市富源县古敢水族乡	2 020	7	2 020	1	1	1
曲靖市会泽县新街回族乡	1 960	12	1 960	1	1	13
楚雄州南华县雨露白族乡	913	5	913	1	1	7
楚雄州大姚县湾碧傈僳族傣族乡	1 430	10	1 430	1	1	12
楚雄州永仁县永兴傣族乡	869	4	869	1	1	9
楚雄州武定县东坡傣族乡	1 263	6	1 263	1	1	13
玉溪市红塔区小石桥彝族乡	1 109	4	1 109	1	15	8
玉溪市红塔区洛河彝族乡	1 388	6	1 388	1	1	4
玉溪市江川县安化彝族乡	649	4	649	1	1	5
玉溪市通海县高大傣族彝族乡	481	1	481	1	1	5
玉溪市通海县里山彝族乡	907	7	907	1	1	20
玉溪市兴蒙蒙古族乡	1 708	9	1 708	1	1	15
玉溪市通红甸彝族苗族乡	2 526	9	2 526	1	1	10
玉溪市易门县十街彝族乡	3 147	10	3 147	1	1	13
玉溪市易门县浦贝彝族乡	2 818	10	2 818	1	1	8
玉溪市易门县铜厂彝族乡	1 349	27	1 349	1	1	6
红河州河口县桥头苗族壮族乡	2 594	8	2 594	1	1	6
红河州金平县拉祜族乡	1 734	14	1 734	1	1	9
红河州蒙自县期路白苗族乡	2 882	17	2 882	1	1	35
红河州蒙自县老寨苗族乡	1 090	5	1 090	1	1	13
红河州开远市大庄回族乡	1 864	6	1 864	1	1	24
文山州文山县东山彝族乡	3 617	11	3 617	1	1	13
文山州文山县红甸回族乡	1 923	7	1 923	1	1	9
文山州文山县秉烈彝族乡	1 271	14	1 271	1	1	14
文山州文山县柳井彝族乡	773	7	773	1	1	7
文山州文山县追栗街彝族乡	3 584	26	3 584	1	1	11
文山州文山县坝心彝族乡	9 750	33	9 750	1	3	21
文山州砚山县阿舍彝族乡	4 829	29	4 829	1	1	8
文山州砚山县维末彝族乡	4 027	32	4 027	1	1	11
文山州砚山县盘龙彝族乡	2 931	30	2 931	1	1	12
文山州砚山县干河彝族乡	2 923	20	2 923	1	1	3
文山州丘北县舍得彝族乡	6 808	14	6 808	1	1	4
文山州丘北县新店彝族乡	5 210	19	5 210	1	1	7
文山州丘北县树皮彝族乡	507	11	507	1	1	10
文山州丘北县八道哨彝族乡	1 878	8	1 878	1	1	9

5-9（二） 续表 26

民族乡镇名称 Name of Ethnic Township and Town Government	学校数（所） Schools (unit)	在校学生数（人） Students Enrollment (person)	教师数（人） Teachers (person)	医院、卫生院（个） Hospital, Township Hospital (unit)	医生数（人） Doctors (person)	病床数（张） Beds (unit)
文山州丘北县腻脚彝族乡	5 525	50	5 525	1	1	16
文山州麻栗坡县猛硐瑶族乡	1 474	5	1 474	1	1	11
文山州富宁县洞波瑶族乡	1 469	5	1 469	1	1	8
普洱市澜沧县酒井哈尼族乡	1 674	7	1 674	1	1	22
普洱市澜沧县发展河哈尼族乡	4 804	30	4 804	1	1	13
普洱市澜沧县惠民哈尼族乡	1 523	13	1 523	1	1	12
普洱市澜沧县谦六彝族乡	2 508	7	2 508	1	1	8
普洱市澜沧县文东佤族乡	1 770	11	1 770	1	1	6
普洱市澜沧县安康佤族乡	1 504	7	1 504	1	1	19
普洱市澜沧县雪林佤族乡	1 720	7	1 720	1	1	15
普洱市思茅区云仙彝族乡	1 084	2	1 084	1	1	5
普洱市思茅区龙潭彝族傣族乡	1 151	2	1 151	1	1	5
普洱市墨江县孟弄彝族乡	1 224	6	1 224	1	1	7
普洱市墨江县鱼塘彝族乡	870	6	870	1	1	8
普洱市西盟县力所拉祜族乡	1 866	14	1 866	1	1	9
大理州大理市太邑彝族乡	868	25	868	1	1	6
大理州鹤庆县六合彝族乡	1 118	7	1 118	1	1	8
大理州宾川县钟英傈僳族彝族乡	1 465	9	1 465	1	2	11
大理州宾川县拉乌彝族乡	2 568	57	2 568	1	1	5
大理州祥云县东山彝族乡	1 397	8	1 397	1	1	5
大理州弥渡县牛街彝族乡	2 494	22	2 494	1	1	7
大理州永平县北斗彝族乡	1 856	16	1 856	1	1	12
大理州永平县厂街彝族乡	844	6	844	1	1	12
大理州永平县水泄彝族乡	1 316	7	1 316	1	1	9
大理州云龙县表村傈僳族乡	1 147	12	1 147	1	1	25
大理州云龙县团结彝族乡	888	8	888	1	1	10
丽江市华坪县永兴傈僳族乡	1 504	15	1 504	1	1	20
丽江市华坪县通达傈僳族乡	1 812	11	1 812	1	2	27
丽江市华坪县新庄傈僳族傣族乡	1 001	19	1 001	1	1	7
丽江市华坪县石龙坝彝族傣族乡	1 109	8	1 109	1	1	4
丽江市华坪县船房傈僳族傣族乡	1 292	6	1 292	1	1	7
丽江市永胜县羊坪彝族乡	1 666	25	1 666	1	1	5
丽江市永胜县东山傈僳族彝族乡	1 386	17	1 386	1	1	15
丽江市永胜县东风傈僳族乡	1 929	19	1 929	1	2	11
丽江市永胜县六德傈僳族彝族乡	1 926	17	1 926	1	1	3
丽江市永胜县大安彝族纳西族乡	1 329	27	1 329	1	1	6
丽江市永胜县光华傈僳族彝族乡	2 235	27	2 235	1	1	8

5-9（二） 续表27

民族乡镇名称 Name of Ethnic Township and Town Government	学校数（所） Schools (unit)	在校学生数（人） Students Enrollment (person)	教师数（人） Teachers (person)	医院、卫生院（个） Hospital, Township Hospital (unit)	医生数（人） Doctors (person)	病床数（张） Beds (unit)
丽江市永胜县松坪傈僳族彝族乡	3 141	17	3 141	1	1	17
丽江市宁蒗县翠玉傈僳族普米族乡	455	9	455	1	1	8
丽江市古城区金山白族乡	3 150	12	3 150	1	1	28
丽江市古城区金江白族乡	1 022	9	1 022	1	1	4
丽江市玉龙县九河白族乡	1 632	10	1 632	1	1	9
丽江市玉龙县石头白族乡	4 048	34	4 048	1	2	15
丽江市玉龙县黎明傈僳族乡	4 142	50	4 142	1	1	17
保山市隆阳区瓦马彝族白族乡	4 735	47	4 735	1	1	16
保山市隆阳区瓦房彝族苗族乡	8 837	39	8 837	1	3	68
保山市隆阳区杨柳白族彝族乡	5 410	27	5 410	1	1	23
保山市隆阳区潞江傣族镇	1 037	12	1 037	1	1	8
保山市隆阳区芒宽彝族傣族乡	759	5	759	1	1	6
保山市施甸县摆榔彝族布朗族乡	3 489	15	3 489	1	1	15
保山市施甸县木老元布朗族彝族乡	1 026	9	1 026	1	1	12
保山市腾冲县荷花傣族佤族乡	2 109	14	2 109	1	1	8
保山市龙陵县木城彝族傈僳族乡	3 164	18	3 164	1	1	19
保山市昌宁县朱街彝族乡	1 840	6	1 840	1	1	9
保山市昌宁县苟街彝族苗族乡	3 392	14	3 392	1	1	16
保山市昌宁县湾甸傣族乡	940	3	940	1	1	11
德宏州陇川户撒阿昌族乡	2 931	10	2 931	1	1	22
德宏州潞西市三台山德昂族乡	1 804	13	1 804	1	1	10
德宏州梁河县囊宋阿昌族乡	1 326	10	1 326	1	1	3
德宏州梁河县九保阿昌族乡	1 245	32	1 245	1	1	7
德宏州盈江县苏典傈僳族乡	1 429	9	1 429	1	1	6
怒江州福贡县匹河怒族乡	1 766	10	1 766	1	1	16
怒江州泸水洛本卓白族乡	2 563	7	2 563	1	1	23
怒江州泸水县老窝白族乡	1 337	10	1 337	1	1	13
迪庆州香格里拉县三坝纳西族乡	891	16	891	1	1	13
迪庆州德钦县霞若傈僳族乡	3 519	38	3 519	1	1	13
迪庆州德钦县拖顶傈僳族乡	1 200	17	1 200	1	1	6
临沧市凤庆县新华彝族苗族乡	2 696	23	2 696	1	1	10
临沧市凤庆县腰街彝族乡	2 590	31	2 590	1	1	13
临沧市凤庆县郭大寨彝族白族乡	2 960	10	2 960	1	1	12
临沧市云县栗树彝族傣族乡	1 068	13	1 068	1	1	12
临沧市云县忙怀彝族布朗族乡	3 019	39	3 019	1	1	10
临沧市云县后箐彝族乡	3 956	29	3 956	1	1	10
临沧市永德县大雪山彝族拉祜族傣族乡	1 213	4	1 213	1	1	8

5-9（二） 续表 28

民族乡镇名称 Name of Ethnic Township and Town Government	学校数（所） Schools (unit)	在校学生数（人） Students Enrollment (person)	教师数（人） Teachers (person)	医院、卫生院（个） Hospital, Township Hospital (unit)	医生数（人） Doctors (person)	病床数（张） Beds (unit)
临沧市永德县乌木龙彝族乡	560	10	560	1	1	8
临沧市临翔区平村彝族傣族乡	1 043	5	1 043	1	1	8
临沧市临翔区南美拉祜乡	1 826	18	1 826	1	1	12
临沧市耿马县芒洪拉祜族布朗族乡	2 064	20	2 064	1	1	10
临沧市沧源县勐角傣族彝族拉祜族乡	1 166	2	1 166	1	1	16
临沧市镇康县军赛佤族拉祜族傈僳族德昂族乡	2 989	6	2 989	1	2	38
西双版纳州景洪市基诺山基诺族乡	1 411	4	1 411	1	1	8
西双版纳州景洪市景哈哈尼族乡	1 485	4	1 485	1	1	6
西双版纳州勐腊县瑶区瑶族乡	993	5	993	1	1	11
西双版纳州勐腊县象明彝族乡	3 341	5	3 341	1	1	14
西双版纳州勐海县格朗和哈尼族乡	2 313	8	2 313	1	1	18
西双版纳州勐海县布朗山布朗族乡						
西双版纳州勐海县西定哈尼族乡						
陕西省						
商洛市镇安县西口回族镇	9	1 612	109	1	37	20
商洛市镇安县茅坪回族镇	5	1 504	107	1	18	15
安康市宁陕县江口回族镇	11	1 321	124	1	13	42
甘肃省						
临夏回族自治州广河县阿里麻土东乡族乡	8	2 305	102	1	17	11
临夏回族自治州临夏县井沟东乡族乡	15	2 313	128	1	20	20
临夏回族自治州和政县梁家寺东乡族乡	8	1 935	85	1	8	12
临夏回族自治州临夏县安家坡东乡族乡	5	2 150	92	1	20	20
甘南藏族自治州临潭县长川回族乡	15		10	1	3	18
甘南藏族自治州临潭县卓洛回族乡	3		2	1	4	4
甘南藏族自治州临潭县古战回族乡			5	1	5	12
甘南藏族自治州卓尼县勺哇土族乡			2	1	2	4
陇南市文县铁楼藏族乡	16	1 142	65	1	10	6
陇南市武都县坪垭藏族乡	8	748	38	1	4	13
陇南市武都县磨坝藏族乡	3	748	25	1	6	10
陇南市宕昌县新城子藏族乡	7	1 120	65	1	6	4
酒泉市肃州区黄泥堡裕固族乡	1	94	16	1	2	10
酒泉市玉门市小金湾东乡族乡	1	890	35	1	13	15
白银市会宁县新添堡回族乡	17	2 312	145	1	5	16
庆阳市正宁县五倾源回族乡	5	834	62	1	5	4
平凉市峡门回族乡	26	2 038	137	2	15	20
平凉市华亭县神峪回族乡	11	1 689	163	1	30	33
平凉市华亭县山寨回族乡	10	2 387	168	1	21	22

5－9（二） 续表29

民族乡镇名称 Name of Ethnic Township and Town Government	学校数（所） Schools (unit)	在校学生数（人） Students Enrollment (person)	教师数（人） Teachers (person)	医院、卫生院（个） Hospital, Township Hospital (unit)	医生数（人） Doctors (person)	病床数（张） Beds (unit)
平凉市白庙回族乡	10	1 835	125	1	9	13
平凉市大秦回族乡	8	2 020	117	1	13	20
平凉市寨河回族乡	15	2 775	124	1	12	14
平凉市大寨回族乡	22	2 730	137	2	21	24
平凉市西阳回族乡	12	2 075	90	1	9	12
平凉市上杨回族乡	7	814	67	1	8	10
张掖市肃南县祁丰藏族乡	2	243	43	5	6	31
张掖市肃南县马蹄藏族乡	2	415	62	3	13	16
张掖市肃南县白银蒙古族乡						
张掖市甘州区平山湖蒙古族乡	1	44	9	1	7	7
酒泉市瓜州县七墩回族东乡族乡	1	248	10	1	4	11
酒泉市瓜州县腰站子东乡族乡	6	1 072	69	1	8	21
酒泉市瓜州县广至藏族乡	6	969	44	1	6	20
酒泉市瓜州县沙河回族乡	5	812	48	1	3	6
酒泉市玉门市独山子东乡族乡	3	597	34	1	5	8
青海省						
西宁市大通县朔北藏族乡	11	2 227	150	2	16	10
西宁市大通县向化藏族乡	3	1 017	65	6	6	4
西宁市湟中县群加藏族乡	3	220	25	1	7	3
西宁市湟中县大才回族乡	17	3 022	186	1	4	17
西宁市湟中县汉东回族乡	12	3 169	215	1	4	12
西宁市湟源县日月藏族乡	7	382	39	1	3	4
海东地区民和县杏儿藏族乡	5	444	44	1	4	8
海东地区乐都县下营藏族乡	12	745	81	1	5	4
海东地区乐都县中坝藏族乡	14	926	100	1	4	4
海东地区乐都县达拉土族乡	8	984	75	1	6	4
海东地区互助县松多藏族乡	12	924	46	1	1	6
海东地区化隆县雄先藏族乡	12	735	35	1	5	8
海东地区化隆县查甫藏族乡	11	1 049	40	1	6	6
海东地区化隆县金源藏族乡	11	400	18	1	2	7
海东地区化隆县塔加藏族乡	13	1 572	106	1	20	18
海东地区循化县道帏藏族乡	8	875	39	1	7	5
海东地区循化县尕楞藏族乡	13	1 229	54	1	10	16
海东地区循化县文都藏族乡	1	116	12	1	6	4
海北州门源县皇城蒙古族乡	6	1 183	96	1	4	10
海东地区平安县沙沟回族乡	6	470	57	1	5	7
海东地区平安县巴藏沟回族乡	11	679	76	1	8	10

5-9（二） 续表30

民族乡镇名称 Name of Ethnic Township and Town Government	学校数（所） Schools (unit)	在校学生数（人） Students Enrollment (person)	教师数（人） Teachers (person)	医院、卫生院（个） Hospital, Township Hospital (unit)	医生数（人） Doctors (person)	病床数（张） Beds (unit)
海东地区平安县石灰窑回族乡	10	421	61	1	6	3
海东地区平安县洪水泉回族乡	9	1 620	117	1	10	15
海东地区平安县古城回族乡	5	391	62	1	5	7
海东地区互助县巴扎藏族乡	6	672	57	1	10	22
海南州贵德县新街回族乡						
新疆维吾尔自治区						
吐鲁番地区鄯善县东巴扎回族乡	1	369	40	1	6	
和田地区皮山县瑙阿巴提塔吉克族乡	1	50	21	1	5	20
和田地区皮山县康克尔柯尔克孜族乡	1	341	35	1	5	21
巴音郭楞蒙古自治州和硕县乌什塔拉回族乡	2	1 000	97	1	7	20
昌吉回族自治州奇台县大泉塔塔尔族乡	1	207	69	1	12	18
昌吉回族自治州奇台县五马场哈萨克族乡	4	565	134	1	10	10
昌吉回族自治州奇台县乔仁哈萨克族乡	2	138	44	1	5	5
昌吉回族自治州木垒县大南沟乌孜别克族乡	1	253	56	1	18	6
昌吉回族自治州玛纳斯县旱卡子滩哈萨克族乡	1	175	43	1	13	10
昌吉回族自治州玛纳斯县塔西河哈萨克族乡	1	194	73	1	12	10
昌吉回族自治州玛纳斯县清水河哈萨克族乡	1	415	102	1	11	20
昌吉回族自治州阜康市三工河哈萨克族乡				1	15	
昌吉回族自治州阜康市上户沟哈萨克族乡	2	527	71	1	6	
昌吉回族自治州昌吉市阿什里哈萨克族乡	1	702	121	1	11	22
昌吉回族自治州呼图壁县石梯子哈萨克族乡	1	554	93	1	21	14
乌鲁木齐市米东区柏杨河哈萨克族乡	1	216	113	1	19	8
克孜勒苏自治州阿克陶县塔尔塔吉克族乡	3	550	92	1		15
喀什地区塔什库尔干县科克亚尔柯尔克孜族乡	1	85	18	1	3	16
喀什地区泽普县布依鲁克塔吉克族乡	1	369	22	1	5	7
喀什地区莎车县孜热普夏提塔吉克族乡	3	550	92	1		15
伊犁地区察布查尔县米粮泉回族乡	1	1 110	73	1	10	12
伊犁地区特克斯县科克铁热克柯尔克孜族乡	6	2 641	212	1	21	15
伊犁地区特克斯县呼吉尔特蒙古族乡	4	863	107	1	6	5
伊犁地区伊宁县愉群翁回族乡	15	7 014	563	1	21	80
伊犁地区尼勒克县科克浩特浩尔蒙古族乡	5	1 977	283	1	6	18
伊犁地区霍城县伊车嘎善锡伯族乡	4	976	130	1	7	12
伊犁地区霍城县三宫回族乡	4	1 680	132	1	7	16
伊犁地区昭苏县胡松图喀尔逊蒙古族乡	2	1 209	120	1	5	15
伊犁地区昭苏县察汗乌苏蒙古族乡	2	1 383	152	1	4	8
伊犁地区昭苏县夏特柯尔克孜族乡	2	1 383	152	1	4	8
塔城地区塔城市阿西尔达斡尔族乡	2	540	73	1	4	20

5-9（二） 续表31

民族乡镇名称 Name of Ethnic Township and Town Government	学校数（所） Schools (unit)	在校学生数（人） Students Enrollment (person)	教师数（人） Teachers (person)	医院、卫生院（个） Hospital, Township Hospital (unit)	医生数（人） Doctors (person)	病床数（张） Beds (unit)
塔城地区乌苏市塔布勒合特蒙古族乡	1	58	34	1	4	3
塔城地区乌苏市吉尔格勒特郭楞蒙古族乡	2	938	97	1	10	25
塔城地区额敏县额玛勒郭楞蒙古族乡	1	437	64	1	3	6
塔城地区额敏县霍吉尔特蒙古族乡	2	607	126	1	6	10
阿克苏地区乌什县雅曼苏柯尔克孜族乡	2	1 099	88	1	16	32
阿克苏地区温宿县博孜东柯尔克孜族乡	2	529	69	1	5	30
哈密地区伊吾县前山哈萨克族乡	1	338	52	1	6	8
哈密地区哈密市德外都如克哈萨克族乡	1	290	53	1	16	10
哈密地区哈密市乌拉台哈萨克族乡	1	100	28	1	7	4
阿勒泰地区布尔津县禾木哈纳斯蒙古族乡	2	265	56	1	10	6
阿勒泰地区阿勒泰市汗德尕特蒙古族乡	2	195	81	1	7	9

5-10 全国分地区民族乡镇农业科技情况（2009年）

Agricultural Technological of Ethnic Township and Town Government by Region (2009)

地　区 Region	农业科技与服务单位 （个） Number of Agricultural Technological Service (unit)	中高级农业技术人员 （人） Number of Agricultural Technical Personnel (person)
合　计　Total	**3 212**	**4 709**
北　京　Beijing	7	17
天　津　Tianjin	3	6
河　北　Hebei	124	187
内蒙古　Inner Mongolia	46	91
辽　宁　Liaoning	332	644
吉　林　Jilin	145	372
黑龙江　Heilongjiang	167	449
江　苏　Jiangsu	6	9
浙　江　Zhejiang	42	51
安　徽　Anhui	30	29
福　建　Fujian	51	63
江　西　Jiangxi	16	21
山　东　Shandong	28	57
河　南　Henan	124	250
湖　北　Hubei	57	75
湖　南　Hunan	268	306
广　东　Guangdong	16	6
广　西　Guangxi	117	135
重　庆　Chongqing	20	43
四　川　Sichuan	152	142
贵　州　Guizhou	600	672
云　南　Yunnan	532	815
西　藏　Tibet		
陕　西　Shaanxi	12	22
甘　肃　Gansu	95	67
青　海　Qinghai	62	70
新　疆　Xinjiang	160	110

民族贸易和民族用品生产 6

6－1 国家专项安排用于民族贸易和民族用品生产的主要原材料和技术改造贷款
Main Raw Material and Loan in Ethnic Trade and Production of Ethnic Uses Arranged by the State

年 份 Year	专项原材料 Special Raw Material		专项贷款及贴息 （万元） Special Loans （10 000 yuan）		
	黄金（两） Gold	白银（万两） Silver	贷 款 Loans	贴 息 Discount	#中央 Central
1991	8 000	23.23			
1992	8 100	23.23			
1993	14 600	23.23	4 000		
1994	24 000	23.23	4 000		
1995	25 600	25.36	4 000		
1996	24 000	25.36			
1997	25 600	25.36	7 050		
1998	27 520	25.36	8 230		
1999	28 000		14 329		
2000	28 000		10 000	596	298
2001	1 300（公斤）		10 000	598	299
2002			10 000	598	299
2003			10 000	598	299
2004			10 000	598	299
2005			10 000	598	299
2006			50 000	2 796	1 398
2007			50 000	3 126	1 563
2008			50 000	3 126	1 563
2009			50 000	3 184	1 592

6-2 全国分地区定点边销茶企业生产情况（2009 年）

地　区 Region	企业数 （个） Number of Enterprises (unit)	从业人员年末数 （人） Number of Employed Persons (person)	#专业技术人员 （人） Technical Personnel (person)	边销茶产量 （吨） Output of Products (ton)
合　计　Total	**21**	**3 578**	**770**	**60 766**
内蒙古 Inner Mongolia	**1**	**30**	**6**	**500**
包头市容兴茶叶精制厂		30	6	500
浙　江　Zhejiang	**2**	**236**	**28**	**9 270**
武义骆驼九龙砖茶有限公司		110	8	5 570
新昌江南诚茂砖茶有限公司		126	20	3 700
湖　北　Hubei	**2**	**494**	**61**	**4 938**
咸宁市赵李桥茶厂		437	55	3 938
咸宁市富华茶叶有限公司		57	6	1 000
湖　南　Hunan	**6**	**1 589**	**443**	**17 089**
益阳茯茶茶叶有限公司		325	65	5 230
湖南省安化县茶叶公司茶厂		184	38	1 800
临湘永巨茶叶有限公司		216	22	2 872
临湘市茶业有限公司		86	22	2 600
白沙溪茶厂有限责任公司		658	268	3 802
安化茶厂		120	28	785

The Production Situation of Tea Enterprises by the Specified Locations at Different Regions Nationwide (2009)

边销茶产量占企业产品总产量的比重(%) Percentage to Total Output (%)	边销茶销售量(吨) Output of Sales (ton)	边销茶产值(万元) Output Value (10 000 yuan)	边销茶产值占企业产品总产值的比重(%) Percentage to Total Value (%)	边销茶销售收入(万元) Sales Revenue (10 000 yuan)	边销茶销售利润(万元) Sales Profits (10 000 yuan)	全年流动资金贷款额(万元) Loan of Working Capital (10 000 yuan)
67	**52 806**	**42 065**	**51**	**38 808**	**951**	**36 991**
100	**500**	**250**	**100**	**250**	**20**	
100	500	250	100	250	20	
30	**7 760**	**4 800**	**19**	**4 230**	**179**	**2 700**
94	4 760	3 100	92	2 730	79	1 000
14.7	3 000	1 700	8	1 500	100	1 700
96	**4 358**	**4 277**	**95**	**4 074**	**-9**	**572**
95	3 558	3 877	95	3 674	-49	572
100	800	400	100	400	40	
80.2	**14 080**	**13 887**	**72**	**11 951**	**339**	**7 480**
75	4 615	6 800	75	6 000	85	3 400
90	1 620	810	90	900	8	1 230
96	2 605	1 666	94	1 512	129	300
100	1 500	1 200	100	750	20	750
65	3 015	3 042	51	2 412	99	1 800
87	725	369	92	377	-2	

6－2 续表

地 区 Region	企业数 (个) Number of Enterprises (unit)	从业人员年末数 (人) Number of Employed Persons (person)	#专业技术人员 (人) Technical Personnel (person)	边销茶产量 (吨) Output of Products (ton)
四 川 Sichuan	**8**	**947**	**158**	**27 795**
吉祥茶叶有限公司		126	35	4 615
宜宾外贸茶业公司		191	38	1 500
平武茶叶有限责任公司		120	32	2 250
雅安市友谊茶叶有限公司		120	20	3 500
荥经县茶厂		86	6	2 350
名山县西藏朗赛茶厂		102	8	4 800
洪雅松潘茶厂		46	6	1 550
雅安茶厂有限公司		156	13	7 230
贵 州 Guizhou	**1**	**72**	**19**	**750**
桐梓县边销茶厂		72	19	750
云 南 Yunnan	**1**	**210**	**55**	**424**
下关茶厂沱茶（集团）股份有限公司		210	55	424

Continued

边销茶产量占企业产品总产量的比重（%）Percentage to Total Output（%）	边销茶销售量（吨）Output of Sales（ton）	边销茶产值（万元）Output Value（10 000 yuan）	边销茶产值占企业产品总产值的比重（%）Percentage to Total Value（%）	边销茶销售收入（万元）Sales Revenue（10 000 yuan）	边销茶销售利润（万元）Sales Profits（10 000 yuan）	全年流动资金贷款额（万元）Loan of Working Capital（10 000 yuan）
89.6	**25 010**	**18 119**	**72.7**	**17 526**	**685.2**	**3 739**
75	3 865	3 750	65	3 140	56	990
100	1 485	870	100	861	-157	1 300
60	2 000	900	20	800	40	800
100	3 000	4 250	100	4 016	321.2	334
100	2 300	3 550	100	3 500	280	115
96	4 500	2 400	67	2 300	28	200
100	1 050	449	100	449	36	
100	6 810	1 950	100	2 460	81	
10 090	**600**	**255**	**10 090**	**204**	**0.8**	
10 090	600	255	10 090	204	0.8	
18.79	**498**	**477**	**6.21**	**573**	**-264**	**22 500**
18.79	498	477	6.21	573	-264	22 500

其他 7

7-1 历届中国共产党全国代表大会少数民族中央委员、候补中央委员人数
The Numbers of Ethnic Minority Central Committee Members and Alternate Members to All the Previous National Congresses of the Communist Party of China

届次 Congress	时间 Time	地点 Place	代表总数 Total Number of Deputies	#少数民族代表 Deputies from Ethnic Minorities	中央委员、中央候补委员总数 The Number of Central Committee Members and Alternate Members	#少数民族中央委员、中央候补委员人数 The Number of Ethnic Minorities
第一届	1921.7.23—31	上海	12	1		
第二届	1922.7.16—23	上海	12	1	5	
第三届	1923.6.12—20	广州	30余人		14	
第四届	1925.1.11—22	上海	20		14	
第五届	1927.4.27—5.9	武汉	80	1	45	
第六届	1928.6.18—7.11	莫斯科	118		36	1
第七届	1945.4.23—6.11	延安	755		77	2
第八届	1956.9.15—27	北京	1 133		170	10
第九届	1969.4.1—24	北京	1 512		279	
第十届	1973.8.24—28	北京	1 249		319	15
第十一届	1977.8.12—18	北京	1 510		333	16
第十二届	1982.9.1—11	北京	1 749	104	348	31
第十三届	1987.10.25—11.1	北京	1 936		285	32
第十四届	1992.10.12—18	北京	1 989	198	319	32
第十五届	1997.9.12—18	北京	2 048	219	344	38
第十六届	2002.11.8—14	北京	2 114	230	356	35
第十七届	2007.10.15—21	北京	2 213	242	371	40

7-2 国务院历次全国民族团结进步表彰情况

单位：个，人

地区 Region	总计 Total			1988年第一次表彰		
	集体 Collectivity	个人 Individual	#女 Female	集体 Collectivity	个人 Individual	#女 Female
合计 Total	**1 833**	**1 842**	**330**	**565**	**601**	**106**
北京 Beijing	36	24	5	12	5	2
天津 Tianjin	27	23	6	9	5	1
河北 Hebei	42	42	7	11	14	3
山西 Shanxi	12	17	3	3	4	1
内蒙古 Inner Mongolia	93	98	18	34	34	8
辽宁 Liaoning	75	62	12	26	16	4
吉林 Jilin	52	71	12	15	26	4
黑龙江 Heilongjiang	47	47	5	18	12	2
上海 Shanghai	31	20	7	8	6	2
江苏 Jiangsu	19	22	2	5	7	1
浙江 Zhejiang	21	17	5	7	5	2
安徽 Anhui	17	20	2	5	5	
福建 Fujian	27	16	3	8	4	1
江西 Jiangxi	15	10	2	4	3	1
山东 Shandong	32	34	7	10	9	2
河南 Henan	37	31	3	15	7	
湖北 Hubei	49	46	12	13	15	5
湖南 Hunan	71	55	9	25	16	3
广东 Guangdong	21	21	2	4	8	
广西 Guangxi	128	119	26	46	39	6
海南 Hainan	35	30	6	11	9	2
重庆 Chongqing	15	11	3			
四川 Sichuan	67	87	12	18	37	5
贵州 Guizhou	97	81	24	33	29	7
云南 Yunnan	127	113	16	45	39	3
西藏 Tibet	50	80	21	10	38	9
陕西 Shaanxi	17	18	3	3	7	1
甘肃 Gansu	63	60	8	18	24	1
青海 Qinghai	57	52	10	26	16	5
宁夏 Ningxia	49	64	12	17	25	4
新疆 Xinjiang	108	163	33	24	61	15
其他 Others	296	288	34	82	76	6

The Situations of Commendation of Ethnic Unity and Progress

（unit，person）

1994年第二次表彰			1999年第三次表彰			2005年第四次表彰		
集　体 Collectivity	个　人 Individual	#女 Female	集　体 Collectivity	个　人 Individual	#女 Female	集　体 Collectivity	个　人 Individual	#女 Female
642	**613**	**106**	**626**	**628**	**118**	**642**	**676**	**135**
12	9	2	12	10	1	12	10	3
8	8	1	10	10	4	9	10	4
15	13	1	16	15	3	17	18	2
4	5		5	8	2	5	7	2
29	33	5	30	31	5	32	31	4
25	22	4	24	24	4	22	23	5
18	22	3	19	23	5	19	23	5
16	16	2	13	19	1	17	15	2
11	7	1	12	7	4	13	7	3
7	7	1	7	8		10	8	2
7	6	2	7	6	1	8	8	1
6	8	1	6	7	1	7	8	3
11	6	1	8	6	1	8	10	1
4	3	1	7	4		8	4	2
11	12	1	11	13	4	13	11	2
10	13	2	12	11	1	13	12	3
19	14	3	17	17	4	17	18	2
22	20	1	24	19	5	24	22	4
8	7	2	9	6		11	11	1
41	41	10	41	39	10	42	42	11
12	10	1	12	11	3	11	12	2
			15	11	3	16	13	2
29	30	4	20	20	3	23	23	3
33	23	8	31	29	9	33	32	5
47	30	7	35	44	6	39	40	8
19	21	5	21	21	7	21	21	9
7	5	1	7	6	1	6	6	
22	19	3	23	17	4	21	21	4
17	16	2	14	20	3	17	18	3
17	17	2	15	22	6	18	19	6
40	45	10	44	57	8	40	52	13
115	125	19	99	87	9	90	121	18

7-3 历届全国人民代表大会少数民族代表人数

The Numbers of the Ethnic Minority Deputies to All the Previous National People's Congresses

届 次 Congress	时 间 Time	代表总数 Total Number of Deputies	#少数民族代表数 Deputies from Ethnic Minorities	少数民族代表比例 (%) Percentage to Total Number	少数民族 (个) Number of Ethnic Minority Category
第一届	1954 年	1 226	178	14.50	30
第二届	1959 年	1 226	179	14.60	30
第三届	1964 年	3 040	372	12.20	53
第四届	1975 年	2 885	270	9.40	54
第五届	1978 年	3 497	381	10.90	54
第六届	1983 年	2 978	403	13.60	55
第七届	1988 年	2 970	445	14.90	55
第八届	1993 年	2 898	554	18.60	55
第九届	1998 年	2 979	428	14.37	55
第十届	2003 年	2 985	415	13.90	55
第十一届	2008 年	2 987	411	13.76	55

7-4 历届中国人民政治协商会议全国委员会少数民族委员人数

The Numbers of the Ethnic Minority Deputies to All the Previous National Political Consultative Conferences

届 次 Congress	时 间 Time	委员总数 Total Number of Deputies	#少数民族委员数 Deputies from Ethnic Minorities	少数民族委员比例 (%) Percentage to Total Number	少数民族 (个) Number of Ethnic Minority Category
第一届	1949 年	198	19	9.60	10
第二届	1954 年	753	61	8.10	16
第三届	1959 年	1 071	78	7.29	19
第四届	1965 年	1 199	81	6.76	20
第五届	1978 年	2 268	147	6.49	31
第六届	1983 年	2 228	185	8.31	37
第七届	1988 年	2 180	222	10.19	45
第八届	1993 年	2 172	101	4.65	55
第九届	1998 年	2 196	259	11.80	55
第十届	2003 年	2 238	262	11.70	55
第十一届	2008 年	2 237	250	11.18	55

主要统计指标解释

普通高等学校 指按照国家规定的设置标准和审批程序批准举办的，通过全国普通高等学校统一招生考试，招收高中毕业生为主要培养对象，实施高等教育的全日制大学、独立设置的学院和高等专科学校、高等职业学校和其他机构。大学、独立设置的学院主要实施本科层次以上教育，高等专科学校、高等职业学校实施专科层次教育，其他机构是承担国家普通招生计划任务不计校数的机构。包括普通高等学校分校和批准筹建的普通高等学校等。

成人高等学校 指按照国家规定的设置标准和审批程序批准举办的，通过全国成人高等学校统一招生考试，招收具有高中毕业或同等学力的在职从业人员为主要培养对象，利用函授、业余、脱产等多种形式对其实施高等学历教育的学校。包括职工高等学校、农民高等学校、管理干部学院、教育学院、独立函授学院、广播电视大学、其他机构等。其他机构是承担国家成人招生计划任务不计校数的机构。

文化事业机构 指从事专业文化工作和为专业文化工作服务的独立建制的单位。不包括这些单位另外举办独立核算的其他机构和各部门的业余文化组织。该指标主要反映文化事业机构发展规模水平。

艺术表演团体 指从事戏曲、音乐、舞蹈、杂技等专业艺术表演，有独立账户的单位，不包括半工半艺、半农半艺和民间职业剧团。该指标主要反映全国专业艺术表演团体发展规模水平。

少数民族教练员 指在聘的一线专职的少数民族教练员。

乡镇企业 指所有乡镇办、村办、村民小组办、联户办和农户办企业（单位）。具体包括：(1) 领取企业法人执照的集体、私营、联营、股份制、外商投资和港澳台投资企业；(2) 未领取企业法人执照，但满足以下四条标准的乡镇办、村办、村民小组办和联户办的非农企业：a. 有固定的生产经营组织、场所、设备和从事经营活动的人员；b. 常年从事经营活动，季节性生产经营活动全年开工时间在 3 个月以上；c. 有独立核算制度和账目；d. 有当地工商行政管理部门颁发的营业执照；(3) 虽然领取的是农村个体工商营业执照，但雇工 8 人（含 8 人）以上的户。

文化站 指乡镇人民政府、城市街道办事处设立的全民所有制文化事业单位，同时又是当地群众进行各种文化娱乐活动的场所，是国家最基层的文化事业机构。

其他资料

其他资料一　全国民族自治地方县级经济社会基本情况

Fundamental Economic and Social Situations of Nationwide Autonomous Counties

指　标	Item	2008年	2009年	指　数 (2008年为100)
一、基本情况	**Basic Information**			
县数(个)	Number of Counties	633	633	100.0
行政区域土地面积(平方公里)	Area of Prefecture	5 788 429	5 837 314	
乡(镇)数(个)	Number of Township and Town Governments	7 609	7 604	99.9
村民委员会个数(个)	Number of Township and Town Governments	82 524	82 176	99.6
年末总户数(户)	Number of Households	46 033 893	47 369 926	102.9
#乡村户数(户)	Number of Rural Households	30 734 383	31 331 785	101.9
年末总人口(万人)	Population at the Year	16 084	16 243	101.0
#乡村人口(万人)	Rural Population	12 588	12 710	100.0
年末单位从业人员数(人)	Employment at the Year - end	9 081 489	9 010 350	99.2
乡村从业人员数(人)	Rural Employment	69 322 676	70 338 597	101.5
#农林牧渔业	Farming, Forestry, Animal Husbandry & Fishery	49 515 779	49 916 489	100.8
农业机械总动力(万千瓦特)	Total Agricultural Machinery Power	9 904	11 005	111.1
本地电话用户(户)	Number of Subscribers of Local Telephone	23 129 865	22 965 871	99.3
二、综合经济	**Economic**			
第一产业增加值(万元)	Primary Industry	45 206 475	48 277 974	106.8
第二产业增加值(万元)	Second Industry	93 168 668	106 597 485	114.4
地方财政一般预算收入(万元)	Local Governments Revenue	9 999 064	12 160 513	121.6
地方财政一般预算支出(万元)	Local Governments Expenditures	37 335 341	48 790 620	130.7
城乡居民储蓄存款余额(万元)	Savings Deposit in Urban and Rural areas	94 477 268	114 080 377	120.7
年末金融机构各项贷款余额(万元)	Loans of National Banking System	83 386 438	113 631 446	136.3
三、农业、工业及投资	**Agriculture, Industry and Investment**			
粮食产量(吨)	Grain	75 646 662	78 325 598	103.5
棉花产量(吨)	Cotton	2 338 079	2 087 653	89.3
油料产量(吨)	Oil - bearing Crops	3 548 277	3 639 866	102.6
肉类总产量(吨)	Meat	12 714 350	13 678 579	107.6
规模以上工业企业数(个)	Number of Industrial Enterprises above Designated Size	14 572	15 843	108.7
规模以上工业总产值(现价)(万元)	Gross Output Value of Industrial Enterprises above Designated Size	176 801 423	178 583 302	101.0
城镇固定资产投资完成额(万元)	Investment in Fixed Assets of Urban	96 604 720	140 658 844	145.6
四、教育、卫生和社会保障	**Education, Health Care and Social Welfare**			
普通中学在校学生数(人)	Student Enrollment of Regular Secondary Schools	8 858 233	8 708 882	98.3
小学在校学生数(人)	Student Enrollment of Primary Schools	14 216 290	13 870 815	97.6
医院、卫生院床位数(床)	Beds in Hospitals	360 131	396 525	110.1
社会福利院数(个)	Number of Social Welfare Homes	9 163	4 310	47.0
社会福利院床位数(床)	Number of Beds of Social Welfare Homes	205 508	171 951	83.7

注:1. 民族自治地方县级指民族自治区和自治州所辖所有县(旗、市),包括民族自治县(旗),不包括市辖区。
2. 本表增长速度按当年价格计算。

Note: a. Ethnic minority autonomous counties refer to total counties (banners, cities) under the administration of ethnic minority autonomous regions and prefectures, include ethnic minority autonomous counties (banners), exclude districts under the jurisdiction of cities.
b. The indices and growth rates in this table are at current prices.

其他资料二　全国牧区、半牧区县级经济社会基本情况
Fundamental Economic and Social Situations of Pastoral and Half Pastoral Counties

指　标	Item	2008 年	2009 年	指　数（2008 年为 100）
一、基本情况	**Basic Information**			
县数（个）	Number of Counties	264	264	100.0
行政区域土地面积（平方公里）	Area of Prefecture	3 848 186	3 894 053	101.2
乡（镇）数（个）	Number of Township and Town Governments	3 347	3 356	100.3
村民委员会个数（个）	Number of Township and Town Governments	31 176	31 101	99.8
年末总户数（户）	Number of Households	13 912 607	14 446 803	103.8
#乡村户数（户）	Number of Rural Households	8 455 113	8 657 124	102.4
年末总人口（万人）	Population at the Year	4 505	4 536	100.7
#乡村人口（万人）	Rural Population	3 298	3 349	101.5
年末单位从业人员数（人）	Employment at the Year – end	2 679 762	2 700 773	100.8
乡村从业人员数（人）	Rural Employment	17 400 963	17 692 511	101.7
#农林牧渔业	Farming, Forestry, Animal Husbandry & Fishery	13 408 245	13 503 154	100.7
农业机械总动力（万千瓦特）	Total Agricultural Machinery Power	4 477	5 104	114.0
本地电话用户（户）	Number of Subscribers of Local Telephone	6 757 263	6 619 840	98.0
二、综合经济	**Economic**			
第一产业增加值（万元）	Primary Industry	16 852 282	18 103 008	107.4
第二产业增加值（万元）	Second Industry	37 142 283	46 080 947	124.1
地方财政预算内收入（万元）	Local Governments Revenue	3 879 817	4 835 344	124.6
财政支出（万元）	Local Governments Expenditures	14 568 972	18 711 953	128.4
城乡居民储蓄存款余额（万元）	Savings Deposit in Urban and Rural areas	27 271 408	33 001 159	121.0
年末金融机构各项贷款余额（万元）	Loans of National Banking System	28 967 658	41 149 623	142.1
三、农业、工业及投资	**Agriculture, Industry and Investment**			
粮食产量（吨）	Grain	48 646 390	46 943 654	96.5
棉花产量（吨）	Cotton	490 512	419 646	85.6
油料产量（吨）	Oil – bearing Crops	2 156 339	1 832 923	85.0
肉类总产量（吨）	Meat	5 497 895	5 817 858	105.8
规模以上工业企业数（个）	Number of Industrial Enterprises above Designated Size	5 252	5 575	106.2
规模以上工业总产值（现价）（万元）	Gross Output Value of Industrial Enterprises above Designated Size	82 849 941	74 412 157	89.8
城镇固定资产投资完成额（万元）	Investment in Fixed Assets of Urban	41 112 108	64 751 810	157.5
四、教育、卫生和社会保障	**Education, Health Care and Social Welfare**			
普通中学在校学生数（人）	Student Enrollment of Regular Secondary Schools	2 390 979	2 318 843	97.0
小学在校学生数（人）	Student Enrollment of Primary Schools	3 512 658	3 398 317	96.7
医院、卫生院床位数（床）	Beds in Hospitals	103 805	112 563	108.4
社会福利院数（个）	Number of Social Welfare Homes	1 342	1 338	99.7
社会福利院床位数（床）	Number of Beds of Social Welfare Homes	62 572	73 585	117.6

注：本表增长速度按当年价格计算。

The indices and growth rates in this table are at current preces.

其他资料三　国家扶贫开发工作重点县经济社会基本情况

Fundamental Economic and Social Situations of the Impoverished Counties Supported by the State Plan

指　标	Item	2008 年	2009 年	指　数 (2008 年为 100)
一、基本情况	**Basic information**			
县数(个)	Number of Counties	581	581	100.0
行政区域土地面积(平方公里)	Area of Prefecture	2 402 446	2 403 045	100.0
乡(镇)数(个)	Number of Township and Town Governments	9 279	9 358	100.9
村民委员会个数(个)	Number of Township and Town Governments	137 806	138 151	100.3
年末总户数(户)	Number of Households	65 674 427	67 485 028	102.8
#乡村户数(户)	Number of Rural Households	49 558 284	50 285 268	101.5
年末总人口(万人)	Population at the Year	23 043	23 285	101.1
#乡村人口(万人)	Rural Population	19 798	19 923	100.6
年末单位从业人员数(人)	Employment at the Year - end	9 430 385	9 380 419	99.5
乡村从业人员数(人)	Rural Employment	108 086 594	108 934 579	100.8
#农林牧渔业	Farming, Forestry, Animal Husbandry & Fishery	69 108 414	68 635 994	99.3
农业机械总动力(万千瓦特)	Total Agricultural Machinery Power	12 668	13 840	109.3
本地电话用户(户)	Number of Subscribers of Local Telephone	26 403 912	25 912 506	98.1
二、综合经济	**Economic**			
第一产业增加值(万元)	Primary Industry	48 051 235	51 293 620	106.7
第二产业增加值(万元)	Second Industry	84 724 404	95 516 310	112.7
地方财政预算内收入(万元)	Local Governments Revenue	8 159 320	10 081 524	123.6
财政支出(万元)	Local Governments Expenditures	40 870 102	53 777 270	131.6
城乡居民储蓄存款余额(万元)	Savings Deposit in Urban and Rural areas	109 437 410	130 506 562	119.3
年末金融机构各项贷款余额(万元)	Loans of National Banking System	71 170 614	92 281 808	129.7
三、农业、工业及投资	**Agriculture, Industry and nvestment**			
粮食产量(吨)	Grain	105 464 863	107 320 998	101.8
棉花产量(吨)	Cotton	816 122	699 522	85.7
油料产量(吨)	Oil - bearing Crops	5 751 955	5 875 401	102.1
肉类总产量(吨)	Meat	13 736 585	14 884 246	108.4
规模以上工业企业数(个)	Number of Industrial Enterprises above Designated Size	16 360	18 673	114.1
规模以上工业总产值(现价)(万元)	Gross Output Value of Industrial Enterprises above Designated Size	166 546 312	165 122 740	99.1
城镇固定资产投资完成额(万元)	Investment in Fixed Assets of Urban	95 543 264	136 069 923	142.4
四、教育、卫生和社会保障	**Education, Health Care and Social Welfare**			
普通中学在校学生数(人)	Student Enrollment of Regular Secondary Schools	13 877 030	13 713 398	98.8
小学在校学生数(人)	Student Enrollment of Primary Schools	21 680 760	21 166 520	97.6
医院、卫生院床位数(床)	Beds in Hospitals	389 715	432 965	111.1
社会福利院数(个)	Number of Social Welfare Homes	8 139	6 902	84.8
社会福利院床位数(床)	Number of Beds of Social Welfare Homes	335 817	373 358	111.2

注：1.《中国农村扶贫开发纲要(2001—2010)》确定了 592 个县(旗、市)为国家扶贫开发工作重点县。

2. 本表增长速度按当年价格计算。

Note: a. Programme of Rural Poverty - alleviation and Development of China 2001—2010 confirm 592 counties (banners and cities) as the impoverished counties supported by the state plan.

b. The indices and growth rates in this table are at current prices.

其他资料四　国民经济和社会发展总量与速度指标

指　　标	Item	1978
人口与就业	Population and Employment	
人口(万人)	Population(10 000 persons)	
总人口(年末)	Population at the Year-end	96 259
男性人口	Male	49 567
女性人口	Female	46 692
城镇人口	Urban	17 245
乡村人口	Rural	79 014
就业(万人)	Employment(10 000 persons)	
就业人员数	Employment	40 152
#职工人数	Staff and Workers	9 499
城镇登记失业人数	Urban Registration Unemployment	530
宏观经济	Macro Economy	
国民经济核算(亿元)	National Accounting(100 million yuan)	
国民总收入	Gross National Income	3 645. 2
国内生产总值	Gross Domestic Product	3 645. 2
第一产业	Primary Industry	1 027. 5
第二产业	Secondary Industry	1 745. 2
第三产业	Tertiary Industry	872. 5
支出法国内生产总值	Gross Domestic Product by Expenditure Approach	3 605. 6
最终消费支出	Government Final Consumption Expenditure	2 239. 1
居民消费	Household Consumption Expenditures	1 759. 1
政府消费	Government Consumption Expenditure	480. 0
资本形成总额	Gross Capital Formation	1 377. 9
固定资本形成总额	Gross Fixed Capital Formation	1 073. 9
存货增加	Changes in Inventories	304. 0
货物和服务净出口	Net Export of Good and Service	－11. 4
固定资产投资(亿元)	Investment in Fixed Assets(100 million yuan)	
全社会固定资产投资总额	Total Investment in Fixed Assets	
城　镇	Urban	
#房地产开发		
农　村	Rural	
全社会施工房屋建筑面积(万平方米)	Floor Space of Buildings under Construction(10 000 sq. m)	
全社会竣工房屋建筑面积(万平方米)	Floor Space of Buildings Completed(10 000 sq. m)	
财政(亿元)	Government Finance(100 million yuan)	
国家财政收入	Government Revenue	1 132. 3
中　央	Central Government	175. 8
地　方	Local Governments	956. 5
国家财政支出	Government Expenditures	1 122. 1
中　央	Central Government	532. 1
地　方	Local Governments	590. 0
物价总指数(上年＝100)	Price Indices (preceding year＝100)	
居民消费价格指数	Consumer Price Index	100. 7
商品零售价格指数	Retail Price Index	100. 7
工业品出厂价格指数	Ex－factory Price Indices of Industrial Products	100. 1
原材料、燃料、动力购进价格指数	Purchasing Price Indices of Raw Material, Fuel and Power	
固定资产投资价格指数	Investment in Fixed Assets Price Indices	
能源生产与消费(万吨标准煤)	Production and Consumption of Energy (10 000 tons of SCE)	
能源生产总量	Total Energy Production	62 770
能源消费总量	Total Energy Consumption	57 144

Principal Aggregate Indicators on National Economic and Social Development and Growth Rates

总量指标 Aggregate Data				速度指标(%) Indices and Growth Rates (%)						
				指数 Index (2009 为以下各年) (2009 as Percentage of the Following Years)				平均增长速度 Average Annual Growth Rate		
1990	2000	2008	2009	1978	1990	2000	2008	1979 – 2009	1991 – 2009	2001 – 2009
114 333	126 743	132 802	133 474.0	138.7	116.7	105.3	100.5	1.1	0.8	0.6
58 904	65 437	68 357	68 652.0	138.5	116.5	104.9	100.4	1.1	0.8	0.5
55 429	61 306	64 445	64 822.0	138.8	116.9	105.7	100.6	1.1	0.8	0.6
30 195	45 906	60 667	62 186.0	360.6	205.9	135.5	102.5	4.2	3.9	3.4
84 138	80 837	72 135	71 288.0	90.2	84.7	88.2	98.8	-0.3	-0.9	-1.4
64 749	72 085	77 480	77 995.0	194.2	120.5	108.2	100.7	2.2	1.0	0.9
14 059	11 259	11 515	11 515.0	121.2	81.9	102.3	100.0	0.6	-1.0	0.3
383	595	886	921.0	173.8	240.5	154.8	104.0	1.8	4.7	5.0
18 718.3	98 000.5	316 228.8	343 464.7	1 878.7	665.1	250.3	109.3	9.9	10.5	10.7
18 667.8	99 214.6	314 045.4	340 506.9	1 862.5	661.2	245.1	109.1	9.9	10.5	10.5
5 062.0	14 944.7	33 702.0	35 226.0	401.8	210.7	145.0	104.2	4.6	4.0	4.2
7 717.4	45 555.9	149 003.4	157 638.8	2 849.4	936.9	263.4	109.9	11.4	12.5	11.4
5 888.4	38 714.0	131 340.0	147 642.1	2 516.0	694.8	263.2	109.3	11.0	10.7	11.3
19 347.8	98 749.0	314 901.3	345 023.6							
12 090.5	61 516.0	152 346.6	165 526.8							
9 450.9	45 854.6	110 594.5	121 129.9							
2 639.6	15 661.4	41 752.1	44 396.9							
6 747.0	34 842.8	138 325.3	164 463.5							
4 827.8	33 844.4	128 084.4	156 679.8							
1 919.2	998.4	10 240.9	7 783.7							
510.3	2 390.2	24 229.4	15 033.3							
4 517.0	32 917.7	172 828.4	224 598.8		4 972.3	682.3	130.0		22.8	23.8
3 274.4	26 221.8	148 738.3	193 920.4		5 922.3	739.5	130.4		24.0	24.9
253.3	4 984.1	31 203.2	36 241.8		14 310.7	727.1	116.1		29.9	24.7
1 242.6	6 695.9	24 090.1	30 678.4		2 468.9	458.2	127.3		18.4	18.4
137 171.0	265 293.5	632 261.0	754 189.4		549.8	284.3	119.3		9.4	12.3
107 952.0	181 974.4	260 307.0	302 116.5		279.9	166.0	116.1		5.6	5.8
2 937.1	13 395.2	61 330.4	68 518.3	6 051.5	2 332.9	511.5	111.7	14.2	18.0	19.9
992.4	6 989.2	32 680.6	35 915.7	20 433.4	3 619.0	513.9	109.9	18.7	20.8	19.9
1 944.7	6 406.1	28 649.8	32 602.6	3 408.6	1 676.5	508.9	113.8	12.1	16.0	19.8
3 083.6	15 886.5	62 592.7	76 299.9	6 799.8	2 474.4	480.3	121.9	14.6	18.4	19.0
1 004.5	5 519.9	13 344.2	15 255.8	2 867.0	1 518.8	276.4	114.3	11.4	15.4	12.0
2 079.1	10 366.7	49 248.5	61 044.1	10 347.0	2 936.1	588.9	124.0	16.1	19.5	21.8
103.1	100.4	105.9	99.3							
102.1	98.5	105.9	98.8							
104.1	102.8	106.9	94.6							
105.6	105.1	110.5	92.1							
	101.1	108.9	97.6							
103 922.0	128 977.9	260 552.0	274 618.0	437.5	264.3	203.3	105.4	4.9	5.2	8.2
98 703.0	138 552.6	291 448.0	306 647.0	536.6	310.7	210.7	104.0	5.6	6.1	8.6

其他资料四 续表 1

指标	Item	1978
产业	Industry	
农业	Agriculture	
农林牧渔业总产值(亿元)	Gross Output Value of Farming Forestry, Animal Husbandry and Fishery (100 million yuan)	1 397.0
主要农产品产量(万吨)	Output of Major Farm Products(10 000 tons)	
粮食	Grain	30 476.5
棉花	Cotton	216.7
油料	Oil-bearing Crops	521.8
甘蔗	Sugar Cane	2 111.6
甜菜	Beet Roots	270.2
茶叶	Tea	26.8
水果	Fruits	657.0
肉类	Meat	
奶类	Milk	
水产品	Aquatic Products	465.4
工业	Industry	
主要工业产品产量	Output of Major Industrial Products	
布(亿米)	Cloth(100 million m)	110.3
成品糖(万吨)	Refined Sugar(10 000 tons)	227.0
家用电冰箱(万台)	Household Refrigerators(10 000 units)	2.8
房间空气调节器(万台)	Air Conditioners(10 000 units)	0.02
家用洗衣机(万台)	Household Washing Machines(10 000 units)	0.04
彩色电视机(万台)	Color Television Sets(10 000 units)	0.4
原煤(亿吨)	Coal(100 million tons)	6.2
原油(万吨)	Crude Oil(10 000 tons)	10 405.0
天然气(亿立方米)	Natural Gas (100 million cu. m)	137.3
发电量(亿千瓦小时)	Electricity(100 million kwh)	2 566.0
粗钢(万吨)	Crude Steel(10 000 tons)	3 178.0
钢材(万吨)	Rolled Steel(10 000 tons)	2 208.0
水泥(万吨)	Cement(10 000 tons)	6 524.0
规模以上工业企业	Principal Indicators of Industrial Enterprises above Designated Size	
主要指标(亿元)	(100 million yuan)	
工业增加值	Gross industrial Output Value(100 million yuan)	
资产总计	Original Value of Fixed Assets(100 million yuan)	
主营业务收入		
利润总额	Profits(100 million yuan)	
建筑业	Construction	
建筑业企业从业人员(万人)	Number of Employed Persons(10 000 persons)	
建筑业总产值(亿元)	Gross Output Value(100 million yuan)	
交通运输业	Transportation	
客运量(万人)	Passenger Traffic(10 000 persons)	253 993.0
铁路	Railways	81 491.0
公路	Highways	149 229.0
水运	Waterways	23 042.0
民航	Civil Aviation	231.0
货运量(万吨)	Freight Traffic(10 000 tons)	248 946.0
铁路	Railways	110 119.0
公路	Highways	85 182.0
水运	Waterways	43 292.0
民航	Civil Aviation	6.4
管道	Pipelines	10 347.0
沿海主要港口货物吞吐量(万吨)	Volume of Freight Handled at Major Coastal Ports(10 000 tons)	19 834.0

Continued

总量指标 Aggregate Data				速度指标(%) Indices and Growth Rates (%)						
				指数 Index (2009为以下各年) (2009 as Percentage of the Following Years)				平均增长速度 Average Annual Growth Rate		
1990	2000	2008	2009	1978	1990	2000	2008	1979 – 2009	1991 – 2009	2001 – 2009
7 662. 1	24 915. 8	58 002. 2	60 361. 0	612. 2	287. 4	156. 4	104. 6	6. 0	6. 0	5. 1
44 624. 3	46 217. 5	52 870. 9	53 082. 1	174. 2	118. 5	114. 9	100. 4	1. 8	0. 9	1. 6
450. 8	441. 7	749. 2	637. 7	294. 3	166. 2	144. 4	85. 1	3. 5	1. 8	4. 2
1 613. 2	2 954. 8	2 952. 8	3 154. 3	604. 5	183. 0	106. 8	106. 8	6. 0	3. 6	0. 7
5 762. 0	6 828. 0	12 415. 2	11 558. 7	547. 4	215. 5	169. 3	93. 1	5. 6	3. 7	6. 0
1 452. 5	807. 3	1 004. 4	717. 9	265. 7	69. 2	88. 9	71. 5	3. 2	–3. 6	–1. 3
54. 0	68. 3	125. 8	135. 9	507. 1	232. 9	198. 9	108. 1	5. 4	5. 0	7. 9
1 874. 4	6 225. 1	19 220. 2	20 395. 5	3 104. 5	1 025. 4	327. 6	106. 1	11. 7	13. 4	14. 1
	6 013. 9	7 278. 7	7 649. 7			127. 2	105. 1			2. 7
	919. 1	3 781. 5	3 732. 6			406. 1	98. 7			16. 8
1 237. 0	3 706. 2	4 895. 6	5 116. 4	1 099. 5	395. 8	138. 0	104. 5	8. 0	7. 8	3. 6
188. 8	277. 0	723. 1	753. 4	683. 1	376. 1	272. 0	104. 2	6. 4	7. 6	11. 8
582. 0	700. 0	1 432. 6	1 338. 4	589. 6	249. 1	191. 2	93. 4	5. 9	4. 5	7. 5
463. 1	1 279. 0	4 800. 0	5 930. 5	211 802	1 027. 3	463. 7	123. 6	28. 0	14. 4	18. 6
24. 1	1 826. 7	8 147. 4	8 078. 3	40 391 250	34 195. 8	442. 2	99. 2	51. 7	35. 8	18. 0
662. 7	1 443. 0	4 447. 0	4 973. 6	12 434 075	638. 5	344. 7	111. 8	46. 0	11. 2	14. 7
1 033. 0	3 936. 0	9 187. 1	9 898. 8	2 604 945	874. 4	251. 5	107. 7	38. 8	12. 6	10. 8
10. 8	13. 0	28. 0	29. 7	481. 1	258. 1	228. 9	106. 1	5. 2	5. 5	8. 9
13 831. 0	16 300. 0	19 043. 1	18 949. 0	182. 1	137. 4	116. 3	99. 5	2. 0	1. 7	1. 7
153. 0	272. 0	803. 0	852. 7	621. 0	516. 0	313. 5	106. 2	6. 1	9. 5	13. 5
6 212. 0	13 556. 0	34 957. 6	37 146. 5	1 447. 6	558. 1	274. 0	106. 3	9. 0	9. 9	11. 9
6 635. 0	12 850. 0	50 305. 8	57 218. 2	1 800. 4	755. 0	445. 3	113. 7	9. 8	12. 0	18. 1
5 153. 0	13 146. 0	60 460. 3	69 405. 4	3 143. 4	1 135. 0	528. 0	114. 8	11. 8	14. 7	20. 3
20 971. 0	59 700. 0	142 355. 7	164 397. 8	2 519. 9	667. 6	275. 4	115. 5	11. 0	11. 4	11. 9
	85 674. 0	507 448. 3	548 311. 4				108. 1			22. 9
	126 211. 0	431 305. 6	493 692. 9			391. 2	114. 5			16. 4
	84 151. 8	500 020. 1	542 522. 4			644. 7	108. 5			23. 0
	4 393. 5	30 562. 4	34 542. 2			786. 2	113. 0			25. 7
1 010. 7	1 994. 3	3 315. 0	3 672. 6		328. 0	184. 2	110. 8		7. 0	7. 0
1 345. 0	12 497. 6	62 036. 8	76 807. 7		4 612. 4	614. 6	123. 8		23. 7	22. 4
772 682. 01	478 573. 02	867 892. 02	976 898. 0	1 172. 0	371. 2	201. 3	103. 8	8. 3	7. 4	8. 1
95 712. 0	105 073. 0	146 192. 8	152 451. 0	187. 1	152. 7	145. 1	104. 3	2. 0	2. 5	4. 2
648 085. 01	347 392. 02	682 114. 02	779 081. 0	1 862. 3	413. 9	206. 3	103. 6	9. 9	8. 0	8. 4
27 225. 0	19 386. 0	20 334. 0	22 314. 0	96. 8	74. 7	115. 1	109. 7	–0. 1	–1. 0	1. 6
1 660. 0	6 722. 0	19 251. 1	23 052. 0	9 979. 2	1 159. 7	342. 9	119. 7	16. 0	14. 9	14. 7
970 602. 01	358 682. 02	585 937. 02	825 222. 0	1 134. 9	266. 6	207. 9	109. 3	8. 2	5. 8	8. 5
150 681. 0	178 581. 0	330 354. 1	333 348. 0	302. 7	219. 2	186. 7	100. 9	3. 6	4. 3	7. 2
724 040. 01	038 813. 01	916 759. 02	127 834. 0	2 498. 0	264. 7	204. 8	111. 0	10. 9	5. 8	8. 3
80 094. 0	122 391. 0	294 510. 0	318 996. 0	736. 8	367. 7	260. 6	108. 3	6. 7	7. 5	11. 2
37. 0	196. 7	407. 6	445. 5	6 960. 9	1 101. 7	226. 5	109. 3	14. 7	14. 0	9. 5
15 750. 0	18 700. 0	43 906. 0	44 598. 0	431. 0	288. 1	238. 5	101. 6	4. 8	5. 6	10. 1
48 321. 0	125 603. 0	429 599. 0	475 481. 0	2 397. 3	889. 1	378. 6	110. 7	10. 8	12. 8	15. 9

其他资料四　续表2

指　标	Item	1978
邮电通信业	**Post and Telecommunication Services**	
邮电业务总量(亿元)	Total Business Revenue(100 million yuan)	34.1
函件(亿件)	Number of Letters Delivered(10 000 pieces)	28.4
报刊期发数(万份)	Number of Newspapers and Magazines Distributed(10 000 copies)	11 250
移动电话年末用户(万户)	Number of Mobile Telephone Subscribers at Year - end(10 000 subscribers)	
固定电话年末用户(万户)	Number of Local Telephone Subscribers at Year - end(10 000 subscriber)	192.5
城　市	Urban Telephone Subscribers	119.2
农　村	Rural Telephone Subscribers	73.4
公用电话(万户)	Public Telephone(10 000 Subscribers)	1.2
局用交换机容量(万门)	Capacity of Local Telephone Exchanges(10 000 lines)	405.9
国内商业	**Domestic Trade**	
社会消费品零售总额(亿元)	Total Retail Sales of Consumer Goods(100 million yuan)	1 559
对外贸易	**Foreign Trade**	
货物进出口总额(亿美元)	Total Value of Exports and Imports(USD 100 million)	206.4
出口额	Exports	97.5
进口额	Imports	108.9
实际利用外资额	**Utilization of Foreign Capital**	
外商直接投资(亿美元)	Foreign Direct Investments(USD 100 million)	
外商其他投资(亿美元)	Other Foreign Investments(USD 100 million)	
国际旅游	**International Tourism**	
入境旅游过夜者人数(万人次)	Number of Tourists (Overnight Visitors) (10 000 person - times)	71.6
国际旅游外汇收入(亿美元)	Foreign Exchange Earnings from Tourism(USD 100 million)	2.6
金融业	**Financial Intermediation**	
金融机构人民币各项存款余额(亿元)	Deposits of National Banking System (100 million yuan)	1 155
金融机构人民币各项贷款余额(亿元)	Loans of National Banking System(100 million yuan)	1 890
股票筹资额 (亿元)	Raised Capital (100 million yuan)	
保险公司保费金额 (亿元)	Insurance Premium of Insurance Companies(100 million yuan)	
保险公司赔款及给付金额 (亿元)	Indemnity Expenditure and Payment of Insurance Companies(100 million yuan)	
教育、科技、文化	**Education, Science and Technology and Culture**	
教　育	**Education**	
专任教师数(万人)	Full - time Teachers (10 000 persons)	
#普通高等学校	Institutions of Higher Education	20.6
普通中学	Secondary Schools	318.2
普通小学	Primary Schools	522.6
在校学生数(万人)	Students Enrollment (10 000 persons)	
#普通高等学校	Institutions of Higher Education	85.6
普通中学	Secondary Schools	6 548.3
普通小学	Primary Schools	14 624.0
教育经费支出 (亿元)	Government Expenditures on Education (100 million yuan)	
科　技	**Science and Technology**	
科学家、工程师数 (万人)	Number of Scientists and Engineers (10 000 persons)	
研究与试验发展经费支出 (亿元)	Expenditures on Research and Development (100 million yuan)	
技术市场成交额 (亿元)	Volume of Transaction in Technical Markets (100 million yuan)	
文　化	**Culture**	
图书出版数量 (亿册)	Number of Books Published(100 million copies)	37.7
故事片产量 (部)	Production of Feature Films(film)	46
电视节目制作时间 (万小时)	Time for TV Programs Production (10 000 hours)	

Continued

总量指标 Aggregate Data				速度指标(%) Indices and Growth Rates (%)						
				指数 Index (2009 为以下各年) (2009 as Percentage of the Following Years)				平均增长速度 Average Annual Growth Rate		
1990	2000	2008	2009	1978	1990	2000	2008	1979 - 2009	1991 - 2009	2001 - 2009
155.5	4 792.7	23 649.5	27 193.5	79 769.6	20 406.1	567.4	115.0	25.0	32.9	21.3
54.9	77.7	73.6	75.3	265.7	133.0	96.9	102.3	3.2	1.7	-0.3
20 078.0	20 089.7	15 658.2	13 909.5	123.6	78.0	69.2	88.8	0.7	-1.9	-4.0
1.8	8 453.3	64 124.5	74 721.4		3 504 071.0	883.9	116.5		74.9	27.4
685.0	14 482.9	34 035.9	31 373.2	16 294.0	4 968.5	216.6	92.2	17.9	22.3	9.0
538.4	9 311.6	23 155.9	21 190.0	17 784.3	4 300.5	227.6	91.5	18.2	21.3	9.6
146.6	5 171.3	10 880.0	10 183.2	13 874.7	7 422.5	196.9	93.6	17.2	25.0	7.8
4.6	352.0	2 771.5	2 708.8	232 734.8	60 189.8	769.5	97.7	28.4	39.9	25.4
1 231.8	17 825.6	50 863.2	49 265.6	12 138.0	4 129.1	276.4	96.9	16.7	21.4	12.0
8 300.1	39 105.7	114 830.1	132 678.4	8 512.7	1 307.1	339.3	115.5	15.4	15.7	14.5
1 154.4	4 742.9	25 632.6	22 075.4	10 695.4	2 220.4	465.4	86.1	16.3	16.8	18.6
620.9	2 492.0	14 306.9	12 016.1	12 324.2	2 304.2	482.2	84.0	16.8	16.9	19.1
533.5	2 250.9	11 325.6	10 059.2	9 237.1	2 122.9	446.9	88.8	15.7	16.7	18.1
34.9	407.2	924.0	900.3		2 649.7	221.1	97.4		18.7	9.2
2.7	86.4	28.6	17.7		1 066.4	20.5	62.0		10.4	-16.1
1 048.4	3 122.9	5 304.9	5 087.5	7 105.5	506.0	162.9	95.9	14.7	8.7	5.6
22.2	162.2	408.4	396.8	15 085.6	1 841.4	244.6	97.1	17.6	16.4	10.4
13 942.9	123 804.4	466 203.0	597 741.0	51 752.5	3 343.7	482.8	128.2	22.3	21.9	19.1
17 511.0	99 371.1	303 468.0	399 685.0	21 147.4	1 732.6	402.2	131.7	18.9	17.9	16.7
	2 103.1	3 852.2	4 967.7			236.2	129.0			10.0
	1 598.0	9 784.2	11 137.3			697.0	113.8			24.1
	526.0	2 971.2	3 125.5			594.2	105.2			21.9
39.5	46.3	123.7	129.5	628.6	313.3	279.8	104.7	6.1	6.4	12.1
303.3	400.5	494.4	500.7	157.4	163.0	125.0	101.3	1.5	2.7	2.5
558.2	586.0	562.2	563.3	107.8	100.7	96.1	100.2	0.2	0.0	-0.4
206.3	556.1	2 021.0	2 144.7	2 505.5	979.7	385.7	106.1	10.9	13.1	16.2
4 586.0	7 368.9	8 050.5	7 867.9	120.2	175.5	106.8	97.7	0.6	2.9	0.7
12 241.4	13 013.3	10 331.5	10 071.5	68.9	84.4	77.4	97.5	-1.2	-1.0	-2.8
	3 849.1	14 500.7								
	204.6									
	895.7	4 616.0	5 791.9			646.6	125.5			23.0
75.1	650.8	2 665.2	3 039.0		3 548.9	467.0	114.0		21.5	18.7
56.4	62.7	70.6	70.4	186.7	123.0	112.3	99.7	2.0	1.2	1.3
134.0	91.0	406.0	456.0	991.3	303.0	501.1	112.3	7.7	6.7	19.6
9.2	58.5	264.2	265.4		2 884.2	453.6	100.4		19.4	18.3

其他资料四　续表3

指　标	Item	1978
家庭、生活、环境	**Family, People's Livelihood and Environment**	
家　庭	**Family**	
城镇居民平均每户家庭人口(人)	Average Household Size in Urban Areas(person)	
农村居民平均每户常住人口(人)	Average Household Size in Rural Areas(person)	
婚　姻	**Marriages and Divorces**	
结婚登记总数(万对)	Register Number of Marriages (10 000 couples)	597.8
离婚数(万对)	Number of Divorces (10 000 couples)	28.5
居　住	**Housing**	
城市人均住宅建筑面积(平方米)	Per Capita Gross Living Space in Cities (sq. m)	6.7
农村居民人均住房面积(平方米)	Per Capita Net Floor Space of Rural Residents (sq. m)	8.1
生　活	**People's Livelihood**	
城镇居民人均可支配收入(元)	Per Capita Annual Disposable Income of Urban Households(yuan)	343
农村居民人均纯收入(元)	Per Capita Net Income of Rural Residents(yuan)	134
城乡人民币储蓄存款余额(亿元)	Outstanding Amount of Saving Deposits in Urban and Rural Areas (100 million yuan)	211
工资和社会保险	**Wages of Welfare and Social Insurance**	
工资总额(亿元)	Total Wages (100 million yuan)	569
职工平均工资(元)	Average Wage of Staff and Workers (yuan)	615
社会保险基金收入(亿元)	Revenue of Social Insurance Fund(100 million yuan)	
卫　生	**Health Care**	
医院、卫生院(个)	Number of Hospitals (unit)	64311
执业(助理)医师(万人)	Number of Doctors(10 000 persons)	103.3
医院、卫生院床位数(万张)	Number of Hospital Beds (10 000 units)	184.7
城市市政建设	**City Construction**	
年供水总量(亿吨)	Annual Supply of Tap Water (100 million tons)	78.8
人工煤气供气量(亿立方米)	Volume of Coal Gas Supply in Cities (10 000 cu. m)	
天然气供气量(亿立方米)	Volume of Natural Gas Supply in Cities(10 000 cu. m)	
道路长度(万公里)	Length of Paved Roads(10 000 km)	2.7
排水管道长度(万公里)	Length of Sewer Pipelines(10 000 km)	2.0
公共交通运营车数(万辆)	Number of Public Vehicles under Operation(10 000unit)	2.6
园林绿地面积(万公顷)	Areas of Green Land(10 000 hectare)	8.2
环境、灾害	**Environment and Disaster**	
化学需氧量排放量(万吨)	Volume of COD Discharge(10 000 tons)	
二氧化硫排放量(万吨)	Volume of Sulpphur Dioxide Emission(10 000 tons)	
环境污染治理投资总额(亿元)	Actual Investment in Implementation of the Project for Pollution Treatment in the Year (100 million yuan)	
交通事故发生数(起)	Number of Traffic Accidents (unit)	
交通事故损失折款(万元)	Loss of Traffic Accidents (10 000 yuan)	
火灾发生数(起)	Number of Fire Disasters(unit)	
火灾损失折款(万元)	Fire Loss(10 000 yuan)	

注:1. 邮电业务总量2000年及以前按1990年不变价格计算,以后按2000年不变价格计算;其他价值指标按当年价格计算。

2. 本表速度指标中,国民总收入、国内生产总值及三次产业增加值、农林牧渔业总产值、邮电业务总量、城乡居民收入和平均工资指标均按可比价格计算。固定资产投资平均增长速度按累计法计算。

3. 职工人数1997年及以前为全部职工人数,以后为在岗职工人数。

4. 2000年及以后保险业务包括外资公司。

5. 能源生产总量和消费总量速度指标按可比口径计算。

Continued

总量指标 Aggregate Data				速度指标(%) Indices and Growth Rates (%)						
				指数 Index (2008 为以下各年) (2008 as Percentage of the Following Years)				平均增长速度 Average Annual Growth Rate		
1990	2000	2008	2009	1978	1990	2000	2008	1979 - 2009	1991 - 2009	2001 - 2009
3. 50	3. 1	2. 9	2. 9		83. 1	92. 3	99. 3		-1. 0	-0. 9
4. 80	4. 2	4. 0	4. 0		83. 6	94. 8	99. 2		-1. 0	-0. 6
951. 1	848. 5	1 098. 3	1 212. 4	202. 8	115. 5	142. 9	110. 4	2. 3	1. 3	4. 0
80. 0	121. 3	226. 9	246. 8	796. 1	283. 6	203. 5	108. 8	7. 2	6. 1	8. 2
13. 7	20. 3									
17. 8	24. 8	32. 4	33. 6	400. 2	182. 1	135. 5	103. 6	4. 7	3. 4	3. 4
1 510. 2	6 280. 0	15 780. 8	17 174. 7	895. 4	452. 0	233. 4	109. 8	7. 3	8. 3	9. 9
686. 3	2 253. 4	4 760. 6	5 153. 2	860. 6	276. 5	178. 0	108. 5	7. 2	5. 5	6. 6
7 119. 8	64 332. 4	217 885. 0	260 771. 7	123 823. 2	3 662. 6	405. 4	119. 7	25. 8	20. 9	16. 8
2 951. 1	10 656. 2	13 696. 1	16 115. 6	5 926. 1	1 142. 4	151. 2	117. 7		26. 4	22. 2
2 140. 0	9 371. 0	9 925. 1	12 302. 6	4 752. 7	1 365. 8	131. 3	124. 0		26. 0	20. 0
186. 8	2 644. 5				7 332. 3	515. 7				
		59 572. 0	59 918. 0				100. 6	-0. 2	-0. 2	-1. 1
62 126. 0	66 095. 0	220. 2	232. 9	92. 6	95. 9	90. 7	105. 8	2. 8	1. 5	1. 3
176. 3	207. 6	374. 8	408. 1	201. 6	118. 1	112. 2	108. 9	2. 6	2. 4	3. 8
259. 2	290. 8			202. 9	157. 4	140. 3	108. 9			
		500. 1	496. 7							
382. 3	469. 0	355. 8	361. 6	634. 6	130. 8	105. 9	99. 3	6. 1	1. 4	0. 6
174. 7	152. 4	368. 0	405. 1		203. 7	237. 3	101. 6		3. 9	10. 1
64. 2	82. 1	26. 0	26. 9		573. 3	493. 4	110. 1		10. 2	19. 4
9. 5	16. 0	31. 5	34. 4	963. 2	273. 4	168. 1	103. 6	7. 7	5. 6	5. 9
5. 8	14. 2	37. 2	37. 1	1 611. 9	543. 5	242. 3	109. 1	9. 7	9. 8	10. 3
6. 2	22. 6	174. 7	199. 3	1 439. 0	599. 7	164. 2	99. 8	9. 0	9. 9	5. 7
47. 5	86. 5			2 138. 0	367. 9	230. 4	114. 0	10. 9	7. 8	9. 7
	1 445. 0	2 321. 2	2 214. 4			88. 4	96. 7			-1. 4
	1 995. 1	265 204. 0	238 351. 0			111. 0	95. 4			1. 2
	1 014. 9	100 972. 2	91 436. 8						5. 1	
250 244. 0	616 971. 0	182 202. 5	162 390. 7		95. 2	38. 6	89. 9		-0. 3	-10. 0
35 361. 6	263 290. 0	119 878. 4	100 972. 2		258. 6	34. 7	90. 6		5. 1	-11. 1
57 302. 0	189 185. 0	163 521. 0	136 835. 0		225. 8	68. 4	94. 6		4. 4	-4. 1
51 181. 8	152 217. 3	112 515. 8	182 202. 5		317. 3	106. 7	89. 1		6. 3	0. 7

Note: a. Figures in value terms in this table are at current prices, except that on the business transaction of post and telecommunications service which is at 1990 constant prices before 2000 and at 2000 constant prices since 2000.

b. The indices and growth rates of the follow indicators are calculated at constant prices: gross national income, gross domestic product, value - added of the tertiary industry, gross output value of farming, forestry, animal husbandry and fishery business volume of post and telecommunications, per capita income of urban and rural residents, average wages and welfare. The average annual growth rate of total investment in fixed assets are calculated at the accumulate method.

c. Figures before 1998 on workers and staff refer to all workers and staff, while figures since 1998 refer to fully employed workers and staff. So, the data are not comparable.

d. Insurance business includes foreign insurance company since 2000.

其他资料五　各地区人口数和出生率、死亡率、自然增长率(2009 年)

Total Population and Birth Rate, Death Rate and Natural Growth Rate by Region (2009)

地　区 Region		总人口(年末) (万人) Total Population (year-end) (10 000 persons)	出生率 (‰) Birth Rate (‰)	死亡率 (‰) Death Rate (‰)	自然增长率 (‰) Natural Growth Rate (‰)
全　国	**National**	**133 474. 0**	**12. 1**	**7. 1**	**5. 1**
北　京	Beijing	1 755. 0	8. 1	4. 6	3. 5
天　津	Tianjin	1 228. 2	8. 3	5. 7	2. 6
河　北	Hebei	7 034. 4	12. 9	6. 4	6. 5
山　西	Shanxi	3 427. 4	10. 9	6. 0	4. 9
内蒙古	Inner Mongolia	2 422. 1	9. 6	5. 6	4. 0
辽　宁	Liaoning	4 319. 0	6. 1	5. 1	1. 0
吉　林	Jilin	2 739. 6	6. 7	4. 7	2. 0
黑龙江	Heilongjiang	3 826. 0	7. 5	5. 4	2. 1
上　海	Shanghai	1 921. 0	8. 6	5. 9	2. 7
江　苏	Jiangsu	7 725. 0	9. 6	7. 0	2. 6
浙　江	Zhejiang	5 180. 0	10. 2	5. 6	4. 6
安　徽	Anhui	6 131. 0	13. 1	6. 6	6. 5
福　建	Fujian	3 627. 0	12. 2	6. 0	6. 2
江　西	Jiangxi	4 432. 2	13. 9	6. 0	7. 9
山　东	Shandong	9 470. 3	11. 7	6. 1	5. 6
河　南	Henan	9 487. 0	11. 5	6. 5	5. 0
湖　北	Hubei	5 720. 0	9. 5	6. 0	3. 5
湖　南	Hunan	6 406. 0	13. 1	6. 9	6. 1
广　东	Guangdong	9 638. 0	11. 8	4. 5	7. 3
广　西	Guangxi	4 856. 0	14. 2	5. 6	8. 5
海　南	Hainan	864. 1	14. 7	5. 7	9. 0
重　庆	Chongqing	2 859. 0	9. 9	6. 2	3. 7
四　川	Sichuan	8 185. 0	9. 2	6. 4	2. 7
贵　州	Guizhou	3 798. 0	13. 7	6. 7	7. 0
云　南	Yunnan	4 571. 0	12. 5	6. 5	6. 1
西　藏	Tibet	290. 0	15. 3	5. 1	10. 2
陕　西	Shaanxi	3 772. 0	10. 2	6. 2	4. 0
甘　肃	Gansu	2 635. 5	13. 3	6. 7	6. 6
青　海	Qinghai	557. 3	14. 5	6. 2	8. 3
宁　夏	Ningxia	625. 2	14. 4	4. 7	9. 7
新　疆	Xinjiang	2 158. 6	16. 0	5. 4	10. 6

注:1. 本表数据根据 2008 年人口变动情况抽样调查数据推算。
2. 全国总人口包括现役军人数,分地区数字中未包括。
3. 全国总人口根据 2008 年人口变动情况抽样误差和调查误差进行了修正,分地区人口未作修正(下表同)。

Note: a. Data in the table are estimated from the 2008 National Sample Survey on Population Changes.
b. The military personnel were included in the national total population, but were not included in the population by region.
c. The national total population was adjusted on the basis of sampling errors and survey errors . Similar adjustments were not made to regional figures. The same applies to the tables following.

附　录

收录了各类民族方面的资料。

全国人大、政协少数民族领导人名单

■历届全国人大常委会少数民族副委员长、全国政协常委会少数民族副主席简表

届 次	年 份	全国人大常委会副委员长	年 份	全国政协常委会副主席
第一届	1954	达赖喇嘛·丹增嘉措(藏)、赛福鼎·艾则孜(维吾尔)	1949	
第二届	1959	达赖喇嘛·丹增嘉措(藏)、赛福鼎·艾则孜(维吾尔)、班禅额尔德尼·确吉坚赞(藏)	1954	班禅额尔德尼·确吉坚赞(藏)、包尔汉(维吾尔)
第三届	1964	赛福鼎·艾则孜(维吾尔)、阿沛·阿旺晋美(藏)	1959	包尔汉(维吾尔)、帕巴拉·格列朗杰(藏)、阿沛·阿旺晋美(藏)
第四届	1975	韦国清(壮)、赛福鼎·艾则孜(维吾尔)、乌兰夫(蒙古)、阿沛·阿旺晋美(藏)	1965	韦国清(壮)、帕巴拉·格列朗杰(藏)
第五届	1978	乌兰夫(蒙古)、韦国清(壮)、赛福鼎·艾则孜(维吾尔)、阿沛·阿旺晋美(藏)	1978	乌兰夫(蒙古)、韦国清(壮)、杨静仁(回)、帕巴拉·格列朗杰(藏)
第六届	1983	韦国清(壮)、阿沛·阿旺晋美(藏)、班禅额尔德尼·确吉坚赞(藏)、赛福鼎·艾则孜(维吾尔)	1983	杨静仁(回)、帕巴拉·格列朗杰(藏)、包尔汉(维吾尔)
第七届	1988	乌兰夫(蒙古)、韦国清(壮)、阿沛·阿旺晋美(藏)、班禅额尔德尼·确吉坚赞(藏)、赛福鼎·艾则孜(维吾尔)、廖汉生(土家)	1988	杨静仁(回)、帕巴拉·格列朗杰(藏)、司马义·艾买提(维吾尔)
第八届	1993	帕巴拉·格列朗杰(藏)、布赫(蒙古)、铁木尔·达瓦买提(维吾尔)	1993	阿沛·阿旺晋美(藏)、赛福鼎·艾则孜(维吾尔)
第九届	1998	帕巴拉·格列朗杰(藏)、布赫(蒙古)、铁木尔·达 瓦买提(维吾尔)	1998	阿沛·阿旺晋美(藏)、赵南起(朝鲜)、白立忱(回)
第十届	2003	司马义·艾买提(维吾尔)、热地(藏)、乌云其木格(女,蒙古)	2003	帕巴拉·格列朗杰(藏)、阿沛·阿旺晋美(藏)、阿不来提·阿不都热西提(维吾尔)、白立忱(回) 、李兆焯(壮)
第十一届	2008	乌云其木格(女,蒙古)、司马义·铁力瓦尔地(维吾尔)	2008	帕巴拉·格列朗杰(藏)、阿沛·阿旺晋美(藏)、阿不来提·阿不都热西提(维吾尔)、白立忱(回)

全国人大民委、国家民委、全国政协民委主要领导人名单

■历届全国人大民委、国家民委和全国政协民委主任简表

届　次	时　间	全国人大民委主任	时　间	国家民委主任	时　间	全国政协民委主任
第一届	1954.9	刘格平(回)	1949.10	李维汉	1949.9	乌兰夫(蒙古)
第二届	1959.4	刘格平(回)	1954.9	乌兰夫(蒙古)	1954.12	卢汉(彝)
第三届	1965.4	谢扶民(壮)	1959.4	乌兰夫(蒙古)	1964.12	卢汉(彝)
第四届			1965.1	乌兰夫(蒙古)	1964.12	卢汉(彝)
第五届	1979.7	阿沛·阿旺晋美(藏)	1978.3	杨静仁(回)	1978.2	萨空了(蒙古)
第六届	1983.6	阿沛·阿旺晋美(藏)	1986.1	司马义·艾买提(维吾尔)	1983.6	马信(回)
第七届	1988.3	阿沛·阿旺晋美(藏)	1988.4	司马义·艾买提(维吾尔)	1988.3	杨静仁(回)
第八届	1993.3	王朝文(苗)	1993.3	司马义·艾买提(维吾尔)	1993.3	金鉴(满)
					1995.3	赵朴初
第九届	1998.3	王朝文(苗)	1998.3	李德洙(朝鲜)	1998.3	乌力吉(蒙古)
第十届	2003.3	多吉才让(藏)	2003.3	李德洙(朝鲜)	2003.3	钮茂生(满)
第十一届	2008.3	马启智(回)	2008.3	杨晶(蒙古)	2008.3	田聪明

注:1. 历届人大民委所设为主任委员。

2. 政协一至六届设民族组,从第七届起设民族委员会,第八届常委会第十二次会议将民族委员会与宗教委员会合并为民族宗教委员会。

3. 一至四届称中央民委,从第五届起称国家民委;第一届中央民委主任由中央人民政府委员会任命,从第二届起由全国人大或其常委会任命。

中国共产党第十六届中央委员会少数民族委员、候补委员及中央纪律检查委员会少数民族委员名单

■中国共产党第十六届中央委员会少数民族委员名单(15 人)(按姓氏笔画为序)

马启智(回族)	乌云其木格(女,蒙古族)	石宗源(回族)
白立忱(回族)	司马义·艾买提(维吾尔族)	列　确(藏族)
回良玉(回族)	多吉才让(藏族)	李兆焯(壮族)
李德洙(朝鲜族)	杨正午(土家族)	阿不来提·阿不都热西提(维吾尔族)
钮茂生(满族)	热地(藏族)	戴秉国(土家族)

■中国共产党第十六届中央委员会少数民族候补委员名单(20 人)
(按得票多少排序,票数相同的按姓氏笔画为序)

艾斯海提·克里木拜(哈萨克族)	王正伟(回族)	全哲洙(朝鲜族)
黄瑶(布依族)	彭祖意(瑶族)	杨晶(蒙古族)
黄选平(回族)	符桂花(女,黎族)	管国忠(傣族)
石玉珍(女,苗族)	白春礼(满族)	向巴平措(藏族)
李景田(满族)	罗正富(彝族)	李克(壮族)
仁青加(藏族)	司马义·铁力瓦尔地(维吾尔族)	李成玉(回族)
欧泽高(藏族)	王正福(苗族)	

■中国共产党中央纪律检查委员会少数民族委员名单(7 人)(按姓氏笔画为序)

马子龙(回族)	王正福(苗族)	巴特尔(蒙古族)
司马义·铁力瓦尔地(维吾尔族)	布穷(藏族)	李成玉(回族)
欧泽高(藏族)		

中国共产党第十七届中央委员会少数民族委员、候补委员及中央纪律检查委员会少数民族委员名单

■中国共产党第十七届中央委员会少数民族委员名单(16人)(按姓氏笔画为序)

王正伟(回族)	乌云其木格(女,蒙古族)	艾斯海提·克里木拜(哈萨克族)
石宗源(回族)	白立忱(回族)	司马义·铁力瓦尔地(维吾尔族)
列　确(藏族)	回良玉(回族)	向巴平措(藏族)
李成玉(回族)	李兆焯(壮族)	李景田(满族)
杨晶(蒙古族)	陆兵(壮族)	阿不来提·阿不都热西提(维吾尔族)
戴秉国(土家族)		

■中国共产党第十七届中央委员会少数民族候补委员名单(24人)(按得票多少排序,票数相同的按姓氏笔画为序)

符跃兰(女,黎族)	马飚(壮族)	旦科(藏族)
全哲洙(朝鲜族)	罗正富(彝族)	刘慧(女,回族)
余远辉(瑶族)	努尔·白克力(维吾尔族)	黄康生(布依族)
刘学普(土家族)	刘振来(回族)	金振吉(朝鲜族)
巴音朝鲁(蒙古族)	刘晓凯(苗族)	咸辉(女,回族)
谌贻琴(女,白族)	白春礼(满族)	多吉(藏族)
李克(壮族)	李康(女,壮族)	武吉海(苗族)
刀林荫(女,傣族)	雷春美(女,畲族)	乌兰(女,蒙古族)

■中国共产党中央纪律检查委员会少数民族委员名单(8人)(按姓氏笔画为序)

王正福(苗族)	仁青加(藏族)	巴特尔(蒙古族)
朱明国(黎族)	李汉柏(白族)	欧泽高(藏族)
金道铭(满族)	贺邦靖(女,白族)	

中国少数民族文化资料

■中国少数民族语言系属

汉藏语系	藏缅语族	藏语、门巴语、珞巴语、彝语、哈尼语、白语、羌语、傈僳语、纳西语、拉祜语、景颇语、土家语、普米语、怒语、独龙语、阿昌语、基诺语
	壮侗语族 苗瑶语族	壮语、侗语、布依语、傣语、水语、黎语、毛南语、仫佬语、苗语、瑶语、畲语
	语族未定	仡佬语
阿尔泰语系	突厥语族	维吾尔语、哈萨克语、柯尔克孜语、撒拉语、乌孜别克语、塔塔尔语、裕固(尧乎尔)语
	蒙古语族	蒙古语、达斡尔语、东乡语、土族语、保安语、裕固(恩格尔)语
	通古斯—满语族	满语、鄂温克语、鄂伦春语、锡伯语、赫哲语
	语族未定	朝鲜语
印欧语系	斯拉夫语族	俄罗斯语
	伊朗语族	塔吉克语
南亚语系	孟高棉语族	佤语、德昂语、布朗语
南岛语系	印尼语族	高山语

注:1. 京族语的系属尚未确定。

2. 回族、满族大部通用汉语(满语只在极少数满族人中使用)。

■中国各民族文字类型

象形文字	纳西族东巴文
汉字及其变体	汉文、方块壮字、方块侗字、水书、白文
音节文字	纳西族哥巴文、彝文
拼音文字	(一)印度字母体系——藏文、傣文 (二)阿拉伯字母体系——老维吾尔文、老哈萨克文以及乌孜别克文、柯尔克孜文、塔塔尔文 (三)回鹘文字母体系——蒙古文、"托忒蒙古文"、锡伯文 (四)朝鲜文字母体系——朝鲜文 (五)拉丁字母体系——壮文、景颇文、拉祜文、佤文、傈僳文、新维吾尔文、新哈萨克文以及布依、苗、黎、纳西、侗、哈尼各族的文字方案 (六)斯拉夫字母体系——俄罗斯族的俄文

中国各民族名称的罗马字母拼写法

民族	罗马字母拼写法	字母代码	民族	罗马字母拼写法	字母代码
汉族	Han	HA	柯尔克孜族	Kirgiz	KG
蒙古族	Mongol	MG	土族	Tu	TU
回族	Hui	HU	达斡尔族	Daur	DU
藏族	Zang	ZA	仫佬族	Mulam	ML
维吾尔族	Uygur	UG	羌族	Qiang	QI
苗族	Miao	MH	布朗族	Blang	BL
彝族	Yi	YI	撒拉族	Salar	SL
壮族	Zhuang	ZH	毛南族	Maonan	MN
布依族	Bouyei	BY	仡佬族	Gelao	GL
朝鲜族	Chaoxian	CS	锡伯族	Xibe	XB
满族	Man	MA	阿昌族	Achang	AC
侗族	Dong	DO	普米族	Primi	PM
瑶族	Yao	YA	塔吉克族	Tagik	TA
白族	Bai	BA	怒族	Nu	NU
土家族	Tujia	TJ	乌孜别克族	Uzbek	UZ
哈尼族	Hani	HN	俄罗斯族	Russ	RS
哈萨克族	Kazak	KZ	鄂温克族	Ewenki	EW
傣族	Dai	DA	德昂族	Deang	DE
黎族	Li	LI	保安族	Bonan	BN
傈僳族	Lisu	LS	裕固族	Yugur	YG
佤族	Va	VA	京族	Gin	GI
畲族	She	SH	塔塔尔族	Tatar	TT
高山族	Gaoshan	GS	独龙族	Derung	DR
拉祜族	Lahu	LH	鄂伦春族	Oroqen	OR
水族	Shui	SU	赫哲族	Hezhen	HZ
东乡族	Dongxiang	DX	门巴族	Monba	MB
纳西族	Naxi	NX	珞巴族	Lhoba	LB
景颇族	Jingpo	JP	基诺族	Jino	JN

■中国少数民族主要节日

民族	主要节日	时间	民族	主要节日	时间
阿昌族	火把节	农历六月二十五日	德昂族	泼水节	农历四月十五日
	会街节	农历九月初十	东乡族	圣纪节	伊斯兰教历三月十二日
	泼水节	农历二月二十九日		开斋节	伊斯兰教历九月三十日
	撒　神	农历七月初一		古尔邦节	伊斯兰教历十二月十日
	尝新节	农历八月十五日	侗　族	芦笙节	农历六月至九月
白　族	三月街	农历三月十五日		侗　年	农历十一月十九日
	火把节	农历六月二十四日		斗牛节	农历二月
	渔潭会	农历八月十五日		吃新节	农历六月至七月
保安族	圣纪节	伊斯兰教历三月十二日	独龙族	卡雀哇	农历十月中下旬
	开斋节	伊斯兰教历九月三十日	俄罗斯族	复活节	公历三、四月
	古尔邦节	伊斯兰教历十二月十日	鄂伦春族	春　节	农历正月初一
布朗族	开门节	傣历十二月十五日	鄂温克族	米阔鲁节	农历五月二十二日
	关门节	傣历九月十五日	高山族	新年祭	农历十二月
	泼水节	农历二月十九日	仡佬族	灯杆节	农历正月初一
布依族	六月六	农历六月初六		仡佬节	农历三月初三
	三月三	农历三月初三		尝新节	农历六、七月
	四月八	农历四月初八	拉祜族	库扎节	傣历三月
朝鲜族	元　日	农历正月初一		火把节	农历六月二十四日
	上元节	农历正月初五		尝新节	傣历十二月
	寒食节	农历四月初五	黎　族	三月三	农历三月初三
	端　午	农历五月初五		收获节	农历九月
哈尼族	十月节	农历十月初一	傈僳族	澡塘节	农历正月初三
	六月节	农历六月二十四日		过年节	农历正月初一
哈萨克族	圣纪节	伊斯兰教历三月十二日		刀杆节	农历二月初八
	开斋节	伊斯兰教历九月三十日	珞巴族	旭独龙节	藏历二月
	古尔邦节	伊斯兰教历十二月十日		隆德节	藏历四月
赫哲族	赫哲年	农历正月初一	满　族	颁金节	农历十一月十三日
回　族	圣纪节	伊斯兰教历三月十二日		庙　会	农历四月
	开斋节	伊斯兰教历九月三十日	景颇族	目脑节	农历正月十五日
	古尔邦节	伊斯兰教历十二月十日	柯尔克孜族	圣纪节	伊斯兰教历三月十二日
基诺族	打铁节	农历一月		开斋节	伊斯兰教历九月三十日
	火把节	农历六月		古尔邦节	伊斯兰教历十二月十日
京　族	哈　节	农历六月初十		诺劳孜	农历正月初一
达斡尔族	春节（阿涅）	农历正月初一	蒙古族	蒙古族新年	农历正月初一

续表

民族	主要节日	时间
傣族	泼水节	傣历六月六日
	开门节	傣历十二月十五日
	关门节	傣历九月十五日
苗族	龙船节	农历五月二十四日
	吃新节	农历六月初六
	赶秋节	农历九月
仫佬族	依饭节	农历十月
	后生节	农历正月或七月
纳西族	正月农具会	农历正月二十日
	三月龙王庙会	农历三月十五日
	七月骡马会	农历七月十五日
怒族	鲜花节	农历三月十五日
普米族	大过年	农历正月初七
	大十五节	农历十二月十五日
	尝新节	农历九月
	转山节	农历七月十五日
土家族	过赶节	农历十二月二十九日
	祈禳节	农历正月初三
	牛王会	农历八月初八
土族	擂台会	农历二月初二
	火神节	农历正月二十九日
	端阳	农历五月初五
佤族	火把节	农历六月二十四日
	播种节	农历三月十五日
	新米节	农历七、八月
维吾尔族	古尔邦节	伊斯兰教历十二月十日
	开斋节	伊斯兰教历九月三十日
	努鲁斯节	伊斯兰教历八月十四日
乌孜别克族	古尔邦节	伊斯兰教历十二月十日
	开斋节	伊斯兰教历九月三十日
	圣纪节	伊斯兰教历三月十二日
锡伯族	春节	农历十二月二十三日至次年正月初二
毛南族	庙节	农历五月
	南瓜节	农历九月初九

民族	主要节日	时间
蒙古族	那达慕大会	农历七—八月
苗族	苗年节	农历十月初五
	四月八	农历四月初八
门巴族	藏历年	藏历正月初一
	望果节	藏历八月间
羌族	羌族大年	农历正月初一
	青苗会	农历三月十二日
	端午节	农历五月初五日
撒拉族	开斋节	伊斯兰教历九月三十日
	圣纪节	伊斯兰教历三月十二日
	古尔邦节	伊斯兰教历十二月十日
畲族	分龙节	农历五月十五日
水族	借额节	农历九月
	卯节	农历五、六月
塔吉克族	古尔邦节	伊斯兰教历十二月十日
	迄脱迄迪尔爱脱节	农历三月
塔塔尔族	肉孜节	伊斯兰教历九月三十日
	古尔邦节	伊斯兰教历十二月十日
	开斋节	伊斯兰教历九月三十日
	圣纪节	伊斯兰教历三月十二日
瑶族	盘王节	农历十月十六日
	尝新节	农历八、九月
彝族	歌节	农历三月初三
	二月八	农历二月初八
裕固族	送年节	农历三月初七
	春节	农历正月初五
	端午节	农历五月初五
藏族	中秋节	农历八月十五
	藏历年	藏历正月初一
	望果节	藏历八月间
	雪顿节	藏历七月一日
壮族	三月三	农历三月初三
	中元节	农历七月十四日

■民族自治地方全国重点文物保护单位

（截至2009年底）

地　　区	数量	名　　称	时　代	地　　址
(一)古遗址：115处				
内蒙古自治区	41	辽上京遗址	辽	巴林左旗
		辽中京遗址	辽	宁城县
		大窑遗址	旧石器时代	呼和浩特市
		居延遗址	汉	额济纳旗
		嘎仙洞遗址	北魏	鄂伦春自治旗
		元上都遗址	元	正蓝旗
		兴隆洼遗址	新石器时代	敖汉旗
		大甸子遗址	青铜时代	敖汉旗
		固阳秦长城遗址	秦	固阳县
		缸瓦窑遗址	辽	赤峰市
		敖伦苏木城遗址	元	达尔罕茂明安联合旗
		萨拉乌苏遗址	旧石器时代	乌审旗
		岱海遗址群	新石器时代	凉城县
		庙子沟遗址	新石器时代	察哈尔右翼前旗
		架子山遗址群	青铜时代	喀喇沁旗
		大井古铜矿遗址	青铜时代	林西县
		城子山遗址	青铜时代	敖汉旗
		和林格尔土城子遗址	汉至唐	和林格尔县
		黑山头城址	金、元	额尔古纳市
		金界壕遗址	金	呼伦贝尔市、兴安盟、通辽市、赤峰市、乌兰察布市、包头市
		应昌路故城遗址	元	克什克腾旗
		阿善遗址	新石器时代	包头市
		赵宝沟遗址	新石器时代	敖汉旗
		红山遗址群	新石器至青铜时代	赤峰市
		夏家店遗址群	新石器时代至战国	赤峰市
		朱开沟遗址	新石器时代至商	伊金霍洛旗
		秦直道遗址	秦	鄂尔多斯市
		麻池城址和召湾墓群	汉	包头市
		黑城城址	汉	宁城县
		朔方郡故城	汉	磴口县、巴彦淖尔市
		霍洛柴登城址	汉	杭锦旗
		克里孟城址	汉至南北朝	察哈尔右翼后旗
		沃野镇故城	汉至南北朝	乌拉特前旗
		白灵淖尔城址	南北朝	固阳县
		十二连城城址	隋至唐	准格尔旗

续表 1

地　　区	数量	名　　称	时　代	地　　址
		城川城址	唐	鄂托克前旗
		查干浩特城址	辽至明	阿鲁科尔沁旗
		安答堡子城址	金至元	达尔罕茂明安联合旗
		净州路故城	金至元	四子王旗
		砂井路总管府故城	元	四子王旗
		巴彦乌拉城址	元	鄂温克族自治旗
辽宁省	5	查海遗址	新石器时代	阜新蒙古族自治县
		五女山山城	高句丽(公元前37—668年)	桓仁满族自治县
		东山嘴遗址	新石器时代	喀喇沁左翼蒙古族自治县
		庙后山遗址	旧石器时代	本溪满族自治县
		赫图阿拉故城	明	新宾满族自治县
吉林省	6	渤海中京城遗址	渤海(698—926年)	和龙市
		八连城遗址	唐、五代	珲春市
		塔虎城	辽、金	前郭尔罗斯蒙古族自治县
		百草沟遗址	战国至晋	汪清县
		城山子山城	唐	敦化市
		磨盘村山城	唐至金	图们市
湖北省	4	建始直立人遗址	旧石器时代	建始县
		施州城址	宋	恩施市
		唐崖土司城址	元至清	咸丰县
		容美土司遗址	明至清	鹤峰县
湖南省	1	老司城遗址	五代至清	永顺县
广西壮族自治区	8	百谷和高岭坡遗址	旧石器时代	百色市、田东县
		甑皮岩遗址	新石器时代	桂林市
		顶蛳山遗址	新石器时代	邕宁县
		白莲洞遗址	旧石器至新石器时代	柳州市
		鲤鱼嘴遗址	旧石器至新石器时代	柳州市
		感驮岩遗址	新石器时代至战国	那坡县
		秦城遗址	秦至晋	兴安县
		智城城址	唐	上林县
四川省	2	营盘山和姜维城遗址	新石器时代	茂县、汶川县
		大洋堆遗址	周至战国	西昌市
云南省	6	太和城遗址	南诏(649—902年)	大理白族自治州大理市
		元谋猿人遗址	旧石器时代	元谋县

续表 2

地区	数量	名　称	时　代	地　址
		腊玛古猿化石地点		禄丰县
		石佛洞遗址	新石器时代	耿马傣族佤族自治县
		白羊村遗址	新石器时代	宾川县
		山龙山于图山城址	唐	巍山彝族回族自治县
西藏自治区	3	古格王国遗址	约为10世纪前后	扎达县
		卡若遗址	新石器时代	昌都县
		拉加里王宫遗址	13—18世纪	曲松县
甘肃省	3	齐家坪遗址	新石器时代	广河县
		林家遗址	新石器时代	东乡族自治县
		八角城城址	唐至明	夏河县
青海省	4	马厂塬遗址	新石器时代	民和回族土族自治县
		西海郡故城遗址	汉至南北朝	海晏县
		喇家遗址	新石器时代	民和回族土族自治县
		塔温搭里哈遗址	青铜时代	都兰县
宁夏回族自治区	7	水洞沟遗址	旧石器时代	灵武县
		开城遗址	元	固原县
		鸽子山遗址	旧石器时代	青铜峡市
		菜园遗址	新石器时代	海原县
		照壁山铜矿遗址	汉	中卫市
		灵武窑址	宋至明	灵武市
		张家场城址	汉	盐池县
新疆维吾尔自治区	25	高昌故城	高昌(500—640年)	吐鲁番县
		雅尔湖故城	高昌(500—640年)	吐鲁番县
		楼兰故城遗址	汉至晋	若羌县
		北庭故城遗址	唐	吉木萨尔县
		尼雅遗址	西汉至西晋	民丰县
		苏巴什佛寺遗址	南北朝至唐	库车县
		奴拉赛铜矿遗址	青铜时代	尼勒克县
		圆沙古城	汉	于田县
		克孜尔尕哈烽燧	汉	库车县
		孔雀河烽燧群	汉至晋	尉犁县
		罗布泊南古城遗址	汉至晋	若羌县
		莫尔寺遗址	汉至唐	疏附县
		托库孜萨来遗址	汉至唐	巴楚县

续表3

地区	数量	名　称	时 代	地　址
		米兰遗址	汉至唐	若羌县
		安迪尔古城遗址	汉至唐	民丰县
		石头城遗址	晋至清	塔什库尔干塔吉克自治县
		七个星佛寺遗址	晋至宋	焉耆回族自治县
		热瓦克佛寺遗址	南北朝	洛浦县
		白杨沟佛寺遗址	唐	哈密市
		大河古城	唐	巴里坤哈萨克自治县
		乌拉泊古城	唐至元	乌鲁木齐县
		台藏塔遗址	唐至宋	吐鲁番市
		丹丹乌里克遗址	南北朝至唐	策勒县
		麻扎塔格戍堡址	唐	墨玉县
		通古斯巴西城址	唐	新和县
(二)石窟寺、石刻及其他:26处				
内蒙古自治区	2	真寂之寺石窟	辽	巴林左旗
		阴山岩画	新石器至青铜时代	乌拉特前旗、乌拉特后旗、乌拉特中旗、磴口县
湖北省	1	仙佛寺石窟	唐	来凤县
湖南省	2	溪州铜柱	五代	湘西土家族苗族自治州永顺县
		阳华岩摩崖	唐至清	江华瑶族自治县
广西壮族自治区	3	花山岩画	战国至东汉	宁明县
		桂林石刻	唐至清	桂林市
		柳侯祠碑刻	宋至民国	柳州市
四川省	1	博什瓦黑岩画	唐至宋	昭觉县
云南省	4	石钟山石窟	南诏、大理(649—1094年)	大理白族自治州剑川县
		南诏铁柱	南诏	弥渡县
		元世祖平云南碑	元	大理市
		沧源崖画	新石器时代	沧源佤族自治县
甘肃省	3	炳灵寺石窟	北魏至明	临夏回族自治州临夏市
		马蹄寺石窟群	十六国至清	肃南裕固族自治县
		文殊山石窟	北朝至西夏	肃南裕固族自治县
青海省	1	贝大日如来佛石窟寺和勒巴沟摩崖	唐	玉树县
宁夏回族自治区	2	须弥山石窟	北朝至唐	固原县
		贺兰山岩画	元	贺兰县

续表 4

地区	数量	名　称	时　代	地　址
新疆维吾尔自治区	7	克孜尔千佛洞	唐至宋	拜城县
		库木吐喇千佛洞	唐至宋	库车县
		柏孜克里克千佛洞	唐至元	吐鲁番县
		森木塞姆千佛洞	晋至宋	库车县
		克孜尔尕哈石窟	北朝至唐	库车县
		吐峪沟石窟	南北朝至唐	鄯善县
		平定准噶尔勒铭碑	清	昭苏县
(三)古墓葬:40 处				
内蒙古自治区	9	辽陵及奉陵邑(含怀凌陵及奉陵邑)	辽	巴林右旗、巴林左旗
		成吉思汗陵	1954 年迁建	伊金霍洛旗
		宝山、罕苏木墓群	辽	阿鲁科尔沁旗
		扎赉诺尔墓群	汉	满洲里市
		王昭君墓	汉	呼和浩特市
		韩匡嗣家族墓地	辽	巴林左旗
		吐尔基山墓	辽	科尔沁左翼后旗
		萧氏家族墓	辽	奈曼旗
		张应瑞家族墓地	元	翁牛特旗
辽宁省	1	永陵	清	新宾满族自治县
吉林省	3	龙头山古墓群	渤海	和龙市
		干沟子墓群	战国至西汉	长白朝鲜族自治县
		六顶山古墓	渤海(698—927 年)	延边朝鲜族自治州敦化市
广西壮族自治区	1	合浦汉墓群	汉	合浦县
四川省	1	凉山大石墓群	战国至汉	德昌县、喜德县
贵州省	1	交乐墓群	汉	兴仁县
西藏自治区	4	烈山墓地	唐	朗县
		吉堆吐蕃墓群	唐	洛扎县
		藏王墓	7 世纪	穷结县
		查木钦墓群	唐	拉孜县
青海省	1	热水墓群	唐	都兰县
宁夏回族自治区	1	西夏陵	西夏	银川市
新疆维吾尔自治区	18	阿斯塔那古墓群	晋至唐	吐鲁番市
		阿巴和名麻札(墓)	清	喀什市
		三海子墓葬及鹿石	青铜时代	青河县

续表 5

地区	数量	名 称	时 代	地 址
		焉不拉克古墓群	青铜时代	哈密市
		察吾乎古墓群	青铜时代至春秋	和静县
		切木尔切克石人及石棺墓群	青铜时代至汉、魏	阿勒泰市
		扎滚鲁克古墓群	青铜时代至魏、晋	且末县
		山普拉古墓群	汉至晋	洛浦县
		吐虎鲁克·铁木尔汗麻扎	元	霍城县
		楼兰墓群	新石器时代至晋	若羌县
		五堡墓群	青铜时代	哈密市
		洋海墓群	青铜时代至唐	鄯善县
		阿日夏特石人墓	隋至唐	温泉县
		麻赫穆德·喀什噶里墓	元	疏附县
		速檀·歪思汗麻扎	明	伊宁县
		叶尔羌汗国王陵	明	莎车县
		艾比甫·艾洁木麻扎	清	阿图什市
		哈密回王墓	清至民国	哈密市
(四)古建筑及历史纪念建筑物:128 处				
内蒙古自治区	21	万部华严经塔	辽	呼和浩特市
		金刚座舍利宝塔	清	呼和浩特市
		美岱召	明	土默特右旗
		五当召	清	包头市
		汇宗寺	清	多伦县
		福会寺	清	喀喇沁旗
		喀喇沁亲王府及家庙	清	喀喇沁旗
		和硕恪靖公主府	清	呼和浩特市
		开鲁县佛塔	元	开鲁县
		纳林塔秦国长城遗址	战国	伊金霍洛旗
		清水河县长城	明	清水河县
		锦山龙泉寺	明至民国	喀喇沁旗
		大召	明至清	呼和浩特市
		绥远城墙和将军衙署	清	呼和浩特市
		贝子庙	清	锡林浩特市
		定远营	清	阿拉善左旗

续表 6

地区	数量	名　称	时 代	地　址
		灵悦寺	清	喀喇沁旗
		诺尔古建筑群	清	多伦县
		库伦三大寺	清	库伦旗
		僧格林沁王府	清	科尔沁左翼后旗
		宝善寺	清	阿鲁科尔沁旗
吉林省	1	灵光塔	渤海	长白朝鲜族自治县
浙江省	1	时思寺	元至清	景宁畲族自治县
湖北省	2	大水井古建筑群	清	利川市
		鱼木寨	明至清	利川市
湖南省	4	马田鼓楼	清	通道侗族自治县
		芋头侗寨古建筑群	明、清	通道侗族自治县
		坪坦风雨桥	清	通道侗族自治县
		凤凰古城堡	清	凤凰县
广西壮族自治区	12	经略台真武阁	明	容县
		程阳永济桥	民国	三江侗族自治县
		灵渠	秦	兴安县
		大士阁	明	合浦县
		莫土司衙署	明、清	忻城县
		靖江王府及王陵	明	桂林市
		岜团桥	清	三江侗族自治县
		临贺故城	汉至清	贺州市
		江头村和长岗岭村古建筑群	明至民国	灵川县
		马殷庙	明至清	富川瑶族自治县
		燕窝楼	明至清	全州县
		恭城古建筑群	明至清	恭城瑶族自治县
四川省	10	卓克基土司官寨	清	马尔康县
		直波碉楼	清	马尔康县
		松潘古城墙	明	松潘县
		棒托寺	明、清	壤塘县
		德格印经院	清	德格县
		丹巴古碉群	唐至清	丹巴县

续表7

地区	数量	名　称	时 代	地　址
		措尔机寺	元至清	壤塘县
		日斯满巴碉房	元至明	壤塘县
		松格嘛呢石经城和巴格嘛呢石经墙	明至清	石渠县
		波日桥	清	新龙县
贵州省	9	增冲鼓楼	清	从江县
		青龙洞	清	镇远县
		福泉城墙	明	福泉市
		郎德上寨古建筑群	明、清	雷山县
		地坪风雨桥	清	黎平县
		寨英村古建筑群	明至清	松桃苗族自治县
		飞云崖古建筑群	明至清	黄平县
		旧州古建筑群	明至清	黄平县
		葛镜桥	明	福泉市
云南省	23	崇圣寺三塔	唐、五代	大理白族自治州大理市
		广允缅寺	清	沧源佤族自治县
		景真八角亭	清	勐海县
		曼飞龙塔	清	景洪市
		大宝积宫与琉璃殿	明	玉龙纳西族自治县
		中心镇公堂	清	香格里拉县
		喜洲白族古建筑群	明、清	大理市
		建水文庙	明、清	建水县
		水目寺塔	唐至明	祥云县
		佛图寺塔	唐	大理市
		大姚白塔	唐	大姚县
		指林寺大殿	元至清	建水县
		宝山石头城	元	玉龙纳西族自治县
		州城文庙和武庙	明至清	宾川县
		龙华寺	明至清	姚安县
		朝阳楼	明	建水县
		西门街古建筑群	明	剑川县
		沙溪兴教寺	明至民国	剑川县
		孟连宣抚司署	清	孟连傣族拉祜族佤族自治县
		曼短佛寺	清	勐海县
		双龙桥	清	建水县
		长春洞	清	巍山彝族回族自治县
		寿国寺	清	维西傈僳族自治县
西藏自治区	27	大昭寺		拉萨市
		昌珠寺		乃东县

续表8

地区	数量	名　　称	时　代	地　址
		萨迦寺	元	萨迦县
		布达拉宫	明至民国	拉萨市
		噶丹寺	明初至清	拉萨市
		扎什伦布寺	明初至清	日喀则县
		哲蚌寺	明	拉萨市
		色拉寺	明	拉萨市
		罗布林卡	清	拉萨市
		夏鲁寺	元至清	日喀则市
		桑耶寺	789—799年	扎囊县
		托林寺	宋	扎达县
		扎塘寺	1081—1093年	扎囊县
		白居寺	明	江孜县
		曲德寺、卓玛拉康	10世纪、1274年	吉隆县
		朗色林庄园	明	扎囊县
		色喀古托寺	1080年	洛扎县
		科迦寺	996年	普兰县
		小昭寺	641年	拉萨市
		吉如拉康	唐至清	乃东县
		松卡石塔	唐	扎囊县
		敏竹林寺	明	扎囊县
		康松桑卡林	清	扎囊县
		聂塘卓玛拉康	宋	曲水县
		查杰玛大殿	元至清	昌都地区
		平措林寺	明	拉孜县
		邦纳寺	明	索县
甘肃省	1	拉卜楞寺	清	夏河县
青海省	5	隆务寺	明、清	同仁县
		贵德文庙及玉皇阁	明、清	贵德县
		藏娘佛塔及桑周寺	北宋至清	玉树县
		格萨尔三十大将军灵塔和达那寺	宋、元	囊谦县
		却藏寺	清	互助土族自治县
宁夏回族自治区	7	海宝塔	清	银川市
		同心清真大寺	清	同心县
		拜寺口双塔	西夏	贺兰县
		一百零八塔	元	青铜峡市

续表 9

地区	数量	名　称	时　代	地　址
		宁夏秦长城遗址	战国	彭阳县、西吉县、固原县
		承天寺塔	清	银川市
		董府	清	吴忠市
新疆维吾尔自治区	5	苏公塔	清	吐鲁番市
		伊犁将军府	清	伊宁市
		昭苏圣佑庙	清	昭苏县
		艾提尕尔清真寺	明	喀什市
		靖远寺	明	察布查尔锡伯自治县
(五)革命遗址、革命纪念建筑物及近现代重要史迹和代表性建筑:51 处				
内蒙古自治区	5	乌兰夫故居	清至民国	土默特左旗
		成吉思汗庙	民国	乌兰浩特市
		“独贵龙”运动旧址	1919—1921 年	乌审旗
		百灵庙起义旧址	1936 年	达尔罕茂明安联合旗
		内蒙古自治政府成立大会会址	1947 年	乌兰浩特市
湖北省	1	五里坪革命旧址	1929—1933 年	鹤峰县
湖南省	3	沈从文故居	清	凤凰县
		湘鄂川黔革命根据地旧址	1934—1935 年	张家界市、永顺县、龙山县
		抗日胜利芷江洽降旧址	1945 年	芷江侗族自治县
广西壮族自治区	18	金田起义地址	1851 年	桂平县金田村
		中国工农红军第七军、第八军军部旧址	1929—1930 年	百色市、龙州县
		李宗仁故居(包括李宗仁府邸)	1921、1948 年	临桂县、桂林市
		李济深故居	民国	苍梧县
		右江工农民主政府旧址	1929 年	田东县
		八路军桂林办事处旧址	1938 年	桂林市
		北海近代建筑	近代	北海市
		刘永福、冯子材旧居建筑群	清	钦州市

续表 10

地区	数量	名　称	时　代	地　址
		连城要塞遗址和友谊关	明至清	北海市、防城港市、宁明县、凭祥市、龙州县、大新县、靖西县、那坡县
		容县近代建筑	清至民国	容县
		太平天国永安活动旧址	1851 年	蒙山县
		马胖鼓楼	民国	三江侗族自治县
		梧州中山纪念堂	民国	梧州市
		广西农民运动讲习所旧址	1925 年	东兰县
		红军标语楼	1930 年	河池市
		湘江战役旧址	1934 年	兴安县、全州县、灌阳县
		昆仑关战役旧址	1939—1940 年	南宁市、宾阳县、柳州市
		胡志明旧居	1942—1954 年	柳州市
海南省	1	陵水县苏维埃政府旧址	1927—1928 年	陵水黎族自治县
重庆市	1	赵世炎故居	1904—1914 年	酉阳土家族苗族自治县
四川省	3	泸定桥	1935 年	甘孜藏族自治州泸定县
		阿坝红军长征遗迹	1935 年	小金县、黑水县、松潘县、若尔盖县、茂县、红原县
		白利寺	1936—1950 年	甘孜县
贵州省	4	黔东特区革命委员会旧址	1934 年	沿河土家族自治县、德江县、印江土家族苗族自治县
		黎平会议会址	1934 年	黎平县
		“二十四道拐”抗战公路	1936 年	晴隆县
		和平村旧址	1941—1944 年	镇远县
云南省	10	纳楼长官司署	清	建水县
		南甸宣抚司署	清、民国	梁河县
		五家寨铁路桥	清	屏边苗族自治县
		茨中教堂	清	德钦县
		蒙自海关旧址	清至民国	蒙自县
		鸡街火车站	民国	个旧市
		企鹤楼	民国	石屏县
		陈氏宗祠	民国	石屏县
		允燕塔	民国	盈江县
		民族团结誓词碑	1951 年	宁洱哈尼族彝族自治县

续表 11

地区	数量	名　称	时　代	地　址
西藏自治区	1	江孜宗山抗英遗址	1904 年	江孜县
甘肃省	1	俄界会议旧址	1935 年	迭部县
青海省	3	第一个核武器研制基地旧址	1957—1995 年	海晏县
		新寨嘉那嘛呢	清	玉树县
		循化西路红军革命旧址	1939—1946 年	循化撒拉族自治县
宁夏回族自治区	1	将台堡革命旧址	1936 年	西吉县
新疆维吾尔自治区	3	坎儿井地下水利工程	清	吐鲁番市
		塔城红楼	清至民国	塔城市
		三区革命政府政治文化活动中心旧址	民国	伊宁市

■民族自治地方全国历史文化名城

（截至 2009 年底）

内蒙古自治区	呼和浩特市
湖南省	凤凰县
广西壮族自治区	桂林市 柳州市
贵州省	镇远县
云南省	大理市 丽江市 巍山彝族回族自治县 建水县
西藏自治区	拉萨市 日喀则市　江孜县
青海省	同仁县
宁夏回族自治区	银川市
新疆维吾尔自治区	喀什市 吐鲁番 特克斯县

■民族自治地方全国历史文化名镇

（截至 2009 年底）

内蒙古自治区	喀喇沁旗王爷府镇
	多伦县多伦淖尔镇
辽宁省	新宾满族自治县永陵镇
浙江省	景宁畲族自治县鹤溪镇
湖北省	宣恩县椒园镇
湖南省	龙山县里耶镇
	永顺芙蓉镇
	泸溪县浦市镇

续表

广西壮族自治区	昭平县黄姚镇
	灵川县大圩镇
	阳朔县兴坪镇
重庆市	石柱土家族自治县西沱镇
	酉阳土家族苗族自治县龙潭镇
贵州省	黄平县旧州镇
	雷山县西江镇
云南省	禄丰县黑井镇
	剑川县沙溪镇
	孟连县娜允镇
	洱源县凤羽镇
	蒙自市新安所镇
西藏自治区	乃东县昌珠镇
	日喀则市萨迦镇
甘肃省	临潭县新城镇
新疆维吾尔自治区	鄯善县鲁克沁镇
	霍城县惠远镇

■民族自治地方全国历史文化名村

（截至2009年底）

内蒙古自治区	土默特右旗美岱召镇美岱召村
	包头市石拐区五当召镇五当召村
湖北省	恩施市崔家坝镇滚龙坝村
	恩施市宣恩县沙道沟镇两河口村
广西壮族自治区	灵山县佛子镇大芦村
	玉林市玉州区城北街道办事处高山村
	富川瑶族自治县朝东镇秀水村
四川省	丹巴县梭坡乡莫洛村
贵州省	锦屏县隆里乡隆里村
	黎平县肇兴乡肇兴寨村
	从江县往洞乡增冲村
云南省	云龙县诺邓镇诺邓村
	石屏县宝秀镇郑营村
	巍山县永建镇东莲花村
青海省	同仁县年都乎乡郭麻日村
宁夏回族自治区	中卫市香山乡南长滩村
新疆维吾尔自治区	鄯善县吐峪沟乡麻扎村
	哈密市回城乡阿勒屯村

中国少数民族文学、少数民族题材作品“骏马奖”资料

■历届全国少数民族文学“骏马奖”获奖作品

	第一届	第二届	第三届	第四届	第五届	第六届	第七届
长篇小说	7	4	6	6	8	7	7
中、短篇小说集(中、短篇小说)	29	51	14	28	14	15	17
诗歌集(诗集、长诗、短诗)	59	33	10	25	13	14	10
散文、报告文学集(散文、报告文学)	17	12	5	11	10	12	12
评论集(评论)		6	1	4	4	4	4
儿童文学集(儿童文学)	8		3	3	1	4	2
电影文学	4						
剧本	5						
翻译奖		8(人)	4(人)	6(人)	3(人)	6(人)	4(人)
新人新作			18	16	10		
特别奖			22			1	
荣誉奖	11	13					
合计	140	127	83	99	63	63	56

■历届全国少数民族题材电视“骏马奖”评奖活动

届数	时间	地点	主办单位	协办单位	承办单位
第一届	1986年	呼和浩特	国家民委 文化部 中国文联 中国视协		内蒙古自治区广电厅、民委、视协
第二届	1988年	昆明	国家民委 文化部 中国文联 中国视协		云南省广电厅、民委、视协
第三届	1990年	乌鲁木齐	国家民委 文化部 中国文联 中国视协		新疆维吾尔自治区广电厅、民委、视协
第四届	1992年	南宁	国家民委 广电部 文化部 中国文联	中国视协	广西壮族自治区广电厅、民委、视协
第五届	1994年	成都	国家民委 广电部 文化部 中国文联	中国视协	四川省广电厅、民委、视协
第六届	1996年	北京	国家民委 广电部 文化部 中国文联	中国视协	国家民委文化宣传司
第七届	1998年	广州	国家民委 广电部 文化部 中国文联	中国视协	广州市广电局、广州电视台、广东省民委
第八届	2000年	北京	国家民委 广电部 文化部 中国文联	中国视协	北京电视台
第九届	2002年	济南	国家民委 广电部 文化部 中国文联	中国视协	山东省民委、广电局、文化厅、文联承办、山东电视综艺频道具体承办

■历届全国少数民族题材电视“骏马奖”获奖作品 （单位：部）

	第一届	第二届	第三届	第四届	第五届	第六届	第七届	第八届	第九届	总计
北　京			1			3	1	4	6	15
天　津					1	1				2
河　北				2	1		1	2	1	7
山　西	1		1					1		3
吉　林	1	4	5	4	4	4	4	5	5	36
内蒙古	2	3	11	5	10	7	14	14	14	80
辽　宁	1				1	2				4
吉　林	1	4	5	4	4	4	4	5	5	36
黑龙江	1			1	2	2	2	3	5	16
上　海			1	1	1		3	4	1	11
江　苏				1		1			2	4
浙　江		1	1							2
安　徽				1					1	2
福　建					1	1		1	1	4
江　西										
山　东				1	1	2	2	6	17	29
河　南										
湖　北			2	4	1	1	2	3	4	17
湖　南		2	3	3	3	5	3	4	4	27
广　东			1	1	1	2	1	1		7
广　西	1	2	7	17	4	3	2	9	11	56
海　南				1		1		2		4
重　庆										
四　川		1	2	2	15	2	3	2	5	32
贵　州	2	1	1	3			2	3	3	15
云　南	2	5	4	4	3	7	10	14	16	65
西　藏	1	1	4	4	4	4	5	2		25
陕　西	1		1							2
甘　肃	1	1	2	2	6	2		6	2	22
青　海		1	1	4	3	4	9	10	15	47
宁　夏	1	1	1	2	2	2	2	3	1	15
新　疆	1	5	14	20	14	14	19	27	33	147
中央电视台			5	1	3	5	4	17	33	68
中国电视剧制作中心		2			1	1			2	6
中央电视台新影制作中心									4	4
中国广播艺术团								1	2	3
中国农业电影电视中心									2	2
合　计	17	34	73	88	86	80	93	149	195	815

■历届全国少数民族题材电影“骏马奖”获奖作品

（单位：部，人）

	第一届(1994 年)	第二届(1998 年)	第三届(2002 年)
故事片一等奖	1	1	1
故事片二等奖	3	1	2
故事片三等奖	6	1	1
故事片评委会特别奖	1		
故事片评委会提名奖(纪念奖)	23		5
儿童片一等奖			
儿童片二等奖			
儿童片三等奖			2
儿童片评委会提名奖			2
纪录片一等奖	1		
纪录片二等奖	2		
纪录片三等奖	3		
优秀纪录片奖			2
美术片一等奖	1		
美术片二等奖	2	1	
美术片三等奖	1	1	
优秀美术片奖			2
科教片一等奖	1		
优秀电视电影奖			2
最佳编剧(优秀编剧)	1(人)	2(人)	4(人)
最佳导演(优秀导演)	2(人)	2(人)	2(人)
最佳摄影(优秀摄影)		1(人)	1(人)
最佳男演员(优秀男演员)	1(人)	1(人)	1(人)
最佳女演员(优秀女演员)	1(人)	1(人)	1(人)
少数民族语优秀译制片奖	36		
少数民族语优秀译制片奖(蒙古语)		3	2
少数民族语优秀译制片奖(藏语)		1	3
少数民族语优秀译制片奖(维吾尔语)		4	2
少数民族语优秀译制片奖(哈萨克语)		1	1
少数民族语优秀译制片奖(彝语)		2	2
少数民族语优秀译制片奖(壮语)		2	6
少数民族语优秀译制片奖(傣语)		1	2
少数民族语优秀译制片奖(侗语)		1	2
少数民族语优秀译制片奖(佤语)			1
少数民族语优秀译制片奖(傈僳语)		1	
少数民族语优秀译制片奖(苗语)		2	
少数民族语译制片综合技术奖(蒙古语)		1	1
少数民族语译制片综合技术奖(藏语)		1	2
少数民族语译制片综合技术奖(维吾尔语)		1	2
少数民族语译制片综合技术奖(哈萨克语)			
少数民族语译制片综合技术奖(彝语)		1	
少数民族语译制片综合技术奖(壮语)		1	
少数民族语译制片综合技术奖(侗语)		1	
少数民族语译制片综合技术奖(鄂温克语)		1	
少数民族语译制片综合技术奖(佤语)		1	
少数民族语译制片综合技术奖(苗语)			1

中国少数民族传统体育运动会资料

■历届全国少数民族传统体育运动会

项目	第一届	第二届	第三届	第四届
时间	1953年11月8—12日	1982年9月2—8日	1986年8月10—17日	1991年11月10—17日
地点	天津市	呼和浩特市	乌鲁木齐市	南宁市
参加单位	华北、东北、西北、中南、西南、东南6大行政区和内蒙古、解放军、铁路系统共9个单位	29个省、自治区、直辖市代表团	29个省、自治区、直辖市代表团	30个省、自治区、直辖市代表团
民族及人数	蒙古、回、藏、维吾尔、哈萨克、苗、满、朝鲜、傣、纳西、塔塔尔等12个民族，395名运动员	55个少数民族，863名运动员、教练员，其中，少数民族运动员593人，2个观摩团，400多人，300多名中外记者	55个少数民族，1 097名运动员、教练员，其中，少数民族运动员777人，29个观摩团，872人，中外记者580人，港澳同胞及外国朋友45人	55个少数民族，1 740名运动员。29个观摩团，有教练员、裁判员、工作人员、少数民族体育先进地区和单位代表、新闻工作者，共4 500人
比赛项目	举重、拳击、石锁、摔跤、击剑和步射(弓箭射准)	射箭邀请赛、中国式摔跤比赛	摔跤、射箭、赛马、叼羊、射弩、抢花炮、秋千	龙舟、抢花炮、秋千、射弩、珍珠球、木球、摔跤、赛马和武术
表演项目	武术(分棒术和器械，共383项)、民间体育(分石提、爬杆等22项)、骑术(各种马上技巧表演9项)	傣族的孔雀拳，蒙古族的赛骆驼、赛马等68项	表演项目115项	表演项目120项

续表

项目	第五届	第六届	
时间	1995年11月5—12日	1999年9月24—30日	1999年8月18—23日
地点	昆明市	北京市(主赛场)	拉萨市(分赛场)
参加单位	31个省、自治区、直辖市代表团,新疆生产建设兵团、解放军代表团、台湾少数民族代表团	31个省、自治区、直辖市代表团,新疆生产建设兵团、解放军代表团、台湾少数民族代表团	31个省、自治区、直辖市代表团,新疆生产建设兵团、解放军代表团
民族及人数	55个少数民族,2 342名运动员。30个省、自治区、直辖市组织了观摩团。运动员、教练员、工作人员、观摩人员、少数民族体育模范代表,中外记者及来宾共7 000人参加了运动会	55个少数民族,2 626名运动员。各省、自治区、直辖市组织了观摩团。运动员、教练员、工作人员、观摩人员、少数民族体育模范代表及记者共计6 000人	35个少数民族,764名运动员。各省、自治区、直辖市组织了33个代表团和40个观摩团。运动员、教练员、工作人员、观摩人员及记者共计2 386人
比赛项目	抢花炮、珍珠球、木球、民族式摔跤(博克、且里西、格、北嘎、绊跤)、秋千、武术、射弩、龙舟、马上项目(速度赛马、走马、跑马射击、跑马射箭、跑马拾哈达、叼羊)、打陀螺、毽球共11项	抢花炮、珍珠球、毽球、蹴球、木球、秋千、武术、龙舟、民族式摔跤(博克、格、且里西、北嘎、绊跤)、马上项目(速度赛马、走马、跑马射击、跑马射箭、跑马拾哈达)10个项目	马上项目、射弩、打陀螺、押加4个项目
表演项目	表演项目129项	表演项目11项	表演项目39项

项目	第七届	第八届
时间	2003年9月6—13日	2007年11月10—18日
地点	银川市(主赛场)、石嘴山市(分赛场)	广州市
参加单位	31个省、自治区、直辖市代表团,新疆生产建设兵团、解放军代表团、台湾少数民族代表团	31个省、自治区、直辖市代表团,新疆生产建设兵团、解放军代表团、台湾少数民族代表团
民族及人数	55个少数民族,3 735名运动员。30个省、自治区、直辖市组织了观摩团。运动员、教练员、工作人员、观摩人员、少数民族体育模范代表,中外记者及来宾共9 039人参加了运动会	55个少数民族,6 381名运动员。30个省、自治区、直辖市组织了观摩团。运动员、教练员、工作人员、观摩人员、少数民族体育模范代表,中外记者及来宾共1.5万人参加了运动会
比赛项目	抢花炮、珍珠球、木球、民族式摔跤(博克、且里西、格、北嘎、绊跤)、秋千、武术、射弩、龙舟、马术(速度赛马、走马、跑马射箭、跑马射击、跑马拾哈达)、打陀螺、毽球、蹴球、高脚竞速、押加共14项	抢花炮、珍珠球、木球、民族式摔跤(博克、且里西、格、北嘎、绊跤、朝鲜族式摔跤)、秋千、武术、射弩、龙舟、马术(速度赛马、走马、跑马射箭、跑马射击、跑马拾哈达)、打陀螺、毽球、蹴球、高脚竞速、板鞋竞速、押加共15项
表演项目	表演项目125项	表演项目148项

■中国少数民族传统体育运动竞赛项目

项目名称	项目内容	
1. 花炮	男子	16 人集体项目
2. 珍珠球	男子	14 人集体项目
	女子	14 人集体项目
3. 木球	男子	10 人集体项目
4. 蹴球	男子	单蹴、双蹴
	女子	单蹴、双蹴
	男女混合	双蹴
5. 毽球	男子	6 人集体项目
	女子	6 人集体项目
6. 龙舟	男子	直道竞速:250 米、500 米、800 米
	女子	直道竞速:250 米、500 米、800 米
	男女混合	直道竞速:250 米、500 米、800 米
7. 秋千	女子	团体赛
		双人触铃、双人高度
		单人触铃、单人高度
8. 射弩	男女混合	团体
	男子	全能
		20 米双轮跪姿
		20 米双轮立姿
	女子	全能
		15 米双轮跪姿
		15 米双轮立姿
9. 打陀螺	男子	3 人团体赛
		个人赛
	女子	3 人团体赛
		个人赛

续表

<table>
<tr><th>项目名称</th><th colspan="2">项目内容</th></tr>
<tr><td>10. 押加</td><td>男子</td><td>55 公斤、60 公斤、70 公斤、80 公斤、80 公斤以上级</td></tr>
<tr><td rowspan="3">11. 高脚竞速</td><td>男子</td><td>200 米竞速、2×200 米接力</td></tr>
<tr><td>女子</td><td>200 米竞速、2×200 米接力</td></tr>
<tr><td>男女混合</td><td>4×100 米混合接力</td></tr>
<tr><td rowspan="3">12. 板鞋竞速</td><td>男子</td><td>60 米、100 米</td></tr>
<tr><td>女子</td><td>60 米、100 米</td></tr>
<tr><td>男女混合</td><td>2×200 米混合接力</td></tr>
<tr><td rowspan="7">13. 武术</td><td rowspan="3">男子、女子拳术</td><td>A 组:各种长拳、南拳、太极拳</td></tr>
<tr><td>B 组:形意拳、八卦拳、八极拳、通臂拳、翻子拳、劈挂拳、地躺拳、象形拳、查拳、华拳、花拳、炮拳、洪拳、红拳、少林拳</td></tr>
<tr><td>C 组:除 A、B 外的各种拳术套路</td></tr>
<tr><td rowspan="3">男子、女子器械</td><td>A 组:长拳类刀、剑、枪、棍</td></tr>
<tr><td>B 组:各种双、软器械</td></tr>
<tr><td>C 组:除 A、B 外的各种单器械</td></tr>
<tr><td>男子、女子对练</td><td>3 人以内各种对练套路(不允许混合)</td></tr>
<tr><td rowspan="6">14. 民族式摔跤(男子项目)</td><td colspan="2">博克(蒙式)团体、个人赛</td></tr>
<tr><td colspan="2">且里西(维式)52 公斤、62 公斤、74 公斤、90 公斤、90 公斤以上</td></tr>
<tr><td colspan="2">格(彝式)52 公斤、62 公斤、74 公斤、90 公斤、90 公斤以上</td></tr>
<tr><td colspan="2">北嘎(藏式)52 公斤、62 公斤、74 公斤、90 公斤、90 公斤以上</td></tr>
<tr><td colspan="2">绊跤(回式)52 公斤、62 公斤、74 公斤、90 公斤、90 公斤以上</td></tr>
<tr><td colspan="2">朝鲜族式摔跤 52 公斤、62 公斤、74 公斤、90 公斤、90 公斤以上</td></tr>
<tr><td rowspan="5">15. 马术</td><td colspan="2">速度赛马:1 000 米、2 000 米、3 000 米、5 000 米、10 000 米</td></tr>
<tr><td colspan="2">走马:1 000 米、2 000 米、5 000 米</td></tr>
<tr><td colspan="2">跑马射击</td></tr>
<tr><td colspan="2">跑马射箭</td></tr>
<tr><td colspan="2">跑马拾哈达</td></tr>
</table>

中国民族自治地方世界遗产、国家级自然保护区、风景名胜区和旅游区名单

■民族自治地方世界遗产名录

	省区	名称	地址
世界文化遗产	西藏自治区	布达拉宫(大昭寺、罗布林卡)	西藏自治区拉萨市
	云南省	丽江古城	云南省丽江市
	吉林省、辽宁省	中国高句丽王城、王陵及贵族墓葬	吉林省集安市、辽宁省桓仁县
世界自然遗产	四川省	九寨沟	四川省阿坝藏族羌族自治州九寨沟县
		黄龙	四川省阿坝藏族羌族自治州松潘县
		四川大熊猫栖息地	四川省阿坝藏族羌族自治州小金县
	云南省	三江并流	云南省迪庆藏族自治州、怒江傈僳族自治州
	中国南方	喀斯特	中国南方
世界人类口述和非物质遗产	内蒙古自治区	蒙古族传统长调民歌	内蒙古自治区
	新疆维吾尔自治区	新疆维吾尔“木卡姆”	新疆维吾尔自治区

■民族自治地方国家级自然保护区名录

(截至2009)

地区	保护区名称	行政区域	面积(公顷)	主要保护对象	类型	建立时间
河北省	红松洼草原	围场县	7 300	草原生态系统	草原草甸	1994.8.1
	塞罕坝	围场县	20 029.8	森林—草原交错带生态系统	草原草甸	2007.4.6
	滦河上游	围场县	50 637.4	滦河上游的自然生态环境、森林生态系统及其生物多样性和珍稀濒危的野生动植物物种	森林和野生动物	2008.1.14
内蒙古自治区	赛罕乌拉	巴林左旗	100 400	森林及马鹿等野生动物	森林生态	1997.4.1
	达里诺尔鸟类	克什克腾旗	119 413	珍稀鸟类	野生动物	1987.9.8
	白音敖包云杉林	克什克腾旗	13 862	沙地云杉林	森林生态	1979.10.4
	黑里河	宁城县	27 638	森林生态系统	森林生态	1996.12.31
	大黑山	敖汉旗	86 799	天然阔叶林	森林生态	1996.9.1
	汗玛	根河市	107 348	森林生态系统	森林生态	1996.11.29
	红花尔基樟子松林	鄂温克族自治旗	20 085	樟子松林	森林生态	1998.5.1

续表 1

地区	保护区名称	行政区域	面积(公顷)	主要保护对象	类型	建立时间
	辉河	鄂温克族自治旗	346 848	湿地、珍禽、草原	内陆湿地	1997.12.1
	达赉湖	新巴尔虎右旗	740 000	湖泊、湿地、草原生态系统	内陆湿地	1987.1.1
	科尔沁	科尔沁右翼中旗	126 987	湿地珍禽、灌丛及疏林草原	野生动物	1986.6.1
	图牧吉	扎赉特旗	94 830	草原生态系统及大鸨等珍禽	草原草甸	1996.8.1
	大青沟	科尔沁左翼后旗	8 183	针阔混交林	森林生态	1988.5.9
	锡林郭勒草原	锡林浩特市	580 000	草甸草原、沙地疏林	草原草甸	1985.8.8
	鄂尔多斯遗鸥	鄂尔多斯市东胜区	14 770	遗鸥及其生境	野生动物	1991.1.1
	西鄂尔多斯	鄂托克旗、乌海市	555 849	古老残遗濒危植物	野生植物	1986.12.1
	乌拉特梭梭林—蒙古野驴	乌拉特后旗	68 000	梭梭林、蒙古野驴及荒漠生态系统	荒漠生态	1985.10.1
	内蒙古贺兰山	阿拉善左旗	67 710	水源涵养林、野生动植物	森林生态	1992.10.27
	额济纳胡杨林	额济纳旗	26 253	胡杨林	荒漠生态	1968.6.1
	阿鲁科尔沁	阿鲁科尔沁旗	136 793	沙地草原、湿地生态系统及珍稀鸟类	森林生态	2005.7.23
	哈腾套海	磴口县	123 600	荒漠植被和野生动植物	荒漠生态	2005.7.23
	额尔古纳	额尔古纳市	124 527	寒温带针叶林	森林生态	2006.2.11
	鄂托克恐龙遗迹化石	鄂托克旗查布苏木	46 410	多种类型的恐龙足迹化石以及恐龙骨骼化石	地质遗迹	2007.4.6
	大青山	乌兰察布市卓资县、呼和浩特市、包头市	388 577	山地森林灌丛珍稀野生动植物及水源涵养地	森林生态	2008.1.14
辽宁省	老秃顶子	桓仁满族自治县、新宾满族自治县	15 219	长白植物区系原生型森林及紫杉、人参等珍稀物种	森林生态	1981.9.18
	白石砬子	宽甸县	7 467	原生型红松阔叶混交林	森林生态	1981.9.9
	海棠山	阜新蒙古族自治县	11 002.7	油松栎类混交的顶极群落及野生动物	森林生态	2007.4.6
吉林省	伊通火山群	伊通满族自治县	765	火山地质遗迹	地质遗迹	1984.6.27
	鸭绿江上游	长白朝鲜族自治县	20 306	冷水性鱼类	野生动物	1996.10.1
	天佛指山松茸	龙井市	77 317	松茸及森林生态系统	野生植物	1996.8.22
	长白山	安图县	196 465	森林及野生动物	森林生态	1960.4.1
	珲春东北虎	珲春市	108 700	东北虎、豹及其栖息地	野生动物	2005.7.23
	查干湖	吉林省西部前郭、乾安和大安 2 县 1 市	50 684	半干旱地区湖泊水生生态系统、湿地生态系统和野生珍稀、濒危鸟类	内陆湿地和水域生态	2007.4.6
	雁鸣湖	敦化	53 940	牡丹江上游湿地及黑鹳、东方白鹳、丹顶鹤、中华秋沙鸭等濒危水禽及东北虎迁移的重要生态通道	内陆湿地和水域生态	2007.4.6

续表 2

地区	保护区名称	行政区域	面积(公顷)	主要保护对象	类型	建立时间
湖北省	神农架	房县、兴山、巴东	70 467	森林生态系统及珍稀动物金丝猴等	森林生态	1986. 7. 9
	后河	五峰土家族自治县	10 340	原始森林珍稀动植物	森林生态	2000. 4. 1
	星斗山	利川、咸丰、恩施市	68 339	水杉、珙桐及森林植被	野生植物	1988. 1. 1
	七姊妹山	宣恩县	34 550	典型的中亚热带山地常绿阔叶林生态系统、珙桐为主的珍稀濒危植物及其群落、大型猫科动物为主的珍稀濒危动物及其栖息环境和亚高山泥炭藓沼泽湿地	野生植物	2008. 1. 14
湖南省	小溪	永顺县	24 800	原始次生林	森林生态	1985. 7. 16
广西壮族自治区	大明山	武鸣、马山、上林县	16 994	季风常绿阔叶林、水源涵养林及自然景观	森林生态	1981. 8. 1
	花坪	龙胜各族自治县、临桂县	17 400	银杉及典型常绿阔叶林生态系统	野生植物	1961. 11. 1
	猫儿山	资源、兴安县	17 009	典型常绿阔叶林生态系统、水源涵养林	森林生态	1976. 5. 1
	山口红树林	合浦县	8 000	红树林生态系统	海洋海岸	1990. 9. 30
	岑王老山	田林县、凌云县	18 994	南亚热带中山常绿阔叶混交林、垂直带谱森林生态系统和黑颈长尾雉、叉孢苏铁、伯乐树等珍稀濒危物种	森林生态	2007. 4. 6
	九万山	融水苗族自治县、罗城仫佬族自治县、环江毛南族自治县	25 212. 8	水源涵养林	森林生态	2007. 4. 6
	合浦儒艮	合浦县	35 000	儒艮及海洋生态系统	野生动物	1986. 4. 27
	北仑河口海洋	防城市防城区	3 000	红树林生态系统	海洋海岸	1990. 3. 4
	防城上岳金花茶	防城市防城区	9 195	金花茶及森林生态系统	野生植物	1986. 4. 5
	十万大山	上思、钦州、防城	58 277	水源涵养林	森林生态	1982. 6. 1
	弄岗	龙州、宁明县	10 080	石灰岩季节雨林生态系统、白头叶猴、黑叶猴等	森林生态	1978. 1. 1
	大瑶山	金秀瑶族自治县	24 907	水源林及瑶山鳄蜥、银杉	森林生态	1982. 6. 1
	木论	环江毛南族自治县	8 969	中亚热带石灰岩、常绿阔叶混交林生态系统	森林生态	1991. 8. 18
	千家洞	灌阳县	12 231	亚热带常绿阔叶林	森林生态	2006. 2. 11
	金钟山黑颈长尾雉	隆林各族自治县、西林县	20 924. 4	黑颈长尾雉	野生动物	2008. 1. 14

续表 3

地区	保护区名称	行政区域	面积(公顷)	主要保护对象	类型	建立时间
海南省	尖峰岭	乐东黎族自治县	20 170	热带雨林生态系统	森林生态	1976. 10. 1
	五指山	琼中黎族苗族自治县	13 435. 9	热带原始林生态系统	森林生态	1985. 11. 1
	霸王岭	昌江黎族自治县	29 980	黑冠长臂猿及生境	野生动物	1980. 4. 9
	吊罗山	陵水黎族自治县、保亭黎族苗族自治县、琼中黎族苗族自治县	18 389	森林生态系统及珍稀动植物	森林生态	2008. 1. 14
四川省	马边大风顶	马边彝族自治县	30 164	大熊猫及森林生态系统	野生动物	1977. 5. 1
	卧龙	汶川县	200 000	大熊猫及森林生态系统	野生动物	1975. 1. 1
	九寨沟	九寨沟县	64 297	大熊猫及森林生态系统	野生动物	1978. 1. 1
	四姑娘山	小金县	48 500	野生动物及高山生态系统	野生动物	1996. 11. 29
	若尔盖湿地	若尔盖县	166 571	高寒沼泽湿地及黑颈鹤等野生动物	内陆湿地	1994. 8. 18
	贡嘎山	康定、泸定县	400 000	珍稀动物及高山生物多样性	森林生态	1997. 12. 8
	察青松多	白玉县	143 682. 6	白唇鹿、金钱豹等野生动物	野生动物	1995. 1. 1
	亚丁	稻城县	134 400	森林生态系统、野生动植物、冰川	森林生态	1997. 12. 16
	美姑大风顶	美姑县	50 655	大熊猫及森林生态系统	野生动物	1982. 1. 1
	长江上游珍稀、特有鱼类国家级自然保护区		33 174	珍稀鱼类	野生动物	1987. 12. 4
	海子山	稻城县、理塘县	459 161	高寒湿地生态系统	内陆湿地	2008. 1. 14
贵州省	梵净山	江口、印江土家族苗族、松涛	41 900			1986. 7. 9
	麻阳河黑叶猴	沿河土家族自治县	31 113	黑叶猴等珍稀动物及生境	野生动物	1987. 8. 1
	草海	威宁彝族回族苗族自治县	12 000	高原湿地生态系统及黑颈鹤等	内陆湿地	1985. 1. 1
	雷公山	黔东南苗族侗族自治州	47 300	中亚热带森林及秃杉等珍稀植物	森林生态	1982. 6. 1
	茂兰	荔波县	20 000	喀斯特地貌为主的森林生态系统	森林生态	1986. 4. 9
云南省	哀牢山	新平县	67 700	原始森林、黑长臂猿等珍稀动植物	森林生态	1986. 3. 1
	高黎贡山	保山市	404 600	生物气候垂直带谱、自然景观、多种植被类型及多种珍稀濒危植物	森林生态	1981. 1. 1
	大围山	屏边苗族自治县	43 993	南亚热带常绿阔叶林及珍稀动物	森林生态	1986. 6. 1
	金平分水岭	金平苗族瑶族傣族自治县	42 027	热带半山山地苔藓常绿阔叶林以及珍稀动植物	森林生态	1986. 6. 1
	绿春黄连山	绿春县	65 058	亚热带常绿阔叶林生态系统、野生动植物	森林生态	1983. 4. 1

续表4

地区	保护区名称	行政区域	面积(公顷)	主要保护对象	类型	建立时间
	文山老君山	文山县	26 867	原始阔叶林	森林生态	1958.10.8
	无量山	景东、南涧县	30 938	亚热带常绿阔叶林及长臂猿等	森林生态	1988.3.1
	西双版纳	西双版纳傣族自治州	241 776	热带森林生态系统及珍稀野生动植物	森林生态	1958.10.9
	纳板河	景洪县	26 100	森林和野生动植物	森林生态	1992.7.1
	苍山洱海	大理市	79 700	断层湖泊、古代冰川遗迹、弓鱼、苍山冷杉、杜鹃林	内陆湿地	1981.11.5
	白马雪山	德钦县	276 432	高山针叶林、滇金丝猴	森林生态	1984.1.1
	南滚河	沧源佤族自治县	50 887	亚洲象及其栖息的热带季雨林	野生动物	1980.1.1
西藏自治区	雅鲁藏布江中游黑颈鹤	林周县	614 350	黑颈鹤及其越冬生境	野生动物	1993.1.1
	芒康滇金丝猴	芒康县	185 300	滇金丝猴及其生态系统	野生动物	1993.1.1
	珠穆朗玛峰	日喀则地区	3 381 000	高山森林及荒漠生态系统	森林生态	1988.4.5
	色林错	申扎县	2 032 380	黑颈鹤繁殖地、高原湿地生态系统	野生动物	1993.1.1
	羌塘	双湖、文南、改则等	29 800 000	藏羚羊、野牦牛等野生动物及高原荒漠生态系统	荒漠生态	1993.4.4
	雅鲁藏布大峡谷	墨脱县	916 800	热带山地垂直带植被及珍贵动植物	森林生态	1985.7.9
	察隅慈巴沟	察隅县	101 400	羚羊、山地亚热带森林生态系统	森林生态	1985.1.1
	拉鲁湿地	拉萨市	1 220	高寒湿地生态系统	内陆湿地	2005.7.23
	类乌齐马鹿	类乌齐县	120 614	马鹿、白唇鹿等野生动物及其生境、自然植被	野生动物	2005.7.23
甘肃省	莲花山	卓尼、康乐县	11 691	森林生态系统	森林生态	1982.12.1
	尕海—则岔	碌曲县	247 431	候鸟等野生动物、森林生态、石林等	野生动物	1995.10.1
	盐池湾	肃北蒙古族自治县	1 360 000	白唇鹿及过渡带生态系统	荒漠生态	2006.2.11
	安南坝野骆驼	阿克塞哈萨克族自治县	396 000	野骆驼及其荒漠生态系统	野生动物	2006.2.11
青海省	孟达	循化撒拉族自治县	17 290	森林生态系统及珍稀生物物种	森林生态	1980.4.1
	青海湖	刚察县	495 200	斑头雁、棕头鸥等水禽及生态系统	野生动物	1975.8.8
	可可西里	玉树藏族自治州	4 500 000	藏羚羊、野驴、野牦牛等有蹄类动物及生态系统	野生动物	1995.10.8
	隆宝	玉树县	10 000	黑颈鹤、天鹅等水禽及草甸生态系统	野生动物	1986.8.9
	三江源	玉树县	15 230 000	珍稀动物、湿地、森林、高寒草甸、冰川等生态系统	内陆湿地	2000.5.1

续表 5

地区	保护区名称	行政区域	面积(公顷)	主要保护对象	类型	建立时间
宁夏回族自治区	贺兰山	银川市	206 266	森林生态系统、野生动植物资源	森林生态	1982. 7. 1
	沙坡头	中卫县	13 722	自然沙生植被及人工植被、野生动物	荒漠生态	1984. 9. 1
	罗山	同心县	33 710	水源涵养林	森林生态	1982. 7. 1
	白芨滩	灵武市	74 843	天然柠条母树林及沙生植被	荒漠生态	1985. 1. 4
	六盘山	固原县	26 667	野生动物及水源涵养林	森林生态	1982. 5. 9
	哈巴湖	盐池县	84 000	过渡区荒漠—湿地生态系统	内陆湿地	2006. 2. 11
新疆维吾尔自治区	阿尔金山	若羌县	4 500 000	三大有蹄类野生动物	荒漠生态	1983. 1. 1
	罗布泊野骆驼	若羌县	7 800 000	野骆驼及其生境	野生动物	1986. 1. 1
	巴音布鲁克	和静县	100 000	天鹅等珍稀水禽、沼泽	野生动物	1980. 5. 9
	托木尔峰	温宿县	237 600	野生动植物	森林生态	1980. 1. 1
	西天山	巩留县	31 217	雪岭云杉林森林生态系统	森林生态	1983. 1. 2
	甘家湖梭梭林	乌苏县	54 667	梭梭林及生境	荒漠生态	1983. 10. 1
	哈纳斯	布尔津、哈巴河县	220 162	西伯利亚动植物区系及自然景观	森林生态	1980. 5. 1
	塔里木胡杨	尉犁县、轮台县	395 420	胡杨林及其荒漠生态系统	森林生态	2006. 2. 11
	艾比湖湿地	博乐市、精河县	267 085	湿地及珍稀野生动植物	内陆湿地	2007. 4. 6

■民族自治地方国家 AAAAA 级旅游区(点)名单

(截至2009年)

地　区	数量(个)	名　　称
广西	2	桂林市漓江景区
		桂林市乐满地度假世界
四川	1	阿坝藏族羌族自治州九寨沟旅游景区
贵州	2	安顺市黄果树大瀑布景区
		安顺市龙宫景区
云南	2	昆明市石林风景区
		丽江市玉龙雪山景区
宁夏	2	石嘴山市沙湖旅游景区
		中卫市沙坡头旅游景区
新疆	3	新疆天山天池风景名胜区
		吐鲁番市葡萄沟风景区
		阿勒泰地区喀纳斯景区

■民族自治地方国家AAAA级旅游区（点）名单

（截至2009年）

地　区	数量（个）	名　　称
河北省	3	承德塞罕坝国家森林公园
		承德御道口草原森林风景区
		丰宁京北第一草原
内蒙古自治区	28	内蒙古格根塔拉草原旅游中心
		成吉思汗陵旅游区
		满洲里中俄互市贸易旅游区
		包头五当召
		阿拉善盟贺兰山南寺生态旅游区
		鄂尔多斯响沙湾旅游区
		阿尔山海神圣泉旅游度假区
		通辽大青沟国家级自然保护区
		赤峰市喀喇沁亲王府
		赤峰市克什克腾世界地质公园阿斯哈图花岗岩石林园区
		阿拉善盟腾格里达来·月亮湖沙漠生态探险度假营地
		巴彦淖尔市维信国际高尔夫度假村
		鄂尔多斯市鄂尔多斯文化旅游村
		鄂尔多斯市恩格贝生态旅游区
		呼伦贝尔市扎兰屯吊桥公园
		包头市北方兵器城
		鄂尔多斯市成吉思汗陵旅游区
		满洲里俄罗斯套娃广场
		呼伦贝尔市陈巴尔虎旗呼和诺尔旅游景区
		包头市南海湿地景区
		鄂尔多斯市库布齐沙漠公园七星湖景区
		锡林郭勒盟锡林浩特市贝子庙景区
		锡林郭勒盟西乌旗蒙古汗城
		呼伦贝尔市内蒙古世界反法西斯战争海拉尔纪念园
		呼和浩特市昭君博物馆
		呼和浩特市蒙牛工业旅游景区
		阿尔山市柴河旅游景区
		满洲里市红色国际秘密交通线教育基地暨国门景区
辽宁省	10	本溪关门山国家森林公园
		阜新海棠山风景名胜区
		抚顺赫图阿拉城

续表1

地　区	数量(个)	名　　称
		桓仁五女山风景区
		新宾猴石国家森林公园
		宽甸天华山风景名胜区
		宽甸天桥沟国家级森林公园
		本溪大雅河漂流景区
		本溪关门山风景区
		清原红河峡谷漂流区
吉林省	4	长白山国家级自然保护区
		松原市查干湖旅游度假区
		四平市伊通县满族博物馆
		四平市伊通县牧情谷景区
湖北省	3	恩施州利川腾龙洞风景旅游区
		宜昌市清江画廊旅游度假区
		巴东神农溪旅游区
湖南省	3	怀化市芷江抗战授降旧址
		湘西州凤凰古城景区
		恩施州恩施土司城景区
广西壮族自治区	46	七星景区
		芦笛景区
		北海银滩旅游区
		南宁青秀山风景旅游区
		象山景区(原象山公园、滨江公园)
		桂林世外桃源旅游区
		北海海底世界
		柳州龙潭景区
		柳侯公园
		柳州立鱼峰风景区
		桂林冠岩景区
		玉林容县“三名”旅游景区
		桂平西山风景名胜区
		桂林市荔浦银子岩风景旅游度假区
		南宁嘉和城景区
		百色乐业大石围天坑群景区
		百色起义纪念馆

续表2

地 区	数量(个)	名 称
		靖西县古龙山峡谷群生态旅游景区
		钦州八寨沟旅游景区
		梧州市骑楼城—龙母庙景区
		兴业鹿峰山风景区
		大新德天跨国瀑布景区
		桂林愚自乐园艺术园
		桂林市两江四湖景区
		南宁九曲湾温泉景区
		北海海洋之窗
		钦州三娘湾旅游区
		钦州刘冯故居景区
		贺州姑婆山旅游区
		靖西通灵大峡谷景区
		桂林古东瀑布景区
		桂林靖江王城景区
		兴安灵渠景区
		桂林市穿山景区
		桂林市荔浦丰鱼岩田园旅游度假区
		桂林市龙胜温泉旅游度假区
		南宁市八桂田园景区
		南宁市动物园
		南宁市广西药用植物园
		柳州市三江程阳侗族八寨景区
		桂林市尧山景区
		桂林市荔浦荔江湾景区
		梧州市藤县石表山休闲旅游景区
		百色市大王岭景区
		玉林市陆川谢鲁温泉休闲景区
		贺州市昭平黄姚古镇风景名胜区
海南省	1	陵水南湾猴岛生态景区
重庆市	1	酉阳县桃花源
四川省	8	泸定海螺沟冰川森林公园
		黄龙风景名胜区
		小金四姑娘山

续表3

地　区	数量(个)	名　　称
		绵阳市西羌九黄山猿王洞景区
		凉山州邛海泸山国家级风景名胜区
		凉山州冕宁县灵山旅游景区
		凉山州螺髻山旅游景区
		凉山州泸沽湖旅游景区
贵州省	4	黔南州荔波樟江风景名胜区
		黔南州平塘掌布“藏子石”景区
		安顺市夜郎洞景区
		黔西南州万峰林景区
云南省	25	中科院西双版纳热带植物园
		西双版纳傣族园
		西双版纳原始森林公园
		大理南诏风情岛
		泸西阿庐古洞景区
		大理崇圣寺三塔
		建水燕子洞风景名胜区
		大理宾川鸡足山景区
		德宏南甸宣抚司署
		丽江玉水寨景区
		丽江束河古镇
		西双版纳野象谷景区
		西双版纳热带花卉园
		德宏州潞西市勐巴娜西珍奇园
		德宏州瑞丽市莫里热带雨林景区
		迪庆州梅里雪山景区
		迪庆州普达措国家公园
		丽江黑龙潭
		楚雄州禄丰世界恐龙谷
		楚雄州彝人古镇
		楚雄州元谋土林
		红河州建水文庙
		文山州丘北普者黑景区
		西双版纳州景洪曼听公园
		西双版纳州勐泐文化园

续表4

地　区	数量(个)	名　　称
西藏自治区	8	西藏博物馆
		西藏布达拉宫
		西藏大昭寺
		西藏罗布林卡
		西藏林芝巴松措旅游区
		日喀则扎什伦布寺
		日喀则地区珠穆朗玛峰国家级自然保护区
		山南地区桑耶寺
甘肃省	6	肃南马蹄寺风景名胜区
		松鸣岩风景名胜区
		冶力关风景区
		拉卜楞寺
		卓尼县大峪沟景区
		黄河三峡风景名胜区
青海省	7	格尔木昆仑旅游区
		互助土族故土园旅游区
		塔尔寺旅游区
		青海湖景区
		循化撒拉族绿色家园
		青海藏医药文化博物馆
		青海金银滩景区
宁夏回族自治区	6	沙湖生态旅游区
		沙坡头旅游区
		银川市镇北堡华夏西部影视城
		宁夏贺兰山苏峪口国家森林公园
		宁夏固原博物馆
		宁夏六盘山旅游区
新疆维吾尔自治区	15	布尔津县喀纳斯风景名胜区
		乌鲁木齐市红山公园景区
		新疆民街民俗博物馆
		新疆那拉提旅游风景区
		乌鲁木齐市水磨沟风景区
		新疆生产建设兵团军垦博物馆
		中国彩棉科技园

续表 5

地　区	数量(个)	名　　称
		艾提尕尔民俗文化旅游风景区
		察布查尔县锡伯民俗风情园
		库车王府
		龟兹绿洲生态园
		和硕县金沙滩旅游景区
		乌鲁木齐市新疆维吾尔自治区博物馆
		吐鲁番地区库木塔格沙漠风景区
		昌吉回族自治州杜氏旅游景区
新疆生产建设兵团	2	乌鲁木齐西山老君庙
		农五师怪石峪风景区

■民族自治地方国家 AAA 级旅游区(点)名单

（截至 2009 年）

地　区	数量(个)	名　　称
河北省	3	丰宁白云古洞景区
		桃林口水库
		祖山风景区
内蒙古自治区	29	包头新世纪青年生态园
		希拉穆仁草原旅游中心
		鄂尔多斯世珍园
		鄂尔多斯恩格贝旅游区
		内蒙古敕勒川哈素海旅游区
		阿拉善盟通湖草原旅游区
		乌兰察布市辉腾锡勒草原明珠接待中心
		锡林郭勒盟赛汗塔拉旅游娱乐园
		锡林郭勒盟西乌旗蒙古汗城旅游区
		兴安盟成吉思汗庙景区
		兴安盟科右前旗万豪蒙古大营
		鄂尔多斯市七星湖沙漠生态旅游区
		鄂尔多斯草原旅游区
		鄂尔多斯市九成功生态园
		鄂尔多斯市巴图湾旅游区
		呼伦贝尔市莫尔道嘎国家森林公园
		呼伦贝尔市红花尔基森林公园

续表 1

地　区	数量(个)	名　　称
		呼伦贝尔市中国达斡尔民族园
		呼伦贝尔市呼和诺尔草原旅游度假区
		呼伦贝尔市海拉尔国家森林公园
		呼伦贝尔市扎兰屯秀水山庄
		呼伦贝尔市布苏里度假山庄
		赤峰市曼坨山庄
		包头市石门风景区
		包头市美岱召文物旅游点
		包头市梅力更风景旅游区
		呼和浩特市乌兰夫纪念馆
		呼和浩特市乌素图森林旅游开发区
		呼和浩特市大召寺
辽宁省	3	本溪桓仁县望天洞
		本溪观音阁水库景区
		宽甸黄椅山森林公园
吉林省	6	长白县长白朝鲜族民俗村
		伊通县南山风景区
		长白县望天鹅旅游风景区
		和龙仙境台风景区
		汪清县满天星国家森林公园
		安图县长白山和平滑雪场
湖北省	2	恩施州龙麟宫景区
		恩施市梭布垭风景区
湖南省	5	麻阳滕代远纪念馆
		邵阳城步南山牧场景区
		怀化通道龙底生态漂流景区
		湘西花垣边城
		皇都侗文化村
广西壮族自治区	36	南宁良凤江国家森林公园
		南宁武鸣伊岭岩风景区
		桂林阳朔文化古迹山水园
		桂林丰鱼岩旅游度假区
		桂林漓江民俗风情园
		桂林银子岩旅游度假区
		桂林尧山景区

续表 2

地　区	数量(个)	名　称
		桂林龙胜温泉旅游度假区
		柳州都乐岩风景区
		桂林资江景区
		桂林刘三姐景观园
		阳朔聚龙潭度假公园
		百色澄碧湖风景区
		南宁乡村大世界
		柳州花果山生态景区
		阳朔图腾古道景区
		临桂十二滩漂流景区
		桂林会仙岩景区
		钦州龙门群岛海上生态公园
		桂平龙潭国家森林公园
		南丹温泉公园
		宜州金浪湾景区
		宜州会仙山景区
		隆安龙虎山风景区
		横县九龙瀑布群景区
		昆仑关旅游风景区
		宾阳蔡氏书香古宅群景区
		融水贝江景区
		阳朔鉴山寺景区
		阳朔九马画山景区
		桂林雁山园景区
		荔浦天河瀑布景区
		东兴陈公馆景区
		平桂十八水景区
		田东十里莲塘景区
		武宣百崖大峡谷景区
四川省	1	西昌卫星发射基地
云南省	11	大理蝴蝶泉公园
		武定狮子山景区
		腾冲火山国家公园
		红河州建水朱家花园景区

续表 3

地　区	数量(个)	名　　称
		西双版纳州勐景来旅游景区
		迪庆州霞给藏族文化村旅游景区
		丽江东巴谷生态民族村
		楚雄州博物馆
		楚雄黑井古镇
		西双版纳勐泐文化园
		迪庆州香格里拉硕都湖旅游景区
西藏自治区	1	拉萨市娘热度假村
甘肃省	2	肃南马蹄寺风光旅游区
		临夏枹罕山庄
青海省	11	大通老爷山风景名胜区
		贵德黄河奇石苑
		龙羊峡旅游景区
		青海茶卡盐湖旅游景区
		可鲁克湖—托素湖高原生态旅游景区
		玛多黄河源旅游区
		玉树新寨嘉那嘛呢景区
		勒巴沟—文成公主庙景区
		玉树当卡寺旅游景区
		玉树结古寺旅游景区
		玉树称多拉布民俗村
宁夏回族自治区	3	宁夏平罗玉皇阁景区
		宁夏青铜峡旅游区
		宁夏中卫高庙保安寺
新疆维吾尔自治区	31	哈密地区天山风景名胜区
		巴音郭楞州和硕县金沙滩旅游度假区
		巴音郭楞州博湖县阿洪口旅游风景区
		阿勒泰地区福海海滨旅游区
		乌鲁木齐水磨沟生态旅游区
		新疆阿勒泰市桦林公园
		昌吉黑马科技园
		阜康市恒泰齐鲁山庄
		吐鲁番坎儿井游乐园

续表4

地　区	数量(个)	名　称
		哈密亚尔丹风景旅游区
		沙湾县温泉旅游区
		喀什地区泽普县金湖杨国家森林公园
		喀什市艾提尕尔民俗文化旅游区
		喀什市西山民族风情园
		伊犁州伊宁市城市海景
		巩留县库尔德宁生态旅游区
		察布查尔锡伯自治县锡伯民俗风情园
		阿勒泰五指泉景区
		富蕴县可可托海景区
		裕民县塔斯特风景旅游区
		乌鲁木齐市植物园
		乌鲁木齐雅马里克山旅游风景区
		鄯善县吐峪沟景区
		吐鲁番火焰山景区
		吐鲁番沙漠生态旅游风景区
		吐鲁番大漠土艺馆
		巴音郭楞州莲花湖风景旅游区
		巴音郭楞州相思湖旅游度假区
		乌鲁木齐东白杨沟风景区
		青格达湖旅游风景区
		一万泉旅游度假村

■民族自治地方国家AA级旅游区(点)名单

(截至2009年)

地　区	数量(个)	名　称
河北省	4	承德宽城县塞外潘龙湖景区
		承德九龙松景区
		承德市丰宁千松坝森林公园
		承德市云雾山省级森林公园

续表 1

地　区	数量(个)	名　　称
内蒙古自治区	41	赤峰市布日敦沙漠旅游区
		鄂尔多斯市绿洲宾馆旅游区
		呼伦贝尔盟巴彦呼硕草原旅游区
		呼伦贝尔盟侵华日军海拉尔要塞遗址
		呼伦贝尔盟牙克石凤凰山庄
		呼伦贝尔盟满洲里市达赉湖旅游区
		兴安蒙古包旅游村
		兴安盟阿尔山国家森林公园
		锡林郭勒盟锡日塔拉草原旅游度假村
		锡林郭勒盟葛根敖包草原旅游度假村
		锡林郭勒盟多伦县南沙梁旅游区
		锡林郭勒盟多伦县滦源殿旅游度假村
		乌兰察布盟辉腾锡勒铁骑旅游中心
		乌兰察布盟辉腾锡勒外事旅游中心
		巴彦淖尔市镜湖生态旅游区
		乌兰察布市铁骑草原旅游中心
		乌兰察布市辉腾锡勒草原旅游中心
		乌兰察布市岱海自然生态旅游度假区
		乌兰察布市阿贵庙旅游点
		乌兰察布市集宁老虎山公园
		兴安盟科右中旗翰嘎利湖生态景区
		兴安盟科右中旗蒙格罕山生态旅游景区
		鄂尔多斯市陶亥召
		鄂尔多斯市柒开淖旅游区
		鄂尔多斯市昭君城旅游区
		呼伦贝尔市牙克石凤凰山滑雪场
		呼伦贝尔市鹿鸣山庄
		呼伦贝尔市绰源国家森林公园
		呼伦贝尔市扎兰屯吊桥公园
		呼伦贝尔市陈巴尔虎旗金帐汗蒙古部落
		呼伦贝尔市鄂伦春博物馆

续表 2

地　区	数量(个)	名　　称
		呼伦贝尔市嘎仙洞景区
		赤峰市达里湖旅游区
		赤峰市赤峰市植物园
		赤峰市巴林左旗召庙
		赤峰市翁牛特旗红山湖
		赤峰市红山区红山公园
		包头市庙法寺
		通辽市珠日河草原旅游区
		通辽市霍林郭勒市静湖度假村
		通辽市霍林郭勒市怪山风景旅游区
辽宁省	10	本溪铁刹山风景区
		鞍山岫岩药山风景区
		岫岩龙潭湾风景区
		抚顺夏湖军旅生活旅游度假区
		阜新瑞应寺风景区
		阜新关山风景区
		本溪天龙洞风景区
		朝阳喀左天成观
		阜新三塔沟自然生态旅游区
		阜新乌兰木图山风景区
吉林省	10	长白石林风景区
		长白塔山公园
		敦化六项山风景区
		珲春防川风景区
		安图县红旗朝鲜族民俗村
		安图县福满生态沟
		安图县长白山文化博览城
		安图县长白山峡谷浮石林景区
		伊通县满族民俗馆
		伊通县大孤山旅游风景区
黑龙江省	3	大庆市杜尔伯特县寿山民俗休闲度假村
		连环湖狩猎场
		大庆市杜尔伯特县草原赛马场

续表3

地　区	数量(个)	名　　称
浙江省	2	景宁县草鱼塘森林公园
		景宁“畲乡之窗”旅游区
湖北省	9	来凤龙嘴峡景区
		鹤峰湘鄂边苏区鹤峰革命烈士陵园
		利川市朝阳洞景区
		利川市福宝山生态综合开发区
		利川大水井古建筑群
		利川玉龙洞景区
		恩施州枫香坡侗族风情寨
		建始县朝阳观旅游区
		巴东县无源洞景区
湖南省	2	通道独岩公园
		靖州苗族侗族自治县文峰塔景区
广西壮族自治区	5	防城港十万大山国家森林公园
		宜州市白龙公园
		宜州市刘三姐故居
		宜州市古龙河漂流景区
		防城港火山岛景区
重庆市	3	酉阳龚滩古镇
		石柱县毕兹卡绿宫
		重庆市酉阳县赵世炎烈士故居
四川省	1	阿坝州汶川三江生态区
贵州省	3	黔南州都匀西山公园
		黔南州东山公园
		黔西南州贵州奇香园旅游区
云南省	45	楚雄太阳历公园
		紫溪山风景区
		永仁方山景区
		大理市洱海公园
		大理天镜阁景区
		上关花—天龙洞景区
		剑川满贤林景区
		贺庆县新华民族村
		弥度县东山森林公园

续表4

地　区	数量(个)	名　　称
		漾濞石门关景区
		丽江文笔山景区
		玉柱擎天景点
		丽江东巴王国文化旅游景点
		丽江东巴万神园
		依拉草原旅游景区
		迪庆州博物馆
		藏经堂旅游景区
		迪庆州民族服饰旅游展演中心
		中甸纳帕海景区
		中甸天生桥温泉景区
		砚山浴仙湖景区
		富宁驮娘江景区
		弥勒白龙洞景区
		石屏焕文公园
		开远市南洞名胜风景保护区
		大槟榔园民族文化生态旅游村
		新化古州野林
		高香生态茶文化旅游区
		新平哀牢山陇西世族庄园
		元江世界第一高桥旅游风景区
		澜沧拉祜风情旅游区
		西盟佤族生态旅游区
		孟连土司边境旅游区
		普洱茶马古道源旅游区
		景谷佛迹仙踪、芒玉峡谷康体旅游区
		墨江北回归线标志园
		西双版纳州民族风情园
		西双版纳猴山景区
		西双版纳雨林谷
		德宏民族风情浏览区
		瑞丽独树成林景点
		瑞丽旅游淘宝场
		临沧茶文化风景园

续表 5

地　区	数量(个)	名　　称
		临沧五老山国家森林公园
		沧源崖画景区
西藏自治区	2	西藏昌都地区然乌湖
		西藏昌都地区查杰玛大殿
甘肃省	6	临夏市人民公园
		临夏市东郊公园
		夏河桑科草原
		甘南州合作市当州草原风景区
		甘南州安多合作米拉日巴佛阁
		甘南州玛曲天下黄河第一弯旅游风景区
青海省	1	民和桃花园林
宁夏回族自治区	8	银川金水园
		银川海宝塔寺
		银川贺兰山滚中口
		宁夏华夏珍奇艺术城
		宁夏青铜峡旅游区
		固原须弥山石窟
		宁夏兵沟旅游区
		宁夏大武口北武当生态旅游区
新疆维吾尔自治区	45	哈密天宝康乐中心
		石河子市北湖旅游风景区
		石河子市周恩来总理纪念碑馆
		石河子市高新农业技术示范园区
		博尔塔拉州博格达温泉度假村
		伊犁州阿克塔斯避暑山庄
		伊犁州尼勒克次森林度假村
		阿克苏天山神木园
		阿克苏天山神秘大峡谷

续表 6

地区	数量(个)	名称
		克孜勒苏州喀拉库勒湖
		喀什阿帕尔霍加墓
		乌鲁木齐市水上乐园
		乌鲁木齐市植物园
		乌鲁木齐市银都度假村
		昌吉市人民公园
		石河子市屯垦第一连
		石河子市巴音山庄
		哈密天山之夏狩猎场
		巴里坤县怪石山旅游度假村
		喀什盘橐城
		克拉玛依市展览馆
		克拉玛依市阳光水世界
		克拉玛依市大漠高尔夫球场
		克拉玛依市白杨河大峡谷
		阿勒泰大小东沟景区
		米泉市天地园农庄
		乌鲁木齐市盐湖生态旅游区
		疏附县大众旅游度假村
		喀什市玉素甫·哈斯·哈吉甫墓
		伊宁市伊犁河民族文化旅游村
		察布查尔锡伯自治县清水湖生态旅游度假村
		阿勒泰市塘巴湖水上乐园
		阿勒泰市齐背岭旅游区
		阿勒泰地区文物博物馆
		阿勒泰市金山葡萄风景区
		阿勒泰市驼峰景区
		中科院生地所标本馆
		乌鲁木齐天牧玫瑰园
		乌鲁木齐板房沟科技示范基地
		乌鲁木齐燕尔窝风景区
		巴音郭楞州金海湾疗养培训中心
		阿克苏塔里木祥龙湖风景区
		巴音郭楞州罗布人村寨

续表 7

地　区	数量(个)	名　　称
		沙湾县三道河子林场森林公园
		怪石峪旅游风景区

■民族自治地方国家 A 级旅游区(点)名单

(截至 2009 年)

地　区	数量(个)	名　　称
内蒙古自治区	6	包头市美岱召文物旅游点
		赤峰市勃隆克沙漠旅游区
		鄂尔多斯市转龙湾旅游度假村
		锡林郭勒盟苏尼特右旗社保局旅游点
		赤峰市巴林右旗巴林蒙古部落
		包头市西河水库旅游度假村
辽宁省	3	鞍山岫岩清凉山风景区
		鞍山岫岩罗圈背风景区
		抚顺红河谷风景旅游度假区
吉林省	1	松原市孝庄祖陵旅游区
云南省	7	牟定化佛山景区
		文山西华公园
		思茅小黑江森林公园
		勐海景真八角亭景点
		勐海打洛独树成林景点
		盈江凯棒亚湖景区
		临沧西门公园
西藏自治区	1	西藏拉萨市热堆寺卓玛拉康
甘肃省	1	肃北县人民公园
宁夏回族自治区	1	泾源胭脂峡
新疆维吾尔自治区	22	塔城市垂钓公园
		昌吉州杜氏旅游度假村
		博尔塔拉州怪石沟
		博尔塔拉州青格里度假村
		昌吉州玛纳斯县北公园

续表 1

地　区	数量(个)	名　称
		昌吉州清水泉旅游度假村
		沙湾县森林公园
		巴里坤县古民宅
		布尔津县阳光沙滩
		昌吉市绿野山庄
		呼图壁县公园
		乌鲁木齐市六十户乡生态渔村
		塔城地区沙湾县东大塘旅游区
		阿勒泰市额河奇石古城
		青河县白桦公园
		青河县天林度假村
		阿勒泰地区矿产陈列馆
		乌鲁木齐卧龙岗庄园
		温宿县稻香园度假村
		沙雅县园中园休闲度假村
		阿克苏市多浪公园
		乌鲁木齐市雷鸣山庄

■民族自治地方国家级风景名胜区名单

（截至 2009 年）

地　区	数量(个)	名　称
内蒙古自治区	3	内蒙古自治区扎兰屯风景名胜区
		赤峰市巴林右旗巴林蒙古部落
		包头市西河水库旅游度假村
辽宁省	2	辽宁鸭绿江风景名胜区
		辽宁省本溪水洞风景名胜区
吉林省	2	吉林省仙景台风景名胜区
		吉林省防川风景名胜区
湖南省	3	湖南猛洞河风景名胜区
		德夯风景名胜区
		万佛山—侗寨风景名胜区

续表 1

地　区	数量(个)	名　称
广西壮族自治区	3	桂林漓江风景名胜区
		桂平西山风景名胜区
		花山风景名胜区
四川省	4	黄龙寺—九寨沟风景名胜区
		贡嘎山风景名胜区
		四姑娘山风景名胜区
		邛海—螺髻山风景名胜区
贵州省	11	黄果树风景名胜区
		潕阳河风景名胜区
		荔波樟江风景名胜区
		马岭河峡谷风景名胜区
		都匀斗篷山—剑江风景名胜区
		黎平侗乡风景名胜区
		紫云格凸河穿洞风景名胜区
		平塘风景名胜区
		榕江苗山侗水风景名胜区
		沿河乌江山峡风景名胜区
		瓮安江界河风景名胜区
云南省	9	路南石林风景名胜区
		西双版纳风景名胜区
		大理风景名胜区
		三江并流风景名胜区
		丽江玉龙雪山风景名胜区
		瑞丽江—大盈江风景名胜区
		建水风景名胜区
		普者黑风景名胜区
		阿庐风景名胜区
西藏自治区	4	雅砻河风景名胜区
		拉萨市热堆寺卓玛拉康
		纳木措—念青唐古拉山风景名胜区
		唐古拉山—怒江源风景名胜区
青海省	1	青海湖风景名胜区
宁夏回族自治区	1	西夏王陵风景名胜区

续表2

地　区	数量(个)	名　称
新疆维吾尔自治区	18	天山天池风景名胜区
		库木塔格沙漠风景名胜区
		博斯腾湖风景名胜区
		赛里木湖风景名胜区
		布尔津县阳光沙滩
		昌吉市绿野山庄
		呼图壁县公园
		乌鲁木齐市六十户乡生态渔村
		塔城地区沙湾县东大塘旅游区
		阿勒泰市额河奇石古城
		青河县白桦公园
		青河县天林度假村
		阿勒泰地区矿产陈列馆
		乌鲁木齐卧龙岗庄园
		温宿县稻香园度假村
		沙雅县园中园休闲度假村
		阿克苏市多浪公园
		乌鲁木齐市雷鸣山庄

中国民族自治区、自治州、自治县、民族乡镇、市辖民族区名单

■中国民族自治区、自治州、自治县一览表

民族自治地方	建立时间	首府驻地	面积(万平方公里)
自治区			
内蒙古自治区	1947.5.1	呼和浩特市	118.3000
广西壮族自治区	1958.3.15	南宁市	23.6660
西藏自治区	1965.9.1	拉萨市	122.8400
宁夏回族自治区	1958.10.25	银川市	6.6400
新疆维吾尔自治区	1955.10.1	乌鲁木齐市	166.0400
自治州			
吉林省			
延边朝鲜族自治州	1952.9.3	延吉市	4.3559
湖北省			
恩施土家族苗族自治州	1983.12.1	恩施市	2.3902
湖南省			
湘西土家族苗族自治州	1957.9.20	吉首市	1.5461
四川省			
甘孜藏族自治州	1950.11.24	康定县城关镇	15.1078
凉山彝族自治州	1952.10.1	西昌市	6.0111
阿坝藏族羌族自治州	1953.1.1	马尔康镇	8.3201
贵州省			
黔东南苗族侗族自治州	1956.7.23	凯里市	3.0339
黔南布依族苗族自治州	1956.8.8	都匀市	2.6207
黔西南布依族苗族自治州	1982.5.1	兴义市	1.6804
云南省			
西双版纳傣族自治州	1953.1.24	允景洪镇	1.9700
德宏傣族景颇族自治州	1953.7.24	芒市镇	1.1526
怒江傈僳族自治州	1954.8.23	鲁掌镇	1.4703
大理白族自治州	1956.11.22	大理市	2.9460
迪庆藏族自治州	1957.9.13	中心镇	2.3870
红河哈尼族彝族自治州	1957.11.18	个旧市	3.2929
文山壮族苗族自治州	1958.4.1	开化镇	3.2239
楚雄彝族自治州	1958.4.15	楚雄市	2.9256

续表 1

民族自治地方	建立时间	首府驻地	面积(万平方公里)
甘肃省			
甘南藏族自治州	1953. 10. 1	合作镇	4. 0898
临夏回族自治州	1956. 11. 19	临夏市	0. 8166
青海省			
玉树藏族自治州	1951. 12. 25	结古镇	18. 8794
海南藏族自治州	1953. 12. 6	恰卜恰镇	4. 5895
黄南藏族自治州	1953. 12. 22	隆务镇	1. 7921
海北藏族自治州	1953. 12. 31	浩门镇	3. 9354
果洛藏族自治州	1954. 1. 1	大武镇	7. 6312
海西蒙古族藏族自治州	1954. 1. 25	德令哈市	32. 5785
新疆维吾尔自治区			
巴音郭楞蒙古自治州	1954. 6. 23	库尔勒市	46. 2700
博尔塔拉蒙古自治州	1954. 7. 13	博乐市	2. 5074
克孜勒苏柯尔克孜自治州	1954. 7. 14	阿图什市	6. 9112
昌吉回族自治州	1954. 7. 15	昌吉市	7. 7129
伊犁哈萨克自治州	1954. 11. 27	伊宁市	49. 0039
自治县(旗)			
河北省			
孟村回族自治县	1955. 11. 30	孟村镇	0. 0393
大厂回族自治县	1955. 12. 7	大厂镇	0. 0176
青龙满族自治县	1987. 5. 10	青龙镇	0. 3309
丰宁满族自治县	1987. 5. 15	大阁镇	0. 8747
围场满族蒙古族自治县	1990. 6. 12	围场镇	0. 9058
宽城满族自治县	1990. 6. 16	宽城镇	0. 1933
内蒙古自治区			
鄂伦春自治旗	1951. 10. 1	阿里河镇	6. 0378
鄂温克族自治旗	1958. 8. 1	巴彦托海镇	1. 8750
莫力达瓦达斡尔族自治旗	1958. 8. 15	尼尔基镇	1. 0985
辽宁省			
喀喇沁左翼蒙古族自治县	1958. 4. 1	大城子镇	0. 2238
阜新蒙古族自治县	1958. 4. 7	阜新镇	0. 6284
新宾满族自治县	1985. 6. 7	新宾镇	0. 4287
岫岩满族自治县	1985. 6. 11	岫岩镇	0. 4507
清原满族自治县	1990. 6. 6	清原镇	0. 3926
本溪满族自治县	1990. 6. 8	小市镇	0. 3362
桓仁满族自治县	1990. 6. 10	桓仁镇	0. 3548
宽甸满族自治县	1990. 6. 12	宽甸镇	0. 6125
吉林省			
前郭尔罗斯蒙古族自治县	1956. 9. 1	前郭镇	0. 7076
长白朝鲜族自治县	1958. 9. 15	长白镇	0. 2498
伊通满族自治县	1989. 8. 30	伊通镇	0. 2523

续表2

民族自治地方	建立时间	首府驻地	面积(万平方公里)
黑龙江省			
杜尔伯特蒙古族自治县	1956.12.5	泰康镇	0.6427
浙江省			
景宁畲族自治县	1984.12.24	鹤溪镇	0.1950
湖北省			
长阳土家族自治县	1984.12.8	龙舟坪镇	0.3430
五峰土家族自治县	1984.12.12	五峰镇	0.2072
湖南省			
通道侗族自治县	1954.5.7	双江镇	0.2225
江华瑶族自治县	1955.11.25	沱江镇	0.3216
城步苗族自治县	1956.11.30	儒林镇	0.2620
新晃侗族自治县	1956.12.5	新晃镇	0.1511
芷江侗族自治县	1987.9.24	芷江镇	0.2096
靖州苗族侗族自治县	1987.9.27	渠阳镇	0.2211
麻阳苗族自治县	1990.4.1	高村镇	0.1561
广东省			
连南瑶族自治县	1953.1.25	三江镇	0.1231
连山壮族瑶族自治县	1962.9.26	吉田镇	0.1264
乳源瑶族自治县	1963.10.1	乳城镇	0.2125
广西壮族自治区			
龙胜各族自治县	1951.8.19	龙胜镇	0.2537
金秀瑶族自治县	1952.5.28	金秀镇	0.2517
融水苗族自治县	1952.11.26	融水镇	0.4665
三江侗族自治县	1952.12.3	古宜镇	0.2455
隆林各族自治县	1953.1.1	新州镇	0.3542
都安瑶族自治县	1955.12.15	安阳镇	0.4092
巴马瑶族自治县	1956.2.6	巴马镇	0.1966
富川瑶族自治县	1984.1.1	富阳镇	0.1572
罗城仫佬族自治县	1984.1.10	东门镇	0.2639
环江毛南族自治县	1987.11.24	思恩镇	0.4558
大化瑶族自治县	1987.12.23	大化镇	0.2754
恭城瑶族自治县	1990.10.15	恭城镇	0.2149
海南省			
乐东黎族自治县	1987.12.28	抱由镇	0.2746
琼中黎族苗族自治县	1987.12.28	营根镇	0.2693
保亭黎旅苗族自治县	1987.12.30	保城镇	0.1161
昌江黎族自治县	1987.12.30	石碌镇	0.1596
白沙黎族自治县	1987.12.30	牙叉镇	0.2118
陵水黎族自治县	1987.12.30	陵城镇	0.1128

续表3

民族自治地方	建立时间	首府驻地	面积(万平方公里)
重庆市			
秀山土家族苗族自治县	1983.11.7	中和镇	0.2450
酉阳土家族苗族自治县	1983.11.11	钟多镇	0.5173
彭水苗族土家族自治县	1984.11.10	汉葭镇	0.3903
石柱土家族自治县	1984.11.18	南宾镇	0.3031
四川省			
北川羌族自治县	2003.10.25	曲山镇	0.2865
木里藏族自治县	1953.2.19	博瓦镇	1.3246
峨边彝族自治县	1984.10.5	沙坪镇	0.2395
马边彝族自治县	1984.10.9	民建镇	0.2383
贵州省			
威宁彝族回族苗族自治县	1954.11.11	城关镇	0.6294
松桃苗族自治县	1956.12.31	城关镇	0.2861
三都水族自治县	1957.1.2	三合镇	0.2384
镇宁布依族苗族自治县	1963.9.11	城关镇	0.1721
紫云苗族布依族自治县	1966.2.11	松山镇	0.2284
关岭布依族苗族自治县	1981.12.31	关索镇	0.1468
玉屏侗族自治县	1984.11.7	平溪镇	0.0517
印江土家族苗族自治县	1987.11.20	印江镇	0.1961
沿河土家族自治县	1987.11.23	和平镇	0.2469
务川仡佬族苗族自治县	1987.11.26	都濡镇	0.2773
道真仡佬族苗族自治县	1987.11.29	玉溪镇	0.2156
云南省			
峨山彝族自治县	1951.5.12	双江镇	0.1972
澜沧拉祜族自治县	1953.4.7	勐朗镇	0.8807
江城哈尼族彝族自治县	1954.5.18	勐烈镇	0.3476
孟连傣族拉祜族佤族自治县	1954.6.16	孟连镇	0.1957
耿马傣族佤族自治县	1955.10.16	耿宣镇	0.3837
宁蒗彝族自治县	1956.9.20	大兴镇	0.0206
贡山独龙族怒族自治县	1956.10.1	茨开镇	0.4506
巍山彝族回族自治县	1956.11.9	文华镇	0.2266
石林彝族自治县	1956.12.31	鹿阜镇	0.1777
玉龙纳西族自治县	1961.4.10	黄山镇	0.6521
屏边苗族自治县	1963.7.1	玉屏镇	0.1906
河口瑶族自治县	1963.7.11	河口镇	0.1313
沧源佤族自治县	1964.2.28	勐董镇	0.2539
西盟佤族自治县	1965.3.5	西盟镇	0.1391
南涧彝族自治县	1965.11.27	南涧镇	0.1802
墨江哈尼族自治县	1979.11.28	玖联镇	0.5459
寻甸回族彝族自治县	1979.12.20	仁德镇	0.3966

续表 4

民族自治地方	建立时间	首府驻地	面积（万平方公里）
元江哈尼族彝族傣族自治县	1980. 11. 12	澧江镇	0. 2858
新平彝族傣族自治县	1980. 11. 25	桂山镇	0. 4223
维西傈僳族自治县	1985. 10. 13	保和镇	0. 4661
漾濞彝族自治县	1985. 11. 1	上街镇	0. 1957
禄劝彝族苗族自治县	1985. 11. 25	屏山镇	0. 4378
金平苗族瑶族傣族自治县	1985. 12. 7	金河镇	0. 3677
宁洱哈尼族彝族自治县	1985. 12. 15	宁洱镇	0. 3670
景东彝族自治县	1985. 12. 20	锦屏镇	0. 4532
景谷傣族彝族自治县	1985. 12. 25	威远镇	0. 7777
双江拉祜族佤族布朗族傣族自治县	1985. 12. 30	勐勐镇	0. 2292
兰坪白族普米族自治县	1988. 5. 25	金顶镇	0. 4555
镇沅彝族哈尼族拉祜族自治县	1990. 5. 15	按板镇	0. 4223
甘肃省			
天祝藏族自治县	1950. 5. 6	华藏寺镇	0. 7147
肃北蒙古族自治县	1950. 7. 29	党城湾镇	6. 6748
东乡族自治县	1950. 9. 25	锁南镇	0. 1510
张家川回族自治县	1953. 7. 6	张家川镇	0. 1293
肃南裕固族自治县	1954. 4. 20	红湾寺镇	2. 3041
阿克塞哈萨克族自治县	1954. 4. 27	博罗转井镇	3. 3333
积石山保安族东乡族撒拉族自治县	1981. 9. 30	吹麻滩镇	0. 0910
青海省			
门源回族自治县	1953. 12. 19	浩门镇	0. 6896
互助土族自治县	1954. 2. 17	威远镇	0. 3320
化隆回族自治县	1954. 3. 1	巴燕镇	0. 2740
循化撒拉族自治县	1954. 3. 1	积石镇	0. 1749
河南蒙古族自治县	1954. 10. 16	优干宁镇	0. 6250
民和回族土族自治县	1986. 6. 27	上川口镇	0. 1780
大通回族土族自治县	1986. 7. 10	桥头镇	0. 3090
新疆维吾尔自治区			
焉耆回族自治县	1954. 3. 15	焉耆镇	0. 2439
察布查尔锡伯自治县	1954. 3. 25	察布查尔镇	0. 4469
木垒哈萨克自治县	1954. 7. 17	木垒镇	1. 3235
和布克赛尔蒙古自治县	1954. 9. 10	和布克赛尔镇	3. 2000
塔什库尔干塔吉克自治县	1954. 9. 17	塔什库尔干镇	5. 2300
巴里坤哈萨克自治县	1954. 9. 30	巴里坤镇	3. 5714

■中国民族乡镇一览表

地区	数量	乡镇名称
北京市	5	密云县檀营满族蒙古族乡、怀柔区喇叭沟门满族乡、怀柔区长哨营满族乡、通州区于家务回族乡、朝阳区常营回族乡
天津市	2	东丽区么六桥回族乡、蓟县孙各庄满族乡
河北省	53	新乐市彭家庄回族乡、藁城市九门回族乡、无极县高头回族乡、遵化市汤泉满族乡、遵化市西下营满族乡、遵化市东陵满族乡、邱县陈村回族乡、大名县营镇回族乡、易县凌云册满族回族乡、定州市号头庄回族乡、涞水县娄村满族乡、沽源县大二号回族乡、怀来县王家楼回族乡、永清县管家务回族乡、文安县大围河回族满族乡、丰宁满族自治县南关蒙古族乡、滦平县平坊满族乡、滦平县安纯沟门满族乡、滦平县五道营子满族乡、滦平县邓厂满族乡、滦平县马营子满族乡、滦平县付家店满族乡、滦平县西地满族乡、滦平县小营满族乡、滦平县大屯满族乡、滦平县西沟满族乡、承德县岗子满族乡、承德县两家满族乡、兴隆县八卦岭满族乡、兴隆县南天门满族乡、隆化县尹家营满族乡、隆化县庙子沟蒙古族满族乡、隆化县偏坡营满族乡、隆化县八达营蒙古族乡、隆化县太平庄满族乡、隆化县旧屯满族乡、隆化县西阿超满族蒙古族乡、隆化县白虎沟蒙古族满族乡、平泉县柳溪满族乡、平泉县七家岱满族乡、平泉县平房满族蒙古族乡、平泉县茅兰沟满族蒙古族乡、平泉县郭杖子满族乡、平泉县蒙和乌苏蒙古族乡、黄骅市羊二庄回族乡、黄骅市新村回族乡、河间市果子洼回族乡、献县本斋回族乡、沧县大褚村回族乡、沧县杜林回族乡、沧县李天木回族乡、沧县捷地回族乡、黄骅市杨三木回族乡
内蒙古自治区	18	莫力达瓦达斡尔族自治旗巴彦鄂温克族乡、莫力达瓦达斡尔族自治旗杜拉尔鄂温克族乡、鄂温克族自治旗巴彦塔拉达斡尔族乡、扎兰屯市南木鄂伦春族乡、扎兰屯市萨马街鄂温克族乡、扎兰屯市达斡尔族乡、阿荣旗查巴奇鄂温克族乡、阿荣旗新发朝鲜族乡、阿荣旗音河达斡尔族鄂温克族乡、阿荣旗得力其尔鄂温克族乡、根河市敖鲁古雅鄂温克族乡、陈巴尔虎旗鄂温克苏木、额尔古纳市苏心回族乡、额尔古纳市恩和俄罗斯族乡、科右前旗满族屯满族乡、赤峰市松山区当铺地满族乡、喀喇沁旗十家满族乡、凉城县曹碾满族乡
辽宁省	77	沈阳市东陵区满堂满族乡、沈阳市新城子区黄家锡伯族乡、沈阳市新城子区石佛寺朝鲜族锡伯族乡、沈阳市于洪区大兴朝鲜族乡、康平县柳树屯蒙古族满族乡、康平县沙金台蒙古族满族乡、法库县四家子蒙古族乡、康平县东升满族蒙古族乡、康平县西关屯蒙古族满族乡、大连市金州区七顶山满族乡、瓦房店市三台满族乡、瓦房店市杨家满族乡、庄河市太平岭满族乡、庄河市桂云花满族乡、抚顺市抚顺县拉古满族乡、抚顺市抚顺县汤图满族乡、桓仁满族自治县雅河朝鲜族乡、本溪市南芬区思山岭满族乡、丹东市合隆满族乡、丹东市宽甸满族自治县下露河朝鲜族乡、锦州市义县巨粮屯满族乡、锦州市义县地藏寺满族乡、锦州市义县留龙沟满族乡、锦州市义县大定堡满族乡、锦州市义县头台满族乡、锦州市义县头道河满族乡、锦州市义县城镇满族乡、锦州市黑山县镇安满族乡、锦州市凌海市温滴楼满族乡、阜新市西六家子蒙古族满族乡、阜新市彰武县二道河子蒙古族乡、阜新市彰武县苇子沟蒙古族乡、彰武县大冷蒙古族乡、辽阳县吉洞峪满族乡、辽阳县甜水满族乡、开原县上肥地满族乡、开原县下肥地满族乡、开原县林丰满族乡、开原市黄旗寨满族乡、铁岭市清河区夏家河满族乡、铁岭县白旗寨满族乡、铁岭县横道河子满族乡、西丰县成平满族乡、西丰县德兴满族乡、西丰县和隆满族乡、西丰县金星满族乡、西丰县明德满族乡、西丰县营厂满族乡、朝阳市北票市马友营蒙古族乡、朝阳市北票市凉水河蒙古族乡、朝阳市建平县三家蒙古族乡、朝阳市凌源县三家子蒙古族乡、朝阳县松岭门蒙古族乡、朝阳县乌兰河硕蒙古族乡、

续表1

地　区	数　量	乡镇名称
		绥中县西平坡满族乡、绥中县范家满族乡、绥中县高甸子满族乡、绥中县葛家满族乡、绥中县明水满族乡、绥中县网户满族乡、兴城市三道沟满族乡、兴城市白塔满族乡、兴城市大寨满族乡、兴城市高家岭满族乡、兴城市海滨满族乡、兴城市红崖子满族乡、兴城市碱厂满族乡、兴城市旧门满族乡、兴城市刘台子满族乡、兴城市南大山满族乡、兴城市望海满族乡、兴城市围屏满族乡、兴城市羊安满族乡、兴城市药王庙满族乡、兴城市元台子满族乡、建昌县二道湾子蒙古族乡、盘锦市大洼县荣兴朝鲜族乡
吉林省	34（其中民族镇5）	九台市胡家回族乡、九台市莽卡满族乡、长春市双阳区双营子回族乡、榆树市延河朝鲜族乡、梨树县叶赫满族镇、公主岭市龙山满族乡、公主岭市二十家子满族乡、双辽市那木斯蒙古族乡、大安市新艾里蒙古族乡、洮南市胡力吐蒙古族乡、洮南市呼河车力蒙古族乡、镇赉县莫莫格蒙古族乡、镇赉县哈吐气蒙古族乡、通榆县向海蒙古族乡、通榆县包拉温都蒙古族乡、通榆县西艾力蒙古族乡、白城市洮北区德顺蒙古族乡、珲春市三家子满族乡、珲春市杨泡满族乡、吉林市昌邑区土城子满族朝鲜族乡、吉林市昌邑区乌拉街满族镇、吉林市龙潭区大口钦满族镇、吉林市龙潭区两家子满族乡、永吉县金家满族乡、蛟河市乌林朝鲜族乡、梅河口市小杨满族朝鲜族乡、集安市凉水朝鲜族乡、通化县金斗朝鲜族满族乡、通化县大泉源朝鲜族满族乡、辉南县楼街朝鲜族乡、柳河县姜家店朝鲜族乡、柳河县三源浦朝鲜族镇、梅河口市山城镇、东丰县三合满族朝鲜族乡
黑龙江省	70（其中民族镇10）	哈尔滨市红旗满族乡、双城市幸福满族乡、双城市乐群满族乡、双城市同心满族乡、双城市希勤满族乡、双城市公正满族乡、双城市联兴满族乡、双城市团结满族乡、双城市新兴满族乡、双城市青岭满族乡、双城市农丰满族镇、五常市拉林满族镇、五常市红旗满族乡、五常市营城子满族乡、五常市牛家满族镇、五常市民乐朝鲜族乡、尚志市河东朝鲜族乡、尚志市鱼池朝鲜族乡、阿城市料甸满族乡、依兰县迎兰朝鲜族乡、齐齐哈尔市梅里斯区达斡尔族区、卧牛吐达斡尔族镇、齐齐哈尔市梅里斯区莽格吐达斡尔族乡、泰来县宁姜蒙古族乡、泰来县好新蒙古族乡、泰来县胜利蒙古族乡、泰来县江桥蒙古族镇、齐齐哈尔市昂昂溪区水师营满族镇、富裕县友谊达斡尔族满族柯尔克孜族乡、富裕县塔哈满族达斡尔族乡、讷河市兴旺鄂温克族乡、齐齐哈尔市富拉尔基区杜尔门沁达斡尔族乡、海林市新安朝鲜族镇、海林市海南朝鲜族乡、宁安市江南朝鲜族满族乡、宁安市卧龙朝鲜族乡、东宁县三岔口朝鲜族镇、同江市街津口赫哲族乡、同江市八岔赫哲族乡、桦川县星火朝鲜族乡、汤原县汤旺朝鲜族乡、肇源县义顺蒙古族乡、肇源县浩德蒙古族乡、肇源县超等蒙古族乡、逊克县新鄂鄂伦春族乡、逊克县新兴鄂伦春族乡、黑河市爱辉区新生鄂伦春族乡、黑河市爱辉区四嘉子满族乡、黑河市爱辉区坤河达斡尔族满族乡、北安市主星朝鲜族乡、孙吴县沿江达斡尔族满族乡、绥化市北林区兴和朝鲜族乡、绥化市北林区绥胜满族镇、绥化市北林区永安满族镇、绥化市北林区红旗满族乡、望奎县惠七满族镇、望奎县厢白满族乡、望奎县灵山满族乡、铁力市年丰朝鲜族乡、萝北县东明朝鲜族乡、绥滨县福兴满族乡、呼玛县白银纳鄂伦春族乡、塔河县十八站鄂伦春族乡、友谊县成富朝鲜族满族乡、饶河县四排赫哲族乡、勃利县杏树朝鲜族乡、密山市和平朝鲜族乡、鸡东县鸡林朝鲜族乡、鸡东县明德朝鲜族乡、鸡西市城子河区永丰朝鲜族乡
江苏省	1	高邮市菱塘回族乡

续表 2

地 区	数 量	乡镇名称
浙江省	18（其中民族镇4）	兰溪市水亭畲族乡、武义县柳城畲族镇、龙游县沐尘畲族乡、丽水市连都区老竹畲族镇、丽水市连都区丽新畲族乡、龙泉市竹垟畲族乡、云和县雾溪畲族乡、云和县安溪畲族乡、遂昌县三仁畲族乡、松阳县板桥畲族乡、桐庐县莪山畲族乡、平阳县青街畲族乡、苍南县岱岭畲族乡、苍南县凤阳畲族乡、文成县西坑畲族镇、文成县周山畲族乡、泰顺县司前畲族镇、泰顺县竹里畲族乡
安徽省	9	长丰县孤堆回族乡、肥东县牌坊回族满族乡、定远县二龙回族乡、凤台县李冲回族乡、淮南市潘集区古沟回族乡、寿县陶店回族乡、宁国市云梯畲族乡、五河县临北回族乡、颍上县赛涧回族乡
福建省	18	罗源县霍口畲族乡、连江县小沧畲族乡、福安市坂中畲族乡、福安市康厝畲族乡、福安市穆云畲族乡、霞浦县盐田畲族乡、福安市崇儒畲族乡、福安市水门畲族乡、宁德市金涵畲族乡、福鼎县硖门畲族乡、漳浦县赤岭畲族乡、漳浦县湖西畲族乡、龙海市隆教畲族乡、永安市青水畲族乡、宁化县治平畲族乡、上杭县官庄畲族乡、上杭县庐丰畲族乡、惠安县百崎回族乡
江西省	7	南康市赤土畲族乡、永丰县龙岗畲族乡、铅山县太源畲族乡、铅山县篁碧畲族乡、鹰潭市贵溪市樟坪畲族乡、青原区东固畲族乡、乐安县金竹畲族乡
山东省	4（其中民族镇3）	淄博市临淄区金岭回族镇、莘县张鲁回族镇、曹县侯集回族镇、禹城市十里望回族乡
河南省	21（其中民族镇9）	荥阳市金寨回族乡、太康县城关回族镇、淮阳县城关回族镇、沈丘县槐店回族镇、宁陵县城关回族镇、睢县城关回族镇、民权县伯党回族乡、民权县胡集回族乡、叶县马庄回族乡、郏县姚庄回族乡、封丘县荆乡回族乡、许昌县艾庄回族乡、禹州市山货回族乡、襄城县颍桥回族镇、镇平县郭庄回族乡、方城县袁店回族乡、西平县蔡寨回族乡、新蔡县李桥回族镇、临颍县繁城回族镇、洛宁县王范回族镇、洛阳市廛河回族区廛河回族乡
湖北省	11（其中民族镇2）	钟祥市九里回族乡、洪湖市老湾回族乡、松滋市卸甲坪土家族乡、宜都市潘家湾土家族乡、郧西县湖北口回族乡、恩施市芭蕉侗族乡、宣恩县长潭河侗族乡、宣恩县晓关侗族乡、仙桃市沔城回族镇、神农架林区下谷坪土家族乡、咸宁市赤壁市周郎嘴回族镇
湖南省	99（其中民族镇1）	怀化市罗子山瑶族乡、怀化市苏木溪瑶族乡、怀化市上蒲溪瑶族乡、怀化市后塘瑶族乡、怀化市仙人湾瑶族乡、怀化市深渡苗族乡、怀化市龙船塘瑶族乡、怀化市炮团侗族苗族乡、怀化市宝田侗族苗族乡、怀化市蒲稳侗族苗族乡、怀化市金子岩侗族苗族乡、怀化市漠滨侗族苗族乡、怀化市青朗侗族苗族乡、怀化市二酉苗族乡、怀化市火场土家族乡、怀化市蒿吉坪瑶族乡、怀化市大高坪苗族乡、怀化市锅冲苗族乡、怀化市传素瑶族乡、怀化市步头降苗族乡、怀化市米贝苗族乡、邵阳市党坪苗族乡、邵阳市河口苗族乡、邵阳市麻塘苗族乡、邵阳市竹舟江苗族乡、邵阳市东山侗族乡、邵阳市朝仪侗族乡、邵阳市鹅公岭侗族苗族乡、邵阳市寨市苗族侗族乡、邵阳市乐安铺苗族侗族乡、邵阳市联民苗族侗族乡、邵阳市枫木团苗族侗族乡、邵阳市黄桑坪苗族乡、邵阳市关峡苗族乡、邵阳市长铺子苗族乡、邵阳市山界回族乡、邵阳市虎形山瑶族乡、邵阳市那溪瑶族乡、邵阳市大屋瑶族乡、邵阳市长塘瑶族乡、邵阳市黄金瑶族乡、邵阳市麻林瑶族乡、永州市荆竹瑶族乡、永州市紫良瑶族乡、永州市浆洞瑶族乡、永州市汇源瑶族乡、永州市大桥瑶族乡、永州市松柏瑶族乡、永州市千家洞瑶族乡、永州市兰溪瑶族乡、永州市源口瑶族乡、永州市九嶷山瑶族乡、永州市棉花坪瑶族乡、永州市桐木漯瑶族乡、永州市荒塘瑶族乡、永州市横岭瑶族乡、永州市洪塘营瑶族乡、永州市井塘瑶族乡、永州市审章塘瑶族乡、永州市晒北滩瑶族乡、永州市门楼下瑶族乡、永州市上梧江瑶族乡、永州市清塘壮族乡、永州市犁头瑶族乡、张家界市刘家坪白族乡、张家界市马合口白族乡、张家界市走马坪白族乡、张家界市淋溪河白族乡、

续表3

地区	数量	乡镇名称
		张家界市芙蓉桥白族乡、张家界市麦地坪白族乡、张家界市洪家关白族乡、张家界市索溪峪土家族乡、张家界市三关寺土家族乡、张家界市高峰土家族乡、张家界市金岩土家族乡、张家界市许家坊土家族乡、张家界市阳和土家族乡、张家界市甘堰土家族乡、张家界市赵家岗土家族乡、郴州市华山瑶族乡、郴州市杨柳瑶族乡、郴州市月峰瑶族乡、郴州市大塘瑶族乡、郴州市莽山瑶族乡、郴州市盈洞瑶族乡、郴州市延寿瑶族乡、郴州市小垣瑶族镇、郴州市岭秀瑶族乡、郴州市三江口瑶族乡、郴州市西山瑶族乡、郴州市团结瑶族乡、郴州市连坪瑶族乡、常德市许家桥回族维吾尔族乡、常德市毛家滩回族维吾尔族乡、常德市枫树维吾尔族回族乡、常德市青林回族维吾尔族乡、株洲市龙渣瑶族乡、衡阳市塔山瑶族乡、益阳市鲜埠回族乡
广东省	7	龙门县蓝田瑶族乡、连州市三水瑶族乡、连州市瑶安瑶族乡、阳山县秤架瑶族乡、怀集县下帅壮族瑶族乡、始兴县深渡水瑶族乡、东源县漳溪畲族乡
广西壮族自治区	59	蒙山县草坪瑶族乡、蒙山县长坪瑶族乡、蒙山县夏宜瑶族乡、贺州市黄洞瑶族乡、贺州市大平瑶族乡、昭平县仙回瑶族乡、钟山县两安瑶族乡、钟山县花山瑶族乡、平南县马练瑶族乡、平南县国安瑶族乡、上思县南屏瑶族乡、马山县古寨瑶族乡、马山县里当瑶族乡、上林县镇圩瑶族乡、三江侗族自治县同乐苗族乡、三江侗族自治县福禄苗族乡、三江侗族自治县高基苗族乡、融水苗族自治县滚贝侗族乡、融水苗族自治县同练瑶族乡、柳州市古砦仡佬族乡、临桂县宛田瑶族乡、临桂县黄沙瑶族乡、灵川县大境瑶族乡、灵川县兰田瑶族乡、全州县蕉江瑶族乡、全州县东山瑶族乡、兴安县华江瑶族乡、灌阳县洞井瑶族乡、灌阳县西山瑶族乡、资源县车田苗族乡、资源县两水苗族乡、资源县河口瑶族乡、平乐县大发瑶族乡、荔浦县蒲芦瑶族乡、桂林市雁山区草坪回族乡、百色市汪甸瑶族乡、田东县作登瑶族乡、田林县潞城瑶族乡、田林县利周瑶族乡、田林县八桂瑶族乡、田林县八渡瑶族乡、凌云县伶站瑶族乡、凌云县朝里瑶族乡、凌云县沙里瑶族乡、凌云县玉洪瑶族乡、西林县足别瑶族苗族乡、西林县普合苗族乡、西林县那佐苗族乡、南丹县八圩瑶族乡、南丹县里湖瑶族乡、南丹县中堡苗族乡、天峨县八腊瑶族乡、凤山县平乐瑶族乡、凤山县江洲瑶族乡、凤山县金牙瑶族乡、东兰县三弄瑶族乡、环江毛南族自治县驯乐苗族乡、宜州市北牙瑶族乡、宜州市福龙瑶族乡
重庆市	8	奉节县云雾土家族乡、奉节县龙桥土家族乡、奉节县长安土家族乡、万州区恒河土家族乡、云阳县清水土家族乡、巫山县红椿土家族乡、巫山县邓家土家族乡、忠县磨子土家族乡
四川省	102	九龙县子耳彝族乡、九龙县三垭彝族乡、九龙县俄尔彝族乡、九龙县小金彝族乡、九龙县朵洛彝族乡、九龙县踏卡彝族乡、九龙县湾坝彝族乡、松潘县十里回族乡、松潘县进安回族乡、攀枝花市仁和区大龙潭彝族乡、攀枝花市仁和区啊喇彝族乡、米易县麻陇彝族乡、米易县白坡彝族乡、攀枝花市米易县湾丘彝族乡、米易县新山傈僳族彝族乡、攀枝花市盐边县敢鱼彝族乡、攀枝花市盐边县红果彝族乡、盐边县岩口彝族乡、盐边县哇落彝族乡、盐边县温泉彝族乡、攀枝花市盐边县箐河傈僳族乡、攀枝花市盐边县格萨拉彝族乡、盐边县岩门傈僳族乡、盐边县龙胜彝族乡、盐边县择木龙彝族乡、盐边县林海彝族乡、盐边县红宝苗族乡、盐边县高坪彝族乡、盐边县红民彝族乡、盐边县花椒箐彝族乡、攀枝花市盐边县和爱彝族乡、叙永县白蜡苗族乡、叙永县合乐苗族乡、叙永县枧槽苗族乡、叙永县石坝苗族乡、叙永县水潦苗族乡、古蔺县箭竹苗族乡、古蔺县乌龙苗族乡、古蔺县大寨苗族乡、古蔺县马嘶苗族乡、青川县蒿溪回族乡、青川县大院回族乡、金口河区和平彝族乡、金口河区共安彝族乡、阆中市博树回族乡、筠连县高坪苗族乡、筠连县联合苗族乡、筠连县团林苗族乡、屏山县屏边彝族乡、屏山县清平彝族乡、兴文县沙坝苗族乡、

续表4

地　区	数　量	乡镇名称
		兴文县毓秀苗族乡、兴文县大河苗族乡、兴文县麒麟苗族乡、兴文县仙峰苗族乡、珙县罗渡苗族乡、珙县玉河苗族乡、珙县观斗苗族乡、汉源县小堡藏族彝族乡、汉源县坭美彝族乡、汉源县永利彝族乡、汉源县顺河彝族乡、汉源县片马彝族乡、石棉县安顺彝族乡、石棉县先锋彝族乡、石棉县蟹螺彝族乡、石棉县回隆彝族乡、石棉县擦罗彝族乡、石棉县栗子坪彝族乡、石棉县新民藏族彝族乡、石棉县挖角彝族藏族乡、石棉县田弯彝族乡、石棉县草科藏族乡、宝兴县跷碛藏族乡、西昌市高草回族乡、西昌市裕隆回族乡、木里藏族自治县屋脚蒙古族乡、木里藏族自治县俄亚纳西族乡、木里藏族自治县白碉苗族乡、木里藏族自治县项脚蒙古族乡、木里藏族自治县固增苗族乡、盐源县大坡蒙古族乡、德昌县金沙傈僳族乡、德昌县南山傈僳族乡、会理县新安傣族乡、冕宁县和爱藏族乡、越西县保安藏族乡、平武县木皮藏族乡、平武县木座藏族乡、平武县白马藏族乡、平武县黄羊关藏族乡、平武县虎牙藏族乡、平武县泗耳藏族乡、平武县徐塘羌族乡、平武县锁江羌族乡、平武县平南羌族乡、北川县桃龙藏族乡、盐亭县大兴回族乡、达州市渡口土家族乡、达州市龙泉土家族乡、达州市三墩土家族乡、达州市漆树土家族乡
贵州省	253	贵阳市花溪区花溪布依族苗族乡、贵阳市花溪区高坡苗族乡、贵阳市花溪区马铃布依族苗族乡、贵阳市花溪区孟关苗族布依族乡、贵阳市花溪区黔陶布依族苗族乡、贵阳市花溪区湖潮布依族苗族乡、贵阳市花溪区小碧布依族苗族乡、贵阳市乌当区偏坡布依族乡、贵阳市乌当区新堡布依族乡、贵阳市白云区都拉布依族乡、贵阳市白云区牛场布依族乡、清镇市麦格苗族布依族乡、清镇市王庄布依族苗族乡、清镇市流长苗族乡、息烽市青山苗族乡、开阳县禾丰布依族苗族乡、开阳县哨上布依族苗族乡、开阳县高寨苗族布依族乡、修文县大石布依族乡、六枝特区落别布依族彝族乡、六枝特区拆溪彝族乡、六枝特区牛场苗族彝族乡、六枝特区中寨苗族彝族布依族乡、六枝特区箐口彝族仡佬族布依族乡、六枝特区酒志彝族布依族苗族乡、六枝特区毛口布依族苗族乡、六枝特区梭戛苗族彝族乡、六枝特区陇脚布依族乡、盘县特区普田回族乡、盘县特区鸡场坪彝族乡、盘县特区旧营白族彝族苗族乡、盘县特区马场彝族苗族乡、盘县特区羊场布依族白族苗族乡、盘县特区保基苗族彝族乡、盘县特区四格彝族乡、盘县特区松河彝族乡、盘县特区坪地彝族乡、盘县特区淤泥彝族乡、盘县特区普古彝族苗族乡、钟山区月照彝族回族苗族乡、水城县坪寨彝族乡、水城县勺米彝族苗族乡、水城县比德苗族彝族乡、水城县化乐苗族彝族乡、水城县陡箐苗族彝族乡、水城县董地苗族彝族乡、水城县双戛彝族乡、水城县南开苗族彝族乡、水城县保华苗族彝族回族乡、水城县青林苗族彝族乡、水城县金盆苗族彝族乡、水城县木果彝族苗族乡、水城县发箐苗族彝族乡、水城县玉舍苗族彝族乡、水城县纸厂彝族乡、水城县杨梅彝族苗族回族乡、水城县新街彝族苗族布依族乡、水城县野钟苗族彝族布依族乡、水城县果布嘎彝族苗族布依族乡、水城县发耳布依族苗族彝族乡、水城县都格布依族苗族彝族乡、水城县鸡场布依族彝族苗族乡、水城县龙场苗族白族彝族乡、水城县营盘苗族彝族白族乡、水城县顺场苗族彝族布依族乡、水城县花戛苗族布依族彝族乡、水城县米箩布依族苗族彝族乡、水城县猴场苗族布依族乡、水城县红岩布依族彝族苗族乡、麻江县贤昌布依族乡、麻江县坝芒布依族乡、麻江县景阳布依族乡、镇远县尚寨土家族乡、岑巩县羊桥土家族乡、黎平县顺化瑶族乡、黎平县雷洞瑶族水族乡、从江县秀塘壮族乡、从江县刚边壮族乡、从江县翠里瑶族壮族乡、榕江县三江水族乡、榕江县塔石瑶族水族乡、榕江县仁里水族乡、榕江县定威水族乡、榕江县兴华水族乡、榕江县水尾水族乡、雷山县达地水族乡、都匀市基场水族乡、都匀市阳和水族乡、都匀市奉和水族乡、独山县本寨水族乡、独山县甲定水族乡、独山县翁台水族乡、平塘县卡蒲毛南族乡、荔波县瑶山瑶族乡、荔波县水利水族乡、荔波县水尧水族乡、荔波县永康水族乡、荔波县瑶麓瑶族乡、兴仁县鲁础营回族乡、晴隆县三宝彝族乡、望谟县油迈瑶族乡、遵义市洪关苗族乡、遵义市平正仡佬族乡、桐梓县马鬃苗族乡、余庆县花山苗族乡、仁怀县后山苗族布依族乡、正安县谢坝仡佬族苗族乡、正安县市坪苗族仡佬族乡、

续表5

地　区	数　量	乡镇名称
		道真县上坝土家族乡、安顺市西秀区新场布依族苗族乡、安顺市西秀区鸡场布依族苗族乡、安顺市西秀区岩腊苗族布依族乡、安顺市西秀区杨武布依族苗族乡、安顺市西秀区黄腊布依族苗族乡、平坝县十字回族苗族乡、平坝县羊昌布依族苗族乡、普定县坪上苗族彝族布依族乡、普定县补郎苗族乡、普定县猫洞苗族仡佬族乡、普定县猴场苗族仡佬族乡、毕节市田坎彝族乡、毕节市大屯彝族乡、毕节市阿市苗族彝族乡、毕节市团结彝族苗族乡、毕节市千溪彝族苗族白族乡、毕节市阴底彝族苗族白族乡、黔西县花溪彝族苗族乡、黔西县定新彝族苗族乡、黔西县协和彝族苗族乡、黔西县钟山布依族彝族乡、黔西县绿化白族彝族乡、黔西县新仁苗族乡、黔西县红林彝族苗族乡、黔西县沙井苗族彝族仡佬族乡、黔西县中建苗族彝族乡、黔西县仁和彝族苗族乡、黔西县永燊彝族苗族乡、黔西县太来彝族苗族乡、黔西县铁石苗族彝族乡、黔西县金坡苗族彝族满族乡、黔西县五里布依族苗族乡、大方县竹园彝族苗族乡、大方县响水白族彝族仡佬族乡、大方县鼎新彝族苗族乡、大方县牛场苗族彝族乡、大方县理化苗族彝族乡、大方县安乐彝族仡佬族乡、大方县凤山彝族蒙古族乡、大方县百纳彝族乡、大方县三元彝族苗族白族乡、大方县普底彝族苗族白族乡、大方县沙厂彝族乡、大方县大水彝族苗族布依族乡、大方县黄泥彝族苗族蒙古族乡、大方县核桃苗族白族乡、大方县八堡彝族苗族乡、大方县兴隆苗族乡、大方县大山苗族彝族乡、大方县星宿苗族彝族仡佬族乡、金沙县石场苗族彝族乡、金沙县太平彝族苗族乡、金沙县箐门苗族彝族仡佬族乡、金沙县马路彝族苗族乡、金沙县安洛苗族彝族满族乡、金沙县绿化苗族彝族满族乡、金沙县大田彝族苗族布依族乡、织金县三甲白族苗族乡、织金县宫寨苗族乡、织金县金龙苗族彝族布依族乡、织金县鸡场苗族彝族布依族乡、织金县自强苗族乡、织金县茶店布依族苗族彝族乡、织金县太平苗族彝族乡、织金县后寨苗族乡、纳雍县新房彝族苗族乡、纳雍县库东关彝族苗族白族乡、纳雍县董地苗族彝族乡、纳雍县化作苗族彝族乡、纳雍县姑开苗族彝族乡、纳雍县羊场苗族彝族乡、纳雍县锅圈岩苗族彝族乡、纳雍县昆寨苗族彝族白族乡、纳雍县左鸠戛彝族苗族乡、纳雍县猪场苗族彝族乡、威宁县新发布依族乡、赫章县兴发苗族彝族回族乡、赫章县松林白族彝族苗族乡、赫章县雉街彝族苗族乡、赫章县珠市彝族乡、赫章县双坪彝族乡、赫章县辅处彝族苗族乡、赫章县铁匠苗族乡、赫章县可乐彝族满族乡、赫章县河镇彝族苗族乡、赫章县结构彝族苗族乡、赫章县水塘堡彝族苗族乡、赫章县古达苗族彝族乡、铜仁市桐木坪侗族乡、铜仁市鱼塘侗族土家族苗族乡、铜仁市大坪侗族土家族苗族乡、铜仁市和平土家族侗族乡、铜仁市滑石侗族苗族土家族乡、铜仁市瓦屋侗族乡、铜仁市六龙山侗族土家族乡、江口县太平土家族苗族乡、江口县桃映土家族苗族乡、江口县民和侗族土家族苗族乡、江口县德旺土家族苗族乡、江口县官和侗族土家族苗族乡、江口县怒溪土家族苗族乡、江口县坝盘土家族侗族苗族乡、石阡县青阳苗族仡佬族侗族乡、石阡县枫香仡佬族侗族乡、石阡县坪地仡佬族侗族乡、石阡县龙井侗族仡佬族乡、石阡县石固仡佬族侗族乡、石阡县坪山仡佬族侗族乡、石阡县甘溪仡佬族侗族乡、石阡县聚凤仡佬族侗族乡、石阡县大沙坝仡佬族侗族乡、思南县大河坝土家族苗族乡、思南县思林土家族苗族乡、思南县东华土家族苗族乡、思南县胡家湾苗族土家族乡、思南县宽坪土家族苗族乡、思南县亭子坝土家族苗族乡、思南县枫芸土家族苗族乡、思南县香坝土家族苗族乡、思南县长坝苗族土家族乡、思南县板桥苗族土家族乡、思南县三道水土家族苗族乡、思南县天桥土家族苗族乡、思南县兴隆土家族苗族乡、思南县杨家坳苗族土家族乡、德江县泉口土家族乡、德江县楠杆土家族乡、德江县复兴土家族乡、德江县合兴土家族乡、德江县河溪土家族乡、德江县长堡土家族乡、德江县桶井土家族乡、德江县共和土家族乡、德江县荆角土家族乡、德江县长丰土家族乡、德江县平原土家族乡、德江县高山土家族乡、德江县藏家土家族乡、德江县龙泉土家族乡、德江县堰塘土家族乡、万山特区下溪侗族乡、万山特区敖寨侗族乡、万山特区高楼坪侗族乡、万山特区黄道侗族乡

续表 6

地　区	数　量	乡镇名称
云南省	155	昆明市五华区沙朗白族乡、富民县罗免彝族苗族乡、晋宁县夕阳彝族乡、晋宁县双河彝族乡、官渡区阿拉彝族乡、宜良县九乡彝族回族乡、宜良县耿家彝族苗族乡、昭通市昭阳区守望回族乡、昭通市昭阳区小龙洞回族彝族乡、昭通市昭阳区布嘎回族乡、昭通市昭阳区青冈岭回族彝族乡、鲁甸县桃源回族乡、鲁甸县茨院回族乡、大关县上高桥回族彝族苗族乡、永善县马楠苗族彝族乡、永善县伍寨彝族苗族乡、镇雄县坡头彝族苗族白族乡、镇雄县果珠彝族乡、镇雄县林口彝族苗族乡、镇雄县以古彝族苗族乡、彝良县龙街苗族彝族乡、彝良县奎香苗族彝族乡、彝良县树林彝族苗族乡、彝良县柳溪苗族乡、彝良县洛旺苗族乡、威信县双河苗族彝族乡、师宗县龙庆彝族壮族乡、师宗县五龙壮族乡、师宗县高良壮族苗族瑶族乡、罗平县长底布依族乡、罗平县旧屋基彝族乡、罗平县鲁布革布依族苗族乡、富源县古敢水族乡、会泽县新街回族乡、南华县雨露白族乡、大姚县湾碧傈僳族傣族乡、永仁县永兴傣族乡、武定县东坡傣族乡、玉溪市红塔区小石桥彝族乡、玉溪市红塔区洛河彝族乡、江川县安化彝族乡、通海县高大傣族彝族乡、通海县里山彝族乡、通海县兴蒙蒙古族乡、华宁县通红甸彝族苗族乡、易门县十街彝族乡、易门县浦贝彝族乡、易门县铜厂彝族乡、河口瑶族自治县桥头苗族壮族乡、金平苗族瑶族傣族自治县者米拉祜族乡、蒙自县期路白苗族乡、蒙自县老寨苗族乡、开远市大庄回族乡、文山县东山彝族乡、文山县红甸回族乡、文山县秉烈彝族乡、文山县柳井彝族乡、文山县追栗街彝族乡、文山县坝心彝族乡、砚山县阿舍彝族乡、砚山县维末彝族乡、砚山县盘龙彝族乡、砚山县干河彝族乡、丘北县舍得彝族乡、丘北县新店彝族乡、丘北县树皮彝族乡、丘北县八道哨彝族乡、丘北县腻脚彝族乡、麻栗坡县猛硐瑶族乡、富宁县洞波瑶族乡、澜沧拉祜族自治县酒井哈尼族乡、澜沧拉祜族自治县发展河哈尼族乡、澜沧拉祜族自治县惠民哈尼族乡、澜沧拉祜族自治县谦六彝族乡、澜沧拉祜族自治县文东佤族乡、澜沧拉祜族自治县安康佤族乡、澜沧拉祜族自治县雪林佤族乡、思茅市云仙彝族乡、思茅市龙潭彝族傣族乡、墨江哈尼族自治县孟弄彝族乡、墨江哈尼族自治县鱼塘彝族乡、西盟佤族自治县力所拉祜族乡、大理市太邑彝族乡、鹤庆县六合彝族乡、宾川县钟英傈僳族彝族乡、宾川县拉乌彝族乡、祥云县东山彝族乡、弥渡县牛街彝族乡、永平县北斗彝族乡、永平县厂街彝族乡、永平县水泄彝族乡、云龙县表村傈僳族乡、云龙县团结彝族乡、华坪县永兴傈僳族乡、华坪县通达傈僳族乡、华坪县新庄傈僳族傣族乡、华坪县石龙坝彝族傈僳族乡、华坪县船房傈僳族傣族乡、永胜县羊坪彝族乡、永胜县东山傈僳族彝族乡、永胜县东风傈僳族乡、永胜县六德傈僳族彝族乡、永胜县大安彝族纳西族乡、永胜县光华傈僳族彝族乡、永胜县松坪傈僳族彝族乡、宁蒗彝族自治县翠玉傈僳族普米族乡、丽江市古城区金山白族乡、丽江市古城区金江白族乡、玉龙纳西族自治县九河白族乡、玉龙纳西族自治县石头白族乡、玉龙纳西族自治县黎明傈僳族乡、保山市隆阳区瓦窑白族彝族乡、保山市隆阳区瓦马彝族白族乡、保山市隆阳区汶上彝族苗族乡、保山市隆阳区瓦房彝族乡、保山市隆阳区杨柳白族彝族乡、保山市隆阳区潞江傣族乡、保山市隆阳区芒宽彝族傣族乡、施甸县摆榔彝族布朗族乡、施甸县木老元布朗族彝族乡、腾冲县荷花傣族佤族乡、龙陵县木城彝族傈僳族乡、昌宁县朱街彝族乡、昌宁县苟街彝族苗族乡、保山市昌宁县湾甸傣族乡、陇川县户撒阿昌族乡、潞西县三台山德昂族乡、梁河县囊宋阿昌族乡、梁河县九保阿昌族乡、福贡县匹河怒族乡、泸水县洛本卓白族乡、泸水县老窝白族乡、中甸县三坝纳西族乡、德钦县霞若傈僳族乡、德钦县拖顶傈僳族乡、凤庆县新华彝族苗族乡、凤庆县腰街彝族乡、凤庆县郭大寨彝族白族乡、云县栗树彝族傣族乡、云县忙怀彝族布朗族乡、云县后箐彝族乡、永德县大雪山彝族拉祜族傣族乡、永德县乌木龙彝族乡、临翔区平村彝族傣族乡、临翔区霖南美拉祜族乡、耿马傣族佤族自治县芒洪拉祜族布朗族乡、沧源佤族自治县勐角傣族彝族拉祜族乡、镇康县军赛佤族拉祜族傈僳族德昂族乡、景洪市基诺山基诺族乡、景洪市景哈哈尼族乡、勐腊县瑶区瑶族乡、勐腊县象明彝族乡、勐海县格朗和哈尼族乡、勐海县布朗山布朗族乡、勐海县西定哈尼族乡

续表 7

地 区	数 量	乡镇名称
西藏自治区	8	错那县麻玛门巴族乡、错那县贡日门巴族乡、错那县基巴门巴族乡、错那县勒布区勒门巴族乡、林芝县排龙门巴族乡、米林县南伊珞巴族乡、墨脱县达木珞巴族乡、芒康县下盐井纳西族乡
陕西省	3（其中民族镇3）	安县西口回族镇、镇安县茅坪回族镇、宁陕县江口回族镇
甘肃省	29	临夏县井沟东乡族乡、和政县梁家寺东乡族乡、临夏县安家坡东乡族乡、广河县阿里麻土东乡族乡、临潭县长川回族乡、临潭县卓洛回族乡、临潭县古战回族乡、卓尼县勺哇土族乡、文县铁楼藏族乡、武都县坪垭藏族乡、武都县磨坝藏族乡、宕昌县新城子藏族乡、酒泉市黄泥堡裕固族乡、玉门市小金湾东乡族乡、会宁县新添堡回族乡、正宁县五顷源回族乡、平凉市峡门回族乡、华亭县神峪回族乡、华亭县山寨回族乡、平凉市白庙回族乡、平凉市大秦回族乡、平凉市寨河回族乡、平凉市大寨回族乡、平凉市西阳回族乡、平凉市上杨回族乡、肃南裕固族自治县祁丰藏族乡、肃南裕固族自治县马蹄藏族乡、肃南裕固族自治县白银蒙古族乡、张掖市平山湖蒙古族乡
青海省	30	大通回族土族自治县朔北藏族乡、大通回族土族自治县向化藏族乡、湟中县群加藏族乡、湟中县大才回族乡、湟中县汉东回族乡、湟源县日月藏族乡、平安县古城回族乡、平安县沙沟回族乡、平安县巴藏沟回族乡、平安县石灰窑回族乡、平安县洪水泉回族乡、民和回族土族自治县杏儿藏族乡、乐都县下营藏族乡、乐都县中坝藏族乡、乐都县达拉土族乡、互助土族自治县松多藏族乡、互助土族自治县巴扎藏族乡、化隆回族自治县支扎藏族乡、化隆回族自治县雄先藏族乡、化隆回族自治县查甫藏族乡、化隆回族自治县金源藏族乡、化隆回族自治县塔加藏族乡、循化撒拉族自治县道帏藏族乡、循化撒拉族自治县尕楞藏族乡、循化撒拉族自治县岗察藏族乡、循化撒拉族自治县文都藏族乡、贵德县新街回族乡、门源回族自治县皇城蒙古族乡、海晏县哈勒景蒙古族乡、海晏县托勒蒙古族乡
新疆维吾尔自治区	42	鄯善县东巴回族乡、皮山县瑙阿巴提塔吉克族乡、皮山县康克尔柯尔克孜族乡、和硕县乌什塔拉回族乡、奇台县大泉塔塔尔族乡、奇台县五马场哈萨克族乡、奇台县乔仁哈萨克族乡、木垒哈萨克自治县大南沟乌孜别克族乡、玛纳斯县旱卡子滩哈萨克族乡、玛纳斯县塔西河哈萨克族乡、玛纳斯县清水河哈萨克族乡、阜康市三工河哈萨克族乡、阜康市上户沟哈萨克族乡、昌吉市阿什里哈萨克族乡、呼图壁县石梯子哈萨克族乡、米泉市白杨河哈萨克族乡、阿克陶县塔尔塔吉克族乡、塔什库尔干塔吉克自治县科克亚柯尔克孜族乡、泽普县布依鲁克塔吉克族乡、莎车县孜热普提塔吉克族乡、察布查尔锡伯自治县米粮泉回族乡、特克斯县科克铁热克柯尔克孜族乡、特克斯县呼吉尔特蒙古族乡、伊宁县愉群翁回族乡、尼勒克县科克浩特浩尔蒙古族乡、霍城县伊车嘎善锡伯族乡、霍城县三宫回族乡、昭苏县胡松图喀尔逊蒙古族乡、昭苏县察汗乌苏蒙古族乡、昭苏县夏特柯尔克孜族乡、塔城市阿西尔达斡尔族乡、乌苏市塔布勒合特蒙古族乡、乌苏市吉尔格勒特郭楞蒙古族乡、额敏县额玛勒特郭楞蒙古族乡、额敏县霍吉尔特蒙古族乡、乌什县雅曼苏柯尔克孜族乡、温宿县博孜东柯尔克孜族乡、伊吾县前山哈萨克族乡、哈密市德外里克哈萨克族乡、哈密市乌拉台哈萨克族乡、布尔津县乔木哈纳斯蒙古族乡、阿勒泰市汗德尕特蒙古族乡

■中国市辖民族区一览表

地　区	市辖民族区名称
内蒙古自治区	呼和浩特市回族区
黑龙江省	齐齐哈尔市梅里斯达斡尔族区
河南省	郑州市管城回族区 洛阳市廛河回族区 开封市顺河回族区

注：全国现有市辖“民族区”5个。

中国陆地边境县、牧区半农半牧区县、民族贸易县、民族自治地方国家扶贫工作重点县名单

■中国陆地边境县（旗）、市（市辖区）一览表

地区	自治州（盟、地、市）	县、旗、市（市辖区）
内蒙古自治区	包头市	达尔罕茂明安联合旗
	乌兰察布市	四子王旗
	锡林郭勒盟	二连浩特市　阿巴嘎旗　东乌珠穆沁旗　苏尼特左旗　苏尼特右旗
	呼伦贝尔市	满洲里市　额尔古纳市　陈巴尔虎旗　新巴尔虎左旗　新巴尔虎右旗
	巴彦淖尔市	乌拉特中旗　乌拉特后旗
	阿拉善盟	阿拉善左旗　阿拉善右旗　额济纳旗
	兴安盟	阿尔山市　科尔沁右翼前旗
辽宁省	丹东市	振安区　元宝区　振兴区　东港市　宽甸满族自治县
吉林省	通化市	集安市
	白山市	八道江区　临江市　抚松县　长白朝鲜族自治县
	延边朝鲜族自治州	图们市　龙井市　珲春市　和龙市　安图县
黑龙江省	鹤岗市	萝北县　绥滨县
	双鸭山市	饶河县
	鸡西市	虎林市　密山市　鸡东县
	伊春市	嘉荫县
	牡丹江市	穆棱市　绥芬河市　东宁县
	佳木斯市	同江市　抚远县
	黑河市	爱辉区　逊克县　孙吴县
	大兴安岭地区	呼玛县　塔河县　漠河县

续表

地区	自治州（盟、地、市）	县、旗、市（市辖区）
广西壮族自治区	防城港市	防城区　东兴市
	崇左市	凭祥市　大新县　宁明县　龙州县
	百色市	靖西县　那坡县
云南省	普洱市	澜沧拉祜族自治县　江城哈尼族彝族自治县　西盟佤族自治县　孟连傣族拉祜族佤族自治县
	临沧市	镇康县　沧源佤族自治县　耿马傣族佤族自治县
	保山市	龙陵县　腾冲县
	文山壮族苗族自治州	麻栗坡县　马关县　富宁县
	红河哈尼族彝族自治州	绿春县　金平苗族瑶族傣族自治县　河口瑶族自治县
	西双版纳傣族自治州	景洪市　勐海县　勐腊县
	德宏傣族景颇族自治州	潞西市　瑞丽市　盈江县　陇川县
	怒江傈僳族自治州	泸水县　福贡县　贡山独龙族怒族自治县
西藏自治区	山南地区	洛札县　错那县　浪卡子县
	日喀则地区	定结县　定日县　康马县　聂拉木县　吉隆县　亚东县　岗巴县　仲巴县　萨嘎县
	阿里地区	噶尔县　普兰县　日土县　札达县
	林芝地区	墨脱县　察隅县
甘肃省	酒泉市	肃北蒙古族自治县
新疆维吾尔自治区	哈密地区	哈密市　伊吾县　巴里坤哈萨克自治县
	和田地区	和田县　皮山县
	阿克苏地区	温宿县　乌什县
	喀什地区	叶城县　塔什库尔干塔吉克自治县
	克孜勒苏柯尔克孜自治州	阿图什市　阿合奇县　乌恰县　阿克陶县
	昌吉回族自治州	奇台县　木垒哈萨克自治县
	博尔塔拉蒙古自治州	博乐市　温泉县
	伊犁哈萨克自治州	昭苏县　霍城县　察布查尔锡伯自治县
	塔城地区	塔城市　额敏县　裕民县　托里县　和布克赛尔蒙古自治县
	阿勒泰地区	阿勒泰市　青河县　吉木乃县　富蕴县　布尔津县　福海县　哈巴河县

注：1. 名单顺序按民政部编《中华人民共和国行政区划简册》排列。
2. 统计口径以沿陆地国境线的县级行政区划为单位。
3. 资料截止时间为2006年12月31日。
4. 新疆生产建设兵团56个边境团场暂未列入本表。

■中国牧区、半农半牧区县（旗）一览表

地　区	分　类	县　数	县（旗）名单
河北省	半农半牧区	6	张北、康保、沽源、尚义、丰宁、围场
山西省	半农半牧区	1	右玉
内蒙古自治区	牧区	33	阿鲁科尔沁、巴林右、巴林左、克什克腾、翁牛特、鄂温克、新巴尔虎右、新巴尔虎左、陈巴尔虎、科尔沁右翼中、科尔沁左翼中、科尔沁左翼后、扎鲁特、锡林浩特市、阿巴嘎、苏尼特左、苏尼特右、东乌珠穆沁、西乌珠穆沁、镶黄、正镶白、正蓝、达茂、四子王、鄂托克前、鄂托克、杭锦、乌审、乌拉特中、乌拉特后、阿拉善左、阿拉善右、额济纳
	半农半牧区	20	林西、敖汉、扎兰屯市、阿荣、莫力达瓦、科尔沁右翼前、扎赉特、突泉、开鲁、库伦、奈曼、太仆寺、察右中、察右后、东胜市、达拉特、准格尔、伊金霍洛、磴口、乌拉特前
辽宁省	半农半牧区	6	阜新、彰武、康平、北票市、建平、喀左
吉林省	牧区	1	通榆
	半农半牧区	7	双辽、扶余、长岭、前郭尔罗斯、大安、镇赉、乾安
黑龙江省	牧区	7	龙江、甘南、杜尔伯特、富裕、安达、青冈、肇源
	半农半牧区	8	泰来、林甸、同江、虎林、肇东、兰西、肇州、明水
四川省	牧区	10	松潘、壤塘、阿坝、若尔盖、红原、德格、白玉、石渠、色达、理塘
	半农半牧区	38	汶川、理县、茂县、九寨沟、金川、小金、黑水、马尔康、康定、泸定、丹巴、九龙、雅江、道孚、炉霍、甘孜、新龙、巴塘、乡城、稻城、得荣、西昌市、木里、盐源、德昌、会理、会东、宁南、普格、布拖、金阳、昭觉、喜德、冕宁、越西、甘洛、美姑、雷波
西藏自治区	牧区	13	当雄、仲巴、萨嘎、那曲、嘉黎、聂荣、安多、申扎、班戈、巴青、革吉、改则、措勤
	半农半牧区	24	林周、昌都、江达、贡觉、类乌齐、丁青、察雅、八宿、曲松、措美、错那、昂仁、谢通门、比如、索县、普兰、札达、噶尔、日土、工布江达、浪卡子、康马、亚东、岗巴
甘肃省	牧区	7	肃北、阿克塞、肃南、天祝、玛曲、碌曲、夏河
	半农半牧区	12	永登、永昌、靖远、安西、山丹、民勤、漳县、岷县、环县、华池、卓尼、迭部
青海省	牧区	26	祁连、海晏、刚察、泽库、河南、共和、同德、兴海、贵南、玛沁、班玛、甘德、达日、久治、玛多、玉树、杂多、称多、治多、囊谦、曲麻莱、格尔木市、德令哈市、乌兰、都兰、天峻
	半农半牧区	4	门源、同仁、尖扎、贵德
宁夏回族自治区	牧区	1	盐池
	半农半牧区	2	同心、海原
新疆维吾尔自治区	牧区	22	伊吾、木垒、温泉、和静、阿合奇、乌恰、塔什库尔干、民丰、新源、昭苏、特克斯、尼勒克、托里、裕民、和布克赛尔、阿勒泰、布尔津、富蕴、福海、哈巴河、青河、吉木乃
	半农半牧区	15	乌鲁木齐、哈密、巴里坤、奇台、博乐、精河、尉犁、且末、和硕、温宿、沙雅、阿克陶、巩留、塔城市、额敏

注：全国共有牧区县和半农半牧区县263个，其中牧区县120个，半农半牧区县143个。

■民族自治地方国家扶贫工作重点县一览表

地　区	数　量	县（旗、市）名称
河北省	5	丰宁满族自治县、宽城满族自治县、围场满族蒙古族自治县、青龙满族自治县、孟村回族自治县
内蒙古自治区	31	托克托县、武川县、和林格尔县、清水河县、固阳县、达尔罕茂明安联合旗、宁城县、林西县、巴林左旗、巴林右旗、克什克腾旗、翁牛特旗、喀喇沁旗、敖汉旗、库伦旗、奈曼旗、科尔沁右翼中旗、扎赉特旗、多伦县、太仆寺旗、化德县、商都县、察哈尔右翼前旗、察哈尔右翼中旗、察哈尔右翼后旗、四子王旗、准格尔旗、鄂托克前旗、杭锦旗、乌审旗、伊金霍洛旗
吉林省	4	龙井市、和龙市、汪清县、安图县
黑龙江省	1	杜尔伯特蒙古族自治县
湖北省	9	长阳土家族自治县、恩施市、利川市、建始县、巴东县、宣恩县、咸丰县、来凤县、鹤峰县
湖南省	11	桑植县、江华瑶族自治县、城步苗族自治县、通道侗族自治县、泸溪县、凤凰县、花垣县、保靖县、古丈县、永顺县、龙山县
广西壮族自治区	28	龙胜各族自治县、隆安县、马山县、天等县、龙州县、田东县、平果县、德保县、靖西县、那坡县、凌云县、乐业县、西林县、田林县、隆林各族自治县、南丹县、天峨县、凤山县、东兰县、巴马瑶族自治县、都安瑶族自治县、大化瑶族自治县、罗城仫佬族自治县、环江毛南族自治县、忻城县、三江侗族自治县、融水苗族自治县、金秀瑶族自治县
海南省	5	五指山市、白沙黎族自治县、琼中黎族苗族自治县、陵水黎族自治县、保亭黎族苗族自治县
重庆市	5	黔江区、石柱土家族自治县、彭水苗族土家族自治县、酉阳土家族苗族自治县、秀山土家族苗族自治县
四川省	20	马边彝族自治县、小金县、黑水县、壤塘县、雅江县、新龙县、石渠县、色达县、理塘县、盐源县、普格县、布拖县、金阳县、昭觉县、喜德县、越西县、甘洛县、美姑县、雷波县、木里藏族自治县
贵州省	36	道真仡佬族苗族自治县、务川仡佬族苗族自治县、关岭布依族苗族自治县、镇宁布依族苗族自治县、紫云苗族布依族自治县、威宁彝族回族苗族自治县、印江土家族苗族自治县、沿河土家族自治县、松桃苗族自治县、黄平县、施秉县、三穗县、岑巩县、天柱县、锦屏县、剑河县、台江县、黎平县、榕江县、从江县、雷山县、麻江县、丹寨县、荔波县、独山县、平塘县、罗甸县、长顺县、三都水族自治县、兴仁县、普安县、晴隆县、贞丰县、望谟县、册亨县、安龙县
云南省	51	禄劝彝族苗族自治县、寻甸回族彝族自治县、宁蒗彝族自治县、宁洱哈尼族彝族自治县、墨江哈尼族自治县、景东彝族自治县、镇沅彝族哈尼族拉祜族自治县、江城哈尼族彝族自治县、孟连傣族拉祜族佤族自治县、澜沧拉祜族自治县、西盟佤族自治县、双江拉祜族佤族布朗族傣族自治县、沧源佤族自治县、梁河县、泸水县、福贡县、贡山独龙族怒族自治县、兰坪白族普米族自治县、香格里拉县、德钦县、维西傈僳族自治县、弥渡县、永平县、云龙县、洱源县、剑川县、鹤庆县、漾濞彝族自治县、南涧彝族自治县、巍山彝族回族自治县、双柏县、南华县、姚安县、大姚县、永仁县、武定县、绿春县、泸西县、元阳县、红河县、金平苗族瑶族傣族自治县、屏边苗族自治县、文山县、砚山县、西畴县、麻栗坡县、马关县、丘北县、广南县、富宁县、勐腊县
甘肃省	14	张家川回族自治县、天祝藏族自治县、临夏县、康乐县、永靖县、广河县、和政县、东乡族自治县、积石山保安族东乡族撒拉族自治县、合作市、临潭县、卓尼县、舟曲县、夏河县

续表

地区	数量	县(旗、市)名称
青海省	12	大通回族土族自治县、民和回族土族自治县、化隆回族自治县、循化撒拉族自治县、尖扎县、泽库县、甘德县、达日县、玉树县、杂多县、治多县、囊谦县
宁夏回族自治区	8	盐池县、同心县、固原县、海原县、西吉县、隆德县、泾源县、彭阳县
新疆维吾尔自治区	27	疏附县、疏勒县、英吉沙县、莎车县、叶城县、岳普湖县、伽师县、塔什库尔干塔吉克自治县、乌什县、柯坪县、和田县、墨玉县、皮山县、洛浦县、策勒县、于田县、民丰县、巴里坤哈萨克自治县、阿图什市、阿克陶县、阿合奇县、乌恰县、尼勒克县、察布查尔锡伯自治县、托里县、青河县、吉木乃县
西藏自治区	74	拉萨市城关区、林周县、当雄县、尼木县、曲水县、堆龙德庆县、达孜县、墨竹工卡县、那曲县、嘉黎县、比如县、聂荣县、安多县、申扎县、索县、班戈县、巴青县、尼玛县、昌都县、江达县、贡觉县、类乌齐县、丁青县、察雅县、八宿县、左贡县、芒康县、洛隆县、边坝县、林芝县、工布江达县、米林县、墨脱县、波密县、察隅县、朗县、乃东县、扎囊县、贡嘎县、桑日县、琼结县、曲松县、措美县、洛扎县、加查县、隆子县、错那县、浪卡子县、日喀则市、南木林县、江孜县、定日县、萨迦县、拉孜县、昂仁县、谢通门县、白朗县、仁布县、康马县、定结县、仲巴县、亚东县、吉隆县、聂拉木县、萨嘎县、岗巴县、樟木口岸办事处、噶尔县、普兰县、札达县、日土县、革吉县、改则县、措勤县

■中国民族贸易县(旗)、市一览表

地区	数量	县(旗、市)名称
河北	5	青龙满族自治县、丰宁满族自治县、围场满族蒙古族自治县、宽城满族自治县、孟村回族自治县
内蒙古	57	苏尼特左旗、阿巴嘎旗、西乌珠穆沁旗、镶黄旗、正镶白旗、正蓝旗、苏尼特右旗、东乌珠穆沁旗、多伦县、太仆寺旗、达尔罕茂明安联合旗、四子王旗、商都县、化德县、察哈尔右翼前旗、察哈尔右翼右旗、察哈尔右翼后旗、乌拉特中旗、乌拉特后旗、鄂托克旗、杭锦旗、准格尔旗、乌审旗、伊金霍洛旗、鄂托克前旗、林西县、巴林右旗、阿鲁科尔沁旗、克什克腾旗、翁牛特旗、巴林左旗、宁城县、敖汉旗、喀喇沁旗、科尔沁右翼前旗、扎赉特旗、科尔沁左翼后旗、科尔沁右翼中旗、库伦旗、奈曼旗、扎鲁特旗、陈巴尔虎旗、新巴尔虎左旗、新巴尔虎右旗、额尔古纳左旗、鄂温克族自治旗、莫力达瓦达斡尔族自治旗、鄂伦春自治旗、阿拉善左旗、阿拉善右旗、额济纳旗、科尔沁左翼中旗、托克托县、清水河县、武川县、和林格尔县、固阳县
辽宁	5	阜新蒙古族自治县、喀喇沁左翼蒙古族自治县、新宾满族自治县、岫岩满族自治县、桓仁满族自治县
吉林	3	安图县、长白朝鲜族自治县、龙井市、和龙市、汪清县
黑龙江	1	杜尔伯特蒙古族自治县
浙江	1	景宁畲族自治县
湖北	10	来凤县、鹤峰县、咸丰县、利川市、巴东县、建始县、宣恩县、恩施市、五峰土家族自治县、长阳土家族自治县
湖南	12	龙山县、桑植县、永顺县、保靖县、花垣县、古丈县、泸溪县、凤凰县、新晃侗族自治县、通道侗族自治县、城步苗族自治县、江华瑶族自治县
广东	3	连山壮族瑶族自治县、连南瑶族自治县、乳源瑶族自治县
广西	34	那坡县、凌云县、乐业县、西林县、隆林各族自治县、平果县、田林县、德保县、靖西县、田东县、马山县、上林县、天等县、大新县、龙州县、宁明县、隆安县、上思县、巴马瑶族自治县、环江毛南族自治县、罗城仫佬族自治县、东兰县、凤山县、都安瑶族自治县、天峨县、南丹县、大化瑶族自治县、金秀瑶族自治县、融水苗族自治县、三江侗族自治县、忻城县、资源县、龙胜各族自治县、富川瑶族自治县

续表

地　区	数　量	县(旗、市)名称
海南	8	保亭黎族苗族自治县、白沙黎族自治县、乐东黎族自治县、琼中黎族苗族自治县、东方黎族自治县、陵水黎族自治县、昌江黎族自治县、通什市
重庆	5	酉阳土家族苗族自治县、秀山土家族苗族自治县、黔江区、彭水苗族土家族自治县、石柱土家族自治县
四川	51	马尔康县、茂县、红原县、阿坝县、汶川县、若尔盖县、理县、黑水县、小金县、松潘县、金川县、九寨沟县、壤塘县、峨边彝族自治县、马边彝族自治县、冕宁县、宁南县、德昌县、会东县、会理县、昭觉县、金阳县、甘洛县、布拖县、普格县、喜德县、雷波县、越西县、美姑县、木里藏族自治县、盐源县、米易县、盐边县、康定县、九龙县、炉霍县、甘孜县、雅江县、新龙县、道孚县、白玉县、理塘县、德格县、乡城县、石渠县、稻城县、色达县、巴塘县、泸定县、德荣县、丹巴县
贵州	51	道真仡佬族苗族自治县、剑河县、台江县、黎平县、榕江县、从江县、雷山县、丹寨县、黄平县、锦屏县、天柱县、麻江县、施秉县、镇远县、三穗县、岑巩县、荔波县、罗甸县、惠水县、三都水族自治县、平塘县、独山县、长顺县、贵定县、龙里县、福泉县、瓮安县、松桃苗族自治县、沿河土家族自治县、印江土家族苗族自治县、卢丰县、望谟县、册亨县、安龙县、晴隆县、兴仁县、普安县、威宁彝族回族苗族自治县、赫章县、纳雍县、镇宁布依族苗族自治县、紫云苗族布依族自治县、关岭布依族苗族自治县、大方县、黔西县、织金县、金沙县、水城县、盘县特区、六枝特区、务川仡佬族苗族自治县
云南	68	富宁县、麻栗坡县、马关县、文山县、砚山县、丘北县、广南县、西畴县、屏边苗族自治县、河口瑶族自治县、金平苗族瑶族傣族自治县、绿春县、元阳县、红河县、泸西县、石屏县、武定县、禄劝彝族自治县、石林彝族自治县、巍山彝族回族自治县、南涧彝族自治县、漾濞彝族自治县、剑川县、鹤庆县、云龙县、弥渡县、洱源县、祥云县、宾川县、永平县、景谷傣族彝族自治县、江城哈尼族彝族自治县、孟连傣族拉祜族佤族自治县、西盟佤族自治县、澜沧拉祜族自治县、墨江哈尼族自治县、峨山彝族自治县、新平彝族傣族自治县、元江哈尼族彝族傣族自治县、勐海县、勐腊县、潞西县、陇川县、盈江县、梁河县、福贡县、泸水县、贡山独龙族怒族自治县、兰坪白族普米族自治县、香格里拉县、维西傈僳族自治县、德钦县、宁蒗彝族自治县、玉龙纳西族自治县、耿马傣族佤族自治县、镇康县、沧源佤族自治县、双江拉祜族佤族布朗族傣族自治县、寻甸回族彝族自治县、景东彝族自治县、镇源彝族哈尼族拉祜族自治县、龙陵县、南华县、牟定县、大姚县、双柏县、永仁县、姚安县
甘肃	20	张家川回族自治县、临潭县、舟曲县、玛曲县、夏河县、卓尼县、迭部县、碌曲县、临夏市、临夏县、永靖县、和政县、康乐县、广河县、东乡族自治县、积石山保安族东乡族撒拉族自治县、天祝藏族自治县、肃南裕固族自治县、肃北蒙古族自治县、阿克塞哈萨克族自治县
青海	33	门源回族自治县、祁连县、刚察县、海晏县、尖扎县、同仁县、河南蒙古族自治县、泽库县、贵德县、同德县、兴海县、贵南县、共和县、玛沁县、班玛县、甘德县、达日县、久治县、玛多县、玉树县、杂多县、称多县、治多县、囊谦县、曲麻莱县、乌兰县、都兰县、天峻县、循化撒拉族自治县、化隆回族自治县、互助土族自治县、民和回族土族自治县、大通回族土族自治县
宁夏	9	同心县、盐池县、固原县、西吉县、泾源县、海原县、隆德县、灵武县、彭阳县
新疆	53	且末县、若羌县、和静县、和田市、和田县、皮山县、洛浦县、民丰县、策勒县、墨玉县、于田县、坷坪县、乌什县、温宿县、喀什市、巴楚县、伽师县、疏附县、疏勒县、英吉沙县、岳普湖县、麦盖提县、莎车县、泽普县、塔什库尔干塔吉克自治县、叶城县、尼勒克县、新源县、巩留县、伊吾县、巴里坤哈萨克自治县、阿图什市、阿克陶县、阿合奇县、乌恰县、奇台县、木垒哈萨克自治县、温泉县、察布查尔锡伯自治县、霍城县、昭苏县、特克斯县、和布克赛尔蒙古自治县、裕民县、额敏县、托里县、阿勒泰市、布尔津县、青河县、哈巴河县、富蕴县、福海县、吉木乃县

注:吉林省珲春市和新疆维吾尔自治区博乐市、塔城市、焉耆回族自治县境内距县城(市区)100公里以上,交通不便,少数民族聚居的16个乡镇按民族贸易县内的乡镇对待,享受国家有关民族贸易优惠政策。

中国民族特需用品定点生产企业、产品名录

■中国民族特需用品定点生产企业、产品一览表

"十一五"期间全国少数民族特需商品定点生产企业名单及其生产的少数民族特需商品目录

（不含边销企业）

定点企业名称	民族特需用品名称
北京市（16家）	
北京汇安地毯商城有限责任公司	少数民族手工地毯、挂毯
北京金漆镶嵌有限责任公司	民族艺术装饰用品、漆器工艺品等
北京剧装厂	少数民族服装、少数民族舞台服装
北京市珐琅厂有限责任公司	民族系列景泰蓝制品
北京市美术红灯厂有限责任公司	民族艺术装饰用品、灯须等
北京工美集团有限责任公司	少数民族服装、少数民族家具
北京月盛斋清真食品有限公司	清真肉制品、面点等
北京市大顺斋食品有限责任公司	清真面点等
北京市如意食品有限责任公司	清真面点等
北京窦店益生清真肉业有限公司	清真肉制品等
北京祥益斋食品厂	清真面点等
北京老马清真食品有限责任公司	清真肉制品等
北京金维福仁清真食品有限公司	清真肉制品等
北京祥聚斋食品有限公司	清真面点等
北京薛家营清真肉类加工配送中心	清真肉制品等
北京东来顺集团有限责任公司	清真肉制品等
天津市（34家）	
天津市春合体育用品厂	摔跤服
天津市天发重型水电设备制造有限公司	微型水轮发电机
天津市塑料集团有限公司第二塑料制品厂	牧区用塑料棚膜
天津华韵乐器有限公司	热瓦甫、月琴、维吾尔扬琴

续表 1

定点企业名称	民族特需用品名称
天津市华龙珠宝首饰有限公司	具有少数民族特色的金、银、珠宝等饰品
天津市华龙餐具有限公司	少数民族餐具
天津市远东科技工艺发展有限公司	民族艺术装饰用品
天津市中环电子计算机公司	少数民族语言文字软件
天津市鑫海地毯有限公司	少数民族手工地毯
天津斯必得服装集团有限公司	少数民族服装
天津市津宝乐器有限公司	少数民族镲、锣等乐器
天津名都皮革制品有限公司	藏靴
天津市兴凯体育器械有限公司	少数民族弓箭等
天津市蓟县联丰包装制品厂	少数民族服装、少数民族鞋
天津市显庆工贸有限公司	少数民族鼓
天津市澳玛化妆品有限公司	卫生用香
天津通达天舜服饰有限公司	少数民族戏剧戏曲服装
天津鑫洋地毯有限公司	少数民族手工地毯
天津市津宝纺织品有限公司	白棉布、棉烟袋
天津市第三食品加工厂	清真肉制品等
天津伊利康业冷冻食品有限公司	清真乳制品等
天津市北辰区顺义清真牛羊肉综合加工厂	清真肉制品等
天津隆源清真食品有限公司	清真肉制品等
天津市天方清真食品有限公司	清真肉制品等
天津市宝成调味品有限公司	清真调味品等
天津耳朵眼炸糕餐饮有限责任公司	清真面点等
天津市桂顺斋糕点有限公司	清真面点等
天津市桂顺斋糕点食品二厂	清真面点等
天津市统和回民食品厂	清真罐头食品等
天津市第二调料酿造厂	清真调味品等
天津市古兰斋清真食品有限公司	清真面点等
天津市河东鸿起顺饭庄有限公司	清真面点、肉制品等
天津津河乳业有限公司	清真乳制品等
天津市翠波食品有限责任公司	清真调味品等
河北省(38 家)	
石家庄常山纺织股份有限公司	白棉布

续表 2

定点企业名称	民族特需用品名称
石家庄化工化纤有限公司	牧区用塑料棚膜
石家庄南风日化有限责任公司	以牛羊脂为原料的香皂、肥皂
张家口市大为纺织有限公司	提花带穗线毯、少数民族挂毯、炕毯
河北古城香业集团股份有限公司	卫生用香、藏香
河北丽华制帽集团有限公司	毡帽
保定津海服装有限公司	少数民族服装
石家庄常山恒新纺织有限公司	白棉布
河北衡水远大集团有限公司	白棉布
深州东方实业集团有限公司	民族系列景泰蓝制品、民族艺术装饰用品
衡水一壶斋工艺品有限公司	民族艺术装饰用品
河北蓝鸟家具有限公司	少数民族家具
邢台方圆纺织印染集团有限公司	白棉布、扎染品、蜡染品
河北宁纺集团有限责任公司	白棉布、民族红蓝布、苏立绒、扎染品
河北鑫华新锅炉制造有限公司	民族火炉
保定天威英利新能源有限公司	牧区用微型太阳能装置
河北一川胶带集团有限公司	白棉布
河北天纶纺织股份有限公司	白棉布
阜城县华兴服装有限公司	少数民族服装、回族帽
河北宁强光源有限公司	牧区用风能发电装置
邯郸隆润纺织有限责任公司	白棉布
河北福兰德服装有限公司	少数民族服装
石家庄华莹玻璃制品有限公司	少数民族餐具等
秦皇岛正大有限公司	清真肉制品等
大厂回族自治县福华肉类有限公司	清真肉制品等
华安肉类有限公司	清真肉制品等
河北津南清真肉类有限公司	清真肉制品等
泊头市恒业清真肉类有限责任公司	清真肉制品等
今麦郎食品有限公司	清真面点等
张北县草原牧野兴和食品有限责任公司	清真肉制品等
河北义羊肉制品有限公司	清真肉制品等
北京月盛斋(固安)清真食品有限公司	清真肉制品等

续表 3

定点企业名称	民族特需用品名称
河北玉锋淀粉糖业集团有限公司	清真食品添加剂等
秦皇岛金海特种食用油工业有限公司	清真食用油脂等
河北省新乐市清真肉类有限公司	清真肉制品等
河北华香清真肉类加工有限责任公司	清真肉制品等
河北高碑店豆豆食品(集团)有限公司	清真豆制品等
秦皇岛金海食品工业有限公司	清真食用油脂等
山西省(20 家)	
天脊集团长治回民化学有限公司	以牛羊脂为原料的香皂、肥皂
山西新绛纺织有限责任公司	白棉布
山西绿洲纺织有限责任公司	白棉布、民族包、苗族裙子麻布、侗族被单等
晋城东方玻璃制品有限公司	高脚果盘、民族茶盘
山西卓里集团有限公司	家庭牧场用移管式喷灌设备、粉碎机、板锄
山西华晋纺织印染有限公司	白棉布、少数民族彩条布、民族红蓝布、毛蓝布、扎染品、蜡染品、畲族围裙
山西迎太塑料有限公司	牧区用塑料棚膜、家庭牧场用移管式喷灌设备
山西红苹服饰有限公司	少数民族服装
文水县贤美肉制品厂	清真肉制品等
山西金绛食品有限公司	清真肉制品等
山西粟海集团有限公司	清真肉制品等
大同市百草香清真精品肉业有限责任公司	清真肉制品等
山西省文水县大象禽业有限公司	清真肉制品等
太原市牛羊肉类加工厂	清真肉制品等
山西森泰牧业有限公司	清真肉制品等
山西省平遥县龙海实业有限公司	清真肉制品等
山西忠民集团有限公司	清真食用油脂等
山西紫林食品有限公司	清真调味品
山西水塔老陈醋股份有限公司	清真调味品
山西卫氏鱼康实业有限公司	牧区牛、羊等牲畜用兽药
内蒙古自治区(123 家)	
内蒙古森木民族用品有限责任公司	蒙古包构件、漆器工艺品
内蒙古乾坤金银精炼股份有限公司	具有少数民族特色的金、银、珠宝等饰品

续表4

定点企业名称	民族特需用品名称
呼和浩特市舞美艺术服装厂	少数民族服装、舞台服装
呼和浩特市民族纸箱包装有限责任公司	少数民族文字印刷品
包头市帆布制品厂	蒙古包构件、少数民族帐篷
包头市天骄民族服装刺绣厂	少数民族服装、少数民族绣品
包头市万青网围栏厂	网围栏
克什克腾旗天泰皮毛皮革有限责任公司	马靴、毛毡
克什克腾旗森源玩具有限责任公司	蒙古包构件
赤峰彩世印刷有限责任公司	少数民族文字印刷品
内蒙古力王工艺美术有限公司	具有少数民族特色的金、银、铜、玉等饰品
赤峰市敖汉旗长虹地毯厂	少数民族手工地毯
赤峰市林东民族塑料棚膜厂	牧区用塑料棚膜
通辽市奈曼旗神禹金属制品有限公司	网围栏
通辽市奈曼旗华宝麦饭石系列产品有限公司	少数民族缸、罐,蒙古族炊具等
内蒙古杭锦后旗民族地毯有限责任公司	少数民族手工地毯
内蒙古乌审旗鑫源皮毛工贸有限公司	少数民族手工地毯
鄂市鄂托克旗伊宏皮毛制品有限公司	少数民族手工地毯
内蒙古华德牧草机械有限责任公司	割草机
呼伦贝尔市海拉尔区汽车装饰有限公司蒙古包帐篷厂	蒙古包构件
呼伦贝尔市海拉尔区金容农牧机械有限责任公司	奶桶、割草机
呼伦贝尔市鄂温克旗巴彦托海镇鹏程综合修造厂	蒙古包构件、民族火炉
呼伦贝尔市新巴尔虎右旗民族用品综合厂	蒙古包大毡
呼伦贝尔市海拉尔区贝伦实业有限责任公司	牧区用塑料棚膜、家庭牧场用移管式喷灌设备
锡盟正蓝旗蒙古包厂	蒙古包构件
锡盟苏尼特右旗双喜蒙古包制造厂	蒙古包构件
锡盟云华民族文化服饰发展有限公司	少数民族服装
兴安盟乌兰浩特兴安岭拖拉机有限公司	家庭牧场用移管式喷灌设备
乌兰察布市察右后旗民族地毯总厂	少数民族手工地毯
内蒙古隆信博风电设备制造有限公司	牧区用风能发电装置
阿盟阿左旗驼中王绒毛制品有限责任公司	少数民族服装
阿盟海洋工贸有限责任公司	少数民族服装

续表 5

定点企业名称	民族特需用品名称
阿拉善左旗驼旺绒毛制品有限责任公司	少数民族手工地毯
阿盟阿左旗水泵厂	羊毛剪子、饮水槽、马镫
阿盟阿右旗民族工艺地毯有限责任公司	少数民族手工地毯、炕毯、毛毡
阿盟阿拉善雪花绒毛制品有限公司	蒙古族帐篷、毛毡
阿盟阿右旗大漠王子羊绒驼绒纺织厂	少数民族服装
内蒙古爱信达教育印务有限责任公司	少数民族文字印刷品
内蒙古蒙科立软件有限责任公司	少数民族语言文字软件
呼和浩特市苏鲁锭皮业有限责任公司	皮雕等
呼和浩特市新城区嘎日阁马头琴乐器厂	少数民族乐器
包头市科曼地毯有限责任公司	少数民族手工地毯
赤峰市阿旗牧原绒毛制品有限责任公司	少数民族手工地毯
扎赉特旗文海电脑打印社印刷厂	少数民族文字印刷品
赤峰市蒙阔民贸有限责任公司	少数民族服装
赤峰市宝山能源(集团)贺麒铜业有限责任公司	铜锅等
扎赉特旗神峰制衣厂	少数民族服装
通辽市美林实业有限公司	蒙古族酒柜、炕桌
通辽今日印刷有限公司	少数民族文字印刷品
内蒙古兴雅包装有限公司	少数民族文字印刷品
通辽市奈曼旗金秋农牧业科技发展有限公司	网围栏
通辽市科尔沁区中心大街科尔沁民族服装厂	少数民族服装
通辽市科左中旗保康神力汽车零部件制造厂	马镫、马嚼环、羊毛剪子
二连市长青民族服装有限责任公司	少数民族服装
杭锦旗锡尼绒毛厂	少数民族手工地毯
伊金霍洛旗苏勒德蒙古包厂	蒙古包构件
鄂尔多斯市旅游文化艺术品有限公司	骨雕
鄂尔多斯市奇格民族服饰有限公司	少数民族服装
苏尼特左旗盛草网围栏厂	网围栏
科右中旗兴华高级服装厂	少数民族服装
乌兰浩特市澳都洗毛厂	少数民族手工地毯、挂毯
锡盟西乌旗供销社民族用品加工厂	马靴、蒙古族靴、摔跤服
二连浩特市茂源畜产品加工有限责任公司	毛毡、炕毯

续表 6

定点企业名称	民族特需用品名称
内蒙古伊利实业集团股份有限公司	清真乳制品等
包头市达茂旗伊达清真冷库	清真肉制品等
内蒙古草原兴发食品有限公司	清真肉制品等
赤峰市阿旗塔山食品有限责任公司	清真肉制品等
内蒙古草原金峰集团万事达食品有限责任公司	清真肉制品等
赤峰市林西镇冰山冷冻厂	清真肉制品等
内蒙古乌兰布和乳业有限责任公司	清真乳制品等
呼伦贝尔绿祥清真肉食品有限责任公司	清真肉制品等
呼伦贝尔市陈旗巴镇夏家食品厂	清真面点等
扎兰屯伊利乳业有限责任公司	清真乳制品等
锡盟伊荣清真肉食品有限责任公司	清真肉制品等
锡盟伊顺清真肉类有限公司	清真肉制品等
内蒙古苏尼特肉业有限责任公司	清真肉制品等
锡盟正镶白旗伊盛肉类有限责任公司	清真肉制品等
锡盟乌珠穆沁羊业有限责任公司	清真肉制品等
赤峰市巴林左旗北洋食品有限责任公司	清真肉制品等
内蒙古林西锦绣大地农业有限责任公司	清真肉制品等
赤峰宏林肉食品有限公司	清真肉制品等
赤峰市克旗鹤翔清真肉食品有限责任公司	清真肉制品等
内蒙古蒙都羊业食品有限公司	清真肉制品等
内蒙古东方万旗肉牛产业有限公司	清真肉制品等
内蒙古中敖食品有限公司	清真肉制品等
赤峰吴老三清真肉食品加工厂	清真肉制品等
赤峰独伊佳食品有限公司	清真肉制品等
内蒙古草原金峰集团全发肉类有限责任公司	清真肉制品等
通辽蒙鹅鹅业有限公司	清真肉制品等
通辽市滨河清真食品加工有限责任公司	清真肉制品、食用油脂等
通辽市清谷新禾农产品有限责任公司	清真面点、食用油脂等
通辽市扎鲁特旗金罕清真肉食品有限公司	清真肉制品等
通辽市库仑旗清真肉业加工厂	清真肉制品等
内蒙古科锡羊业有限公司	清真肉制品等

续表 7

定点企业名称	民族特需用品名称
内蒙古重鹤畜牧有限公司	清真肉制品等
内蒙古伊斯达清真食品公司	清真肉制品等
内蒙古亨利食品工业有限责任公司	清真面点等
杭锦后旗马记牛羊肉食品有限责任公司	清真肉制品等
内蒙古大力神食品有限责任公司	清真肉制品等
锡林郭勒盟金易科工贸有限责任公司	清真肉制品等
锡林郭勒盟正林畜产品有限责任公司	清真肉制品等
锡林浩特市富兴肉联厂	清真肉制品等
内蒙古草原兴牧肉类有限公司	清真肉制品等
科右中旗牧兴食品加工有限责任公司	清真肉制品等
四子王旗民族贸易有限责任公司	清真肉制品等
乌海市蒙羊食品有限责任公司	清真肉制品等
通辽市经济技术开发区河西清真牛羊屠宰厂	清真肉制品等
乌兰察布诚信清真肉类有限责任公司	清真肉制品等
阿盟阿拉善左旗赛亨乳品厂	清真乳制品等
内蒙古科尔沁牛业股份有限公司	清真肉制品等
内蒙古库伦蒙药厂	少数民族成药
通辽东北六药业有限公司	少数民族成药
内蒙古蒙药股份有限公司	少数民族成药
内蒙古奥特奇蒙药股份有限公司	少数民族成药
内蒙古大唐药业有限公司	少数民族成药
内蒙古康源药业有限公司	少数民族成药
通辽蒙王医药有限责任公司	少数民族成药
内蒙古奥特奇蒙药股份有限公司金山蒙药厂	少数民族成药
赤峰天奇制药有限责任公司	少数民族成药
兴安盟乌兰浩特中蒙制药有限公司	少数民族成药
内蒙古蒙东动物药品有限责任公司	牧区牛、羊等牲畜用兽药
内蒙古艾迪森生物药业有限责任公司	牧区牛、羊等牲畜用兽药
赤峰市金碧药业有限公司	牧区牛、羊等牲畜用兽药
辽宁省(88 家)	
大连金州金丝服装厂	少数民族服装等

续表 8

定点企业名称	民族特需用品名称
鞍轮集团服装厂	少数民族服装等
鞍山万兴隆岩田木业有限公司	少数民族家具
鞍山永安包装工业有限公司	马鞍具、牛皮袋
岫岩满族自治县汉司羽皇精品工艺有限公司	具有少数民族特色的玉饰品
辽宁玮丝丽天然丝业有限公司	真丝交织绸、花螺纹绸
本溪冶炼集团有限公司	宽沿铸铁锅、铁铧犁、尖扁镐
辽宁北方曲轴有限公司	宽沿铸铁锅、铧子等
本溪燕东木业有限公司	炕桌、炕柜、炕琴、八仙桌
本溪满族自治县陶瓷厂	少数民族缸、罐等
凤城市民族体育器材厂	少数民族体育器材
丹东市凤凰城管理区凤城市东风机械加工厂	割草机
阜新民族纸制品厂	少数民族文字印刷品
辽宁中泽集团朝阳纺织有限责任公司	白棉布
朝阳市新隆毛纺织集团有限公司	苏立绒、金丝绒、炕毯、毛毡
喀左县民族地毯厂	少数民族手工地毯、挂毯
朝阳汉柏陶瓷有限公司	少数民族缸
朝阳飞马铸造有限责任公司	铧子、宽沿铸铁锅
朝阳飞马集团机械制造有限公司	铧子、宽沿铸铁锅
北票新元纺织有限公司	白棉布
建平县臣龙机械有限公司	割草机、粉碎机、搂草机等
沈阳市欧美兰商贸有限公司	以牛羊脂为原料的香皂、肥皂
沈阳爱新觉罗·德崇文化商行	民族艺术装饰用品
沈阳基源建筑材料有限公司	朝鲜族地暖炕热管固定架
辽宁嘉泰实业有限公司	少数民族服装
大连天巳汽车服务集团有限公司	少数民族语言文字软件
海城市海富染整印花有限公司	少数民族彩条布、印花富春纺
鞍山市自动化仪表设备成套厂	家庭牧场用移动式喷灌设备
岫岩满族自治县金润农产品发展有限责任公司	具有少数民族特色的玉、珠宝等饰品
鞍山重型矿山机器有限公司	粉碎机
岫岩满族自治县顺兴丝绢制品有限公司	交织棉绸、织锦绸
本溪市九鲲鹏制衣有限公司	少数民族服装、少数民族戏剧戏曲服装

续表9

定点企业名称	民族特需用品名称
辽宁龙江工艺品有限公司	民族工艺品
本溪湘泉建陶有限责任公司	少数民族缸、罐,民族建筑装饰品
辽宁柞蚕丝绸科学研究院有限责任公司	红阳绸、伊人绸、条花绸、真丝交织绸
丹东优耐特纺织品有限公司	扎染品、蜡染品
丹东华洋纺织服装有限公司	少数民族服装、荷包等
丹东市唐人服饰有限公司	少数民族服装
凤城市石城镇农机修造配件厂	割草机等
凤城市宏圣机械厂	割草机等
阜新北方毛革有限公司	少数民族手工地毯、壁(挂)毯、礼拜毯
阜新飞雪(集团)木业有限公司	炕柜、疙瘩柜
阜新蒙古族自治县华鑫人造板厂	炕柜、炕桌、疙瘩柜
辽阳市丛迪职业装有限公司	民族服装
灯塔市大大服饰有限公司	少数民族刺绣品
铁岭市永发茧产品有限公司	少数民族手工地毯、少数民族用民族婚被、真丝交织绸、少数民族头巾等
朝阳朝工机械有限公司	搂草机、粉碎机
朝阳飞鹏机械制造有限公司	割草机、火盆等
朝阳黑猫伍兴岐炭黑有限责任公司	少数民族手工挂(壁)毯、少数民族绣品
朝阳高新泵业有限公司	微型水轮发电机等
建平正新陶瓷有限责任公司	具有少数民族风格的陶瓷
北票市理想机械工程有限公司	粉碎机
凌源市鑫晟木业有限公司	民族家具等
辽宁喀左北四达紫砂造型艺术有限公司	民族茶具
本溪万顺达发展有限公司	少数民族服装
本溪满族自治县金枫木业总厂	朝鲜族老人桌、八仙桌
沈阳绿丰食品有限公司	清真肉制品等
辽宁中义物资有限公司清真牛羊加工厂	清真肉制品等
海城市海州区德添清真牛羊定点屠宰厂	清真肉制品等
鞍山永盛食品有限公司	清真豆制品等
抚顺市回民食品厂	清真面点等
辽宁鼎丰斋食业有限公司	清真肉制品、豆制品等
阜新六和农牧有限公司	清真肉制品等

续表 10

定点企业名称	民族特需用品名称
辽阳市真乐回族食品有限公司	清真面点等
调兵山市宏大肉禽加工有限责任公司	清真肉制品等
阜新振隆土特产有限公司	清真面点等
沈阳市新城子区溥北清真牛羊屠宰厂	清真肉制品等
沈阳古玉清真食品有限公司	清真食用油脂等
大连华牧安格斯食品工业有限公司	清真肉制品等
瓦房店龙城肉食品加工有限公司	清真肉制品等
海城市二利清真熟食制品厂	清真肉制品等
鞍山星河肉禽有限公司	清真肉制品等
鞍山盛月清真产业有限公司	清真肉制品等
海城市三合畜禽有限公司	清真肉制品等
鞍山市晋丰达牧业有限公司	清真肉制品等
抚顺顺意清真食品有限公司	清真肉制品等
本溪市穆斯林熟食品加工厂	清真肉制品等
本溪东大鹅业有限公司	清真肉制品等
丹东市清真牛羊屠宰厂	清真肉制品等
北宁宏伟集团有限公司	清真肉制品等
北镇市铁丰牧业有限公司	清真肉制品等
营口市金水塔清真食品有限公司	清真面点等
铁岭大禾清真肉禽(集团)有限公司	清真肉制品等
辽宁宏达牛业发展有限公司	清真肉制品等
葫芦岛市天天清真牛羊定点屠宰有限公司	清真肉制品等
本溪龙宝(集团)参茸有限公司	少数民族成药等
阜新蒙药有限责任公司	少数民族成药
凌源中天凯迪药业有限公司	牧区牛、羊等牲畜用兽药
吉林省(92家)	
延边新华印刷有限公司	朝鲜族文字印刷品
延边海外经济技术合作有限公司	朝鲜族文字印刷品
敦化市金诚实业有限责任公司	朝鲜族文字印刷品
吉林新元集团实业有限公司	朝鲜族地暖炕热管固定架
吉林福敦木业有限公司	少数民族家具

续表 11

定点企业名称	民族特需用品名称
吉林新元木业股份有限公司	少数民族家具
吉林特来纺织有限公司	少数民族服装
吉林延边林业集团和龙林业有限公司	少数民族家具
安图亚鑫木制品有限公司	少数民族家具
大京延吉纺织有限公司	白棉布
延边金龙亚麻纺织股份有限公司	少数民族服装
延边特产实业有限公司	朝鲜族石头锅
延边华商建筑安装有限责任公司	民族建筑装饰用品
延吉插秧机制造有限公司	冷面机
敦化市金海木业有限公司	少数民族家具
延边仁和集团有限公司	少数民族服装
延边阿里郎包装有限责任公司	朝鲜族文字印刷品
吉林延边林业集团八家子林业有限公司	少数民族家具
延吉文化医药包装有限责任公司	朝鲜族文字印刷品
吉林德全水泥集团股份有限公司	高丽瓦、民族建筑装饰用品等
延边石岘白麓纸业股份有限公司	朝鲜族文字印刷品
延边万洁纺织有限公司	白棉布
延边昱丰木业有限公司	少数民族家具
吉林省宇平工艺品制造有限公司	民族花丝工艺摆件
吉林市玲珑家具有限公司	少数民族家具
吉林市吉东木业有限公司	少数民族家具
伊通满族自治县芮来满族服饰有限公司	少数民族服装等
前郭县郭尔罗斯民族服饰有限公司	蒙古族服装
松原市弘晟喷灌喷泉工程有限公司	家庭牧场用移管式喷灌设备
延吉百货大楼股份有限公司	少数民族服装、民族乐器
吉林三三零五机械厂	朝鲜族地暖炕热管固定架
延吉诚信民族企业集团有限公司	少数民族服装、民族乐器
珲春兴业胶合板有限责任公司	朝鲜族地暖炕热管固定架
延边新世纪集团有限公司	民族建筑装饰用品
吉林天宇建设集团股份有限公司	高丽瓦、朝鲜族地暖炕热管固定架
吉林森林王木业有限公司	民族建筑装饰用品

续表 12

定点企业名称	民族特需用品名称
吉林延边林业集团珲春森林山木业有限公司	少数民族家具
珲春弘丰制衣有限公司	少数民族服装
敦化吉祥木业有限公司	少数民族家具
敦化市大福门业有限公司	少数民族家具
敦化市中联木业有限公司	少数民族家具
延边路兴沥青贮运有限责任公司	高丽瓦
延吉市振兴贸易有限公司	少数民族文字印刷品
延边商业集团有限公司	少数民族服装
敦化市吉森木业有限责任公司	少数民族家具
吉林福斯特木业有限公司	少数民族家具
延边大信海外交流有限公司	少数民族语言文字软件
延边泛西方塑料有限公司	朝鲜族餐具
敦化市德信木业有限责任公司	民族家具等
敦化市供销批发公司	少数民族家具
敦化森泰木业有限责任公司	民族家具
延吉新树杰木业有限公司	朝鲜族餐桌
延边东方民族建设集团有限公司	高丽瓦
延吉鲜明实业有限公司	朝鲜族婚被
长春大华实业集团有限公司	少数民族家具
长春金阳新型管材制造有限公司	朝鲜族地暖炕热管固定架
延吉市明珠实业有限公司	少数民族服装
延吉市第四百货有限公司	少数民族家具、民族服装
延边贵友家电厨具超市有限公司	少数民族语言文字软件
吉林福源馆食品集团有限责任公司	清真面点等
吉林市东福实业有限责任公司	清真面点、调味品等
大森林食品有限公司	清真乳制品等
吉林卓越实业股份有限公司	清真肉制品等
前郭尔罗斯蒙古族自治县哈萨尔王食品有限公司	清真肉制品等
白城市天福食品有限公司	清真肉制品等
敦化市敖东食品开发有限责任公司	清真面点等
延吉友谊有限公司	清真肉制品等

续表 13

定点企业名称	民族特需用品名称
长春汉德食品有限公司	清真肉制品等
吉林省长春皓月清真肉业股份有限公司	清真肉制品等
吉林省长春清真肉业集团有限公司	清真肉制品等
长春市凯旋门清真饮食有限责任公司	清真肉制品、面点等
长春市民族食品有限公司	清真肉制品等
长春市长伊回族食品有限公司	清真豆制品等
吉林市龙合绿色食品有限责任公司	清真肉制品等
辽源金昌企业集团公司	清真肉制品等
敦化市鸿发食品有限责任公司	清真肉制品等
延边朝鲜族自治州畜牧开发总公司	清真肉制品等
敦化市百货大楼有限责任公司	清真肉制品等
延边宝利祥蜂业有限公司	清真面点等
吉林省东北亚药业股份有限公司	少数民族成药
吉林敖东药业集团延吉股份有限公司	少数民族成药
吉林华康药业股份有限公司	少数民族成药
吉林敖东力源药业股份有限公司	少数民族成药
吉林敖东集团金海发药业股份有限公司	少数民族成药
延边大学草仙药业有限公司	少数民族成药
吉林敖东恒源药业股份有限公司	少数民族成药
吉林龙鑫药业有限公司	少数民族成药
通化卫京药业股份有限公司	少数民族成药
吉林草还丹药业有限公司	少数民族成药
吉林新希望满医药研发有限公司	少数民族成药
吉林天力泰药业有限公司	少数民族成药
吉林双星药业有限公司	少数民族成药
黑龙江省(31 家)	
哈尔滨市朝鲜百货有限责任公司	少数民族服装
穆棱市悉达木业有限公司	少数民族家具
大庆市庆康木业有限公司	蒙古族酒柜、炕桌
大庆市华锦毛麻纺织有限责任公司	少数民族手工壁毯
大庆市亩彩革业有限公司	民族艺术装饰用品

续表 14

定点企业名称	民族特需用品名称
塔河县新和鄂伦春族手工艺制作加工厂	民族艺术装饰用品
鸡东县天彩木业经销处	朝鲜族老人桌、炕琴
齐齐哈尔瑞盛食品制造有限公司	清真食用油脂、调味品、豆制品等
哈尔滨清真肉禽水产批发市场有限责任公司	清真肉制品等
哈尔滨市鑫隆清真饮食有限责任公司	清真肉制品等
黑龙江天顺源清真食品有限公司	清真肉制品等
齐齐哈尔市再志清真屠宰场	清真肉制品等
牡丹江市王旺回民食品厂	清真面点等
宁安市蒋文清真屠宰场	清真肉制品等
鹤岗市丰荟回民食品有限责任公司	清真面点等
勃利县清真肉联有限责任公司	清真肉制品等
哈尔滨常皓清真牧业有限公司	清真肉制品等
哈尔滨南马清真肉类冷冻仓库	清真肉制品等
哈尔滨伊香村回族食品有限公司	清真面点等
哈尔滨市冰城牧业有限公司	清真肉制品等
齐齐哈尔三义成清真食品有限公司	清真面点等
龙江县伊龙清真食品有限责任公司	清真肉制品等
富裕县林源清真食品加工厂	清真肉制品等
黑龙江卓宸畜牧有限公司	清真肉制品等
黑龙江省皓月食品工业股份有限公司	清真肉制品等
富锦市明达牧业有限责任公司	清真肉制品等
杜尔伯特伊利乳业有限责任公司	清真乳制品等
孙吴县茂田牧业有限责任公司	清真肉制品等
集贤县晨光牧业有限公司	清真肉制品等
鹤岗市清真定点屠宰厂	清真肉制品等
龙江元盛食品有限公司	清真肉制品等
上海市(10 家)	
上海老凤祥有限公司	具有少数民族特色的金、银饰品
上海民族乐器一厂	少数民族乐器
中国第一铅笔股份有限公司	少数民族文字专用书写水笔
上海老庙黄金有限公司	具有少数民族特色的金、银饰品

续表 15

定点企业名称	民族特需用品名称
上海爱普食品工业有限公司	清真调味品等
上海牛羊肉公司	清真肉制品等
上海星日兄弟食品有限公司	清真面点等
上海伊利爱贝食品有限公司	清真乳制品等
上海东亚食品工业有限公司	清真面点等
上海同仁药业有限公司	牧区牛、羊等牲畜用兽药
江苏省(46家)	
南京金箔集团有限责任公司	金箔
南京金线金箔总厂	金线、金箔
南京民族塑胶厂(集团)	水龙头
南京云锦研究所有限公司	云锦
常州环球地毯制造有限公司	少数民族机织地毯系列
苏州东吴丝织厂有限责任公司	真丝交织绸
苏州花线厂有限公司	真丝线、人丝线
苏州排须花边厂	排须、花边
苏州剧装戏具合作公司	少数民族服装
苏州华思丝绸印染有限公司	真丝交织绸
吴江丝绸股份有限公司	素库缎、素软缎、绒面缎、交织绸等
吴江飞翔印染有限公司	真丝交织绸、真丝花缎、素软缎、烂花乔其绒
南通市苏中纺织有限公司	涤纶花色带
连云港天明自然纤维制品有限公司	草垫等
江苏柏泰集团有限公司	少数民族服装
江苏泗绢集团有限公司	绢丝、绢纺绸等
江苏玖久丝绸股份有限公司	素软缎、真丝绸、白厂丝
扬州纪元纺织有限公司	素软缎、卡丹绒等民族针纺织品
江苏东煌工艺品有限公司	少数民族手工地毯
宿迁市鸿运丝绸有限公司	真丝绸、素软缎
宿迁市天辰纺织集团有限公司	白棉布
丹阳市通泰纺织有限公司	白棉布等
泰兴声威乐器有限公司	少数民族乐器
扬州神州风力发电机有限公司	牧区用风能发电装置

续表 16

定点企业名称	民族特需用品名称
江苏省华扬太阳能有限公司	牧区用微型太阳能装置
徐州秦龙民族用品有限公司	民族帽类、头巾类、民族服装服饰、礼拜毯等
苏州市青田企业发展有限公司	少数民族服装
江苏森达集团有限公司	少数民族靴
射阳县祥胜纺织有限公司	白棉布
泗阳县嘉泰纺织有限公司	白棉布、交织棉绸
宿迁洋河纺织有限公司	白棉布
南京清真桃源村食品厂有限公司	清真面点等
南京韩复兴清真食品有限公司	清真肉制品等
南京绿柳居清真食品有限公司	清真肉制品等
常州清香源清真餐饮有限公司	清真肉制品等
益海(连云港)粮油工业有限公司	清真食用油脂等
连云港兴云鹅业有限公司	清真肉制品等
江苏省百路养殖实业公司	清真肉制品等
江苏龙嫂绿色食品有限公司	清真面点等
南京虹园食品有限公司	清真面点等
南京清真安乐园菜馆	清真肉制品等
徐州澳华肉食品有限公司	清真肉制品等
徐州益客食品有限公司	清真肉制品等
射阳县宏健油脂工业有限公司	清真食用油脂等
宿迁市罐头食品有限责任公司	清真乳制品等
江苏桂花养殖有限公司	清真肉制品等
浙江省(2家)	
景宁畲族自治县龙凤民族服饰有限公司	少数民族服装
杭州翠沁斋清真食品有限公司	清真面点等
安徽省(12家)	
蚌埠珠绒股份有限公司	少数民族彩条布、人丝条纺、民族红蓝布、毛蓝布、印花富春纺
马鞍山洪滨丝画手工艺术有限公司	少数民族手工艺术品
安庆市清怡针纺织品有限责任公司	少数民族彩条布、白棉布、民族毛蓝布
亳州市豫皖纺织有限责任公司	白棉布
铜陵锦鹏工艺品有限责任公司	少数民族手工壁(挂)毯

续表17

定点企业名称	民族特需用品名称
合肥华力食品有限公司	清真面点等
安庆市柏兆记工贸实业发展有限公司	清真面点等
亳州市绿采食品有限责任公司	清真肉制品等
安徽贵兴食品有限公司	清真面点等
安徽省林锦记食品工业有限公司	清真果冻
合肥伊利乳业有限责任公司	清真乳制品等
安徽福康药业有限责任公司	少数民族成药
福建省(2家)	
福建鑫华股份有限公司	少数民族服装等
福建德尔惠体育用品有限公司	少数民族鞋、少数民族服装
江西省(8家)	
江西省玉风瓷厂	具有少数民族风格的陶瓷
景德镇远景瓷业有限公司	具有少数民族风格的陶瓷
余干县民族乐器有限公司	朝鲜鼓、新疆鼓、冬不拉、马头琴、弹布儿、四弦胡、铜琵琶等
南昌铜工艺品厂	铜制奶茶荷叶壶、果盘、铜脸盆、烤火盆、洗手壶等
九江市清真牛羊禽蛋加工厂	清真肉制品等
九江市清真梁义隆饼店	清真面点等
弋阳县花亭年糕食品厂	清真面点等
德兴市百勤异VC钠有限公司	清真食品添加剂
山东省(61家)	
龙口市南山纺织总厂	少数民族手工壁(挂)毯、地毯、礼拜毯、提花带穗线毯等
潍坊杜姆斯纺织有限公司	白棉布
山东岱银纺织集团股份有限公司	白棉布、条花布、民族红蓝布、苏立绒、藏呢绒和烂花乔其绒、金丝绒等粗纺毛呢产品及民族服装
泰安康平纳毛纺织集团有限公司	民族毛蓝布、藏呢绒、金丝绒、卡丹绒及少数民族服装
日照海通丝业有限公司	少数民族手工地毯、挂毯、鞯垫、蒙古鞋、哈达、缎被绉用生丝
山东德棉集团有限公司	白棉布
山东神龙毯业有限公司	少数民族手工地毯、挂毯
临清三和纺织集团有限公司	民族红蓝布、少数民族彩条布、白棉布、蜡染品
临清市鲁西棉纺织厂	白棉布、扎染品、蜡染品等
山东奥博特铜铝业有限公司	白棉布、少数民族彩条布、铝水舀、铝茶壶

续表 18

定点企业名称	民族特需用品名称
临清市鸿基集团有限公司	白棉布、少数民族彩条布
山东阳谷日辉实业有限公司	少数民族手工地毯、壁(挂)毯、白棉布
冠县冠星纺织有限责任公司	白棉布、民族红蓝布、少数民族服装
莘县莘星纺织印染有限公司	白棉布、民族红蓝布、少数民族彩条布
山东省莘县飞泰纺织集团有限公司	白棉布、民族红蓝布、毛蓝布、少数民族彩条布
山东滨州环宇纺织集团有限责任公司	白棉布
山东菏泽三利纺织有限公司	白棉布
兖矿集团如丝纺织有限公司	白棉布
临清银河纸业有限责任公司	少数民族文字印刷品、少数民族手工地毯、礼拜毯、蜡染品
淄博市欧木特种纸业有限公司	民族艺术装饰用品、民族建筑装饰用品
山东泉林纸业有限责任公司	少数民族文字印刷品等
山东清源集团有限公司	牧区用塑料棚膜
淄博工陶耐火材料有限公司	具有少数民族风格的陶瓷
山东银凤股份有限公司	少数民族陶瓷日用产品
泰山石膏股份有限公司	民族建筑装饰用品
临沂市韩宇东来木业有限公司	民族建筑装饰用品
山东冠洲股份有限公司	少数民族用刀具、餐具、山区用碾米机等设备
山东东阿钢球集团有限公司	山区用微型碾米机、粉碎机、割草机
山东鑫亚工业股份有限公司	割草机、搂草机、移动小型发电机组、移管式喷灌设备
山东滨州亚光毛巾有限公司	少数民族挂毯、礼拜毯
山东常林机械集团股份有限公司	割草机、粉碎机、水田步犁等
淄博兰雁集团有限责任公司	民族毛蓝布、白棉布
招远市针织厂有限公司	少数民族彩条布、白棉布、少数民族刺绣品、扎染品
山东金马工业集团股份有限公司	粉碎机、山区用微型碾米机、水井头、板锄、民族稻镰
山东华盛农业药械股份有限公司	割草机、微型发电机等
中通客车控股股份有限公司	微型水轮发电机、割草机、篷车
山东凿岩钎具厂有限公司	山区用微型碾米机、粉碎机、冰镩、民族稻镰
山东润源实业有限公司	山区用微型碾米机、粉碎机、割草机
山东冠昊地毯有限公司	少数民族手工地毯、壁毯、礼拜毯
山东吉地尔(集团)有限公司	割草机、搂草机
肥城市龙祥纺织有限公司	白棉布、包头布、少数民族彩条布

续表 19

定点企业名称	民族特需用品名称
阳谷县鲁信清真食业有限公司	清真肉制品等
山东万得福实业集团有限公司	清真肉制品等
青岛九联集团股份有限公司	清真肉制品等
山东凯银集团股份有限公司	清真肉制品等
莱阳鲁花食品有限公司	清真面点、调味品等
兖州市绿源食品有限公司	清真肉制品等
嘉祥县嘉冠油脂化工有限公司	清真食用油脂等
临沂盛能乳业有限责任公司	清真乳制品等
中澳控股集团有限公司	清真肉制品等
山东德州扒鸡集团有限公司	清真肉制品等
希森三和集团有限公司	清真肉制品等
山东省高唐蓝山集团总公司	清真食用油脂、肉制品等
山东渤海油脂工业有限公司	清真食用油脂等
山东鲁花浓香花生油有限公司	清真食用油脂等
德州华茂生物科技有限公司	清真食用油脂、乳制品等
山东凤祥(集团)有限责任公司	清真肉制品、乳制品、调味品、食用油脂等
谷神生物科技集团有限公司	清真食用油脂等
华润东阿阿胶有限公司	少数民族成药
高唐县金兴人造板有限公司	藏柜等民族家具、民族建筑装饰用品
山东中奥毯业有限公司	少数民族手工地毯、壁(挂)毯、提花带穗线毯、礼拜毯
河南省(59 家)	
沁阳市星月工贸实业有限公司	少数民族手工地毯、挂毯、礼拜垫、少数民族靴等
漯河市永光电气设备有限公司	牧区用微型太阳能、风能发电装置
许昌豫中纺织有限公司	白棉布、人丝条纺
郑州三棉有限责任公司	白棉布、迎春绸、绒面缎、人丝条纺、花线春等
沁阳市协和皮业有限公司	少数民族手工地毯、挂毯、礼拜垫、回族鞋等
沁阳市利派皮业有限公司	少数民族手工地毯、礼拜毯(垫),回族鞋等
开封中原民族乐器有限公司	少数民族乐器
南阳纺织集团有限公司	白棉布、少数民族彩条布、民族毛蓝布、腊羽纱等
沁阳市亚中皮毛制品有限公司	少数民族手工地毯、挂毯、礼拜垫
沁阳市金牛皮业有限公司	少数民族手工地毯、礼拜垫

续表20

定点企业名称	民族特需用品名称
河南省新野鹏升纺织有限公司	白棉布、朝拜巾
河南省方圆有限公司	少数民族服装、民族靴鞋等
柘城县伊科皮革厂	回族帽、少数民族靴、民族皮手套、马鞍垫等
宁陵县富堂制革总厂	少数民族挂毯、礼拜垫、回族帽、民族皮手套、皮袜子等
河南省天鹅型材有限公司	少数民族建筑装饰用品
南阳市纵横丝绸纺织有限公司	真丝交织绸、烂花乔其纱（绒）、古香缎、寿字绸、织锦绸、光霞羽纱、少数民族头巾等
周口汇林置业有限公司	少数民族建筑装饰用品
鹤壁朝歌纺织有限公司	白棉布
河南太行振动机械股份有限公司	粉碎机
焦作隆丰皮草企业有限公司	少数民族手工地毯、挂毯、礼拜垫、民族帽、少数民族靴等
河南明达畜产品发展有限公司	少数民族手工地毯、挂毯、礼拜毯、少数民族靴等
河南新野纺织股份有限公司	白棉布、民族红蓝布、毛蓝布、少数民族彩条布、腊羽纱、少数民族头巾等
邓州市雪阳棉纺织集团有限公司	白棉布、朝拜巾、少数民族服装等
河南省平顶山市迪可（集团）食品有限公司	清真肉制品等
河南省叶县三益清真食品有限公司	清真肉制品等
商丘市阿凡提食品有限公司	清真面点等
卫辉市世魁清真肉制品有限责任公司	清真肉制品等
河南大用邦杰食品有限公司	清真肉制品等
河南大用实业有限公司	清真肉制品等
河南省淇县永达食业有限公司	清真肉制品等
洛阳新春都清真食品有限公司	清真肉制品等
河南华英农业发展股份有限公司	清真肉制品等
焦作市伊赛肉业有限公司	清真肉制品等
郑州天方集团有限公司	清真面点、调味品等
驻马店市王守义十三香调味品集团有限公司	清真调味品等
洛阳金香斋食品有限公司	清真肉制品等
南乐县大乐面粉有限公司	清真面点等
南阳伊静园清真食品有限公司	清真肉制品等
上海益寿金许昌生物药业有限公司	清真食用油脂等
河南省中原皓月清真食品工业有限公司	清真肉制品等

续表 21

定点企业名称	民族特需用品名称
河南永达清真食品有限公司	清真肉制品等
焦作大用实业有限公司	清真肉制品等
淮阳县宏达脱水蔬菜有限公司	清真调味品等
河南梦想食品有限公司	清真面点等
河南省诚实人食品有限公司	清真面点等
河南省星河油脂有限公司	清真食用油脂等
河南食全食美食品有限公司	清真肉制品等
腾尔(河南)牧业科技有限公司	清真肉制品等
三门峡湖滨果汁饮品有限责任公司	清真乳制品等
信阳万富油脂有限责任公司	清真食用油脂等
焦作市金厨食品有限公司	清真调味品等
河南歌歌食品饮料有限公司	清真乳制品等
漯河市天野牧业有限公司	清真肉制品等
漯河石磨坊面业有限公司	清真面点等
漯河市永利食品有限公司	清真乳制品等
河南黄国粮业有限公司	清真面点等
扶沟县豫鹰面业有限公司	清真面点等
河南羚锐制药股份有限公司	少数民族成药
开开援生制药股份有限公司	少数民族成药
湖北省(38家)	
十堰市武当山特区有宏精铸有限公司	民族艺术装饰用品
武汉市民族商贸有限责任公司	具有少数民族风格的陶瓷
来凤县满妹土家民间传统工艺品贸易有限公司	绣花鞋、西兰卡普系列
襄樊瑞源纺织有限责任公司	白棉布
湖北银河纺织股份有限公司	白棉布
远安县德中茧丝有限责任公司	真丝交织绸、真丝系列服饰、丝棉被
湖北长友现代农业股份有限公司	少数民族服装、少数民族家具、西兰卡普系列
宣恩县民族仿古家具厂	八仙桌、腿桌椅、民族仿古家具
恩施工具有限责任公司	腰刀等
湖北希之源生物工程有限公司	民族包装袋
湖北省建始双龙家具城	少数民族家具

续表 22

定点企业名称	民族特需用品名称
来凤县宝石花工艺品有限公司	宝石花漆筷
来凤县金凤建材有限责任公司	民族建材装饰用品
湖北山山林业(集团)股份有限公司	少数民族家具
宜昌市雅尊服饰有限公司	少数民族服装
宜昌形成服饰有限公司	少数民族服装
武汉市昌龙工贸有限公司	少数民族建筑装饰用品
湖北采花茶叶有限公司	民族茶盘、茶壶等
湖北华龙村茶叶有限公司	民族特色木碗、土家族绣花鞋、土家族帽
咸丰县土司皇宫刺绣有限公司	绣花鞋、少数民族刺绣品
枝江市步步升布艺有限公司	少数民族靴鞋
拉萨唐古拉文化传播有限公司武汉分公司	藏族特色饰品、藏刀等藏族民俗用品
神农架天生桥旅游开发有限责任公司	民族艺术装饰用品
鹤峰县宝通旅游开发有限公司	背篓、板锄、西兰卡普系列、八仙桌、少数民族服装
鹤峰县白果民族茶厂	板锄、鼎罐
湖北爱茵木塑制品有限责任公司	民族艺术装饰用品
长阳顺达工贸有限责任公司	少数民族服装
五峰天池茶叶机械有限公司	水田步犁、板锄等生产工具
十堰伊斯兰清真肉食品有限公司	清真肉制品等
武汉市天山食品厂	清真面点等
武汉清真牛羊加工有限公司	清真肉制品等
武汉伊利食品有限责任公司	清真乳制品等
武汉市东来顺餐饮服务有限公司	清真肉制品等
宜城市天鑫油脂有限公司	清真食用油脂等
钟祥市赛宇牧业发展有限公司	清真肉制品等
神农架聚能药业有限公司	少数民族成药
湖北省八峰药化股份有限公司	少数民族成药
湖北香莲药业有限责任公司	少数民族成药
湖南省(58家)	
湘西自治州金凤凰农业生物科技有限公司	土家族鞋、苗族鞋
吉首市民族五金厂	铝水舀、铝瓢、铝饭勺、具有少数民族特色的金、银饰品等
湘西自治州锦绣湘西民族文化产业有限公司	仿古仿旧民族文物及民族建筑装饰用品

续表 23

定点企业名称	民族特需用品名称
酒鬼酒股份有限公司	少数民族缸、罐等
湖南老爹农业科技开发有限公司	少数民族文字印刷品
湖南湘西荣昌生物高科技有限公司	蜡染品、扎染品
湖南闻得福农业科技集团股份有限公司	少数民族服装
湘西自治州毕果民族服饰研制中心	少数民族服装、绣花鞋
湖南喜阳食品工业集团股份有限公司	少数民族服装、织锦
湖南吉首橡胶厂	民族胶套鞋
吉首中宇纺织有限责任公司	白棉布
湖南永顺锦帛钰纺织有限责任公司	白棉布
古丈县桌良木业有限责任公司	少数民族家具
保靖县秦简茶科技开发有限公司	少数民族缸、罐、民族花碗等
古丈县民族工艺品加工有限责任公司	荷包、具有少数民族特色的银饰品
湖南省花垣县民族民间工艺美术厂	少数民族刺绣、民族包
湖南省花垣县古苗河文化产品开发有限责任公司	少数民族特色宝石等饰品
凤凰古城旅游有限责任公司	少数民族服装、民族包
凤凰县长松投资有限公司	少数民族服装、具有少数民族特色的银饰品
龙山县三和竹木制品开发有限公司	民族艺术装饰用品
湖南省泸溪县金旭冶化有限责任公司	铝瓢、壶等
湖南吉首市民族烟材有限公司	民族特色木碗、木勺、摇床、花木箱、八仙桌
湘西自治州土家人集团酒业有限公司	少数民族缸、罐等
泸溪县通程铝业有限公司	铝瓢、铝饭勺
永顺县乖姐姐民族工艺厂	少数民族服装、绣品
湘西自治州裕丰农牧有限责任公司	木制打谷机
吉首市大力建材有限责任公司	仿古仿旧民族文物及民族建筑装饰用品
永顺县黛帕斯民族服饰工艺厂	少数民族服装、绣花鞋
龙山土家织锦工艺坊	土家织锦
湖南金丰纺织集团有限公司	白棉布
怀化市安江纺织有限责任公司	白棉布
怀化市恒裕实业有限公司	三脚架
新晃夜郎春酒业有限责任公司	蜡染品
新晃水泵厂	木制打谷机、板锄、民族稻镰

续表24

定点企业名称	民族特需用品名称
靖州喜盈门传统手工作坊	绣花鞋
湖南桑植康华粽叶开发有限公司	民族艺术装饰用品
张家界三木能源开发有限公司	民族火炉
桑植县建筑安装工程有限责任公司	仿古仿旧民族文物及民族建筑装饰用品
张家界惊梦酒业有限责任公司	民族艺术装饰用品
张家界永丰农产品有限公司	民族艺术装饰用品
张家界市军声砂石画研究院	民族艺术装饰用品
张家界福利芙蓉服装厂	少数民族服装
张家界森海民族服饰有限责任公司	少数民族服装
长沙沙坪金球湘绣有限公司	少数民族绣品
江华运德农机制造厂	木制打谷机、粉碎机
江华瑶族自治县瑶妹子民族服装厂	少数民族服装
城步苗族自治县林宏木业有限公司	民族建筑装饰用品
城步苗族自治县银河纸业有限责任公司	少数民族文字印刷品
湖南省通道县隆联牧业有限公司	木制打谷机、民族稻镰
湖南省桃江县牛魔王食品有限责任公司	清真肉制品等
桃源县义哥清真牛肉食品厂	清真肉制品等
新晃老蔡食品有限责任公司	清真肉制品等
湖南湘泉制药有限公司	少数民族成药
湘西宏成制药有限责任公司	少数民族成药
湘西土家族苗族自治州人民医院	少数民族成药
湘西土家族苗族自治州民族中医院	少数民族成药
湖南本草制药有限责任公司	少数民族成药
怀化正好制药有限公司	少数民族成药
广东省(8家)	
广州梦都美织物有限公司	少数民族手工地毯、地垫
清远市合兴投资管理有限公司	民族艺术装饰用品
连山壮族瑶族自治县华正达农林科技开发有限公司	民族艺术装饰用品、民族服饰
连南瑶族自治县鹿鸣茧丝绸有限责任公司	民族服装布料、刺绣品
乳源瑶族自治县粮食购销有限责任公司	少数民族织带、民族包、袋、围裙等

续表 25

定点企业名称	民族特需用品名称
东源县黄龙岩旅游发展有限公司	少数民族服装
广州市回民饭店有限公司	清真肉制品等
龙门县南昆山乳业有限公司	清真乳制品等
广西壮族自治区(116 家)	
南宁锦虹棉纺织有限责任公司	壮族线毯、白棉布、少数民族彩条布、瑶族长纱布、包头布等
南宁五菱桂花车辆有限公司	搂草机
广西金地科技有限公司	少数民族文字印刷品
南宁南箱彩印包装有限公司	少数民族文字印刷品
宾阳县民族织锦厂	壮锦、民族包
南宁香臣日化有限责任公司	以牛羊脂为原料的香皂、肥皂
南宁市嘉禾家具有限公司	壮族特柜、壮式衣箱、八仙桌、花木箱等
广西大明印刷有限公司	少数民族文字印刷品
上林海润丝业有限公司	土蚕丝广壮绉
横县万力隆皮业有限责任公司	民族皮手套
南宁市八桂纸业有限公司	少数民族文字印刷品
南宁富来兴纸品印刷有限公司	少数民族文字印刷品
广西乐达包装有限公司	牧区用塑料棚膜
广西壮族自治区工艺美术研究所	少数民族服装
广西南宁羽华工贸有限责任公司	民族艺术装饰用品
桂林银海纺织集团公司	花线
桂林桂棉股份有限公司	花线
桂林兄弟木业有限责任公司	八仙桌、罗汉床、藏柜等
龙胜各族自治县二轻民族工艺美术厂	侗锦、瑶绣
广西博白县荣福农机有限公司	山区用微型碾米机、粉碎机
陆川县兴兴铁锅有限公司	民族无耳锅、炖锅
广西博白红士皮业有限公司	民族皮手套
玉林市民族织带厂	少数民族织带、花边、背带等
广西南山瓷器有限公司	民族花碗
北流市轻工机械厂	山区用微型碾米机、粉碎机
桂平市木乐镇浩翔制衣厂	少数民族服装
广西平南新马工艺品有限公司	漆器工艺品

续表 26

定点企业名称	民族特需用品名称
忻城县瑞龙丝业有限责任公司	壮锦、瑶族背包
广西来宾中丝茧丝绸有限公司	少数民族刺绣品、壮锦、真丝交织绸、织锦绸等
广西象州婵宇真丝绸制品有限公司	少数民族刺绣品、壮锦
广西来宾华海民族工艺木制品有限责任公司	壮锦衣箱、壮族特柜等少数民族家具
广西来宾市民族纺织有限公司	少数民族刺绣、壮锦
广西蒙山华虹丝绸有限公司	织锦绸、真丝交织绸、真丝花软缎等
梧州市梦都美地毯有限公司	少数民族手工地毯
柳州市汇利丰茧丝绸有限责任公司	土蚕丝广壮绉
广西日田丝业有限责任公司	土蚕丝广壮绉
柳州市柳城县石门山丝绸有限公司	土蚕丝广壮绉
广西柳城县鸿艺丝绸有限公司	土蚕丝广壮绉
融水苗族自治县金杉木地板厂	民族建筑装饰用品
柳州立宇集团有限责任公司	白棉布、交织棉绸
柳州明大纺织业有限公司	白棉布、民族织锦
柳州市伊曲服饰有限责任公司	少数民族服装
三江县蓝世章民族工艺美术厂	漆器工艺品、民族艺术装饰用品
融安桂华茧丝绸有限责任公司	真丝交织绸
鹿寨古典桑蚕丝织有限公司	土蚕丝广壮绉
柳州市融安县升源木业衣架厂	八仙桌、民族特色木碗
融水苗族自治县文超植源木制品厂	少数民族家具、月亮锄、民族稻镰
广西融水县鑫源木业制品有限公司	少数民族家具
柳州市蓝天机电有限公司	山区用微耕机
柳州两面针洗涤用品厂	以牛羊脂为原料的香皂、肥皂
柳州市柳城鹏鑫源茧丝绸有限公司	土蚕丝广壮绉等
融水苗族自治县宇隆茧丝有限责任公司	土蚕丝广壮绉
柳州华晟纺织有限公司	白棉布
柳州华侨化纤纺织有限公司	白棉布
广西志光办公家具有限公司	八仙桌
柳州市曼雅制衣有限责任公司	少数民族服装
柳州市昌海茧丝有限责任公司	土蚕丝广壮绉
广西鹿寨县中渡马安农机修造厂	山区用微型碾米机、粉碎机

续表 27

定点企业名称	民族特需用品名称
广西鹿寨县华顺贸易有限责任公司	土蚕丝广壮绉
广西鹿寨县金达珑茧丝有限责任公司	土蚕丝广壮绉
广西钦州市钦宝斋坭兴陶艺有限责任公司	具有少数民族风格的陶瓷
钦州承坭斋陶艺有限公司	具有少数民族风格的陶瓷
广西钦州千秋陶业有限公司	具有少数民族风格的陶瓷
广西钦州力顺机械有限公司	山区用微型碾米机、粉碎机
广西钦州市坭兴陶艺有限公司	具有少数民族风格的陶瓷
北海市文邦珍珠有限公司	具有少数民族特色的珠宝饰品
北海市源龙珍珠有限公司	具有少数民族特色的金、银、珠宝饰品
北海银滩国家旅游度假区亨通珠宝公司	民族特色珠宝饰品
合浦县工艺美术有限公司	民族特色金银、珠宝饰品、角雕等工艺品
北海市银海区康健陶瓷厂	少数民族缸、罐
北海国发南珠宫珍珠首饰制造有限公司	民族特色金银、珠宝饰品、角雕等工艺品
田阳县民族染织厂	白棉布
田阳县正仁电热炊具厂	少数民族铸铁锅、球型铁顶锅、四耳铁锅
柳州华力家庭品业股份有限公司	卫生用香
百色市民族服装厂	少数民族服装
百色市工艺美术厂	具有少数民族特色的银饰品
靖西县壮锦厂	壮锦、少数民族刺绣品
广西贺州市新兴瓷业有限公司	少数民族风格陶瓷
广西东兰花神丝绸有限公司	丝绸地毯、广壮绉
河池市服务工贸公司	少数民族服装
环江毛南族自治县木器厂	民族家具
广西梧州冰泉实业股份有限公司	清真糕点等
广西南宁百会药业集团有限公司	少数民族成药
南宁市维威制药有限公司	少数民族成药
广西桂西制药有限公司	少数民族成药
广西中医学院制药厂	少数民族成药
广西千珍制药有限公司	少数民族成药
广西万寿堂药业有限公司	少数民族成药
广西南宁德致药业有限公司	少数民族成药

续表 28

定点企业名称	民族特需用品名称
广西昌弘制药有限公司	少数民族成药
广西锦莹药业有限公司	少数民族成药
桂林益佰漓江制药有限公司	少数民族成药
桂林中族中药股份有限公司	少数民族成药
广西千方药业有限公司	少数民族成药
广西玉林制药有限责任公司	少数民族成药
广西玉林大金大药业有限公司	少数民族成药
广西中天药业有限公司	少数民族成药
广西源安堂药业有限公司	少数民族成药
广西恒拓集团仁盛制药有限公司	少数民族成药
广西金秀圣堂药业有限责任公司	少数民族成药
广西华天宝药业有限公司	少数民族成药
瑞福祥药业(广西)有限公司	少数民族成药
广西梧州制药(集团)股份有限公司	少数民族成药
广西强寿药业集团有限公司	少数民族成药
广西玉兰制药有限公司	少数民族成药
广西柳州长安制药有限公司	少数民族成药
广西亿康药业股份有限公司	少数民族成药
广西正堂药业有限责任公司	少数民族成药
广西天天乐药业有限公司	少数民族成药
广西仙草堂制药有限责任公司	少数民族成药
广西金嗓子有限责任公司	少数民族成药
广西日田药业有限责任公司	少数民族成药
广西壮族自治区花红药业股份有限公司	少数民族成药
广西灵峰药业公司	少数民族成药
广西河丰药业有限责任公司	少数民族成药
平南县兽药厂	牧区牛、羊等牲畜用兽药
海南省(4家)	
陵水藤竹工艺品有限公司	民族艺术装饰用品
海南锦绣织贝实业有限公司	黎锦
五指山黎锦坊文化发展有限公司	黎锦

续表 29

定点企业名称	民族特需用品名称
五指山鼎昌实业开发有限公司	黎锦
重庆市(10 家)	
三峡绣手工艺品有限公司	少数民族服装、绣花鞋
重庆市科峰服饰有限公司	少数民族服装
重庆市海伦地毯有限公司	少数民族手工地毯、壁(挂)毯、礼拜毯(垫)
重庆长宏木业有限公司	少数民族家具
重庆大足石刻艺术品公司	民族艺术装饰用品
石柱自治县针织厂	少数民族包头布
酉阳自治县四达机械厂	板锄、民族稻镰、粉碎机等
重庆天宏鞋业有限公司	民族胶套鞋
重庆市荣丰实业有限公司	清真肉制品等
金航清真牛羊制品有限公司	清真肉制品等
四川省(57 家)	
成都金银制品有限责任公司	具有少数民族特色的金、银饰品
成都天和银楼有限责任公司	具有民族特色的金银玉饰品、民族刀
四川省郫县松潘藏文印刷厂	少数民族文字印刷品
四川省邛崃市冉义镇新民民族用品有限责任公司	哈达、氆氇
四川众友实业有限公司	藏柜、藏桌等
四川噶玛博秀雪艺文化发展有限公司	藏族服装、哈达
成都市凌陈民族用品厂	哈达、少数民族服装、织带、灯用酥油等
成都蜀锦织锈有限责任公司	民族织锦
成都市成华区东方工艺美术厂	民族艺术装饰用品
自贡市扎染工艺厂	少数民族服装、彩条布、扎染品、金丝绒等
攀枝花市啊莫莫工贸有限责任公司	民族稻镰、水田步犁、山区用微型碾米机
广汉市广艺油脂食品有限公司	灯用酥油
四川省犍为罗城忠烈塑料有限责任公司	牧区用塑料棚膜
乐山市金源纺织有限责任公司	白棉布
四川省达州市兴萍制衣有限公司	少数民族服装
德格县印经院文物管理所	少数民族文字印刷品
道孚亚姆热旅游开发有限责任公司	民族艺术装饰用品、民族家具等
道孚县藏人地平线文化发展有限公司	民族艺术装饰用品

续表30

定点企业名称	民族特需用品名称
康达银器	藏刀
九龙飞鹰刀	藏刀
康定康藏工艺品制造有限公司	民族艺术装饰用品
阿坝藏族羌族自治州印刷厂	少数民族文字印刷品
成都市海思达科技开发有限公司	少数民族语言文字软件
四川省凉山州五交化有限责任公司	民族服饰等
凉山彝族自治州民政民族工艺厂	彝族餐具
四川羌寨绣庄有限责任公司	少数民族服装、少数民族绣品
马尔康县民族服装厂	少数民族服装、少数民族头巾
阿坝州马尔康县民族特需用品厂	少数民族手工地毯
阿坝县联营民族特需用品工艺厂	民族艺术装饰用品
阿坝州九寨水晶民族旅游用品厂	具有少数民族特色的金、银、铜、玉等饰品
成都西南民族印刷厂	少数民族文字印刷品
九寨沟高原食品有限公司	清真肉制品等
红原牦牛肉食品有限责任公司	清真肉制品等
四川省若尔盖县绿色食品有限公司	清真肉制品等
四川省阿坝州茂县兄弟牦牛肉制品厂	清真肉制品等
四川自贡白味斋食品有限公司	清真调味品等
四川友联味业食品有限公司	清真调味品等
四川伊斯兰速冻快餐旅游食品有限公司	清真肉制品等
成都新成食品工业有限公司	清真面点等
成都市荣泰清真食品有限责任公司	清真调味品等
成都市棒棒娃实业有限公司	清真肉制品等
成都金宫味业食品有限公司	清真调味品等
四川省丹丹调味品有限公司	清真调味品等
成都市彭州银裕食品厂	清真面点等
成都市春晖食品厂	清真调味品等
德阳市孝泉马昌恒清真食品厂	清真肉制品等
绵阳市永隆清真食品有限公司	清真肉制品等
四川省美宁实业集团清真食品有限公司	清真肉制品等
四川阆中华珍风味食品有限公司	清真肉制品等

续表 31

定点企业名称	民族特需用品名称
四川省马氏牛肉食品有限公司	清真肉制品等
达州市军华肉类食品有限责任公司	清真肉制品等
德格藏医药研究所附属藏医院	少数民族成药
四川省甘孜州巴塘县中藏医院	少数民族成药
乡城县香巴拉藏药开发有限责任公司	少数民族成药
四川省理塘县藏医院	少数民族成药
九寨沟天然药业集团有限公司	少数民族成药
四川宇妥藏药药业有限责任公司	少数民族成药
贵州省(71家)	
贵州仰阿沙民族工艺品有限责任公司	具有少数民族特色的银饰品
黔东南阿朵民族旅游工艺品开发有限责任公司	具有少数民族特色的银饰品、少数民族刺绣等
贵州省镇远县营养铁锅厂	宽沿铸铁锅、鼎罐
贵州省三穗县铁锅厂	宽沿铸铁锅
三穗县维康羽绒制品厂	民族服装等
天柱县民族特色商品发展有限公司	民族艺术装饰用品、民族鞋等
黄平县黄飘民族刺绣工艺厂	少数民族服装、绣品
施秉县榜香郁旅游精品厂	少数民族刺绣品、具有少数民族特色的银饰品
贵州省丹寨县原生态民族旅游产品开发有限公司	民族艺术装饰品
雷山苗族银饰服饰加工店	具有少数民族特色的银饰品
锦屏县打岩塘鸿发石材有限责任公司	仿古仿旧民族文物及民族建筑装饰用品
贵州省岑巩县思州石砚工艺美术厂	民族艺术装饰用品
贵州省黎平县奇洪侗族服饰厂	少数民族服装、刺绣品
黎平县金鼓楼民族工艺厂	少数民族刺绣品
都匀市织布厂	民族红蓝布等
独山县民族铁锅厂	铸造铁锅、铁三角、火盆
独山县民族刺绣工艺厂	背带、少数民族刺绣品
荔波县民族银饰厂	具有少数民族特色的银饰品等
兴仁县黔兴苗族民间手绣领带厂	少数民族绣(刺绣)品
贵州省安龙县民族手绣工艺有限公司	少数民族绣(刺绣)品
贵州省兴义市布谷鸟民族实业发展有限公司	少数民族服装、刺绣品、蜡染品、腰包等
黔西南州多彩文化旅游发展有限责任公司	少数民族乐器、民族艺术装饰用品等

续表 32

定点企业名称	民族特需用品名称
贵州海岳石文化艺术有限公司	少数民族家具、刺绣品
贵州多彩民族民间文化艺术发展有限公司	具有少数民族特色的银饰品、少数民族刺绣品、蜡染品
际华 3537 制鞋有限责任公司	民族胶套鞋
贵州新华印刷厂	少数民族文字印刷品
贵州紫袍玉带石雕厂	具有少数民族特色的银饰品
贵州省安顺市九龙民族文化艺术发展有限公司	蜡染品、少数民族服装
安顺市鸿泰蜡染开发有限公司	蜡染品
安顺大明屯堡文化艺术发展有限公司	民族艺术装饰用品
六盘水民艺苑商贸有限公司	少数民族服装
威宁彝族苗族回族自治县毛纺有限责任公司	少数民族手工地毯、挂毯、毛毡
毕节地区强化印务有限责任公司	少数民族文字印刷品
贵州省玉屏侗族自治县箫笛厂	箫笛
平塘县金秋牙舟陶园	少数民族缸、罐
黎平县侗绣有限公司	少数民族刺绣品
贵州省黎平县锦龙木业有限公司	民族家具等
贵州省水城县滥坝节能厂	高压锅、炖锅、鼎锅等
贵州牛来香实业有限公司	清真肉制品等
平坝县杨平清真食品厂	清真面点、肉制品等
兴仁县马大姐食品有限公司	清真肉制品、调味品等
贵州荣发制药有限责任公司	少数民族成药
贵州信邦制药股份有限公司	少数民族成药
贵州盛世龙方制药股份有限公司	少数民族成药
贵州苗药药业有限公司	少数民族成药
贵州民族药业股份有限公司	少数民族成药
贵阳新天药业股份有限公司	少数民族成药
贵州汉方制药有限公司	少数民族成药
贵州同济堂制药有限公司	少数民族成药
贵州益康制药有限公司	少数民族成药
贵州绿太阳制药有限公司	少数民族成药
贵州黄果树立爽药业有限公司	少数民族成药
贵州健兴药业有限公司	少数民族成药

续表33

定点企业名称	民族特需用品名称
贵州太和制药有限公司	少数民族成药
贵州万顺堂药业有限公司	少数民族成药
贵州本草堂药业有限公司	少数民族成药
贵阳德昌祥药业有限公司	少数民族成药
贵州老来福药业有限公司	少数民族成药
贵州恒霸药业有限责任公司	少数民族成药
贵州远程制药有限责任公司	少数民族成药
贵州维康药业有限公司	少数民族成药
贵州百灵企业集团制药有限公司	少数民族成药
贵州顺健制药有限公司	少数民族成药
贵州森邦药业有限公司	少数民族成药
贵州万胜药业有限责任公司	少数民族成药
贵州苗王药业有限责任公司	少数民族成药
六枝工矿集团大华药业有限公司	少数民族成药
贵州省六枝特区宏奇制药有限公司	少数民族成药
贵州世禧制药有限公司	少数民族成药
贵州威门药业股份有限公司	少数民族成药
贵州心意药业有限责任公司	少数民族成药
云南省(144家)	
云南民族印刷厂	少数民族文字印刷品
云南金花针织有限公司	民族针织系列产品
昆明市铝制品厂	套锅等
昆明市斑铜厂	具有少数民族特色的铜饰品
昆明市乐器厂	少数民族乐器
昆明市戏剧用品厂	少数民族服装、少数民族戏剧戏曲服装
石林毕氏民族服装服饰有限公司	少数民族服装、民族包等
石林印象柿子食品有限公司	民族工艺品、民族特色木碗等
昆明市雕刻工艺厂	民族工艺品
云南省昆明市石林县普氏民间绣品厂	少数民族刺绣品
曲靖市石林瓷业有限责任公司	民族花碗、藏族罗汉盅等
云南曲靖彩印有限责任公司	少数民族文字印刷品

续表 34

定点企业名称	民族特需用品名称
云南省富源县铸锅厂	宽沿铸铁锅
陆良福牌彩印有限公司	少数民族文字印刷品
云南曲靖塑料(集团)有限公司	网围栏、牧区用塑料棚膜
宣威市中博塑料有限公司	牧区用塑料棚膜
马龙县佳誉塑料制品有限责任公司	牧区用塑料棚膜
曲靖新龙陶瓷有限公司	民族建筑装饰用品
曲靖珠源瓷业有限公司	藏族罗汉盅、民族花碗等
曲靖市寥廓鑫源工贸有限公司	牧区用塑料棚膜
云南省易门华盛瓷业有限公司	民族花碗、民族茶盘
云南省易门益兴瓷业有限责任公司	民族花碗、民族茶盘、民族用餐具、茶具等
云南通海民族银饰制品有限公司	具有少数民族特色的金、银饰品
新平彝族傣族自治县综合厂	具有少数民族特色的金、银饰品
华宁县宁州舒氏陶艺有限责任公司	民族艺术装饰品、民族茶盘等
华宁县民族陶瓷有限公司	少数民族缸、罐、园林陶、民族建筑装饰品
华宁县白塔山建筑陶瓷有限责任公司	少数民族缸、罐、园林陶、民族建筑装饰品
玉溪市桦星织带有限责任公司	少数民族织带、花线
云南玉溪雅迪思毛巾有限公司	少数民族头巾
云南长秀服装厂	少数民族服装
峨山彝族自治县服装厂	少数民族服装,少数民族舞台、戏剧戏曲服装
云南省通海民族织染厂	少数民族头巾等
华宁县永清陶业工艺品厂	少数民族缸、罐、园林陶、民族建筑装饰品
新平钢锄厂	板锄、民族稻镰等
保山市新华肥皂有限责任公司	以牛羊脂为原料的肥皂
楚雄红枫叶制衣有限公司	少数民族服装、少数民族绣品、民族帽、民族包等
楚雄市树苴乡三尖山民族服装加工厂	少数民族服装
楚雄秦琳民族服饰制衣行	少数民族服装
楚雄华力机械制造有限责任公司	粉碎机、木制打谷机、水田步犁
楚雄益友骨角工艺厂	角雕
牟定县农机修造厂	木制打谷机、粉碎机等
牟定腾宇工贸有限公司	板锄、月亮锄、民族稻镰、砍田刀三角铧口、水田步犁等
牟定县五金厂	火剪、弯刀

续表35

定点企业名称	民族特需用品名称
南华印刷有限责任公司	少数民族文字印刷品、少数民族语言文字软件
云南省姚安县麻纺织厂	苗族裙子麻布
云南大姚县棉织有限责任公司	白棉布
云南嘉宏纺织集团有限公司	扎染品、白棉布、民族红蓝布、包头布
云南大姚机械配件厂	木制打谷机、犁铧等
云南永仁软木制品实业有限责任公司	民族艺术装饰用品
武定县民族工艺饰品厂	具有少数民族特色的金、银饰品
武定县民族服装首饰厂	具有少数民族特色的金、银饰品、少数民族服装
个旧市锡工业美术厂	具有少数民族特色的铜饰品
个旧市制鞋总厂	少数民族鞋、民族帽
个旧市瓷器厂	少数民族瓷碗
石屏县恒誉实业有限公司	民族艺术装饰用品
石屏县龙之彝花腰文化传播有限责任公司	少数民族刺绣品
红河县五金厂	民族艺术装饰用品
红河棕业有限责任公司	草垫等
红河县民族纺织厂	白棉布
建水县工艺美术陶厂	民族艺术装饰用品
云南省建水县民族金银首饰有限责任公司	具有少数民族特色的金、银饰品
绿春县民族木器厂	民族家具等
绿春县电力公司铁合金冶炼厂	火盆、腰刀、三脚架、稻镰、水田步犁、铧子、粉碎机、微型水轮发电机等
绿春县民族服装厂	少数民族服装
金平民族塑料制品厂	少数民族靴鞋
元阳县民族服装厂	少数民族服装
元阳县民族纺织厂	麻布、长纱布等
广南县轻轻民族用品经营有限公司	少数民族服装
广南县民族银饰工艺厂	具有少数民族特色的金、银饰品
文山县江花民族印染厂	少数民族服装
墨江县木器厂	民族家具等
宁洱民族饰品有限责任公司	民族艺术装饰用品
澜沧银民金属制品有限责任公司	三脚架、镰刀等
澜沧桂桦家具有限责任公司	民族家具等

续表36

定点企业名称	民族特需用品名称
澜沧盛鑫陶瓷制品有限责任公司	具有少数民族风格的陶瓷
镇沅县祥惠木业	少数民族家具
西盟县佤山服饰有限公司	少数民族服装
勐腊农具印刷厂	民族刀具、铧子等
西双版纳报社印刷厂	少数民族文字印刷品
西双版纳博宫莎湾傣陶作坊	具有少数民族风格的陶瓷
云南沧江机械修造厂白塔彩色印刷厂	少数民族文字印刷品
大理滇西纺织有限责任公司	扎染品、白棉布
大理华兴纺织有限责任公司	民族针纺织品
云南省前所机制农具厂	板锄
巍山彝族回族自治县巍宝彝族染织厂	扎染品
巍山县蓝龙扎染有限责任公司	扎染品、少数民族服装
巍山县兴巍民族工艺厂	扎染品
巍山县兴国扎染有限责任公司	扎染品
剑川民族刺绣厂	民族刺绣品
剑川县兴艺古典木雕家具厂	民族艺术装饰用品
剑川县华艺木雕有限公司	民族家具等
鹤庆县茧丝有限责任公司	民族针纺织品
德宏民族出版社印刷厂	少数民族文字印刷品
德宏团结报印刷厂	少数民族文字印刷品
盈江县新华印刷厂	少数民族文字印刷品
瑞丽市荣丰现代装饰装潢有限责任公司	民族建筑装饰用品
潞西市海华开发有限公司民族金银首饰厂	具有少数民族特色的银饰品
德宏州潞西市民族塑料薄膜厂	牧区用塑料棚膜
潞西市民族服装厂	少数民族服装
怒江州民族印刷有限责任公司	少数民族文字印刷品
云南森友木业有限公司	少数民族家具
云南宏盛锦盟实业有限公司	铜锅、铜脸盆、铜瓢等
云南省香格里拉县卡卓有限责任公司	藏刀
云南省香格里拉县尼西乡黑陶开发有限责任公司	具有少数民族风格的陶瓷
德钦县民族银制品厂	具有少数民族特色的金、银饰品

续表 37

定点企业名称	民族特需用品名称
德钦县奔子栏残疾人手工艺制品厂	糌粑盒等
迪庆香格里拉藏香厂	藏香
巍山县民族工艺服装厂	少数民族服装
丽江印刷有限责任公司	少数民族文字印刷品
丽江古城区民族首饰品有限公司	银雕木碗、民族刀等
丽江华丽印刷有限责任公司	少数民族文字印刷品
丽江市古城区民族工艺美术陶瓷厂	园林瓷
云南省丽江市古城区皮毛皮革厂	民族靴鞋、民族包、马上用具等
丽江毛纺织品有限责任公司	氆氇、少数民族彩条布、民族包等
丽江七星民族用品纺织服饰有限公司	婚被、氆氇等
丽江市古城区丽雪民族服装厂	少数民族服装
丽江纳西人民族服装有限公司	少数民族服装
宁蒗再生木业有限公司	民族特色木碗等
宁蒗县阿妈六金民族服饰有限责任公司	少数民族服装
沧源县佤山旅游产品开发有限责任公司	民族稻镰、板锄、民用刀具、民族艺术装饰用品等
七件事茶厂	少数民族服装
耿马傣族佤族自治县印刷厂	少数民族文字印刷品
镇康县民族贸易有限责任公司	少数民族服装
临沧双江七彩坊民族服饰旅游工艺品有限公司	少数民族服装
临沧市临翔区民族织染厂	少数民族服装
临沧市富临工艺品开发有限责任公司	民族工艺品
永平县阿巧娘清真食品有限责任公司	清真肉制品等
巍山彝族回族自治县清真肉食品加工厂	清真肉制品等
云南天方食品有限公司	清真面点等
玉溪市回族糕点糖果厂	清真面点等
昆明华曦牧业集团有限公司	清真肉制品等
楚雄市树苴乡农业技术综合开发公司清真食品加工厂	清真肉制品等
云南省寻甸县东发食品有限公司	清真肉制品等
鲁甸县民族食品厂	清真调味品
云南天利药业有限责任公司	少数民族成药

续表 38

定点企业名称	民族特需用品名称
云南龙发制药有限公司	少数民族成药
楚雄老拨云堂药业有限公司	少数民族成药
云南楚雄云中制药有限责任公司	少数民族成药
云南金碧制药有限公司	少数民族成药
西双版纳制药厂有限公司	少数民族成药
西双版纳版纳药业有限责任公司	少数民族成药
西双版纳雨林制药有限责任公司	少数民族成药
云南省迪庆州藏医院	少数民族成药
大理白族自治州中药制药有限公司	少数民族成药
西藏自治区(66 家)	
西藏自治区拉萨皮革厂	少数民族靴
西藏雅喜实业有限公司	民族工艺品
西藏金栗轻纺珠宝有限公司	具有少数民族特色的金、银饰品、银碗
西藏康曲经济文化发展有限公司	哈达
西藏达洛商贸有限公司	少数民族家具
拉萨市茂源家具装潢有限责任公司	少数民族家具
西藏拉萨地毯有限责任公司	少数民族手工地毯、挂毯、卡垫、马垫
拉萨市城关区措美林帐篷厂	少数民族帐篷
拉萨市城关区垫具厂	民族工艺品
拉萨市城关区满斋实业总公司	少数民族家具
拉萨市城关区哈达集团公司	少数民族鞋
拉萨彩泉福利民族手工业有限公司	少数民族服饰
拉萨市城关区古艺建筑美术公司	具有少数民族特色的金、银饰品
拉萨市城关区服装二厂	少数民族服装、少数民族帐篷
拉萨市城关区服装三厂	少数民族服装
拉萨市城关区服装四厂	少数民族服装
拉萨市城关区鞋业三厂	少数民族服装、少数民族靴鞋
拉萨市城关区毛纺一厂	民族针纺织品
拉萨市城关区毛纺二厂	民族针纺织品
拉萨市城关区地毯厂	少数民族手工地毯
拉萨市城关区民族服装厂	少数民族服装

续表 39

定点企业名称	民族特需用品名称
拉萨市城关区农机修造厂	粉碎机
拉萨荣恒服装有限责任公司	少数民族服装、少数民族挂毯、少数民族刺绣品
拉萨市城关区民族手工艺综合厂	少数民族挂毯
拉萨市城关区贸易局工会珠宝店	具有少数民族特色的金、银饰品
拉萨神牛工艺美术发展有限责任公司	角雕、皮雕
拉萨市城关区工艺美术综合厂	少数民族刺绣品
拉萨市八宝藏毯厂	卡垫、少数民族手工地毯、挂毯
山南地区错那县勒布麻玛竹器厂	民族特色木碗
山南地区浪卡子县工布学乡苏格村卡垫厂	藏被、卡垫、氆氇
山南地区洛扎县洛扎镇门当居委会民族手工艺编制厂	氆氇、藏被、藏靴
山南地区浪卡子镇地毯厂	卡垫、少数民族手工地毯
山南地区琼结县水晶玉石厂	具有民族特色的银饰品、银碗等
山南地区隆子县加玉乡农畜产品加工公司	藏刀
山南地区扎囊县敏珠林寺藏香厂	藏香
山南地区贡嘎县杰德秀围裙厂	卡垫、氆氇
山南地区乃东地毯厂	少数民族手工地毯、挂毯、卡垫
那曲地区那曲兴达民族产品开发股份有限公司	具有民族特色的玉饰品
那曲地区那曲民族服装鞋帽厂	少数民族服装、少数民族鞋、少数民族帽
那曲地区纳木错地毯实业有限责任公司	少数民族手工地毯、挂毯、卡垫
林芝地区林芝县更章门巴民族乡藏香厂	藏香
日喀则地区日喀则市服装一厂	少数民族服装
日喀则地区日喀则市服装二厂	少数民族服装、少数民族帐篷
日喀则地区日喀则市服装三厂	少数民族服装、少数民族帐篷
日喀则地区亚美民族手工业产品有限责任公司	金银制品、少数民族服装、少数民族鞋、少数民族帽
日喀则市康嘎尔藏香厂	藏香
日喀则市扎西吉彩金银铜器加工厂	银雕刻茶盖茶架、银雕木碗
日喀则市城北办事处铁器厂	民族火炉
日喀则市康帕地毯厂	少数民族手工地毯、挂毯、卡垫
日喀则地区拉孜县民族手工业产品加工厂	藏刀、藏鞋、六弦琴、少数民族手工地毯
日喀则地区江孜县地毯厂	少数民族手工地毯

续表 40

定点企业名称	民族特需用品名称
日喀则地区江孜县江孜镇卡垫厂	卡垫
日喀则地区江孜县江孜镇服装厂	少数民族服装
日喀则地区江孜县江孜镇铁木家具厂	少数民族家具
日喀则地区仁布县石雕厂	民族艺术装饰用品等
阿里地区改则县鑫隆民族手工艺厂	卡垫、氆氇
西藏藏药集团股份有限公司	少数民族成药
西藏自治区藏药厂	少数民族成药
西藏藏医学院藏药厂	少数民族成药
西藏金珠雅砻藏药有限责任公司	少数民族成药
山南地区雍布拉康藏药厂	少数民族成药
林芝地区奇正藏药厂	少数民族成药
昌都地区昌都光宇利民药业有限责任公司	少数民族成药
昌都地区昌都藏药厂	少数民族成药
昌都地区昌都县日通藏医药研制中心藏药厂	少数民族成药
西藏神猴药业有限责任公司	少数民族成药
陕西省(23 家)	
安康市舒尔乐软垫家具公司	民族家具等
西安金都工艺美术集团有限公司	具有少数民族特色的金、银饰品、民族系列景泰蓝制品、穆斯林图案各种茶具等
铜川耀州窑文物复制工厂	具有少数民族风格陶瓷
陕西永信肉食品有限公司	清真肉制品等
西安饮食服务(集团)股份有限公司同盛祥饭庄	清真面点、清真肉制品等
西安市凯丽思清真食品有限责任公司	清真面点等
西安饮食服务(集团)股份有限公司老孙家饭庄	清真面点、清真肉制品等
西安市永信清真肉类食品有限公司	清真面点、清真肉制品等
西安顶益食品有限公司	清真面点等
陕西华祥食品(集团)有限公司	清真面点等
宝鸡建忠佳家乐食品有限公司	清真面点等
宝鸡惠民奶业有限公司	清真乳制品等
华丰食品(咸阳)有限公司	清真面点等
陕西子祺食品有限公司	清真面点等

续表41

定点企业名称	民族特需用品名称
陕西心特软食品有限责任公司	清真面点等
陕西天斗蛋业有限公司	清真食品添加剂
咸阳顶麦食品有限公司	清真面点等
陕西白象食品有限公司	清真面点等
宝鸡市华龙牧业有限责任公司	清真肉制品等
西安冯金平炒货食品有限责任公司	清真炒货
西乡县信一清真食品厂	清真肉制品等
定边县付翔食品有限责任公司	清真面点等
陕西蒲城华星食品有限公司	清真面点等
甘肃省(119家)	
临夏市兴强地毯有限责任公司	礼拜毯、少数民族手工地毯
兰广毛纺织厂	少数民族手工地毯
甘肃临夏雪羚毛纺地毯有限责任公司	少数民族手工地毯、挂毯、礼拜毯
甘肃清源皮业有限公司	藏靴
广河县陇黔毛纺实业有限公司	少数民族手工地毯
临夏县钊海毛制品有限公司	毛毡、藏帽、藏靴、维吾尔坐毡、毡房等
甘肃建宏皮业有限公司	皮袜子
广河县国瑞工贸有限公司	民族烤箱
临夏市民政福利塑料厂	汤瓶、藏式水壶
康乐县民族塑料制品公司	汤瓶
甘南州澎曹土特产有限公司	民族艺术装饰用品等
夏河安多投资有限责任公司	烤箱
夏河县拉卜楞雪域藏香厂	藏香、卫生用香
迭部县万生铁器加工销售铺	铧子、板锄等
合作市金盛民族工贸有限责任公司	民族烤箱、奶桶、围栏网
玛曲县洋都有限责任公司	少数民族帐篷、氆氇、网围栏
临夏县韩集建材有限责任公司	民族建筑装饰用品
甘肃省和政铜套有限责任公司	民族火炉
甘南州永兴科技实业有限公司	牧区用塑料
临夏县尹集农机修造厂	水田步犁、铧子等
临夏市兴国皮革制品有限责任公司	民族皮革制品、礼拜帽、民族服饰

续表 42

定点企业名称	民族特需用品名称
广河县华丰畜产品有限公司	民族马靴
甘肃宏良皮业有限公司	民族靴鞋、包、帽
甘南兴发商贸有限责任公司	民族服饰、工艺品、饰品、藏刀等
碌曲县才让东知民族服装加工厂	少数民族服装
兰州国智民贸有限公司	民族工艺品、金银饰品、餐具等
肃南县神鹿鹿业开发有限公司	少数民族服装
肃南县裕龙民族工艺品有限公司	少数民族服装
甘肃省临夏永恒实业有限公司	以牛羊脂为原料的香皂、肥皂
甘肃华羚干酪素有限公司	灯用酥油
临夏市友和商贸有限责任公司	汤瓶、水壶等
广河县银河毛纺织有限公司	少数民族手工地毯
广河县顺发商贸有限公司	礼拜毯
甘南州恒达商贸开发有限责任公司	民族艺术装饰用品
玛曲县文化旅游开发有限责任公司	民族艺术装饰用品
玛曲县善兴商贸有限责任公司	民族艺术装饰用品
张家川县裘革厂	民族手工地毯、皮袜子、礼拜毯等
甘南州骏野建材有限责任公司	网围栏
临夏市康泰牛羊肉类加工厂	清真肉制品等
临夏市雅克清真制品有限责任公司	清真肉制品等
临夏市银河奶糖厂	清真奶制品
临夏市协恒源副食品有限责任公司	清真奶糖
青海雪峰公司临夏县清真药膳食品厂	清真肉制品等
甘肃天地乳品有限责任公司	清真乳制品等
临夏县槐河清真冷冻食品有限公司	清真肉制品等
临夏县穆斯林肉食品有限责任公司	清真肉制品等
临夏县伊雪食品有限公司	清真肉制品等
积石山县华勇清真肉食品有限责任公司	清真肉制品等
临夏回族自治州顺发食品有限公司	清真肉制品等
临夏县莲花湖食品有限责任公司	清真肉制品等
临夏市清河源清真食品有限责任公司	清真肉制品等
临夏科华清真冷冻食品有限责任公司	清真肉制品等

续表43

定点企业名称	民族特需用品名称
临夏市天宝食品有限责任公司	清真奶糖
临夏州高原清真肉品有限公司	清真肉制品等
临夏市泉乳乳品有限责任公司	清真乳制品等
临夏市什锦清真食品有限责任公司	清真豆制品
临夏市南园清真食品有限责任公司	清真乳制品等
临夏州华安生物制品有限责任公司	清真食品添加剂
临夏县占云清真肉食品加工有限责任公司	清真肉制品等
甘肃康美牛业有限责任公司	清真肉制品等
甘肃康兴羊业科技有限责任公司	清真肉制品等
临夏市清真雪伊肉食品有限公司	清真肉制品等
临夏奶利生乳业有限公司	清真乳制品等
甘南州燎原乳业有限公司	清真乳制品等
玛曲雪原肉业有限公司	清真肉制品等
甘肃伊真餐饮有限公司	清真肉制品等
兰州小二黑食品有限公司	清真调味品
兰州东方宫清真餐饮有限公司	清真肉制品等
兰州马大胡子餐饮服务有限公司	清真肉制品等
兰州玉兰味精食品有限公司	清真调味品
甘肃红房子食品有限公司	清真面点等
兰州庄园乳业有限责任公司	清真乳制品等
陇西康泰清真食品有限责任公司	清真肉制品等
成县康正肉牛育肥有限公司	清真肉制品等
甘肃正行德工贸庆阳鑫龙肉类加工有限公司	清真肉制品等
静宁县大红碗食品有限公司	清真面点等
山丹县康源清真牛羊肉食品有限公司	清真肉制品等
敦煌市发荣清真食品有限公司	清真肉制品等
瓜州县龙兴畜牧产业发展有限公司	清真肉制品等
玉门市中汇农业发展有限公司	清真肉制品等
酒泉市好牛乳业食品有限公司	清真乳制品等
天祝天润绿色食品开发有限公司	清真肉制品等
金昌市龙岭肠衣有限公司	清真肉制品

续表 44

定点企业名称	民族特需用品名称
张家川伊味思清真食品有限公司	清真肉制品等
临夏市朝晖有限责任公司	清真肉制品等
甘肃义顺莲花山药业有限责任公司	清真调味品
甘肃穆斯林公司尹集生化厂	清真肉制品等
临夏州雪峰清真冷冻食品有限责任公司	清真肉制品等
积石山县大河家清真糖果厂	清真奶糖
积石山县雄伟清真糖果有限责任公司	清真奶糖
甘肃穆青食品有限责任公司	清真调味品等
会宁县金智淀粉厂	清真面点等
张家川县建明商贸有限公司	清真调味品等
张家川县老贾清真食醋厂	清真调味品等
张家川县伊民食品有限公司	清真肉制品等
广河县民生粮油工贸有限公司	清真食用油
临夏市华寺街占林清真酱醋厂	清真调味品等
和政县兰和粮油贸易有限责任公司	清真食用油脂等
甘南州高原生物工程有限公司	清真肉制品等
和政县兴和商贸有限责任公司	清真肉制品、面点等
广河县福海清真糖果有限公司	清真奶糖等
甘南州科瑞乳品开发有限公司	清真乳制品等
甘肃锦风翔清真食品有限公司(夏河)	清真肉制品等
甘南雪羚集团晟羚肉类加工有限公司	清真肉制品等
张家川县康宏药业有限公司	少数民族成药
甘肃省祁连山生物科技开发有限公司	少数民族成药
陇西伊真堂药业有限责任公司	少数民族成药
积石山县银海药业有限公司	少数民族成药
玛曲县宇妥药业有限责任公司	少数民族成药
玛曲县黄河首曲药源开发有限公司	少数民族成药
甘南佛阁藏药有限公司	少数民族成药
甘南藏药制药有限公司	少数民族成药
迭部县迭山藏药有限责任公司	少数民族成药
夏河县藏医院制药厂	少数民族成药

续表45

定点企业名称	民族特需用品名称
碌曲县西仓寺院藏医院	少数民族成药
碌曲县洮源藏药有限公司	少数民族成药
甘肃省临夏龙康制药厂	少数民族成药
积石山县进军药业有限责任公司	少数民族成药
天水市康宁生物科技有限公司	牧区牛、羊等牲畜用兽药
青海省(46家)	
青海省伊佳民族用品有限公司	回族帽
平安县草原钢网制造厂	网围栏
青海省威乐木业有限责任公司	马鞍
青海雪舟三绒集团	少数民族服装
循化县文都藏族用品综合加工厂	少数民族服装
乐都县民族塑料制品厂	牧区用塑料棚膜、奶桶、背水桶
民和县峰鑫金属门窗有限公司	民族艺术装饰用品
民和县康达灶具制品厂	套锅等
格尔木永安服装有限责任公司	民族服装
乌兰县蒙古民族用品有限责任公司	少数民族帐篷、少数民族服装
天峻加林绿色生态产业有限责任公司	网围栏、活动羊圈、少数民族帐篷
海西绿色能源科技有限责任公司	牧区用微型太阳能、风能发电装置
德令哈市南方塑料包装有限公司	牧区用塑料棚膜
玉树州雪域民族商贸有限责任公司	银碗、藏刀、哈达、少数民族服装等
同仁县金轮热贡艺术有限公司	哈达
青海海北金银滩宝玉石有限责任公司	具有民族特色的玉饰品
门源县雪梅鞋业有限公司	回族鞋
门源县丝毛藏毯厂	少数民族手工地毯
青海藏羊地毯(集团)有限公司	少数民族手工地毯
大通县新兴印务有限公司	少数民族文字印刷品
青海省海湖藏毯有限公司	少数民族手工地毯
青海西宁市太阳能电力开发中心	牧区用微型太阳能装置
青海日报社印刷厂	少数民族文字印刷品
青海新华印刷厂	少数民族文字印刷品
青海省循化县仙红辣椒开发有限公司	清真调味品等

续表 46

定点企业名称	民族特需用品名称
民和湟乳乳制品有限责任公司	清真乳制品等
青海德令哈市恒丰肉食有限公司	清真肉制品等
海西蒙古族藏族自治州乌兰清真食品厂	清真肉制品等
乌兰县盛通清真定点屠宰厂	清真肉制品等
格尔木市清真牛羊定点屠宰场	清真肉制品等
茫崖清真牛羊屠宰场	清真肉制品等
青海雪洋肉联有限责任公司	清真肉制品等
天峻县天棚富源牧工商福利公司	清真乳肉制品等
共和县清真牛羊屠宰场	清真肉制品等
果洛州雪域珍宝有限责任公司	清真乳制品等
湟中县光明清真食品厂	清真调味品等
西宁凤凰寺食品有限公司	清真肉制品等
青海绿草源食品有限公司(大通县)	清真肉制品等
青海百德投资发展有限公司	清真肉制品等
青海金诃藏药药业股份有限公司	少数民族成药
青海格萨尔王藏药制药有限责任公司	少数民族成药
青海柴达木高科技药业有限公司	少数民族成药
青海省德令哈市医药股份合作公司	少数民族成药
海西灵峰药业有限公司	少数民族成药
青海久美藏药药业有限公司	少数民族成药
青海省格拉丹东药业有限公司	少数民族成药
宁夏回族自治区(74 家)	
宁夏沙湖纸业(集团)有限公司	少数民族文字印刷品
银川康乐民族家具有限责任公司	少数民族家具
宁夏红旗服装(集团)有限公司	少数民族服装
宁夏富盛机械制造有限公司	民族建筑装饰用品
宁夏雄鹰皮草集团有限公司	少数民族服装
宁夏盐池恒纳地毯有限公司	少数民族手工地毯、壁毯、礼拜毯
宁夏同心县通达有限责任公司	少数民族头巾
宁夏同心祥福绒毛制品有限公司	少数民族手工地毯、礼拜毯
宁夏同心昌达土畜产有限公司	少数民族挂毯等

续表 47

定点企业名称	民族特需用品名称
宁夏西吉县华绒毛皮有限公司	少数民族手工地毯、礼拜毯等
宁夏全保家具有限公司	少数民族家具
海原县钢窗厂	少数民族家具等
固原通用机械有限公司	割草机
宁夏回乡文化实业有限公司	少数民族服饰、民族系列景泰蓝工艺制品
宁夏马斯特(集团)羊绒制品有限公司	少数民族服装、少数民族挂毯、礼拜毯、回族帽
德海(宁夏)土畜产品集团股份有限公司	少数民族手工地毯、礼拜毯等
宁夏灵武市中银绒业股份有限公司	少数民族服装
宁夏灵武圣雪绒羊绒制品有限公司	少数民族服装、少数民族手工地毯、礼拜毯
宁夏盛源绒业有限公司	少数民族服装
宁夏荣昌绒业有限公司	少数民族服装
宁夏国斌绒业有限公司	回族帽、民族服装等
宁夏同心县生海绒业有限责任公司	少数民族服装、少数民族手工地毯、礼拜毯、回族帽
宁夏同心鹏勇羊绒制品有限公司	少数民族服装、少数民族手工地毯、礼拜毯
宁夏同心县双维绒毛有限公司	少数民族服装
宁夏华泰家具有限责任公司	少数民族家具
宁夏紫荆花纸业有限公司	少数民族文字印刷品
中卫市藏羊地毯有限责任公司	少数民族手工地毯、挂毯
宁夏科豪陶瓷有限公司	民族建筑装饰用品
宁夏平罗宝马化工铸造有限责任公司	民族建筑装饰用品
吴忠市民族建筑工程公司	民族建筑装饰用品
宁夏金海皮业有限责任公司	民族靴、礼拜毯
宁夏宇华纸业有限公司	少数民族文字印刷品
盐池县忠信畜产品开发有限公司	毛毡等
固原源通环保技术有限公司	汤瓶、吊罐
宁夏锦绣丝业有限公司	盖头、民族服装等
宁夏夏进制箱包装有限公司	少数民族文字印刷品
宁夏农垦贺兰山清真牛羊产业(集团)有限公司	清真肉制品等
银川市金河乳业有限公司	清真乳制品等
宁夏全味清真食品有限公司	清真乳制品等
宁夏伊品生物工程股份有限公司	清真调味品等

续表 48

定点企业名称	民族特需用品名称
银川维维北塔乳业股份有限公司	清真乳制品等
宁夏金福来羊产业有限公司	清真肉制品等
宁夏平罗琪乐乳品冷饮饮料有限公司	清真乳制品等
宁夏夏进乳业集团股份有限公司	清真乳制品等
吴忠市明天实业有限公司	清真面点等
青铜峡市清真食品有限责任公司	清真面点等
宁夏雪泉乳业有限公司	清真乳制品等
宁夏沙漠王子清真食品有限公司	清真肉制品等
宁夏吴忠市国军清真食品有限公司	清真食用油脂等
宁夏吴忠市天启有限公司同心公司	清真面点等
宁夏涝河桥清真肉食品有限公司	清真肉制品等
宁夏同心阿伊河清真肉食品有限公司	清真肉制品等
宁夏新月味精有限公司	清真调味品等
中卫市夏华清真肉食品有限公司	清真肉制品等
宁夏成玉植物油有限责任公司	清真食用油脂等
宁夏六盘山泾河清真食品有限公司	清真肉制品等
宁夏民族创佳有限公司清真牛羊肉分厂	清真肉制品等
宁夏塞北雪面粉有限公司	清真面点等
银川伊布拉欣清真食品有限公司	清真肉制品等
宁夏安优卜清真食品有限公司	清真肉制品等
宁夏北方乳业有限责任公司	清真乳制品等
宁夏中卫市川银冷冻食品有限责任公司	清真面点等
宁夏红果乳业有限公司	清真乳制品等
吴忠市西部畜产品加工厂	清真肉制品等
宁夏盐池润身源清真食品有限责任公司	清真肉制品等
吴忠市兴达粮油有限公司	清真食用油脂等
宁夏香山面粉有限公司	清真面点
宁夏伊正回药有限公司回回八宝养生食疗食品厂	清真面点
宁夏国平油脂有限公司	清真食用油脂等
吴忠市金鹰粮贸有限公司	清真面点
青铜峡市贵华粮油加工厂	清真食用油脂等

续表 49

定点企业名称	民族特需用品名称
银川原源食用油有限公司	清真食用油脂等
宁夏多维药业有限公司	少数民族成药
宁夏多维泰瑞制药有限公司	牧区牛、羊等牲畜用兽药
新疆维吾尔自治区(238 家)	
伊宁市塔斯布拉克民族服装中心	少数民族服装、少数民族舞台服装
伊犁金涛耐火材料有限责任公司	民族建筑装饰用品
伊宁市漫紫拉民族产品编织厂	少数民族服装
伊犁天药生物科技有限公司	花帽、香包、荷包、绣球等
新疆伊犁伊帕尔汗香料发展有限责任公司	香包、花帽等
霍城县赛里木湖皮毛套具毡子加工厂	毛毡、毡房、毛毡袜、挂毯
尼勒克县柯赛民族刺绣厂	少数民族刺绣品
察布查尔县报社印报室	少数民族文字印刷品
伊犁华蓝木业有限公司	少数民族家具
托里县玛海民族手工艺品制作中心	少数民族服装、少数民族刺绣品
博州博棉纺织有限责任公司	白棉布
博州恒源塑料有限责任公司	牧区用塑料棚膜
博州万力源科技开发公司	民族火炉
博乐市贝林乡塑料厂	家庭牧场用移管式喷灌设备
精河县锦成纺织有限责任公司	白棉布
新疆昌棉有限责任公司	白棉布
新湖百迪塑料制品有限责任公司	牧区用塑料棚膜
昌吉市双飞艺术服装有限公司	少数民族服装
新疆屯河节水有限责任公司	家庭牧场用移管式喷灌设备
昌吉州金海利塑化有限公司	牧区用塑料棚膜
呼图壁县(新兴)马鞍子(制造)厂	马鞍
新疆芳草湖机械厂	粉碎机
新疆呼图壁芳草湖振兴纺织有限公司	白棉布
哈巴河县雅居床服有限责任公司	少数民族服装
布尔津县桦林家具厂	少数民族家具
布尔津县卧龙湾旅游产品开发有限责任公司	骨雕、角雕等
木垒县皮毛厂	毛毡、民族皮手套、皮帽

续表50

定点企业名称	民族特需用品名称
木垒县哈依娜尔民族手工艺品制造有限责任公司	少数民族手工地毯、少数民族刺绣品
新疆梧桐塑料厂	牧区用塑料棚膜、家庭牧场用移管式喷灌设备
新疆天山防水建材有限责任公司	民族油布
玛纳斯县兴隆塑料制品厂	牧区用塑料棚膜
玛纳斯县来利塑料制品厂	牧区用塑料棚膜
奇台县振兴工贸有限责任公司	粉碎机
吉木萨尔县新明农牧机械制造厂	粉碎机
阜康市小姜加工厂	毡房、洗手壶
新疆蝶王针织有限责任公司	少数民族服装
乌鲁木齐市地毯总厂	少数民族手工地毯
新疆蓝草原地毯有限公司	少数民族手工地毯
新疆民族服装研究设计中心	少数民族服装
乌市米娜娃时装商贸有限公司	少数民族服装、少数民族绣品
乌鲁木齐市精绝尼雅日用品有限公司	以牛羊脂为原料的香皂、肥皂
新疆新合作家佳乐连锁超市有限公司	民族服装、鞋帽等
新疆民伯贸易有限公司	少数民族家具
新疆新华印刷厂	少数民族文字印刷品
新疆维吾尔自治区新华书店	少数民族文字印刷品
乌鲁木齐市安卡维文软件开发有限公司	少数民族语言文字软件
乌鲁木齐市一帆电子有限公司	少数民族语言文字软件
新疆新华华龙印务有限责任公司	少数民族文字印刷品
新疆一龙印刷有限公司	少数民族文字印刷品
新疆人民出版社	少数民族文字印刷品
新疆美术摄影出版社	少数民族文字印刷品
新疆电子音像出版社	少数民族语言文字软件
新疆青少年出版社	少数民族文字印刷品
新疆教育出版社	少数民族文字印刷品
新疆玉石雕刻有限责任公司	具有民族特色的玉饰品
新疆白玉城	具有民族特色的玉饰品
新疆山河雕塑艺术有限责任公司	民族工艺美术品
新疆雅徕维吾尔厨具有限公司	烤肉炉等民族厨具

续表 51

定点企业名称	民族特需用品名称
哈密地区华艺文体发展有限公司	花边、枕头套、少数民族乐器等
哈密市恰仕玛民族手工艺品服装厂	少数民族服装
哈密市新世纪服装厂	少数民族服装
巴音郭楞日报社印刷厂	少数民族文字印刷品
新疆新华印刷二厂	少数民族文字印刷品
新疆五德玉器有限责任公司	具有民族特色的玉饰品
新疆四运服装厂	少数民族服装
哈密长河长舟皮革有限公司	少数民族服装
和静县民族服装厂	少数民族服装
和静县家具厂	少数民族家具
和静雅新皮件厂	少数民族服装
博湖县阿勒奇民族工艺品有限公司	民族艺术装饰用品
库尔勒乾丰纺织有限公司	白棉布
且末县民族工艺玉雕公司	具有少数民族特色的玉饰品
阿克苏市齐曼古丽服装设计培训学校	少数民族服装
新疆焉耆三宇实业有限公司	灯用酥油
焉耆县花儿红民族手工服饰加工厂	少数民族服装
若羌县民族玉雕厂	具有少数民族特色的玉饰品
拜城县民族印务有限公司	少数民族文字印刷品
喀什市新艺工艺美术有限责任公司	少数民族乐器、少数民族地毯、挂毯、花帽等
喀什市第二服装有限责任公司	少数民族服装
喀什市天南家具工贸有限责任公司	少数民族家具
喀什市生力陶瓷有限责任公司	具有民族风格的陶瓷
喀什市古城民族用品有限责任公司	少数民族头巾
喀什维吾尔出版社印刷厂	少数民族文字印刷品
喀什维吾尔出版社	少数民族文字印刷品
喀什远东陶瓷有限公司	少数民族缸、罐
喀什天业彩色印务公司	少数民族文字印刷品
疏勒县泰缔信木业有限责任公司	少数民族家具
莎车县轻工业地毯厂	少数民族手工地毯
莎车县民族服装厂	少数民族服装

续表 52

定点企业名称	民族特需用品名称
英吉沙县民族工艺品小刀制品有限责任公司	民族刀
英吉沙县城关乡四村民族木器加工厂	少数民族家具
英吉沙县民族翻砂用品厂	民族火炉
英吉沙县民族黄金加工店	具有少数民族特色的金饰品
叶城县轻工联社民族五金厂	铝勺等
叶城县轻工联社民族地毯厂	少数民族手工地毯
叶城县轻工联社民族服装厂	少数民族服装
巴楚县巴尔楚克小刀厂	民族式小刀
巴楚县二轻局五金社	坎坎子
巴楚县色里布亚镇手工业社	少数民族手工地毯、具有少数民族特色的金饰品
伽师县前程股份合作印刷厂	少数民族文字印刷品
和田市吐沙拉乡肉孜尼沙汗地毯厂	少数民族手工地毯
和田市美化石膏板厂	民族艺术装饰用品
玉龙喀什镇“纳克西湾”手工纯毛地毯厂	少数民族手工地毯
和田市博格达印刷厂	少数民族文字印刷品
和田市塔瓦热克地毯有限责任公司	少数民族手工地毯
新疆和田沙驼丝绸有限责任公司	艾德丽丝绸等
洛浦县阿布迪威力石膏板装修店	民族艺术装饰用品
新疆洛浦县艾则孜达依木地毯厂	少数民族手工地毯
洛浦县洛浦镇展望地毯厂	少数民族手工地毯
洛浦县民乐地毯厂	少数民族手工地毯
洛浦县纳瓦乡麦力克编织地毯销售店	少数民族手工地毯
洛浦县杭桂乡手工羊毛地毯编织店	少数民族手工地毯
和田县巴格其镇吐送托合提阿訇地毯厂	少数民族手工地毯
墨玉县奎雅乡（迎宾）工艺小刀企业	民族刀
墨玉县奎雅乡红玫瑰小刀厂	民族刀
沙雅县一杆旗有限责任公司	民族刀
原新疆焉耆丝谱纶有限责任公司	人丝条纺、民族绸缎
于田县美斯预制厂	民族建筑装饰用品
和田市新生装潢玻璃培训中心	民族艺术装饰用品
和田市古丽迪尔清真食品醋厂	清真调味品

续表53

定点企业名称	民族特需用品名称
新疆和田伊山农业科技发展有限公司	清真食用油等
新疆阿布丹食品开发有限公司	清真奶糖等
巴州尉犁小巴郎食品科技有限公司	清真肉制品等
巴州尉犁县司拉吉丁肉制品加工店	清真肉制品等
阿克苏市帕克利克食品厂	清真面点
阿克苏市怡美宝岛家禽定点加工有限公司	清真肉制品等
阿克苏市伊格尔蛋糕西饼屋	清真面点等
阿克苏市香域乳业有限责任公司	清真乳制品等
哈密长河工贸有限公司	清真肉制品等
哈密长河集团长青农牧有限公司	清真肉制品等
巴里坤县老油坊粮油商业有限公司	清真食用油脂等
哈密兴隆淀粉有限公司	清真添加剂等
新疆瑞源乳业有限公司	清真乳制品等
新疆阿尔曼实业有限公司	清真面点等
新疆航空食品有限责任公司	清真面点、肉制品等
新疆金牛生物有限公司(盖瑞乳业)	清真乳制品等
新疆阿米娜特色农业高科技开发有限公司	清真面点等
乌鲁木齐市清真西点厂	清真面点、豆制品等
新疆科利努食品有限责任公司	清真肉制品等
乌鲁木齐曼哈顿食品有限责任公司	清真面点等
新疆盛和乳业有限公司	清真乳制品等
新疆香巴拉食品有限公司	清真肉制品等
乌鲁木齐市紫罗兰食品有限公司	清真面点等
乌鲁木齐伊合拉斯食品工业有限公司	清真面点等
新疆骏马食品有限公司	清真肉制品、调味品等
华凌畜牧产业开发有限公司	清真肉制品等
乌鲁木齐市达坂城姑娘商贸有限公司	清真豆制品等
新疆西尔丹食品有限公司	清真调味品
吐鲁番地区民心工贸有限责任公司	清真肉制品等
哈密市红柳清真家禽屠宰厂	清真肉制品等
玛纳斯县恒泰实业有限公司	清真食用油脂等

续表54

定点企业名称	民族特需用品名称
伊犁沙漠(新疆雪梦)乳生物制品有限责任公司	清真乳制品等
伊犁州三润食品有限责任公司	清真乳制品
新疆伊犁州巴口香食品有限责任公司	清真肉制品等
伊宁市巴彦岱清真肉食品加工厂	清真肉制品等
伊犁阿旺都食品有限责任公司	清真面点等
伊犁中州伊源生物技术有限责任公司	清真乳制品等
伊犁百信草原蜂业有限责任公司	清真调味品等
伊犁德康粮贸有限责任公司	清真食用油脂等
伊犁州肉联厂	清真肉制品等
伊宁市巴哈顿饮料厂	清真乳制品等
伊犁德利发食品有限责任公司	清真面点等
伊犁伊力特乳业有限责任公司	清真乳制品等
新疆康优美粮油集团有限公司	清真食用油脂等
伊犁天马肉制品有限责任公司	清真肉制品等
察布查尔县麦科特乳业有限公司	清真乳制品等
新疆伊犁可尔得乳业有限公司	清真乳制品等
乌鲁木齐千马公司巩留县分公司	清真乳制品、肉制品等
新疆绿草原肉禽食品有限公司	清真肉制品等
塔城市鹏坤玉米食品有限公司	清真面点等
塔城市麦得利餐饮食品有限公司	清真面点等
新疆绿翔牧业有限责任公司额敏县分公司	清真肉制品等
额敏县万通畜牧有限公司	清真肉制品等
新疆巴尔鲁克牧业有限责任公司	清真肉制品等
新疆塔城红花缘科技有限责任公司	清真食用油脂等
新疆悦羊畜牧发展有限公司	清真肉制品等
托里县巴什拜绿洲清真肉联加工有限公司	清真肉制品等
新疆中太肉联有限责任公司	清真肉制品等
克拉玛依区爱心食品厂	清真面点等
克拉玛依市阿里米热食品加工厂	清真面点等
新疆娜尔格兰科技发展有限公司	清真面点等

续表55

定点企业名称	民族特需用品名称
北屯均友食品厂	清真肉制品等
阿勒泰地区攀星制粉有限责任公司	清真面点等
阿勒泰哈纳斯乳业有限公司	清真乳制品等
吉木乃县粮油工业有限责任公司	清真面点等
富蕴县方龙畜禽有限责任公司	清真肉制品等
福海县大尾羊有限责任公司	清真肉制品等
博州三乐乳业公司	清真乳制品等
新疆精河鸿锦枸杞实业有限责任公司	清真调味品
新疆绿牧源肉业有限公司	清真肉制品等
新疆康鑫粮油有限责任公司	清真食用油脂等
温泉赛湖食品有限公司	清真肉制品等
新疆麦趣尔集团有限责任公司	清真乳制品等
新疆笑厨食品有限公司	清真调味品等
新疆屯河投资股份有限公司	清真调味品等
新疆西域春乳业有限责任公司	清真乳制品等
新疆维维天山乳业有限公司	清真乳制品
新疆佳雨工贸佳贝尔肉品有限责任公司	清真肉制品等
新疆富康阿吉肉业有限公司	清真肉制品等
石河子开发区汇昌豆业有限责任公司	清真食用油等
新疆雨润食品有限公司	清真肉制品、豆制品等
新疆石河子花园乳业有限公司	清真乳制品等
新疆库尔勒恒源物资有限公司和静卫拉特公司	清真肉制品等
和静县利华食品有限责任公司	清真肉制品、乳制品等
和静县周武肉食品加工厂	清真肉制品等
博湖县万福辣椒制品有限责任公司	清真调味品等
新疆青鹤生态农业(集团)有限公司	清真肉制品等
焉耆县伊德乳业有限公司	清真乳制品等
新疆阿迈特商贸有限公司	清真肉制品等
喀什阿米娜清真食品有限公司	清真面点等
新疆南达乳业有限公司	清真乳制品等
阿克苏多浪畜产品开发实业有限责任公司	清真肉制品等

续表 56

定点企业名称	民族特需用品名称
巴楚县银谷泰油脂公司	清真食用油脂等
岳普湖县大陆公司油脂化工厂	清真食用油脂等
和田楼兰清真食品厂	清真面点
新疆乌古孜汗实业有限公司	清真调味品等
和田阳光沙漠玫瑰有限责任公司	清真调味品等
和田市友谊牛羊定点屠宰有限责任公司	清真肉制品等
新疆阜康市益民家禽定点屠宰厂	清真肉制品等
托里县库丽木汗民族特需食品加工厂	清真面点等
新疆西域玫瑰精细化工有限责任公司	清真调味品等
石河子天业番茄制品有限公司	清真调味品等
莎车县维吾尔医院	少数民族成药
阿勒泰地区哈医医院	少数民族成药
吐鲁番地区维吾尔医药厂	少数民族成药
托克逊县维吾尔医医院	少数民族成药
新疆中药总厂(制药厂)	少数民族成药
新疆维吾尔药业有限责任公司	少数民族成药
新疆奇康哈博维药有限公司	少数民族成药
新疆华康药业有限责任公司	少数民族成药
库尔勒市维吾尔医医院制剂室	少数民族成药
巴州蒙医医院制剂室	少数民族成药
喀什地区维吾尔医医院实验药厂	少数民族成药
泽普县民族医院	少数民族成药
新疆新维制药厂	少数民族成药
和田维吾尔药业有限责任公司	少数民族成药
新疆西农动物药品有限责任公司	牧区牛、羊等牲畜用兽药
新疆生产建设兵团(21家)	
伊犁晶丰陶瓷有限责任公司	民族花碗、气球壶
新疆潜水泵厂	家庭牧场用移管式喷灌设备、粉碎机
新疆方兴塑化有限责任公司	牧区用塑料棚膜、家庭牧场用移管式喷灌设备
奎屯润泽塑业科技有限公司	牧区用塑料棚膜等
新疆昌恒纺织有限责任公司	白棉布、民族油布

续表57

定点企业名称	民族特需用品名称
新疆弘生家纺有限公司	白棉布
新疆金天阳纺织有限公司	民族针纺织品
新疆芳婷针纺织有限责任公司	少数民族服装
新疆生产建设兵团一八五团晨光亚麻原料厂	麻布
银桥国际控股(新疆奎屯市)乳业有限公司	清真乳制品等
新疆天锦油脂化工有限公司车排子分厂	清真食用油脂等
阿克苏新农乳业有限责任公司	清真乳制品等
新疆石河子伊利乳业有限责任公司	清真乳制品等
新疆绿翔物业有限责任公司	清真肉制品等
新疆乔尔玛食品有限责任公司	清真面点等
兵团一八八团绿源乳品有限责任公司	清真乳制品等
新疆北屯油脂化工有限责任公司	清真食用油脂等
新疆生产建设兵团农十师食品厂	清真面点、调味品
乌鲁木齐农垦乳业集团公司	清真乳制品等
新疆兵团农十三师火箭农场日月乳品厂	清真乳制品等
新疆大草原乳业有限公司	清真乳制品等